2025
A SUCCESSFUL PROJECT

편저 양햬진

① 문제 편
실전처럼 풀이 보는 제19회·제15회 기출문제

시대에듀 합격프로젝트 필기시험 대비서

한국어교육능력 검정시험

5년간 기출문제해설

시대에듀

2024년 제19회~2020년 제15회

기출문제

<최신 기출> 제19회
- 1교시 한국어학·일반언어학 및 응용언어학 ... 3
- 2교시 한국 문화·외국어로서의 한국어 교육론 ... 25

제18회
- 1교시 한국어학·일반언어학 및 응용언어학 ... 61
- 2교시 한국 문화·외국어로서의 한국어 교육론 ... 81

제17회
- 1교시 한국어학·일반언어학 및 응용언어학 ... 115
- 2교시 한국 문화·외국어로서의 한국어 교육론 ... 137

제16회
- 1교시 한국어학·일반언어학 및 응용언어학 ... 173
- 2교시 한국 문화·외국어로서의 한국어 교육론 ... 194

제15회
- 1교시 한국어학·일반언어학 및 응용언어학 ... 227
- 2교시 한국 문화·외국어로서의 한국어 교육론 ... 250

한국어교육능력 검정시험

5년간 기출문제해설

시대에듀

2025 시대에듀 한국어교육능력검정시험 5년간 기출문제해설

Always with you

사람의 인연은 길에서 우연하게 만나거나 함께 살아가는 것만을 의미하지는 않습니다.
책을 펴내는 출판사와 그 책을 읽는 독자의 만남도 소중한 인연입니다.
시대에듀는 항상 독자의 마음을 헤아리기 위해 노력하고 있습니다. 늘 독자와 함께하겠습니다.

 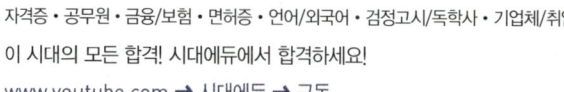 

머리말

한국어를 배우려는 외국인들이 늘어남에 따라 한국어 교사의 수요도 그만큼 늘어났습니다. 지금 이 시간에도 한국어 교육에 발을 들여놓아도 될지, 어떻게 공부를 시작할지 많은 분이 고민하고 계실 것입니다. 선택은 여러분의 몫이지만, 학문적·전문적 지식 없이 한국어를 가르치는 일이 그리 어렵지 않을 거라는 가벼운 생각으로 도전하신다면 생각보다 많은 어려움을 겪을 것입니다. 그리고 어느 정도 관련 지식이 있다고 자부하였더라도 현실은 그렇지 않다는 것에 충격을 받으실 수도 있습니다. 그러나 이러한 힘든 과정에도 한국어교육능력검정시험을 준비하고 계시는 여러분께 박수를 보냅니다.

현재 제19회까지 실시된 한국어교육능력검정시험은 어느 하나 중요하지 않은 영역도, 수월하게 넘어갈 수 있는 영역도 없습니다. 한국어 교육이 하나의 학문으로 정착되면서 한국어 교육에 뜻을 두고 공부하는 사람들을 위한 교재와 연구 성과도 많아졌지만, 시험 준비를 위해 그 많은 자료를 정독하기란 쉽지 않을 것입니다. 따라서 이 책에서는 시험을 준비하는 여러분이 쉽고 효율적으로 학습할 수 있도록 각 분야의 권위 있는 학자들의 연구 결과와 다양한 참고 도서를 활용하여 해설을 수록하였습니다.

시간이 여의치 않아 모든 책을 꼼꼼하게 읽어볼 수 없는 분들께 이 책만으로도 시험 준비에 부족함이 없도록 명확하고 자세한 해설을 제공하고자 심혈을 기울였습니다. 그리고 정답에 대한 해설부터 배경 이론까지 정리하고자 하는 분들을 위해 관련 학설이나 이론을 담은 〈알아두기〉를 두었습니다. 〈알아두기〉와 해설에 사용된 참고문헌은 별도로 찾아서 읽어 본다면 공부에 더욱 도움이 될 것입니다.

끝으로 이 책이 출판되는 데 도움을 주신 많은 분께 감사드립니다. 무엇보다 문제와 관련된 이론 및 해설에 바탕이 된 여러 참고문헌의 저자들께 감사드립니다. 그분들의 앞선 연구와 저작들이 없었다면 문제를 해설하는 데 어려움이 컸을 것입니다. 그리고 시대에듀 출판사에 감사의 말씀을 드립니다.

이 책이 한국어 교사가 되고자 하는 여러분의 목표를 이루는 데 조금이나마 도움이 된다면 더 이상 바랄 것이 없습니다. 여러분의 목표를 꼭 달성하시기를 기원합니다.

편저자 안혜진 씀

한국어교육능력검정시험 안내 INFORMATION

❖ 개요
한국어교육능력검정시험(TOTKA)은 「국어기본법」 제19조에 근거하여 재외동포나 외국인을 대상으로 한국어를 가르치고자 하는 자에게 자격을 부여하기 위하여 문화체육관광부장관이 실시한다.

❖ 취득 방법
재외동포나 외국인을 대상으로 한국어를 가르치고자 하는 자가 한국어교원 양성 과정을 먼저 이수하고, 동 시험에 합격하면 소정의 심사를 거쳐 한국어교원 자격 3급을 부여한다.

❖ 활용 정보
한국어교원 자격증 취득자는 국내외 대학 및 부설 기관, 외국어로서의 한국어 수업이 개설된 국내외 초·중·고등학교, 외국어로서의 한국어를 가르치는 국내외 정부 기관, 다문화가족지원센터, 외국인근로자지원센터, 사회통합프로그램 운영 기관 등에 취업할 수 있다. 또한 해외 진출 기업체, 국내외 일반 사설 학원 등에도 진출할 수 있다. 최근에는 국립국어원이 한국어 교사들을 외국으로 파견하여 한국어 전문가 교육을 진행하고 있으며 일본, 중국 등지에서 외국어로서의 한국어 교육이 활발히 진행되고 있어 해외취업의 기회도 점차 확대되고 있다.

❖ 응시 자격
응시 자격에는 제한이 없다. 연령, 학력, 경력, 성별, 지역 등에 제한을 두지 않는다. 단, 한국어교원 자격 3급을 취득하고자 하는 경우에는 한국어교원 양성 과정을 이수하고 동 시험에 합격해야 한다.

❖ 외국 국적자의 자격 취득
- 외국 국적자도 학위 과정이나 양성 과정 등을 통해 내국인과 동일한 방법으로 한국어교원 자격증을 취득할 수 있다.
- 단, 학위 과정(전공/복수전공 또는 부전공)으로 2급 또는 3급 자격을 취득하기 위해서는 한국어능력시험(TOPIK) 6급 성적증명서*가 필요하다.
  * 한국어능력시험(TOPIK) 6급 유효기간: 2년 이내

❖ 관련 부처 및 시행 기관

- 문화체육관광부(국어정책과)
- 한국산업인력공단 … 한국어교육능력검정시험 시행
- 국립국어원(한국어진흥과) … 교원 자격 심사 및 자격증 발급

❖ 영역별 필수 이수 학점 및 이수 시간

영역	과목	학사 학위 취득자		석·박사 학위 취득자 2급	양성 과정 이수자
		전공 (복수전공) 2급	부전공 3급		
한국어학	국어학개론 한국어 음운론 한국어 문법론 한국어 어휘론 한국어 의미론 한국어 화용론 한국어사 한국어 어문 규범 등	6학점	3학점	3~4학점	30시간
일반언어학 및 응용언어학	응용언어학 언어학개론 대조언어학 사회언어학 외국어 습득론 심리언어학 등	6학점	3학점		12시간
외국어로서의 한국어 교육론	한국어 교육개론 한국어 교육과정론 한국어 평가론 언어교수이론 한국어 표현 교육론 한국어 이해 교육론 (말하기, 쓰기) (듣기, 읽기) 한국어 발음 교육론 한국어 문법 교육론 한국어 어휘 교육론 한국어 교재론 한국 문화 교육론 한국어 한자 교육론 한국어 교육 정책론 한국어 번역론 등	24학점	9학점	9~10학점	46시간
한국 문화	한국민속학 한국의 현대 문화 한국의 전통 문화 한국문학개론 전통문화현장실습 한국현대문화비평 현대한국사회 한국문학의 이해 등	6학점	3학점	2~3학점	12시간
한국어교육실습	강의 참관 모의 수업 강의 실습 등	3학점	3학점	2~3학점	20시간
합계		45학점	21학점	18학점	120시간

한국어교육능력검정시험 안내 INFORMATION

❋ 합격률 및 합격자 통계

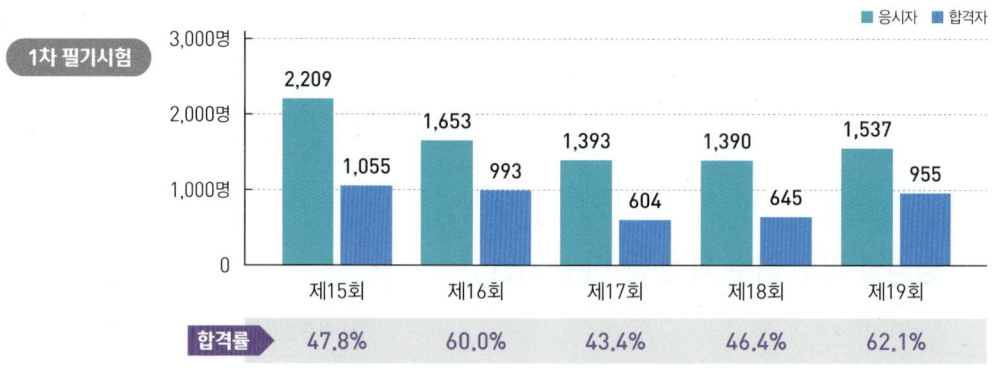

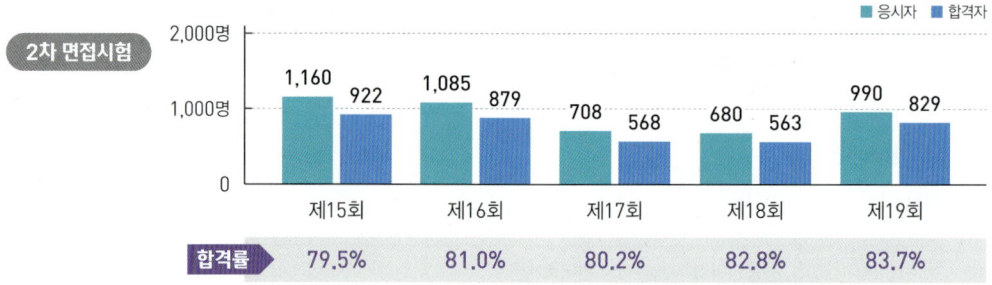

❋ 시험 구성

❶ 1차 필기시험

교시	영역	입실 완료 시간	시험 시간	배점 및 문항 수	유형
1교시	한국어학	09:00	09:30~11:10 (100분)	90점, 60문항	4지 선다형
1교시	일반언어학 및 응용언어학	09:00	09:30~11:10 (100분)	30점, 20문항	4지 선다형
휴식 시간 11:10~12:00(50분)					
2교시	한국 문화	12:00	12:30~15:00 (150분)	30점, 20문항	4지 선다형
2교시	외국어로서의 한국어 교육론	12:00	12:30~15:00 (150분)	150점, 93문항	4지 선다형, 주관식(1문항)

❷ 2차 면접시험

시간	1인당 10분 내외
평가 항목	1. 전문 지식의 응용 능력 2. 한국어 능력 3. 교사의 적성 및 교직관 4. 인격 및 소양

❖ 합격 기준

종류	합격자
1차 필기시험	각 영역의 40퍼센트 이상, 전 영역 총점(300점)의 60퍼센트(180점) 이상 득점한 자를 합격자로 결정한다.
2차 면접시험	면접관별 점수의 합계를 100점 만점으로 환산하여 60점 이상 득점한 자를 합격자로 결정한다.

※ 면제 대상자: 필기시험에 합격한 자는 합격한 해의 다음 회 시험에 한하여 필기시험을 면제합니다.
※ 시험 관련 정보는 변경될 수 있으므로 Q-net 한국어교육능력검정시험 홈페이지(q-net.or.kr/site/koreanedu)를 참고하시기 바랍니다.

❖ 한국어교원 자격 심사 신청 절차 흐름도

자격 심사 종류

- **학위 취득자**: '외국어로서의 한국어 교육' 전공(복수전공), 부전공 등으로 졸업
- **양성 과정 이수자**: 120시간 양성 과정 이수 후 한국어교육능력검정시험 합격
- **경력 요건자**: 승급 대상자 및 시행령 시행 이전 한국어 교육 경력 800시간 이상 대상자 (경력 관련 요건 참조)

▼

국립국어원 한국어교원 홈페이지에서 한국어교원 자격 심사 신청(온라인 접수)

▼

제출 서류 발송

- 학위 취득자:
  ❶ 심사신청서(직접 출력)
  ❷ 성적증명서
  ❸ 졸업(학위)증명서
  ❹ 한국어능력시험(TOPIK) 6급 성적증명서*(2년 이내)
    * 외국 국적자에 한함

- 양성 과정 이수자:
  ❶ 심사신청서(직접 출력)
  ❷ 이수증명서
  ❸ 한국어교육능력검정시험 합격확인서(필기, 면접)

- 경력 요건자:
  ❶ 심사신청서(직접 출력)
  ❷ 경력증명서

▼

한국어교원 자격 심사

▼

합격자 발표

▼

한국어교원 자격증 발송

※ 교원 자격과 관련된 정보는 변경될 수 있으므로 국립국어원 한국어교원 홈페이지(kteacher.korean.go.kr)를 참고하시기 바랍니다.

한국어교육능력검정시험 안내 INFORMATION

❖ 한국어교원 자격 등급 과정

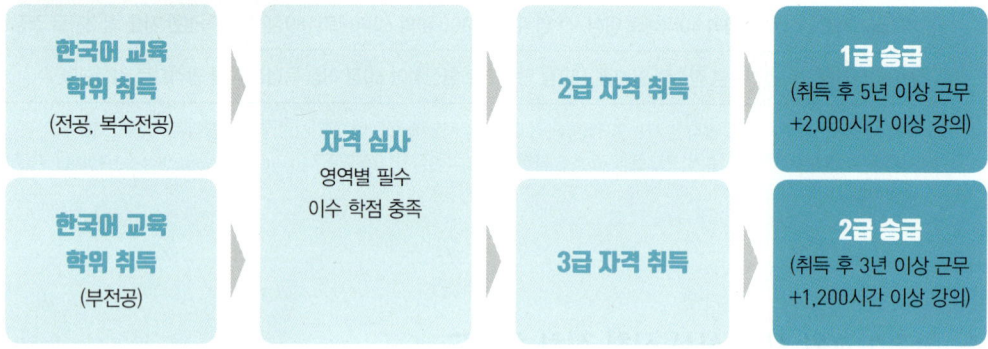

※ 강의 기간 1년은 한 해 100시간 이상 또는 15주 이상 강의를 기준으로 합니다.

❖ 한국어교원 자격 제도와 관련된 기관

국립국어원 한국어교원 홈페이지 kteacher.korean.go.kr
- 한국어교원 자격 제도에 대한 설명 및 심사 신청에 관한 안내를 볼 수 있다.
- 기관 심사를 받은 교육 기관 목록을 확인할 수 있다.
- 한국어교원 자격 제도와 관련하여 궁금한 사항을 질의할 수 있다.

세종학당재단 홈페이지 sejonghakdang.org
- 세종학당 한국어교원 양성, 교육 및 파견 지원에 관한 내용을 볼 수 있다.
- 한국어 학습과 관련된 자료를 볼 수 있다.

Q-net 한국어교육능력검정시험 홈페이지 q-net.or.kr/site/koreanedu
- 한국어교육능력검정시험에 관한 안내 및 시험 일정을 확인할 수 있다.
- 한국어교육능력검정시험 기출문제를 확인할 수 있다.

한국어 교육 기관 대표자 협의회 홈페이지 klic.or.kr
- 한국어 교육 기관의 교육 시스템을 공유하고, 교육 정책 및 현안을 논의할 수 있다.

시대에듀 합격프로젝트 이모저모

❖ 다음은 한국어교육능력검정시험에 대해 자주 하는 질문들입니다.

Q 한국어교육능력검정시험에 합격한 이후에 양성 과정을 이수해도 되나요?

A 안 됩니다. 「국어기본법 시행령」 제13조에 따라 한국어교육능력검정시험 1차 필기시험일 이전에 한국어교원 양성 과정을 이수해야 합니다. 한국어교육능력검정시험 합격 이후에 한국어교원 양성 과정을 이수한다고 하더라도 심사 시엔 불합격됨을 유의하시기 바랍니다.

Q 양성 과정 이수 후 한국어교육능력검정시험에 합격하면 한국어교원 자격증이 자동으로 발급되나요?

A 아닙니다. 시험에 합격하신 후 국립국어원에 한국어교원 자격 심사 신청을 해야 합니다. 자격 심사에서는 신청자들이 양성 과정을 통해 '한국어교원 자격 취득에 필요한 영역별 필수 이수 시간'을 이수했는지 여부를 판단하게 됩니다. 이러한 과정을 거친 후 심사에 합격한 분들에게 자격증을 발급해 드립니다.

Q 양성 과정 이수 후 한국어교육능력검정시험에 합격하여 자격증을 취득했는데도 자격증에 '무시험 검정'이라고 기재되어 있습니다. 무슨 의미입니까?

A 한국어교원 자격 심사는 신청자들이 제출한 서류를 토대로 심사가 이루어지므로 심사 단계에서는 시험이 없습니다. 따라서 한국어교원 자격증에 '무시험 검정'이라고 기재됩니다.

Q 양성 과정 수료 후 2년 안에 한국어교육능력검정시험에 합격해야 하나요?

A 아닙니다. 양성 과정 수료 후 한국어교육능력검정시험에 합격 기간은 따로 제한을 두고 있지 않으므로 양성 과정 수료 후 언제든지 시험에 합격하면 됩니다. 단, 오랜 시일이 지난 후 한국어교육능력검정시험에 합격하신 경우, 양성 과정을 수료한 기관에서 '[별지 제2호 서식] 한국어교원 양성 과정 이수증명서'를 발급받지 못하신다면 자격증을 취득하실 수 없으므로, 이수증명서 발급 가능 여부를 확인하신 후 시험에 응시해 주시기 바랍니다.

Q 심사 신청 후 합격자 발표까지는 얼마나 걸리나요?

A 심사 접수 기간은 보통 열흘이며, 접수 후 약 4~5주 후에 한국어교원 자격심사위원회가 열립니다. 그리고 심사위원회가 열린 후 약 1~2주 후에 합격자 발표를 합니다. 따라서 심사 신청 마감일로부터 합격자 발표까지 약 한 달 반에서 두 달의 기간이 소요됩니다.

Q 초·중등 정교사 자격증 소지자도 별도의 한국어교원 자격 심사를 거쳐야 하나요?

A 네, 그렇습니다. 초등학교 정교사, 중등학교 정교사 자격증 소지자라고 하더라도 국어기본법령에서 정하고 있는 과정(학위 및 비학위 과정)을 거쳐서 한국어교원 자격증을 취득해야 합니다.

이 책의 구성과 특징 STRUCTURES

❖ 본서는 실전처럼 문제를 풀어 볼 수 있는 〈문제 편〉과 꼼꼼한 해설을 담은 〈정답 및 해설 편〉 총 두 권으로 구성되어 있습니다.

1 문제 편

5개년 기출문제
2024년 제19회부터 2020년 제15회까지 5개년 기출문제를 수록하여 최근 출제 경향을 살펴볼 수 있습니다.

'1교시 한국어학·일반언어학 및 응용언어학', '2교시 한국 문화·외국어로서의 한국어 교육론'으로 나누어 실제 시험처럼 문제를 풀어 보며 자신의 실력을 점검할 수 있도록 하였습니다.

2 정답 및 해설 편

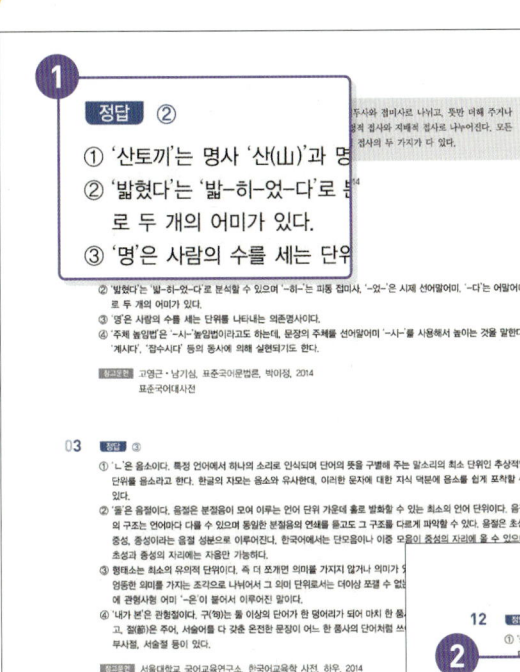

❶ 해설
모든 문제에 자세한 해설을 두어 혼자서도 충분히 학습할 수 있습니다. 각 선지가 정답인 이유와 오답인 이유를 관련 이론을 바탕으로 상세히 설명하고 있습니다.

❷ 알아두기
문제의 배경이 되는 이론을 수록하였습니다. 〈알아두기〉를 통하여 한국어교육능력검정시험 대비는 물론, 한국어 교사로서 갖춰야 할 심화 지식까지 익힐 수 있습니다.

❸ 참고문헌
한국어 교육과 관련된 필수 이론서, 학술지와 논문 등을 수록하여 이론을 더 깊이 있게 공부할 수 있습니다.

이 책의 차례 CONTENTS

문제 편

제19회 기출문제
1교시 한국어학 · 일반언어학 및 응용언어학 3
2교시 한국 문화 · 외국어로서의 한국어 교육론 25

제18회 기출문제
1교시 한국어학 · 일반언어학 및 응용언어학 61
2교시 한국 문화 · 외국어로서의 한국어 교육론 81

제17회 기출문제
1교시 한국어학 · 일반언어학 및 응용언어학 115
2교시 한국 문화 · 외국어로서의 한국어 교육론 137

제16회 기출문제
1교시 한국어학 · 일반언어학 및 응용언어학 173
2교시 한국 문화 · 외국어로서의 한국어 교육론 194

제15회 기출문제
1교시 한국어학 · 일반언어학 및 응용언어학 227
2교시 한국 문화 · 외국어로서의 한국어 교육론 250

정답 및 해설 편

제19회 정답 및 해설
1교시 한국어학 · 일반언어학 및 응용언어학 3
2교시 한국 문화 · 외국어로서의 한국어 교육론 45

제18회 정답 및 해설
1교시 한국어학 · 일반언어학 및 응용언어학 93
2교시 한국 문화 · 외국어로서의 한국어 교육론 133

제17회 정답 및 해설
1교시 한국어학 · 일반언어학 및 응용언어학 185
2교시 한국 문화 · 외국어로서의 한국어 교육론 219

제16회 정답 및 해설
1교시 한국어학 · 일반언어학 및 응용언어학 265
2교시 한국 문화 · 외국어로서의 한국어 교육론 295

제15회 정답 및 해설
1교시 한국어학 · 일반언어학 및 응용언어학 341
2교시 한국 문화 · 외국어로서의 한국어 교육론 375

2024년

19회 기출문제

[A형]

1교시 한국어학·일반언어학 및 응용언어학
2교시 한국 문화·외국어로서의 한국어 교육론

2024년

인생에 있어서 최고의 행복은
우리가 사랑받고 있다는 확신이다.

- 빅토르 위고 -

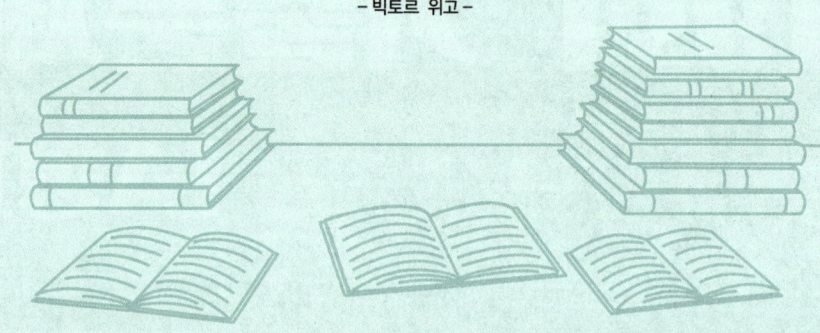

1교시 | 한국어학·일반언어학 및 응용언어학

제1영역 한국어학

01 한국어의 특징에 관한 설명으로 옳은 것은?

① 어미는 품사를 바꾸기도 한다.
② 어미의 결합에는 일정한 순서가 없다.
③ 파생 접미사는 단어 형성에 참여한다.
④ 파생 접미사는 어근과 결합할 때 제약이 없다.

02 밑줄 친 부분에 관한 설명으로 옳지 않은 것은?

① <u>산토끼</u>가 달아나고 있다. : '산토끼'는 합성어이다.
② 누군가에게 내 발이 <u>밟혔다</u>. : '밟혔다'에는 3개의 어미가 있다.
③ 나는 친구 세 <u>명</u>이 있다. : '명'은 단위성 의존명사이다.
④ 선생님께서는 일이 <u>많으시다</u>. : '많으시다'에는 주체 높임 표현이 들어 있다.

03 언어 단위에 관한 설명으로 옳지 않은 것은?

① '신'의 'ㄴ'은 음소이다.
② '예쁜 돌'에서 '돌'은 음절이다.
③ '작은아버지'에서 '작은'은 형태소이다.
④ '내가 본 책'에서 '내가 본'은 절이다.

04 중세 국어에 관한 설명으로 옳지 않은 것은?

① 종성 'ㅅ'은 실제 발음되었다.
② 'ㆅ'은 초성에 나타나지 않았다.
③ 초성으로 두 개의 자음이 발음될 수 있었다.
④ 훈민정음의 기본자는 상형의 원리가 적용되었다.

05 밑줄 친 부분에서 경음화 현상이 나타나는 모든 경우의 개수는?

- 상식 밖의 <u>몰지각</u>한 행동
- 떼지어 <u>물질</u>하는 잠녀들의 휘파람 소리
- 그들은 내가 지금 혼자 산다고 <u>홀대</u>를 한다.
- 이 친구들은 모두 사막에 <u>불시착</u>한 사람들이오.

① 1개
② 2개
③ 3개
④ 4개

06 한국어의 단모음에 관한 설명으로 옳지 않은 것은?

① 저모음의 수는 고모음의 수보다 적다.
② 원순모음의 수는 평순모음의 수보다 많다.
③ 혀의 높이를 기준으로 고모음, 중모음, 저모음으로 나뉜다.
④ 혀의 최고점의 앞뒤 위치에 따라 전설모음과 후설모음으로 나뉜다.

07 파열음으로만 묶인 것은?

① ㄷ, ㄸ, ㅅ
② ㅈ, ㅊ, ㅉ
③ ㅅ, ㅆ, ㅎ
④ ㅂ, ㄷ, ㄲ

08 밑줄 친 부분 중 첨가 현상이 나타나는 것은?

① 그것보다 더 큰 불이익을 주는 것은 없다.
② 일간지의 신춘문예 공모는 젊은 소설가들의 등용문이다.
③ 그는 상대의 공격을 역이용하여 전세를 뒤집었다.
④ 오늘은 떠나는 직원의 송별연이 있다.

09 밑줄 친 부분 중 탈락 현상이 나타나지 않는 것은?

① 아버지의 넋도 나를 지켜주는 것 같다.
② 가슴 속에 걱정이 쌓이면 병이 된다.
③ 바람을 안고 걸었다.
④ 새우로 담가서 육젓이라고 한다.

10 유음화가 적용된 예는?

① 산란기
② 동원령
③ 임진란
④ 횡단로

11 한국어의 음운론적 특성에 관한 설명으로 옳은 것은?

① 장애음은 비음 앞에 올 수 있다.
② 평폐쇄음 뒤에는 마찰음이 올 수 없다.
③ 'ㅎ' 앞에는 평폐쇄음이 올 수 있다.
④ 'ㄹ' 앞에는 'ㄹ' 이외의 자음이 올 수 없다.

12 음절의 구성에 관한 설명으로 옳지 않은 것은?

① 초성에는 불파음이 실현된다.
② 중성은 필수적인 요소이다.
③ 종성에는 파찰음이 실현될 수 없다.
④ 초성, 종성에는 일정한 제약이 있다.

13 대치 현상이 나타나지 않는 것은?

① 맨입
② 국민
③ 쌀눈
④ 남녘

14 피사동주가 부사어로 나타나지 않은 것은?

① 엄마가 아기에게 우유를 먹였다.
② 누나가 동생에게 그림책을 읽혔다.
③ 아버지가 자식에게 유산을 남겼다.
④ 아버지가 아들에게 운동화를 신겼다.

15 불규칙 활용을 하는 용언의 활용형을 모두 고른 것은?

ㄱ. 무지개 색깔이 <u>아름다움</u>
ㄴ. 선생님의 뒤를 <u>따름</u>
ㄷ. 우물에서 물을 <u>길음</u>
ㄹ. 보자기로 물건을 <u>휩쌈</u>

① ㄱ, ㄷ
② ㄱ, ㄹ
③ ㄴ, ㄷ
④ ㄴ, ㄹ

16 밑줄 친 부사가 수식하는 단어의 품사가 다른 것은?

① <u>조금</u> 더 많이 주세요.
② 밥을 <u>너무</u> 일찍 먹었다.
③ 사과가 <u>매우</u> 잘 익었다.
④ 복숭아를 <u>아주</u> 크게 갈랐다.

17 밑줄 친 용언 중 어미 활용의 제약이 가장 큰 것은?

① 이것을 <u>버리고</u> 저것을 취한다.
② 밥상을 <u>차리고</u> 손님을 맞이한다.
③ 시험을 <u>치르고</u> 집으로 돌아온다.
④ 친구들을 <u>데리고</u> 한라산에 오른다.

18 다음에 제시된 합성명사의 구성 방식과 <u>같은</u> 것은?

> '섞어찌개'는 용언의 활용형인 '섞어'와 명사인 '찌개'가 결합한 합성명사이다.

① 보슬비
② 옷걸이
③ 나뭇가지
④ 뜬소문

19 밑줄 친 말이 부사성 의존명사가 아닌 것은?

① 음식을 먹을 <u>만큼</u> 먹어라.
② 눈을 감은 <u>채</u> 가만히 있다.
③ 시간이 흐른 <u>지</u> 벌써 오래되었어요.
④ 쌀 있는 <u>대로</u> 다 가져오세요.

20 둘 이상의 품사로 쓰일 수 있는 단어가 포함된 것은?

① 여섯 개
② 새 저고리
③ 붉은 산
④ 열심히 공부한다

21 안긴문장이 포함되지 않은 것은?

① 예쁜 소녀가 웃었다.
② 철수의 새 컴퓨터가 고물이 되었다.
③ 인부가 집을 하얗게 칠했다.
④ 돌이는 그 노래가 무척 슬펐다.

22 밑줄 친 문장에 관한 설명으로 옳지 않은 것은?

> 아들: 아버지!
> 아버지: 오냐, 왜 그러니?
> 아들: <u>어머니께서 건너오시라십니다.</u>
> 아버지: 그래, 알겠다.

① 인용절을 안은 겹문장이다.
② 생략이 포함되었다.
③ 압존법이 사용되었다.
④ '건너오시라'의 높임 대상은 '아버지'이다.

23 다음 설명에 해당하는 이형태 교체가 나타나지 않는 것은?

> 이형태의 자동적 교체는, 만일 그러한 교체가 일어나지 않는다면 그 언어의 음운 규칙을 어기는 결과가 초래되는 경우이다.

① 철수<u>가</u> 집에 가고 선생님<u>이</u> 오셨다.
② 국밥은 국물이 맛있어야지.
③ 잔치에서는 밥<u>도</u> 먹고 과일<u>도</u> 먹는 거야.
④ 밥<u>값</u>과 술<u>값</u>을 지불하십시오.

24 대명사에 관한 설명으로 옳지 않은 것은?

① 형식상 불변어에 속한다.
② 명사, 수사와 함께 체언을 이룬다.
③ 고유어 계통의 재귀 대명사가 없다.
④ 지시 대명사는 3항 대립 체계이다.

25 조사에 관한 설명으로 옳지 않은 것은?

① 격조사, 접속조사, 보조사의 세 가지 유형이 있다.
② 부사격 조사는 보조사와 결합할 때 어순이 앞선다.
③ 보조사는 관형사와 결합할 수 없다.
④ 명사는 관형격 조사와 결합하지 않고 다른 명사를 수식할 수 없다.

26 밑줄 친 서술어의 자릿수가 다른 것은?

① 음악 때문에 사람들이 흥에 <u>겨웠다</u>.
② 돌이는 철수가 쓴 시를 <u>읽었다</u>.
③ 강아지는 고양이와 <u>다르지</u> 않다.
④ 철수는 아들을 훌륭한 의사로 <u>만들었다</u>.

27 다음 문장에 나타나는 절의 개수는?

> "붉게 물든 노을 바라보며 슬픈 그대 얼굴을 생각해"

① 4개
② 5개
③ 6개
④ 7개

28 '-더라'에 관한 설명으로 옳은 것을 모두 고른 것은?

> ㄱ. '-라'는 '-더-' 뒤에 나타나는 이형태 종결어미이다.
> ㄴ. '-더라'가 나타나는 단문에서 1인칭 주어가 나타날 수 없다.
> ㄷ. '-더-'는 선어말어미 '-리-'와 통합관계를 이룬다.
> ㄹ. '-더-'는 과거가 아닌 사태를 나타낼 때에도 쓰일 수 있다.

① ㄱ, ㄴ ② ㄱ, ㄹ
③ ㄴ, ㄷ ④ ㄷ, ㄹ

29 밑줄 친 단어 중 형태소의 개수가 다른 것은?

① 순희가 머리를 <u>빗었다</u>.
② 돌이의 큰 키가 눈에 <u>보였다</u>.
③ 철수가 큰 발에 맞는 운동화를 <u>신었다</u>.
④ 선수들이 똘똘 <u>뭉쳤다</u>.

30 고유어를 모두 고른 것은?

> ㄱ. 감기   ㄴ. 박살
> ㄷ. 엄포   ㄹ. 하마
> ㅁ. 외상값

① ㄱ, ㄷ
② ㄴ, ㄹ
③ ㄱ, ㄹ, ㅁ
④ ㄴ, ㄷ, ㅁ

31 혼종어를 분석했을 때 어종의 구성이 동일한 것끼리 묶인 것은?

① 숨통, 통나무
② 총알, 생고생
③ 책값, 주전부리
④ 유리병, 탕수육

32 밑줄 친 단어가 표준어가 아닌 것은?

① 너무 서둘다가 중요한 서류를 집에 놓고 왔다.
② 노인은 젊은이의 무례한 행동을 점잖게 나무랬다.
③ 그 일에 그의 자존심이 건들리지 않도록 조심해라.
④ 칠칠찮게 그 중요한 문서를 아무 데나 흘리고 다니느냐?

33 밑줄 친 단어의 쓰임이 옳지 않은 것은?

① 김칫국에 무를 삐져 넣었다.
② 주방에 젓국을 밭쳐 놓았다.
③ 넌 조그마한 일에 왜 그렇게 잘 삐치니?
④ 아침에 먹은 것이 자꾸 받혀서 점심을 굶어야겠다.

34 밑줄 친 부분이 국어사전에서 나머지 셋과 다른 표제어로 처리되는 것은?

① 아이들은 야밤을 타 닭 서리를 했다.
② 착한 일을 한 덕분에 방송을 타게 되었다.
③ 그녀는 아버지의 음악적 소질을 타고 태어났다.
④ 일행은 서쪽으로 뻗은 능선을 타고 산행을 했다.

35 다음 관용 표현에 관한 설명으로 옳지 않은 것은?

| ㄱ. 그림의 떡 | ㄴ. 쥐도 새도 모르게 |
| ㄷ. 미역국을 먹다 | ㄹ. 윗물이 맑아야 아랫물이 맑다. |

① ㄱ은 체언형, ㄴ은 부사형, ㄷ은 용언형 관용 표현으로 분류되기도 한다.
② ㄹ은 문장 형식의 속담이지만 넓은 의미에서 관용 표현으로 보기도 한다.
③ ㄱ은 '화중지병(畵中之餠)', '무용지물(無用之物)'과 유사한 의미를 나타낸다.
④ ㄴ은 ㄷ보다 축자적 의미와 관용적 의미 사이에 유연성이 낮아서 의미의 투명성이 낮다.

36 소리와 모양을 모두 나타낼 수 있는 부사는?

① 찌득찌득
② 올망졸망
③ 잘바당잘바당
④ 어치렁어치렁

37 밑줄 친 단어가 의미에 맞게 표기되지 않은 것은?

① 빈대떡을 <u>부쳐</u> 셋이 나눠 먹었다.
② 동생은 종이접기에 취미를 <u>부쳤다</u>.
③ 회의에 <u>부치는</u> 안건을 알려 주세요.
④ 나는 편지를 <u>부치러</u> 우체국에 들렀다.

38 의미가 유사한 한자 성어를 짝지은 것으로 옳지 않은 것은?

① 풍전등화(風前燈火) – 백척간두(百尺竿頭)
② 우이독경(牛耳讀經) – 마이동풍(馬耳東風)
③ 침소봉대(針小棒大) – 동상이몽(同床異夢)
④ 난형난제(難兄難弟) – 용호상박(龍虎相搏)

39 ( )에 들어갈 말을 순서대로 바르게 나열한 것은?

- 그 물품들의 구입 대금을 (   )하기 위해 카드를 가지고 나갔다.
- 마을 주민들은 주위 세력을 (   )하여 침략자 무리와 맞서 싸웠다.
- 누구나 실수를 하기 마련이니 자기 잘못에 너무 (   )하지 마세요.

① 결제(決濟) – 규합(糾合) – 괘념(掛念)
② 결재(決裁) – 융합(融合) – 여념(餘念)
③ 결제(決濟) – 규합(糾合) – 여념(餘念)
④ 결재(決裁) – 융합(融合) – 괘념(掛念)

40 'A + B' 형식의 합성어에서 B에 대한 A의 의미가 나머지 셋과 다른 것은?

① 부채춤
② 불고기
③ 산나물
④ 손빨래

41 밑줄 친 부분에 동의 중복 현상이 나타난 것은?

① 숙달된 조교가 우리에게 시범(示範)을 보였다.
② 그는 올해 오랜 습관인 흡연(吸煙)을 끊었다.
③ 그 선생님은 기말고사의 채점(採點)을 마쳤다.
④ 나는 그날 아내와 함께 일출(日出)을 맞았다.

42 상보대립관계의 어휘쌍이 아닌 것은?

① 참 ↔ 거짓
② 살다 ↔ 죽다
③ 출석 ↔ 결석
④ 덥다 ↔ 춥다

43 오그덴 & 리차즈(Ogden & Richards)의 의미삼각형이 보여 주는 의미 정의설은?

① 개념설
② 용법설
③ 지시설
④ 행동설

44 리치(G. Leech)가 분류한 의미 유형 중 (   )에 들어갈 말을 순서대로 쓴 것은?

> • 사냥꾼이 사슴을 쫓는다.
> • 사슴이 사냥꾼에게 쫓긴다.
>
> 위 두 문장은 (   ) 의미는 같지만 (   ) 의미가 다르다.

① 주제적 – 배열적
② 배열적 – 사회적
③ 개념적 – 주제적
④ 사회적 – 개념적

45 동의 현상의 유형이 나머지 셋과 다른 것은?

① 열쇠 – 키
② 얼굴 – 안면
③ 찾아보기 – 색인
④ 자다 – 주무시다

46 다음 문장의 의미 속성으로 옳은 것은?

> 집이 많이 기울었다.

① 항상 참이 되는 항진성이 있다.
② 참이 될 수 없는 모순성이 있다.
③ 두 가지 해석이 가능한 중의성이 있다.
④ 문법적으로 선택 제약을 어긴 변칙성이 있다.

47 의미 영역의 변화가 옳지 않은 것은?

① 놈: 의미 축소
② 놀부: 의미 축소
③ 선생: 의미 확대
④ 아저씨: 의미 확대

48 '이, 그, 저' 직시 표현에 관한 설명으로 옳지 않은 것은?

① '저'가 가리키는 대상은 화자와 청자의 눈에 보이지 않는 것이다.
② '이, 그, 저'는 일부 의존명사와 결합하여 지시 대명사를 만들 수 있다.
③ '이, 그, 저'는 사람, 장소, 사물 등 여러 대상을 지시하는 지시 관형사로 사용된다.
④ '그'는 화자에게는 멀고 청자에게는 가까이 있는 것을 가리킨다.

49 그라이스(P. Grice)의 '태도의 격률'에 해당하지 않는 것은?

① 간결하게 하라.
② 중의성을 피하라.
③ 모호한 표현을 피하라.
④ 필요 이상의 정보를 제공하지 말라.

50 다음 문장에서 공통적으로 위배한 격률은?

- 인생은 연극이야.
- 나는 저런 미련한 곰과 결혼해 살아도 행복하다.
- 창문 옆의 돈가스는 커피도 함께 원한다.

① 양의 격률(Maxim of quantity)
② 질의 격률(Maxim of quality)
③ 태도의 격률(Maxim of manner)
④ 관련성의 격률(Maxim of relation)

51 다음 문장에서 밑줄 친 '우리'의 직시 대상이 다른 것은?

① <u>우리</u>는 너와 생각이 달라.
② 너, 참 오랜만이구나. <u>우리</u>가 언제 만났지?
③ 당신이 원하지 않으시면 이 일은 <u>우리</u>끼리 하겠습니다.
④ 너는 할 수 있겠지만 <u>우리</u>는 현장 실습을 가야 해서 할 수가 없어.

52 국어사적 사실로 옳지 않은 것은?

① 구결, 이두, 향찰의 차자표기는 한글 창제 이후 사용되지 않았다.
② 중세 국어에서는 현대 국어보다 관형격 조사가 발달하였다.
③ 근대 국어 이후 객체 높임은 약화되고 상대 높임이 발달하였다.
④ 'ㆍ(아래아)'의 소멸 과정에서 모음조화 현상이 점차 약화되었다.

53 해례본 훈민정음에 관한 설명으로 옳지 않은 것은?

① 예의에는 글자의 음가와 운용 방법이 설명되어 있다.
② 제자해에는 각 자모의 제자 원리와 음상, 성조 등이 설명되어 있다.
③ 종성해에는 종성이 초성과 중성을 이어서 음절을 이루는 방법과 성조 등이 설명되어 있다.
④ 합자해에는 초성과 중성과 종성을 합쳐서 글자를 이루는 방법과 성조, 연서법 등이 설명되어 있다.

54 밑줄 친 말 중 상대 높임법 어미의 등급이 다른 것은?

① 그딋 아바니미 <u>잇ᄂᆞ닛가</u>
② 니ᄅᆞ샨 양ᄋᆞ로 <u>ᄒᆞ리이다</u>
③ 淨土애 ᄒᆞᆫ ᄃᆡ 가 <u>나사이다</u>
④ 王이 부텨를 <u>請ᄒᆞᅀᆞᄫᆞ쇼셔</u>

55 { } 안에 제시된 말의 띄어쓰기가 모두 옳은 것은?

① 희선이는 건물의 {육 층, 육층}에서 일한다.
② 언니는 강아지 {세 마리, 세마리}를 키운다.
③ 그는 {아흔 여덟, 아흔여덟} 살에 사망했다.
④ {이 퇴계, 이퇴계} 선생은 위대한 학자였다.

56 밑줄 친 원칙에 따르지 않은 표기는?

> 한글 맞춤법은 표준어를 소리대로 적되, <u>어법에 맞도록 함</u>을 원칙으로 한다.

① '흙'에 조사 '도'가 붙은 말을 '흙도'라고 적었다.
② '(색깔이) 곱-'에 어미 '-아'가 붙은 말을 '고와'라고 적었다.
③ '(옷을) 벗-'에 어미 '-고'가 붙은 말을 '벗고'라고 적었다.
④ '(밥을) 먹-'에 어미 '-는'이 붙은 말을 '먹는'이라고 적었다.

57 제시된 국어의 로마자 표기법 원칙에 따라 적은 표기로 옳지 않은 것은?

> 'ㄱ, ㄷ, ㅂ' 소리는 모음 앞에서 각각 'g, d, b'로 적고, 자음 앞 또는 어말에서 각각 'k, t, p'로 적는다.

① 샛별: saetbyeol
② 호법: Hobeop
③ 백암: Baekam
④ 법학: beophak

58 다음 외래어 혹은 외국어가 외래어 표기법에 맞게 표기된 것을 모두 고른 것은?

> ㄱ. tape[teip]: 테입   ㄴ. vision[viʒən]: 비젼
> ㄷ. rainbow[reinbou]: 레인보   ㄹ. highlight[hailait]: 하이라이트

① ㄱ, ㄴ
② ㄱ, ㄹ
③ ㄴ, ㄷ
④ ㄷ, ㄹ

59 { } 안의 앞뒤 말이 복수 표준형의 짝이 아닌 것은?

① 이 {닭의장/닭장}에 수탉은 몇 마리 있죠?
② 왜 그렇게 {안절부절하니/안절부절못하니}?
③ 그의 얼굴을 {이쁘게/예쁘게} 그려 주겠니?
④ 그렇게 {주책없는/주책인} 사람은 처음 봤다.

60 문장 부호가 어문 규정에 맞지 않게 쓰인 것은?

① 큰언니는 어제 『인류의 미래』라는 책을 사 왔다.
② 이 곡은 푸치니가 작곡한 〈별은 빛나건만〉이다.
③ 《독립신문》은 우리나라 최초의 민간 신문이다.
④ 나는 그때 "이분이 자상하시구나."라고 생각했다.

제2영역 일반언어학 및 응용언어학

61 법언어학(forensic linguistics)의 연구 대상이 아닌 것은?

① 음성 분석을 통한 화자 식별
② 문서 비교를 통한 저자 판별
③ 심리 분석을 통한 피의자의 범행 의도 파악
④ 발화 분석을 통한 협박죄 여부 판단

62 의사소통 능력 모형(Canale & Swain, 1980; Canale, 1983)의 하위 범주가 아닌 것은?

① 문법적 능력
② 화용적 능력
③ 전략적 능력
④ 담화적 능력

63 코퍼스에 관한 설명으로 옳지 않은 것은?

① 병렬 코퍼스: 같은 내용의 텍스트를 둘 이상의 언어로 함께 입력하여 구축
② 균형 코퍼스: 언어 및 비언어적 의사소통을 연구하고자 오디오와 비디오 자료로 구축
③ 학습자 코퍼스: 학습자의 오류를 연구하기 위해 구축
④ 주석 코퍼스: 텍스트를 분석한 뒤 품사, 구문 구조 등에 관한 정보를 일관된 형식의 표지로 달아 구축

64 응용언어학에 관한 설명으로 옳은 것을 모두 고른 것은?

> ㄱ. 언어와 관련된 실질적이고 실용적인 문제를 해결하는 일에 관련된다.
> ㄴ. 인접 학문과 함께 학제 간 연구의 성격을 띤다.
> ㄷ. 종종 이론언어학과 대비되는 분야로 인식된다.
> ㄹ. 언어학 이론을 현장에 적용하고, 그 결과를 반영하여 이론을 보완한다.

① ㄱ, ㄴ
② ㄱ, ㄷ, ㄹ
③ ㄴ, ㄷ, ㄹ
④ ㄱ, ㄴ, ㄷ, ㄹ

65 어휘쌍이 이루는 의미 관계에 관한 설명으로 옳지 않은 것은?

① '짐승'–'개' : '개'는 '짐승'의 의미 자질을 포함하고 있어서 '짐승'의 하의어이다.
② '틈'–'겨를' : '틈'과 '겨를'은 모든 문맥에서 서로 교체할 수 있는 절대적 동의어이다.
③ '뜨겁다'–'차갑다' : '뜨겁다'와 '차갑다'는 둘 사이에 중간 상태가 있는 정도 반의어이다.
④ '손'–'손가락' : '손가락'은 '손'의 부분을 이루고 있어서 '손'의 부분어이다.

66 문자에 관한 설명으로 옳은 것은?

① 설형문자는 음성문자에서 표의문자로 가는 중간 단계의 문자이다.
② 이집트의 상형문자는 그림이 추상화된 표의문자이다.
③ 일본어의 가나(暇名)는 자음과 모음을 분리하여 각각을 글자로 나타낸 음절문자이다.
④ 페니키아 문자는 각 음절의 자음만 표기하고 모음은 생략하여 나타낸 자음문자이다.

67 각 대화에서 A의 발화가 메타언어적 기능으로 사용된 것은?

ㄱ. A: 아이들이 운동장에서 축구를 하고 있어.
　　B: 그렇구나.
ㄴ. A: 이곳의 풍경이 참으로 아름답구나.
　　B: 나도 그렇게 생각해.
ㄷ. A: 안녕하세요?
　　B: 안녕하세요?
ㄹ. A: 북한산은 3음절 단어야.
　　B: 맞아. 그리고 고유명사이기도 하지.

① ㄱ　　　　　　　　　② ㄴ
③ ㄷ　　　　　　　　　④ ㄹ

68 다음에 해당하는 언어학의 하위 분야를 순서대로 나열한 것은?

- 언어 사용자의 지식으로서의 소리 혹은 언어 체계 내에서 기능을 갖는 소리를 연구하는 분야
- 단어의 형성 방법과 구조를 연구하는 분야
- 상황 맥락을 바탕으로 언어 사용의 원리와 확장된 의미를 연구하는 분야

① 음운론, 형태론, 화용론
② 음성학, 형태론, 의미론
③ 음운론, 통사론, 의미론
④ 음성학, 통사론, 화용론

69 밑줄 친 직시(deictic) 표현에 관한 설명으로 옳지 않은 것은?

지난주에는 제가 그리 갔지만, 내일은 당신이 이리 오세요.

① '지난주'는 화자의 발화 시간이 중심이 된 시간 직시 표현이다.
② '저'는 발화를 하는 주체인 화자가 중심이 된 인칭 직시 표현이다.
③ '이리'와 '오다'는 청자의 발화 장소가 중심이 된 장소 직시 표현이다.
④ '-세요'는 청자와 관련된 화자의 상대적 신분이나 지위에 따른 사회 직시 표현이다.

70 구조주의 언어학에 관한 설명으로 옳지 않은 것은?

① 촘스키의 생성문법에 영향을 미쳤다.
② 파롤(parole)은 생득적이어서 직접 관찰할 수 없는 추상적인 체계이다.
③ 언어 기호의 가치는 체계와 구조 안에서 파악된다.
④ 소쉬르는 언어 연구를 공시적 연구와 통시적 연구로 나누고, 공시적 연구가 중요함을 주장하였다.

71 오류분석 가설에 관한 설명으로 옳지 않은 것은?

① 오류는 학습자의 자연스런 학습 과정의 일부이다.
② 오류는 학습자가 학습 대상 언어에서 무엇을 학습해야 하는지를 말해준다.
③ 언어 간 간섭에 의한 오류는 초급 학습자들에게서 많이 나타난다.
④ 주로 듣기, 읽기와 같은 이해 영역의 오류를 관찰한다.

72 세계 언어의 분류에 관한 설명으로 옳은 것은?

① 베트남어와 튀르키예어는 교착어의 성격이 강하다.
② 네덜란드어와 에스키모어는 굴절어의 성격이 강하다.
③ 한국어와 일본어는 SOV 어순 유형이다.
④ 영어와 웨일즈어는 SVO 어순 유형이다.

73 현대 한국어와 현대 영어의 대조분석에 관한 설명으로 옳은 것은?

① 한국어에는 존대를 나타내는 체계적인 문법 표지가 있으나, 영어는 그렇지 않다.
② 한국어는 주어 중심 언어이고, 영어는 주제 중심 언어이다.
③ 한국어에는 주어 중출과 목적어 중출 현상이 있으나, 영어에는 주어 중출 현상만 있다.
④ 한국어는 핵 선행(head-initial) 언어, 영어는 핵 후행(head-final) 언어이다.

74 대조분석 가설 중 강설(strong version)에 관한 설명으로 옳지 않은 것은?

① 외국어 학습에서 나타나는 오류의 주요 원인은 학습자의 모국어에서 오는 간섭이다.
② 외국어 학습 과정에서 오는 주된 어려움은 모국어와 외국어의 차이에서 기인한다.
③ 모국어와 외국어의 차이가 클수록 학습에서의 어려움은 더 커진다.
④ 대조분석의 결과로 오류를 예측할 수 없지만, 오류의 원인을 설명할 수 있다.

75 언어와 뇌에 관한 설명으로 옳지 않은 것은?

① 반구 편중화: 대뇌 반구의 어느 한 쪽에 고유한 기능이 형성되는 현상이다.
② 결정적 시기: 뇌의 각 부분에 중요한 역할이 부여되는 시기로 인간이 언어 기능을 갖추는 것과 결정적인 관계가 있다.
③ 베르니케 실어증: 베르니케 영역에 손상을 입은 환자에게 단어나 문장을 입 밖으로 내는 일 자체는 매우 어렵다.
④ 기능적 자기 공명 영상 기법(fMRI): 뇌신경의 활동과 관련된 혈류 반응을 측정한다.

76 언어 이해와 산출에 관한 설명 또는 예로 옳지 않은 것은?

① 의미적 점화: '의사'라는 단어는 이전에 의미적으로 관련이 있는 '병원'이라는 단어를 처리한 이후 더 빠르게 처리된다.
② 통사적 점화: 학습자에게 능동문을 반복하게 한 후 그림 묘사 실험을 수행한 경우에 학습자는 능동문으로 그림을 묘사한다.
③ 교환: 말실수의 한 유형으로 '치즈 피자' 대신에 '*피즈 피자'라고 말하는 것을 들 수 있다.
④ 가든 패스(garden path) 모형: 중의성이 있는 문장을 어느 한 방향으로 분석하고 나중에 이의 잘못을 파악하여 재분석하는 통사 처리 모형이다.

77 사회언어학의 개념에 관한 설명으로 옳지 않은 것은?

① 피진(pidgin)은 어휘의 수가 적고 복잡한 문법 규칙도 없어 매우 단순화된 언어 형태를 띤다.
② 크레올(creole)은 피진 보다 언어 체계가 더 안정되고 어휘가 확장된 언어로서, 톡피신어(Tok Pisin)가 대표적이다.
③ 양층 언어 현상(diglossia)은 한 언어 공동체에서 두 개의 언어나 방언이 특정 영역에서 체계적으로 구별되어 사용되는 상황이다.
④ 링구아 프랑카(lingua franca)는 여러 언어를 사용하는 사람들 간의 의사소통을 위한 공동 언어로서, 영어가 대표적이다.

78 사회언어학의 연구 대상이 아닌 것은?

① 영국의 상류 계층과 노동 계층 간 발음의 차이
② 남녀 성별 차이에 따른 상대높임법 실현의 차이
③ 한국어와 영어에서 주어, 목적어 등의 문법 관계 실현의 차이
④ 아프리카계 미국인 영어의 억양상 특색과 특이한 발음

79 다음에 사용된 제2언어 습득 자료 수집 방법에 관한 설명으로 옳지 않은 것은?

> 〈상황〉
>
> 당신은 작은 선물 가게에서 일한다. 당신이 창고에 있을 때, 손님이 가게에 들어왔음을 알리는 종소리를 듣게 된다. 당신은 전화를 하고 있기 때문에 당장 손님을 맞으러 갈 수 없다. 가능한 빨리 전화를 끊고 곧바로 손님을 맞으러 나간다.
>
> 이 상황에서 당신(판매원)은 손님에게 무엇이라고 말하겠습니까?
> 당신: _____

① 문법성 판단 테스트의 예이다.
② 중간 언어 화용론 분야에서 사용한다.
③ 응답자의 모국어에 따른 한국어 화행 실현 양상을 연구할 수 있다.
④ 대화자들 간의 권력 관계, 사회적 거리와 화행 실현 부담의 정도를 고려하여 상황을 설계할 수 있다.

80 학습자 언어에 관한 설명으로 옳지 않은 것은?

① 목표어다운 사용: 학습자가 목표어를 사용할 때 필수적으로 사용해야 하는 특정 문법자질을 문맥에서 정확하게 사용하는 것
② 체계적 변이: 학습자가 목표어의 특정 자질의 한 형태를 특정한 경우에만 사용하고 다른 형태는 다른 특정한 경우에만 사용하는 규칙성을 보이는 것
③ 재구조화: 통제된 노력이 요구되던 절차들이 자동화됨에 따라 언어 지식뿐만 아니라 언어 기술 사용 전략에도 질적 변화가 발생하는 것
④ 안정화: 학습자의 중간 언어 발달이 일시적으로 중지된 상태

2교시 | 한국 문화·외국어로서의 한국어 교육론

제3영역 한국 문화

01 정월대보름의 풍속에 관한 설명으로 옳지 않은 것은?

① 다섯 가지 곡식으로 지은 오곡밥을 먹는다.
② 익모초 끓인 물을 마시며 건강을 기원한다.
③ 귀밝이술을 마시며 귀가 밝아지고 좋은 소식이 오길 기대한다.
④ 상대방을 불러 대답하면 '내 더위 사 가라' 하며 더위팔이를 한다.

02 (   )에 공통적으로 들어갈 절기로 옳은 것은?

- (   )에 가물면 땅이 석 자가 마른다.
- (   )에 가장 중요한 볍씨를 담근다.
- (   )이/가 넘어야 조기가 운다.

① 곡우(穀雨)
② 망종(芒種)
③ 백로(白露)
④ 상강(霜降)

03 한국의 가신신앙에 관한 설명으로 옳지 않은 것은?

① 업신 – 안방에 작은 단지로 모셔지며 가족을 보호하고 가업을 도와준다.
② 터주 – 뒤꼍이나 장독대에 쌀이 든 단지로 모셔지며 집터를 관장한다.
③ 성주신 – 대들보나 대청마루, 안방에 모셔지며 집안을 수호한다.
④ 조왕신 – 부엌에 모셔지며 불을 관장하고 집안의 부정을 없앤다.

04 전통사회에서 성인이 되었음을 인정하는 의례로 옳지 않은 것은?

① 양반 남자 – 관례
② 양반 여자 – 계례
③ 민간 남자 – 진새례
④ 민간 여자 – 면신례

05 전통 의상 중 남자들이 일할 때 입던 옷으로 바지가랑이가 짧고 통이 좁은 옷의 이름은?

① 말군
② 쾌자
③ 남바위
④ 잠뱅이

06 한옥의 마루에 관한 설명으로 옳지 않은 것은?

① 대청 – 한옥의 중앙에 자리잡은 큰 마루
② 누마루 – 사랑채에 이어져 높게 만든 마루
③ 용마루 – 마당 한 켠에 두고 쓰는 이동식 마루
④ 툇마루 – 건물 둘레를 따라 폭이 좁게 만든 마루

07 세계기록유산으로 지정된 한국의 기록물이 아닌 것은?

① 〈석보상절〉
② 〈승정원 일기〉
③ 〈조선왕조실록〉
④ 〈백운화상초록 불조직지심체요절〉

08 유적과 소재지의 연결이 옳지 않은 것은?

① 오죽헌 – 강릉
② 첨성대 – 경주
③ 촉석루 – 남원
④ 무령왕릉 – 공주

09 한국의 온라인 게임에 관한 설명으로 옳지 않은 것은?

① 3D온라인 게임이 대세를 이루며 확대되고 있다.
② 온라인 게임은 콘텐츠로서 높은 경쟁력을 가지고 있다.
③ 게임과 소셜미디어의 융합으로 '게임의 메타버스화'가 실현되고 있다.
④ 청소년의 심야시간 인터넷게임 이용을 제한하기 위한 셧다운제도가 시행되고 있다.

10 인공지능과 이세돌 9단의 대결에 관한 설명으로 옳지 않은 것은?

① 인공지능과 이세돌의 대국에서 인공지능이 4 대 1로 승리했다.
② 이세돌과 대결한 인공지능 바둑 프로그램은 딥블루이다.
③ 이세돌과 대결한 인공지능 바둑 프로그램은 심층강화학습으로 교육되었다.
④ 한국 내에서 인공지능에 대한 사회적 관심이 폭증하는 계기가 되었다.

11 다음 사건들을 시기 순서대로 올바르게 나열한 것은?

> ㄱ. 7·4남북공동성명
> ㄴ. IMF구제금융시기 금모으기운동
> ㄷ. 5·18민주화운동
> ㄹ. 한일피파월드컵

① ㄱ - ㄴ - ㄷ - ㄹ
② ㄱ - ㄷ - ㄴ - ㄹ
③ ㄷ - ㄱ - ㄹ - ㄴ
④ ㄷ - ㄴ - ㄹ - ㄱ

12 한국영화와 관련된 설명으로 옳지 않은 것은?

① 한국인이 경영한 최초의 상설영화관은 단성사이다.
② 최초의 발성영화는 나운규 감독의 〈아리랑〉이다.
③ 박남옥은 〈미망인〉을 완성한 최초의 여성 감독이다.
④ 최초의 만화영화는 신동헌 감독의 〈홍길동〉이다.

13 한국 예술가와 분야의 연결이 옳지 않은 것은?

① 함세덕 – 조각
② 천경자 – 회화
③ 조수미 – 성악
④ 승효상 – 건축

14 2023년 한국의 인구 현상에 관한 설명으로 옳지 않은 것은?

① 1인 가구는 전체 가구의 30%를 넘어섰다.
② 등록 체류외국인 숫자는 250만 명을 넘어섰다.
③ 여성의 경제활동 참가율이 남성의 경제활동 참가율보다 낮다.
④ 65세 이상의 인구가 20%를 넘어 초고령사회에 진입하였다.

15 한국의 국제개발협력에 관한 설명으로 옳지 않은 것은?

① 한국국제협력단(KOICA)은 1991년에 설립된 국제개발협력의 대표기관이다.
② 2009년에 경제협력개발기구(OECD) 개발원조위원회(DAC) 회원국이 되었다.
③ 대외경제협력기금(EDCF)은 개발도상국의 산업화와 경제발전을 지원하는 정책기금이다.
④ 2023년 국민총소득(GNI) 대비 공적개발원조(ODA)의 비율에서 한국은 개발원조위원회(DAC) 회원국 전체의 평균을 넘어섰다.

16 한국 사회의 세대와 특징에 관한 설명으로 옳지 않은 것은?

① 베이비 붐 세대 – 1955년부터 1963년 사이에 태어나 한국 경제의 고속 성장을 주도한 세대
② 386세대 – 1965년부터 1980년대에 태어나 이념이나 정치에 관심이 적고 개인주의 성향을 보인 세대
③ G세대 – 1988년 서울올림픽을 전후한 시기에 태어나 글로벌마인드를 갖추며 자란 세대
④ Z세대 – 1990년대 중반부터 2000년대 초반 태어나 최신 트렌드와 디지털 환경에 익숙한 세대

17 향가 작품에 관한 설명으로 옳지 않은 것은?

① 〈서동요〉 – 서동이 선화 공주와 결혼하기 위해 부른 4구체 향가
② 〈헌화가〉 – 한 노인이 수로부인에게 꽃을 꺾어주며 노래한 4구체 향가
③ 〈원왕생가〉 – 임금과 신하가 역할에 충실할 것을 다짐한 8구체 향가
④ 〈제망매가〉 – 월명이 죽은 누이의 극락왕생을 염원한 10구체 향가

18 1920년대 한국 시의 특징이 아닌 것은?

① 김억의 번역시집 〈오뇌의 무도〉가 출간되었다.
② 최남선과 이병기는 시조 부흥 운동에 앞장섰다.
③ 카프 동인들은 당대 현실에서 도피하고자 하였다.
④ 김소월과 한용운은 '임'의 상실로 자기 시대를 바라보았다.

19 임진왜란에 종군한 무관으로서 자기 체험과 생각을 노래한 가사 작품과 작가의 연결이 옳은 것은?

① 〈상춘곡〉 – 정극인
② 〈출새곡〉 – 조우인
③ 〈태평사〉 – 박인로
④ 〈만분가〉 – 조위

20 산업화 과정에서 도시빈민의 생활과 소외된 계층의 비극을 묘사한 1970년대에 출간된 작품은?

① 최인훈의 〈광장〉
② 이문구의 〈관촌수필〉
③ 양귀자의 〈원미동 사람들〉
④ 조세희의 〈난장이가 쏘아올린 작은 공〉

제4영역 　외국어로서의 한국어 교육론

21　구조 교수요목(structural syllabus)에 관한 설명으로 옳은 것은?

① 문법의 난이도, 빈도수를 기준으로 학습 내용을 조직한다.
② 구성주의에 바탕을 두어 관찰과 반복을 통해 지식을 배운다.
③ 내용이나 주제를 중심으로 교수요목을 구성한 것으로 메시지를 이해하는 데 중심을 둔다.
④ 언어 사용과 의사소통 능력을 중심으로 교육 내용을 구성한다.

22　외국어 교수법에서 문화를 바라보는 관점에 관한 설명으로 옳은 것은?

① 문법 번역식 교수법에서는 문화를 화자의 일상적인 행위와 생활 유형으로 본다.
② 청각 구두식 교수법에서는 문화를 역사, 지형에 대한 정보를 보여주는 것으로 인식한다.
③ 직접 교수법에서는 문화를 사회적 상호 작용, 인간관계 형성, 지식 창조를 위한 도구로 본다.
④ 의사소통 교수법에서는 의사소통을 하기 위해 필요한 요소로 문화를 인식한다.

23　교육 기관에서 한국어 교재 선정 시 고려해야 할 내용으로 옳지 않은 것은?

① 기관 정보, 학습자, 교사와 같은 교수・학습 상황을 고려한다.
② 개별 학습자의 학습 전략을 고려하여 선정한다.
③ 교재 지침의 일관성, 교재 사용자의 특정 여부를 고려한다.
④ 교재 외관, 가격, 구매 접근성과 같은 외적 구성을 고려하여 선정한다.

24　'국제 통용 한국어교육 표준 모형(2017)'의 초급 문화 지식에 해당하는 것은?

① 한국인의 행동 양식(인사법, 손짓, 몸짓 등)을 이해한다.
② 한국인의 개인적 활동(동아리, 친목 모임 등)을 이해한다.
③ 한국의 문화유산(도자기, 사찰 등)을 이해한다.
④ 한국의 특징적인 역사(식민 지배, 한국전쟁, 분단 상황 등)를 이해한다.

25 한국어교육에서 문학 교육의 목표로 옳지 않은 것은?

① 복잡한 사회 문화적 상황을 이해함으로써 의사소통 능력을 함양하는 데 있다.
② 문학 작품에 등장하는 인물의 가치, 신념, 태도 등을 통해서 상호 문화적 능력을 향상시키는 데 있다.
③ 한국의 전통적 가치와 정서를 드러내는 작품들을 통해서 자문화 중심주의를 내면화하는 계기를 만든다.
④ 학습자 개인의 내적 체험과 내면화를 통해 개인의 성장을 이루는 데 있다.

26 언어 기능의 통합 교육에 관한 설명으로 옳지 않은 것은?

① 언어생활에서 듣기는 타 기능과의 연결이 긴밀하므로, 다른 기능과 통합해 교육할 필요가 있다.
② 듣기와 말하기는 두 기능을 통하지 않고 대화가 불가능하다는 점에서 상호의존적이다.
③ 듣기와 쓰기의 통합 교육은 학습자의 이해 여부를 확인할 수 있다는 장점이 있다.
④ 듣기와 읽기는 모두 이해 영역에 해당되므로 기능 통합 교육에 부적절하다.

27 교육용 어휘의 체계화에 관한 설명으로 옳은 것은?

① 의미 관계에 따라 파생어, 합성어, 관용 표현 등으로 구분한다.
② 어휘 구조에 따라 유의어, 반의어, 다의어, 상위어, 하위어 등으로 구분한다.
③ 어휘의 의미망에 따라 전체·부분 관계, 일반·구체 관계, 의미 구성성분 등으로 구분한다.
④ 사회언어학적 특성에 따라 한자어, 외래어, 고유어, 혼종어 등으로 구분한다.

28 문법 항목과 의미 기능에 관한 설명으로 옳지 않은 것은?

① -(으)시-: 목적어로 나타나는 대상을 존대할 때 사용한다.
② -고 있다: 어떤 동작이 끝나지 않고 진행되고 있음을 나타낼 때 사용한다.
③ -겠-: 말하는 사람의 의지를 나타낼 때 사용한다.
④ -었-: 과거에 발생한 상황이나 사건을 나타낼 때 사용한다.

29 크라셴(S. Krashen)의 입력 가설에 관한 설명으로 옳은 것은 모두 고른 것은?

> ㄱ. 인간은 '이해 가능한 입력'을 받아들임으로써 언어를 습득한다.
> ㄴ. 현재 언어 능력 수준보다 최소 정도만 더 높은 수준(i+1)의 구조를 포함하고 있는 언어를 이해함으로써 배운다.
> ㄷ. 의사소통이 성공적으로 진행되고, 입력이 이해되며, 입력의 양이 충분하면 i+1은 자동적으로 제공된다.
> ㄹ. 지속적인 연습과 훈련의 결과로 의식적인 주의와 노력 없이 자동적으로 절차적 지식을 사용할 수 있게 된다.

① ㄱ, ㄴ
② ㄷ, ㄹ
③ ㄱ, ㄴ, ㄷ
④ ㄱ, ㄴ, ㄷ, ㄹ

30 침묵식 교수법에 관한 설명으로 옳지 않은 것은?

① 교수 내용: 교사의 침묵을 통해 학습자가 집중하도록 유도한다.
② 교수 방법: 음가표와 색깔막대를 활용하여 말한다.
③ 학습에 대한 관점: 문제 해결, 창조적 활동, 발견 활동을 통하여 학습한다.
④ 오류에 대한 관점: 학습에서 오류는 일어나서는 안 되는 불필요한 것이다.

31 이민자 사회통합프로그램에 관한 설명으로 옳은 것을 모두 고른 것은?

> ㄱ. 1-4단계 한국어 수업은 각각 200시간으로 구성되어 있다.
> ㄴ. TOPIK 2급 소지자는 사회통합프로그램 3단계를 수강할 수 있다.
> ㄷ. 기초적인 의사소통이 가능함을 입증한 결혼이민자가 사증(F-6)을 발급받은 경우 사전평가 없이 2단계에 배정된다.
> ㄹ. 4단계 한국어 과정을 마치면 '한국이민귀화적격시험' 합격증이 발급된다.

① ㄱ, ㄹ
② ㄴ, ㄷ
③ ㄴ, ㄷ, ㄹ
④ ㄱ, ㄴ, ㄷ, ㄹ

32 발음 교육의 교수·학습 방안에 관한 설명으로 옳지 않은 것은?

① 경음화의 음운론적 지식과 개념은 메타언어를 사용하여 적극적으로 가르친다.
② 앱을 활용하여 학습자 스스로 억양을 교정할 수 있는 학습 전략을 제시한다.
③ 구개음화는 받침 /ㄷ, ㅌ/이 '이'와 결합하는 것을 가르치고 나서 '히'와 결합하는 것을 가르친다.
④ 받침 오류는 음절구조의 대조분석을 통해 학습자의 오류 양상을 파악한다.

33 다음에서 설명하는 교수요목의 내용 조직 유형은?

> 목표 문형 '-아/어서'의 의미·기능을 '이유 → 순서 → 방법·수단'의 순서로 시간차를 두고 가르치되, 이전에 배운 내용을 다시 학습할 수 있도록 교수요목을 구성한다.

① 선형(linear type)
② 나선형(spiral type)
③ 조립형(modular type)
④ 기본 내용 세시형(matrix type)

34 다음 모음의 발음 오류 및 교정에 관한 설명으로 옳지 않은 것은?

> • 학습자 A: 어제[오제] 학교에 갔어요.
> • 학습자 B: 우리[으리] 같이 갈까요?
> • 학습자 C: 제 가족[가죽]은 4명이에요.
> • 학습자 D: 제가 그린[기린] 거예요.

① A: '어'를 [오]로 대치하므로 비원순성을 강조하여 지도한다.
② B: '우'를 [으]로 대치하므로 입술을 돌출시키도록 지도한다.
③ C: '오'를 [우]로 대치하므로 원순성을 강조하여 가르친다.
④ D: '으'를 [이]로 대치하므로 혓몸을 뒤쪽으로 이동하여 발음하도록 가르친다.

35 발음 교육을 할 때 교육 내용의 제시 순서로 옳은 것은?

① 이중모음을 제시한 후 단모음을 제시한다.
② 경음을 제시한 후 평음을 제시한다.
③ 겹받침을 제시한 후 홑받침을 제시한다.
④ 개음절을 제시한 후 폐음절을 제시한다.

36 결과 지향적 교수요목에 해당하지 않는 것은?

① 구조 중심
② 상황 중심
③ 과제 중심
④ 개념-기능 중심

37 한국어 교육과정(교육부 고시 제2017-131호)에 관한 설명으로 옳지 않은 것은?

① 국제통용한국어표준교육과정과 같이 초급, 중급, 고급 각 2단계씩 6단계로 구성되어 있다.
② 해외에서 제2외국어로 한국어를 배우는 학생들을 위한 한국어 교육과정이다.
③ 한국어의 내용 체계는 생활 한국어, 학습도구 한국어와 교과적응 한국어로 구분된다.
④ 언어문화, 전통문화, 또래문화 등의 문화 관련 항목이 포함되어 있다.

38 초급 학습자의 정확성을 높이기 위한 발음 교육 방안으로 옳은 것을 모두 고른 것은?

> ㄱ. 최소대립쌍(minimal pair)을 활용하여 음소를 변별하는 활동을 한다.
> ㄴ. 섀도잉(shadowing)을 통해 원어민의 발화와 동일한 속도로 따라하게 한다.
> ㄷ. 거울을 보면서 단모음과 이중모음의 발음 차이를 시각적으로 볼 수 있게 한다.

① ㄱ, ㄴ
② ㄱ, ㄷ
③ ㄴ, ㄷ
④ ㄱ, ㄴ, ㄷ

39 초분절음을 교육하는 방법으로 옳지 않은 것은?

① 음의 장단음은 의미 변별에 중요하므로 강조하여 가르친다.
② 종결어미의 억양 실현 방식에 따라서 화자의 감정이나 태도가 다르게 전달된다.
③ 초점이나 강세를 받는 단어는 음이 높아지고, 길이가 길어져 두드러지게 들린다.
④ 휴지를 어디에 두는지에 따라서 문장의 의미가 달라질 수 있다.

40 교수요목에 관한 설명으로 옳은 것은?

① 학습자를 위해 교육 프로그램을 기획, 운영, 관리, 평가하는 총체적인 절차를 일컫는다.
② 교실 현장에서 특정한 학습자 집단을 대상으로 하는 수업 내용의 선정 및 배열과 관련되어 있다.
③ 학생들이 참여하도록 교육 기관에서 기획한 모든 활동이 포함된다.
④ 학습자 대상별 교수 학습 모형 설계 및 평가가 포함된다.

41 교육과정의 개발 단계에 관한 설명으로 옳지 않은 것은?

① 상황 분석에서는 학습자, 교재, 교사 지도안의 세 가지 요인을 고려해야 한다.
② 학습 목적과 목표는 학습자 요구 분석에 따라 설정한다.
③ 교육 내용의 선정 및 조직은 학습 목표에 따라 정한다.
④ 교육과정의 평가는 일회성이 아니라 개발 단계마다 유기적으로 진행되어야 한다.

42 한국어능력시험(TOPIK) 말하기 평가 요소 중 다음에 해당하는 것은?

- 발음과 억양이 어느 정도 이해 가능한가?
- 발화 속도가 자연스러운가?

① 내용
② 과제 수행
③ 언어 사용
④ 발화 전달력

43 배치 시험에 관한 설명으로 옳지 않은 것은?
① 학습자를 적합한 급이나 반으로 배정하기 위해 시행한다.
② 시험 내용은 수업에서 다룰 자료를 표본으로 하여 작성된다.
③ 학습자들의 언어 능력을 객관적으로 평가하기 위해 규준 참조 시험으로 진행된다.
④ 자신의 언어 능력과 비슷한 사람들과 배울 수 있어서 학습자는 안정감을 느끼며 학습할 수 있다.

44 채점자 신뢰도에 관한 설명으로 옳지 않은 것은?
① 한 명의 채점자가 시간차를 두고 채점을 할 때, 채점의 일관성을 채점자 내 신뢰도라고 한다.
② 채점자 내 변인으로는 평가 시간, 시간의 제한, 평가 문항 수 등이 있다.
③ 두 명 이상의 채점자가 채점한 결과의 일치 정도를 채점자 간 신뢰도라고 한다.
④ 채점자 간 변인으로는 채점 경험, 평가 언어와의 친밀도 등이 있다.

45 언어권별 한국어 학습자의 발음 오류에 관한 설명으로 옳지 않은 것은?
① 중국어권 학습자는 '운다'를 발음할 때 받침 /ㄴ/을 모음과 결합하여 [우언다]라고 발음하는 경향이 있다.
② 영어권 학습자는 '닭'을 발음할 때 [닭]이라고 어말 자음군을 모두 발음하려는 경향이 있다.
③ 베트남어 학습자는 '물'을 발음할 때 받침 /ㄹ/을 /ㄴ/으로 대치하여 [문]으로 발음하는 경향이 있다.
④ 일본어권 학습자는 '학교'를 발음할 때 받침을 탈락시켜 [하교]라고 발음하는 경향이 있다.

46 환류 효과(washback effect)에 관한 설명으로 옳지 않은 것은?
① 평가를 하고 평가 결과를 활용하는 것이 개인과 사회, 교육 체계에 갖는 효과를 말한다.
② 평가의 결과가 후속 교육에 대해 긍정적인 결과를 나타낼 때 구인 타당도가 높다고 본다.
③ 교수와 학습에 미치는 영향력을 예측하여 그 영향력이 수용 가능한 범위에서 평가를 진행해야 한다.
④ 수험자가 평가 결과를 활용하도록 알려 주는 것은 학습에 긍정적인 효과를 가져온다.

47 한국어 음운현상의 지도에 관한 내용으로 옳지 않은 것은?

① '놓고'는 받침 /ㅎ/과 뒤 음절의 첫소리 /ㄱ/이 합쳐져 [노코]로 발음됨을 지도한다.
② '있어'는 받침이 모음으로 시작된 어미와 결합되면 소리 그대로 뒤 음절 첫소리로 발음되어 [이써]로 발음됨을 지도한다.
③ '생산량'은 받침 /ㄴ/ 다음에 /ㄹ/이 연결되므로 [생살량]으로 발음됨을 지도한다.
④ '할 바를'은 관형사형 '-(으)ㄹ' 뒤에 연결되는 /ㅂ/은 경음으로 발음되어 [할빠를]으로 발음됨을 지도한다.

48 한국어 자음의 발음 교육에 관한 내용으로 옳은 것을 모두 고른 것은?

> ㄱ. 공기 세기의 차이를 느낄 수 있도록 손바닥을 입 앞에 대고 '빠, 파'를 발음하게 한다.
> ㄴ. 성대가 긴장되는 것을 느낄 수 있도록 '까'를 발음할 때 [윽까]로 발음해 보게 한다. 그리고 [윽]은 속으로만 생각하고 뒷부분만 발음하게 한다.
> ㄷ. 비강에서의 공명의 차이를 느낄 수 있도록 콧등에 손을 대고 '다'와 '따'를 발음하게 한다.

① ㄱ, ㄴ
② ㄱ, ㄷ
③ ㄴ, ㄷ
④ ㄱ, ㄴ, ㄷ

49 평가 문항 유형에 관한 설명으로 옳지 않은 것은?

① 단답형 문항은 학습자의 생각을 다양하게 진술하고 확장하는 데 유용하다.
② 배합형 문항은 문제와 답을 이루는 쌍을 여러 개 제시하여 알맞게 연결하도록 하는 문항이다.
③ 괄호형 문항은 문법 구문에 관한 지식, 시제 활용, 어휘 및 간단한 표현 능력을 평가하는 데 유용하다.
④ 규칙 빈칸 메우기 문항은 의미 있는 담화 맥락에서 언어의 다양한 양상에 관한 지식을 평가한다.

50 다음 말하기 교육 목표와 관련된 커네일과 스웨인(Canale & Swain)의 의사소통 능력으로 옳은 것은?

> 발화의 응집성과 긴밀성을 유지할 수 있고, 자신의 생각을 예시, 이유 등의 방법을 활용하여 일관성 있게 표현할 수 있는 능력을 기른다.

① 전략적 능력
② 담화적 능력
③ 문법적 능력
④ 사회언어학적 능력

51 다음 말하기 평가 유형에 관한 설명으로 옳지 않은 것은?

> ※ 다음을 소리 내어 읽으세요.
> "물을 끓인 후 식혀서 드세요."

① 반응적 말하기 평가에 해당하는 유형이다.
② 총체적인 말하기 능력을 평가하기는 어렵다.
③ 숙달도나 성취도 평가에서 평가 시작 전에 준비(warm-up) 문항으로 사용되기도 한다.
④ 특정한 음운의 발음이나 억양 등을 측정하는 데에 사용될 수 있다.

52 말하기 수업에서 교사의 역할로 옳지 않은 것은?

① 통제자의 역할: 자유로운 발화를 장려하면서도 수업의 내용, 발화의 시기는 교사가 통제한다.
② 촉진자의 역할: 학습자의 발화를 촉진하기 위해 교사가 대화를 주도하며 기회를 할당한다.
③ 관찰자의 역할: 학습자의 습관이나 오류 등에 대해 관찰하고 적절한 조언을 한다.
④ 상담자의 역할: 말하기 불안과 심리적 부담감을 해소하기 위한 여러 방법을 모색한다.

53 말하기 활동에 관한 설명으로 옳지 않은 것은?

① 발표를 할 때는 청자들에게도 활동이나 과제를 부여하는 것이 좋다.
② 역할극은 특정 상황과 맥락 안에서 주어진 역할을 수행하게 하는 활동이다.
③ 토론은 주제에 대한 사전 지식과 절차의 안내를 제공하는 것이 필요하다.
④ 정보 차 활동은 가상적 상황을 연출하여 학습자가 문제를 해결하도록 하는 활동이다.

54 TTT 모형의 말하기 수업에 관한 설명으로 옳은 것은?

① 학습자의 참여보다는 교사의 설명을 중심으로 이루어지는 수업 모형이다.
② 학습자들이 과제를 다룰 수 있을 정도의 의사소통 능력이 있다는 것을 전제로 한다.
③ 정확성을 바탕으로 유창성을 신장시키는 구조로 이루어진다.
④ 마지막 단계에서는 첫 단계에서 사용한 과제를 다시 사용할 수 없다.

55 청각 구두식 교수법에 근거한 말하기 교육의 특징이 아닌 것은?

① 유창성보다 정확성의 향상에 초점을 둔다.
② 학습자의 오류는 피해야 할 부정적인 것으로 간주한다.
③ 초급 수준의 학습자보다 고급 수준의 학습자에게 더 효과적이다.
④ 학습자들은 문형을 자동적으로 사용할 수 있을 때까지 연습한다.

56 다음 대화에서 학습자들의 발화에 대한 교사 피드백의 유형으로 옳은 것은?

> 학생: 지난 주말에 친구하고 여행을 가요.
> 교사: '가요'가 아니고 '갔어요'예요.

① 유도
② 반복
③ 명료화 요구
④ 명시적 수정

57 한국어 표준 교육과정(문화체육관광부 고시 제2020-54호)의 초급 말하기 성취 기준으로 옳은 것을 모두 고른 것은?

> ㄱ. 단순한 정보를 전달하기 위한 말하기를 할 수 있다.
> ㄴ. 객관적인 사건이나 상황에 대해 사실적으로 말할 수 있다.
> ㄷ. 전형적인 구조의 대화를 하거나 짧은 독백을 할 수 있다.
> ㄹ. 자신의 삶과 관련된 사회적 소재에 대해 말할 수 있다.

① ㄱ, ㄷ
② ㄱ, ㄹ
③ ㄴ, ㄷ
④ ㄴ, ㄹ

58 말하기 전략에 관한 설명으로 옳지 않은 것은?

① 언어 전환: 모르는 어휘를 상대방에게 물어보는 전략이다.
② 에둘러 말하기: 정확한 표현을 모를 때 그 표현 대신에 대상의 특징을 설명하는 전략이다.
③ 이해 점검하기: 상대방이 나의 말을 잘 이해했는지 확인하기 위해 사용한다.
④ 메시지 포기: 언어 자원의 부족으로 인해 대화를 지속할 수 없을 때 사용한다.

59 쓰기 평가에 관한 설명으로 옳지 않은 것은?

① 간접 평가는 직접 쓴 글을 평가하는 것이 아니라 선다형, 배열형 문항 등을 통해 쓰기 능력을 평가하는 것이다.
② 직접 평가는 채점이 쉽고 신뢰도를 확보하기가 용이하여 대규모 평가에서 선호한다.
③ 종합적 채점은 전체적인 인상을 바탕으로 평가하는 것이다.
④ 분석적 채점은 쓰기 평가 요소를 정하고 각각의 요소별로 평가하는 것이다.

60 다음 쓰기 활동에 관한 설명으로 옳은 것은?

※ 다음 내용을 넣어서 글을 완성하세요.
○ 어떤 집으로 이사를 가고 싶어요?

구하는 집의 조건	편리한 교통, 다양한 편의 시설, 조용한 동네, 큰 방

지금 살고 있는 집이 회사에서 너무 멀어서 이사를 하려고 한다. ____________________
____
____

① 배운 문법을 정확하게 연습하는 데 도움이 된다.
② 문장의 어순을 익히고 문장 구성 능력을 높이는 활동이다.
③ 핵심어를 제공해서 담화를 구성하게 하는 유도된 쓰기 활동이다.
④ 베껴 쓰기 활동으로 초급 학습자들에게 많이 사용된다.

61 딕토글로스(dictogloss)에 관한 설명으로 옳은 것은?

① 딕토콤프(dicto-comp)와는 다르게 교사가 글을 쓸 때 활용할 수 있는 핵심어를 제시해준다.
② 학습자가 들은 내용을 어휘, 문장, 또는 담화 단위 그대로 적는 활동이다.
③ 텍스트를 재구성하는 과정에서 학습자의 문법 능력을 사용할 수 있게 한다.
④ 개별 활동으로 진행되어 다른 학습자와 소통할 수 있는 기회가 없다.

62 쓰기 피드백에 관한 설명으로 옳지 않은 것은?

① 서면 피드백에서는 교사가 글을 쓴 학습자의 의도와 오류의 원인을 명확하게 파악할 수 있다.
② 형태 중심 피드백에서는 문법과 어휘의 정확성을 중심으로 피드백을 한다.
③ 암시적 피드백에서는 학습자의 오류에 대한 해결 방법을 직접적으로 제공하지 않는다.
④ 동료 피드백에서는 학습자들에게 피드백의 기준과 방법을 미리 교육하는 것이 좋다.

63 과정 중심 쓰기 교육에 관한 설명으로 옳지 않은 것은?

① 문법적으로 정확하고 오류가 없는 글을 쓰는 것을 우선시한다.
② 글을 쓰는 과정은 회귀적인 특징을 지녔다고 본다.
③ 쓰기 과정을 조절할 수 있는 전략을 교육 내용으로 삼는다.
④ 인지적 구성주의의 영향을 받은 쓰기 교육 방법이다.

64 한국어 쓰기 교육의 원리에 관한 설명으로 옳지 않은 것은?

① 쓰기 수업에서 학습자 간의 상호 작용이 활발히 일어날 수 있도록 한다.
② 쓰기에 집중하기 위해서 다른 언어 기능과는 통합하여 교육하지 않는다.
③ 한국어 담화 공동체의 글쓰기 관습과 특징에 대해 교육한다.
④ 쓰기 결과뿐만 아니라 쓰기 과정에도 관심을 갖도록 지도한다.

65 트리블(C. Tribble)이 말한 쓰기 지식 중 다음 학습자가 활용한 지식은?

> 저는 쓰기 과제를 제출할 때 항상 문법적 오류가 없는지 확인해요.

① 내용 지식
② 맥락 지식
③ 쓰기 과정 지식
④ 언어 체계 지식

66 장르 중심 쓰기 수업의 순서로 옳은 것은?

> ㄱ. 학습자 개별적으로 글을 쓰기
> ㄴ. 모범 텍스트 분석을 통해 장르의 특징 이해하기
> ㄷ. 교사 또는 동료와 협력하여 글을 쓰기
> ㄹ. 해당 장르가 사용되는 맥락 이해하기

① ㄴ - ㄱ - ㄷ - ㄹ
② ㄴ - ㄹ - ㄱ - ㄷ
③ ㄹ - ㄴ - ㄷ - ㄱ
④ ㄹ - ㄷ - ㄱ - ㄴ

67 학습자가 듣기 활동을 하면서 상위 인지 전략을 사용한 예로 옳지 않은 것은?

① 나는 들으면서 내가 쓴 전략이 적절했는지 스스로 평가해 봤어.
② 나는 들으면서 스스로 얼마나 잘 이해하고 있는지 점검해 봤어.
③ 나는 들으면서 들은 정보의 의미를 파악하려고 모국어로 번역해 봤어.
④ 나는 듣기 전에 무엇을 듣게 될지, 무엇이 중요할지 생각해 봤어.

68 다음 활동에서 의도하는 듣기 기술은?

> - '외국어 학습 시기'에 대한 남녀의 토론을 듣고 여자의 관점을 말해 보게 한다.
> - 뉴스에 나온 '음주운전 사고 피해자 모임' 대표의 인터뷰를 듣고 정부 대책에 대한 대표의 입장을 말해 보게 한다.

① 단어 의미 추론하기
② 비언어적 단서 찾기
③ 세부 내용 파악하기
④ 화자의 태도 추론하기

69 다음 〈보기〉의 듣기 평가 문항과 동일한 유형에 해당하는 것을 모두 고른 것은?

보기

※ 여기는 어디입니까? 잘 듣고 알맞은 것을 고르세요.

> 남자: 통장을 하나 만들고 싶은데요.
> 여자: 네, 손님. 신분증 주시겠어요?

① 호텔   ② 은행
③ 서점   ④ 학교

ㄱ. 제목 붙이기   ㄴ. 빈칸 채우기
ㄷ. 중심 소재 고르기   ㄹ. 이어질 반응 찾기

① ㄱ, ㄴ
② ㄱ, ㄷ
③ ㄴ, ㄷ
④ ㄴ, ㄹ

70 다음 듣기 자료에서 확인할 수 있는 구어의 특징이 아닌 것은?

> 손님: 제가 책을 하나 찾고 있는데, 〈나나의 모험〉 있어요?
> 직원: 네, 잠깐만요. 지금은 다 나가고 없네요.
> 손님: 그래요? 지금은 다 나가고 없어요? 그럼 언제 들어오는지 알 수 있을까요?
> 직원: 저희가 추가 신청을 해 놨거든요. 금요일엔 들어올 거예요.

① 잉여성(redundancy)
② 축약형(reduced form)
③ 구어체(colloquial language)
④ 수행 변인(performance variables)

71 자연적 접근법(natural approach)에서의 듣기 교육에 관한 설명으로 옳은 것은?

① 교사의 명령을 반복해서 듣고 행동을 하게 한다.
② 입력 자료로서 듣기와 같은 이해 활동의 중요성을 강조한다.
③ 듣기는 의사소통 네 가지 기능 중 가장 마지막에 학습해야 할 언어 기능이다.
④ 언어 학습 초기 단계에서 듣기 활동을 먼저 하면 학습자의 불안이나 긴장이 높아질 수 있다.

72 다음 듣기 수업의 구성 순서로 옳은 것은?

> • 숙달도: 초급
> • 단원 주제: 방학 계획
> • 기능: 대화 듣기

> ㄱ. 들으면서 메모하고 화자의 방학 계획 파악하기
> ㄴ. 방학 계획에 관한 짧은 글을 읽어 보기
> ㄷ. 자신의 방학 계획에 대해 발표하기
> ㄹ. 방학 활동에 관한 어휘와 표현 익히기

① ㄴ - ㄱ - ㄹ - ㄷ
② ㄴ - ㄷ - ㄹ - ㄱ
③ ㄹ - ㄴ - ㄱ - ㄷ
④ ㄹ - ㄷ - ㄱ - ㄴ

73 듣기 과제를 쉽게 만들기 위한 교사의 활동이 아닌 것은?

① 문자 언어로 응답을 하게 하거나 응답 시간을 최소화한다.
② 학습자의 흥미가 높은 주제의 듣기 과제를 제시한다.
③ 녹음된 자료를 반복해서 들려주거나 대본을 읽어 준다.
④ 학습자에게 친숙한 발화 스타일과 억양을 가진 화자의 발화 자료를 활용한다.

74 다음은 듣기 자료의 일부이다. 이를 활용한 듣기 수업에 관한 설명으로 옳지 않은 것은?

> 사회자: 평론가님께서는 케이팝의 성공 요인이 뭐라고 보십니까?
> 평론가: 케이팝은 제작 초기 단계부터 다양한 해외 전문가들과 협업을 합니다. 전 세계시장의 대중문화 흐름을 예측하면서 사람들이 듣고 싶어 하는 음악을 만들어 내는 거죠. (후략)

① 듣기 전 활동으로 학습자들에게 케이팝을 즐겨 듣는지 물어본다.
② 듣기 활동으로 평론가의 중심 생각을 파악해 보도록 한다.
③ 듣기 후 활동으로 학습자의 학습 동기를 높일 수 있는 동영상을 제공한다.
④ 담화 유형, 어휘 수준 등을 고려하여 중급 이상의 학습자를 대상으로 한다.

75 하향식 듣기 활동에 해당하는 것을 모두 고른 것은?

> ㄱ. 짧은 문장 듣고 받아쓰기
> ㄴ. 제목을 본 후 내용 예측하고 듣기
> ㄷ. 들으면서 전반적인 주제 찾기
> ㄹ. 특정 단어의 출현 횟수 세며 듣기

① ㄱ, ㄴ
② ㄱ, ㄹ
③ ㄴ, ㄷ
④ ㄷ, ㄹ

76 읽기 교수·학습 방법에 관한 설명으로 옳지 않은 것은?

① DRA(Directed Reading Activity): 학습자가 주도하여 스스로 글을 읽도록 지도한다.
② DRTA(Directed Reading-Thinking Activity): 학습자가 글에 대한 예측이 맞는지를 확인하면서 스스로 생각하도록 지도한다.
③ GRP(Guided Reading Procedure): 글 구조 파악 능력, 독해 능력, 회상 능력을 개선하도록 지도한다.
④ SQ3R(Survey, Question, Read, Recite, Review): 개관하기, 질문하기, 읽기, 암송하기, 검토하기 순으로 읽도록 지도한다.

77 상향식 읽기 지도 방법으로 옳지 않은 것은?

① 학습자가 글을 읽기 전에 모르는 단어를 먼저 가르친다.
② 학습자가 글을 정확하게 이해하도록 한 문장씩 설명한다.
③ 학습자가 단어, 구, 문장, 문단, 글 전체로 확장하며 의미를 파악하도록 지도한다.
④ 학습자가 글을 읽기 전에 주제와 관련된 지식을 얼마나 가지고 있는지 확인한다.

78 다음 읽기 활동과 관련된 이해 능력으로 옳은 것은?

> 학생들의 건강을 위해 도서관 이용을 밤 10시까지로 제한해야 합니다. 학생들은 일찍 자고 일찍 일어나야 건강하게 학교생활을 할 수 있습니다. 요즘 도서관을 이용하는 학생들 중에 적지 않은 수가 공부보다는 잡담이나 게임을 하면서 시간만 보내고 있는 것을 볼 수 있습니다. 이러한 문제점을 바로 잡기 위해서라도 학생들의 도서관 이용 시간을 10시까지로 제한해야 합니다.
>
> ※ 윗글에서 필자의 주장과 이유를 찾고, 그 의견에 대해 판단하여 말해 보세요.

① 사실적 이해 능력
② 추론적 이해 능력
③ 논리적 이해 능력
④ 감상적 이해 능력

79 읽기 교육에 활용한 스키마의 유형이 다른 하나는?

① '평화통일의 길'이라는 논설문을 읽을 때, 서론, 본론, 결론으로 나누어 읽도록 한다.
② '강아지 똥'이라는 동화를 읽을 때, 사건의 원인과 해결 구조에 주목하여 읽도록 한다.
③ 올림픽 대회에 관한 기사문을 읽을 때, 육하원칙에 해당하는 요소를 확인하며 읽도록 한다.
④ 세계 경제 동향에 관한 보고서를 읽을 때, 환율과 무역 수지의 관계를 떠올리며 읽도록 한다.

80 읽기 수업 구성에서 ( )에 들어갈 내용을 순서대로 올바르게 나열한 것은?

읽기 전 단계	한복을 보거나 입어 본 경험을 서로 이야기한다. ↓ ( ) ↓
읽기 단계	( ) ↓
읽기 후 단계	글의 내용을 요약하여 발표한다. ↓ ( )

ㄱ. 자기 나라 전통 의상에 관해 소개하는 글을 쓴다.
ㄴ. 학생들이 한복 사진을 보며 한복에 관한 어휘를 교사와 함께 정리한다.
ㄷ. 한복에 관한 글을 읽으면서 주요 내용을 파악한다.

① ㄱ - ㄴ - ㄷ ② ㄴ - ㄷ - ㄱ
③ ㄷ - ㄱ - ㄴ ④ ㄷ - ㄴ - ㄱ

81 읽기 평가 방법에 관한 설명으로 옳지 않은 것은?

① 오독 분석(miscues analysis): 글을 소리 내어 읽도록 하여 학습자의 성량과 어조의 특성을 알아내는 방법이다.
② 오류 발견 과제(error detection task): 오류가 포함된 글을 제시하여 학습자가 글을 어느 정도 정확히 읽는지를 알아낼 수 있다.
③ 자유 회상(free recall) 검사: 글을 읽고 이해한 바를 자유롭게 쓰게 하여 학습자의 기억의 양, 내용, 조직 방법, 인출 전략을 알아낼 수 있다.
④ 프로토콜 분석(protocol analysis): 글을 소리 내어 읽으면서 머릿속에 떠오르는 생각을 소리 내어 표현하게 하여 학습자의 의미 형성 양상을 알아내는 방법이다.

82 다음 읽기 수업에서 밑줄 친 교사의 발화와 관련되는 개념은?

> 교사: 여러분, 오늘은 '라오스에서 온 이메일'을 읽을 거예요. <u>누가 누구에게 보낸 이메일일까요?</u> 자, 한번 읽고 알아볼까요?
> (…)
> 학생: 쏨싸닛 씨가 현진 씨에게 보냈어요.
> 교사: 맞아요. 그런데 <u>쏨싸닛 씨가 현진 씨에게 무슨 말을 전하고 싶어 하나요?</u> 다시 읽고 찾아보세요.
> (…)
> 학생: 내년에도 다시 만나고 싶다고 했어요. 내년에도 라오스에 와 달라고.
> 교사: 네, 맞아요. 참 잘 찾았어요.

① 비계(scaffolding)
② 사고 구술(think-aloud)
③ 상호텍스트성(intertextuality)
④ 담화 표지어(discourse markers)

83 읽기 방법에 관한 설명으로 옳은 것을 모두 고른 것은?

> ㄱ. 훑어 읽기(skimming): 글 전체를 빠르게 훑어 읽으면서 글의 성격, 정보의 특성, 주제, 요지 등을 파악함.
> ㄴ. 찾아 읽기(scanning): 글을 전부 다 읽지 않고 필요한 정보만을 빨리 찾아 그 부분만 읽음.
> ㄷ. 집중형 읽기(intensive reading): 적은 양의 읽기 자료를 최대한 이해할 수 있도록 주의 깊고 철저하게 읽음.
> ㄹ. 확장형 읽기(extensive reading): 다양한 자료를 많이 읽음.

① ㄱ, ㄴ
② ㄷ, ㄹ
③ ㄴ, ㄷ, ㄹ
④ ㄱ, ㄴ, ㄷ, ㄹ

84 거시적인 관점에서 교육 문법 단위의 설정 범주로 옳지 않은 것은?

① 문장 구조 범주: 의문문, 서술문, 평서문과 같은 문장 구조
② 문법 범주: 피동법, 사동법, 부정법과 같은 문법 체계
③ 의미 범주: 높임, 진행, 완료, 이유 등과 같은 문법적 의미
④ 기능 범주: 종결형, 연결형, 수식형 등과 같은 문법 기능

85 문법 교육에서 예문 제시 및 활용 방법으로 옳지 않은 것은?

① 문법의 의미와 기능이 잘 드러나는 대표적인 예문을 사용한다.
② 학습자 수준보다 높은 어휘가 포함된 예문으로 어휘 확장의 효과를 더한다.
③ 학습자의 이해를 점진적으로 높이기 위해 쉬운 예문부터 어려운 예문으로 배열한다.
④ '-ㄴ가요/은가요/인가요?'처럼 활용 형태가 다른 경우는 형태에 따라 예문을 제시해 이해를 돕는다.

86 과제 활동과 목표 문법 항목의 연결로 옳지 않은 것은?

① 한국에 온 목적 말하기: -기 위해서
② 좋아하는 음식의 요리법 설명하기: -고 나서
③ 한국에 와서 달라진 생활 이야기하기: -게 되다
④ 뉴스에서 들은 사건을 친구에게 전하기: -기로 하다

87 형태 초점(focus on form) 교수에 관한 설명으로 옳지 않은 것은?

① 언어 습득 측면에서 문법 교수의 필요성을 강조한다.
② 개념-기능 교수요목과 주제 중심 교수요목을 기반으로 한다.
③ 의사소통 기회와 문법이 자연스럽게 연결되었을 때의 효용성을 강조한다.
④ 의사소통 과제 수행 중에 학습자가 언어 형태에 주목할 수 있도록 한다.

88 한국어 문법 교육에 관한 설명으로 옳지 않은 것은?

① 한국어의 특징적인 요소로서 조사 교육을 중시한다.
② 문장 구성과 문법의 기본 형태로서 어미 교육이 다루어진다.
③ 문법에 대한 이해뿐 아니라 자유로운 의사소통까지를 목표로 한다.
④ 문법의 의미와 기능을 제외한 문법 체계 중심으로 교육이 이루어진다.

89 문법 교육에서 연역적 설명 방법의 단점을 모두 고른 것은?

> ㄱ. 문법 용어를 알고 있지 않으면 설명을 이해하기 어렵다.
> ㄴ. 스스로 문법 규칙을 찾는 데 많은 시간과 노력이 필요하다.
> ㄷ. 언어 학습은 곧 문법 학습이라는 잘못된 믿음을 줄 수 있다.
> ㄹ. 제시된 자료에 대한 해석 오류로 잘못된 문법 규칙을 세울 수 있다.

① ㄱ, ㄷ
② ㄴ, ㄹ
③ ㄱ, ㄴ, ㄷ
④ ㄴ, ㄷ, ㄹ

90 PPP 모형으로 문법 수업을 진행하는 순서로 옳은 것은?

> ㄱ. 목표 문법의 형태적 특징과 제약을 설명한다.
> ㄴ. 다양한 연습으로 목표 문법의 이해를 확인한다.
> ㄷ. 그림이나 사진 등의 자료로 목표 문법을 노출한다.
> ㄹ. 예시를 통해 목표 문법의 의미와 사용 상황을 제시한다.

① ㄷ - ㄱ - ㄴ - ㄹ
② ㄷ - ㄹ - ㄱ - ㄴ
③ ㄹ - ㄷ - ㄴ - ㄱ
④ ㄹ - ㄴ - ㄱ - ㄷ

91 한국어 복합어의 교수 방법으로 옳지 않은 것은?

① '집'과 '웅'을 분석하여 '지붕'이 형성되는 원리를 알려 준다.
② '먹방, 라볶이'의 구성을 분석해서 합성 전과 후의 의미를 유추하게 한다.
③ '큰'과 '집'을 붙여 쓸 때와 띄어 쓸 때 의미의 차이가 있다는 것을 알려 준다.
④ '선생님, 사장님'의 어휘 의미와 용법을 활용해서 접사 '-님'의 의미를 이해하게 한다.

92 다음 유형의 어휘 연습에 관한 설명으로 옳은 것은?

- 빈칸에 알맞은 단어를 써 보세요.

  아버지, 어머니, 딸, 아들 → (가족)

  ㄱ. 사과, 바나나, 포도, 딸기 → (   )
  ㄴ. 한국, 중국, 일본, 베트남 → (   )

① 핵심 의미를 통해 주변 의미를 연상하게 하는 연습이다.
② 의미장 구성 요소들의 공통점을 찾아 어휘를 확장하는 연습이다.
③ 비슷한 의미를 가진 단어들의 미묘한 용법 차이를 확인하는 연습이다.
④ 공통된 의미 자질을 가진 단어들에서 서로 다른 대립적인 속성을 찾는 연습이다.

93 외국인의 한국어 사용 사례이다. 어휘 교육을 위한 시사점으로 옳지 않은 것은?

ㄱ. <u>BTS 진 ♡ 제대 축하해.</u> 〈한국어 독학 입문자가 한류 동호회 대화방에 올린 댓글〉
ㄴ. 이거 <u>출입국 관리소에</u> 가서 만들어요. 〈한국어 초급 학습자의 대화 중 발화〉
ㄷ. 처음 한국에 왔을 때는 제가 한국어를 <u>일도</u> 못 했어요. 〈한국어 중급 학습자의 인터뷰 발화〉
ㄹ. 저는 한국어를 잘 못하는 친구들을 <u>의사님께</u> 데리고 가서 통역을 하고 있습니다. 〈한국이 고급 학습자의 말하기 대본〉

① ㄱ: 학습 동기와 표현 욕구가 학습자의 능동적인 어휘 학습에 도움이 된다.
② ㄴ: 학습자에게 중요한 어휘는 사용 빈도가 낮아도 초급에서 가르치는 것이 좋다.
③ ㄷ: 한국어 어휘의 의미를 알고 있어도 문법을 제대로 모르면 의사소통이 안 될 수 있다.
④ ㄹ: 한국어를 잘하더라도 주변에서 어색한 표현을 수정해 주지 않으면 오류가 화석화 될 수 있다.

94 중급 수준 학습자의 어휘 노트이다. 학습자가 사용한 어휘 학습 전략으로 옳지 않은 것은?

```
(대학교에) 지원하다 → 저는 내년에 한국대학교에 지원하고 싶어요.
(시험에) 합격하다
(입학식에) 참석하다              참석하다 參席
(장학금을) 신청하다              참가하다 參加
(동아리에) 가입하다
(체육 대회에) 참가하다          체육 體育 / 지리 地理
```

① 단어의 용법을 기억하기 쉽게 예문을 작성하였다.
② 유의어의 차이를 강조하기 위해 밑줄을 그어 표시하였다.
③ 연상되는 단어를 추가하고 자신이 익숙한 언어로 번역을 하였다.
④ 핵심어를 중심으로 관련 단어의 의미가 연상되도록 도식화하였다.

95 다음 어휘 평가 문항에서 측정하고자 하는 능력은?

- 빈칸에 알맞은 단어를 고르세요.

  지난 주말에 친구와 부산에 다녀왔어요. 일요일까지 여행을 해서 어제가 (ㄱ)이었는데도 피곤해서 도서관에 못 갔어요. 목요일에 시험이 있으니까 오늘부터 수요일까지 이틀 동안 열심히 공부해야 해요.

  ✓ ㄱ. 월요일   ㄴ. 화요일
    ㄷ. 수요일   ㄹ. 목요일

① 담화 표지 이해 능력
② 문맥 의미 파악 능력
③ 유의 관계 추론 능력
④ 상위어-하위어 연결 능력

96 다음 표현을 가르치는 방법으로 옳지 않은 것은?

| ㄱ. 밥을 먹다 | ㄴ. 나이를 먹다 |
| ㄷ. 물을 먹다 | ㄹ. 미역국을 먹다 |

① ㄱ과 ㄷ은 일상생활에서 자주 사용되므로 함께 제시한다.
② ㄴ은 '설날과 떡국'이라는 문맥을 통해 해당 표현의 사용 상황을 보여준다.
③ ㄷ을 관용 표현으로 가르칠 때는 축자적 의미와 관용적 의미의 차이를 비교해 준다.
④ ㄹ을 관용 표현으로 다룰 때는 글자 그대로의 의미뿐만 아니라 관련된 문화적 배경도 설명한다.

97 한국어 교재에 관한 설명으로 옳지 않은 것은?

① '통합형 한국어 교재'는 의사소통 접근법의 영향을 받아 개발되었으며 종합적인 언어 능력 발달을 목표로 한다.
② '기능별 한국어 교재'는 결혼 이민자, 이주 노동자, 재외 동포 등 사용자를 고려하여 개발된 맞춤형 교재이다.
③ '영역별 한국어 교재'는 발음 교재, 어휘 교재, 문법 교재 등이 있으며 학습자 요구나 특성에 맞게 선택하여 활용할 수 있다.
④ '목적별 한국어 교재' 중 일반 목적 한국어 교재는 한국에 대한 관심과 취미로 한국어를 배우는 학습자에게 적합한 교재이다.

98 수업 단계별로 교재의 기능을 분류할 때 '수업 후 단계'의 기능은?

① 교사와 학습자를 매개하는 기능
② 학습자의 학습 동기를 유발하는 기능
③ 교사에게 교수 내용을 제공하는 기능
④ 학습자에게 평가 대비 자료를 제공하는 기능

99 교재 개발의 절차를 순서대로 올바르게 나열한 것은?

> ㄱ. 시범 사용을 통해 단점을 보완한다.
> ㄴ. 단원 구성의 원리에 따라 단원을 구성한다.
> ㄷ. 학습자 요구사항 및 교수 환경을 파악한다.
> ㄹ. 교수요목을 작성하고 교재 구성을 설계한다.

① ㄴ - ㄱ - ㄷ - ㄹ
② ㄴ - ㄷ - ㄹ - ㄱ
③ ㄷ - ㄴ - ㄱ - ㄹ
④ ㄷ - ㄹ - ㄴ - ㄱ

100 교재 평가 기준 중 교재의 내적 구성에 관한 평가 항목으로 옳지 않은 것은?

① 주제가 학습자의 흥미를 유발할 만한가?
② 교재의 저자와 출판 기관이 신뢰할 만한가?
③ 각 단원에 제시된 어휘가 학습자의 숙달도에 적절한가?
④ 새로운 문법 항목이 이미 배운 문법 항목과 관련이 있는가?

101 교재는 교수요목에 따라 편찬된다. '식당에서, 길에서, 시장에서'와 같이 발화의 장면을 중시하는 교수요목 교재는?

① 상황 중심 교수요목 교재
② 과제 중심 교수요목 교재
③ 개념 중심 교수요목 교재
④ 기능 중심 교수요목 교재

102 부교재에 관한 설명으로 옳지 않은 것은?

① 주교재와의 연관성을 고려하여 제작하고 활용한다.
② 한국어 교육기관에서 사용되는 교과서가 대표적인 예이다.
③ 문형 카드, 그림 카드, 사진뿐 아니라 실존하는 사물도 포함될 수 있다.
④ 부교재의 양이 많으면 수업이 산만해질 수 있으므로 수업 시간과 시점을 고려하여 활용한다.

103 상호 문화 교육의 단계별 수업 방법으로 옳지 않은 것은?

① 타문화 이해: 사진, 동영상, 텍스트 등 다양한 자료를 통해 목표 문화에 대해 이해하도록 한다.
② 문화 비교: 목표 문화와 유사한 자문화를 소개하고 공통점과 차이점을 발견하도록 한다.
③ 문화 상대성 이해: 다양한 상호 작용 활동을 통해 우수한 문화를 고르도록 한다.
④ 타문화 존중: 낯선 문화를 이해하고 존중하며 개방적인 태도로 타문화를 받아들이도록 한다.

104 다음의 문화 요소 중 성취 문화에 해당하는 것을 모두 고른 것은?

> ㄱ. 경복궁
> ㄴ. 판소리
> ㄷ. 허균의 〈홍길동전〉
> ㄹ. 흥과 신명

① ㄱ, ㄹ
② ㄱ, ㄴ, ㄷ
③ ㄴ, ㄷ, ㄹ
④ ㄱ, ㄴ, ㄷ, ㄹ

105 문화 체험 수업에 관한 설명으로 옳지 않은 것은?

① 학습자들이 주체가 되어야 교육 효과가 높아진다.
② 교실 내 문화 체험과 교실 밖 문화 체험으로 구분된다.
③ 관심과 흥미 유지를 위해 체험 목적이나 내용, 장소 등이 노출되지 않도록 한다.
④ 체험 활동 후에는 감상문 쓰기, 보고서 작성하기 등의 활동을 진행하는 것이 효과적이다.

106 한국어 교육에서 활용할 수 있는 문화 교육의 방법 중 다음에 해당하는 것은?

> • 학습자들의 관심을 끌고 질문과 발표를 유도하기 위한 방법이다.
> • 교사가 교실 안팎의 포스터, 사진, 그림 등을 부착하여 목표 문화의 전형적인 측면을 보여줄 수 있는 공간으로 만들어 유지한다.

① 문화 섬(culture island)
② 문화 캡슐(culture capsule)
③ 문화 클러스터(culture cluster)
④ 문화 동화 장치(culture assimilator)

107 외국인 대상의 한자 교육에 관한 설명으로 옳지 않은 것은?

① '人(인), 日(일)'처럼 획수가 간단한 한자를 먼저 가르친다.
② '大(대), 學(학)'과 같이 조어력이 강한 한자로 어휘를 확장시킨다.
③ 한자 쓰기 연습을 통해 정확한 필순과 획수를 기억하도록 지도한다.
④ 사용 빈도와 교재 간 중복도가 높은 글자를 교육용 한자로 선정한다.

108 언어권별 학습자의 특성에 따른 한자어 교육 방법으로 옳은 것을 모두 고른 것은?

> ㄱ. 영어를 모어로 하는 학습자에게 기본적인 한자어 조어법을 설명해 주었다.
> ㄴ. 일본어를 모어로 하는 학습자에게 일본어와 한국어 동형동의어의 발음을 비교해 주었다.
> ㄷ. 베트남어를 모어로 하는 학습자에게 베트남어와 발음이 비슷한 한국 한자어 목록을 제시해 주었다.
> ㄹ. 중국어를 모어로 하는 학습자에게 중국과 한국의 동일한 한자어가 다른 의미로 사용되는 예를 보여 주었다.

① ㄱ, ㄹ
② ㄴ, ㄷ
③ ㄱ, ㄴ, ㄹ
④ ㄱ, ㄴ, ㄷ, ㄹ

109 한국어교원 자격증에 관한 설명으로 옳지 않은 것은?

① 「국어기본법」을 법적 근거로 한다.
② 최초 취득 자격은 3급 또는 2급이다.
③ 국립국어원 원장이 부여하는 자격증이다.
④ 세종학당 파견교원 선발의 요건으로 활용된다.

110 2000년 이후에 실행된 한국어 교육 관련 정책과 제도에 관한 설명으로 옳은 것은?

① 2000년대 초반에 해외 초중등학교 한국어 교육과정이 개발되었다.
② 2000년대 후반에 재외동포 한국어 교육을 담당하는 재외동포청이 설치되었다.
③ 2010년대 초반에 한국어와 한국 문화의 국외 보급을 위한 세종학당재단이 설립되었다.
④ 2010년대 후반에 외국인 대상 한국어 교육의 방향과 역할을 규정한 「국어기본법」이 시행되었다.

111 번역 교육에서 다음과 같은 요건을 동시에 충족시키는 개념어는?

- 번역문과 원문의 뜻이 온전히 통한다.
- 번역문의 독자도 동일한 이해와 반응을 보인다.
- 번역문의 독자에게 자연스럽고 쉽게 수용된다.
- 원문의 형식을 넘어 문화적 의미 등을 반영한다.

① 변환(shift)
② 전환(transfer)
③ 대응(correspondence)
④ 등가(equivalence)

112 번역 교육에서 웹툰 번역에 관한 설명으로 옳지 않은 것은?

① 일반 텍스트 번역과는 달리 웹툰 번역은 공간적 제약이 있다.
② 불필요한 비속어나 은어는 완곡한 표현으로 번역해야 한다.
③ 원본의 문장 수와 표현의 형태적 구조가 반드시 일치하도록 번역해야 한다.
④ 그림을 중심으로 시대적 정보와 인물의 특징 등이 드러나도록 번역해야 한다.

113 '취미'을 주제로 한 단원에서 '-(으)ㄹ 수 있다/없다'를 지도하려고 한다. 다음 내용을 참조하여 '-(으)ㄹ 수 있다/없다'의 제시 단계와 연습 단계의 교수안을 작성하시오.

- 숙달도: 초급
- 단원 주제: 취미
- 목표 문법: -(으)ㄹ 수 있다/없다
- 수업 시간: 20분

남에게 이기는 방법의 하나는 예의범절로 이기는 것이다.

- 조쉬 빌링스 -

2023년

18회 기출문제

[A형]

1교시 한국어학·일반언어학 및 응용언어학
2교시 한국 문화·외국어로서의 한국어 교육론

2023년

작은 기회로부터 종종 위대한 업적이 시작된다.

– 데모스테네스 –

1교시 한국어학·일반언어학 및 응용언어학

제1영역 한국어학

01 한국어의 통사적 특성으로 옳지 않은 것은?

① 관형어는 어순에 제약이 있다.
② 핵이 앞에 오는 선핵 언어이다.
③ 어미의 문법적 기능이 용언구나 문장 전체에 미친다.
④ 주어-목적어-서술어의 기본 어순을 가진다.

02 한국어의 '방언'과 '표준어'에 관한 설명으로 옳은 것은?

① 표준어는 정책적 목적을 위해 인위적으로 규정한 말이다.
② 방언은 사투리를 의미하는 것으로, 서울말은 방언에 포함되지 않는다.
③ 한국어의 표준어 정의는 '시간, 지역, 연령'의 세 기준을 제시하고 있다.
④ 한국어의 방언은 지역적 차이는 있지만 나이, 성별 등에 따른 차이는 없다.

03 한국어의 일반적 특성으로 옳은 것은?

① 파생 접두사가 파생 접미사보다 더 많다.
② 음절 초성에 올 수 있는 자음 소리는 총 19개이다.
③ 문장에서 주어가 잇달아 나타나는 구조를 허용하지 않는다.
④ 한국어는 화자보다는 청자나 대상 중심의 표현을 많이 사용한다.

04 훈민정음 창제의 원리에 관한 설명으로 옳지 않은 것은?

① 'ㅏ'는 두 글자를 합하여 만든 것이다.
② 'ㅸ'은 합용병서의 원리를 적용한 문자이다.
③ 'ㄱ'은 발음기관을 상형하여 만든 글자이다.
④ ':범'에서 왼쪽의 방점은 소리의 높낮이를 표시한 것이다.

05 '폐쇄' 또는 '마찰'의 단계를 거쳐 발음되는 소리가 없는 것은?

① 협력
② 오류
③ 강좌
④ 회의

06 한국어 음소의 음성, 음운적 특징으로 옳은 것은?

① 폐쇄음, 파찰음, 마찰음의 대립은 삼지적 상관속을 이룬다.
② 모든 비음은 음절 초성과 종성에 올 수 있다.
③ 표준 발음법에서 규정하는 단모음(單母音)의 수는 10개이다.
④ 유음 /ㄹ/의 변이음으로 설측음, 탄설음, 구개수음이 있다.

07 말소리의 길이에 관한 설명으로 옳지 않은 것은?

① 모음의 장단을 구별하여 발음하되, 단어의 첫음절에서만 긴소리가 나타나는 것을 원칙으로 한다.
② 합성어의 경우에는 둘째 음절 이하에서도 긴소리를 인정한다.
③ 용언의 단음절 어간에 어미 '-아/어'가 결합되어 한 음절로 축약되는 경우에는 긴소리로 발음되기도 한다.
④ '오아 → 와, 기어 → 겨, 치어 → 쳐' 등은 긴소리로 발음하지 않는다.

08 겹받침의 발음이 모두 /ㄹ/로 나는 것은?

① 여덟, 넓죽하다
② 짧다, 훑다
③ 넓다, 읽다
④ 밟다, 읊다

09 음운론적 조건만으로 기술할 수 있는 경음화 현상의 예로 옳은 것은?

① 잡고[잡꼬], 굵다[국ː따]
② 신더라[신ː떠라], 담고서[담ː꼬서]
③ 갈등[갈뚱], 물질[물찔]
④ 먹을 것[머글껃], 머물 집[머물찝]

10 음운론적 제약으로 옳지 않은 것은?

① 평폐쇄음 뒤에는 평장애음이 올 수 없다.
② 'ㄹ' 뒤에는 'ㄴ'이 올 수 없다.
③ 공명음 뒤에는 'ㅎ'이 올 수 없다.
④ 경구개음 'ㅈ, ㅉ, ㅊ' 뒤에는 반모음 'j'가 올 수 없다.

11 동화의 방향이 동일한 단어로만 묶은 것은?

① 국민, 섞는
② 색연필, 능력
③ 나뭇잎, 쌀눈
④ 훑는, 굳이

12 동일한 음운 현상으로만 묶은 것은?

① 두 + 어 → 둬[둬:], 보 + 아서 → 봐서[봐:서]
② 크 + 어도 → 커도[커도], 살피 + 어 → 살펴[살펴]
③ 닳 + 는 → 닳는[달른], 오 + 아도 → 와도[와도]
④ 낳 + 아 → 낳아[나아], 닦 + 는 → 닦는[당는]

13 다음의 설명이 적용되지 않는 것은?

> A: 현대 한국어에서 음절 종성으로 쓰일 수 있는 음소는 /ㄱ, ㄴ, ㄷ, ㄹ, ㅁ, ㅂ, ㅇ/의 7개이다. 여기에 속하지 않는 자음이 음절 종성에 놓일 경우, 이 7개의 자음 중 하나로 바뀌어야 한다.
> B: 음절 종성에 자음이 두 개 놓일 때 그중 하나를 탈락시킨다.

① 너는 지금 감자를 삶고 있니?
② 이 그림에서 꽃도 나비도 예쁘구나.
③ 그 사람을 쫓아가서 잡아야 한다.
④ 비가 오네. 장독 뚜껑을 덮도록 해야겠다.

14 형태소의 개수가 가장 많은 것은?

① 산에는 봄꽃이 가득 피었다.
② 배를 예쁘게도 깎아 놓았다.
③ 나는 높이뛰기를 꽤 잘했다.
④ 언니가 빵을 맛있게 먹었다.

15 어미에 관한 설명으로 옳지 않은 것은?

① "학교에 가자."에 쓰인 어미 '-자'는 상대 높임법을 표시해 준다.
② "비빔밥을 먹었다."에 쓰인 어미 '-었-'의 이형태로 '-았-'이 있다.
③ "밥을 먹으니까 배가 부르다."에 쓰인 어미 '-으니까'는 이유를 나타내는 종속적 연결어미이다.
④ '예쁜 고양이'에 쓰인 어미 '-ㄴ'은 단어의 품사를 바꾸어 주는 기능을 한다.

16 다음 밑줄 친 단어와 품사의 연결이 옳은 것을 모두 고른 것은?

> ㄱ. <u>예</u>, 잘 알겠습니다. - 감탄사
> ㄴ. 사과 다섯 <u>개</u>를 샀다. - 조사
> ㄷ. 마음을 <u>새롭게</u> 먹었다. - 부사
> ㄹ. <u>그렇게</u> 예쁜 꽃은 처음 본다. - 형용사
> ㅁ. 오후에 커피 <u>두</u> 잔을 마셨다. - 수사
> ㅂ. 음식을 골고루 <u>먹는</u> 사람이 건강하다. - 관형사
> ㅅ. 할아버지께서는 <u>당신</u>의 건강을 잘 챙기신다. - 대명사

① ㄱ, ㄹ, ㅅ
② ㄴ, ㄹ, ㅂ
③ ㄷ, ㅁ, ㅅ
④ ㄹ, ㅁ, ㅂ

17 밑줄 친 부분의 문장 성분이 다른 것은?

① <u>제주도에서</u> 서울로 떠났다.
② 이 제품이 <u>맛에서</u> 최고이다.
③ <u>정부에서</u> 다양한 정책을 내놓았다.
④ 학생들이 <u>운동장에서</u> 축구를 한다.

18 용언의 활용에 관한 설명으로 옳은 것은?

① '흐르다'와 '푸르다'는 모두 '르 불규칙' 용언이다.
② (땅에) 묻다'는 불규칙 활용 용언이고 '(안부를) 묻다'는 규칙 활용 용언이다.
③ '놀다'는 모든 어미 앞에서 용언의 받침 'ㄹ'이 자동으로 탈락하므로 규칙 용언으로 볼 수 있다.
④ '쓰다'는 모음 어미 앞에서 어간의 모음 'ㅡ'가 예외 없이 탈락하므로 규칙 용언으로 볼 수 있다.

19 다음 밑줄 친 설명에 해당하는 합성어는?

> 합성어는 결합하는 어근의 배열 방식이 <u>한국어 문장에 나타나는 단어 배열법에 일치하는</u> 것도 있고 그렇지 않은 것도 있다.

① 검붉다
② 뛰놀다
③ 굶주리다
④ 들어가다

20 주체 높임, 객체 높임, 상대 높임이 모두 나타난 것만 고른 것은?

> ㄱ. 어머니는 할아버지께 편지를 보내셨습니다.
> ㄴ. 선생님께서는 언제 집으로 돌아오시죠?
> ㄷ. 아버지가 할머니를 잘 모시고 오셨어요.
> ㄹ. 김 부장, 사장님께 얼른 보고를 드립시다.

① ㄱ, ㄴ ② ㄱ, ㄷ
③ ㄴ, ㄹ ④ ㄷ, ㄹ

21 밑줄 친 서술어의 자릿수가 다른 것은?

① 아버지는 영희에게 선물을 <u>주셨다</u>.
② 어머니는 조카를 친자식처럼 <u>여기셨다</u>.
③ 나는 선생님과 진로 문제를 <u>의논했다</u>.
④ 왕은 법으로 백성을 <u>다스리셨다</u>.

22 시제에 관한 설명으로 옳은 것을 모두 고른 것은?

> ㄱ. "저기 가는 사람을 어제도 보았다."에서 '-는'은 절대 시제 현재로 해석된다.
> ㄴ. "여기 공룡이 살았었다."는 '여기 공룡이 살았다.'보다 현재와 단절된 과거라는 의미가 더 강조된다.
> ㄷ. "나는 내일 고향을 떠난다."는 미래 시제가 실현된 문장이다.
> ㄹ. "내가 들은 음악을 철수도 듣겠다."에서 '-은'은 절대 시제 과거로 해석될 수 없다.

① ㄱ, ㄴ ② ㄱ, ㄷ
③ ㄴ, ㄹ ④ ㄷ, ㄹ

23 문장이 확장된 방식이 다른 것은?

① 영희가 학교에는 가지만 학원에는 안 간다.
② 영수가 소나기를 맞고 심하게 감기에 걸렸다.
③ 내일은 삼촌이 오시거나 고모가 오실 것이다.
④ 철수는 운동도 잘하면서 공부도 아주 잘한다.

24 문장 유형에 관한 설명으로 옳은 것을 모두 고른 것은?

> ㄱ. "여러분, 이제 집에 갑시다."는 하오체 청유문이다.
> ㄴ. "여보, 우리 영화 보러 갈까요?"는 해요체 청유문이다.
> ㄷ. "선생님, 이쪽으로 와 주셨으면 합니다."는 하십시오체 평서문이다.
> ㄹ. "정부는 빨리 대책을 마련하라."는 해라체 명령문이다.

① ㄱ, ㄴ ② ㄱ, ㄷ
③ ㄴ, ㄹ ④ ㄷ, ㄹ

25 관형사절에 관한 설명으로 옳지 않은 것은?

① "그는 내가 집에 간 후에 학교에 왔다."에 나타난 관형사절은 동격 관형사절과 관계 관형사절 중 어느 것으로도 분류되기 어렵다.
② 명사 '사실'은 짧은 동격 관형사절과 긴 동격 관형사절의 수식을 모두 받을 수 있다.
③ "수업을 마친 아이들이 놀고 있다."에 나타난 관형사절은 주어로 해석되는 성분이 빠져 있다.
④ "나는 시험에 다시 도전하겠다는 친구를 격려했다."에 나타난 관형사절은 긴 동격 관형사절이다.

26 양태 표현에 관한 설명으로 옳은 것은?

① '-(으)ㄹ래'는 평서문에서 2인칭 주어와 함께 사용될 수 있다.
② "내일 비가 올 수도 있다."에서 '-(으)ㄹ 수 있다'는 '능력'의 의미를 나타낸다.
③ '-(으)ㄹ까'는 화자의 행위에 대해 청자의 의견을 구할 때에 1인칭 주어만 취한다.
④ '-지'는 판정 의문문과 선택 의문문에서 사용될 수 있다.

27 사동문에 관한 설명으로 옳지 않은 것은?

① 사동문은 이에 대응하는 주동문을 상정할 수 없는 경우도 있다.
② 형용사가 서술어인 문장은 사동문을 형성하지 못한다.
③ 단형 사동은 직접 사동과 간접 사동의 두 가지 의미를 모두 표현할 수 있다.
④ 주동문의 주어는 사동문에서 목적어나 부사어가 된다.

28 부정문에 관한 설명으로 옳지 않은 것은?

① "철수는 어제 집에 갔지 않니?"는 부정의 의미를 지닌 의문문이다.
② 형용사가 서술어인 문장에 '못' 부정이 사용되면, '기대에 미치지 못함'을 나타낸다.
③ "학생들이 다 오지는 않았다."는 보조사 '은/는'을 통해 부정문의 중의성이 해소된다.
④ '말다' 부정은 주로 명령문과 청유문의 장형 부정에서 쓰인다.

29 조사들 간의 결합에 관한 설명으로 옳지 않은 것은?

① 보조사 '만' 뒤에는 보조사 '도'가 나타날 수 없다.
② 보조사 '도' 뒤에는 주격 조사 '이/가'가 나타날 수 없다.
③ 주격 조사 '이/가'와 보조사 '은/는'은 서로 결합할 수 없다.
④ 보조사 '은/는' 뒤에는 '요'를 제외한 다른 조사가 결합할 수 없다.

30 밑줄 친 어휘의 쓰임으로 옳은 것은?

① 사건의 피의자가 현장을 <u>재연했다</u>.
② 어둠이 <u>깃들인</u> 거리를 지나야만 한다.
③ 뭘 그렇게 혼자서 <u>궁시렁거리고</u> 있니?
④ 이 환자는 우리 병원에서 다른 병원으로 <u>후송해야</u> 한다.

31 의미 해석의 정도성이 불투명한 유형은?

① 무릎을 꿇다
② 학을 떼다
③ 손을 들다
④ 고개를 숙이다

32 어휘 변화의 요인이 지시 대상의 차별적 인식과 관련된 것은?

① 기차
② 칠판
③ 간호사
④ 전봇대

33 사자성어의 표기가 옳은 것은?

① 어머니는 <u>주야장천</u> 자식 걱정뿐이다.
② <u>양수겹장</u>을 불러 장기에서 이겼다.
③ 남의 눈을 피해 한밤중에 <u>야밤도주</u>했다.
④ 사업에 실패하여 집안이 <u>풍지박산</u>났다.

34 혼송어를 문석했을 때 어종(語種)의 구성이 동일하게 묶인 것은?

ㄱ. 약밥	ㄴ. 가십난
ㄷ. 색종이	ㄹ. 양딸기
ㅁ. 잉크병	ㅂ. 책벌레

① ㄱ, ㄴ, ㅂ
② ㄱ, ㄷ, ㄹ
③ ㄴ, ㄷ, ㅂ
④ ㄷ, ㄹ, ㅁ

35 어휘의 의미 변화에 관한 설명으로 옳지 않은 것은?

① '미인'은 '아름다운 사람'에서 '아름다운 여자'로 의미가 축소되었다.
② '언니'는 '가족 호칭'에서 '일반 호칭'으로 의미가 확대되었다.
③ '노년기'는 '지형의 침식 윤회의 최종 시기'를 뜻하는 전문어도 사용된다.
④ '세수'는 '물로 손과 얼굴을 씻음'이라는 뜻으로 의미 변화 없이 사용되었다.

36 완곡어법에 의한 동의어가 아닌 것은?

① 변소 - 화장실
② 도둑 - 양상군자
③ 고맙다 - 감사하다
④ 죽다 - 돌아가시다

37 밑줄 친 부분이 환유로 사용되지 않은 것은?

① 오늘 김소월을 읽었다.
② 오늘도 어김없이 빨간 샅바가 이겼다.
③ 눈은 사랑의 불꽃으로 활활 타올랐다.
④ 문 앞을 어깨들이 지키고 있었다.

38 밑줄 친 부분이 동음이의어인 것은?

① 타는 듯한 저녁놀 - 볕에 얼굴이 탔다.
② 속이 깊은 친구 - 그는 속이 편치 않다.
③ 머리도 끝도 없는 일 - 머리를 숙여 인사했다.
④ 다리를 놓아 두 사람을 맺어줌 - 안경의 다리가 부러졌다.

39 고유어를 모두 고른 것은?

ㄱ. 파도	ㄴ. 나방
ㄷ. 막대	ㄹ. 무당
ㅁ. 보료	ㅂ. 사탕

① ㄱ, ㄴ
② ㄴ, ㄹ, ㅂ
③ ㄷ, ㅁ, ㅂ
④ ㄴ, ㄷ, ㄹ, ㅁ

40 사자성어와 관용 표현이 같은 뜻이 아닌 것은?

① 견설고골(犬齧枯骨) - 개밥에 도토리
② 홍불감장(紅不甘醬) - 빛 좋은 개살구
③ 좌정관천(坐井觀天) - 우물 안 개구리
④ 고식지계(姑息之計) - 언 발에 오줌 누기

41 반의어 쌍의 유형이 다른 것은?

① 길다 - 짧다
② 높다 - 낮다
③ 살다 - 죽다
④ 크다 - 작다

42 동의 충돌의 결과가 다른 것은?

① 솥 - 가마
② 틈 - 새
③ 골 - 뼈
④ 산 - 뫼

43 고유어 어휘 의미장의 빈자리가 없는 것은?

① 봄 - 여름 - 가을 - 겨울
② 어제 - 오늘 - 내일 - 모레
③ 엄지 - 검지 - 중지 - 약지
④ 할아버지 - 아버지 - 아들 - 손자

44 의미성분 분석에서 잉여 성분이 없는 것은?

① 아내: [+인간] [+여성] [+성숙] [+결혼] [+남편이 있는]
② 처녀: [+인간] [+여성] [+성숙] [-결혼] [+결혼하지 않은]
③ 어머니: [+인간] [-남성] [+성숙] [+결혼] [+아이가 있는]
④ 할머니: [+인간] [-남성] [+성숙] [+늙은] [+나이가 많은]

45 다음 내용에 알맞은 언어 의미의 본질에 관한 가설은?

> • 의미는 인간의 마음속에 존재하는 심리적 실체이다.
> • 언어표현과 지시 대상 사이에 심리적 영상이라는 매개체를 내세워서 간접적으로 의미를 설명한다.
> • 어떤 말소리를 듣거나 글자를 볼 때 사람들의 머릿속에 떠오르는 영상이 그 표현의 의미라고 본다.

① 지시설
② 개념설
③ 용법설
④ 의의관계설

46 언표 내적 행위 중 진술 행위인 것은?

① 피고에게 유죄를 선고한다.
② 이번에는 꼭 선물을 사 줄게.
③ 이순신 장군은 훌륭한 사람이다.
④ 지식을 쌓으려면 열심히 공부해라.

47 다음 문장의 논리적 전제는?

> 나는 대학에 입학한 것을 후회한다.

① 나는 대학에 입학했다.
② 나에게 대학이 맞지 않는다.
③ 나는 대학 생활이 실망스럽다.
④ 대학이 내가 기대했던 곳이 아니다.

48 "나는 당신과 결혼할 것을 약속한다."는 발화에 관한 적정조건으로 옳은 것을 모두 고른 것은?

> ㄱ. 명제내용조건: 발화된 문장의 명제내용은 화자의 미래 행위에 대한 서술이다.
> ㄴ. 예비조건: 청자는 자신의 행위를 긍정적으로 생각하며, 화자는 그 행위가 필요하다고 생각한다.
> ㄷ. 성실조건: 화자는 행위를 행하기를 진심으로 원한다.
> ㄹ. 본질조건: 명제내용의 발화는 청자로 하여금 행위를 하게 하려는 시도로 간주된다.

① ㄱ, ㄴ
② ㄱ, ㄷ
③ ㄴ, ㄷ, ㄹ
④ ㄱ, ㄴ, ㄷ, ㄹ

49 대화 격률을 위반한 대화함축이 나타나지 않은 것은?

① 가: 오늘 너희 집에 놀러 가도 돼?
　 나: 우리 아버지 알지?
② 가: 주말에도 일을 하세요?
　 나: 네, 별로 할 일도 없어서요.
③ 가: 아침밥 잘 먹었어?
　 나: 글쎄…. 뭘 먹었는지 모르겠다.
④ 가: 이 문제 어때?
　 나: 내가 봐도 어려운 문제네.

50 밑줄 친 표현의 직시(deixis) 유형이 다른 것은?

① <u>이리</u> 오세요.
② 바로 <u>지금</u>이 기회야.
③ <u>여기</u>는 눈이 내리고 있어.
④ 들판 <u>오른쪽</u>에 작은 꽃이 피었네.

51 발화에 관한 직접 화행과 간접 화행의 연결이 옳지 않은 것은?

구분	발화	직접 화행	간접 화행
ㄱ	저 사람은 누구입니까?	질문	요청
ㄴ	문제가 있으면 바로 말해라.	명령	요청
ㄷ	저 사람은 위험한 사람이다.	진술	경고
ㄹ	나 없이 잘할 수 있을 것 같아?	질문	명령

① ㄱ
② ㄴ
③ ㄷ
④ ㄹ

52 다음 문장에 관한 설명으로 옳지 않은 것은?

> 淨飯王이 깃그샤 부텻 소늘 손소 자ᄇᆞ샤 ᄌᆞ걋 가ᄉᆞ매 다히시고
> 《월인석보, 10:9》

① 평칭의 재귀 대명사가 쓰였다.
② 주체 높임법이 쓰였다.
③ 존칭의 관형격 조사가 쓰였다.
④ 사동사가 쓰였다.

53 밑줄 친 단어의 표기 원리가 다른 것은?

① <u>업던</u> 번게를 하늘히 불기시니 《용비어천가, 30장》
② 다ᄉᆞᆺ 곶 두 고지 空中에 머믈어늘 《월인천강지곡, 기7》
③ 孔雀이 목 빗 ᄀᆞᄐᆞᆫ 프를 <u>뷔여</u> 가거늘 《석보상절, 3:42》
④ 어미 <u>주근</u> 後에 부텨끠 와 묻ᄌᆞᄫᆞ면 《월인석보, 21:21》

54 단어들의 음운 현상에 관한 설명으로 옳지 않은 것은?

> 아ᄎᆞᆷ > 아침[朝]
> 즐다 > 질다[泥]
> 슳다 > 싫다[嫌]

① 전설모음화 현상이다.
② 근대국어 시기에 일어났다.
③ 인접 동화가 일어났다.
④ 조음 방법 동화가 일어났다.

55 띄어쓰기가 옳은 것은?

① 나도 너만큼 할 수 있어.
② 얼굴도 볼겸 우리 만나자.
③ 김군, 오늘은 이만 퇴근하게.
④ 오늘은 제 1연구실에서 회의합니다.

56 밑줄 친 단어의 표기가 옳지 않은 것은?

① 냄비에 고구마를 <u>안쳤다</u>.
② 멸치와 고추를 간장에 <u>조렸다</u>.
③ 요즘은 <u>전세집</u> 구하기가 힘들다.
④ <u>하노라고</u> 했는데 마음에 들지 모르겠다.

57 외래어 표기가 옳은 것을 모두 고른 것은?

    ㄱ. ad lib - 애드립
    ㄴ. dry cleaning - 드라이클리닝
    ㄷ. visual - 비쥬얼
    ㄹ. rainbow - 레인보

① ㄱ, ㄴ   ② ㄱ, ㄷ
③ ㄴ, ㄹ   ④ ㄷ, ㄹ

58 복수 표준어의 짝으로 옳지 않은 것은?

① 노을 - 놀
② 소리개 - 솔개
③ 시누이 - 시뉘
④ 서투르다 - 서툴다

59 밑줄 친 단어의 표준 발음이 옳지 않은 것은?

① <u>늑막염[능마겸]</u> 때문에 병원에 갔다.
② 다음 주에 <u>송별연[송:벼련]</u>을 한다.
③ 고구마가 <u>설익어서[설리거서]</u> 설컹거린다.
④ 옛날에는 <u>냇가[내:까]</u>에서 빨래를 하였다.

60 로마자 표기법이 옳은 것은?

① 구미 - Kumi
② 울산 - Ulsan
③ 인왕리 - Inwangni
④ 집현전 - Jipyeonjeon

제2영역 일반언어학 및 응용언어학

61 언어학 분야에 관한 설명으로 옳지 않은 것은?

① 음운론: 언어 소리의 체계와 기능에 대한 연구
② 형태론: 단어 형성의 방법과 구조에 대한 연구
③ 통사론: 구와 문장의 생성과 문법성에 대한 연구
④ 의미론: 말의 사용 및 맥락에 따른 의미에 대한 연구

62 언어의 자의성과 관련된 내용이 아닌 것은?

① 언어 기호와 의미 사이에 필연적 관계가 없다.
② 한국어 변천 과정에서 '사롬'이 '사람'으로 바뀌었지만 여전히 같은 단어로 인식된다.
③ 터키어, 몽골어, 퉁구스어가 서로 많이 닮았다.
④ 한국어에서는 '바람'이라고 하는데 영어에서는 'wind'라고 말한다.

63 문자에 관한 설명으로 옳은 것은?

① 로마자는 음소의 구별과 음절의 구별을 잘 보여준다.
② 쐐기문자는 수메르 지역에서 쓰이던 문자로 표의문자에서 표음문자로 발달하였다.
③ 슬라브어에 많이 채택된 키릴문자는 로마자에 바탕을 두고 발달하였다.
④ 일본 문자 히라가나는 음소문자이다.

64 음성학 용어에 관한 설명으로 옳은 것은?

① 파찰음: 발성 통로의 한 지점에서 공기의 흐름이 일시적으로 막혔다가 열리면서 마찰을 일으키는 소리
② 공명음: 입 안에서 자발적인 소리의 울림이 없이 인접한 모음의 영향으로 울려서 나는 소리
③ 무성음: 성대의 울림이 없어 거의 들리지 않을 정도로 속삭이듯이 나는 소리
④ 반모음: 두 개의 모음이 연이어 발음되어 하나의 소리로 인정되는 소리

65 다음 설명 중 옳지 않은 것은?

① 소쉬르(Saussure)는 언어 연구를 통시적 연구와 공시적 연구로 나누고, 공시적 연구의 중요성을 강조하였다.
② 워프(Whorf)는 인간의 사고가 언어에 영향을 미친다고 하였다.
③ 블룸필드(Bloomfield)는 경험적 관찰의 기반 없이는 언어에 대한 일반화(generalization)를 하기 어렵다고 하였다.
④ 촘스키(Chomsky)는 문장 생성의 원리를 상정하고 이를 반복 적용함으로써 문법적인 문장을 무한히 생성할 수 있다고 하였다.

66 조음 위치와 방법에 따른 자음의 분류로 옳은 것은?

① 마찰음: [ㅅ, ㅆ, ㅎ, f, s, ð]
② 파열음: [ㄱ, ㄷ, ㅂ, g, v, tʃ]
③ 양순음: [ㅃ, ㅍ, ㅁ, p, k, θ]
④ 치경음: [ㄷ, ㅌ, ㄸ, n, z, h]

67 다음 설명에 해당하는 용어는?

> 말하려는 것이 기억날 듯하다가 떠오르지 않고 입 안에서 맴도는 현상을 말한다. 이 현상은 어떤 단어를 떠올리는 것과 관련된 불안이나 무의식적인 억압이 존재할 때, 또는 기억 체계 속에서 정보가 복잡하게 저장되어 있어서 이를 바로 인출하기 어려울 때 주로 발생한다.

① 설단 현상(tip-of-the-tongue phenomenon)
② 점화 효과(priming effect)
③ 스푸너리즘(Spoonerism)
④ 윌리엄스 증후군(Williams syndrome)

68 학습자의 정의적 요인과 관련이 없는 것은?

① 자기 억제(self inhibition)
② 자아 존중감(self-esteem)
③ 동기 부여(motivation)
④ 언어 적성(language aptitude)

69 언어 습득에 관한 설명으로 옳지 않은 것은?

① 스키너(Skinner)는 자극과 반응의 반복적인 습관 형성에 의한 학습을 언어 습득의 기본으로 간주하였다.
② 피아제(Piaget)는 언어 능력을 영유아의 인지적 성숙에 따라 발달하는 다양한 능력의 하나라고 간주하였다.
③ 왓슨(Watson)은 언어 습득을 가능하게 하는 핵심 요인은 인간에게 내재된 선천적 능력이라고 보았다.
④ 비고츠키(Vygotsky)는 인간의 언어는 사회적 상호 작용 속에서 발달한다고 주장하였다.

70 인간의 정보 처리 체계에 관한 설명으로 (   ) 안에 알맞은 것은?

> (   )은 일반적인 사실이나 원리, 법칙, 혹은 세계와 관련된 일반 개념에 대한 기억을 말한다. 이것은 문법 문제나 수학 문제 풀기 등과 같은 일반적인 지식뿐만 아니라 집의 배치와 같은 공간 지식, 대화를 시작하거나 끝내는 방법 등의 정보도 포함한다.

① 일화 기억　　　　　　　　　　② 의미 기억
③ 단기 기억　　　　　　　　　　④ 작업 기억

71 다음 설명 중 옳지 않은 것은?

① 말소리에는 분절음뿐만 아니라 분절음 위에 덧씌워지는 초분절음도 있다.
② 억양은 소리의 높낮이를 변화시켜 문장의 의미 차이를 가져올 수 있다.
③ 영어는 동일한 철자로 이루어진 단어에서 강세의 위치에 따라 품사가 달라지기도 한다.
④ 성조는 음길이의 변화로 단어의 의미를 분화하는 요소이다.

72 응용언어학 연구에 관한 설명으로 옳은 것을 모두 고른 것은?

> ㄱ. 개별 언어의 구조와 체계를 밝힘으로써 언어의 본질을 탐구한다.
> ㄴ. 언어와 관련된 문제를 해결하고 언어 사용의 상황을 개선하는 데 중점을 둔다.
> ㄷ. 언어의 변화와 역사에 대해 연구하고 언어 간 유사성을 기반으로 친족 관계를 밝힌다.
> ㄹ. 언어학 이론을 현장에 적용하고, 그 결과를 반영하여 이론을 보완한다.

① ㄱ　　　　　　　　　　　　　② ㄱ, ㄷ
③ ㄴ, ㄹ　　　　　　　　　　　④ ㄴ, ㄷ, ㄹ

73 언어 계획(language planning)의 유형과 내용의 연결이 옳은 것은?

① 언어 지위 계획 - 표준 규범의 정리, 언어 순화
② 언어 자료 계획 - 철자법 정비, 전문용어 및 신어 등 어휘 정비
③ 언어 습득 계획 - 표준어 선정, 자국어의 국제적 사용 확대
④ 언어 교육 계획 - 공용어 채택, 소수자 언어 권리 보장

74 다음 설명에 해당하는 용어는?

> 학습자가 의사소통에 어려움을 겪거나 스트레스를 받는 상황에서 일시적으로 오류를 일으키는 현상이다. 사라졌다고 생각했던 학습자의 중간언어적 특징이 다시 나타나기도 하는 것을 말한다.

① 퇴행(backsliding)
② 소거(extinction)
③ 회피(avoidance)
④ 귀환(recursion)

75 프레터(Prator, 1967)의 문법 난이도 위계에서 다음 사례가 속하는 것은?

> • 영어 화자가 한국어를 학습할 때, 높임을 나타내는 어미 '-시-'나, '께서', '께' 등을 새롭게 익혀야 한다.
> • 한국어 화자가 프랑스어를 학습할 때, 명사의 성과 수에 따라 정관사 'le', 'la', 'les' 중 하나를 선택하여 쓸 수 있어야 한다.

① 분리(split)
② 융합(coalescence)
③ 재해석(reinterpretation)
④ 과잉구별(overdifferentiation)

76 언어 간 음운 대조에 관한 설명으로 옳지 않은 것은?

① 한국어와 일본어에는 영어와 마찬가지로 두 개의 유음 음소 /l/과 /r/이 존재한다.
② 한국어에는 어두 자음군이 올 수 없으나 영어는 어두에 자음이 세 개까지 올 수 있다.
③ 한국어와 태국어의 음절 말 파열음은 막힌 공기를 터뜨리지 않고 발음된다.
④ 한국어의 음절은 초성, 중성, 종성의 삼분법적 구조이지만 중국어는 성모와 운모의 이분법적 구조이다.

77 언어 교육에서 원격 교육(distance education)에 관한 설명으로 옳지 않은 것은?

① 원격 교육은 이러닝(e-learning)과 유사한 개념이다.
② 원격 교육 시 언어 교사와 학습자는 물리적으로 떨어져 있다.
③ 언어 교수·학습이 원격으로 이루어지는 경우 미디어 사용이 요구된다.
④ 원격 교육은 교사와 학습자 간의 일방향 소통을 전제로 한다.

78 코퍼스(corpus) 활용 연구에 관한 설명으로 옳지 않은 것은?

① 병렬 코퍼스를 활용하여 언어 간의 차이점이나 유사성을 연구할 수 있다.
② 학습자 코퍼스를 분석하여 학습자의 언어 발달상의 특성을 파악하고 오류를 예방할 수 있다.
③ 구어 코퍼스를 활용하여 인공지능 서비스 개발에 필요한 담화 패턴을 찾을 수 있다.
④ 형태 주석 코퍼스를 분석하여 단어의 사용 빈도에 관한 정보를 얻을 수 있다.

79 실어증에 관한 설명으로 옳은 것을 모두 고른 것은?

> ㄱ. 브로카(Broca) 실어증 환자는 좌뇌 전두엽에 이상이 생겨 언어 발화에 어려움을 겪는다.
> ㄴ. 전도(conduction) 실어증 환자는 말을 이해하기는 하지만 따라 하거나 반복할 때 어려움을 겪는다.
> ㄷ. 베르니케(Wernicke) 실어증 환자는 상대방의 말을 이해하는 데 어려움이 있다.
> ㄹ. 좌뇌 측두엽에 손상을 입은 실어증 환자는 내용어(content word) 위주로 발화한다.

① ㄱ, ㄷ
② ㄱ, ㄹ
③ ㄱ, ㄴ, ㄷ
④ ㄴ, ㄷ, ㄹ

80 양층언어(diglossia)에 관한 설명으로 옳지 않은 것은?

① 인도의 산스크리트어와 힌디어는 용도에 차이가 있다.
② 고전 라틴어는 사어가 되었지만 구어 라틴어는 이탈리아어, 프랑스어, 스페인어 등으로 발달하였다.
③ 아이티(Haiti)에서는 상위어인 스페인어와 하위어인 아이티 크레올(Haiti creole)이 쓰인다.
④ 이집트의 아랍어에는 코란을 읽고 쓰는 데 사용되는 아랍어와 일상생활에 사용되는 아랍어가 있다.

2교시 | 한국 문화 · 외국어로서의 한국어 교육론

제3영역 | 한국 문화

01 친족의 촌수에 관한 설명으로 옳은 것은?

① 동생은 1촌이다.
② 조부는 2촌이다.
③ 종조부는 3촌이다.
④ 고모의 아들은 5촌이다.

02 단원 김홍도의 작품이 아닌 것은?

① 〈총석정(叢石亭)〉
② 〈인왕제색도(仁王霽色圖)〉
③ 〈도담삼봉(島潭三峯)〉
④ 〈서당(書堂)〉

03 무당의 전통적인 기능이 아닌 것은?

① 예언(預言)
② 오락(娛樂)
③ 치병(治病)
④ 사법(司法)

04 조선시대 왕실의 혼례를 기록한 의궤는?

① 태실의궤(胎室儀軌)
② 가례도감의궤(嘉禮都監儀軌)
③ 보인소의궤(寶印所儀軌)
④ 대사례의궤(大射禮儀軌)

05 단오에 관한 설명으로 옳지 않은 것은?

① 동지로부터 105일째 되는 날이다.
② 여성들은 창포를 삶은 물에 머리를 감았다.
③ 수릿날, 천중절(天中節)이라고도 한다.
④ 일 년 중 양기가 가장 왕성한 시기로 여겼다.

06 판소리에 관한 설명으로 옳은 것은?

① 진양조는 가장 느린 장단으로 〈춘향가〉 중 '옥중가'에서 확인된다.
② 동편제는 섬진강 동쪽에서 전승되었으며 장단이 느리고 발림이 풍부하다.
③ 판소리 공연에서 고수는 발림과 추임새를 한다.
④ 창자가 손에 부채를 들고 작중 인물을 몸짓으로 흉내 내는 것을 '아니리'라고 한다.

07 ( )에 들어갈 말로 옳은 것은?

| 불교와 무속 등의 성격을 띤 ( )은/는 신라시대에 시작되어 고려시대에는 국가적 행사로 자리 잡았다가 조선 초기에 완전히 폐지되었다. |

① 오구굿   ② 용왕제
③ 영등희   ④ 팔관회

08 한국에서 개최된 국제 스포츠 행사를 시간 순서대로 올바르게 나열한 것은?

ㄱ. 인천 아시안게임
ㄴ. 서울 올림픽대회
ㄷ. 한일 피파월드컵
ㄹ. 평창 동계올림픽대회

① ㄱ-ㄴ-ㄷ-ㄹ   ② ㄱ-ㄷ-ㄹ-ㄴ
③ ㄴ-ㄱ-ㄷ-ㄹ   ④ ㄴ-ㄷ-ㄱ-ㄹ

09 한국의 음악 축제와 개최되는 행정구역의 연결이 옳지 않은 것은?

① 평창 대관령음악제 – 강원도
② 통영 국제음악제 – 경상북도
③ 자라섬 재즈페스티벌 – 경기도
④ 전주 세계소리축제 – 전라북도

10 1990년대 한국 대중문화에 관한 내용으로 옳지 않은 것은?

① '서태지와 아이들'의 노래 유행
② 케이블 TV 시대의 개막
③ 부산국제영화제의 시작
④ 한국 작가의 맨부커상 수상

11 남한과 북한의 정치적 대립을 소재로 한 영화와 감독의 연결이 옳지 않은 것은?

① 〈공동경비구역JSA〉 – 박찬욱
② 〈쉬리〉 – 강제규
③ 〈강철비〉 – 양우석
④ 〈부당거래〉 – 류승완

12 노래와 작곡가의 연결이 옳은 것은?

① 〈반달〉 – 윤극영
② 〈선구자〉 – 홍난파
③ 〈봉선화〉 – 조두남
④ 〈고향의 봄〉 – 현제명

13 다문화 가족과 한국 사회의 변화에 관한 설명으로 옳지 않은 것은?

① 2022년 기준으로 등록외국인 수는 118만 명이 넘는다.
② 2008년 3월에 「다문화가족지원법」이 제정되었다.
③ 한국인들은 유교적 전통에 따라 오래 전부터 다른 계층, 민족과의 결혼을 쉽게 받아들였다.
④ 다문화 가족이 늘어난 사회에서는 문화적·인종적 편견을 버려야 한다.

14 대중음악과 아이돌에 관한 설명으로 옳은 것은?

① 한국의 아이돌 그룹은 1990년대 이후 방탄소년단으로부터 시작되었다.
② 소녀시대, 2PM과 같은 아이돌 그룹은 대형 연예기획사가 만들었다.
③ K-pop은 1990년대 싸이의 '강남스타일'로 해외 인기의 정점을 찍었다.
④ 양희은의 '아침 이슬'은 한국의 전통적 정서인 '임과의 이별'을 노래하였다.

15 한국인의 응원 문화에 관한 설명으로 옳지 않은 것은?

① 응원은 하나의 문화로서 옛날부터 지금까지 이어져 오고 있다.
② 개인 또는 집단의 목적을 위해 모두가 화합해서 힘을 북돋아주는 일이다.
③ 한일 월드컵을 계기로 서양에서 시작된 길거리 응원 문화가 본격적으로 수입되었다.
④ 인터넷 매체의 발달로 각종 서포터즈의 활동 등 응원 문화가 더욱 조직화되었다.

16 영화 《국제시장》과 《택시운전사》에 관한 설명으로 옳지 않은 것은?

① 《국제시장》은 2014년에 개봉한 영화로 천만 관객을 넘겼다.
② 《국제시장》은 주인공인 아버지가 가족을 위해 희생하며 살아온 이야기이다.
③ 《택시운전사》는 현대사의 실제 사건을 기반으로 제작되었다.
④ 《국제시장》과 《택시운전사》는 민주화 운동을 주요 배경으로 한 영화이다.

17 민족의 현실은 외면한 채 가족의 이기적 번성만을 추구하던 주인공 일가의 몰락을 풍자적인 어조로 비판한 작품은?

① 채만식의 《태평천하》
② 이광수의 《무정》
③ 박태원의 《천변풍경》
④ 홍명희의 《임꺽정》

18 일제강점기에 창간된 잡지 《백조》에 관한 설명으로 옳지 않은 것은?

① 3.1 운동 이후에 창간된 문학잡지이다.
② 홍사용, 박종화, 박영희 등이 동인이다.
③ 이상화의 〈빼앗긴 들에도 봄은 오는가〉가 게재되었다.
④ 시뿐만 아니라 소설도 실려 있다.

19 다음 시를 발표한 작가의 작품이 아닌 것은?

> 산에는 꽃 피네
> 꽃이 피네
> 갈 봄 여름 없이
> 꽃이 피네
> … (하략) …

① 〈초혼〉   ② 〈접동새〉
③ 〈왕십리〉   ④ 〈오감도〉

20 1950년대에 발표된 소설이 아닌 것은?

① 이범선의 《오발탄》
② 박경리의 《불신시대》
③ 서기원의 《암사지도》
④ 이청준의 《병신과 머저리》

제4영역　외국어로서의 한국어 교육론

21　학습자 모어가 한국어 학습에 미치는 영향에 관한 설명으로 옳지 않은 것은?

① 중·고급 단계보다 초급 단계에서 모어의 영향이 더 크다.
② 성인 학습자보다 아동 학습자가 모어의 영향을 더 크게 받는다.
③ 한국어 학습 과정에서 모어의 어순을 그대로 가져와 적용하는 경우가 있다.
④ 모어와 한국어에 모두 있는 발음보다 모어에 없는 한국어 발음을 배우기가 더 어렵다.

22　제2언어로서의 한국어(KSL) 교육 대상자를 모두 고른 것은?

ㄱ. 한국에서 일하는 장기 거주 외국인 노동자
ㄴ. 한국에서 국외로 이민 간 해외 동포의 2세, 3세
ㄷ. 한국인과 결혼한 이민자가 데려 온 중도 입국 학생
ㄹ. 한류가 좋아 국외 세종학당에서 한국어를 배우는 사람

① ㄱ, ㄷ
② ㄴ, ㄹ
③ ㄱ, ㄴ, ㄷ
④ ㄴ, ㄷ, ㄹ

23　한국어 표준 교육과정(문화체육관광부 고시 제2020-54호)에 제시된 다음의 목표에 해당하는 등급은?

친숙한 사회적·추상적 소재나 직장에서의 기본적인 업무와 관련된 담화에 참여할 수 있으며 평소에 관심이 있는 사회적·추상적 주제의 글을 읽거나 쓸 수 있다.

① 2급
② 3급
③ 4급
④ 5급

24　한국어 교사의 교실 발화에 관한 설명으로 옳은 것은?

① 학습자의 수준에 관계없이 교사는 같은 속도로 말해야 한다.
② 교실에서의 교사 발화는 한국인들이 평상시에 쓰는 말과 같아야 한다.
③ 학습자의 발화를 유도하기 위해 교사는 상호 작용적 입력 변형을 가하여 말하는 것이 좋다.
④ 학습자가 이해하지 못하더라도 한국어 교사는 교실에서 최대한 다양한 어휘를 사용하는 것이 좋다.

25 일반 목적 한국어 학습자의 사례에 해당하는 것은?

① 중국인 A 씨는 한국의 무역 회사에 취직하기 위해 직무에 필요한 한국어를 공부하고 있다.
② 일본인 B 씨는 결혼하여 한국의 농촌에 정착하려고 농사에서 많이 쓰는 한국어 어휘를 공부하고 있다.
③ 미국인 C 씨는 한국사에 관심이 많아 한국의 대학교에서 한국사를 전공하려고 한국어를 공부하고 있다.
④ 베트남인 D 씨는 K-pop에 관심이 많고 한국 사람과 자유롭게 의사소통하기 위해 한국어를 공부하고 있다.

26 한국어 교육과정(교육부 고시 제2017-131호)에 관한 설명으로 옳은 것은?

① 기본적으로 한국어 의사소통 능력이 없거나 현저히 부족한 학생을 교육 대상으로 한다.
② 초·중·고에서 학년별·학기별로 구분하여 운영하는 교육과정이다.
③ 내용 체계는 의사소통 한국어 교육과 교과 적응 한국어 교육으로 양분된다.
④ 입문 단계인 1단계에서부터 의사소통 한국어와 교과 적응 한국어를 함께 학습한다.

27 한국어 표준 교육과정(문화체육관광부 고시 제2020-54호) 내용 체계의 구성 요소에서 '의사소통 기능'에 해당하는 것을 모두 고른 것은?

> ㄱ. 말이나 글의 중심이 되는 화제
> ㄴ. 시공간적 배경, 담화 참여자의 역할
> ㄷ. 의사소통을 통해 수행하고자 하는 일
> ㄹ. 설명하기, 비교하기, 동의하기, 주장하기

① ㄱ, ㄴ
② ㄱ, ㄷ
③ ㄷ, ㄹ
④ ㄴ, ㄷ, ㄹ

28 다음 듣기 문항의 유형으로 옳은 것은?

> 여기는 어디입니까? 알맞은 것을 고르십시오.
>
> 가: 이 소포 어디로 보내실 거예요?
> 나: 호주요. 얼마나 걸릴까요?
>
> ㉠ 공항　　　　　　　　㉡ 은행
> ㉢ 도서관　　　　　　　㉣ 우체국

① 핵심 내용 고르기
② 담화의 요소 파악하기
③ 발화의 목적 파악하기
④ 이어지는 적절한 반응 고르기

29 리처즈(Richards, 2001)의 교육과정 개발 절차를 순서대로 올바르게 나열한 것은?

> ㄱ. 학습 목적 및 목표 설정
> ㄴ. 요구 분석 및 상황 분석
> ㄷ. 수업 자료 설계 및 효과적인 교수 제공
> ㄹ. 평가 및 조정
> ㅁ. 교수요목 설계

① ㄱ - ㄴ - ㄹ - ㅁ - ㄷ
② ㄱ - ㅁ - ㄴ - ㄹ - ㄷ
③ ㄴ - ㄱ - ㅁ - ㄷ - ㄹ
④ ㄴ - ㅁ - ㄱ - ㄷ - ㄹ

30 요구 분석에 관한 브라운(Brown, 1995)의 설명 중 객관적 요구만으로 묶인 것은?

> ㄱ. 학습자의 직업
> ㄴ. 학습자의 외국어 학습 방법
> ㄷ. 학습자의 외국어 학습 경험 유무
> ㄹ. 학습자가 선호하는 학습 활동 유형

① ㄱ, ㄷ　　　　　　　② ㄱ, ㄹ
③ ㄴ, ㄷ　　　　　　　④ ㄴ, ㄹ

31 나선형 교수요목에 관한 설명으로 옳지 않은 것은?

① 문법 형태나 의사소통 기능을 순환적으로 제시한다.
② 교수요목 설계가 선형 교수요목에 비해 상대적으로 용이하다.
③ 선수 학습된 내용이 새로운 의미와 통합되어 학습이 강화된다.
④ 교수 항목이 제시될 때마다 항목의 난이도와 복잡도가 이전에 비해 심화된다.

32 고전적 평가의 특성이 아닌 것은?

① 과학적 측정과 객관성을 강조하는 경향이 있다.
② 평가의 신뢰도보다는 타당도를 우선시하는 경향이 있다.
③ 언어의 하위 항목을 분리하여 내재화된 언어 지식을 평가하는 경향이 있다.
④ 대규모 수험자를 대상으로 하는 데 적합하여 선다형 문항을 선호하는 경향이 있다.

33 대안적 평가의 사례로 옳지 않은 것은?

① 전래 동화를 읽고 쓴 감상문을 같은 반 친구가 평가하여 피드백을 주었다.
② '한국의 유명한 대학교 탐방' 과제를 팀별로 수행하여 그 과정과 결과를 평가하였다.
③ 교사가 학습자의 교실 활동을 관찰한 결과를 일지에 기록하여 학습자의 수준을 파악하였다.
④ '한국의 문화 유적지 이름 말하기'로 스피드 퀴즈를 실시하여 얻은 점수를 기말 성적에 반영하였다.

34 다음 사례에 해당하는 평가 방식으로만 묶인 것은?

> 한국어 교사 A 씨는 교수·학습이 진행되는 과정에서 그날 학습한 내용을 학생들이 잘 이해하고 있는지를 알아보기 위해 그날 배운 어휘나 문법을 사용하여 문장 하나를 만들게 한 후, 만들어진 문장에 대해 다음날 피드백을 전달해 주었다.

① 총괄 평가 - 객관식 평가
② 형성 평가 - 객관식 평가
③ 총괄 평가 - 주관식 평가
④ 형성 평가 - 주관식 평가

35 규칙 빈칸 메우기(cloze test) 문항 유형에 관한 설명으로 옳지 않은 것은?

① 반 개방형(semi-open ended) 문항의 한 종류이다.
② 교사가 주관적으로 특정 언어적 요소를 강조하는 데에 유리하다.
③ 언어 감각과 세부적인 언어 지식을 통합적으로 평가하기에 적합하다.
④ 평가하려는 요소를 모두 포함하는 문단을 제작하기가 어렵다.

36 다음 '문항변별도 지수' 산출 공식에 따른 '사례'의 문항변별도 지수를 분석한 결과로 옳은 것은?

- 문항변별도 지수 = $\dfrac{U - L}{n}$

 (U: 상위권 25% 수험자 중 정답을 맞힌 수험자 수,
 L: 하위권 25% 수험자 중 정답을 맞힌 수험자 수,
 n: 완성된 전체 답안지의 절반 수)
- 사례: 100장의 완성된 전체 답안지에서 상위권 25%와 하위권 25% 답안지를 분리하였다. 이 답안지들에서 정답을 맞힌 수험자 수가 상위권 집단과 하위권 집단에서 각각 20명, 4명이었다.

① 0.1이므로 문항변별도가 없다.
② 0.24이므로 문항변별도가 낮다.
③ 0.32이므로 문항변별도가 있다.
④ 0.4이므로 문항변별도가 높다.

37 평가의 내용 타당도를 높이기 위한 방안이 아닌 것은?

① 교육 목표와 평가 목표를 확인한 후 출제한다.
② 교과 내용의 중요한 요소들을 골고루 출제한다.
③ 학습자의 흥미와 학습 동기를 고려하여 출제한다.
④ 시험 명세서(출제 계획표)를 작성하여 출제한다.

38 직접 교수법(direct method)에 관한 설명으로 옳지 않은 것은?

① 학습자의 모어 사용을 엄격히 금지한다.
② 문법은 규칙 제시를 통해 연역적으로 가르친다.
③ 구체적인 의미의 어휘는 시각 자료와 실물을 사용하여 가르친다.
④ 읽기, 쓰기보다 말하기, 듣기를 먼저 가르치며 말하기를 특히 강조한다.

39 크라센(S. Krashen)의 자연적 접근법에 관한 설명으로 옳은 것을 모두 고른 것은?

> ㄱ. 수업 중 학습자 모어의 사용을 최소한으로 제한한다.
> ㄴ. 언어 형태에 초점을 맞춘 명시적인 교수를 지향한다.
> ㄷ. 외국어 학습에서 이해 가능한 언어 입력(i+1)을 중시한다.
> ㄹ. 문법 구조의 습득은 예측 가능한 순서대로 진행된다고 본다.

① ㄱ, ㄴ
② ㄷ, ㄹ
③ ㄱ, ㄷ, ㄹ
④ ㄴ, ㄷ, ㄹ

40 총체적 언어 접근법(whole language approach)에 관한 설명으로 옳지 않은 것은?

① 인본주의와 구성주의에 이론적 근간을 두고 있으며 학습자의 능동성을 강조한다.
② 미국의 모어 읽기 교육 현장에서 시작되어 호주, 캐나다 등으로 확대되었다.
③ 언어를 개인적이면서 동시에 사회적인 상호 작용적 의사소통 수단으로 본다.
④ 언어의 특성을 분석해 철자가 소리로 변환되는 원리를 알게 하는 것에 중점을 둔다.

41 다음과 같은 특징을 모두 보이는 외국어 교수법은?

> • 심리 상담 기법을 언어 교육에 적용한 교수법이다.
> • 언어 수업에서 교재는 꼭 필요한 요소로 여기지 않는다.
> • 수업의 절차를 '생각하기 – 대화 녹음하기 – 토론하기 – 전사하기 – 언어 분석'의 5단계로 나눈다.
> • 언어 학습 과정을 '태아기 – 자기 주장기 – 출생기 – 역할 전도기 – 독립 성년기'의 5단계로 구분한다.

① 암시 교수법
② 전신 반응 교수법
③ 의사소통적 접근법
④ 공동체 언어 학습법

42 한국어 자음의 발음 교육 내용으로 옳은 것은?

① 다른 언어에 비해 비음성이 매우 강하다는 점을 알게 한다.
② 파열음의 기의 세기는 격음, 경음, 평음의 순으로 강하다는 것을 가르친다.
③ 평음인 장애음은 유성음과 유성음 사이에서 무성음으로 발음하도록 지도한다.
④ 용언의 어간 말 /ㅎ/은 모음으로 시작하는 어미 앞에서 탈락됨을 이해시킨다.

43 한국어 모음의 발음 교육 내용으로 옳은 것은?

① '예, 례' 이외의 'ㅖ'는 단모음 [ㅔ]로만 발음하도록 지도한다.
② '협의를 하다'의 '협의'는 [혀븨/혀비]로 발음하도록 가르친다.
③ 단모음 'ㅟ, ㅚ'는 하향식 이중모음으로도 발음할 수 있다는 점을 알려 준다.
④ 용언의 활용형 '가져'와 '다쳐'는 각각 [가져]와 [다쳐]로, '쪄'는 [쪄]로 발음하도록 한다.

44 간단한 규칙을 제시하여 가르치는 것이 효과적인 한국어 음운 현상으로만 묶인 것은?

> ㄱ. 장애음 뒤의 경음화
> ㄴ. 공명음 뒤의 경음화
> ㄷ. 순행적 유음화
> ㄹ. 역행적 유음화
> ㅁ. 유음의 비음화

① ㄱ, ㄷ
② ㄱ, ㄹ
③ ㄴ, ㄹ
④ ㄴ, ㅁ

45 한국어의 초분절 요소 교육 방안에 관한 설명으로 옳은 것은?

① 감탄문의 억양은 내리고 의문문의 억양은 올려 발음하도록 지도한다.
② 고저 악센트에 따라 어휘의 의미가 달라지는 한국어 표준어에 대해 등급별로 지도한다.
③ 긴소리를 가진 음절이 위치에 따라 짧게 소리 날 때 이를 정확히 구분하여 발음하도록 지도한다.
④ 휴지의 위치에 따라 의미가 달라지기도 하므로 이를 이해하며 끊어 말할 수 있도록 수준별로 지도한다.

46 한국어 발음 교육에 관한 설명으로 옳지 않은 것은?

① 모음을 가르친 후 모음과 함께 자음을 발음하도록 가르친다.
② /ㅁ, ㄴ, ㅇ, ㄹ/은 한국어에서 성절음이 될 수 있음을 가르친다.
③ '국물'의 발음 현상을 '한여름'의 발음 현상보다 먼저 가르친다.
④ 한국어는 음절 말에서 둘 이상의 자음이 발음될 수 없다는 점을 가르친다.

47 언어권별 한국어 발음 양상에 관한 설명으로 옳지 않은 것은?

① 영어권 학습자는 '돌'의 /ㄹ/을 영어 'tall'의 /l/처럼 잘못 발음하는 경향이 있다.
② 일본어권 학습자는 한국어 어두 평음을 격음과 혼동하여 발음하는 경향이 있다.
③ 중국어권 학습자는 어두의 /ㅎ/을 중국어의 연구개 마찰음으로 발음하는 경향이 있다.
④ 베트남어권 학습자는 한국어의 음절 말 자음을 뒤 모음에 연음하여 발음하는 경향이 있다.

48 발음 기관 단면도를 사용하여 지도할 내용으로 옳지 않은 것은?

① 평음과 격음의 차이
② 구강음과 비음의 차이
③ 치조음과 경구개음의 차이
④ 파열음 /ㄷ/와 마찰음 /ㅅ/의 차이

49 미국의 '21세기 외국어 교육의 국가기준(1999)'에서 외국어 교육의 목표로 제시한 '5Cs'가 아닌 것은?

① 조화(Concordances)
② 비교(Comparisons)
③ 문화(Cultures)
④ 공동체(Communities)

50 말하기의 특성으로 옳지 않은 것은?

① 개별 단어의 조합이 아닌 구나 문장 전체가 하나로 인지되는 덩어리 표현이 자주 사용된다.
② 생략과 축약이 많은 이유는 발화하는 데 드는 노력을 줄여 경제적으로 의사소통을 하기 위해서이다.
③ 말과 신체언어로 표현된 의미가 상반되는 경우 신체언어가 화자의 숨겨진 의도를 드러내기도 한다.
④ 단순한 문형을 나열하여 말하는 것보다 복잡한 문형으로 말하는 것이 원활한 의사소통에 도움이 된다.

51 한국어능력시험(TOPIK) 말하기 평가의 평가 요소 중 '언어 사용'에 관한 내용으로 옳은 것은?

① 발음과 억양이 어느 정도 이해 가능한가?
② 담화 상황에 적합한 언어를 사용하였는가?
③ 과제에 적절한 내용으로 표현하였는가?
④ 담화 구성이 조직적으로 잘 이루어졌는가?

52 다음 두 가지 능력을 기르는 데 알맞은 말하기 활동은?

> • 한국어 공동체에서 대인 관계 형성에 필요한 담화적 능력
> • 예절이나 태도 등 한국 문화와 관련된 사회문화적 능력

① 암송
② 역할극
③ 직소(jigsaw)
④ 스무고개 게임

53 말하기 수업에서 유의미 연습(meaningful drill)에 해당하는 것을 모두 고른 것은?

> ㄱ. 물건을 설명하는 표현을 제시하면 그 표현을 그대로 따라 말한다.
> ㄴ. 물건을 설명하는 단어를 듣고 무슨 물건인지 맞히는 게임을 한다.
> ㄷ. 과거에 잃어버린 물건 중에서 찾고 싶은 물건에 대해 자세히 설명한다.
> ㄹ. 갖고 있는 물건 중 소중한 물건의 모양과 색, 쓰임 등에 대해 이야기한다.

① ㄱ, ㄴ
② ㄱ, ㄹ
③ ㄴ, ㄷ
④ ㄷ, ㄹ

54 다음 말하기 활동에서 학생 A가 활용한 말하기 전략은?

> • 학생 A가 제시된 단어를 보고 학생 B에게 그 단어를 설명하여 맞히게 하는 게임을 한다.
>   (학생 B는 제시된 단어를 볼 수 없다.)
>   학생 A: 이것이 녹아요. 그러면 물이 돼요.
>   학생 B: 얼음!

① 바꿔 말하기
② 언어 전환하기
③ 회피하기
④ 도움 요청하기

55 말하기 수업에서 교사의 역할로 옳지 않은 것은?

① 말하기를 원활하게 할 수 있도록 실마리를 제공하고 돕는 촉진자
② 말하기의 심리적 불안과 부담을 이겨낼 수 있도록 돕는 상담자
③ 의사소통에 방해가 되지 않게 교정을 하거나 활동 후 평가를 제공하는 평가자
④ 본격적인 활동 단계에서 적극적으로 참여하면서 상호 작용을 주도하는 참여자

56 말하기 활동에서 학습자 발화에 관한 일반적인 오류 수정 방법으로 옳은 것은?

① 말하기 활동 중에 일어난 오류는 발생하는 즉시 수정해야 한다.
② 일회적으로 나타나는 말하기 실수도 정확성을 위해 수정해야 한다.
③ 스스로 오류를 수정할 능력이 있더라도 교사가 오류를 확인하고 수정해 주는 것이 좋다.
④ 말하기 불안이 심한 학습자의 경우에는 정의적 측면을 고려하여 수정해 주는 것이 좋다.

57 다음 현상에 해당하는 것은?

> 공식적인 한국어 말하기 평가에서 그림을 보고 순서대로 이야기를 하는 문항 유형이 출제되었다. 이후 이러한 문항과 관련된 말하기 활동을 할 수 있도록 한국어 교재가 개발되고 한국어 수업에서 부가적인 활동이 강화되었다.

① 후광 효과(halo effect)
② 세환 효과(washback effect)
③ 의미적 인접(semantic contiguity)
④ 회상 프로토콜(retrospective protocol)

58 다음 말하기 평가 문항에 관한 지도 내용으로 옳지 않은 것은?

※ 자료를 보고 70초 동안 준비하세요. 그리고 "삐" 소리 후 80초 동안 대답하세요.
• 문제: 다음 뉴스를 듣고 자료에 제시된 사회 현상을 설명하십시오. 그리고 그 현상의 이유와 전망에 대해 말하십시오.

남자: 최근 환경과 건강에 대한 사람들의 인식이 높아지면서 공유 자전거 이용에 대한 관심도 높아지고 있습니다. △△시 발표 자료를 통해 공유 자전거 이용자 수가 얼마나 변화했는지, 그리고 그 이유는 무엇인지 알아보겠습니다. (삐-)

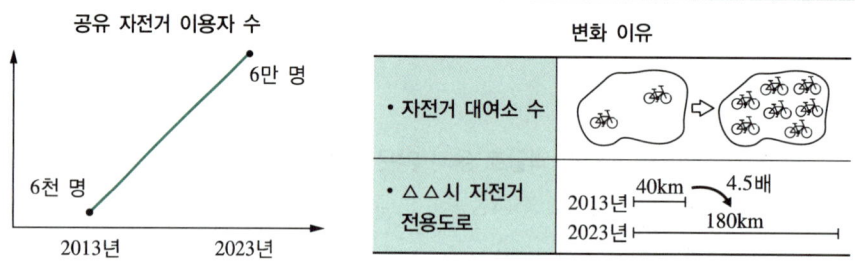

① 현황을 설명하는 데 필요한 어휘나 정형화된 표현을 지도한다.
② 정확한 발음과 자연스러운 억양, 적절한 속도를 유지하면서 발화할 수 있도록 지도한다.
③ 시각 자료를 해석한 내용을 바탕으로 창의적인 의견을 제안할 수 있도록 지도한다.
④ '왜냐하면 … -기 때문이다'와 같은 담화 표지를 사용하여 논리적인 근거를 제시하도록 지도한다.

59 쓰기 맥락 지식에 포함되지 않는 것은?

① 독자의 배경지식, 연령, 기대와 관련된 지식
② 글의 목적과 상황에 따라 굳어진 장르 관련 지식
③ 내용을 통합하고 조직하는 데 필요한 방법적 지식
④ 담화 공동체가 공유하는 글쓰기 방식과 규약에 관련된 지식

60 브레인스토밍(brainstorming)에 관한 설명으로 옳지 않은 것은?

① 다양한 경험과 지식을 활성화해서 아이디어를 창출하는 활동이다.
② 결과 중심 쓰기에서는 이 활동이 '다시 쓰기' 단계에서 활용된다.
③ 문법이나 맞춤법에 신경 쓰지 않고 자유롭게 생각을 써 보는 활동이다.
④ 중요한 단어들을 강조해서 시각화하는 '구획하기(mapping)' 방법이 있다.

61 다음 특징을 갖는 쓰기 이론은?

- 교사가 학습자에게 모범적인 텍스트를 제시한다.
- 학습자에게 제시된 텍스트를 모방하여 쓰게 한다.
- 정확한 문법적 규범과 수사적 규칙 사용을 강조한다.
- 선형적(linear)인 과정에서 도출된 결과물의 완성도를 중시한다.

① 절충식 쓰기 이론 ② 과정 중심 쓰기 이론
③ 형식 중심 쓰기 이론 ④ 인지적 구성주의 쓰기 이론

62 다음 ∨ 부분의 교사 피드백을 통해 향상될 수 있는 학생의 쓰기 능력은?

- 저는 밥을 많이 먹었어요.∨(그래서) 배가 불러요.

① 문법적 능력 ② 담화적 능력
③ 전략적 능력 ④ 사회언어학적 능력

63 다음 쓰기 문항에 해당하는 평가 방식은?

※ 아래의 제시된 표현을 모두 사용하여 한 문장으로 쓰십시오.
- 수다를 떨다 / 친구를 만나다 / 오래간만에

① 제한적 쓰기 평가 ② 대안적 쓰기 평가
③ 절차적 지식 평가 ④ 전략적 지식 평가

64 딕토콤프(dicto-comp)에 관한 설명으로 옳지 않은 것은?

① 받아쓰기와 작문의 결합 형태이다.
② 쓰기 능력뿐만 아니라 듣기 능력 신장에도 도움을 준다.
③ 원래의 글 구조를 모방해서 새로운 내용으로 글을 창작한다.
④ 학습자가 교사의 이야기를 듣고 메모한 핵심어를 이용해서 글을 쓴다.

65 다음 사항을 모두 포함하는 글쓰기 단계는?

> • 쓰고자 하는 내용을 다 썼는가? ············· ☑
> • 불필요한 내용이나 표현은 없는가? ············· ☑
> • 문장 구성과 순서를 바꿀 필요는 없는가? ········ ☑
> • 읽는 이의 관점으로 살펴보았는가? ············· ☑

① 다시 쓰기 단계
② 주제 설정 단계
③ 자료 수집과 정리 단계
④ 구상 및 개요 작성 단계

66 문식성(literacy)에 관한 설명 중 옳은 것을 모두 고른 것은?

> ㄱ. 다른 사람들이 말하는 것을 받아 적는 능력
> ㄴ. 문장은 단어로, 단어는 글자로 구성됨을 아는 능력
> ㄷ. 문장이 끝날 때 마침표, 물음표, 느낌표로 끝남을 아는 능력

① ㄱ, ㄴ
② ㄱ, ㄷ
③ ㄴ, ㄷ
④ ㄱ, ㄴ, ㄷ

67 구어 자료의 듣기 지도 방안으로 옳지 않은 것은?

① '근데, 있잖아, 말이야' 등 담화 표지의 기능을 알고 의미를 이해하는 데 참조하게 한다.
② 듣기란 산출된 구어를 이해하는 과정이므로 들리는 정보를 순서대로 다 기억하게 한다.
③ '처음 뵙겠습니다.', '새해 복 많이 받으세요.' 등 정형화된 표현이 들어간 다양한 담화를 준비한다.
④ 음운 현상이 적용되는 억양구 단위로 담화를 들려주면서 글자와 소리가 다를 수 있음을 알게 한다.

68 듣기 담화의 예와 설명이 모두 옳은 것은?

의사소통의 목적 화자와 청자의 역할	정보 교류	친교
상호적	ㄱ	ㄴ
비상호적	ㄷ	ㄹ

① ㄱ: 안내 방송 – 메시지를 정확하게 파악하는 것이 중요하다.
② ㄴ: 전문가 인터뷰 – 사회적 관계 유지를 목적으로 한다.
③ ㄷ: 강의 – 새로운 정보 습득에 초점을 둔다.
④ ㄹ: 독백 – 교사나 전문 상담인에게 필요한 듣기 기술이다.

69 듣기 지도법으로 옳지 않은 것은?

① 학습자별 변인과 학습 목적을 고려한 듣기 활동 제시
② 발화 속도, 수행 변인 등 외국어로서의 듣기를 어렵게 만드는 요인을 고려
③ 학습자의 다양한 대화 상황을 반영한 담화로 의사소통에 대한 내적 동기 강화
④ 실생활에서의 적응력을 키우기 위해 비언어적 요소, 소음 등을 배제한 듣기 활동 제시

70 한국어 표준 교육과정(문화체육관광부 고시 제2020-54호) 듣기의 성취기준 중 중급 수준에 해당하지 않는 것은?

① 정형화된 구조와 형식을 갖춘 인터뷰, 뉴스 등을 이해할 수 있다.
② 공적 관계의 사람들과 격식적 상황에서 이루어지는 담화를 이해할 수 있다.
③ 명시적인 정보를 통해 담화 상황이나 발화의 주요 정보 등을 파악할 수 있다.
④ 다양한 문장 구조를 알고 정확한 억양과 보통의 속도로 말하는 모국어 화자의 발화를 이해할 수 있다.

71 다음 듣기 활동에서 다루고 있는 듣기 유형은?

- 지금부터 두 개씩 연속되는 소리를 들을 거예요. 같은 소리면 동그라미, 다른 소리면 가위표를 하세요.
- 다음 말을 듣고 '바'와 '빠'가 몇 번씩 나오는지 그 숫자를 쓰세요.

① 식별적 듣기 ② 사실적 듣기
③ 분석적 듣기 ④ 비판적 듣기

72 '지구의 환경오염과 기후 문제'에 관한 듣기 수업의 과정을 순서대로 올바르게 나열한 것은?

> ㄱ. 이상 기후에 대한 시각 자료로 관련 어휘를 예측하게 한다.
> ㄴ. 기후 문제에 대한 해결 방안을 말하도록 통합 활동을 수행한다.
> ㄷ. 주제와 관련된 자료를 읽으며 정보 강화 활동을 한다.
> ㄹ. 들으면서 메모하고, 중심 내용을 파악하게 한다.

① ㄱ - ㄴ - ㄹ - ㄷ
② ㄱ - ㄷ - ㄴ - ㄹ
③ ㄱ - ㄷ - ㄹ - ㄴ
④ ㄱ - ㄹ - ㄷ - ㄴ

73 듣기 전략 개발을 위한 듣기 교수 방안으로 옳지 않은 것은?

① 전체적인 요지를 찾으면서 듣게 하였다.
② 의미 해석에 도움을 줄 비언어적 단서를 찾게 하였다.
③ 담화의 맥락을 통해 화자의 의도를 예측하게 하였다.
④ 학습자의 반응을 확인하는 모델링하기를 포함하였다.

74 듣기 자료 구성의 원리와 설명으로 옳은 것은?

① 적용성(applicability) - 듣기 활동에 학습자의 관심 영역과 일치하는 자료를 사용하는 원리이다.
② 전이성(transferability) - 학습자의 선험적 지식 등이 수업에 활용되도록 설계하여 동기를 부여하는 것이다.
③ 실제성(authenticity) - 듣기 학습자의 오류를 줄이기 위해 초급 한국어 교육 현장에서 실제 자료를 사용하는 원리이다.
④ 과제 지향성(task-orientation) - 학습자가 들은 내용에 대해 묻고 답하게 함으로써, 학습자의 이해 수행 여부를 입증하는 것을 목표로 한다.

75 정보 처리 과정을 활용한 듣기 지도법으로 옳지 않은 것은?

① 상향식 듣기 - 청자가 내용을 이해하도록 전반적인 의미를 파악하게 했다.
② 상향식 듣기 - 특정 단어에 대한 청취 여부, 제목 맞히기 등으로 수업을 구성했다.
③ 하향식 듣기 - 청자의 선험 지식을 이용하여 의미를 파악하게 했다.
④ 하향식 듣기 - 실마리 찾기, 장소나 분위기 찾기 등을 수업 구성에 활용했다.

76 외국어 읽기의 특성으로 옳지 않은 것은?

① 학습자들의 문화적 배경에 따라 텍스트 이해가 달라질 수 있다.
② 구어로 기본적인 단어와 문법 구조를 학습한 이후에 읽기 학습이 이루어진다.
③ 언어 숙달도가 낮을 경우 모어 읽기 전략을 외국어 읽기에 전이하는 것이 어렵다.
④ 읽을 때 눈의 고정 시간(eye fixation)이 길어 모어 읽기에 비해 읽기 속도가 느리다.

77 확장적 읽기(extensive reading)에 관한 설명으로 옳지 않은 것은?

① 텍스트의 세부적인 내용까지 자세하고 정확하게 읽는 방법이다.
② 학습자가 스스로 관심 있는 분야의 읽기 자료를 선정해 읽도록 한다.
③ 즐거움을 위한 읽기나 다량의 정보를 얻기 위한 읽기에 유용한 방식이다.
④ 교사는 학습자가 수업 이외의 시간에도 읽기를 지속할 수 있도록 독려한다.

78 '한국에서 본 탈춤 공연'이라는 감상문을 다루는 읽기 수업에서 내용 스키마를 활용하고 있는 예를 모두 고른 것은?

> ㄱ. 글의 구조에 따라 단락을 나눠 가며 감상문을 읽는다.
> ㄴ. 탈춤을 본 경험을 떠올리며 글에 들어갈 내용에 대해 예측해 본다.
> ㄷ. 감상문에 포함되어야 하는 사항들이 글에 잘 드러나 있는지 찾아본다.
> ㄹ. 탈춤 공연 장면을 설명하기 위해 활용된 전개 방식에 대해 이야기해 본다.
> ㅁ. 한국의 탈춤과 학습자 모국에 있는 탈춤 간의 공통점과 차이점에 대해 생각해 본다.

① ㄱ, ㄷ
② ㄴ, ㅁ
③ ㄱ, ㄹ, ㅁ
④ ㄴ, ㄷ, ㅁ

79 읽기 자료를 학습자 수준에 맞게 수정하는 방법으로 옳지 않은 것은?

① 원 자료의 실제성을 크게 해치지 않는 범위 내에서 수정한다.
② 중요도가 낮은 저빈도어는 대체 가능한 고빈도어로 교체한다.
③ 글의 의미가 명확하게 전달되도록 지시어나 생략된 문장 성분을 보충한다.
④ 학습자가 글의 의미를 상세하게 파악할 수 있도록 잉여 정보를 삭제한다.

80 읽기 과제의 유형 중 능동적 과제에 해당하지 않는 것은?

① 학습자의 배경지식이나 읽기 전략 등을 활용하게 한다.
② 학습자의 읽기 이해를 점검하기 위해 선다형 문제를 풀게 한다.
③ 짝 활동이나 소그룹 활동을 통해 학습자들이 상호 작용을 하게 한다.
④ 주어진 정보를 재구성하여 표나 시각 자료 등으로 바꿔 보게 한다.

81 다음 내용에 해당하는 읽기 전략은?

- 나는 글을 읽을 때 내가 이해한 게 맞는지 선생님이나 친구에게 자주 물어봐.
- 옆 친구가 글을 읽을 때 이해되지 않는 문장을 소리 내면서 읽더라고. 그래서 나도 그렇게 해 보고 있어.

① 사회적 전략
② 보조적 전략
③ 인지적 전략
④ 정의적 전략

82 읽기 지도 방안으로 옳지 않은 것은?

① 실제성이 있는 다양한 유형의 텍스트를 읽기 자료로 활용해야 한다.
② 학습자가 읽기 목적에 따라 적절한 읽기 전략을 선택하도록 유도한다.
③ 글의 의미를 능동적으로 구성할 수 있도록 단어마다 뜻을 정확히 확인하게 한다.
④ 글에 모르는 단어가 나왔을 때 전후 맥락을 통해 의미를 유추할 수 있도록 한다.

83 김유정의 《봄봄》을 활용한 읽기 수업이다. (   )에 들어갈 내용을 순서대로 올바르게 나열한 것은?

읽기 전 단계	제목을 보고 어떤 내용의 작품일지 이야기해 본다. ↓ ( ) ↓
읽기 단계	( ) ↓
읽기 후 단계	등장인물의 성격과 각자의 입장에 대해 토론한다. ↓ ( )

ㄱ. 인상 깊은 장면을 하나 골라 대본으로 바꿔 쓴 후 역할극을 한다.
ㄴ. 시대적 배경이 드러난 어휘 목록을 보며 그 의미를 추측해 본다.
ㄷ. 등장인물의 행동과 말에 주의를 기울이면서 글을 읽는다.

① ㄱ - ㄴ - ㄷ   ② ㄱ - ㄷ - ㄴ
③ ㄴ - ㄱ - ㄷ   ④ ㄴ - ㄷ - ㄱ

84 문법 항목과 과제의 연결이 옳은 것은?

	문법 항목	과제
①	-아/어 주세요	정보 채우기 - 짝과 함께 그림 속 물건의 위치를 묻고 대답한다.
②	-(으)면 안 돼요	의견 표현하기 - 제시된 장소에서 허용되지 않는 행동에 대해 말한다.
③	-(으)려고 해요	행동 지시하기 - 상대방에게 행동을 지시하고 상대방은 지시대로 동작을 수행한다.
④	-아/어 있어요	의견 묻기 - 주말 활동 계획을 친구와 함께 이야기한다.

85 문법 항목 선정 및 배열의 원칙에 관한 설명으로 옳은 것을 모두 고른 것은?

ㄱ. 용이한 학습을 위해 추상적인 개념부터 배열한다.
ㄴ. 학습자가 필요로 하는 활용성 높은 문법 항목을 선정한다.
ㄷ. 한국어 교육용 자료들에서 중복 사용되는 문법 항목은 선정에서 제외한다.
ㄹ. 규칙적 형태이고 통사적 제약이 적은 문법 항목을 먼저 배열한다.

① ㄱ, ㄷ   ② ㄴ, ㄹ
③ ㄱ, ㄴ, ㄹ   ④ ㄴ, ㄷ, ㄹ

86 문법 수업의 '제시' 단계에서 사용하는 대표 예문에 관한 설명으로 옳지 않은 것은?

① 문법의 다양한 의미가 한 문장에 반영된 예문
② 학습자의 수준에 적합한 이해 가능한 예문
③ 문법의 전형적인 의미가 반영된 예문
④ 이형태 사용 규칙을 설명하는 데 적합한 예문

87 '이유'의 의미를 가진 '-아서/어서'와 '-(으)니까'를 변별해서 설명할 때 주의할 점으로 옳지 않은 것은?

① 후행절에 사용할 수 있는 문장의 형태를 설명한다.
② 연결어미와 시제의 결합 가능성에 대해서 설명한다.
③ 선행절과 후행절의 주어가 동일함을 설명한다.
④ 사용 맥락의 차이에 따른 의미 차이를 설명한다.

88 다음 과제 기반 수업 모형(TTT)에 관한 설명으로 옳은 것은?

과제 1	교수	과제 2
친구와 함께 하루 일과 이야기하기	'-(으)ㄴ 후에'에 대한 문법 설명 및 연습	'나의 하루 일과' 그룹 활동 및 발표

① 수업 초기 단계에 연역적으로 문법이 제시된다.
② '과제 1' 단계에서 정확한 문법을 사용해서 하루 일과를 이야기한다.
③ '교수' 단계에서 유창성 향상을 목적으로 '-(으)ㄴ 후에'의 문법 오류 점검에 집중한다.
④ '과제 2' 단계는 '-(으)ㄴ 후에'를 사용해서 '나의 하루 일과'를 발표한다.

89 다음 문법 수업의 '연습' 단계에서 학습할 수 있는 내용으로 옳지 않은 것은?

> • '-(으)ㄴ 지'를 사용해서 한 문장으로 만드십시오.
>
> 1. 점심을 먹다 / 3시간이 되다
> 2. 한국어를 배우다 / 1년이 되다
> 3. 고등학교를 졸업하다 / 3년이 되다
> 4. 저는 서울에 살다 / 10년이 되다

① 용언 어간의 받침 유무에 따른 사용 규칙을 학습할 수 있다.
② 동사와 형용사의 차이에 따른 활용 규칙을 학습할 수 있다.
③ 문법 항목의 의미와 용법이 맞는지 확인할 수 있다.
④ '제시' 단계의 예문과 함께 다양한 예문을 추가로 학습할 수 있다.

90 문법 수업을 '도입 – 제시 – 연습 – 사용 – 마무리'의 5단계로 구성할 경우 '사용' 단계에 관한 설명으로 옳은 것은?

① 의사소통에 중점을 둔 실제 적용 활동을 한다.
② 기계적인 반복을 통한 정확성에 초점을 맞춘다.
③ 해당 수업에서 배운 문법 항목의 의미와 기능을 정리한다.
④ 학습자의 배경 지식을 활용하여 학습 내용에 대한 흥미를 유발한다.

91 '고의적 오류 유도하기(garden path)'에 관한 설명으로 옳지 않은 것은?

① 형태 초점 교수 기법으로 문법 형태를 명시적으로 강조한다.
② 교사가 의도적으로 학습자의 과잉 일반화 오류를 유도한다.
③ 문법 항목의 불규칙 활용을 교수할 때 효과적이다.
④ 학습자 모어의 간섭으로 인한 오류 양상 파악에 사용된다.

92 다음 내용에 해당하는 한국어 학습자를 위한 어휘는?

> - 일상생활에 자주 쓰이는 필수 단어를 선정하여 의미 분야별로 제시한 어휘
> - 한 언어의 근간이 되는 어휘로 오랜 기간이 지나도 잘 변화되지 않는 어휘
> - 합성어나 파생어와 같은 새 어휘 생성의 어근이 되는 어휘

① 기초 어휘(basic vocabulary)
② 확장 어휘(extensive vocabulary)
③ 이해 어휘(receptive vocabulary)
④ 표현 어휘(productive vocabulary)

93 반의어를 활용한 어휘 교육에 관한 설명으로 옳지 않은 것은?

① 반의어는 대상을 대립되는 개념으로 이해하는 인간의 의식 구조를 반영하기 때문에 어휘 학습에 효과적이다.
② 반의어는 의미가 반대되는 개념이므로 두 단어는 공통성이 있는 의미적 요소가 없다는 점을 강조한다.
③ 동일 어휘 범주에서 품사가 같아야 반의어가 되므로 '검은색'의 반의어로 '희다'를 제시하지 않는다.
④ 다의어의 경우 각각의 의미에 대한 반의어가 존재하므로 문맥에 맞는 반의어를 교수한다.

94 우연적 어휘 학습에 관한 설명으로 옳은 것을 모두 고른 것은?

> ㄱ. 다른 언어 기능의 학습 과정에서 자연스럽게 어휘 습득이 일어난다.
> ㄴ. 초급 단계의 어휘는 직접적인 교수보다 우연적인 학습이 더 효과가 있다.
> ㄷ. 의사소통 접근법에서는 우연적인 학습의 효과가 무시되는 경향이 있다.
> ㄹ. 노출 횟수의 증가, 주석 달기 등을 통해 우연적 어휘 습득을 도와줄 수 있다.

① ㄱ, ㄹ
② ㄴ, ㄷ
③ ㄱ, ㄴ, ㄹ
④ ㄱ, ㄴ, ㄷ, ㄹ

95 다음 어휘 제시가 고려하고 있는 어휘 교수에 관한 설명으로 옳은 것은?

> - 넓다 – 넓이
> - 길다 – 길이
> - 높다 – 높이
> - 깊다 – 깊이

① 형용사를 교수할 때 하나의 단어만 소개하지 않고 유의어 쌍들과 함께 제시하고 있다.
② 형용사의 활용을 보여줄 때 부사형 어미를 사용하는 활용 형태를 함께 제시하고 있다.
③ 형용사가 활용되는 양상을 동사의 활용과 비교하여 제시하고 있다.
④ 형용사를 명사로 바꾸는 접미사 '-이'가 붙어 파생된 어휘를 제시하고 있다.

96 '바지'의 어휘장을 활용한 어휘 확장 교육에 제시할 어휘의 예로 옳지 않은 것은?

① 상위어: 옷, 양복, 아랫도리
② 하위어: 반바지, 청바지, 나팔바지
③ 후행 통합적 관계: 입다, 벗다, 올리다
④ 선행 통합적 관계: 짧은, 긴, 헐렁한

97 초급에서 교수해야 할 어휘에 관한 설명으로 옳지 않은 것은?

① 사용 빈도가 높고 사용 범위가 넓은 어휘를 초급에서 가르친다.
② 다의어의 경우 초급에 해당하는 의미를 먼저 가르치고 중·고급에서 점차 확장된 의미를 가르친다.
③ 한국 전통 문화의 특성이 담긴 어휘의 경우는 내포적 의미를 초급에서 가르친다.
④ 교수·학습 현장에서 자주 사용하는 어휘는 다소 어렵더라도 초급에서 가르친다.

98 그랜트(N. Grant)가 제안한 교재 평가(CATALYST test) 항목으로 옳지 않은 것은?

① 소통성(C): 의사소통 능력을 향상시킬 수 있도록 고안되었는가?
② 목표성(A): 교재가 프로그램의 목적 및 목표에 합당한가?
③ 교수성(T): 교수가 가능하게 조직화되어 있는가?
④ 사회성(S): 사회적 가치를 고려한 내용을 포함하는가?

99 다음의 교재 분류 기준으로 옳은 것은?

> • 재외 동포용 한국어 교재
> • 결혼이민자용 한국어 교재
> • 이주 노동자용 한국어 교재
> • 중도 입국 자녀용 한국어 교재

① 기능별 교재
② 대상별 교재
③ 수준별 교재
④ 지역별 교재

100 교재 개작의 방향 중 개인화에 관한 설명으로 옳지 않은 것은?

① 학습자의 실제 의사소통 상황을 반영한 내용을 제시한다.
② 학습 동기 강화를 위해 교재 내용을 학습자의 구체적인 목표에 맞춘다.
③ 학습자마다 다른 관심사, 흥미, 언어 수준 등을 통합한 내용을 제공한다.
④ 교재에 제시된 대화 속 인물을 학습자로 치환한 언어 활동 문제를 제시한다.

101 한국어 교재 개발의 일반적 원리로 옳지 않은 것은?

① 한국어 교수・학습 목적을 충실히 반영한 교재를 개발한다.
② 학습자 및 교육 환경 등의 다양한 변인을 고려한 교재를 개발한다.
③ 한국어와 함께 한국 문화를 교육할 수 있는 교재를 개발한다.
④ 제작의 효율성을 고려하여 교재 개발자 중심의 교재를 개발한다.

102 한국어 교육과정(교육부 고시 제2017-131호)에 기반한 《표준 한국어》에 관한 설명으로 옳지 않은 것은?

① 한국어 능력이 부족한 다문화 배경 학습자들의 학교 적응과 학습 적응을 돕는 교재이다.
② 학습자의 개별 상황에 맞게 활용할 수 있는 현장 적합형 모듈 형태 교재이다.
③ 상호 문화주의 관점에 입각하여 다문화적 역량을 함양할 수 있는 내용을 포함한다.
④ 《표준 한국어: 의사소통》은 언어 수준을 고려하여 1~6 단계로 교재가 개발되어 있다.

103 교수요목을 기준으로 교재를 분류할 때 다음 설명에 해당하는 교재는?

> 소개하기, 설명하기, 요청하기, 제안하기 등의 언어 활동 중심으로 교재가 구성된다.

① 구조 중심 교수요목 교재
② 주제 중심 교수요목 교재
③ 기능 중심 교수요목 교재
④ 문법 중심 교수요목 교재

104 바이럼(Byram, 1997)의 '상호 문화 의사소통 능력'의 요소 중 지식 범주에 해당하지 않는 것은?

① 문화 보편성에 대한 지식
② 자신과 타인에 대한 지식
③ 상호 작용에 대한 지식
④ 개인과 사회 체계에 대한 지식

105 다문화 사회의 유형에 해당하지 않는 것은?

① 모자이크(mosaic)
② 샐러드 볼(salad bowl)
③ 무지개 우산(rainbow umbrella)
④ 문화적 용광로(cultural melting pot)

106 문화 동화 지도법(culture assimilator method)에 관한 설명으로 옳은 것은?

① 개별 문화 현상에 관한 시각 자료나 실물 자료를 제시하고 개방형 질문을 통해 학습자가 목표 문화를 이해하게 하는 방식이다.
② 교실 안팎의 문화와 관련된 다양한 행위를 학습자가 직접 수행하는 활동을 통해 문화를 학습하게 하는 방식이다.
③ 학습자가 목표 문화를 오해할 수 있는 상황을 제시한 후 토론과 피드백을 거쳐 문화 차이를 인식하게 하는 방식이다.
④ 학습자들의 관심을 유도하기 위해 교실을 목표 문화의 전형적인 공간으로 만들어 유지하는 방식이다.

107 국제 통용 한국어교육 표준 모형(국립국어원, 2017)에 제시된 문화 범주 중 '문화 지식'의 특징에 관한 설명으로 옳은 것은?

① 한국 문화에 대한 선언적 지식을 교수·학습 내용으로 삼는다.
② 한국 문화와 자국, 세계 문화를 상호 문화적 관점에서 교수·학습한다.
③ 한국 문화에 대한 절차적 지식의 실행을 교수·학습 내용으로 삼는다.
④ 말하기, 쓰기 등의 수업에 문화 비교에 대한 내용을 포함한다.

108 한자 성어 교육의 유의 사항에 관한 설명으로 옳지 않은 것은?

① 한자 성어의 의미뿐만 아니라 문장이나 대화에 사용할 수 있도록 예문을 통해 제시한다.
② 특정 고사(故事)와 관련된 성어는 이야기를 통해 교수할 수 있도록 수업을 계획한다.
③ 성어 뒤에 '이다'나 '-하다' 등을 붙여 어떤 동사적 조건에서 쓸 수 있는지 제시한다.
④ 한국에서 유래한 성어 중심으로 한자를 적을 수 있도록 교육한다.

109 한자어 교육을 위해 알아야 하는 한자어의 특성에 관한 설명으로 옳지 않은 것은?

① 한자어는 한국어 어휘로 한자에 기초하여 만들어진 한국식 발음의 단어이다.
② 한자어는 고유어에 비해 단어 형성의 제약이 많아서 새 단어를 만들기 어렵다.
③ 고유어가 다의어인 경우 한자어를 사용해서 더 세분화된 의미를 표현할 수 있다.
④ 학습자 모어에서 사용하는 한자어와 형태가 동일해도 의미가 다른 한자어가 있다.

110 한국어 교육과 관련된 기관에 관한 설명으로 옳지 않은 것은?

① 국립국어원은 한국어 교원 자격 심사 및 자격증 발급을 담당하고 있다.
② 한국교육과정평가원은 한국어능력시험(TOPIK) 출제 및 운영을 담당하고 있다.
③ 세종학당재단은 전 세계 세종학당 지원 및 한국 문화 교육 사업을 수행하고 있다.
④ 한국산업인력공단은 고용 허가제 한국어능력시험(EPS-TOPIK)을 시행하고 있다.

111 한국어교원 2급 자격 요건을 갖춘 사람에 해당하지 않는 것은?

① 한국 국적으로 외국어로서의 한국어 교육 분야를 복수전공하여 법령상 정해진 영역별 필수이수학점을 취득한 후 학사 학위를 취득한 사람
② 한국 국적으로 외국어로서의 한국어 교육 분야를 주전공하여 법령상 정해진 영역별 필수이수학점을 취득한 후 학사 학위를 취득한 사람
③ 한국 국적으로 외국어로서의 한국어 교육 분야를 주전공하여 법령상 정해진 영역별 필수이수학점을 취득한 후 석사 학위를 취득한 사람
④ 외국 국적을 가진 사람으로 한국에 있는 대학에서 한국어 교육 분야를 주전공하여 법령상 정해진 영역별 필수이수학점을 취득한 후 석사 학위를 취득한 사람

112 외국 지명의 한국어 표기 방법이 옳지 않은 것은?

① Caribbean Sea → 카리브해: 바다는 '해'로 통일한다.
② Corsica Island → 코르시카섬: 우리나라의 섬을 제외하고 모두 '섬'으로 통일한다.
③ 利島 → 노시마: 한자 사용 지역의 지명 중 섬을 뜻하는 '島'가 들어 있을 경우 '섬'을 겹쳐 적지 않는다.
④ Mont Blanc → 몽블랑산: 산을 뜻하는 'Mont'이 들어 있어도 '산'을 겹쳐 적는다.

113 '경험'을 주제로 한 단원에서 '-(으)ㄴ 적이 있다/없다'를 지도하려고 한다. 다음 내용을 참조하여 '-(으)ㄴ 적이 있다/없다'의 제시 단계와 연습 단계의 교수안을 작성하시오.

- 숙달도: 초급
- 단원 주제: 경험
- 목표 문법: -(으)ㄴ 적이 있다/없다
- 수업 시간: 20분

얼마나 많은 사람들이 책 한 권을 읽음으로써
인생에 새로운 전기를 맞이했던가.

– 헨리 데이비드 소로 –

2022년

17회 기출문제

[A형]

1교시 한국어학·일반언어학 및 응용언어학
2교시 한국 문화·외국어로서의 한국어 교육론

2022년

모든 전사 중 가장 강한 전사는
이 두 가지, 시간과 인내다.

- 레프 톨스토이 -

1교시 | 한국어학·일반언어학 및 응용언어학

제1영역 | 한국어학

01 한국어에 관한 설명으로 옳지 않은 것은?

① 대외적으로 '한국어'를 지칭할 때는 '국어'라고 한다.
② '한글'을 '한국어'와 동일시하는 것은 잘못된 인식이다.
③ '한국어' 대신 '조선어, 고려말' 등으로 쓰는 경우가 있다.
④ '한국어'는 세계적으로 7천만 명 이상이 사용하는 언어이다.

02 차자 표기에 관한 설명으로 옳지 않은 것은?

① 고유명사 차자 표기의 연원이 가장 깊다.
② 삼국시대에 시작된 이두는 19세기에도 쓰였다.
③ 구결은 한문 해석을 용이하게 하려는 것이 목적이었다.
④ 향찰은 음차와 훈차를 이용한 최초의 차자 표기이다.

03 언어 단위의 예를 설명하는 것으로 옳지 않은 것은?

① '잡았다'의 '잡'은 형태소이다.
② '집에서처럼'의 '처럼'은 단어이다.
③ '합격입니다'의 '입니다'는 어절이다.
④ '눈이 예쁜 사람'의 '눈이 예쁜'은 절이다.

04 한국어의 유형론적 특징에 관한 설명으로 옳은 것은?

① 복합어의 비중이 낮은 언어에 속한다.
② 교착어로서 형태소의 결합이 빈번하여 음운 변동이 다양하다.
③ 형용사가 형태 변화 없이 체언을 수식하는 언어에 속한다.
④ 주어 중심 언어로서 문장의 주성분이 생략될 수 없다.

05 현대 한국어의 자음에 관한 설명으로 옳지 않은 것은?

① 치조음에는 파찰음이 없다.
② 양순음에는 마찰음이 없다.
③ 'ㄱ'과 'ㅎ'의 조음 위치는 같다.
④ 'ㄴ'과 'ㅅ'의 조음 위치는 같다.

06 ㉠에 ㉡의 특성이 더해진 유형에 해당하는 음절은?

> 한국어의 음절 유형은 크게 '모음', ㉠'자음 + 모음', '모음 + 자음', '자음 + 모음 + 자음'의 4가지로 나뉜다. 그런데 이 4가지에 더해 ㉡ 각 모음 앞에 반모음이 들어간 경우와 각 모음 뒤에 반모음이 들어간 경우까지 고려하면 음절 유형의 개수는 총 12가지가 된다.

① '과자'의 '과'
② '경호'의 '경'
③ '여행'의 '여'
④ '약점'의 '약'

07 음운 동화의 방향 및 정도에 관한 설명으로 옳은 것은?

① 순리: 역행 동화, 부분 동화
② 입맛: 역행 동화, 완전 동화
③ 같이: 순행 동화, 부분 동화
④ 종로: 순행 동화, 완전 동화

08 음절 말 평폐쇄음화가 적용된 예는?

① 몫도[목또] ② 읊고[읍꼬]
③ 값을[갑쓸] ④ 닭장[닥짱]

09 다음 설명에서 ㉠의 예가 될 수 있는 것은?

> 어떤 단어에서 'ㄴ' 첨가가 일어나면, 첨가된 'ㄴ' 때문에 앞이나 뒤의 다른 음운이 변동하기도 하고 ㉠ 첨가된 'ㄴ'이 앞이나 뒤의 다른 음운 때문에 변동하기도 한다.

① 알약[알략] ② 신라[실라]
③ 색연필[생년필] ④ 판단력[판단녁]

10 현대 한국어의 단모음 'ㅓ'와 'ㅟ'에 관한 설명으로 옳은 것을 모두 고른 것은?

> ㄱ. 'ㅓ' 모음에 비해 'ㅟ' 모음은 발음할 때 입을 더 둥글게 오므려야 한다.
> ㄴ. 'ㅓ' 모음에 비해 'ㅟ' 모음은 발음할 때 혀의 최고점의 위치가 더 높다.
> ㄷ. 'ㅓ' 모음에 비해 'ㅟ' 모음은 발음할 때 혀가 더 입술에서 멀리 위치한다.

① ㄱ, ㄴ ② ㄱ, ㄷ
③ ㄴ, ㄷ ④ ㄱ, ㄴ, ㄷ

11 현대 한국어의 음절 구조에 관한 설명으로 옳지 않은 것은?

① 'ㅇ'[ŋ]은 종성으로만 쓰일 수 있다.
② 초성에는 자음이 두 개 이상 올 수 없다.
③ 종성에서 파열음은 불파음으로 발음한다.
④ 종성 자음은 최대 두 개까지 발음할 수 있다.

12 반모음화가 일어난 예로 옳지 않은 것은?

① 보- + -아 → 봐
② 쓰- + -어 → 써
③ 이기- + -어 → 이겨
④ 비우- + -어 → 비워

13 음운 변동 유형에 관한 설명으로 옳은 것은?

① 않아[아나]: 탈락 한 번, 대치 한 번이 일어났다.
② 끊고[끈코]: 탈락 한 번, 축약 한 번이 일어났다.
③ 맑게[말께]: 대치 한 번, 탈락 한 번이 일어났다.
④ 닳지[달치]: 대치 한 번, 첨가 한 번이 일어났다.

14 밑줄 친 부분의 시간 개념에 관한 설명으로 옳은 것은?

① 나도 예전엔 여기 살았었어. - 행위가 끝난 후 결과 지속의 사태로 해석된다.
② 그 영화 정말 재미있더라. - 화자가 이전에 직접 경험한 사태로 해석된다.
③ 다음에는 혼자 여행을 갔으면 좋겠어요. - 발화시 이전에 일어난 사태로 해석된다.
④ 그 많던 손님들이 다 어디로 갔는지. - 과거의 미완료된 사태로 해석된다.

15 객체 높임에 해당하는 단어를 모두 고른 것은?

> ㄱ. 선생님, 잠깐 좀 뵐 수 있을까요?
> ㄴ. 잘 모르는 것은 선생님께 여쭤 보세요.
> ㄷ. 점심 잡숫고 가시죠.
> ㄹ. 어디 편찮으신지 선생님이 좀 늦으시네.

① ㄱ, ㄴ
② ㄱ, ㄹ
③ ㄴ, ㄷ
④ ㄷ, ㄹ

16 품사 통용의 예로 옳지 않은 것은?

① <u>보다</u> 더 나은 내일을 위해 지금<u>보다</u> 더 노력해야 한다.
② 그는 <u>다른</u> 학생들과는 <u>다른</u> 의견을 냈다.
③ 수합되는 <u>대로</u> 각각 종류별로 비닐은 비닐<u>대로</u> 병은 병대로 분리해 두어라.
④ <u>내일</u>까지 보고서를 마무리해야 하니 약속은 <u>내일</u> 정하자.

17 한국어 대명사에 관한 설명으로 옳은 것을 모두 고른 것은?

ㄱ. '저희'는 1인칭 복수 높임형이다.
ㄴ. '당신'은 1인칭과 2인칭 재귀 대명사이다.
ㄷ. 의문 대명사는 부정칭으로 사용되는 경우도 있다.
ㄹ. 지시 대명사가 가리키는 대상은 상황 의존적으로 해석된다.

① ㄱ, ㄹ
② ㄷ, ㄹ
③ ㄱ, ㄴ, ㄷ
④ ㄴ, ㄷ, ㄹ

18 복합어에 관한 설명으로 옳은 것은?

① '젊은이, 심술쟁이'는 '어근 + 접미사' 구조의 파생어이다.
② '덮밥, 보슬비'는 단어의 구성 방식이 통사 구성과 동일한 통사적 합성어이다.
③ '첫사랑, 풋사랑'은 '접두사 + 어근' 구조의 파생어이다.
④ '돌다리, 함박눈'은 구성 요소 중 앞의 요소가 뒤의 요소를 수식하는 종속 합성어이다.

19 밑줄 친 부분의 문장 성분이 같은 것끼리 짝지은 것은?

ㄱ. 영수야, <u>밥은</u> 먹었니?
ㄴ. 아는 것도 없으면서 <u>말만</u> 많더라.
ㄷ. <u>서울에서</u> 부산까지 5시간 걸린다.
ㄹ. 우리 <u>학회에서</u> 이번 학술대회를 주최했습니다.

① ㄱ, ㄴ
② ㄱ, ㄷ
③ ㄴ, ㄹ
④ ㄷ, ㄹ

20 다음 문장에 관한 설명으로 옳지 않은 것은?

> ㄱ. 여기에서 잠시 쉬었다 <u>가세</u>.
> ㄴ. 먼저 <u>드시구려</u>.
> ㄷ. 빈칸에 알맞은 말을 <u>넣으시오</u>.
> ㄹ. 조용히 좀 <u>하게나</u>.

① ㄱ과 ㄴ은 모두 청유문이다.
② ㄱ과 ㄹ은 모두 하게체이다.
③ ㄴ과 ㄷ은 모두 하오체이다.
④ ㄷ과 ㄹ은 모두 명령문이다.

21 조사의 생략에 관한 설명으로 옳은 것은?

① 짧은 문장보다 긴 문장에서 조사 생략이 많이 일어난다.
② 부사격 조사가 목적격 조사, 관형격 조사보다 많이 생략된다.
③ 문장에서 의미를 표시하는 기능 부담량이 많은 조사가 주로 생략된다.
④ 문어보다 구어에서 조사 생략이 많이 일어난다.

22 밑줄 친 어미에 관한 설명으로 옳지 않은 것은?

> ㄱ. 내일이 일요일이<u>지</u>?
> ㄴ. 이 음식 정말 맛있<u>네</u>.
> ㄷ. 고속도로가 막히<u>길래</u> 국도로 돌아왔다.
> ㄹ. 영수 전공이 한국어 교육이<u>잖아</u>.

① '-지'는 화자가 알거나 짐작하는 사실을 청자에게 확인하기 위해 사용한 것이다.
② '-네'는 화자가 직접 경험하여 새로 알게 된 사실을 표현하기 위해 사용한 것이다.
③ '-길래'는 화자가 직접 경험한 사실이 이유가 됨을 나타내기 위해 사용한 것이다.
④ '-잖아'는 청자가 모르는 새로운 사실을 청자에게 알려 주기 위해 사용한 것이다.

23 다음 문장에 관한 설명으로 옳지 않은 것은?

> ㄱ. 친구들이 나에게 그 사실을 <u>숨겼</u>다.
> ㄴ. 사슴이 호랑이한테 <u>잡혔</u>다.
> ㄷ. 엄마가 아이에게 책을 <u>읽게 했</u>다.
> ㄹ. 해가 뜨니 방이 <u>밝아졌</u>다.

① ㄱ은 사동사에 의한 단형 사동으로, 대응되는 주동문이 존재하지 않는다.
② ㄴ은 피동사에 의한 형태론적 피동으로, 능동문의 주어가 여격 부사어로 나타났다.
③ ㄷ은 '-게 하다'에 의한 장형 사동으로, 간접 사동의 해석만 가능하다.
④ ㄹ은 '-어지다'에 의한 통사론적 피동으로, 능동문으로 환원할 수 있다.

24 밑줄 친 단어를 같은 품사끼리 짝지은 것은?

> ㄱ. 학생 <u>다섯</u> 명이 왔다.
> ㄴ. 제가 <u>잘못</u> 판단한 탓입니다.
> ㄷ. 사람들이 <u>모두</u> 웅성대기 시작했다.
> ㄹ. 이 사안은 <u>비교적</u> 쉽게 풀 수 있다.
> ㅁ. 적당한 인원은 <u>여섯</u>이에요.
> ㅂ. 문제 해결을 위해 <u>잘잘못</u>을 따지면 됩니다.
> ㅅ. 저한테 <u>전부</u>를 주세요.
> ㅇ. 우리는 <u>민주적</u> 절차에 따라 대표를 뽑았다.

① ㄱ, ㅇ
② ㄴ, ㅂ
③ ㄷ, ㅁ
④ ㄹ, ㅅ

25 한자어에 관한 설명으로 옳은 것을 모두 고른 것은?

> ㄱ. 한자로 표기할 수 있고 이를 한국 한자음으로 읽는 단어이다.
> ㄴ. 한자어를 구성하는 한자 하나하나는 대부분 어근의 기능을 하지 못한다.
> ㄷ. 구성 요소의 어순이 '동사-목적어'처럼 중국어의 특성을 보일 때가 많다.

① ㄱ, ㄴ
② ㄱ, ㄷ
③ ㄴ, ㄷ
④ ㄱ, ㄴ, ㄷ

26 인용 부호 속 문장의 문법적 설명으로 옳지 않은 것은?

> "왜 영수가 너보다 선희를 더 많이 좋아하겠니?"
>
> 이 문장은 ㉠ 두 자리 서술어가 쓰인 문장으로서, '너'와의 비교 대상이 '영수'일 수도 있고 '선희'일 수도 있는 ㉡ 중의성을 띠고 있다. 이 문장은 기본적으로 설명 의문문이지만 ㉢ 판정 의문문으로 해석될 수도 있다. 또한 강한 부정의 의미를 나타낼 수 있으므로 ㉣ 수사 의문문으로 해석될 수도 있다.

① ㉠
② ㉡
③ ㉢
④ ㉣

27 조사에 관한 설명으로 옳지 않은 것은?

① 격조사, 보조사, 접속조사로 나눌 수 있다.
② 조사끼리의 결합에는 대체로 일정한 순서가 있다.
③ 보조사는 부사 뒤에도 결합될 수 있다.
④ 접속조사는 관형사의 접속에도 쓰일 수 있다.

28 안긴문장에 관한 설명으로 옳지 않은 것은?

① 직접인용절의 표지는 '(이)라고'이다.
② 서술절은 표지가 없는 안긴문장이다.
③ 관형사절의 표지인 관형사형 어미는 종결어미 뒤에 연결될 수 없다.
④ 명사절의 표지는 안은문장의 서술어에 따라 달리 선택될 수 있다.

29 용언의 어간에 관한 설명으로 옳지 않은 것은?

① 규칙 용언의 어간은 이형태가 없다.
② 결합할 수 있는 어미의 수가 극히 제한적인 어간이 있다.
③ 기본형의 말음이 'ㅇ'[ŋ]인 어간은 없다.
④ '명사 + 동사 어간'으로 구성된 복합 어간이 형용사 어간이 되는 경우가 있다.

30 밑줄 친 부분 중 고유어를 모두 고른 것은?

> ㄱ. <u>근심</u>이 태산 같다.
> ㄴ. 그는 맏형 <u>구실</u>을 톡톡히 했다.
> ㄷ. 집 안이 텅 비어서 산중처럼 <u>고요</u>했다.
> ㄹ. 그와는 <u>임의</u>로운 사이라 못할 말이 없다.
> ㅁ. 그렇게 말렸는데도 <u>불구</u>하고 말을 듣지 않고 일을 저질렀다.

① ㄱ, ㄴ, ㄷ   ② ㄱ, ㄴ, ㄹ
③ ㄴ, ㄷ, ㅁ   ④ ㄷ, ㄹ, ㅁ

31 사자성어와 속담이 같은 뜻이 아닌 것은?

① 유구무언(有口無言) – 도둑놈 개에게 물린 셈
② 진퇴양난(進退兩難) – 빼도 박도 못한다.
③ 묘두현령(猫頭縣鈴) – 식혜 먹은 고양이 속
④ 설상가상(雪上加霜) – 이 아픈 날 콩밥 한다.

32 밑줄 친 단어의 쓰임이 옳지 않은 것은?

① 그는 시골에 보금자리를 <u>틀었다</u>.
② 탄창에 실탄을 가득 <u>재워</u> 놓았다.
③ 싱그러운 봄나물이 입맛을 <u>돋우었다</u>.
④ 게으름 <u>피지</u> 말고 열심히 일해라.

33 밑줄 친 부분의 단어가 올바르게 사용된 것은?

① 접수된 원고를 편집하여 인쇄에 <u>붙였다</u>.
② 그는 많은 사람들에게 천재로 <u>불리웠다</u>.
③ 아이가 책상 모서리에 머리를 <u>부딪자</u> 울음을 터뜨렸다.
④ 아이들은 <u>설레이는</u> 마음에 밤새 잠을 자지 못했다.

34 시간 표현 어휘의 뜻으로 옳지 않은 것은?

① 날포: 하루 이상이 걸친 동안
② 그러께: 작년
③ 그저께: 어제의 전날
④ 그글피: 오늘로부터 나흘 뒤의 날

35 부정의 의미를 나타내는 말과만 함께 쓰이는 부사로 묶인 것은?

ㄱ. 도대체	ㄴ. 도무지
ㄷ. 여북	ㄹ. 절대로
ㅁ. 좀처럼	

① ㄱ, ㄴ
② ㄴ, ㅁ
③ ㄷ, ㄹ
④ ㄹ, ㅁ

36 각 단어의 두 구성 요소가 유의 관계로 이루어진 단어들로만 묶인 것은?

① 담장, 여인, 찍소리
② 널판, 길거리, 밑바탕
③ 남녀, 애간장, 연잇다
④ 발등, 곧바로, 굶주리다

37 밑줄 친 부분이 동음이의어 관계인 것은?

① ㄱ. 이제 신나는 놀이 기구를 <u>타러</u> 가자.
　ㄴ. 아이들은 야밤을 <u>타</u> 닭서리를 했다.
② ㄱ. 담뱃불을 붙이려고 성냥을 <u>켰다</u>.
　ㄴ. 뉴스를 보려고 텔레비전을 <u>켰다</u>.
③ ㄱ. 그는 억울하게 누명을 <u>썼다</u>.
　ㄴ. 복면을 <u>쓴</u> 강도가 은행에 침입했다.
④ ㄱ. 컴퓨터의 부속품을 좋은 것으로 <u>갈았다</u>.
　ㄴ. 우리는 뜰에 채소를 <u>갈아</u> 먹는다.

38 어종의 결합 방식이 동일한 어휘로만 묶인 것은?

① 창살, 색종이
② 약밥, 우동뽑기
③ 커피콩, 코발트색
④ 잉크병, 카메라눈

39 한국어 어휘에 관한 설명으로 옳지 않은 것은?

① 한자 어휘들은 그 기원이 단일하지 않다.
② 전문 용어에는 한자어와 외래어가 많이 사용된다.
③ '앙꼬'(팥소)와 '가라말'[黑馬]의 '가라'는 일본어에서 차용된 외래어이다.
④ 은어는 전문 집단 등 비밀 유지를 필요로 하는 집단에서 많이 쓰인다.

40 속담의 뜻풀이로 옳지 않은 것은?

① 발 없는 말이 천 리 간다. – 말을 삼가야 함을 비유적으로 이르는 말
② 삶은 호박에 침 박기 – 어떤 자극을 주어도 아무런 반응이 없는 경우를 비유적으로 이르는 말
③ 개도 닷새가 되면 주인을 안다. – 어리석은 사람을 빗대어 하는 말
④ 구슬이 서 말이라도 꿰어야 보배다. – 아무리 훌륭한 것이라도 제대로 다듬어야 가치가 있다는 말

41 다음 두 문장의 함의 관계 설명으로 옳은 것은?

> A. 그는 하늘을 높이 나는 새를 보았다.
> B. 그는 하늘을 높이 나는 매를 보았다.

① A는 B를 함의하고 B도 A를 함의하는 상호함의의 관계이다.
② A는 B를 함의하고 B는 A를 함의하지 않는 일방함의의 관계이다.
③ A는 B를 함의하지 않고 B는 A를 함의하는 일방함의의 관계이다.
④ A는 B를 함의하지 않고 B도 A를 함의하지 않는 관계이다.

42 등급 반의어의 특징으로 옳지 않은 것은?

① 등급 반의어는 비교 표현이 가능하다.
② 등급 반의어는 정도부사의 수식을 받는다.
③ 등급 반의어는 동시에 부정할 수 없다.
④ 등급 반의어는 한쪽의 단언이 다른 쪽의 부정을 함의하지만 그 역은 성립하지 않는다.

43 '양육(養育)'을 뜻하는 단어의 목적어 선택제약을 나타낸 의미 성분으로 옳은 것은? (단, 제시된 의미 성분만을 대상으로 함)

① 가꾸다: [-사람] [-동물] [+식물]
② 기르다: [+사람] [+동물] [-식물]
③ 먹이다: [+사람] [-동물] [+식물]
④ 키우다: [-사람] [+동물] [-식물]

44 두 단어의 의미 성분 분석으로 옳은 것은? (단, 제시된 의미 성분만을 대상으로 함)

① 틈: [+공간] [+시간] [+사이]   겨를: [-공간] [+시간] [+사이]
② 틈: [+공간] [+시간] [+사이]   겨를: [+공간] [+시간] [-사이]
③ 틈: [-공간] [+시간] [-사이]   겨를: [+공간] [-시간] [+사이]
④ 틈: [+공간] [-시간] [+사이]   겨를: [-공간] [+시간] [+사이]

45 중의문이 아닌 것은?

① 나는 형과 아우를 찾아다녔다.
② 선생님을 보고 싶어 하는 학생이 많다.
③ 철수는 울면서 떠나는 영수를 배웅했다.
④ 내가 좋아하는 순이의 동생을 시장에서 만났다.

46 문장의 발화 의미가 옳지 않은 것은?

① 새소리가 곱기도 하구나. – 감탄
② 내일 오전에 집으로 오너라. – 명령
③ 너는 이 문제를 풀 수 있느냐? – 약속
④ 한 번 더 폭력을 행사하면 경찰에 신고한다. – 경고

47 발화 행위와 관련하여 대화문의 성격이 다른 것은?

① 가: 책 좀 봅시다.
　나: 시끄럽게 해서 죄송합니다.
② 가: 날씨가 덥군.
　나: 에어컨을 켤까요?
③ 가: 화장실이 어디 있는 줄 아십니까?
　나: 예, 압니다.
④ 가: 자네 이름이 생각이 나지 않는군.
　나: 교수님, 제 이름은 박수아입니다.

48 직시 표현(deictic expression)이 쓰이지 않은 것은?

① 여기가 어디쯤인지 알 수가 없구나.
② 지금은 아무것도 생각하고 싶지 않아요.
③ 나는 1년 후에 미국으로 공부하러 갈 생각이야.
④ 영호가 수미를 12월 25일 12시 명동 성당 앞에서 기다렸다.

49 표면상의 의미에서 대화 격률 위반 유형이 다른 것은?

① 가: 요즘 회사 형편이 어떻습니까?
　나: 날씨 한번 좋습니다.
② 가: 아테네는 이탈리아에 있지요?
　나: 응. 그리고 뉴욕은 미국에 있어.
③ 가: 요즘 대학가는 조용합니까?
　나: 식사하러 가지요.
④ 가: 어제 영호가 왜 결석했는지 아니?
　나: 우리 누나는 과일을 너무 좋아해.

50 리치(G. Leech)의 의미 유형에 관한 설명으로 옳지 않은 것은?

① 정서적 의미는 말하는 사람의 태도나 감정이 드러나는 의미이다.
② 반사적 의미는 지역이나 사회적 신분 등의 차이에서 드러나는 의미이다.
③ 개념적 의미는 일반적으로 추론해 낼 수 있는 보편적이고 핵심적인 의미이다.
④ 주제적 의미는 어순을 변경하거나 강세 등을 부여하면서 화자의 의도가 특별히 드러나는 의미이다.

51 훈민정음의 소실 문자에 관한 설명으로 옳지 않은 것은?

① ·: 삼재 중 하늘[天]을 본떠 만들어졌다.
② ㅿ: 종성에서 'ㅅ'으로 표기되기도 했다.
③ ㆁ: 'ㅇ'을 기본으로 하여 만들어졌다.
④ ㆆ: 고유어의 초성에서 사용되었다.

52 중세국어의 인칭 제약과 관계없는 문장은?

① 하늘해 나고져 ᄒᆞ노이다
② 네 내 마ᄅᆞᆯ다 드를따
③ 이 엇던 사ᄅᆞᆷ고
④ 네 엇뎨 안다

53 다음 문장에 관한 설명으로 옳은 것은?

> ᄉᆡ미 기픈 므른 ᄀᆞᄆᆞ래 아니 그츨ᄊᆡ 내히 이러 바ᄅᆞ래 가ᄂᆞ니

① 'ᄉᆡ미', '므른', '가ᄂᆞ니'는 모두 분철 표기되었다.
② '기픈'은 형태 변화를 겪어 오늘날 '깊은'이 되었다.
③ 'ᄀᆞᄆᆞ래'와 '바ᄅᆞ래'에서 조사 '애'의 의미는 동일하다.
④ '이러'는 "이루어져"라는 뜻을 지닌 중세국어 자동사이다.

54 근대국어의 특징으로 옳지 않은 것은?

① '나모~낡'처럼 조사에 따라 체언의 형태가 달라지기 시작했다.
② 시제 선어말어미 '-엇/앗-', '-겟-'이 쓰였다.
③ 주격 조사 '가'가 많이 쓰이기 시작했다.
④ 이중모음 'ㅐ, ㅔ'가 단모음화되었다.

55 실질 형태소가 연결되어 대표음으로 바꾸어 발음된 예가 아닌 것은?

① 젖어미[저더미]
② 키읔이[키으기]
③ 멋있어[머디써]
④ 헛웃음[허두슴]

56 밑줄 친 단어의 표기가 옳지 않은 것은?

① 형은 <u>싫증</u>이 나도록 버찌를 먹었다.
② 그는 여전히 <u>철딱서니</u> 없이 굴었다.
③ 박 초시는 죄 없는 하인들만 <u>닥달하고</u> 있었다.
④ 자식들을 위해 <u>삯일하시던</u> 어머니를 생각한다.

57 본말과 준말의 짝으로 옳지 않은 것은?

① 감탄하게 – 감탄케
② 생각하건대 – 생각컨대
③ 가지어 – 가져
④ 누이어 – 뉘어

58 띄어쓰기가 옳지 않은 것은?

① 오늘은 왠지 그가 올듯하다.
② 그밖에도 알아야 할 것들이 많다.
③ 이 정보는 누구나 기억해둘 만하다.
④ 이말 저말 아무렇게나 하지 맙시다.

59 외래어 표기가 옳지 않은 것을 모두 고른 것은?

ㄱ. workshop(워크샵)	ㄴ. cake(케잌)
ㄷ. vision(비젼)	ㄹ. symposium(심포지움)
ㅁ. sit-in(싯인)	ㅂ. thrill(드릴)

① ㄱ, ㄴ, ㄷ
② ㄹ, ㅁ, ㅂ
③ ㄱ, ㄴ, ㄹ, ㅂ
④ ㄷ, ㄹ, ㅁ, ㅂ

60 로마자 표기법에 맞지 않는 것은?

① 물약[물략] - mullyak
② 넣다[너타] - neota
③ 붙이다[부치다] - buchida
④ 맏형[마텽] - matyeong

제2영역　일반언어학 및 응용언어학

61　한국어와 일본어의 공통된 유형론적 특징으로 옳지 않은 것은?

① 어순이 엄격하게 고정되어 있다.
② 문법요소가 어휘요소 뒤에 오는 핵후행(head-final) 언어이다.
③ 수식어가 피수식어 요소에 선행한다.
④ 성 범주가 없고 존대법이 발달한 언어이다.

62　연어(collocation) 연구의 배경과 관련된 것을 모두 고른 것은?

> ㄱ. 촘스키(Chomsky)의 생성문법
> ㄴ. 퍼스(Firth)의 맥락주의
> ㄷ. 언어 기원에 대한 진화생물학적 접근
> ㄹ. 전산학과 코퍼스언어학의 발달

① ㄱ, ㄷ　　　　　　　　　② ㄴ, ㄹ
③ ㄴ, ㄷ, ㄹ　　　　　　　④ ㄱ, ㄴ, ㄷ, ㄹ

63　아동의 언어 습득과 관련된 내용으로 옳은 것은?

① 말소리 습득은 분절음에서 초분절음 순으로 이루어진다.
② 일반적으로 모음보다 자음을 먼저 습득한다.
③ 'went' 대신 'goed', 'children' 대신 'childs' 형태를 쓰는 과잉일반화는 언어 습득이 규칙기반임을 보여준다.
④ 수어(sign language) 습득의 경우 음성언어와 달리 두뇌 우반구에서 통제된다.

64　응용언어학의 연구 분야에 관한 설명으로 옳지 않은 것은?

① 음성 합성기를 만들기 위해 음소의 변이음이 갖는 실제 소릿값을 일일이 측정한다.
② 기계번역의 성능을 높이기 위해 통계 기반의 형태소 분석기와 구문 분석기를 개발한다.
③ 언어병리 현상이 뇌의 어느 영역과 관련되는지 알아보기 위해 기능자기공명영상법(fMRI)을 이용하여 뇌를 촬영한다.
④ 능동태와 수동태의 동일 의미를 입증하기 위해 추상적인 심층구조와 변형을 설정한다.

65 연구 분야와 관련 학자의 연결이 옳지 않은 것은?

① 모니터 이론 – 크라센(Krashen)
② 언어 상대성 이론 – 피아제(Piaget)
③ 대조분석 가설 – 라도(Lado)와 프라이즈(Fries)
④ 결정적 시기 가설 – 레너버그(Lenneberg)

66 함의적 보편소(implicational universal)에 관한 설명으로 옳지 않은 것은?

① 유채색 색채어를 가진 언어에는 무채색 색채어가 있다.
② 알타이제어에서는 마찰음이 파열음보다 먼저 습득되고 그 수도 더 많다.
③ SVO 어순을 갖는 언어는 대부분 후치사보다 전치사를 사용하여 문법 관계를 표시한다.
④ 어떤 언어에 3인칭 대명사가 있으면 1, 2인칭 대명사가 존재한다.

67 밑줄 친 단어들이 갖는 의미 관계에 관한 설명으로 옳지 않은 것은?

(가)	나는 <u>장미</u>를 보았다.	나는 <u>꽃</u>을 보았다.
(나)	<u>할아버지</u>께서 책을 주셨다.	<u>할머니</u>께서 책을 주셨다.
(다)	그는 100m를 10초에 <u>뛴다</u>.	그는 100m를 10초에 <u>달린다</u>.
(라)	그는 <u>가구</u>를 샀다.	그는 <u>침대</u>를 샀다.

① (가): '장미'의 모든 의미 성분이 '꽃'의 의미 성분으로 승계된다.
② (나): '할아버지'와 '할머니'는 다른 모든 의미 성분을 공유하면서 하나의 의미 성분에서 차이가 난다.
③ (다): '뛰다'와 '달리다'는 다른 문맥에서 교체되지 않는 경우가 있어서 상대적 동의 관계에 있다.
④ (라): '가구'와 '침대'는 가구가 침대를 포함하므로 상하의 관계에 있다.

68 문자에 관한 설명으로 옳지 않은 것은?

① 음절문자는 표음문자이다.
② 음소문자는 단어문자 이후에 발달한 문자이다.
③ 한글과 가나는 음절문자이다.
④ 로마자와 키릴문자는 음소문자이다.

69 다음 실험이 보여주는 심리 효과로 옳은 것은?

> 실험 참여자에게 다음 조건을 준 뒤 'A'나 'O' 중에서 어느 철자가 있었는지를 판단하게 하였다.
>
> (가) 단어인 'CARE'를 잠깐 보게 한다.
> (나) 비단어인 'EACR'를 잠깐 보게 한다.
> (다) 낱자인 '-A--'를 잠깐 보게 한다.
>
> 그 결과 실험 참여자는 (나)와 (다)의 조건보다 (가)의 조건에서 'A'가 있었다고 더 빠르고 정확하게 반응했다.

① 점화 효과(priming effect)
② 빈도 효과(frequency effect)
③ 이웃 효과(neighborhood effect)
④ 단어 우선 효과(word superiority effect)

70 철이의 첫 번째 발화에 관한 설명으로 옳지 않은 것은?

> 철이: (등교하려다 비가 오는 것을 보고) 엄마, 밖에 비가 와.
> 엄마: (엄마가 우산을 건네주며) 여기 있다.
> 철이: 고마워.

① 철이의 발화는 직접 화행을 수행한 것이다.
② 엄마는 철이의 발화를 요구 화행으로 수용했다.
③ 철이는 엄마가 우산을 건네줄 수 있다고 믿고 발화했다.
④ 철이의 발화는 언표 행위(locutionary act), 언표 내적 행위(illocutionary act), 언향적 행위(perlocutionary act)를 동시에 수행했다.

71 자연언어와 인공언어에 관한 설명으로 옳지 않은 것은?

① 한국어는 사람들이 모여 사는 과정에서 자연스럽게 발생한 자연언어이다.
② 에스페란토(Esperanto)는 민족 간의 의사소통을 위해 만든 자연언어이다.
③ C언어, 베이식(BASIC)은 컴퓨터와 사람의 소통을 위해 만든 인공언어이다.
④ 술어논리와 양화논리는 명확한 추론을 위해 만든 인공언어이다.

72 형태소에 관한 설명으로 옳은 것은?

① 'cran̲berry', '다람̲쥐'에서 밑줄 친 'cran'과 '다람'은 자립 형태소이다.
② '해바라기'와 '줄넘기'를 각각 구성하는 형태소의 개수가 다르다.
③ '먹̲고', 'boys̲'에서 밑줄 친 '먹'과 's'는 의존 형태소이다.
④ '너답̲다', 'played̲'에서 밑줄 친 '답'과 'ed'는 의미를 변별하는 최소의 언어 단위이다.

73 (가)와 (나)의 언어 장애를 순서대로 옳게 나열한 것은?

> (가) 뇌의 왼쪽 측두엽이 손상되어 나타나는 장애이다. 이 장애를 가진 사람은 말은 유창하게 하지만 의미가 통하지 않는 말을 한다.
> (나) 뇌의 왼쪽 전두엽이 손상되어 나타나는 장애이다. 이 장애를 가진 사람은 의미가 통하는 말을 하지만 유창하지 못하다.

① 난독증, 브로카 실어증
② 난독증, 베르니케 실어증
③ 브로카 실어증, 베르니케 실어증
④ 베르니케 실어증, 브로카 실어증

74 촘스키(Chomsky)의 생성문법에 관한 설명으로 옳지 않은 것은?

① 이성적 관점에서 언어를 연구하되 엄밀한 형식적 방법을 채택하여 언어를 기술했다.
② 보편문법을 추구하였으며 어린아이의 언어 습득을 통하여 보편문법의 실재를 논증하였다.
③ 언어를 언어 능력(competence)과 언어 수행(performance)으로 구분하고 이 중에서 언어 수행을 연구 대상으로 삼았다.
④ 미국 구조주의 언어학의 관찰주의를 거부하고 데카르트의 합리주의를 이어받았다.

75 언어 대조분석 방법에 관한 설명으로 옳지 않은 것은?

① 의미나 지시가 서로 대응되는 표현을 대조한다.
② 대조분석의 대상과 분야를 한정한다.
③ 분석 단위와 용어를 통일하여 기술한다.
④ 기준이 되는 언어보다 대조의 대상이 되는 언어를 중심으로 연구한다.

76 어휘 대조에 관한 설명으로 옳은 것은?

① 한국어와 베트남어는 한자어가 많다.
② 한국어와 중국어의 지시사는 삼분 체계를 가진다.
③ 한국어와 일본어는 화자의 성별에 따라 특정 인칭 대명사가 사용된다.
④ '소심(小心)'은 중국어와 한국어에서 같은 의미로 사용된다.

77 사회언어학의 연구 대상이 아닌 것은?

① 모음의 통시적 변화 양상
② 연령에 따른 신조어 사용 양상
③ 언어 접경 지역의 어휘 변이 양상
④ 표준어 사용자의 지역 방언에 대한 인식 양상

78 다음 설명에 해당하는 언어로 옳게 묶인 것은?

> • SVO 어순을 갖는다.
> • 남성, 여성, 중성의 성 구별을 한다.
> • 명사의 형태 변화로 격을 표시한다.
> • 명사와 형용사 간에 수(number) 일치 현상이 있다.

① 우즈베크어, 몽골어
② 베트남어, 중국어
③ 헝가리어, 프랑스어
④ 독일어, 러시아어

79 사회언어학의 개념에 관한 설명으로 옳지 않은 것은?

① 다이글로시아(diglossia)는 두 개의 언어가 병용되는 사회에서 언어 간 상하 우월적 관계가 발생하는 현상으로 파라과이의 스페인어와 과라니어(Guarani)의 관계가 대표적이다.
② 피진(pidgin)은 언어들이 접촉 과정에서 한 언어가 단순하게 변형된 것으로 톡 피신어(Tok Pisin)가 대표적이다.
③ 크레올(creole)은 피진이 모국어로 발전한 언어로 스와힐리어(Swahili)가 대표적이다.
④ 링구아 프랑카(lingua franca)는 여러 언어를 사용하는 사람들 간의 의사소통을 위한 공동 언어로 영어가 대표적이다.

80 언어 대조에 관한 설명으로 옳은 것은?

① 영어와 한국어는 개음절 구조의 언어이다.
② 일본어의 장단과 베트남어의 성조는 의미를 구별하는 기능을 한다.
③ 한국어와 중국어의 동사는 어근과 어미가 있다.
④ 영어는 상황 중심 언어이고 한국어는 인간 중심 언어이다.

2교시 | 한국 문화·외국어로서의 한국어 교육론

제3영역 | 한국 문화

01 역사적 인물과 관련된 업적의 연결로 옳지 않은 것은?

① 문익점 - 목화 종자 도입 및 보급
② 최무선 - 화약 제조 및 다양한 화포 개발
③ 이제마 - 농사직설 편찬 및 이앙법 개발
④ 장영실 - 자격루, 앙부일구 등 과학기구 발명

02 한국 전통 혼례 절차 중 신부가 신랑을 따라 시집으로 가서 처음 시부모님을 뵙고 인사를 드리는 절차는?

① 의혼
② 납폐
③ 교배례
④ 현구고례

03 한국의 전통 복식 중 상의와 하의를 따로 구성하여 연결시킨 의복으로 무관의 공복으로 주로 입었던 것은?

① 철릭
② 장옷
③ 배자
④ 활옷

04 2021년 영국 옥스퍼드 영어사전(OED)에 등재된 우리말 어휘가 아닌 것은?

① oppa(오빠)
② chimaek(치맥)
③ bivouac(비박)
④ mukbang(먹방)

05 해방 이후 한국 정부의 해외 이주 정책에 관한 설명으로 옳은 것은?

① 1950년대 – 서독으로 광부 파견
② 1960년대 – 남미로 농업 이민
③ 1970년대 – 동유럽으로 간호사 이주
④ 1980년대 – 베트남으로 건설노동자 파견

06 속담 '마파람에 게 눈 감추듯'의 '마파람'에 관한 설명으로 옳은 것은?

① 말 달리듯 거칠게 부는 바람이다.
② 남쪽 방향에서 불어오는 바람이다.
③ 마주보는 방향에서 서로 부딪쳐 부는 바람이다.
④ 갈바람이라고 하며 가을에 주로 부는 바람이다.

07 우리 전통 농악을 1970년대 후반에 무대용 음악으로 재구성한 '사물놀이'의 구성 악기가 아닌 것은?

① 징
② 북
③ 장구
④ 태평소

08 윷놀이에 관한 설명으로 옳지 않은 것은?

① 네 쪽으로 된 윷을 던져 나온 결과에 따라 윷판에 말을 쓰는 놀이이다.
② 윷판에는 크고 작은 동그라미 등으로 표시한 29개의 밭이 있다.
③ 상대편 말을 잡거나 지름길로 가는 등 여러 수가 있어 말을 쓰는 전략이 중요하다.
④ 도는 돼지, 개는 개, 걸은 양, 윷은 말, 모는 코끼리로 크기와 걸음 수가 비례한다.

09 하회별신굿탈놀이에 관한 설명으로 옳지 않은 것은?

① 경상북도 안동시 하회 마을에 전해오는 탈놀이로 국가무형문화재로 지정되었다.
② 백정 마당, 할미 마당, 파계승 마당, 양반과 선비 마당 등이 있다.
③ 탈은 바가지에 종이를 붙여 만들며 동제가 끝나면 불에 태운다.
④ 동제인 서낭제에 동민들이 서로 역할을 나누어 탈놀이를 했다.

10 서사무가 〈바리공주〉에 관한 설명으로 옳지 않은 것은?

① 국왕의 일곱 번째 딸로 태어났지만 아들이 아니라는 이유로 버려진다.
② 어머니가 아버지 몰래 토굴 속에 숨겨두고 동냥밥을 먹여 키운다.
③ 아버지를 살릴 약물을 구하기 위해 온갖 난관을 겪으며 저승에 다녀온다.
④ 저승길에서 고생하는 사람들을 위해 그들을 저승으로 인도하는 신이 된다.

11 다음에서 설명하는 조선시대 문인은?

- 조선 금석학파의 성립에 기여한 문인이다.
- 시서화에 모두 능해 문인의 기품이 서린 독특한 서체와 화풍을 완성했다.
- 국보로 지정된 '세한도'의 작자이다.

① 김정희 ② 김창흡
③ 서거정 ④ 정도전

12 제주도 신화에 관한 설명으로 옳지 않은 것은?

① 설문대 할망은 치맛자락에 흙을 퍼 담아 와 한라산과 제주도를 만들었다.
② 농경신은 상세경, 중세경, 하세경 3명이 있는데 그중에 자청비는 상세경이다.
③ 삼성신화는 제주에 처음 나라를 세운 양을나, 고을나, 부을나에 대한 이야기이다.
④ 천지왕은 두 아들인 대별왕과 소별왕으로 하여금 이승과 저승을 나누어 다스리게 한다.

13 판소리 각 바탕의 이름과 등장인물의 연결이 옳지 않은 것은?

① 〈수궁가〉 - 심청, 용왕
② 〈적벽가〉 - 조조, 관우
③ 〈가루지기타령〉 - 옹녀, 변강쇠
④ 〈박타령〉 - 흥부, 놀부

14 여성 영웅 소설 《박씨전》에 관한 설명으로 옳지 않은 것은?

① 추한 용모를 지니고 있었지만 나중에 미인이 되는 변신 모티프가 있다.
② 주인공이 남장을 하고 출정하여 공을 세우고 남편보다 높은 지위에 오른다.
③ 주인공과 남편의 갈등을 통해 여성의 외모에 집착하는 남성을 풍자하고 있다.
④ 병자호란의 패배로 고난을 겪은 독자들의 복수심과 보상심리에 부응했다.

15 일제 강점기에 창간된 잡지로만 묶은 것은?

① 《폐허》, 《백조》
② 《창조》, 《창작과 비평》
③ 《문학과 지성》, 《문학동네》
④ 《문학사상》, 《백조》

16 한국의 근·현대 작가와 작품의 연결이 옳지 않은 것은?

① 염상섭 - 《만세전》
② 최인호 - 《광장》
③ 안수길 - 《북간도》
④ 이청준 - 《당신들의 천국》

17 이광수의 《무정》에 관한 설명으로 옳은 것은?

① 《매일신보》에 연재했던 소설이다.
② 한국전쟁 직후에 발표했던 소설이다.
③ 이광수가 발표한 유일한 노동 소설이다.
④ 장형보와 고태수가 긍정적인 인물로 등장한다.

18 소설 《파친코》에 관한 설명으로 옳은 것은?

① 주요 사건들은 미국의 동부 지방을 배경으로 하고 있다.
② 재미동포의 인생유전이 서사의 핵심을 구성하고 있다.
③ 이 작품의 주요 시대적인 배경은 18세기이다.
④ 한국계 미국 작가인 이민진의 장편 소설이다.

19 한국 영화의 감독과 작품의 연결이 옳지 않은 것은?

① 봉준호 - 〈기생충〉
② 류승완 - 〈군함도〉
③ 이준익 - 〈브로커〉
④ 박찬욱 - 〈헤어질 결심〉

20 한국의 근대 문인단체인 '구인회'에 관한 설명으로 옳은 것은?

① 1960년대 한국 문단의 지형에서 중요한 역할을 담당했다.
② 이상, 박태원, 이태준 등이 구성원으로 활동했다.
③ 카프와 더불어 계급주의 문학 운동을 주도했다.
④ 구성원들은 최초의 결성 이후 교체되는 일이 없이 해체될 때까지 그대로 유지되었다.

제4영역　외국어로서의 한국어 교육론

21 한국어교원 자격에 관한 설명으로 옳지 않은 것은?

① 국어기본법에 근거를 두고 있다.
② 한국어교원 자격증은 1급, 2급, 3급의 세 종류로 분류된다.
③ 한국어교원 1급은 최상급 자격증으로 2급 취득 후 경력에 의해서만 부여된다.
④ 한국어교원 2급은 한국어교육능력검정시험 합격과 동시에 취득할 수 있다.

22 한국어 교사의 자질에 관한 내용으로 옳지 않은 것은?

① 지식 전달자로서 한국어에 관한 지식을 갖추고 있어야 한다.
② 학습자의 문화를 이해하고 수용할 수 있는 감수성을 가지고 있어야 한다.
③ 이론적, 실제적 정보에 근거한 다양한 교수 기법을 이해하고 활용할 줄 알아야 한다.
④ 다양한 국적과 문화적 배경을 가진 학습자들을 가르칠 때 동화주의적 관점을 취해야 한다.

23 교육과정 개발 단계에서 상황 분석에 관한 내용으로 옳은 것을 모두 고른 것은?

> ㄱ. 교육과정의 시행에 영향을 미칠 수 있는 상황 요인을 분석하는 것이다.
> ㄴ. 학습자, 교사, 교수·학습 상황이라는 세 가지 주요 요인을 고려한다.
> ㄷ. 학습자와 교사뿐만 아니라 관련된 다양한 이해 당사자에게 설문 조사, 면담 등을 통해 실시한다.
> ㄹ. 개발된 교육과정이 최종 목적을 달성했는지, 교육과정과 관련된 이해 당사자들이 만족하는지 등에 대해 평가한다.

① ㄱ, ㄹ
② ㄱ, ㄴ, ㄷ
③ ㄴ, ㄷ, ㄹ
④ ㄱ, ㄴ, ㄷ, ㄹ

24 한국국제교류재단에 관한 설명으로 옳지 않은 것은?

① 재외국민에게 학교 교육을 제공하는 한국학교를 지정하고 관리 및 감독을 한다.
② 국제 사회에서 한국에 대한 올바른 인식과 이해를 도모하고 우호 친선을 증진하는 역할을 한다.
③ 외교부 산하 기관이며 관계 법률로는 한국국제교류재단법이 있다.
④ 한국어 펠로십 프로그램 등 한국어 교육과 관련된 사업을 하고 있다.

25 한국어능력시험(TOPIK)에 관한 설명으로 옳지 않은 것은?

① TOPIK Ⅰ과 TOPIK Ⅱ는 현재 지필 시험 방식으로 시행되고 있다.
② TOPIK Ⅰ을 통해 1급부터 2급까지 수준을, TOPIK Ⅱ를 통해 3급부터 6급까지 수준을 평가할 수 있다.
③ 한국 정부가 공인하는 시험으로 대학 입시, 취업 등의 용도로 이용된다.
④ TOPIK Ⅰ은 듣기, 읽기, 쓰기 영역으로 구성되어 있다.

26 교수요목에 따른 내용 조직에 관한 설명으로 옳지 않은 것은?

① 선형: 각 항목의 난이도에 따라 각각의 교수 항목을 일직선상에 한 번씩 선택하여 배열한다.
② 나선형: 하나의 언어 과정 전체에 걸쳐 교수 항목을 한 번만 제시하는 것이 아니라 반복적으로 제시한다.
③ 조립형: 학습해야 할 과제와 여러 상황을 표로 제시하고 사용자가 주제를 선택하여 학습할 수 있도록 융통성을 제공한다.
④ 줄거리 제시형: 주제의 지속성을 유지하면서 단원 내용의 순서를 일관성 있게 구성하도록 제안된 방식이다.

27 언어 학습자 문학에 관한 설명으로 옳은 것은?

① 학습자가 텍스트를 읽음으로써 언어 자료를 무의식적으로 처리하는 자동화 과정이 언어 학습에 유용하다는 것을 인정한다.
② 개작된 작품은 모두 불완전하고 작품성이 결여되어 있다고 판단한다.
③ 모범적인 작품을 통해 학습할 수 있다는 점에서 정전 중심 문학 교육관을 계승하고 있다.
④ 데이와 뱀포드(Day & Bamford)에 의하면 언어 학습자 문학은 문학의 범주로서 사실기반의 비문학 텍스트는 지양한다.

28 과제 중심 교수요목에 관한 설명으로 옳은 것은?

① 구조주의 언어학과 행동주의 심리학에 이론적 근거를 둔다.
② 언어 기술을 중심으로 학습 내용과 순서를 구성한다.
③ 학습자가 과제를 수행하는 과정에서 이해 가능한 입력과 수정된 출력을 경험하도록 설계한다.
④ 과제의 성공 여부를 성취한 결과물을 통해 평가한다는 점에서 결과 지향적 교수요목에 해당된다.

29 구어의 특징에 관한 설명으로 옳지 않은 것은?

① 발화하는 데에 드는 시간과 노력을 줄이기 위해 생략과 축약이 많이 발생한다.
② 탈상황적이며 단독적인 언어 행위로 수행되는 경우가 많다.
③ 발화를 보조하는 수단으로 준언어와 신체 언어 등을 사용한다.
④ 반복적 표현, 부연 설명, 간투사 등의 잉여적 표현이 사용된다.

30 화이트(R. White)의 분류에 따른 결과 지향적 교수요목을 모두 고른 것은?

ㄱ. 상황 중심 교수요목	ㄴ. 개념-기능 중심 교수요목
ㄷ. 절차 중심 교수요목	ㄹ. 화제 중심 교수요목

① ㄱ, ㄴ
② ㄷ, ㄹ
③ ㄱ, ㄴ, ㄹ
④ ㄱ, ㄴ, ㄷ, ㄹ

31 한국어 발음 교육에 관한 설명으로 옳은 것은?

① 모국어 화자의 언어 습득 과정에 착안하여 자음을 먼저 가르치고 모음을 가르친다.
② 파찰음보다 파열음을 먼저 가르친다.
③ 학습자에게 발음을 천천히 정확하게 들려주어야 하므로 철자법에 바탕을 두고 가르친다.
④ 모음 'ㅔ'와 'ㅐ'는 초급에서부터 구별하여 발음할 수 있도록 가르친다.

32 의사소통 중심 언어 교수법에 관한 설명으로 옳은 것을 모두 고른 것은?

ㄱ. 언어 학습의 초점을 의사소통 능력의 신장에 둔다.
ㄴ. 학습자가 문법 규칙을 추론하거나 발견할 수 있도록 한다.
ㄷ. 의사소통 중심 활동 중 발생한 학습자 오류에 대해 관대한 태도를 취한다.
ㄹ. 실생활에서의 의사소통을 반영하여 말하기, 읽기, 듣기와 같은 서로 다른 기술을 연계해서 가르친다.

① ㄷ, ㄹ
② ㄱ, ㄴ, ㄷ
③ ㄱ, ㄴ, ㄹ
④ ㄱ, ㄴ, ㄷ, ㄹ

33 의사소통 중심 언어 교수법의 활동과 그 예로 연결이 옳은 것은?

① 직소(jigsaw): 이야기를 완성하는 데 필요한 정보의 조각을 모둠별로 나누어 준 후 구성원이 협업해 이야기를 완성하기
② 정보 전이(information transfer): 제공된 여러 급의 수업 시간표를 보고 특정 교사의 주간 수업 일정을 파악해 작성하기
③ 추론 차이(reasoning gap): 여행지를 고를 때 고려하는 여러 소선을 서로 비교하여 중요한 순서대로 나열하기
④ 의견 공유(opinion sharing): A 지점에서 B 지점으로 가는 방법을 안내하는 지시문을 읽고 여정을 보여 주는 지도를 그리기

34 유학생 대상 내용 중심 한국어 교수 모형에 관한 설명으로 옳지 않은 것은?

① 주제 중심(theme-based): 한국어 강사가 주제를 중심으로 유학생들에게 한국어를 가르친다.
② 내용 보호(sheltered): 전공 강사가 유학생들의 수준에 적절한 한국어를 사용하여 유학생들이 전공 수업을 이해할 수 있도록 한다.
③ 병존(adjunct): 유학생만을 대상으로, 전공 강사와 한국어 강사가 전공 수업과 한국어 수업을 각각 맡아서 가르친다.
④ 기술 중심(skills-based): 학습자들이 전공 수업에서 배우는 내용에 관해 요약문, 비평문, 연구 보고서 등을 작성한다.

35 형태 초점 교수법에 관한 내용으로 옳지 않은 것은?

① 의사소통 중 발생한 언어적 문제에 학습자의 주의를 끌기 위해 다양한 교수 절차를 사용한다.
② 선행적(proactive) 유형의 예로 수정적 피드백을 들 수 있다.
③ 입력 홍수(input flood) 기법은 의사소통을 거의 방해하지 않는 것으로 알려져 있다.
④ 고의적 오류 유도(garden path) 기법은 의사소통을 방해하는 정도가 큰 편이다.

36 평가 목적에 따른 유형 분류가 아닌 것은?

① 성취도 평가   ② 배치 평가
③ 진단 평가   ④ 직접 평가

37 다음에서 설명하고 있는 채점 방식은?

> 작문 문항의 목표는 '반대편의 주장을 반박'하여 주어진 특정 과제를 수행하는 것이다. 작성된 글은 한 가지 특정 요소인 반대편의 주장을 반박했는지에만 초점을 두고 채점한다.

① 분석적 채점
② 총체적 채점
③ 주요 특성 채점
④ 복수 특성 채점

38 준거 참조 평가에 관한 설명으로 옳지 않은 것은?

① 점수 해석: 수험자의 점수를 다른 수험자들의 점수와 비교하여 상대적으로 해석한다.
② 측정 유형: 구체적인 언어 학습 목표 내용을 측정한다.
③ 점수 분포: 보통은 비정규 분포로 나타난다.
④ 시험 구조: 보통은 문항의 수가 적은 여러 개의 하위 시험으로 구성된다.

39 타당도 검증을 위해 수집하는 증거로 옳은 것을 모두 고른 것은?

> ㄱ. 해당 내용 전문가의 주관적 판단 자료
> ㄴ. 동일한 구인을 측정한다고 알려진 두 시험을 동시에 시행한 후 얻은 상관계수
> ㄷ. 측정 구인이 있다고 추정하는 집단과 그렇지 않은 집단의 시험 점수 평균을 비교한 결과

① ㄱ, ㄴ ② ㄱ, ㄷ
③ ㄴ, ㄷ ④ ㄱ, ㄴ, ㄷ

40 시험 결과 보고에 사용하는 점수에 관한 내용으로 옳지 않은 것은?

① 상이한 시험의 원점수는 서로 비교하기 어렵다.
② 상이한 시험의 원점수를 표준 점수로 바꾸면 서로 비교할 수 있게 된다.
③ 수험자 A가 80점을 받았고, 전체 수험자의 70%가 80점보다 낮은 점수를 받았다면 A의 백분위 등급은 80이다.
④ 분할 점수는 합격과 불합격의 판정과 같이 수험자에게 구인이 있다고 판단할 수 있는 최소 점수이다.

41 문항 변별도에 관한 설명으로 옳지 않은 것은?

① 지수의 값은 0에서 1 사이에 있다.
② 지수의 값이 0보다 크면 상위 집단의 정답률이 하위 집단의 정답률보다 높다는 의미이다.
③ 상위 집단의 난이도 지수에서 하위 집단의 난이도 지수를 빼어 구한다.
④ 이상적인 규준 참조 평가 문항의 조건 중 하나는 지수의 값이 클수록 좋다는 것이다.

42 다음 문장을 활용한 발음 지도로 옳지 않은 것은?

> 살 게 있어서 마트에 가는데 같이 갈래?

① 판정 의문문이므로 문미를 상승조 억양으로 발화하도록 지도한다.
② 장애음 받침 뒤에 연결되는 평음 'ㄱ, ㄷ, ㅂ, ㅅ, ㅈ'은 경음으로 발음하도록 지도한다.
③ 용언 어간의 받침이 모음으로 시작되는 어미와 결합되는 경우 제 음가대로 뒤 음절 첫소리로 옮겨 발음하도록 지도한다.
④ 'ㅣ' 모음 앞의 'ㅌ'을 [ㅊ]으로 바꾸어 발음하도록 지도한다.

43 수준별 발음 교육에 관한 내용으로 옳지 않은 것은?

① 자모 학습 단계에서부터 음운 변동에 대해 지도한다.
② 끊어 말하기는 초급 단계에서부터 중점적으로 지도하는 것이 좋다.
③ 국물[궁물]과 같은 장애음의 비음화는 초급 단계에서 지도한다.
④ 국제 통용 한국어 표준 교육과정(2017)에 의하면 휴지에 따른 문장의 의미 차이를 이해하는 것은 고급 단계에 해당된다.

44 한국어 파열음 교육에 관한 내용으로 옳지 않은 것은?

① 연구개음인 /ㄱ/부터 지도하여 조음 방법을 숙지시키는 것이 좋다.
② 평음, 경음, 격음을 지도할 때에는 손바닥을 이용해 기식의 세기 정도를 직접 느껴 보게 한다.
③ 양순 파열음은 두 입술을 닫고 비강 통로를 막은 후 폐로부터 나오는 기류를 입 안에 가두었다가 터트리도록 지도한다.
④ 개별음 학습이 끝나면 여러 개의 최소 대립쌍을 제시해 듣고 고르기, 받아 적기, 발음하기 등의 연습 활동을 진행한다.

45 'ㅢ'의 발음 지도에 관한 내용으로 옳지 않은 것은?

① '무늬'는 [무니]로 발음하도록 지도한다.
② '회의'는 [회의]나 [회이]로 발음하도록 지도한다.
③ '한국의'는 [한국의]나 [한국에]로 발음하도록 지도한다.
④ '의의'의 첫음절 '의'는 [의]나 [이]로 발음하도록 지도한다.

46 학습자 말뭉치 연구에 관한 설명으로 옳지 않은 것은?

① 학습자 모어가 제2언어 습득에 미치는 영향에 관한 연구에 활용된다.
② 학습자 말뭉치는 학습자의 국적, 모어, 성별, 나이, 학습 기간 등에 대한 정보를 포함하고 있어야 한다.
③ 학습자의 발달 단계를 보기 위해 주석 말뭉치보다 원시 말뭉치 방식으로 구축해야 한다.
④ 학습자가 일으킬 오류를 예측하게 해 줌으로써 교재 및 평가 도구 개발에 활용될 수 있다.

47 한국어 표준 교육과정(제2020-54호)의 내용 체계에 관한 내용으로 옳지 않은 것은?

① 언어 지식: 메시지의 형태를 최종적으로 결정하는 언어적 요소인 어휘, 문법, 발음 등에 관한 것을 가리킨다.
② 기능: 주제를 어떠한 상황에서 다루느냐에 관한 것으로 언어 기술이 실제로 사용되는 상황이나 담화 참여자 간의 관계를 의미한다.
③ 텍스트: 의사소통 상황에서 발신자가 전달하고자 하는 메시지의 내용을 담고 있는 덩어리를 가리킨다.
④ 전략: 의사소통의 효율성을 높이기 위해 사용하는 기법이나 장치로 의식적인 인지 활동이다.

48 자음동화 지도에 관한 내용으로 옳지 않은 것은?

① 명사 '난로'의 경우 'ㄹ' 앞의 'ㄴ'을 [ㄹ]로 발음하도록 지도한다.
② 명사 '대통령'의 경우 'ㅇ' 뒤에 연결되는 'ㄹ'을 [ㄴ]으로 발음하도록 지도한다.
③ 용언 '좋다'의 경우 'ㅎ'와 'ㄷ'을 각각의 개별 음소로 발음하지 말고 하나의 음소 [ㅌ]으로 발음하도록 지도한다.
④ 용언의 활용형 '잡는'의 경우 'ㄴ' 앞의 'ㅂ'은 [ㅁ]으로 발음하도록 지도한다.

49 특수 목적 한국어 교육에 관한 내용으로 옳지 않은 것은?

① 학문 목적 한국어 교육은 학업 수행에 필요한 어휘, 장르 등을 가르친다.
② 특수 목적 한국어 교육은 고급 이상의 학습자만을 대상으로 한다.
③ 일반 목적 한국어 교육에 비해 학습자 대상 요구 분석의 필요성이 높다.
④ 직업 목적 한국어 교육은 직무 수행에 필요한 한국어 능력 배양을 목적으로 한다.

50 학습자 특성에 따른 말하기 교육에 관한 설명으로 옳지 않은 것은?

① 학문 목적 학습자: 대학 생활, 학업 수행 등과 관련된 내용을 말하기 주제로 설정할 수 있다.
② 고용허가제 취업 목적 학습자: 일상생활, 산업 현장 등에서 필요한 말하기 기능을 지도해야 한다.
③ 결혼이민자: 한국 사회 정착뿐만 아니라 육아, 자녀 교육 등과 관련된 말하기 상황도 포함할 수 있다.
④ 재외동포 아동: 자연스러운 언어 습득이 가능하기 때문에 한국인 중학생 수준의 말하기를 목표로 해야 한다.

51 대화에서 손님이 사용한 의사소통 전략으로 옳지 않은 것은?

> 직원: 어떻게 오셨어요?
> 손님: 제 노트북 컴퓨터가 고장이 났어요.
> 직원: 어떻게 고장이 났는데요?
> 손님: Monitor, 암… 화, 면, 에 아무것도 안 보여요.
> 직원: 언제부터 그랬어요?
> 손님: 어제부터요. 제가 mistake 떨어졌어요.
> 직원: 구입은 언제 하셨어요?
> 손님: 네? 구, 입? 구입이 뭐예요?
> 직원: 아, 이 노트북을 언제 사셨어요?
> 손님: 아, 네, 1년쯤 되었어요.
> 직원: 일단 접수부터 해 드릴게요.

① 군말 사용
② 명확화 요청
③ 코드 스위칭
④ 신조어 만들기

52 언어 교수법과 그에 따른 말하기 교육의 특징으로 옳은 것을 모두 고른 것은?

> ㄱ. 직접 교수법은 교사가 학습자 모어를 사용해 자세히 설명해 주는 것을 권장한다.
> ㄴ. 청각 구두식 교수법은 실제 맥락에 근거한 말하기 연습을 반복하는 것이 중요하다고 본다.
> ㄷ. 의사소통 중심 교수법은 상호 작용을 위한 말하기를 지향하며 필요한 경우 학습자가 모어를 사용하는 것도 용인한다.
> ㄹ. 내용 중심 교수법은 학습자가 목표어로 특정 교과를 배우는 과정에서 토론, 발표 등을 하게 함으로써 내용 학습과 언어 학습을 촉진한다.

① ㄱ, ㄴ
② ㄱ, ㄹ
③ ㄴ, ㄷ
④ ㄷ, ㄹ

53 다음과 같은 상황에서 역할을 나누어 하는 말하기 활동에 관한 설명으로 옳은 것은?

> 환자가 병원에서 의사에게 자신의 증상을 설명하고 있다.

① 상대방에게 질문하여 정보를 모으는 상호 작용 활동이다.
② 실제 의사소통에 활용될 가능성이 높은 모범 대화문을 외우는 활동이다.
③ 가상의 상황에서 특정 인물의 역할을 맡아 상호 작용하는 의사소통 활동이다.
④ 각기 다른 정보를 가진 두 사람이 서로의 정보를 수합하여 일정한 목표를 달성하는 활동이다.

54 PPP 모형의 말하기 수업 구성에 관한 설명으로 옳지 않은 것은?

① 유창성을 바탕으로 정확성을 신장하게 하는 구조로 이루어진다.
② 첫째 단계에는 짧은 대화나 예문을 통해 목표 문법을 맥락화해 제시한다.
③ 둘째 단계에는 목표 문법의 의미와 형태를 내재화할 수 있는 연습을 제공한다.
④ 셋째 단계에는 목표 문법을 유의미하게 사용할 수 있는 의사소통 활동을 유도한다.

55 다음의 말하기 수업 자료에 관한 설명으로 옳지 않은 것은?

1. 두 모델이 어떤 점에서 다른지 말해 보세요.

구분		가격	무게	화면
A 모델		160,000원	160g	6.2인치
B 모델		1,200,000원	270g	7.8인치

2. 주어진 표현을 활용해 말해 보세요.

"두 모델이 마음에 드는데 어느 게 나은지 모르겠어요. A는 가격이 (   ) 화면이 작아요. 저는 화면이 큰 게 좋거든요. (   ) B는 화면이 크지만 가격이 비싸고 더 무거워요."

[표현] -은/는 반면에, -은/는 데 비해서(-에 비해서)

3. 다음 주제에 대해 짝과 함께 장점과 단점을 말해 보세요.
   1) 휴가 때 집에서 쉬는 것과 여행 가는 것
   2) 졸업 후 취직하는 것과 대학원에 진학하는 것
4. 짝과 함께 말한 내용을 정리해서 발표해 보세요.

① 중급 수준 이상의 수업에 적용할 수 있다.
② 비교하기 기능 수행을 위한 말하기 활동에 적합하다.
③ 문법 형태 학습에 초점을 맞춘 말하기 활동 자료이다.
④ 짝 활동 이후 전체를 대상으로 하는 말하기에 활용할 수 있다.

56 말하기 평가의 문항 유형에 관한 설명으로 옳지 않은 것은?

① 낭독하기: 특정 주제에 관한 자신의 생각을 분명히 말할 수 있는지 평가한다.
② 질문에 답하기: 제시된 질문을 이해하고 적절하게 대답할 수 있는지 평가한다.
③ 그림 보고 이야기 만들기: 여러 컷의 그림을 이용해 담화를 구성할 수 있는지 평가한다.
④ 자료 보고 설명하기: 도표나 그래프 같은 자료를 보고 현상과 원인을 설명할 수 있는지 평가한다.

57 다음과 같이 말하기 수업을 진행하려고 한다. 이에 관한 설명으로 옳지 않은 것은?

수업 절차	(부탁하는 상황이 담긴) 드라마 장면 시청 → 드라마 장면에서 부탁 화행 찾기 → 부탁 화행 전략에 관한 토의 → 역할극 수행
드라마 장면에 나오는 부탁 화행 표현	ㄱ. 미안한데, 이 보고서에 필요한 자료 좀 찾아 줄 수 있어요? ㄴ. 내일 출근할 때 저 좀 태우고 가 주세요. 선배 집 앞으로 갈게요.
지도상의 유의점	학생들이 부탁 화행 표현을 스스로 발견한 이후에 ㄱ과 ㄴ을 제시함

① 화행 전략을 찾아내면서 학습자의 참여도가 높아질 수 있다.
② 화행 표현이 수업 시작 시에 명시되므로 전략을 쉽게 찾을 수 있다.
③ 부탁 화행에는 ㄱ처럼 청자 중심 표현이 사용되는 것을 발견할 수 있다.
④ ㄴ처럼 청자의 부담을 줄여 주는 발화를 덧붙여 보면서 표현력을 신장할 수 있다.

58 대화에서 밑줄 친 부분의 학습자 오류와 교사 피드백에 관한 설명으로 옳지 않은 것은?

교사: 지난 주말에 뭐 했어요?
학생: 강아지를 <u>때리고</u> <u>공원에</u> 산책했어요.
교사: 강아지를 때리고? <u>(틀렸다는 제스처를 취하면서) 강아지를 데리고.</u>
학생: 네, 강아지를 데리고.
교사: 네, 강아지를 데리고, <u>공원…? (학생의 대답을 기다린다.)</u>
학생: 공원에서 산책했어요.

① 학생이 '때리고'라고 한 것은 어휘 오류에 해당한다.
② 학생이 '공원에'라고 한 것은 문법 오류에 해당한다.
③ 교사가 '강아지를 데리고'라고 수정한 것은 명시적 피드백이다.
④ 교사가 '공원…?'이라 말하고 기다린 것은 유도 방식의 피드백이다.

59 한국어 표준 교육과정(제2020-54호)의 중급 쓰기 성취 기준으로 옳은 것은?

① 익숙한 업무 상황에서 격식적으로 사용되는 글을 쓸 수 있다.
② 문장과 문장을 자연스럽게 연결하여 일관성 있는 글을 쓸 수 있다.
③ 내용의 통일성과 응집성을 고려하여 짜임새 있는 글을 쓸 수 있다.
④ 일기와 같은 생활문이나 주변의 인물이나 사물을 소개하는 글을 쓸 수 있다.

60 인지적 구성주의 작문 이론에 관한 설명으로 옳지 않은 것은?

① 과정 중심 쓰기 접근법과 관련된다.
② 작문 과정을 반복적이고 회귀적인 과정으로 본다.
③ 작문 과정에서 나타나는 사회적 상호 작용에 주목한다.
④ 작문 과정에서 인지적 활동을 수행하는 필자에 초점을 맞춘다.

61 장르 중심 쓰기에 관한 설명으로 옳지 않은 것은?

① 장르 분석 결과를 교육 내용으로 다룬다.
② 쓰기를 둘러싼 사회적 상황 맥락과 목적을 중시한다.
③ 특정 담화 공동체가 기대하는 쓰기 방식에 맞게 글을 쓰게 한다.
④ 작문의 결과물을 중시하며 문법이나 어휘, 철자법 같은 형식적 요소를 강조한다.

62 다음 쓰기 수업의 순서를 바르게 나열한 것은?

- 숙달도: 중급
- 단원 주제: 일하고 싶은 회사
- 과제: 일하고 싶은 회사에 대해 쓰기

ㄱ. '일하고 싶은 회사'라고 하면 어떤 생각이 떠오르는지 묻는 교사의 질문에 대답한다.
ㄴ. 일하고 싶은 회사에 대한 글을 쓴다.
ㄷ. 일하고 싶은 회사에 대해 쓴 글을 친구와 바꾸어 읽어 보고 글을 수정한다.
ㄹ. 대학생들의 직장 선택 기준에 관한 신문 기사를 읽고 친구들과 함께 자신이 일하고 싶은 회사에 대해 이야기해 본다.
ㅁ. 논의한 내용을 참고하여 일하고 싶은 회사의 조건과 이유를 메모한다.

① ㄱ - ㄴ - ㅁ - ㄷ - ㄹ
② ㄱ - ㄹ - ㅁ - ㄴ - ㄷ
③ ㄹ - ㄴ - ㄷ - ㄱ - ㅁ
④ ㄹ - ㅁ - ㄴ - ㄱ - ㄷ

63 다음 쓰기 활동에 관한 설명으로 옳은 것은?

※ 다음 문장을 〈보기〉와 같이 바꾸어 쓰세요.

〈보기〉
주말에 영화를 봤어요. → <u>주말에 본 영화</u>

1) 어제 빵을 만들었어요. → _____ 빵
2) 공원에서 친구를 만났어요. → _____ 친구

① 주어진 어휘를 순서대로 이용하여 문장을 구성하는 활동이다.
② 유도된 쓰기 활동으로 쓰기 학습 초기에 많이 하는 활동이다.
③ 문법을 학습한 후 이를 정확하게 익히기 위해 하는 활동이다.
④ 주어진 글자나 어휘, 문장을 그대로 베껴서 쓰게 하는 활동이다.

64 쓰기 피드백에 관한 설명으로 옳은 것을 모두 고른 것은?

> ㄱ. 동료 피드백은 쓰기 피드백 기준을 미리 제시하는 것이 좋다.
> ㄴ. 면담 피드백은 글을 쓴 학습자의 의도를 교사가 파악하는 데 도움이 된다.
> ㄷ. 명시적 피드백은 학습자 스스로 쓰기 문제를 해결하도록 유도하는 방법이다.
> ㄹ. 의미 중심 피드백은 글의 내용과 의미에 초점을 맞추어 피드백을 하는 것이다.

① ㄱ, ㄴ
② ㄷ, ㄹ
③ ㄱ, ㄴ, ㄹ
④ ㄱ, ㄴ, ㄷ, ㄹ

65 쓰기 평가에서 대안적 평가에 관한 설명으로 옳지 않은 것은?

① 수행 평가, 포트폴리오 평가가 해당된다.
② 교사 평가뿐만 아니라 동료 평가도 적극 활용한다.
③ 채점이 효율적이고 신뢰도를 확보하기 용이해서 실용적이다.
④ 학습자의 쓰기 수행 결과물뿐만 아니라 수행 과정까지 평가 대상으로 한다.

66 트리블(C. Tribble)이 말한 쓰기 지식 중 언어 체계 지식을 활용한 글쓰기로 옳은 것은?

① 어휘와 문법을 정확하게 사용하여 글을 쓴다.
② 글의 목적과 의도에 맞는 유형으로 글을 쓴다.
③ 주어진 상황에 적절한 방식으로 쓰기 과제를 수행한다.
④ 쓰기 과제에서 요구하는 주제가 분명히 드러나도록 글을 쓴다.

67 듣기 이해 과정에 관한 설명으로 옳은 것은?

① 상향식 듣기에서는 청자의 배경지식이 강조된다.
② 억양과 음소 식별하기는 상향식 듣기 활동의 예이다.
③ 하향식 듣기 활동에서는 문장 단위 이해에 초점을 맞춘다.
④ 상향식 듣기와 하향식 듣기 과정은 동시에 일어날 수 없다.

68 다음 표에 들어갈 듣기 담화의 예로 옳지 않은 것은?

의사소통 목적 \ 의사소통 방향	일방향 소통	쌍방향 소통
사교적	ㄱ	ㄴ
정보 교류적	ㄷ	ㄹ

① ㄱ - 경제 전문가와의 인터뷰
② ㄴ - 길에서 만난 친구와 인사
③ ㄷ - 공항의 탑승구 안내 방송
④ ㄹ - 분실물 센터에서 물건 찾기 대화

69 듣기 자료의 실제성을 높이기 위한 방안으로 옳지 않은 것은?

① 구나 절 단위로 종결되는 발화도 활용한다.
② 생략, 반복, 머뭇거림 등의 구어적 특성을 반영한다.
③ 발화 맥락을 유추할 수 있는 주변 소리를 포함한다.
④ 대화 참여자 간 상호 작용이 드러나도록 발화의 양을 비슷하게 구성한다.

70 한국어 표준 교육과정(제2020-54호)의 초급 듣기 성취 기준으로 옳지 않은 것은?

① 단순한 정보를 파악하거나 들은 내용의 대략적인 의미를 이해할 수 있다.
② 직업, 교육 등과 같은 보편적인 사회적·추상적 소재의 담화를 이해할 수 있다.
③ 친숙한 공공장소나 비격식적 상황에서 사용되는 표현이나 내용을 이해할 수 있다.
④ 두 차례 이상의 말차례를 가진 대화나 간단한 안내 방송 등의 발화를 이해할 수 있다.

71 선택적 듣기(selective listening)에 해당하는 것을 모두 고른 것은?

> ㄱ. 대화를 듣고 지도에서 식당 위치 찾기
> ㄴ. 토론을 듣고 토론자들의 태도 이해하기
> ㄷ. 강연을 듣고 다음에 나올 내용 예측하기
> ㄹ. 안내를 듣고 고객센터 전화번호 메모하기

① ㄱ, ㄴ
② ㄱ, ㄹ
③ ㄴ, ㄷ
④ ㄴ, ㄹ

72 다음 듣기 문항에서 평가하고자 하는 이해 능력은?

> ※ 들은 내용과 일치하는 것을 고르십시오.
>
> 어젯밤 서울에 첫눈이 내렸습니다. 눈은 새벽에 그쳤지만 추운 날씨로 내린 눈이 얼어서 거리가 아주 미끄럽습니다. 출근하시는 분들은 지하철을 이용하는 것이 좋겠습니다.
>
> ㉠ 길이 얼어서 미끄럽다.
> ㉡ 오늘 눈이 많이 올 것이다.
> ㉢ 아침까지 눈이 내리고 있다.
> ㉣ 지금 지하철이 다니지 않는다.

① 사실적 이해 능력
② 추론적 이해 능력
③ 비판적 이해 능력
④ 감상적 이해 능력

73 다음에서 공통으로 사용하고 있는 듣기 전략은?

> • A는 친구와의 대화에서 화제 전환 표지를 듣고 대화 내용이 바뀔 것을 예측했다.
> • B는 대통령의 신년 연설을 듣기 전에 연설 담화의 구조를 떠올렸다.

① 시각 자료 활용하기
② 의미 연결망 만들기
③ 형식 스키마 활성화하기
④ 청자 반응 신호 사용하기

74 에너지 부족 문제에 관한 뉴스 듣기 수업에서 '듣기 후 활동'으로 옳은 것은?

① 들으면서 중요한 정보 메모하기
② 뉴스 제목을 보고 내용 예측하기
③ 뉴스 담화의 형식과 특징 떠올리기
④ 에너지 부족 문제 해결 방안에 관해 토의하기

75 다음 듣기 수업의 순서를 바르게 나열한 것은?

- 숙달도: 초급
- 단원 주제: 쇼핑
- 담화 유형: 옷가게에서 점원과 손님의 대화

ㄱ. 들은 대화를 활용해 옷가게 점원과 손님의 역할극을 하게 한다.
ㄴ. 대화를 듣고 손님이 산 옷은 무엇인지 알맞은 그림을 고르게 한다.
ㄷ. 옷가게에서의 쇼핑 경험을 물어 대화 맥락을 도입한다.
ㄹ. 듣게 될 의복 어휘, 색깔 어휘 등을 제시하고 학습시킨다.

① ㄴ - ㄷ - ㄱ - ㄹ
② ㄴ - ㄷ - ㄹ - ㄱ
③ ㄷ - ㄴ - ㄱ - ㄹ
④ ㄷ - ㄹ - ㄴ - ㄱ

76 하향식 읽기 모형에 관한 설명으로 옳은 것을 모두 고른 것은?

ㄱ. 독자를 능동적인 존재로 여긴다.
ㄴ. 텍스트에 사용된 어휘나 문법적 지식의 정확한 이해를 강조한다.
ㄷ. 배경지식을 이용해 주어진 텍스트에서 의미를 구성해 가는 과정을 중시한다.

① ㄱ, ㄴ
② ㄱ, ㄷ
③ ㄴ, ㄷ
④ ㄱ, ㄴ, ㄷ

77 읽기에 영향을 미치는 요인을 모두 고른 것은?

> ㄱ. 어휘 친숙도　　　　ㄴ. 문장의 복잡성
> ㄷ. 독자의 태도　　　　ㄹ. 독자의 모국어 간섭

① ㄱ, ㄴ
② ㄱ, ㄷ
③ ㄴ, ㄷ, ㄹ
④ ㄱ, ㄴ, ㄷ, ㄹ

78 읽기 자료 선택 시 고려해야 할 점으로 옳지 않은 것은?

① 다양한 시각을 담은 여러 종류의 자료를 사용한다.
② 학습자들이 실생활에서 접할 수 있는 자료를 사용한다.
③ 장르의 전형적인 특성이 명확하게 드러나지 않는 자료를 사용한다.
④ 학습자의 흥미와 교육적 가치를 함께 충족할 수 있는 자료를 사용한다.

79 읽기 방법에 관한 설명으로 옳은 것을 모두 고른 것은?

> ㄱ. 속독은 빠른 속도로 글을 읽는 방법이다.
> ㄴ. 묵독은 소리 내지 않고 눈으로 읽어서 이해하는 읽기 방법이다.
> ㄷ. 다독은 적은 양의 자료를 최대한 이해할 수 있도록 주의 깊게 읽는 방법이다.

① ㄱ, ㄴ
② ㄱ, ㄷ
③ ㄴ, ㄷ
④ ㄱ, ㄴ, ㄷ

80 (　　)는 다음 글을 읽을 때 일어난 독자의 사고 활동이다. (　　)의 읽기 전략은?

> 2022년 8월에 A기관에서 한국 사람들이 인터넷을 사용하는 목적을 조사한 결과는 아래와 같다. (아, 이 글에서 한국인의 인터넷 사용 목적에 관해 최근에 조사한 결과를 알 수 있겠구나.) 한국 사람들이 인터넷을 이용하는 가장 큰 목적은 의사소통을 하기 위해서이다. 그 다음으로는 (그 다음은 뭘까?) 자료나 정보를 수집하기 위해 인터넷을 사용하는 사람이 많다.

① 핵심어 찾기
② 담화 표지 이용하기
③ 통사 구조 파악하기
④ 낯선 단어의 의미 추측하기

81 읽기 전략 중 상위 인지 전략으로 옳은 것은?

① 사실과 의견 구별하기
② 중요한 사항 메모하기
③ 이어질 내용 예측하기
④ 자신의 이해도 점검하기

82 다음 읽기 활동이 목표로 하는 이해 능력은?

> 오늘날 지구 온난화로 인해 인류는 엄청난 재앙에 직면해 있다. 지구 도처에서 일어나는 기상 이변으로 한쪽에서는 가뭄과 기아로 수많은 사람들이 죽어가고 있으며, 다른 쪽에서는 홍수와 태풍으로 각종 시설과 환경이 파괴되고 있다. 산업화 이후 온 세계가 앞다퉈 배출한 탄소로 인해 북극해의 빙하도 빠르게 녹고 있다. 이대로는 얼마 가지 않아 지구에 어떠한 생명체도 존재하지 못할지도 모른다.

• 윗글의 쓴 필자의 의도와 목적을 생각해 봅시다.

① 사실적 이해 능력
② 추론적 이해 능력
③ 비판적 이해 능력
④ 감상적 이해 능력

83 읽기 수업 구성에서 ( )에 들어갈 내용을 순서대로 나열한 것은?

읽기 전 단계	( ) ↓ 학생들이 명절 음식 어휘를 생각하고 교사와 함께 정리한다. ↓
읽기 본 단계	( ) ↓
읽기 후 단계	글의 내용을 요약하여 발표한다. ↓ ( )

ㄱ. 자기 나라 명절 음식에 관해 소개한다.
ㄴ. 한국의 명절 음식을 먹어 본 경험을 이야기하며 배경지식을 활성화한다.
ㄷ. '한국의 명절 음식'에 관한 글을 읽으면서 주요 내용을 파악한다.

① ㄱ - ㄴ - ㄷ
② ㄴ - ㄷ - ㄱ
③ ㄷ - ㄱ - ㄴ
④ ㄷ - ㄴ - ㄱ

84 다음 과제 활동에 관한 설명으로 옳지 않은 것은?

제시 내용과 목표 문법	※ 〈보기〉와 같이 '자신의 소원이 이루어진다면 하고 싶은 것'을 메모하고 대화해 보십시오. • 목표 문법: -ㄴ/는다면 〈보기〉 | 소원	소원이 이루어진다면….
돈을 많이 벌고 싶다. 병이 낫고 싶다.	세계 여행을 하고 싶다. 운동을 열심히 하고 싶다. | 학생 1: 소원이 뭐예요? 학생 2: 돈을 많이 벌고 싶어요. 학생 1: 돈을 많이 번다면 뭘 하고 싶어요? 학생 2: 돈을 많이 번다면 세계 여행을 하고 싶어요.
준비물	활동지
활동 방법	2인 1조로 구성한다.

① 짝 활동을 통한 상호 작용이 가능하게 구성하였다.
② 행동을 지시할 때 목표 문법을 사용하도록 계획하였다.
③ '-는다면'의 이형태도 이해하고 활용할 수 있도록 설계하였다.
④ 학습자의 생각을 표현할 때 목표 문법을 발화할 수 있도록 구성하였다.

85 연결어미 '-아/어서'에 관한 설명과 예문의 연결이 옳지 않은 것은?

①	앞의 내용이 뒤의 내용의 이유나 원인이 됨을 제시함	-	비가 올 것 같아서 우산을 가지고 갔어요.
②	시간적 선후 관계를 나타냄	-	여름에는 물을 끓여서 마셔야 해요.
③	이유를 나타낼 때 후행절에 청유문이 올 수 없음을 제시함	-	*날씨가 더워서 에어컨을 켭시다.
④	선행절의 행동이 후행절의 목적임을 나타냄	-	20세기에 들어와서 환경 문제는 세계의 관심사가 되었어요.

86 다음 연습 유형에 따른 설명으로 옳지 않은 것은?

①	_____에 _____이/가 있습니다. (교실/텔레비전, 교실/창문) → 교실에 텔레비전이 있습니다. →	교체 연습으로 대표 예문을 보여 주고 학습자가 따라하게 한다.
②	_____아서/어서 _____. (길을 건너다/왼쪽으로 가세요) → 길을 건너서 왼쪽으로 가세요.	연결 연습으로 학습자는 나열, 순서, 대조 등 선행절과 후행절의 관계에 대해 이해할 수 있다.
③	가: 사진을 찍으려고 합니까? 나: _____	응답 연습으로 문형을 이용하여 학습자의 생각을 표현하는 연습이다.
④	가: 만약에 상품으로 자동차를 받는다면 뭘 하고 싶어요? 나: _____	변형 연습으로 교사의 정보에 학습자의 생각을 더해 완전한 문장으로 표현하게 한다.

87 한국어 교육 문법에 관한 설명으로 옳지 않은 것은?

① 교육을 목적으로 문법을 체계화하여 구성한 것이다.
② 문법 기술에서 규범 문법의 표기 기준을 따르며 규범 문법의 지식 습득을 강조한다.
③ 한국어를 정확하고 유창하게 사용하기 위해 필요한 정보가 폭넓게 포함된다.
④ 학문 문법의 연구 결과를 바탕으로 교육에 필요한 정보를 선정하여 기술한 것이다.

88 '-고 싶어 하다'의 교육 내용으로 옳지 않은 것은?

① 동사와 결합하고, 어떤 동사가 와도 형태가 변하지 않는다.
② '-고 싶어 하다'는 문장을 만들 때 주어 제약이 없다.
③ 추측의 '-겠-'과 함께 쓸 때, 현재나 미래 사실에 대한 추측은 '-고 싶어 하겠다', 과거 사실에 대한 추측은 '-고 싶어 했겠다'로 쓴다.
④ 부정문은 주로 '-지 않고 싶어 하다', '-고 싶어 하지 않다'로 쓴다.

89 문법 교육의 유용론에 관한 설명으로 옳은 것은?

① 문법에 대해 안다고 해서 그 언어를 잘 사용하는 것은 아니기 때문에 문법을 사용하게 될 상황을 연습하게 하는 것이 중요하다.
② 극단적 의사소통 접근법에서는 학습자를 실제적 의사소통에 참여시킴으로써 문법을 무의식적으로 습득할 수 있다고 본다.
③ 제2언어 습득에서나 모어 습득에서 언어의 발달에는 모두 자연적 단계가 있다.
④ 교사와 학습자 모두를 위해서 언어를 개별 문법 항목들의 범주 체계로 정리하여 교사와 학습자가 이해할 수 있게 한다.

90 다음은 문법 의식 고양(consciousness-raising) 과제의 일부이다. 이에 관한 설명으로 옳지 않은 것은?

> ※ 밑줄 친 부분의 차이점에 대하여 이야기해 봅시다.
> 1) 건강에 자신이 <u>없으면</u> 일할 의욕도 사라지게 된다.
> 2) 10년 후에 <u>퇴직한다면</u> 사회 봉사를 열심히 하고 싶다.

① 두 문법에 대한 의미, 기능, 규칙의 차이에 주의력을 집중시킨다.
② 동료 학습자들과 함께 두 문법의 특징에 대한 가설을 만들어 보고 규칙을 확인한다.
③ 학습자가 문법에 대한 암시적 지식을 형성할 것으로 기대한다.
④ 학습자가 목표 문법에 대해 오해하지 않도록 추가 설명을 제공한다.

91 다음은 교수 접근법의 차이를 요약한 표이다. ( )에 들어갈 내용으로 옳은 것은?

	형태 중심 접근법	의미 중심 접근법	형태 초점 접근법
교수 학습 초점	언어 형태	언어 의미, (ㄱ)	언어 의미, 기능, (ㄴ)
교수 학습 목표	정확성 신장	(ㄷ) 신장	정확성, 유창성 신장
주요 교수 학습 방법	명시적 설명 연습	의사소통 활동	의사소통 활동 언어 자료를 통한 (ㄹ) 제시와 피드백

① ㄱ: 기능, ㄴ: 형태, ㄷ: 유창성, ㄹ: 암시적
② ㄱ: 기능, ㄴ: 유창성, ㄷ: 정확성, ㄹ: 암시적
③ ㄱ: 형태, ㄴ: 형태, ㄷ: 표현력, ㄹ: 명시적
④ ㄱ: 형태, ㄴ: 유창성, ㄷ: 이해력, ㄹ: 명시적

92 다음과 같은 어휘 평가 유형에 관한 설명으로 옳은 것은?

> ※ 다음과 관계있는 것을 고르십시오.
>
> | 생활 하수 | 일회용품 | 쓰레기 |
> | 공장 매연 | 농약 | 분리배출 |
>
> ㉠ 수질 오염　　　　　㉡ 경제 발전
> ㉢ 소음 공해　　　　　㉣ 환경 오염

① 어휘의 사전적인 의미를 제시하고 해당 어휘를 찾는 유형이다.
② 대응 쌍을 이루는 단어를 제시하고 짝을 찾는 유형이다.
③ 단어가 쓰이는 문맥에서의 의미 파악 능력을 측정하는 유형이다.
④ 여러 개의 단어를 제시하고 의미적으로 관계가 있는 것을 찾는 유형이다.

93 어휘 교수·학습의 원리에 관한 설명으로 옳지 않은 것은?

① 어휘 학습은 어휘 간의 연결망을 통해 조직화해야 한다.
② 고급에서는 번역된 모어 대응 짝을 학습하게 한다.
③ 학습자 스스로의 자기 주도적인 학습이 가능하게 한다.
④ 최소한의 문지방 어휘(threshold vocabulary) 습득이 필요한데, 가능하면 이를 빨리 학습하게 한다.

94 다음 어휘 평가 기준을 낮은 등급부터 나열한 것은?

> ㄱ. 감정 표현 어휘의 의미를 이해하고 사용할 수 있다.
> ㄴ. 기본적인 빈도 부사의 의미를 이해하고 사용할 수 있다.
> ㄷ. 전문적이고 특정 분야에서 쓰이는 특수어의 의미를 안다.
> ㄹ. 의식주와 관련된 일상생활에 필요한 기초적인 어휘의 의미를 안다.

① ㄱ - ㄴ - ㄷ - ㄹ
② ㄱ - ㄷ - ㄴ - ㄹ
③ ㄹ - ㄱ - ㄴ - ㄷ
④ ㄹ - ㄴ - ㄱ - ㄷ

95 유의 관계 어휘 교수·학습 방법에 관한 설명으로 옳지 않은 것은?

① 유의 관계 어휘는 어휘 확장 때 주로 활용한다.
② 유의 관계 어휘라도 동일한 문장에서 항상 치환되어 사용되는 것은 아니라는 점에 주의한다.
③ 유의 관계를 가지는 어휘는 한꺼번에 제시하여 교수·학습에 활용한다.
④ 유의 관계 어휘의 의미와 쓰임의 차이를 숙지하고 학습자에게 그 차이를 인식할 수 있도록 교수한다.

96 다음과 같은 학습자 어휘 오류를 방지하기 위한 교수 방법으로 옳은 것은?

- 선생님, 이거 추운(✓시원한) 음료수예요.
- 마이클은 서늘한(✓차가운) 사람이에요.
- 휴대전화가 더워요(✓뜨거워요).

① 단어 구조의 형태적 차이로 변별하게 한다.
② 연어적 관계 차이로 변별하게 한다.
③ 격자형 비교표를 활용하여 변별하게 한다.
④ 선후행 형태와 함께 관용적 관계 차이로 변별하게 한다.

97 외래어 교육에 관한 설명으로 옳지 않은 것은?

① 외래어 상용 표기도 있으나 현실에서 자주 쓰이지 않으므로 표준 표기만 지도한다.
② 영어 사용이 대중적이지 않은 언어권의 학습자들에게 외래어는 학습 부담이 크다는 것에 유의한다.
③ 외래어 중에는 '사이다(cider: 사과주), 린스(rinse: 씻다)' 등과 같이 본래의 의미와 다르게 사용되는 것도 있음에 유의한다.
④ 학습자의 숙달도가 높아질수록 접하는 외래어 수가 증가하므로 적극적 교수가 필요하다.

98 어휘 학습의 효율성을 높이기 위한 원리가 아닌 것은?

① 문맥의 원리
② 사용의 원리
③ 관련성의 원리
④ 등가성의 원리

99 다음과 같이 교재의 내용을 수정한 이유에 관한 설명으로 옳은 것은?

> 〈수정 전〉
> 내일 은하수 다방에서 만나요.
> 〈수정 후〉
> 내일 은하수 카페에서 만나요.

① 학습자 개인의 상황에 맞는 단어로 수정하였다.
② 학습자 숙달도를 고려하여 단어를 수정하였다.
③ 학습자의 국적을 고려하여 단어를 수정하였다.
④ 목표어 화자들이 현재 많이 사용하는 단어로 수정하였다.

100 다음 내용에 해당하는 교재 평가 방식은?

- 체계성, 경제성, 편리성, 명확성의 장점이 있다.
- 인상 평가 방식이나 점검표 평가 방식을 사용한다.
- 객관적인 정보 분석을 바탕으로 교재의 전반적인 적절성에 대해 판단한다.

① 외적 평가
② 내적 평가
③ 거시 평가
④ 미시 평가

101 목적별 한국어 교재를 개발할 때 고려할 내용으로 옳지 않은 것은?

① 이주노동자용 한국어 교재는 초급 단계에서 문어 중심으로 개발한다.
② 재외동포용 한국어 교재는 학습자 거주 지역의 문화와 언어를 고려하여 구성한다.
③ 다문화가정 자녀용 한국어 교재는 국어 교재의 성격을 포함하고 문식 능력 향상에 중점을 둔다.
④ 중도입국 자녀용 한국어 교재는 의사소통 능력 향상과 학업 능력 향상을 모두 고려한다.

102 수업 단계별 교재의 기능으로 옳게 나열된 것은?

	수업 전	수업 중	수업 후
①	교수 목표 제시	학습 내용 제공	교수법 제공
②	교수 목표 제시	교실 밖 상황에 적용	교수법 제공
③	학습 동기 유발	학습 내용 제공	평가 대비 자료
④	학습 동기 유발	교실 밖 상황에 적용	평가 대비 자료

103 다음 설명에 해당하는 교재 개작 방법은?

- 교수 내용 전체를 순차적으로 구체화한다.
- 나선형 교육을 실현할 수 있는 방법 중의 하나이다.
- 교육 내용을 교수요목별로 구체화하는 일정한 형식적·절차적 과정을 거친다.

① 개별화(individualization)
② 상세화(specification)
③ 단순화(simplification)
④ 재구조화(restructuring)

104 문화 간 이해 능력을 함양하기 위한 문화 교육에 관한 설명으로 옳지 않은 것은?

① 문화에 대한 지식과 인식이 함양될 수 있도록 구성한다.
② 문화 내용과 관련된 자신의 경험, 자국 문화와 비교할 수 있도록 문화 내용 중심으로 구성한다.
③ 교육과정은 언어 의사소통 능력이 신장되도록 설계한다.
④ 수업은 '들어가기 → 목표 문화 알아보기 → 더 생각해 보기' 단계로 설계할 수 있다.

105 문화 감수성(cultural sensitivity)에 관한 설명으로 옳은 것은?

① 한국어 교육에서는 상호 문화적, 의사소통적 관점에서 교육 내용, 교육 방법, 교육 자료를 개발한다.
② 베네트(M. Bennett)가 제안한 것으로 민족 상대주의부터 타민족 중심 단계로까지 일방향으로 발전한다.
③ 문화 차이를 어떠한 방식으로 해석하고 수용하느냐에 따라 부정, 최소화, 통합의 3단계로 나뉜다.
④ 자문화 집단과 같이 살아가기 위해 문화적 동질성을 인식하고 만든 교육 모형이다.

106 국제 통용 한국어 표준 교육과정(2017)에서 다음 내용이 해당하는 문화 범주는?

- 한국인의 가치관과 사고방식을 이해한다.
- 한국의 지리와 지역적 특성을 이해한다.
- 한국 사회와 한국인의 사회적 활동을 이해한다.

① 문화 관점
② 문화 지식
③ 문화 실행
④ 문화 목표

107 문화를 '행동 문화, 성취 문화, 관념 문화'로 분류할 때 행동 문화에 속하는 것을 모두 고른 것은?

ㄱ. 속담
ㄴ. 호칭
ㄷ. 탈춤
ㄹ. 결혼식
ㅁ. 사물놀이

① ㄱ, ㄴ
② ㄴ, ㄷ
③ ㄷ, ㄹ
④ ㄹ, ㅁ

108 한자 및 한자어 교육에 관한 설명으로 옳은 것을 모두 고른 것은?

ㄱ. 한자어는 중국, 일본에서 들어온 것도 있다.
ㄴ. 한자어권 학습자는 한자어 어휘에 익숙해 모어와 혼동 없이 학습할 수 있다.
ㄷ. 조어력 있는 한자 학습은 어휘 확장에 도움이 된다.
ㄹ. 한자어 교육은 음과 훈의 이해를 중심으로 이루어져야 한다.

① ㄱ, ㄴ, ㄷ
② ㄱ, ㄴ, ㄹ
③ ㄱ, ㄷ, ㄹ
④ ㄴ, ㄷ, ㄹ

109 국립국어원 주관 사업이 아닌 것은?

① 세계 한국어 교육자 대회
② 한국어 교수학습 샘터 운영
③ 한국어교원 자격 부여 심사
④ 국외 한국어 연구자 배움이음터

110 한국어 교육 관련 기관과 그 사업으로 옳지 않은 것은?

① 국립국제교육원: TOPIK Ⅰ·Ⅱ 시행
② 문화체육관광부: 다문화가족지원센터 운영
③ 한국산업인력공단: 고용허가제 한국어능력시험(EPS-TOPIK) 시행
④ 법무부: 사회통합프로그램 운영

111 영어를 한국어로 번역한 문장에 관한 설명으로 옳지 않은 것은?

	원문	번역문	설명
①	Mary's nose is pretty.	→ 메리는 코가 예뻐.	영어의 주어 중심 표현을 한국어의 주제 중심 표현으로 번역
②	I've lost a button.	→ 단추가 떨어졌다.	영어의 인간 중심 표현을 한국어의 상황 중심 표현으로 번역
③	May I have your ID card?	→ 신분증 좀 보여주시겠습니까?	영어의 화자 중심 표현을 한국어의 청자 중심 표현으로 번역
④	The table has four legs.	→ 그 테이블은 다리가 네 개 있다.	영어의 전체 기술 표현을 한국어의 부분 기술 표현으로 번역

112 다음은 문학 작품의 제목을 번역한 예이다. 이때 적용한 번역 원칙으로 옳은 것은?

> I don't Know How She Does It 《하이힐을 신고 달리는 여자》

① 영어 원문의 통사 구조와 같은 통사 구조로 번역하였다.
② 상호텍스트성의 속성 가운데 결속성의 원칙을 준수하였다.
③ 문학 작품의 내용을 잘 전달할 수 있도록 의역을 하였다.
④ 도착 언어권 독자를 위하여 설명을 부제로 추가하였다.

113 '하루 일과'를 주제로 한 단원에서 '-(으)ㄴ 후에'를 지도하려고 한다. 다음 내용을 참조하여 '-(으)ㄴ 후에'의 제시와 연습 단계의 교수안을 작성하시오.

- 숙달도: 초급
- 단원 주제: 하루 일과
- 목표 문법: -(으)ㄴ 후에 (예 아침을 먹은 후에 운동을 해요.)
- 수업 시간: 20분

2021년

16회 기출문제
[A형]

1교시 한국어학·일반언어학 및 응용언어학
2교시 한국 문화·외국어로서의 한국어 교육론

2021년

아이들이 답이 있는 질문을 하기 시작하면
그들이 성장하고 있음을 알 수 있다.

- 존 J. 플롬프 -

1교시 | 한국어학·일반언어학 및 응용언어학

제1영역 한국어학

01 밑줄 친 보조 용언 중 품사가 다른 것은?

① 싱싱한가 <u>봐</u>.
② 이거 좀 먹어 <u>봐</u>.
③ 지금 갈까 <u>봐</u>.
④ 없어 보이나 <u>봐</u>.

02 파생법에 관한 설명으로 옳지 않은 것은?

① 한자어 접두사와 고유어 어근이 결합하는 파생어를 만들 수 있다.
② 전성어미 '-기, -음'으로 명사 파생어를 만들 수 있다.
③ 접미사를 결합시켜 품사를 바꿀 수 있다.
④ 어근에 접미사를 결합시켜, 그 어근의 통사 구조와는 다른 구조를 만들 수 있다.

03 통사적 합성어가 아닌 것은?

① 힘세다
② 눈감다
③ 듣보다
④ 돌아오다

04 수사에 관한 설명으로 옳은 것은?

① 수량을 나타낼 때는 수사이지만, 순서를 나타낼 때는 명사이다.
② 관형사 '새, 헌, 왼, 오른'의 수식을 받을 수 없다.
③ 양수사는 고유어로 되어 있지만, 서수사는 한자어로 되어 있다.
④ 수사와 수 관형사의 형태가 동일하다.

05 밑줄 친 부분의 품사로 옳은 것을 모두 고른 것은?

> ㄱ. 얼굴에 <u>다섯</u> 군데 흉터가 남아 있다. → 수사
> ㄴ. 아이들이 <u>큰다</u>. → 형용사
> ㄷ. <u>보다</u> 나은 삶을 위해 훌륭한 사람들을 만나야 한다. → 부사
> ㄹ. <u>모두가</u> 찬성하였다. → 명사

① ㄱ, ㄹ
② ㄱ, ㄷ
③ ㄴ, ㄷ
④ ㄷ, ㄹ

06 의태어로만 묶인 것은?

① 둥글둥글, 슬금슬금, 개굴개굴
② 빈둥빈둥, 따옥따옥, 하늘하늘
③ 사뿐사뿐, 싱글벙글, 콜록콜록
④ 넘실넘실, 모락모락, 부슬부슬

07 훈민정음의 제자 원리에 관한 설명으로 옳지 않은 것은?

① 같은 조음 위치에서 소리 나는 초성의 기본자와 가획자는 형태상의 유사성이 있다.
② 초성의 글자를 가져와 종성의 글자로 사용하게 하였다.
③ 중성의 초출자와 재출자는 기본자의 합성으로 만들었다.
④ 이체자는 획을 더하여 만들었으며 이는 소리의 세기에 따른 것이다.

08 단어의 수가 가장 많은 문장은?

① 그가 가면 나도 또한 간다.
② 머문 자리가 정말 아름답다.
③ 선생님께서 저녁을 맛있게 드셨습니다.
④ 몸 둘 바를 모르겠어요.

09 밑줄 친 부분 중 문장 성분이 다른 하나는?

① <u>영수만</u> 학생이다.
② <u>할아버지께서도</u> 우리 집에 오시지 않으셨다.
③ <u>도서관에서만</u> 우리는 열심히 공부를 하였다.
④ <u>우리 회사에서는</u> 올해 신규 사원을 채용할 예정이다.

10 다음 설명 중 옳은 것은?

① 한 문장에 있는 단어들의 총 수는 그 문장에 있는 형태소들의 총 수를 넘을 수 없다.
② 한 문장에 있는 형태소들의 총 수는 그 문장에 있는 품사들의 총 수를 넘을 수 없다.
③ 한 문장에 있는 단어들의 총 수는 그 문장에 있는 문장 성분들의 총 수를 넘을 수 없다.
④ 한 문장에 있는 부사어들의 총 수는 그 문장에 있는 서술어들의 총 수를 넘을 수 없다.

11 한국어의 자음에 관한 설명으로 옳은 것을 모두 고른 것은?

> ㄱ. 폐쇄음은 양순, 치조, 연구개의 조음 위치에서 조음된다.
> ㄴ. 마찰음은 치조음, 경구개음, 후음으로 실현된다.
> ㄷ. 공명음에는 비음과 유음이 있다.
> ㄹ. 파찰음은 평음–유기음–경음의 삼분지를 이룬다.
> ㅁ. 마찰음과 파찰음의 개수는 모두 5개이다.

① ㄱ, ㄴ, ㄹ   ② ㄱ, ㄴ, ㅁ
③ ㄱ, ㄷ, ㄹ   ④ ㄷ, ㄹ, ㅁ

12 한국어의 음절구조제약에 해당하지 않는 설명은?

① 연구개 비음 /ㅇ/은 초성에 올 수 없다.
② 종성에는 /ㄱ, ㄴ, ㄷ, ㄹ, ㅁ, ㅂ, ㅇ/의 7개의 소리만 올 수 있다.
③ 중성은 단순모음이나 이중모음 중 하나로만 구성된다.
④ 선행 음절 종성의 자음은 후행 음절 초성의 자음보다 음운론적 강도가 더 크면 안 된다.

13 다음의 짝들 중 잘못된 발음이 들어 있는 것은?

① 메별[메별] - 혜택[혜ː택]
② 지혜[지혜] - 기예[기예]
③ 차례[차례] - 연계[연게]
④ 개폐[개폐] - 계시다[계ː시다]

14 음운론적 설명으로 옳은 것을 모두 고른 것은?

> ㄱ. 좋지[조치]와 밝히다[발키다]는 '축약'이 적용되었다.
> ㄴ. 잎도[입또]는 '첨가'가 적용되었다.
> ㄷ. 다치어 → (다쳐) → [다처]는 '탈락'이 적용되었다.
> ㄹ. 신여성[신녀성]은 '대치'가 적용되었다.

① ㄱ, ㄷ   ② ㄱ, ㄹ
③ ㄴ, ㄷ   ④ ㄴ, ㄹ

15 음운 현상 중 '대치'에 속하는 것들로만 구성된 것은?

① 밥만, 심리, 잡고
② 앓네, 열여섯, 밥하고
③ 논리, 눈약, 많거든
④ 앓고, 삶도, 국내

16 다음의 단어들에서 나타나는 음운 현상 중 동화의 방향과 정도를 맞게 짝지은 것은?

> 접는, 국물, 맏이, 먹네요

① 순행 - 완전
② 역행 - 부분
③ 순행 - 부분
④ 역행 - 완전

17 비음운론적 조건의 음운 현상 또는 음운교체가 들어 있는 것은?

① 입느냐, 노래는, 찍지, 책을
② 깁고, 단련, 밥값, 사람은
③ 잡고, 흙도, 책과, 맡아
④ 집도, 맡고, 밥만, 감다

18 한국어의 유형론적 특징으로 옳지 않은 것은?

① 한국어는 SOV의 어순을 가진다.
② 한국어는 교착어에 속한다.
③ 한국어는 우분지 구조의 언어이다.
④ 한국어는 후핵 언어이다.

19 밑줄 친 부분의 발음으로 옳은 것은?

① 그 시인은 자신의 시를 <u>읊고[을꼬]</u> 있었다.
② <u>넓둥근[널뚱근]</u> 바위가 앞에 놓여 있었다.
③ 저를 <u>밟고[밥꼬]</u> 가시옵소서.
④ <u>해질녘에[해질녀게]</u> 외출을 하였다.

20 장애음과 고모음으로만 구성된 것은?

① /ㅂ, ㅅ, ㅈ, ㅡ, ㅜ/
② /ㅉ, ㅈ, ㄱ, ㅓ, ㅗ/
③ /ㅅ, ㅈ, ㄹ, ㅣ, ㅟ/
④ /ㄷ, ㅌ, ㅆ, ㅚ, ㅣ/

21 높임 표현에 관한 설명으로 옳지 않은 것은?

① 높임의 대상에는 주체, 객체, 청자가 있다.
② 문법 형태소에는 '-(으)시-', '께서', '께' 등이 있다.
③ '아뢰다', '뵙다' 등은 주체를 높이는 특수한 어휘이다.
④ '말씀'은 겸손 표현으로 쓰이기도 하고 높임 표현으로 쓰이기도 한다.

22 관계 관형사절로 안긴문장이 아닌 것은?

① 내가 산 자전거는 값비싼 것이다.
② 충무공이 만든 거북선은 세계 제일의 철갑선이다.
③ 나는 저 사람을 만난 기억이 없다.
④ 횃불을 추켜든 사람들이 골짜기를 뒤졌다.

23 밑줄 친 부분에 관한 설명으로 옳지 않은 것은?

① 나는 오늘 <u>누구</u>를 만나기로 했다.: '누구'는 부정칭(不定稱)이다.
② 아직 <u>아무</u>도 안 왔다.: '아무'는 미지칭(未知稱)이다.
③ <u>무엇</u>이든 물어보세요.: '무엇'은 부정칭(不定稱)이다.
④ <u>누</u>가 왔니?: '누'에 강세를 주고 문장의 끝을 내리면 미지칭(未知稱)이다.

24 접사가 붙어 어근의 품사가 바뀐 것이 아닌 것은?

① 가난하다, 슬기롭다
② 마음껏, 다행히
③ 많이, 빨리
④ 말갛다, 높다랗다

25 다음 동사에 관한 설명으로 옳지 않은 것은?

① '세우다, 눕히다, 웃기다'는 자동사에 사동 접미사가 붙어서 된 타동사이다.
② '먹이다, 맡기다, 입히다'는 타동사에 사동 접미사가 붙어서 된 타동사이다.
③ '쫓기다, 밟히다, 섞이다'는 타동사에 사동 접미사가 붙어서 된 타동사이다.
④ '그치다, 멈추다, 움직이다'는 자동사와 타동사로 공용되는 동사이다.

26 한국어의 문법적 특징으로 옳은 것을 모두 고른 것은?

> ㄱ. 단어나 형태소의 결합이 빈번하여 이로 인한 다양한 음운 변동이 나타난다.
> ㄴ. 비통사적 합성법, 자음교체, 모음교체 등 다양한 단어 형성법이 발달하였다.
> ㄷ. 문장의 필수 성분은 생략되지 않는다.
> ㄹ. 자유 어순 언어이므로 관형어는 문장 안에서 이동이 자유롭다.

① ㄱ, ㄴ
② ㄱ, ㄷ
③ ㄴ, ㄷ
④ ㄷ, ㄹ

27 ㉠~㉣에 해당하지 않는 것은?

> 용언의 활용에는 환경에 따라 형태를 바꾸는 경우가 있다. 형태 변이 가운데는 ㉠ <u>일정한 환경에서 예외 없이 자동적으로 바뀌는 것</u>이 있고 부분적으로 바뀌는 것이 있다. 부분적으로 바뀌는 것에는 ㉡ <u>어간만 바뀌는 것</u>, ㉢ <u>어미만 바뀌는 것</u>, ㉣ <u>어간과 어미가 모두 바뀌는 것</u>이 있다.

① '날다'는 ㉠에 해당한다.
② '흐르다'는 ㉡에 해당한다.
③ '게으르다'는 ㉢에 해당한다.
④ '파랗다'는 ㉣에 해당한다.

28 연결어미의 문법적 제약에 관한 설명으로 옳지 않은 것은?

① '-고서, -아서/어서, -건대'는 시제를 나타내는 '-았/었-, -겠-, -더-' 등의 어미와 직접 결합하지 않는다.
② '-아야/-어야, -건만, -자'는 후행절에 명령형이나 청유형이 올 수 있다.
③ '-느라고, -(으)려고'는 선행절과 후행절의 주어가 항상 같아야 한다.
④ '-러, -고자'는 동사와만 결합한다.

29 밑줄 친 성분이 부정문에만 쓰이는 것이 아닌 것은?

① 영수가 <u>아주</u> 가지 않았다.
② 그는 <u>좀처럼</u> 화를 내지 않는 사람이다.
③ <u>그다지</u> 신통치 않다.
④ 이런 일은 <u>비단</u> 어제오늘의 일이 아니다.

30 의미 성분에 관한 설명으로 옳은 것은?

① '가야금'은 '악기'의 하의어로 '악기'보다 의미 성분의 개수가 적다.
② 의미 분석의 대상이 되는 단어들이 품사가 다르면 의미 성분을 공유할 수 없다.
③ '속닥거리다', '웅얼거리다', '중얼거리다', '구시렁거리다'는 [+혼잣말]을 공통의 의미 성분으로 갖는다.
④ '할아버지'와 '할머니'의 의미 성분 중에서 [남성]이 두 단어의 의미를 반의 관계로 만드는 진단적 성분이다.

31 '길다'와 '짧다'의 의미 관계 특성으로 옳지 않은 것은?

① 의미적으로 공통성을 지닌다.
② 최소의 의미 차이에 근거하여 반의적이다.
③ 두 단어 중 어느 하나가 유표적으로 사용된다.
④ 계열적 의미 관계에 속하므로 한 문장 안에서 공기할 수 없다.

32 한자어에 관한 설명 중 옳은 것은?

① 접두사로 사용될 수 있다.
② 외래어와 결합하여 혼종어를 이룰 수 없다.
③ 국어사전에서 고유어로 된 명사 표제어 수가 한자어보다 많다.
④ 동의 관계에 있는 고유어와 결합하여 동의 중복의 합성어를 만들 수 없다.

33 국어사전의 표제어에 관한 설명으로 옳지 않은 것은?

① 단어보다 더 작은 단위는 국어사전의 표제어가 될 수 없다.
② 동의 관계에 있는 단어들은 동일한 표제어로 등재할 수 없다.
③ 용례는 표제어와 함께 쓰이는 연어 표현을 학습하게 하는 역할을 한다.
④ 표제어의 의미를 풀이하는 방식으로 유의어나 동의어를 제시할 수 있다.

34 관용 표현인 '눈 깜짝할 사이에'와 '비행기를 태우다'에 관한 설명으로 옳은 것은?

① 두 관용 표현은 용언형 관용 표현이다.
② 두 관용 표현은 의미 투명성의 정도에 차이가 없다.
③ '눈 깜짝할 사이에'는 의미적으로 완곡을 나타내는 표현이다.
④ '비행기를 태우다'를 통사적으로 변형하면 관용적 의미가 사라진다.

35 한국어의 방언에 관한 설명으로 옳은 것을 모두 고른 것은?

ㄱ. 지역 방언은 표준어가 될 수 없다.
ㄴ. 사회 방언은 지역 방언과 달리 음운의 차이가 두드러진다.
ㄷ. 방언은 방언 사용자 집단에서 고유한 언어 체계로 사용된다.
ㄹ. 방언의 어휘는 방언을 사용하는 공동체의 전통과 문화를 반영한다.

① ㄱ, ㄴ
② ㄱ, ㄹ
③ ㄴ, ㄷ
④ ㄷ, ㄹ

36 밑줄 친 단어가 주변 의미로 쓰인 것은?

① 밥을 급히 먹으면 목이 멘다.
② 젊은이는 장래를 메고 갈 사람이다.
③ 농부는 낫으로 열심히 벼를 베었다.
④ 철이는 잠을 편안히 자기 위해 낮은 베개를 베었다.

37 신체어에 관한 설명으로 옳지 않은 것은?

① '얼굴'과 '눈'은 전체-부분 관계에 있다.
② '귀가 따갑다'는 의미가 확장되어 만들어진 관용 표현이다.
③ "보는 눈이 너무 많아."에서 '눈'은 의미가 축소되어 쓰였다.
④ "아이는 눈물을 흘리며 고개를 떨구었다."에서 '고개를 떨구다'는 감정을 나타낼 수 있다.

38 높임의 대상이 나머지와 다른 것은?

① 드리다
② 여쭙다
③ 모시다
④ 주무시다

39 밑줄 친 단어의 쓰임이 문맥상 옳지 않은 것은?

① 슬프게도 요즘 체중이 불고 있다.
② 공을 맞은 눈이 계속 붓고 있었다.
③ 소가 엉덩이를 받아서 그만 다쳤다.
④ 나팔꽃이 담장을 타고 위로 벋었다.

40 다의어의 발생 원인이 나머지와 다른 것은?

① 밝다: 빛 → 색
② 인간: 속세 → 사람
③ 먹다: 음식 → 뇌물
④ 씨: 식물의 종자 → 동물이 발생하는 근원

41 ( )에 들어갈 단어로 옳은 것은?

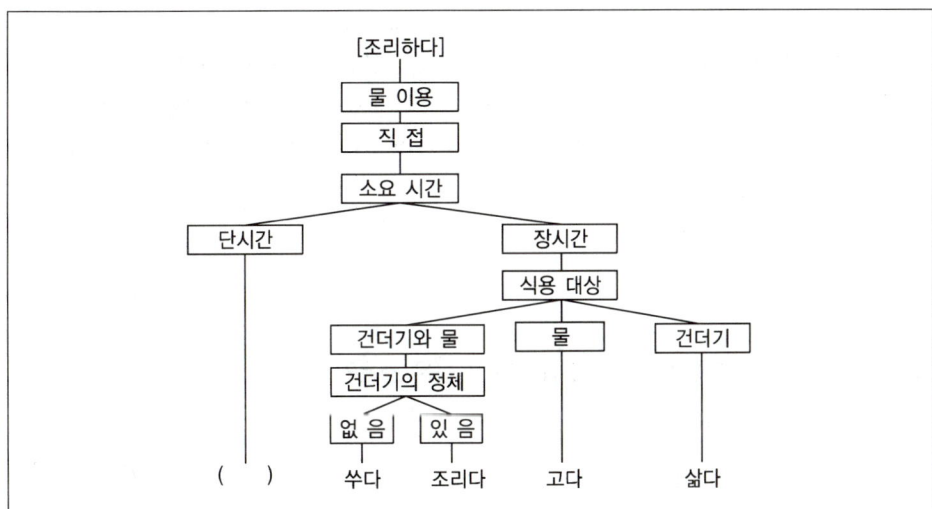

① 달이다 ② 데치다
③ 튀기다 ④ 그슬리다

42 개념적 은유와 그 예가 옳은 것을 모두 고른 것은?

ㄱ. [시간은 공간이다] – 시간을 아껴서 써야 한다.
ㄴ. [마음은 그릇이다] – 소중한 추억을 마음속에 담아 두었다.
ㄷ. [창조자는 창조물이다] – 나는 요즘 모차르트를 즐겨 듣는다.
ㄹ. [논쟁은 전쟁이다] – 그들은 서로 상대편 주장의 약점을 공격했다.

① ㄱ, ㄷ ② ㄴ, ㄹ
③ ㄴ, ㄷ, ㄹ ④ ㄱ, ㄴ, ㄷ, ㄹ

43 의미 성분 분석에서 잉여 성분이 포함되지 않은 것은?

① 남자: [+사람][+남성][+동물]
② 여자: [+사람][-남성][+생물]
③ 총각: [+사람][+남성][-결혼]
④ 소녀: [+사람][-남성][+여성]

44 통사적 동의문으로 옳은 것은?

① 온 산이 눈으로 덮였다. - 눈이 온 산을 덮었다.
② 믿었던 친구조차 나를 배신했다. - 믿었던 친구마저 나를 배신했다.
③ 나는 매일 아침 일곱 시에 일어난다. - 나는 항상 아침 일곱 시에 기상한다.
④ 이번 일은 꿩 먹고 알 먹는 일이다. - 이번 일은 누이 좋고 매부 좋은 일이다.

45 심리주의 의미론에서 본 '밥'의 의미로 옳은 것은?

① '밥'이 지시하는 실재 지시물
② '밥'이 사용되는 구체적인 용법
③ 머릿속에 떠오르는 '밥'의 개념
④ [밥]이라는 소리의 자극과 그에 대한 반응

46 논리적 전제에 관한 설명으로 옳지 않은 것은?

> ㄱ. 그는 이야기를 멈추었다. - 동사 '멈추다'에 의해 이제까지 이야기를 했다는 전제가 유발된다.
> ㄴ. 친구가 또 거짓말을 했다. - 부사 '또'에 의해 이전에 거짓말을 한 적이 있다는 전제가 유발된다.
> ㄷ. 내 여자 친구는 진짜 예쁘다. - 형용사 '예쁘다'에 의해 여자 친구가 있다는 전제가 유발된다.
> ㄹ. 독도는 한반도의 동쪽에 있는 섬이다. - 고유명사 '독도'에 의해 독도가 존재한다는 전제가 유발된다.

① ㄱ
② ㄴ
③ ㄷ
④ ㄹ

47 명시적 수행문으로 옳은 것은?

① 오늘 밤에 비가 오겠다.
② 내일은 꼭 내가 밥을 살게.
③ 당신의 생일을 축하합니다.
④ 너희들 어서 집으로 가거라.

48 다음 발화의 적정 조건에 관한 설명으로 옳은 것은?

> 나는 너만을 영원히 사랑할 것을 약속한다.
> (A)

① 명제 내용 조건: 화자는 발화한 행위(A)를 수행할 수 있다.
② 성실 조건: 화자는 미래에 수행할 행위(A)를 발화해야 한다.
③ 예비 조건: 화자는 발화한 행위(A)를 진심으로 하기를 원한다.
④ 본질 조건: 화자는 청자에게 발화한 행위(A)를 해야 하는 의무를 갖는다.

49 등급 함축이 발생하는 예로 옳지 않은 것은?

① 날씨가 따뜻하다.
② 내 생일에 친구들이 왔다.
③ 그 사람은 항상 일을 열심히 한다.
④ 이 일을 내가 하면 성공이 확실하다.

50 대화 격률을 위배한 예로 옳지 않은 것은?

① 양의 격률
　ㄱ: 오늘 하루 종일 뭐했어?
　ㄴ: 공부.

② 질의 격률
　ㄱ: 인생은 뭘까요?
　ㄴ: 인생은 연극이죠.

③ 태도의 격률
　ㄱ: 요즘 잘 지내세요?
　ㄴ: 글쎄요. 항상 그렇죠.

④ 관련성의 격률
　ㄱ: 오늘 뭐할 거예요?
　ㄴ: 집에서 푹 쉴까 해요.

51 다음 대화에 사용된 직시로 옳지 않은 것은?

> ㄱ: 지금 오른쪽에 건물이 보이지?
> ㄴ: 네? 아무것도 없는데요.
> ㄱ: 아니, 거기 말고 네 오른쪽.
> ㄴ: 어디 오른쪽이요?

① 담화 직시
② 사회 직시
③ 인칭 직시
④ 장소 직시

52 중세국어의 판정 의문문으로 옳지 않은 것은?

① 이 ᄯᆞ리 너희 죵가 《월인석보 권8, 94장》
② 네 겨집 그려 가던다 《월인석보 권7, 10장》
③ 앗가본 ᄠᅳ디 잇ᄂᆞ니여 《석보상절 권6, 25장》
④ 아바닚 病이 기프시니 엇뎨 ᄒᆞ료 《석보상절 권11, 18장》

53 밑줄 친 중세국어의 표기법이 나머지와 다른 것은?

① 野人ㅅ <u>서리예</u> 가샤 《용비어천가, 4장》
② 곶 됴코 여름 하느니 《용비어천가, 2장》
③ 내 겨지비라 가져 가디 <u>어려볼씨</u> 《월인석보 권1, 13장》
④ 그에 精舍ㅣ <u>업거니</u> 어드리 가료 《석보상절 권6, 22장》

54 훈민정음의 초성에 관한 설명으로 옳은 것은?

① 아음은 불청불탁자를 기본자로 삼았다.
② 전탁자는 훈민정음 초성 17자에 속했다.
③ 설음, 순음, 후음은 전청자를 기본자로 삼았다.
④ 치음은 전청자 'ㅅ, ㅈ' 중 소리가 약한 'ㅅ'을 기본자로 삼았다.

55 밑줄 친 단어의 표기가 옳은 것을 모두 고른 것은?

> ㄱ. 오늘은 맛있는 파김치를 <u>담궈야겠다</u>.
> ㄴ. 삼촌은 <u>남존녀비</u> 사상에 사로잡혀 있다.
> ㄷ. 영수는 언제나 분위기에 <u>걸맞은</u> 옷차림을 한다.
> ㄹ. 할머니께서는 <u>거칠은</u> 숨소리를 내시며 힘들어 하셨다.

① ㄷ
② ㄱ, ㄷ
③ ㄴ, ㄹ
④ ㄱ, ㄷ, ㄹ

56 로마자 표기가 옳은 것은?

① 알약 – allyak
② 묵호 – Muko
③ 벚꽃 – beotkot
④ 해돋이 – haedodi

57 외래어 표기가 옳지 않은 것은?

① boat – 보트
② vision – 비젼
③ terminal – 터미널
④ symposium – 심포지엄

58 복수 표준어의 짝으로 옳지 않은 것은?

① 서럽다 – 섧다
② 찌꺼기 – 찌끼
③ 애달프다 – 애닳다
④ 서투르다 – 서툴다

59 밑줄 친 단어의 표준 발음이 옳지 않은 것은?

① 하늘이 <u>맑게</u>[말께] 개었다.
② 그는 목소리가 <u>굵직하다</u>[굴찌카다].
③ 강아지가 현관문을 <u>갉작거린다</u>[각짝꺼린다].
④ 명수는 동생에게 소설책을 <u>읽도록</u>[익또록] 했다.

60 띄어쓰기가 옳지 않은 것은?

① 영미가 화를 낼 만도 했다.
② 교실에는 책상, 걸상 등이 있다.
③ 철수는 고향을 떠난지가 오래다.
④ 영호는 인사차 친구의 집을 방문했다.

제2영역　일반언어학 및 응용언어학

61　의사소통 능력 모형(Canale & Swain, 1980; Canale, 1983)의 하위 범주가 아닌 것은?

① 문법적 능력
② 발견적 능력
③ 담화적 능력
④ 사회언어학적 능력

62　언어의 일반적 특성에 관한 설명으로 옳지 않은 것은?

① 유한수의 규칙으로 무한수의 문법적인 문장을 생성할 수 있다.
② 언어는 시간이 지나면서 변화되며 사멸되기도 한다.
③ 언어는 관습적이며 사회적 약속에 의해 구속된다.
④ 언어 기호의 표현과 내용 사이에는 필연적 관계가 있다.

63　응용언어학의 하위 분야에 관한 설명으로 옳지 않은 것은?

① 심리언어학은 언어의 기억과 학습, 산출과 지각 등 언어 사용에서 발생하는 인지적 처리 과정을 탐구한다.
② 비교언어학은 계통이 같은 언어들을 비교하여 친족 관계를 밝히고 공통의 조어 재구를 목적으로 한다.
③ 대조언어학은 통시적 관점에서 학습자 모어와 목표어를 대조하여 언어 교육의 효율성 제고에 목적을 둔다.
④ 법언어학은 언어학적 지식과 방법을 적용하여 법조문 해석, 수사에 사용하는 언어 증거의 신빙성 등을 연구한다.

64　성조에 관한 설명으로 옳지 않은 것은?

① 현대 표준 한국어에서는 성조가 변별적으로 작용하지 않는다.
② 베트남어에서는 성조가 의미를 분화하는 데 사용된다.
③ 중국어(보통화)에는 3개, 태국어에는 2개의 성조가 있다.
④ 베트남어에서는 성조가 모음 위나 아래에 표시된다.

65 언어 유형에 관한 설명으로 옳은 것은?

① 포합어는 문장을 구성하는 요소가 밀접하게 결합되어 마치 전체 문장이 하나의 단어를 이루는 것처럼 보이는 언어로 그린란드어와 아이누어가 이에 속한다.
② 교착어는 하나의 단어가 여러 형태소로 구성되는 언어로 튀르키예어와 그리스어가 이에 속한다.
③ 굴절어는 단어가 놓이는 위치에 따라 문법적 관계가 성립되는 언어로 프랑스어와 이탈리아어가 이에 속한다.
④ 고립어는 단어 내부에서 형태를 변화시켜 문법 관계를 나타내는 언어로 중국어와 태국어가 이에 속한다.

66 언어 상대성 가설에 관한 옳은 설명은?

① 사람들이 사용하는 언어가 사람들이 세계를 보는 방식에 영향을 미친다.
② 각 언어의 색채어 개수에 상관없이 사람들은 색채의 차이를 비슷하게 지각하고 기억한다.
③ 언어는 인간 고유의 능력이므로 사춘기 이후에 처음으로 언어를 접한다면 언어 습득이 거의 불가능하다.
④ 언어와 사고는 독립적이나 사회화 과정을 거치면서 사고가 언어에 영향을 미친다.

67 소쉬르의 언어 이론에 관한 설명으로 옳지 않은 것은?

① 언어 기호의 소리는 시니피앙(signifiant)이고 의미는 시니피에(signifié)이다.
② 랑그는 일정한 언어 체계 안에서 모든 구성원들이 머릿속에 공유하는 문법 개념이다.
③ 파롤은 직접 관찰이 불가능한 추상적인 것으로 일종의 한정된 정신적 자산이다.
④ 파롤보다 랑그를 언어학의 연구 대상으로 보았다.

68 문자에 관한 설명으로 옳지 않은 것은?

① 쐐기문자는 표의문자에서 음성문자로 가는 중간 단계로 메소포타미아 지역을 중심으로 사용되던 문자이다.
② 음절문자는 자음과 모음이 결합한 하나의 음절을 하나의 글자로 나타낸다.
③ 음소문자는 자음과 모음이 분리되어 자음과 모음 각각의 분절음을 표시한다.
④ 표음문자는 사물을 나타내는 그림이 추상화, 단순화되어 사물과의 유사성이 약화되어 생긴 문자이다.

69 구조적 중의성이 있는 문장은 모두 몇 개인가?

> - 나는 기분 전환을 위해 시내에 가곤 한다.
> - 그녀는 울먹이면서 떠나는 딸에게 손을 흔들었다.
> - 성실한 남학생과 여학생이 도서관에서 공부하고 있다.
> - 나를 슬프게 하는 그 여성의 뒷모습이 쓸쓸하게 보였다.
> - 그는 훌륭한 선생님의 뒤를 따르기로 결심하였다.
> - Young men and women came here.
> - I will go to the bank to deposit some money.
> - Visiting relatives can be boring.

① 3   ② 4
③ 5   ④ 6

70 학습자 오류의 유형과 예문의 연결이 옳은 것은?

① 첨가: 한 번도 비빔밥을 *먹어 안 봤어요.
② 생략: 친구가 한국에 놀러 *왔어서 같이 여행을 했어요.
③ 어순: *중국 사람 여행하는 것을 좋아합니다.
④ 대치: 자갈치 시장은 *부산에 아주 유명한 시장입니다.

71 대조분석 가설의 약설에 관한 설명으로 옳은 것은?

① 학습자 언어에서 발달상의 오류가 관찰된다.
② 학습자 언어에서 관찰되는 오류의 주된 발생 원인은 모어의 간섭이다.
③ 학습자의 모어와 목표어의 차이가 크면 클수록 학습이 더 어려워진다.
④ 제2언어 학습의 난이도를 예측하고 오류를 예방할 수 있다.

72 코퍼스의 유형에 관한 설명으로 옳지 않은 것은?

① 제2언어 학습자의 오류를 연구하기 위해 구축한 코퍼스는 특수 목적 코퍼스의 예이다.
② 현대 미국 영어 코퍼스(COCA)는 샘플 코퍼스의 예이다.
③ 모니터 코퍼스는 언어 변화를 관찰하기 위해 새로운 자료를 추가하여 이미 구축한 코퍼스를 갱신해 나간다.
④ 병렬 코퍼스는 같은 내용의 텍스트를 두 개 이상의 언어로 함께 입력해 놓은 코퍼스로 통역이나 번역에 활용된다.

73 대화의 밑줄 친 부분에 나타난 아동 언어의 특성은?

> 아빠: I think you've got your underpants on backwards.
> (속옷을 돌려 입은 것 같구나.)
> 아들: Yes, I think so.
> (그런 것 같아요.)
> 아빠: You'd better take them off and put them on frontwards.
> (벗어서 앞쪽으로 입으렴.)
> 아들: Is this the *rightwards?
> (이게 *맞는 쪽인가요?)

① 창조성
② 자의성
③ 사회성
④ 과잉 일반화

74 뇌와 언어의 관계에 관한 설명으로 옳은 것은?

① 언어 기능이 좌뇌에 치우쳐 있지만, 말할 때는 좌뇌와 우뇌가 협력한다.
② 브로카 실어증 환자는 상대방의 말을 이해하고, 문장과 단어의 의미를 해석하는 데에 어려움을 겪는다.
③ "You have hissed my mistory lecture."(의도: "You have missed my history lecture.")라는 발화는 설단 현상의 예이다.
④ 난독증에는 뇌 손상으로 인해 발생하는 발달성 난독증과 글 읽기 학습에서 장애를 겪는 후천적 난독증이 있다.

75 한국어 교사(A)와 학습자(B)의 대화이다. B가 A의 발화를 제대로 이해하지 못한 것은?

> A: 교실이 왜 이렇게 덥죠?
> B: 여름이거든요.
> A: (교사가 스스로 에어컨을 켠다.)

① 언표적 행위(locutionary act)
② 수행적 행위(performative act)
③ 언표 내적 행위(illocutionary act)
④ 언향적 행위(perlocutionary act)

76 현대 한국어와 현대 영어의 대조분석에 관한 설명으로 옳은 것은?

① 한국어는 자음이 음절핵을 구성할 수 있지만, 영어는 모음이 음절핵을 구성한다.
② 한국어는 주어 중심 언어로 주어가 생략될 수 있지만, 영어는 주제 중심 언어로 주어가 생략될 수 없다.
③ 한국어는 주어가 서술어의 의미적 논항이 아닐 수도 있지만, 영어는 주어와 서술어 간의 의미와 문법적 관계가 성립해야 한다.
④ 한국어 동사에는 시제와 인칭에 대한 정보가 표시되지만, 영어 동사에는 시제, 인칭, 수에 대한 정보가 표시된다.

77 조음 위치와 방법에 따른 자음의 분류로 옳지 않은 것은?

① 폐쇄음 - [ㄱ, ㄷ, k, f, v]
② 양순음 - [ㅂ, ㅍ, p, b, m]
③ 마찰음 - [ㅅ, ㅎ, h, θ, s]
④ 치조음 - [ㄴ, ㄹ, t, s, n]

78 공손 이론에 관한 설명으로 옳지 않은 것은?

① 적극적 공손은 상대방의 체면을 고려하는 전략이다.
② 체면 유지 활동이란 타인뿐만 아니라 자기 자신의 체면도 유지하는 활동이다.
③ 소극적 공손은 상대방이 거절할 수 있는 여지를 두는 전략이다.
④ 공손성의 표현 방식은 보편 원리를 따르므로 언어 간에 차이가 없다.

79 언어의 대조분석 과정을 순서대로 옳게 나열한 것은?

① 대조 → 선택 → 예측 → 기술
② 기술 → 선택 → 대조 → 예측
③ 선택 → 기술 → 대조 → 예측
④ 선택 → 대조 → 예측 → 기술

80 언어학 용어에 관한 설명으로 옳지 않은 것은?

① 장르(genre)는 언어 사용의 상황적 요인에 따른 텍스트의 유형을 가리킨다.
② 사회적 거리(social distance)는 사람들 간의 사회적 친밀성이나 유대감의 정도를 말한다.
③ 언어 사용역(register)으로 인해 사람들은 특정 집단과 동일시하거나 결속감을 느끼기도 한다.
④ 문체(style)는 사회적, 지역적인 방언으로 특정 맥락에 따라 단어, 구, 담화 등을 고르는 규칙의 집합이다.

제3영역 한국 문화

01 한시 〈여수장우중문(與隋將于仲文)〉에 관한 설명으로 옳지 않은 것은?

① 우중문에게 보낸 시이다.
② 삼국시대에 창작된 작품이다.
③ 우중문은 중국 한(漢)나라 장수이다.
④ 지은이는 을지문덕 장군이다.

02 가곡창(歌曲唱)과 시조창(時調唱)에 관한 설명으로 옳은 것은?

① 가곡창은 5장, 시조창은 3장 형식으로 부른다.
② 시조창과 가곡창 모두 경제(京制)와 향제(鄕制)가 있다.
③ 시조창의 악곡이 가곡창의 악곡보다 다양하다.
④ 시조창이 가곡창보다 오래된 가창방식이다.

03 친족과 촌수에 관한 설명으로 옳은 것은?

① 자매는 1촌이다.
② 고모는 4촌이다.
③ 종숙(당숙)은 종조부의 아들이다.
④ 외삼촌은 조모의 남자 형제이다.

04 태음력 윤달(閏月)에 관한 설명으로 옳지 않은 것은?

① 평년보다 한 달 더 보태진 달이다.
② 3년에 한 차례 또는 5년에 두 차례 등으로 주기가 일정하지 않다.
③ 묘지 이장이나 이사 등을 하기에 좋은 달로 인식되어 왔다.
④ 대표적인 풍속으로 금줄치기와 팥죽 쑤기가 있다.

05 가면극 중 대사가 없이 등장인물의 행위로만 진행되는 묵극(默劇)은?

① 봉산탈춤
② 고성오광대놀이
③ 하회별신굿탈놀이
④ 강릉관노가면극

06 민요에 관한 설명으로 옳은 것은?

① 지신밟기노래는 농업노동요이다.
② 회다지소리는 장례의식요이다.
③ 목도소리는 세시의식요이다.
④ 성주풀이는 아동유희요이다.

07 판소리 장단을 느린 장단에서 빠른 장단의 순서로 배열한 것은?

① 자진모리 – 진양조 – 휘모리 – 중모리
② 진양조 – 중모리 – 자진모리 – 휘모리
③ 중모리 – 자진모리 – 휘모리 – 진양조
④ 휘모리 – 중모리 – 진양조 – 자진모리

08 민화에 관한 설명으로 옳지 않은 것은?

① 민화에서 포도나 석류는 다산을 의미한다.
② '문자화'는 민화 장르의 하나다.
③ '까치호랑이' 그림에서 호랑이는 백성을 상징한다.
④ '책거리' 그림은 책장, 책, 문방구 등을 그린 것이다.

09 《조선왕조실록》에 관한 설명으로 옳은 것을 모두 고른 것은?

> ㄱ. 연월일 순서에 따라 편년체로 기록한 역사서다.
> ㄴ. 사초는 초초(初草)-중초(中草)-정초(正草)의 세 단계를 거쳐서 완성되었다.
> ㄷ. 왕이 즉위하면 실록청을 설치하여 즉위한 왕의 실록을 편찬하기 시작하였다.
> ㄹ. 조선시대 제1대 왕부터 25대 왕까지의 정치적 사실만을 기록한 책이다.

① ㄱ, ㄴ
② ㄷ, ㄹ
③ ㄱ, ㄴ, ㄷ
④ ㄴ, ㄷ, ㄹ

10 태극기에 관한 설명으로 옳지 않은 것은?

① 1882년에 태극기를 제작하여 사용하였다.
② 태극은 음양의 조화를 나타낸다.
③ 4괘는 하늘과 땅, 물과 불을 의미한다.
④ 4괘의 선(線)은 각각 양(— —)과 음(———)을 나타낸다.

11 단오(端午)와 관련된 체험 활동이 아닌 것은?

① 그네뛰기
② 달집태우기
③ 창포물에 머리 감기
④ 수리취떡 만들어 먹기

12 1980년대 한국 문화에 관한 설명으로 옳지 않은 것은?

① 프로야구 출범
② 컬러 TV 방송 송출
③ 영화 시장 개방과 미국 영화 직배
④ IMF 외환 위기와 금 모으기 운동

13 다음은 역사적 배경을 담고 있는 영화이다. 역사적 배경에 따라 영화를 시대 순으로 나열한 것은?

> ㄱ. 이준익의 〈왕의 남자〉　　ㄴ. 허진호의 〈천문〉
> ㄷ. 김한민의 〈명량〉　　　　　ㄹ. 이준익의 〈사도〉

① ㄱ - ㄹ - ㄴ - ㄷ
② ㄴ - ㄱ - ㄷ - ㄹ
③ ㄷ - ㄹ - ㄴ - ㄱ
④ ㄹ - ㄱ - ㄷ - ㄴ

14 제1차 경제개발 5개년 계획의 중점과제가 아닌 것은?

① 농업생산력 증대
② 전력·석탄 등의 에너지 공급원 확충
③ 국제수지 개선의 기반 확립
④ 소득계층간·지역간 균형 발전에 의한 국민복지 증진

15 한용운 시인의 작품은?

① 〈나룻배와 행인〉
② 〈참회록〉
③ 〈진달래꽃〉
④ 〈여우난곬족〉

16 한국문학사의 유파에 관한 설명으로 옳지 않은 것은?

① 1920년대 중반 최남선, 이병기 등 국민문학파 시인들은 향가를 부흥시키려는 노력을 구체화하였다.
② 1930년대 김영랑, 박용철 등 시문학파 시인들은 시란 어떤 다른 것을 위한 수단이 아니므로 목적성을 지녀서는 안 된다고 보았다.
③ 1930년대 이상, 김광균 등 모더니즘 시인들은 현대 문명에 대한 비판적 의식과 새로운 기법의 실험을 추구하였다.
④ 1930년 서정주, 유치환 등 생명파 시인들은 문명에 변질되지 않은 인간 본연의 모습과 생명의 근원적 충동을 형상화하고자 하였다.

17 다음 내용의 영화 제목과 제작한 감독을 옳게 연결한 것은?

- 남북 정상이 참관하는 축구 경기장에 테러를 가하려는 북한 특수부대원들의 음모를 남한 정보 요원들이 막아내는 내용임
- 전국 관객 수 580만여 명의 대흥행으로 '초대형 영화' 시대를 열었음

① 〈공동경비구역 JSA〉 – 박찬욱
② 〈쉬리〉 – 강제규
③ 〈웰컴 투 동막골〉 – 배종
④ 〈모가디슈〉 – 류승완

18 인터넷 문화에 관한 설명으로 거리가 먼 것은?

① 월드 와이드 웹(world wide web)은 인터넷에 연결된 컴퓨터를 이용해 정보를 공유할 수 있는 공간을 뜻하는 용어이다.
② 인터넷에서의 가상공간은 커뮤니케이션, 문화, 장소 등의 개념을 바꾸어 놓고 있다.
③ 인터넷 공간에서는 일방향 소통방식만 존재한다.
④ 인터넷 이용자들은 자신의 관심에 따라 특정 주제나 특정 영역에 참여하는 경향이 있다.

19 웹툰을 원작으로 제작한 한국의 TV 드라마가 아닌 것은?

① 〈미생〉
② 〈이태원 클라쓰〉
③ 〈나빌레라〉
④ 〈해를 품은 달〉

20 닭싸움을 중심으로, 마름 집의 자식인 점순과 머슴의 자식인 나 사이에서 벌어진 청춘의 감정과 풍경을 해학적 언어로 보여준 작품은?

① 황순원의 《소나기》
② 이효석의 《메밀꽃 필 무렵》
③ 김유정의 《동백꽃》
④ 강신재의 《젊은 느티나무》

제4영역 외국어로서의 한국어 교육론

21 다음 중 제2언어로서의 한국어(KSL) 학습자는?

① 한국 문화가 좋아서 국외 세종학당에서 한국어를 배우고 있는 학습자
② 한국인과 재혼하여 한국으로 이주한 모친을 따라와서 한국어를 배우기 시작한 학생
③ 한국 여행을 위하여 독학으로 한국어를 공부하는 외국인 학습자
④ 학문적 호기심으로 해외 대학 한국학 연구소에서 한국어를 학습하는 외국인 학자

22 한국어 발음 교육 목표에 관한 설명으로 옳지 않은 것은?

① 청자가 알아들을 수 있는 수준으로 학습자가 한국어를 명료하게 발음하도록 한다.
② 학습자가 명료한 발음으로 의사소통함으로써 자신감을 가지고 한국어를 사용할 수 있도록 한다.
③ 학습자가 자신의 발음을 돌아보고 스스로 오류를 수정할 수 있는 능력과 전략을 개발하도록 한다.
④ 학습자가 자신보다 낮은 수준의 다른 한국어 학습자에게 발음 지도를 할 수 있도록 한다.

23 한국어교원 자격 취득을 위한 한국어 교육 실습 과목 운영에 관한 설명으로 옳은 것은?

① 120시간 양성과정에서 실습 과목의 필수 이수 시간은 15시간이다.
② 실습 담당 교·강사 자격 요건으로 박사학위 소지가 필수적이다.
③ 실습 교과목을 구성하는 운영 방식은 이론 수업, 강의참관, 모의수업, 강의실습으로 한다.
④ 실습 교과목의 구성 중 실제 한국어 교육 현장 경험은 필수로 운영하지 않아도 된다.

24 발음 교육 항목들을 학습자 수준에 따라 순서대로 나열한 것은?

ㄱ. 음절 구조   ㄴ. 연음   ㄷ. 'ㄴ' 첨가   ㄹ. 유음화

① ㄱ → ㄴ → ㄹ → ㄷ
② ㄱ → ㄹ → ㄷ → ㄴ
③ ㄴ → ㄱ → ㄷ → ㄹ
④ ㄴ → ㄹ → ㄱ → ㄷ

25 발음 교육 시 주의할 점에 관한 설명으로 옳지 않은 것은?

① 한국어 모어 화자들도 무시하는 음의 구별을 학습자에게 요구해서는 안 된다.
② 학습자가 표기대로 발음하도록 교육해야 한다.
③ 교사는 학습자들에게 정확한 음을 지속적이고 일관성 있게 교육해야 한다.
④ 발음 연습 시에는 학습자가 문장의 의미를 이해하도록 해야 한다.

26 한국어 모음 발음의 지도 내용으로 옳은 것은?

① /ㅔ/와 /ㅐ/의 발음 차이는 /ㅐ/의 전설성과 /ㅔ/의 후설성을 근거로 하여 지도한다.
② /ㅓ/와 /ㅗ/는 각각 고설성과 저설성의 특징으로 구분되는 발음이라는 점을 이해시킨다.
③ /ㅡ/와 /ㅜ/는 모두 원순모음이면서 전설성과 후설성의 차이로 구분된다는 점을 이해시킨다.
④ /ㅡ/와 /ㅓ/는 개구도의 차이가 크다는 점을 이해시켜 발음하도록 지도한다.

27 오류 원인별 교정 방법에 관한 설명으로 옳은 것은?

① 모국어의 간섭으로 오류를 범할 때는 정정이나 설명 없이 학습자 스스로 고치도록 한다.
② 활동이 너무 어렵고 생각할 것이 많아 인지적 과부하가 걸려 저지르는 오류는 활동을 쉽게 해 준다.
③ 잘못된 모델을 따라하면서 생긴 오류는 고쳐 주지 말고 학습자에게 다시 시도해 보도록 한다.
④ 신경과민이나 소심증으로 오류를 저지르는 경우에는 교사가 즉각 지적하고 오류를 고쳐 준다.

28 한국어 수업을 위한 반 편성 기준과 특징에 관한 설명으로 옳지 않은 것은?

① 학습자의 학습 단계를 고려해 반을 편성하는 것이 일반적이다.
② 같은 언어권 학생들로만 반을 구성하면 학습자가 모국어로 말할 기회가 많아지게 된다.
③ 다양한 언어권의 학생들이 모인 반에서는 타문화에 대한 관심으로 상호 작용이 증가하는 경향이 있다.
④ 서로 수준이 다른 학습자들로 반을 편성하면 학습 의욕을 크게 끌어올릴 수 있다.

29 'ㅎ'에 관한 발음 지도 내용으로 옳지 않은 것은?

① '놓지'에서는 'ㅎ'과 'ㅈ'이 축약하여 /ㅊ/로 발음됨을 가르친다.
② '만형'에서는 'ㅎ'을 마찰음으로 발음하도록 지도한다.
③ '좋으니'에서는 'ㅎ'을 발음하지 말고 탈락시키도록 지도한다.
④ '고향, 간호'에서는 모어 화자들이 'ㅎ'을 약화시키거나 탈락시켜 발음하는 경향이 있음을 알려준다.

30 언어권별 한국어 학습자의 발음 양상에 관한 설명으로 옳은 것은?

① 영어권 학습자들은 '방'과 '빵'의 발음은 잘 구분하지 못하지만 '달'과 '탈'은 잘 구분하여 발음한다.
② 일본인 학습자가 한국어 종성 /ㄴ, ㅁ, ㅇ/을 잘 구분하여 발음하지 못하는 것은, 일본어에서 이 소리들이 발음되지 않기 때문이다.
③ 중국어권 학습자들은 한국어의 'ㄹ'을 설측음 또는 권설음으로 발음하는 경향이 있다.
④ 러시아어 단모음 체계에는 한국어의 단모음이 모두 포함되어 있어 이 언어권 학습자들은 한국어 단모음 발음에 전혀 어려움을 느끼지 않는다.

31 한국어의 초분절 요소에 관한 지도 내용으로 옳지 않은 것은?

① 개별 낱말의 장단은 뜻의 차이를 나타내므로 정확히 구분하여 발음하도록 학습자에게 지도한다.
② 억양을 올리느냐 내리느냐 수평적으로 끄느냐 등에 따라 말의 느낌이 달라진다는 점을 알려준다.
③ 한국어 표준어는 성조가 없으므로 중국인 학습자들이 중국어 성조를 적용하여 발음하지 않게 한다.
④ 일본인 학습자들은 일본어의 고저 악센트를 적용해 한국어를 발음하는 일이 흔하므로 주의시킨다.

32 진단 평가에 관한 설명으로 옳은 것은?

① 학습자의 강점과 약점을 세밀하게 파악한다.
② 학습자가 교육 목표에 얼마나 도달했는지를 측정한다.
③ 학습자의 능력이 교육 전보다 얼마나 향상되었는지를 점검한다.
④ 학습자의 수준을 정확하게 파악하기 위해 성적을 점수화하는 것이 중요하다.

33 언어 평가 과정에서의 '추론' 단계에 관한 설명으로 옳은 것은?

① 다양한 검사 방법을 활용해 정량화된 결과를 산출한다.
② 평가가 교육과정과 사회 체계 전반에 끼치는 영향을 반영한다.
③ 시험에서 관찰된 수행을 통해 실제 상황에서의 수행을 예측한다.
④ 수험자의 인지적, 정의적, 심동적 영역에 속하는 여러 가지 속성을 수량화한다.

34 문항 반응 이론(IRT)에 관한 설명으로 옳은 것은?

① 한 문항의 응답 결과가 다른 문항의 응답 결과와 긴밀한 관련성을 가진다고 전제한다.
② 객관적으로 문항의 특성을 살필 수 있기 때문에 주로 서술형 문항에 사용한다.
③ 문항의 난이도와 변별도가 수험자 집단의 특성에 따라 변하지 않는 속성이 있다고 본다.
④ 문항의 내용 타당도를 확인하는 질적 분석 방법으로 전문가의 판단에 의존하는 방법이다.

35 분석적 채점에 관한 설명으로 옳은 것은?

① 종합적 채점에 비해 채점 소요 시간이 짧다.
② 작문에 대한 전체적인 인상에 근거하여 단일한 점수를 부여한다.
③ 독자가 실제 상황에서 글을 읽을 때와 비슷한 방식으로 평가가 이루어진다.
④ 작문의 하위 영역을 구분하여 평가하므로 학습자에게 진단적 정보를 제공한다.

36 평가 신뢰도에 관한 설명으로 옳지 않은 것은?

① 문항의 변별력이 클수록 신뢰도가 높아진다.
② 평가 문항의 수가 많으면 신뢰도가 높다.
③ 역량 평가보다 속도 평가에서 신뢰도가 높다.
④ 바닥 효과나 천장 효과가 나타나면 신뢰도가 낮아진다.

37 대안적 평가의 예시로 옳지 않은 것은?

① 말하기 발표 수업에서 동료들이 패널이 되어 평가하였다.
② 매주 실시한 단어 퀴즈 점수를 합산하여 기말 점수에 반영하였다.
③ 배운 내용을 얼마나 잘 수행할 수 있는지 학습자 스스로 평가하였다.
④ 조별로 '우리 반 소식지 만들기'를 하고 그 과정과 결과를 평가하였다.

38 ACTFL의 OPI에 관한 설명으로 옳은 것은?

① 정해진 등급 기준에 도달했는지를 평가하는 준거 참조 평가이다.
② 수준 확인(level check)과 수준 탐색(probe)을 한 번만 진행한다.
③ 인터뷰를 시작하기 전에 역할극을 진행하여 수준을 파악한다.
④ 면접관이 인터뷰를 시작하기 전에 질문을 미리 준비한다.

39 다문화가족지원센터에 관한 설명으로 옳지 않은 것은?

① 다문화가족을 위한 통역 지원 사업을 한다.
② 다문화가정 자녀의 한국어 발달을 지원한다.
③ 가족 상담 및 한국어 교육 서비스를 제공한다.
④ 귀화자는 한국어 교육 서비스를 받을 수 없다.

40 한국어 교육을 지원하는 기관에 관한 내용으로 옳지 않은 것은?

① 재외동포재단은 국내외 한국어 교육과정을 개발한다.
② 교육부는 국외 초·중등학교에 한국어 강좌 개설을 지원한다.
③ 국제교류재단은 외국 대학의 한국어 및 한국학 전공 개설을 지원한다.
④ 세종학당재단은 변화된 교수·학습 환경을 고려하여 온라인 교육과정을 운영한다.

41 현행 한국어능력시험(TOPIK)에 관한 설명으로 옳은 것은?

① TOPIK Ⅰ에는 서술형 쓰기 문항이 출제된다.
② TOPIK Ⅰ과 TOPIK Ⅱ의 시험 과목은 동일하다.
③ TOPIK Ⅱ의 쓰기 시험 점수에는 과락이 적용된다.
④ TOPIK Ⅱ는 3급부터 6급까지의 수준을 평가한다.

42 다문화주의에 관한 설명으로 옳은 것은?

① 유입국 문화와 정체성 획득을 대가로 국적을 취득하게 된다.
② 이주민에게 유입국 주류 사회의 문화를 내면화하고 순응하도록 요구한다.
③ 공적 영역뿐만 아니라 사적 영역에서도 출신국의 문화적 정체성을 포기해야 한다.
④ 소수 집단의 문화적 고유성을 인정함으로써 사회 통합을 이루는 것을 목표로 한다.

43 타일러(R. Tyler)의 교육 내용 조직 원리 중 아래에서 설명하고 있는 것은?

- 교육과정의 내용을 수평적으로 연관시키는 조직 구성 원리이다.
- 각 영역의 학습 내용 요소가 서로 연관되어야 한다는 횡적 원리이다.

① 계열성의 원리
② 통합성의 원리
③ 계속성의 원리
④ 난이도의 원리

44 교육과정에 관한 설명으로 옳지 않은 것은?

① 교육과정은 시대에 따라 변하지 않는 고정 불변의 형태를 갖는다.
② 교육과정 개발에는 학습자 요구뿐만 아니라 교사와 정책 결정자 집단의 요구도 중요하다.
③ 교육과정은 교육기관에서 다루는 교육 내용과 과정을 의미한다.
④ 경험적 측면을 강조하는 관점에서는 학교에서 학생이 경험하는 일체의 과정을 교육과정으로 본다.

45 유럽공통참조기준에 관한 설명으로 옳지 않은 것은?

① 상위 단계로 갈수록 단계별 척도에 포함되는 언어 능력의 범위가 넓어진다.
② 다중언어주의적 관점으로 언어 학습에 접근한다.
③ 언어 수업의 목표는 목표어를 완벽하게 정복하는 것이다.
④ B1 단계는 자립적 언어 사용 단계에 포함된다.

46 다음과 같은 특징을 보이는 외국어 교수법은?

- 인본주의에 바탕을 둔 언어 교수법이다.
- 교사의 권위와 신뢰를 중시하는 교수법이다.
- 학습자의 심리적 안정감을 높여 학습 효과를 향상시킨다.
- 언어 자료를 제시할 때 억양, 리듬, 음악을 최대한 활용한다.

① 암시 교수법
② 자연적 교수법
③ 전신 반응 교수법
④ 공동체 언어 학습법

47 내용 중심 교수법에 관한 설명으로 옳은 것을 모두 고른 것은?

ㄱ. 유의미하고 맥락 있는 담화를 통해 언어를 자연스럽게 습득한다.
ㄴ. 정보를 얻는 수단으로 언어를 사용할 때 그 언어를 효과적으로 배운다.
ㄷ. 문법 구조와 문장 단위의 정확한 의미 해석에 초점을 둔다.
ㄹ. 학습자의 필요성에 입각한 내용을 근간으로 하여 내적 동기가 증가된다.

① ㄱ, ㄴ
② ㄷ, ㄹ
③ ㄱ, ㄴ, ㄹ
④ ㄴ, ㄷ, ㄹ

48 결과 지향적 교수요목에 관한 설명으로 옳지 않은 것은?

① 언어 사용의 측면을 경시하는 측면이 있다.
② 교수요목의 내용보다는 방법을 중시한다.
③ 학습 후에 얻어지는 학습 결과를 중시한다.
④ 상황 중심 교수요목, 개념-기능 교수요목 등이 있다.

49 침묵식 교수법의 특징에 관한 설명으로 옳지 않은 것은?

① 암기와 반복 연습보다 발견과 문제 해결 활동이 학습에 더 효율적이라는 믿음에서 출발한다.
② 피델 차트는 학생들이 정확한 발음을 연상하는 데 도움을 준다.
③ 교사와 학습자의 활발한 상호 작용을 통해 활동을 이끌어 간다.
④ 문법 항목을 단순한 것에서 점차 복잡한 것으로 이동해 갈 수 있도록 배열한다.

50 외국어로서의 한국어 말하기 교육의 범위로 옳지 않은 것은?

① 효과적인 의사소통 전략 학습
② 어조, 억양, 강세 등에 대한 학습
③ 발화의 조직 구조에 대한 분석 방법
④ 사회문화적으로 적절한 비언어적 표현 방법

51 말하기 수행을 어렵게 하는 요인에 관한 설명으로 옳은 것은?

① 화자는 청자의 이해도를 확인할 수 있다.
② 화자와 청자가 협력적으로 상호 작용한다.
③ 화자와 청자가 시공간적 맥락을 공유한다.
④ 화자는 청자의 반응에 즉각 대응해야 한다.

52 다음 말하기 활동 유형에 관한 설명으로 옳지 않은 것은?

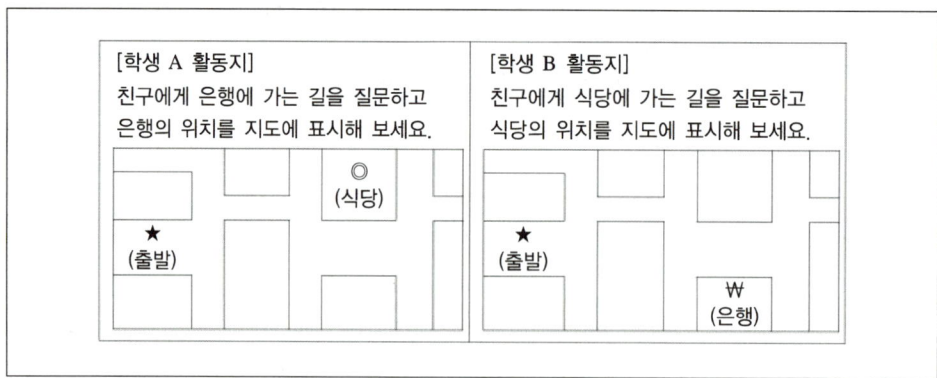

① 공식적인 말하기를 연습하는 활동이다.
② 실생활의 의사소통과 유사한 활동이다.
③ 참여자는 다른 정보를 가지고 활동을 한다.
④ 과제 기반 말하기 활동의 한 유형이다.

53 말하기 교육 자료의 실제성(authenticity)을 높이기 위한 방법으로 옳은 것은?

① 학습자가 직접 작성한 대화문을 자료에 포함한다.
② 다른 기능과 분리된 말하기 연습을 제공한다.
③ 말뭉치를 기반으로 구어 문법이 반영된 대화문을 제시한다.
④ 학습자의 모국어와 한국어의 차이점을 비교하여 설명한다.

54 다음은 학습자의 발화이다. 말하기 교사의 지도 방향으로 옳은 것은?

> 지금부터 저의 주말 활동을 발표하겠습니다. 저는 주말에 보통 집에 있습니다. 텔레비전을 봅니다. 재미있습니다. 친구를 만납니다. 발표가 끝났습니다. 감사합니다.

① 문법적인 오류가 많으니 문법에 대한 설명을 해 주어야 한다.
② 발화를 자연스럽게 연결하지 못하고 있으니 담화 표지를 가르쳐 줘야 한다.
③ 발표에 적합한 정형화된 표현을 사용하지 않고 있으니 활용할 수 있는 표현을 알려줘야 한다.
④ 발표라는 격식에 맞지 않는 종결어미를 사용했으니 격식에 맞는 표현을 가르쳐야 한다.

55 직접 교수법에 근거한 말하기 교육에 관한 설명으로 옳은 것은?

① 정확한 발음을 가르치는 것이 중요하다고 생각한다.
② 쓰기와 읽기를 듣기와 말하기보다 더 먼저 가르친다.
③ 문법의 용법을 명시적으로 가르친 후에 말하기를 연습한다.
④ 정확한 의사소통을 위해 교실에서 학습자의 모국어 사용이 허용된다.

56 한국어 표준 교육과정(2020)의 중급 말하기 성취 기준으로 옳은 것을 모두 고른 것은?

> ㄱ. 자신의 경험이나 생각에 대해 간단한 담화를 구성하여 말할 수 있다.
> ㄴ. 전문적이고 학술적인 표현을 사용하여 유창하고 정확하게 말할 수 있다.
> ㄷ. 정형화된 표현을 사용하거나 두세 번의 말차례를 가진 대화를 할 수 있다.
> ㄹ. 업무 상황이나 공적인 상황에서 격식과 비격식 표현을 구분하여 대화할 수 있다.

① ㄱ, ㄴ
② ㄱ, ㄹ
③ ㄴ, ㄷ
④ ㄷ, ㄹ

57 다음 말하기 수업의 유의적 연습으로 옳은 것은?

> • 단원명: 성격
> • 기능: 성격 묘사하기
> • 문법: -(으)ㄴ 편이다
> • 어휘: 성격 관련 표현

① 성격 관련 표현을 칠판에 쓰고 학생에게 그 의미를 설명한다.
② '-(으)ㄴ 편이다'의 형태에 익숙해지도록 예문을 제시하고 따라 읽게 한다.
③ '-(으)ㄴ 편이다'를 활용해 가족의 성격을 묻고 대답하는 짝 활동을 한다.
④ 학생들이 알고 있는 성격 관련 표현을 말해 보게 한다.

58 말하기 수업에서 교사의 역할로 옳지 않은 것은?
① 표준어와 표준 발음을 구사할 수 있도록 지도한다.
② 교사 발화에 많이 노출될 수 있는 소집단 활동을 구성한다.
③ 전략적인 의사소통 참여자가 될 수 있도록 지도한다.
④ 한국의 문화를 이해하고 이를 말하기에 반영할 수 있도록 한다.

59 쓰기 활동의 유형 중 통제된 쓰기 활동에 관한 설명으로 옳지 않은 것은?
① 쓰기의 정확성을 높이기 위한 목적으로 이루어지는 활동 유형이다.
② 초급 한국어 학습자에게 많이 활용되는 유형이다.
③ 주어진 언어 형태를 사용하여 문장을 완성해야 한다.
④ 활동 유형으로 실용문 쓰기, 담화 완성하기 등이 있다.

60 쓰기 전략과 내용의 연결이 옳지 않은 것은?
① 바꿔 쓰기 – 자료를 읽고 이것을 자신의 말로 다시 풀어서 쓰는 것
② 정교화하기 – 명확한 의미 전달을 위하여 명제나 문장을 보다 자세하게 쓰는 것
③ 다발 짓기 – 주제와 관련하여 가지고 있는 생각을 모두 쓰는 것
④ 인용하기 – 다른 사람의 말과 글의 일부를 직접 또는 간접적으로 활용하여 쓰는 것

61 학문 목적 학습자 대상의 고급 쓰기 수업 내용으로 옳지 않은 것은?

① 노트 필기, 시험 답안 쓰기를 가르친다.
② 일상생활에서 경험한 일에 대해 단순한 구조로 쓸 수 있도록 한다.
③ 학술보고서를 읽고 보고서의 전형적 특징을 파악하도록 한다.
④ 정의, 예시, 비교와 대조 등 수사적 기법에 대한 내용을 가르친다.

62 교사가 한국어 학습자의 글에 밑줄을 그어 피드백을 하였다. 이 피드백에 관한 설명으로 옳은 것은?

> 광화문 광장은 600년 역사로 지닌 세종로의 옛날 모습을 복원했다. 그리고 시민 중심의 광장을 만들어서 2009년 7월에 완공되었다고 한다. 빌딩으로 있는 도심 한복판에서 분수가 나오고 꽃이 피었은 광장을 봐서 도시의 삭막함이 없어지는 느낌이 있다.

① 교사가 수정 방향을 제시해 주므로 학습자가 오류를 정확하게 수정할 수 있다.
② 이 피드백은 학습자의 오류를 직접 수정해 준다는 의미에서 직접 피드백이라고 불린다.
③ 학습자 스스로 고민하고 문제를 해결할 수 있는 기회를 주지 못하는 단점이 있다.
④ 이 피드백의 종류로 사전에 약속한 상징 부호를 이용하여 표시를 해 주는 방법도 있다.

63 쓰기 포트폴리오(portfolio) 평가에 관한 설명으로 옳은 것을 모두 고른 것은?

> ㄱ. 과정 중심 쓰기 평가의 한 유형이다.
> ㄴ. 학습자가 자신의 글과 쓰기 능력 향상에 대해 성찰하게 할 가능성이 높다.
> ㄷ. 쓰기 수행 능력을 타당하게 평가할 수 있다는 점에서 가장 폭넓게 활용된다.
> ㄹ. 채점이 쉽고 신뢰도 확보에 용이하다는 장점이 있어 대규모 평가에서 활용된다.

① ㄱ, ㄴ
② ㄱ, ㄹ
③ ㄴ, ㄷ
④ ㄷ, ㄹ

64 다음은 작문 이론의 특징을 비교한 표이다. 옳지 않은 것은?

관점 \ 이론	형식주의	인지적 구성주의	사회적 구성주의
필자에 대한 관점	수동적	능동적	㉠ 능동적
독자에 대한 관점	㉡ 능동적	수동적	능동적
텍스트에 대한 관점	㉢ 불변하는 절대적인 존재	㉣ 필자에 의해 구성되는 상대적인 존재	사회적 상호 작용에 의해 구성되는 상대적인 존재

① ㉠ ② ㉡
③ ㉢ ④ ㉣

65 쓰기 교육 원리에 관한 설명으로 옳지 않은 것은?

① 응집성과 결속성을 갖춘 한 편의 담화를 생산해 낼 수 있도록 해야 한다.
② 온라인에서 수행하는 실제적 쓰기를 교실 내 과제로 활용하는 것이 필요하다.
③ 쓰기는 개인의 사고 과정이므로 혼자 수행할 수 있도록 숙제로 제시한다.
④ 쓰기 교육의 효과를 높이기 위해서는 타 언어 기능과의 통합적 교육이 필요하다.

66 교사의 쓰기 오류 수정에 관한 설명으로 옳은 것은?

① 학습자 전체를 대상으로 오류를 수정할 때는 누구의 오류인지 밝힌다.
② 초안에 대한 오류를 수정할 때는 문법적인 오류를 중심으로 수정한다.
③ 초급 학습자의 오류는 한국어 모어 화자가 자연스럽다고 느끼는 언어 수준으로 수정한다.
④ 학습자의 의도를 파악하고 교정 내용을 효과적으로 전달하기 위해서는 개인 면담을 하는 것이 좋다.

67 읽기 유형과 구체적 활동이 바르게 연결된 것은?

① 확장형 읽기(extensive reading) – 한글 창제에 대해 더 알고 싶어서 자기 수준에 맞는 관련 서적을 여러 권 읽는다.
② 집중형 읽기(intensive reading) – 한류에 대한 보고서를 쓰기 위해 한류 관련 자료를 최대한 많이 수집해서 읽는다.
③ 훑어 읽기(skimming) – 여행을 가기 전에 숙박을 예약하기 위해 여행 책자에서 숙박에 관한 정보만 뽑아 읽는다.
④ 찾아 읽기(scanning) – 여러 개의 블로그에서 이런저런 글들을 천천히 읽는다.

68 다음 학생이 생각하는 읽기 전략 중 인지 전략은?

① 내가 이 글을 제대로 이해한 것이 맞는지 선생님에게 여쭤볼까?
② 이 책을 다 읽으려면 일주일은 걸릴 것 같으니까 오늘부터 하루에 20쪽씩 읽어야지.
③ 이 글의 주제는 약간 어려우니까 관련 단어들을 모아서 미리 단어장을 만들어 두어야겠어.
④ 이 글에 이 표현이 계속 나오는데 혹시 이런 뜻이 아닐까?

69 읽기 과제를 능동적 과제와 수동적 과제로 구분할 때 다음 중 성격이 다른 하나는?

① 글을 읽고 다음에 이어질 내용을 추측해 본다.
② 글에 나온 새로운 단어들의 뜻을 사전에서 찾아본다.
③ 글을 다 읽고 친구에게 그 글의 내용을 요약하여 전달한다.
④ 글의 내용을 바탕으로 도표나 그래프를 만든다.

70 다음 읽기 수업의 순서를 바르게 나열한 것은?

- 숙달도: 중급
- 단원 주제: 한국인의 여가 활동
- 기능: 기사문의 구조와 내용 파악하기

ㄱ. 기사문의 내용을 그래프로 만들기
ㄴ. 기사문을 읽고 제시된 표의 빈칸을 채우며 핵심 내용을 정리하기
ㄷ. 한국과 자신의 나라 여가 활동을 비교하여 발표하기
ㄹ. 여가 활동과 관련한 그림을 보면서 어휘 및 표현 익히기

① ㄴ - ㄷ - ㄱ - ㄹ
② ㄴ - ㄷ - ㄹ - ㄱ
③ ㄹ - ㄴ - ㄱ - ㄷ
④ ㄹ - ㄴ - ㄷ - ㄱ

71 '한국의 계절'이라는 설명문 읽기 수업에서 활용할 수 있는 형식 스키마를 모두 고른 것은?

> ㄱ. 계절과 관련된 한국에서의 특별한 경험
> ㄴ. 한국의 계절을 설명하기 위해 적용된 전개 방식
> ㄷ. '한국의 계절'이라는 글의 종류에 대한 지식
> ㄹ. 한국의 계절과 비교하기 위한 학습자 모국의 계절에 대한 지식
> ㅁ. '한국의 계절'이라는 설명문에서 사용된 문체

① ㄱ, ㄹ
② ㄴ, ㄷ, ㄹ
③ ㄴ, ㄷ, ㅁ
④ ㄱ, ㄷ, ㄹ, ㅁ

72 다음 중 상향식 읽기의 관점을 가진 교사의 생각으로 옳지 않은 것은?

① 글을 읽기 전에 어려운 단어는 학습자에게 모두 가르쳐 줘야 합니다.
② 글의 의미를 모든 학습자가 똑같이 이해했는지 확인하는 것이 중요합니다.
③ 학습자가 글을 정확하게 이해하도록 한 문장씩 설명해 줄 필요가 있습니다.
④ 글을 읽기 전에 글의 주제와 관련되어 학습자가 어떠한 지식을 가지고 있는지 확인해야 합니다.

73 다음 교사 발화에 나타나지 않은 읽기 지도 내용은?

> 여러분은 다이어트를 해 본 적이 있어요? 어떤 방법으로 다이어트를 했어요? 오늘 우리는 '운동과 다이어트'라는 글을 같이 읽을 거예요. 여러분, 혹시 다이어트에 실패해서 속상한 적은 없었어요? 왜 다이어트에 실패했어요? 이 글을 읽으면서 다이어트에 실패하는 이유, 성공하는 방법 등을 한번 확인해 보기로 해요. 모르는 단어가 나와도 절대 사전을 찾지 말고 문장 속에서 추측해 보세요. 추측할 수 없으면 그냥 다음 문장을 계속 읽어 나가세요. 지금부터 읽을 시간을 딱 3분만 줄 거예요. 전체 내용을 이해하도록 빠른 속도로 먼저 읽어 보세요. 걱정하지 마세요. 다시 읽을 수 있는 시간을 또 줄 거예요. 그때는 천천히 읽어볼 거예요. 그럼 지금부터 시작!

① 길잡이 질문에 대한 학습자의 답을 확인해 주었다.
② '추측하기'와 같은 읽기 방법을 알려 주었다.
③ 학습자의 배경지식을 활성화하도록 했다.
④ 읽기 전략을 제시해 주었다.

74 구전 설화를 활용한 읽기 수업의 기능 통합 활동으로 옳지 않은 것은?

① 사실과 의견 구분하기
② 이야기 재구성하여 연극하기
③ 상상의 저자에게 편지 쓰기
④ 해당 설화의 애니메이션 보기

75 구어의 특징으로 옳지 않은 것은?

① 중복되는 발화가 많다.
② 생략과 축약형이 자주 사용된다.
③ 구어에만 사용되는 표현이 있다.
④ 문어에 비해 정보의 밀집도가 높다.

76 다음 듣기 문항에서 평가하고자 하는 것은?

> 가: 맛있게 드세요.
> 나: _____.
>
> ① 안녕하세요   ② 오랜만이에요   ✓③ 잘 먹겠습니다   ④ 내일 뵙겠습니다

① 인접쌍 찾기
② 음운 식별하기
③ 태도 파악하기
④ 주제 추론하기

77 다음 중 듣기 후 단계에서 활용할 수 있는 기법을 모두 고른 것은?

> ㄱ. 선험 지식 구조 형성하기
> ㄴ. 텍스트에 제시된 어휘 예습하기
> ㄷ. 듣기 진행 과정에 대해 평가하기
> ㄹ. 들은 내용에 대한 자신의 입장 표현하기

① ㄱ, ㄴ
② ㄱ, ㄷ
③ ㄴ, ㄹ
④ ㄷ, ㄹ

78 하향식 듣기에 관한 설명으로 옳지 않은 것은?

① 듣기 과정에서 언어 구조의 단순한 해독보다는 의미의 재구성이 일어난다.
② 문맥에 대한 배경 지식을 통해 청취한 내용의 세부사항 이해가 이루어진다.
③ 대화를 듣고 대화가 이루어진 장소나 분위기, 주제 찾기는 하향식 듣기에 해당한다.
④ 음소나 형태소, 음절, 문장, 담화의 순서로 이해하는 것은 하향식 듣기 과정에 해당한다.

79 듣기 자료 구성 원리에 관한 내용으로 옳지 않은 것은?

① 학습자의 동기를 부여할 수 있는 자료를 만든다.
② 초급 듣기 자료는 문장 성분이 모두 갖추어진 문어체로 구성한다.
③ 들은 정보를 활용하여 수행할 수 있는 과제를 구성한다.
④ 한국어 화자의 다양한 발화 속도를 반영한 언어 자료를 제시한다.

80 학습자 변인에 따른 듣기 교육에 관한 설명으로 옳지 않은 것은?

① 유학생에게 강의 담화에 나타나는 전형적인 특징 및 담화 표지를 교육한다.
② 다문화가정 초등학생을 위한 듣기 수업에 학교 교과서에 나오는 내용을 활용한다.
③ 외국인 노동자를 위해 근로기준법, 노동법 등의 법조문으로 초급 듣기 자료를 구성한다.
④ 결혼이민자의 요구에 따라서 해당 지역의 방언을 듣기 수업에 활용한다.

81 공유 자전거와 환경이라는 주제의 강연을 활용한 '듣기 전 단계'에 알맞은 활동은?

① 자전거 판매 실태에 대한 설문지를 설계한다.
② 공유 자전거 사용 경험에 대해 함께 이야기한다.
③ 반 친구들이 교통에 대해 어떤 생각을 가지고 있는지 조사하여 발표한다.
④ '공유'라는 단어가 가지고 있는 가치에 대한 글을 함께 읽고 토론한다.

82 다음 활동에서 교육하고자 하는 듣기 기술은?

> • 홈쇼핑 프로그램의 소리만 들려주고 누가 말하는지 말해 보게 한다.
> • 리포터가 인터뷰하는 뉴스를 소리만 들려주고 두 사람의 관계를 말해 보게 한다.

① 화자 정보 파악하기
② 중심 내용 분석하기
③ 화자 태도 추론하기
④ 시각 자료 이용하기

83 다음 의사소통적 듣기 활동 중 그 범주가 다른 하나는?

① 자료에서 알려 주는 특정 지점을 찾아가기
② 자료에서 묘사하는 물건을 가져오기
③ 스무고개 놀이처럼 무엇을 식별하기 위해 질문하기
④ 노래에 맞춰 손이나 신체를 움직이기

84 형태 초점 교수법(focus on form)에 관한 설명으로 옳지 않은 것은?

① 언어의 형태, 의미, 기능에 대한 학습이 균형적으로 이루어지도록 한다.
② 언어 사용의 정확성과 유창성을 동시에 높이고자 한다.
③ 의사소통 과제를 수행하는 과정에서 형태에 초점을 맞춘다.
④ 문법적 형태에 중심을 두며 명시적인 교사의 설명이 중시된다.

85 문법 교육에서 귀납적 방법에 관한 설명으로 옳지 않은 것은?

① 언어 자료로부터 문법 규칙을 추출하게 한다.
② 잘못된 추론으로 시행착오 과정을 거칠 수 있다.
③ 자연스러운 언어 습득 과정을 거치므로 학습 내용이 오랫동안 보존된다.
④ 교사가 중심적 역할을 하는 학습으로 목표 문법에 더 집중할 수 있다.

86 '-(으)ㄴ 후에'를 가르치는 수업에서 제시 단계의 활동을 모두 고른 것은?

> ㄱ. '듣다'와 결합할 때 '들은 후에'로 사용할 수 있도록 예문을 판서한다.
> ㄴ. 그림카드를 활용하여 두 문장을 연결하는 연습을 한다.
> ㄷ. 동사와 함께 결합하여 사용된다는 것을 가르친다.
> ㄹ. 친구와 함께 오늘 하루 계획에 대해 이야기한다.
> ㅁ. '명사 + 후에'를 선행 학습했다면 이를 활용하여 설명한다.

① ㄱ, ㄹ
② ㄴ, ㅁ
③ ㄱ, ㄷ, ㅁ
④ ㄴ, ㄷ, ㄹ

87 문법 항목과 과제 활동의 연결이 옳지 않은 것은?

① '-(으)ㄹ게요' – 친구의 생일 파티 준비를 위해 역할 분담하기
② '-기로 해요' – 친구와 함께 주말에 할 일을 계획하고 약속하기
③ '-(으)ㄴ/는 척해요' – 친구들이 교실에서 지켜야 할 규칙 정하기
④ '-더라고요' – 친구에게 자신의 가장 좋았던 여행 경험 이야기하기

88 문법 교육에서 예문을 제시할 때 유의할 점으로 옳지 않은 것은?

① 예문은 이미 학습한 어휘를 활용하여 제시한다.
② 문법 항목이 가지고 있는 의미의 전형성을 반영한다.
③ 학습자의 이해를 점진적으로 높이기 위해 쉬운 예문부터 배열한다.
④ '-ㄴ가요/은가요/인가요?'처럼 활용 형태가 다른 경우 대표적인 예문 하나만 제시한다.

89 문법 오류 수정 방법과 그 예로 옳은 것은?

①	유도하기	학생: 적성에 맞은 일을 찾고 싶어요. 교사: 동사는 '-는'과 함께 사용해요.
②	명료화 요구하기	학생: 선생님이 되려면 착해요. 교사: 네? 무슨 뜻이에요?
③	반복하기	학생: 저는 운전이 못해요. 교사: 운전이 못해요. 아니에요. 운전을 못해요.
④	고쳐 말하기	학생: 주말에 친구를 영화를 봤어요. 교사: 주말에 친구를 영화를 봤어요?

90 다음 문법 항목을 국제 통용 한국어 표준 교육과정(2017)에 따라 낮은 등급에서 높은 등급의 순서대로 나열한 것은?

ㄱ. -(으)면서
ㄴ. -기로서니
ㄷ. -(으)니까
ㄹ. -(으)ㄴ/는 편이다
ㅁ. -기 나름이다

① ㄱ - ㄷ - ㄴ - ㅁ - ㄹ
② ㄱ - ㄷ - ㄹ - ㄴ - ㅁ
③ ㄷ - ㄱ - ㄴ - ㄹ - ㅁ
④ ㄷ - ㄱ - ㄹ - ㅁ - ㄴ

91 유의어 교수의 방법으로 옳지 않은 것은?

① '관객, 관람객, 관중'과 같은 한자어는 한자를 제시하여 뜻의 차이를 설명한다.
② '자주, 종종, 때때로'와 같은 빈도를 나타내는 부사는 상대적인 정도의 차이를 보여 준다.
③ '기르다, 키우다'와 같은 유의어는 용언 앞에 오는 체언의 호응이 다르다는 점을 설명한다.
④ '매우, 되게'와 같은 유의어는 주로 사용되는 영역(문어/구어)의 차이를 설명한다.

92 한국어능력시험(TOPIK)의 등급과 어휘 평가 내용의 연결이 옳지 않은 것은?

① 1급 – 일상생활에 필요한 가장 기본적인 어휘
② 2급 – 일상생활에 자주 사용되거나 공공시설 이용에 사용되는 어휘
③ 3급 – 일상생활 대부분의 어휘와 업무나 사회 현상과 관련된 기본적인 어휘
④ 4급 – 전문 영역이나 직장 생활의 특정 영역과 관련된 어휘

93 어휘의 의미 관계 지도에서 관련어를 이용한 설명으로 옳은 것은?

① '금메달'을 가르치면서 반의 관계 어휘로 '동메달'을 가르친다.
② '생물'을 가르치면서 상하 관계 어휘로 '식물'을 가르친다.
③ '밥'을 가르치면서 높임말로 '식사'를 가르친다.
④ '사다'를 가르치면서 유의 관계 어휘로 '매매하다'를 가르친다.

94 한국어 교사가 알아야 하는 다의어에 관한 설명으로 옳은 것은?

① 다의어는 단어 간의 관계가 아니라 한 단어의 의미 항목 간의 문제이다.
② 둘 이상의 다른 어휘 항목이 의미와 무관하게 동일한 형태를 지닌 것을 가리킨다.
③ 다의어의 의미 확장은 대부분 '추상적인 의미'에서 '구체적인 의미'의 방향으로 이루어진다.
④ 한국어의 경우 사용 빈도수가 낮은 어휘에 다의어가 많다.

95 '국수를 먹다', '바가지를 긁다'와 같은 관용 표현 교수에 관한 설명으로 옳은 것은?

① 한국 사람들의 생활과 문화를 반영하고 있어 문화 교육이 먼저 이루어져야 한다.
② 관용 표현은 글자 그대로의 의미와 관용 의미로 해석되는 중의성을 가진다는 점을 주의한다.
③ 사용 빈도, 의미의 투명성에 따른 난이도를 고려하여 교육용 목록을 선정하되 역사적 배경이 있는 것은 제외한다.
④ 관용 표현은 구 형식으로 이루어진 것을 말하며 연어와 같은 개념으로 교육한다.

96 단어에 대한 지식을 형태, 의미, 사용으로 나누었을 때 형태에 관한 지식에 해당하는 것을 모두 고른 것은?

> ㄱ. 단어를 어떻게 발음하는가?
> ㄴ. 이 단어가 어떤 단어를 연상시키는가?
> ㄷ. 어떤 문법 구조에서 이 단어가 나타나는가?
> ㄹ. 단어를 이루는 구성 요소를 인식할 수 있는가?
> ㅁ. 이 단어는 어떤 단어나 어휘 유형과 함께 출현하는가?

① ㄱ, ㄹ
② ㄴ, ㅁ
③ ㄱ, ㄷ, ㄹ
④ ㄴ, ㄷ, ㅁ

97 학문 목적 한국어 교재에 관한 설명으로 옳지 않은 것은?
① 일상생활의 자유로운 의사소통에 관련된 내용을 위주로 하여 구성한다.
② 언어 기능에 대한 학습 외에 밑줄 긋기나 메모하기 등 학업에 필요한 기능을 포함한다.
③ 학업 수행에 필요한 자료 수집과 정리의 기회를 제공하는 내용을 포함한다.
④ 전공과 관련된 어휘나 학문적 요구에 부합하는 장르를 다룰 수 있다.

98 교재를 평가하는 기준 중 외적 구성에 해당하는 것을 모두 고른 것은?

> ㄱ. 교재의 가격이 적정하게 책정되었는가?
> ㄴ. 교재 선택에 참조할 저자나 기관 정보가 명시되어 있는가?
> ㄷ. 사용자가 설정되어 있으며 이들의 요구가 반영되어 있는가?
> ㄹ. 주제가 사회·문화적 맥락과 연결되어 현장 적용성이 있는가?
> ㅁ. 차례, 어휘 목록, 색인이 제공되어 사용자의 편의를 고려했는가?

① ㄱ, ㅁ
② ㄴ, ㄹ
③ ㄱ, ㄴ, ㅁ
④ ㄱ, ㄷ, ㅁ

99 한국어 교재의 개념과 기능에 관한 설명으로 옳지 않은 것은?

① 한국어 연습을 보충하기 위한 워크북 등의 자료는 주 교재에 해당한다.
② 넓은 의미의 한국어 교재에는 도서 형태의 자료뿐만 아니라 CD, 비디오, 전자 자료도 포함된다.
③ 한국어 교재는 평가 내용과 자료를 제공하는 기능이 있다.
④ 한국어 교재는 수업 수준의 일정성을 확보하고 교육과정에 따른 내용을 제시하는 기능이 있다.

100 단순 근로직에 종사하는 이주노동자를 위한 한국어 교재에 관한 설명으로 옳지 않은 것은?

① 스스로의 권익 보호를 위한 보고 기능과 법률적 지식을 포함하도록 한다.
② 효과적인 학습을 위해 의사소통에 앞서 문법 규칙을 강조하도록 한다.
③ 일상생활 및 직장 생활, 현장 업무 상황을 모두 담은 통합 교재가 바람직하다.
④ 초급에서는 구어 교육의 비중을 높이고 중급 이후에 문어 교육의 비중을 높여 가도록 한다.

101 말하기 교재를 개발할 때 점검해야 할 사항으로 옳은 것은?

① 대화나 토론 등 담화 장르에 맞는 전략을 다루었는가?
② 실생활과 일정한 거리를 두고 담화의 복잡성을 없앤 과제로 구성하였는가?
③ 구어 의사소통의 특성을 고려하여 다양한 상황의 도입을 최소화하였는가?
④ 구어에 비해 표현의 완결성이 높은 문어를 통한 연습이 이루어지도록 하였는가?

102 다음 읽기 교재의 학습 활동에 관한 설명으로 옳지 않은 것은?

> 1. '현충일'에 대해 알고 있는 것을 자유롭게 이야기해 봅시다.
>
> 2. 다음은 '현충일'을 소개한 글입니다. 잘 읽고 물음에 답해 봅시다.
>
>> 한국에서 6월 6일은 나라를 위해 목숨을 바친 분들을 기념하는 '현충일'이다. 이날 많은 사람들이 국립묘지에 모여서 기념식을 한다. 기념식에서는 나라를 위해 목숨을 바친 분들을 생각하며 묵념을 하고 꽃을 바치기도 한다. 현충일에는 다른 기념일과 다르게 추모의 뜻을 담아 조금 낮게 국기를 단다.
>
> (1) '현충일'에 대해 알게 된 내용을 정리해 봅시다.
> - 날짜 및 제정 이유:
> - 기념행사:
> - 특별한 점:
> (2) 여러분 나라에서는 나라를 위해 희생한 분들을 어떻게 추모하는지 소개하는 글을 써 봅시다.

① 다양한 자료를 제시하여 글의 내용을 비교할 수 있는 기회가 제공되어 있다.
② 내용 이해와 정보 습득이라는 읽기 목적을 고려하고 있다.
③ 다른 언어 기능과의 통합 활동이 마련되어 있다.
④ 배경지식을 활성화하는 활동이 제시되어 있다.

103 상호문화주의(interculturalism)에 기반을 둔 한국 문화 교육에 관한 설명으로 옳은 것은?

① 한국 전통 문화의 우수성을 강조하는 것이 바람직하다.
② 문화를 고유한 것으로 보고 한국 민족과 한국 문화를 동일시하도록 한다.
③ 한국 문화와 다양한 문화의 교류를 통해 실생활에 도움을 얻을 수 있는 내용으로 접근한다.
④ 각 문화가 독립된 체계를 유지한다고 상정하고 한국 문화가 변용되지 않도록 다른 문화의 간섭을 막는다.

104 초급 단계의 한국 문화 교육에 관한 설명으로 옳은 것은?

① 원활한 사회생활을 위해 사회적이고 추상적인 주제를 활용할 수 있도록 한다.
② 일상적인 언어 행위 문화 위주로 구체적 문화 산물을 통한 직접 경험을 하도록 한다.
③ 직접적 이해를 넘어 현상 이면에 존재하는 문화적 의미와 문화 차이를 탐구할 수 있도록 한다.
④ 가치 판단이 필요한 주제를 폭넓게 접근하며 자신의 가치 체계를 바탕으로 일관성 있게 문화 내용을 수용할 수 있도록 한다.

105 현장 체험 학습을 통한 한국 문화 교육에 관한 설명으로 옳은 것은?

① 시각과 청각을 동시에 활용하여 시공간의 제약을 극복하기에 좋다.
② 시사성 있는 다방면의 정보를 종합적으로 얻을 수 있다.
③ 일상적 언어 용법을 넘어선 한국어의 쓰임을 이해하기에 적합하며 상상력을 기르기에 좋다.
④ 지식으로 알고 있는 문화 내용을 학습자 스스로 직접 확인하고 적용하는 데 효과적이다.

106 다음과 같은 문화 수업에 관한 설명으로 옳지 않은 것은?

> 한국의 명절 선물 소개 → 한국의 집들이 선물 소개 → 한국의 선물 문화에 대해 이야기하기 → 자국의 선물 문화 소개하기 → 선물 문화의 보편적 의미 생각하기

① 목표 문화의 특징을 이해하도록 접근하고 있다.
② 주제 중심으로 접근하여 문화 내용의 이해에 중점을 두고 있다.
③ 문화의 상호 이해를 통해 문화적 소통에 기여하고자 한다.
④ 목표 문화 내 관습과 가치관의 주입을 의도하고 있다.

107 한국어 교육용 한자를 선정하는 기준에 해당하지 않는 것은?

① 한자어 자체의 난이도
② 사용 빈도와 교재 간 중복도
③ 중국 한자와 형태가 다른 한자
④ 한자어를 많이 만들 수 있는 조어력

108 한자어의 조어법과 그 예의 연결이 옳은 것은?

① 파생어 - 국립(國立), 사립(私立)
② 혼종어 - 남쪽(南쪽), 개인택시(個人택시)
③ 합성어 - 비공개(非公開), 미완성(未完成)
④ 복합어 - 포도(葡萄), 독일(獨逸)

109 1980~1990년대 한국어 교육 발전의 긍정적인 요인에 관한 설명으로 옳지 않은 것은?

① 아시안게임과 올림픽 개최를 통해 국제 사회에서 한국의 이미지가 개선되어 한국어 교육의 수요자가 증가하였다.
② 한국 경제의 성장과 국제적 역할의 증대로 동남아와 유럽에서 한국어 강좌 개설 대학이 증가하였다.
③ 구 공산권 국가와 수교 후 중국, 러시아, 베트남에서 한국어 강좌가 늘어났다.
④ 재외동포 자녀의 한국어 능력이 향상되어 한글학교의 수가 줄어들고, 세종학당이 늘어났다.

110 국어 기본법령상 한국어교원의 정의와 자격에 관한 설명으로 옳은 것은?

① 한국어교원 1급과 2급의 자격은 '국어 기본법'에, 한국어교원 3급의 자격은 '국어 기본법 시행령'에 각각 규정되어 있다.
② 한국어교원 3급 자격을 취득한 후에 총 1천 시간의 한국어 교육 경력이 있는 사람은 2급의 자격 요건이 인정된다.
③ 한국어교원은 재외동포나 외국인을 대상으로 국어를 가르치는 사람이다.
④ 한국어교원의 자격은 국립국어원장이 부여한다.

111 번역자가 생소한 용어를 번역할 경우 정보성을 유지하기 위해 사용할 수 있는 방법으로 옳지 않은 것은?

① 소설 번역의 경우 본문에서 역주를 사용한다.
② 용어에 대한 정보를 본문의 일부처럼 자연스럽게 추가한다.
③ 저자의 의도와 관계없이 번역자의 주관적 판단에 따라 용어를 대체한다.
④ 과학 서적의 경우 책 마지막에 용어에 대한 설명을 추가한다.

112 영한 번역문에서 원문에 있는 'he, she, this, that' 등의 대명사가 자주 번역되지 않는 이유로 옳은 것은?

① 한국어에서는 대명사 사용 빈도가 높기 때문이다.
② 영어에서는 인칭 대명사와 지시 대명사의 구분이 불확실하기 때문이다.
③ 한국어에서는 문맥상 지시 대상이 명백한 경우 대명사가 잘 사용되지 않기 때문이다.
④ 영어에서는 앞에 나오는 어휘를 동일하게 반복해서 사용하기 때문이다.

113 '미래 계획'을 주제로 한 단원에서 '-(으)려고 하다'를 지도하고자 한다. 다음 내용을 참조하여 '-(으)려고 하다'의 제시와 연습 단계의 교수안을 작성하시오.

- 숙달도: 초급
- 단원 주제: 미래 계획
- 목표 문법: -(으)려고 하다
- 수업 시간: 20분

2020년

15회 기출문제

[A형]

1교시 한국어학·일반언어학 및 응용언어학
2교시 한국 문화·외국어로서의 한국어 교육론

2020년

우리 인생의 가장 큰 영광은
결코 넘어지지 않는 데 있는 것이 아니라
넘어질 때마다 일어서는 데 있다.

- 넬슨 만델라 -

1교시 | 한국어학·일반언어학 및 응용언어학

제1영역 한국어학

01 언어 단위의 예로 옳지 않은 것은?

① 음운: '집'의 'ㅂ'
② 형태소: '좁쌀'의 'ㅂ'
③ 단어: '밥만'의 '만'
④ 절: '내가 꿈꾼 미래'에서 '내가 꿈꾼'

02 한국어의 형태적 특징에 관한 설명으로 옳지 않은 것은?

① 조사와 어미가 발달한 교착어적 특성을 보여 준다.
② 파생 접미사의 양이나 종류가 파생 접두사보다 더 많다.
③ 모음조화를 어기는 반복합성어가 존재한다.
④ 조사는 이형태를 가지지만 생략이 불가능하다.

03 한국어의 통사적 특징에 관한 일반적 설명으로 옳지 않은 것은?

① 주격 중출문이나 목적격 중출문이 나타난다.
② 주어-목적어-서술어의 기본 어순을 가진다.
③ 주체 높임은 조사나 어미를 통해서 실현된다.
④ 관형어의 자리 옮김이 자유롭다.

04 파생 접미사와 어미에 관한 일반적 설명으로 옳지 않은 것은?

① 파생 접미사는 의미가 일정하지만, 어미는 의미가 일정하지 않다.
② 파생 접미사는 단어 형성에 참여하지만, 어미는 단어 형성에 참여하지 않는다.
③ 파생 접미사는 어근에 결합할 때 제약이 심하지만, 어미는 제약이 심하지 않다.
④ 파생 접미사는 품사를 바꿀 수도 있지만, 어미는 품사를 바꾸지 않는다.

05 최소대립쌍의 예로 옳은 것은?

① 바람 : 보람
② 아름 : 알음
③ 돌고래 : 술고래
④ 안치다 : 앉히다

06 둘 이상의 분류 기준에 의해 대립되는 모음쌍은?

① ㅣ : ㅡ
② ㅔ : ㅗ
③ ㅗ : ㅜ
④ ㅓ : ㅗ

07 표준어 모음에 관한 설명으로 옳지 않은 것은?

① 모음 분류의 기준에는 혀의 높이, 혀의 앞뒤 위치, 입술 모양이 있다.
② 단모음은 고모음의 수가 저모음의 수보다 더 많다.
③ 전설모음 계열은 평순모음이 원순모음보다 더 많다.
④ 'ㅜ(w)'계 이중모음이 'ㅣ(j)'계 이중모음보다 더 많다.

08 한국어의 음절 구조 및 음소배열제약에 관한 설명으로 옳은 것은?

① 초성에는 유음 'ㄹ'과 연구개 비음 'ㅇ'이 올 수 없다.
② 초성에는 최대 한 개의 자음이 올 수 있지만, 종성에는 최대 두 개의 자음이 올 수 있다.
③ 파열음 뒤에는 비음이 연결되지 않는 제약이 있다.
④ 'ㅈ, ㅉ, ㅊ' 뒤에 'ㅑ, ㅕ, ㅛ, ㅠ, ㅖ'와 같은 이중모음이 연결될 수 있다.

09 〈보기〉의 ㉠~㉣에 해당하는 음운 변동의 예로 옳은 것은?

> **보기**
> 동화는 동화음과 피동화음의 거리에 따라 ㉠ 인접동화와 ㉡ 원격동화로 나눌 수 있고, 동화의 방향에 따라 ㉢ 순행동화와 ㉣ 역행동화로 나눌 수 있다.

① ㉠ 밟네[밤ː네], ㉡ 별일[별릴]
② ㉠ 갚고[갑꼬], ㉡ 콧날[콘날]
③ ㉢ 달님[달림], ㉣ 밭이[바치]
④ ㉢ 앓고[알코], ㉣ 권력[궐력]

10 적용된 음운 현상으로 옳지 않은 것은?

① 닭똥[닥똥]: 자음군 단순화, 경음화
② 겪는다[경는다]: 평폐쇄음화, 비음화
③ 첫여름[천녀름]: ㄴ첨가, 평폐쇄음화, 비음화
④ 읊는[음는]: 평폐쇄음화, 자음군 단순화, 비음화

11 '입학생'의 표준 발음에 적용된 음운 변동의 횟수는?

① 1회 ② 2회
③ 3회 ④ 4회

12 〈보기〉에 나타나는 음운 변동과 동일한 예로 짝지어지지 않은 것은?

> **보기**
> 그는 ㉠ 능력이 좀 ㉡ 부족하지만 다른 사람들이 하기 ㉢ 싫어하는 일을 마다하지 ㉣ 않는다.

① ㉠ - 삼라만상 ② ㉡ - 집합
③ ㉢ - 낳아 ④ ㉣ - 막는

13 '부엌일[부엉닐]'에 적용된 음운 현상에 관한 설명으로 옳지 않은 것은?

① 평폐쇄음화 현상이 일어났다.
② 적용된 음운 현상의 개수는 3개이다.
③ 변동 전의 음운 개수와 변동 후의 음운 개수는 같다.
④ 적용된 음운 변동의 유형은 '대치'와 '첨가'이다.

14 이형태 관계가 아닌 것은?

① 주격 조사: '이', '가'
② 부사격 조사: '에', '에서'
③ 연결어미: '-면', '-으면'
④ 명령형 종결어미: '-아라', '-여라'

15 〈보기〉의 밑줄 친 부분이 ⓐ에 해당하는 것을 모두 고른 것은?

> **보기**
> ㄱ. 은주가 짧<u>았</u>던 머리를 길렀다.
> ㄴ. 영수는 한 시간 만에 정상에 이르<u>렀</u>다.
> ㄷ. 우리는 함께 맛있는 음식을 먹<u>었</u>다.
> ㄹ. 그가 그렇게 하<u>였</u>던 이유를 알겠니?

> 한국어의 형태소는 그것이 놓이는 환경에 따라 다양한 형태로 나타나는데, 이를 이형태라고 한다. 이형태는 그것이 어떤 조건에 의해 나타나는가에 따라 음운론적 이형태와 ⓐ <u>형태론적 이형태</u> 등으로 나눌 수 있다.

① ㄱ, ㄴ
② ㄱ, ㄷ
③ ㄴ, ㄹ
④ ㄷ, ㄹ

16 다음 복합어에 관한 설명으로 옳지 않은 것은?

① '새싹'의 '새'는 접두사로 '새로운'의 뜻을 더해 준다.
② '헛살다'의 '헛'은 접두사로 명사 어근과도 결합한다.
③ '뒤바뀌다'의 '뒤'는 접두사로 어근의 품사를 바꾸지 않는다.
④ '개떡'의 '개'는 접두사로 '질이 떨어지는'의 뜻을 더해 준다.

17 수량 표현에 관한 설명으로 옳지 않은 것은?

① 수사는 고유어와 한자어의 이중 체계이다.
② 고유어 서수사 '첫째'는 보충법적 형태이다.
③ 고유어 수사는 일관되게 관형사로 통용될 수 있다.
④ 피수식 명사에 따라 이형태를 가지는 고유어 수 관형사가 있다.

18 복수 표현에 관한 설명으로 옳지 않은 것은?

① '어서들 와'의 '들'은 주어가 복수임을 나타낸다.
② 명사는 '들'이 결합하지 않아도 복수 의미가 나타날 수 있다.
③ 복수 표지 '희'는 '너희, 저희'에서만 나타난다.
④ 인칭 대명사의 복수형은 '들'과의 결합이 불가능하다.

19 관형사의 특징으로 옳은 것은?

① 접두사와 구별하기 어려운 것들이 있다.
② 부사와 마찬가지로 조사와 결합할 수 있다.
③ 수사를 수식할 수 없다.
④ 명사를 수식하기 위해 형용사처럼 활용한다.

20 밑줄 친 단어가 서로 다른 품사로 쓰인 예가 아닌 것은?

① 우리는 오늘만 기다렸다. / 오늘은 일요일이다.
② 음식을 잘못 먹었다. / 그것은 너의 잘못이다.
③ 다섯 사람을 만났다. / 학생 다섯이 왔다.
④ 비교적 연구를 진행했다. / 사용이 비교적 편리하다.

21 밑줄 친 문장 성분이 나머지와 다른 것은?

① 떡은 민수가 잘 먹는다.
② 영수만 이 문제를 해결할 수 있다.
③ 그것에 대해서는 들은 게 없다.
④ 이 책도 문제를 해결하는 데 필요하다.

22 주어-서술어 관계가 한 번만 나타난 것은?

① 영수가 밥을 지어 먹었다.
② 나는 나만의 원칙을 나만의 방식으로 지켰다.
③ 푸른 바다가 넓게 펼쳐졌다.
④ 경기가 취소될 것이라는 소문이 퍼졌다.

23 종속적으로 이어진 문장의 예로 옳지 않은 것은?

① 우리는 저녁을 먹고서 잠자리에 들었다.
② 날이 저물면 그들이 움직이기 시작할 것이다.
③ 비가 오지 않아서 농부들은 걱정이 많았다.
④ 그는 확실히 테니스를 배웠거나 탁구를 배웠다.

24 밑줄 친 관형사절의 성격이 다른 것은?

① <u>내일 태풍이 온다는</u> 예보가 있다.
② <u>경찰에게 사건을 알려 주었다는</u> 기자가 왔다.
③ <u>그가 대학에 합격했다는</u> 소식이 들려왔다.
④ 나는 그에게 <u>계약이 성사되었다는</u> 보고를 했다.

25 인용절에 관한 설명으로 옳은 것은?

① 직접 인용 표지 '(이)라고'는 부사형 어미이다.
② 의성어를 인용하는 경우에는 직접 인용의 '(이)라고'를 쓴다.
③ 간접 인용절에서는 감탄형 종결어미가 실현될 수 없다.
④ 직접 인용절에서는 인용되는 문장의 인칭 대명사나 시간 표현이 달라진다.

26 주체 높임법을 올바르게 사용하지 않은 것은?

① 어머니는 무릎이 아프시다.
② 선생님은 작년에 태어난 따님이 계십니다.
③ 아버지께서 할아버지께 선물을 드리셨습니다.
④ 이 선생님, 김 선생님께서 지금 오시라십니다.

27 발화시 기준으로 안긴문장의 시제 해석이 현재인 것은?

① 마지막에 면접 보는 사람은 좋겠다.
② 나는 들판에서 달리는 말을 보았다.
③ 우리는 내일 출발하는 줄 몰랐다.
④ 저기에서 밥을 먹는 사람이 내 동생이다.

28 피동문에 관한 설명으로 옳은 것은?

① 모든 능동문에는 이에 대응하는 피동문이 있다.
② '-어지다'는 자동사나 형용사에 결합하지 못한다.
③ 피동문의 주어는 능동문에서 목적어로 나타날 수 있다.
④ '-어지다'에 의한 피동을 형태론적 피동이라고 한다.

29 '못' 부정문에 관한 설명으로 옳지 않은 것은?

① 의도를 나타내는 '-려고 하다', '-고자 하다' 구성에 잘 쓰이지 않는다.
② 형용사가 서술어일 때, 단형 부정으로 쓰여 기대치에 미치지 못함을 나타낸다.
③ '후회하다', '걱정되다'와 같이 화자의 의지를 상정하기 어려운 서술어와 잘 어울리지 못한다.
④ 능력이 부족하거나 외부 환경이 적절하지 못해 그 행위가 일어나지 못하는 것을 표현한다.

30 밑줄 친 단어 중 한자어를 모두 고른 것은?

> ㄱ. 실수에 대해 그는 <u>사과</u>도 없었다.
> ㄴ. 언니가 몸이 약해서 정말 <u>걱정</u>이다.
> ㄷ. 선생님께서 <u>칠판</u>에 수학 공식을 적으셨다.
> ㄹ. 그녀는 삼 년 내내 남편의 <u>수발</u>을 들고 있다.
> ㅁ. 짐승도 제 새끼 귀한 줄 아는데, <u>하물며</u> 사람이야.
> ㅂ. 그 사람은 <u>도대체</u> 이해할 수가 없다.

① ㄱ, ㄷ, ㅂ ② ㄱ, ㄹ, ㅂ
③ ㄴ, ㄷ, ㅁ ④ ㄴ, ㄹ, ㅁ

31 구성 요소 간의 의미 관계가 나머지와 다른 것은?

① 뱃머리 ② 톱니
③ 병목   ④ 주걱턱

32 같은 어종(語種)의 단어로 짝지어진 것은?

> ㄱ. 어차피   ㄴ. 학교
> ㄷ. 라디오   ㄹ. 김밥
> ㅁ. 아버지   ㅂ. 마담

① ㄱ, ㄴ ② ㄱ, ㅁ
③ ㄷ, ㄹ ④ ㅁ, ㅂ

33 완곡어의 예로 옳은 것은?

① 부추 - 정구지
② 아버지 - 부친
③ 공갈 - 거짓말
④ 천연두 - 마마

34 두 가지 이상의 어종(語種)으로 이루어진 혼종어는?

① 색종이
② 누리꾼
③ 전자우편
④ 에어컨

35 의미 관계가 상하 관계가 아닌 것은?

① 채소 - 당근
② 어류 - 붕어
③ 나무 - 뿌리
④ 문구 - 볼펜

36 고유어의 특징에 관한 설명으로 옳지 않은 것은?

① 자음교체와 모음교체 현상이 있다.
② 문법적 기능을 하는 단어와 기초 어휘가 많다.
③ 의성어나 의태어, 색채어 표현이 발달해 있다.
④ 한자어에 비해 단일한 의미를 가지는 어휘가 많다.

37 고유어가 포함되지 않은 것은?

① 밥상
② 물약
③ 생선회
④ 냉국

38 밑줄 친 어휘의 품사가 나머지와 다른 것은?

① 인부들이 길을 <u>넓게</u> 했어요.
② 넌 <u>커서</u> 과학자가 되어라.
③ 벌써 날이 <u>밝는구나</u>!
④ 너도 이제 많이 <u>늙었군</u>.

39 관용 표현에 관한 설명으로 옳지 않은 것은?

① 발을 빼다 – 어떤 일에서 관계를 끊는다는 뜻으로 '손을 떼다'와 유의 관계이다.
② 손이 크다 – 씀씀이가 넉넉함을 표현하는 것으로 '발이 넓다'와 유의 관계이다.
③ 꼬리를 밟히다 – 행적이 들켰을 때 쓰는 표현으로 '들통이 나다'와 유의 관계이다.
④ 재를 뿌리다 – 일을 망치거나 방해한다는 뜻으로 '찬물을 끼얹다'와 유의 관계이다.

40 높임과 관련된 어휘의 설명으로 옳지 않은 것은?

① 고유어와 한자어가 대립할 경우 한자어가 존대어가 되는 경우가 많다.
② '말씀, 당신'은 상황에 따라 존대어가 되기도 하고 그러지 않기도 한다.
③ '저, 저희'는 화자 자신을 낮추는 겸양어이다.
④ '선생님, 아드님'은 존경의 대상을 직접 높이는 존대어이다.

41 '행동이나 행위'를 나타내는 사자성어가 아닌 것은?

① 지록위마(指鹿爲馬)　　② 금의야행(錦衣夜行)
③ 연목구어(緣木求魚)　　④ 구우일모(九牛一毛)

42 문장의 사건시가 나머지와 다른 것은?

① 나는 내년 봄에 유학을 떠난다.
② 지금쯤 한창 공부를 하고 있겠다.
③ 오는 토요일에 수지가 결혼하더라.
④ 부모님이 돌아오시면 나는 죽었다.

43 다음에서 드러나는 두 단어의 의미 차이가 보여 주는 의미의 유형은?

> '소금'과 '염화나트륨'은 동일한 대상을 가리키지만 사용되는 맥락이 다르다. 음식의 간을 맞출 때에는 '소금'을 넣는다고 하지만, 실험에 사용하는 소금은 '염화나트륨'이라 부른다.

① 주제적 의미　　② 개념적 의미
③ 사회적 의미　　④ 배열적 의미

44 반의어의 하위 유형이 같은 것끼리 묶인 것은?

① 신랑 – 신부, 사다 – 팔다
② 출석 – 결석, 넓다 – 좁다
③ 남자 – 여자, 부모 – 자식
④ 의사 – 환자, 크다 – 작다

45 ⓐ와 ⓑ의 밑줄 친 부분이 다의어 관계인 것을 모두 고른 것은?

> ㄱ. ⓐ 수염을 깎는 데 전기면도기를 <u>쓴다</u>.
>   ⓑ 어른에게는 존댓말을 <u>써야</u> 한다.
> ㄴ. ⓐ 자리에서 일어나며 기지개를 <u>켰다</u>.
>   ⓑ 그는 집에 들어오자마자 텔레비전을 <u>켰다</u>.
> ㄷ. ⓐ 아내는 언제나 손바닥이며 손등이 <u>거칠었다</u>.
>   ⓑ 말을 <u>거칠게</u> 한 점에 대해 사과드립니다.

① ㄱ, ㄴ ② ㄱ, ㄷ
③ ㄴ, ㄷ ④ ㄱ, ㄴ, ㄷ

46 밑줄 친 부분이 담화 표지의 성격을 지니는 것은?

① 철수는 배가 불러서 음식을 <u>좀</u> 남겼다.
② 빨리 <u>좀</u> 갑시다.
③ 끝마치려면 시간이 <u>좀</u> 걸릴 것이다.
④ 날씨가 <u>좀</u> 더워야 운동을 하지.

47 신정보와 구정보에 관한 설명으로 옳지 않은 것은?

① 신정보와 구정보의 판정은 그 정보가 청자의 의식 속에 있는지에 대한 화자의 판단에 의존한다.
② 담화에 신정보가 도입될 때는 주로 보조사 '은/는'이 붙고, 구정보에는 격조사 '이/가'가 붙는다.
③ 담화상의 신정보는 구정보와는 다르게 생략되기 어렵다.
④ 미지의 사항을 담고 있는 의문사는 신정보에 해당한다.

48 ㄱ~ㄹ의 전제 유발 장치에 관한 설명으로 옳은 것은?

> ㄱ. 철수는 테니스를 배우기 시작했다.
> ㄴ. 그녀는 작년에 고등학교를 마친 뒤 의과대학에 진학했다.
> ㄷ. 영희가 가장 가고 싶어 하는 곳은 스페인이다.
> ㄹ. 그는 동생이 거짓말을 한다고 생각했다.

① ㄱ: 동사 '시작하다'에 의해 그전에는 테니스를 배우고 있지 않았다는 전제가 유발된다.
② ㄴ: 부사어 '작년에'에 의해 그녀가 고등학교를 마쳤다는 전제가 유발된다.
③ ㄷ: '가장'이라는 부사에 의해 영희가 가고 싶어 하는 곳이 있다는 전제가 유발된다.
④ ㄹ: 동사 '생각하다'에 의해 동생이 거짓말을 한다는 전제가 유발된다.

49 다음 발화에 관한 설명으로 옳지 않은 것은?

> (A 은행 벽면 게시문)
> "우리 은행은 24시간 무장 경찰이 감시하고 있습니다."

① 간접 화행은 경고이다.
② 직접 화행은 진술이다.
③ 문장 유형은 평서문이다.
④ 명시적 수행 발화이다.

50 밑줄 친 부분이 질의 격률 위배를 피하기 위한 울타리 표현인 것은?

① <u>표현이 적절한지 잘 모르겠지만</u>, 선생님은 어린아이 같은 면이 있으셔.
② <u>직접 관련이 있는지는 잘 모르겠는데</u>, 그래도 옷차림을 보면 좀 알 수 있지 않을까?
③ <u>제가 잘못 보았을 수도 있지만</u>, 철수가 PC방으로 들어가고 있었어요.
④ <u>더 말할 필요가 있을까 싶지만</u>, 우린 이미 특별한 관계야.

51 대화의 청자가 화자의 의도에 잘 반응했다고 볼 때, 밑줄 친 부분 중 전달하고자 하는 의도를 표현하는 방식이 나머지와 다른 것은?

① (운동 마치고 집에 와서 엄마에게)
   아들: <u>아, 목마르다.</u>
   엄마: 자, 물 여기 있어.

② (추운 겨울, 실내로 들어오는 할머니에게)
   손자: 할머니, <u>여기 따뜻한 차가 있어요.</u>
   할머니: 그래, 고맙다.

③ (목적지까지 가는 길을 모를 때)
   행인 A: <u>시청은 어느 쪽으로 가야 하나요?</u>
   행인 B: 교차로 지나 오른쪽으로 가면 돼요.

④ (옷을 빌려 달라는 동생에게)
   언니: <u>너 나한테 옷 맡겨 뒀니?</u>
   동생: 알았어, 내 옷 입을게.

52 ㄱ~ㄹ과 같이 소리 나는 단어를 어문 규정에 맞게 표기하지 않은 것은?

| ㄱ. [눈꼽] | ㄴ. [잔뜩] |
| ㄷ. [등교낄] | ㄹ. [깍뚜기] |

① ㄱ: 눈곱 ② ㄴ: 잔뜩
③ ㄷ: 등교길 ④ ㄹ: 깍두기

53 어문 규정에 맞게 쓰인 것을 모두 고른 것은?

| ㄱ. 윗목 | ㄴ. 웃도리 |
| ㄷ. 웃돈 | ㄹ. 웃사람 |

① ㄱ, ㄷ ② ㄱ, ㄹ
③ ㄴ, ㄷ ④ ㄴ, ㄹ

54 외래어 표기법에 맞게 쓰이지 않은 것은?

① thriller: 스릴러
② workshop: 워크숍
③ English: 잉글리쉬
④ highlight: 하이라이트

55 맞춤법에 맞게 표기된 문장은?

① 땅이 질어서 우리는 조심스럽게 발을 딛었다.
② 황사로 인해 뿌얘졌던 하늘이 맑게 개었다.
③ 곰곰이 생각해 보면 그건 사실이 아니예요.
④ 이따가 잠깐 들를 테니 거기서 봬요.

56 표준어끼리 짝지어진 것은?

① 넷째 - 안절부절하다
② 냄비 - 덩굴
③ 바램 - 우레
④ 쌍둥밤 - 흐리멍덩하다

57 로마자 표기법에 맞는 표기를 모두 고른 것은?

ㄱ. 강릉[강능] - Gangneung	ㄴ. 팔당[팔땅] - Paldang
ㄷ. 광희문[광히문] - Gwanghimun	ㄹ. 집현전[지편전] - Jipyeonjeon
ㅁ. 속리산[송니산] - Songnisan	

① ㄱ, ㄴ, ㄹ
② ㄱ, ㄴ, ㅁ
③ ㄱ, ㄷ, ㄹ
④ ㄴ, ㄷ, ㅁ

58 중세국어 이후 소멸한 자음 중 다음의 불규칙 활용과 관계가 깊은 것은?

| 짓고, 짓더라 ~ 지어, 지으니　　　굿고, 굿더라 ~ 그어, 그으니 |

① ㅸ
② ㆆ
③ ㅿ
④ ㆅ

59 근대국어 시기에 나타난 음운 변화로 볼 수 없는 것은?

① 어딜다[仁] → 어질다
② 아츰[朝] → 아침
③ 치뷔[寒] → 치위
④ 믈[水] → 물

60 훈민정음에 관한 설명으로 옳지 않은 것은?

① 1443년 세종에 의해 친히 창제되어 1446년에 반포되었다.
② 문자 '훈민정음'에 대해 해설한 책으로 《훈민정음》이 발간되었다.
③ 모음의 기본자는 '천, 지, 인' 삼재(三才)를 상형의 대상으로 삼아 만들었다.
④ 국가의 공식 문서에서 한자를 대체하려는 목적으로 만들어진 것이다.

제2영역 일반언어학 및 응용언어학

61 문자의 발달에 관한 설명으로 옳은 것은?

① 상형문자: 고대 이집트의 상형문자는 표의문자와 표음문자가 혼재된 형태의 문자이다.
② 단어문자: 자음과 모음이 결합된 것으로 일본의 가나(假名)문자가 대표적인 예이다.
③ 설형문자: 쐐기 모양의 문자로 수메르문자로도 불리며 그림문자의 초기 단계에 해당하는 문자이다.
④ 음소문자: 자음과 모음으로 나뉘며 음소의 음성 자질이 문자의 자형에 구조적으로 반영되어 있는 문자로 중국의 한자가 대표적인 예이다.

62 전산언어학의 연구 영역이 아닌 것은?

① 음성 인식
② 기계 번역
③ 문서요약 시스템 개발
④ 선사시대의 조어 재구

63 형태소에 관한 설명으로 옳지 않은 것은?

① '-었-', '-s' 등은 독립적으로 쓰일 수 없는 실질 형태소이다.
② '물', 'book' 등은 개방부류에 속하는 형태소이다.
③ '오솔길'의 '오솔-', 'cranberry'의 'cran-'과 같이 극소수의 단어에만 나타나는 형태소를 유일 형태소라고 한다.
④ '신-신다', 'hit(명사)-hit(동사)' 등을 파생 관계로 파악하면 영(零) 형태소를 분석해 낼 수 있다.

64 응용언어학의 하위 분야에 해당하는 설명이 아닌 것은?

① 대량의 말뭉치를 구축하여 실제 용례를 기반으로 한 사전을 편찬한다.
② 외국인을 대상으로 한국어 교수 자료를 개발하고 언어 사용을 분석한다.
③ 모어 화자들의 발음을 조사하여 해당 언어의 음소 목록을 작성한다.
④ 자연언어 처리 기술을 활용하여 인터넷 사용자의 글에서 고빈도의 어휘와 분포를 분석한다.

65 오류 분석에 관한 설명으로 옳은 것은?

① 오류 분석은 학습자의 체계적인 오류와 비체계적인 실수를 함께 연구 대상으로 한다.
② 한국인이 영어를 처음 학습하면서 'f'나 'th' 발음에서 오류를 범하는 것은 '언어 내 오류'이다.
③ "The girl comed yesterday."에 나타난 과거시제 오류는 과잉일반화의 오류에 해당한다.
④ 어떤 학습자의 발화에서 특정 문법 항목의 오류가 전혀 보이지 않는다면 문법 습득이 완성된 것으로 간주한다.

66 언어 조정(accommodation) 이론 중 수렴(convergence)의 예로 옳은 것은?

① 외국인에게 우호적으로 다가갈 때는 말을 천천히 한다.
② 가까운 친구들끼리도 의견을 달리할 때 격식체의 말투를 쓴다.
③ 교사가 학생들에게 어려운 학습 내용을 교수할 때 자신의 독특한 경험을 통해 설명한다.
④ 시골 출신자가 도시 사람의 태도가 마음에 들지 않아 자기 지역의 사투리를 의도적으로 쓴다.

67 언어의 위세(prestige)에 관한 설명으로 옳은 것은?

① 비표준 방언은 남자다움과 관련하여 '드러난 위세'를 갖는다.
② 대개 젊은 세대는 비규범적인 언어를 사용함으로써 '숨겨진 위세'를 취한다.
③ 사회경제적으로 지배적인 계층에서 사용하는 변이형은 주로 '숨겨진 위세'를 지닌다.
④ 사회의 대다수의 구성원에게 높은 가치를 지니는 언어들은 대개 '숨겨진 위세'를 지닌다.

68 심리언어학에서 진행되는 외국어 습득에 관한 직접적 연구가 아닌 것은?

① 시선추적(eye-tracking)을 통해 학습자들이 읽기 처리에 이용하는 단서와 소요 시간을 관찰한다.
② 기능-자기공명영상(f-MRI)이나 사건관련전위(ERP)를 활용하여 학습자들의 뇌 신경망 구조를 밝힌다.
③ 자기조절읽기과제(self-paced reading task)를 통해 실시간으로 일어나는 학습자들의 문장 처리를 관찰한다.
④ 특정 구문의 입력 제공이 이후 학습자들의 해당 구문 생산에 영향을 끼치는지를 구문 점화효과(structural priming effect)를 통해 확인한다.

69 언어 사용과 관계되는 뇌 손상 및 언어장애에 관한 설명으로 옳지 않은 것은?

① 심한 말더듬증은 뇌 좌반구에 있는 언어 기획 관장 조직과 발음 관장 조직을 연결하는 섬유로의 구조 결함에서 비롯된다.
② 브로카(Broca) 영역에 손상을 입으면 언어 생산 전반에 어려움이 발생하는 실어증이 생긴다.
③ 난독증은 글을 읽는 데 어려움이 발생하는 증상으로 왼쪽 뇌에 있는 신경 연결 회로의 문제에서 비롯된다.
④ 베르니케(Wernicke) 영역에 손상을 입으면 어휘 선정이나 언어 이해에는 문제가 없으나 유창성에 문제가 생긴다.

70 함축(implicature)에 관한 설명으로 옳은 것은?

① 하나의 문장이나 발화가 성립하기 위해서 반드시 가정되어야 하는 배경적인 내용을 말한다.
② 명시적으로 말하지 않았으나 발화의 맥락을 고려할 때 화자가 의도한 것으로 볼 수 있는 의미를 말한다.
③ 어휘나 문법 요소의 의미가 '지금·여기'라는 발화 상황에 직접 의존하여 다르게 해석되는 현상을 말한다.
④ 어떤 발화를 둘러싼 그 발화의 산출 및 이해와 관련이 있는 것들의 총체를 말한다.

71 의미 관계의 예로 옳은 것은?

① 동의 관계: '눈(眼)-눈(雪)', 'die-dead'
② 반의 관계: '남성-여성', 'lend-borrow'
③ 상하 관계: '아버지-아들', 'fruit-apple'
④ 동음이의 관계: '(사람의) 다리-(안경의) 다리', 'mouth (of the tiger)-mouth (of the river)'

72 다음의 구성이 가지는 문법적 성격에 관한 설명으로 옳은 것은?

> ㄱ. old men and women
> ㄴ. 내가 만난 아이의 아버지

① ㄱ과 ㄴ에는 성·수 일치 현상이 나타난다.
② ㄱ과 ㄴ의 구성 성분은 모두 필수 성분이다.
③ ㄱ과 ㄴ은 구조적 중의성을 보인다.
④ ㄱ과 ㄴ은 관계절을 포함한 구성이다.

73 아동의 언어 습득 과정에서 나타나는 일반적 특성이 아닌 것은?

① 아기의 옹알이에는 주변 언어의 운율적 특성이 드러난다.
② 아기는 울음을 통해 성대와 폐의 근육을 키우며 발화할 준비를 한다.
③ 한 단어도 말할 수 없는 아동이라도 주변의 언어를 듣고 반응할 수 있는 능력이 있다.
④ 아기의 한 단어 발화는 주로 사물의 명칭으로 이루어지며 맥락과 독립된 지시적 의미를 갖는다.

74 발화가 이루어지는 전체 과정을 순서대로 옳게 나열한 것은?

① 공식화 → 개념화 → 조음 → 자기 점검
② 개념화 → 자기 점검 → 공식화 → 조음
③ 개념화 → 공식화 → 조음 → 자기 점검
④ 자기 점검 → 개념화 → 공식화 → 조음

75 단어 층위에서 의미의 변별 기능을 하지 않는 것은?

① 한국어의 억양　　② 베트남어의 성조
③ 일본어의 장단　　④ 영어의 강세

76 대조언어학 및 그 인접 학문에 관한 설명으로 옳은 것은?

① 대조언어학은 언어의 개별성을 중시하고 언어 간의 차이점을 연구한다.
② 언어유형론은 실용적인 분야의 활용을 목적으로 언어의 특이성을 연구한다.
③ 역사비교언어학은 외국어 교육을 목적으로 언어 간의 차이점을 연구한다.
④ 대조언어학과 언어유형론은 모두 출발언어(source language)와 도착언어(target language) 두 언어를 대상으로 한다.

77 격(case)에 관한 설명으로 옳지 않은 것은?

① 영어는 명사의 경우 중국어와 같이 어순으로 격을 알 수 있다.
② 일본어는 한국어와 같이 결합하는 조사로 격을 알 수 있다.
③ 독일어는 러시아어와 같이 결합하는 후치사로 격을 알 수 있다.
④ 프랑스어는 인칭 대명사의 경우 라틴어와 같이 굴절로 격을 알 수 있다.

78 제2언어 학습 과정에서 나타나는 모어의 영향에 관한 설명으로 옳은 것은?

① 학습자의 모어가 긍정적 영향을 미치는 현상을 '간섭'이라고 한다.
② 모어와 제2언어의 차이가 크면 클수록 부정적 영향은 그에 비례하여 크게 발생한다.
③ 모어의 지식이 제2언어 학습에 영향을 미치는 현상을 '언어 간 전이'라고 한다.
④ 중국인 한국어 학습자는 한국어의 한자어 학습에 유리하여 부정적 영향을 받지 않는다.

79 밑줄 친 외국인 학습자의 조사와 어미 사용 오류 중 대치의 오류가 아닌 것은?

① 나는 <u>호랑이를</u> 무서워요.
② 동생은 <u>친구에</u> 선물을 주었어요.
③ 선생님, <u>만나고</u> 반가워요.
④ 어제는 빵이 <u>없었어서</u> 우유만 마셨어요.

80 제2언어 학습 과정에 관한 설명으로 옳은 것을 모두 고른 것은?

ㄱ. 제2언어의 학습은 일반적으로 학습자의 지능과 동기(motivation) 중에 지능의 영향을 더 크게 받는다.
ㄴ. 학습자의 완전하지 않은 언어는 나름의 체계성을 갖추고 있어서 중간언어(interlanguage)로 불린다.
ㄷ. 잘못된 형태의 사용이 고착되어서 반복되고 더 이상 수정이 어렵게 된 것을 화석화(fossilization)라고 한다.
ㄹ. 한국어 교육기관에서는 어떤 학습자가 특정 문법 항목을 정확하게 구사하다가 부정확하게 사용하는 퇴행을 보인다면 관련 교육과정을 전반적으로 수정하여야 한다.

① ㄱ, ㄴ
② ㄴ, ㄷ
③ ㄷ, ㄹ
④ ㄱ, ㄷ, ㄹ

제3영역 | 한국 문화

01 금줄에 관한 설명으로 옳지 않은 것은?

① 인줄이라고도 한다.
② 악귀를 쫓는 기능을 한다.
③ 장, 술 등을 담글 때 친다.
④ 한반도에서만 나타나는 풍습이다.

02 전통 음악 시나위의 특징으로 옳지 않은 것은?

① 무대화된 기악합주곡이다.
② 무속음악에 뿌리를 두었다.
③ 정악 혹은 당악으로 분류된다.
④ 심방곡 혹은 신방곡이라 부른다.

03 산대놀이에 관한 설명으로 옳지 않은 것은?

① 중국 사신을 영접할 때 공연되기도 하였다.
② 해서탈춤과 유사하지만 노장과장이 빠져 있다.
③ 서울 및 인근의 경기도에서 전승되던 가면극이다.
④ 시간의 제한이 없어 새벽까지 이어지기도 하였다.

04 의궤에 관한 설명으로 옳지 않은 것은?

① 의궤는 의식의 규범이라는 뜻이다.
② 반차도는 의례의 행렬을 표현했다.
③ 유교의 가르침을 모아 놓은 경전이다.
④ 조선왕조 의궤는 2007년에 세계기록유산으로 등재되었다.

05 조선 왕릉에 관한 설명으로 옳지 않은 것은?

① 정자각은 제향을 지내는 건물이다.
② 능은 왕과 왕비의 무덤을 가리킨다.
③ 홍살문은 신성한 장소임을 알리는 문이다.
④ 참도 중 어도는 혼이 다니는 길을 가리킨다.

06 〈몽유도원도〉에 관한 설명으로 옳지 않은 것은?

① 찬문(讚文)이 곁들여 있다.
② 화선지에 그린 수묵화이다.
③ 세종 대에 안견이 그린 작품이다.
④ 안평대군이 꿈을 꾼 후 그 내용을 그리게 한 것이다.

07 다음 설명에 해당하는 저서는?

- 정약용이 저술한 형법서이다.
- 조선시대 살인사건의 판례를 살필 수 있는 자료이다.

① 《과농소초》　　　　② 《임관정요》
③ 《흠흠신서》　　　　④ 《목민심서》

08 문화 유적과 문화 체험의 내용을 연결한 것으로 옳은 것은?

① 하회마을 – 선사시대 생활 체험
② 남한산성 – 조선의 대외 항쟁 이해
③ 몽촌토성 – 고구려인의 생활 체험
④ 광릉 – 정조의 효심과 개혁 사상 이해

09 김치에 관한 설명으로 옳지 않은 것은?

① 딤채, 짐채로도 불렸다.
② 채소류를 주재료로 한다.
③ 신라시대부터 고춧가루를 양념으로 넣었다.
④ 고려시대 문헌인 《동국이상국집》에 관련 기록이 있다.

10 창극에 관한 설명으로 옳은 것은?

① 창극은 해방 이후에 사라졌다.
② 창극의 주요 작품으로는 〈장한몽〉이 있다.
③ 창극은 일본의 근대극을 이어받은 대중 연극이다.
④ 창극은 여러 명의 창자가 배역을 분담하여 공연한다.

11 한국에서 영화로 제작·상영된 소설이 아닌 것은?

① 박범신, 《나마스테》
② 황석영, 《삼포 가는 길》
③ 박완서, 《그해 겨울은 따뜻했네》
④ 이문열, 《우리들의 일그러진 영웅》

12 문화 공간과 소재지의 연결이 옳지 않은 것은?

① 김유정 문학촌 - 춘천
② 이효석 문학관 - 평창
③ 박경리 문학공원 - 원주
④ 황순원 문학촌 소나기 마을 - 정선

13 한국의 지리 환경에 관한 설명으로 옳지 않은 것은?

① 남해안은 섬들이 많아 다도해라 일컫는다.
② 울릉도는 화산섬으로 조면암, 현무암 등으로 되어 있다.
③ 북동쪽이 낮고 남서쪽이 높은 서고동저(西高東低)형이다.
④ 해발고도가 높은 산간 지역에서는 고랭지 작물이 재배되고 있다.

14 한국의 근대 교육기관에 관한 설명으로 옳은 것은?

① 배재학당은 최초의 사립 고등 교육기관이다.
② 원산학사는 최초의 근대적 공립 교육기관이다.
③ 갑오개혁 이후 근대적 교육 제도가 마련되었다.
④ 육영공원은 미국인 선교사가 설립한 사립 교육기관이다.

15 유적과 소재지의 연결이 옳지 않은 것은?

① 광한루 - 진주
② 공산성 - 공주
③ 오죽헌 - 강릉
④ 마니산 참성단 - 강화

16 재외동포에 관한 설명으로 옳지 않은 것은?

① 재외동포재단은 1997년에 발족되었다.
② 2019년 기준 국내체류 외국 국적 동포의 국적은 중국이 가장 많다.
③ 재외동포의 법적 지위를 보장하기 위해 1999년에 재외동포의 출입국과 법적 지위에 관한 법률이 제정되었다.
④ 재외동포의 출입국과 법적 지위에 관한 법률에 따르면 한국 국적을 가진 해외영주권자는 재외동포가 아니다.

17 한국의 신화에 관한 설명으로 옳은 것은?

① 〈가락국기〉, 〈바리공주〉는 건국신화이다.
② 《삼국유사》에 따르면 김수로는 알에서 태어났다.
③ 건국신화는 비극적 세계관을 중심 토대로 삼고 있다.
④ 《삼국사기》에 따르면 주몽은 풍백, 운사, 우사를 거느리고 지상에 내려왔다.

18 민요에 관한 설명으로 옳은 것을 모두 고른 것은?

> ㄱ. 기능요는 노동요, 의식요, 유희요로 나눌 수 있다.
> ㄴ. 선후창을 할 때 가사를 선택할 수 있는 권리는 후창자에게만 있다.
> ㄷ. 대표적인 유희요로는 〈지신밟기요〉를 들 수 있다.
> ㄹ. 〈상여메기노래〉는 노동요인 동시에 의식요이다.

① ㄱ, ㄴ
② ㄱ, ㄹ
③ ㄴ, ㄷ
④ ㄷ, ㄹ

19 다음 시조의 작자는?

> 靑山는 엇뎨ᄒᆞ야 萬古애 프르르며
> 流水는 엇뎨ᄒᆞ야 晝夜애 긋디 아니는고
> 우리도 그치디 마라 萬古常靑 호리라

① 이황
② 김시습
③ 김천택
④ 원천석

20 다음 시를 발표한 작가의 작품은?

> 죽는 날까지 하늘을 우러러
> 한 점 부끄럼이 없기를,
> 잎새에 이는 바람에도
> 나는 괴로워했다.
> … (하략) …

① 〈참회록〉
② 〈귀촉도〉
③ 〈청포도〉
④ 〈산유화〉

제4영역 외국어로서의 한국어 교육론

21 한국어 교육의 목표로 옳지 않은 것은?

① 한국어에 대한 전문적 지식을 통해 정확한 언어 분석 능력을 기르도록 한다.
② 한국 사회와 문화를 이해하고 한국에 대해 우호적인 태도를 갖도록 한다.
③ 한국어를 이용해 자신의 전문 분야에서 필요한 기능을 수행할 수 있도록 한다.
④ 한국어로 된 다양한 정보를 이해하고 활용할 수 있도록 한다.

22 한국어 교육 관련 기관에서 하는 업무로 옳지 않은 것은?

① 한국국제교류재단은 한국학 관련 사업 지원, Korea Festival・전시 등 해외 문화 예술 행사 개최 사업을 하고 있다.
② 한국국제협력단은 '스터디 코리안' 사이트를 활용하여 개발도상국 대상 한국어 연수 사업을 하고 있다.
③ 재외동포재단은 재외 한글학교 지원, 한글학교 교사 연수 지원, 전문 강사 파견 사업 등을 하고 있다.
④ 국립국제교육원은 재외동포 교육과 국제 교육 교류・협력을 위하여 외국인 유학생의 초청・유치・지원을 하고 있다.

23 외국어 교수법에 관한 설명으로 옳지 않은 것은?

① 의사소통식 교수법은 언어를 구조적 요소들의 조직체보다는 의사소통의 도구로 인식한다.
② 전신 반응 교수법에서 교사는 학습자의 이해 능력보다 표현 능력에 초점을 두고 교육한다.
③ 내용 중심 교수법은 목표 언어의 학습과 특정 교과 내용의 학습을 통합하는 방법이다.
④ 침묵식 교수법에서 교사는 피델 차트와 같은 교구를 사용하여 발음을 교육한다.

24 한국어교원의 자격에 관한 설명으로 옳은 것은?

① 국어 기본법 제19조 제2항에 의거하여 교육부장관이 한국어교원의 자격을 부여할 수 있다.
② 국어 기본법 시행령 제13조에 한국어교원 자격 부여에 대해 1급에서 3급까지 규정하고 있다.
③ 외국 국적자의 경우 한국어교원 3급 취득 후 한국어능력시험(TOPIK) 6급을 받으면 2급으로 승급된다.
④ 한국어교원 2급 자격을 취득한 후 한국어 교육기관에서 3년 이상 근무하면서 총 2,000시간 이상 경력이 있는 사람은 한국어 교원 1급으로 승급된다.

25 한국어능력시험(TOPIK)에 관한 설명으로 옳은 것은?

① 두 종류의 시험으로 구성되며, TOPIK I 은 1급부터 3급을, TOPIK II는 4급부터 6급을 평가한다.
② 지필고사(PBT) 방식에서 2019년 이후 컴퓨터 기반 시험(CBT)으로 개편되었다.
③ 말하기 평가는 면 대 면 인터뷰 시험 형태로 2020년부터 시행되고 있다.
④ TOPIK I 은 듣기, 읽기 영역으로 구성되어 있고 TOPIK II는 듣기, 읽기, 쓰기 영역으로 구성되어 있다.

26 국어 기본법령상 한국어 교육 경력 인정 기관에 해당하지 않는 것은?

① 외국어로서의 한국어를 가르치는 국가, 지방자치단체 또는 외국 정부기관
② 외국어로서의 한국어 수업이 개설된 국내외 초·중·고등학교
③ 시도교육청의 인가를 받은 사설 한국어 교육 전문 교습소 및 어학원
④ 재한외국인 처우 기본법 제21조에 따라 외국인정책에 관한 사업을 위탁받은 비영리법인 또는 비영리단체

27 게브하드(J. Gebhard)가 분류한 교사 질문 유형에 대한 예시로 옳지 않은 것은?

① 참조형 질문: 미나 씨, 어떤 음식을 좋아해요?
② 전시형 질문: 지금 보는 이 옷은 무슨 색이에요?
③ 이해 확인형 질문: 지금 선생님이 말한 거 다시 말해 볼까요?
④ 발화 내용 확인형 질문: 제가 방금 설명했어요. 어려워요?

28 세종학당에 관한 설명으로 옳은 것을 모두 고른 것은?

> ㄱ. 세종학당의 표준 교재 《세종한국어》는 초급 2권과 중급 2권으로 개발되었다.
> ㄴ. 세종학당재단은 국어 기본법 제19조의 2에 근거해 2012년 10월에 설립되었다.
> ㄷ. 세종학당 교육과정은 '국제 통용 한국어 교육 표준 모형'을 기반으로 하고 있다.
> ㄹ. 누리-세종학당에서는 온라인 진단 평가를 운영하여 학습자에게 적합한 교육과정을 추천해 준다.

① ㄱ, ㄴ
② ㄷ, ㄹ
③ ㄱ, ㄴ, ㄷ
④ ㄴ, ㄷ, ㄹ

29 브라운(J. Brown)의 제2언어 교육과정 개발 모형의 단계로 옳은 것은?

> ㄱ. 수업 실시에 대한 고려
> ㄴ. 교수·학습 목적에 대한 고려
> ㄷ. 학습자 요구분석에 대한 고려
> ㄹ. 교재 개발에 대한 고려
> ㅁ. 언어 능력 평가 도구에 대한 고려

① ㄴ - ㄷ - ㄱ - ㄹ - ㅁ
② ㄴ - ㄷ - ㄹ - ㄱ - ㅁ
③ ㄷ - ㄴ - ㄹ - ㅁ - ㄱ
④ ㄷ - ㄴ - ㅁ - ㄹ - ㄱ

30 과정 지향적 교수요목을 모두 고른 것은?

ㄱ. 과제 중심 교수요목	ㄴ. 기능 중심 교수요목
ㄷ. 개념 중심 교수요목	ㄹ. 절차 중심 교수요목

① ㄱ, ㄴ
② ㄱ, ㄹ
③ ㄴ, ㄷ
④ ㄷ, ㄹ

31 과제 중심 교수요목에 관한 설명으로 옳지 않은 것은?

① 기능을 수행하는 데 필요한 학습 기술을 중심으로 교육 내용을 구성한다.
② 학습자들의 활발한 상호 작용을 이끌어 낼 수 있는 활동을 구성한다.
③ 언어 항목 중심 교수요목의 문제점을 인식하고 의사소통 단위에 초점을 둔다.
④ 학습자의 언어 수행 결과가 아닌, 학습을 하는 과정에 초점을 둔다.

32 다음과 같은 현상을 설명할 수 있는 용어로 옳은 것은?

글쓰기 채점 결과, 글의 내용이 유사한 답안지 중 글씨를 깨끗하고 예쁘게 쓴 답안지가 그렇지 않은 답안지에 비해 더 높은 점수를 받았다.

① 원형 효과(prototype effect)
② 천장 효과(ceiling effect)
③ 후광 효과(halo effect)
④ 바닥 효과(floor effect)

33 언어 평가의 요건에 관한 설명으로 옳은 것은?

① 평가의 신뢰도 확보를 위해 평가 문항의 수가 많지 않아야 한다.
② 평가의 타당도는 시간, 경비, 자원의 효율성을 중심으로 측정한다.
③ 평가의 타당도는 평가 결과가 문항 개발에 영향을 미치는 정도를 의미한다.
④ 평가의 신뢰도는 반복된 동일한 평가에서 결과가 유사할수록 높아진다.

34 평가 문항 개발에 관한 설명으로 옳지 않은 것은?

① 이해 영역 문항은 한 문항 속에 둘 이상의 평가 요소가 포함되는 것을 지향한다.
② 이해 영역 문항은 실제성이 반영된 텍스트 자료를 선정·가공하여 구성한다.
③ 표현 영역 문항에서는 말하거나 쓰는 시간 제한, 배점과 평가 기준 등을 명시한다.
④ 표현 영역 문항의 지시문은 간단명료하게 하여 수험자의 이해에 어려움이 없게 한다.

35 다음 평가 문항 형식에서 폐쇄형 문항은?

① 제한된 형태의 반응을 유도하는 단답형
② 수험자에게 양자택일을 요구하는 진위형
③ 중요하고 적절한 내용을 채우는 완성형
④ 찬성과 반대에 대한 입장을 표현하는 논술형

36 다음 내용과 관련되는 평가의 요건은?

> 한국어 고급 쓰기 시험에서 '주어진 주제로 글쓰기'와 같은 문제를 출제하여 글의 조직, 내용의 적절성, 어휘·문법의 사용 능력을 측정하고자 한다.

① 안면 타당도　　　　　　　② 기준 타당도
③ 예측 타당도　　　　　　　④ 구인 타당도

37 환류 효과(washback effect)에 관한 설명으로 옳은 것은?

① 교육과정에서 평가 준비를 위한 분류 방법을 의미한다.
② 평가가 교육 전반에 미치는 긍정적이거나 부정적인 파급 효과를 말한다.
③ 학습자의 개인적 성향이 평가 결과에 미치는 효과를 의미한다.
④ 평가를 위한 학습자의 요구 분석 방법론을 말한다.

38 언어 평가 유형별 목적에 관한 설명으로 옳지 않은 것은?

① 진단 평가는 학습자의 강점과 약점을 이해하기 위한 목적으로 실시한다.
② 배치 평가는 학습자를 수준에 맞는 그룹에 배정하기 위한 목적으로 실시한다.
③ 형성 평가는 학습자의 전반적인 언어 능력 측정을 목적으로 한다.
④ 성취도 평가는 학습 목표에 대해 얼마나 도달하였는지를 측정하기 위해 실시한다.

39 과제 중심 언어 교수법에 관한 설명으로 옳지 않은 것은?

① 과제는 실생활 과제와 교육적 과제로 구분된다.
② 수업은 '과제 전 활동 – 과제 활동 – 과제 후 활동'으로 진행된다.
③ 학습자의 수행 능력에 따라 과제의 교육적 효과가 각기 다르다.
④ 언어 입력과 언어 출력을 구분하여 분절적이며 순차적으로 과제를 제공한다.

40 다음과 같은 특징을 보이는 외국어 교수법은?

- 언어 형태 학습에 중심을 두고 가르치며 어휘를 통제한다.
- 문형 연습을 통해 오류를 최소화하고 오류를 즉시 교정한다.
- 언어는 습관 형성이라는 행동주의 심리학에 기반을 두고 있다.
- 기계적 훈련을 통해 정확한 발음을 할 수 있게 교육한다.

① 문법 번역식 교수법
② 전신 반응식 교수법
③ 청각 구두식 교수법
④ 총체적 언어 교수법

41 플립러닝(flipped learning)에 관한 설명으로 옳지 않은 것은?

① 학습자 중심의 수업으로 자기 주도 학습이 가능하다.
② 교실 수업은 교사의 강의보다 토론 및 과제 활동을 중심으로 진행된다.
③ 모든 학생에게 동일한 학습 자료가 제공되므로 동일 수준의 학습자들을 대상으로 한 수업에 적합하다.
④ 학습자는 교사가 제공한 학습 자료를 사전에 학습한 후 교실 수업에 참여한다.

42 크라센(S. Krashen)의 자연적 접근법에 관한 설명으로 옳지 않은 것은?

① 언어의 형태에 대한 정확한 지식의 학습을 중시한다.
② 외국어 학습에서 이해 가능한 언어 입력(i+1)을 강조한다.
③ 문법 구조의 습득은 예상할 수 있는 순서대로 진행된다.
④ 학습된 지식은 습득된 언어 체계의 발화를 점검·교정하는 역할을 수행한다.

43 발음 지도의 일반적인 단계를 옳게 나열한 것은?

> ㄱ. 학습자가 일으킨 발음 오류의 문제점을 진단하고 오류의 원인을 찾아 교정해 준다.
> ㄴ. 학습자 모국어와 대조하여 한국어 음소의 대립을 청각적으로 구분하게 한다.
> ㄷ. 음성기관의 그림이나 모형, 교사의 발음 동작 등을 이용하여 한국어 발음의 특징을 간략하게 설명한다.
> ㄹ. 쉬운 발음부터 실제로 발음하고 연습하게 한다.

① ㄱ - ㄴ - ㄷ - ㄹ
② ㄴ - ㄷ - ㄹ - ㄱ
③ ㄷ - ㄹ - ㄴ - ㄱ
④ ㄹ - ㄱ - ㄷ - ㄴ

44 언어권별 학습자의 일반적인 발음 오류에 관한 설명으로 옳은 것은?

① 영어권 학습자는 종성 /ㄴ, ㅁ, ㅇ/을 잘 구별하지 못한다.
② 중국어권 학습자는 자음과 자음이 만날 때 일어나는 음운 현상을 어려워한다.
③ 일본어권 학습자는 /ㄴㄴ/을 한 음소로 생각하여 /ㄴ/으로 발음하거나 두 /ㄴ/ 중 하나를 약하게 발음한다.
④ 베트남어권 학습자는 종성 /ㄱ, ㅂ/을 탈락시킨다.

45 밑줄 친 부분의 발음에 나타나는 경음화를 일반화하여 설명한 것으로 옳은 것은?

> 아프면 <u>참지</u> 말고 병원에 가세요.

① 용언의 활용형에서 비음 뒤의 'ㄷ, ㅈ, ㄱ'은 각각 [ㄸ, ㅉ, ㄲ]으로 발음하다.
② 공명음으로 끝난 동사 뒤의 장애음은 경음으로 발음한다.
③ 비음으로 끝난 용언 뒤의 어미의 첫소리 'ㄱ, ㄷ, ㅂ, ㅅ, ㅈ'을 각각 [ㄲ, ㄸ, ㅃ, ㅆ, ㅉ]으로 발음한다.
④ 동사나 형용사의 끝소리가 'ㄴ, ㅁ'일 때 어미의 첫소리를 경음으로 발음한다.

46 발음 지도 내용으로 옳은 것은?

① '왼쪽'과 '웬일'의 첫 음절의 모음을 똑같이 발음하게 한다.
② '잃었겠네'에서 ㄴ 첨가가 일어난 발음을 하게 한다.
③ '맺혀 있는데'를 [매쳐 인는데]로 정확히 발음하게 한다.
④ '갔습니다'와 '같습니다'의 분절음은 똑같이, 초분절음은 서로 다르게 발음하게 한다.

47 발음 교육의 원리에 관한 설명으로 옳지 않은 것은?

① 원어민 수준의 발음을 목표로 하기보다 이해 가능한 수준의 발음을 목표로 하는 것이 좋다.
② 학습자가 이해하기 쉽고 단순한 규칙으로 제시하는 것이 효과적이다.
③ 초급에서 발음 오류에 대한 교정을 강조해 학습자의 노력을 유도한다.
④ 발음 교육은 초급에서 완성되기 어려우므로 학습 단계가 올라가면서 순환적으로 실시한다.

48 발음 교수법에 관한 설명으로 옳지 않은 것은?

① 청각 구두식 교수법에서는 모범적인 발음, 음성학적 정보, 최소대립쌍을 활용한다.
② 직접 교수법에서는 원어민의 발음을 듣고 따라하는 방법으로 발음을 잘 익힐 수 있다고 본다.
③ 의사소통 중심 교수법에서는 억양, 강세, 발화 속도, 휴지와 같은 요소의 실현보다 분절음과 음절의 정확한 발음을 강조한다.
④ 인지주의 교수법에서는 학습자가 원어민과 같은 수준의 발음을 하는 것이 불가능하다고 보고 어휘나 문법에 비해 발음을 덜 중요하게 취급한다.

49 발음 평가에 관한 설명으로 옳은 것은?

① 발음에 대한 총괄적 평가는 정확성 판단이 필요한 성취도 시험에 적절하다.
② 말하기 수행을 통한 발음 평가에서는 평가 항목을 미리 알려준다.
③ 발음의 정확성을 평가할 때, 외국인 말투(foreign accent), 모국어 간섭의 흔적은 측정해야 할 주된 요소이다.
④ 발음에서 억양 평가 요소는 음절의 구조, 소리의 높이, 끊어 말하기 등이다.

50 '자연재해'를 주제로 한 읽기 수업이다. (   )에 들어갈 내용을 순서대로 나열한 것은?

읽기 전 단계	글을 읽기 전에 제목을 미리 보고 어떠한 내용이 나올지 예상한다. ↓ ( ) ↓
읽기 본 단계	주어진 읽기 텍스트를 읽는다. ↓ ( ) ↓
읽기 후 단계	단락별 중심 내용을 한 문장으로 써서 중심 생각을 정리한다. ↓ ( )

ㄱ. 읽기 텍스트의 옆에 있는 길잡이 질문에 대해 대답한다.
ㄴ. '자연재해'와 관련된 사진 자료를 보면서 배경지식을 활성화한다.
ㄷ. 짝 활동이나 소집단 활동으로, 글의 내용에 기초하여 자신의 의견을 말해 본다.

① ㄱ - ㄴ - ㄷ
② ㄱ - ㄷ - ㄴ
③ ㄴ - ㄱ - ㄷ
④ ㄷ - ㄱ - ㄴ

51 읽기 모형에 관한 설명으로 옳은 것은?

① 단어에 대한 자동적 인지 처리 과정은 상향식 읽기 모형과 관련이 있다.
② 하향식 읽기 모형은 텍스트 중심의 읽기 과정을 설명하는 데 유용하다.
③ 상향식 읽기 모형은 같은 글을 읽은 독자들의 이해 정도가 다르다는 것을 설명하는 데 유용하다.
④ 의미 형성 과정에서 글자를 정확하게 해독하는 것은 하향식 읽기 모형과 관련이 있다.

52 다음 사고 구술(think-aloud) 방법에 관한 설명으로 옳지 않은 것은?

> 외국어 교육에서 목표 언어의 문화를 알고 이해하는 것은 매우 중요한 일이다.
> ("맞아. 외국어를 공부하는 데는 문화를 이해하는 게 정말 필요해.")
> 특히, 한 사회에서 사용하는 언어 표현을 이해하기 위해서는 그 사회의 문화적 배경을 정확히 이해할 필요가 있다.
> ("언어 표현에 문화적 의미가 반영된 경우가 많기는 하지.")

① 독자가 글을 읽으면서 생각나는 것을 소리 내어 말하게 하는 방법이다.
② 독자가 글을 읽는 과정에서 독자의 머릿속에서 일어나는 사고 과정을 알 수 있는 방법이다.
③ 독자가 글을 읽는 과정에서 의식하는 것만을 말할 수 있다.
④ 독자가 읽기 과정을 말로 표현하기 때문에 읽기 과정을 왜곡 없이 반영한다.

53 찾아 읽기(scanning) 활동에 관한 설명으로 옳은 것은?

① 특정한 목표 없이 잡지책을 뒤적이면서 여기저기 읽는다.
② 어제 친구에게서 들었던 관심 있는 주제에 대한 특정 기사를 찾아서 집중적으로 읽는다.
③ 고속버스 운행 시간표에서 원하는 시간대의 버스 운행 정보를 찾아 선택적으로 읽는다.
④ 고용 계약서의 전체 내용을 확인하기 위해 처음부터 끝까지 꼼꼼히 읽는다.

54 다음 읽기 수업에서 한국어 교사가 적용하고 있는 읽기 전략에 관한 설명으로 옳은 것은?

> "여러분, 방금 읽은 글에서 중요하다고 생각하는 모든 문장에 밑줄을 그어 보세요."
> "여러분, 다 했어요? 그러면 밑줄을 그은 문장들 중에서 가장 중요한 문장에 표시를 해 볼까요?"

① 담화 수준에서 글의 일관성을 파악하기 위해 사용하는 응집성 전략이다.
② 다른 말로 바꾸어서 글의 의미를 명확하게 하는 의역하기 전략이다.
③ 글의 중심 내용을 파악하는 데 도움을 주는 지원 전략이다.
④ 읽기 과정을 계획하거나 계획을 수정하기 위해 사용하는 초인지 전략이다.

55 다음 학생들이 사용하는 읽기 방법 중 성격이 다른 것은?

① "나는 글을 읽을 때 먼저 목차를 보면서 무슨 내용이 나올지 상상해 봐."
② "나는 모르는 단어가 나오면 단어를 형태소 단위로 분석하여 의미를 파악하려고 해."
③ "나는 단어들의 의미를 분석해서 문장의 의미를 파악하는 방식으로 글을 읽어."
④ "나는 글을 읽다가 모르는 단어나 문법이 나오면 바로 사전을 찾아 봐."

56 읽기 교육 방법으로 옳지 않은 것은?

① 어휘력 향상을 위하여 다독을 활용한다.
② 실제성(authenticity)이 있는 글을 읽기 자료로 활용한다.
③ 전후 맥락을 통해 의미를 유추하도록 지도한다.
④ 읽기 속도 증진을 위해 음독 중심의 활동을 장려한다.

57 읽기 활동에 관한 설명으로 옳지 않은 것은?

① '메모하기'는 읽기 중에 글의 주요 정보와 세부 정보를 파악하는 데 적합하다.
② '의미망 작성하기'는 읽기 전에 글의 주제와 관련된 생각을 분류하는 데 적합하다.
③ '훑어 읽기'는 전반적인 글의 내용이나 구성을 파악하는 데 도움을 준다.
④ '담화 표지어 주의하기'는 앞뒤 맥락이나 주어진 정보를 이용하여 모르는 단어의 의미를 추측하는 데 도움을 준다.

58 듣기의 특성을 모두 고른 것은?

> ㄱ. 수행 변인에 따른 실수가 포함된다.
> ㄴ. 정보 처리 과정에서 속도 조절이 가능하다.
> ㄷ. 준언어적 요소가 의미 해석에 영향을 준다.
> ㄹ. 수행 중에 내용 순서를 바꾸어 들을 수 없다.
> ㅁ. 절이나 문장에서 시각적인 무리 짓기(clustering)가 된다.

① ㄱ, ㄴ, ㄷ
② ㄱ, ㄷ, ㄹ
③ ㄴ, ㄷ, ㅁ
④ ㄴ, ㄹ, ㅁ

59 듣기 이해를 쉽게 하는 요인에 관한 설명으로 옳지 않은 것은?

① 주제가 친숙하면 듣기 이해가 쉬워진다.
② 잉여 정보가 많을수록 듣기 이해가 쉬워진다.
③ 듣기 이해는 담화 현장의 특성에 영향을 받는다.
④ 듣기 이해는 담화의 유형에 영향을 받는다.

60 정보처리 과정 중 상향식 모형에 해당하는 것은?

① 담화 맥락으로 의미를 파악한다.
② 특정 표현을 근거로 정보를 파악한다.
③ 내재된 지식으로 화자의 의도를 예상한다.
④ 담화 상황에 대한 스키마를 이용하여 내용을 이해한다.

61 듣기 수업을 구성할 때 교사가 유의할 사항으로 옳지 않은 것은?

① 초급 학습자에게는 대화 교대가 적은 자료를 활용한다.
② 다양한 전략을 활용한 수업 활동을 마련하여 학습자 이해 정도를 관찰한다.
③ 언어 기능(skill) 분리형으로 수업을 구성하여 듣기 능력의 실제성을 향상시킨다.
④ 비언어적 요소를 포함함으로써 실제적인 듣기 환경에서 듣는 것처럼 수업 활동을 구성한다.

62 듣기 수업 단계와 그 단계에서 활용할 상위 인지 전략의 연결이 옳지 않은 것은?

① 듣기 전 단계 - 듣기의 목적을 설정해 보기
② 듣기 중 단계 - 예측한 것이 맞았는지 확인하기
③ 듣기 중 단계 - 언어 자료별로 적절한 이해 모형을 정하기
④ 듣기 후 단계 - 듣기 과정에 대해 평가하고 전략을 수정하기

63 언어 학습에서 듣기의 중요성을 강조한 교수법이 아닌 것은?

① 문법 번역식 교수법
② 의사소통 중심 교수법
③ 전신 반응 교수법
④ 직접 교수법

64 사실적 듣기를 위한 학습 활동으로 옳은 것은?

① 제시된 정보와 일치하는 내용을 찾기
② 화자의 행위에 대해 듣고 그 이유를 짐작하기
③ 자신의 생각을 반영하여 들은 내용을 판단하기
④ 대상에 대한 화자의 관점이나 태도를 파악하기

65 효율적인 듣기 학습 전략이 아닌 것은?

① 모르는 어휘나 잘 안 들리는 소리에 집중한다.
② 듣기 이해를 위해 끊어 말하는 단위를 파악한다.
③ 속도와 강세가 바뀌는 부분에 집중하여 말의 의미를 찾는다.
④ 청자 반응(back-channel) 신호를 사용하여 이해 여부를 나타낸다.

66 듣기 수업 활동과 이에 관한 설명의 연결이 옳지 않은 것은?

① 전이하기 – 들은 내용을 그림으로 나타낸다.
② 확장하기 – 이야기를 듣고 끝 부분을 완성한다.
③ 대답하기 – 들은 대로 모국어로 바꾸어 말한다.
④ 행동하기 – 내용을 듣고 지시에 따라 신체적으로 반응한다.

67 장르 중심 쓰기 교육에 관한 설명으로 옳은 것을 모두 고른 것은?

> ㄱ. 장르 중심 쓰기 교육은 '체계 기능 언어학'의 영향을 받아 발전하였다.
> ㄴ. 학습자들이 고정되고 정형화된 표현에 집착하게 될 우려가 있다.
> ㄷ. 장르 중심 쓰기 교육을 위해서는 장르 분석에 대한 연구가 선행되어야 한다.
> ㄹ. 장르의 특징을 잘 보여주는 텍스트를 제시하고 그에 나타난 장르적 특징을 분석하게 하는 학습이 이루어진다.

① ㄱ, ㄹ
② ㄴ, ㄷ
③ ㄱ, ㄷ, ㄹ
④ ㄱ, ㄴ, ㄷ, ㄹ

68 국제 통용 한국어 표준 교육과정(2017)에 제시된 중급 단계의 쓰기 교육 내용으로 옳지 않은 것은?

① 짧고 간단한 구조의 수필을 일관된 내용으로 쓴다.
② 친숙한 사회적, 추상적 주제에 관하여 정확하게 설명한다.
③ 안내문, 전자우편 등의 실용문을 단락과 단락이 자연스럽게 연결되도록 쓴다.
④ 친숙한 인물, 사물, 장소 등을 간단하게 소개하는 글을 장르적 특성에 맞게 쓴다.

69 쓰기 수업을 설계하는 원리로 옳지 않은 것은?

① 한국어 담화 공동체가 가지고 있는 글쓰기의 관습과 특징에 대해 교육한다.
② 쓰기 수업에서 학습자 간, 교사와 학습자 간의 다양한 상호 작용을 촉진한다.
③ 쓰기 교육의 효과를 높이기 위해 읽기, 듣기, 말하기와 통합 활동을 한다.
④ 담화 차원의 쓰기 교육을 위해 문장 단위에서 어휘나 문법적 오류가 없도록 강조한다.

70 쓰기 수업에서 사용하는 '브레인스토밍' 활동에 관한 설명으로 옳지 않은 것은?

① 창조적인 아이디어를 이끌어 내는 활동이다.
② 여러 가지 제약에서 벗어나 자유롭게 생각한다.
③ 서로의 정보를 수합하여 일정한 목표를 달성하게 하는 정보 차 활동이다.
④ 학습자들이 함께 참여하는 집단 활동이 가능하다.

71 쓰기 피드백에 관한 설명으로 옳은 것은?

① 동료 피드백을 통해 학습자는 자신의 작문을 분석하는 능력을 기를 수 있다.
② 암시적 피드백을 통해 학습자는 정확한 해결 방안을 확인할 수 있다.
③ 면담 피드백은 피드백 과정에서 생산된 자료를 모두 묶어 수집해 나가는 것이다.
④ 서면 피드백은 교사와 학습자 간의 협상이 활발하게 이루어지는 것이다.

72 트리블(Tribble)이 말한 쓰기 지식 중 다음 학생에게 필요한 지식은?

> 저는 한국에서 대학교에 다니고 있는 유학생이에요. 이번 중간고사에 제가 공부한 내용이 문제로 나왔어요. 기억하는 내용을 문제 옆에 메모하고 개요를 작성해서 답을 썼어요. 그런데 선생님께서 내용도 좋고 문법적 오류도 없지만 시험지에 답안 쓰는 방식은 배워야 할 것 같다고 말씀하셨어요.

① 내용 지식
② 맥락 지식
③ 언어 체계에 대한 지식
④ 쓰기 과정에 대한 지식

73 과정 중심 쓰기 교육에 관한 설명으로 옳지 않은 것은?

① 학습자가 쓰기 과정에서 적절한 전략을 통해 글을 완성하도록 한다.
② 필자로서의 문제 해결 전략과 자기 조정 과정을 중시한다.
③ 사회적 구성주의 영향을 받은 쓰기 교육 방법이다.
④ 문법, 표현 측면에서의 정확성보다는 내용 생성을 중요하게 다룬다.

74 '유도된 쓰기 활동'의 예에 해당하는 것은?

① 세계 명절 음식에 대한 보고서 쓰기
② 여행객 증가 도표를 보고 기사문 쓰기
③ 선생님이 읽어 주는 문장을 받아쓰기
④ 오늘 있었던 일에 대해 일기 쓰기

75 다음에서 린다에게 부족한 말하기 능력은?

> 린다는 또래 친구인 수진이 집에 저녁 초대를 받았다. 수진이는 할아버지와 함께 살고 있었다. 린다는 할아버지와 친해지고 싶어서 "안녕하세요? 이름이 뭐예요?"라고 질문했다. 할아버지는 잠시 멈칫하시더니 "나는 이민수일세. 자네 이름은 뭔가?"라고 하셨다. 린다는 "반가워요. 나는 린다예요."라고 답했다.

① 문법적 능력
② 담화적 능력
③ 사회언어학적 능력
④ 전략적 능력

76 다음과 같은 방식으로 하는 쓰기 활동은?

> 교사가 짧은 글이나 이야기를 학습자에게 두 번 정도 들려준다.
> ↓
> 교사가 이야기를 표현하는 데 필요한 핵심어를 제시한다.
> ↓
> 학생들이 핵심어를 이용해 이야기의 내용을 재구성하여 글을 쓴다.
> ↓
> 학생들이 원문과 자신의 글을 비교하면서 수정한다.

① 직소(jigsaw)
② 모방 쓰기(imitative writing)
③ 문법 받아쓰기(grammar dictation)
④ 딕토콤프(dicto-comp)

77 다음 말하기 활동에 관한 설명은?

> ※ 아래 대화처럼 친구에게 질문하고 표에 메모해 보세요.
> 미나: 투이 씨는 학교를 졸업하고 뭐 할 거예요?
> 투이: 저는 승무원이 되고 싶어요.
> 미나: 승무원이 되고 싶은 이유는 뭐예요?
> 투이: 여러 나라를 다닐 수 있고 다양한 사람을 만날 수 있어서요.
> 미나: 그럼 승무원이 되기 위해서 무엇을 준비해야 하나요?
> 투이: 외국어 공부도 열심히 해야 하고 자격증을 따야 해요.

친구 이름	하고 싶은 일	이유	준비해야 할 것
투이	승무원	여러 나라 다닐 수 있음	외국어 공부, 자격증

① 학습자가 상대방에게 질문을 하여 필요한 정보를 수집한다.
② 학습자가 가지고 있는 서로 다른 정보를 활용하여 전체 내용을 완성한다.
③ 서로 의견을 교환하고 검토하는 과정을 거쳐 가장 좋은 해결 방안을 마련한다.
④ 모범 대화문을 외운 뒤 발음, 억양, 속도 등에 중점을 두면서 말한다.

78 말하기 교육 방법 중 '프로젝트 학습(project-based learning)'에 관한 설명으로 옳지 않은 것은?

① 학습자가 스스로 질문을 생성하고 학습 결과물을 만들어 낸다.
② 배울 만한 가치가 있는 특별한 주제에 대해 깊이 있게 탐구한다.
③ 학습자가 문제 해결, 의사 결정, 조사 활동 등에 참여한다.
④ 언어 숙달도가 낮은 초급에서 사용하기에 적합하다.

79 발표(presentation) 전략으로 옳지 않은 것은?

① 청중의 요구나 지적 수준, 주제에 대한 사전 지식 등을 분석한다.
② 청중보다는 원고에 시선을 고정하여 내용을 정확히 전달한다.
③ "제 발표는 여기까지입니다.", "이상으로 발표를 마치겠습니다." 같은 표현으로 발표를 마무리한다.
④ 표정, 제스처, 복장 등 비언어적인 부분까지 신경을 써서 전달력을 높인다.

80 다음 말하기 수업에 활용된 활동 유형은?

> ※ 다음을 듣고 따라해 보세요.
> 교사: (책 그림 카드를 보이며) 이것은 책입니다.
> 학생들: 이것은 책입니다.
> 교사: (시계 그림 카드를 보이며) 이것은 시계입니다.
> 학생들: 이것은 시계입니다.

① 구조적 활동
② 사회적 상호 작용 활동
③ 인위적 의사소통 활동
④ 기능적 의사소통 활동

81 담화 구성 능력 함양을 위한 말하기 전략으로 옳은 것을 모두 고른 것은?

> ㄱ. 최소대립쌍을 활용해서 발음을 연습하기
> ㄴ. 격식적인 상황에 맞는 어휘를 목록화하기
> ㄷ. 지시어, 접속 부사와 같은 응집 장치를 활용하기
> ㄹ. 예시, 근거 등을 활용하여 자신의 주장을 뒷받침하기

① ㄱ, ㄴ
② ㄱ, ㄷ
③ ㄴ, ㄷ
④ ㄷ, ㄹ

82 말하기 수업에서 교사 발화에 관한 설명으로 옳지 않은 것은?

① 학습자가 교사의 발음을 듣고 따라할 수 있으므로 교사는 정확한 발음으로 발화한다.
② 교사는 학습자가 아직 배우지 않은 어휘나 문장 구조를 선택하여 수업을 진행한다.
③ 교사는 학습자의 오류에 대해 적절한 발화로 피드백을 제공한다.
④ 교사는 학습자가 활발하게 상호 작용을 할 수 있도록 다양한 질문을 사용한다.

83 학생 1과 학생 2가 공통적으로 사용한 말하기 전략은?

> (1) 교사: 어제 학교에 왜 안 왔어요?
>   학생 1: stomach 아파서 약 파는 곳에 갔어요. 약 먹었어요.
> (2) 학생 2: 이번 주 김치 museum 맞아요?
>   교사: 네, 이번 주는 김치 박물관에 가요. 김치 박물관에 가면 뭐하고 싶어요?
>   학생 2: 김치 history 알고 싶어요.

① 회피하기(avoidance)
② 언어 전환(code-switching)
③ 우회적 표현(circumlocution)
④ 도움 요청(appeal for assistance)

84 PPP 교수 모형에 관한 설명으로 옳은 것은?

① 귀납적 방식으로 문법을 학습하게 한다.
② 과정 중심의 문법 교육 방법이라고 할 수 있다.
③ 언어를 창의적으로 사용할 수 있는 능력 개발에 효과적이다.
④ 생성 단계에서는 연습한 문법을 활용해 유의미한 언어 사용을 해 보게 한다.

85 의사소통 접근법에 관한 설명으로 옳은 것을 모두 고른 것은?

> ㄱ. 언어 형태에 주로 관심을 둔다.
> ㄴ. 구조적인 면과 화용적인 면을 통합한다.
> ㄷ. 학습자들이 학습 과정에 주의를 집중하게 한다.
> ㄹ. 유창성과 정확성을 상호 보완적인 범주로 본다.

① ㄱ, ㄹ ② ㄷ, ㄹ
③ ㄱ, ㄴ, ㄷ ④ ㄴ, ㄷ, ㄹ

86 연결어미를 지도하는 방법에 관한 설명으로 옳지 않은 것은?

	예문	지도 방법
①	시간이 <u>없어서</u> 연락을 못 했어요.	예문을 제시할 때 시간적 순서를 나타내는 '-아서/어서'와 구별되도록 한다.
②	친구가 놀러 <u>가길래</u> 나도 따라갔어요.	'-길래'의 후행절에는 상태를 나타내는 형용사가 쓰일 수 없다는 것을 설명한다.
③	시험공부를 <u>하느라고</u> 잠을 못 잤다.	'-느라고'의 선행절과 후행절 주어가 같아야 함을 강조한다.
④	아까는 비가 <u>오다가</u> 이제는 눈이 온다.	'-다가'는 어떤 행위나 상태가 중단되고 다른 행위나 상태로 바뀜을 나타낸다고 지도한다.

87 학습자의 오류 표현에 대한 교사의 피드백 내용으로 옳지 않은 것은?

	오류 표현	피드백 내용
①	비가 안 오자마자 바람이 불어요.	교사: '자마자' 앞에는 형용사가 와야 되지 않아요?
②	요즘 야근을 계속 하더니 피곤해요.	교사: '하더니'요? '하더니'가 맞아요, '했더니'가 맞아요?
③	그 친구 때문에 영화표를 살 수 있었어요.	교사: 그 친구 '덕분에' 아닐까요?
④	선생님, 고기가 맛있으니까 많이 먹으세요.	교사: '먹으세요'? 윗사람에게는 '드세요'라고 말해요.

88 언어 교수법에 따른 문법 지도 방법의 연결이 옳지 않은 것은?

① 문법 번역식 교수법: "다음 한국어 예문을 중국어로 번역해 보세요."라고 요구한다.
② 청각 구두식 교수법: "빵을 먹어요.", "밥을 먹어요.", "치킨을 먹어요." 등의 문장을 이용해 대체 연습을 시킨다.
③ 공동체 언어 학습법: 교사가 피델 차트의 노란색 부분을 가리키면 학생들은 '아'라고 발음하고 그 다음에 빨간색 부분을 가리키면 '오'라고 발음한다.
④ 형태 초점 교수법: "오늘 공부할 문법은 '으려고 해요'예요."라고 크게 말하고 굵은 글씨로 판서하여 학습자가 주목하게 한다.

89 국제 통용 한국어 표준 교육과정(2017)에 따른 조사의 의미와 예문의 연결이 옳은 것은?

	학습 단계	조사	의미	예문
①	초급	마다	시간에 따라 특정 상황이 반복됨	나라마다 인사하는 방법이 다릅니다.
②		처럼	어떤 대상의 정도나 모양이 앞말과 유사함	친구가 농구선수처럼 농구를 잘합니다.
③	중급	은/는커녕	앞말은 물론이고 그것보다 더한 것도 가능함	너무 바빠서 밥은커녕 물도 못 마셨습니다.
④		대로	앞말에 따라 어떤 행위를 함	겨울옷은 겨울옷대로 여름옷은 여름옷대로 정리합니다.

90 후회의 '-(으)ㄹ걸 그랬다'를 제시하는 단계의 판서 내용 (ㄱ)~(ㄹ) 중 옳은 것을 모두 고른 것은?

> 교사: "어젯밤에 배고파서 자기 전에 친구와 라면을 먹었어요."
>   자기 전에 라면을 먹으면 아침에 얼굴이 어때요?
> 학생: 얼굴이 부어요. 슬퍼요.
> 교사: 그래요. 라면을 안 먹었어야 해요. 이걸 어떻게 표현하면 좋아요?
>   (교사가 다음 내용을 판서한다.)
>
> [판서]
> 1. (ㄱ) 동사 + (으)ㄹ걸 그랬다
> → (ㄴ) 과거에 어떤 일을 하지 않아서 후회될 때
>
> 2. (ㄷ) 동사 + 지 말걸 그랬다 〈부정형〉
> → 과거에 어떤 일을 해서 후회될 때
>   (ㄹ) '-었-', '-겠-'과 결합하기 어려움

① ㄱ, ㄷ
② ㄱ, ㄴ, ㄹ
③ ㄴ, ㄷ, ㄹ
④ ㄱ, ㄴ, ㄷ, ㄹ

91 한국어 교육용 우선 학습 어휘 선정 기준으로 옳지 않은 것은?

① 길이가 짧은 어휘를 우선 학습 어휘로 선정한다.
② 파생력이 높은 어휘를 우선 학습 어휘로 선정한다.
③ 문법 이해에 필수적인 기능어를 우선 학습 어휘로 선정한다.
④ 단원별 주제와 관련된 기본 어휘를 우선 학습 어휘로 선정한다.

92 의도적 어휘 학습에 관한 설명으로 옳지 않은 것은?

① 읽기와 듣기 활동을 통해 암시적으로 어휘를 학습하는 방법이다.
② 발음이 어려운 단어들은 발음이 쉬운 단어들보다 학습시간이 더 걸린다.
③ 학습자가 어휘 목록을 모어로 번역하거나 주석을 달아서 암기하는 학습 방법이다.
④ 학습자가 단순히 단어를 인식하는 데 그치지 않고 스스로 말할 때 더 잘 기억한다.

93 오류 문장에 대한 교사의 설명으로 옳지 않은 것은?

	오류 문장	설명 내용
①	할머니께 생일 선물을 주었다.	윗사람에게는 '생일'의 높임말 '생신'과 '주다'의 높임말 '드리다'를 사용한다.
②	빠르고 손이 쉬운 방법이 있어요.	'-고'의 선행절에도 주어가 있어야 하므로 '빠르고' 앞에 '손이'를 넣어야 한다.
③	이번 겨울에는 눈이 많이 오구나.	'-구나'는 형용사와 결합하고 동사 다음에는 '-는구나'가 와야 한다.
④	영희는 대강 그 일을 완벽하게 끝냈다.	'대강'과 '완벽하게'의 의미가 충돌해서 어색하다.

94 어휘 교육의 방법에 관한 설명으로 옳지 않은 것은?

① 다의어는 중심 의미에서 주변 의미로 확대하며 가르친다.
② 상위어와 하위어는 학습 주제에 맞는 의미장을 활용하여 가르친다.
③ 관용 표현은 두 개 이상의 어휘가 결합하여 제3의 뜻을 나타내므로 고급 단계에서부터 가르친다.
④ 의태어는 관련된 상황을 연상시킬 수 있는 그림이나 동영상과 같은 시각자료를 이용하여 가르친다.

95 어휘의 생산적 지식의 활용 사례로 옳지 않은 것은?

① [천싸랑]이라는 소리를 듣고 '첫사랑'으로 쓴다.
② '짓누르다'를 [진누르다]로 정확하게 말한다.
③ '새빨갛다'의 '새-'를 보고 '새하얗다'라는 어휘를 만든다.
④ "쓸데없는 군말이 많다."라는 문장에서 '쓸데없는'을 보고 '군말'의 의미를 추측한다.

96 다음 평가 문항에서 요구하고 있는 어휘 능력은?

[평가 문항] 이 글에서 (　)에 들어갈 어휘로 알맞은 것은?

명절에는 뿌리채소, 줄기채소, 잎채소를 함께 먹는다. 그 이유는 뿌리는 조상을, 줄기는 부모를, 잎은 (　)을/를 상징하기 때문이다.
㉠ 나무　　　　　　　　　　　㉡ 화합
㉢ 자손 ✓　　　　　　　　　　㉣ 활력

① 문맥적 의미 파악 능력
② 전체·부분 관계 이해 능력
③ 상위어·하위어 파악 능력
④ 담화 요소 이해 능력

97 교재 제작에 관한 설명으로 옳지 않은 것은?

① 교재 내용에 학습자의 요구와 교사의 요구가 반영되어야 한다.
② 실제 생활에서 자주 사용될 만한 표현으로 대화를 구성한다.
③ 학습 목표를 올바르게 설정하기 위해 교육과정 설계에 앞서 교재가 완성되어야 한다.
④ 학습자들의 자기 주도적인 학습을 위해 학습 전략을 제공한다.

98 교사 측면에서 교재의 역할로 옳은 것을 모두 고른 것은?

ㄱ. 교수 내용을 구체화한 자료
ㄴ. 교수 방법을 지원하는 자료
ㄷ. 성취도 평가를 돕기 위한 자료
ㄹ. 자기주도적 학습을 위한 자료

① ㄱ, ㄴ, ㄷ　　　　　　　② ㄱ, ㄴ, ㄹ
③ ㄱ, ㄷ, ㄹ　　　　　　　④ ㄴ, ㄷ, ㄹ

99 교재 개작 방식 중 단순화(simplification)에 관한 설명으로 옳지 않은 것은?

① 교재가 학습자의 수준에 맞지 않을 때 적용한다.
② 교재 내용 중 부적절한 부분을 삭제하거나 생략하는 방법이다.
③ 교재에서 특정 단원의 난이도를 조절하는 데 활용된다.
④ 교재 항목 중 단원 목표, 연습, 과제, 활동 부분을 없애고 '대화 지문'만 남겨 놓는 것이다.

100 교재 평가 범주 중 '학습 내용 분석'에 관한 항목으로 옳은 것을 모두 고른 것은?

ㄱ. 교재의 가격이 적당한가?
ㄴ. 학습자의 흥미를 유도하는가?
ㄷ. 학습자의 연령, 직업, 국적이 어떠한가?
ㄹ. 주제가 다양하여 학습 활동의 개별화에 도움이 되는가?

① ㄱ, ㄴ
② ㄱ, ㄷ
③ ㄴ, ㄹ
④ ㄷ, ㄹ

101 상황 교수요목에 따른 교재 구성으로 옳은 것은?

① 단원을 문법의 난이도 순으로 조직한다.
② 단원을 '시간, 거리, 감정'과 같은 주요 개념에 관련된 내용으로 구성한다.
③ 단원을 '백화점에서, 지하철역에서'와 같이 대화가 일어나는 장면을 중심으로 조직한다.
④ 단원을 '보고서, 연구 계획서' 작성과 같이 학습자들이 해결해야 하는 내용을 중심으로 구성한다.

102 행동 진술 방식으로 수업 목표를 기술한 것이 아닌 것은?

① 도서관에서 사용할 수 있는 표현을 활용하여 책을 빌릴 수 있다.
② 마트에서 물건을 찾을 때 사용하는 표현 '-이/가 어디에 있어요?'를 알 수 있다.
③ "얼마예요?"라는 표현을 사용하여 음식 값을 계산할 수 있다.
④ "휴일에는 무엇을 해요?"라는 질문을 듣고 자신의 계획을 3개 이상 말할 수 있다.

103 국제 통용 한국어 교육 표준 모형(2017)의 문화 범주에서 (　　)에 들어갈 내용으로 옳은 것은?

분류	특징
문화 (ㄱ)	• 주로 한국어 교사가 주도하는 교실 수업을 통해 전달된다. • 교재에서 '문화란'과 '읽기·듣기' 텍스트에 교육 내용으로 포함된다. • 한국 문화에 대한 선언적 지식을 교수·학습 내용으로 삼는다.
문화 (ㄴ)	• 한국어 교사나 문화 전문가가 주도하는 교실 밖 수업을 통해 전달된다. • 한국 문화에 대한 절차적 지식의 실행을 교수·학습 내용으로 삼는다. • 체험, 행사, 견학 등의 내용이 포함된다.
문화 (ㄷ)	• 주로 한국어 교사가 주도하는 교실 수업을 통해 전달된다. • 문화 비교에 대한 말하기나 쓰기 등과 같은 기능 수업의 내용으로 포함된다. • 한국 문화와 자국, 세계 문화를 상호 문화적 관점에서 교수·학습한다.

	ㄱ	ㄴ	ㄷ
①	관점	지식	실행
②	지식	실행	관점
③	관점	실행	지식
④	지식	관점	실행

104 다음에서 설명하는 문화 학습 모형은?

> • 어떤 문화가 타 문화와 접촉할 때 각각의 문화적 특성과 요소가 상호 교환되면서 새로운 문화 형태가 발생하고 문화 간의 차용이 일어나는 과정을 보여준다.
> • 목표 문화에 대한 사회적 거리와 심리적 거리가 목표 언어 습득에 영향을 주며 목표 언어의 접촉량과 입력의 개방성 정도를 결정한다고 본다.

① 문화 변용 모형(acculturation model)
② 문화 적응 이론(enculturation theory)
③ 문화 경험 학습 모형(cultural experiential learning model)
④ 상호 문화적 학습 과정 모형(intercultural learning process model)

105 다음에서 설명하는 문화 교수 방법은?

> • 학습자가 목표 문화를 오해할 수 있는 상황을 제시하고 학습자가 보인 반응에 대한 피드백을 제공함으로써 문화 차이를 인식하게 한다.
> • 문제 상황을 이야기 형식으로 재구성하고 이 상황에서 인물이 취해야 할 행동들을 선택지로 제시하여 학습자에게 올바른 것을 고르게 한다.

① 문화 동화 지도법(culture assimilator method)
② 문화 캡슐 지도법(culture capsule method)
③ 문화 체험 지도법(culture experience method)
④ 시뮬레이션 지도법(simulation method)

106 Stern(1992)이 제시한 문화 지도 영역과 기법의 분류로 옳지 않은 것은?

	영역	기법
①	문화적 정보 제공하기	문화 송이(culture clusters)
②	문화적 문제 해결하기	극화하기
③	행동과 정서적 관점	청각 반응법
④	목표 문화에 실제 생활 노출	펜팔

107 한국어 교육용 한자 선정 기준으로 적합한 것을 모두 고른 것은?

> ㄱ. 회의(會意), 형성(形聲) 원리로 만들어진 글자여야 한다.
> ㄴ. 외국인을 위한 한자 교재에서 중복도가 높은 글자여야 한다.
> ㄷ. 한국어 교육용 어휘에 포함된 한자어를 구성하는 글자여야 한다.
> ㄹ. '窓(창)', '門(문)'과 같이 고유어에는 존재하지 않는 단음절 글자여야 한다.

① ㄱ, ㄴ
② ㄱ, ㄹ
③ ㄴ, ㄷ
④ ㄷ, ㄹ

108 한자 및 한자어 교육 방법에 관한 설명으로 옳지 않은 것은?

① '人(인)', '學(학)'과 같이 조어력이 높은 한자를 우선적으로 활용한다.
② '書(서)'를 가르치면서 '書店(서점), 圖書館(도서관)' 등을 예로 들어 어휘를 확장한다.
③ '生(생)', '日(일)'과 같이 획수가 적고 사용 빈도가 높은 것을 기초 한자로 제시한다.
④ '易地思之(역지사지)'처럼 의미 투명도가 낮은 한자 성어의 뜻은 글자별 의미의 합으로 설명한다.

109 국어 기본법 및 동법 시행령에서 규정하고 있는 한국어 교육 관련 사항을 모두 고른 것은?

| ㄱ. 국어의 보급 등에 관한 사항 |
| ㄴ. 세종학당재단 설립 등에 관한 사항 |
| ㄷ. 한국어교원 자격 부여 등에 관한 사항 |
| ㄹ. 한국어교육능력검정시험 실시에 관한 사항 |

① ㄱ, ㄹ
② ㄱ, ㄴ, ㄷ
③ ㄴ, ㄷ, ㄹ
④ ㄱ, ㄴ, ㄷ, ㄹ

110 해외 한국어 교육 관련 기관별 파견 요원의 역할에 관한 설명으로 옳지 않은 것은?

① 국립국제교육원 파견 한국어교원은 해외 현지 공립 중등학교에서 한국어 및 한국 문화 교육을 담당한다.
② 세종학당재단 파견 한국어교원은 세종학당 한국어 교육의 관리, 교육과정 운영의 안정화 등의 역할을 한다.
③ 한국국제교류재단 파견 한국어 객원교수는 해외 대학에서 현지 한국어 보급과 한국학 진흥에 기여할 수 있는 활동을 한다.
④ 한국국제협력단 파견 한국어 교육 봉사단원은 한글학교에서 재외동포 아동의 한민족 정체성 확립을 위해 한국어와 한국 역사를 교육한다.

111 번역 과정의 단계별 활동 순서로 옳은 것은?

> ㄱ. 도착언어 텍스트를 생산한다.
> ㄴ. 원문 텍스트에 담긴 정보의 의미를 도출한다.
> ㄷ. 원문 텍스트를 출발언어권 독자의 수준에서 이해한다.
> ㄹ. 원문에서 전환되어야 하는 언어·문화적 부분을 확인한다.

① ㄴ – ㄷ – ㄹ – ㄱ
② ㄴ – ㄹ – ㄱ – ㄷ
③ ㄷ – ㄴ – ㄹ – ㄱ
④ ㄹ – ㄴ – ㄱ – ㄷ

112 다음은 한국 영화 〈기생충〉의 영어 자막 번역 사례이다. 이에 관한 설명으로 옳은 것은?

> '서울대학교'를 'Oxford'로, '짜파구리'를 'ramdong'으로 번역하였다.

① 도착언어권 독자를 위하여 설명을 추가하였다.
② 도착언어권 독자를 위하여 등가 정보로 교체하였다.
③ 도착언어권 독자가 공유하지 않은 정보를 생략하였다.
④ 도착언어권 독자가 공유하지 않은 정보를 상위 개념어로 교체하였다.

113 '성격'을 주제로 한 단원에서 '-아/어 보이다'를 지도하려고 한다. 다음의 내용을 참조하여 '-아/어 보이다'의 제시와 연습 단계의 교수안을 작성하시오.

> • 숙달도: 중급
> • 단원 주제: 성격
> • 목표 문법: -아/어 보이다 (예 꼼꼼해 보여요.)
> • 수업 시간: 20분

성공한 사람은 대개 지난번 성취한 것 보다 다소 높게,
그러나 과하지 않게 다음 목표를 세운다.
이렇게 꾸준히 자신의 포부를 키워간다.

- 커트 르윈 -

시대에듀와 함께하는
KBS 한국어능력시험

하나! 영역별 핵심 이론으로 학습하기
둘! 빈출 유형과 신유형 문제로 실전 적응력 기르기
셋! 어휘·어법·국어문화 집중 공략으로 고득점 대비하기

기출 분석 한 권 합격
기본 개념 확실히 잡기

기출 분석 2주 합격
효율적으로 학습하기

기출 동형 모의고사
실전 감각 키우기

고득점 벼락치기
암기 영역 집중 공략

수험생 여러분의 합격을 기원합니다!

한국어교육능력
검정시험
5년간 기출문제해설

YES24 '한국어교육능력검정시험' 15년 연속 판매량 1위
2010년 7~12월 / 2011년 2~12월 / 2012년 1~12월 / 2013년 1~12월 / 2014년 1~11월 / 2015년 1~4월, 6~12월 / 2016년 1~12월 / 2017년 1~11월 / 2018년 9, 12월 / 2019년 1~12월 /
2020년 1~12월 / 2021년 1~12월 / 2022년 1~12월 / 2023년 1~12월 / 2024년 1~12월 / 2025년 1~2월

❷ 정답 및 해설 편
자세하고 꼼꼼한 정·오답 해설과 알아두기
시대에듀 합격프로젝트 필기시험 대비서

한국어교육능력 검정시험
5년간 기출문제해설

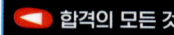

2. 접사는 어근의 앞에 연결되느냐 뒤에 연결되느냐에 따라 접두사와 접미사로 나뉘고, 뜻만 더해 주거나 제한하느냐 아니면 품사를 바꾸는 기능도 하느냐에 따라 한정적 접사와 지배적 접사로 나누어진다. 모든 접두사는 한정적 접사이며, 접미사는 한정적 접사와 지배적 접사의 두 가지가 다 있다.

참고문헌 서울대학교 국어교육연구소, 한국어교육학 사전, 하우, 2014
권재일, 한국어문법론, 태학사, 2013

02 정답 ②

① '산토끼'는 명사 '산(山)'과 명사 '토끼'가 결합된 합성명사이다.
② '밟혔다'는 '밟-히-었-다'로 분석할 수 있으며 '-히-'는 피동 접미사, '-었-'은 시제 선어말어미, '-다'는 어말어미로 두 개의 어미가 있다.
③ '명'은 사람의 수를 세는 단위를 나타내는 의존명사이다.
④ '주체 높임법'은 '-시-' 높임법이라고도 하는데, 문장의 주체를 선어말어미 '-시-'를 사용해서 높이는 것을 말한다. '계시다', '잡수시다' 등의 동사에 의해 실현되기도 한다.

참고문헌 고영근・남기심, 표준국어문법론, 박이정, 2014
표준국어대사전

03 정답 ③

① 'ㄴ'은 음소이다. 특정 언어에서 하나의 소리로 인식되며 단어의 뜻을 구별해 주는 말소리의 최소 단위인 추상적인 단위를 음소라고 한다. 한글의 자모는 음소와 유사한데, 이러한 문자에 대한 지식 덕분에 음소를 쉽게 포착할 수 있다.
② '돌'은 음절이다. 음절은 분절음이 모여 이루는 언어 단위 가운데 홀로 발화할 수 있는 최소의 언어 단위이다. 음절의 구조는 언어마다 다를 수 있으며 동일한 분절음의 연쇄를 듣고도 그 구조를 다르게 파악할 수 있다. 음절은 초성, 중성, 종성이라는 음절 성분으로 이루어진다. 한국어에서는 단모음이나 이중 모음이 중성의 자리에 올 수 있으며 초성과 종성의 자리에는 자음만 가능하다.
③ 형태소는 최소의 유의적 단위이다. 즉 더 쪼개면 의미를 가지지 않거나 의미가 있다고 하더라도 전혀 관련이 없는 엉뚱한 의미를 가지는 조각으로 나뉘어서 그 의미 단위로서는 더 이상 쪼갤 수 없는 것을 말한다. '작은'은 어간 '작-'과 관형사형 어미 '-은'으로 나눌 수 있는데, '작-'은 실질형태소이고, '-은'은 형식형태소이다.
④ '내가 본'은 관형절이다. 구(句)는 둘 이상의 단어가 한 덩어리가 되어 마치 한 품사의 단어처럼 쓰이는 경우를 말하고, 절(節)은 주어, 서술어를 다 갖춘 온전한 문장이 어느 한 품사의 단어처럼 쓰이는 것을 말한다. 명사절, 관형절, 부사절, 서술절 등이 있다.

참고문헌 서울대학교 국어교육연구소, 한국어교육학 사전, 하우, 2014
신승용, 국어음운론, 역락, 2013
고려대학교민족문화연구원, 고려대 한국어대사전, 2009

2024년

19회 정답 및 해설
[A형]

1교시　한국어학·일반언어학 및 응용언어학
2교시　한국 문화·외국어로서의 한국어 교육론

절대 어제를 후회하지 마라.
인생은 오늘의 내 안에 있고 내일은 스스로 만드는 것이다.

― L. 론 허바드 ―

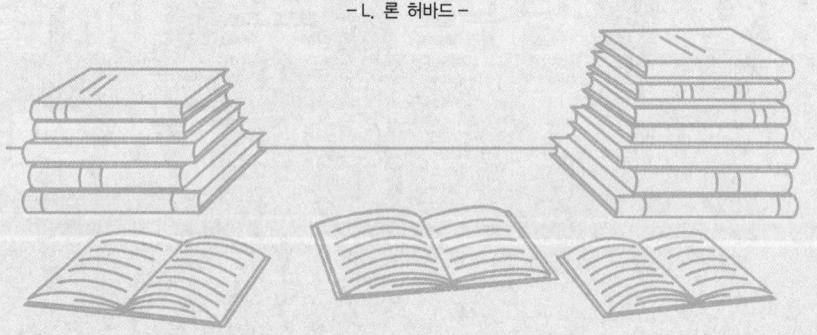

2. 접사는 어근의 앞에 연결되느냐 뒤에 연결되느냐에 따라 접두사와 접미사로 나뉘고, 뜻만 더해 주거나 제한하느냐 아니면 품사를 바꾸는 기능도 하느냐에 따라 한정적 접사와 지배적 접사로 나누어진다. 모든 접두사는 한정적 접사이며, 접미사는 한정적 접사와 지배적 접사의 두 가지가 다 있다.

참고문헌 서울대학교 국어교육연구소, 한국어교육학 사전, 하우, 2014
권재일, 한국어문법론, 태학사, 2013

02 정답 ②

① '산토끼'는 명사 '산(山)'과 명사 '토끼'가 결합된 합성명사이다.
② '밟혔다'는 '밟-히-었-다'로 분석할 수 있으며 '-히-'는 피동 접미사, '-었-'은 시제 선어말어미, '-다'는 어말어미로 두 개의 어미가 있다.
③ '명'은 사람의 수를 세는 단위를 나타내는 의존명사이다.
④ '주체 높임법'은 '-시-' 높임법이라고도 하는데, 문장의 주체를 선어말어미 '-시-'를 사용해서 높이는 것을 말한다. '계시다', '잡수시다' 등의 동사에 의해 실현되기도 한다.

참고문헌 고영근·남기심, 표준국어문법론, 박이정, 2014
표준국어대사전

03 정답 ③

① 'ㄴ'은 음소이다. 특정 언어에서 하나의 소리로 인식되며 단어의 뜻을 구별해 주는 말소리의 최소 단위인 추상적인 단위를 음소라고 한다. 한글의 자모는 음소와 유사한데, 이러한 문자에 대한 지식 덕분에 음소를 쉽게 포착할 수 있다.
② '돌'은 음절이다. 음절은 분절음이 모여 이루는 언어 단위 가운데 홀로 발화할 수 있는 최소의 언어 단위이다. 음절의 구조는 언어마다 다를 수 있으며 동일한 분절음의 연쇄를 듣고도 그 구조를 다르게 파악할 수 있다. 음절은 초성, 중성, 종성이라는 음절 성분으로 이루어진다. 한국어에서는 단모음이나 이중 모음이 중성의 자리에 올 수 있으며 초성과 종성의 자리에는 자음만 가능하다.
③ 형태소는 최소의 유의적 단위이다. 즉 더 쪼개면 의미를 가지지 않거나 의미가 있다고 하더라도 전혀 관련이 없는 엉뚱한 의미를 가지는 조각으로 나뉘어서 그 의미 단위로서는 더 이상 쪼갤 수 없는 것을 말한다. '작은'은 어간 '작-'과 관형사형 어미 '-은'으로 나눌 수 있는데, '작-'은 실질형태소이고, '-은'은 형식형태소이다.
④ '내가 본'은 관형절이다. 구(句)는 둘 이상의 단어가 한 덩어리가 되어 마치 한 품사의 단어처럼 쓰이는 경우를 말하고, 절(節)은 주어, 서술어를 다 갖춘 온전한 문장이 어느 한 품사의 단어처럼 쓰이는 것을 말한다. 명사절, 관형절, 부사절, 서술절 등이 있다.

참고문헌 서울대학교 국어교육연구소, 한국어교육학 사전, 하우, 2014
신승용, 국어음운론, 역락, 2013
고려대학교민족문화연구원, 고려대 한국어대사전, 2009

1교시 | 한국어학·일반언어학 및 응용언어학

01	③	02	②	03	③	04	②	05	②	06	②	07	④	08	①	09	③	10	①
11	④	12	①	13	①	14	③	15	①	16	④	17	④	18	④	19	③	20	①
21	②	22	③	23	①	24	③	25	②	26	④	27	②	28	②	29	②	30	④
31	④	32	②	33	④	34	③	35	③	36	③	37	②	38	③	39	①	40	③
41	①	42	④	43	①	44	③	45	④	46	③	47	②	48	①	49	④	50	②
51	②	52	①	53	②	54	①	55	①	56	②	57	②	58	④	59	②	60	④
61	③	62	②	63	②	64	④	65	②	66	④	67	④	68	②	69	③	70	②
71	④	72	③	73	①	74	④	75	③	76	③	77	②	78	③	79	①	80	①

01 정답 ③

① '-는, -(으)ㄴ, -(으)ㄹ, -던'와 같은 관형사형 전성어미, '-(으)ㅁ, -기'와 같은 명사형 전성어미는 다른 품사의 기능을 할 수 있도록 자격을 바꾸어 주는 것이지 품사를 바꾸는 것은 아니다.
② 선어말어미는 반드시 뒤에 다른 어미를 필요로 한다. 즉 선어말어미는 어간과 어말어미 사이에 위치하며, 선어말어미가 둘 이상 쓰일 때는 결합 제약과 결합 순서가 있다. 예를 들어 '가시었겠습니다'를 보면 '어간 + 높임 선어말어미 + 과거 시제 선어말어미 + 추측 선어말어미 + 어말어미' 순으로 결합함을 알 수 있다.
③ 파생 접미사는 단어 형성에 참여한다. 어근에 파생 접미사를 붙여 단어를 만드는 방법을 접미 파생법이라고 하는데 접두 파생법에 비해 파생어를 만드는 생산력이 강하다. 주로 명사, 동사나 형용사의 어근이나 활용형, 부사 등에 파생 접미사가 결합하여 파생어를 만든다.
④ 파생 접미사는 어근과 결합할 때 제약이 따른다. 예를 들어 '높다, 깊다, 길다' 등은 '높이, 깊이, 길이'처럼 '-이(명사 파생 접미사)'와의 결합이 가능하나 '좁다, 맑다, 작다' 등은 '-이'와의 결합에 제약이 있다.

알아두기

■ 어미와 접사

1. 한국어에서 용언의 활용형은 단어의 개념적 의미를 가지는 어간과 문법적 기능을 표시하는 어미로 구성된다. 어미는 문법적 기능에 따라 변화하지만 어간은 변화하지 않고 고정된 요소로 나타난다. 어미는 위치에 따라 선어말어미와 어말어미로 나눈다. 선어말어미는 그것으로 한 단어가 끝나지 못하고 반드시 뒤에 다른 어미를 필요로 하는 것이고 어말어미는 그 자체로 단어를 완성하는 것이다. 어말어미는 다시 그것으로 한 문장을 완전히 끝맺느냐 그렇지 않느냐에 따라 종결어미와 비종결어미로 나눌 수 있다. 비종결어미는 기능에 따라 연결어미와 전성어미로 나눈다. 연결어미는 두 개의 문장을 이어주는 기능을 하고 전성어미는 한 문장을 명사나 관형사와 같이 자격을 바꾸어 주는 기능을 한다. 연결어미에는 대등적 연결어미, 종속적 연결어미, 보조적 연결어미가 있다. 전성어미는 관형사형 어미와 명사형 어미로 나눌 수 있다. 최근의 연구 문법에서는 종속적 연결어미(-아/어, -게, -지 등)를 인정하지 않고 이를 부사형 전성어미로 취급하는 경우가 많다.

04 정답 ②

① 훈민정음 해례 종성해는 8종성의 사용을 규정하였는데 'ㄱ, ㆁ, ㄷ, ㄴ, ㅂ, ㅁ, ㅅ, ㄹ'의 8자음이다. 음절말에서 'ㅅ'과 'ㄷ'이 대립했음은 15세기에 편찬된 것으로 추정되는 〈조선관역어〉의 표기를 통해 알 수 있다.
② 둘 또는 세 문자를 좌우로 결합하는 방법을 병서라 하였는데, 동일 문자를 결합하는 각자병서(各自並書)와 서로 다른 문자를 결합하는 합용병서(合用並書)가 있었다. 초성 각자병서에는 'ㄲ, ㄸ, ㅃ, ㅉ, ㅆ, ㆅ' 등이 있었다. 이들 각자병서는 주로 한자음 표기에 사용되었고, 고유어 표기에서의 용례는 매우 한정되어 있었는데, 순수 국어 단어의 어두음 표기에 사용된 것은 'ㅆ'과 'ㆅ'뿐이다.
③ 중세국어에는 어두에 두 자음이 올 수 있었다. 초성 합용병서 중에서 'ㅂ'계와 'ㅄ'계가 있었다. 예를 들어 '뿔(米)'이 있다. 현대 국어의 '좁쌀' 등을 보면 공시적 관점에서는 설명하기 어려운 'ㅂ'이 발견되는데, 이것은 역사적으로 중세국어의 '뿔'의 'ㅂ'이 화석화된 것이라고 보는 것이 합리적이다.
④ 훈민정음 초성 17자의 제자원리는 크게 두 가지로 구분되는데 첫째는 상형의 원리이고 둘째는 가획의 원리이다. 초성 가운데 기본자는 그것이 나타내는 음소를 조음하는 데 관여하는 발음기관의 모양을 본뜬 것이다.

참고문헌 이기문·이호권, 국어사, 한국방송통신대학교출판부, 2009

05 정답 ②

② '홀대(忽待)[홀때], 불시착(不時着)[불씨착]'에서 경음화가 일어난다. 표준어 규정 제26항은 한자어에서 일어나는 특수한 경음화에 대해 규정하고 있다. 'ㄹ'로 끝나는 한자와 'ㄷ, ㅅ, ㅈ'으로 시작하는 한자가 결합하면 'ㄷ, ㅅ, ㅈ'이 [ㄸ, ㅆ, ㅉ]과 같은 경음으로 발음된다. 'ㄷ, ㅅ, ㅈ'은 자음의 조음 위치에서, 입안의 중앙에서 발음된다는 공통점이 있다. 'ㄱ'이나 'ㅂ'과 같이 입안의 중앙이 아닌 양 끝에서 나는 자음에서는 경음화가 일어나지 않는다. '갈증, 발동'에서는 경음화가 일어나지만 '갈구, 출발'에서는 경음화가 일어나지 않는 것이 이를 보여 준다. 또한 '다만'에서 규정하고 있듯이 동일한 한자가 연속되어 만들어진 첩어에서는 'ㄹ' 뒤에 'ㄷ, ㅅ, ㅈ'이 오더라도 경음화가 일어나지 않는다. '물질[물질]'은 '물'이 '-질'이라는 접미사와 결합한 파생어로 '용언 어간 말 비음, 관형사형 어미 뒤, 휴지가 성립되는 합성어'라는 형태론적 조건이 맞지 않으므로 경음화되지 않는다. '몰지각(沒知覺)[몰지각]'은 접두사 '몰-'과 어근 '지각'이 결합한 형태, 즉 1음절 한자 형태소 '몰(沒)-'이 참여한 2차 한자어인데, 이런 경우 경음화가 일어나지 않는 예가 있다. 예를 들어 '몰상식[몰쌍식]'에서는 경음화가 일어나는데 '몰지각[몰지각]'에서는 경음화가 일어나지 않는다. 경음화 여부는 단어에 따라, 개인에 따라 달라지기도 한다.

알아두기

■ **경음화**
경음화는 평음이 경음으로 바뀌는 현상으로 된소리되기라고도 한다. 경음화는 현대 한국어에서 출현 빈도가 가장 높고 일어나는 음운 환경이 다양한 음운 현상이다. 경음화는 장애음 뒤의 경음화와 공명음 뒤의 경음화로 나눌 수 있다. 장애음 뒤의 경음화는 'ㅂ, ㄷ, ㄱ' 뒤에서 평음 'ㅂ, ㄷ, ㄱ, ㅈ, ㅅ'이 경음으로 바뀌는 현상이다. 이는 음소 배열 제약에 따른 것으로 예외 없이 적용된다. 공명음 뒤의 경음화는 앞 자음이 'ㄴ, ㅁ, ㅇ, ㄹ'인 경우에 일어나는 현상이다. 공명음 뒤에서 일어나는 경음화는 용언 어간말 비음 뒤 경음화, 관형사형 어미 '-을/ㄹ' 뒤에서의 경음화, 한자어의 종성 /ㄹ/ 뒤 /ㄷ, ㅅ, ㅈ/의 경음화가 있다. 단, 예외가 있는데 첫째, '허허실실'과 같이 같은 한자형태소가 반복된 경우에 경음화가 일어나지 않는다. 둘째, '계절-상품'과 같이 '2음절 + 2음절' 구조의 4음절 2차 한자어에서는 경음화가 일어나지 않는다. 또한 한자어의 경우 합성어에서 사이시옷 첨가에 의한 경음화가 있다. 그리고 표기상으로는 사이시옷이 없더라도, 관형격 기능을 지니는 사이시옷이 있어야 할(휴지가 성립되는) 합성어의 경우에는, 뒤 단어의 첫소리 'ㄱ, ㄷ, ㅂ, ㅅ, ㅈ'을 된소리로 발음한다.

참고문헌 서울대학교 국어교육연구소, 한국어교육학 사전, 하우, 2014
배주채, 한국어의 발음, 삼경문화사, 2013
한국어 어문 규범 표준어 규정, 국립국어원
표준국어대사전

06 정답 ②

② 원순모음은 4개, 평순모음은 6개로 평순모음의 수가 더 많다.

알아두기

■ 단모음 체계

구분	전설모음		후설모음	
	평순모음	원순모음	평순모음	원순모음
고모음	ㅣ	ㅟ	ㅡ	ㅜ
중모음	ㅔ	ㅚ	ㅓ	ㅗ
저모음	ㅐ		ㅏ	

참고문헌 김성규・정승철 공저, 소리와 발음, 한국방송통신대학교출판부, 2011

07 정답 ④

① ㄷ(파열음), ㄸ(파열음), ㅅ(마찰음)
② ㅈ(파찰음), ㅊ(파찰음), ㅉ(파찰음)
③ ㅅ(마찰음), ㅆ(마찰음), ㅎ(마찰음)
④ ㅂ(파열음), ㄷ(파열음), ㄲ(파열음)

알아두기

■ 파열음
파열음은 구강의 특정 지점에서 기류를 막았다가 한꺼번에 터뜨리는 소리로 폐쇄음이라고도 한다. 두 명칭의 차이는 파열과 폐쇄의 국면 중 어디에 초점을 두느냐에 있다. 한국어의 파열음에는 'ㅂ, ㅃ, ㅍ', 'ㄷ, ㄸ, ㅌ', 'ㄱ, ㄲ, ㅋ'의 세 종류가 있다. 이들은 '폐쇄 → 지속 → 파열'의 과정은 모두 같으나 기류가 폐쇄되는 지점이 다르다.

참고문헌 신승용, 국어음운론, 역락, 2013

08 정답 ①

① '불이익[불리익]'은 표준 발음법 29항에 따르면 접두사의 끝이 자음이고 뒤 단어의 첫음절이 '이'라 'ㄴ' 소리를 첨가하는데, 'ㄹ' 받침 뒤에 첨가되는 'ㄴ' 소리는 [ㄹ]로 발음하므로 [불리익]으로 발음하게 된다.
② · ④ 표준어 규정에서 '등-용문[등용문]'과 '송별-연[송:벼련]'은 'ㄴ'이 첨가되는 것을 표준 발음으로 인정하지 않는 경우로 별도 언급하고 있다.
③ '역-이용[여기용]'으로 발음한다. [붙임 2]의 '다만'에 제시되지 않은 단어 중에도 'ㄴ' 첨가가 일어나지 않는 것이 적지 않다. 문법적 성격에 따르면 다음과 같은 경우가 있다.
  예 접두사가 결합한 경우: 몰인정, 불일치 등
     합성어의 경우: 독약, 그림일기 등
     구 구성의 경우: 작품 이름, 아침 인사 등
     한자 계열의 접미사가 결합한 경우: 한국인, 경축일 등

알아두기

■ 표준어 규정 제2부 표준 발음법

제29항 합성어 및 파생어에서, 앞 단어나 접두사의 끝이 자음이고 뒤 단어나 접미사의 첫음절이 '이, 야, 여, 요, 유'인 경우에는, 'ㄴ' 음을 첨가하여 [니, 냐, 녀, 뇨, 뉴]로 발음한다.
다만, 다음과 같은 말들은 'ㄴ' 음을 첨가하여 발음하되, 표기대로 발음할 수 있다.

이죽-이죽[이중니죽/이주기죽]	야금-야금[야금냐금/야그먀금]
검열[검:녈/거:멸]	욜랑-욜랑[욜랑놀랑/욜랑욜랑] 금융[금늉/그뮹]

[붙임 1] 'ㄹ' 받침 뒤에 첨가되는 'ㄴ' 음은 [ㄹ]로 발음한다.
[붙임 2] 두 단어를 이어서 한 마디로 발음하는 경우에도 이에 준한다.
다만, 다음과 같은 단어에서는 'ㄴ(ㄹ)' 음을 첨가하여 발음하지 않는다.

6·25[유기오]	3·1절[사밀쩔]	송별-연[송:벼련]	등-용문[등용문]

참고문헌 한국어 어문 규범 표준어 규정, 국립국어원

09 정답 ③

① 넋도[넉또]: 자음군단순화(음절 종성 위치의 자음군 중에 한 자음이 떨어져 나가는 현상), 경음화
② 쌓이면[싸이면]: 'ㅎ' 탈락(용언어간말 'ㅎ' 탈락 – 말음이 ㅎ인 용언 뒤에 모음어미, 매개모음어미가 붙을 때 'ㅎ'이 탈락)
③ 안고[안꼬]: 경음화
④ 담가서(담그-아서): 'ㅡ' 탈락(어간 말음 'ㅡ' 탈락 – 용언의 말음 'ㅡ'가 모음어미 앞에서 탈락하는 현상)

알아두기

■ 음운 현상
음운 현상의 입력이 자음인가 모음(또는 반모음)인가, 변화의 구조상 어떤 유형인가를 고려하여 음운 현상을 분류하여 제시하면 아래와 같다.
1. 입력이 자음인 경우
   1) 대치: 평폐쇄음화, 비음화, 유음화, 조음위치동화, 경음화
   2) 탈락: 'ㅎ' 탈락, 'ㄹ' 탈락, 'ㄷ' 탈락, 자음군단순화
   3) 첨가: 'ㄷ' 첨가, 'ㄴ' 첨가
   4) 축약: 유기음화
2. 입력이 모음 또는 반모음인 경우
   1) 대치: 모음조화, 반모음화
   2) 탈락: 'ㅡ' 탈락, 'ㅣ' 탈락, 'ㅏ' 탈락, 'ㅓ' 탈락, 'w' 탈락
   3) 첨가: 'j' 첨가
   4) 축약: 'ㅟ' 축약

참고문헌 배주채, 한국어의 발음, 삼경문화사, 2013

10 정답 ①

① '산란기[살란기]'는 'ㄴ'이 'ㄹ'에 앞설 때 'ㄹ'로 동화되는 예이다. 그러나 'ㄹ' 앞의 'ㄴ'이 항상 'ㄹ'로 바뀌는 것은 아니다. ②·③·④의 경우처럼 'ㄹ' 앞의 'ㄴ'이 'ㄹ'로 바뀌는 대신 'ㄴ' 뒤에 있는 'ㄹ'이 'ㄴ'으로 바뀌기도 한다. 이것은 표준 발음법 제20항 '다만'에 제시되어 있는 '의견란[의ː견난], 생산량[생산냥]'과 같은 예에서 찾을 수 있으며 '동원령[동원녕], 임진란[임ː진난], 횡단로[횡단노]'도 이와 같다. '결단력[결딴녁], 공권력[공꿘녁], 상견례[상견녜], 이원론[이ː원논], 입원료[이붠뇨], 구근류[구근뉴]' 등도 'ㄹ'을 [ㄴ]으로 발음한다.

알아두기

■ 유음화
음절연결제약에 따르면 종성이 'ㄴ'인 음절 뒤에 초성이 'ㄹ'인 음절이 연결될 수 없다. 또 종성이 'ㄹ'인 음절 뒤에 초성이 'ㄴ'인 음절도 연결될 수 없다. 이러한 연결에서 'ㄴ'이 'ㄹ'로 바뀌게 되는 현상을 유음화라고 한다. 즉 'ㄴㄹ'이나 'ㄹㄴ'이 'ㄹㄹ'로 바뀌는 현상이 유음화이다.

참고문헌 한국어 어문 규범 표준어 규정, 국립국어원
배주채, 한국어의 발음, 삼경문화사, 2013

11 정답 ④

자음연결에서 앞 음절의 종성 자음과 뒤 음절의 초성 자음이 이어져 나는 발음을 기준으로 설명한다.
① 장애음(ㄱ, ㄷ, ㅂ)은 비음(ㄴ, ㅁ) 앞에 올 수 없기 때문에 '밥만[밤만], 얻는[언는]'처럼 비음화가 일어난다.
② 평폐쇄음(ㄱ, ㄷ, ㅂ) 뒤에 마찰음 'ㅅ, ㅎ'은 올 수 없으나 '약쑥[약쑥]과 같이 'ㄱ, ㅂ' 뒤에 마찰음 'ㅆ'은 올 수 있다.
③ 'ㅎ' 앞에는 평폐쇄음이 올 수 없기 때문에 '국화[구콰]'와 같이 유기음화(역행적 유기음화)가 일어난다.
④ 'ㄹ' 앞에는 'ㄹ' 이외의 자음이 올 수 없으므로 '심리[심니]', '격리[경니]', '논리[놀리]' 등과 같이 비음화 또는 유음화가 일어난다.

알아두기

■ 한국어의 음절연결제약(음소배열제약)

음절연결제약(음소배열제약)은 적격한 두 음절의 연결이 가능한가 불가능한가에 관한 것이다. 자음의 연결에서는 앞뒤 자음의 종류에 따라 원래의 형태대로 발음되는 것도 있고 발음되기 어려운 것도 있다. 원래 형태대로 발음되기 어려울 때 음운 현상이 일어나 발음이 바뀌게 되는데 이 현상은 부적격한 음절 연결을 적격한 음절 연결로 바꿔 주는 구실을 한다. 자음 연결에 제약이 따르는 경우에는 음운 현상이 일어나 적격한 자음 연결로 바뀌게 된다.

부적격한 자음 연결	음운 현상	적격한 자음(연결)
폐쇄음 - 평음	경음화	폐쇄음 - 경음
ㄷ - ㅆ	ㄷ 탈락	ㅆ
폐쇄음 - ㅎ	유기음화	ㅋ, ㅌ, ㅍ
폐쇄음 - ㅁ, ㄴ	폐쇄음의 비음화	비음 - ㅁ, ㄴ
폐쇄음 - ㄹ	ㄹ의 비음화, 폐쇄음의 비음화	비음 - ㄴ
ㅁ, ㅇ - ㄹ	ㄹ의 비음화	ㅁ, ㅇ - ㄴ
ㄴ - ㄹ	ㄹ의 비음화	ㄴ - ㄴ
ㄴ - ㄹ	유음화	ㄹ - ㄹ
ㄹ - ㄴ	유음화	ㄹ - ㄹ
ㄹ - ㄴ	ㄹ 탈락	ㄴ

참고문헌 배주채, 한국어의 발음, 삼경문화사, 2013

12 정답 ①

① '불파음(不破音)'은 '내파음'이라고도 하는데 파열음이 파열되지 않고 막힌 상태로 끝날 때 나는 소리를 말한다. 즉 파열음이 받침으로 쓰일 때 나는 소리로, '입', '떡'의 'ㅂ', 'ㄱ' 따위를 이른다. 초성의 폐쇄음은 '바, 빠, 파, 다, 따, 타, 가, 까, 카'에서처럼 막힌 공기를 터뜨려 발음한다. 초성 폐쇄음처럼 터지는 소리를 외파음이라고 한다.

알아두기

■ 한국어의 음절구조제약

음절을 구성하려면 일정한 규칙을 따라야 한다. ('음절자'가 아닌 '음절'을 문제 삼는 것임)
1. 중성 필수의 제약: 음절성분 중에서 중성은 음절을 구성하는 데 필수적인 요소이다.
2. 초성 제약: 초성은 19자음에서 'ㅇ'을 뺀 18자음 중의 하나로 구성된다.
3. 종성 제약: 종성은 7자음 'ㄱ, ㄴ, ㄷ, ㄹ, ㅁ, ㅂ, ㅇ' 중의 하나로 구성된다.
4. 중성 제약: 중성은 단순모음이나 이중모음 중 하나로만 구성된다. 모음만이 중성이 될 수 있다.
5. 초중성 연결의 제약: 'ㅈ, ㅉ, ㅊ' 뒤에 이중모음 'ㅑ, ㅕ, ㅛ, ㅠ, ㅖ'가 연결될 수 없다.

참고문헌 배주채, 한국어의 발음, 삼경문화사, 2013
표준국어대사전

13 정답 ①

① 맨입 → 맨닙: 'ㄴ' 첨가
② 국민 → 궁민: 대치(비음화)
③ 쌀눈 → 쌀룬: 대치(유음화)
④ 남녘 → 남녁: 대치(평폐쇄음화)

알아두기

■ 음운의 변동

음운의 변화나 변동은 크게 다섯 가지 유형으로 나뉜다.
1. 대치: 어느 한 소리가 다른 소리로 바뀌는 것
    1) 평폐쇄음화: 모든 장애음은 음절 말 위치에서 평폐쇄음 'ㄱ, ㅂ, ㄷ' 중 하나로 바뀐다.
    2) 경음화: 폐쇄음 뒤의 경음화, 용언 어간의 말 비음 뒤의 경음화, '-을' 관형사형 뒤의 경음화, 사이시옷에 의한 경음화, 한자어에서의 'ㄹ' 뒤의 경음화, 특정한 한자 형태소에 수반되는 경음화, 특정한 한자어에 나타나는 경음화 등
    3) 치조비음화: 유음 'ㄹ'은 'ㄹ'을 제외한 자음 뒤에서 치조비음인 'ㄴ'으로 바뀐다.
    4) 유음화: 인접하고 있는 'ㄹ'의 영향을 받아 'ㄴ'이 'ㄹ'로 바뀐다.
    5) 비음화: 비음 앞에서 장애음 'ㄱ, ㄷ, ㅂ'은 각각 'ㅇ, ㄴ, ㅁ'으로 바뀐다.
    6) 구개음화: 용언 또는 체언 어간의 말음 'ㄷ, ㅌ'이 전설고모음 '이'로 시작하는 문법 형태소 앞에서 각각 경구개음 'ㅈ, ㅊ'으로 바뀐다.
2. 탈락: 원래 있던 소리가 사라지는 것
    1) 자음군단순화: 음절 종성 위치에서 자음군 중에 한 자음이 떨어져 나가는 현상을 말한다.
    2) 'ㅎ' 탈락: 'ㅎ'은 공명음과 모음 사이에서 탈락한다.
3. 첨가: 없던 소리가 끼어드는 것
    1) 'ㄴ' 첨가: 자음으로 끝나는 형태소와 '이' 또는 [j]로 시작하는 어휘 형태소가 연결되면 그 사이에 'ㄴ'이 첨가된다.
4. 축약: 둘 이상의 소리가 합쳐져 하나의 새로운 소리가 되는 것
    1) 'ㅎ' 축약: 'ㅎ'이 평음 'ㄱ, ㄷ, ㅂ, ㅈ'과 만나면 각각 격음 'ㅋ, ㅌ, ㅍ, ㅊ'이 된다.
5. 도치: 두 소리의 순서가 바뀌는 것

14 정답 ③

피사동주는 주동문의 주어라고 할 수 있는데 제시된 네 문장을 주동문으로 바꿔 보면 "아기가 우유를 먹었다.", "동생이 그림책을 읽었다.", "자식에게 유산이 남았다.", "아들이 운동화를 신었다."가 된다. 따라서 ①의 피사동주 '아기', ②의 피사동주 '동생', ④의 피사동주 '아들'은 모두 '에게'와 함께 쓰여 부사어로 실현되었다. 일반적으로 주동문의 서술어가 자동사나 형용사이면 주동문의 주어가 사동문에서는 목적어가 되며, 주동문의 서술어가 타동사이면 주동문의 주어가 사동문에서는 목적어나 '에게', '한테'가 붙은 부사어가 된다. ③에서는 '유산'이 피사동주가 된다.

알아두기

■ 사동

사동은 문장의 주어가 다른 누군가 혹은 무언가에게 동작이나 행위를 하게 하도록 시키는 것을 말한다. 이러한 사동 의미가 언어로 실현된 것을 사동 표현이라고 한다. 사동이 문법적인 장치로 실현되는 문법 범주임을 강조할 때는 사동법이라고 하며, 사동 표현이 사용된 문장은 사동문이라고 한다. 사동 표현은 문장의 주어가 행동을 직접 수행하는 주동 표현과 대비된다.

주동문에서는 행위를 수행하는 주체가 주어로 나타나며 사동문에서는 행위가 발생하게 되는 원인이 되는 주체, 즉 행위를 하게끔 하는 주체인 사동주가 문장의 주어로 나타나고 행위를 직접 수행하는 주체인 피사동주는 '을/를' 또는 '에게, 한테'와 함께 쓰여 목적어나 부사어로 실현된다.

참고문헌 서울대학교 국어교육연구소, 한국어교육학 사전, 하우, 2014
한국학중앙연구원, 한국민속문화대백과, 네이버 지식백과

15 정답 ①

ㄱ. [아름답다 – 아름다움]: 'ㅂ' 불규칙 활용
ㄴ. [따르다 – 따름]: 규칙 활용
ㄷ. [긷다 – 길음]: 'ㄷ' 불규칙 활용
ㄹ. [휩싸다 – 휩쌈]: 규칙 활용

알아두기

■ 용언의 활용

용언의 활용에는 '규칙 활용'과 '불규칙 활용'이 있다. 불규칙 활용에는 어간만 바뀌는 것, 어간과 어미가 모두 바뀌는 것, 어미만 바뀌는 것 등 세 가지가 있는데, 동사의 경우는 어간만 바뀌는 것과 어미만 바뀌는 것 두 가지가 있다.

1. 어간만 바뀌는 불규칙 활용: 'ㅅ' 불규칙 활용, 'ㄷ' 불규칙 활용, 'ㅂ' 불규칙 활용, '르' 불규칙 활용
2. 어미만 바뀌는 불규칙 활용: '여' 불규칙 활용, '러' 불규칙 활용
3. 어간과 어미가 모두 바뀌는 불규칙 활용: 'ㅎ' 불규칙 활용('좋다' 이외의 형용사)

참고문헌 국립국어원, 외국인을 위한 한국어문법1, 커뮤니케이션북스, 2005

16 정답 ④

① '조금'은 부사인 '더'를 수식하고 있다.
② '너무'는 부사인 '일찍'을 수식하고 있다.
③ '매우'는 부사인 '잘'을 수식하고 있다.
④ '아주'는 형용사인 '크게'를 수식하고 있다.

> **알아두기**
>
> ■ 부사어
> 부사어는 문장 안에서 서술어를 수식·한정하는 문장 성분이며, 나아가 문장 안의 다른 부사어나 관형어, 더 나아가서 주어, 목적어도 수식할 수 있다.
>
> ■ 부사
> 부사는 품사의 한 갈래로 용언이나 다른 부사를 수식하지만 경우에 따라서는 문장, 체언, 관형사 등도 수식한다. 부사는 문장 내에서 항상 부사어로만 쓰일 수 있다. 체언에 부사격 조사가 붙거나 용언에 부사형 어미가 붙어 부사어로 쓰이기도 하지만 이들을 품사가 부사로 바뀌는 것이 아니라 임시로 부사적 기능을 하는 것이다. 형태상으로 볼 때 부사는 활용이나 곡용을 하지 않는 불변화어이다.

참고문헌 한국학중앙연구원, 한국민족문화대백과, 네이버 지식백과

17 정답 ④

④ '데리다'는 불완전 동사의 대표적인 예이다. '데리-'는 '-고', '-어'의 두 어미만 취할 수 있고 다른 어미는 취할 수 없다. 불완전 동사에는 '대하다, 비롯하다, 관하다, 의하다, 위하다, 말미암다, 즈음하다, 더불다'도 포함된다.

> **알아두기**
>
> ■ 활용의 불완전성
> 대부분의 동사는 모든 어미를 다 취하여 활용표상의 빈칸이 생기지 않으나 소수의 동사는 활용이 완전하지 못한 경우가 있다. 이러한 동사를 불완전 동사라고 하는데 '데리다'가 불완전 동사의 대표적인 예이다. '데리-'는 '-고, -어' 두 어미만 취할 수 있고 다른 어미는 취할 수 없다.

참고문헌 남기심·고영근 외, 표준국어문법론, 한국문화사, 2019

18 정답 ④

① 보슬 + 비: 부사성첩어 + 명사
② 옷걸이: 명사 + 용언의 활용형(명사형)
③ 나뭇가지: 명사 + ㅅ + 명사
④ 뜬소문: 용언의 활용형(관형사형) + 명사

알아두기

■ 합성명사
합성명사를 구성하는 구체적인 방식을 제시하면 다음과 같다.

구성 방식	예	구성 방식	예
명사 + 명사	손목	부사성첩어 + 명사	곱슬머리, 보슬비
명사 + ㅅ + 명사	콧물	용언의 어간 + 명사	먹거리
명사 반복	나날, 집집	용언의 부사형 + 명사	섞어찌개
명사 + 용언의 명사형	말다툼	용언의 명사형 + 명사	갈림길
관형사 + 명사	첫사랑	용언의 관형사형 + 명사	굳은살
부사 + 부사	잘못		

참고문헌 권재일, 한국어문법론, 태학사, 2013

19 정답 ③

③ '지' 뒤에 주격 조사 '가'를 붙일 수 있으므로 주어성 의존명사이다.

알아두기

■ 의존명사
의존명사는 관형어의 수식을 필수적으로 요구하는 명사의 하위 부류이다. 의존명사는 결합할 수 있는 격조사의 유형에 따라서 분류하는 것이 일반적이다.
1. 보편성 의존명사: 것, 이, 분, 바, 데
2. 주어성 의존명사: 지, 수, 리, 나위
3. 목적어성 의존명사: 줄, 척, 체
4. 서술성 의존명사: 뿐, 따름
5. 부사성 의존명사: 채, 김, 만큼
6. 단위성 의존명사: 마리, 자루, 개, 분

참고문헌 서울대학교 국어교육연구소, 한국어교육학 사전, 하우, 2014

20 정답 ① ※ 수험자들이 ③번 복수정답 인정에 대한 의견을 제시하였으나 받아들여지지 않았음

① '여섯 개'에서 '여섯'은 관형사로 쓰이며, '학생 여섯이 찾아왔다.'에서 '여섯'은 수사이다.
② '새'는 관형사로만 쓰인다.
③ 형용사 '붉다'는 표준국어대사전에 '빛깔이 핏빛 또는 익은 고추의 빛처럼 되다'의 의미를 가진 동사로도 쓰이는 것으로 기재되어 있다.
④ '열심히'는 부사로 쓰인다.

알아두기

■ 품사 통용
아홉 품사는 각 부류에 소속되는 단어들의 문법적 성질이 일정하다고 생각하고 분류한 것이다. 그런데 단어 가운데는 하나 이상의 문법적 성질을 가지고 있는 것이 있다. 이를 품사의 통용(通用)이라고 한다. 한국어의 품사 통용의 유형에는 명사와 조사의 통용, 수사와 관형사의 통용, 부사와 감탄사의 통용, 동사와 형용사의 통용 등이 있다. 이러한 단어들은 사전에서도 두 가지의 품사가 모두 기재된다.

참고문헌 고영근・남기심, 표준국어문법론, 박이정, 2014
서울대학교 국어교육연구소, 한국어교육학 사전, 하우, 2014
표준국어대사전

21 정답 ②

① 관형사절 내포문
② '새'는 문장이 아닌 하나의 단어로 '컴퓨터'를 수식하고 있으므로 안긴문장이 아니다.
③ 부사절 내포문
④ 서술절 내포문

알아두기

■ 문장의 확대
문장에는 주어와 서술어의 관계가 한 번만 이루어지는 단문(홑문장)과 두 번 이상 이루어지는 복문(겹문장)이 있다. 단문이 둘 이상 모여서 복문을 구성하는 것을 문장의 확대라고 한다. 문장의 확대는 두 가지 방식을 통해 이루어진다. 첫째는 한 문장이 다른 문장들과 나란히 이어지는 것이며, 둘째는 한 문장이 다른 문장을 안는 것이다. 첫째 방식을 접속(이어짐), 둘째 방식을 내포(안음)라고 한다.

■ 내포문
내포문은 크게 두 가지 유형으로 나뉘는데, 첫째는 체언류를 통해 하위문을 관할하는 내포문이고 둘째는 용언류를 통해 하위문을 관할하는 내포문이다. 이를 각각 체언류 내포문, 용언류 내포문이라고 한다. 체언류 내포문에는 명사절 내포문, 관형사절 내포문이 있고, 용언류 내포문에는 부사절 내포문, 인용절 내포문, 서술절 내포문이 있다. 내포문에 관여하는 표지에는 여러 유형이 있는데 명사절 내포문에 관여하는 명사형어미, 관형사절 내포문에 관여하는 관형사형어미, 인용절 내포문에 관여하는 인용조사, 부사절 내포문에 관여하는 부사화접미사가 있다. 한국어에는 보조용언 구문이 다양하게 발달되어 있는데, 이는 보조적 접속어미가 결합된 내포문이 보조용언에 안겨 있는 구문으로 풀이할 수 있다.

참고문헌 권재일, 한국어문법론, 태학사, 2013
국립국어원, 외국인을 위한 한국어문법1, 커뮤니케이션북스, 2005

22 정답 ③

① 간접 인용절(건너오시라고)을 안은 겹문장이다.
②·④ '건너오시라'의 높임 대상은 '아버지'이며 문장에서 생략되어 있다.
③ 높여야 할 대상이지만 듣는 이가 더 높을 때 그 공대를 줄이는 어법을 압존법이라고 한다. 즉 '할아버지, 아버지가 아직 안 왔습니다.'라고 하는 것 등을 말하는데 이 문장에서는 압존법이 사용되지 않았다.

참고문헌 표준국어대사전

23 정답 ①

① 자동적 교체는 해당 언어의 강력한 음운론적 제약으로 인해 필연적으로 발생하며, 교체가 일어나는 조건은 음운론적 규칙화가 가능하므로 항상 규칙적 교체의 성격을 띤다. 그러나 규칙적 교체가 반드시 자동적 교체가 되는 것은 아니다. 교체는 규칙적 교체와 불규칙적 교체, 자동적 교체와 비자동적 교체로 나누어 설명할 수 있는 셈인데 모든 규칙적인 교체가 자동적인 교체는 아니라는 점을 염두에 둘 필요가 있다. 주격 조사 '이/가'의 교체는 그 출현 환경을 예측할 수 있기 때문에 규칙적인 교체이지만 음운 체계에 의해 필연적으로 일어나는 자동적 교체는 아니다.
② '국'의 이형태는 '국밥[국빱], 국물[궁물]'처럼 /국/, /궁/이 있다.
③ '도'의 이형태는 '밥도[밥또], 과일도[과일도]'에서처럼 /또/, /도/가 있다.
④ '값'의 이형태는 /값/, /갑/, /감/이 있다. '값을[갑쓸], 값과[갑꽈], 값만[감만]'과 같이 음운 환경에 따라 다르게 나타난다.

알아두기

■ 이형태

형태소는 앞이나 뒤에 어떤 요소가 통합하느냐에 따라 모양이 바뀌기도 하는데, 이렇게 형태소가 환경에 따라 음상을 달리하게 되면 그 각각의 모습을 별개의 것으로 보지 않고 하나의 형태소가 잠시 외양을 달리한 것이라 보아 이형태라고 부른다. 또 형태소가 환경에 따라 음상을 달리하는 일을 교체 또는 변이라고 한다. 어떤 형태들을 한 형태소의 이형태로 봐야 할지 전혀 관련이 없는 별개의 형태로 봐야 할지를 결정하는 기준은 의미의 동일성과 상보적 분포를 가져야 한다는 것이다.
형태소가 환경에 따라 교체될 때 그 양상은 몇 가지 기준에 의해 나뉜다. 교체가 그 언어의 음운 체계에 의해 필연적으로 일어나는 것이면 자동적 교체라 하고 그렇지 않으면 비자동적 교체라고 한다.

참고문헌 남기심·고영근 외, 표준국어문법론, 한국문화사, 2019
표준국어대사전

24 정답 ③

① · ② 대명사는 명사, 수사와 함께 체언에 속하며 체언은 형식상 불변어에 속한다.
③ 재귀 대명사는 일반 대명사와는 다른 특별한 형태로 한 문장 안에서 선행하는 명사나 대명사를 다시 가리키는 대명사의 부류를 말한다. 재귀 대명사는 존비의 등급에 따라 '저, 자기(自己), 당신(當身)'으로 구분한다. '누구든 제(저의) 자식은 귀여워한다.'에서 '저'는 고유어 계통의 재귀 대명사이다. '저'는 대체로 '자기'와 넘나들어 쓰이지만 '자기'보다 선행 명사를 조금 낮추고 '당신'은 선행 명사가 존경할 만한 상위자인 경우 해당 상위자를 높이는 표현이다. 한국어의 재귀 대명사는 일반적으로 선행 명사구가 삼인칭이고 유정 명사일 때만 사용하며 선행 명사구가 주어나 주제일 때 자주 사용되는 경향을 보인다.
④ 지시 대명사는 사물이나 장소, 시간을 가리키는 대명사인데 근칭, 중칭, 원칭으로 구분하여 '이것, 그것, 저것', '여기, 거기, 저기', '이때, 그때, 접때' 등을 쓴다.

알아두기

■ 대명사

대명사는 사람이나 사물의 이름을 대신하여 쓰는 단어 부류이다. 대명사는 체언에 속하는 것으로 문법적 기능이 명사와 동일하다. 다만 대명사는 관형어의 수식을 받는 데에 제약이 더 심하다. 대명사는 지시성과 대용성을 특징으로 한다. 지시성은 상황 지시적 특성으로 무언가를 가리키는 성질을 말한다. 명사는 대체로 상황과 무관하게 동일한 의미로 파악되는 반면 대명사는 상황에 따라 다른 의미로 파악된다. 대용성은 대상을 직접 지시하는 명사 '책' 등을 간접적으로 대용하여 '그것' 등으로 표현하는 것을 말한다. 대명사는 지시 대상과 원근에 따라 분류된다. 일차적으로 지시 대상에 따라서는 인칭 대명사, 사물 대명사, 장소 대명사, 시간 대명사로 나뉜다. 그리고 삼인칭 대명사, 사물 대명사, 장소 대명사, 시간 대명사는 다시 지시 대상과 화자, 청자와의 거리에 따라 근칭, 중칭, 원칭으로 구분된다.

참고문헌 서울대학교 국어교육연구소, 한국어교육학 사전, 하우, 2014

25 정답 ④

① '이/가'나 '을/를'처럼 앞에 붙은 말이 문장에서 어떤 기능을 하는지 나타내 주는 조사들을 격조사라고 하고, '도'와 '만'처럼 앞말에 의미를 덧붙여 주는 기능을 하는 조사를 보조사라고 하며, '와/과'와 같이 단어와 단어를 연결하는 기능을 하는 조사를 접속조사라고 한다.
② 한국어에서는 명사나 명사 구실을 하는 말에 조사가 둘 이상 붙을 수 있는데 조사의 결합에는 대체로 일정한 순서가 있다. 조사의 결합관계는 '부사격 조사 + 보조사 + 주격/목적격/관형격 조사'의 순이다.
③ 관형사는 조사와 어미가 붙을 수 없다.
④ 관형격 조사는 명사가 관형어의 기능을 하게 하는 조사이다. 관형격 조사는 '의' 하나밖에 없는데, 많은 경우에 생략이 되기도 한다. 일반적으로 관형격 조사 '의'는 앞에 오는 명사와 뒤에 오는 명사가 소유주와 피소유주의 관계, 전체와 부분의 관계, 친족 관계를 나타낼 때 사용되며, 이때 관형격 조사가 생략되기 쉽다. 그러나 비유적인 표현인 경우, 명사가 바로 앞에 다른 수식을 받는 경우, 수량을 나타내는 경우에는 '의'를 생략하기 어렵다.

알아두기

■ 조사

조사란 자립성이 있는 말에 붙어 그 말과 다른 말과의 관계를 표시하는 품사이다. 한국어는 교착어의 성격이 있기 때문에 조사가 매우 발달한 언어이다. 조사는 체언이나 부사, 어미 따위에 붙어 그 말과 다른 말과의 문법적 관계를 표시하거나 그 말의 뜻을 더해 주는 기능을 하는 관계언에 속한다. 조사는 일반적으로 격조사, 보조사, 접속조사로 나눈다.

참고문헌 국립국어원, 외국인을 위한 한국어문법1, 커뮤니케이션북스, 2005

26 정답 ④

① 주어, 부사어(두 자리 서술어)
② 주어, 목적어(두 자리 서술어)
③ 주어, 부사어(두 자리 서술어)
④ 주어, 목적어, 부사어(세 자리 서술어)

알아두기

■ 서술어의 자릿수

문장 속에서 서술어가 반드시 필요로 하는 문장 성분들의 수를 '서술어의 자릿수'라고 한다. 문맥이나 상황에 따라 생략되는 경우를 제외하고 이들 서술어의 자릿수가 모두 채워지지 못하면 불완전한 문장이 된다.
1. 한 자리 서술어: 주어만 있으면 완전한 문장을 이루는 서술어이다.
   예) 자다, 놀다, 푸르다, 짜다, 체언 + 이다 등
2. 두 자리 서술어: 주어 이외에 목적어나 보어, 부사어 중에서 반드시 하나를 더 취하는 서술어이다.
   예) 되다, 바뀌다, 잡히다, 때리다, 끓이다, 다르다, 닮다, 아니다 등
3. 세 자리 서술어: 주어 이외에 목적어와 부사어를 필수적으로 요구하는 서술어이다.
   예) 주다, 담다, 의논하다, 알리다, 삼다 등

참고문헌 임홍빈 외, 바른 국어생활과 문법, 한국방송통신대학교출판부, 2011

27 정답 ②

② [(붉게 물든) 노을을 바라보다] + [(슬픈) 그대 얼굴을 생각하다]
노을이 붉다, 노을이 붉게 물들다, (내가) 노을을 바라보다, 그대의 얼굴이 슬프다, (내가) 슬픈 그대 얼굴을 생각하다

알아두기

■ 절

한국어 문장은 '무엇이 어찌한다, 무엇이 어떠하다, 무엇이 무엇이다, 무엇이 무엇을 어찌한다' 등과 같이 주어와 서술어, 목적어 등으로 이루어진다. 전통적으로 주술 구성이 한 번인 문장을 홑문장이라고 하고 이러한 홑문장이 모여 이루어진 더 복잡한 문장을 겹문장이라고 한다. 그리고 겹문장에는 접속문과 내포문이 있다. 더 큰 문장 속의 한 문장을 '절'이라고 하는데 그 절이 문장 속에서 어떤 지위를 가지느냐에 따라 주절과 종속절로 나뉜다. 두 주절이 대등적으로 연결된 대등적으로 이어진 문장과 종속절과 주절로 연결된 종속적으로 이어진 문장이 있다.

참고문헌 서울대학교 국어교육연구소, 한국어교육학 사전, 하우, 2014

28　정답 ②

ㄱ. 서술형 종결어미 중 평서형 어미로 '-다/라'가 있는데 '-다/라'는 어간에 바로 결합하기도 하고 '-었/겠/느-', '-더-', '-으시-'를 앞세워 결합할 수 있다. 두 문장을 예로 들면 '광수가 그 책을 읽는다.'와 '광수가 그 책을 읽더라.'에서 볼 수 있듯이 동사의 경우 현실법 시제에서는 '-는/ㄴ다'로 실현되는 것이 보편적이고, '-더-'와 결합할 때는 '-라'로 변동한다. '-라'는 '-더-' 뒤에 나타나는 '-다'의 이형태 종결어미이다.

ㄴ. '-더-'는 자신의 지각을 통해 알게 된 사실을 나타내므로 문장의 주어는 화자 자신보다 지각 대상이 되기 쉬운 2, 3인칭이 많다. 하지만 '정신을 차려 보니 내가 병원에 누워 있더라.'나 '거울을 보니 오늘은 내가 잘생겨 보이더라.'와 같이 화자가 자신을 관찰하여 지각을 통해 알 수 있는 환경이라면 1인칭 주어를 사용할 수 있다.

ㄷ. '-더-'는 주로 '-라', '-냐', '-니', '-구나', '-구려' 등 일부 어미 앞에 붙어 사용된다.
선어말어미 '-리-'는 '-겠-'과 의미가 비슷하지만 분포가 매우 제약적인 선어말어미이다. '-리-'는 보통 평서형과 의문형에서 나타나나 현대 국어에서는 이미 생명력을 잃어 가고 있다. 주로 '-다', '-라', '-니', '-니라', '만큼' 따위와 결합하여 확대된 어미 '-리다', '-리라', '-리니', '-리니라', '-리만큼' 따위를 만들기도 한다.

ㄹ. '철수가 아무래도 너를 찾아가겠더라.'를 보면 '-겠-' 뒤에 '-더-'가 쓰이고 있다. 여기에서 '-더-'는 과거 표지라고 할 수 없고 '사태를 지각했음'을 나타낸다.

참고문헌 남기심·고영근·유현경·최형용, 새로 쓴 표준국어문법론, 한국문화사, 2019
서울대학교 국어교육연구소, 한국어교육학 사전, 하우, 2014
권재일, 한국어문법론, 태학사, 2013
임홍빈 외, 바른 국어생활과 문법, 한국방송통신대학교출판부, 2011
표준국어대사전

29　정답 ②

① 3개: 빗(어간) – 었(어미) – 다(어미)
② 4개: 보(어간) – 이(접사) – 었(어미) – 다(어미)
③ 3개: 신(어간) – 었(어미) – 다(어미)
④ 3개: 뭉치(어간) – 었(어미) – 다(어미)

알아두기

■ 형태소
형태소를 분류하는 방식에는 몇 가지가 있다. 그중 가장 대표적인 것은 문장에서 단독으로 쓰일 수 있느냐 없느냐 하는 자립성 유무 기준에 의해 자립 형태소와 의존 형태소로 나누는 분류 방식이다. 자립 형태소는 다른 형태소와의 직접적인 결합이 없이도 문장의 한 성분이 되며, 또 그것 하나만으로도 한 문장을 이룰 수 있는 형태소를 말한다. 의존 형태소는 반드시 다른 형태소와 결합하여서만 문장의 성분으로 쓰일 수 있는 형태소를 말한다. 국어에서 모든 용언의 어간은 의존 형태소에 속하며, 조사, 어미, 접사도 의존 형태소이다. 또한 의미 측면에서는 실질 형태소와 형식 형태소로 나눌 수 있다. 실질적 의미를 가진 것은 실질 형태소라고 하며, 그 외 조사나 어미 등은 실질적 의미를 가지지 못하므로 형식 형태소라고 한다.
마지막으로 형태소 가운데 매우 드물게 단 하나의 형태소와만 결합하는 특수한 것을 유일 형태소 혹은 특이 형태소라고 부른다. 유일 형태소들은 그 특수한 분포 때문에 모두 의존 형태소에 속하게 된다.
1. 자립 형태소 예 명사, 대명사, 수사, 관형사, 부사, 감탄사
2. 의존 형태소 예 조사, 용언의 어간·어미, 접사
3. 실질 형태소 예 명사, 대명사, 수사, 관형사, 부사, 감탄사, 용언의 어간
4. 형식 형태소 예 조사, 용언의 어미, 접사

참고문헌 임홍빈 외, 바른 국어생활과 문법, 한국방송통신대학교출판부, 2011

30 정답 ④

ㄱ. 감기(感氣)는 한자어이다.
ㄴ. '박살이 나다'의 '박살'은 '깨어져 산산이 부서짐'이라는 뜻을 가진 고유어이다.
ㄷ. '엄포를 놓다'에서 '엄포'는 '실속 없이 호령이나 위협으로 으르는 짓'을 말하는 고유어이다.
ㄹ. 하마(河馬)는 한자어이다.
ㅁ. '외상값'에서 '외상'은 '값은 나중에 치르기로 하고 물건을 사거나 파는 일'을 뜻하는 고유어이다.

참고문헌 표준국어대사전

31 정답 ④

① 숨통(숨筒), 통나무
② 총알(銃알), 생고생(生苦生)
③ 책값(冊값), 주전부리
④ 유리병(琉璃瓶), 탕수육(糖水肉)

참고문헌 표준국어대사전

32 정답 ②

① '서둘다'는 '서두르다'의 준말로 표준어 규정 제16항에 준말과 본말이 다 같이 널리 쓰이면서 준말의 효용이 뚜렷이 인정되는 경우 두 가지를 다 표준어로 삼는다고 하였다. 따라서 '서누르나'와 '서둘나' 모두 표준어이다.
② '나무래다'를 방언형으로 보고 '나무라다'를 표준어로 삼았다. 따라서 '나무랐다'로 써야 한다.
③ '건들리다'는 '건들다'의 피동사이다.
④ '칠칠찮다'는 '칠칠하지 않다'로 '깨끗하고 단정하지 아니하고 주접이 들다'는 뜻의 표준어이다.

참고문헌 표준국어대사전
　　　　　한국어 어문 규범 표준어 규정, 국립국어원

33 정답 ④

① '뻐지다'는 '칼 따위로 물건을 얇고 비스듬하게 잘라 내다'의 뜻을 가지고 있는 동사이다.
② '밭치다'는 '밭다'의 강세어로 '건더기와 액체가 섞인 것을 체나 거르기 장치에 따라서 액체만을 따로 받아 내다'라는 의미의 동사이다.
③ '삐치다'는 '성나거나 못마땅해서 마음이 토라지다'의 의미를 가진 동사이다.
④ '먹은 것이 잘 소화되지 않고 위로 치밀다'의 의미를 가진 동사는 '받치다'로 써야 한다. '받히다'는 '머리나 뿔 따위에 세차게 부딪히다'의 의미로 '받다'의 피동사다.

> **알아두기**
>
> ■ 바치다, 받치다, 받히다
> 1. 바치다
>   신이나 웃어른에게 정중하게 드리다. 무엇을 위하여 모든 것을 아낌없이 내놓거나 쓰다.
>   예 임금님께 예물을 바치다. 나라를 위하여 목숨을 바쳤다.
> 2. 받치다
>   물건의 밑이나 옆 따위에 다른 물체를 대다.
>   예 그릇을 받쳐 들었다.
> 3. 받히다
>   머리나 뿔 따위에 세차게 부딪히다. '받다'의 피동사
>   예 자동차에 받히다. 소뿔에 받혔다.

참고문헌 표준국어대사전

34 정답 ③

①·②·④ 다의어는 국어사전에서 하나의 표제어로 처리된다. 다의어는 하나의 어휘 항목이 두 가지 이상의 관련된 의미 또는 의의를 지닌 것을 말한다. 단어는 형태와 의미의 결합체로서 기본적으로는 하나의 형태에 하나의 의미가 대응되지만 다양한 맥락에서 사용되면서 기존의 형태를 중심으로 의미가 확장되어 다의 관계를 이루게 된다. 본래의 의미를 '원형 의미, 중심 의미, 기본 의미'라고 하고, 의미가 첨가되거나 확대된 경우 '확장 의미, 주변 의미, 파생 의미'라고 한다. '타다'의 원형 의미는 '탈것이나 짐승의 등에 몸을 얹다'이며 확장 의미로는 '도로, 산, 나무 등을 따라 지나가다(④)', '조건이나 시간, 기회를 이용하다(①)', '바람이나 물결, 전파 따위에 실려 퍼지다(②)' 등이 있다.
③ '소질을 타고 나다'에서 '타다'는 '복이나 재주, 운명 따위를 선천적으로 지니다'의 의미로 원형 의미는 '몫으로 주는 돈이나 물건 따위를 받다'이다.

> **알아두기**
>
> ■ 다의어와 동음어(동음이의어)의 구별
> 다의어와 동음어는 하나의 형태에 여러 개의 의미가 대응된다는 점에서 구조적 동일성을 가지고 있다. 다만 다의어는 한 단어이고 동음어는 형태가 같은 둘 이상의 단어라는 차이가 있다. 다의어는 의미 사이에 서로 관련성이 있는 데에 반하여 동음어는 관련성이 전혀 없다는 점에서 구별이 된다. 즉, 다의어는 의미들 사이에 상호 관계가 있고, 이것은 화자의 직관과 그 단어의 역사적 발전 과정에 대한 정보를 포함한다.

참고문헌 윤평현, 새로 펴낸 국어의미론, 역락, 2020
표준국어대사전

35 정답 ④

① 관용 표현은 형식 단위에 따라서 단어 단위의 '관용어', 구절 단위의 '관용 구절', 문장 단위의 '관용문'으로 나뉜다. 일반적으로 관용어라고 하면 '관용 구절'이 대표적이다. 관용구에는 체언형 관용구(그림의 떡, 우물 안 개구리), 용언형 관용구(바가지를 긁다), 부사형 관용구(엿장수 마음대로)가 있으며 관용절에는 서술형 관용절(구미가 당기다), 부사형 관용절(가뭄에 콩 나듯), 관형형 관용절(머리에 피도 안 마른)이 있다.
② 광의의 관용 표현이란 '습관적으로 굳어져 익숙한 표현'으로 협의의 관용 표현이 가져야 할 여러 조건을 갖추고 있지 않더라도 관용적 의미를 가지고 습관적으로 쓰이는 표현을 말하며 '연어, 상용 구절, 속담, 격언, 금기담, 간접 표현' 등이 포함된다.
③ '그림의 떡'은 아무리 마음에 들어도 이용할 수 없거나 차지할 수 없는 경우를 이르는 말로 '화중지병(畵中之餠)', '무용지물(無用之物)'과 유사한 의미를 나타낸다.
④ 의미의 투명성은 언중의 이해도와 관련이 있어서 개인차가 있으므로 주관적인 면이 있다. 불투명한 유형은 역사적인 배경을 가진 것들이 많아서 생성 유래를 알아야 그 관용 의미를 알 수 있다. '미역국을 먹다(ㄷ)'가 '쥐도 새도 모르게(ㄴ)'보다 관용 의미를 짐작하기 어려우므로 의미의 투명성이 낮다.

> **알아두기**
>
> ■ 관용 표현
> 관용 표현은 습관적으로 굳어져 익숙하게 쓰이는 표현이되 둘 이상의 언어 기호가 단순한 의미의 합으로 쓰이지 않는 것을 가리킨다. 광의의 관용 표현은 '습관적으로 굳어져 익숙한 표현'을 말하며 협의의 관용 표현은 관용 표현 중에서도 언어 내적인 조건과 외적인 조건을 갖춘 것을 말한다.
> 언어 내적인 조건에는 세 가지가 있다. 첫째, 관용 의미는 구성 요소의 합이 아닌 제3의 의미여야 한다. 둘째, 축자 의미를 그대로 드러내는 대응쌍이 존재해야 한다. 그러나 축자 의미와 관용 의미 사이에는 유연성이 존재하지 않는다. 셋째, 수사 기법상 비유 표현이되 '죽은 은유 표현'이어야 한다. 은유의 과정에서 가지고 있있던 유연성이 상실되면서 관용 의미가 생성된다.
> 언어 외적인 조건에도 세 가지가 있는데 절대적인 기준은 아니다. 첫째, 넓은 지역에서 사용되어야 하는 광역성을 갖추어야 한다. 둘째, 많은 사람이 사용해야 하는 대중성을 갖추어야 한다. 셋째, 일정 기간 지속성을 가지고 언중의 의식 속에 자리 잡은 것이어야 한다.

참고문헌 서울대학교 국어교육연구소, 한국어교육학 사전, 하우, 2014

36 정답 ③

① '찌득찌득'은 물건이 잘 끊어지지 않을 정도로 매우 검질긴 모양을 나타내는 부사다.
② '올망졸망'은 작고 또렷한 것들이 고르지 않게 많이 벌여 있는 모양, 귀엽고 엇비슷한 아이들이 많이 있는 모양을 나타내는 부사다.
③ '잘바당잘바당'은 조금 묵직한 물체가 물에 자꾸 거칠게 부딪치는 소리나 모양을 나타내는 부사다.
④ '어치렁어치렁'은 키가 조금 큰 사람이 힘없이 몸을 조금 흔들며 자꾸 천천히 걷는 모양을 나타내는 부사다.

참고문헌 표준국어대사전

37 정답 ②

① 빈대떡을 부치다: 프라이팬에 기름을 바르고 빈대떡 따위의 음식을 만들다.
② 취미를 붙이다: 어떤 감정이나 감각이 생겨나게 하다.
③ 회의에 부치다: 어떤 문제를 다른 곳이나 다른 기회로 넘기어 맡기다.
④ 편지를 부치다: 편지나 물건 따위를 상대에게 보내다.

알아두기

■ 한글 맞춤법 제57항
혼동이 되는 말을 구별해서 쓰도록 한 조항이다. 실제 생활에서 잘못 쓰는 일이 많으므로 주의할 필요가 있다.
1. '부치다'에는 다음과 같은 의미가 있다.
   1) 모자라거나 미치지 못하다.
   2) 편지나 물건 따위를 상대에게 보내다.
   3) 논밭을 이용하여 농사를 짓다.
   4) 프라이팬 따위에 기름을 바르고 빈대떡 따위의 음식을 만들다.
   5) 어떤 행사나 특별한 날에 즈음하여 어떤 의견을 나타내다.
   6) 어떤 문제를 다른 곳이나 다른 기회로 넘기어 맡기다.
   7) 원고를 인쇄에 넘기다.
   8) 먹고 자는 일을 제집이 아닌 다른 곳에서 하다.
2. '붙이다'에는 다음과 같은 의미가 있다.
   1) 맞닿아 떨어지지 아니하게 하다.
   2) 물체와 물체 따위를 서로 바짝 가깝게 놓다.
   3) 겨루는 일 따위가 서로 어울려 시작되게 하다.
   4) 불을 옮겨 타게 하다.
   5) 사람 등을 딸려 붙게 하다.
   6) 조건, 이유, 구실 따위를 달다.
   7) 어떤 감정이나 감각이 생겨나게 하다.
   8) 이름 따위를 만들어 주다.
'붙이다'에는 '붙게 하다'의 의미가 있는 반면, '부치다'에는 그런 의미가 없다.

참고문헌 한글 맞춤법, 국립국어원

38 정답 ③

① 풍전등화(風前燈火): 바람 앞의 등불이라는 뜻으로, 사물이 매우 위태로운 처지에 놓여 있음을 비유적으로 이르는 말
  백척간두(百尺竿頭): 백 자나 되는 높은 장대 위에 올라섰다는 뜻으로, 몹시 어렵고 위태로운 지경을 이르는 말
② 우이독경(牛耳讀經): 쇠귀에 경 읽기라는 뜻으로, 아무리 가르치고 일러 주어도 알아듣지 못함을 이르는 말
  마이동풍(馬耳東風): 동풍이 말의 귀를 스쳐 간다는 뜻으로, 남의 말을 귀담아듣지 아니하고 지나쳐 흘려버림을 이르는 말
③ 침소봉대(針小棒大): 작은 일을 크게 불리어 떠벌린다는 뜻
  동상이몽(同床異夢): 같은 자리에 자면서 다른 꿈을 꾼다는 뜻으로, 겉으로는 같이 행동하면서도 속으로는 각각 딴생각을 하고 있음을 이르는 말. 유의어로 '동상각몽'이 있다.
④ 난형난제(難兄難弟): 누구를 형이라 하고 누구를 아우라 하기 어렵다는 뜻으로, 두 사물이 비슷하여 낫고 못함을 정하기 어려움을 이르는 말
  용호상박(龍虎相搏): 용과 범이 서로 싸운다는 뜻으로, 강자끼리 서로 싸움을 이르는 말

참고문헌 표준국어대사전

39 정답 ①

① 대금을 주고받아 매매 당사자 사이의 거래 관계를 끝맺는 일은 '결제(決濟)'이며 결재(決裁)는 결정할 권한이 있는 상관이 부하가 제출한 안건을 검토하여 허가하거나 승인함을 뜻한다. 어떤 일을 꾸미려고 세력이나 사람을 모으는 것은 '규합(糾合)'이라고 한다. 융합(融合)은 다른 종류의 것이 녹아서 서로 구별이 없게 하나로 합하여지는 것을 의미한다. 마음에 두고 걱정하거나 잊지 않음을 뜻하는 것은 '괘념(掛念)'이다. 여념(餘念)은 어떤 일에 대하여 생각하고 있는 것 이외의 다른 생각을 뜻하는 말이다. 주로 '없다'와 함께 '여념이 없다'로 많이 쓰인다.

참고문헌 표준국어대사전

40 정답 ③

①·②·④ 부채춤(부채를 들고 추는 춤), 불고기(불에 구운 고기), 손빨래(손으로 직접 하는 빨래)에서 B에 대한 A(부채, 불, 손)의 관계는 수단이다.
③ 산나물(산에서 나는 나물)에서 A인 '산'은 B(나물)의 산지(공간)라고 할 수 있다.

알아두기

■ 합성어
합성에 의해 형성된 합성어를 분류하는 방법은 여러 가지인데, 먼저 합성어 형성에 참여하는 어근의 의미 관계를 중심으로 종속 합성어, 대등 합성어, 융합 합성어로 나누는 방법이 있다.
종속 합성어는 '돌다리'처럼 어근과 어근의 의미 관계가 대등하지 않고 어느 한쪽에 치우쳐 서로 포함 관계를 보이는 것이다. 대등 합성어는 '논밭'과 같이 어근과 어근의 의미 관계가 한쪽으로 치우치지 않고 서로 비슷한 것이다. 융합 합성어는 '산수, 밤낮'과 같이 어근과 어근이 결합하여 제3의 의미를 나타내는 것인데 '산수'는 '자연'의 의미가 있고 '밤낮'은 '늘, 항상'의 의미가 있다.

참고문헌 배주채, 한국어의 어휘, 태학사, 2024
서울대학교 국어교육연구소, 한국어교육학 사전, 하우, 2014
표준국어대사전

41 정답 ①

① '시(示)'는 '보이다'를 의미하는 한자로 시범(示範)은 '모범을 보이다'라는 뜻이므로 '시범을 보이다'는 동의 중복이 일어난다.
② 흡연(吸煙)은 '담배를 피움'이라는 뜻이므로 '흡연을 끊다'에는 동의 중복 현상이 없다.
③ 채점(採點)은 '시험 답안의 맞고 틀림을 살피어 점수를 매김'이라는 뜻으로 '채점을 마치다'에는 동의 중복 현상이 없다.
④ 일출(日出)은 '해가 뜸'이라는 뜻으로 '일출을 맞다'에는 동의 중복 현상이 없다.

알아두기

■ 동의 중복 현상
동의 중복은 한 구성 안에서 의미가 같은 언어요소를 두 번 사용하는 것이다. 의미를 더 투명하고 명료하게 표현하거나 강조하기 위한 것이다. 동의 중복어의 대부분은 혼종어이며 한자 요소나 외래 요소의 의미를 보완하기 위해 의미가 같은 고유 요소를 덧붙인 형태가 많다. 구에서도 동의 중복이 일어나는데, 한 단어에 들어 있는 의미를 이웃한 단어로 또 표현하는 것이다.

참고문헌 배주채, 한국어의 어휘, 태학사, 2024
표준국어대사전

42 정답 ④

④ 상보적 반의어(상보대립관계)는 한 단어의 긍정적인 면이 다른 단어의 부정적인 면을 함의하는 관계에 있다. 또한 상보 반의어는 두 단어를 동시에 긍정하거나 부정하면 모순이 된다. 정도어의 수식을 받을 수 없으며 비교 표현에도 쓰일 수 없다. 따라서 ①·②·③은 상보대립관계의 어휘쌍이다. ④의 경우 '덥지 않다'가 반드시 '춥다'를 의미하는 것이 아니며 '오늘은 덥지도 않고 춥지도 않다'와 같이 두 단어를 동시에 부정하는 것도 가능하다. 또 정도부사의 수식을 받을 수 있고 비교 표현에도 쓰일 수 있다. 또한 판단 대상에 따라서 기준이 달라질 수 있는 상대적 개념으로 등급 반의어이다.

참고문헌 윤평현, 새로 펴낸 국어의미론, 역락, 2020

43 정답 ①

① '의미 삼각형'은 '단어의 의미는 기호와 그 지시물인 실체 사이에서 연상되는 심리적 영상 곧 개념'이라는 이론으로 의미의 본질에 대해 정의한 여러 학설 가운데 개념설의 대표적인 이론이다. 개념설은 의미를 인간의 마음속에 존재하는 심리적 실체로 파악하고 있으며 이러한 견해는 소쉬르의 기호이론과 오그덴과 리차즈의 의미의 기본삼각형으로 대표된다.

> **알아두기**
>
> ■ 의미 삼각형
>
> 사고 또는 지시
>
> 기호 ········· 지시물
>
> 의미 삼각형 그림에서 '기호'는 언어 표현으로서 단어나 문장을 가리킨다. '지시물'은 언어 표현이 가리키는 실제적 지시물 또는 대상이다. 그리고 '사고 또는 지시'는 개념을 뜻한다. 이 이론에 따르면 언어 표현은 기호의 일종이며 의미란 기호인 언어 표현이 그 대상인 지시물을 지시하는 작용이다. 이때 기호와 지시물 사이에는 직접적인 관계가 없다. 즉 단어 '나무'와 그것이 지시하는 것으로서 우리가 주위에서 볼 수 있는 '나무'와의 사이에는 직접적인 관계가 없다는 것이다. 이런 관계를 그림에서 점선으로 표시하고 있다. 그 둘 사이의 관계, 기호와 지시물 사이의 관계는 그 사이에 놓여 있는 심리적인 실체인 개념을 통해서 파악할 수 있다.

참고문헌 윤평현, 새로 펴낸 국어의미론 강의, 역락, 2021

44 정답 ③

③ 두 문장 중 하나는 능동문이고 하나는 그에 대응하는 피동문의 예인데, 이 두 문장은 화자가 의도하는 바에 따라서 어순이 달라졌다. 이 두 문장은 같은 상황을 나타내므로 본질적인 의미 즉 개념적 의미는 같지만 소통 가치에서 서로 다르다. 화자가 주제를 무엇으로 삼느냐에 따라서 어순을 달리 조직하였기 때문이다.

알아두기

■ 의미의 유형

리치(1981)는 의미의 유형을 '개념적 의미, 연상적 의미, 주제적 의미'로 나누고 연상적 의미를 다시 '내포적 의미, 사회적 의미, 감정적 의미, 반사적 의미, 배열적 의미' 등 다섯 갈래로 나눔으로써 의미의 유형을 일곱 가지로 분류하고 있다.

1. 개념적 의미: 어떤 언어 표현에 대해서 일반적으로 추론해 낼 수 있는 가장 보편적이면서 핵심적인 의미이다. 개념적 의미는 언어로써 행하는 의사소통에 있어서 중심적 요소이며 언어의 본질적 기능을 수행하는 데에 필수적이다. 또, 그 말을 사용하는 사람이나 그 말이 쓰이는 상황에 관계없이 언제나 일정하게 간직하고 있는 의미이기 때문에 종래에 중심 의미 또는 기본 의미라고 말하기도 했다. 최근에는 외연적 의미, 인지적 의미라고도 한다.
2. 내포적 의미: 한 언어 표현이 지시하는 것에 덧붙여 나타나는 전달 가치를 말한다. 다시 말하면 순수한 개념적 의미의 차원을 넘어서 부차적으로 가지는 의미이다. 내포적 의미는 개인이나 집단 또는 사회의 전반적인 관점에 따라서 지시물에 대한 추정적인 특성을 가지기도 한다. 또, 내포적 의미는 개념적 의미에 비해 상대적으로 불안정하므로 가변적이면서 주변적인 의미에 속한다고 할 수 있다.
3. 사회적 의미: 언어를 사용할 때에 사회적 환경이 서로 다르다는 것을 인식하는 데서 나타나는 의미이다. 언어 사용에 있어서 사회적 상황을 드러내는 요소로는 화자와 청자의 연령, 성별, 직업, 종교, 또는 사회적 지위나 관계, 화자의 개인적이거나 지역적인 말씨 등 여러 가지가 있을 수 있다.
4. 감정적 의미: 화자의 개인적 감정이나 태도, 곧 정서가 언어에 반영되어 나타나는 의미이다. 따라서 정서적 의미라고도 말할 수 있다.
5. 반사적 의미: 한 언어 표현이 가지고 있는 여러 개의 개념적 의미 가운데서 하나가 우리에게 다른 의미적 반응을 일으킴으로써 나타나는 의미를 말한다.
6. 배열적 의미: 함께 배열된 다른 단어 때문에 얻게 되는 의미를 가리킨다. 배열적 의미는 공기관계(co-occurrence relation)에 의해서 성립된다.
7. 주제적 의미: 화자는 어순, 초점, 강조 등에 의해 전달 내용을 조직할 수 있는데, 이와 같이 화자의 의도에 의해서 전달 내용을 조직함으로써 얻어지는 의미를 주제적 의미라고 한다.

참고문헌 윤평현, 국어의미론, 역락, 2012

45　정답 ④

① 열쇠 – 키(key): 고유어 – 외래어
② 얼굴 – 안면(顔面): 고유어 – 한자어
③ 찾아보기 – 색인(索引): 고유어 – 한자어
①·②·③은 차용에 의한 동의어이고, ④는 존비법에 의한 동의어이므로 문체의 차이로 동의어가 생성된 것이다.

알아두기

■ 동의어 생성의 유형
1. **방언의 차이에 의한 동의어**: 서로 다른 방언권에 있는 화자들이 동일한 지시 대상을 두고 각각 다른 단어를 사용함으로써 동의어가 만들어지게 되는 것이다.
2. **차용에 의한 동의어**: 다른 언어로부터 차용한 단어가 이미 쓰이고 있는 단어와 의미가 같음으로 해서 동의어가 만들어지게 된다. 우리 국어는 역사적으로 한자어 차용이 많을 뿐만 아니라 현대국어에서는 서구 외래어의 유입이 많은 편이다. 다른 한편으로 이미 사용해 온 한자어나 외래어를 순화하고 다듬어서 새말을 만듦에 따라 동의어가 생겨나기도 한다.
3. **전문어에 의한 동의어**: 특정 분야에서 자신들의 관련 영역을 보다 정밀하게 기술하기 위해 전문어를 사용하는데, 그 전문어에 해당하는 일상어가 있으면 두 단어는 동의어가 된다.
4. **문체의 차이에 의한 동의어**: 사회적 환경이나 심리적 경향에 따라 화자가 격식이나 내포를 달리하는 말을 사용할 수 있다. 동일한 지시 대상을 가리키는 두 단어 가운데 한 단어는 중립적인 표현으로 쓰이고 다른 단어는 특별한 내포를 가지고 쓰이는 경우이다. 존비어, 정감어, 비속어 등은 화자의 감정이나 판단 가치가 들어 있기 때문에 내포에 의한 동의어로 간주할 수 있다. 문체는 개념이 포괄적이어서 앞에서 열거한 방언, 차용어, 전문어에 의한 동의어도 넓게는 문체의 범위 안에 들 수 있다.
5. **완곡어법에 의한 동의어**: 죽음, 질병, 두려움, 불결한 것, 성, 신체 특정 부위와 같은 것은 직설적인 표현을 피하고 완곡어를 사용한다. 따라서 직접적인 표현과 그것을 대신하는 완곡 표현 사이에 동의관계가 성립된다.

참고문헌 윤평현, 새로 펴낸 국어의미론 강의, 역락, 2021

46　정답 ③

③ '집이 많이 기울었다'는 '건물이 한쪽 방향으로 많이 쏠렸다'는 의미와 '가세가 몰락했다'는 의미 두 가지로 해석이 가능하다. 이와 같이 둘 이상의 의미를 가진 문장을 중의문이라고 한다.

알아두기

■ 문장의미의 기본 속성
한 문장에 내재하는 의미의 속성에는 항진성, 모순성, 변칙성, 중의성, 잉여성이 있고, 두 문장 사이에 내재하는 의미의 속성에는 동의성, 모순성, 함의, 전제가 있다.
1. **항진성**: 문장이 그 자체의 의미로서 항상 참이 되는 의미 속성을 항진성이라고 한다. 예를 들어 "사람은 동물이다."와 같은 문장이 있다.
2. **모순성**: 문장의 내용이 참이 될 수 없는 의미 속성을 모순성이라고 한다. 예를 들어 "모든 무생물은 살아 있다."와 같은 문장이 있다.
3. **변칙성**: 문맥과 조화를 이루지 못한 단어의 결합으로 문장의미가 불투명하거나 규범에서 벗어난 의미 속성을 변칙성이라고 한다. 대체로 변칙성은 선택제약이 지켜지지 않을 때 발생한다. 예를 들어 "나의 구름이 바다를 조용하게 잠잔다."와 같은 문장, "할아버지와 손자가 과일을 잡수신다."와 같은 문장이 있다.
4. **중의성**: 한 문장이 두 가지 이상의 의미를 나타낼 때의 의미 속성을 중의성이라고 한다.

5. **잉여성**: 문장 속에서 특정 의미가 필요 이상으로 나타나는 의미 속성을 잉여성이라고 한다. 일반적으로 의사소통에 필요한 적정의 정보량을 초과함으로써 나타난다. 예를 들어 '농민들은 쌀값의 폭락을 미리 예상했다.'와 같은 문장에서 '미리'와 '예상'에 비슷한 의미가 중복되어 있다.
6. **동의성**: 동일한 상황을 지시하는 두 문장 사이의 의미 속성을 동의성이라고 한다.
7. **함의**: 문장 사이의 논리적 관계를 나타내는 개념이다. 문장 p가 참일 때 자동적으로 q도 참이면 p는 q를 함의한다고 한다.
8. **전제**: 하나의 문장이 의미적 정당성을 갖기 위해서 이미 참임이 보장된 다른 문장을 전제라고 한다.

참고문헌 윤평현, 새로 펴낸 국어의미론 강의, 역락, 2021

47 정답 ②

의미의 확대는 어떤 단어의 의미가 변화하여 지시 범위가 원래의 범위보다 확대되는 경우를 말한다. ③ '선생'은 '학생을 가르치는 사람'에서 '성(姓)이나 직함 따위에 붙여 남을 높여 이르는 말'로 확대되어 쓰이고 있으며, ④ '아저씨' 또한 '부모와 같은 항렬에 있는, 아버지의 친형제를 제외한 남자를 이르는 말'에서 '남남끼리에서 성인 남자를 예사롭게 이르거나 부르는 말'로 의미가 확대되었다. ② '놀부'는 〈흥부전〉의 등장인물에서 '심술궂고 욕심 많은 사람을 비유적으로 이르는 말'로 의미가 확대되었다. 의미의 축소는 지시 범위가 원래의 범위보다 좁아지는 것을 말한다. ① '놈'은 중세 국어에서 사람의 평칭으로 쓰여 비하의 의미가 없었으나 현대 국어에서 '남자를 낮잡아 이르는 말'로 의미가 축소되었다.

참고문헌 윤평현, 새로 펴낸 국어의미론 강의, 역락, 2021

48 정답 ①

① 직시 표현에서 사용되는 '이, 그, 저' 계열의 어휘들은 체계적이면서 생산적이다. '이 옷, 그 사람, 저 차'처럼 발화 현장에서 지시 관형사로 그 대상을 직접 가리키기도 하고, '이것, 그것, 저것'처럼 의존명사와 결합하여 지시 대명사를 만들 수도 있다. 직시 기능을 보면 '이'는 화자 가까이 있는 것을 가리키고, '그'는 청자 가까이, '저'는 화자와 청자로부터 떨어져 있는 것을 가리킨다. '저'는 지시 대상이 화자의 시야 안에 있어야 한다. 즉 '저 차가 팀장님 차예요?'에서 '저'가 지시하는 '차'는 화자의 가시권에 있다.

참고문헌 윤평현, 새로 펴낸 국어의미론 강의, 역락, 2021

49 정답 ④

④ 양의 격률에 해당한다.

알아두기

■ **대화의 격률(대화 협동의 원칙)**
1. **질의 격률**: 제공하는 정보가 참된 것이 되도록 하라. 즉, 거짓이라고 믿는 것은 말하지 말라. 적절한 증거가 없는 것은 말하지 말라.
2. **양의 격률**: 진행되는 대화의 목적을 위해 필요한 만큼만 정보를 제공하라.
3. **관련성의 격률**: 대화와 관련 있는 말을 하라.
4. **태도(양식)의 격률**: 모호성, 중의성을 피하라. 간결하고 조리 있게 말하라.

참고문헌 윤평현, 새로 펴낸 국어의미론 강의, 역락, 2021

50 정답 ②

② 인생이 연극이 아니라는 것은 분명한 사실이기 때문에 '인생은 연극이다'라는 말은 질의 격률을 위배하고 있다. 그러나 인생을 연극에 빗댐으로써 세상살이가 연극처럼 다양한 극적 요소를 가지고 있음을 말하고자 한다. 다른 두 문장도 화자가 진짜 '곰과 결혼'한 것이 아니며, 커피를 원하는 것은 '돈가스'가 아니라 화자 자신이다. 이 문장들은 모두 은유적 표현으로 '은유'는 질의 격률을 위배함으로써 표현 효과를 살리는 수사법의 하나라고 할 수 있다.

참고문헌 윤평현, 새로 펴낸 국어의미론 강의, 역락, 2021

51 정답 ②

①·③·④ 청자를 포함하지 않는, '배재한 우리'
② 청자를 '포함한 우리'

> **알아두기**
>
> ■ '포함한 우리'와 '배재한 우리'
> 1인칭 복수 표현인 '우리'는 맥락에 따라서 청자를 포함하는 경우도 있고 청자를 포함하지 않는 경우도 있다. 청자를 포함하는 경우 '포함한 우리'라고 하고, 청자를 포함하지 않는 경우 '배재한 우리'라고 한다.

참고문헌 윤평현, 새로 펴낸 국어의미론 강의, 역락, 2021

52 정답 ①

① 이두는 고려, 조선을 통하여 19세기 말까지 계속 사용되었다.
② 현대 국어의 관형격 조사는 '의' 하나이지만, 중세 국어의 관형격 조사(속격 조사)에는 '이'와 'ㅅ'이 있었다. '이/의'는 사람, 동물과 같은 유정물의 평칭에, 'ㅅ'은 유정물의 존칭과 무정물에 사용되었다. '이/의'는 속격(관형격)과 처격에 쓰였으나 유정물에 쓰이면 속격, 무정물에 쓰이면 처격이 되어 구별되었다.
③ 중세의 존경법, 겸양법, 공손법의 체계에서 존경법과 공손법의 체계로 이행하였다. 겸양법은 객체 존대법이라고도 하는데 존귀한 인물에 관련된 하위자(下位者)의 동작이나 상태를 표시하는 경어법이다. 겸양법(객체 높임)이 근대에 와서 공손법으로 합류되어 단순화되었다고 할 수 있는데 현대 국어에서는 '말하다, 보다, 주다'에 대한 '여쭙다, 뵙다, 드리다'에서 그 흔적을 보일 뿐이다.
④ 16세기에 'ㆍ(아래아)'가 비어두 음절에서 'ㅡ'로 변한 사실(1단계 소실)은 근대국어의 모음조화에 큰 영향을 미쳤다. 'ㅡ'가 중립성을 가지게 되면서 모음조화의 붕괴가 촉진되었다고 볼 수 있다.

참고문헌 이기문·이호권, 국어사, 한국방송통신대학교출판부, 2009

53 정답 ②

① '어제 훈민정음'은 세종대왕의 '어제 서'와 '예의'로 구성되어 있는데 '예의(例義)'에서는 훈민정음의 글자 형태와 음가에 대한 예시와 '종성법, 연서법, 병서법, 부서법, 성음법, 사성법' 등 글자의 운용법을 소개했다.

② '제자해(制字解)'는 초성과 중성의 제자 원리와 방법, 새 글자의 특성 등을 설명한『훈민정음』'해례'의 첫 번째 장으로서, 신문자 창제의 원리, 초성과 중성의 제자 방법, 태극과 음양 이론, 주역의 상수 이론에 의한 신문자의 특성 등을 설명하였다. 내용을 더 구체적으로 살펴보면 다음과 같다. 초성의 제자 과정은 기본자, 가획자, 이체자의 순으로 설명하였고, 초성 17자가 오행(五行), 사시(四時), 오음(五音), 사방(四方)과 맺는 관계를 설명하고 성음의 청탁을 바탕으로 한 전청음, 차청음, 전탁음, 불청불탁음의 특성과 순경음에 대하여 설명하였다. 중성의 제자 과정은 기본자, 초출자, 재출자의 순서로 설명하였다. 이어서 음양오행 및 생위(生位)와 성수(成數)의 관점에서 중성을 설명하였다. 그리고 마지막으로 초성과 중성의 속성, 초성·중성·종성이 어울려 음절이 되는 특성, 종성에 초성을 다시 쓰는 근거 등을 설명하였다. 이어서 자운의 요점은 중성에 있으니 초성과 종성이 합하여 음절을 이루게 되는 특성을 음양과 오행을 바탕으로 설명하였다.

③ '종성해(終聲解)'는 '해례'의 네 번째 장으로서, 음절에서 종성이 분포하는 위치, 초성·중성과 어울려 음절을 이루는 방법, 4성의 완급에 따른 종성의 대립 관계, 8종성가족용법, 8종성의 완급에 따른 대립짝 등을 설명하였다.

④ '합자해(合字解)'는 초성·중성·종성 글자의 모아쓰기에 관한 규정과 모아 써서 글자[音節文字]를 이룰 때의 각 낱자의 위치, 병서(並書)의 규정, 합용병서(合用並書)와 각자병서(各自並書)의 서법, 한자와 정음(正音)을 섞어 쓸 때 한자음에 따라서 중성 'ㅣ' 글자나 종성 'ㅅ' 글자로 보충하는 일, 우리말의 평성(平聲)·상성(上聲)·거성(去聲)·입성(入聲)들의 보기와 사성(四聲)의 성점(聲點) 표시, 입성(入聲)에 대한 것, 성조(聲調) 설명, 우리말에 있어서 초성(初聲)의 'ㆆ'과 'ㅇ'의 통용에 대한 일, 반혓소리의 가볍고 무거운 소리[輕重音]에 대한 일, 'ㆍ', 'ㅡ'가 'ㅣ'에서 일어나는 소리의 보기, 토박이말로 된 25개 낱말의 보기 등에 대한 풀이이다.

알아두기

■ 훈민정음 해례본

훈민정음 해례본은 1446년 음력 9월 상순에 발간된 한문본으로 1940년에 경북 안동군에서 발견되었는데 1997년에 유네스코가 지정한 세계 기록 유산에 등재되었다. 훈민정음 해례본의 내용은 다음과 같다.

1. 어제 훈민정음
    1) 어제 서: 훈민정음 창제의 동기와 목적 소개
    2) 예의: 자모의 형태와 음가 소개, 글자의 운용법 소개
2. 훈민정음 해례: 제자해, 초성해, 중성해, 종성해, 합자해, 용자례
3. 정인지 서: 창제의 동기와 목적, 훈민정음의 우수성, 훈민정음 창제의 경위

참고문헌 나찬연, 중세 국어 문법의 이해, 교학연구사, 2015
네이버 지식백과, 제자해[制字解], 한국민족문화대백과, 한국학중앙연구원
네이버 지식백과, 합자해[合字解], 한국고전용어사전, 세종대왕기념사업회, 2001
네이버 지식백과, 종성해[終聲解], 한국민족문화대백과, 한국학중앙연구원

54 정답 ①

① '잇ᄂ닛가'에서 쓰인 '-ㅅ-'는 의문형 어미 '-가' 앞에 쓰인 예사 높임의 선어말어미이다.
②·③ '호리이다, 나사이다'에서 쓰인 '-이-'는 평서형에서 쓰인 아주 높임의 선어말어미이다.
④ 명령형 종결어미로는 '-으라(낮춤), -고라/-오라(반말), -아쎠/-어쎠(예사 높임), -으쇼셔(아주 높임)' 등이 있는데, '請ᄒᆞᆸ쇼셔'에서 쓰인 '-으쇼셔'는 아주 높임의 명령형 종결어미이다.

알아두기

상대 높임의 선어말어미
중세 국어의 상대 높임 선어말어미는 아주 높임의 등분에서는 '-이-, -잇-'의 형태로, 예사 높임의 등분에서는 '-ㆁ-, -ㅅ-'의 형태로 실현된다. '-이-'는 평서형 종결어미인 '-다' 앞에서, '-잇-'은 의문형 어미인 '-가, -고' 앞에서 아주 높임의 등분으로 쓰인 상대 높임 선어말어미이다. 그리고 '-ㆁ-'은 평서형 어미인 '-다' 앞에서, '-ㅅ-'은 의문형 어미인 '-가' 앞에서 예사 높임의 등분으로 쓰이는 상대 높임의 선어말어미이다.

참고문헌 나찬연, 중세 국어 문법의 이해, 교학연구사, 2015

55 정답 ①

① 제43항 규정에 의하여 '육 층'으로 띄어 쓰는 것이 원칙이나 여섯 번째 층을 나타내므로 '육층'으로 붙여 쓰는 것도 허용한다.
② 제43항 규정에 의하여 단위를 나타내는 말은 앞말과 띄어 써야 하므로 '세 마리'로 써야 한다.
③ 제44항 규정에 의하여 수를 적을 때에는 만 단위로 띄어 쓴다. 십 단위로 띄어 쓰는 것은 지나치게 많이 띄어 쓰게 되어 의미 파악이 쉽지 않을 뿐만 아니라, 읽을 때 만 단위로 읽는 것이 자연스러우므로 이와 같이 규정하였다. 따라서 '아흔여덟'이라고 쓴다.
④ 제48항 규정에 의하여 성과 이름, 성과 호 등은 붙여 쓰고, 이에 덧붙는 호칭어, 관직명 등은 띄어 쓴다. 우리나라 사람의 성은 거의 한 음절로 되어 있어서 직관적으로 한 단어처럼 느껴지지 않는다. 이러한 이유로 성과 이름을 붙여 쓰도록 한 것이다. 이름과 마찬가지 성격을 지닌 호(號)나 자(字)가 성에 붙는 형식도 이에 준한다. 따라서 '이퇴계'로 써야 한다.

알아두기

제43항 단위를 나타내는 명사는 띄어 쓴다.
단위를 나타내는 말은 의존명사이든 자립명사이든 하나의 단어로 인정되는 명사이므로 앞말과 띄어 써야 한다.
1. 의존명사
   예) 나무 한 그루, 고기 두 근, 자동차 네 대, 토끼 두 마리
2. 자립명사
   예) 국수 한 그릇, 맥주 세 병, 학생 한 사람, 꽃 한 송이

다만, 수 관형사 뒤에 단위 명사가 붙어서 차례를 나타내는 경우에는 앞말과 붙여 쓸 수 있도록 하였다.
예) 제일 편(원칙) / 제일편(허용)   제삼 장(원칙) / 제삼장(허용)
    제7 항(원칙) / 제7항(허용)   제10 조(원칙) / 제10조(허용)

'제-'가 생략된 경우라도 차례를 나타내는 말일 때는 앞말과 붙여 쓸 수 있다.
예) (제)육십칠 번(원칙) / 육십칠번(허용)

다음과 같은 경우에도 앞말과 붙여 쓸 수 있다.
예 (제)구 사단(원칙) / 구사단(허용)　　　　(제)1 연구실(원칙) / 1연구실(허용)
　　(제)삼 층(원칙) / 삼층(허용)　　　　　　(제)274 번지(원칙) / 274번지(허용)
또 연월일, 시각 등도 붙여 쓸 수 있는데, 이들은 '제-'가 붙지는 않지만 차례나 순서 개념을 나타내기 때문이다.
예 이천십팔 년 오 월 이십 일(원칙) / 이천십팔년 오월 이십일(허용)
또 단위를 나타내는 명사가 아라비아 숫자 뒤에 붙을 때에도 붙여 쓸 수 있도록 하였다. 이때의 명사는 자립명사든 의존명사든 상관이 없다. 이것은 붙여 쓰는 것이 가독성이 높아서 실제로 붙여 쓰는 경우가 더 많다는 점을 고려한 것이다.
예 2 시간(원칙) / 2시간(허용)　　　　　　2 음절(원칙) / 2음절(허용)

참고문헌 한글 맞춤법, 문화체육관광부 고시 제2017-12호(2017. 3. 28.)

56 정답 ②

② '어법에 맞도록 한다'는 것은 뜻을 파악하기 쉽도록 각 형태소의 본모양을 밝혀 적는다는 말인데, '곱-'에 어미 '-아'가 붙은 말을 '곱아'로 쓰지 않고 '고와'라고 쓴 것은 형태소의 모양을 고정하여 적지 않고 소리대로 적은 예이다.

알아두기

■ 한글 맞춤법

제1항 한글 맞춤법은 표준어를 소리대로 적되, 어법에 맞도록 함을 원칙으로 한다.

이 조항은 한글 맞춤법의 대원칙으로 '표준어를 소리대로 적는다.', '어법에 맞도록 적는다.'는 이 두 가지 원칙에 따라 음성 언어인 표준어를 표음 문자인 한글로 올바르게 적는 방법이다.

먼저 '표준어를 소리대로 적는다'는 것은 그 표준어를 적을 때 발음에 따라 적는다는 뜻이다. 이를테면 [나무]라고 소리 나는 표준어는 '나무'로 적고, [달리다]라고 소리 나는 표준어는 '달리다'로 적는다. 그런데 표준어를 소리대로 적는다는 원칙만으로 충분하지 않은 경우가 있다. 예를 들어 '꽃[花]'이란 단어는 쓰이는 환경에 따라 소리가 달라진다. '꽃'은 '꽃이'일 때는 [꼬치]으로, '꽃만'일 때는 [꼰]으로, '꽃과'일 때는 [꼳]으로 소리 난다. 만약 '표준어를 소리대로 적는다'는 원칙만 적용한다면, [꼬치]로 소리 나는 말은 '꼬치'로, [꼰만]으로 소리 나는 말은 '꼰만'으로, [꼳꽈]로 소리 나는 말은 '꼳꽈'로 적게 되어 '꽃[花]'이라는 하나의 말이 여러 형태로 적히게 된다. 그런데 의미가 같은 하나의 말은 형태를 하나로 고정하여 일관되게 적어야 의미를 파악하기가 쉽다. 즉 꽃, 꼰, 꼳보다는 '꽃' 하나로 일관되게 적는 것이 의미를 파악하는 데 효과적이다. '어법에 맞도록 한다'는 것은 이와 같이 뜻을 파악하기 쉽도록 각 형태소의 본모양을 밝혀 적는다는 말이다. 이에 따라 '꽃'은 [꼬치], [꼰], [꼳]의 세 가지로 소리 나는 형태소이지만 그 본모양에 따라 '꽃' 한 가지로 적고, [꼬치], [꼰만], [꼳꽈]도 '꽃이, 꽃만, 꽃과'로 적게 된다.

그러나 언제나 어법에 따라 형태소를 고정하여 적을 수 있는 것은 아니다. 하나의 형태소라고 하더라도 한 형태로 고정하여 적을 수 없는 경우가 있다. 예를 들어 '덥고, 덥지'에서의 '덥-'과 '더워, 더우며'의 '더우-'는 같은 형태소이다. 어법에 따라 형태소의 본모양을 '덥-'으로 고정하여 적는다면 '덥어, 덥으며'로 적어야 한다. 그렇지만 '덥어, 덥으며'는 [더버], [더브며]로 읽히게 되므로 표준어 [더워], [더우며]의 소리를 제대로 나타낼 수 없다. 그러므로 '덥고, 덥지, 더워, 더우며'는 한 형태소의 활용형이지만 그 형태를 하나로 고정할 수 없고 '덥-', '더우-' 두 가지로 적게 된다.

참고문헌 한글 맞춤법, 문화체육관광부 고시 제2017-12호(2017. 3. 28.)

57 정답 ③

③ '백암'의 'ㄱ' 소리는 모음 앞에 위치하므로 Baegam으로 적는다.

참고문헌 국어의 로마자 표기법, 문화체육관광부 고시 제2014-42호(2014. 12. 5.)

58 정답 ④

ㄱ. 'gap[gæp] 갭'과 같이 짧은 모음 다음의 어말 무성 파열음([p], [t], [k])은 받침으로 적는다. 'setback[setbæk] 셋백'과 같이 짧은 모음과 유음·비음([l], [r], [m], [n]) 이외의 자음 사이에 오는 무성 파열음([p], [t], [k])은 받침으로 적는다. 이 두 경우 이외의 어말과 자음 앞의 [p], [t], [k]는 '으'를 붙여 적는다. 따라서 'stamp[stæmp] 스탬프, part[pɑːt] 파트, tape[teip] 테이프'로 적는다.

ㄴ. 어말 또는 자음 앞의 [ʒ]는 '지'로 적고, 모음 앞의 [ʒ]는 'ㅈ'으로 적는다. 따라서 'mirage[mirɑːʒ] 미라지, vision[viʒən] 비전'으로 적는다.

ㄷ. 중모음은 각 단모음의 음가를 살려서 적되, [ou]는 '오'로, [auə]는 '아워'로 적는다. 따라서 'boat[bout] 보트, tower[tauə] 타워, rainbow[reinbou] 레인보'로 적는다.

ㄹ. 합성으로 이루어진 복합어는 그것을 구성하고 있는 말이 단독으로 쓰일 때의 표기대로 적는다. 따라서 'bookend[bukend] 북엔드, sit-in[sitin] 싯인, highlight[hailait] 하이라이트'로 적는다.

참고문헌 외래어 표기법, 문화체육관광부 고시 제2017-14호(2017. 3. 28.)

59 정답 ②

② '안절부절못하다'와 '안절부절하다'에서, '안절부절하다'는 부정어를 빼고 쓰면서도 의미는 반대가 되지 않고 부정어가 있는 '안절부절못하다'와 같은 의미로 쓰이는 특이한 용법인데, 오용(誤用)으로 판단되어 표준어로 인정하지 않은 것이다.

> **알아두기**
>
> ■ 복수 표준어
> 제26항 한 가지 의미를 나타내는 형태 몇 가지가 널리 쓰이며 표준어 규정에 맞으면, 그 모두를 표준어로 삼는다.
> 복수 표준어는 국어를 풍부하게 하는 데 기여할 뿐만 아니라, 표준어가 인위적으로 부자연스럽게 결정되는 산물이라는 생각을 불식하는 데에도 기여한다. 복수 표준어는 어감의 차이나 의미 혹은 용법에 미세한 차이가 있어 대치하였을 때 어색한 경우도 있지만, 원칙적으로는 둘 이상의 어휘를 서로 바꾸어 쓸 수 있다. 이처럼 복수 표준어를 인정하는 것은 언어 현실을 반영하여 국민이 좀 더 편하게 언어생활을 할 수 있도록 하기 위한 것으로, 현재에도 추가 사정을 거쳐 복수 표준어를 지속적으로 확대하고 있다.

참고문헌 표준어 규정, 문화체육관광부 고시 제2017-13호(2017. 3. 28.)

60 정답 ④

④ 큰따옴표는 글 가운데에서 대화문임을 나타낼 때 쓴다. 또 다른 사람의 말이나 글을 직접 인용한 부분임을 나타낼 때 쓰며 인용한 말이 혼잣말인 경우에도 쓴다. 그러나 인용한 말이 마음속으로 한 말임을 나타낼 때는 작은따옴표를 쓴다.

알아두기

- **문장 부호**
  1. 겹낫표(『 』)와 겹화살괄호(《 》)
     문장 안에서 책의 제목이나 신문 이름 등을 나타낼 때는 그 앞뒤에 겹낫표나 겹화살괄호를 쓰는 것이 원칙이고 큰따옴표를 쓰는 것도 허용된다.
     1) 박경리의 『토지』는 전 5부 16권에 이르는 대하소설이다.
     2) 1906년에 창간된 《만세보》는 1년 후에 《대한신문》으로 이름을 바꾸었다.
     3) 남궁억은 "황성신문"의 사장을 지낸 인물이다.
  2. 홑낫표(「 」)와 홑화살괄호(〈 〉)
     소제목, 그림이나 노래와 같은 예술 작품의 제목, 상호, 법률, 규정 등을 나타낼 때는 그 앞뒤에 홑낫표나 홑화살괄호를 쓰는 것이 원칙이고 작은따옴표를 쓰는 것도 허용된다.
     1) 「국어기본법 시행령」은 「국어기본법」에서 위임된 사항과 그 시행에 필요한 사항을 규정함을 목적으로 한다.
     2) 이 곡은 베르디가 작곡한 「축배의 노래」이다.
     3) 사무실 밖에 「해와 달」이라고 쓴 간판을 달았다.
     4) 〈한강〉은 사진집 《아름다운 땅》에 실린 작품이다.

참고문헌 한글 맞춤법, 문화체육관광부 고시 제2017-12호(2017. 3. 28.)

61 정답 ③

① · ④ 법언어학 중 법음성학의 연구 대상이 된다.
② 법언어학에서는 필적감정, 문서 감정, 필자 식별, 문체 표지 등을 다루기도 한다.
③ 범죄심리학의 연구 분야라 할 수 있다.

알아두기

- **법음성학**
  법음성학은 실용적인 목적에 의한 언어학과 음성학의 방법으로 응용하여 넓게는 법정에서의 증거 제시 또는 응용언어학 분야의 지식 방법 이론 등을 말한다. 국외 법음성학에서 가장 중요하게 다루는 부분은 화자 식별(speaker identification)이나 화자 인지(speaker recognition)와 관련된 분야이다. 넓게 보면 음성학의 일부이며 좁게는 형사사법 안에서의 범인 식별 절차와 관련된 영역이다. 법음성학에 있어서 또한 중요한 분석은 발화 내용을 분석하는 것인데 법음성학의 분석에서는 음성적 정보를 파악하는 기술을 중요시한다. 넓은 범주에서는 법음성학은 법언어학에 속하며 언어의 출처 개인의 의도 속임수 등을 알아내기 위해 분석되는 방법으로 그러한 언어들을 연구 대상으로 한다. 특히 발화된 언어의 해석과 해독을 그 목적으로 두는 연구 방법이다. 즉 법음성학은 화자의 신분을 밝혀내거나 발화된 어구를 분석하여 목소리에 나타난 감정을 이해하거나 혹은 설명하는 것 또는 녹음된 파일의 진정성이나 그 관련성을 토대로 분석을 하는 학문이다.

참고문헌 도선희, 보이스피싱의 음성학적 고찰, 범죄수사학연구 제4권 제1호, 2018
서경숙 · 니시야마 치나 옮김, 법과 언어, 박이정, 2016

62 정답 ②

② Canale과 Swain(1980)의 연구, 그리고 이후 Canale(1983)의 연구에서 정의하고 있는 의사소통 능력은 네 가지의 하위 범주로 구성되어 있다. 언어 체계의 사용에 대한 범주인 문법적 능력, 담화적 능력과 의사소통이라는 기능적 양상에 대한 범주인 사회언어학적 능력, 전략적 능력이다.

알아두기

■ **의사소통 능력**

Canale과 Swain(1980)의 연구, 그리고 이후 Canale(1983)의 연구에서 정의하고 있는 의사소통 능력은 네 가지의 하위 범주로 구성되어 있다. 처음 두 가지 하위 범주는 언어 체계의 사용에 대한 것이고 나머지 두 가지 하위 범주는 의사소통이라는 기능적 양상에 대한 것이다.

1. **문법적 능력(grammatical competence)**: '어휘, 형태, 통사, 의미, 음운 규칙에 관한 지식'을 포함한다. 이 능력은 언어의 규칙을 통달하는 것과 관련이 있으며 Hymes와 Paulston이 주장한 '언어적' 능력에 해당된다.
2. **담화적 능력(discourse competence)**: 여러 면에서 문법적 능력을 보충해 주는 능력이라고 할 수 있다. 담화 속의 문장들을 연결하여 일련의 발화문으로부터 유의적인 전체 의미를 형성하게 하는 능력이다. 여기에서의 담화란 간단한 구두 대화에서부터 신문 기사, 책 등과 같은 상당한 분량의 문어체의 글을 모두 포함하는 개념이다. 문법적 능력이 문장 단위의 문법을 다루는 것이라면 담화적 능력은 문장 사이의 상호 관계와 연관된 것이다.
3. **사회언어학적 능력(sociolinguistic competence)**: 언어와 담화의 사회문화적 규칙에 대한 지식이다. 이 능력은 언어가 사용되고 있는 사회적 상황에 대한 이해를 필요로 하는데 이때 사회적 상황이란 언어를 사용하는 사람들이 맡은 역할, 이들이 공유하는 정보, 이들 사이에서 이루어지는 상호 작용 기능을 의미한다. 이 모든 것들이 충분히 드러나는 상황에서만 특정한 발화가 적절한지 판단할 수 있다.
4. **전략적 능력(strategic competence)**: 언어 수행상의 변인이나 불완전한 언어 능력 때문에 의사소통이 중단되는 경우 이를 보완하기 위해 사용하는 언어적, 비언어적 의사소통 전략이다.

참고문헌 H. Douglas Brown 저, 이흥수 외 공역, 외국어 학습·교수의 원리, Pearson Education Korea, 2015

63 정답 ②

② 음성 언어와 함께 얼굴 표정, 손짓, 몸짓, 자세 등을 연구하고자 오디오, 비디오 자료로 구성된 말뭉치를 다면 말뭉치(multimodal corpus)라고 한다.

알아두기

■ 코퍼스(말뭉치)

말뭉치란 텍스트, 즉 산출된 말 혹은 글의 집합을 말한다. 현대의 코퍼스는 근대 소설 연구 혹은 현대 국어 일반의 연구 등 특정 목적을 가지고 균형성과 대표성을 고려해 텍스트들을 모아서 컴퓨터에 전자 형태로 저장한 것을 말한다. 말뭉치의 분류 기준은 다음과 같다.

1. 가공 여부 – 원시 코퍼스, 주석 코퍼스: 원시 말뭉치는 가공하지 않은 상태로 데이터베이스화시킨 것을 말하며, 주석 말뭉치는 텍스트를 일정한 기준으로 분석한 뒤 품사, 문법, 문헌, 주제, 내용 혹은 사용 오류 등에 대한 정보를 일관된 형식의 표지를 달아 놓은 것을 말한다.
2. 사용 언어 – 단일언어 코퍼스, 이중언어 코퍼스, 다중언어 코퍼스, 병렬 코퍼스: 단일언어 말뭉치는 코퍼스 내에 하나의 언어 용례만을 포함하고 있는 것을 말한다. 이중언어 말뭉치는 같은 뜻을 가진 용례가 두 언어로 되어 있는 코퍼스를 말한다. 다중언어 말뭉치는 같은 뜻을 가진 용례가 둘 이상의 언어로 이루어진 코퍼스를 말한다. 이 외에 병렬 말뭉치란 같은 내용의 텍스트를 두 개 언어 이상 병렬시켜 입력한 코퍼스이다. 가령 영어로 쓰인 소설 원본을 한국어 대역본과 함께 코퍼스에 입력한다면 영·한 병렬 코퍼스가 된다. 이러한 코퍼스는 언어간의 효율적인 정보 소통을 위한 통역, 번역 등의 분야에서 활용되며 서로 다른 언어의 언어학적 차이를 연구하는 대조언어학 연구에 활용되기도 한다.
3. 텍스트 내용의 변화 여부 – 샘플 코퍼스, 모니터 코퍼스: 일정량의 텍스트만 수집한 말뭉치를 샘플 말뭉치라고 하는데 코퍼스를 구축한 후 새로운 텍스트를 추가하거나 변경하지 않는다. 반면에 언어의 변화를 관찰하기 위해 새로운 언어로 자료의 일부를 갱신하거나 증보해 나가는 말뭉치를 모니터 말뭉치라고 한다.
4. 구축 목적 – 일반(범용) 코퍼스, 특수목적 코퍼스: 다양한 연구에 활용할 목적 하에 종합적으로 구성한 말뭉치를 일반(범용) 말뭉치라고 하고, 특수한 연구 목적으로 특정 언어를 수집한 말뭉치를 특수목적 말뭉치라고 한다.
5. 반영된 언어의 시대 – 공시 코퍼스, 통시 코퍼스
6. 언어 매체 – 음성언어 코퍼스, 문자언어 코퍼스: 신문이나 잡지, 소설, 교과서 등의 문어 텍스트를 입력해 놓은 것이라면 이것은 문어 말뭉치가 되며 일상 대화나 방송 토론 등의 내용을 듣고 전사하여 입력하였다면 구어 말뭉치로 분류될 수 있다.

참고문헌 이승연, 한국어교육을 위한 응용언어학개론, 태학사, 2019
서울대학교 국어교육연구소, 한국어교육학 사전, 하우, 2014

64 정답 ④

④ 응용언어학은 언어의 이론적인 연구를 목적으로 하지 않고, 언어학을 통해 얻은 성과를 언어 기술 외에 언어 습득과 언어 교육, 작문 교육, 번역 외 다양한 실용적 상황에 응용하려는 목적을 지닌 학문이다. 응용언어학은 종종 이론언어학과 대비되는 학문 분야로 일컬어지는데, 사회학, 심리학, 인류학, 전산학, 통계학 등의 인접 학문과의 학제 간 연구의 성격을 띠는 경우가 많다. 또한 언어학의 연구 성과를 활용하여 언어와 언어 사용에 대한 이론적 모형을 개발하기도 한다. 응용언어학은 언어와 관련된 실질적이고 실용적인 문제를 해결하는 일에 관련된다고 할 수 있다. 예를 들어 언어 교수를 위한 교재 및 교수법 개발, 담화분석, 통번역, 사전 편찬, 언어 치료, 언어 정책, 언어 평가에 이르기까지 다양한 분야가 포함될 수 있다.

참고문헌 이승연, 한국어교육을 위한 응용언어학개론, 태학사, 2019

65 정답 ②

① '짐승'-'개': '개'는 '짐승'의 의미 자질을 포함하고 있어서 '짐승'의 하의어이고, '짐승'은 '개'의 상의어이다.
② '틈'-'겨를': '인지적 및 정서적 의미의 동일성, 모든 맥락에서의 상호 교체 가능성'을 충족시킬 때 절대적 동의어라고 한다. '틈'은 시간적, 공간적 의미로 모두 사용이 가능한 데에 반해 '겨를'은 시간적인 의미로만 사용되므로 절대적 동의어라고 할 수 없다.
③ '뜨겁다'-'차갑다': 두 단어 사이에 등급성이 있어서 중간 상태가 있을 수 있는 반의어를 정도 반의어 또는 등급 반의어라고 한다. 한쪽을 부정하는 것이 다른 쪽을 의미하는 것이 아니며 정도부사의 수식을 받을 수 있고 비교 표현에도 쓰일 수 있다. 또한 판단 대상에 따라서 기준이 달라질 수 있는 상대적 개념이다.
④ '손'-'손가락': '손'은 전체어이고 '손가락'은 부분어이다.

> **알아두기**
>
> ■ 의미 관계
> 의미 관계에는 동의 관계, 반의 관계, 상하 관계, 부분 관계가 있다.
> 1. **동의 관계**: 음운적으로 서로 다른 단어가 동일하거나 매우 비슷한 의미를 가지고 있는 의미 관계
> 2. **반의 관계**: 서로 반대되거나 대립되는 의미를 가진 단어 사이의 의미 관계
> 3. **상하 관계**: 한 단어의 의미가 다른 단어의 의미를 포함하는 관계
>   예 '꽃 : 장미'에서 꽃은 '상의어'이며, 장미는 '하의어'이다.
> 4. **부분 관계**: 한 단어가 다른 단어의 부분이 되는 관계
>   예 '몸 : 머리'에서 몸은 '전체어'이고 머리는 '부분어'이다.

참고문헌 윤평현, 새로 펴낸 국어의미론, 역락, 2020
표준국어대사전

66 정답 ④

① 설형문자(쐐기문자)는 메소포타미아를 중심으로 고대 오리엔트에서 광범위하게 쓰인 문자이다. 회화문자(繪畫文字)였는데, 점토 위에 갈대나 금속으로 새겨 썼기 때문에 문자의 선이 쐐기 모양으로 보인다. 단어문자로서 수메르어를 적던 것이 아카드어에 전해지면서 음절문자가 되었고, 후에 페르시아어, 히타이트어 등에 퍼졌는데 설형문자(쐐기문자)는 중국 문자보다 한 걸음 더 나아가 표음문자의 단계에 이르게 되었다.
② 고대 이집트의 상형문자는 성각문자라고도 한다. 기본적으로 사물의 형태를 본떠서 만든 그림문자에서 발달하였으며 문자 하나가 이집트 단어에 대응되는 단어문자이다. 이후에 하나의 문자가 고정된 소릿값을 가지게 되어 표음문자의 기능을 아울러 가지게 되었다. 성각문자는 하나의 문자가 하나의 소리를 나타내는 경우도 있지만, 두 개 또는 세 개의 소리를 나타내기도 한다.
③ 음절문자(syllabic writing, 音節文字)는 한 음절이 한 글자로 되어 있어 그 이상은 나눌 수 없는 표음문자를 말한다. 음절문자의 전형적인 예는 일본의 かな문자이며 か(ka), さ(sa)를 보면 알 수 있듯이 자음과 모음의 표기가 구별되지 않는다.
④ 페니키아 문자는 모두 스물두 개로서, 하나의 문자 기호가 하나의 소릿값을 가지는 표음문자이며 특히 자음을 나타내는 자음문자이다. 페니키아 문자는 인류가 사용한 최초의 알파벳(표음문자)이라고 할 수 있다.

참고문헌 김하수·연규동, 문자의 발달, 커뮤니케이션북스, 2015.
김방한, 언어학의 이해, 민음사, 2005
네이버 지식백과, 페니키아 문자 (연규동, 세계의 문자 사전)

67 정답 ④

④ 일반적으로 메타라는 말은 한 단계 더 높은 곳에 있다는 의미로 사용된다. 따라서 언어보다 한 단계 높은 언어를 메타언어라 한다. 즉 언어를 기술하기 위한 언어를 메타언어라 한다. 다시 말하면 언어 기호를 사용하여 언어 기호에 대해 이야기하는 언어를 메타언어라고 한다. 예를 들어 "'고양이는 동물이다.'는 평서문이다.'라는 문장은 메타언어 문장이다. 이와 같이 (ㄹ)의 A의 발화 '북한산은 3음절 단어야.'는 메타언어적 기능으로 사용되었다.

참고문헌 배주채, 언어학개론, 태학사, 2015
네이버 지식백과, 메타언어, 문학비평용어사전, 한국문학평론가협회, 2006

68 정답 ①

1) 음운론: 언어의 소리 체계를 연구하는 분야이다. 음운론에서 다루는 영역은 화자에 의한 음소의 확립과 기술에 대한 연구, 음절, 강세 등의 운율 단위에 대한 연구 등이 있다.
2) 음성학: 음성학은 소리의 의미나 기능과 관계없이 물리적인 소리 자체를 대상으로 한다. 즉 음성학은 인간의 발성 기관에 의해 산출된 소리를 연구하는 학문이다.
3) 형태론: 한 단어에서 형태소들이 결합하여 낱말을 형성하는 규칙에 대해 연구하는 학문을 형태론이라고 한다.
4) 통사론: 형태론이 형태소와 단어의 기능과 구성 방식 등을 다루는 부문이라면 통사론은 문장 혹은 구, 절 단위의 구조나 성분의 배열에 관심을 갖는 부문이다.
5) 의미론: 단어, 구, 문장의 의미를 연구하는 분야이다.
6) 화용론: 언어적 지식만으로 예측할 수 없는 화자들의 언어 사용법을 다루는 학문이다. 의미론과 화용론은 인간 언어의 의미를 연구한다는 점에서 공통점을 지닌다. 그러나 화용론에서는 화자의 의도나 상황에 따라 다르게 해석되는 의미, 혹은 전제나 함축, 암시 등에 대해 주로 연구한다. 즉 그 언어를 있게 한 맥락과 사회적 요인을 함께 탐구한다.

참고문헌 이승연, 한국어교육을 위한 응용언어학개론, 태학사, 2019

69 정답 ③

③ '이리'와 '오다'는 이동체가 화자와 가까운 곳으로 이동하는 것을 지시한다. 화자의 발화 장소가 중심이 된다.

알아두기

■ **직시의 기준점**

화자가 어떤 대상을 가리킬 때 중심이 되는 기준점이 필요한데, 이것을 직시의 중심이라고 한다. 예를 들어 '나는 어제 저곳에서 이분을 만났다.'라는 문장에서 '나'는 화자 자신이고 '이분'은 화자 가까이에 있는 제3자이다. '저곳'은 맥락 속에서 특별한 장소를 가리키는데 화자로부터 떨어진 장소이며 '어제'는 화자의 발화 시점으로부터 하루 전날이다. 여기에 쓰인 직시 표현은 일상적인 언어생활에서 쉽게 접할 수 있는 것으로 각각 사람, 장소, 시간을 지시하는데 모두 화자 자신을 기준으로 말하고 있다. 이와 같이 직시 표현은 화자 중심으로 이루어지며, 화자가 기준점이 되어서 지시 대상을 지시한다. 직시 표현이 화자 중심으로 이루어진다는 것을 처음 지적한 사람은 독일의 언어철학자 뷜러(1934)인데 그는 '직시의 장'의 한 가운데에는 직시의 '근원'으로서 'I-here-now'의 세 단어가 있으며, 이 세 단어가 직시의 중심을 이룬다고 한다. 이것은 직시의 기본적 표현인 인칭, 장소, 시간에서 '나-여기-지금'이 중심임을 적시하고 있다. 직시의 중심이 화자에 있지만 화자가 직시의 중심을 다른 곳으로 이동하여 말하기도 한다. 화자와 청자의 공간과 시간이 일치하지 않을 때(예를 들어 전화 통화) 화자가 자기중심으로 말할 수도 있고 반대로 청자 중심으로 말할 수도 있다. 화자가 직시의 중심을 다른 곳으로 이동하여 그곳에 화자 자신이 위치한 것처럼 말하는 것을 직시의 투사 또는 관점의 전이라고 한다.

참고문헌 윤평현, 새로 펴낸 국어의미론 강의, 역락, 2021

70 정답 ②

① 소쉬르의 '랑그와 파롤'은 구조주의 언어학이 수행하는 언어 체계와 기호에 대한 연구에 초석을 제공하는 한편 촘스키의 보편문법과 언어 능력, 언어 수행 등의 개념이 발아하는 데 영향을 미쳤다.
② 랑그(langue)는 언어의 추상적인 체계를 말하며 파롤(parole)은 그 언어의 개별적인 발화 양상을 말한다.
③·④ 구조주의 언어학은 소쉬르(Saussure)의 공시론(共時論) 이론과 1930년 구조주의 철학을 배경으로 하여 싹트기 시작하였다. 구조주의 언어학에서는 언어 기호는 언어 체계 안에서 다른 기호들과 맺는 관계에 따라 파악해야 하는 것으로 본다. 따라서 기호에 대한 연구는 통시적인 관점은 물론 공시적인 관점에서 각 요소 간의 관계를 이해하는 것에 초점을 맞추어 왔다.

알아두기

■ 구조주의 언어학

현대 언어학의 일반적인 명칭으로, 현대 언어학의 특징은 구조주의에 있으며 오늘날 구조 언어학은 공시적·통시적 언어 연구의 일반 명칭처럼 되어 있다. 따라서 구조 언어학은 막연히 현대 언어학을 가리키기도 하고 또 전세기의 문헌학적 언어 연구에 대한 대조적인 뜻으로 쓰이기도 한다. 구조 언어학은 소쉬르(Saussure)의 공시론(共時論)과 1930년 구조주의 철학을 배경으로 하여 싹트기 시작하였으며, 게시탈트(Gestalt) 심리학의 영향을 받기도 하였다. 20세기에 들어서면서는 새로운 과학적 방법의 영향으로, 일련의 현상 가운데서 불변적인 특징의 발견을 중요시하게 되었다. 그리고 불변적인 특징은 추상화되고 고도로 형식화된다. 또한 이러한 불변체들은 무질서한 집합체가 아니라, 서로 일정 관계에 의해 묶인 하나의 체계를 이루게 되는데 각 요소의 상호관계가 이루는 체계를 수립하여 그 가치를 정립하는 것이 구조주의의 중심 과제이다. 구조주의(構造主義) 이론을 구체적으로 언어 연구에 적용시킨 최초의 연구는 프라그(Prague) 학파의 음운 연구이다. 구조 언어학의 경향은 그 방법과 이론이 각 학파에서 완전히 동질적인 것은 아니다. 이것은 구조주의자가 자란 환경이 서로 다르기 때문이며, 같은 학파에서도 차이를 드러내고 있기 때문이다. 이러한 차이에도 불구하고 현대 언어학의 특징은 구조 언어학이라고 말할 수 있다. 그 공통적인 중심 내용은 구조로서 형성된 하나의 전체가 그 성분인 부분에 대해서 각자의 존재 가치를 부여하며 또한 부분은 전체 구조에 융합되어 그 가치를 부여받는다고 하는 것이다. 이러한 이론을 방법론적 기초로 삼고 나타난 것이 1930년대의 프라그 학파·코펜하겐(Copenhagen) 학파, 그리고 유럽의 언어학파는 다소 유리되어 독자적으로 발달한 미국의 구조 언어학 등이다. 구조 언어학은 흔히 이 세 학파로 구별된다. 그리고 각 학파의 특징을 살려서 프라그 학파를 구조-기능언어학, 코펜하겐 학파를 글로스매틱스(Glossematics), 미국의 구조 언어학을 블룸필드(Bloomfield) 학파 혹은 예일(Yale) 학파라 부르기도 한다. 현재 미국의 구조 언어학을 신 블룸필드 학파(Neo-Bloomfield School) 또는 후 블룸필드(Post-Bloomfieldian) 언어학이라는 명칭으로 부르기도 하며, 위의 세 학파 외에 주네브(Geneva)를 넣어서 4학파로 나눈다.

참고문헌 서울대학교 국어교육연구소, 한국어교육학 사전, 하우, 2014
김방한, 언어학의 이해, 민음사, 2005
국어국문학자료사전, 한국사전연구사, 1994

71 정답 ④

① 학습자 입장에서 오류를 범하는 것은 언어 학습 과정에서 피할 수 없는 일이다. 학습자는 자신이 배운 규칙을 발화에 적용시키려는 시도를 하는데, 이 과정에서 오류가 발생하게 되며 자기 발화에서 오류를 확인하고 고쳐나가는 과정을 겪으면서 언어를 학습하고 습득해 간다.
② 교수자는 학습자의 오류를 체계적으로 분석함으로써 학습자가 목표어에 얼마나 다가갔는지, 그리고 앞으로 무엇을 더 가르쳐야 할 것인지에 대한 정보를 얻을 수 있다.
③ 언어 간 간섭에 의한 오류는 모국어 간섭을 말하는데 주로 제2언어 학습 초기에 일어난다.
④ 오류분석은 주로 학습자가 산출한 자료, 즉 말하기 수행과 쓰기 결과물을 대상으로 실시하는 경우가 많다. 말하기나 글쓰기는 학습자의 수행 결과가 가시적이고 관찰이 가능하지만 읽기나 듣기의 경우는 내면에서 일어나는 이해 여부를 측정할 수 있는 도구가 없어는 연구가 어렵기 때문이다.

참고문헌 이승연, 한국어교육을 위한 응용언어학개론, 태학사, 2019

72 정답 ③

① 베트남어는 고립어적, 단음절어적 경향이 현저하다.
② 에스키모어는 바스크어, 아이누어, 아메리카인디언어와 함께 포합어이다. 포합어는 언어유형의 하나로 문장을 구성하는 요소가 밀접하게 결합되어 마치 전체 문장이 하나의 단어를 이루는 것처럼 보이는 구조의 언어를 말한다. 이와 같은 포합어에서는 동사 활용 시 인칭을 나타내는 요소와 어근의 사이에 목적어적인 요소가 삽입된다.
③ SOV 어순 유형의 언어로는 한국어, 몽골어, 튀르키예어, 일본어, 힌디어, 타밀어 등이 있다.
④ SVO 어순 유형에는 영어, 중국어, 프랑스어, 스와힐리어 등이 있다. 웨일스어는 VSO 어순 유형이다.

참고문헌 허용・김선정, 대조언어학, 소통, 2019
서울대학교 국어교육연구소, 한국어교육학 사전, 하우, 2014
네이버 지식백과, 포합어, 두산백과 두피디아, 두산백과

73 정답 ①

① 한국어는 경어법이 매우 복잡하고 체계적으로 발달되어 있다. 한국어는 SOV형 언어로 구성의 중심이 되는 핵이 뒤에 오는 핵 후행 언어이다. 그렇기 때문에 수식 구성에서 핵인 피수식어가 수식어 뒤에 오고 어미를 제외한 논항 구조에서 동사가 끝에 오게 된다. 문장이 주제/서술의 관계에 기초하여 조직되며 주제가 항상 문장 구성의 중심적 역할을 하는 언어를 주제 중심 언어라고 하는데 한국어는 주제 중심 언어이며 영어는 주어 중심 언어이다. 한국어는 소위 주격 중출 현상(영희가 눈이 크다.)이나 대격 중출 현상(철수가 영수를 엉덩이를 찼다.) 등이 존재한다는 특징이 있다. 영어에는 의미상의 주어와 형식상의 주어가 다른 경우에 가주어-진주어 구문을 사용하지만 주어 중출 현상이 아니다.

참고문헌 허용・김선정, 대조언어학, 소통, 2019
한국방송통신대학교 평생교육원, 외국어로서의 한국어학, 한국방송통신대학교출판부, 2007
이응백・김원경・김선풍, 국어국문학자료사전, 한국사전연구사, 1998

74 정답 ④

④ 대조분석을 단순히 학습자의 모국어와 학습 대상 언어 간의 차이점을 기술하는 것으로 보고 대조분석의 결과는 학습자의 오류를 예측할 수 없으며 단지 오류가 발생했을 경우 오류의 원인을 규명하는 데 설명을 제공할 수 있는 것으로 보는 것은 소극적인 입장 즉 대조분석의 약설이라고 한다.

알아두기

- **대조분석**
  대조분석 가설을 제기한 연구자들은 학습자의 모국어와 목표어 체계에서 차이를 보이는 부분이 간섭 요인으로 작용하여, 외국어 학습에서 장애가 된다고 주장하였다. 따라서 대조분석 가설을 지지하는 연구자들은 교사가 학습자 모국어와 목표어를 대조분석한 결과를 바탕으로 교재를 개발하거나 교수에 이러한 내용을 반영하면 학습자들의 언어 학습을 도울 수 있을 것이라고 보았다. 그들은 외국어 학습에서 모국어와 목표어에 동일한 항목이 있는 경우, 이는 긍정적 전이를 일으키기 때문에 학습이 용이할 것이라고 보아 이에 대한 특별한 학습을 강조하지 않았다. 이러한 논리는 외국어 학습이란 기본적으로 모국어와 목표어 체계에 나타나는 차이를 학습하는 것이라는 관점을 내포하고 있는 것이다.

참고문헌 허용·김선정, 대조언어학, 소통, 2019
이승연, 한국어교육을 위한 응용언어학개론, 태학사, 2012

75 정답 ③

③ 브로카 실어증에 대한 설명이다.

알아두기

- **언어와 뇌**
  1. **반구 편중화**: 인간이 태어난 후 일정한 시기가 지나면 뇌의 각 영역에 고유한 기능이 확립된다. 뇌의 각 부분이 담당하는 기능은 일반적으로 생후 6개월부터 좌뇌와 우뇌에서 차이를 보이게 되는데, 좌뇌는 언어 기능을 주로 수행하며, 우뇌는 공간 지각 등의 기능을 수행하게 된다. 이렇게 대뇌의 어느 한쪽 반구에 기능이 집중되어 자리 잡는 현상을 반구 편중화라고 한다.
  2. **브로카 실어증**: 브로카 실어증은 머릿속의 개념을 문장으로 구조화할 수 없는 실어증이다. 브로카 영역은 개념화된 내용을 기호화하여 문장으로 바꾸는 역할을 한다. 따라서 브로카 영역에 손상을 입은 환자들은 단어나 문장을 입 밖으로 내는 일 자체가 매우 어렵다. 즉, 머릿속에서 생각을 완전히 개념화시킬 수 있다고 하더라도 이것을 문장으로 바꿔서 발화하기는 어렵다는 뜻이다.
  3. **베르니케 실어증**: 베르니케 실어증은 베르니케 영역에 손상을 입은 환자에게서 발생한다. 이들은 발화 자체가 어렵지는 않으며 심지어 언뜻 들으면 매우 유창하게 말하는 것처럼 들린다. 그러나 자세히 들으면 실제로는 같은 말을 반복하거나 의미 없는 말을 지속적으로 말할 뿐 구조화된 문장을 발화하지 못한다. 즉, 형식적으로나 의미적으로 적합한 문장을 생성해 내지 못하는 증세를 보인다.
  4. **결정적 시기 가설**: 언어 습득이 이루어지는 특정한 시기가 있다고 보는 가설이다. 이 가설은 대개 2차 성징이 나타나는 12~13세 이전에 언어 노출에 의한 자연스러운 언어 습득이 가능하며, 이 특정 시기가 지나면 언어 습득이 어렵고 의식적인 노력이 많이 필요하고 원어민 같은 완벽한 수준의 성취는 어렵다고 본다. Lenneberg(1967)는 출생 후 2~3년부터 사춘기까지를 언어 습득의 결정적 시기로 주장하는 근거로 뇌 손상으로 인한 실어증을 들었는데 출생 후 2~3년 이전에 반구 상해를 입은 어린이들이 좌우 반구의 상해 구별 없이 같은 비율로 정상인에 가깝게 언어를 회복한다는 것이다.

참고문헌 H. Douglas Brown, 이흥수 외 공역, 외국어 학습·교수의 원리, Pearson Education Korea, 2008
두산백과 두피디아, 두산백과

76 정답 ③

① 의미적 점화는 의미적으로 관련된 점화 단어가 대상 단어에 선행될 때 일반적으로 단어 인식이 더 빠르다는 것을 말한다. 점화 단어로 '병원'을 제시하고 표적 단어로 '의사'를 제시한 조건과, 점화 단어로 '빵'을 제시하고 표적 단어로 '의사'를 제시한 조건을 비교하면, 앞의 조건일 때에 어휘 판단 과제 및 음독 과제 수행이 향상되었다. 대체로 '병원'과 '의사' 사이에는 강한 연상 관계가 있으나, '빵'과 '의사' 사이에는 강한 연상 관계가 없다. 일반적으로 연상 관계가 강하면 강할수록 점화 효과도 크다.

② 통사 구조적 점화는 이전에 접한 자극에 포함된 통사 구조와 같은 구조를 언어 산출에서 반복하려는 경향을 말한다. 최근에 통사 구조 점화 이론이 언어 산출 과정 연구에 자주 도입되고 있는데 통사 구조적 점화는 통사 처리의 계산을 단순하게 함으로써 언어 산출을 돕는 역할을 하기 때문이다. 통사 점화 효과는 하나의 통사 구조를 언어 처리에 이용하여 유사하거나 같은 형태의 통사 구조 처리를 용이하게 한다. 예를 들어 학습자에게 점화 문장으로 능동태 문장을 반복하게 한 후 그림 묘사 실험을 수행한 경우에는 능동태 문장으로 그림을 묘사하고 수동태 문장을 반복하게 한 경우에는 수동태 문장으로 그림을 묘사하는 경향을 보인다. 이런 결과는 문장 완성과 문장 회상 실험에서도 관찰할 수 있다. 이런 현상은 단순한 단어나 음성 체계의 반복으로는 설명이 불가능하며 통사 구조적 점화로만 설명이 가능하다.

③ 말실수는 말소리 산출에서 일어나는 오류로서 말소리 산출의 정상적 작동을 연구하는 데에 중요한 역할을 하는 기제이다. 말실수의 종류는 하나의 말소리 분절음이 적절한 위치에서 다른 곳으로 옮겨 나타나는 이동, 두 개의 언어 단위가 서로 자리를 바꾸는 교환, 뒤에 와야 할 분절음이나 단어가 원래의 위치뿐만 아니라 앞선 위치에서도 나타나는 예기, 앞의 분절음이나 단어가 뒤에도 나타나는 지속, 언어적 재료를 첨가하는 추가, 언어적 재료를 제외하는 삭제, 직접적으로 앞이나 뒤에 나타나는 언어 재료가 아닌 외부 재료를 사용하는 대체, 두 개의 언어 재료가 융합되거나 혼합되어 나타나는 혼합 등으로 나눌 수 있다. '치즈 피자' 대신에 '*피즈 피자'라고 말하는 것은 '예기(anticipation)'이며 '교환'의 예는 '수업의 목표'를 '목표의 수업'으로 말하는 것이다.

④ 가든 패스(garden path) 모형은 문장 분석이 순차적이라고 보는 모형으로 구조적으로 중의적인 문장을 처리할 때 단 하나의 구조만 설정되었다가 그 구조가 문장의 나머지와 맞지 않을 경우에만 대안적인 구조가 설정된다고 본다. 사람들이 중의성이 있는 문장을 어느 한 방향으로 분석한다는 것은 문장 분석이 완벽하게 농시에 여러 가능성을 고려하지 않는다는 증거가 될 수 있다.

> **알아두기**
>
> ■ 점화 효과(priming effect)
> 점화란 정보 처리 과정에서의 '예열'이라 할 수 있는데, 대체로 사전 정보를 이용함으로써 자극의 탐지나 확인 능력이 촉진되는 것을 가리킨다. 점화 효과에서 먼저 제시된 단어는 점화 단어(prime)라고 하고, 나중에 제시된 단어는 표적 단어(target)라고 한다. 점화 효과는 주로 암묵적 기억을 측정하는 간접 기억 검사들에서 관찰되며, 지각적·의미적·개념적 점화 효과로 나뉜다. 또한 이전에 제시된 자극이 이후에 제시되는 자극의 처리에 미치는 영향에 따라 부적 점화 효과와 정적 점화 효과로 나뉜다.

참고문헌 네이버 지식백과, 점화 효과, 심리학용어사전, 2014
서울대학교 국어교육연구소, 한국어교육학 사전, 하우, 2014

77 정답 ②

② 톡피신어는 파푸아 뉴기니에서 약 5만 명의 모국어 화자들에 의해 사용되고 있는 크리올어이다. 톡피신어는 원래 1980년대에 멜라네시아 지역에서 영어를 어휘 제공 언어로 하여 발생한 피진어였는데 현재는 영어, 히리모투어와 함께 공용어로 사용되고 있다. 톡피신어는 원래 피진어로 생성되어 사용되었으나, 시제와 수 같은 문법 범주가 발달하고 어휘 자원이 확대되며 동사의 시제 체계가 발전하게 되면서 크리올어화된다. 즉, 이전의 피진어 시기와 비교할 때 복잡한 문장 구조와 표현법을 갖게 된 것이다. 이후 파푸아 뉴기니에서 점차 도시화가 진행됨에 따라 도심 지역에서는 이렇게 크리올어화된 톡피신어를 제1언어로 사용하는 젊은 세대가 생겨났다. 톡피신어는 파푸아 뉴기니의 의회와 방송에서도 사용되었고, 특히 하류 계층의 사람들은 비공식적인 상황에서 이를 영어 대신 적극적으로 사용하기 시작했다. 하지만 교육의 영역에서는 영어가 주로 사용되고 있는데, 이로 인해 영어가 다시 톡피신어에 많은 영향을 끼치게 되었다. 고등 교육을 받은 세대들을 중심으로 영어의 정서법이나 문법 요소들이 크리올어화된 톡피신어에 다시 영향을 끼치게 됨으로써 탈크리올어화가 이루어지고 있는 것이다. 톡피신어는 역사적으로 비교적 짧은 시간 동안 피진어화, 크리올어화, 탈크리올어화를 겪었다는 점에서 많은 피진어/크리올어 연구자들에게 역사언어학적인 관심을 불러일으키고 있다.

알아두기

■ 사회언어학 용어

다민족 사회 또는 다문화 사회는 자연히 다양한 언어가 사용되는데 그 예로 다음과 같은 것이 있다.

1. 링구아 프랑카(lingua franca): 공통언어가 없는 집단이 서로 의사를 전달하기 위해 쓰는 보조 언어를 말한다. 한 사회 내에서 여러 가지 언어가 사용될 때 언어가 다른 사람들끼리 서로 의사소통하기 위해 통상적으로 사용하는 언어를 링구아 프랑카라고 부른다. 다언어 사회에서는 언어적 경계를 넘어서는 소통 수단을 택하는 것이 실제 생활에서 중요한 가치를 지닌다. 사람들이 소통하기에 수월한 언어를 사용하려고 하는데 이를 위해 채택되는 공통어는 링구아 프랑카로 작용한다. 링구아 프랑카라는 용어는 십자군 시대에 레반트 지방에서 사용되던 프로방스어를 중심으로 한 공통어에서 유래하였다.
2. 피진(pidgin): 공용어가 없는 상황에서 나타나는 언어의 아주 기초적인 형태로 주로 상거래에 사용되며 문법이 간략화되고 어휘가 극도로 제한된 언어이다. 다른 언어를 쓰는 사람들과 접촉 기간이 길어지면 잡종언어가 발달되는데 이것이 피진어이다. 원래 영어의 business가 중국식으로 발음되어 pidgin이 되었다고 한다. 피진어는 주로 어느 한 언어가 지배적이고 그 외에 다른 언어들도 사용될 때 나타난다. 피진어는 신대륙 등 지리적 발견 이래 세계 각국에서 생겨났다.
3. 크레올(creole): 피진어가 한 민족의 모국어가 된 경우를 말한다. 문법적 체계와 형식을 갖는다.
4. 양층언어(diglossia): 양층언어(兩層言語) 또는 다이글로시아란 한 사회에서 두 개의 (보통 관련도 높은) 언어가 사용되는데 그중 하나는 상위계층(주로 지배계급 혹은 공식문건)에서 사용되고 다른 하나는 하위계층(주로 구어)에서 사용되는 상황을 말한다.

참고문헌 이승연, 한국어교육을 위한 응용언어학개론, 태학사, 2019
한국사회언어학회, 사회언어학 사전, 소통, 2012
한재영 외, 언어학 용어해설, 신구문화사, 2011

78 정답 ③

③ 한국어와 영어에서 주어, 목적어 등의 문법 관계 실현의 차이를 연구하는 것은 대조언어학의 연구 대상이다.

> **알아두기**
>
> ■ 사회언어학의 연구 영역
> 사회언어학은 연구자들의 관심에 따라 언어학적 접근의 '변이 사회언어학', 인류학적 접근의 '의사소통의 민족지학', 사회학적 접근의 '언어사회학'으로 나눌 수 있다.
> 1. 변이 사회언어학
>   사회적 맥락 속에서 얻어진 언어연구의 결과를 순수 언어학의 이론을 체계화하고 보완하는 것을 목표로 하는 것으로 대표적인 학자로 라보프가 있다. 그는 주로 언어변이와 변천에 관한 연구를 다루었다. 따라서 방언학이 이 학파의 중요한 연구 주제이다. 방언학은 지리방언학과 사회방언학으로 구분된다.
> 2. 의사소통의 민족지학
>   이 접근법은 사회적 맥락 속의 언어기능을 밝히는 것이 중요하다고 주장한다. 즉 언어와 문화와 사회를 모두 포괄하는 개념을 갖고 있으며 언어학과 인류학의 접합에 의해 만들어진 사회언어학의 한 부류라고 볼 수 있다. 연구영역으로는 담화분석, 대화분석, 문화 간 의사소통, 호칭어, 경어법, 언어태도, 언어교육의 사회적 요인 등이 있다.
> 3. 언어사회학
>   이 접근법은 언어보다는 사회적 문제에 중점을 두고 있어서 언어학 모델을 발달시키고자 하는 목적이 없으며 주로 실용적 문제들에 있어서 언어와 사회 간의 상관관계를 분석 기술하는 것이다. 주요 연구 주제는 언어의 소실과 유지, 이중/다중 언어 사용, 언어 전환, 피진과 크레올, 언어 정책 등이 있다.

참고문헌 박세희, 학문명백과: 인문학, 형설출판사(네이버 지식백과)

79 정답 ①

① 언어를 이해하고 표현하는 데 미치는 화용적 제약은 일련의 언어적 사건에 미치는 맥락의 영향이라고 할 수 있다. 비교 문화적 차이로 인해 제2언어의 사회 화용적, 화용 언어적 특징을 습득하는 것은 매우 어려운 일이며, 공손함과 격식은 문화마다 차이가 커서 더욱 어렵다. 문제의 예시는 문법성 판단이 아닌 화용적인 제약을 주고 응답자의 반응을 수집하는 예이다.

참고문헌 H. Douglas Brown, 이흥수 외 역, 외국어 학습·교수의 원리, Pearson Education Korea, 2008

80 정답 ①

① 목표어다운 사용이란 제2언어 학습자가 목표어를 사용할 때 특정 자질을 생략하지 않으며 다른 항목으로 대치하여 사용하지도 않고, 사용하지 않아야 하는 항목을 사용하지 않는 것을 말한다. 의무적 문맥에서의 사용이 특정 자질을 필수적으로 사용해야 하는 문맥에서 정확하게 사용했는가만을 판정하는 것과 달리 목표어다운 사용은 사용하지 않아야 하는 것을 사용하지 않았는가도 고려하므로 과잉 일반화와 과잉 사용에 대한 판정도 가능하다.

② 체계적 변이는 중간 언어의 변이를 유형화한 방식 중에서 제2언어 학습자가 목표어의 특정 자질을 구현하려고 할 때 해당 자질의 한 형태를 특정한 경우에만 사용하고 다른 형태는 다른 특정한 경우에만 사용하는 규칙성을 보이는 경우를 말한다.

③ 재구조화는 제2언어 학습자의 기존 중간 언어 체계로 새로운 제2언어 정보가 추가되면서 변하는 과정을 일컫는다. 언어 체계의 재구조화는 단지 새로운 정보가 추가되기만 하고 제2언어 학습자의 기존 중간 언어 체계가 변하지 않았을 때는 일어났다고 볼 수 없으며, 기존 중간 언어 체계와는 질적으로 다른 새로운 체계로 변화했을 때 재구조화되었다고 한다. U자형 발달은 재구조화 과정의 전형적인 예라고 할 수 있다.

④ 안정화란 제2언어 학습자의 중간 언어를 설명하는 용어로서 중간 언어 발달이 영구적이 아닌 일시적으로 중지된 상태를 말한다. 화석화는 중간 언어 발달의 영구적인 중지를 의미하는 데에 반해 안정화는 중간 언어 발달의 일시적인 중지로 마치 발달 도중 정체 상태에 접어든 것처럼 일시적으로 중간 언어의 발달이 더 이상 관찰되지 않다가 일정 시간이 흐른 뒤에는 다시 중간 언어가 발달할 수 있다는 가능성을 열어 두고 있는 개념이다.

알아두기

■ 언어 변이

언어 변이란 한 언어가 상황에 따라 다각도로 변모되는 모습을 일컫는 것으로 중간 언어 이론에서의 언어 변이는 발달 과정 또는 특정 상황에 의해 변화된 학습자 언어의 유동적인 양상을 일컫는다. 중간 언어 관점에서 학습자 언어는 고정된 실체가 아니라 역동적으로 변모하는 유기체이다. 그렇기에 목표어를 생성하는 상황이 바뀌면 학습자의 중간 언어도 변하게 된다. 학습자 언어 생성에 영향을 미치는 변이의 요인은 다양하다. 사회언어학적 관점에서는 발화 상황, 대화자, 사회적 위치, 성별 등이 변이 요인이다. 언어 교육적 관점에서는 학습자에게 요구되는 특별한 과제가 언어 변이를 야기하는 요인이며 심리학적 관점으로 보면 심리 상태가 언어 변이를 일으키는 요인이다. 제2언어 학습자의 언어 변이 유형은 크게 공시적 변이와 통시적 변이가 있는데 공시적 변이에는 학습자 내적 변이와 외적 변이가 있다. 그리고 학습자 외적 변이는 다시 체계적 변이와 비체계적 변이 혹은 자유 변이로 나뉜다.

참고문헌 서울대학교 국어교육연구소, 한국어교육학 사전, 하우, 2014

2교시 | 한국 문화·외국어로서의 한국어 교육론

01	②	02	①	03	①	04	④	05	④	06	③	07	①	08	③	09	④	10	②
11	②	12	②	13	①	14	④	15	④	16	②	17	③	18	③	19	③	20	④
21	①	22	④	23	②	24	①	25	③	26	④	27	③	28	①	29	③	30	④
31	②	32	②	33	②	34	②	35	④	36	③	37	②	38	②	39	①	40	②
41	①	42	④	43	④	44	②	45	④	46	②	47	③	48	①	49	⑤	50	②
51	①	52	②	53	④	54	④	55	③	56	④	57	①	58	①	59	②	60	④
61	③	62	①	63	②	64	②	65	④	66	②	67	③	68	④	69	②	70	④
71	④	72	③	73	①	74	③	75	③	76	①	77	④	78	③	79	④	80	②
81	②	82	①	83	④	84	①	85	②	86	④	87	②	88	④	89	①	90	④
91	①	92	②	93	④	94	④	95	②	96	①	97	③	98	④	99	④	100	②
101	①	102	②	103	③	104	②	105	③	106	①	107	③	108	③	109	④	110	③
111	④	112	③																

01 정답 ②

② 단오에는 쑥을 비롯하여 익모초 같은 약초를 뜯어 말린다. 농가에서는 약쑥을 한 다발 대문 옆에 세워놓아 재액을 물리치려 하였고, 익모초를 말려 약에 썼다.

알아두기

■ 정월대보름 풍속
1. 시절 음식: 귀밝이술, 약밥(藥飯), 오곡밥(五穀飯), 생떡국, 섬만두
2. 관련 속담: 개 보름 쇠듯, 설은 나가서 쇠어도 보름은 집에서 쇠어야 한다, 설은 질어야 좋고 보름은 밝아야 좋다, 정월 대보름날 귀머거리장군 연 떠나가듯, 까마귀가 떼지어 높은 곳으로 올라가면 비가 온다.
3. 관련 풍속: 줄다리기, 놋다리밟기, 차전놀이(車戰-), 쥐불놀이, 석전(石戰), 부럼 깨기, 달맞이, 달집태우기, 지신밟기(地神-), 기세배(旗歲拜), 더위팔이

참고문헌 네이버 지식백과, 대보름, 한국세시풍속사전

02 정답 ①

① 곡우는 일 년 중 모심기에 필요한 비가 내린다는 날이다. 이십사절기(二十四節氣)의 하나로 청명과 입하 사이에 있는데, 양력 4월 20일 경이다. 보통 이 무렵이 농사를 시작하는 때이다. 이 무렵에 비가 오면 곡식의 성장에 좋아 풍년이 들므로, 이 비를 이르는 말로도 쓰인다. 이 무렵에 가물면 땅이 석 자 깊이나 말라 농사에 좋지 않다고 한다. 또 곡우 무렵에 황해에서 잡히는 조기는 살은 적으나 알을 가져서 연하고 맛이 있다고 하여 특별히 '곡우사리'라고 부른다. '곡우가 넘어야 조기가 운다'는 속담은 곡우가 지나서 잡힌 조기 즉, 곡우사리의 맛이 최고라는 말이다. 끝으로 곡우 전후가 찻잎을 따는 시기로 가장 적절하다고 한다. 차(茶) 중에 곡우 전에 찻잎을 따서 만든 차를 우전차라고 하는데, 곡우 이후에 딴 차에 비해 품질이 더 좋다는 평가를 받는다.

알아두기

■ 절기

1. **망종**: 양력으로 6월 6일 무렵부터이며, 음력으로 4월 또는 5월에 든다. 망종이란 벼·보리 등 수염이 있는 까끄라기 곡식의 종자를 뿌려야 할, 적당한 시기라는 뜻이다.
2. **백로**: 양력 9월 8일 무렵부터 추분 전까지, 음력으로는 8월이다. 가을에 접어드는 시기로 일조량이 많아서 곡식이 여무는 데 좋다. 밤 기온이 내려가고, 풀잎에 이슬이 맺혀 가을 기운이 뚜렷해진다.
3. **상강**: 음력 9월, 양력으로 10월 23일 또는 24일이며, 쾌청한 날씨는 계속되나 추워져서 서리가 내린다. 이 무렵 농촌에서는 가을걷이로 몹시 분주해진다.

참고문헌 류대창, 곡우와 명리 이야기, 경북매일, 2024
고려대한국어사전
한국향토문화전자대전, 한국학중앙연구원

03 정답 ①

① 업신 – 업은 재신(財神)으로, 구렁이·족제비·두꺼비 등을 그 실체라고 여기면서, 이 업이 나가면 집안이 망한다고 생각한다. 안방에 쌀을 담은 작은 단지로 모셔지는 조령은 주로 부녀자들에 의해 조상신으로 장남 집안에 모시며 '조상단지, 신주단지' 등으로 불린다.
② 터주 – 터주와 업에 관한 옛 기록은 없고, 현재 남아 있는 양상도 거의 다 사라져가는 실정이다. 터주는 택지신(宅地神)이다. 그 신체는 대개 항아리에 쌀이나 벼 또는 콩·팥을 같이 넣어서 짚주저리를 씌우고 뒤뜰 장독대 근처에 놓아둔다. 터주 관념은 충청북도 이북 지방에서 많이 볼 수 있고, 현재 영남·호남 지방에서는 터주라는 말을 거의 사용하지 않는다.
③ 성주신 – 성주는 가옥의 수호신이다. 경기도·충청도·경상도 지역에는 한지를 신체(神體)로 하는 경우가 많으나, 곳에 따라서는 독이나 단지를 사용하는 경우도 있으며, 강원도에서는 한지의 경우와 단지의 경우가 거의 같은 비율로 발견된다. 성주는 마루에 모시는 것이 원칙이지만, 마루가 없으면 안방에 모신다. 한지를 신체로 삼는 경우에는 대들보나 안방 문 위 대공에 가로세로 각 30㎝, 40㎝ 정도의 크기로 접어서 붙인다. 다른 가신신앙과 마찬가지로 대개 부인들이 가족의 생일이나 명절에 마련한 음식을 조상들과 함께 성주에게도 먼저 바치고 집안의 평안과 풍농을 빈다.
④ 조왕신 – 조왕은 본래 불의 신이다. 부뚜막 위에 작은 물그릇을 고정시키고 매일 또는 며칠에 한 번씩 새벽에 정화수를 떠놓고 그 앞에서 손을 비비며 치성을 드린다. 가족의 생일이나 명절에는 음식을 바치며, 주로 자손의 안녕함을 기원한다. 이사할 때 우선 연탄이나 난로 등불을 먼저 들여놓는다거나 이사 문안에 성냥을 사가는 것도 모두 불의 신인 조왕과 관련된 유습으로 볼 수 있다.

알아두기

■ **가신신앙(家神信仰)**

가신신앙은 집안에 위치하는 신적 존재들에게 종교적인 믿음을 바치는 민간신앙이다. 가정 단위의 신앙으로, 유교의 제례가 남성 위주이며 형식성·이념성·논리성 등을 특징으로 하는 것과 달리, 집안의 부녀자들이 주가 되며 소박하고 현실적이며 정적인 것이 특징이다. 조령·삼신·성주·조왕신앙 등의 가신신앙은 민간·무속신앙과 뒤섞이고 겹치는 부분도 많다. 유구한 한민족의 농경 생활 역사에서 생활과 밀착된 종교현상으로, 가족의 생일·제사·명절에 마련한 음식을 바쳤다가 물리는 식으로 주부들을 중심으로 검소하게 전승되다가 현재는 거의 찾아보기 힘들 정도로 소멸되었다. 가신의 종류에는 조령(祖靈)·삼신·성주(城主)·조왕, 터주와 업(業), 문신(門神)과 측신(廁神) 등이 있다.

참고문헌 네이버 지식백과, 가신신앙, 한국민족문화대백과, 한국학중앙연구원

04 정답 ④

① · ② 양반 남자와 여자: 관례는 전통사회에서 남자들의 성인식에 해당하는 유교 의례이다. 상투를 틀어 갓을 씌우는 의식을 중심으로 한 여러 가지 절차로서, 남자아이가 15세가 넘으면 관례를 행하고, 그때부터 한 사람의 성인으로 대우하였다. 한편, 여자는 쪽을 찌고 비녀를 꽂아주는 의식으로서 계례(筓禮)를 행하였다.

③ 민간 남자: 진새례는 온 품삯을 받을 수 있을 만큼 성장한 청년의 집에서 술과 음식을 마련하여 마을 사람들을 대접하는 마을잔치이다. 나이를 정해둔 마을도 있지만, 나이 제한 없이 대개 15세에서 20세 사이의 아들을 둔 집에서 마을 사람들과 협의하여 진새례를 치른다. 진새례는 주로 명절날 치르지만, 마을에 따라 다르다. 보통 유두·칠석·백중 중에서 하루를 골라서 진새례를 하는 것이 일반적이다. 진새례는 일종의 성년 의례의 성격을 가진다. 양반집에서는 관례를 치러서 성년식을 올리지만, 일반 농촌마을에서는 마을에서 인정하는 일종의 성년식인 진새례를 치름으로써 성년이 되는 것이다. 진새례에 술과 안주를 내놓기 때문에 '진세턱' 또는 '진새내기'라고도 부른다.

참고문헌 네이버 지식백과, 한국민족문화대백과, 한국학중앙연구원
네이버 지식백과, 진새례, 한국일생의례사전

05 정답 ④

① 말군(襪裙)은 조선시대 상류층 여성이나 남성이 말을 탈 때 겉옷 위에 착용한 바지이다. 바지폭이 넓고, 밑이 트여 있으며, 입으면 허리 말기가 겨드랑이에 이른다. 여성의 말군은 왕실 및 내·외명부 혼례 시의 기록에 있으며, 남성의 말군은 기록에는 없으나 풍속화에 말군 착용 모습이 확인된다.

② 쾌자는 군복의 하나로 왕 이하 서민, 하급 군속·조례(皁隷)가 겉옷 위에 덧입는 옷이다. 쾌자의 형태는 전복(戰服)과 비슷하지만, 전복에 비해 어깨넓이가 좁은 편이다.

③ 남바위는 이마·귀·목덜미를 덮게 되어 있는 방한모로 남녀노소 공용이며 일명 '풍뎅이'라고도 한다.

참고문헌 네이버 지식백과, 말군, 쾌자, 남바위, 한국민족문화대백과, 한국학중앙연구원
유희경, 한국복식사연구, 이화여자대학교출판부, 1980

06 정답 ③

① 대청마루는 집의 중심이면서 모든 동선이 거쳐 가는 가장 넓은 공간이다. 안방과 건넌방, 사랑방과 누마루, 채와 마당 사이의 매개 공간이자 완충공간이다.
② 누마루는 방보다 높이 올려진 마루공간이다. 접객과 연회가 빈번히 일어나는 사랑채의 성격상, 주인의 권위와 부를 상징하는 중요 요소 중 하나이자 전통 상류 주택의 전용공간으로 설치되었다.
③ 마당 한 켠에 두고 쓰는 이동식 마루는 평상이다. 용마루는 건물의 '지붕 중앙에 있는' 주된 마루로, 한식 가옥에서 중심을 이루며 서까래의 받침이 되는 부분이다.
④ 툇마루는 툇기둥과 안기둥 사이에 놓이는 형태로 규모가 있는 건물에 설치되는 것이 보통이다. 대청으로 들어가기 위한 전이공간으로 대청보다 위계가 낮은 곳이다. 툇마루는 방과 방을 잇는 복도 역할도 한다. 그래서 신발을 벗지 않고도 내부 간 이동이 자유롭도록 툇마루를 적극적으로 계획한 겹집한옥들이 많아졌다.

알아두기

■ 마루

마루는 마루널 또는 청판이라고 하는 나무 널판으로 구성된 바닥을 말하는데, 고온다습한 남방지역에서 습기를 피하기 위해 바닥을 지면에서 높게 설치하던 풍습이 북방으로 전래된 것이다. 마루에 사용하는 목재는 충분히 건조가 되어야 하는데 그런 뒤에도 석 달 뒤, 6개월 뒤 하고도 2년까지 살펴봐 주어야 틈이 벌어지지 않고 오래 쓸 수 있다. 마루는 틀을 짜는 방식과 위치에 따라 여러 가지로 분류된다. 장마루나 우물마루는 마루 틀을 짜는 방식에 따른 분류이고 다락마루, 대청마루, 누마루, 툇마루, 쪽마루 등은 위치에 따른 분류이다. 그밖에 방 안에 마루를 까는 청방이 있고, 여름이면 마당에 내어놓고 많이 쓰는 평상도 마루의 한 종류이다.

참고문헌 조전환, 한옥 전통에서 현대로(한옥의 구성요소), 주택문화사, 2008

07 정답 ①

① 〈석보상절〉은 조선 전기 수양대군이 석가모니의 일대기와 설법을 담아 편찬한 불교 경전이다. 총 24권으로 추정되며 갑인자와 한글 활자로 인쇄된 활자본이다. 석가모니의 일대기와 주요 설법을 한글로 번역하여 편찬한 최초의 책으로, '석보'는 석가모니의 전기를 의미하고 '상절'은 중요한 내용은 자세히 쓰고 그렇지 않은 내용은 줄여서 쓴다는 뜻이다. 〈석보상절〉이 갖는 학문적인 가치는 첫째, 불교학적인 면에서 당시의 불교를 조직화한 것으로 조선 초기의 불교학 수준을 말하는 것이며, 최초의 번역 불경이라는 점에서 높이 평가된다. 둘째, 문학적인 면에서 국문으로 된 최초의 산문 작품이지만, 문장이 유창하고 세련되어 후대의 고전소설에도 영향을 주었을 것이다. 셋째, 국어학적으로는 그 풍부한 어휘와 이에 따른 어법·음운·표기법 등 15세기 중엽의 국어 연구 및 한자음 연구에 중요한 자료를 제공하고 있다. 넷째, 서지학적으로는 〈월인천강지곡〉과 함께 최초의 국문 활자본이란 점에서 값진 문화유산으로서 가치가 인정된다.
②·③·④ 〈조선왕조실록〉은 1997년에, 〈승정원일기〉와 〈백운화상초록 불조직지심체요절〉은 2001년에 세계기록유산으로 등재되었다.

알아두기

■ 한국의 세계기록유산
1. 국제 목록

유산명	등재 일자	유산명	등재 일자
훈민정음	1997.10.1.	난중일기	2013.6.18.
조선왕조실록	1997.10.1.	새마을운동 기록물	2013.6.18.
승정원일기	2001.9.4.	KBS특별생방송 '이산가족을 찾습니다'	2015.10.9.
직지심체요절	2001.9.4.	한국의 유교책판	2015.10.9.
해인사 대장경판 및 제경판	2007.6.14.	조선왕실 어보와 어책	2017.10.31.
조선왕조의궤	2007.6.14.	국채보상운동 기록물	2017.10.31.
동의보감	2009.7.31.	조선통신사 기록물	2017.10.31.
일성록	2011.5.25.	4·19혁명 기록물	2023.5.18.
5·18 관련 기록물	2011.5.25.	동학농민혁명 기록물	2023.5.18.

2. 아태지역 목록

유산명	등재 일자	유산명	등재 일자
한국의 편액	2016.5.	삼국유사	2022.11.
조선왕조 궁중현판	2018.5.	내방가사	2022.11.
만인의 청원, 만인소	2018.5.	태안 유류 피해 극복 기록물	2022.11.

참고문헌 네이버 지식백과, 한국의 세계유산 지정 현황, 시사상식사전, pmg 지식엔진연구소
네이버 지식백과, 석보상절, 한국민족문화대백과, 한국학중앙연구원

08 정답 ③

① 강릉 오죽헌은 강원특별자치도 강릉시에 있는 조선전기 율곡 이이 관련 주택이다. 보물로 지정되어 있다. 율곡 이이가 태어난 몽룡실이 있는 별당 건물로, 검은 대나무가 집 주변을 둘러싸고 있어서 오죽헌이라는 이름이 붙여졌다.
② 첨성대는 경주시에 있는 삼국시대 신라 시기의 천문관측소이다.
③ 촉석루는 고려 후기에 건립된 누각으로 경상남도 진주시에 있는 남강(南江)의 바위 벼랑 위에 장엄하게 자리 잡고 있어 영남(嶺南) 제일의 아름다운 누각이다.
④ 무령왕릉은 공주시 송산리 고분군 내에 있는 삼국시대 백제 제25대 무령왕과 왕비의 능이다.

참고문헌 네이버 지식백과, 한국민족문화대백과, 한국학중앙연구원

09 정답 ④

④ 셧다운제는 청소년의 온라인 게임 중독을 막기 위한 심야 게임 규제(청소년보호법 제26조)로, 2011년 11월 도입돼 시행되었다. 그러나 게임 셧다운제는 국내 게임 산업을 위축시킨 대표적인 규제로 꼽혀 왔으며, 모바일 게임 위주의 환경에서 시대착오적인 규제이자 청소년의 자유권을 침해한다는 비판이 계속되었다. 이에 정부는 2021년 8월 '게임 시간 선택제'로 청소년 게임 시간 제한제도를 일원화하겠다는 방침을 밝혔고, 국회가 11월 게임 셧다운제 조항을 삭제하는 청소년보호법 개정안을 의결하면서 해당 제도는 2022년 1월 1일부터 폐지되었다.

참고문헌 네이버 지식백과, 게임 셧다운제, 시사상식사전, pmg 지식엔진연구소

10 정답 ②

② 인공지능과 이세돌 9단의 바둑 대결은 2016년 3월 9일부터 10, 12, 13, 15일 열린 5번기 대결로, 구글 딥마인드(Google DeepMind)가 개발한 인공지능 바둑프로그램인 알파고(AlphaGo)가 이세돌 9단에 4 대 1로 승리하였다. 알파고는 1국에서 186수 백 불계승, 2국에서 211수 흑 불계승, 3국에서 176수 백 불계승을 거뒀다. 4국에서는 이세돌 9단이 180수 백 불계승으로 1승을 이뤄냈으나 5국에서 알파고가 280수 백 불계승을 거두면서 알파고가 최종 승리하였다.

알아두기

- **알파고의 학습 원리**

  알파고는 인간의 뇌를 본뜬 인공 신경망인 정책망(policy network)과 가치망(value network)을 결합해 바둑돌을 놓을 위치를 결정한다. 정책망은 다음 바둑돌을 어디에 둘지 결정하는 알고리즘이며 가치망을 통해 착점이 놓인 후 승리 가능성을 예측한다. 알파고는 집중 학습을 통해 세 종류의 정책망을 형성하였다. 먼저 롤 아웃(roll out) 정책망으로는 보편적으로 가장 좋은 수로 여기는 간단한 규칙들을 학습한다. 이어서 아마추어 기사들이 인터넷에서 둔 바둑기보 16만 건을 학습하고, 특정 상황에서 인간이 어디에 바둑돌을 두었는지 맞히는 문제를 3000만 개 풀어 지도학습 정책망(supervised learning)을 구축하였다. 또 알파고는 알파고 1과 알파고 2로 대국을 벌이면서 하루 3만 번 바둑을 둬 어떤 수를 두어야 이길 수 있는지를 학습하였고, 이 데이터는 강화학습(reinforcement learning) 정책망에 축적되었다.

  알파고는 이렇게 방대한 기보 학습으로 형성된 정책망을 통해 인간처럼 특정 상황에서 다음 수를 어디에 두는 것이 좋은지 추려낼 수 있다. 그러나 정책망을 통해 이 상황에서 어떤 수가 적합한지는 알 수 있으나 전체적으로 유리한지 불리한지 판단할 수는 없다. 이에 알파고는 정책망으로 추려낸 적합하다고 판단된 수들에 대해 가치망을 통해 최종적으로 높은 승률을 거둘 수 있는 수를 예측하여 형세를 판단한다. 다시 말해 알파고는 정책망을 통해 바둑돌을 놓을 자리를 찾고, 가치망을 통해 최종적으로 높은 승률을 거둘 수 있는 수를 예측하여 형세를 판단한다. 여기에 정책망과 가치망을 동시에 적용하는 딥러닝 기법을 통해 능력을 극대화시켰다.

참고문헌 네이버 지식백과, 알파고, 시사상식사전, pmg 지식엔진연구소

11 정답 ②

ㄱ. 7·4남북공동성명은 1972년 7월 4일 오전 10시 남북 간 정치적 대화 통로와 한반도 평화 정착 계기를 마련하기 위해 발표한 남북한 당사자 간의 최초의 합의 문서로 그 배경은 적십자예비회담과는 별도로 비밀 실무자 접촉을 제의하여 제9차 남북적십자예비회담 다음날 별개의 남북간 정치적 대화 통로를 마련한 데 있다. 이 공동성명은 1971년 박정희 정부가 이산가족 상봉을 위한 남북적십자회담을 제안하면서 개시되어, 1973년 8월 북한이 남북조절위원회 회의를 거부하면서 종료됐다.

ㄷ. 5·18민주화운동은 1980년 5월 18일부터 27일까지 광주광역시(당시 광주시)와 전라남도 지역의 시민들이 벌인 민주화운동이다. 1980년 발발 당시에는 극소수 불순분자와 폭도들의 난동(광주사태)으로 규정되었다가 제6공화국 출범 이후인 1988년 4월 1일 민주화추진위원회에서 '광주민주화운동'으로 정식 규정되었다.

ㄴ. 한국은 1997년 외환위기로 IMF에 구제금융을 신청하고, 1999년 5월 20일까지 총 10차에 걸쳐 195억 달러를 차입하는 등 IMF구제금융 위기를 맞기도 했다. 그때 국민들은 나라의 빚을 갚기 위해 자발적으로 금모으기운동을 하였다.

ㄹ. 한일피파월드컵은 2002년 5월 31일부터 6월 30일까지 한국과 일본에서 공동 개최된 월드컵이다.

참고문헌 네이버 지식백과, 한국민족문화대백과, 한국학중앙연구원
네이버 지식백과, 시사상식사전, pmg 지식엔진연구소

12 정답 ②

① 단성사는 1907년 6월 4일 서울시 종로구 묘동에 설립된 한국 최초의 상설 영화관으로, 한국 영화의 태생지로 불리는 곳이다. 당시 서울의 실업가인 지명근, 주수영, 박태일 등이 공동 출자해 설립됐다.
② 〈아리랑〉은 일제강점기 나라 잃은 통한을 겨레의 항일정신으로 집약해 반영한 작품으로 1926년 나운규가 만든 흑백 무성영화이다. 한국 영화 최초의 발성영화는 1935년에 개봉한 이용우 감독의 〈춘향전〉이다. 당시 약 15만 명이 관람하는 엄청난 성과를 거두었다.
③ 박남옥은 대한민국 최초의 여성 영화감독으로, 1955년 〈미망인〉을 연출한 인물이다. 1960년 창간된 영화잡지 『씨네마팬』의 발행인 겸 주간이기도 하였다. 박남옥은 오랜 기간 한국영화사에서 잊힌 이름이었다. 그러나 1990년대 말 서울국제여성영화제에서 〈미망인〉을 공개하고 여성영화인모임이 만들어지는 등 여성영화사에 대한 관심이 높아지면서 최초의 여성 감독으로서 위치를 확고히 하게 되었다.
④ 신동헌은 한국 애니메이션 역사의 1세대 작가 중 한 사람으로, 1967년 1월 7일에 개봉한 한국 최초의 극장용 장편 애니메이션 〈홍길동〉의 감독이다. 〈홍길동〉은 신동헌 감독의 동생 신동우 화백이 당시 소년 조선일보에 연재 중이던 인기 만화 〈풍운아 홍길동〉의 시나리오를 바탕으로 애니메이션에 맞게 적절하게 재구성해 제작되었다.

알아두기

■ 단성사

1907년 연예인에게 활동무대를 제공하고 수익금을 사회사업에 쓸 목적으로 연예 단성사가 설립되었다. 당시 연예인으로 불리던 사람들은 기생으로, 20세가 넘으면 설자리가 없었다. 단성사는 이들의 활동 공간인 공연장으로 출발했다. 단성사는 연예 공연으로 벌어들인 수익금으로 활발한 복지사업을 펼쳤다. 재정난으로 폐교 위기에 몰린 야학이나 고아원, 조산원 양성소 등에 기부금을 기탁하고, 폭풍우 피해 서민들을 위한 성금 모금에 앞장섰다. 1918년 박승필이 단성사를 인수하면서 단성사는 한국 최초의 상설영화관으로 탈바꿈했다. 신축과 함께 본격적인 상설영화관으로 거듭 태어난 단성사는 극장 최초로 일류 변사 6명을 고용하고, 극장전속 관현악단을 기용했다. 박승필은 광무대에서 데리고 있던 직원을 일본에 파견해 촬영기술을 배워오게 하고, 촬영기재도 들여왔다. 이후 단성사는 한국 최초의 활동사진을 제작하게 된다. 단성사는 30환을 들여 〈의리적 구토〉를 제작하고 상영했다. 이 작품은 완전한 무성 극영화 이전의 연쇄극 형태라고 할 수 있다. 기차, 서울역, 한강 다리 등 극장 무대에 올릴 수 없는 실사를 직접 촬영해 영화로 보여주는 한편, 무대에서 연극이 동시에 진행되는 형식인 것이다. 오늘날 국내 영화계에서는 단성사에서 〈의리적 구토〉가 첫 상영된 1919년 10월 27일을 기념해서 '영화의 날'로 지정하기도 했다. 1926년 단성사에서 개봉한 영화 〈아리랑〉은 일제하에

서 민족의 아픔과 설움을 영상으로 옮긴 작품이다. 당시 상영된 영화〈아리랑〉은 전 민족의 성원을 받았으며 오랫동안 우리 민족의 아픔을 대변하는 상징으로 자리했다. 이후 단성사라는 극장 공간은 국내 영화관의 상징으로 오늘까지 자리하게 되었다. 1907년부터 오늘에 이르기까지 단성사의 역사는 이제 100년을 넘어섰다. 1990년대 말 대형 복합문화상영관(멀티플렉스)의 보편화로 위기를 맞은 단성사는 2005년 7개 관 규모의 멀티플렉스로 재개장했다가 2016년 8월에는 복합 귀금속 쇼핑 공간으로 전환했다. 그 후 2019년 10월 23일 한국 영화 탄생 100주년을 기념해 '단성사 영화역사관'으로 탈바꿈해 개관했다.

참고문헌 문화원형백과 공연문화의 원형인 근대 극장 원소스 개발, 문화원형 디지털콘텐츠, 국립중앙도서관, 2007
네이버 지식백과, 박남옥, 한국민족문화대백과, 한국학중앙연구원
네이버 지식백과, 시사상식사전, pmg 지식엔진연구소
네이버 지식백과, 안지현 저, 세계 애니메이션 백과, 한울엠플러스

13 정답 ①

① 함세덕은 1936년 『조선문학』에 단막희곡 「산허구리」로 등단했으며, 1939년 동아일보 주최 제2회 연극대회에 참가 「동승(童僧)」을 공연하여 극연좌상(劇研座賞)을 받았다. 연이어 조선일보 신춘문예에 「해연(海燕)」이 당선되었으며, 「낙화암」・「오월의 아침」・「동어(冬魚)의 끝」・「서글픈 재능」・「심원의 삽화」 등을 발표했다. 좌익계열 조선연극건설본부에 가담했으며, 조선연극동맹에 참여해 좌익문예 활동을 했다. 문예활동으로는 사회 비판과 사회주의 이데올로기 희곡 「기미년 3월 1일」・「태백산맥」・「고목」・「대통령」 등을 발표했다. 한국전쟁 중 1950년 6월 29일 사망한 것으로 알려져 있다.

참고문헌 네이버 지식백과, 함세덕, 한국민족문화대백과, 한국학중앙연구원

14 정답 ④

① 1인 가구는 2019년에는 29.9%였으나 2020년에 31.24%로 증가하였고 2023년에 35.1%에 이르렀다.
② 등록 체류외국인 현황은 2023년 현재 남성 1,372,066명, 여성 1,135,511명, 제3의 성 7명을 합하여 총 2,507,584명이다.
③ 성별 경제활동인구 총괄에서 2023 경제활동인구 평균 비율은 64.55%이며 남자는 평균 73.28%, 여자는 평균 55.62%로 여성의 경제활동 참가율이 남성에 비해 낮다.
④ 인구 통계에서 65세 이상은 고령인구, 80세 이상은 초고령인구로 포함된다. 2020년에 65세 이상의 고령인구 비중은 15.73%였는데, 2021년 16.55%, 2022년 17.38%, 2023년에는 18.25%로 매년 증가하고 있다. 2024년 3월 기준으로 19.20%로 아직 20%를 넘지는 않았으나 장래인구추계를 보면 2025년에 20.34%로 20%를 넘길 것으로 예상하고 있다.

참고문헌 1인 가구 비중, 통계청 장래가구추계, KOSIS 국가통계포털
국적(지역) 및 체류자격별 체류외국인 현황, 출입국자및체류외국인통계, 2023
성별 경제활동인구 총괄, 경제활동인구조사, 통계청
성 및 연령별 추계인구(1세별, 5세별)/전국, 장래인구추계, 통계청

15 정답 ④

① 한국국제협력단(KOICA)은 경제 개발 과정에서 축적된 우리 기술과 경험을 바탕으로 개발도상국의 경제·사회발전을 지원하고 최빈국 주민의 복지를 향상시키는 등 국제협력을 목적으로 설립된 정부재정지원기관으로 1991년 4월에 설립되었다.

② 한국은 1996년 12월에 OECD 29번째 회원국으로 가입하였다. 개발원조위원회(DAC)는 개발도상국의 지속 가능한 경제·사회 개발을 지원하기 위해 효과적이며 상호 조화된 국가 간 협력을 증진하는 데 기여할 목적으로 조직된 OECD 산하의 기관이다. OECD 국가 중에서도 차관을 제공하는 나라들로 구성돼 이른바 '공여국 클럽', '원조 선진국 그룹'으로 불리기도 한다. 2009년 한국도 DAC에 24번째 회원국으로 가입해 '공여국 클럽'의 일원이 됐다.

③ 대외경제협력기금(EDCF)은 개발도상국에 자금을 협력하고 경제개발을 지원하면서, 한국의 국제적 지위 향상에 상응하는 역할을 수행하기 위하여 1987년 6월 1일 설립된 정부의 개발원조자금이다.

④ OECD 산하 개발원조위원회(DAC)가 발표한 공적개발원조(ODA) 잠정통계에 따르면 23년도 한국 ODA 실적은 전년 대비 3.2억 불(11.4%) 증가한 31.3억 불로 나타났다. 전체 31개 회원국 중 한국의 지원 규모 순위는 14위로 나타났으며, 경제 규모 대비 ODA 지원 규모를 나타내는 국민총소득 대비 공적개발원조(ODA/GNI) 비율은 0.18%로 전년에 비해 0.01%p 증가했다. 그러나 DAC 회원국의 전체 ODA/GNI 비율은 0.37%였으며 한국은 28위를 차지했다.

참고문헌 네이버 지식백과, 한국국제협력단, 한국민족문화대백과, 한국학중앙연구원
네이버 지식백과, DAC, 네이버 기관단체사전
네이버 지식백과, 대외경제협력기금, 시사상식사전, pmg 지식엔진연구소
ODA 잠정통계, 국무조정실 국무총리비서실, ODA 잠정통계, 2023

16 정답 ②

① 한국의 베이비붐 세대는 6·25 전쟁이 끝난 후인 1955년부터 1963년 사이에 출생한 사람들로 이들은 고도의 경제성장과 1997년 외환위기, 그리고 최근 글로벌 금융위기를 경험했다.

② 386세대는 1961년부터 1969년에 태어난 사람들로 1980년대에 대학 생활을 하며 민주화 투쟁에 앞장섰다. 대체로 토론에 강하고 정치에 관심이 많다.

③ G세대는 푸른색을 뜻하는 '그린(Green)'과 세계화를 뜻하는 '글로벌(Global)'의 영어 첫 글자에서 따온 명칭이다. 1988년 이후 태어나 선진국으로 넘어가는 문턱에서 자라난 G세대는 이전 세대에 비해 특히 적극적이며 세계화되어 있고 개인주의 문화에 익숙하다. 또한 인터넷을 일찍부터 접한 세대여서 정보습득이 빠르고 조기유학·영어교육 등으로 최고의 경쟁력을 갖춘 집단이다.

④ 인구통계학자들은 일반적으로 1990년대 중반에서 2010년대 초반까지 출생한 세대를 Z세대로 분류하지만 언제까지를 Z세대의 끝으로 간주할지에 대해서도 통일된 의견이 없다. Z세대를 규정하는 가장 큰 특징은 '디지털 원주민(digital native)'이다. 2000년 초반 정보기술(IT) 붐과 함께 유년 시절부터 인터넷 등의 디지털 환경에 노출된 세대답게 신기술에 민감할 뿐만 아니라 이를 소비활동에도 적극 활용하고 있다.

참고문헌 네이버 지식백과, 한경 경제용어사전

17 정답 ③

① 〈서동요〉는 신라 진평왕 때 백제 무왕이 지었다고 전해지는 4구체 향가로, 백제 무왕이 소년 시절에 서동으로서 신라 서울에 들어가 선화 공주를 얻으려고 지어 부르게 되었다고 한다.
② 〈헌화가〉는 《삼국유사》 권2 '수로부인조(水路夫人條)'에 실려 있는 4구체 향가이다. 순정공의 부인 수로가 돌산 봉우리에 피어 있는 철쭉꽃을 보고 좌우의 종자들에게 그 꽃을 꺾어 바칠 자가 없느냐고 물었더니 모두가 사람의 발길이 닿을 수 없으므로 불가능하다고 대답하였는데 마침 그 곁으로 암소를 끌고 가던 노옹이 수로부인의 말을 듣고, 그 꽃을 꺾고 또 가사(歌詞)를 지어 바쳤다고 한다.
③ 〈원왕생가〉는 신라 문무왕 때 광덕(廣德)이 지었다는 10구체 향가로, 《삼국유사》 권5 '광덕엄장조(廣德嚴莊條)'에 노래의 유래에 관한 배경 설화와 향찰로 표기된 원문이 함께 수록되어 있다. 현세의 고난을 이겨내고 내세의 극락으로 왕생하겠다는 강렬한 의지를 기도 형식으로 담은 기원적 서정가요로서 주목되는 향가로 평가된다.
④ 〈제망매가〉는 신라 경덕왕 때 월명사(月明師)가 지은 10구체 향가로 《삼국유사》 권5 감통(感通)7 '월명사 도솔가 조(月明師兜率歌條)'에 실려 있다. 기록에 따르면 죽은 누이의 명복을 비는 노래로, 작가가 재(齋)를 올리며 이 노래를 지어 불렀더니 홀연히 바람이 불어 지전(紙錢)을 날려 서방 극락세계 방향으로 사라졌다고 한다.

참고문헌 네이버 지식백과, 한국민족문화대백과, 한국학중앙연구원

18 정답 ③

① 김억은 《태서문예신보》를 중심으로 프랑스 상징주의 시를 소개하면서 창작활동을 전개했다. 김억의 서구 시 번역은 최초의 번역시집 〈오뇌의 무도〉(1921)를 통해 집약되어 있다. 이 시집에는 베를렌, 꾸르몽, 보들레르 등의 프랑스 상징주의 시인들의 작품이 주로 번역 소개되었다.
② 최남선은 1920년대에 시조부흥운동을 주도하였다. 시조부흥운동은 전통적 문학 형식이었던 시조를 현대적으로 다시 창작하자는 데에 그 목표를 둔 것으로서, 현대시조의 새로운 가능성을 열어놓게 되었다는 점에서 그 의의가 인정된다. 최남선의 뒤를 이어 이병기, 이은상 등이 시조부흥운동에 동참하고 이광수, 주요한, 김동환 등도 시조 창작에 관심을 보이면서 시조문학의 시학을 정립할 수 있게 되었고, 시조의 전아한 기풍을 현대시조를 통해 다시 살려낼 수 있는 계기를 만들게 된다.
③ 1925년에 결성된 카프(KAPF: 프롤레타리아 예술가 동맹)는 한국문학사에서 큰 파장을 불러일으킨 문학 운동 단체였다. 카프는 민족주의적 시각의 한계를 비판하면서 계급문학을 표방하고 사회적으로 억압받는 약자들을 사회 변화의 주체로 끌어올리고자 하였다. 또한 식민 자본주의의 계급적 대립 구도 속에서 이들의 삶에 나타나는 현실적 문제들을 파악하여 문학의 사회적 성격을 분명히 하는 데도 많은 노력을 기울였다.
④ 김소월은 한국 근대시의 형성 과정에서 시 정신과 시적 형식의 조화를 통해 한국적인 서정시의 정형을 확립한 대표적인 시인으로 손꼽을 수 있다. 그는 자신이 쓴 대부분의 시에서 서정시의 본령이라고 할 수 있는 개인적인 정감의 세계를 중요시하고 있다. 한용운은 그의 시를 통해 '님'을 노래하고 있다. 그의 시적 관심은 모두 '님'이라는 존재에 집중되고 있으며, 시를 통해 '님'의 존재에 대한 인식을 구체적으로 형상화시켜 놓고 있다. 그는 대상으로서의 '님'의 존재를 부재의 비극적 공간에서 끌어내고, 오히려 그 존재의 당위성을 부여하고 있다. 또한 '님'이 떠나버린 슬픔은 말하면서도, 그 슬픔을 극복하기 위해 '님'에 대한 새로운 기대와 신념을 강조하고 있다.

알아두기

■ 1920년대 현대시

한국 현대시는 1919년 3·1운동을 전후한 시기부터 김억, 황석우, 오상순, 변영로, 주요한, 김소월, 이상화, 노자영, 양주동, 유엽, 김동환, 한용운 등이 등장하여 다양한 시적 경향을 실험하게 된다. 이들은 대부분 일본 유학을 통해 문학적 소양을 키웠고, 일본을 통해 서구 문학의 새로운 경향과 접했다. 이들은 3·1운동을 계기로 민족의식에 대한 새로운 각성이 이루어지면서 민족적 정서와 그 시적 표현에 대한 관심에 집중했다. 이 시기의 시인들이 한국어를 매체로 하는 새로운 시 형식의 발견이라든지 시적 율격의 표현 문제에 각별한 관심을 지니게 된 것은 자유시의 정착 과정에서 이루어진 초기 시학의 방향을 말해준다. 그 결과로 한국 현대

시는 자유시의 시적 형식을 정착시키고 민족적 정서를 시적으로 표현할 수 있게 된다. 이 시기에 등장한 《태서문예신보》(1918)는 문예를 전문으로 하는 주간 신문으로 서구의 현대시를 본격적으로 소개하여 한국 현대시 형성에 큰 영향을 미쳤다. 그리고 《창조》(1919), 《폐허》(1920), 《장미촌》(1921), 《백조》(1922), 《금성》(1923) 등의 동인지 발간에 여러 시인들이 각자 자신의 문학적 취향에 따라 참여하게 되면서 창작활동의 기반이 더욱 넓어졌다.

참고문헌 네이버 지식백과, 한림학사, 1920년대 문학, 통합논술 개념어 사전, 청서출판, 2007
네이버 지식백과, 권영민, 1920년대 현대시, 한국현대문학대사전, 2004

19 정답 ③

① 〈상춘곡〉은 조선 전기에 정극인(丁克仁)이 지은 가사로 작자의 문집 《불우헌집(不憂軒集)》에 전한다. 작자가 자연에 묻혀 살 때 지은 것으로, 속세를 떠나 자연에 몰입하여 봄을 완상하고 인생을 즐기는 지극히 낙천적인 노래이다.
② 〈출새곡〉은 조선 후기에 조우인(曺友仁)이 지은 기행가사이다. 작자가 56세 되던 1616년(광해군 8) 가을에 함경도 경성판관(鏡城判官)으로 떠날 때 서울에서 경성까지 가는 도중의 지리·풍물과 그곳 생활의 애환을 읊은 가사이다.
③ 〈태평사〉는 박인로가 38세 때에 지은 작품으로 작자의 문집인 《노계집(蘆溪集)》에 실려 있다. 작자가 경상도좌병사 성윤문(成允文)의 지휘 아래 왜적을 막고 있을 때 부산에 있던 적이 밤에 달아나자, 성윤문이 10여 일 그곳에 머무른 뒤에 본영으로 돌아와 수군(水軍)을 위로하기 위하여 박인로로 하여금 이 가사를 짓게 했다.
④ 〈만분가〉는 조선 연산군 때 조위(曺偉)가 지은 유배가사이다. 작자가 1498년(연산군 4) 무오사화 때 유배되어 전라도 순천에서 지은 가사로 내용은 지은이가 사화에 연루되어 간신히 죽음을 면하고 유배된 뒤 귀양살이하는 원통함을, 천상에서 하계로 추방된 처지에서 옥황상제로 비유된 성종에게 하소연하고 있는 것이다.

참고문헌 네이버 지식백과, 한국민족문화대백과, 한국학중앙연구원

20 정답 ④

① 〈광장〉은 1960년 11월 『새벽』에 발표된 최인훈의 소설로, 전후 소설 중 최초로 분단의 문제를 객관적인 시선으로 다루고 있다. 특히 남과 북의 이데올로기와 정치체제를 모두 비판함으로써 분단에 대한 새로운 시각을 보여주고 있다. 또한 주인공 이명준이 남과 북을 오가면서 양 사회의 문제점들을 직접 확인하게 되고, 결국은 중립국을 택한다는 결론은 당시 자신들의 이데올로기만이 정당하다고 주장하던 남과 북의 과잉된 이데올로기에 경종을 울리게 한다.
② 〈관촌수필〉은 1972년부터 1977년까지 발표된 이문구의 연작소설인데 동명의 소설집이 1977년에 간행되었다. 이 소설은 모두 8편의 중·단편으로 구성되어 있다. 「일락서산」, 「화무십일」, 「행운유수」, 「녹수청산」, 「공산토월」, 「관산추정」, 「여요주서」, 「월곡휴야」 등이 그것이다. 소설의 주인공이 어린 시절을 보낸 고향 관촌마을을 배경으로 농촌의 급작스런 변모와 그 전통적인 질서의 와해 과정을 추적하면서, 오랜 세월 뒤에 고향을 찾은 귀향의 감회를 함께 그려내고 있다.
③ 〈원미동 사람들〉은 1985년부터 1987년까지 연작의 형식으로 발표한 단편소설들을 모아 1992년 문학과지성사에서 출간한 양귀자의 소설집이다. 작가가 살았던 부천시 원미동을 배경으로 하고 있으며 그곳에서 살고 있는 다양한 인물들의 삶을 각각의 단편들의 중심 인물 혹은 주변 인물로 등장시키고 있다
④ 〈난장이가 쏘아올린 작은 공〉은 1978년 간행된 조세희의 연작소설집이며 1976년에 발표된 단편의 명칭이기도 하다. 1978년에 완결된 이 연작은 노동자 계급의 소외로 압축되는 1970년대의 사회적 갈등에 대한 문학적 보고서라고 할 수 있다. 이 작품에는 모두 열두 편의 단편소설들이 결합되어 있다. 이 작품의 전체적인 이야기는 난장이 일가의 삶으로 요약되는데, 산업화의 과정에서 자기 삶의 터전을 일구지 못한 도시 노동자들의 비참한 생활과 절망이 인상적으로 결합되어 있다.

참고문헌 네이버 지식백과, 구인환, 광장, Basic 고교생을 위한 문학 용어사전, 2006
네이버 지식백과, 권영민, 관촌수필, 한국현대문학대사전, 2004
네이버 지식백과, 권영민, 원미동 사람들, 한국현대문학대사전, 2004
네이버 지식백과, 권영민, 난장이가 쏘아올린 작은 공, 한국현대문학대사전, 2004

21 정답 ①

① 구조 중심 교수요목은 언어의 문법 구조를 중심으로 단원을 구성한 교수요목이다. 문법 교수요목, 형태 교수요목이라고도 한다. 이는 구조주의 언어학과 행동주의 심리학에 이론적 근거를 둔다. 학습자가 관찰과 반복을 통해 지식을 배우며 이 과정에서 언어의 습관을 형성하게 된다는 것을 전제로 한다. 따라서 구조 중심 교수요목은 문법의 난이도와 사용 빈도를 기준으로 하여 언어의 구조적인 부분을 단계적으로 제시한다. 구조 중심 교수요목은 문법 구조를 세분화하고 점진적으로 배열하여 단원 간의 연계성을 중시한다. 학습내용을 체계적으로 가르칠 수 있다는 장점이 있지만 의사소통 능력의 향상에는 효과적이지 못하다는 단점을 지닌다.

참고문헌 서울대학교 국어교육연구소 편, 한국어교육학사전, 하우, 2014

22 정답 ④

④ 원활한 의사소통을 위해서는 문화의 이해가 중요함을 강조하며 문화와 의사소통 능력의 관계를 설명한다. 문화와 의사소통의 관계는 필수 불가결한 것이며 의사소통의 양식은 문화를 통해서 학습하게 되므로 올바른 의사소통을 위해서는 문화에 대한 지식과 경험도 학습되어야 한다. 한 언어를 학습하는 데 있어서 언어에 대한 지식보다 언어의 사용 즉, 실제 상황에서 어떻게 사용될 수 있는가에 대한 지식이 더 중요하므로 원활한 의사소통을 하기 위해서는 상대방의 문화가 반드시 필요하다.

참고문헌 김윤경, 외국인의 한국어 능력 향상을 위한 문화교육 방안 연구: 학습자들이 선호하는 한국어 교수법의 방향, 경희대학교 교육대학원 석사학위 논문, 2010

23 정답 ②

② 교재 선정은 현장에서 이용할 교재를 고르는 구체적이고 현실적인 일이다. 교재 선정에서 가장 중요한 요건은 교수자와 학습자가 만나는 교육 현장을 체계적이고 객관적으로 살필 수 있는 기준을 확보하는 것이다. 따라서 '기관'에서 사용하는 교재를 단순히 교수자의 취향이나 개별 학습자의 요구만으로 선정하는 것은 바람직하지 않다.

> **알아두기**
>
> ■ 교재 선정의 기준
> 교재 선정의 기준은 대체로 학습자 요구와 수준, 교재의 정확성과 적절성, 교수 가능성 등으로 나뉜다. 즉 학습자가 배우고자 하거나 배워야 할 내용이 학습자의 수준에 맞는지, 교재가 지닌 교육과정이나 교수요목이 치밀하고 적절한지, 그리고 언어적으로도 정확한지, 선정 후 실제로 교재를 가지고 교수하는 데 있어서 문제점이 없을지 등이 교재 선정의 기준으로 제시된다.

참고문헌 서울대학교 국어교육연구소 편, 한국어교육학사전, 하우, 2014

24 정답 ①

② 동아리, 친목 모임 등에 대한 이해는 숙달도 중급 수준을 요구한다고 보았다.
③ 한국의 문화유산 관련 지식은 중급 수준 이상에 해당하는 것으로 보았다.
④ 특징적인 역사 지식을 이해하기 위해서 요구되는 최소한의 한국어 숙달도는 고급으로 보았다.

알아두기

■ 문화의 세부 기술

국제 통용 한국어교육 표준 모형(2017년)의 문화 교육의 경우 '문화 지식, 문화 실행, 문화 관점'의 교육 모형을 채택하여 최소한의 한국어교육에서의 요구 수준(숙달도)만을 제시하였다. 문화 항목 제시 시 언어 숙달도 요구 수준은 6단계로 이루어져 있는 다른 범주와는 달리 문화 교육의 문화 범주는 숙달도가 낮은 순으로부터 '초급, 중급, 고급'의 3단계로만 표시하였는데 이는 그 등급에서만 학습이 가능함을 뜻하는 것이 아니라 그 등급에서부터 학습이 가능함을 의미한다. 먼저 '문화 지식'의 경우 한국문화에 대해 선언적 지식을 교수·학습하는 내용을 선정하고 주로 한국어 교사가 주도하는 교실 수업을 통해 전달될 수 있는 항목을 선정했다. 여기에는 교재의 문화란을 통해 주로 읽기 텍스트로 교육 내용이 포함되게 된다. '문화 실행'의 경우 한국문화에 대해 절차적 지식을 교수·학습할 수 있는 항목을 선정했다. 주로 교실 밖 수업을 통해 이루어질 수 있는 체험, 행사, 견학 등의 내용이 포함되어 있다. 마지막으로 '문화 관점'의 경우 한국문화와 자국, 세계문화를 상호문화적 관점에서 학습할 수 있는 항목을 선정하였다. 주로 한국어 교사가 주도하는 교실 수업을 통해 지식의 전달이 이루어지며 문화 비교에 대한 말하기나 쓰기 등과 같은 기능 수업의 내용이 포함되어 있다.

참고문헌 김중섭 외 13명, 2017년 국제 통용 한국어 표준 교육과정 적용 연구(4단계), 국립국어원, 2017

25 정답 ③

③ 문학 작품 속에 담긴 문화 맥락은 문화를 이해하는 데에 매우 유익하다. 문학 텍스트를 통하여 외국어 학습자에게 목표어의 문화를 가르칠 뿐만 아니라 학습자의 문화와 목표어 문화 사이의 상호 관계에 주목하여 교육해야 한다.

알아두기

■ 문학 교육 모델

문학 교육 모델은 외국어 교육에서 문학의 본질적 속성 및 가치에 토대를 두고 언어 교육, 문화 교육, 개인 성장 교육을 목표로 설계된 문학 교육 모형을 말한다. 영미의 문학 교육 연구자인 카터와 롱이 제시한 문학 교육 모델의 세 가지는 언어 모델, 문화 모델, 개인 성장 모델로 구성된다. 먼저 언어 모델은 실제의 상황과 밀접히 관련된 언어 능력의 향상을 목표로 한다. 다음으로 문화 모델은 문학으로 습득할 수 있는 사고방식, 가치관, 역사 등의 지식과 관련된다. 그리고 개인 성장 모델은 문학이 재현하는 다양한 삶의 경험을 통한 사고 능력을 강조한다.

참고문헌 서울대학교 국어교육연구소 편, 한국어교육학사전, 하우, 2014

26 정답 ④

④ 실생활에서 이루어지는 의사소통은 한 가지 기능만을 사용하는 경우는 드물다. 대부분 듣고 말하기, 듣고 쓰기, 읽고 쓰기, 쓰고 말하기 등 두 가지 이상의 기능이 복합적으로 사용된다. 이런 특성을 고려하여 다른 언어 기능과 연계하여 통합 교육을 구성하는 것이 필요하다. 수업 단계에 따라 듣기 전 단계에서는 들을 내용과 관련된 자료를 읽거나 말하도록 할 수 있으며, 듣기 후 단계에서는 들은 내용을 바탕으로 말하기, 읽기, 쓰기 활동으로 확장이 가능하다.

참고문헌 강현화 외, 한국어 이해 교육론, 한국문화사, 2021

27 정답 ③

① 단어 형성법에 따라 단일어, 복합어(합성어, 파생어)로 나눌 수 있고, 확장 여부에 따라 단어 형식 어휘와 확장 형식 어휘(관용구, 속담, 연어)로 나눌 수 있다.
② 의미 관계에 따라 유의어, 반의어, 다의어, 상위어, 하위어 등으로 구분한다.
④ 어종에 따라 한자어, 외래어, 고유어, 혼종어 등으로 구분한다.

> **알아두기**
>
> ■ 어휘 체계
> 어휘 체계란 한 언어의 어휘를 일정한 기준에 따라 분류한 결과를 가리키는 말이다. 분류 기준으로는 품사, 의미, 어종 등이 있다. 이들은 품사 체계, 의미 체계, 어종 체계 등으로 기술될 수 있다.

참고문헌 서울대학교 국어교육연구소 편, 한국어교육학사전, 하우, 2014

28 정답 ①

① '-(으)시-'는 어떤 동작이나 상태의 '주체'를 높이는 뜻을 나타낼 때 사용한다.

참고문헌 한국어기초사전, 국립국어원

29 정답 ③

③ 입력 가설은 제2언어 학습자는 이해 가능한 입력을 통해서 제2언어를 습득하게 된다는 가설이다. 이런 이유로 제2언어 학습자들에게 제시되는 입력은 천천히 말하기, 단순한 문장 구조 사용하기 등을 통해 이해 가능하도록 만드는 것이 중요하다. 크라센은 학습자의 현재 제2언어 능력이 i단계에 있다고 가정할 경우 학습자가 현 단계보다 조금 높은 i+1단계의 이해 가능한 입력을 접하여 이해하면 학습자는 i단계에서 i+1단계로 이동하게 된다고 했다. 즉 현 수준인 i단계보다 조금 더 높은 i+1단계의 입력까지 이해하게 되면서 습득이 발생하는 것이다. 이는 학습자가 i단계의 입력만을 접하면 습득이 일어나지 않음을 의미한다. 따라서 크라센에게 이해 가능한 입력은 제2언어 습득의 필요충분조건이다. 이러한 이유로 크라센은 학습자가 말하기를 하지 않고도 언어를 습득하는 것이 이론적으로 가능하다고 주장하며 제2언어 습득에서 출력의 역할을 경시하였다. 'ㄹ'은 맥러플린(B. McLaughlin)이 제안한 제2언어 습득 모형인 정보 처리 모형 중 자동적 처리 단계에 대한 설명이다. 자동적 처리란 반복된 연습과 훈련을 통해 최소한의 주의와 노력만으로도 언어 기술을 매우 빠르고 안정적으로 수행할 수 있게 되는 일련의 과정 또는 그러한 과정을 거쳐 도달하게 되는 인지적 상태를 일컫는다.

참고문헌 서울대학교 국어교육연구소 편, 한국어교육학사전, 하우, 2014

30 정답 ④

④ 침묵식 교수법은 교사가 발화를 최소화하고 침묵하여 학습자 스스로 발견 학습으로 언어를 배우고 말을 많이 하도록 이끄는 표현 중심 교수법이다. 이 교수법은 학습자가 암기나 반복 연습이 아니라 발견하고 창조하는 활동을 통해 훨씬 효율적으로 학습할 수 있으며 교재에 수록된 문제를 해결하면서 학습하는 것이 학습에 훨씬 바람직하다는 믿음에서 출발했다. 학습자들이 입으로 발음을 해 보면서 의미와 형태, 의사소통 기능에 대한 가설을 세우고 검증하면서 학습하므로 오류는 자연스럽게 발생하며, 교사는 학습자 스스로 교정할 수 있도록 돕는다.

알아두기

■ **침묵식 교수법**

침묵식 교수법은 교사가 수업 시간의 90% 이상을 침묵하고 학습자 스스로 가설 검증을 통한 발견 학습으로 언어를 배우는 방법이다. 따라서 학습자 중심으로 수업이 이루어지며, 교육 자료로는 색깔 막대기와 피델이라고 불리는 발음 도표 등이 있다. 수업의 구성은 우선 기본 발음을 익힌 후 각기 다른 단어를 의미하는 여러 모양의 색깔 막대기를 통해 단어를 익힌다. 그다음 막대기들의 연결로 구나 문장, 대화를 익히고 교사는 색깔 막대기 세트를 학습자 그룹에게 나누어 준다. 학습자들은 막대기를 배열하여 문장을 만들어 보고, 그 후 교사가 색깔 막대기를 조합하여 문장을 만들어 보여 주며 학습한 내용을 정리한다.

참고문헌 서울대학교 국어교육연구소, 한국어교육학사전, 하우, 2014
서울대학교 한국어문학연구소 외, 한국어 교육의 이론과 실제2, 아카넷, 2012

31 정답 ②

ㄱ. 1~4단계 한국어 수업은 각 100시간으로 구성되어 있다.
ㄴ. TOPIK 등급을 보유한 외국인이 사회통합프로그램에 참여하려는 경우 사회통합정보망에 회원가입 후, 관할 출입국 외국인청 또는 사회통합프로그램 운영기관에 신청하면 연계 평가표에 따라 사회통합프로그램 해당 단계를 배정받게 된다. TOPIK 1급 소지자는 사회통합프로그램 1단계(100시간) 수료로 인정받고 2단계에 진입이 가능하며, 2급 소지자는 3단계를 수강할 수 있다.
ㄷ. 2014년 4월 1일에 개정된 「결혼이민(F-6) 사증발급지침」에 따라 기초적인 한국어 의사소통이 가능함을 입증한 후 결혼사증을 발급받아 입국한 결혼이민자는 사전평가 없이 2단계에 배정이 가능하다.
ㄹ. 5단계 기본과정과 심화과정을 모두 이수하면 '귀화용 종합평가 합격증' 및 '한국귀화적격과정 이수증'을 발급한다.

알아두기

■ **사회통합프로그램(KIIP)**

KIIP은 '사회통합프로그램'의 영문으로 Korea Immigration & Integration Program의 약자이다. 이민자가 우리 사회구성원으로 적응·자립하는 데 필수적인 기본 소양(한국어와 한국문화, 한국 사회 이해)을 체계적으로 제공하는 사회통합교육으로, 법무부장관이 지정한 운영기관에서 소정의 교육을 이수한 이민자에게 체류 허가 및 영주 자격·국적 부여 등 이민정책과 연계하여 혜택을 제공하는 핵심적인 이민자 사회통합정책이다.

	한국어와 한국 문화					한국 사회 이해	
단계	0단계	1단계	2단계	3단계	4단계	5단계	
과정	기초	초급1	초급2	중급1	중급2	기본	심화
총 교육시간	15시간	100시간	100시간	100시간	100시간	50시간	20시간
평가	없음	1단계 평가	2단계 평가	3단계 평가	중간 평가	영주용 종합평가	귀화용 종합평가
참고	• 5단계 심화과정은 기본과정 수료(수료 인정 출석 시간 수강) 후 참여 ※ 영주 신청자 대상 영주용 종합평가 합격자는 5단계 기본과정부터 수업에 참여하고 심화과정을 참여할 수 있습니다.						

■ 한국어능력시험 및 사회통합프로그램 연계 평가표

TOPIK 등급	1급	2급	3급	4~6급
배정 단계	2단계	3단계	4단계	5단계

참고문헌 법무부 사회통합정보망(www.socinet.go.kr)

32 정답 ①

① 음성학이나 음운론적 지식과 개념을 외국인 학습자에게 메타언어로 설명하면 이에 관한 사전 지식이 부족하므로 발음 교육에 별 효과가 없다. 한국어에서 경음화는 자주 일어나는 현상이지만 다른 언어는 그렇지 않을 수 있으므로 필수적 경음화 또는 수의적 경음화가 적용되는 환경을 제시하고 해당하는 낱말이 나올 때마다 지도하는 것이 좋다.

참고문헌 서울대학교 국어교육연구소, 한국어교육학사전, 하우, 2014

33 정답 ②

① 선형 교수요목은 각 항목의 난이도에 따라 각각의 교수 항목을 일직선상에 한 번씩 선택하여 배열하는 것이다. 모든 항목은 정해진 순서에 따라 한 번씩만 교수되므로 의미보다는 형태 중심의 교수 내용을 제시하는 데 적합하다.
② 나선형 교수요목은 순환형 교수요목이라고도 하며, 하나의 언어 과정 전체에 걸쳐 교수 항목을 한 번만 제시하는 것이 아니라 2회 이상 반복적으로 제시한다. 교수 항목이 반복 제시될 때마다 제시된 항목의 난이도와 복잡도가 더 심화되므로 선수 학습된 내용이 새로운 의미와 통합되어 학습이 강화된다는 장점이 있으나 설계가 용이하지 않다는 단점도 있다.
③ 조립형 교수요목은 주제나 상황 중심의 언어 내용을 특정 언어 기능과 통합하여 하나의 학습 단위로 조직하는 유형이다. 학습자가 동일한 언어 내용을 다른 언어 기능과 번갈아서 학습하게 되므로 언어 기능이 균형적으로 발전된다.
④ 기본 내용 제시형 교수요목은 학습해야 할 과제와 여러 상황을 표로 제시하고 사용자가 주제를 선택하여 학습할 수 있도록 융통성을 최대한으로 제공하는 유형이다. 보통 하나의 화제에 여러 개의 활동이 하나의 행렬에 함께 제시되어 다양한 활동을 통해 언어 학습이 이루어진다.

참고문헌 서울대학교 국어교육연구소, 한국어교육학사전, 하우, 2014

34 정답 ③

③ C: '오'를 [우]로 대치하므로 혀의 높이를 조절하여 턱의 위치를 좀 내리도록 지도한다.

알아두기

■ 한국어 단모음 체계 〈19회 1교시 6번〉 참고

참고문헌 김성규·정승철 공저, 소리와 발음, 한국방송통신대학교출판부, 2011

35 정답 ④

① 한국어 교재의 모음 제시 순서는 크게 자소 중심의 배열 방식을 따르는 것과 음소 중심의 배열 방식을 따르는 것으로 나뉘는데, 자소 중심 배열 방식을 따르면 기본 모음자를 제시한 후 가획 모음자를 제시하고, 음소 중심의 배열 방식을 따르면 단모음을 제시한 후 이중모음을 제시한다.
② 한국어 자음 체계의 가장 큰 특징은 폐쇄음 계열의 자음이 평음, 경음, 격음의 삼지적 상관속을 이루고 있다는 점이다. 언어의 보편성과 특수성 이론에 바탕을 두고 학습의 용이성을 판단한다면 평음에 비해 격음이나 경음의 학습은 쉽지 않다. 따라서 한국어 교재에서 '평음 → 격음 → 경음'의 순서로 자음을 제시하고 그 순서를 학습 순서의 큰 틀로 삼는 것이 타당하다고 본다.
③ 홑받침을 먼저 제시한 후에 겹받침을 제시하는 것이 좋다. 겹받침의 단순화 현상을 이해하지 못하는 한국어 학습자들은 두 자음을 모두 발음하려 하는 경향이 있기 때문에 겹받침을 교육할 때에는 음절 말이나 자음 앞에서는 두 자음 중 하나만 발음한다는 사실을 인식시켜야 한다.
④ 자음과 모음이 결합하여 한 번에 낼 수 있는 소리의 마디를 음절이라고 한다. 음절은 종성의 유무에 따라 폐음절과 개음절로 나뉜다. 폐음절은 종성을 가지고 있는 음절을 말하며 개음절은 모음으로 끝나는 음절을 말한다. 발음하기 쉬운 개음절부터 제시하는 것이 좋다.

참고문헌 서울대학교 국어교육연구소, 한국어교육학사전, 하우, 2014
허용·김선정, 외국어로서의 한국어 발음 교육론, 박이정, 2013

36 정답 ③

①·②·④ 결과 지향적 교수요목은 A형 교수요목이라고도 하는데 이는 화이트(R. V. White)의 교수요목 분류에 따른 것이다. 학습 내용과 결과를 중시하는 결과 지향적 교수요목에는 구조 중심, 상황 중심, 개념-기능 중심, 화제 중심 교수요목이 속한다.
③ 과제 중심 교수요목은 과정 지향적 교수요목에 속한다. 과정 지향적 교수요목은 학습 내용을 미리 선정하거나 배열하지 않고 학습자가 실제 의사소통 상황에서 언어 사용을 경험하며 자연적으로 언어를 학습하게 하는 교수요목이다. 과정 지향적 교수요목은 언어 지식과 기능을 학습하는 과정과 학습 경험 자체에 초점을 둔다. 누난(Nunan)은 과정 지향적 교수요목으로 과제 중심 교수요목, 절차 중심 교수요목, 내용 중심 교수요목을 제시하였다.

알아두기

■ 결과 지향적 교수요목
결과 지향적 교수요목은 학습 내용에 초점을 두어 학습 후에 얻어지는 결과를 중시한 교수요목이다. 교수요목은 학습 내용과 교수 방법에 따라 결과 지향적 교수요목과 과정 지향적 교수요목으로 구분된다. 결과 지향적 교수요목은 언어의 각 부분을 분리한 후 단계별로 가르쳐 점진적으로 전체를 이해하도록 한다는 점에서 종합적 교수요목이라고도 불린다. 결과 지향적 교수요목의 특징은 첫째, 학습 내용은 전문가가 정하고 교사와 전문가가 학습자에게 그 내용을 제시한다. 둘째, 수업은 학습자에게 내용을 전달하는 교사 중심으로 이루어진다. 셋째, 미리 선정된 학습 목표에 따른 학습 내용이 강조되며 학업 성취도에 따라 평가가 이루어진다.

참고문헌 서울대학교 국어교육연구소, 한국어교육학사전, 하우, 2014

37 정답 ②

① 초급(1단계, 2단계), 중급(3단계, 4단계), 고급(5단계, 6단계)의 단계별로 각 교육 영역의 비중을 달리함으로써 점진적으로 한국어 능력이 향상되고 완성되어 나가도록 체계화하였다.
② 한국어 교육과정을 개발하게 된 배경에는 한국 사회가 급격하게 다문화사회로 변화하고 있는 현실이 자리하고 있으며 학교 교육 현장에서도 언어적·문화적으로 다양한 배경을 가진 학생들의 수가 급속하게 늘어나고 있다. 이와 같은 배경을 가진 학생들은 대부분 한국어와 한국문화에 익숙하지 않아서 학교생활 적응에 많은 어려움을 겪고 있다. 한국어 과목은 기본적으로 한국어 의사소통 능력이 없거나 현격히 부족한 학생을 대상으로 한다. 즉, 중도 입국 학생이나 외국인 가정 자녀 등과 같이 한국에서 태어나지 않았거나 한국어가 아닌 다른 언어를 제1언어로 하여 한국어 의사소통 능력이 없거나 현격히 부족한 학생을 대상으로 하는 과목이다. 또한 한국에서 태어나고 자랐지만 외국 출신의 부 또는 모의 제한된 한국어 수준에 영향을 받은 학생, 제3국 등을 통한 오랜 탈북 과정을 거쳐 입국한 학생, 또는 오랜 해외 체류 후 귀국한 학생 중에서 한국어 의사소통 능력이 부족하여 학교생활 적응이나 한국어로 이루어지는 수업 참여에 어려움을 겪는 학생도 대상으로 삼을 수 있다.
③ '한국어'의 교수·학습 내용은 '생활 한국어 교육'과 '학습 한국어 교육'으로 이루어진다. '생활 한국어 교육'은 일상생활과 학교생활에 필요한 기본적인 '의사소통 한국어' 능력을 함양하기 위한 내용으로 구성한다. '학습 한국어 교육'은 모든 교과 학습의 도구이자 기초가 되는 '학습 도구로서의 한국어' 능력과 각 교과 학습에 진입하고 적응하는 것을 돕는 '교과 적응 한국어' 능력을 함양하기 위한 내용으로 구성한다.
④ 문화 적응 능력을 기르기 위해 한국문화 및 학교생활 문화에 언어문화, 일상문화, 또래문화, 놀이문화, 문학 등의 학령적합형 문화 항목을 제시하였다.

참고문헌 한국어 교육과정(교육부 고시 제2017-131호), 【별책43】 한국어 교육과정 개정안

38 정답 ②

ㄴ. 섀도잉(shadowing)은 '바짝 따라가는 것(following very closely)'으로 설명할 수 있으며, 섀도잉 학습은 '이어폰을 통하여 들으면서 동시에 읽는 방법' 또는 '단어를 듣고 즉시 따라서 발음하는 것'으로 설명된다. 섀도잉 활동은 학습자가 원본 자료(원어민의 발화 속도 등)를 듣고 그대로 모방하는 것이므로 말하기 능력 중에서도 강세, 억양, 발음, 휴지 등에 큰 도움이 될 수 있으며 학습자가 원어민의 발화 속도를 이해할 수 있게 되고 자신의 말하는 속도도 향상시킬 수 있다. 원어민 화자의 발화를 모방하는 것은 학습자의 말하기 유창성을 높일 수 있는 효과적인 방법이라고 할 수 있다.

알아두기

■ **최소대립쌍**
최소대립쌍이란 '달-딸-탈'이나 '불-뿔-풀'과 같이 단 하나의 음소로 인해 뜻이 달라지는 말들이다. 최소대립쌍을 이용한 발음 연습은 학습자들에게 문제가 되는 개별 음소의 발음의 차이를 구별하는 데에 효과적이다.

참고문헌 응웬풍쩐, 한국어 말하기 유창성 향상 교육을 위한 섀도잉 활용 방안 연구, 석사학위논문, 한성대학교 대학원, 2024

39 정답 ①

① 음의 길이를 장단이라고 하는데 한국어에서 장음은 낱말의 첫음절에서만 나타나며 어휘적 장음은 의미 구별의 기능이 있다. 그런데 한국어에서 장단에 따라 의미의 구별이 이루어진다는 것은 한국인을 위한 국어 교육에서는 가르치고 있으나 외국인을 위한 한국어 교육에서는 중점적으로 다루지 않는다. 어휘적 장음의 경우 어휘별 음의 길이를 교사가 알고는 있으되 외국인 학습자들에게 지나치게 음의 길고 짧음을 강조할 필요는 없다. 표현적 장음에 대해서는 한국인이 특정 부분을 길게 발음하는 경우 어떤 부분을 강조하기 위한 것임을 알려 주는 정도로 가르치는 것이 좋으며 음의 길이에 대한 교육은 중급 이상의 학습자에게 적합하다.
② 문장 억양은 문미에서 문장의 의미를 구별하는 가장 중요한 요소이다. 억양은 화자의 감정과 심리 상태를 표현하기 때문에 일일이 세분화하여 설명하기는 매우 어렵지만 기본적인 문장 유형인 평서문, 의문문, 명령문, 청유문의 억양을 연습하면서 서서히 익히도록 한다.
③ 같은 문장이라고 해도 화자가 의도하는 바를 명확하게 전달하기 위해서 특정한 낱말을 강하게 발음하는 경우가 있는데 이를 돋들림이라고 한다.
④ 한국어에서는 휴지에도 의미 변별의 기능이 있다. '아버지 가방에 들어가신다.', '아버지가 방에 들어가신다.'와 같이 분절음의 연쇄에서 어디에 휴지를 넣느냐에 따라 의미가 구분되기도 한다.

알아두기

■ 초분절음

초분절음은 운율적 요소로 운소라고 부르기도 한다. 분절음이 음절을 구성할 때 그 위에 얹히는 것으로 음의 길이, 음의 높낮이, 음의 강세를 통틀어 가리키는 말이다. 언어학에서 초분절음은 모음과 밀접한 관련을 맺지만, 모음 속에 포함된 요소로 보지는 않는다.

참고문헌 서울대학교 국어교육연구소, 한국어교육학사전, 하우, 2014
허용·김선정, 외국어로서의 한국어 발음 교육론, 박이정, 2013

40 정답 ②

② 교수요목은 교과과정에서 무엇을 가르칠 것인가에 대한 내용으로 학습 내용의 선정, 배열, 조직 등을 다룬다. 교수요목의 설계를 위해서는 먼저 교육 내용에 관한 요구 조사를 한 다음 교육의 목적과 구체적인 목표를 설정하고 이에 어울리는 과제를 선정하여 배열하고 조직한다. 교육과정과 달리 교수요목은 평가를 포함하지 않는다.

참고문헌 서울대학교 국어교육연구소, 한국어교육학사전, 하우, 2014

41 정답 ①

① 상황 분석은 교육과정이 특정 교육 상황에서 시행된다는 전제하에 교육과정의 시행에 긍정적 또는 부정적인 영향을 미칠 수 있는 주요 상황 요인들을 분석하는 시도로서 요구 분석에 선행하여 실시하기도 한다. 학자에 따라 환경 분석 또는 제약 분석이라고도 부르며 교육과정 개발의 모형에 따라 요구 분석의 일부로 여기기도 한다. 상황 분석에서는 학습자, 교사, 교수 학습 상황이라는 세 가지 요인이 고려된다.
② 교육 목적은 교육 현장의 실제를 고려하여 구체화한 목표를 통해 궁극적으로 수업에서 가르치고 배워야 하는 최종 도달점이다. 목표를 설정할 시에는 우선 학습자가 직면하게 되는 교육 현장의 상황 분석과 학습자와 교사들이 원하는 수업 내용 등에 대한 요구 분석이 선행되어야 한다.
③ 교육 내용의 선정 및 조직은 설정된 교육 목표를 달성하기 위해 가르칠 내용을 선정하고 이를 일정한 형태로 배열 및 조직하는 것을 말한다. 어떤 내용을 선정하고 조직할 것인가에 대한 결정은 교수요목 설계자의 언어관 및 언어 학습관, 교육 정책 등에 따라 달라진다.
④ 평가한 결과는 다시 교육과정 전반에 걸쳐 순환적으로 또는 개별적으로 각 단계에 반영되어야 한다.

참고문헌 서울대학교 국어교육연구소, 한국어교육학사전, 하우, 2014

42 정답 ④

④ 한국어능력시험에서는 말하기 평가 요소를 내용 및 과제 수행, 언어 사용, 발화 전달력 세 개의 영역으로 나누었다. 영역별 세부적인 평가 구인은 다음과 같다.
  1) 내용 및 과제 수행: 풍부하고 충실한 과제 수행, 내용의 적절성, 조직적 담화 구성
  2) 언어 사용: 언어 사용의 적절성, 어휘와 표현의 다양성과 풍부성, 어휘와 표현의 정확성
  3) 발화 전달력: 발음과 억양, 발화 속도

참고문헌 강현화 외, 한국어 표현 교육론, 한국문화사, 2021

43 정답 ③

③ 규준 참조 시험은 시험을 통해 개인이 얻은 점수나 측정치를 비교 집단의 규준에 비추어 상대적으로 나타내는 평가를 말한다. 이러한 시험의 목적은 수험자들을 순위 서열에 의거하여 순서대로 줄을 세우는 것이다. 규준 참조 시험은 집단 내 학생 간의 개인차를 객관적으로 식별하게 하며 경쟁을 통한 학습의 외발적 동기 유발에 적합하다는 장점이 있다. 그러나 배치 시험은 준거 참조 시험으로 진행되어야 한다. 준거 참조 시험은 학습자 개인이 준거에 비추어 무엇을 얼마나 알고 있는지를 측정하는 시험이다.

> **알아두기**
>
> ■ 배치 시험
> 배치 시험은 학습자의 학습 능력이 교육 기관 내에서 어느 정도 되는지를 판단하여 적절한 급이나 반으로 배정하기 위해 시행하는 시험을 말한다. 일반적으로 배치 시험은 어떤 교육 프로그램이 시작하기 직전에 실시한다. 배치 시험의 궁극적인 목적은 학습자를 특정 언어 프로그램의 정확한 수준에 배치하는 것이다. 따라서 시험의 내용은 보통 특정 과정의 수업에서 다룰 자료의 표본을 포함하며 시험 수행은 너무 쉽지도 어렵지도 않은 적절한 지점에서 이루어져야 한다. 좋은 배치 시험을 위한 고려 사항은 다음과 같다. 첫째, 실용도의 문제가 해결 가능하다면 의사소통 능력의 기술인 듣기, 말하기, 읽기, 쓰기에 대한 전반적인 평가를 해야 한다. 둘째, 각 시기마다 배치 평가의 내용을 다양하게 할 필요가 있다. 셋째, 준거 참조 시험으로 이루어져야 한다. 넷째, 객관적이고 믿을 만한 시험을 통해 적절한 배치가 이루어질 수 있도록 교육 기관 내에서 채점자 신뢰도를 높이는 방안을 강구해야 한다.

참고문헌 서울대학교 국어교육연구소, 한국어교육학사전, 하우, 2014

44 정답 ②

② 채점자와 관련된 요인으로는 채점자의 피로, 태도의 변화, 개인적인 특징과 같은 채점자 내 변인과 채점을 해 본 경험, 평가 언어와의 친밀한 정도 등과 같은 채점자 간 변인이 있다. 채점 결과는 이러한 채점자와 관련된 요인에 영향을 받아 달라질 수 있다. 평가 시간, 시간의 제한, 평가 문항 수 등은 평가와 관련된 요인이다.

> **알아두기**
>
> ■ 신뢰도
> 신뢰도는 시험의 안정성을 말하는데 평가의 신뢰도는 시험 문제와 채점자에 따라 결정된다. 신뢰도는 이 두 요인에 따라 크게 시험 신뢰도와 채점 신뢰도로 구분한다. 시험 신뢰도는 평가 도구 자체가 가지는 신뢰도로서 평가를 실시하는 과정과 방법에 대한 일관성을 말한다. 시험 신뢰도는 어떤 평가를 반복적으로 시행했을 때 비슷한 결과가 나오는 정도에 따라 달라진다. 채점 신뢰도는 채점자가 채점한 결과의 일관성을 말한다. 채점 신뢰도에는 개별적인 채점자에 의한 채점의 일관성을 의미하는 채점자 내 신뢰도와 서로 다른 채점자들 간의 채점의 일관성을 의미하는 채점자 간 신뢰도가 있다.

참고문헌 서울대학교 국어교육연구소, 한국어교육학사전, 하우, 2014

45 정답 ④

① 한국인은 음절에 대해 초성, 중성, 종성의 삼분법적인 사고를 하는 반면, 중국어권 학습자는 음절을 성모와 운모의 이분법적인 사고를 하여 음절초에 나오는 자음을 제외한 나머지 음소들을 하나의 소리로 인식한다. 그 예로 /an/, /ian/, /ang/에서 /n/과 /ng/를 모음과 결합된 하나의 모음으로 인식한다. 따라서 '운전'을 [우어저]으로 발음하거나 '쉬운'을 [쉬우언]으로 발음하는 경우가 많다.
② 영어는 어두와 어말에 자음군을 허용하므로 어말에서 자음군을 모두 발음하려는 경향이 있다.
③ 베트남어에서는 [r]이 종성에 오지 않기 때문에 'ㄹ'이 받침으로 올 때 'ㄴ'으로 읽는 경향이 있다.
④ 일본어는 기본적으로 개음절을 바탕으로 한 '자음 + 모음'의 구조이다. 음절 말에 오는 일본어 음소로는 촉음(促音, Q, ㄱ)과 발음(撥音, N, ㅅ) 두 가지밖에 없는데, 모라(박자) 음소 때문에 /ㄹ/를 제외한 받침을 발음할 수는 있으나 /ㄱ, ㄷ, ㅂ, ㅅ/의 받침을 촉음으로 이해하여 잘 구분하지 못한다.

참고문헌 서울대학교 국어교육연구소, 한국어교육학사전, 하우, 2014
허용·김선정, 외국어로서의 한국어 발음 교육론, 박이정, 2013

46 정답 ②

② 결과 타당도는 평가의 결과가 타당한 정도를 나타내는데 평가의 결과에는 의도된 준거를 정확하게 측정하는지 여부, 응시자의 준비에 미치는 영향, 평가 결과의 해석과 사용에 대한 사회적 결과 등이 포괄된다. 환류 효과는 평가 결과가 후속하는 교육에 미치는 영향을 말하는데 평가의 결과가 교육에 긍정적인 영향을 미친다면 긍정적 환류 효과가, 반대로 부정적 영향을 미친다면 부정적 환류 효과가 발생했다고 한다. 평가의 결과가 후속 교육에 대해 긍정적인 결과를 미쳤을 때 해당 평가의 결과 타당도가 높다고 말할 수 있다. 예를 들어 TOPIK에 말하기 영역 평가가 생김으로서 실제 교실 수업에서 말하기 연습의 비중이나 실제성이 높아진다면 이는 말하기 교육의 측면에서 볼 때 긍정적인 환류 효과로 볼 수 있다. 한편 구인 타당도는 이론적인 구성 요인이나 자질을 제대로 측정하느냐를 분석하는 것으로 검사하는 내용과 방법이 타당한가를 검증하는 것이다. 언어 검사에 대한 구인 타당도는 검사 내용과 방법이 측정하려는 언어 지식과 의사소통 능력을 정확히 반영하고 있느냐의 문제이다. 즉, 검사가 언어능력 이론에서 제시하고 있는 기저 능력을 측정해서 보여줄 수 있다면 구인 타당도가 있다고 할 수 있다.

> 알아두기

■ 세환 효과(환류 효과)

세환 효과는 평가가 후속 교육에 미치는 긍정적이거나 부정적인 영향을 말한다. 환류 효과, 역류 효과, 워시백 효과 등으로 불리기도 한다. 세환 효과는 평가가 교수와 학습에 미치는 영향을 말하므로 교수 학습에 유익할 수도 있고 해로울 수도 있다. 그러므로 평가 개발자나 평가 결과를 사용하는 시험 수요자는 평가가 이후의 교수 내용이나 교수 방법 등 언어 교수 학습에 어떠한 영향을 미칠 것인가를 예측하여 그 영향력을 수용할 수 있는 범위 내에서 평가를 해야 한다. 수험자는 평가를 준비하면서 하게 되는 경험, 평가를 끝내고 받는 피드백, 점수에 따라 달라지는 결정 사항들에 영향을 받는다. 어떤 시험을 경험한다는 것 자체가 세환 효과의 영향을 받는다는 것을 전제한다. 그러므로 평가의 내용이 타당해야 하고 수험자의 학습에 도움이 되는 피드백이 주어져야 하며 공정한 평가가 되어야 한다. 수험자에게 공지한 그대로를 평가하고 평가 결과를 올바르게 사용하는지를 공개하는 것은 긍정적인 세환 효과를 가져온다.

참고문헌 | 강현화 외, 한국어 평가론, 한국문화사, 2023
강승혜 외, 한국어 평가론, 태학사, 2006

47 정답 ③

③ 'ㄹ'과 'ㄴ'이 인접하면 'ㄴ'이 'ㄹ'에 동화되어 'ㄹ'로 바뀌게 된다. 그런데 'ㄴ'이 'ㄹ'에 앞설 때 'ㄴ'이 항상 'ㄹ'로 바뀌는 것은 아니다. 경우에 따라서는 'ㄹ' 앞의 'ㄴ'이 'ㄹ'로 바뀌는 대신 'ㄴ' 뒤에 있는 'ㄹ'이 'ㄴ'으로 바뀌기도 한다. '의견란[의:견난], 생산량[생산냥]'이 그렇다. 이처럼 'ㄴ'이 'ㄹ' 앞에 올 때 상이한 두 가지 음운 변동 중 어떤 것이 적용되는지를 명확히 설명하기는 쉽지 않지만 대체로 '의견-란, 생산-량' 등과 같이 'ㄴ'으로 끝나는 2음절 한자어 뒤에 'ㄹ'로 시작하는 한자가 결합할 때에는 'ㄹ'이 'ㄴ'으로 바뀌는 경향이 강하다. 반면 '난로, 신라' 등과 같이 단어의 자격을 가지지 않는 한자들이 결합하여 한 단어를 이루는 경우에는 'ㄴ'이 'ㄹ'로 바뀌는 경향이 매우 강하다.

참고문헌 | 표준어 규정, 문화체육관광부 고시 제2017-13호(2017. 3. 28.)

48 정답 ①

ㄷ. '다'와 '따' 모두 장애음(구강음)이므로 비강에서의 공명의 차이를 느낄 수 없다.

참고문헌 | 허용·김선정, 외국어로서의 한국어 발음 교육론, 박이정, 2013

49 정답 ①

① 단답형은 간단한 단어, 어구, 절 혹은 수나 기호 등의 제한된 형태로 응답하는 문항 형식이다. 이는 용어의 정의나 의미를 물을 때 흔히 사용한다. 폐쇄형 문항에 비하여 문항 제작이 용이하고 추측으로 정답을 맞힐 수 있는 요인을 배제할 수 있으며 채점이 개방형보다 객관적으로 이루어져 문장력에 따라 점수가 부여되는 효과를 배제할 수 있다는 장점이 있다.
② 배합형은 연결형이라고도 한다. 일련의 문제군과 답지군을 배열하여 문제군의 질문에 대한 정답을 답지군에서 찾아 연결하는 문항의 형태이다. 이는 주로 두 가지 내용의 연관성에 대한 기초 지식을 측정하는 데에 적합하다. 배합형은 채점이 용이하며 오답지 제작이 불필요하다는 장점이 있다. 반면 단편적인 이해력 측정에 제한되기 쉬워 암기 위주의 교육을 유도할 수 있고 선다형처럼 수험자의 추측 요인이 작용할 가능성이 높다는 것이 단점이다.

③ 괄호형 문항은 주관식 평가, 반개방형 문항 유형이다. 진술문 중 의미 있고 중요한 부분을 괄호나 밑줄 등으로 비워 놓거나 혹은 도표의 일부를 비워 놓고 이에 적합한 단어나 구 등을 채워 넣는 문항 유형으로 완성형 혹은 완결형으로 불리기도 한다. 괄호형의 장점은 단답형에 비해 채점의 객관성이 높고 채점하기가 용이하다는 것이다. 반면 문항 속에 정답의 단서가 포함될 가능성이 높고 응용력이나 분석력, 종합력과 같은 고차원적인 정신 능력을 요구하는 학습 성과를 평가하기가 곤란하다는 단점이 있다.

④ 규칙 빈칸 메우기는 반개방형으로 일정한 원칙에 따라 연속적으로 빈칸을 삽입한 문단을 완성하게 하는 형태의 문항이다. 폐쇄에 관한 형태 심리학적 개념에 기초하여 담화가 계속되는 단락에서 매 n번째에 해당하는 단어를 생략해 놓는 것이다. 단어의 생략은 보통 5-7번째 단어 사이에서 이루어지는 것이 일반적이다. 의미 있는 담화맥락에서 통사적, 형태론적, 그리고 의미론적인 단서 등 언어의 다양한 양상에 관한 지식을 평가할 수 있다. 규칙 빈칸 메우기는 특정 언어 요소를 지나치게 강조하는 교사의 주관적인 요소를 배제할 수 있고 언어 감각과 세부적인 지식을 통합적으로 평가하기에 적합하다는 장점이 있다. 그러나 평가하려는 요소를 모두 포함시킬 수 있는 문단을 제작하기가 어렵다는 단점도 있다.

참고문헌 서울대학교 국어교육연구소, 한국어교육학사전, 하우, 2014
강승혜, 강명순, 이영식, 이원경, 장은아, 한국어 평가론, 태학사, 2006

50 정답 ②

① 전략적 능력(strategic competence)은 발화 생산자가 소통의 효율성을 높이고 소통 장애를 보상하기 위해 사용하는 언어적, 비언어적 전략의 사용 능력을 말한다.
② 담화적 능력(discourse competence)은 담화를 구성하고 담화를 이해하는 능력을 말하는 것으로 여러 가지 아이디어를 형태적인 결속성이 있고 내용상 일관성 있게 조직하는 능력을 말한다. 담화 능력을 갖춘 사람은 지시어, 접속사 등의 형식적 응집 장치와 내용의 결속 장치를 이용하여 의미적 완결성과 통일성이 있는 담화를 구성해 내고 이해할 수 있다.
③ 문법적 능력(grammatical competence)은 어휘, 발음 규칙, 철자법, 단어 형성, 문장 구조 등의 언어학적 기호를 정확히 사용하여 문법적으로 올바른 문장을 생성해 내는 능력을 말한다.
④ 사회언어학적 능력(sociolinguistic competence)은 상황에 맞는 화행 능력을 말하는 것으로 사회적 맥락과 담화 상황에 맞게 문법적 형태를 사용하거나 이해하는 능력을 말한다. 경어법, 문화적 지시어 등의 구사력을 평가한다.

참고문헌 한재영 외, 한국어교수법, 태학사, 2005

51 정답 ①

낭독하기는 제시된 문장을 듣고 따라 하거나 보고 읽는 유형인데 대부분 본격적인 평가를 시작하기 전에 준비 문제로 제시된다(③). 낭독하기는 실제적인 말하기 능력을 평가하기는 어렵지만(②) 준비 단계에서 수험자의 긴장을 풀어 주거나 특정한 음운의 발음이나 억양 등을 측정하는 데에 유용하게 활용할 수 있다(④).

참고문헌 강현화 외, 한국어 표현 교육론, 한국문화사, 2021

52 정답 ②

② 언어 교실에서 학습과 활동의 주체는 학습자들이다. 학습자들이 중심이 되어 스스로 주어진 과제를 수행하도록 해야 한다. 그러나 경우에 따라서는 학습자들이 스스로 과제를 수행하지 못하고 어려움에 부딪치는 일이 있는데, 이때 교사는 학습자들이 어려움을 극복하면서 과제 수행을 해 나갈 수 있도록 실마리를 제공하는 촉진자의 역할을 해야 한다.

알아두기

■ 말하기 수업에서 교사의 역할

교사는 수업 상황에 따라 여러 가지 역할을 수행해야 한다. 특히 말하기 수업에서 교사는 중요하고 특별한 역할을 가지게 되는데, 허용 외(2005)에서는 말하기 지도에서의 교사의 역할을 다음과 같이 제시하고 있다.

1. **통제자**: 교사는 수업 시간과 내용을 현명하게 통제할 수 있는 통제력을 가져야 한다. 언어 교실은 편안한 분위기 속에서 학습자들이 부담 없이 자유롭게 목표 언어를 사용하는 시도를 할 수 있어야 하지만 학습자들이 지나치게 산만해지거나 수업에 집중하지 못하는 경우 교사는 이를 적절하게 통제함으로써 목표 언어 학습에 학습자들이 집중할 수 있도록 해야 한다.
2. **촉진자**: 언어 교실에서 학습과 활동의 주체는 학습자들이다. 학습자들이 중심이 되어 스스로 주어진 과제를 수행하도록 해야 한다. 그러나 경우에 따라서는 학습자들이 스스로 과제를 수행하지 못하고 어려움에 부딪치는 일이 있는데, 이때 교사는 학습자들이 어려움을 극복하면서 과제 수행을 해 나갈 수 있도록 실마리를 제공하는 역할을 해야 한다.
3. **상담자**: 외국어 학습은 극복해야 할 난관과 어려움이 많은 일이다. 학습자들이 겪게 되는 어려움과 심리적 부담감이나 두려움을 이길 수 있도록 교사는 학습자와 수시로 이야기를 나누고 상담자의 역할을 해야 한다.
4. **관찰자**: 언어 교실에서 학습자는 단계별로, 수준별로 유사한 오류를 일으키는 경우가 많다. 또 개인적 특성에 따라 수업에 임하는 방식이나 유형이 다른 경우가 많다. 교사는 이와 같은 학습자의 오류 및 습관 등에 대해 늘 관심을 기울이면서 관찰해 둠으로써 필요할 때 적절한 조언을 제공할 수 있어야 한다.
5. **참여자**: 교사가 촉진자로서의 역할만 하게 되는 것은 아니다. 토론 수업이라든가 역할극 활동 시간에는 교사도 직접 참여함으로써 학습자들에게 필요한 정보나 실마리를 제공해야 하는 경우도 있고, 교사와 학습자가 유대감을 강화하는 기회로 활용할 수도 있어야 한다. 다만, 지나치게 교사 중심의 활동이 되는 것은 피해야 한다.
6. **평가자**: 학습자들의 활동이나 과제 수행에 방해가 되는 조언이나 피드백은 삼가야 할 것이나, 활동이나 과제 수행이 끝날 때마다 적절한 평가를 해 줌으로써 학습자에게 어떤 점이 잘 되었고 어떤 점이 부족한지를 알 수 있게 해야 한다.

참고문헌 국제한국어교육학회, 한국어 표현교육론, 형설출판사, 2010

53 정답 ④

④ 정보 차 활동은 대화 참여자들이 자신에게 결여되어 있는 정보를 묻고 답하는 소집단 말하기 활동이다. 한쪽이 알고 있는 것을 다른 쪽은 모르는 것을 '정보 차'라고 하는데 대화 참여자들은 의사소통에서 정보 차를 없애려고 의사소통을 활발히 한다. 가상적 상황을 연출하여 학습자가 문제를 해결하도록 하는 활동은 시뮬레이션이다. 시뮬레이션에서는 학습자에게 어떤 상황이나 임무 또는 해결해야 할 문제를 주고 그 과제 내에서 각자의 역할과 지시 사항에 따라 교실 내에서 자연스럽게 의사소통하도록 유도한다.

참고문헌 서울대학교 국어교육연구소, 한국어교육학사전, 하우, 2014

54 정답 ②

① TTT 모형은 의미 전달을 위한 언어 사용을 유도하여 의사소통 중심적이며, 교사 중심보다는 학습자 중심의 수업으로 이루어진다.
② 학습자들이 어느 정도의 언어적인 지식이 있다는 것을 전제하는 경우 활용되는 경향이 있다. 그러므로 한국어를 처음 접하는 학습자들보다는 어느 정도 학습 기간이 되는 학습자들에게 적합할 수 있다.
③ 유창성에서 정확성을 추구하는 방향으로 수업이 전개된다.
④ 마지막 단계인 '과제2'에서는 앞서 제시되었던 과제를 다시 수행하게 할 수도 있고, 완전히 새로운 과제를 수행하게 할 수도 있다.

알아두기

■ 과제 기반 모형(TTT 모형)
TTT(과제-교수-과제) 모형은 과제를 기반으로 하며 과제 해결을 통해 언어의 학습을 이루도록 하는 문법 교수 모형으로 하향식 문법 교수 모형이다. 일반적으로 '과제1-교수-과제2'의 순서로 진행되는데, '과제1'은 의사소통적 과제로 학습자를 준비시키는 단계이고, '과제2'는 '과제1'을 심화 반복하거나 유사 과제를 제시하여 정확하게 산출하도록 유도하는 단계이다. 이 모형에서 학습자들은 언어를 사용하여 의사소통 과제를 수행하면서 유창성을 익힌 후 목표 문법 항목을 정확하게 배우고, 다시 유사한 다른 과제를 수행하면서 목표 문법을 내재화하게 된다.

참고문헌 강현화 외, 한국어 표현 교육론, 한국문화사, 2021
한재영 외, 한국어교육 용어해설, 신구문화사, 2011

55 정답 ③

③ 청각 구두식 교수법은 학습 초기부터 정확한 발음 훈련, 자연스러운 구어를 듣고 말하는 훈련, 집중적인 문형 연습 등을 통하여 제한된 범위에서 듣고 말하는 능력을 길러 주고 학습자에게 성취감을 준다는 장점이 있다. 이 교수법에서 제시하는 연습은 기계적이어서 실제 상황에서 그 문형을 응용하도록 하는 전이력이 떨어지므로 고급 수준의 학습자보다는 초급 수준의 학습자에게 효과적이다.

참고문헌 서울대학교 국어교육연구소, 한국어교육학사전, 하우, 2014

56 정답 ④

① 유도는 올바른 형태를 이끌어내기 위해 오류 부분만 빼고 진술의 내용을 반복하여 말해 줌으로써 학습자가 직접 수정하도록 유도하는 방법이다. 오류 발생 부분을 빼고 발화하여 학습자의 관심을 수정이 필요한 부분으로 직접 유도한다.
② 반복은 교사가 학습자의 오류 발화 전체 또는 오류에 해당하는 부분을 상승 억양과 함께 반복 발화함으로써 학습자가 자신의 발화에 오류가 있음을 인지하게 하는 방법을 말한다.
③ 명료화 요구는 교사가 학습자의 발화를 이해하지 못했거나 또는 오류를 학습자가 스스로 수정할 기회를 주기 위해 정확하게 다시 말해 보도록 요청하는 것이다. '네?', '뭐라고요?', '다시 한번 이야기해 주세요.' 같은 확인 및 요청 표현을 통해 이루어진다.
④ 명시적 수정(직접적인 수정)은 교사가 오류를 지적하고 명시적으로 오류 부분을 수정해 주는 피드백 방식이다. 학습자에게 오류에 대한 정확한 정보를 제공하는 장점이 있지만 스스로 수정할 수 있는 기회를 제공하지 않는다는 점에서 학습자가 능동적으로 참여하는 상호 작용으로 보기 어렵다. 학습자가 교사의 암시적 피드백을 인지하지 못하거나 몇 차례의 간접적인 피드백에도 스스로 수정하기 어려운 경우에는 직접적인 수정을 통해 정확한 정보를 제공하기도 한다.

> **알아두기**
>
> ■ 학습자 오류와 상호 작용적 피드백
> 학습 활동 중에 나타나는 학습자의 오류에 대해 교사는 다양한 방식의 상호 작용을 통해 피드백을 제공하면서 문법 형태에 초점을 맞추는 기회를 가질 수 있다. 이는 자연스러운 의사소통 활동을 통한 교수 학습 활동 중에 반응적으로 진행할 수 있는 형태 초점 교수 기법에 해당한다. 상호 작용적 피드백의 유형으로는 고쳐 말하기, 명료화 요청, 반복, 메타언어적 피드백, 직접적인 유도, 직접적인 설명, 비언어적 피드백 등이 있다.

참고문헌 방성원·김제열, 한국어 문법 교육론, 한국문화사, 2021

57 정답 ①

ㄱ. 1급(초급) 말하기 성취 기준
ㄴ. 4급(중급) 말하기 성취 기준
ㄷ. 2급(초급) 말하기 성취 기준
ㄹ. 3급(중급) 말하기 성취 기준

> **알아두기**
>
> ■ 초급 말하기 성취 기준
>
> | 구분 | | 말하기 |
> |---|---|---|
> | 1급 | 목표 | 기초적이고 일상적인 내용의 짧은 대화를 할 수 있으며, 인사나 소개 등의 의사소통 기능을 수행할 수 있다. |
> | | 성취 기준 | • 자신과 주변의 일상적인 대상이나 사물에 대해 말할 수 있다.
• 개인적이고 친숙한 상황에서 필요한 대화를 할 수 있다.
• 단순한 정보를 전달하기 위한 말하기를 할 수 있다.
• 정형화된 표현을 사용하거나 두세 번의 말차례를 가진 대화를 할 수 있다.
• 기초 어휘와 기본적인 구조의 문장을 사용하여 부정확하지만 비원어민 화자의 발화에 익숙한 한국인이 이해할 수 있는 발음과 억양으로 말할 수 있다. |
> | 2급 | 목표 | 일상적으로 접하는 공적 상황에서 필요한 대화를 할 수 있으며, 정보에 관해 묻고 답하기, 허락과 요청 등의 의사소통 기능을 수행할 수 있다. |
> | | 성취 기준 | • 일상에서의 친교적인 대화를 할 수 있으며 구체적인 소재에 대해 말할 수 있다.
• 친숙한 공공장소나 비격식적인 상황에서 필요한 대화를 할 수 있다.
• 자신의 기본적인 의사를 표현하기 위한 말하기를 할 수 있다.
• 전형적인 구조의 대화를 하거나 짧은 독백을 할 수 있다.
• 간단한 구조의 문장을 활용하여 부정확하지만, 의사소통이 가능한 정도의 발음과 억양으로 말할 수 있다. |

참고문헌 한국어 표준 교육과정, 문화체육관광부 고시 제2020-54호(2020.11.27.)

58 정답 ①

① 언어 전환은 L2 발화에서 L1 단어를 L1 발음으로 포함시키는 것을 말한다. 모르는 어휘를 상대방에게 물어보는 전략은 도움 호소하기이다.
② 에둘러 말하기는 정확한 표현을 모를 때 그것 대신에 말하고자 하는 대상이나 행동의 특징을 설명할 수 있는 예를 들거나 묘사하는 것이다.
③ 이해 점검하기는 상대방이 잘 이해하고 있는지 물어보는 것이다.
④ 메시지 포기는 언어적 어려움 때문에 메시지를 미완성인 상태로 남겨두는 전략으로 언어 자원의 부족으로 인해 대화를 지속할 수 없을 때 사용한다.

알아두기

■ 의사소통 전략의 유형

의사소통 전략의 유형은 연구자에 따라서 다양하게 구분되어 왔다. Dörnyei & Scott(1997)의 의사소통 전략에 대한 분류는 오늘날까지도 널리 인용되고 있는 대표적인 모형 중 하나이다. Dörnyei & Scott(1997)에서는 문제 관리의 방식, 즉 의사소통 전략이 갈등을 해결하고 상호 이해에 도달하도록 돕는 방식을 따라서 의사소통 전략을 구분하였다. 여기에는 직접적 전략, 간접적 전략, 상호적 전략이 기본이 된다. 직접적 전략은 언어적 자원이 부족한 상황과 관련되는 전략과 자신의 수행 문제와 관련된 전략, 그리고 상대방의 수행 문제와 관련된 전략으로 다시 나눌 수 있다. 언어 자원 부족과 관련된 직접적 전략에는 메시지 포기, 메시지 축소, 메시지 대체, 에둘러 말하기, 비슷하게 말하기, 다목적어 사용, 신조어 만들기, 재구조화, 문자적 번역, 외국어화, 코드 스위칭, 비슷하게 들리는 단어 사용하기, 중얼거리기, 생략하기, 검색하기 등이 있고 화자 자신의 수행 문제와 관련된 직접적 전략에는 스스로 다시 말하기, 스스로 고치기가 있다. 간접적 전략은 직접적으로 문제를 해결하는 장치는 아니다. 대안적인 의미 구조를 제공하는 것이 아니라 서로 이해하는 데 유리한 조건들을 만들어 간접적으로 의미 전달을 용이하게 하는 것이다. 간접적 전략은 처리 시간 압력에 관련된 전략, 자기 자신의 수행과 관련된 전략, 그리고 상대방의 수행 문제와 관련된 전략으로 다시 나눌 수 있다. 처리 시간 압력과 관련된 전략에는 삽입어의 사용, 반복 등이 있고 화자 자신의 수행 문제와 관련된 전략에는 구어적 전략 표지가 있으며 상대방의 수행 문제와 관련된 간접적 전략에는 이해한 척하기 등이 있다. 상호적 전략은 대화 참여자가 상호 협력적으로 문제를 해결하고자 사용해 나가는 전략들을 가리킨다. 상호적 전략은 언어 자원 부족과 관련된 전략, 화자 자신의 수행 문제와 관련된 전략, 상대방의 수행 문제와 관련된 전략으로 나눌 수 있다. 언어 자원 부족과 관련된 상호적 전략에는 도움 호소하기가 있고, 화자 자신의 수행 문제와 관련된 전략으로는 이해 점검하기, 자신의 정확성 점검하기가 있다. 상대방의 수행 문제와 관련된 전략으로는 반복 요청하기, 명확화 요청하기, 확인 요청하기, 추측하기, 이해하지 못했음을 표시하기, 해석적 요약, 반응 등이 있다.

참고문헌 강현화 외, 한국어 표현 교육론, 한국문화사, 2021

59 정답 ②

① 간접 쓰기 평가는 쓰기 평가를 위해 쓰기 수행이 아닌 다른 방식의 수행을 활용하는 방식이다. 간접 쓰기 평가는 채점이 효율적이고, 신뢰도를 확보하는 데에 용이하므로 실용적이어서 대규모 평가에서 선호되는 방식이다. 그러나 쓰기가 아닌 다른 종류의 수행으로 평가하므로 타당도 확보는 좀 어렵다는 단점이 있다. 또 수험자들의 쓰기 전략에 대한 지식을 파악하기 어려운 면이 있어서 실제적인 쓰기 능력을 측정하는 데에 한계가 있다고 볼 수 있다. 간접적 쓰기 평가에는 선다형, 오류 인지형, 배열형, 낱말 형태 변형하기, 빈칸 메우기, 베껴 쓰기, 문장 변형하기, 낱말 형태 변형하여 글 완성하기, 글이나 서식 완성하기, 편집하기 등이 있다.

② 직접 쓰기 평가는 그 자리에서 주어진 주제로 제한 시간 내에 정해진 형식의 글을 답안지에다가 실제로 쓰게 하는 방식이다. 직접 쓰기 평가를 통해 학습자들이 해당 주제를 가지고 얼마나 잘 생각을 발전시켜 표현하고 문장을 잘 조직하는지 등의 능력을 평가할 수 있다. 이 방식은 작문 주제, 시험 환경, 자료의 이용 조건, 채점 방법 등이 통제된 환경에서 글을 쓰게 하므로 평가의 안면 타당도를 확보하는 데에 용이하다. 따라서 직접 쓰기 평가는 제1언어와 제2언어 쓰기 시험으로 가장 많이 사용되기도 한다. 직접 쓰기 평가는 제한된 쓰기, 유도된 쓰기, 자유 작문으로 나눌 수 있다. 채점이 쉽고 신뢰도를 확보하기가 용이하여 대규모 평가에서 선호하는 유형은 간접 쓰기 평가이다.

③ 종합적 채점은 채점자가 전체적인 인상을 서술하여 점수를 매기는 방식이다. 전체 텍스트에 하나의 성적을 부여하며 글을 전체적으로 평가한다. 종합적 채점은 수준 판별이 비교적 단순하게 이루어질 경우에 적합하므로 일반적으로 행정적인 목적에 부합될 때 채택될 가능성이 높으나 교실 수업 목적을 위해서는 유익한 정보를 거의 제공하지 못한다는 단점이 있다.

④ 분석적 채점은 쓰기에 대한 여러 특성을 모두 독립적으로 보고 그것을 개별 점수로 배긴다. 의사소통 내용, 수사적인 구성 체계, 문체, 문법, 어휘, 철자나 맞춤법과 같은 것들을 포함하며 최종 점수는 각각의 개별적 평가를 합산하여 놓은 것이 된다.

참고문헌 강현화 외, 한국어 표현 교육론, 한국문화사, 2021

60 정답 ③

③ 유도된 쓰기 활동은 글의 내용 중 일부를 제공하고 주어진 내용을 바탕으로 글을 쓰도록 하는 방식이다. 학습자들이 스스로 글감을 생각하고 글을 창조해 내야 한다는 부담을 경감시켜 준다. 이는 학습자들이 주어진 시간 안에 글을 완성해야 할 때나 공통의 주제와 내용을 가지고 글을 생성해야 할 때 효과적으로 활용될 수 있다. 유도된 쓰기로는 이야기 재구성하기, 그림이나 도표를 보고 서술하기, 담화 완성하기, 이야기 구성하기 등이 있다.

참고문헌 강현화 외, 한국어 표현 교육론, 한국문화사, 2021
한국방송통신대학교 평생교육원 편, 외국어로서의 한국어교육학, 한국방송통신대학교출판부, 2007

61 정답 ③

① 딕토콤프는 교사가 들려준 내용을 글로 구성할 때 활용할 수 있는 핵심어를 제시함으로써 학습자들이 문법 표현이나 문장 구성에 주의를 기울이도록 하는 것이 일반적이고, 딕토글로스는 교사가 읽어 주는 자료를 듣고 아는 단어나 구를 적게 한 후 스스로 내용을 재구성하도록 하여 학습자에게 자율성을 준다.
② 교사의 이야기를 듣고 학습자가 알아들은 것을 적은 후 소집단별로 각자의 정보를 교환하며 텍스트를 재구성하여 쓴다.
④ 텍스트를 생성하기 위한 재구성 및 토의 단계를 통해 학습자 간 소통을 경험할 수 있다.

알아두기

■ **딕토글로스(dictogloss)**

딕토글로스는 문법이 텍스트의 문맥 안에서 어떻게 사용되는지를 배우기 위한 과제 기반 활동이다. 딕토글로스는 영어에서 받아쓰기를 의미하는 단어인 'dictation'과 주석 또는 주해를 의미하는 'gloss'를 조어하여 만들어진 용어로 문법 받아쓰기라고 불리기도 한다. 딕토글로스의 목표는 세 가지로 나누어 볼 수 있다. 첫째, 주어진 텍스트를 재구성하는 과정에서 학습자의 문법 생산 능력을 사용할 수 있는 기회를 제공한다. 둘째, 텍스트를 재구성하는 과정에서 학습자가 목표어에 대해 아는 것과 모르는 것을 찾아낼 수 있도록 장려한다. 셋째, 텍스트 수정을 통해 학습자 스스로 자신의 언어 사용을 정교화하고 향상시킨다. 딕토글로스가 전통적인 받아쓰기와 다른 점은, 전통적인 받아쓰기 활동에서의 쓰기는 단순히 받아 적는 전사의 개념으로서 학습자의 문법 능력에는 중점을 두지 않았지만 딕토글로스는 학습자의 문법 능력을 쓰기 활동을 통해 확인할 수 있다는 점과 받아쓰기는 개별 활동으로서 동료와 소통할 수 있는 기회가 없었지만 딕토글로스는 텍스트를 생성하기 위한 재구성 및 토의 단계를 통해 학습자 간 소통을 경험할 수 있다는 것이다. 진행하는 순서는 다음과 같다. 우선, 첫 번째 단계에서는 특정 문법 항목의 학습을 위해 구성한 자료를 교사가 전체 학생들에게 읽어 준다. 두 번째 단계에서는 교사가 읽어 주는 자료를 듣고 아는 단어나 구를 적게 한다. 그 다음에는 그룹 활동을 통해 들은 내용을 서로 확인하면서 원문을 재구성해 보게 한다. 마지막 단계에서는 재구성한 텍스트를 비교, 검토해 본다. 딕토글로스는 문법 교수와 기능 교수를 함께 도모할 수 있다는 장점이 있으며 특정 텍스트 교육에도 효과적이다. 이때 특정 장르의 특징을 잘 나타내는 텍스트를 선정하여 문법 받아쓰기 활동을 하면 학습자는 텍스트의 유형이 지니는 특징을 잘 파악할 수 있게 된다.

■ **딕토콤프(dicto-comp)**

딕토콤프는 받아쓰기(dictation)와 작문(composition)이 결합된 것으로 전통적인 받아쓰기의 확장 형태이다. 전통적인 받아쓰기가 주로 소리나 어휘와 같은 언어의 구조를 중심으로 교사가 불러주는 것을 학생이 그대로 받아 적는 기계적인 활동이라면, 딕토콤프는 전통적인 받아쓰기에 과제를 기반으로 한 글쓰기 활동이 더해진 받아쓰기의 확장 형태이다. 또한 딕토콤프는 절차적으로 듣기와 쓰기가 결합된 형태로 두 언어 기능의 능력 향상에 모두 긍정적인 영향을 미치는 활동이자, 음성 언어로 주어진 완결성 있는 텍스트를 이해하고, 의미적 일치에 중점을 두어 문자 언어로 재산출하는 통합 활동이기도 하다. 원문 재구성이라는 통제가 주어지지만 학습자의 자율성과 창조적인 언어 사용을 바탕으로 재구성을 실시한다는 점에서 기존의 통제된 글쓰기와 구별된다. 쓰기의 최종 단계인 작문을 실시하기에 앞서 텍스트 구성 방법을 학습하고 표현력을 신장시키는 것이 가능하다. 또한 절차적 특성상 텍스트에 대한 이해가 반드시 선행되어야 하며 이해가 되지 않으면 다음 쓰기 활동 자체가 가능하지 않다. 최종적인 쓰기 과제를 달성하기 위해서는 텍스트의 내용 및 구조를 파악하고 이를 쓰기와 연결시키는 것이 중요하다. 원문 재구성이라는 뚜렷한 듣기 목적을 가진 딕토콤프는 학습자의 이해 능력 신장과 밀접한 관련을 가지며 효과적인 듣기 교육 방안으로도 활용 가능하다.

참고문헌 강현화 외, 한국어 표현 교육론, 한국문화사, 2021
서울대학교 국어교육연구소, 한국어교육학사전, 하우, 2014
김민경, '딕토콤프(Dicto-comp)'가 한국어 학습자의 쓰기 능력과 듣기 능력에 미치는 효과 연구, 석사학위논문, 고려대학교, 2013

62 정답 ①

① 서면 피드백은 학습자가 교정해야 할 사항을 반복해서 볼 수 있다는 장점이 있지만 수행의 결과만 보고 피드백을 하기 때문에 교사가 학습자의 의도를 파악하기가 어렵다는 단점이 있다. 또한 어휘, 문법과 같은 형태적 오류에 초점이 주어지는 경향이 있다. 반면 대면 피드백은 교사와 학습자의 상호 작용을 바탕으로 하기 때문에 교사가 학습자의 의도를 파악하기가 쉽고 형식보다는 내용 중심으로 한 피드백을 하기가 용이하다. 또한 학습자가 부족하거나 궁금해 하는 점에 대해 집중적으로 피드백을 해 줄 수 있어 피드백에 대한 만족도가 높은 경우가 많다.

② 형태 중심 피드백에서는 문법, 어휘, 철자, 문장 부호의 사용 등의 정확성에 초점을 두어 피드백을 한다.
③ 암시적 피드백은 간접적 피드백으로 교사가 오류 위치를 표시하거나 기호를 통해 오류의 유형을 암시적으로 알려 주어 학습자가 스스로 오류를 수정할 수 있는 기회를 제공하는 방식이다.
④ 동료 피드백은 학습자가 짝 활동, 그룹 활동을 통해 서로의 글을 읽고 피드백을 주는 방식이다. 동료의 글에서 오류를 찾고 내용을 점검하는 과정에서 자신의 글을 되돌아보게 되며 쓰기 능력의 발달을 촉진할 수 있다. 그러나 동료 학습자에 대한 신뢰가 없으면 부정적인 결과를 가져올 수 있으므로 교사는 학습자의 수준이나 성향을 고려하여 짝을 지어 주어야 한다. 또한 어떤 부분에 주의를 기울여야 하는지 구체적으로 제시해 주는 게 좋으며 점검 목록을 만들어 주는 것도 좋다.

> **알아두기**
>
> ■ 쓰기 피드백의 유형
> 피드백의 시기, 범위, 내용, 주체, 경로에 따라 피드백의 유형을 구분할 수 있다.
> 1. 시기에 따른 피드백은 일반적인 피드백, 구성적 피드백으로 나눌 수 있다. 일반적 피드백은 글이 완성된 다음에 피드백을 주는 것이고, 구성적 피드백은 쓰기의 전 과정에서 피드백이 이루어진다.
> 2. 범위에 따른 피드백은 초점 피드백, 비초점 피드백으로 나눌 수 있다. 몇 가지 오류 항목에만 주목하여 피드백하는 것을 초점 피드백이라고 하고, 교사가 학생들의 모든 오류에 대해 피드백하는 것을 비초점 피드백이라고 한다.
> 3. 내용에 따라서는 글의 내용과 조직, 전개에 초점을 둔 내용 초점 피드백과 철자, 어휘, 문법 등 언어 형태의 정확성에 초점을 둔 형태 초점 피드백으로 나눌 수 있다.
> 4. 피드백의 주체가 누구냐에 따라 교사 피드백, 동료 피드백, 자기 수정 피드백으로 나눌 수 있다.
> 5. 경로에 따른 피드백으로는 직접 피드백과 간접(암시적) 피드백으로 구분할 수 있다. 직접 피드백은 다시 대면 피드백과 서면 피드백으로 나눌 수 있다. 대면 피드백은 교사가 학습자와의 면담을 통해 수행 결과에 대한 의견을 주는 방식이며, 서면 피드백은 학습자의 작문에 교사가 다양한 방식으로 논평과 주석을 제공하는 방식이다.

참고문헌 강현화 외, 한국어 표현 교육론, 한국문화사, 2021

63 정답 ①

① 결과 중심, 형식 중심 쓰기 교육에 관한 설명이다.

> **알아두기**
>
> ■ 과정 중심 쓰기
> 과정 중심 접근법은 인지주의와 사회언어학의 영향을 받아 필자와 사고 과정을 중시한다. 과정 중심 쓰기 수업에서는 쓰기의 단계를 3단계 또는 4단계로 보고 있다. '발단 → 초고 작성 → 수정 → 편집'의 4단계로 나누기도 하고, 발단 단계를 선행 단계로, 초고 작성을 쓰기 단계로, 수정과 편집을 하나로 묶어 쓰기 후행 단계로 보아 '선행 → 쓰기 → 쓰기 후행'의 3단계로 나누기도 한다. 과정 중심 쓰기 수업은 글을 쓰기 전에 미리 계획을 세우도록 하고 중심 생각을 이끌어 글로 집약적으로 표현할 수 있게 시작 단계의 활동을 유도하고 생각을 정리한다. 또한 문법 구조에 집착하지 않고 내용에 중점을 두고 글을 쓰며, 자신의 글에 대한 피드백을 활용하여 교정한다. 이 수업에서 교사는 학습자 간의 활동을 유도하는 방법을 고안하고, 교사와 학습자의 원활한 상호 작용과 그 효과를 위한 장치를 마련해야 한다.

참고문헌 국제한국어교육학회, 한국어 표현교육론, 형설출판사, 2010

64 정답 ②

① 쓰기가 필자 혼자 모든 것을 수행하는 개인적인 활동이 아니라 동료 필자들과 의견을 교환하고 피드백을 주고받는 상호 작용 활동임을 학습자들에게 교육하는 것이 좋다. 브레인스토밍이나 피드백 주기 등의 활동이 모둠별로 이루어지면 학습자가 참여할 기회가 확대될 것이며 이런 상호 협력적인 활동이 쓰기 능력 향상에 도움이 될 수 있다.
② 효과적인 쓰기 교육을 위해서는 다른 언어 기능들과의 통합이 필요하다. 듣기와 말하기는 글을 쓰기 전에 아이디어를 구상하는 단계에서 도움을 준다. 읽기를 통해서는 글의 구조, 예시, 비교, 대조 등의 수사적 기법 및 단어나 문장을 통한 표현 방식 등을 관찰할 기회를 얻게 되므로 쓰기에 적용할 수 있다.
③ 언어권별로 담화 공동체가 선호하는 글쓰기 관습이 다르므로 한국어 학습자들이 한국어 쓰기의 관습과 특징에 익숙하지 않으면 이들의 글은 논리가 부족하고 어색한 것으로 낮게 평가받을 수 있다. 따라서 한국어 담화 공동체의 글쓰기 관습에 대한 교육은 더욱 필요하다.
④ 쓰기 과정과 결과가 균형을 이룰 수 있도록 지도해야 한다. 정확성, 논리성 등이 갖추어진 완성도 높은 결과물도 중요하지만 그 과정 또한 무시할 수 없다.

> **알아두기**
>
> ■ 쓰기 교육의 원리
> 1. 한국어 담화 공동체의 글쓰기 관습을 교육해야 한다.
> 2. 과정과 결과를 모두 중시해야 한다.
> 3. 실제적인 글쓰기를 다루어야 한다.
> 4. 학생들 간의 상호 작용이 활발히 일어나도록 해야 한다.
> 5. 다른 언어 기능과 통합되는 것이 바람직하다.
> 6. 학생의 글에 대해 세심하고 체계적인 피드백이 이루어져야 한다.

참고문헌 강현화 외, 한국어 표현 교육론, 한국문화사, 2021

65 정답 ④

① 내용 지식은 필자가 쓸 글의 주제 영역에 대해 가지고 있는 지식을 말한다.
② 맥락 지식은 텍스트가 읽혀질 사회적 맥락에 대한 지식으로 글이 어떠한 맥락에서 누구에게 읽힐 것인지에 대한 지식이다. 즉 필자가 쓰려고 하는 텍스트와 같은 장르나 유사한 텍스트가 가지고 있는 글의 구조적, 형식적 특징에 대해 알고 있는 지식을 말한다.
③ 쓰기 과정 지식은 글을 쓰기 위한 준비 단계부터 글을 검토하고 편집하는 단계에 이르기까지의 과정에 대해 알고 있는 지식을 말한다.
④ 언어 체계 지식은 필자가 과제를 완성하는 데 필요한 언어적인 측면 즉 어휘나 문법, 언어체계에 대한 지식을 말한다.

참고문헌 박지원, 학문 목적 학습자들의 담화통합 쓰기 양상 분석 연구, 한국어교육전공 석사학위논문, 고려대학교 교육대학원, 2013

66 정답 ③

장르 중심 쓰기 수업의 순서는 다음과 같다.
ㄹ. 해당 장르가 사용되는 맥락 이해하기
ㄴ. 모범 텍스트 분석을 통해 장르의 특징 이해하기
ㄷ. 교사 또는 동료와 협력하여 글을 쓰기
ㄱ. 학습자 개별적으로 글을 쓰기

> **알아두기**
>
> ■ 장르 중심의 쓰기 원리
>
> 장르 중심 접근법에 따라 글을 쓸 때는 먼저 해당 장르의 글의 구성을 파악하고 자주 사용되는 표현 등 언어 형태를 익힌다. 이 과정에서 모범글을 읽고 통제된 작문이나 유도된 작문 형태로 쓰기 연습을 거칠 수도 있다. 그러고 나서 해당 장르의 글쓰기 단계를 거친다.

참고문헌 국제한국어교육학회, 한국어 표현교육론, 형설출판사, 2012

67 정답 ③

③ 상위 인지 전략은 학습을 계획하고 학습이 일어날 때 그 과정에 대해 생각하고 자신의 발화와 이해를 감시하고 활동이 완수된 후 학습을 평가하는 전략으로 기능적 계획, 자기 감시, 자기 평가 등이 이에 해당된다. '번역'은 특정 학습 과업에 국한하여 학습자료 자체를 다루는 문제에 관한 것이므로 인지 전략에 해당한다.

참고문헌 H. Douglas Brown 저, 이흥수 역, 외국어 학습·교수의 원리, Pearson Education Korea, 2015

68 정답 ④

④ 토론을 듣고 화자의 관점을 말하는 것, 인터뷰를 듣고 화자의 입장을 말하는 것 모두 내용을 듣고 소재 및 대상에 대한 화자의 태도, 심정, 견해 등을 추론하는 기술을 요구한다.

참고문헌 국제한국어교육학회, 한국어 이해교육론, 형설출판사, 2012

69 정답 ②

ㄱ. 제목 붙이기 – 확장적 듣기
ㄴ. 빈칸 채우기 – 세부적 듣기
ㄷ. 중심 소재 고르기 – 확장적 듣기
ㄹ. 이어질 반응 찾기 – 반응적 듣기

> **알아두기**
>
> ■ 확장적 듣기
>
> Brown(2006)에서는 듣기 평가 과제를 듣기 유형에 따라 세부적 듣기, 반응적 듣기, 선택적 듣기, 확장적 듣기로 분류하였다. 확장적 듣기는 특정 발화나 담화를 듣고 하향식으로 전반적인 이해를 할 수 있는지를 평가하는 것으로 긴 강의나 대화를 듣고 포괄적인 메시지나 함축적인 의도를 파악할 수 있어야 한다. 주로 요점 파악하기, 중심 내용 이해하기, 추론하기 형식을 취하며 화자의 태도나 어조 파악하기 등의 형식도 자주 활용된다. 내용 이해력뿐만 아니라 이해한 내용을 추상적으로 응집하여 표현할 수 있는 고차원적인 언어 능력을 측정한다는 데 의미가 있다. 강승혜 외(2006)에서는 한국어 교육 현장에서 성취도와 숙달도 진단을 위해 이루어지고 있는 듣기 평가를 종합하여 그것을 18가지의 문항 유형으로 분류하였다. 그 중 확장적 듣기에 포함될 수 있는 문항 유형은 담화 듣고 그림 나열하기, 담화 듣고 그림/지도/도표 완성하기, 정보 찾기, 담화 듣고 담화의 중심 소재 및 내용 고르기, 담화 듣고 담화의 요소 파악하기, 담화 듣고 내용과 일치하는/하지 않는 것 고르기, 내용 요약하기, 제목 붙이기, 담화 듣고 추론하기, 화자의 태도나 어조 파악하기 등이다.

참고문헌 강현화 외, 한국어 이해 교육론, 한국문화사, 2021

70 정답 ④

① 잉여성은 반복하는 말, 고쳐하는 말, 설명하는 말 등을 말한다. 손님은 '지금은 다 나가고 없어요?'라며 직원의 말을 반복하며 시간적 여유를 확보하고 있다. 잉여성은 시간적 여유와 부가적인 정보를 제공하기 때문에 청자가 의미를 처리하는 데 도움을 줄 수 있다.
② '놓았거든요 – 놨거든요', '금요일에는 – 금요일엔'에서 축약이 사용되었다. 축약형은 음성적 축약, 어형적 축약, 통사적 축약, 화용적 축약 등이 있는데 이런 축약들은 교실에서 완전한 형태의 언어에만 노출된 학생들의 구어 이해에 어려움을 줄 수 있다.
③ 격식적인 상황에서의 연설이나 발표 등이 아닌 일상에서 사용하는 구어체로 이루어진 대화이다.
④ 말하는 도중 주저하거나, 머뭇거리거나 말을 수정하는 경우 등이 수행 변인인데 이런 유형의 발화들은 학습자의 주의를 산만하게 만들 수 있으므로 핵심 정보를 찾을 수 있는 훈련이 필요하다. 이 듣기 자료에서는 확인할 수 없다.

참고문헌 H. Douglas Brown 저, 권오량 외 역, 원리에 의한 교수, Pearson Education Korea, 2012
강현화 외, 한국어 이해교육론, 형설출판사, 2012

71 정답 ②

① 교사의 명령을 듣고 학습자들이 신체를 사용하여 반응하도록 하는 것은 전신 반응 교수법이다. 듣기를 통해 학습자들이 목표어에 노출되도록 하고 그 과정을 반복함으로써 목표어에 관한 규칙을 익힐 수 있도록 하였다.
②·③ 자연적 접근법은 이해가 표현을 위한 바탕이 되며 구어의 경우 정확한 듣기를 통해 말하기가 가능하다고 보았다. 따라서 네 가지 기능 중 듣기가 가장 먼저 학습되어야 할 언어 기능이라고 보았다.
④ 자연적 접근법은 언어 학습 초기 단계에서 학습자에게 말하기, 쓰기를 중심으로 하는 표현 활동을 강요하지 않고 듣기와 읽기를 중심으로 수업을 진행하였다. 초기에는 목표어에 반응하도록 강요받지 않고 교사가 제공해 주는 자료를 듣는 활동을 하며, 이후 명령을 듣고 반응하기, 질문에 대하여 '네', '아니요' 또는 간단한 단어로 답하기 등의 활동을 통해 자연스럽게 말을 하도록 하였다.

참고문헌 강현화 외, 한국어 이해 교육론, 한국문화사, 2021

72 정답 ③

ㄹ. 관련 어휘와 표현 익히기 – 듣기 전 활동
ㄴ. 주제와 관련된 배경지식 활성화 – 듣기 전 활동
ㄱ. 들으면서 메모하고 내용 파악하기 – 듣기 활동
ㄷ. 관련 주제로 발표하기 – 듣기 후 활동

> **알아두기**
>
> ■ 듣기 수업의 단계
> 1. **듣기 전 활동**: 듣기 활동을 하기 전에 주제를 소개하거나 필요한 언어 지식을 제공하고 주제에 대한 흥미나 관심을 갖게 하는 활동을 말한다. 시각 자료 이용하여 의견 말하기나 관련 어휘 목록 작성하기 등이 있다.
> 2. **듣기 활동**: 듣기 과제를 수행함으로써 학습자들의 듣기 능력을 향상시키는 것이 본 활동의 목적이므로 실제적이며 의사소통적 활동으로 이루어져야 한다. 하향적 듣기 활동(전체 내용 이해)과 상향적 듣기 활동(세부적)을 적절히 혼합한 상호 작용적 듣기 활동을 이용하는 것이 필요하다. 듣고 맞는 답 고르기, 순서에 맞게 나열하기, 빈칸 채우기, 메모하기 등이 있다.
> 3. **듣기 후 활동**: 내용 이해를 확인하기보다는 들은 후 어떤 대응을 하겠느냐 등을 물어보는 것으로 마무리를 하는 활동이라고 할 수 있다. 듣고 제목을 붙인다거나 내용을 요약하는 쓰기 활동을 할 수 있고, 소감 말하기, 추론하여 말하기, 사회적 배경이나 대처 방안 말하기, 토론하기, 역할극 등을 할 수 있다.

참고문헌 서울대학교 한국어문학연구소 외, 한국어 교육의 이론과 실제2, 아카넷, 2012

73　정답 ①

① 듣기 내용이 길어질 때 내용을 모두 기억할 수 없으므로 학습자가 들은 내용을 메모할 수 있다면 효과적으로 정보를 기억할 수 있으므로 학습자에게 도움이 될 수 있다. 그러나 문자 언어로 응답을 하게 하면 듣기보다 쓰기에 더 집중하게 될 수 있으며, 응답 시간을 최소화하면 학습자에게 더 부담스러울 수 있다.

참고문헌 강현화 외, 한국어 이해교육론, 형설출판사, 2012

74　정답 ③

③ 학습자의 학습 동기를 높일 수 있는 동영상을 제공하는 것은 듣기 전 활동으로 적당하다.

> **알아두기**
>
> ■ 듣기 수업의 단계 〈19회 2교시 72번〉 참고

참고문헌 서울대학교 한국어문학연구소 외, 한국어 교육의 이론과 실제2, 아카넷, 2012

75　정답 ③

③ 하향식은 학습자가 가지고 있는 배경지식을 토대로 가정이나 추측을 통해 정보를 이해하는 방법이다. 학습자가 가지고 있는 배경지식에 부분적인 의미들을 종합해 가는 학습자 자신의 적극적 인지 활동이 중요하며, 인지 활동은 학습자의 능동적 참여와 과제 수행이 수반되어야 한다. 언어 지식 자체에 대한 이해보다는 '언어 내용'에 대한 이해를 중시한다. 따라서 'ㄴ'과 'ㄷ'은 하향식 듣기 활동이다. 상향식은 단어, 구, 절, 문장, 담화의 순으로 정보를 이해하는 방법이다. 이것은 어휘, 문법 등의 언어 지식에 대한 이해가 매우 중요하며, 학습자는 주어진 정보에 의해서만 판단하는 수동적 입장에 머무른다. 따라서 'ㄱ'과 'ㄹ'은 상향식 듣기 활동에 해당한다.

참고문헌 서울대학교 한국어문학연구소 외, 한국어 교육의 이론과 실제2, 아카넷, 2012

76　정답 ①

① DRA는 교수자 주도형의 직접 읽기 활동을 말한다.

참고문헌 서울대학교 국어교육연구소 편, 한국어교육학사전, 하우, 2014

77　정답 ④

④ 하향식 읽기의 관점이다. 하향식 읽기는 지식기반 과정 혹은 독자 주도 과정이라고도 불리는데 독자가 선험 지식을 이용하여 텍스트 내의 정보와 데이터에 대하여 적극적으로 예측하고 자신의 예측을 확인한다는 의미이다. 하향식 읽기는 독자가 원문의 단서를 모두 사용할 필요가 없으며 자신의 경험이나 언어에 대한 지식들을 이용하여 텍스트의 의미를 예측하는 것이 이해의 가장 중요한 요소라고 주장한다. 상향식 읽기 과정은 글자와 단어를 하나씩 개별적으로 인지하고 구나 절, 문장으로 해독 범위를 넓혀 가면서 내용을 해독하는 과정으로 보는 것이다. 상향식 읽기 모형은 독자의 역할을 수동적으로 텍스트의 활자를 받아들이는 것에 한정하는 경향이 있어서 주로 초급 단계에서 사용된다.

참고문헌 한재영 외, 한국어 교수법, 태학사, 2005

78 정답 ③

① 사실적 이해 능력은 글 속에 명시적으로 언급되어 있는 내용들을 사실 그대로 이해하거나 사실에 맞게 언어로 표현하는 능력을 말한다. 여기에는 언어로 표현된 정보를 확인하고, 정보간의 관계를 파악하며, 정보의 진위를 변별하는 능력, 중심 내용을 정확하게 이해하는 능력이 포함된다. 여기에 속하는 평가 유형으로는 일치하는 내용 찾기, 세부 내용 찾기, 소재 파악하기, 중심 내용 파악하기, 주제 파악하기, 제목 붙이기, 제목 해석하기 등이 있다.

② 추론적 이해 능력이란 글 속에 나타나 있는 정보를 근거로 해서 분명히 언급되지 않은 내용이나 제시된 정보 이상의 것을 추리해 내는 능력을 말한다. 암시적 진술이나 생략된 진술로부터 명확하고 완결된 의미를 이끌어 내고, 이러한 사실을 다른 상황에 적용하며, 텍스트에 반영된 입장과 의도를 파악하고 구성과 표현에 필요한 바를 적절히 추리해 내는 능력을 포함한다. 화제 추론하기, 함축적 의미 추론하기, 필자의 태도나 의도 추론하기, 성격 파악하기, 이어지는 내용 추론하기 등이 있다.

③ 논리적 이해 능력이란 정확하고 타당한 진술을 하기 위해 갖추어야 할 일정한 언어적 조건이나 논리적 요건을 이해하고 구사할 수 있는 능력을 말한다. 글감의 분류와 논리적 배열, 문장의 논리적 연관이나 문단 구조의 논리적 분석이 여기에 포함된다. 여기에 속하는 평가 유형으로는 이유나 원인 찾기, 글의 순서 파악하기 등이 있다.

④ 감상적 이해 능력은 글의 내용에 공감하거나 감동하며 읽는 것을 말한다. 주로 문학 작품을 대상으로 하는 경우가 많다.

참고문헌 강현화 외, 한국어 이해교육론, 형설출판사, 2012
구인환, Basic 고교생을 위한 국어 용어사전, 신원문화사, 2006

79 정답 ④

스키마에는 내용 스키마와 형식 스키마가 있는데, 내용 스키마란 글의 내용과 주제, 문화적 배경에 대한 스키마를 의미한다. 즉, 특정 분야에 대한 독자의 지식, 종교나 관습에 관한 지식 및 일상사의 여러 사건이나 사물에 대한 구조화된 세상 지식을 포함하는 스키마이다. 형식 스키마란 글의 구조에 대한 스키마를 의미한다. 즉, 저자가 어떻게 자신의 생각을 구성해 나가는지에 대해 독자가 가진 지식을 말한다. 즉 각각의 담화 유형이 갖고 있는 고유한 관습적인 구조를 말한다. ④는 내용 스키마이고 ①·②·③은 형식 스키마이다.

참고문헌 강현화 외, 한국어 이해교육론, 형설출판사, 2012

80 정답 ②

ㄴ. 주제와 관련된 새로운 어휘 학습: 읽기 전 단계
ㄷ. 읽기 자료를 실제로 읽기: 읽기 단계
ㄱ. 다른 기능에 적용: 읽기 후 단계

알아두기

■ 단계별 읽기 수업
대부분의 읽기 전문가들은 유창한 읽기를 위해 필수적인 기능을 배우고 연습시킬 수 있도록 읽기 지도를 크게 세 단계로 구성하여 읽기 전 단계, 읽기 본 단계, 읽기 후 단계로 지도할 것을 권장하고 있다.
1. 읽기 전 단계: 읽기 전 단계는 학습자들이 주어진 글을 왜 읽어야 하는지 이해할 수 있도록 준비시켜 주고 글의 주제에 대한 배경지식이나 경험 등을 회상하여 읽을 글에 대해 예측을 하도록 도와주어 읽기가 효율적으로 이루어질 수 있도록 한다. 또한 글의 주제에 대해 생각해 봄으로써 글에 대한 흥미와 읽기에 대한 동기를 부여할 수 있으며 이 단계를 통하여 글의 주제와 관련된 어휘를 예습하거나 소개할 수 있다.

2. 읽기 단계: 읽기 본 단계는 읽기 자료를 실제로 읽는 단계로 학습자가 자신의 읽기 기술과 전략 활용을 연습하는 단계이다. 이 단계에서 중요한 것은 읽기가 어떤 과정인지 어떤 기술과 전략이 사용되는지 등을 얼마나 이해하고 있느냐 하는 것이다.
3. 읽기 후 단계: 읽기 후 단계는 읽기 단계에서 읽은 글의 내용에 대한 이해 정도를 점검하거나 추론적 이해나 비판적 읽기를 하는 기회를 제공하는 단계이다. 또한 읽은 내용을 바탕으로 토론을 한다든지 작문을 한다든지 하여 읽은 내용을 다른 상황이나 다른 기능에 적용해 보는 단계이다.

참고문헌 강현화 외, 한국어 이해교육론, 형설출판사, 2012

81 정답 ①

① 오독 분석(miscues analysis)은 소리 내어 읽기를 통해 통사, 의미, 글자의 형태 중 어느 하나 이상을 잘못 파악했을 경우에 나타나는 오독을 분석하는 것이다

알아두기

■ 읽기 평가 방법

읽기 평가 방법은 과정 평가와 결과 평가로 구분한다. 과정 평가는 학습자가 글을 읽는 동안에 일어나는 모습을 평가하는 것으로 프로토콜 분석, 오류 발견 과제, 오독 분석 검사 등이 있다. 프로토콜 분석은 글을 소리 내어 읽으면서 머릿속에 떠오르는 생각을 소리 내어 표현하는 것이다. 검사자는 학습자가 소리 내어 읽는 글과 글로부터 연이어지는 생각인 프로토콜을 분석하여 어떤 글에서 어떤 의미가 형성되는지를 알아낸다. 오류 발견 과제는 오류가 포함된 글을 제시하여 학습자가 글을 어느 정도 정확히 읽는가 또는 자기에게 부과된 읽기 과제를 어느 정도 분명하게 알고 있는가를 검사하는 방법이다. 오독 분석은 소리 내어 읽기를 통해 오독을 분석하는 것이다. 오독은 통사, 의미, 글자의 형태 중 어느 하나 이상을 잘못 파악했을 경우에 나타난다. 결과 평가는 읽기의 결과로 이해된 상태를 알아보는 평가로 자유 회상 검사, 진위형 검사, 선다형 검사 방법 등이 해당된다. 자유 회상 검사는 글을 읽고 이해한 바를 자유롭게 쓰게 하는 것이다. 검사자는 학습자가 회상한 것을 분석하여 기억의 양, 내용, 조직 방법, 기억 내용을 인출하는 전략, 추론 등을 알아낸다. 진위형 검사는 주어진 글에 대해 맞는 진술과 틀린 진술을 주고 학습자에게 진위를 판정하게 하는 것이다. 선다형 검사는 여러 개의 선택지에서 맞는 답을 고르는 것을 말한다.

참고문헌 서울대학교 국어교육연구소 편, 한국어교육학사전, 하우, 2014

82 정답 ①

② 사고 구술은 연구 참여자가 과제를 완성하거나 문제를 해결하면서 이루어지는 사고 과정을 말로 진술하는 방법을 말한다. 사고 구술 기법은 수행한 행동에 대해 사후에 되돌아보는 회상적 기법보다 사고 과정에 더 근접한 내성적(introspective) 성격을 지닌다. 연구자는 연구 참여자에게 특정 과제를 수행하면서 자신의 사고 과정을 진술하도록 요청한다. 연구 참여자는 과제를 수행하면서 무엇을 보고 있고, 무엇을 생각하고 있고, 무엇을 하고 있고, 무엇을 느끼고 있는지 진술한다. 따라서 사고 구술의 목적은 특정 과제를 수행하는 연구 참여자의 행동에 암시적으로 나타난 것을 명시적으로 만드는 것이다.

③ 상호텍스트성은 텍스트가 다른 텍스트의 언급, 연상, 환기 등을 통해 의미를 생성하는 것을 뜻하는 용어이다. 상호텍스트성은 문학 작품 안에 다른 문학 작품을 거론하거나, 문헌에 영화, 노래, 미디어의 글이나 프로그램, 사회적 사건이나 맥락 등을 거론하는 형태로 이루어진다. 이를 통해 문헌 간의 상호비교가 가능해지며, 문헌의 의미 변화, 두 문헌의 재해석 등이 가능해진다.

④ 문장의 내용에 직접적인 영향을 미치지는 않지만 전체적인 분위기나 대화(글)의 최종적인 목적을 달성하고자 문장 간의 응집성을 높이기 위하여 사용하는 표지를 담화 표지라고 한다. 담화 표지는 담화의 구조나 내용을 쉽게 파악할 수 있도록 하므로 담화 표지어에 주의함으로써 글의 구조나 내용을 파악하는 데에 도움을 얻을 수 있다.

참고문헌 서울대학교 국어교육연구소, 한국어교육학사전, 하우, 2014
강현화 외, 한국어 이해 교육론, 형설출판사, 2012
HRD 용어사전, (주)중앙경제, 2010
네이버 지식백과, 상호텍스트성, 두산백과 두피디아, 두산백과

83 정답 ④

ㄱ. 훑어 읽기는 텍스트 전체를 빠르게 훑어 읽으면서 글의 성격이나 정보의 특성, 대략적인 주제나 요지 등을 파악하는 읽기 전략이다.

ㄴ. 찾아 읽기란 텍스트를 전부 다 읽지 않고 필요한 정보만을 빨리 찾아 그 부분만 읽는 전략이다. 찾아 읽기는 정보가 여기저기 흩어져 있는 경우에 효과적으로 정보를 수집할 수 있도록 도와준다.

ㄷ. 집중형 읽기는 글자 그대로의 의미, 함축된 것, 수사학적인 관계와 같은 것을 이해할 목적으로 문법 형태, 담화 표시 장치 및 기타 표면적인 구조 등 세부 사항들에 주의를 집중하는 것이다. 정독이라고도 하며 언어 지식에 초점을 두고 적은 양의 읽기 자료를 최대한 이해할 수 있도록 주의 깊고 철저하게 읽는 읽기 방법이다.

ㄹ. 확장형 읽기는 다독 또는 열린 읽기 등으로 불리기도 한다. 다독은 다양한 자료를 많이 읽음으로써 학습자의 언어 능력을 향상시키는 읽기 방법 중의 하나이다. 다독은 의미 파악에 중점을 두어 많은 양의 읽기 자료에 접근하는 것을 추구한다.

참고문헌 서울대학교 국어교육연구소, 한국어교육학사전, 하우, 2014
강현화 외, 한국어 이해 교육론, 형설출판사, 2012

84 정답 ①

① 거시적 관점에서의 교육 문법 단위 설정은 주로 문법, 의미, 기능 등의 범주 차원에서 이루어진다. 문법 범주는 대체로 의미 현상이 문법적 장치에 의해 실현된 것으로 보고 피동법, 사동법, 부정법과 같은 범주를 통칭하는 용어로 인식되며, 의미 범주는 높임, 수량, 시간, 보조의미, 보조사 등을 포괄하는 광의의 개념어로 사용하거나 높임, 시간, 진행, 완료, 이유, 대조 등을 아우르는 용어로 사용하기도 한다. 기능 범주는 종결형, 연결형, 수식형, 대용형, 명사형 등이 문법 기능을 나타내는 의미로 사용하거나 개념 나타내기, 메시지 만들기 등의 의사소통 기능을 나타내는 의미로 사용하는 경우도 있다.

참고문헌 서울대학교 국어교육연구소, 한국어교육학사전, 하우, 2014

85 정답 ②

② 한국어 수업에서 문법 교육을 할 때는 항상 예문이 활용된다. 예문은 대표 예문과 연습용 예문으로 나눌 수 있는데 대표 예문은 문형과 함께 제시되어 문형의 의미와 문법 규칙을 설명하는 데 쓰인다. 대표 예문은 학생들의 직관적인 이해를 도와야 하므로 목표 문법의 전형적인 의미를 설명할 수 있어야 한다. 예문은 학습자의 수준을 고려하여 선별해야 한다. 예문이 학습자 수준에 비해 어려우면 학습자들은 예문의 의미를 이해하는 데에 급급해 문형의 의미를 이해하기 어렵게 된다. 학습자가 쉽게 이해할 수 있는 단순한 문장이 좋으며 이미 배운 어휘를 활용하는 것이 좋다. 그러나 중급이나 고급 수업에서는 교사가 제시하는 예문의 수준이 초급에 머물러 있다면 학습 동기를 부여하지 못할 수 있으므로 수준에 맞는 예문을 선택하는 것이 좋다.

참고문헌 방성원·김제열, 한국어 문법 교육론, 한국문화사, 2021

86 정답 ④

④ '-다고 하다' 등의 인용 표현이 목표 문법일 때 들은 내용을 전달하는 과제 활동을 하는 것이 좋다.

87 정답 ②

② 형태 초점 접근법에서도 교육의 목적은 의사소통 능력 향상이다. 다만 언어의 의미와 기능뿐만 아니라 형태에도 초점을 맞춤으로써 학습자의 유창성과 함께 정확성도 신장할 수 있도록 한다. 문법 형태에 초점을 맞추기는 하지만 문법 학습의 난이도 순서대로 배열하는 구조 중심 교수요목을 따르지 않으며 과제 중심 교수요목과 내용 중심 교수요목을 기반으로 한다.

참고문헌 방성원·김제열, 한국어 문법 교육론, 한국문화사, 2021

88 정답 ④

④ 한국어 문법 교육은 외국인 학습자가 한국어의 규칙과 질서를 가지고 한국어를 이해하고 생산해 낼 수 있도록 하는 데에 그 목적이 있으므로 이론 문법 체계를 기초로 하되 외국인 학습자가 이를 의사소통 도구로 사용할 수 있도록 문법 요소, 문장 담화, 표현 단위로 나누어 의미와 기능 중심으로 이루어진다. 또한 한국어의 특징이 잘 드러나는 조사와 어미, 시간 표현, 높임 표현, 부정 표현과 같은 영역을 다룬다.

참고문헌 서울대학교 국어교육연구소, 한국어교육학사전, 하우, 2014

89 정답 ①

① 연역적 교수 방식의 장점은 성인 학습자의 경우 지적 능력을 이용하여 시간과 노력을 절약할 수 있으며 명시적인 설명을 통해 잘못된 추론으로 오류가 고착되는 것을 막을 수 있다는 것이다. 또한 학습해야 할 문법이 무엇인지 집중할 수 있다. 반면에 문법 용어를 인지하고 있지 않으면 설명을 이해하기 어려우며 교사 중심의 일방적인 수업이 될 수 있다는 단점도 있다. 또 학습자들의 수동적인 학습 태도로 장기 기억으로 전환되기 어려울 수 있으며 언어 학습이 문법 학습이라는 잘못된 믿음을 줄 수 있다. (ㄴ)과 (ㄹ)은 귀납적 방법의 단점이다. 귀납적 방법은 실제의 예를 제시한 후 그것에 적용되는 규칙을 찾아내게 하는 방식으로 학습 동기를 유발하고 장기 기억을 통한 학습 효과의 지속을 도모할 수 있는 장점이 있으나 스스로 문법 규칙을 찾는 데에 많은 시간과 노력이 소요되며 잘못된 해석으로 잘못된 문법 규칙을 세울 수 있다는 단점이 있다.

> 알아두기
>
> ■ 연역적 문법 교수 방법
> 연역적 교수 방식은 문법 규칙이나 설명을 제공한 후에 예문을 통해 해당 문법을 익히도록 하는 방식이다. 문법의 요점을 바로 제시하여 시간을 절약할 수 있으며 성인 학습자들의 문법적 능력이나 지식을 활용할 수 있고 분석적인 학습 방식을 선호하는 학습자들을 만족시킬 수 있다.

참고문헌 강현화, 한국어 문법교육론, 소통, 2023

90 정답 ②

ㄷ. 목표 문법 노출
ㄹ. 목표 문법의 의미와 기능, 사용 상황 제시
ㄱ. 목표 문법의 형태적 특징과 제약 설명
ㄴ. 기계적인 연습 후 유의미한 연습

> 알아두기
>
> ■ 제시 훈련 모형(PPP 모형)
> PPP(제시-연습-생성) 모형은 문법 교수 항목에 대한 지식적인 부분만을 제시한 뒤에 연습을 통해 정확성을 높이고 생성 과정을 통해 유창성을 향상시키려는 상향식 문법 교수 방법이다. 연역적 방식으로 문법을 제시하고 연습하는 모형이며, 문법 사용의 정확성을 통해 유창성을 높이는 기법으로서 언어가 이러한 점진적인 단계를 거칠 때 문법이 가장 잘 학습된다고 가정한다. 제시 단계에서는 학습자에게 목표 문법 표현의 형태와 의미를 인식할 수 있도록 그 형태를 제시하고, 본격적인 연습 단계로 가기 전에 그 문법 항목의 의미와 기능, 활용 정보와 문형 정보와 같은 형태, 제약 등에 대해 설명을 한다. 연습 단계에서는 기계적인 연습과 유의미한 연습을 통해 제시 단계에서 얻은 문법에 대한 지식에 대해 연습한다. 생성 단계에서는 유창성에 초점을 맞춰 앞에서 연습한 것들을 과제로 통합해서 실제로 사용해 본다. 이때 교사는 연습 단계에서 제한적으로 길러진 숙달도를 교육적인 맥락이나 실제적인 맥락에서 사용하도록 이끌어야 한다.

참고문헌 한재영 외, 한국어교육 용어해설, 신구문화사, 2011

91 정답 ①

① 단어 형성법에 따른 단어들의 조어 방식을 어휘 교수에 활용할 수 있는데, 파생어는 접사의 결합 양상과 접사의 기능 및 의미에 관하여 교수한다면 단어의 확장에 도움이 된다. 예를 들어, 생산성이 강한 주요 접두사와 접미사의 목록을 가르치거나 접미사의 품사 전성의 기능을 가르칠 수 있다. 그러나 '지붕'의 '-웅'은 결합 어근이 제한되므로 이런 경우 접사에 초점을 두어 가르치기보다는 파생어 전체로 가르치는 것이 효율적이다.

참고문헌 강현화, 한국어 어휘 교육론, 한글파크, 2021

92 정답 ②

② 어휘는 이론적으로나 심리적으로 다른 단어들과 일정한 관계를 맺고 있다. 어휘장(의미장, 단어장, 낱말밭)은 서로 밀접한 관계를 맺고 있는 단어들의 집합을 가리키는데 개념상 어휘망과 관련이 있다. '아버지, 어머니, 딸, 아들' 등의 어휘는 가족 어휘장을 구성하고, '사과, 바나나, 포도, 딸기'는 과일 어휘장을 구성하며 이는 의미적으로 연결된 어휘망의 한 부분으로 간주된다.

참고문헌 서울대학교 국어교육연구소 편, 한국어교육학사전, 하우, 2014

93 정답 ③

③ 어휘의 문법적 정보라고 한다면 맞춤법, 조어법, 굴절법, 품사나 호응 등에 관한 정보이다. 이 사례는 문법의 문제라기보다는 한자어 숫자와 고유어 숫자의 사용을 혼동하여 생긴 오류로 봐야 할 것이다. '하나도'라고 해야 할 것을 '일도'라고 발화하는 오류를 범하였지만 유사한 의미를 가진 어휘이므로 의사소통이 안 되는 것은 아니다.

참고문헌 강현화, 한국어 어휘 교육론, 한글파크, 2021

94 정답 ④

① '지원하다'의 용법을 기억하기 쉽게 '대학교에 지원하다'가 포함된 예문을 작성하였다.
② 유의어(참석하다, 참가하다)의 차이를 강조하기 위해 해당 단어에 밑줄을 그었다.
③ '체육'에서 연상되는 교과목 단어(지리)를 추가하고 번역(지리 地理)을 하였다.

알아두기

■ 어휘 학습 전략

Schmitt(1997)에서는 어휘 학습 전략을 크게 의미 발견 전략과 기억 강화 전략으로 나누었다. 또한 의미 발견 전략을 의미 결정 전략과 사회적 전략으로 나누었으며 기억 강화 전략을 기억 전략, 인지 전략, 상위 인지 전략으로 세분화하였다. 먼저, 의미 결정 전략은 학습자가 새로운 단어의 의미를 알아내기 위해 단어 자체를 분석하거나 문맥을 통해 모르는 단어의 의미를 추측하고, 사전 등의 참고 자료를 활용하는 전략 등을 포함한다. 사회적 전략은 교사나 동료에게 새로운 어휘의 뜻을 물어보는 전략으로 모국어로 어휘의 정의를 주는 것은 학습자가 가장 쉽고 빠르게 이해할 수 있고, 이미 가지고 있는 모국어 지식을 목표어에 전이시킬 수 있다는 장점이 있지만, 모국어와 학습하고 있는 언어의 모든 어휘가 일대일 대응을 이루지 않는다는 점에서 한계가 있다. 기억 전략은 새로운 어휘를 기억하는 데 단어의 정의 대신 뜻을 나타낸 그림, 이미지를 이용하는 것, 이미 알고 있는 목표 어휘를 새로운 목표 어휘와 연결하여 기억하는 것, 품사 등에 따라 범주화하는 것 등이 해당되는 전략이다. 인지 전략은 반복적으로 쓰거나 말하는 행동처럼 기계적인 방법을 통해 어휘를 기억하는 전략이다. 이 밖에 해당 어휘가 적힌 종이를 붙여 두면서 반복하기, 어휘 목록 만들기, 수업 시간에 필기하기 등이 해당된다. 마지막으로 상위 인지 전략은 스스로 자신의 학습을 통제하고 평가하는 등의 학습 과정에 대한 개요를 갖기 위해 사용하는 전략이다.

참고문헌 남상은, 어휘 학습 전략이 어휘 기억에 미치는 영향, 경희대학교, 2011

95 정답 ②

② 문장의 일부분을 빈칸으로 제시하고 문맥에 맞는 단어나 표현을 고르는 문제이다.

참고문헌 강현화, 한국어 어휘 교육론, 한글파크, 2021

96 정답 ①

① 학습자에게 매번 새로운 어휘를 계속 가르치는 것보다는 단어의 다양한 다의 용법을 가르치는 것이 효과적이다. 다의 항목을 가지는 단어들은 대부분 고빈도 단어인 경우가 많기 때문이다. 하지만 다의 항목은 원형에 가까운 기본 의미를 먼저 제시하고 그 후 확장된 의미를 제시하는 것이 좋다. 그런데 다의 항목 중에서도 기본 의미에서의 의미 변화가 작은 것과 큰 것을 구분해서 가르칠 필요가 있다. 의미의 변화가 작은 것은 원래의 의미에서의 자연스러운 확장이 가능하지만 의미 변화가 크며 제한된 단어와만 어울리는 항목의 경우는 굳이 다의적으로 의미를 확장하기보다는 별도의 '구'로 구분하여 제시하는 것도 바람직하다. '나이를 먹다'의 경우는 결합하는 주어가 특정 단어로만 제한되므로 굳이 '먹다'의 다의 관계로 확장하기보다는 결합하는 명사가 포함된 구 단위 전체를 제시하여 학습하게 하는 것이 효율적일 수 있다.

② 연어나 관용 표현은 언어와 문화 사이의 상관관계를 잘 보여 주는 영역으로 문화적 정보를 많이 담고 있으므로 문화적 의미를 고려하지 않으면 충분히 정의할 수 없는 경우도 있다. '설날과 떡국'을 통해 '나이를 먹다'를 제시하면 학습자들의 이해를 도울 수 있을 것이다.

③ 관용 표현은 본질적으로 중의성, 비합성성, 불투명성이라는 의미 특성을 가진다. 즉 1차적으로는 축자 의미로 해석이 되고 2차적으로는 관용 의미로 해석되는 중의성을 가진다. 그리고 관용어의 의미는 각 구성 요소들의 축자 의미의 합과는 무관한 제3의 의미를 가지므로 비합성성을 가진다. 또 축자 의미와 관용 의미 사이에 예측 가능성이나 의미의 유연성이 없으므로 불투명성을 띤다. '물을 먹다'는 '물을 마시다, 손해를 보거나 실패하다, 어떤 나라나 사회의 영향을 받다'의 의미를 지니고 있으므로 관용 표현으로 가르칠 때는 축자적 의미와 관용적 의미의 차이를 비교하여 설명하는 것이 좋다.

④ '미역국을 먹다'는 관용적 표현으로 '시험에 떨어지다'라는 의미가 있다. 관용구는 사용 맥락과 연계되어 교수될 필요가 있으며 관용구에 드러나는 한국문화의 특성들은 문화적 해석을 제공하거나 학습자의 모국어와 대응되는 표현을 찾아 비교해 보는 접근법으로 효율적인 문화 교육과 연계된 어휘 교수를 수행하도록 돕는다. 관습적으로 사용되어 온 관용 표현을 통해 목표 문화를 이해하는 데에 도움을 줄 수 있기 때문이다.

참고문헌 강현화, 한국어 어휘 교육론, 한글파크, 2021
서울대학교 국어교육연구소 편, 한국어교육학사전, 하우, 2014

97 정답 ②

② 결혼이민자, 이주 노동자, 재외 동포 등 사용자를 고려하여 개발된 맞춤형 교재는 '대상별 한국어 교재'이다. '기능별 한국어 교재'는 말하기, 듣기, 읽기, 쓰기 등 각각의 기능별 특성을 고려한 교재이다.

참고문헌 서울대학교 국어교육연구소 편, 한국어교육학사전, 하우, 2014

98 정답 ④

④ 교재는 평가 자료가 포함되어야 한다. 그리고 평가 결과를 해석하여 단원 내에서 목표의 성취 정도를 지적해 주고 필요한 피드백을 제공할 수 있어야 한다.

참고문헌 강현화 외, 한국어 교재론, 한국문화사, 2022

99 정답 ④

ㄷ. 학습자 요구사항 및 교수 환경을 파악한다.
ㄹ. 교수요목을 작성하고 교재 구성을 설계한다.
ㄴ. 단원 구성의 원리에 따라 단원을 구성한다.
ㄱ. 시범 사용을 통해 단점을 보완한다.

알아두기

■ 교재 개발의 절차

교재를 개발하기 전에는 학습자의 요구 조사가 선행되어야 하며 기존 한국어 교재를 분석하고 그 장단점을 확인해야 한다. 또한 개발되는 교재는 교육 목적을 설정하고 교육과정과 교수요목을 설계하여 이를 구현할 수 있어야 한다. 문법, 문화, 발음과 같은 교재 내용 구성에 있어서는 이론적인 뒷받침과 함께 경험적 데이터의 활용이 필요하며 교재는 학습 성취 수준을 평가하고 이에 대한 처방을 줄 수 있어야 한다. 또한 개발하고자 하는 교재의 수와 수준을 나누는 것이 좋다. 교재의 내용은 학습자의 배경지식을 충분히 활용할 수 있도록 한다. 교재의 자료는 생활에 실제적이고 흥미롭게 구성해야 한다.

한국어 교재 개발의 과정은 크게 '요구 조사 → 교수요목 설계 → 교재 집필 → 평가'의 순서로 이루어진다. 이것을 더 세분화하면 '학습자의 요구조사 → 교육 목적 및 목표 설정 → 교육 내용의 범주 설정 → 교육 내용 선정 및 방법 결정 → 교육 내용의 배열 및 조직 → 교재 집필 → 교육과정 및 교재 평가'의 순서가 된다.

참고문헌 서울대학교 한국어문학연구소 외, 한국어 교육의 이론과 실제2, 아카넷, 2012

100 정답 ②

② 내적 평가는 교재가 지닌 교육적 가치를 평가하기 위해 내용 차원에서 평가 항목을 설정하여 평가하는 것을 뜻하며 교재 평가 범주상 교재 외적 평가에 상대되는 개념으로 쓰인다. 내용 차원이란 교재 안에 드러나 있는 학습 목표, 학습 내용, 학습 활동 등을 가리킨다. 교재를 둘러싸고 있는 외부 환경이나 조건, 교재의 물리적인 형태는 이 평가 범주에 해당하지 않으며 이것은 교재 외적 평가의 대상으로 분류한다.

참고문헌 서울대학교 국어교육연구소 편, 한국어교육학사전, 하우, 2014

101 정답 ①

① 상황 중심 교수요목에서는 학습자가 한국어를 사용하게 될 장소, 맥락, 화제 등을 선정하고 해당 상황에서 일반적으로 사용하는 언어를 학습 내용으로 삼는다. 가장 흔한 구성은 지하철역, 집, 마트, 식당, 학교 등 학습자들이 접할 가능성이 높은 의사소통 장면의 순서대로 교수 학습 내용을 구성하는 것이다. 학습자의 흥미와 관심, 필요에 따라 교육 내용을 선정할 수 있고, 학습한 상황별 학습 내용을 실생활 의사소통에 바로 적용할 수 있다.
② 과제 중심 교수요목은 단순한 연습부터 복잡한 문제 해결 과정에 이르기까지 언어 학습을 촉진시키려는 목적을 가진 모든 활동을 과제로 보며 과제는 순서화가 가능하고 목적 지향적인 문제 해결 활동을 의미한다. 물건 사기, 집 구하기 등 특정한 의사소통 목적을 갖는 활동이 과제 활동의 예라고 할 수 있다.
③·④ 개념-기능 중심 교수요목에서 개념이란 언어를 통해 표현되는 의미, 즉 의사소통 활동과 관련된 개념의 분석 단위를 말하며 시간, 수량, 공간, 격, 직시 체계의 다섯 가지 범주로 구분한다. 그리고 기능이란 언어 활동을 통해 수행되는 의사소통 목적을 뜻하며 구체적으로 요청하기, 설명하기, 인사하기, 거절하기, 감사하기, 제안하기, 설득하기 등의 언어 기능을 교수의 대상으로 한다.

참고문헌 강현화 외, 한국어 교재론, 한국문화사, 2022

102 정답 ②

② 한국어 교육기관에서 사용하는 교과서는 주 교재이며, 부교재는 연습서, 참고서, 사전, 시청각 자료 등이 있다.

참고문헌 서울대학교 국어교육연구소 편, 한국어교육학사전, 하우, 2014

103 정답 ③

③ 문화 상대성 이해 단계에서는 다양한 상호 작용을 통해 그 문화가 발생한 환경과 상황을 종합적으로 고려할 수 있도록 하며 문화 간의 차이점을 이해하고 인정할 수 있도록 한다.

참고문헌 네이버 지식백과, 문화상대주의, 시사상식사전, pmg 지식엔진연구소

104 정답 ②

② 성취 문화는 인간이 이룩한 모든 업적물로 한국인들의 일상생활 문화, 제도 문화, 예술 문화, 산업 기술 문화, 자연 상징물까지 포함하고 있다. 흥과 신명은 관념 문화에 해당하며 관념 문화는 일반적으로 정신 문화와 관련되는 것으로 가치관, 민족성, 정서, 사상, 신앙 등 이 포함된다.

참고문헌 강승혜 외, 한국문화교육론, 형설출판사, 2013

105 정답 ③

③ 교실 내 또는 교실 밖 문화 체험의 교육 효과를 높이기 위해서는 학습자들이 주체가 되어야 한다. 이를 위해서 교사는 미리 체험 활동의 목적, 내용 등 사전 정보를 제공하고 학습자들이 수행할 수 있는 다양한 과제를 제시한다. 그리고 학습자들이 주도적으로 자료를 수집, 촬영하거나 직접 체험하여 적극적으로 참여할 수 있도록 하고, 체험 활동 후에는 감상문 쓰기, 발표하기, 보고서 작성하기 등 수업 후 활동을 진행하는 것이 효과적이다.

참고문헌 서울대학교 국어교육연구소 편, 한국어교육학사전, 하우, 2014

106 정답 ①

① 문화 섬은 교사가 교실 주변을 포스터, 그림, 자주 바뀌는 게시문 등을 이용하여 목표 문화의 전형적인 측면들을 보여 주는 것이다. 문화 섬은 학습자의 주의를 끌어 질문을 유도하기 위해 기획된다.
② 문화 캡슐은 특정 문화 현상과 관련한 시청각 자료나 실물을 제시하고 이에 대한 설명과 질의응답을 통해 학습자들의 문화 이해를 증진시키는 교육 방법을 말한다. 특정 문화 항목과 관련하여 학습자 개인의 경험만으로는 모국 문화와 목표 문화 간 문화 차이를 이해하기 어려운 경우 문화 캡슐을 이용하여 비교 및 대조 활동을 하면 쉽고 심도 있게 문화 수업을 진행할 수 있다.
③ 문화 클러스터는 서로 관련된 대략 3개 정도의 소재로 연결된 문화 캡슐로 구성되며 각 캡슐에 포함된 정보를 통합하는 30분 정도 분량의 드라마를 실연한다.
④ 문화 동화 장치는 학습자가 목표 문화를 오해할 수 있는 상황을 제시하고 이들의 반응에 대한 피드백을 제공함으로써 문화 차이를 인식하게 하는 활동이다.

참고문헌 곽지영 외, 한국어 교수법의 실제, 연세대학교 출판부, 2008

107 정답 ③

③ 한국어 어휘의 확장과 심화를 위한 방안으로서 한자 교육의 필요성이 제기되고 있다. 한자어는 한자로 표기되어 있지는 않으므로 한자를 몰라도 당장 읽는 데에는 지장이 없지만, 한자에 대한 지식이 있으면 의미 내용을 더 잘 이해할 수 있는 부분이 많기 때문이다. 교육용 기초 한자를 선정하는 연구를 보면, 교육용 한자는 사용 빈도가 높고, 조어력이 높은 한자, 기초적인 한자 등으로 선정해야 한다는 것에는 의견의 합일이 이루어지면서도, 기초 한자의 수에 대해서는 연구자에 따라 약간의 차이를 보인다. 한자 교육의 시기에 대해서는 한국어에 대한 이해도를 높이기 위해 초급부터 한자 교육을 시작하는 것이 좋다는 것과 한국어에 대한 기본적인 이해가 갖추어진 중급 이상의 실력을 쌓은 학생들을 대상으로 한자 교육을 실시하는 것이 좋다는 견해가 있는데, 일반적으로는 중급 이상부터 한자 교육을 실시하는 것이 적당하다고 보고 있다. 한자를 직접 쓰는 것은 흥미를 높일 수는 있으나 한글 외의 다른 문자를 도입한다는 면에서 학습자의 부담을 증가시킬 수 있다. 또한 실생활에서 한자를 쓸 기회가 거의 없으므로 정확한 필순이나 획수를 기억하도록 가르칠 필요는 없다.

참고문헌 강현화, 한국어 어휘 교육론, 한글파크, 2021
유홍주, 외국인을 위한 한국어 한자교육 방안, 새국어교육(Vol.84), 한국국어교육학회, 2010

108 정답 ④

④ 비한자권 학습자는 한자에 대한 지식이 없으므로 한자의 제자원리, 한자의 구조 분석, 한자어의 어휘 형성 원리를 지도할 필요가 있다. 하지만 일본어, 중국어, 베트남어를 모어로 하는 한자권 학습자들은 문자로서의 한자 교육보다는 대조분석의 결과를 이용한 발음 교육이나 의미 차이에 대한 교육을 통해 한자어의 음운 및 어휘 오류를 수정하거나 방지하는 데 중점을 두어야 한다. 한자권 학습자들은 학습 어휘 목록으로 한자어를 익힌 후 차츰 한자가 혼용된 읽기 텍스트를 다루면서 한국 한자음으로 읽고 쓰게 함으로써 한국 한자음을 강화하고 새로운 한자어를 확장해 나갈 수 있다.

알아두기

■ 한자어 교육

1. 한자권 학습자
한자권 학습자들에 대한 한자어 교육을 위해서는 한국어 어휘 체계에서의 한자어의 비중 등 한자어에 대한 기본 지식을 익히도록 한다. 그리고 한국어에서는 한자어를 표기할 때, 학습자들의 모국어와는 다른 한자체를 쓰면서도 실제 언어생활에서는 한자 노출이 별로 없다는 점을 상기시켜 '한국 한자음'을 익히는 것이 매우 중요함을 인식시킨다. 또한 동일한 한자어라 하더라도 한국어에서 다른 의미로 사용될 수 있으며, 알고 있는 모국어의 한자어를 무조건 음역하여 사용할 수 없다는 점도 인식시켜야 한다. 이때 학습자들이 자주 일으키는 한자어 어휘 오류 목록을 제시하면서 설명하는 것이 도움이 된다. 또한 한자권 학습자들은 문자로서의 한자 교육보다는 대조분석의 결과를 이용한 발음 교육이나 의미 차이에 대한 교육을 통해 한자어의 음운 및 어휘 오류를 수정하거나 방지하는 데 중점을 두어야 한다. 한자권 학습자들은 이 같은 학습 목록으로 한자어를 익힌 후에는 차츰 한자가 혼용된 읽기 텍스트를 다루면서 한국 한자음으로 읽고 쓰게 함으로써 한국 한자음을 강화하고 새로운 한자어를 확장해 나갈 수 있다.

2. 비한자권 학습자
비한자권 학습자도 한국어 어휘 체계에서의 한자어의 위상, 한자어의 기원과 특징에 대한 교육으로부터 시작한다. 특별히 한자와 한자어 교육의 필요성을 인식시킨다. 한자에 대한 지식이 없으므로 한자의 구조 및 한자어의 어휘 형성 원리를 간단히 교육시켜야 한다. 한자어 교육의 목표는 한자어의 의미 분석과 어휘 형성 원리를 통하여 한자어에 대한 이해와 활용 능력을 높이는 데 있으므로 한자를 이용한 한자어 확장 교육과 한자어에 대한 어휘 학습 전략을 키우는 데 집중한다.

참고문헌 이영희, 외국인을 위한 한자어 교육 연구, 국어학 전공 박사학위 논문, 숙명여자대학교, 2008

109 정답 ③

③ 한국어교원 자격 제도는 국어기본법 제19조 및 동법 시행령 제13조와 14조에 근거하여 한국어를 모어로 사용하지 않는 외국인과 재외동포를 대상으로 한국어를 가르치는 자에게 대한민국 정부가 자격을 부여하는 제도를 말한다. 한국어교원 자격 제도는 2005년도에 국어기본법이 시행된 이후 실시되었다. 자격증은 국립국어원이 주관하는 한국어교원 자격 심사 위원회의 심사를 거친 후 문화체육관광부 장관 명의로 합격자에게 부여된다. 한국어교원 자격증은 1급, 2급, 3급 세 종류로 분류된다. 1급은 최상급 자격증으로 경력에 의해서만 부여되고 2급과 3급 자격증은 한국어교원 자격 심사 위원회의 심의에서 적합 판정을 받아야 취득할 수 있다. 세종학당의 파견 교원의 자격은 대한민국 국적 소지자 중 한국어 교원 자격증(1급~3급) 소지자 및 한국어 교원 자격증 취득 예정자여야 한다.

참고문헌 서울대학교 국어교육연구소 편, 한국어교육학사전, 하우, 2014

110 정답 ③

① 한국어 교육에 대한 관심과 한류의 영향으로 한국어 교육은 매년 확대되고 있으나, 현지 초·중등 학습자의 특성과 수준에 적합한 교육과정이 부재하여 한국어 과목 채택 등 한국어 교육 활성화를 위한 기반 구축에는 한계가 있었다. 이러한 상황을 개선하고 증가하는 한국어 교육 수요에 효과적으로 대응하기 위해 국내외 전문가가 협력하여 현지 교육 상황에서 참조할 수 있는 해외 현지 초·중등학교 한국어 교육과정을 개발하였다. 한국어 교육과정 개발에는 한국교육과정평가원을 중심으로 60여 명의 한국어 교육 전문가들이 연구·검토진으로 참여하였고, 온라인 공청회, 검토·자문위원회를 거쳐 최종적으로 개발 완료되었다. 추진 경과는 2020년 9월에 해외 초·중등 한국어 교육과정 개발 착수, 2021년 1월에 온라인 공청회, 2021년 3월에 해외 한국어 교육과정 검토자문위원회 개최, 2021년 4월에 자문위원회의 의견을 토대로 검토 및 수정·보완을 완료하였다.
② 재외동포청은 재외동포 교류사업 등을 하는 기관으로 외교부 산하 공공기관인 '재외동포재단'으로 1997년 10월에 설립되었는데, 2023년 6월에 "정부조직법"(법률 제19270호) 시행으로 '재외동포재단'이 해산되고 외교부 소속의 외청인 재외동포청으로 출범하였다.
③ 세종학당재단은 국외 한국어 교육과 한국문화 보급 사업을 총괄하기 위해 설립된 문화체육관광부 산하 공공기관으로 2012년 10월에 「국어기본법」 제19조의2에 근거하여 설립되었다.
④ 국어기본법은 2005년 1월에 제정되었는데, 제19조(국어의 보급 등)에 외국인과 재외동포를 위한 교육과정과 교재를 개발하고 전문가를 양성하는 사업을 시행해야 한다는 조항, 외국인을 대상으로 국어를 가르치는 사람에게 한국어교원 자격을 부여할 수 있다는 조항이 포함되어 있다. 그 후 2012년 5월에 한국어 보급기관이 정부 부처별로 산재해 있어 통합적이고 체계적인 한국어 보급이 이루어지지 못하는 문제점을 해결하고자 제19조의2(세종학당재단 설립 등)를 신설하였다. 국어기본법(법률 제11424호)의 일부 개정 이유로는 외국어 또는 제2언어로서의 국어와 한국문화를 교육하는 기관이나 강좌를 세종학당으로 지정·지원하고 세종학당의 한국어 표준 교육과정 및 교재를 보급하는 등의 사업을 하는 '세종학당재단'을 설립하여 체계적이며 효율적이고 안정적으로 국내외 한국어 보급을 추진하기 위함이라고 밝혔다.

참고문헌 한국어 교육과정 개발·확정 및 한국어 교재 개발 본격 추진, 교육부 보도자료, 2021
세종학당재단 홈페이지
재외동포청 홈페이지
국가법령정보센터 홈페이지, 국어기본법

111 정답 ④

①・② 전환(transfer)은 A 언어 텍스트가 가지고 있는 어떤 의미 덩어리를 B 언어의 텍스트 안으로 가지고 온다는 데에 초점이 있다면 변환(shift)은 이 전환이 어떤 차이/변화를 겪는가에 대한 것에 초점이 있다. 전환을 할 때 완벽하게 A가 B로 가는 것이 아니라 차이가 존재하게 되는데 그것이 변환이며 전환과 변환이 같은 위치에 존재하게 되므로 번역 교육에서는 변환(shift)과 전환(transfer)을 함께 언급하며 다루고 있다. 간단히 말하면 변환이란 전환(transfer)하는 행위 안에서 발생 가능한 변화라고 할 수 있다. 변환(shift)은 원문과 비교하여 발생한 차이, 다름을 가리키는 말로 기존의 번역물을 재구성하는 가운데서 그 존재가 확정된다. 즉 번역 결과물에 대한 원문과의 관련성을 논하는 검증의 과정에서 발견된다. 원문과 비교하여 번역문에 새로 나타나거나, 예상되는 곳에 나타나지 않은 모든 경우를 변환이라고 한다. 변환은 번역자가 필요에 따라 원문의 정보에 개입하여 가하게 되는 번역과정으로 구체적으로는 다양한 방법을 통해 정보 수용자의 텍스트 이해에 도움을 주고자 번역자가 사용하는 번역의 방법으로 설명할 수 있다.

③・④ 캣포드(Catford)는 번역의 등가를 언어학적 관점에서 텍스트적 등가와 형태적 대응이라는 용어를 사용하여 구분하였다. 즉 등가는 형태적, 구조적 대응을 벗어나는 개념이라고 본다.
형태적 대응(correspondence)은 메시지 그 자체를 중요시하면서도 형식과 내용이라는 두 가지 면에서 초점을 맞춘 번역을 추구하는 반면에, (역동적) 등가는 어휘적 등가, 통사적 등가, 텍스트적 등가, 문체적 등가를 포함한다. 번역의 목표는 모든 수준에서 최대의 일치를 이루는 것이 아니라 원문의 저자가 목표로 하거나 전달하고자 하는 의미에 따라 알맞은 방법으로 번역문으로 바꾸는 것이다. 등가(equivalence)는 번역의 중심적 개념이다. 번역학에서 등가는 출발 텍스트(원문) 단위의 뜻과 동일한 뜻을 가진 도착 텍스트(번역문) 단위의 존재를 의미한다. 즉 출발 텍스트의 표현이 출발 텍스트의 독자의 마음속에 남긴 것과 동등한 영향과 효과를 도착 텍스트 대상 독자의 마음속에 촉발하는 것을 목적으로 한다. 따라서 출발 텍스트가 가진 형태를 벗어나더라도 메시지의 의미에 가장 가깝고 가장 자연스러운 도착 텍스트를 의미한다. 등가의 기준은 두 텍스트의 형식이 일치하는 것이 아니라 번역문을 읽는 독자가 저자의 의도를 이해하는 데에 있다고 할 수 있다.

참고문헌 임형재, 한국어통번역개론, 7강 번역과 번역 방법2, 한국외국어대학교(KOCW)
임형재, 한국어통번역개론, 8강 등가와 등가의 종류, 한국외국어대학교(KOCW)

112 정답 ③

③ 웹툰은 언어와 그림이 결합되어 있는 시각적 서사 장르이므로 웹툰 번역에서는 언어 및 문화 간 번역 외에도 그림이 전달하는 비언어적 메시지까지 전달할 수 있어야 한다. 웹툰 번역은 설명글과 대사 번역에서 구체화, 삭제, 목표어 문화에 맞게 각색하기 전략을 사용할 수 있다. 구체화는 그림에서 파악되는 정보를 구체화하는 경우, 맥락상 파악되는 정보를 구체화하는 경우, 문화적 배경지식을 부연 설명을 하는 경우가 있으며, 구체화 전략을 사용할 때에는 대사의 길이가 원작보다 길어지기도 한다. 웹툰 번역은 경제성보다 대사의 충실한 번역을 우선시하는 경향이 있으며 문화적 배경지식과 같이 내용 전개에 영향을 주지 않는 부차적인 정보는 말풍선이 아닌 부분에 각주로 구체화하는 전략이 사용되기도 한다.

참고문헌 김혜림, 웹툰 한중 번역 전략 분석: 『신과 함께-저승편』을 중심으로, 통번역학연구 제23권 2호, 한국외국어대학교 통번역연구소, 2019

113 ※ 주관식 문제의 정답과 해설은 생략합니다.

2023년

18회 정답 및 해설
[A형]

1교시 한국어학·일반언어학 및 응용언어학
2교시 한국 문화·외국어로서의 한국어 교육론

많이 보고 많이 겪고 많이 공부하는 것은 배움의 세 기둥이다.

― 벤자민 디즈라엘리 ―

1교시 | 한국어학·일반언어학 및 응용언어학

01	②	02	①	03	④	04	②	05	②	06	③	07	④	08	②	09	①	10	③
11	①	12	①	13	③	14	③	15	④	16	①	17	③	18	④	19	④	20	②
21	④	22	①	23	②	24	②	25	④	26	③	27	②	28	①	29	①	30	①
31	②	32	③	33	①	34	②	35	④	36	①	37	③	38	①	39	①	40	①
41	③	42	④	43	④	44	②	45	②	46	②	47	①	48	②	49	①	50	②
51	④	52	①	53	②	54	④	55	①	56	②	57	③	58	②	59	①	60	②
61	④	62	③	63	②	64	①	65	②	66	②	67	①	68	②	69	④	70	②
71	④	72	②	73	②	74	①	75	④	76	①	77	④	78	②	79	③	80	③

01 정답 ②

② 핵이 뒤에 오는 후핵(핵 끝머리) 언어이다.

알아두기

■ 한국어의 특성
1. 형태론적 특성
   1) 교착어(첨가어)에 속하는 언어이다.
   2) 한국어의 명사는 성, 수에 따른 관형사나 서술어와의 일치 현상이 없다. 또한 의존명사 특히 분류사가 발달했다.
   3) 한국어는 대명사가 발달하지 않은 언어이고, 그 쓰임이 극히 제한되어 있다.
   4) 한국어는 형용사가 용언에 속하여 동사와 잘 구분되지 않는 특성을 보인다.
   5) 한국어에는 관계대명사와 관사가 없다.
   6) 가주어와 같은 허형식이나 존재문의 잉여사와 같은 요소가 없다.
2. 통사론적 특성
   1) '주어-목적어-서술어'의 어순을 가지는 SOV형 언어이다. 즉, 동사-말(verb-final) 언어에 속한다.
      ① 한국어는 후치사 언어이다.
      ② 한국어의 수식 구성에서 수식어는 반드시 피수식어 앞에 온다(좌분지 언어).
   2) 한국어는 핵-끝머리 언어에 속한다.
   3) 서술어를 제외한 문장 성분의 순서를 비교적 자유롭게 바꿀 수 있는 자유어순 또는 부분적 자유어순으로 표현된다.
3. 담화언어적 특성
   1) 한국어는 담화 중심적 언어이기 때문에 근간 성분, 특히 주어나 목적어가 쉽게 생략될 수 있다.
   2) 주제 부각형 언어의 특성이 강하다.
   3) 경어법이 정밀하게 발달했다.

참고문헌 한국방송통신대학교 평생교육원, 외국어로서의 한국어학, 한국방송통신대학교출판부, 2007

02 정답 ①

① 표준어는 정책적 목적을 위해 인위적으로 규정한 말로 공식적인 언어생활의 기준이 된다. 표준어는 서로 말씨가 다른 지역 사람들을 하나로 묶어 주고, 한국어를 세계로 널리 보급하거나 국어를 정보화하는 데 기준이 되는 언어로서 역할을 한다.
② 표준어가 서울말을 근간으로 하지만 서울 토박이말과는 차이가 있으며 지역마다 특색이 있는 말들을 방언이라고 할 때, 서울말도 방언에 포함된다.
③ 한국어의 표준어는 '교양 있는 사람들이 두루 쓰는 현대 서울말'로 정의하고 있으므로 '연령'은 기준이 되지 않는다.
④ 한국어의 방언은 지역적 차이뿐만 아니라 성별, 연령, 계층에 따라서도 언어변이가 두드러진다. 여기서 성별은 생물학적 성이 아닌 사회적 성으로서 성별 방언은 사회적으로 규정된 남성과 여성의 역할에 따라 달라지는 언어 사용 체계이다. 그리고 연령은 특정 연령대 화자들이 사용하는 언어와 다른 연령대 화자들이 사용하는 언어를 구분하는 요인으로 시간의 흐름에 따라 언어가 변화하는 과정과 밀접한 관련을 맺으면서 세대 간 언어 체계의 차이를 결정짓는 요인으로 작용한다.

참고문헌 서울대학교 국어교육연구소, 한국어교육학사전, 하우, 2014
한국방송통신대학교 평생교육원, 외국어로서의 한국어학, 한국방송통신대학교출판부, 2007

03 정답 ④

① 국어의 접두사는 접미사만큼 수효가 많지 않고, 하는 일도 비교적 단조롭다. 접두사는 단어의 품사는 바꾸지 못하고 그 의미만 바꾸므로 문법적인 의미보다 어휘적인 의미가 두드러진다. 명사 앞에 결합하여 파생 명사를 만드는 접두사가 그중 많고, 동사나 형용사 앞에 결합하여 파생 동사와 파생 형용사를 만드는 접두사가 몇 가지 있다. 명사 앞에 결합하는 접두사는 관형사적 성격을 가지며, 용언 앞에 오는 접두사는 부사적인 성격을 가진다.
② 음절 초성에 올 수 있는 자음 소리는 18자(ㄱ, ㄴ, ㄷ, ㄹ, ㅁ, ㅂ, ㅅ, ㅈ, ㅊ, ㅋ, ㅌ, ㅍ, ㅎ, ㄲ, ㄸ, ㅃ, ㅆ, ㅉ) 중의 하나여야 한다.
③ 한국어는 주제가 문장 구성의 중심적 역할을 하는 주제 부각형 언어의 특성을 강하게 가진다. 따라서 '서울이 인구가 많다, 철수가 머리가 좋다'와 같은 이중주어문도 존재한다.
④ 한국어는 청자 중심 언어로 문장에 주어가 나타나지 않고 듣는 대상이 중심이 되는 표현이 많다.

참고문헌 허용·김선정, 대조언어학, 소통, 2013
임홍빈 외, 바른 국어생활과 문법, 한국방송통신대학교출판부, 2011
한국방송통신대학교 평생교육원, 외국어로서의 한국어학, 한국방송통신대학교출판부, 2007

04 정답 ②

① 'ㆍ'는 하늘의 둥근 모양을, 'ㅡ'는 땅의 평평한 모양을, 'ㅣ'는 사람이 서 있는 모양을 각각 본뜬 것이고 'ㅏ'는 'ㅣ'와 'ㆍ'의 합성으로 이루어졌다.
② 합용병서의 원리에 의해 운용된 문자는 'ㅺ/ㅼ/ㅽ, ㅳ/ㅄ/ㅶ, ㅴ/ㅵ/ㅷ' 등이 있다. 두 자음을 위아래로 결합하는 방법을 연서(連書)라고 하는데, 이 방법으로 만들어진 것에 'ㅱ/ㅸ/ㆄ/ㅹ' 등이 있다.
③ 기본자는 그것이 나타내는 음소를 조음하는 데에 관여하는 발음기관의 모양을 본뜬 것이다. 즉, 아음 'ㄱ'은 혀뿌리가 목구멍을 막은 모양을 본뜬 글자이다.
④ 성조는 방점으로 표기되었다. 평성은 무점, 거성은 1점, 상성은 2점을 찍도록 규정했는데, 평성은 저조, 거성은 고조, 상성은 처음이 낮고 나중이 높다고 설명되어 있다.

알아두기

■ 훈민정음

창제 당초 훈민정음은 초성 17자, 중성 11자의 총 28자 체계였다. 중국 음운학에서는 전통적으로 한 음절을 성(聲)과 운(韻)으로 나누는 이분법을 사용했으나, 훈민정음은 한 음절을 초성, 중성, 종성으로 삼분하였다. 이러한 삼분법은 훈민정음의 이론적 기초가 된 독창적인 방법이었다. 한 음절을 초성, 중성, 종성으로 삼분하였지만 초성과 종성의 동일성을 인식하고 있었던 사실이 삼분법의 원리가 성공을 거둘 수 있었던 한 요인이 되기도 한다. 초성과 중성을 위해서 문자를 만들었으나 종성에 대해서는 '종성부용초성(終聲復用初聲)'이라 하여 따로 문자를 만들지 않았다.

■ 훈민정음 체계

1) 초성 17자의 제자 원리

초성 17자의 제자 원리는 상형의 원리와 가획의 원리이다. 기본자는 상형의 원리를, 가획자는 가획의 원리를 따른 것이다.

구분	기본자	가획자		이체자
아음(牙音)	ㄱ →	ㅋ		ㆁ
설음(舌音)	ㄴ →	ㄷ →	ㅌ	ㄹ
순음(脣音)	ㅁ →	ㅂ →	ㅍ	
치음(齒音)	ㅅ →	ㅈ →	ㅊ	ㅿ
후음(喉音)	ㅇ →	ㆆ →	ㅎ	

그런데 《훈민정음》 해례의 용자례를 보면 후음의 'ㆆ'이 빠졌고, 그 대신 순경음의 'ㅸ'이 들어 있다. 'ㆆ'은 초기의 문헌에 간혹 종성인 'ㆆ'으로 쓰인 예가 있을 뿐이다. 이것은 이 글자가 《동국정운》의 한자음 표기를 위하여 마련된 것이기 때문이었다. 한자음 이외의 표기에 사용된 'ㆆ'의 예는 세종, 세조대 문헌에 국한되어 있으며, 'ㆆ'과 'ㅸ'은 단명하였다.

2) 중성 체계

훈민정음의 중성은 중국 음운학에 해당되는 것이 없어서 독자적으로 만들어질 수밖에 없었다. 해례 제자해에 따르면 중성의 세 기본자는 '天, 地, 人'의 모양을 본떴다고 밝히고 있다. 'ㆍ'는 하늘(天)의 둥근 모양을, 'ㅡ'는 땅(地)의 평평한 모양을 'ㅣ'는 사람(人)이 서 있는 모양을 각각 본뜬 것이고, 나머지 중성자 8글자는 이 기본자들의 합성으로 이루어졌다. 이들 합성은 문자상의 합성일 뿐이고 음가의 합성은 아니다. 합성에 있어서 'ㅗ'와 'ㅜ', 'ㅏ'와 'ㅓ' 등의 자형상의 대립은 당시 학자들이 국어의 모음조화 체계를 제자(制字)에 반영했음을 보여 준다.

참고문헌 이기문·이호권, 국어사, 한국방송통신대학교출판부, 2009

05 정답 ②

② '오류'는 모음과 유음[ㄹ]으로 이루어져 있다.

알아두기

■ 조음 방법에 따른 자음 분류
1. 폐쇄음: ㅂ, ㅃ, ㅍ, ㄷ, ㄸ, ㅌ, ㄱ, ㄲ, ㅋ
2. 마찰음: ㅅ, ㅆ, ㅎ
3. 파찰음: ㅈ, ㅉ, ㅊ
4. 유음: ㄹ
5. 비음: ㅁ, ㄴ, ㅇ[ŋ]

참고문헌 신승용, 국어음운론, 역락, 2013

06 정답 ③

① 국어의 자음 체계상의 큰 특징은 폐쇄음과 파찰음이 평음, 경음, 격음(유기음) 3항 대립을 보인다는 것이다. 3항 대립이란 음소 셋이 한 부류를 형성한다는 뜻이다. 단 마찰음은 'ㅅ, ㅆ'으로 유기음이 없다. 따라서 마찰음은 삼지적 상관속을 이루지 않는다. 또한, 삼지적 상관속은 지금은 거의 쓰이지 않는 용어이다.
② 비음 중 'ㅁ, ㄴ'은 초성과 종성에 모두 쓰일 수 있는데 'ㅇ[ŋ]'은 초성에 쓰일 수 없고 종성에만 쓰인다.
③ 표준 발음법 제4항 'ㅏ, ㅐ, ㅓ, ㅔ, ㅗ, ㅚ, ㅜ, ㅟ, ㅡ, ㅣ'는 단모음(單母音)으로 발음한다.
④ 유음은 조음 기관이 접촉하는 방식과 공기가 흐르는 방식에 따라 몇 가지로 나누어지는데 '알, 서울, 벌써'처럼 종성의 'ㄹ'은 모두 설측음으로 발음된다. 그리고 '리듬, 오리, 기름, 주렁주렁'처럼 어두의 초성 'ㄹ'과 비어두의 모음 뒤 초성 'ㄹ'이 탄설음으로 발음된다. 구개수음은 목젖과 후설면 사이에서 나는 소리를 말하는데 한국어에는 없다.

참고문헌 한국어 어문 규범 표준어 규정, 국립국어원
배주채, 한국어의 발음, 삼경문화사, 2007

07 정답 ④

① 장단을 구별해서 발음해야 하는 이유는 장단에 따라 그 뜻이 구별되는 단어 쌍이 국어에 있기 때문이다. 예를 들어, '눈[眼]'과 '눈[雪]'은 단독으로 쓰일 때 장단의 차이로만 그 뜻이 구별되므로 장단을 구별하는 것이 필요하다. 그런데 장모음은 실현되는 위치에 제약이 있어서 원칙상 단어의 첫음절에서만 온전히 발음하도록 했다. 그래서 동일 단어라고 하더라도 '눈보라[눈ː보라], 첫눈[천눈]'으로 단어의 둘째 음절 이하의 위치에 놓이면 그 길이가 짧아진다.
② '반신반의, 재삼재사, 선남선녀' 등과 같이 비슷한 요소가 반복되는 구조의 한자어에서는 첫음절이 아니라도 장모음이 실현되도록 하였다. 이러한 단어들은 첫음절과 셋째 음절이 동일한 한자로서 서로 대응하는 구조이기 때문에 모음의 길이도 첫음절의 장모음을 셋째 음절에서 동일하게 유지하도록 한 것이다.
③ 국어에는 장모음이 단모음으로 바뀌거나 단모음이 장모음으로 바뀌는 것과 같은 장단의 변동 현상이 있다. 표준 발음법 제6항 [붙임]에서는 1음절로 된 어간에 어미 '-아/어'가 결합하면서 음절이 줄어들 때 일어나는 장단의 변동을 규정하고 있다. 예를 들어, '보아 → 봐[봐ː], 되어 → 돼[돼ː]'를 보면 음절의 수가 줄어드는 대신 남은 음절은 그 길이가 길어지는 장단의 변동을 거친다. 이것은 흔히 줄어들기 전의 두 음절 길이가 남은 한 음절에 그대로 유지됨으로써 나타난다고 보는 것이다.
④ '오- + -아, 지- + -어, 찌- + -어, 치- + -어'가 각각 '와, 져, 쪄, 쳐'로 실현될 경우, 예외적으로 장모음화가 나타나지 않는다. 그러나 예외적으로 '기어 → 겨[겨ː]'는 긴소리로 발음한다.

알아두기

■ 표준어 규정 제2부 표준 발음법
제3장 음의 길이
제6항 모음의 장단을 구별하여 발음하되, 단어의 첫음절에서만 긴소리가 나타나는 것을 원칙으로 한다. 다만, 합성어의 경우에는 둘째 음절 이하에서도 분명한 긴소리를 인정한다.
　[붙임] 용언의 단음절 어간에 어미 '-아/어'가 결합되어 한 음절로 축약되는 경우도 긴소리로 발음한다. 다만, '오아 → 와, 지어 → 져, 찌어 → 쪄, 치어 → 쳐' 등은 긴소리로 발음하지 않는다.

참고문헌 한국어 어문 규범 표준어 규정, 국립국어원

08 　정답　 ②

① 여덟[여덜], 넓죽하다[넙쭈카다]
② 짧다[짤따], 훑다[훌따]
③ 넓다[널따], 읽다[익따]
④ 밟다[밥:따], 읊다[읍따]

알아두기

■ 표준어 규정 제2부 표준 발음법
제10항 겹받침 'ㄳ', 'ㄵ', 'ㄼ, ㄽ, ㄾ', 'ㅄ'은 어말 또는 자음 앞에서 각각 [ㄱ, ㄴ, ㄹ, ㅂ]으로 발음한다. 다만, '밟-'은 자음 앞에서 [밥]으로 발음하고, '넓-'은 아래와 같은 경우에 [넙]으로 발음한다.
　1. 밟다[밥:따]　밟소[밥:쏘]　밟지[밥:찌]　밟는[밥:는 → 밤:는]　밟게[밥:께]　밟고[밥:꼬]
　2. 넓-죽하다[넙쭈카다]　넓-둥글다[넙뚱글다]
　　동일한 겹받침 'ㄼ'의 탈락 자음을 일률적으로 규정하지 않고 단어에 따라 달리 규정한 것은 현실 발음을 고려한 조치이다.
제11항 겹받침 'ㄺ, ㄻ, ㄿ'은 어말 또는 자음 앞에서 각각 [ㄱ, ㅁ, ㅂ]으로 발음한다. 다만, 용언의 어간 말음 'ㄺ'은 'ㄱ' 앞에서 [ㄹ]로 발음한다.

참고문헌 한국어 어문 규범 표준어 규정, 국립국어원

09 　정답　 ①

① 평폐쇄음 'ㄱ, ㄷ, ㅂ' 뒤에서 평음 'ㄱ, ㄷ, ㅂ, ㅅ, ㅈ'이 경음으로 바뀌는 경우로 음절 말 불파화로 인한 경음화 현상이다.
② 용언 어간의 말음 'ㄴ, ㅁ(비음)' 뒤 경음화로 형태론적인 조건이 충족되어야 경음화가 일어난다.
③ 한자어에서 'ㄹ' 뒤 'ㄷ, ㅅ, ㅈ'의 경음화로 형태론적인 조건이 맞아야 한다.
④ 관형형 어미 '-(으)ㄹ' 뒤에서의 경음화로 형태・통사론적인 조건이 충족되어야 한다.

> **알아두기**
>
> ■ 경음화
> 1. 음절 말 불파화로 인한 경음화: '불파'란 허파에서 나온 공기가 입 밖으로 나가기 전에 공기의 흐름을 차단하는 조음 방식이다. 이러한 조음상의 특성으로 뒤에 평음이 오면 높아진 공기의 압력이 평음에 영향을 주어 평음이 경음으로 교체된다. 예를 들면 '입병[입뼝], 닫다[닫따], 먹고[먹꼬]' 등이 있는데, 이들은 음절 말 자음을 불파시키는 국어의 조음적 특성으로 야기되며 순수하게 음운론적인 원인에 의해 일어난다.
> 2. 형태·통사론적으로 조건된 경음화: 형태·통사론적인 정보를 요구하기 때문에 음운론적인 조건 환경이 충족되어도 형태·통사론적인 조건이 충족되지 않으면 경음화가 일어나지 않는다. 이러한 경음화에는 용언 어간 말 비음 뒤 경음화, 관형사형 어미 '-(으)ㄹ' 뒤에서의 경음화, 한자어 /ㄹ/ 뒤 /ㄷ, ㅅ, ㅈ/의 경음화, 합성어에서 사이시옷 첨가에 의한 경음화가 있다.
> 예 안다/안고/안지[안따/안꼬/안찌] – 안다[안다] (알-ㄴ-다)
> 감다/감고/감지[감따/감꼬/감찌] – 잠도[잠도]
> 즉, '안다/안고/안지'와 달리 '알다'의 현재형 '안다'의 경우 /ㄴ/은 현재 시제 선어말어미로서 용언 어간의 마지막 자음이 아니며, '감다/감고/감지'와 달리 '잠도'에서 /ㅁ/은 체언의 마지막 자음이다. 따라서 경음화의 조건 환경에는 '용언 어간 말 비음 뒤'라는 형태·통사론적인 정보가 요구된다는 것을 알 수 있다.

참고문헌 신승용, 국어음운론, 역락, 2013

10 정답 ③

① 평폐쇄음 뒤 경음화에 대한 설명이다. 평폐쇄음 'ㄱ, ㄷ, ㅂ' 뒤에서 평음 'ㄱ, ㄷ, ㅂ, ㅅ, ㅈ'는 경음으로 바뀐다.
② 유음화에 대한 설명이다. 종성이 'ㄹ'인 음절 뒤에 초성이 'ㄴ'인 음절이 연결될 수 없는데, 이때 'ㄴ'이 'ㄹ'로 바뀌게 되는 현상을 유음화라고 한다. 예를 들면 '설날[설랄]'이 있다.
③ 'ㅎ'이 단어 둘째 음절 이하의 초성에 놓이면, 'ㅎ'을 온전하게 발음하는 것이 원칙이다. 예를 들어 '고향, 면허, 경험, 실학'과 같은 단어나 '진술하다, 신선하다, 셈하다, 주저하다'와 같은 복합어에서는 'ㅎ'을 그대로 발음해야 한다. 현실 발음에서는 이런 공명음 뒤에 오는 'ㅎ'의 경우 발음하지 않기도 하는데, 모두 표준발음은 아니다.
④ 한국어에서는 'ㅈ, ㅉ, ㅊ' 등의 경구개음 뒤에 활음 'j'로 시작하는 '야, 여, 요, 유, 예, 얘' 등의 이중모음이 올 때 활음 'j'가 발음되지 않는다. 경구개음이 발음되는 위치가 활음 'j'와 가까워서 활음 'j'의 발음이 실현되지 않는 것이다. 경구개음 뒤에 활음 'j'가 실현될 수 없다.

> **알아두기**
>
> ■ 'ㅎ' 탈락
> ㅎ 탈락에는 '용언 어간 말음 ㅎ 탈락'과 '초성 ㅎ 탈락'이 있다. '초성 ㅎ 탈락'이 일어난 발음은 표준발음으로 인정되지 않는다.
> 1. 용언 어간 말음 'ㅎ' 탈락
> 말음이 'ㅎ'인 용언 뒤에 모음 어미나 매개 모음 어미가 붙을 때 'ㅎ'이 탈락한다. 말음 'ㅎ'은 단일 자음 어간의 'ㅎ'뿐만 아니라 자음 어군 간 'ㄶ, ㅀ'의 'ㅎ'도 포함한다.
> 예 좋은[조은], 않으면[아느면], 앓아[아라]
> 2. 초성 'ㅎ' 탈락
> 앞 음절의 종성이 공명음(모음, 비음, 유음)이고 뒤 음절의 초성이 'ㅎ'일 때 'ㅎ'이 수의적으로 탈락한다.
> 예 전화[전화/저놔], 1호[일호/이로]

참고문헌 배주채, 한국어의 발음, 삼경문화사, 2013
김성규·정승철, 소리와 발음, 한국방송통신대학교출판부, 2011
한국어 어문 규범 표준어 규정, 국립국어원

11 정답 ①

① 국민[궁민], 섞는[성는]: 한국어의 비음화는 동화음과 피동화음이 직접 연속되어 있을 때 일어나는 직접동화이며, 선행하는 장애음이 뒤에 오는 비음의 영향을 받아서 비음으로 바뀌는 것이므로 역행동화이다.
② 색연필[생년필]: 'ㄴ'이 첨가된 후에 앞에 있는 'ㄱ'이 뒤에 오는 비음 'ㄴ'의 영향을 받아 비음 'ㅇ'으로 바뀌었으므로 역행동화이다.
  능력[능녁]: 유음 'ㄹ'이 'ㄹ'를 제외한 자음 뒤에서 'ㄴ'으로 바뀌는 것을 치조비음화라고 하며 순행동화이다.
③ 나뭇잎[나문닙]: 사이시옷이 음절 종성에서 [ㄷ]으로 바뀐 후 뒤에 오는 비음에 동화된 결과로 역행동화이다. 사이시옷 뒤에 '이' 소리가 결합되는 경우에는 [ㄴㄴ]으로 발음하는데 '잎'을 '닙'으로 발음하는 것을 'ㄴ' 첨가로 보는 경우도 있고, '잎'의 옛말이 '닢'이었기 때문으로 보는 의견도 있다.
  쌀눈[쌀룬]: 유음 'ㄹ' 뒤에서 'ㄴ'이 유음 'ㄹ'로 바뀐 순행적 유음화이다.
④ 훑는[훌른]: 유음 'ㄹ' 뒤에서 'ㄴ'이 유음 'ㄹ'로 바뀐 순행적 유음화이다.
  굳이[구지]: 뒤에 오는 모음 '이'의 영향으로 앞에 있는 자음 'ㄷ'이 경구개음 'ㅈ'으로 바뀐 역행동화이다.

참고문헌 김성규·정승철, 소리와 발음, 한국방송통신대학교출판부, 2011

12 정답 ①

① 두 + 어 → 둬[둬:], 보 + 아서 → 봐서[봐:서]: [w] 활음화
② 크 + 어도 → 커도[커도]: 용언 어간 말음 'ㅡ' 탈락
  살피 + 어 → 살펴[살펴]: [j] 활음화
③ 닳 + 는 → 닳는[달른]: 유음화
  오 + 아도 → 와도[와도]: [w] 활음화
④ 낳 + 아 → 낳아[나아]: 'ㅎ' 탈락
  닦 + 는 → 닦는[당는]: 비음화

알아두기

■ 활음화
활음화는 단모음이 활음으로 바뀌는 현상을 말한다. 활음화가 일어나면 하나의 음절을 이루고 있던 모음이 다른 음절의 일부가 되어 음절 하나가 줄어들어 비음절화라고도 한다.

1. [j] 활음화
'이'로 끝나는 동사나 형용사 어간 뒤에 '어'로 시작하는 어미가 연결되면 어간 말음이 단모음 '이'에서 활음 [j]로 바뀐다.

> 기 + 어 → [겨:]

위와 같이 'ㅣ'로 끝나는 동사 어간 '기'에 어미 '어'가 연결되면 [기어] 또는 [겨:]로 나타난다. '기어'는 두 개의 모음이 결합된 단모음 연쇄지만 '겨'의 'ㅕ'는 활음과 단모음이 결합된 이중모음이기 때문이다. '기어'가 '겨'로 바뀌는 [j] 활음화는 단모음 'ㅣ'가 활음 [j]로 바뀌는 대치 현상이라고 할 수 있다. 이 경우 음절 수가 줄어듦에 따라 보상적 장모음화가 일어난다. 이러한 [j] 활음화에서 어간의 음절 수는 변동 양상의 차이를 불러일으키는 중요한 요소가 된다. 단음절 어간의 경우에는 [j] 활음화가 수의적이지만 다음절 어간의 경우에는 그것이 필수적으로 일어나기 때문이다.
다만 단음절 어간이더라도 초성이 경구개음 'ㅈ, ㅉ, ㅊ'일 때에는 [j] 활음화가 필수적으로 일어난다.

2. [w] 활음화
'오'나 '우'로 끝나는 동사나 형용사 어간 뒤에 '아'나 '어'로 시작하는 어미가 연결되면 어간 말음이 단모음 (오, 우)에서 활음 [w]로 바뀐다.

$$보 + 아 → [봐ː]$$

위 [봐]의 'ㅘ'는 '보아'의 '오아' 소리와 다르다. '오아'는 단모음의 연쇄지만 'ㅘ'는 활음과 단모음이 결합된 이중모음이기 때문이다. 따라서 '보 + 아 → 봐'에 보이는 [w] 활음화는 단모음 'ㅗ'가 활음 [w]로 바뀌는 대치 현상이 된다. 이 역시 보상적 장모음화를 동반한다. 다만 [w] 활음화는 수의적 현상으로 어간의 음절 구조가 양상의 차이를 일으키는데, '오-【來】'나 '배우-【學】'처럼 활음화를 겪는 음절이 초성을 갖지 않는 경우에 [w] 활음화가 필수적으로 일어난다.

참고문헌 김성규·정승철, 소리와 발음, 한국방송통신대학교출판부, 2011

13 정답 ③

① 삶고[삼꼬]: 자음군 단순화, 경음화
있니[읻니 → 인니]: 평폐쇄음화, 비음화
② 꽃도[꼳또]: 평폐쇄음화, 경음화
③ 쫓아가서[쪼차가서], 잡아야[자바야]: 연음 법칙(홑받침이나 쌍받침이 모음으로 시작된 조사나 어미, 접미사와 결합되는 경우에 제 음가대로 뒤 음절 첫소리로 옮겨 발음한다.)
④ 장독[장똑]: 경음화
덮도록[덥또록]: 평폐쇄음화, 경음화
해야겠다[해야겓따]: 평폐쇄음화, 경음화

알아두기

■ 평폐쇄음화와 자음군 단순화
음절구조제약에 따르면 자음 19개 중 종성에 올 수 있는 것은 7개(ㄱ, ㄴ, ㄷ, ㄹ, ㅁ, ㅂ, ㅇ)뿐이다. 7개 이외의 자음이 종성에 놓이게 될 때는 7개 중의 하나로 바뀌게 된다. 음절 말 위치에서 폐쇄음(파열음), 파찰음, 마찰음이 평음인 폐쇄음 'ㄱ, ㄷ, ㅂ' 중의 하나로 바뀌는 현상이 평폐쇄음화이다. 그리고 음절 종성 위치에서 자음군 중에 한 자음이 떨어져 나가는 현상을 자음군 단순화라고 한다.

참고문헌 김성규·정승철, 소리와 발음, 한국방송통신대학교출판부, 2011
배주채, 한국어의 발음, 삼경문화사, 2007
표준국어대사전

14 정답 ③

① 산(실질)/에(형식)/는(형식)/ 봄(실질)/꽃(실질)/이(형식)/ 가득(실질)/ 피-(실질)/-었-(형식)/-다(형식): 10개
② 배(실질)/를(형식)/ 예쁘-(실질)/-게(형식)/도(형식)/ 깎-(실질)/-아(형식)/ 놓-(실질)/-았(형식)/-다(형식): 10개
③ 나(실질)/는(형식)/ 높-(실질)/-이(형식)/뛰-(실질)/-기(형식)/를(형식)/ 꽤(실질)/ 잘(실질)/-하-(실질)/-였-(형식)/-다(형식): 12개
④ 언니(실질)/가(형식)/ 빵(실질)/을(형식)/ 맛(실질)/있-(실질)/-게(형식)/ 먹-(실질)/-었-(형식)/-다(형식): 10개

> **알아두기**
>
> ▪ 형태소 〈19회 1교시 29번〉 참고

참고문헌 임홍빈 외, 바른 국어생활과 문법, 한국방송통신대학교출판부, 2011

15 정답 ④

① 상대 높임법은 말하는 사람이 듣는 사람을 높이거나 낮추어 말하는 방법인데 주로 종결어미에 의해 실현되며 격식체와 비격식체가 있다. 격식체는 일반적으로 아주높임, 예사높임, 예사낮춤, 아주낮춤의 네 등급으로 분류된다. 비격식체는 두 등급으로 '요'를 붙이느냐 붙이지 않느냐로 구분한다. '-자'는 해라체(아주낮춤) 청유형의 종결어미이다.
② 과거 시제를 나타내는 선어말어미는 앞에 오는 어간의 음운론적인 조건에 따라 '보았다'의 경우는 '-았-', '먹었다'의 경우는 '-었-'으로 실현된다. 또한 '하였다'는 '-였-'으로 실현된다. '-았-'과 '-었-'은 앞에 오는 어간의 모음이 양성 모음이냐 음성 모음이냐에 따라 음운적으로 제약된 이형태들이지만 '-였-'은 '하-' 뒤에서만 실현되므로 이러한 교체에 의한 이형태를 형태적으로 제약된 이형태라고 한다.
③ 대등적 연결어미는 나열[-고, -(으)며], 대조[-(으)나, -지만, -는데, -다만], 선택[-거나, -든지, -든가]의 의미 범주로 크게 나뉜다. 종속적 연결어미의 의미 범주는 매우 다양한데, 일반적으로 배경[-는데, -(으)니], 원인[-어서, -(으)니까, -(으)므로, -기에, -느라고], 조건[-(으)면, -거든, -어야], 결과[-게, -도록], 양보[-어도, -더라도, -(으)ㄴ들], 선행[-고서, -어서, -자, -자마자, -다가] 등으로 분류된다.
④ 용언의 어간에 붙어 다른 품사의 기능을 수행하게 하는 어미를 전성어미라고 한다. 명사형 전성어미, 관형사형 전성어미와 부사형 전성어미로 나뉘는데, '-ㄴ, -ㄹ' 등은 한 문장을 관형사처럼 바꾸어 주므로 관형사형 전성어미라고 한다. 전성어미는 용언의 본래 기능을 다른 기능으로 바꾸는 역할을 하는 것이지 품사를 바꾸지는 않는다.

참고문헌 임홍빈 외, 바른 국어생활과 문법, 한국방송통신대학교출판부, 2011
한국방송통신대학교 평생교육원, 외국어로서의 한국어학, 한국방송통신대학교출판부, 2007

16 정답 ①

ㄴ. 개 - 명사(의존명사, 단위성 의존명사)
ㄷ. 새롭다 - 형용사
ㅁ. 두 - 수 관형사
ㅂ. 먹다 - 동사

참고문헌 배주채, 한국어문법, 신구문화사, 2020

17 정답 ③

①·②·④ 부사어
③ 단체를 나타내는 명사 '정부' 뒤에 붙은 '에서'는 앞말이 주어임을 나타내는 격조사이며, 이 문장에서 '정부에서'는 '정부가'로 바꿀 수 있으므로 주어이다.

> **알아두기**
>
> ■ 부사격 조사
> 부사격 조사는 체언, 명사형, 조사 뒤에 붙어 부사어를 표시하며, 그 수가 많고 다양한 의미를 표현한다. 부사격 조사가 표현하는 의미는 크게 위치, 도구, 비교, 공동, 인용 등이 있다.
> 1. 위치: 에, 에게, 한테, 께, 에서, 에게서, 한테서
> 2. 도구: (으)로, (으)로서, (으)로써
> 3. 비교: 보다, 만, 만큼, 같이, 처럼, 대로
> 4. 공동: 과, 하고, (이)랑
> 5. 인용: (이)라고

참고문헌 배주채, 한국어문법, 신구문화사, 2020

18 정답 ④ ※ 수험자들이 출제 오류로 이의 제기를 많이 하였으나 받아들여지지 않았음

① '흐르다'는 '흐르고, 흐르지만, 흐르니까, 흘러요, 흘렀어요, 흘러도' 등으로 바뀌는 '르 불규칙' 용언이고, '푸르다'는 '푸르고, 푸르지만, 푸르니까, 푸르러요, 푸르렀어요, 푸르러도'와 같이 어미의 일부인 '어'가 '러'로 바뀌는 '러 불규칙' 용언이다.
② '(땅에) 묻다'는 '묻고, 묻지만, 묻어요, 묻으니, 묻어서'와 같이 활용하는 규칙 활용 용언이고 '(안부를) 묻다'는 '묻고, 묻지만, 물어요, 물으니, 물어서'와 같이 활용하는 'ㄷ 불규칙' 용언이다.
③ '놀다'는 어간 뒤에 '-ㄴ, -네, -ㄹ, -ㅂ니다, -시-, -오' 등의 어미가 붙을 때 'ㄹ'이 탈락하는데 이는 음운 규칙에 따른 것이어서 규칙 활용으로 본다. 그러나 '-으려고, -으면' 등과 같이 앞에 '으'가 있는 어미들이 붙으면 'ㄹ'로 끝나는 어간 뒤에서 '으'가 빠진다.
④ 모음 '으'로 끝나는 어간 뒤에 자음으로 시작하는 어미가 붙으면 '으'가 탈락하지 않는 반면 '-아/어'로 시작되는 어미가 그 뒤에 붙으면 '으'가 탈락한다. 이러한 음운 현상을 '으' 탈락이라고 한다. 이 문제에서는 모음 어미 앞에서 어간의 모음 'ㅡ'가 예외 없이 탈락한다고 하였으나 '-아/어'로 시작되는 어미 즉 '-아서/어서', '-았/었-' 등이 붙을 때로 한정해야 정확하다. 더불어 '쓰다'와 모음 어미 '-오'가 결합할 때에도 '쓰오'가 되어 '으' 탈락이 발생하지 않는다.

참고문헌 국립국어원, 외국인을 위한 한국어 문법 1, 커뮤니케이션북스, 2005

19 정답 ④

① 검붉다(형용사의 어간 + 형용사): 비통사적 합성어
② 뛰놀다(동사의 어간 + 동사): 비통사적 합성어
③ 굶주리다(동사의 어간 + 동사): 비통사적 합성어
④ 들어가다(동사의 연결형 + 동사): 통사적 합성어

> **알아두기**
>
> ■ 합성어
> 합성어는 실질 형태소들의 배열 방식이 우리말의 일반적인 단어 배열법과 같은지 또는 다른지에 따라 통사적 합성어와 비통사적 합성어로 나눈다. 통사적 합성어는 두 어근이 모두 단어일 때만 가능한데 두 단어의 배열 방식이 일반 구와 같은 합성어이다. 비통사적 합성어는 단어가 아닌 어근이 섞여 있거나 용언의 어간끼리 결합한 합성어 또는 사이시옷이 개재한 합성어 등 구에서는 전혀 볼 수 없는 구성 방식으로 이루어진 합성어이다.

참고문헌 임홍빈 외, 바른 국어생활과 문법, 한국방송통신대학교출판부, 2011

20 정답 ②

ㄱ. 할아버지께(객체 높임), 보내셨습니다(주체 높임, 상대 높임)
ㄴ. 선생님께서는(주체 높임), 돌아오시죠(주체 높임, 상대 높임)
ㄷ. 모시고(객체 높임), 오셨어유(주체 높임, 상대 높임)
ㄹ. 사장님께(객체 높임), 드립시다(객체 높임, 상대 높임)

> **알아두기**
>
> ■ 높임의 대상
> 문장의 주체를 높이는 것을 주체 높임법, 동작의 대상이 되는 인물인 객체를 높이는 것을 객체 높임법, 듣는 사람을 높이거나 낮추어 말하는 것을 상대 높임법이라고 한다.
> 1. **주체 높임법**: 문장의 주체를 선어말어미 '-시-'를 사용해서 높이므로 '-시-' 높임법이라고도 한다. '계시다', '잡수시다' 등 동사에 의해 실현되기도 한다. 주체와 관련된 신체, 사물, 관계되는 것 등에 대해서도 '-시-'를 사용하여 높인다.
> 2. **객체 높임법**: 객체(동작의 대상이 되는 인물: 부사어, 목적어)를 높이는 높임법을 객체 높임법이라고 하는데 몇몇 서술어로만 실현될 뿐이라서 그 쓰임을 파악할 필요가 있다.
> 3. **상대 높임법**: 말하는 사람이 듣는 사람을 높이거나 낮추어 말하는 방법인데 주로 종결어미에 의해 실현되며 격식체와 비격식체가 있다. 격식체는 일반적으로 아주높임, 예사높임, 예사낮춤, 아주낮춤의 네 등급으로 분류된다. 비격식체는 두 등급으로 '요'를 붙이느냐 붙이지 않느냐로 구분한다.

참고문헌 고영근·남기심, 표준국어문법론, 박이정, 2014

21 정답 ④

① 주어, 부사어, 목적어(세 자리 서술어)
② 주어, 부사어, 목적어(세 자리 서술어)
③ 주어, 부사어, 목적어(세 자리 서술어)
④ 주어, 목적어(두 자리 서술어)

알아두기

- 서술어의 자릿수 〈19회 1교시 26번〉 참고

참고문헌 임홍빈 외, 바른 국어생활과 문법, 한국방송통신대학교출판부, 2011

22 정답 ①

ㄱ. 절대 시제는 발화시가 기준이 되므로 '저기 가는 사람'에서 '-는'은 절대 시제 현재로 해석된다.
ㄴ. 과거를 표시하는 형태로 '-았었-'이 있는데, 이는 먼 과거나 현재와 단절된(현재는 그렇지 않은) 상황, 또 과거에 그러했음을 강하게 표현하기도 한다.
ㄷ. 이 문장은 '예정된 미래'로 현재와 마찬가지로 이미 확정된 것으로 판단되었기 때문에 현재형이 쓰였다.
ㄹ. '내가 들은 음악'은 발화시 기준으로 이미 그 전에 이루어진 일이므로 절대 시제 과거로 해석된다.

알아두기

- 한국어의 시제

어떤 사건, 행위, 상태 등의 시간적 위치를 나타내는 언어 형식을 시제라고 한다. 시제는 기준시에 따라 절대 시제와 상대 시제로 나뉜다. 절대 시제는 발화시를 기준시로 하며, 동일 발화 상황에서 기준시의 설정이 고정적인 시제이다. 상대 시제는 사건시를 기준시로 하며, 동일 발화 상황에서도 기준시가 유동적인 시제이다. 절대 시제와 상대 시제는 세부적으로 과거, 현재, 미래로 나뉜다. 절대 시제의 '과거'는 발화시보다 앞서는 때를 뜻하지만 상대 시제의 '과거'는 사건시보다 앞서는 때를 뜻한다. 그리고 절대 시제의 '현재'는 발화시와 일치하는 때를 뜻하는데, 상대 시제의 '현재'는 사건시와 일치하는 때를 뜻한다. 절대 시제의 '미래'는 발화시 뒤에 오는 때를 뜻하는데, 상대 시제의 '미래'는 사건시의 뒤에 오는 때를 뜻한다.
한국어의 시제는 선어말어미나 관형사형 어미에 의해 실현된다. 과거 시제는 선어말어미인 '-았/었-, -더-' 등과 관형사형 어미 '-(으)ㄴ, -던' 등에 의하여 표현된다. 현재 시제는 선어말어미 '-느-'나 관형사형 어미 '-(으)ㄴ/는' 등으로 표현되고 미래 시제는 선어말어미 '-겠-, -리-'나 관형사형 어미 '-(으)ㄹ' 등으로 표현된다.

참고문헌 유현경 외, 한국어 표준 문법, 집문당, 2019
한재영 외, 한국어교육 용어해설, 신구문화사, 2011

23 정답 ②

①·③·④ 앞절과 뒷절의 의미 관계가 대등적
② 앞절과 뒷절의 관계가 의존적(원인 - 결과)

알아두기

■ 문장의 확대

문장에는 주어와 서술어의 관계가 한 번만 이루어지는 단문(홑문장)과 두 번 이상 이루어지는 복문(겹문장)이 있다. 단문이 둘 이상 모여서 복문을 구성하는 것을 문장의 확대라고 한다. 문장의 확대는 두 가지 방식을 통해 이루어진다. 첫째는 한 문장이 다른 문장들과 나란히 이어지는 것이며, 둘째는 한 문장이 다른 문장을 안는 것이다. 첫째 방식을 접속(이어짐), 둘째 방식을 내포(안음)라고 한다.

그중 접속에서는 선행절이 후행절에 대등적으로 이어질 수도 있고 종속적으로 이어질 수도 있다. 대등적 연결어미는 크게 나열[-고, -(으)며], 대조[-(으)나, -지만, -는데, -다만], 선택[-거나, -든지, -든가]의 의미 범주로 나뉜다. 종속적 연결어미의 의미 범주는 매우 다양한데, 일반적으로 배경[-는데, -(으)니], 원인[-어서, -(으)니까, -(으)므로, -기에, -느라고], 조건[-(으)면, -거든, -어야], 결과[-게, -도록], 양보[-어도, -더라도, -(으)ㄴ들], 선행[-고서, -어서, -자, -자마자, -다가] 등으로 분류된다. 그러나 대등적 연결어미와 종속적 연결어미는 같은 형태의 어미라도 앞뒤 문장의 관계에 따라 대등적 연결어미로 쓰일 수도 있고 종속적 연결어미로 쓰일 수도 있다.

참고문헌 유현경 외, 한국어 표준 문법, 집문당, 2019
임홍빈 외, 바른 국어생활과 문법, 한국방송통신대학교출판부, 2011

24 정답 ②

ㄱ. 갑시다 - 하오체 청유문
ㄴ. 갈까요? - 해요체 의문문
ㄷ. 합니다 - 하십시오체 평서문
ㄹ. 하라 - 하라체 명령문, 하라체는 낮춤과 높임이 중화된 느낌으로 아주낮춤의 뜻이 없다. 어느 특정한 개인을 상대로 말하는 것이 아니기 때문이다. 명령형 외에 하라체의 평서형, 의문형, 청유형, 감탄형 종결어미는 해라체와 같다. 하라체의 명령형으로 '하라, 먹으라, 보라'가 있다.

알아두기

■ 상대 높임법

구분	높임 등급	격식체	높임 등급	비격식체
높임	아주높임	하십시오체	두루높임	해요체
	예사높임	하오체		
안 높임	예사낮춤	하게체	두루낮춤	해체
	아주낮춤	해라체		

구분	평서형	의문형	명령형	청유형	감탄형
아주높임	합니다	합니까	하십시오	하십시다	합니다
예사높임	하오	하오	하(시)오	합시다	하오
예사낮춤	하네	하나/하는가	하게	하세	하네
아주낮춤	한다	하느냐	해라	하자	하는구나

참고문헌 국립국어원, 외국인을 위한 한국어 문법 1, 커뮤니케이션북스, 2005
         표준국어대사전

25 정답 ④

① 이 문장은 피수식어 '후'가 관형사절 내부의 성분이 아니므로 관계 관형절로 보기 어렵고, 관형사절이 피수식 명사의 내용을 언급한다고 보기도 어려우므로(내가 집에 갔다 ≠ 후) 동격 관형절로도 분류할 수 없다.
② 동격 관형절 중 종결어미를 그대로 유지하고 그다음에 '-는'을 붙여 뒤의 명사를 꾸미게 하는 경우를 '긴 동격 관형절'이라고 하고, 종결어미를 관형사형 전성어미로 바꾼 후 뒤의 명사를 꾸미게 하는 경우를 '짧은 동격 관형절'이라고 한다. 명사 '사실'은 "나는 그가 오는 사실을 몰랐다."처럼 짧은 동격 관형절의 수식도 받을 수 있고, "나는 그가 온다는 사실을 몰랐다."처럼 긴 동격 관형절의 수식도 받을 수 있다.
③ "아이들이 수업을 마쳤다."와 "그 아이들이 놀고 있다."에는 '아이들이'가 공통으로 들어 있다. 이런 경우에 안긴문장에 있는 '아이들이'는 생략되고 남아 있는 말들만 안은문장의 '그' 자리로 옮겨서 "수업을 마친 아이들이 놀고 있다."가 된다.
④ 긴 동격 관형절이라면 "나는 친구가 시험에 다시 도전한다는 소식을 들었다."가 될 것이다. 즉, 문제에 제시된 문장은 '시험에 다시 도전하겠다 ≠ 친구'이므로 긴 동격 관형절로 볼 수 없다. 제시 문장은 "친구가 시험에 다시 도전하겠다고 한다. 나는 그 친구를 격려했다."의 두 문장이 합쳐진 것으로, 처음 제시된 문장의 관형절 속의 '친구'가 빠져나온 후 "나는 시험에 다시 도전하겠다는 친구를 격려했다."가 된 것으로 볼 수 있다. 한국어 문법 관계 관형절은 문장 성분 중 하나가 피수식어로 빠져나간 관형절을 말하므로 이 문장은 인용절을 포함한 관계 관형절로 볼 수 있다. 따라서 배주채(2020)에서는 이런 문장을 인용 관형절 중 인용 빠진절(관계절)이라고 하였다.

알아두기

■ 관형절의 종류

관형절의 종류나 성격은 관형절과 그 관형절의 꾸밈을 받는 명사와의 관계에 따라 구분된다. "나는 어제 산 자전거를 친구에게 빌려주었다."처럼 '나는, 자전거'라는 말이 공통으로 들어 있는 두 문장이 합하여 이루어진 관형절을 관계 관형사절이라고 한다. 그리고 "친구들은 내가 자전거를 산 사실을 안다."처럼 서술어만 관형형으로 바꾸고 나머지를 그대로 다른 문장 속으로 옮기는 것 즉, 공통적인 요소가 없는 두 문장이 결합하여 이루어진 관형절을 동격 관형절(보문 관형절)이라고 한다. 수식되는 명사와 동일한 명사가 관형절 안에 있으면 관계 관형절이 되고, 그렇지 않으면 동격 관형절이 된다. 동격 관형절을 취하는 명사에는 '사건, 기억, 경험, 용기, 예정, 경우, 가능성, 까닭, 소문, 소식, 말, 주장, 단언, 약속, 보고, 보도, 보장, 명령, 고백, 요청, 생각, 느낌, 견해, 이론, 연락, 질문, 독촉, 줄, 바, 수, 리, 듯, 양, 체, 만, 법' 등이 있다.

참고문헌 배주채, 한국어문법, 신구문화사, 2020
         고영근・남기심, 표준국어문법론, 박이정, 2014
         국립국어원, 외국인을 위한 한국어 문법 1, 커뮤니케이션북스, 2005

26 정답 ③

① '-(으)ㄹ래'는 "나는 조금 더 있다가 갈래."처럼 평서문에서 1인칭 주어와 함께 사용될 수 있으며, 앞으로 할 일에 대하여 자신의 의사를 나타낼 때 사용된다. 의문문에서는 "너는 어떻게 할래?"처럼 2인칭 주어와 함께 사용될 수 있으며 앞으로 할 일에 대하여 상대의 의사를 묻는 뜻으로 사용된다.
② "내일 비가 올 수도 있다."에서 '-(으)ㄹ 수 있다'는 '가능성'의 의미를 나타낸다.
③ "내가 거기에 갈까?"처럼 화자의 행위에 대해 청자의 의견을 구할 때 '-(으)ㄹ까'는 1인칭 주어만 취한다.
④ "이거 네가 했지?"처럼 판정 의문문은 상대편에게 '예, 아니요'의 대답을 요구하는 의문문으로 '-지'는 판정 의문문에서 사용될 수 있다. 그러나 선택 의문문은 제시된 항목 중 하나를 택하여 답하기를 요구하는 의문문이므로 '-지'를 사용하지 않는다.

참고문헌 표준국어대사전

27 정답 ②

① "친구들이 나에게 그 사실을 숨겼다."에서 '숨기다'는 '숨다'에 사동 접사 '-기-'가 붙어 만들어진 사동사인데, 이 문장에서는 "그 사실이 숨었다.(×)"와 같이 대응되는 주동문이 존재하지 않는다.
② 형용사가 서술어인 문장 '담이 높다'도 "사람들이 담을 높이다."로 사동문을 만들 수 있다.
③ 단형 사동은 주어의 직접 행위와 간접 행위 둘 다 해석이 가능한 중의성을 갖지만, 장형 사동은 주어의 간접 행위만 나타낸다.
ㄱ. 어머니가 아이에게 밥을 먹였다.
ㄴ. 어머니가 아이에게 밥을 먹게 했다. (어머니가 시켜서 아이 스스로 하도록 하는 주어의 간접 행위)
    단, '읽히다'는 사동주가 사동 행위에 직접 참여하는 의미가 나타나지 않는다.
ㄷ. 어머니가 아이에게 책을 읽혔다.
④ 사동문은 대응하는 주동문보다 한 개의 격을 더 가지고 있다. 주격만 있는 주동문에서는 주격이 목적격으로 이동하고 새로운 주격이 만들어지며, 주격과 목적격이 있는 주동문에서는 주격이 부사격으로 이동하고 새로운 주격이 만들어진다.

알아두기

■ 주동문과 사동문

"아이가 옷을 입었다."처럼 주어가 직접 동작하는 것을 주동이라 하고, "엄마가 아이에게 옷을 입혔다."처럼 주어가 남에게 동작이나 행동을 하게 하는 것을 사동이라 한다. 그리고 주동과 사동을 문법적인 절차에 의해 표현한 문장을 각각 주동문과 사동문이라고 하고 주동문을 사동문으로 만드는 문법적인 방법을 사동법이라고 한다. 그런데 사동 접사가 붙어 만들어지는 접미 사동법의 사동문 중에는 대응되는 주동문이 없는 경우가 있다.

참고문헌 권재일, 한국어문법론, 태학사, 2013

28 정답 ①

① 통사적으로는 부정문이지만 의미적으로는 부정의 관념을 실현하지 않는 문장이 있다. "철수는 어제 집에 갔지 않니?"는 이미 긍정적인 전제를 가지고 있으면서 단순히 그에 대한 동의를 묻는 뜻이다.
② 일반적으로 동사의 '못' 부정은 능력 부정(불능 부정)의 의미가 있다. '못'은 기본 의미가 '어떤 행위를 할 수 없음'이기 때문에 형용사나 상태를 나타내는 동사와 어울리지 못하고 행위를 나타내는 동사하고만 어울리는 것이다. 그러나 형용사일지라도 그것이 말하는 사람의 기대에 못 미침을 표현할 때는 '못' 부정이 가능하다.
③ 보조사 '은/는'이 없는 문장 "학생들이 다 오지 않았다."는 부정사의 의미가 어디에 미치느냐에 따라서 학생들이 한 명도 오지 않았다는 해석과 학생 중 일부가 오지 않았다는 두 가지 해석이 가능하다. 이런 문장에 보조사 '은/는'을 사용하여 "학생들이 다 오지는 않았다."라고 하면 학생 일부가 오지 않았다는 의미가 명확해지면서 중의성이 해소된다.
④ '말다' 부정은 부정 명령이나 청유에 쓰이는 것이 일반적이다.

> **알아두기**
>
> ■ 부정법
> 1. 개념: 주어진 언어 내용을 의미적으로 부정하는 문법적 방법을 부정법이라고 한다. 긍정에 대립하는 개념인 부정은 의미에 따라 단순 부정과 능력 부정으로 나뉜다. 단순 부정은 어떤 상태가 그렇지 않음을 나타내거나 동작주의 의지로 어떤 일이 일어나지 않음을 나타내는 부정이고, 능력 부정은 동작주의 의지가 아닌 그의 능력이나 그 밖의 다른 외적인 원인 때문에 그 일이 일어나지 못함을 나타내는 부정이다. 단순 부정과 능력 부정은 각각 부정부사 '안'과 '못'으로 실현된다.
> 2. 실현 방법: 부정법의 실현 방법은 '없다, 모르다' 등의 어휘적 방법, 부정접두사 '비-, 미-, 불-, 무-, 부-' 등의 파생적 방법, '안/못 용언' 또는 '-지 아니하다/못하다/말다' 등의 통사적 방법으로 실현된다. 하지만 가장 전형적인 방법은 통사적 방법이다.

참고문헌 권재일, 한국어문법론, 태학사, 2013
임홍빈 외, 바른 국어생활과 문법, 한국방송통신대학교출판부, 2011
국립국어원, 외국인을 위한 한국어 문법 1, 커뮤니케이션북스, 2005

29 정답 ①

① 보조사 가운데 서로 의미 기능이 모순되는 것들은 서로 겹쳐 쓸 수 없다. 예를 들어 '만'은 '유일 한정', '도'는 '포함'이라는 서로 모순되는 의미를 나타내므로 겹쳐 쓸 수 없다. 다만 '만'의 작용역과 '도'의 작용역이 서로 다를 때에는 그 대상이 달라서 의미 기능이 모순되지 않으므로 겹쳐 쓸 수 있다. "윗옷만도 따로 팔아요?"가 바로 그 예이다. 또한 '만'이 '앞말이 나타내는 대상이나 내용 정도에 달함을 나타내는 보조사'로 쓰일 때 "아들만도 못하다."와 같이 결합할 수 있다.

> **알아두기**
>
> ■ 조사 간의 결합
> 한국어에서는 명사나 명사 구실을 하는 말에 조사가 둘 이상 붙을 수 있다. 이러한 조사의 결합에는 대체로 일정한 순서가 있다.
>
> | 구분 | 예 |
> | --- | --- |
> | 격조사 I (주격, 목적격, 관형격) | 이/가, 을/를, 의 |
> | 격조사 II (부사격) | 에, 에게, 에서, (으)로, 와/과, 처럼, 보다 |
> | 보조사 I | 은/는, 야, 도, (이)나, (이)라도 |
> | 보조사 II | 만, 까지, 밖에, 부터, 조차 |
>
> 1. 위치의 면에서 조사는 위의 네 가지로 나눌 수 있다.
> 2. 격조사 I과 보조사 I은 서로 같이 쓰일 수 없으며, 항상 다른 조사들 뒤에 온다.
> 3. 격조사 I과 격조사 II가 결합할 때는 격조사 I이 격조사 II 뒤에 온다.
> 4. 격조사 I과 보조사 II가 결합할 때는 격조사 I이 보조사 II 뒤에 온다.
> 5. 보조사 I과 격조사 II가 결합할 때는 보조사 I이 격조사 II 뒤에 온다.
> 6. 보조사 I과 보조사 II가 결합할 때는 보조사 I이 보조사 II 뒤에 온다.
> 7. 보조사 II와 격조사 II가 결합할 때는 보조사 II가 격조사 II 뒤에 온다('까지'는 일부 예외).
> 이상의 조사 결합 관계를 종합하면 한국어의 조사는 '격조사 II + 보조사 II + 격조사 I' 또는 '격조사 II + 보조사 II + 보조사 I'과 같이 결합함을 알 수 있다.

참고문헌 유현경 외, 한국어 표준 문법, 집문당, 2019
국립국어원, 외국인을 위한 한국어 문법 1, 커뮤니케이션북스, 2005

30 정답 ①

① '재연하다'는 '한 번 하였던 행위나 일을 다시 되풀이하다'의 의미를 가지고 있으므로 제대로 사용되었다.
② '깃들이다'는 '주로 조류가 보금자리를 만들어 그 속에 들어 살다, 사람이나 건물 따위가 어디에 살거나 그곳에 자리 잡다'의 의미를 가지고 있다. '빛이 아늑하게 서려 들다'의 의미로 사용하려면 '깃들다'를 사용해야 한다.
③ '못마땅하여 군소리를 듣기 싫도록 자꾸 하다'의 의미를 가진 어휘는 '구시렁거리다'로 써야 한다.
④ '후송하다'는 '적군과 맞대고 있는 지역에서 부상자, 전리품, 포로 따위를 후방으로 보내다'의 의미를 가진 어휘이다. '다른 데로 옮겨 보내다'의 의미를 가진 어휘는 '이송하다'이다.

참고문헌 표준국어대사전

31 정답 ②

② 의미의 투명성은 언중의 이해도와 관련이 있어서 개인차가 있으므로 주관적인 면이 있다. 불투명한 유형은 역사적인 배경을 가진 것들이 많아서 생성 유래를 알아야 그 관용 의미를 알 수 있다. 반(半) 불투명한 유형은 축자 의미로부터 관용 의미를 어느 정도는 유추해 내는 것이 가능하고, 비교적 쉽게 관용 의미를 짐작할 수 있다. '학을 떼다'는 '괴롭거나 어려운 상황을 벗어나느라고 진땀을 빼거나, 그것에 거의 질려 버리다'는 뜻이며 여기에서 '학(瘧)'은 '말라리아 병원충을 가진 학질모기에게 물려서 감염되는 법정 전염병'으로 '학질'을 의미한다.

참고문헌 서울대학교 국어교육연구소, 한국어교육학사전, 하우, 2014

32 정답 ③

①·②·④ 과학, 제도, 기술, 풍속, 관습 등이 변화함에 따라서 사물이나 단어의 개념은 바뀌었지만 그에 대한 명칭이 변화하지 않은 경우이다. 즉 지시물이 실제로 변함에 따라 의미가 변한 것이다.
③ 간호사: 지시 대상은 그대로 존재하는데 그에 대한 우리의 태도가 바뀐 것이다. 과거 '간호원'은 병원에서 의사의 보조자 역할로 인식되었으며, 점차 전문성을 인정받고 직업에 대한 인식이 변화하면서 현재는 '간호사'로 지칭이 바뀌었다.

참고문헌 윤평현, 국어의미론, 역락, 2012

33 정답 ①

① 주야장천(晝夜長川): '주야장천'은 '밤낮으로 쉬지 않고 연달아'의 뜻으로 '주구장창'으로 잘못 사용하는 경우가 많다.
② 양수겸장(兩手兼將): '장기에서 두 개의 말이 한꺼번에 장을 부름'의 뜻으로 '양수겹장'으로 잘못 쓰는 경우가 있다.
③ 야반도주(夜半逃走): '남의 눈을 피하여 한밤중에 도망함'의 뜻으로 '야간도주(夜間逃走)'도 같은 말이다. 그러나 '밤'에 도망한다는 사실 때문에 '야밤도주'로 표기하는 것은 잘못된 표현이다.
④ 풍비박산(風飛雹散): '풍비박산'은 '바람에 날려 우박이 흩어진다'는 뜻으로, 산산이 부서져 사방으로 날아가거나 흩어짐을 비유적으로 이르는 말'이다. '풍지박산'은 틀린 말이다.

참고문헌 고려대한국어대사전
표준국어대사전

34 정답 ②

ㄱ. 약밥(藥밥), ㄷ. 색종이(色종이), ㄹ. 양딸기(洋딸기), ㅂ. 책벌레(冊벌레)
ㄴ. 가십난(gossip欄), ㅁ. 잉크병(ink瓶)

참고문헌 표준국어대사전

35 정답 ④

④ '세수'는 '손을 씻음'이라는 뜻에서 '얼굴을 씻음'으로 의미가 변하였다.

참고문헌 윤평현, 국어의미론, 역락, 2012

36 정답 ③

③ '고맙다 – 감사하다'는 고유어와 한자어가 짝을 이루는 동의어이다. 이것은 문체나 격식의 차이에 의한 동의어로, 고유어는 오래전부터 입말로 사용해 온 것이므로 비격식적이라 여기고, 후대에 들어와 자리 잡은 한자어나 외래어는 고유어보다 정중하고 격식적이라고 생각하는 경향이 있다.

알아두기

■ 완곡어법에 의한 동의어
죽음, 질병, 두려움, 불결한 것, 성, 신체 특정 부위와 같은 것은 직설적인 표현을 피하고 완곡어를 사용한다. 따라서 직접적인 표현과 그것을 대신하는 완곡 표현 사이에 동의 관계가 성립된다. 그 예로 '똥 – 대변, 변소 – 화장실' 등이 있다.

참고문헌 윤평현, 국어의미론, 역락, 2012

37 정답 ③

① '김소월'은 '김소월이 쓴 시(작품)'을 의미하므로 생산자로 생산품을 대신하는 환유의 유형으로 볼 수 있다.
② '빨간 샅바'는 '홍팀'을 의미하므로 한 사물로 부류 전체를 대신하는 환유의 유형으로 볼 수 있다.
③ 사랑의 '불꽃'은 추상적인 '사랑'을 '불'에 비유한 개념적 은유(존재론적 은유)의 유형이다.
④ '어깨'는 '힘이나 폭력을 쓰는 불량배'를 의미하므로 신체 부위로 사람을 대신하는 환유의 유형으로 볼 수 있다.

알아두기

■ 환유
은유와 함께 거론되는 비유의 또 하나의 갈래는 '환유(metonymy)'다. 가장 많이 인용되는 환유의 예는 Lakoff & Johnson(1980)의 "The ham sandwich is waiting for his check.(그 햄 샌드위치가 계산서를 기다리고 있다.)"이다. 이 문장에서 'ham sandwich'는 의인화된 것이 아니라 '햄 샌드위치를 주문한 사람'을 지시한다. 따라서 하나의 실체인 '햄 샌드위치'를 사용하여 인접한 실체임과 동시에 또 하나의 실체인 '햄 샌드위치를 주문한 사람'을 가리키게 되는 인지적 작용이 환유이다. 다시 말해, 환유는 '한 실체를 사용하여 관련된 다른 실체를 지시하는 인지적 작용'으로 정의할 수 있다. 인지언어학에서는 환유를 '개념적 환유(conceptual metonymy)'라고 부르며, 환유는 확대 지칭, 축소 지칭, 상호 전이의 세 가지 양상으로 나눌 수 있다.

참고문헌 윤평현, 새로 펴낸 국어의미론, 역락, 2020
최진아, 인지언어학에 기초한 비유 교육 연구, 박사학위논문, 경북대학교, 2013

38 정답 ④

① '불이 붙어 번지다, 피부가 까맣게 되다'라는 뜻의 '타다'는 다의어이다.
② '품고 있는 마음이나 생각, 사람의 몸에서 배의 안 또는 위장'이라는 뜻의 '속'은 다의어이다.
③ '일의 시작이나 처음, 신체의 일부'라는 뜻의 '머리'는 다의어이다.
④ '둘 사이의 관계를 이어주는 사람이나 사물', '안경의 테에 붙어서 귀에 걸게 된 부분'이라는 뜻의 '다리'는 서로 상호 관련성이 전혀 없는 동음이의어이다.

알아두기

■ 다의어와 동음어(동음이의어)의 구별 〈19회 1교시 34번〉 참고

참고문헌 윤평현, 새로 펴낸 국어의미론, 역락, 2020
표준국어대사전

39 정답 ④

ㄱ. 파도(波濤)
ㄴ. 나방(나비목 나방아목의 곤충)
ㄷ. 막대(가늘고 기다라며 단단한 물건)
ㄹ. 무당(귀신을 섬겨 길흉을 점치고 굿을 하는 것을 직업으로 하는 사람. 한자를 빌려 '巫堂'으로 적기도 했다.)
ㅁ. 보료(솜이나 짐승의 털로 속을 넣고, 천으로 겉을 싸서 선을 두르고 곱게 꾸며, 앉는 자리에 늘 깔아 두는 두툼하게 만든 요)
ㅂ. 사탕(沙糖/砂糖)

참고문헌 표준국어대사전

40 정답 ①

① 견설고골(犬齧枯骨): 개가 말라 빠진 뼈를 핥는다는 뜻으로, 음식이 아무 맛도 없음을 이르는 말
개밥에 도토리: 개는 도토리를 먹지 않기 때문에 밥 속에 있어도 먹지 않고 남긴다는 뜻에서, 따돌림을 받아서 여럿의 축에 끼지 못하는 사람을 비유적으로 이르는 말
② 홍불감장(紅不甘醬): 간장의 빛은 붉은빛이지만 맛이 짜다는 뜻으로, 겉으로는 좋아 보여도 속은 신통하지 아니함을 이르는 말
빛 좋은 개살구: 겉보기에는 먹음직스러운 빛깔을 띠고 있지만 맛은 없는 개살구라는 뜻으로, 겉만 그럴듯하고 실속이 없는 경우를 비유적으로 이르는 말
③ 좌정관천(坐井觀天): 우물 속에 앉아서 하늘을 본다는 뜻으로, 사람의 견문(見聞)이 매우 좁음을 이르는 말
우물 안 개구리: 넓은 세상의 형편을 알지 못하는 사람을 비유적으로 이르는 말
④ 고식지계(姑息之計): 우선 당장 편한 것만을 택하는 꾀나 방법을 말하며, 한때의 안정을 얻기 위하여 임시로 둘러맞추어 처리하거나 이리저리 주선하여 꾸며 내는 계책을 이르는 말
언 발에 오줌 누기: 언 발을 녹이려고 오줌을 누어 봤자 효력이 별로 없다는 뜻으로, 임시변통은 될지 모르나 그 효력이 오래가지 못할 뿐만 아니라 결국에는 사태가 더 나빠짐을 비유적으로 이르는 말

참고문헌 표준국어대사전

41 정답 ③

①·②·④는 등급 반의어이다.
③ '살다 – 죽다'는 상보 반의어로 양분적 대립 관계에 있기 때문에 상호 배타적인 영역을 갖는다. 또, 한 단어의 긍정적인 면이 다른 단어의 부정적인 면을 함의하는 관계에 있다. 그리고 상보 반의어는 두 단어를 동시에 긍정하거나 부정하면 모순이 된다. 정도어의 수식을 받을 수 없으며 비교 표현에도 쓰일 수 없다.

알아두기

■ 반의어
반의어는 상보 반의어, 등급 반의어(정도 반의어), 관계 반의어(방향 반의어)로 구별하는 것이 일반적이다.
1. 상보 반의어: 양분적 대립 관계에 있기 때문에 상호 배타적인 영역을 갖는다. 상보 반의어는 한 단어의 긍정적인 면이 다른 단어의 부정적인 면을 함의하는 관계에 있다. 예를 들면 '기혼 – 미혼, 살다 – 죽다, 합격하다 – 불합격하다' 등이 있다. 또한 상보 반의어는 두 단어를 동시에 긍정하거나 부정하면 모순이 된다. 정도어의 수식을 받을 수 없으며 비교 표현에도 쓰일 수 없다. 그리고 판단 대상에 관계없이 항상 동일한 기준이 적용되는 절대적 개념으로 사용된다.
2. 등급 반의어: 두 단어 사이에 등급성이 있어서 중간 상태가 있을 수 있으며, 그렇기 때문에 어느 한쪽의 부정이 다른 쪽의 긍정은 아니다. '길다 – 짧다'의 경우가 그렇다. 등급 반의어는 정도부사의 수식을 받을 수 있으며 비교 표현에도 쓰일 수 있다. 또한 판단 대상에 따라서 기준이 달라질 수 있는 상대적 개념이다.
3. 관계 반의어: 두 단어가 상대적 관계를 형성하고 있으면서 의미상 대칭을 이루고 있다. '남편 – 아내, 주다 – 받다'가 그렇다. 관계 반의어는 대립쌍을 이루고 있는 단어들이 일정한 방향성을 가지고 있다는 점에서 방향 반의어라고 말하기도 한다. 이는 대립쌍의 상호 관계에 따라서 몇 가지 하위 유형으로 나눌 수 있는데, 역의 관계(위 – 아래, 신랑 – 신부, 가르치다 – 배우다), 역행 관계(가다 – 오다, 접다 – 펴다, 늘다 – 줄다), 대척 관계(시작 – 끝, 지붕 – 바닥, 천재 – 바보), 대응 관계(볼록 – 오목) 등이 있다.

참고문헌 윤평현, 새로 펴낸 국어의미론, 역락, 2020

42 정답 ④

①·②·③ 동의 중복의 합성어로 사용되고 있다.
④ '산'이 남고 '뫼'가 소멸되었다.

> **알아두기**
>
> ■ 동의 경쟁의 결과
> 동의어들 사이에서는 충돌이 일어나면서 서로 살아남기 위해 경쟁하게 된다. 동의어 경쟁은 다음과 같은 네 가지 유형의 결과를 가져온다.
> 1. 공존: 경쟁 관계에 있는 동의어가 계속 함께 사용된다. 공존하는 동의어는 내면적으로 경쟁이 지속되고 있다고 할 수 있다.
>   예 시늉 - 흉내, 가끔 - 종종, 겨우 - 가까스로, 목숨 - 생명, 달걀 - 계란, 열쇠 - 키
> 2. 생존과 소멸: 소멸되어 지금은 쓰이지 않는 단어를 사어(死語) 또는 폐어(廢語)라고 한다.
>   예 천 - 즈믄, 저녁 - 나조
> 3. 합성: 동의 중복의 합성어로 사용된다.
>   예 틈새, 가마솥, 담장, 뼛골, 널판, 야밤
> 4. 의미 변화: 한쪽 단어의 의미가 변화한다. 의미의 범위 및 가치의 변화가 일어남으로써 두 단어는 결과적으로 동의 경쟁에서 벗어난다.
>   예 종친 - 겨레(종친 → 민족), 형체 - 얼굴(형체 → 안면), 표적 - 보람(표적 → 좋은 결과)

참고문헌 윤평현, 새로 펴낸 국어의미론, 역락, 2020

43 정답 ①

② '오늘'과 '모레' 사이에 순우리말 어휘의 빈자리가 생겨 한자어인 '내일(來日)'이 어휘장의 빈자리를 채웠다.
③ '중지(中指)'는 '가운뎃손가락', '약지(藥指)'는 '네 번째 손가락'을 말한다. 다섯 개의 손가락 중에 네 번째 손가락에 대한 순우리말 단어가 없어서 하위어의 어휘장에 빈자리가 생겼다. 국립국어원에서 권장하는 '약지'의 다듬은 말은 '넷째 손가락'이다.
④ '손자(孫子)'에 해당하는 순우리말이 없어서 한자어가 어휘장의 빈자리를 채웠다.

> **알아두기**
>
> ■ 어휘장의 빈자리
> 어휘장은 완벽하게 짜여 있는 구조체가 아니다. 어떤 어휘장 속에는 개념적으로는 있어야 할 어휘가 실제로는 존재하지 않는 경우가 있는데 이를 어휘장의 빈자리(lexical gap)라고 한다.
> 하나의 어휘장에서 상위어와 하위어의 계층적 구조가 형성될 때 상위어나 하위어에서 빈자리가 발생할 수가 있다. 예를 들어, 하위어 '아들, 딸'의 상위어 자리에는 순우리말의 단어가 없어서 어휘장에 빈자리가 생기고, 그 자리를 한자어인 '자식, 자녀'가 채운다. 어휘장 속에 비어 있는 자리를 다른 어휘나 표현으로 대신 채움으로써 어휘장의 체계를 완성하는 것을 빈자리 채우기라고 한다.

참고문헌 나찬연, 현대 국어 의미론의 이해, 경진, 2019

44 정답 ③

① [+결혼]이 있으므로 [+남편이 있는]은 예측될 수 있는 잉여 성분이다.
② [-결혼]이 있으므로 [+결혼하지 않은]은 예측될 수 있는 잉여 성분이다.
④ [+늙은]이 있으므로 [+나이가 많은]은 예측될 수 있는 잉여 성분이다.

> **알아두기**
>
> ■ 의미 성분
> 한 단어의 의미는 몇 개의 의미 조각의 집합이라고 할 수 있는데 이때 한 단어의 의미를 이루고 있는 구성 요소를 의미 성분이라고 한다. 그리고 단어가 가지고 있는 의미 성분을 발견하고 조직하여 궁극적으로 어휘의 의미를 규명하고자 하는 방법론을 성분 분석이라 한다. 성분 분석에서는 어떤 의미 성분이 있고 없는지 이분법으로 나타낼 수 있으며 '+'는 그 자질이 있는 경우, '-'는 그 자질이 없는 경우를 나타낸다. 그리고 잉여 성분은 어떤 단어의 의미 성분을 분석함으로써 예측할 수 있다. 그리고 의미 성분을 기술할 때 잉여 성분을 제외하면 단어의 의미를 간결하게 기술할 수 있다는 장점이 있다.

참고문헌 나찬연, 현대 국어 의미론의 이해, 경진, 2019
윤평현, 국어의미론, 역락, 2012

45 정답 ②

② 개념 이론은 단어 또는 언어 형식과 언어 표현의 의미를 언어 사용자의 생각이나 마음과 관련지어 아이디어, 이미지, 개념으로 정의하는 이론이다. 이 이론에서는 언어 사용자의 내면세계에 초점을 맞추어 개념을 의미로 정의한다. 이 이론은 의미와 개념 구조의 관련성을 강조하여 심리 표상 이론이라 칭하기도 한다.

> **알아두기**
>
> ■ 의미 이론
> 1. **지시설**: 단어나 문장과 같은 언어표현의 의미는 그 표현이 지시하는 지시물이라고 본다. 지시설은 한 언어 표현의 의미를 그것이 실제로 지시하는 대응물과 동일시한다.
> 2. **개념설**: 언어표현과 지시물 사이에 심리적 영상이라는 매개체를 내세워서 간접적으로 설명한다. 어떤 단어나 문장의 의미는 그 표현을 알고 있는 사람의 마음이나 정신 속에서 그 표현과 연합되어 있는 관념 또는 개념이라고 본다.
> 3. **행동설**: 한 언어표현의 의미를 화자가 그 표현을 발화하는 상황과 그 상황이 청자에게 일으키는 반응으로 본다.
> 4. **용법설**: 단어의 의미는 그 단어의 용법이라고 주장한다. 단어가 일정한 의미를 가지고 있다는 견해를 인정하지 않고, 단어가 사용되는 구체적인 맥락에서의 용법이 그 단어의 의미라고 보는 태도이다.
> 5. **진리조건설**: 문장의 의미를 파악하는 일을 문장의 진리조건을 밝히는 것으로 간주하는 의미 이론이다. 진리조건이란 어떤 문장이 어떤 상황에서 참이 되고 어떤 상황에서 거짓이 되는가를 따지는 조건을 말한다.
> 6. **의의관계설**: 단어의 의미는 단어와 단어의 의의관계에 의해서 파악된다고 말한다.

참고문헌 윤평현, 새로 펴낸 국어의미론, 역락, 2020
서울대학교 국어교육연구소, 한국어교육학 사전, 하우, 2014

46 정답 ③

① 선언 행위
② 약속 행위
③ 진술 행위
④ 지시 행위

알아두기

■ 언표 내적 행위(언표 수반 행위)
언표 내적 행위를 몇 가지 유형으로 분류하는 일이 가능한가에 대해서는 그동안 꾸준하게 논의되어 왔다. 여러 언표 내적 행위를 의미적 관점에 따라 하나하나 나누는 것은 가능하다 하더라도 그 많은 행위를 단 몇 개의 부류로 분류하는 일이 간단하지 않기 때문이다. 이는 오스틴(Austin, 1962) 이후에 여러 언어학자가 시도한 바 있으며 현재 서얼(Searle, 1977)이 제시한 분류가 가장 설득력을 가지고 있다고 할 수 있다. 서얼은 언표 내적 행위를 '진술, 지시, 약속, 표현, 선언' 다섯 개로 분류하였다(『국어의미론(윤평현, 2012)』에서는 '언표 내적 행위'로, 『새로 펴낸 국어의미론(윤평현, 2020)』에서는 '언표 수반 행위'로 기술되어 있음).

참고문헌 윤평현, 새로 펴낸 국어의미론, 역락, 2020
윤평현, 국어의미론, 역락, 2012

47 정답 ①

① 무엇을 전제한다는 것은 그것을 가정한다는 의미이고, 삼단논법과 같은 논증에서의 전제는 결론을 이끌어 내기 위한 선행조건을 뜻한다. 의미론에서는 하나의 문장이 의미적 정당성을 갖기 위해서 이미 참임이 보장된 다른 문장을 전제라고 한다. "나는 대학에 입학한 것을 후회한다."라는 문장은 후회하는지 후회하지 않는지에 따라 참일 수도 있고 거짓일 수도 있는데, 이러한 논의는 "나는 대학에 입학했다."는 명제를 이미 참으로 인정하고 있기 때문에 가능하다. "나는 대학에 입학한 것을 후회하지 않는다."로 바꾸어도 "나는 대학에 입학했다."라는 전제는 취소되지 않는다.

참고문헌 윤평현, 국어의미론, 역락, 2012

48 정답 ②

문제에 제시된 문장은 '약속 발화'로 적정조건은 아래와 같다.
ㄱ. 명제내용조건: 발화된 문장의 명제내용은 화자의 미래 행위를 서술하여야 한다.
ㄴ. 예비조건: 청자는 '화자의 행위'를 긍정적으로 생각하며, 화자는 자신이 그 행위를 할 수 있다고 생각한다.
ㄷ. 성실조건: 화자는 행위를 행하기를 진심으로 원한다.
ㄹ. 본질조건: 명제내용을 발화함으로써 '화자는 그 행위를 해야 하는 의무'를 갖게 된다.

알아두기

■ 발화 행위의 적정조건
어떤 문장에서 발화가 언표 내적 행위를 구성하기 위해서는 필수적으로 지켜져야 할 조건이 있다. 그것은 발화가 상황에 맞게 적정하게 쓰였는지, 그렇지 아니한지를 따져 보는 것이다. 이것은 어떤 문장이 참인가 거짓인가를 따지는 진리 조건과 구별되는 것으로 적정조건이라고 한다. 서얼(Searle, 1969)은 적정조건으로 다음 '명제내용조건, 예비조건, 성실조건, 본질조건' 네 가지를 제시하였다.
1. **명제내용조건**: 발화에는 명제내용이 명시되어야 한다는 조건이다.
2. **예비조건**: 발화 행위가 수행되기 전에 요구되는 조건으로 화자와 청자가 그 행위와 관련하여 갖게 되는 배경, 생각, 지식 등이 포함된다.
3. **성실조건**: 발화 행위가 성실하게 수행되기 위해서 갖추어야 할 조건으로 화자의 심리적 상태를 말한다. 다시 말하면 화자는 그 발화와 관련하여 진실되어야 한다는 것이다.
4. **본질조건**: 그 행위가 객관적으로 어떠한 효과를 노리는 것으로 간주되는가를 따지는 조건이다. 곧 화자에게는 객관적으로 본래 취지의 행위가 이루어지도록 노력할 것이 요구된다.

참고문헌 윤평현, 국어의미론, 역락, 2012

49 정답 ④

① 관련성의 격률을 위반한 대화함축이다.
② 질의 격률을 위반한 대화함축이다.
③ 태도의 격률을 위반한 대화함축이다.

알아두기

■ 대화의 격률(대화 협동의 원칙) 〈19회 1교시 49번〉 참고

참고문헌 윤평현, 새로 펴낸 국어의미론 강의, 역락, 2021

50 정답 ②

① · ③ · ④ '이리, 여기, 오른쪽'은 발화와 관련된 사람이나 사물의 공간적 위치를 기호화하여 직접 지시하는 것으로 장소 직시 유형에 해당한다. '여기, 저기, 거기, 오른쪽, 왼쪽' 등이 있다.

② '지금'은 시간 직시 표현이다. 시간 직시는 화자가 사건이 일어난 시간을 기호화하여 그 시간을 직접 가리키는 것을 말한다. 가장 일반적인 시간 직시 표현은 '지금, 방금, 아까, 요즘, 어제, 내일' 등의 시간을 가리키는 부사(또는 명사)를 들 수 있고, 일(日), 월(月) 등의 달력의 시간 개념어에 시간적 위치를 제한해 주는 '전, 후', '지난, 이번, 다음' 등이 결합된 표현도 시간 직시 표현이다.

알아두기

■ 직시 표현

'나', '너'와 같은 말을 누가 하고 누가 듣느냐에 따라서 지시 대상이 달라진다. 따라서 "나는 너를 어제 12시에 이 성당 앞에서 기다렸다."라는 문장에서 맥락을 알지 못하면 문장의 의미를 구체적으로 파악할 수 없다. 이처럼 발화의 맥락을 이루는 요소들을 말로 직접 가리키는 문법적 현상을 직시라고 하며, '나, 너, 어제, 이'와 같이 직시의 목적을 달성하기 위하여 사용되는 언어적 형태를 직시 표현이라고 한다.

1. 인칭 직시: 대화와 관련 있는 사람들의 역할을 기호화하여 화자가 그 대상을 직접 지시하는 것이다. 1인칭은 화자 자신에 대한 지시를 기호화한 것이고, 2인칭은 청자에 대한 화자의 지시를 기호화한 것이며, 3인칭은 화자나 청자가 아닌 제3자를 지시 대상으로 기호화한 것이다. 인칭 직시는 일반적으로 인칭 대명사에 의해서 실현된다.
2. 시간 직시: 화자가 사건이 일어난 시간을 기호화하여 그 시간을 직접 가리키는 것을 말한다. 시간 직시 표현은 일일이 열거할 수 없을 정도로 매우 다양하다. 가장 일반적인 것은 '지금, 방금, 아까, 요즘, 어제, 내일' 등의 시간을 가리키는 부사(또는 명사)를 들 수 있고, 일(日), 월(月) 등의 달력의 시간 개념어에 시간적 위치를 제한해 주는 '전, 후', '지난, 이번, 다음' 등이 결합된 표현도 시간 직시 표현이다.
3. 장소 지시: 발화와 관련된 사람이나 사물의 공간적 위치를 기호화하여 직접 지시하는 것을 말한다. '여기, 저기, 거기, 오른쪽, 왼쪽' 등이 있다.
4. 담화 직시: 발화 그 자체를 포함하고 있는 담화상의 어떤 부분에 대한 지시를 기호화한 것이다. 즉 발화 속에 포함된 것으로서 담화 연속체의 한 부분을 이루고 있는 언어적 표현을 가리키는 것을 담화 직시라고 한다. 담화 직시는 대체로 시간 직시나 장소 직시에 사용되는 직시 표현으로 실현되는데, 그것은 담화가 일련의 시간과 공간 속에서 전개되기 때문이다. '앞에서 말씀하신 대로', '다음 장은' 등이 있다.
5. 사회 직시: 대화 참여자들의 사회적 신분이나 관계 또는 대화 참여자와 다른 지시 대상과의 사회적 관계를 언어 구조 속에서 기호화한 것이다. "어제 다녀가셨다."라는 문장은 화자가 대화 상대인 청자를 낮추어서 말할 수 있는 관계에 있고, 문장 속의 다른 참여자는 화자와 청자로부터 높임을 받는 대상임을 알 수 있다. 국어에서의 사회 직시는 높임법과 관계가 있다.

참고문헌 윤평현, 국어의미론, 역락, 2012

51 정답 ④

ㄹ. 이 문장의 간접 화행은 "나 없이 잘할 수 없을 것이다."라고 진술하는 것으로 이해할 수 있다.

알아두기

■ 발화 행위

발화 행위를 문장 형태에 두고 구분하면 직접 발화 행위와 간접 발화 행위로 나눌 수 있다. 기본적인 문장의 유형을 평서문, 의문문, 명령문이라고 할 때 이 문장 유형들의 일반적인 언표 내적 행위는 각각 진술, 질문, 명령 또는 요청이라고 할 수 있다. 이처럼 문장의 형태와 그것이 가지고 있는 언표 내적 행위가 일치하면 그것은 직접 발화 행위에 해당하며, 전형적인 언표 내적 행위 대신에 다른 발화 행위로 이루어지는 것은 간접 발화 행위라고 한다. 하나의 문장은 문자적인 직접 화행으로 쓰일 수도 있고, 비문자적인 간접 화행으로 쓰일 수도 있다.

문장	문장 형태	직접 화행	간접 화행
이 집에는 사나운 개가 있습니다.	평서문	진술	주의/위협
창문을 열어줄 수 있겠니?	의문문	질문	요청
내 말 안 들으면 너는 죽을 줄 알아라.	명령문	명령	경고

참고문헌 윤평현, 국어의미론, 역락, 2012

52 정답 ①

제시된 문장은 '정반왕이 기뻐하시며 부처님 손을 손수 잡으시어 당신의 가슴에 대시고'라는 뜻이다.
① 높임의 재귀 대명사 'ᄌᆞ갸'이 쓰였다.
② 주체 높임법으로 선어말어미 '-시-'가 쓰였다.
③ 관형격(속격) 조사 중 '-ㅅ'은 유정물의 존칭과 무정물에 사용되었다. 'ᄌᆞ갸'의 '-ㅅ'이 존칭의 관형격 조사이다.
④ 사동사 '다히다'가 쓰였다.

참고문헌 이기문·이호권, 국어사, 한국방송통신대학교출판부, 2009
우리말샘

53 정답 ②

① 업던: 음소적 표기
② 곶[곧]: 형태음소적 표기
③ 뷔여: 음소적 표기
④ 주근: 음소적 표기

> **알아두기**
>
> ■ 형태음소적 표기법
> 형태소가 그것이 실현되는 환경에 따라 모습을 달리했을 때, 그것을 그대로 표기하지 않고 고정하여 적는 표기법이다. '잎'이라는 형태소가 '잎도'에서는 '입또'로, '잎만'에서는 '임만'으로 소리 나지만 '잎'으로 고정하여 적는 것 따위이다. 현행〈한글 맞춤법〉은 이 표기법에 따른 것이다.
>
> ■ 음소적 표기법
> 형태소가 그것이 실현되는 환경에 따라서 모습을 바꿀 때, 바뀐 대로 적는 표기법이다. 15세기 맞춤법의 1차적 원리는 '음소적'이라고 할 수 있다. 즉, 각 음소를 충실히 표기하는 것을 원칙으로 하였다. '값'의 곡용형은 '갑시, 갑도'로, '깊-'의 활용형은 '기프니, 깁고' 등으로 표기하는 것이다. 《훈민정음해례》 종성해가 8종성만을 쓸 것을 규정한 것도 음소적 원리에 입각한 것이다. 15세기 맞춤법의 2차적 원리는 '음절적'이라고 할 수 있다. 즉, 각 음절이 충실히 표시되었다고 할 수 있는데, '사ᄅᆞㅁ(人)'의 곡용형은 '사ᄅᆞ미, 사ᄅᆞ물'로, '먹-'의 활용형은 '먹고, 머그니'로 표기되었다. 즉 일반적으로 연철로 표기한 것으로 보인다.

참고문헌 이기문・이호권, 국어사, 한국방송통신대학교출판부, 2009

54 정답 ④

④ 19세기에 들어 'ㅅ, ㅈ, ㅊ' 아래서 'ㅡ'가 'ㅣ'로 변한 단어들이 많이 발견된다. 이런 변화를 전설모음화라고 부르기도 한다. 이는 조음 위치 동화로 볼 수 있다.

참고문헌 이기문・이호권, 국어사, 한국방송통신대학교출판부, 2009

55 정답 ①

① 여기에서 '만큼'은 '앞말과 비슷한 정도로'라는 뜻을 나타내는 조사이므로 붙여 쓴다.
② '겸'은 의존명사로 둘 이상의 명사 사이(의미를 아울러 지니고 있음)에 쓰이거나 어미 '-을' 뒤(동작이나 행위를 아울러 함)에 쓰인다. 따라서 '볼 겸'으로 띄어 써야 한다.
③ '군'은 성이나 이름 뒤에 쓰여 친구나 아랫사람을 친근하게 부르는 말로 의존명사이다. 따라서 '김 군'으로 띄어 써야 한다.
④ '제'는 '그 숫자에 해당하는 차례'의 뜻을 더하는 접두사이므로 붙여 써야 한다.

> **알아두기**

■ 의존명사의 띄어쓰기

의존명사는 그 앞에 반드시 꾸며 주는 말이 있어야 쓸 수 있는 의존적인 말이지만, 자립 명사와 같은 명사 기능을 하므로 단어로 취급하여 앞말과 띄어 쓴다. 그런데 의존명사가 조사, 어미의 일부, 접미사 등과 형태가 같아 띄어쓰기를 판단하기 어려운 경우도 있다.

1. '들'이 '남자들, 학생들'처럼 복수를 나타내는 경우는 접미사이므로 앞말에 붙여 쓰지만, '쌀, 보리, 콩, 조, 기장 들을 오곡(五穀)이라 한다'와 같이, 두 개 이상의 사물을 열거하는 구조에서 '그런 따위'라는 뜻을 나타내는 경우는 의존명사이므로 앞말과 띄어 쓴다.
2. '뿐'이 '남자뿐이다, 셋뿐이다'처럼 체언 뒤에 붙어서 한정의 뜻을 나타내는 경우는 조사로 다루어 붙여 쓰지만 '웃을 뿐이다, 만졌을 뿐이다'와 같이 용언의 관형사형 뒤에 나타나는 경우는 의존명사이므로 띄어 쓴다.
3. '대로'가 '법대로, 약속대로'처럼 체언 뒤에 붙어 '그와 같이'라는 뜻을 나타내는 경우는 조사이므로 붙여 쓰지만 '아는 대로 말한다, 약속한 대로 하세요'와 같이 용언의 관형사형 뒤에 나타나는 경우는 의존명사이므로 띄어 쓴다.
4. '만큼'이 '중학생이 고등학생만큼 잘 안다, 키가 전봇대만큼 크다'처럼 체언 뒤에 붙어 '앞말과 비슷한 정도로'라는 뜻을 나타내는 경우는 조사이므로 붙여 쓰지만 '볼 만큼 보았다, 애쓴 만큼 얻는다'와 같이 용언의 관형사형 뒤에 나타나는 경우는 의존명사이므로 띄어 쓴다.
5. '만'이 '하나만 알고 둘은 모른다, 이것은 그것만 못하다'처럼 체언에 붙어서 한정 또는 비교의 뜻을 나타내는 경우는 조사이므로 붙여 쓰지만 '떠난 지 사흘 만에 돌아왔다, 세 번 만에 시험에 합격했다'와 같이 시간의 경과나 횟수를 나타내는 경우는 의존명사이므로 띄어 쓴다.
6. '집이 큰지 작은지 모르겠다, 어떻게 할지 모르겠다'의 '지'는 어미 '-(으)ㄴ지, -ㄹ지'의 일부이므로 붙여 쓰지만 '그가 떠난 지 보름이 지났다, 그를 만난 지 한 달이 지났다'와 같이 시간의 경과를 나타내는 경우는 의존명사이므로 띄어 쓴다.
7. '듯'은 용언의 어간 뒤에 쓰일 때는 어미이므로 '구름에 달이 흘러가듯'과 같이 앞말에 붙여 쓰지만, 용언의 관형사형 뒤에 쓰이는 경우는 의존명사이므로 '그가 먹은 듯'과 같이 앞말과 띄어 쓴다.
8. '차(次)'가 '인사차 들렀다, 사업차 외국에 나갔다'처럼 명사 뒤에 붙어 '목적'의 뜻을 더하는 경우는 접미사이므로 붙여 쓰지만 '고향에 갔던 차에 선을 보았다, 마침 가려던 차였다'와 같이 용언의 관형사형 뒤에 나타날 때는 의존명사이므로 띄어 쓴다.
9. '판'이 '노름판, 씨름판, 웃음판'처럼 쓰일 때는 합성어를 이루므로 붙여 쓰지만 '바둑 두 판, 장기를 세 판이나 두었다'와 같이 수 관형사 뒤에서 승부를 겨루는 일을 세는 단위를 나타낼 때는 의존명사이므로 띄어 쓴다.

참고문헌 한국어 어문 규범 한글 맞춤법, 국립국어원

56 정답 ③

① '안치다'는 '음식을 만들기 위하여 그 재료를 솥이나 냄비 따위에 넣고 불 위에 올리다'라는 뜻을 나타내며, '앉히다'는 '앉다'의 사동사로 쓰이거나, '문서에 줄거리를 따로 적어 놓다', '버릇을 가르치다'라는 뜻을 나타내기도 한다.
② '조리다'는 '양념을 한 고기나 생선, 채소 따위를 국물에 넣고 바짝 끓여서 양념이 배어들게 하다'라는 뜻을 나타내고, '졸이다'는 '속을 태우다시피 초조해하다'라는 뜻을 나타낸다.
③ '전셋집'은 순우리말과 한자어로 된 합성어로서 앞말이 모음으로 끝난 경우, 뒷말의 첫소리가 된소리로 나는 것은 사이시옷을 받쳐 적는다는 규정(한글 맞춤법 제30항)에 따라 '전세집'으로 적지 않고 '전셋집'으로 적는다.
④ '-노라고'는 자기 나름대로 꽤 노력했음을 나타내고, '-느라고'는 앞의 내용이 뒤에 오는 내용의 목적이나 원인이 됨을 나타낸다. 여기에서는 '하노라고'로 써야 한다.

알아두기

■ 한글 맞춤법
제30항 사이시옷은 다음과 같은 경우에 받치어 적는다.
1. 순우리말로 된 합성어로서 앞말이 모음으로 끝난 경우
    1) 뒷말의 첫소리가 된소리로 나는 것: 고랫재, 귓밥, 나룻배, 나뭇가지, 냇가
    2) 뒷말의 첫소리 'ㄴ, ㅁ' 앞에서 'ㄴ' 소리가 덧나는 것: 아랫니, 아랫마을, 뒷머리, 잇몸
    3) 뒷말의 첫소리 모음 앞에서 'ㄴㄴ' 소리가 덧나는 것: 뒷윷, 두렛일, 뒷일, 뒷입맛
2. 순우리말과 한자어로 된 합성어로서 앞말이 모음으로 끝난 경우
    1) 뒷말의 첫소리가 된소리로 나는 것: 귓병, 머릿방, 뱃병
    2) 뒷말의 첫소리 'ㄴ, ㅁ' 앞에서 'ㄴ' 소리가 덧나는 것: 제삿날, 훗날, 툇마루, 양칫물
    3) 뒷말의 첫소리 모음 앞에서 'ㄴㄴ' 소리가 덧나는 것: 가욋일, 사삿일, 예삿일, 훗일
3. 두 음절로 된 다음 한자어: 곳간(庫間), 셋방(貰房), 숫자(數字), 찻간(車間), 툇간(退間), 횟수(回數)

참고문헌 한국어 어문 규범 한글 맞춤법, 국립국어원

57 정답 ③

ㄱ. 어말과 모든 자음 앞에 오는 유성 파열음([b], [d], [g])은 '으'를 붙여 적는다. 따라서 '애드리브'로 써야 한다.
ㄴ. 어중의 [l]이 모음 앞에 오거나, 모음이 따르지 않는 비음([m], [n]) 앞에 올 때는 'ㄹㄹ'로 적는다. 다만, 비음([m], [n]) 뒤의 [l]은 모음 앞에 오더라도 'ㄹ'로 적는다. 따라서 '클리닝'으로 쓰는 것이 맞다.
ㄷ. 어말 또는 자음 앞의 [ʒ]는 '지'로 적고, 모음 앞의 [ʒ]는 'ㅈ'으로 적는다. 따라서 '비주얼'로 써야 한다.
ㄹ. 중모음(重母音, [ai], [au], [ei], [ɔi], [ou], [auə])은 각 단모음의 음가를 살려서 적되, [ou]는 '오'로, [auə]는 '아워'로 적는다. 따라서 '레인보'로 쓰는 것이 맞다.

참고문헌 한국어 어문 규범 외래어 표기법, 국립국어원

58 정답 ②

② 준말(솔개)이 널리 쓰이고 본말(소리개)이 잘 쓰이지 않는 경우에는 준말만을 표준어로 삼는다.

알아두기

- 표준어 규정
  제16항 준말과 본말이 다 같이 널리 쓰이면서 준말의 효용이 뚜렷이 인정되는 것은, 두 가지를 다 표준어로 삼는다.

본말	준말	비고
거짓-부리	거짓-불	작은말은 '가짓부리, 가짓불'임.
노을	놀	저녁~.
막대기	막대	
망태기	망태	
머무르다	머물다	모음 어미가 연결될 때는 준말의 활용형을 인정하지 않음.
서두르다	서둘다	
서투르다	서툴다	
석새-삼베	석새-베	
시-누이	시-뉘/시-누	
오-누이	오-뉘/오-누	
외우다	외다	외우며, 외워 : 외며, 외어
이기죽-거리다	이죽-거리다	
찌꺼기	찌끼	'찌꺽지'는 비표준어임

참고문헌 한국어 어문 규범 표준어 규정, 국립국어원

59 정답 ①

① 늑막염[능망념]: 합성어 및 파생어에서, 앞 단어나 접두사의 끝이 자음이고 뒤 단어나 접미사의 첫음절이 '이, 야, 여, 요, 유'인 경우에는, 'ㄴ'을 첨가하여 [니, 냐, 녀, 뇨, 뉴]로 발음한다. 그 후 비음화가 일어나서 '늑막-염[능망념]'으로 발음한다.
② 송별연[송:벼련]: '6·25[유기오], 3·1절[사밀쩔], 송별-연[송:벼련], 등-용문[등용문]'과 같은 단어에서는 'ㄴ(ㄹ)'음을 첨가하여 발음하지 않는다.
③ 설이거세[설리거세]: ①의 설명과 같이 'ㄴ'을 첨가한 경우 'ㄹ' 받침 뒤에 첨가되는 'ㄴ'은 [ㄹ]로 발음한다. 이것은 'ㄴ'이 첨가된 후 앞선 'ㄹ'에 동화가 일어난 결과이다.
④ 냇가[내:까]: 사이시옷은 [ㄷ]으로 발음하는 경우와 사이시옷을 발음하지 않는 경우 모두 표준 발음으로 인정하되, 발음하지 않는 쪽을 원칙으로 삼고 [ㄷ]으로 발음하는 것도 허용하고 있다. 즉 '냇개[내:까]'를 원칙으로 삼고 [낻:까]도 허용한다.

참고문헌 한국어 어문 규범 표준어 규정, 국립국어원

60 정답 ②

① 구미 - Gumi: 'ㄱ, ㄷ, ㅂ'은 모음 앞에서는 'g, d, b'로, 자음 앞이나 어말에서는 'k, t, p'로 적는다.([ ] 안의 발음에 따라 표기)
② 울산 - Ulsan: 된소리되기는 표기에 반영하지 않는다.
③ 인왕리 - Inwang-ri: '도, 시, 군, 구, 읍, 면, 리, 동'의 행정 구역 단위와 '가'는 각각 'do, si, gun, gu, eup, myeon, ri, dong, ga'로 적고, 그 앞에는 붙임표(-)를 넣는다. 붙임표(-) 앞뒤에서 일어나는 음운 변화는 표기에 반영하지 않는다.
④ 집현전 - Jiphyeonjeon: 'ㄱ, ㄷ, ㅂ, ㅈ'이 'ㅎ'과 합하여 거센소리로 소리 나는 경우는 변화의 결과에 따라 적지만 체언에서 'ㄱ, ㄷ, ㅂ' 뒤에 'ㅎ'이 따를 때에는 'ㅎ'을 밝혀 적는다.

참고문헌 한국어 어문 규범 국어의 로마자 표기법, 국립국어원

61 정답 ④

④ 의미론은 어휘, 문장, 발화의 의미를 명시적으로 설명하는 학문인데, 연구 층위에 따라서 '어휘 의미론, 문장 의미론, 화용론'으로 구분한다. 어휘 의미론은 어휘 층위에서 수행하는 의미 연구로서, 단어 또는 어휘의 의미를 밝히고 단어 사이의 의미 관계를 연구한다. 문장 의미론은 단어가 모여서 문장을 이루었을 때에 그 문장의 의미와 속성을 연구하는 분야이다. 화용론은 말하는 사람과 듣는 사람을 포함하여 형성된 특정한 발화 장면에서 실제로 발화된 말의 의미와 쓰임을 파악하고 전체 문맥 속에서 나타나는 언어의 의미와 기능을 연구하는 분야이다. 해당 설명은 화용론에 대한 설명이라고 할 수 있다.

> **알아두기**
>
> ■ 언어의 연구
> 언어의 연구는 크게 세 가지가 있다. 첫째, 음성과 음운에 대한 연구, 둘째, 형태와 문장 구성의 원리에 대한 연구, 셋째, 의미에 대한 연구가 그것이다. 이러한 연구 영역을 각각 음성학 및 음운론, 형태론 및 통사론, 의미론이라고 하고, 국어학에서는 이들을 음운론, 문법론, 의미론이라는 세 영역으로 분류하고 있다.

참고문헌 윤평현, 새로 펴낸 국어의미론, 역락, 2020
나찬연, 현대 국어 의미론의 이해, 경진, 2019

62 정답 ③

①·②·④ 언어 기호는 의미와 형태를 맺어주는 자의적(恣意的)인 기호이다. 즉 언어 기호는 어떤 것이든지 형태(음성)와 의미(개념)의 양면성을 지니고 있으며 이들의 연결 관계는 필연적이 아닌, 임의로 연결된 것이다. '頭(머리)'를 한국어에서는 '머리[məri]', 영어에서는 'head[hed]'로 각기 다르게 쓴다는 것은 언어 기호가 자의적임을 보여주는 것이다.

참고문헌 김방한, 언어학의 이해, 민음사, 2005

63   정답 ②

① 로마자는 음소문자이다. 음소문자는 자모문자(字母文字)라고도 불린다. 자모(字母)는 자음과 모음으로 갈라 적을 수 있는 낱낱의 글자를 가리킨다.
② 쐐기문자는 설형문자라고도 하며 메소포타미아를 중심으로 고대 오리엔트에서 광범위하게 쓰인 문자이다. 회화문자(繪畫文字)였는데, 점토 위에 갈대나 금속으로 새겨 썼기 때문에 문자의 선이 쐐기 모양으로 보인다. 단어문자로서 수메르어를 적던 것이 아카드어에 전해지면서 음절문자가 되었고, 후에 페르시아어, 히타이트어 등에 퍼졌다. 이후 쐐기문자는 중국 문자보다 한 걸음 더 나아가 표음문자의 단계에 이르게 되었다.
③ 키릴문자는 그리스문자를 바탕으로 만들어졌다고 할 수 있다. 키릴문자는 그라고르문자(그리스 출신의 키릴로스가 고안한 문자)를 모체로 만들어진 문자인데 알파벳이 43자로 그라고르문자(40자)보다 많았으며 글자는 더욱 단순하게 만들어졌다. 이후 키릴문자는 슬라브계의 여러 언어를 표기하는 데 적합한 문자로 발전하며 오랫동안 사용되었다. 키릴문자는 그리스 정교가 포교되면서 함께 전파되었는데 10세기경에 러시아에도 전파되었고 현재 러시아문자의 모체가 되었다.
④ 히라가나는 음절문자이다. 음절문자(syllabic writing, 音節文字)는 한 음절이 한 글자로 되어 있어 그 이상은 나눌 수 없는 표음문자를 말한다. 일본의 かな문자는 음절문자의 전형적인 예이며 か(ka), さ(sa)를 보면 알 수 있듯이 자음과 모음의 표기가 구별되지 않는다.

참고문헌 김하수・연규동, 문자의 발달, 커뮤니케이션북스, 2015
김방한, 언어학의 이해, 민음사, 2005
키릴문자[Cyrillic alphabet], 두산백과 두피디아

64   정답 ①

① 파찰음은 기류의 흐름을 완전히 막았다가 파열과 마찰이 거의 동시에 일어나도록 하면서 기류를 내보내는 방식으로 소리를 낸다. 파열과 마찰이 모두 있는 점을 고려하여 파찰음이라고 부르는데 한국어의 자음에서 'ㅈ, ㅉ, ㅊ'이 있다.
② 공명음은 성대의 진동이 목구멍, 구강, 비강 등의 공간에서 울리면서 나는 소리이다.
③ 무성음은 유성음에 대립하는 소리로 그 차이는 성대의 진동 유무에 있다. 유성음의 경우는 성대가 서로 거의 붙을 정도로 밀접해서 성대 사이의 틈이 매우 좁아 폐에서 나오는 공기가 이 좁은 틈을 빠져나올 때 성대를 진동시킨다. 그러나 무성음의 경우는 성대가 서로 떨어져 있어 공기가 넓은 성문을 통해 성대의 진동 없이 나온다. 예를 들어 /b, d/는 유성음이고 /p, t/는 무성음에 속한다.
④ 반모음은 완전한 모음으로 실현되지 않기 때문에 활음이라고 부른다. 활음은 모음도 아니고 자음도 아니며 모음적 요소와 자음적 요소가 모두 있어서 반모음 또는 반자음이라고 불리기도 한다. 활음은 모음과 유사하게 발음되지만 자신과 유사한 발음의 모음을 발음할 때보다 혀가 더 높이 올라가는 특징이 있다. 그러나 자음처럼 기류의 흐름을 완전히 막지는 않는다.

참고문헌 배주채, 한국어의 발음, 삼경문화사, 2013
김성규・정승철, 소리와 발음, 한국방송통신대학교출판부, 2011

65 정답 ②

② 워프의 대표적인 사유는 '언어적 범주가 우리의 인식과 지각에 영향을 줄 수 있다'는 주장으로, 그의 멘토였던 에드워드 사피어의 이름을 따 사피어-워프 가설(Sapir-Whorf Hypothesis)이라 불린다. 워프는 이 가설이 아인슈타인의 상대성이론과 비슷한 함축을 띠고 있어, 언어학적 상대성의 원칙이라 규정하였다.

> **알아두기**
>
> ■ 벤자민 리 워프[Benjamin Lee Whorf]
> 인간이 생각하는 방식은 언어가 결정한다고 주장한 20세기 언어학자로, 다른 언어를 구사하는 사람들은 세계를 다르게 인지하고 이해한다고 주장하는 언어 상대 가설을 제시하였다. 대표적인 연구로는 호피어의 문법, 마야상형문자 판독, 우토아즈텍어의 복원, 나와틀족 방언 연구 등이 있다.

참고문헌 벤자민 리 워프[Benjamin Lee Whorf], 두산백과 두피디아

66 정답 ①

② [v]는 마찰음이고 [tʃ]는 파찰음이다.
③ [k]는 연구개음이고 [θ]는 치간음이다.
④ 치경음은 치조음이라고도 한다. [h]는 성문음이다.

> **알아두기**
>
> ■ 영어의 자음 체계
>
> | 조음 방법 | 조음 위치 | 양순음 | 순치음 | 치간음 | 치조음 | 경구개 치조음 | 경구개음 | 연구개음 | 성문음 |
> |---|---|---|---|---|---|---|---|---|---|
> | 장애음 | 파열음 | p b | | | t d | | | k g | |
> | | 파찰음 | | | | | | tʃ dʒ | | |
> | | 마찰음 | | f v | θ ð | s z | ʃ ʒ | | | h |
> | 공명음 | 비음 | m | | | n | | | ŋ | |
> | | 유음 | | | | l, ɾ | | | | |
> | | 활음 | w | | | | | j | | |

참고문헌 허용·김선정, 대조언어학, 소통, 2013

67 정답 ①

① 설단 현상(tip-of-the-tongue phenomenon): 알고 있는 것을 일시적으로 기억하지 못하거나, 저장되어 있으나 접근이 불가능한 경우를 말한다. 설단 현상은 인출 실패로 볼 수 있지만 저장된 정보에의 접근 가능성을 도와주는 인출 단서가 있으면 회상이 가능하다.
② 점화 효과(priming effect): 시간적으로 먼저 제시된 단어가 나중에 제시된 단어의 처리에 영향을 주는 현상이다. 먼저 제시된 단어를 점화 단어(prime), 나중에 제시된 단어를 표적 단어(target)라고 한다. 점화 효과에는 촉진 효과와 억제 효과가 있으나, 통상적으로 촉진적인 것을 점화 효과라 한다. 여기서 촉진 효과란 어휘 판단이나 음독과 같은 수행을 향상시킨다는 의미이다.
③ 스푸너리즘(Spoonerism): 두음 전환(頭音轉換)으로, 'well-oiled bicycle(기름칠이 잘 된 자전거)'을 'well-boiled icicle(푹 삶은 고드름)'과 같이 발음하는 경우처럼, 두 단어의 첫 음을 잘못 말하여 흔히 우스꽝스러운 결과가 생기게 하는 실수를 말한다. 옥스퍼드 대학 뉴 칼리지의 학장이었던 스푸너(W. A. Spooner)가 이런 실수를 자주 하였다고 하여 나온 표현이다.
④ 윌리엄스 증후군(Williams syndrome): 7번 염색체 일부가 결실되어 특징적인 외모와 함께 심장질환과 정신 지체 등의 증상이 나타나는 증후군이다. 윌리엄스 증후군 환자는 보통 경도 또는 중등도의 정신 지체라는 진단을 받고 있다. IQ도 20~60 정도로 일반인에 비해서 낮다. 읽고 쓰는 능력 역시 일반인에 비하여 떨어지고, 수학적 능력도 떨어져 학습 지진이 나타난다. 하지만 언어를 유창하게 구사하고, 얼굴을 기억하는 데 뛰어난 능력을 가지고 있기도 하다.

참고문헌 곽호완 외, 실험심리학용어사전, ㈜시그마프레스, 2008
Oxford Advanced Learner's English-Korean Dictionary
윌리엄스 증후군, 두산백과 두피디아

68 정답 ④

④ 여기에서 '정의'란 감정이나 느낌을 가리킨다. 제2언어 습득의 정의적 요인으로는 여러 가지가 있는데, 우선 '자아 존중감'이 있다. 자아 존중이란 개인이 스스로에 대해 내리는 평가를 의미한다. 즉 자아 존중은 개인이 유능한, 중요한, 성공적인, 가치 있는 존재라고 느끼는 정도 등 자신의 가치에 대해 개인적인 판단을 하는 것이라고 할 수 있다. 그리고 '자아 효능감'과 '의사소통을 하려는 의지'가 있다. 자아 효능감이 낮은 학습자는 실패를 외적인 요인 탓으로 돌리는 경우가 많은데 이는 적극적인 의사소통 의지를 결정하는 데에도 중요한 역할을 한다. 또한, '자기 억제'가 있다. 자기 억제는 자아 존중이 약한 사람들이 과제 수행에서 자신을 보호하기 위하여 방어적인 자세를 취하는 것을 말한다. 이외에도 모험 시도, 불안, 감정 이입, 동기 등의 정의적 요인이 있다.

참고문헌 H. Douglas Brown, 이흥수 외 역, 외국어 학습·교수의 원리, Pearson Education Korea, 2015

69 정답 ③

① 스키너(Skinner)는 행동주의 심리학의 대표적인 학자이다. 스키너가 주장한 행동주의 이론은 언어 발달에서 환경의 역할을 강조한다. 언어는 자연스럽게 습득되는 것이 아니라, 경험을 통해서 학습되며, 다른 행동의 발달과 마찬가지로 언어 학습도 개체와 환경과의 관계에서 일어나는 것으로, 개인이 다양한 자극에 대하여 반응할 때 긍정적 또는 부정적으로 강화된다고 주장했다.
② 피아제(Piaget)는 인지와 언어 발달에 대해서 아동의 인식 및 인지적 능력과 그들의 언어적 경험 간의 보완적인 상호 작용, 즉 어린이들이 환경과 갖는 상호 작용의 결과로 기술하였다.
③ 왓슨(Watson)은 본능이나 유전에 대해서 '환경의 요인'을 강조하여 비교심리학·발달심리학 연구에 많은 업적을 남겼다.
④ 비고츠키(Vygotsky)는 아이가 어른과의 공동 활동에서 사용하는 언어의 수준과 아이 혼자서 사용할 수 있는 언어의 수준 사이에는 간격이 있다고 했는데, 이를 근접발달영역이라고 한다. 이 영역에서 교육적 지원이 이루어질 때 개입 효과가 크다. 그는 교육이 발달을 촉진하고 선도하는 것으로 보아, 성인에 의한 교육을 중시하였다. 그리고 개체는 애초부터 사회적 존재이며, 외적 커뮤니케이션을 통하여 형성된 언어 활동이 내면화됨으로써 개인의 독립적인 활동이 영위된다고 보았다.

참고문헌 김춘경 외, 상담학 사전, 학지사, 2016
　　　　서울대학교 교육연구소, 교육학용어사전, 하우, 1995
　　　　두산백과 두피디아

70 정답 ②

① 일화 기억은 개인의 경험, 즉 자전적 사건에 대한 기억으로 사건이 일어난 시간, 장소, 상황 등의 맥락을 함께 포함한다.
② 의미 기억은 특정 시점이나 맥락과 연합되어 있지 않은 대상 간의 관계 또는 단어 의미 간의 관계에 관한 지식이다. 기억 유형 중 세상의 다양한 대상, 사물 또는 현상에 관하여 일반적인 지식 형태로 저장된 기억을 지칭한다. 의미론적 기억 또는 어의적 기억이라고도 한다.
③ 단기 기억은 보관할 수 있는 정보의 용량이 제한되어 있고, 그 정보를 보관할 수 있는 시간이 한정된 기억이다. 단기 기억을 '작업 기억'이라고도 하는데, 장기 기억에서 인출된 정보를 주변 환경으로부터 받아들인 정보와 조합할 수 있게 하기 때문이다. 그러나 단기 기억은 용량이 한정되어 있고 빠른 속도로 붕괴되기 때문에 새로운 정보를 오래 기억하고자 한다면 그 정보는 장기 기억에 저장되어야 한다.
④ 작업 기억은 정보들을 일시적으로 보유하고, 각종 인지적 과정을 계획하고 순서 지으며 실제로 수행하는 작업장이다. 중앙 집행부와 그 하위 시스템인 조음 루프, 시공간 스케치판, 일화 버퍼로 구성되며, 처리 용량이 제한되어 있기 때문에 한 번에 활성화될 수 있는 정보의 양이나 한 번에 처리될 수 있는 인지 과정의 수가 제한되어 있다.

참고문헌 곽호완 외, 실험심리학용어사전, ㈜시그마프레스, 2008

71 정답 ④

① 음의 높이나 길이, 세기 등을 운소라고 한다. 운소가 발화상에서 의미를 구별하는 데 변별적으로 작용할 경우 이를 초분절음소라고 한다. 초분절음소는 자음이나 모음 등과 같은 분절음 위에 얹혀서 단어의 뜻을 구별하는 데 사용된다는 의미에서 나온 말이다.
② 억양은 구나 문장 층위에 걸쳐서 나타나는 음높이의 변화 유형을 가리키는 말로 단어의 의미를 구별하지는 못하지만 통사적 혹은 문맥적 의미를 표현한다. 특히 문장의 마지막 음절에 얹히는 핵억양은 문장의 종류를 구별해줄 뿐만 아니라 어조나 화자의 감정 상태를 나타내 주기도 한다.
③ 영어의 강세는 주로 발화의 리듬을 유지시켜 주는 기능을 하지만 음소처럼 단어의 의미를 구별하는 역할을 하기도 한다. 예를 들면 철자가 같더라도 첫음절에 강세를 받으면 명사로 사용되고 두 번째 음절에 강세를 받으면 동사로 사용되는 것이 있는데 project, report, record 등이 그렇다.
④ 성조는 음높이의 변화로 단어의 의미를 구분하는 초분절음소를 말한다.

참고문헌 허용·김선정, 대조언어학, 소통, 2013

72 정답 ③

ㄱ. 구조주의 언어학
ㄷ. 역사비교언어학

알아두기

■ 응용언어학
응용언어학은 언어의 이론적인 연구를 목적으로 하지 않고 언어학을 통해 얻은 성과를 언어 기술 외에 언어 습득과 언어 교육, 작문 교육, 번역 외 다양한 실용적 상황에 응용하려는 목적을 지닌 학문이다. 응용언어학은 종종 이론언어학과 대비되는 학문 분야로 일컬어지는데, 사회학, 심리학, 인류학, 전산학, 통계학 등의 인접 학문과의 학제 간 연구의 성격을 띠는 경우가 많다. 또한 언어학의 연구 성과를 활용하여 언어와 언어 사용에 대한 이론적 모형을 개발하기도 한다. 또한 언어와 관련된 실질적이고 실용적인 문제를 해결하는 일에 관련된다고 할 수 있다. 예를 들어, 언어 교수를 위한 교재 및 교수법 개발부터 담화분석, 통번역, 사전 편찬, 언어 치료, 언어 정책, 언어 평가에 이르기까지 다양한 분야가 포함될 수 있다.

참고문헌 이승연, 한국어교육을 위한 응용언어학개론, 태학사, 2019

73 정답 ②

① 언어 지위 계획: 두 개 이상의 언어가 한 사회에서 사용될 때 어떤 언어를 어떤 상황에서 사용해야 하는지에 대한 기준과 규칙을 정해야 한다. 이러한 모든 행위를 지위 계획이라고 한다. 예로는 공용어의 채택 등이 있다. 표준 규범의 정리, 언어 순화는 언어 자료 계획의 내용이다.
② 언어 자료 계획: 한 언어가 공식 언어로 선택된 다음에는 그 언어의 구조를 고정하거나 고치려는 노력을 하는데, 이러한 활동을 언어 자료 계획이라고 한다. 한 언어가 공식적, 표준적, 교육적 기능을 담당하는 지위를 얻고 나면 전통적으로 철자법을 정비해 왔는데, 이것이 언어 자료 계획의 가장 초기 작업이라고 할 수 있다. 언어 자료 계획의 일환으로 어떤 정해진 기준을 가지고 언어를 표준화시키고, 올바른 언어 사용을 제시하고자 하는 노력은 규범주의에서 비롯되며 규범주의자들은 자신들이 행하는 이러한 활동을 스스로 '언어 순화'라고 칭한다.
③ 언어 습득 계획: 언어 지위 결정이 이루어지면 특정 언어의 교육에 대한 정책이 마련되어야 하는데 이를 언어 습득 계획이라고 한다. 학교 교육이나 혹은 다른 교육의 장에서 어떤 언어를 공식적 언어로 교육해야 할 것인가를 결정할 때 주로 등장한다. 표준어 선정은 언어 지위 계획의 내용이다.
④ 이는 언어 지위 계획에 해당한다.

> **알아두기**
>
> ■ 언어 계획
> 언어 계획은 언어 사회의 언어 행위를 수정하거나 그에 영향을 미치기 위해 의도적으로 하는 행위를 말한다. 언어 사회의 표준형을 만들거나 공용어, 혹은 국어, 교육용 언어를 정하는 일, 소수 언어를 지원하는 활동 등이 모두 언어 계획에 포함된다.

참고문헌 이승연, 한국어교육을 위한 응용언어학개론, 태학사, 2019

74 정답 ①

① 퇴행은 극도의 스트레스나 좌절을 경험할 때 이전 발달 단계에서 욕구를 충족해 주었던 미성숙한 행동을 함으로써 현재의 불안에 대처하려는 것을 말한다.
② 소거는 이전에는 강화되어 온 행동이 더 이상 강화 자극을 결과로 얻지 못하여 향후 그 행동을 하지 않게 되는 것을 말한다. 부정적인 반응이나 행동의 수정 및 개선에 소거 원리를 활용할 수 있다.
③ 회피는 현재 혐오 자극이 존재하지는 않지만 미리 특정 행동을 함으로써 혐오 자극이나 상황이 발생하지 않게 되는 경우를 말한다.
④ 귀환은 모든 언어의 생산성의 한 특징으로, 원칙적으로는 언제든지 문장 안에 새로운 구절을 덧붙일 수 있다는 것을 말한다.

참고문헌 김춘경 외, 상담학 사전, 학지사, 2016
곽호완 외, 실험심리학용어사전, ㈜시그마프레스, 2008

75 정답 ④

④ 모국어에 없는 것을 새로 배워야 하는 경우이므로 과잉구별에 해당한다.

> **알아두기**
>
> ■ 난이도 위계
> 프레터(Clifford Prator, 1967)는 문법 난이도 위계의 본질을 6가지 범주의 난이도로 구성하였다. 난이도를 낮은 단계에서 높은 단계 순으로 열거하면 다음과 같다.
> 1. 0단계 전이(transfer): 두 언어 사이에 서로 다르거나 대조되는 점이 나타나지 않는 경우
> 2. 1단계 합체/융합(coalescence): 모국어의 두 항목이 목표어에서 본질적으로 한 항목으로 합쳐지는 경우
> 3. 2단계 구별 부족(underdifferentiation): 모국어에 있는 항목이 목표어에는 없는 경우
> 4. 3단계 재해석(reinterpretation): 모국어의 어떤 항목이 목표어에서는 새로운 형태로 나타나거나 분포가 다른 경우
> 5. 4단계 과잉구별(overdifferentiation): 모국어에 없거나 만일 있다고 해도 전혀 비슷하지 않은 항목이 목표어에 있어서 배워야 하는 경우
> 6. 5단계 분리/분열(split): 모국어의 한 항목이 목표어에서 둘 또는 그 이상의 항목으로 분리되는 경우, 학습자는 모국어에 없는 새로운 구별을 배워야 하는 경우

참고문헌 H. Douglas Brown, 이흥수 외 역, 외국어 학습·교수의 원리, Pearson Education Korea, 2008

76 정답 ①

① 영어는 유음의 경우 /l/과 /r/이 별개의 분절음으로 존재한다. 그러나 한국어의 유음은 치조음(l/r) 하나이며, 일본어는 /l/은 존재하지 않고 탄설음 /r/이 있다.
② 한국어의 음절은 음절핵을 이루는 모음은 필수적이고 초성과 종성에는 하나의 자음이 선택적으로 올 수 있다. 영어의 경우 음절핵을 이루는 모음은 필수적이고 자음은 초성에서는 세 개까지, 종성에서는 네 개까지 올 수 있다.
③ 한국어 학습자 중 러시아어, 영어권 등에서 온 많은 학습자가 음절 말 자음을 파열시키는 오류를 범하나 태국어, 베트남권 학습자들은 그런 오류를 범하지 않는데 이는 베트남어와 태국어도 음절 말 제약이 있어서 자음을 파열시키지 않기 때문이다.
④ 중국어의 성모는 음절 초에 나오는 자음이고 운모는 음절 초에 나오는 자음을 제외한 나머지 음소들이다. 여기에 초분절음인 성조가 더해져 중국어의 음절을 이룬다. 중국어의 음절 구성은 비교적 간단하여 한 음절에 최소 1개의 음소, 최다 4개의 음소를 가지고 있다. 운모를 이루는 모음은 필수적이고 성모에는 자음이 선택적으로 올 수 있으나 성조는 필수적이다.

참고문헌 이철재, 한국어·태국어·베트남어의 음절 말 제약 대조 연구, 박사학위논문, 한국외국어대학교, 2022
허용·김선정, 대조언어학, 소통, 2013

77 정답 ④

④ 원격 교육은 전통적인 교육의 장과 비교할 때 학습공간이 확대되고, 학습자 중심의 양방향 학습을 가능하게 하여 학습자 주도성이 강화될 수 있다. 그러나 이러닝을 위해서는 교사와 학생이 관련 기기를 이해하고 조작할 수 있어야 하고, 면 대 면 수업에서 경험해 오던 사람 간 접촉의 기회가 줄어들게 되며 장비 고장 등의 기술적인 요구를 충족해야 하는 단점이 있다.

알아두기

- **원격 교육(遠隔敎育, distance education)**
    원격 교육은 가르치는 교수 행위와 배우는 학습 행위가 서로 분리되어, 원격 의사소통 방식(distance communication)을 통해 행하게 되는 새로운 형태의 교수 학습 활동으로서 아래와 같은 특징이 있다.
    1. 학습자와 교육 제공자 간의 공간적·시간적 원격성 극복, 즉 원하는 시간에 원하는 장소에서의 학습이 가능
    2. 학습자에 의한 자기 주도적 자율학습과 개별학습의 실시
    3. 사전에 개발·준비·제공되는 체계적이고 조직적인 교육 프로그램
    4. 인쇄물이나 전화, 회로식 TV, 컴퓨터, 비디오 등과 같은 다원적 원격 교육 매체를 통한 학습자와 교수자, 교육 매체 전문가 간의 다원적 의사소통의 가능성
    5. 화상학습이나 상황학습, 모듈 코스 등과 같은 다양한 대안적 학습체제 개발과 최신 정보공학 기술 활용을 통한 새로운 교육영역의 개척과 교육 효율성의 제고
    6. 교육의 대량 공급과 합리적인 자율학습 체제 등을 통한 교육의 경제적 효율성 제고

참고문헌 국립특수교육원, 특수교육학 용어사전, 2009
서울대학교 교육연구소, 교육학용어사전, 하우, 1995

78 정답 ②

② 학습자의 언어를 대규모로 수집하여 구축한 코퍼스 분석을 통해 제2언어 학습 과정에서의 오류 양상이나 발달 단계에 대한 정보를 얻을 수 있다. 학습자 코퍼스는 학습자 오류를 유형화하고 각 오류의 빈도를 조사할 때 이용되기도 한다. 학습자의 오류 예방보다는 학습자가 틀릴 가능성이 높은 것을 예측하고 그것을 교정할 수 있는 장치를 마련하기 위한 기초자료를 제공한다.

> **알아두기**
>
> ■ 코퍼스(말뭉치) 〈19회 1교시 63번〉 참고

참고문헌 이승연, 한국어교육을 위한 응용언어학개론, 태학사, 2019
서울대학교 국어교육연구소, 한국어교육학 사전, 하우, 2014

79 정답 ③

ㄱ. 브로카 실어증은 머릿속의 개념을 문장으로 구조화할 수 없는 실어증이다. 브로카 영역은 개념화된 내용을 기호화하여 문장으로 바꾸는 역할을 한다. 따라서 브로카 영역에 손상을 입은 환자들은 단어나 문장을 입 밖으로 내는 일 자체가 매우 어렵다. 즉, 머릿속에서 생각을 완전히 개념화시킬 수 있다고 하더라도 이것을 문장으로 바꿔서 발화하기는 어렵다는 뜻이다.

ㄴ. 전도(conduction) 실어증은 이해력과 표현력이 비교적 양호하지만 상대방의 말을 따라 하지 못하는 특징을 보이는 실어증 유형의 하나이다. 이러한 원인은 브로카 영역과 베르니케 영역 사이를 이어주는 활 모양의 섬유다발인 궁형 소속(arcuate fasciculus)의 손상에 기인하는 것으로 알려졌다.

ㄷ·ㄹ. 베르니케 실어증은 좌반구 측두엽의 위쪽 뒷부분(베르니케 영역)의 손상 때문으로 알려져 있으며, 발음과 억양 측면에서는 말이 유창하고 조음장애가 거의 없다. 그러나 자세히 들으면 실제로는 같은 말을 반복하거나 의미 없는 말을 지속적으로 할 뿐 구조화된 문장을 발화하지 못한다. 즉, 형식적으로나 의미적으로 적합한 문장을 생성해내지 못하는 증세를 보인다. 또한 몸짓 등 행동을 사용한 의사소통은 잘하는 데 비해 청각적인 처리가 필요한 말은 이해하지 못하는 경우가 많으며 시각장애를 보이는 경우도 있다.

참고문헌 이승연, 한국어교육을 위한 응용언어학개론, 태학사, 2019
김춘경 외, 상담학 사전, 학지사, 2016
국립특수교육원, 특수교육학 용어사전, 하우, 2009

80 정답 ③

① · ② · ④의 산스크리트어, 라틴어, 고전 아랍어는 문어체로 종교 경전에만 사용되고, 일상생활에서 의사소통을 위해서는 힌디어, 이탈리아어/프랑스어/스페인어, 회화체 아랍어가 사용되고 있다. ②에서 '사어'라는 표현 때문에 수험자들 사이에서 논란이 있었는데, '사어'가 엄밀하게는 현재 그 계통이 끊어져 버린 언어를 뜻하지만, 라틴어나 고대 그리스어처럼 문자언어로서 습득될 뿐, 그것을 모국어로서 사용하는 사람이 없어진 언어를 일컫는 경우도 있기 때문에 ① · ④와 비슷한 예시로 이해할 수 있다. 산스크리트어 또한 과거에는 문학적 창작 활동이 활발했으나, 지금은 주로 힌두교 학자들 사이에서 학술적 의사 전달 수단으로 쓰인다. 라틴어는 4세기 초 로마 제국이 기독교를 공인하면서 자연스럽게 교회 언어로 자리 잡게 되었다. 그래서 가톨릭에서는 예배나 예전이 라틴어로 행해졌고, 교황의 조서나 칙령 등도 모두 라틴어로 기록되었다. 비록 라틴어의 영향력이 많이 줄어들긴 했지만, 이탈리아, 프랑스, 스페인, 포르투갈어 등 유럽 대부분의 언어는 라틴어에서 파생되었으며, 오늘날까지도 가톨릭교회에서는 여전히 라틴어를 사용하고 있다. 지금도 유럽 등지의 각급 학교에서는 고전 라틴어를 가르치며, 고전어 연구에 많은 관심을 기울이고 있다.

③ 아이티에서는 프랑스어와 아이티 크레올이 사용된다.

알아두기

■ 다이글로시아(diglossia)

다이글로시아라는 용어는 사회언어학자인 퍼거슨(Ferguson)이 1959년에 처음 사용하였으며, 한 언어의 두 가지 다른 형태가 한 언어 사회에서 사용되고 있는 현상을 다이글로시아라고 규정하였다. 일반적으로 다이글로시아 상태를 이루는 두 언어는 사회적 지위가 다르고 각각의 언어를 사용하는 장소와 상황이 명확하게 나뉜다는 점이 특징이다.

퍼거슨이 규정한 다이글로시아가 같은 언어의 다른 변종(고전형과 현대형)으로 이루어졌던 것과 달리 피시만(Fisherman)은 이 개념을 언어 사회에서 '서로 다른 두 언어가 사용되는 것'까지 확대했다. 오늘날의 다이글로시아는 피시만의 개념 정의에 따라 한 사회 내에서 둘 이상의 다른 언어가 쓰이는 것을 말하는 경우가 많다. 퍼거슨은 낮은 위세를 갖는 언어는 'L'로 높은 위세를 갖는 변이형은 'H'로 표시하였고 사례는 다음과 같다.

구분	H	L
그리스	Katharevousa	Dhimotiki
아랍	al-Fusha	al-Ammiyyah
스위스	Hochdeutsch	Schweitzerdeutsch
아이티	French	Creole

참고문헌 이승연, 한국어교육을 위한 응용언어학개론, 태학사, 2019
서울대학교 국어교육연구소, 한국어교육학 사전, 하우, 2014
가스펠서브, 교회용어사전, 생명의말씀사, 2013
두산백과 두피디아

2교시 | 한국 문화·외국어로서의 한국어 교육론

01	②	02	②	03	④	04	②	05	①	06	①	07	④	08	④	09	②	10	④
11	④	12	①	13	③	14	②	15	③	16	④	17	④	18	②	19	④	20	④
21	②	22	①	23	③	24	③	25	④	26	①	27	③	28	②	29	③	30	①
31	②	32	②	33	②	34	④	35	②	36	②	37	③	38	②	39	②	40	④
41	④	42	②	43	②	44	①	45	④	46	②	47	④	48	①	49	①	50	④
51	②	52	②	53	②	54	①	55	④	56	④	57	②	58	②	59	③	60	②
61	③	62	②	63	②	64	③	65	①	66	④	67	②	68	③	69	④	70	③
71	①	72	②	73	④	74	②	75	①	76	②	77	①	78	②	79	①	80	②
81	①	82	②	83	④	84	②	85	②	86	②	87	④	88	④	89	①	90	①
91	④	92	②	93	④	94	①	95	④	96	①	97	③	98	④	99	②	100	③
101	④	102	④	103	③	104	①	105	③	106	③	107	①	108	④	109	②	110	②
111	④	112	③																

01

정답 ②

① 촌수는 기본적으로 부모와 자식 사이의 관계를 한 마디(寸)로 간주하여 계산한다. 즉, 나와 부모 사이는 1촌 관계인 것이다. 촌수는 부모-자식 간의 관계로 따지기 때문에, 나와 형제·자매는 직접적으로 관계가 있는 것이 아니라 같은 부모의 자식이기에 나와 관계 지어졌다는 점에서 나와 부모 간의 '1촌'과 부모로부터 형제·자매까지의 '1촌'을 합하여 '2촌 관계'에 있다.

② 나와 아버지까지의 '1촌'과 거기서 할아버지까지의 '1촌'을 합하여 '2촌 관계'인 셈이지만, 직계혈족 간 촌수를 따지는 것은 의미가 없으며, 실제로도 촌수를 사용하지 않고 세(世)나 대(代)를 쓰기 때문에 방계 친족 간에만 촌수 계산법을 사용한다.

③·④ 아버지의 형제는 사실상 할아버지의 또 다른 자식들이기에, 아버지까지의 '1촌'과 거기서 할아버지까지의 '1촌', 그리고 할아버지에서 큰아버지(또는 작은아버지)까지의 '1촌'을 모두 합하면 아버지의 형제는 나와 '3촌 관계'에 있다. 3촌의 자녀들은 나의 4촌들이므로 고모의 아들은 나와 4촌이 되고, 종조부는 조부의 형제이므로 또한 4촌이 된다.

> **알아두기**
>
> ■ 촌수
> 촌수(寸數)는 친족 간의 멀고 가까움을 나타내기 위한 숫자 체계로, 호칭이란 해당 촌수에 맞는 이름을 부르는 것이다. 촌수 계산은 부모와 할아버지 등 '직계 가족'이 기준이 되며 이후 방계 쪽으로 1촌씩 더하면 된다. 부부간은 무촌, 부모와 자녀 간은 1촌, 형제·자매간은 2촌이나 일반적으로 직계혈족 사이에서는 촌수를 쓰지 않는다.

나와 같은 항렬인 경우(짝수)는 4촌 형제[종(從)형제], 6촌 형제[재종(再從)형제], 8촌 형제[삼종(三從)형제], 10촌 형제[4종(四從)형제]라고 부른다. 그리고 나보다 한 항렬 위일 경우(홀수)는 3촌(백부·숙부), 5촌(당숙), 7촌(재종숙)이 된다. 촌수가 친족 호칭으로 대용되고 있는 것은 대체로 8촌까지인데, 이것은 조상 제사를 지낼 때 4대 봉사(奉祀, 제사를 받들다)를 원칙으로 하는 것과 관련이 있다.

참고문헌 한국민족문화대백과, 한국학중앙연구원
시사상식사전, pmg 지식엔진연구소

02 정답 ②

② 〈인왕제색도(仁王霽色圖)〉는 조선 후기의 화가 겸재(謙齋) 정선(1676~1759)이 그린 인왕산의 진경산수(眞景山水)화이다. 1984년 8월 6일 국보로 지정되었다. 나이 75세에 그린 그림으로 진경산수작품 중에서 〈금강전도(金剛全圖)〉와 함께 같은 시기에 국보로 지정되어 두 작품이 대표작으로 꼽힌다.

참고문헌 두산백과 두피디아

03 정답 ④

④ 고대 부족국가에서의 '무'는 제의를 주재하고 정치를 하는 군(君)의 기능을 발휘하였다. 그러나 점차 사회가 분화되어 제(祭)와 정(政)이 분리되면서 무는 사제 기능만을 담당하게 되었다. 이러한 무의 기능 중 가장 중요한 것은 사제·치병·예언 및 유희적 기능이었다.

알아두기

■ 무당

무당은 신을 섬기고 굿 의례의 집전을 전문으로 하는 종교인을 말한다. 무당은 춤으로써 무아의 경지에 돌입하여 탈혼(脫魂)의 과정을 거쳐서 신과 접하게 되고, 거기에서 신탁(神託)을 통하여 반신반인(半神半人)의 기능을 발휘하게 된다. 그러한 과정에서 무당은 인간의 소망을 신에게 고하고, 또 신의 의사를 탐지하여 이를 인간에게 계시해주는 영매자(靈媒者)로서의 구실을 맡게 된다. 무당의 기능을 살펴보면 다음과 같다.

첫째, 사제의 기능은 무의 원래 기능이었다. 따라서, 무는 각종 거국적인 치제(致祭)에 공적 주술자로서 관여하는 동시에 개개인의 무사(巫事)에 사적 주술자로서도 관여하였다. 국가의 안녕을 위해서 주술을 행하는 공적 주술자들은 고정된 장소에서 무의(巫儀)를 주관한다.

둘째, 치병의 기능은 고대로부터 오늘에 이르기까지 큰 영향을 미치고 있다. 신라 유리왕 19년(42) 9월 왕이 병에 걸렸을 때 무당의 말을 듣고 그대로 행하여 병이 나았다는 기록이 《삼국사기》에 전한다.

셋째, 무당은 미래사를 예지하는 예언적 기능을 발휘하였다. 전문적 점자(占者)인 이들을 나라에서는 제도적으로 대우하기도 하였다. 즉, 삼국시대의 관상감(觀象監), 고려시대의 태사국(太史局), 조선시대의 서운관(書雲觀) 등이 이러한 직제의 하나였다. 그리고 여기에 소속되었던 일관(日官)·일자(日者)·무사(巫師)·점자(占者) 등은 모두가 예언의 기능을 인정받았던 무인이었다.

넷째, 유희적 기능 역시 상고시대부터 발휘되었다고 볼 수 있다. 제의에 임한 무당은 춤을 추고 노래를 부르며 도약을 하고 공수한다. 이것이 제삼자의 눈에는 일종의 유희로 반영되기도 했던 것이다. 특히, 파제(罷祭)에서 참여자들이 한데 어울려 먹고 마시며, 무당과 더불어 춤추고 노래 부름으로써 그 제의가 발휘하는 유희적 기능은 절정에 달하게 된다. 후대에 내려올수록 제의에 참여하는 사람들의 유희적 본능은 점차 노골화하여 마침내 무제(巫祭)는 '굿·놀이·풀이'로 변하였다.

현대에 이르러서 무속신앙 자체가 미신으로 간주되면서 무당은 음성적인 사제자·치병자·예언자로 취급받고 있다.

참고문헌 한국민족문화대백과, 한국학중앙연구원

04 정답 ②

① 태실석난간조배의궤(胎室石欄干造排儀軌): 태실 가봉은 태실의 주인이 국왕으로 즉위한 이후 기왕에 조성된 태실 주변에 난간석과 표석 등 석물을 새로이 조성하는 의식을 일컫는다. 원래의 태실에 돌로 만든 난간을 세운다는 의미로 '태실석난간조배(胎室石欄干造排)'라고 하며, 태실 가봉의 진행 과정과 석물 조성 절차를 기록한 책이다. 현전하는 태실석난간조배의궤는 모두 5건으로, 규장각 한국학연구원에 4건, 문의문화재단지에 1건이 소장되어 있다.

② 가례도감의궤(嘉禮都監儀軌): 조선 국왕과 왕비, 왕세자와 왕세자빈의 가례(嘉禮)에 관한 사실을 그림과 문자로 정리한 의궤이다. 조선 왕실의 가례를 위해 가례도감(嘉禮都監)을 설치한 것은 1397년(태조 6)부터 나타나므로, 가례도감의궤(嘉禮都監儀軌)도 조선 전기부터 작성된 것으로 보인다. 그러나 현재는 1627년(인조 5) 소현세자와 강빈(姜嬪)의 가례에서부터 1906년(고종 33) 순종과 순정황후의 가례까지 총 20종의 의궤가 남아 있다. 이 중에서 왕세자의 가례는 11종, 국왕의 가례는 9종이다.

③ 보인소의궤(寶印所儀軌): 1876년(고종 13)에 궁중의 보(寶)와 인(印)을 개주(改鑄)・개조(改造)・수보(修補)하고 후세에 참고하도록 그 일의 경과나 경비 등을 적은 책이다. 현존하는 보인의궤로는 1687년(숙종 13)에 행한 인조장렬후(仁祖莊烈后)의 책보(册寶) 개수(改修)에 대한 의궤인 책보수개도감의궤(册寶修改都監儀軌), 1705년에 행한 종묘 및 영녕전의 보책(寶册)과 보갑(寶匣)의 개조에 대한 의궤인 금보개조도감의궤(金寶改造都監儀軌), 같은 해에 태조비 신의왕후(神懿王后)의 금보를 개조한 사실을 적은 동일 제명의 의궤 등이 있다.

④ 대사례의궤(大射禮儀軌): 조선 영조 때 시행한 대사례 의식을 기록한 책이다. 대사례란 국가에 행사가 있을 때 임금과 신하가 한자리에 모여서 활을 쏘아 그 예의 도수[禮數]를 살피는 의례를 말한다. 필사본이며 1책 94장으로 구성되어 있고, 규장각도서이다. 1743년(영조 19)의 대사례 의식을 채색도(彩色圖)와 함께 수록하였다.

참고문헌 한국민족문화대백과, 한국학중앙연구원

05 정답 ①

① 동지로부터 105일째 되는 날은 한식(寒食)이다. 설날・단오・추석과 함께 4대 명절의 하나로, 음력 2월 또는 3월에 든다. 2월에 한식이 드는 해는 철이 이르고, 3월에 드는 해는 철이 늦다. 그래서 "2월 한식에는 꽃이 피지 않아 3월 한식에는 꽃이 핀다."는 말이 있다. 한식은 어느 해나 청명절(清明節) 바로 다음날이거나 같은 날에 든다. 이때는 나무 심기에 알맞은 시기이다.

알아두기

■ 단오

단오는 수릿날[戌衣日・水瀬日]・중오절(重午節)・천중절(天中節)・단양(端陽)이라고도 한다. 단오의 '단(端)'자는 처음 곧 첫 번째를 뜻하고, '오(午)'자는 오(五), 곧 다섯의 뜻으로 통하므로 단오는 '초닷새[初五日]'라는 뜻이 된다. 일 년 중에서 가장 양기(陽氣)가 왕성한 날이라 해서 큰 명절로 여겨왔고, 여러 가지 행사가 전국적으로 행해지고 있다.

단오는 더운 여름을 맞이하기 전 초여름의 계절이며, 모내기를 끝내고 풍년을 기원하는 기풍제이기도 하다. 단오 행사는 북쪽으로 갈수록 번성하고 남쪽으로 갈수록 약해지는데 대신 남쪽에서는 추석 행사가 강해진다. 또한, 단오는 1518년(중종 13) 설날・추석・한식과 함께 '4대 명절'로 정해진 적도 있었다. '수리'란 우리말의 수레[車]인데, 높다[高], 위[上] 또는 신(神)이라는 뜻도 있어서 '높은 날, 신을 모시는 날' 등의 뜻을 지니고 있다. 단오의 풍속 및 행사로는 창포에 머리 감기, 쑥과 익모초 뜯기, 부적 만들어 붙이기, 대추나무 시집보내기, 단오 비녀 꽂기 등의 풍속과 함께 그네뛰기・씨름・석전(石戰)・활쏘기 등과 같은 민속놀이도 행해졌다.

참고문헌 한국민족문화대백과, 한국학중앙연구원

06　정답 ①

① 진양조장단은 판소리 장단 가운데 가장 느린 장단으로 속도에 따라 '늦은진양조, 진양조, 자진진양조' 등으로 세분하여 나누기도 한다. 1장단이 24박으로 6박이 1각을 이루는 4각으로 이루어졌다. 판소리·산조 및 전라도 민요인 〈육자배기〉 등에 쓰이며, 판소리에서 진양조장단으로 부르는 유명한 대목으로는 〈춘향가〉 중 옥중가(獄中歌), 〈심청가〉 중 범피중류(泛彼中流), 〈적벽가〉 중 고당상(高堂上) 등이 있다.
② 동편제는 운봉·구례·순창·흥덕 등지의 전라도 동북지역에 전승되어 왔는데 비교적 우조(羽調)를 많이 쓰고 발성을 무겁게 하고 소리의 꼬리를 짧게 끊고 굵고 웅장한 시김새로 짜여 있다.
③ 판소리 공연에서 발림은 창자가 하며, 고수는 추임새를 한다. 고수의 추임새는 광대의 소리에 흥을 돋우는 구실, 소리의 공간을 메워주는 구실, 장단의 박을 대신하는 구실, 광대의 상대역으로써 연극성을 돋우는 구실, 음악 또는 극적 요소를 돋우어주는 구실 등을 한다.
④ 창자가 작중 인물을 몸짓으로 흉내 내는 것을 '발림'이라고 한다. 판소리에서 광대가 소리나 아니리로 이야기를 엮으며 몸짓하는 것을 발림이라 하고 그 밖에 너름새 또는 사체라고도 이른다. 발림이란 춤이나 놀이에서 벌이는 몸짓을 뜻하는 것으로, 판소리에서 발림은 소리에 따른 춤 같은 몸짓, 소리 가락을 강조하기 위한 몸짓, 사설의 극적 내용을 그리는 몸짓을 포함한다.

알아두기

■ 판소리

판소리는 한 사람의 창자(唱者)가 한 고수(鼓手)의 북 장단에 맞추어 긴 서사적인 이야기를 소리(노래)와 아니리(말)로 엮어 발림(몸짓)을 곁들이며 구연하는 창악적 구비서사시(口碑敍事詩)이다. 판소리는 전 세계적으로 다양하게 존재하였던 구비서사문학의 독특한 발전형인 동시에, 한민족이 지녀온 갖가지 음악 언어와 표현 방법이 총결집된 민속악의 하나이며, 현장 연희에서는 일부 연극적인 표현 요소까지도 구사하는 종합적 예술이다. 조선 중기에는 소리광대가 여러 이야기를 판소리로 짜서 불렀던 가운데 열둘을 골라 판소리 열두 마당이라 했는데, 조선 후기에 하나씩 사라져 조선 말기에 활동하던 명창을 마지막으로 <춘향가>·<심청가>·<흥보가>·<수궁가>·<적벽가> 다섯 마당만 남고 나머지는 모두 전승이 끊어졌다. 판소리에는 느린 장단인 진양, 보통 빠른 중모리, 조금 빠른 중중모리, 빠른 자진모리, 매우 빠른 휘모리, 이렇게 느리고 빠른 여러 장단이 있어 사설에 나타난 긴박하고 한가한 여러 극적 상황에 따라 가려 쓴다.

참고문헌 한국민족문화대백과, 한국학중앙연구원
　　　　　 두산백과 두피디아

07 정답 ④

① 오구굿은 경상도와 강원도 영동지방에서 죽은 이의 영혼을 저승으로 천도하기 위하여 행하는 굿이다. 사령제(死靈祭)의 하나인 오구굿은 행하는 시기에 따라 명칭이 다른데, 죽은 직후 행하는 굿을 '진 오구'라고 하고 사망한 지 일 년 이상 지난 다음에 하는 굿은 '마른 오구'라고 한다.

② 용왕제는 용왕에게 뱃길과 어민의 무사와 풍어를 비는 제의이다. 갯제·둑제·어장제·용신제·서낭굿·대동굿·배연신굿·배신굿·별신굿·풍어제·사해제·사해 사독제(四瀆祭) 등으로도 부른다. 신라시대에는 사해제, 고려시대에는 사해 사독제, 조선시대에는 용신제를 지냈다는 기록으로 바다와 물을 관장하는 신에게 비는 제의가 존재했음을 알 수 있다. 이는 오래전부터 어로를 생업으로 삼고 있는 어촌에서는 용왕굿이나 용왕제를 지내면서 배의 무사고와 풍어, 마을의 평안을 기원하였음을 보여 준다. 갯가 마을에서는 정초 당제날 상당제를 지낸 뒤 집단으로 용왕제를 지낸다. 지역에 따라서는 대보름에 또는 4월~5월과 11월의 길일을 잡아 제를 올리기도 하며, 격년제로 또는 삼년마다 올리는 곳도 있다.

③ 영등희는 남사당패를 중심으로 연행되어 온 민속인형극의 하나를 말한다. 한국의 전통인형극은 만석중놀이·영등희(影燈戲)·꼭두각시놀음·발탈 등이 있었으나, 만석중놀이와 영등희는 현재 전승되지 않고, 꼭두각시놀음과 발탈만이 전승된다.

④ 팔관회에 대해 고려 태조는 《훈요십조》에서 '천령(天靈) 및 오악(五嶽)·명산(名山)·대천(大川)·용신(龍神)을 섬기는 대회'라 그 성격을 말하고 있다. 하지만 팔관회는 불가에서 말하는 살생·도둑질·간음·헛된 말·음주를 금하는 오대계(五大戒)에 사치하지 말고, 높은 곳에 앉지 않고, 오후에는 금식해야 한다는 세 가지를 덧붙인 8가지의 계율을 하룻낮, 하룻밤 동안 한하여 엄격히 지키게 하는 불교 의식의 하나였다. 삼국시대(신라시대)에 시작되어 고려시대 국가행사로 치러진 종교행사이며 《삼국사기》에 의하면 팔관회는 551년(진흥왕 12)에 처음 행해진 이래 4차례의 기록이 보인다. 특히 이때 행해진 팔관회는 모두 호국적인 성격이 짙었다. 이런 팔관회가 국가적 정기 행사로 자리 잡게 된 것은 고려조에 들어서였다.

참고문헌 권영민, 한국현대문학대사전, 서울대학교출판부, 2004
한국민족문화대백과, 한국학중앙연구원
한국세시풍속사전, 국립민속박물관
두산백과 두피디아

08 정답 ④

ㄴ. 서울 올림픽대회: 제24회 하계 올림픽으로, 1988년 9월 17일부터 10월 2일까지 총 16일간 치러졌다.
ㄷ. 한일 피파월드컵: 제17회 월드컵으로, 2002년 5월 31일부터 6월 30일까지 총 31일간 치러졌다.
ㄱ. 인천 아시안게임: 제17회 아시안게임으로, 2014년 9월 19일부터 10월 4일까지 총 16일간 치러졌다.
ㄹ. 평창 동계올림픽대회: 제23회 동계 올림픽으로, 2018년 2월 9일부터 2월 25일까지 총 16일간 치러졌다.

참고문헌 한국민족문화대백과, 한국학중앙연구원
두산백과 두피디아

09 정답 ②

① 평창 대관령음악제: 강원특별자치도 대관령에서 열리는 국제적인 음악제로, 2004년부터 매년 7월에 평창군에서 열린다.
② 통영 국제음악제: 작곡가 윤이상을 기리기 위해 경상남도 통영시에서 열리는 음악제로, 2002년부터 시작하여 매년 3월에 열린다.
③ 자라섬 재즈페스티벌: 경기도 가평군 가평읍 달전리에 속한 자라섬에서 열리는 재즈 음악 축제로, 2004년부터 매년 10월에 열린다.
④ 전주 세계소리축제: 한국의 전통 음악을 세계에 알리고, 여러 나라의 음악적 유산을 폭넓게 교류하고 소통하기 위해 전라북도 전주에서 열리는 예술 축제로, 2001년부터 매년 10월 중순에 열린다.

참고문헌 두산백과 두피디아

10 정답 ④

① 서태지와 아이들은 3인조 그룹으로 1992년에 데뷔 앨범 '서태지와 아이들'을 발표하였다. 발매 당시 한국 가요계에 큰 화제를 불러일으켰으며 랩, 댄스, 헤비메탈 등 서태지와 아이들이 1집에서 한 음악적 시도들은 한국 가요계에 큰 영향을 미쳤다.
② 1990년대 중반 이후 국내에 종합유선방송(케이블TV)을 비롯한 뉴미디어 방송이 도입되었다.
③ 부산국제영화제는 새로운 작가를 발굴 및 지원함으로써 아시아 영화의 비전을 모색한다는 취지 아래 1996년부터 매년 가을에 개최되고 있다.
④ 부커국제상은 2005년 알바니아의 이스마일 카다레(Ismail Kadare)가 처음 수상하였으며, 2016년 5월에 한국의 소설가 한강(Han Kang)과 영국의 번역가 데보라 스미스(Deborah Smith)의 《채식주의자(The vegetarian)》(2007)가 수상작으로 선정되었다.

알아두기

■ 부커상(Booker Prize)
1969년 영국의 부커-맥코넬(Booker-McConnell)사가 제정한 문학상으로, 해마다 지난 1년간 영국연방 국가에서 출간된 영어 소설 가운데 가장 뛰어난 작품을 쓴 작가에게 수여한다. 영국 최고의 권위를 자랑하는 문학상이며, 노벨문학상·공쿠르상과 함께 세계 3대 문학상으로 꼽힌다. 초기에는 영국연방, 아일랜드, 짐바브웨 국적의 작가만 대상으로 하였으나 이후 점차 확대되어, 2013년부터는 전 세계 작가를 대상으로 시상하게 되었다.
초기 공식 명칭은 '부커-맥코넬상(Booker-McConnell Prize, 약칭 부커상)'이었으나 2002년부터는 영국의 '맨 그룹(Man Group)'이 스폰서로 선정됨에 따라 공식 명칭이 '맨부커상(Man Booker Prize)'으로 변경되었다. 그 후 2019년에 미국의 자선단체 '크랭크스타트(Crankstart)'가 새로운 스폰서로 선정되면서 다시 '부커상(Booker Prize)'으로 명칭이 변경되었다. 그리고 2005년에는 영어로 출간하거나 영어로 번역 가능한 소설을 출간한 작가에게 상을 수여하는 '맨부커국제상(Man Booker International Prize)'이 신설되었다. 2005년부터 2015년까지 격년으로 시상하였으며, 2016년부터 영어 번역 소설을 출간한 작가와 번역가에 대해 매년 시상하는 것으로 변경되었다. '맨부커국제상' 또한 2019년에 부커상의 명칭이 변경되면서 '부커국제상(Booker International Prize)'으로 함께 변경되었다.

참고문헌 한국민족문화대백과, 한국학중앙연구원
두산백과 두피디아

11 정답 ④

① 〈공동경비구역 JSA〉는 박상연이 문예지 《세계의 문학》에 발표한 소설 〈DMZ〉(1996)를 박찬욱 감독이 2000년에 각색하여 연출한 작품이다. 남북 분단을 소재로 한 이 영화는 판문점 일대를 세트로 제작하여 연출되었다. 서울종합촬영소의 8,000여 평에 9억 원을 들여 완성한 오픈 세트장에서 판문점, 팔각정, 회담장 등을 사실적으로 재현하였다. 이 작품은 남북 군인의 우정이라는 민감한 소재를 다루었음에도 불구하고 579만여 명의 관객을 동원하는 데 성공하였다.
② 〈쉬리〉는 강제규 감독이 1999년에 연출한 영화로, '쉬리'는 극중에서는 한국에 침투한 북한 특수부대의 작전명이다. 이들과 맞서 싸우는 한국 정보기관 요원인 유중원(한석규 분)과 이장길(송강호 분)의 활약을 담았다.
③ 〈강철비〉는 양우석 감독이 2017년에 연출한 영화로, 북한에서 발생한 쿠데타로 최정예요원 엄철우(정우성 분)가 치명상을 입은 북한의 권력 1호와 함께 남한으로 내려오면서 벌어지는 일촉즉발 위기 상황을 그린 액션 첩보 영화이다.
④ 〈부당거래〉는 2010년에 개봉한 범죄 스릴러 영화로, 류승완 감독의 작품이다. 검사와 경찰의 비리로 얼룩진 사회를 그린 범죄 스릴러 영화이다.

참고문헌 한국민족문화대백과, 한국학중앙연구원
두산백과 두피디아

12 정답 ①

① 〈반달〉은 윤극영(尹克榮)이 작사·작곡한 동요로 1924년에 발표되었다. 우리나라 창작 동요의 효시가 되는 노래이다. 방정환(方定煥)이 제창한 '어린이 문화 운동'이 1923년 색동회에서 펼쳐지자 윤극영은 색동회의 일원이 되어 나라를 빼앗긴 어린이들에게 '아름다운 꿈과 용기와 희망을 주는 동요를 부르게 하자'고 주장하였다. 이 노래는 일제강점기에 어린이뿐만 아니라 남녀노소가 모두 즐겨 부르던 동요였으며, 오늘날까지도 불리는 민족의 노래로 남게 되었다.
② 〈선구자〉는 윤해영(尹海榮) 작사, 조두남(趙斗南) 작곡의 가곡이다. 작사지 윤해영에 대해시는 거의 알려진 바 없으나, 원래 선구자의 시는 북간도 용정(龍井)을 배경으로 작시한 것으로 가사 첫머리의 '일송정(一松亭)고개'는 독립투사들이 오가며 쉬던 곳이며, '해란강(海蘭江)'은 그 옆을 흐르던 강 이름으로 알려져 왔다. 작곡자 조두남은 당시 망명 청년으로서 만주 모란강에서 1933년 21세 때에 윤해영의 시에 곡을 붙인 것이라고 하였다. 그러나 두 사람 모두 친일 논란이 있으며, 박태준 작곡인 '님과 함께'를 표절했다는 논란이 있다.
③ 〈봉선화〉는 김형준(金亨俊) 작사, 홍난파(洪蘭坡) 작곡의 가곡이다. 1920년에 발표되었으며, 일명 〈봉숭아〉라고도 한다. 나라를 잃은 슬픔을 노래한 시를 작곡가의 바이올린 독주곡 〈애수(哀愁)〉의 선율에 맞춘 곡이다.
④ 〈고향의 봄〉은 이원수(李元壽) 작사, 홍난파(洪蘭坡) 작곡의 동요이다. 가사는 이원수의 초기 동요 작품으로 월간 아동문학지 《어린이》에 수록된 것이다. 이것을 보고 홍난파가 작곡하여 그의 작곡집 《조선동요백곡집》(1929)에 수록하였다.

참고문헌 한국민족문화대백과, 한국학중앙연구원

13 정답 ③

① 2022년 12월 31일 기준 등록외국인 수는 총 118만 9,585명으로 집계되었으며, 그중 한국계 중국인이 237,869명으로 가장 많았다.
② 다문화가족지원법(법률 제8937호, 약칭 다문화가족법)은 다문화가족 구성원이 안정적인 가족생활을 영위할 수 있도록 하며, 이들의 삶의 질 향상과 사회통합에 이바지함을 목적으로 2008년 3월 21일에 제정되었으며, 2008년 9월 22일부터 시행되었다.
③ 한국은 단일 민족 국가라는 민족주의, 순혈주의가 다른 국가에 비해 강해 다른 민족과의 결혼을 쉽게 받아들이지 못하여 다문화가족은 오랜 시간 동안 차별받아 왔다.

알아두기

■ **다문화가족(多文化家族)**

서로 다른 국적·인종이나 문화를 지닌 사람들로 구성된 가족을 말하며, 다문화가정이라고도 한다. 한국은 단일 민족 국가라는 민족주의, 순혈주의가 다른 국가에 비해 강하여 다문화가족은 오랜 시간 동안 혼혈가족, 혼혈아 등으로 불리며 차별받아 왔다. 그러나 20세기 말 세계화와 이주화로 외국인 유입이 증가하고 국제결혼이 급증하면서 다문화가족은 새롭게 조명되기 시작했다.

한국의 다문화가족은 우리와 다른 민족 또는 다른 문화적 배경을 가진 사람들이 포함된 가족을 총칭하는 용어이다. '다문화가족'이라는 용어는 2003년 30여 개 시민단체로 구성된 건강가정시민연대가 기존의 혼혈아, 국제결혼, 이중문화가족 등의 차별적 용어 대신 '다문화가족'으로 대체하자고 권장하면서 사용되기 시작하였다. 시대별로 다문화가족의 모습은 변화할 뿐만 아니라 다문화가족 개념 자체도 연구자에 따라 상이하여 다양하게 정의되고 있다. 좁은 의미로는 국제결혼으로 한정하여 결혼이민자와 한국인으로 형성된 가족을 지칭하고, 넓은 의미로는 우리와 다른 민족적·문화적 배경을 가진 사람들로 구성된 가족을 통칭하여 규정하기도 하며, 한국 사회에 거주하고 있는 외국인노동자, 결혼이민자, 외국인 거주자 및 그들의 자녀까지 포함하여 정의하기도 한다.

관련법인 「다문화가족지원법」(2008)에서는 대한민국 국민과 혼인 관계(또는 혼인 경험이 있는)에 있는 재한외국인과 대한민국 국적을 가진 한국인으로 이루어진 가족 또는 「국적법」에 의해 귀화 허가를 받은 자와 출생 시부터 대한민국 국적을 취득한 자로 이루어진 가족으로 정의하고, 「재한외국인처우기본법」(2007)에 의해 대한민국 국민과 혼인한 적이 있거나 혼인 관계에 있는 재한외국인인 결혼이민자도 포함한다.

참고문헌 등록외국인 국적별·지역별 현황(2022.12.31. 기준), 법무부 출입국외국인정책본부
한국민족문화대백과, 한국학중앙연구원
다문화가족지원법, 국가법령정보센터

14 **정답** ②

① 대한민국 아이돌 그룹의 효시로 거론되는 가수는, 1992년의 '서태지와 아이들'로 보는 것이 중론이다. 이후 1년 뒤 '듀스'의 데뷔를 더해 두 그룹이 대한민국의 대중음악계에 끼친 영향은 대단히 컸다. 서태지와 아이들 데뷔 이전 대한민국 대중가요계의 주도권은 상대적으로 나이가 많은 30~40대의 기성세대가 가지고 있었지만, 두 그룹의 데뷔는 10~20대에게 대중음악계의 주도권을 넘겨주는 계기가 되어, 이후 가요계에서는 획기적인 변화가 불기 시작했다. 그 후, 서태지와 아이들이 해체되고 1996년 하반기 이후 H.O.T.의 데뷔를 기점으로 현재 말하는 '아이돌 전성시대'가 시작된 1세대 아이돌의 정의가 형성되었다고 볼 수 있다. H.O.T.를 비롯한 1세대 아이돌 가수들이 최고의 전성기를 누리기 시작한 1998년부터 KBS에서는 가요톱10이 종영하고 뮤직뱅크가 방영되기 시작하였고, MBC에서는 음악캠프가 방영되기 시작하였으며, SBS에서는 인기가요가 방영되기 시작하였다.

② K-pop 시장은 2009년에 이르러 YG(BIGBANG, 2NE1 등), SM(동방신기, 천상지희, 슈퍼주니어, 소녀시대, 샤이니 등), JYP(원더걸스, 2PM 등)의 3사 구도가 뚜렷해졌다.

③ 2012~2013년도에 싸이의 강남스타일이 예상치 못한 흥행을 하였는데, 그 원동력은 유튜브였다. 싸이의 음악에 전 세계인들이 열광하였고, 그 인기는 꽤 오랫동안 지속되었다.

④ 〈아침이슬〉의 작곡·작사가 김민기가 JTBC 뉴스룸 인터뷰에서 밝히길, 원래 이 곡을 구상할 때에는 영감이 떠오르지 않았었는데 화자를 '그'에서 '나'로 바꾼 후에 훨씬 더 감정의 이입이 잘 되었고, 당시의 시대상을 마주한 '나'의 기분을 잘 쓸 수 있었다고 한다. 이 곡에서 '태양은 묘지 위에 붉게 떠오르고'라는 가사가 불순하다는 이유로 한때 금지곡으로 지정당하기도 하였다. 해석에 따라서는 '묘지'는 당시 민주 항쟁으로 죽어간 이들을 뜻하고, 그 위에 '떠오르는 태양'은 일출의 이미지, 즉 새로운 아침·새 시대·새 희망으로 보는 의견도 있다.

15 정답 ③

③ 월드컵 길거리 응원은 1988년 프랑스 월드컵에서 처음 시작되었지만 길거리 응원이라는 개념이 자리 잡은 것은 2002년 한일 월드컵 때부터다. 2002년 월드컵 당시 서울 시청 앞 광장, 광화문 광장, 신촌 로터리 등 서울특별시의 주요 광장은 물론 전국 각지의 광장에 시민들이 붉은색 티셔츠를 입고 모여서 응원을 벌였는데, 이 모습이 세계 축구팬들의 눈길을 끌면서 한국의 길거리 응원에 대한 관심이 높아졌다. 기사를 통해 당시 붉은 옷을 입은 수많은 한국 사람의 모습이 세계 곳곳에 전해졌고, 특유의 공동체 정신을 바탕으로 경기가 끝난 후 깔끔하게 뒷정리까지 하는 모습에 찬사를 받기도 했다. 대한민국의 길거리 응원 문화에 큰 감명을 받은 FIFA는 2006년 독일 월드컵부터 'FIFA 팬 페스트(FIFA Fan Fest)'라는 이름의 행사를 기획하여, 월드컵 개최국의 각 도시에 야외 응원 무대를 설치하고 수많은 관객을 모아 길거리 응원을 진행하였다. 그리고 점차 FIFA 행사 외에도 세계 각지에서 다양한 행사들이 생기며, 이제는 길거리 응원에 나서는 것이 굉장히 흔한 일이 되었다.

16 정답 ④

①·②·④ 《국제시장》은 윤제균 감독의 영화로, 1950년 한국전쟁 그리고 파란만장했던 대한민국의 역사적, 문화적 사건(흥남 철수, 파독 광부, 월남 전쟁, 이산가족 찾기)들을 중심으로 이 시대를 살아왔던 우리 아버지들의 삶을 이야기한다. 2014년 12월 17일에 개봉하여 관객을 1,425만 7,115명을 동원하는 기록을 세웠다.

③·④ 《택시운전사》는 장훈 감독의 영화로, 5·18 광주 민주화 운동을 알리기 위해 광주에 잠입한 독일 기자 위르겐 힌츠페터(1937~2016)와 그를 태우고 광주로 향한 택시운전사 김사복(김만섭)의 실화를 모티브로 한 작품이다. 2017년 8월 2일에 개봉하여 개봉 19일 만에 1,000만 관객을 돌파해 화제가 되었다. 영화진흥위원회 발권 통계 기준 1,218만 명의 관객 수를 기록했다.

참고문헌 이윤정, 사회기호학과 비주얼스토리텔링, 커뮤니케이션북스, 2016
시사상식사전, pmg 지식엔진연구소

17 정답 ①

① 채만식의 《태평천하》는 일제강점하 지주이자 고리대금업자인 윤직원 집안의 몰락과 해체 과정을 그리고 있는 작품으로, 판소리 사설을 연상시키는 독특한 문체가 작품의 재미를 더한다. 1930년대 서울 한 평민 출신 집안의 3대를 등장시켜 세대 간의 차이를 다루고, 특히 구두쇠인 윤직원을 중심으로 사건, 행동, 성격을 풍자적으로 묘사했다. 작가는 이러한 풍자를 인물의 묘사뿐만 아니라 식민지 현실의 모순을 묘사하는 데도 사용하는데, 이는 '태평천하'라는 반어적 성격의 제목에서도 잘 드러난다.
② 이광수의 《무정》은 자아의 각성을 바탕으로 한 남녀 간의 애정 문제를 민족에 대한 각성으로까지 확대한 소설이다. 신소설에 비하여 남녀 간의 애정 문제를 구체화하였고 섬세한 심리묘사로까지 발전시켰다.
③ 박태원의 《천변풍경》은 약 1년 동안 서울 청계천변을 중심으로 하여 벌어지는 서민들의 다양한 생활상을 그리고 있다. 모두 50절로 나누어져 있는 이 작품에는 약 70여 명의 인물이 등장한다.
④ 홍명희의 《임꺽정》은 조선 명종 때 임꺽정을 우두머리로 하여 황해도 일대에서 실제로 활약했던 화적패의 활동을 다룬 작품으로 봉단편, 피장편, 양반편은 임꺽정의 화적패가 결성되기 이전 시기의 정치적 혼란상을 폭넓게 묘사하는 한편, 백정 출신의 장사 임꺽정의 성장과정을 그리고 있다.

참고문헌 권영민, 한국현대문학대사전, 서울대학교출판부, 2004
한국민족문화대백과, 한국학중앙연구원

18 정답 ③

③ 이상화의 〈빼앗긴 들에도 봄은 오는가〉는 1926년 《개벽(開闢)》 6월호에 발표되었다. 작자의 뜨거운 열정과 날카로운 현실 감각이 빚어낸 자유시이자 대표적인 저항시다.

알아두기

■ 백조

1922년 문화사에서 배재학당과 휘문의숙 출신의 문학청년들이 모여서 발행한 문예동인지이다. 1922년 1월 박종화(朴鍾和)·홍사용(洪思容)·나도향(羅稻香)·박영희(朴英熙) 등이 창간하였다. 편집인은 홍사용, 발행인은 일제의 검열을 피하기 위해 외국인을 택했는데, 1호는 아펜젤러(미국인 선교사, 배재학당 교장), 2호는 보이스 부인(미국인 선교사), 3호는 훼루훼로(망명한 러시아인)이다. 대체로 시 분야의 활동이 활발하였다. 주요 작품들은 시 분야에서 이상화(李相和)의 〈나의 침실로〉(제3호), 박영희의 〈꿈의 나라로〉(제2호)·〈월광(月光)으로 짠 병실(病室)〉(제3호), 박종화의 〈흑방비곡(黑房悲曲)〉(제2호)·〈사(死)의 예찬(禮讚)〉(제3호) 등이고 소설 분야에서 나도향의 《여이발사》(제3호), 현진건(玄鎭健)의 《할머니의 죽음》(제3호), 박종화의 《목매는 여자》(제3호) 등을 들 수 있다.

문학적 경향을 흔히 낭만주의적인 것으로 이야기하나, 그것은 시 분야에 국한된 일이고 소설 분야에 있어서는 당시 유행하는 사조(思潮)인 자연주의적인 성격이 짙다. 당시의 동인지는 어느 뚜렷한 문학적인 주의나 사조에 의하여 뭉친 동인이기보다는 문학 동호인의 친교적 성격이 강하였던 만큼 무슨 주의 일색으로 보기는 어렵다.

참고문헌 한국민족문화대백과, 한국학중앙연구원

19 정답 ④

① 김소월의 〈초혼〉은 1925년 12월에 펴낸 시집 《진달래꽃》에 처음 발표되었다.
② 김소월의 〈접동새〉는 1923년 《배재(培材)》 2호에 〈접동〉이란 제목으로 발표했다가 1925년 매문사(賣文社)에서 펴낸 첫 시집 《진달래꽃》에 〈접동새〉로 제목을 바꾸어 실었다.
③ 김소월의 〈왕십리〉는 1923년에 발표된 작품이다.
④ 〈오감도〉는 이상(李箱)이 지은 시로, 1934년 7월 24일부터 8월 8일까지 《조선중앙일보》에 연재되었다.

알아두기

■ 산유화

김소월(金素月) 작사, 김성태(金聖泰) 작곡의 1946년 가곡이다. 우리의 전통 예술에서 찾을 수 있는 여백미와 정·중·동의 멋을 표현한 곡으로, 작곡자에 의하면 시의 낭송에서 생기는 아름다운 시정과 민요적 율동을 음악으로 옮겨 적은 것이라고 한다. 곡의 구성은 민요적 장단을 소재로 하고 있다.
"산에는 꽃 피네. 꽃이 피네 꽃이 피네. 갈 봄 여름 없이 꽃이 피네 꽃이 피네. 산에 산에 피는 꽃은 저만치 혼자서 피어 있네. 산에서 우는 작은 새요. 꽃이 좋아 산에서 사노라네. 산에는 꽃 지네. 꽃이 지네 꽃이 지네. 갈 봄 여름 없이 꽃이 지네 꽃이 지네."

참고문헌 이응백·김원경·김선풍, 국어국문학자료사전, 1998
한국민족문화대백과, 한국학중앙연구원

20 정답 ④

① 이범선의 《오발탄》은 1959년 10월 《현대문학》에 발표된 단편 소설이다.
② 박경리의 《불신시대》는 1957년 8월 《현대문학》에 발표된 단편 소설이다.
③ 서기원의 《암사지도》는 1956년 11월 《현대문학》에 발표된 단편 소설이다.
④ 이청준의 《병신과 머저리》는 1966년 《창작과 비평》 가을호에 발표된 단편이다.

참고문헌 권영민, 한국현대문학대사전, 서울대학교출판부, 2004

21 정답 ②

② 성인 학습자가 모어의 영향을 더 크게 받는다.

알아두기

■ 모어 영향
모어 영향이란 제2언어 학습자가 목표어를 학습할 때 모어의 특징이나 규칙으로부터 자유롭지 못하여 받게 되는 영향을 말한다. 외국어 학습은 모어의 영향을 받을 수밖에 없다. 이때 긍정적인 영향에 주목할 때는 '촉진', 부정적인 영향에 주목할 때는 '간섭', 중립적인 개념으로는 '전이'라는 용어를 쓴다. 제2언어 습득 시 모어의 영향은 음운, 의미, 통사, 관용어 등 여러 분야에 걸쳐 나타난다. 예를 들어 목표어의 음운을 배울 때 모어에도 있는 소리를 습득하는 것은 용이하나 모어에 없는 소리가 제2언어의 음운 체계 중에 있다면 이를 습득하는 데는 많은 어려움이 따른다.

참고문헌 서울대학교 국어교육연구소, 한국어교육학사전, 하우, 2014

22 정답 ①

① 한국에서 장기 체류하며 한국 생활을 위해 한국어를 배워야 하는 경우인 ㄱ, ㄷ의 경우가 KSL 대상자라고 할 수 있다.

알아두기

■ 제2언어로서의 한국어 교육(KSL; Korean as a Second Language)
외국어로서의 한국어 교육은 초기 한국어 교육 분야에서 '한국어 교육'을 대체하는 말로 사용되었다. 하지만 최근 논의로 보면 외국어로서의 한국어 교육은 한국어 교육의 세분화된 한 부류에 해당한다. 즉, 한국어 교육 분야에서는 학습 환경에 따라 '외국어로서의 한국어 교육(KFL; Korean as a Foreign Language)'과 '제2언어로서의 한국어 교육(KSL; Korean as a Second Language)'이 구분되어 사용된다. 국외에서 한국어를 학습하는 외국인 학습자가 KFL 환경에 있다고 한다면, 한국에 들어와 장기 체류나 영구 체류를 하는 유학생 또는 이주민과 그의 자녀는 KSL 환경에 있다고 할 수 있다. 또한 '계승어로서의 한국어 교육(KHL; Korean as a Heritage Language)'으로 구분하기도 한다. 예를 들어, 재외동포의 경우 한국어 학습의 목표나 요구 및 가정에서의 한국어 사용 등 학습 환경에서 차이가 있을 수 있어 KHL과 같이 독립된 영역으로 보는 것이다.

참고문헌 한국민족문화대백과, 한국학중앙연구원

23　정답 ③

③ 총괄 목표는 각 등급의 한국어 학습이 완료되었을 때 학습자가 도달해야 하는 목표이며, 각 등급의 세부 목표와 세부 내용을 종합하여 기술되어 있다. 1급과 2급인 초급 단계에서는 일상생활과 관련한 주제를 중심으로, 3급과 4급인 중급 단계에서는 친숙한 사회적·추상적 주제를 중심으로, 5급과 6급인 고급 단계에서는 친숙하지 않은 사회적·추상적 주제를 중심으로 한다. 즉, '일상적인 것 → 친숙한 것 → 친숙하지 않은 것'으로 범위를 확장하는 체계를 가지며, 사회적이고 추상적인 주제도 중급에서는 친숙한 것을 중심으로 하나, 고급 단계에서는 친숙하지 않은 것으로 확장된다.

알아두기

■ 한국어 표준 교육과정(제2020-54호)
등급별·언어기술별 성취기준 중 총괄 목표만 발췌하였다.

등급	총괄 목표
1급	기초적이고 일상적인 내용의 짧은 대화에 참여할 수 있으며, 자주 접하는 소재의 짧은 글을 읽거나 쓸 수 있다. 인사나 소개, 간단한 메시지, 정보의 이해나 교환 등의 기초적인 의사소통 기능을 수행할 수 있다.
2급	일상적으로 접하는 공적 상황에서의 간단한 대화에 참여할 수 있으며, 이러한 상황에서 필요한 글을 읽거나 쓸 수 있다. 정보에 관해 묻고 답하기, 허락과 요청, 메시지의 이해나 교환 등의 의사소통 기능을 수행할 수 있다.
3급	자주 접하는 사회적 상황에서의 대화에 참여할 수 있으며, 자신과 관련된 사회적 소재의 글을 읽거나 쓸 수 있다. 권유나 조언, 간단한 설명에 대한 이해나 표현, 정보 교류 등의 의사소통 기능을 수행할 수 있다.
4급	친숙한 사회적·추상적 소재나 직장에서의 기본적인 업무와 관련된 담화에 참여할 수 있으며, 평소에 관심이 있는 사회적·추상적 주제의 글을 읽거나 쓸 수 있다. 동의와 반대, 지시와 보고, 생각이나 의도의 이해나 표현 등의 의사소통 기능을 수행할 수 있다.
5급	사회 전반에 대한 소재와 자신의 업무나 학업과 관련된 담화에 참여할 수 있으며, 사회적이거나 일부 전문적인 내용의 글을 읽거나 쓸 수 있다. 업무 보고, 협의, 체계적인 정보 전달, 의견이나 주장에 대한 이해와 표현 등의 의사소통 기능을 수행할 수 있다.
6급	전문적이거나 학술적인 영역에서 이루어지는 담화에 참여할 수 있으며, 사회적·문화적인 특수성이 드러나는 소재의 글이나 학술적인 소재의 글을 읽거나 쓸 수 있다. 설득이나 권고, 의견이나 주장에 대한 논리적이고 효과적인 이해와 표현 등의 의사소통 기능을 수행할 수 있다

참고문헌　문화체육관광부·국립국어원, 한국어 표준 교육과정, 하우, 2020

24 정답 ③

③ 학습자의 숙달도에 맞게 변형을 가하거나 실제적 입력을 제공하는 것이 좋으며, 특히 초급에서는 가능하면 이해하기 쉽도록 짧고 단순한 문장으로 말하는 것이 좋다. 즉 '외국인 말(foreigner talk)'이나 '아기 말(baby talk)'처럼 어휘, 문법, 발음, 비언어적인 면에서도 다양한 입력 변형을 가하여 언어의 형식과 기능 면에서 조정된 언어를 사용해야 한다. 외국어 수업을 성공적으로 이끌기 위해, 교사와 학습자 간의 의사소통을 촉진하기 위해, 학습자들의 이해를 돕기 위해서 천천히 말하거나 몸짓을 많이 사용하는 등 다양한 입력 변형을 가한다.

알아두기

■ 교사 말(teacher talk)

제2언어나 외국어 교육에서 목표어를 학습자들에게 이해하기 쉽고 효율적으로 가르칠 수 있도록 언어적, 상호 작용적 변형을 가하여 만든 특별한 말을 '교사 말'이라고 한다. 수업 중에 교사가 학습자들에게 하는 교사의 말은 교실 수업을 성공적으로 수행하기 위한 측면에서 중요할 뿐만 아니라 학습자들이 목표어를 습득하는 과정의 측면에서도 중요하다. 이는 언어 수업을 성공적으로 이끌기 위해서는 교사가 학습자들이 학습 내용을 잘 받아들일 수 있도록 해 주어야 하고, 학습자들에게 교실 안에서 목표어를 사용할 기회를 가질 수 있도록 하는 것이 필수 조건이기 때문이다. 언어 수업에서는 교사가 하는 말의 양과 유형, 교사가 학생들에게 하는 질문의 종류, 학생의 대화 참여에 대해 교사가 반응하는 방법 등에 따라 효과적일 수도 있고 그렇지 않을 수도 있다.

참고문헌 한재영 외, 한국어 교수법, 태학사, 2005

25 정답 ④

① 직무 수행에 필요한 한국어 능력을 배양하려는 것은 직업 목적 한국어 교육의 사례이다.
② 결혼이민자 또는 이주민을 위한 한국어 교육의 사례이다.
③ 대학이나 대학원에서 전공에 필요한 한국어 능력을 기르기 위한 것은 학문 목적 한국어 교육의 사례이다.
④ 일상생활에서 한국인과 자유롭게 의사소통하는 것이 목적인 경우가 일반 목적 한국어 교육의 사례이다.

참고문헌 서울대학교 국어교육연구소, 한국어교육학사전, 하우, 2014

26 정답 ①

① 학교 교육 현장에서 언어적·문화적으로 다양한 배경을 가진 학생들의 수가 급속하게 늘어나고 있는데, 이와 같은 배경을 가진 학생들은 대부분 한국어와 한국 문화에 익숙하지 않아서 학교생활 적응에 많은 어려움을 겪고 있다. 한국어 과목은 기본적으로 한국어 의사소통이 불가능하거나 현저히 부족한 학생을 대상으로 한다. 우선 중도입국 학생이나 외국인가정 자녀 등 한국에서 태어나고 자라지 않았거나 한국어가 아닌 다른 언어를 제1언어로 하는 학생, 한국에서 태어나고 자랐지만 외국 출신 부 또는 모의 제한된 한국어 수준에 영향을 받은 학생, 제3국 등 오랜 탈북 과정을 거쳐 입국한 학생, 또는 오랜 해외 체류 후 귀국한 학생 중에서 한국어 의사소통 능력이 부족하여 학교생활 적응이 어렵거나 한국어로 이루어지는 수업 참여에 어려움을 겪는 학생이 해당된다.
② 학년별·학기별이 아닌 숙달도 중심의 한국어 교육과정으로 구성한다.
③ 한국어의 교수·학습 내용은 '생활 한국어 교육'과 '학습 한국어 교육'으로 이루어진다. '생활 한국어 교육'은 일상생활과 학교생활에 필요한 기본적인 '한국어 의사소통 능력'을 함양하기 위한 내용으로 구성한다. '학습 한국어 교육'은 모든 교과 학습의 도구이자 기초가 되는 '학습 도구로서의 한국어 능력'과 각 교과 학습에 진입하고 적응하는 것을 돕는 '교과 적응 한국어 능력'을 함양하기 위한 내용으로 구성한다.
④ 초급 단계에서는 기초 한국어 의사소통 능력 함양에 집중하도록 학습목표를 설정하고 내용을 설계한다. 만약 학습 한국어 교육 중 교과 적응 한국어 영역은 중급 단계 이상의 한국어 능력을 습득한 학습자가 각 교과의 학습 수행에 적응이 필요한 경우에는 교과별 핵심 주제와 용어, 개념 등이 기반이 되는 내용을 중심으로 수업을 설계하여 운용한다.

알아두기

■ 한국어 교육과정 개정안(내용 체계)

구분		생활 한국어 교육	학습 한국어 교육	
		의사소통 한국어	학습 도구 한국어	교과 적응 한국어
언어 기능		듣기 / 말하기 / 읽기 / 쓰기		
언어 재료	주제	일상 기반	일상 및 학업 기반	교과 기반
	의사 소통 기능	일상 기반	일상 및 학업 기반	교과 기반
	어휘	일상생활 어휘 학교생활 어휘	교실 어휘 사고 도구 어휘 범용 지식 어휘	교과별 어휘
	문법	학령적합형 교육 문법	학령적합형 문식력 강화 문법	교과별 특정 문형
	텍스트 유형	구어 중심	구어 및 문어	문어 중심
문화		• 학령적합형 한국 문화의 이해와 수용 • 학령적합형 학교생활 문화의 이해와 적응		

참고문헌 한국어 교육과정 개정안(제2017-131호), 교육부

27 정답 ③

ㄱ. 의사소통의 내용
ㄴ. 의사소통이 이루어지는 상황

알아두기

■ 한국어 표준 교육과정(제2020-54호)의 내용 체계 구성 요소

구성 요소		내용
주제	의사소통의 내용	• 생각이나 활동을 이끌어 가는 중심이 되는 문제이자 내용 • 말이나 글의 중심이 되는 화제 • 개인 정보, 대인 관계, 여가, 교육 등
기능	의사소통의 기능	• 언어 형태를 기반으로 의사소통을 수행할 수 있도록 하는 것 • 의사소통을 통해 수행하고자 하는 일 • 설명하기, 비교하기, 동의하기 등
맥락	의사소통이 이루어지는 상황	• 언어 기술이 실제로 사용되는 상황 • 시공간적 배경, 담화 참여자의 역할 또는 관계 • 격식 수준, 구어·문어 차이, 높임법 수준 등
기술 및 전략	의사소통 수행의 세부 방식	• 언어 기술이 구현되는 데에 필요한 구체적인 기술과 전략 • 의사소통 문제 해결을 위해 목적을 가지고 실현되는 활동, 의사소통의 효율성을 높이기 위해 사용하는 기법이나 장치 • 듣기, 말하기, 읽기, 쓰기의 하위 기술과 전략
텍스트	내용이 담긴 형식과 구조	• 문장보다 큰 문법 단위로 문장이 모여서 이루어진 한 덩어리의 말이나 글 • 말이나 글의 유형·종류 및 그것의 형식과 구조 • 대화, 독백, 설명문, 논설문 등
언어지식	언어 재료	• 생각(내용)을 언어로 구현시키는 언어의 형태 • 한국어의 형태적, 통사적, 음운적 특성 • 의사소통 기능을 수행하는 데에 필요한 언어 재료인 어휘, 문법, 발음 등

참고문헌 문화체육관광부·국립국어원, 한국어 표준 교육과정, 하우, 2020

28 정답 ②

② 대화를 듣고 그 담화가 일어나는 장소를 추론하는 문항이다.

29 정답 ③

③ 교육과정 개발 단계는 '요구 분석 → 상황 분석 → 교육과정의 목표 기술 → 교수요목 설계 → 수업 절차 제공 → 교육 자료 개발 → 평가'로 이루어진다.

참고문헌 서울대학교 한국어문학연구소 외, 한국어 교육의 이론과 실제 2, 아카넷, 2012

30 정답 ①

ㄱ. 학습자의 직업 - 객관적 요구
ㄴ. 학습자의 외국어 학습 방법 - 주관적 요구
ㄷ. 학습자의 외국어 학습 경험 유무 - 객관적 요구
ㄹ. 학습자가 선호하는 학습 활동 유형 - 주관적 요구

알아두기

■ 요구 분석

브라운(Brown, 1995)의 요구 분석은 상황적 요구와 언어적 요구, 객관적 요구와 주관적 요구, 언어 내용 요구와 학습 과정 요구로 나누고 있다.

상황적 요구는 행정, 재정, 인력, 교육기관 등과 관련된 정보들이고, 언어적 요구는 학습자가 학습할 목표 언어와 관련되는 것으로 언어 사용 환경, 포함된 언어 능력, 학습자의 동기, 학습자의 현재 언어 능력 등이 해당된다.

객관적 요구는 학습자의 연령, 국적, 모국어, 교육 배경, 숙달도 수준, 외국어 학습 경험, 거주 기간, 직업 등과 같이 쉽게 구체화하거나 계량화할 수 있는 사실적 정보이다. 주관적 요구는 학습자의 학습 방법, 선호하는 학습 활동 유형, 중시하는 언어 기능, 도달하고자 하는 목표, 요구하는 학습 기간 등으로 학습자에 따라 필요와 기대가 다르다. 객관적 요구는 교육 내용을 상세화하는 데 필요하고 주관적 요구는 교수 학습 방법을 상세화하는 데 필요한 정보를 제공한다.

언어 내용 요구는 목표 언어에 대해 객관적으로 분석된 요구이며, 학습 과정 요구는 상황 요구의 관점에서 밝혀진 요구로 학습 동기, 자존감 등의 정의적 영역에서 분석된 주관적 성격을 가진다.

참고문헌 서울대학교 한국어문학연구소 외, 한국어 교육의 이론과 실제 2, 아카넷, 2012

31 정답 ②

② 나선형 교수요목은 순환형 교수요목이라고도 하며, 하나의 언어 과정 전체에 걸쳐 교수 항목을 한 번만 제시하는 것이 아니라 2회 이상 반복적으로 제시한다. 교수 항목이 반복 제시될 때마다 제시된 항목의 난이도와 복잡도가 더 심화되므로 선수 학습된 내용이 새로운 의미와 통합되어 학습이 강화된다는 장점이 있으나 설계가 용이하지 않다는 단점도 있다.

참고문헌 서울대학교 국어교육연구소, 한국어교육학사전, 하우, 2014

32 정답 ②

② 고전적 평가는 신뢰도를 중요시한다.

알아두기

■ 고전적 평가

고전적 평가는 대안적 평가의 상대적인 개념이다. 객관식 선다형 문항으로 구성된 규준 참조 시험, 즉 상대 평가를 포함하여 일컫는 말이다. 이는 현재까지도 일반적인 평가의 방식으로 통용되고 있다. 고전적 평가의 특징은 다음과 같다.

첫째, 규준 참조적 특성이 있기 때문에 정답 도출과 그 결과에 주목한다. 따라서 정답 도출을 쉽게 할 수 있는 방법인 선다형 문항으로 구성되는 경우가 대부분이다.

둘째, 언어 수행 능력을 직접적으로 평가하지 않고 언어의 하위 항목을 분리하여 언어 지식의 내재화 여부를 주로 평가한다.

이 외에도 브라운(Brown, 1995)은 비맥락화된 시험 문항, 점수로만 이루어진 피드백, 비상호 작용적 수행, 표준화된 시험 등을 고전적 평가의 특징으로 제시했다. 고전적 평가는 표준화된 부담이 높은 시험과 같이 객관성과 시험의 신뢰도가 중요한 때에 그 장점을 발휘한다. 또한 언어 교사의 목표어 숙달도가 높지 않아 직접 평가가 용이하지 않은 경우에도 시행이 가능하다.

참고문헌 서울대학교 국어교육연구소, 한국어교육학사전, 하우, 2014

33 정답 ④

① 동료 평가로 학습자들이 서로의 언어 수행 과정과 결과에 평가자로 참여하여 평가 의견을 제시하거나 일정 점수 또는 등급을 부여하는 학습자 중심 평가 방법이다.
② 수행 평가로 교수 학습과 관련된 실제적 과제를 수행하도록 하여 그 수행의 과정과 결과로 학습자의 지식, 기능, 태도를 종합적으로 판단하는 평가 방법이다. 수행 평가는 협동 학습을 유도하고 유의미한 과제를 통해 다양하고 통합적인 사고 능력을 함양시킬 수 있다는 점에서 학습 동기와 흥미 유발에 기여한다.
③ 대안적 평가 중 하나로 기존의 표준화된 시험 방식에서 탈피하여 학습자가 실제 무엇을 알고 있고 무엇을 할 수 있는지 알아내어 학습을 돕기 위한 평가 방법이다.

알아두기

■ 대안적 평가

대안적 평가는 지필 평가와 같은 고전적 평가에 대한 비판으로 등장한 새로운 평가 방식이며, 의사소통 중심의 통합적이고 총체적인 언어 교육의 관점에 바탕을 둔다. 즉, 대안적 평가는 수행의 과정과 결과를 다양하고 실제적인 언어 사용 맥락에서 평가한다. 따라서 학습자의 언어 숙달도에 대해 다층적이고 다면적인 정보를 얻을 수 있어 학습자 중심의 언어 교수 학습에 도움을 준다. 특히 언어 수행의 실제성과 평가 주체의 다양성을 중시하는 대안적 평가 방법은 학습을 유의미하게 할 뿐만 아니라 학습에 대한 자기반성의 기회를 제공하여 자율적이고 지속적인 학습을 유도한다. 대안적 평가의 방법으로는 수행 평가, 포트폴리오 평가, 동료 평가, 자기 평가 등이 있다.

■ 대안적 평가 방법의 특징

첫째, 실생활 맥락에서 쓰이는 언어의 다양한 사용과 수행을 중시한다.
둘째, 학습자의 인지적 발달뿐 아니라 정의적, 수행적 발달을 통합적으로 고려한다.
셋째, 학습자의 개별적인 사회 문화적 특성을 고려하여 평가를 설계하고 평가 결과를 추후 교수 학습에 활용하고자 한다.
넷째, 다양하고 다채로운 평가 자료와 방법을 동원하는데 예를 들어 수시적 평가와 같이 학습자의 발달 정보를 누적적으로 얻고자 한다.

즉, 대안적 평가는 한국어 수행 과정과 결과를 다양하고 실제적인 언어 사용 맥락에서 평가한다. 따라서 학습자의 한국어 숙달도에 대한 다층적이고 다면적인 정보를 얻을 수 있어 학습자 중심의 한국어 교수 학습에 도움을 준다. 특히 언어 수행의 실제성과 평가 주체의 다양성을 중시하여 한국어 학습을 유의미하게 할 뿐만 아니라 학습에 대한 자기반성의 기회를 제공하여 자율적이고 지속적인 한국어 학습을 유도한다.

참고문헌 서울대학교 국어교육연구소, 한국어교육학사전, 하우, 2014

34 정답 ④

④ 형성 평가는 교수 도중에 학습자의 학습 정도를 측정하여 교수 방법을 개선하고 앞으로 교수·학습 계획을 세우기 위한 목적으로 실시되는 시험이다. 이는 교수·학습의 각 단계에서 학습자들에게 학습에 대한 피드백을 주고, 필요한 경우 학습 내용의 보충, 학습 전략의 변경 등으로 학습자의 학습 효과를 극대화할 수 있으며, 수업 결손이 누적되는 것을 최소화하는 일정 역할을 한다. 또한 형성 평가는 성취도 평가에 비해 평가 범위가 작아 수시로 실시된다. 제시된 내용은 그날 학습한 내용을 점검하기 위한 목적으로 실시한 평가이므로 형성 평가에 해당한다. 또한 문장 만들기는 정답이 정해져 있는 것이 아니므로 주관식 평가에 해당한다.

알아두기

- **평가의 종류**
    1. 목적에 따른 평가 종류: 숙달도 평가, 성취도 평가, 선발 평가, 배치 평가, 적성 평가
    2. 역할에 따른 평가 종류: 진단 평가, 형성 평가, 총괄 평가
    3. 평가 방식에 따른 평가 유형: 규준 지향 평가와 준거 지향 평가, 객관식 평가와 주관식 평가, 직접 평가와 간접 평가, 분리 평가와 통합 평가, 속도 평가와 능력 평가, 분석적 평가와 총체적 평가

참고문헌 강현화 외, 한국어 평가론, 한국문화사, 2023

35 정답 ②

② 규칙 빈칸 메우기는 반 개방형으로 일정한 원칙에 따라 연속적으로 빈칸을 삽입한 문단을 완성하게 하는 형태의 문항이다. 폐쇄에 관한 형태 심리학적 개념에 기초하여 담화가 계속되는 단락에서 매 n번째에 해당하는 단어를 생략해 놓는 것이다. 단어의 생략은 보통 5~7번째 단어 사이에서 이루어지는 것이 일반적이다. 의미 있는 담화맥락에서 통사론적, 형태론적, 그리고 의미론적인 단서 등 언어의 다양한 양상에 관한 지식을 평가할 수 있다. 또한 규칙 빈칸 메우기는 특정 언어 요소를 지나치게 강조하는 교사의 주관적인 요소를 배제할 수 있고 언어 감각과 세부적인 지식을 통합적으로 평가하기에 적합하다는 장점이 있다. 그러나 평가하려는 요소를 모두 포함시킬 수 있는 문단을 제작하기가 어렵다는 단점도 있다.

참고문헌 강승혜 외, 한국어 평가론, 태학사, 2006

36 정답 ③

③ n은 50, U는 20, L은 4이므로, 문항 변별도 지수는 0.32가 된다. 문항 변별 지수가 1에 가까울수록 변별력이 높은 문항이고 0에 가까울수록 변별력이 떨어지는 문항인데, 일반적으로 변별도 지수가 0.40 이상이면 변별력이 높은 문항, 0.30~0.39는 변별력이 있는 문항, 0.20~0.29는 변별력이 낮은 문항, 0.10~0.19는 매우 낮은 문항, 0.10 미만은 변별력이 없는 문항이라고 본다.

알아두기

- **문항 변별도**
    문항 변별도는 문항이 수험자의 능력을 얼마나 변별력 있게 구별해 낼 수 있는가를 나타낸다. 문항 변별도가 높은 문항은 언어 능력이 우수한 수험자는 맞히고 그렇지 못한 수험자는 틀리는 문항을 말하며, 문항 변별도가 낮은 문항은 언어 능력이 높고 낮음과 상관없이 대부분의 수험자들이 정답을 맞히거나 맞히지 못하는 문항을 말한다. 문항 변별도 측정 결과 변별도가 낮은 문항은 수정되거나 제외되어야 한다.

참고문헌 국립특수교육원, 특수교육학 용어사전, 하우, 2009
강승혜 외, 한국어 평가론, 태학사, 2006

37 정답 ③

③ 내용 타당도는 해당 검사가 측정하려고 하는 속성을 제대로 측정했는지를 판단하는 타당도로 시험 문항이 평가하고자 하는 내용과 관련이 있는가, 교과 내용의 중요한 요소들을 문항 내용이 포괄하는가를 말한다. 평가(검사) 목표와 목적, 내용, 문항 유형 선택, 예상되는 학습자의 수행 정도(난이도), 채점 기준 등을 작성하는 평가 출제 계획표 작성으로 타당도 증진을 도모할 수 있다.

참고문헌 강승혜 외, 한국어 평가론, 태학사, 2006

38 정답 ②

② 문법은 교사가 예문을 제시하여 귀납적인 방법으로 가르치고, 교사가 제시한 예문으로 학습자는 해당 예문에서 사용된 문법을 추론한다.

> **알아두기**
>
> ■ 직접(식) 교수법
> 직접 교수법은 신 교수법, 혁신적 교수법, 음성적 교수법이라고도 불리며, 모국어의 개입 없이 해당 목표어로 직접 가르치는 교수법이다. 직접 교수법은 19세기 전후에 걸쳐 대두된 교수법으로, 당시 외국어 교육계를 지배하던 문법 번역식 교수법에 대한 반발에서 출발하였다. 직접 교수법은 제2언어를 배우는 것이 유아의 모어 습득과 같다는 전제에서 출발하여 구어가 중심이 되며, 일상생활의 실제적 대화가 교육 내용이 된다. 직접 교수법의 특징은 다음과 같다.
> 첫째, 수업은 목표어로 진행한다. 수업 시간에는 모국어를 사용하지 않으며 모국어나 목표어로의 번역은 금지한다.
> 둘째, 문법은 예문을 제시하며 귀납적인 방법으로 가르친다. 교사가 제시한 예문으로 학습자는 해당 문법의 용법을 추론한다.
> 셋째, 말하기와 듣기를 읽기와 쓰기보다 먼저 가르친다. 수업 시간에 말하기를 강조하여 수업의 80% 정도가 말하기로 이루어진다.
> 넷째, 실제적인 일상 장면과 상황을 제시하며 일상적인 어휘와 문장을 가르친다.
> 다섯째, 발음 교수를 중시하고 발음 기호를 도입한다.
> 여섯째, 구두 의사소통 기술들은 교사와 학습자 간의 질문과 대답을 통하여 단계적으로 익힌다.
> 일곱째, 구체적인 의미는 시각 자료를 사용하고 추상적인 의미는 다른 개념과의 관계를 통해 제시한다.
> 직접 교수법은 목표어를 직접 사용함으로써 문법 번역식 교수법이 지닌 약점을 탈피하고 구두 의사소통 능력을 배양하는 것을 교육 목표로 삼은 혁신적인 교수법이다. 그러나 모국어 사용을 금지하는 데에서 오는 비효율성, 목표어에 능숙한 교사 확보의 어려움, 명시적인 문법 설명을 피함으로써 야기되는 학습자의 오해 소지 등이 이 교수법의 문제점으로 지적된다.

참고문헌 서울대학교 국어교육연구소, 한국어교육학사전, 하우, 2014

39 정답 ③

ㄱ. 학습이 아닌 습득을 주장하므로 문법이나 기본 문형 등의 언어적 지식을 위한 연습은 철저히 배제되고 가능한 한 목표어를 많이 접하여 이를 자연스럽게 습득하도록 한다. 그러므로 학습자의 모국어 사용을 최소한으로 제한하며 목표어에 충분히 노출되도록 이끈다.
ㄴ. 오류 수정을 통한 피드백이 부족하고 언어 형태에 초점을 맞춘 명시적 교수가 부족하다.
ㄷ. 입력 가설로 학습자가 이해할 수 있거나 현재 학습자의 수준을 조금 넘어서는 수준의 입력(i+1)을 제공해 주고 학습 분위기를 흥미롭고 편안하게 이끌어 정의적 여과기를 낮추어 준다.
ㄹ. 이 내용은 크라센의 제2언어 습득 가설 중 자연 습득 순서 가설의 내용이다.

> **알아두기**
>
> ■ 자연적 접근법
>
> 1980년대 초반에 Terrell과 Krashen이 제2언어를 배울 때에도 어린이의 자연스러운 언어 습득 원리를 따른다는 자연주의 원리에 기반을 두고 제안한 교수법이다. 자연적 접근법의 목표는 학습자의 기본적인 의사소통 능력을 습득시키는 것이다. 자연적 접근법은 습득·학습 가설, 모니터 가설, 자연적 순서 가설, 입력 가설, 정의적 여과장치 가설 등 크라센의 다섯 가지 제2언어 습득 가설에 이론적 기반을 두고 있다. 자연적 접근법의 수업에서는 이해 가능한 입력(i+1)을 가능한 한 많이 제공하고, 듣기와 읽기를 중심으로 지도하고, 침묵하는 것을 인정하며, 정의적인 필터를 낮추기 위하여 유의미한 의사소통 활동 중심으로 수업 분위기를 긴장되지 않도록 운영한다.
>
> 그리고 특히 언어습득론에 기반을 둔 자연적 교수법은 문법적인 체계화가 언어 교수의 전제라는 입장에 반대한다. 이 교수법에서는 문법적으로 완벽한 발화의 생성을 중시하기보다는 이해 가능한 입력, 이해, 유의미한 의사소통을 강조하는 활동을 가능하게 하는 방법을 사용하기 때문이다.
>
> **참고문헌** 서울대학교 국어교육연구소, 한국어교육학사전, 하우, 2014
> 한재영 외, 한국어교육 용어해설, 신구문화사, 2011

40 정답 ④

④ 총체적 언어 접근법은 언어가 부분으로 나뉘지 않고 총체적으로 존재할 때에 그 의미와 가치가 있다는 접근법이다. 실제적인 의사소통 능력을 향상시키고자 언어 요소를 분리하지 않고 듣기, 말하기, 읽기, 쓰기를 총체적으로 가르치는 교수 방법이다.

> **알아두기**
>
> ■ 총체적 언어 접근법
>
> 총체적 언어 접근법은 언어가 부분으로 나뉘지 않고 총체적으로 존재할 때에 그 의미와 가치가 있다는 접근법이다. 실제적인 의사소통 능력을 향상시키고자 언어 요소를 분리하지 않고 듣기, 말하기, 읽기, 쓰기를 총체적으로 가르치는 교수 방법이다. 이는 1960년대 미국 초등학교 모국어 읽기 교육 현장에서 자생한 풀뿌리 운동에서 출발하였다. 총체적 언어라는 용어는 굿맨(K. Goodman)이라는 연구자에 의해 처음 소개되었는데 이후 재개념화를 거듭하며 미국 전역은 물론 호주, 캐나다 등 전 세계로 확산되었다. 총체적 언어 접근법의 원리는 다음과 같다.
>
> 1. 학습자 중심의 교육이다. 총체적 언어 접근법은 구성주의에 입각하여 학습자의 능동성을 강조하며, 언어를 개인적이면서 동시에 사회적인 것으로 전제한다. 개인의 모어, 성장 과정, 배경지식, 경험, 언어를 사용할 대상과의 사회적 관계와 목적 등에 따라 언어 학습의 내용이 달라져야 하기 때문이다. 학습자들의 개인적, 사회적인 요구와 필요를 반영하여 교육 목표, 내용과 방법 등 교육과정을 설계한다는 것이 다른 접근법과의 차이점이다. 이때 교사의 역할은 지식 전달자이지 권위자가 아니며 학습 내용에 대한 전문성과 학습자에 대한 이해를 바탕으로 학습자와 협동하는 존재이다. 즉 총체적 언어 접근법에서 학습이란 학습자의 필요와 요구에 따라 내용을 선정하고 교사나 친구들과의 상호 작용을 통하여 지식을 형성해 가는 과정이다.
> 2. 의미 중심의 교육이다. 학습은 학습자가 실생활에서 자신의 목적과 필요에 따라 실제로 지식을 사용할 수 있을 때에 비로소 의미를 갖는다. 총체적 언어 접근법은 실생활과 같이 실제적이고 진정성이 있는 교육 내용과 학습 활동을 강조한다. 따라서 언어를 문자 해독과 문법, 어휘, 낱말 인식 등의 언어 요소로 분리하지 않고 총체적으로 교육한다.
>
> **참고문헌** 서울대학교 국어교육연구소, 한국어교육학사전, 하우, 2014

41 정답 ④

① 암시 교수법은 심리적 장벽이 제거된 편안하고 안락한 분위기 속에서 권위 있는 교사에게 의지하여 효과적인 외국어 학습을 하도록 유도하는 교수법이다. 암시 교수법에 따른 수업에서는 외국어 학습에 방해가 되는 걱정이나 불안감, 두려움 등을 제거하고 학습자들이 편안한 심리 상태에서 입력을 받을 수 있도록 하여 학습자들에게 필요한 내용을 머릿속에 넣어 주는 활동을 한다. 암시가 효과적으로 이루어지기 위해서는 권위, 어린이화, 양면성, 억양, 리듬, 연주회 방식의 유사 수동성 등 여섯 가지 요소가 필요하다.
② 전신 반응 교수법은 교사의 명령이나 지시에 학습자가 신체적으로 반응함으로써 언어를 가르치는 것을 말한다. 듣기를 통한 언어 이해에 초점을 맞추었다는 점에서 이해 중심 교수법에 속하며, 듣기 발달이 말하기보다 앞서며 아동의 모어 습득과 유사한 방법으로 제2언어를 교육해야 한다는 점에서 자연적 교수법과도 관련된다.
③ 의사소통적 접근법은 의사소통 능력을 강조하는 영국의 기능주의 언어학과 미국의 사회언어학의 영향으로 전개된 교수 접근 방식이다. 이 접근법은 의사소통 원리, 과제의 원리, 유의미한 함의 원리라는 이론적인 전제를 바탕으로 여러 방법론을 포함한다. 의사소통적 접근법은 1970년대 이후 현대 외국어 교육의 경향과 부합되는 방법론들을 제시하여 외국어 교육 분야에서 보편적인 지지를 받고 있다. 또한 학습자 자신과 관련된 경험을 끌어내어 학습 동기를 높일 수 있고, 실제 생활에 바탕을 두고 있어서 의사소통 기능을 높일 수 있다는 장점이 있다.

알아두기

■ 공동체 언어 학습법

공동체 언어 학습법은 심리적 상담 기법을 학습에 적용시킨 교수법으로, 교사와 학습자를 상담자와 피상담자의 관계로 하여 교수 절차를 유도하는 학습법이다. 1976년에 커런(Curran)과 그의 동료들이 개발한 공동체 언어 학습법은 심리학을 교육에 적용한 것으로 '상담식 교수법'이라고도 부른다. 공동체 언어 학습법은 언어 학습 지도 과정을 5단계로 구분하였다.
1단계, 태아기로 학습자가 교사인 상담자에게 완전히 의존하는 단계이다.
2단계, 자기 주장기로 공동체의 동료가 번역된 문장을 반복하는 것을 들으면서 조금씩 새로운 표현을 익히고 사용하며 조금씩 자신의 의지를 표시하는 단계이다.
3단계, 출생기로 학습자의 목표어 표현력이 증대되기 시작하는 시기이다.
4단계, 역할 전도기로 목표어 능력이 향상되면서 보다 세련된 언어 지식을 수용하는 시기이다.
5단계, 독립 성년기로 학습자는 상담자가 가르치는 대부분의 언어 지식을 습득하고 더 나아가 공동체 내의 동료를 도와주는 상담자의 역할도 수행할 수 있게 된다.
공동체 언어 학습법에서는 번역, 녹음 전사, 집단 활동, 관찰, 듣기, 자유 대화 기법 등이 사용된다. 공동체의 상호 작용을 통해 수업 내용이 발전하기 때문에 교재는 꼭 필요한 요소로 여기지 않는다.

참고문헌 서울대학교 국어교육연구소, 한국어교육학사전, 하우, 2014

42 정답 ④

① 한국어에서 /ㅁ, ㄴ, ㅇ/를 제외한 모든 자음은 구강음이다.
② 기의 세기는 격음, 평음, 경음 순으로 강하다.
③ 평음인 장애음은 기본적으로 성대의 진동을 수반하지 않는 무성음이지만 /ㅅ/를 제외한 나머지는 유성음 사이에서 유성음으로 발음된다.
④ /ㅎ/ 뒤에 모음으로 시작된 어미나 접사가 결합되는 경우에는 /ㅎ/을 발음하지 않는다.

참고문헌 허용·김선정, 외국어로서의 한국어 발음 교육론, 박이정, 2013

43 정답 ②

① 'ㅑ, ㅒ, ㅕ, ㅖ, ㅘ, ㅙ, ㅛ, ㅝ, ㅞ, ㅠ, ㅢ'는 이중모음으로 발음한다. 이중모음 'ㅖ'는 표기대로 발음하는 것이 원칙이지만 '예, 례'를 제외한 나머지 환경에서는 이중모음 대신 단모음 [ㅔ]로 발음되는 경우가 매우 빈번하다. 그래서 이러한 발음 현실을 감안하여 '예, 례'와 같이 초성이 없거나 'ㄹ'이 초성에 있는 경우가 아닌 'ㅖ'는 이중모음으로 발음하는 것을 원칙으로 하되 단모음 [ㅔ]로 발음하는 것도 허용한다. 따라서 '계시다, 혜택'과 같은 단어는 표준 발음을 복수로 제시하고 있다.

② 'ㄴ, ㅌ, ㅎ' 등과 같이 'ㅇ'을 제외한 초성자 뒤에 'ㅢ'가 표기된 예들은 현실 발음을 반영하여 'ㅢ'를 [ㅣ]로 발음해야 한다. 여기에 따라 '무늬, 틔다, 희망'과 같은 단어는 각각 [무니], [티ː다], [히망]과 같이 발음하는 것이 표준 발음이다. 다만 '협의, 신의' 등과 같이 앞말의 받침이 뒷말의 초성으로 이동하여 'ㅢ' 앞에 자음이 오게 되는 경우에는 적용되지 않는다. 이중모음 'ㅢ'는 현대 국어에서 발음상의 변이가 심하기 때문에 이것을 고려하여 다양한 복수 표준 발음을 인정하였다. 우선, 단어의 둘째 음절 이하에 표기된 '의'는 [ㅢ] 이외에 [ㅣ]로 발음하는 것도 인정한다. 그래서 '주의'와 같은 단어는 [주의]가 원칙이지만 [주이]로 발음해도 표준 발음으로 인정된다. '협의'의 경우는 받침 'ㅂ'이 초성으로 이동하면 [혀븨]가 되어 [혀비]로 발음되지만 원래 표기는 '협의'이므로 표준 발음상의 원칙은 [혀븨]이고 [혀비]도 허용하는 것으로 한다.

③ 전설 원순모음에 해당하는 'ㅟ'와 'ㅚ'는 단모음 대신 이중모음으로 발음하는 경우도 적지 않으므로 발음 현실을 감안하여 'ㅟ'와 'ㅚ'의 경우 단모음 대신 이중모음으로 발음하는 것도 허용하고 있다. 'ㅟ'를 이중모음으로 발음할 경우에는 반모음 'ㅜ[w]'와 단모음 'ㅣ'를 연속하여 발음하는 것과 같고 'ㅚ'를 이중모음으로 발음할 경우에는 반모음 'ㅜ[w]'와 단모음 'ㅔ'를 연속하여 발음하는 것과 같아서 'ㅞ'와 동일하다고 할 수 있다. 반모음이 단모음 앞에 있는 경우 상승 이중모음이라고 한다. 즉 'ㅟ, ㅚ'는 'w계' 상승 이중모음으로도 발음할 수 있다.

④ '져, 쪄, 쳐'와 같이 'ㅈ, ㅉ, ㅊ' 뒤에 오는 'ㅕ'는 이중모음으로 발음하지 않고 단모음 'ㅓ'로 발음한다. '묻혀, 붙여, 잊혀' 등과 같이 표기상 '져, 쪄, 쳐'가 아니라도 발음상 '져, 쪄, 쳐'와 동일한 경우의 'ㅕ'도 이 규정의 적용을 받는다. 'ㅈ, ㅉ, ㅊ' 뒤에서 'ㅕ'가 발음되지 못하는 것은 'ㅈ, ㅉ, ㅊ'과 같은 경구개음 뒤에 반모음 'ㅣ[j]'가 연이어 발음될 수 없다는 국어의 제약 때문이다. 그래서 역사적으로 '쟈, 져, 죠, 쥬', '쨔, 쪄, 쬬, 쮸', '챠, 쳐, 쵸, 츄' 등은 현대 국어에 와서 모두 '자, 저, 조, 주', '짜, 쩌, 쪼, 쭈', '차, 처, 초, 추' 등으로 바뀌었으며, 한 형태소 내부에서는 표기도 발음대로 바뀌었다. 용언의 활용형에 나타나는 '져, 쪄, 쳐'도 [저, 쩌, 처]로 발음한다.

참고문헌 한국어 어문 규범 표준어 규정, 국립국어원

44 정답 ①

ㄱ. 장애음 뒤의 경음화는 음절 말 자음을 불파시키는 국어의 조음적인 특성으로 야기된다. 순수하게 음운론적인 원인에 의해 일어나므로 간단한 규칙을 제시하여 가르칠 수 있다. 예를 들면 '입병[입뼝], 닫다[닫따], 먹고[먹꼬]' 등이 있다.

ㄴ. 공명음 뒤의 경음화는 형태・통사론적인 정보를 요구하기 때문에 음운론적인 조건 환경이 충족되어도 형태・통사론적인 조건이 충족되지 않으면 경음화가 일어나지 않는다. 예를 들어 '용언 어간 말 비음 뒤 경음화'인데 '안다/안고/안지[안따/안꼬/안찌]'와 '간다[간다]'를 비교하면 '간다'의 경우 /ㄴ/은 현재 시제 선어말어미로 용언 어간의 마지막 자음이 아니므로 경음화가 실현되지 않는다. 이러한 규칙을 외국인에게 제시하여 가르치는 것은 효과적이지 않다.

ㄷ. 순행적 유음화는 '실내[실래]'처럼 '유음 + 비음'의 경우인데 한자어든 고유어 또는 외래어든 상관없이 /ㄴ/이 /ㄹ/ 뒤에 연결되었을 때에는 순행적 유음화가 일어나므로 간단한 규칙으로 가르칠 수 있다.

ㄹ. 역행적 유음화는 '비음 + 유음'의 경우인데 이 경우 /ㄴ/이 /ㄹ/로 발음되는 것의 예외가 있다. '신라[실라]'가 역행적 유음화의 예인데 '생산량[생산냥]'과 같이 후행하는 /ㄹ/이 /ㄴ/로 바뀌는 변동(치조비음화)이 일어난다. 예외가 있는 것은 외국인 학습자에게 간단한 규칙으로 지도하기가 어렵다.

ㅁ. 유음의 비음화는 '비음 + 유음'인 경우와 '장애음 + 유음'인 경우로 나뉜다. '비음 + 유음'의 경우에는 앞 음절의 받침이 비음 중에서 /ㅁ, ㅇ/ 중에 하나고, 뒤 음절의 첫소리가 유음일 경우(심리, 궁리)에 비음화가 일어나고, '장애음 + 유음'의 경우는 장애음이 유음의 영향으로 비음화가 되면서 유음 또한 /ㄴ/으로 비음화가 일어나게 된다. 유음의 비음화가 일어나는 환경이 간단하지 않으므로 규칙을 쉽게 설명하기에는 어려움이 따른다.

참고문헌 신승용, 국어음운론, 역락, 2013
허용·김선정, 외국어로서의 한국어 발음 교육론, 박이정, 2013
김성규·정승철, 소리와 발음, 한국방송통신대학교출판부, 2011

45 정답 ④

① 천천히 떨어지는 억양으로 실현되면 평서문, 문장의 끝을 올리는 억양으로 실현되면 의문문, 문장의 끝을 급격하게 빨리 내리면 명령문, 문장의 끝을 처음의 높이와 같이 유지하면서 끝을 조금 내렸다가 올리는 방식으로 실현되면 청유문이 된다. 청유문의 경우는 억양의 실현 양상이 명령문과 차이가 거의 없어서 '제안'을 억양으로 표현하는 것은 어려움이 있다. 문장의 첫 부분을 평서문보다 조금 더 높고 강하게 표현하다가 문장의 끝부분을 하강조로 실현하면 감탄문이 되는데 감탄문의 억양은 설명 의문문의 억양과 유사해 보이기도 한다.
② 한국어에서는 단어 단위로 소리의 높낮이에 따라 의미가 달라지는 경우가 없다. 소리의 높낮이 변화로 의미가 달라졌다면 이는 단어의 의미가 아닌 문장의 의미가 달라진 것이며 이것은 억양이라고 한다. 소리의 크기와 관련하여서는 강세나 악센트라는 용어를 사용하는데 한국어는 강세나 악센트에 의해 의미가 변별되지 않는다.
③ 한국어에서 음의 길이에 따라 의미의 변별이 이루어진다는 것은 한국인을 위한 국어 교육에서는 가르치고 있으나 외국인을 위한 한국어 교육에서는 중점적으로 다루지 않는다. 한국에서도 노년층에서는 구별하여 발음하는 사람이 있으나 젊은 층에서는 개별 낱말의 장단을 구별하여 발음하지 않는 경향이 있기 때문에 어휘적 장음의 경우 각 어휘별 음의 길이를 외국인 학습자들에게 강조할 필요는 없다.
④ "아버지 가방에 들어가신다."와 "아버지가 방에 들어가신다."같이 분절음의 연쇄에서 어디에 휴지를 넣느냐에 따라 의미가 구분되기도 하므로 이해하며 끊어 말할 수 있도록 지도한다.

참고문헌 서울대학교 국어교육연구소, 한국어교육학사전, 하우, 2014
허용·김선정, 외국어로서의 한국어 발음 교육론, 박이정, 2013

46 정답 ②

② 성절음은 한 음절을 이루는 데 중심이 되는, 울림도가 가장 큰 소리를 말한다. 주로 모음이 해당되며, 간혹 유성 자음이 그 역할로 쓰이는 언어도 있으나 한국어는 모음만이 성절음이 되며 자음이 성절음이 되는 일은 없다.

참고문헌 표준국어대사전

47 정답 ④

④ 베트남어는 단음절어에 속하며 하나의 음절은 고유한 뜻을 지니고 하나의 글자와 대응된다. 베트남어의 음절 구조는 초성, 중간 음, 주음, 종성과 성조, 모두 5개 성분으로 구성되며 연음은 일어나지 않고 발음이 변화하는 경우에는 변화된 발음이 사전에 등재되어 있기 때문에 별도의 음운 규칙을 적용하지 않는다. 따라서 베트남어권 학습자는 한국어에서 음운 환경에 따라 표기와 발음이 일치하지 않는 경우 어려움을 느끼게 된다. 그리고 베트남어권 학습자는 연음 법칙을 적용하지 못하거나 자음을 중복하여 읽는 경향이 있으므로 발음 규칙에 대해 소개할 필요가 있다.

참고문헌 서울대학교 국어교육연구소, 한국어교육학사전, 하우, 2014

48 정답 ①

① 언어음을 내는 인체 기관을 음성 기관이라고 한다. 음성 기관들을 움직여 음을 내는 것을 조음(調音, articulation)이라 하는데 후두 위 기관의 운동에만 적용되는 것이 일반적이며, 능동적인 조음 기관을 조음체(articulator), 피동적으로 조음체의 접근을 받는 기관의 부분을 조음점(point of articulation) 또는 조음역(region of articulation)이라 한다. 혀는 가장 대표적인 조음체로서 윗니·치경·구개를 향하여 자유로운 운동을 하며 구강 안의 모양을 여러 가지로 변경시킨다. 구강 전면에 아래위 두 줄의 앞니가 있으며 그 밖에 두 입술이 있다. 이 입술도 운동이 비교적 자유로워서 여러 가지로 그 모양을 바꿀 수 있다. 이러한 음성 기관(발음 기관)이 나타난 단면도로는 자음의 조음 위치 및 조음 방법을 지도할 수 있다. 하지만 평음과 격음은 기식의 차이가 크므로 손바닥이나 얇은 종이를 입 앞에 대고 발음해 보도록 하여 공기의 세기를 직접 느껴 보게 하는 것이 효과적이다.

참고문헌 이응백·김원경·김선풍, 국어국문학자료사전, 한국사전연구사, 1998

49 정답 ①

① '21세기 외국어 교육의 국가기준(1999)'에서 제시한 '외국어 교육과정의 목표(5Cs)'를 보면, 의사소통(Communication), 문화(Culture), 비교(Comparison), 연계(Connection), 공동체(Communities)가 포함되어 있다.

참고문헌 한국방송통신대학교 평생교육원, 외국어로서의 한국어교육학, 한국방송통신대학교출판부, 2007

50 정답 ④

④ 구어(口語)는 문법적으로 복잡한 구조가 사용되지 않으며 단순하고 짧은 문형을 선택하여 발화된다. 짧게 발화하기 위해 조사나 문장 성분, 구나 절 등의 생략도 많고 기본 단위가 문장 이하의 어절이나 구로 끝나는 경우가 많기도 하며 강조나 휴지 등을 삽입하여 어순이 문어에 비해 자유로울 수 있다. 복잡한 문형의 사용은 기억에 부담을 가져오게 되어 청자와 화자 간의 원활한 의사소통을 방해하기 때문이다.

참고문헌 이해영, 구어의 특징과 구조, 알면 쉬워지는 우리말, 새국어생활, 국립국어원, 2006

51 정답 ②

① 발화 전달력
③·④ 내용 및 과제 수행

알아두기

■ 한국어능력시험(TOPIK) 말하기 평가의 평가 요소

평가 요소	내용
내용 및 과제 수행	• 과제에 적절한 내용으로 표현하였는가? • 주어진 과제를 풍부하고 충실하게 수행하였는가? • 담화 구성이 조직적으로 잘 이루어졌는가?
언어 사용	• 담화 상황에 적합한 언어를 사용하였는가? • 어휘와 표현을 다양하고 풍부하게 사용하였는가? • 어휘와 표현을 정확하게 구사하였는가?
발화 전달력	• 발음과 억양이 어느 정도 이해 가능한가? • 발화 속도가 자연스러운가?

참고문헌 TOPIK 홈페이지

52 정답 ②

① 암송은 암기한 구나 문장 혹은 글의 전체를 발음, 억양, 속도 등에 중점을 두면서 구두로 재현하는 말하기 활동이다. 한국어 교육에서는 교재의 모범 대화문을 외우는 것이 교실에서 수행하는 가장 일반적인 암송 활동이다. 수업에서 암송 활동을 하면 학습자가 발음이나 문법을 쉽게 습득한다는 장점이 있다.
② 역할극은 대화 참여자들에게 특정 상황과 맥락, 대화의 목표 등을 제시하여 의사소통하는 활동이다. 학생들이 역할을 맡아 각 인물의 특징을 이용하여 사회적 상호 작용을 하는 말하기 활동으로, 기능적 의사소통과는 달리 분명히 정의된 사회적 맥락이 추가되어야 한다. 따라서 한국 사회에서 한국어를 사용하여 대인 관계를 형성・유지하고, 의사소통 능력을 기르기 위한 연습으로 활용하면 좋은 활동이다.
③ 직소는 학습자에게 각기 다른 정보를 제시하고 의사소통을 통해 서로의 정보를 수합하여 일정한 목표를 달성하게 하는 활동으로서 일종의 정보 차 활동이다. 직소는 지식과 기술을 통합한 총체적인 연습으로, 의사소통을 독려하고, 교실 안의 진정한 정보 차를 만들어 내기 위해 가장 널리 알려진 협동적 언어 학습 활동이자 기능적 의사소통 활동이다. 소집단 구성원들에게 서로 다른 정보가 있는 종이를 나눠 주고 서로 질문과 대답을 통해 정보를 얻어서 과제를 완성한다.
④ 스무고개 게임은 단서와 정보를 통해 제한된 역할을 수행하는 게임이다. 사회적 상호 작용을 촉진시키고 기계적인 연습에서 오는 지루함을 없애준다. 심리적으로 학습자에게 안정감을 주고, 배운 구문이나 어휘를 이용하므로 강화 작용이 일어나고 경쟁심을 일으켜 학습에 대한 흥미를 갖게 할 수 있다.

참고문헌 서울대학교 국어교육연구소, 한국어교육학사전, 하우, 2014
국제한국어교육학회, 한국어 표현교육론, 형설출판사, 2010

53 정답 ④

④ 유의미 연습은 학습자들이 스스로 학습 내용의 의미를 재구성하고 체화하는 방식이어야 한다. 학습자의 지식과 경험이 학습의 중요한 자원이 되고, 지식이 실제로 활용되는 활동으로는 '과거에 자신이 잃어버린 물건 중에서 찾고 싶은 물건을 설명(ㄷ)'하는 활동과 '자신이 가지고 있는 물건 중 소중한 것을 설명(ㄹ)'하는 활동이 있다.

참고문헌 서울대학교 국어교육연구소, 한국어교육학사전, 하우, 2014

54 정답 ①

① 바꿔 말하기는 적절한 목표어 형식이나 구조를 완전히 습득하지 못했을 때 이해 가능한 목표어의 어휘나 문장을 사용하여 메시지를 전달하는 전략이다. 태론(Tarone)은 바꿔 말하기 전략을 우회적 표현(circumlocution), 유사어(approximation), 신조어(coinage)로 나누었다. 바꿔 말하기 전략은 학습자가 이미 학습한 목표어에 대한 지식을 능동적으로 활용하는 전략으로서 단어 수준에서부터 담화 차원에 이르기까지 다양한 방식으로 학습자의 발화를 지원하고 유창성을 신장하는 전략이다. 학생 A는 '얼음'을 '녹으면 물이 되는 것'으로 바꿔서 설명하였다.
② 언어 전환하기는 하나의 담화에서 두 언어를 서로의 문법적인 규칙을 고려하여 함께 사용하는 것이다. 한국어와 영어의 언어 전환을 예로 들면 문장 내에서는 "우리 강아지 ate it.", "His party는 어제였어."와 같이 언어 전환이 명사나 명사구의 수준에서 일어나거나 "I wanna 계산해."와 같이 동사나 동사구의 수준에서 일어날 수 있다. 또 이와 같은 방식으로 형용사나 형용사구, 부사나 부사구, 절 단위에서도 언어 전환이 일어날 수 있다.
③ 회피하기는 학습자가 어휘나 문장 구조 등의 언어 지식이 부족한 상황에서 문제 상황을 벗어나기 위해 말하고자 하는 바를 피해 가는 전략이다. 회피 전략에는 주제 회피 전략과 메시지 포기 전략이 있다. 주제 회피는 학습자가 목표어의 어휘나 문장 구조를 모를 때 주제 자체에 대해 말하는 것을 멈추는 것인 데 반해 메시지 포기는 주제는 유지하지만 주제에 대해 전달하려 했던 메시지는 말하지 않고 그 전달을 포기하는 것을 말한다.
④ 도움 요청하기는 대화 중 모르는 어휘나 표현에 직면했을 때 상대방에게 질문하거나 사전 등의 도움을 받아 말하는 전략이다. 도움 요청 전략은 성취 전략 중의 하나로 협동 전략이다. 문제를 해결하기 위해 직접 또는 간접적으로 도움을 요청하는 것이다. 도움 요청 전략을 사용하면 시간 벌기 효과를 얻을 수 있다.

참고문헌 서울대학교 국어교육연구소, 한국어교육학사전, 하우, 2014

55 정답 ④

④ 토론 수업이라든가 역할극 수업에는 교사도 직접 참여하여 학습자들에게 필요한 정보를 제공해야 하는 경우도 있고, 교사와 학습자가 유대감을 강화하는 기회로 활용할 수도 있어야 한다. 다만, 적극적 참여 등 교사 중심의 활동이 되는 것은 피해야 한다.

알아두기

- 말하기 수업에서 교사의 역할 〈19회 2교시 52번〉 참고

참고문헌 국제한국어교육학회, 한국어 표현교육론, 형설출판사, 2010

56 정답 ④

①·②·③ 잘못된 표현에 대해 지나치게 간섭하고 교정하면 학습자들이 의사소통 시도를 포기할 수도 있다. 의사소통이 유지되도록 하되 결정적인 오류는 간과해서는 안 되고, 충분히 오류에 주의를 기울이게 하되 발화 시도를 포기할 정도가 되어서는 안 된다. 오류 처리는 적절한 수준이어야 한다.
④ 소극적인 학습자는 틀린 부분이 나올 때 바로 고쳐주기보다는 편안하고 덜 위협적이며 긴장을 주지 않도록 배려한다.

알아두기

- 오류 수정의 방법

의사 전달의 맥을 끊고 오류를 수정을 해 주는 것은 피하고, 반복되는 실수나 의사 전달에 장애가 되는 오류, 또는 그날 수업의 요점이 되는 구문과 관련된 것만을 교정해주는 것이 좋다. 그리고 직접적인 방식보다는 간접적인 방식을 택하고, 즉각적인 수정보다는 스스로 수정할 수 있는 여유를 주고 수정하도록 하는 것이 좋다. 또한 전체 그룹을 대상으로 하기보다는 개별적인 수정을 지향하는 것이 바람직하다. 수업 구조에서 구체적인 수정 방법은 수업의 구조와 목표에 따라 다르다.

참고문헌 H. Douglas Brown, 권오량 외, 원리에 의한 교수, Pearson Education Korea, 2012
한국방송통신대학교 평생교육원, 외국어로서의 한국어교육학, 한국방송통신대학교출판부, 2007
허용, 외국어로서의 한국어교육학개론, 박이정, 2007

57 정답 ②

① 후광 효과(halo effect)는 어떤 수험자의 일반적인 인상이나 견해가 그 수험자의 언어 능력이나 세부적인 특성을 판단하는 데 영향을 미치는 것을 일컫는다. 예를 들어 말하기 시험에서 어떤 수험자의 말하기 수행에 대해 정확성, 유창성, 발음의 명료성, 적절성 등과 같은 영역으로 나누어 채점을 하려고 할 때, 각 채점 영역의 기준은 독립적이지 않고 서로 얽혀 있다. 이 때문에 각 영역에 대한 점수가 서로 영향을 미쳐 간섭하거나 각 영역의 채점이 불분명하게 된다. 이때 말하기 시험 채점에 후광 효과가 있는 것이다. 또 수험자의 표현 능력에 대해서 채점 초기의 인상이나 판단에만 의거하여 점수를 부여하면 초기 채점이 다음 채점까지 영향을 미치는 후광 효과가 나타나기도 한다.
② 세환 효과(washback effect)는 평가가 그 후속 교육에 미치는 긍정적이거나 부정적인 영향을 말한다. 세환 효과는 환류 효과, 역류 효과, 워시백 효과 등으로 불리기도 한다.
③ 의미적 인접(semantic contiguity)은 바꿔 말하기 전략 중에서 유사어 사용을 말한다.
④ 회상 프로토콜(retrospective protocol)은 피험자가 과제 수행 직후에 면담을 통해서 과제 수행 과정을 회상하도록 하는 기법이다. 면담 내용은 분석을 위해 녹화되고 전사된다.

참고문헌 서울대학교 국어교육연구소, 한국어교육학사전, 하우, 2014

58 정답 ③

③ 이 문항은 도표나 그래프 등의 자료를 해석하여 설명하는 유형이다. 주로 중·고급 수준에서 사용되는 문항 유형으로 이용자 수와 사회 현상의 변화 등을 보여주는 통계 자료를 도표나 그래프로 제시한다. 학습자는 자료를 해석하고 그로부터 알 수 있는 사실이나 이유, 원인, 문제 해결 방안, 전망 등에 대해서 말한다. 격식을 요구하는 공식적인 말하기의 유형이기 때문에 주어진 상황에 맞게 격식을 갖추어 말을 해야 하며, 창의적인 의견을 제안하는 것이 아닌 자료에 근거하여 설명해야 한다.

참고문헌 강현화 외, 한국어 표현 교육론, 한국문화사, 2021

59 정답 ③

③ 내용을 통합하고 조직하는 데에 필요한 방법적 지식은 절차적 내용 지식에 포함된다.

알아두기

- 합목적(적) 글쓰기를 위한 내용 지식과 맥락 지식

내용 지식	명제적 내용 지식	기존 지식	글의 주제에 대해 필자가 이미 알고 있던 지식
		상호 텍스트적 지식	필자가 기존 지식을 바탕으로 하여 자료 수집, 독서, 토론 등을 통해 새롭게 알게 된 지식
	절차적 내용 지식	내용 마련 지식	글을 쓸 재료로서의 내용을 마련하는 데에 필요한 방법적 지식
		내용 조직/구성 지식	지식들 간의 체계와 논리적 연계성을 확보하고, 내용을 통합, 조직, 구성하는 데 필요한 방법적 지식
맥락 지식	독자 관련 지식		독자의 연령, 성별, 지역, 교육 수준, 배경지식, 목적, 기대
	담화공동체 관습 관련 지식		독자가 포함되어 있는 담화공동체가 공유하는 글쓰기 방식과 규약
	장르 관련 지식		글의 목적과 상황에 따라 굳어지고 정착된 글의 유형에 대한 지식

참고문헌 최은지, 한국어 쓰기 교육론, 하우, 2019

60 정답 ②

② 브레인스토밍은 쓰기 준비 과정(쓰기 전 단계)에서 많이 활용한다. 학습자의 모든 경험과 지식 그리고 상상력을 활용하여 문법이나 철자에 신경 쓰지 않고 자유롭게 생각을 써 보는 것이 창의적인 글쓰기 활동에 도움을 주기 때문이다. 학습자는 여러 가지 제약에서 벗어나 자유롭게 생각하며, 생각을 찾아가는 과정으로 부족한 내용이나 지식을 보충하고, 글의 내용을 효율적으로 구성하는 생각도 발견한다. 또한 학습자 자신이 잘 알고 있는 것에 대한 구체적인 생각도 정리할 수 있다.

참고문헌 서울대학교 국어교육연구소, 한국어교육학사전, 하우, 2014

61 정답 ③

② 과정 중심 쓰기 접근법은 쓰기를 역동적인 의미 구성 행위로 보는 접근을 토대로 하여 내용의 생성, 조직, 표현, 교정 등을 거치는 일련의 쓰기 과정을 중시한다. 따라서 과정 중심 쓰기 모형에서 교사는 학습자의 쓰기 과정 전반에 걸쳐 적절히 개입함으로써 학습자의 쓰기의 각 단계를 잘 수행할 수 있도록 돕는 역할을 하게 된다. 과정 중심 쓰기 모형에서는 작문의 결과물을 도출하기까지의 각 과정이 강조된다는 점에서 작문 결과물의 질에만 초점을 맞추던 형식 중심 쓰기와 차별화된다.

③ 형식 중심(결과 중심) 쓰기 이론은 형식주의적 관점을, 과정 중심 접근법은 인지주의적, 사회 구성주의적, 상호 작용적 관점을 바탕으로 한다. 결과 중심 접근법은 쓰기를 일련의 직선적 과정으로 보고 결과물과 글의 형식에 초점을 맞춘다. 결과 중심 접근법은 1960년대까지 유행을 했던 쓰기 교육의 방법이다. 완성된 글 즉 결과를 중시하며 쓴 글을 평가하는 것에 중점을 두며 모범이 되는 글(규정된 수사학적 스타일, 정확한 문법, 상투적인 형식)을 흉내 내도록 유도한다.

④ 인지주의 쓰기 이론이 등장한 배경에는 언어학에서 촘스키가 주장한 변형 생성 이론이 큰 역할을 하였다. 그들은 언어학의 초점을 형식적인 언어 구조에서 언어 사용자가 언어 구조를 구성하는 심리적 과정으로 전환시켰다. 이러한 변화는 결과보다는 과정에 관심을 가지게 하였고, 인지주의 쓰기 이론에서는 개별 필자의 의미 구성 과정을 중시하여 필자의 쓰기 행위를 분석의 대상으로 삼아 쓰기 과정에서 작용하는 필자의 지적 작용에 관심을 두었다. 텍스트를 필자의 계획, 목적과 사고를 언어로 번역한 것으로 정의하고, 텍스트를 통한 의미 구성 능력은 필자의 목적의식과 사고 능력의 계발을 통하여 신장되는 것으로 설명하고 있다.

참고문헌 강현화 외, 한국어 표현 교육론, 한국문화사, 2021
서울대학교 한국어문학연구소 외, 한국어 교육의 이론과 실제 2, 아카넷, 2012
국제한국어교육학회, 한국어 표현교육론, 형설출판사, 2010

62 정답 ②

② 담화적 능력은 대화나 글을 응집성 있고 일관성 있게 구성하는 능력을 말하며 문장 사이의 상호 관계와 연관된 능력을 말한다. 접속사를 사용함으로써 의미적인 긴밀성을 유지할 수 있게 되고, 자신의 생각을 예시, 이유, 가정 등의 방법을 활용하여 논리적으로 표현할 수 있게 되므로 담화적 능력이 향상될 수 있다.

알아두기

■ 의사소통 능력 〈19회 1교시 62번〉 참고

참고문헌 H. Douglas Brown 저, 이흥수 외 공역, 외국어 학습·교수의 원리, Pearson Education Korea, 2015

63 정답 ①

① 문장 차원의 쓰기 문항으로, 뒤섞여 있는 어휘나 표현 문형을 어순에 맞게 다시 배열하여 쓰는 제한적 쓰기 과제이다.

참고문헌 강현화 외, 한국어 표현 교육론, 한국문화사, 2021

64 정답 ③

③ 음성언어로 주어진 완결성 있는 텍스트를 이해하고, 의미적 일치에 중점을 두어 문자언어로 재산출하는 통합 활동으로 원문 재구성이 목표이다. 학습자의 자율성과 창조적인 언어 사용을 바탕으로 재구성을 실시한다는 점에서 기존의 통제된 글쓰기와 구별된다.

알아두기

- 딕토콤프(dicto-comp) 〈19회 2교시 60번〉 참고

참고문헌 서울대학교 국어교육연구소, 한국어교육학사전, 하우, 2014
김민경, '딕토콤프(Dicto-comp)'가 한국어 학습자의 쓰기 능력과 듣기 능력에 미치는 효과 연구, 석사학위논문, 고려대학교, 2013

65 정답 ①

① 글을 쓴 후 다시 쓰기 단계에서 초고 수정과 편집이 이루어지는데 필요하다면 정보를 다시 수집할 수도 있고 다른 사람들의 피드백을 받아 내용이나 구성 등을 수정하기도 한다. 또한 어휘, 문법, 철자 등의 교정을 거쳐 최종본을 완성한다. 이 단계를 통해 자신의 글을 독자의 입장에서 비판적으로 읽어보는 기술을 익힐 수 있다.

참고문헌 서울대학교 국어교육연구소, 한국어교육학사전, 하우, 2014

66 정답 ④

④ 문식성 교육은 폭넓은 인지 능력, 문어와 구어에 대한 지식, 장르에 대한 지식, 문화 지식을 기반으로 하여 텍스트를 비평적으로 읽는 데서부터 매력적이고 분석적으로 쓰는 것, 즉 해석과 창조에 이르는 범주까지를 포함한다.

> **알아두기**
>
> ■ 문식성
>
> 문식성은 문자언어뿐만 아니라 음악, 소리, 이미지, 영상, 그림, 동작 등의 다양한 기호 또는 상징체계가 작용하는 복합적인 양식의 텍스트와 문화에 대해 이해하고 표현할 수 있는 능력을 의미한다. 전통적인 관점에서 문식성은 문자언어 중심의 인쇄 단일 양식적 텍스트를 읽고 쓰는 능력 혹은 듣고 말하는 능력을 의미한다. 문해력, 리터러시, 소양, 문식 능력 등의 다양한 용어로 혼용되고 있다.
>
> 문식성은 문식의 목적, 기능, 텍스트 영역, 텍스트 유형, 맥락과의 관련성 등에 따라 다양화되고 세분화된다. 문식 목적 및 텍스트 유형에 따라서는 역사적 문식성, 윤리적 문식성, 문화적 문식성, 경제적 문식성, 사회정치적 문식성, 환경적 문식성 등으로 기능 및 맥락 관련성에 따라서는 기능적 문식성과 사회 문화적 문식성 혹은 기능적 문식성과 비판적 문식성 등으로 구분된다.
>
> 문식성에는 글자와 음을 학습하는 과정과 복합적인 기술 및 능력이 발달한 결과라는 두 가지 속성이 있다. 이는 독자 또는 청자의 의식 고양과도 관련이 있으며 구어와 문어의 관계, 기술의 본질, 맥락의 역할 등에 따라 복합적이고 다층적인 성격을 띤다. 모국어 교육과 외국어 교육에서는 문식성 교육에 대한 연구와 논의가 활발하게 이루어지고 있다. 교육적 관점에서 문식성은 텍스트를 통해 사회적, 역사적, 문화적으로 의미를 해석하고 창조하는 관습으로 간주된다. 이 경우 문식성은 최소한 텍스트 관습과 그것의 사용 맥락 간의 관계에 대한 학습자들의 암묵적인 인식을 수반하며 이에 대한 반성과 반추까지 포함한다.

참고문헌 서울대학교 국어교육연구소, 한국어교육학사전, 하우, 2014

67 정답 ②

② 듣기의 목적이 무엇인지 파악한 후에 입력되는 자료 중에서 목적에 부합하는 부분에 집중하고 나머지 부분은 흘려들을 수 있게 지도해야 한다. 선택적으로 듣는 것은 학습자에게 입력 자료 중 인식해야 할 특정 부분에 집중하게 함으로써 단기 기억 창고에 저장해야 할 요소를 줄여주는 효과를 가져 온다.

> **알아두기**
>
> ■ 듣기의 구어적 특성
> 1. **무리 짓기**: 음성언어의 경우 우리는 발화를 어휘 무리로 쪼개는데, 이것은 기억의 한계 때문이기도 하고, 조금씩 모아서 무리 짓기나 뭉치 만들기를 좋아하는 성향 때문이기도 하다. 보편적인 단위는 절이지만 하부 구조인 구 단위가 파지하기에 수월하다. 듣기 이해 지도에서 학습자가 처리 가능한 무리를 파악하도록 도와주어야 한다.
> 2. **잉여성**: 반복하는 말, 고쳐 하는 말, 설명하는 말 등을 말한다. 잉여성은 시간적 여유와 부가적인 정보를 제공하기 때문에 청자가 의미를 처리하는 데 도움을 줄 수 있다.
> 3. **축약형**: 음성적 축약, 어형적 축약, 통사적 축약, 화용적 축약 등이 있는데, 이런 축약들은 이해에 심각한 어려움을 줄 수 있다. 교실에서 완전한 형태의 언어에만 노출된 학습자들에게는 더욱 그렇다.
> 4. **수행 변인**: 말하는 도중 주저하거나, 머뭇거리거나 말을 수정하는 것 등이 수행 변인인데, 의미를 가려듣는 연습을 해야 한다.
> 5. **구어체**: 표준 문어나 교과서 표현을 많이 접한 학습자는 구어체 표현을 듣고 당황하거나 처리하는 데 어려움을 느낀다.
> 6. **발화 속도**: 발화 도중 휴지의 빈도와 길이는 단순한 속도보다 이해에 더 중요하다. 휴지 없이 빠른 속도로 입력되는 정보를 이해하지 못했을 경우, 청자가 화자의 말을 멈추게 하거나 다시 말하도록 하기 어렵다.

7. **강세, 리듬, 억양**: 운율적인 특징도 이해에 지대한 영향을 미친다. 억양은 의문문, 평서문, 강조하는 말의 이해뿐만 아니라, 냉소, 모욕, 부탁, 칭찬 등을 나타내는 말을 이해하기 위해 중요하다.
8. **상호 작용**: 대화는 상호 작용 규칙의 지배를 받는다.
9. **생략성**: 구어에서는 상대방이 이해 가능한 범위에서 조사나 문장 성분, 때로는 구나 절 등을 자주 생략한다.

참고문헌 H. Douglas Brown, 권오량 외 역, 원리에 의한 교수, Pearson Education Korea, 2012
국제한국어교육학회, 한국어 이해교육론, 형설출판사, 2009

68 정답 ③

① 안내 방송은 정보 전달을 목적으로 하는 비상호적 듣기에 해당한다.
② 전문가 인터뷰는 정보 교류 또는 정보 전달을 목적으로 하는 상호 듣기의 예라고 할 수 있다.
③ 정보 교류를 목적으로 하는 비상호적 듣기의 예로는 '강의'가 있다. 강의는 새로운 정보 습득에 초점을 두고 일방적 듣기가 이루어진다.
④ 독백은 화자가 자기 자신을 청자로 하여 이야기를 하고 듣는 것으로 친교의 목적이 없다.

알아두기

■ **듣기의 종류**

듣기의 종류는 상황에 따라, 목적에 따라, 또 청자의 태도에 따라 분류가 가능하다. 이밖에도 학자에 따라 듣기의 종류가 여러 가지로 분류된다.

1. **상황에 따른 분류: 비상호적 듣기와 상호적 듣기**

    비상호적 듣기(일방적 듣기)와 상호적 듣기(쌍방적 듣기)의 구분은 듣기의 상황이 단지 전달을 받는 상황인지 아니면 서로 말하기와 듣기를 주고받는 상호 전달 상황인지에 따른 분류로, 전자의 경우는 전달 방향이 단일 방향이지만 후자는 상호간 의사소통으로 양방향(쌍방향)의 의사소통이 이루어지는 상황이라고 할 수 있다. 비상호적 듣기는 대중 연설, 안내 방송, 대중 매체, 녹음된 메시지, 강의나 설교, 공연 등과 같이 화자의 말을 들되 상호 작용을 할 수 없는 듣기이다. 상호적 듣기는 두 명 이상의 화자와 청자가 서로의 역할을 교대하면서 양방향 의사소통의 구두 상호 작용에 참여하는 방식이다. 비상호적 듣기에서 화자는 말하기, 청자는 듣기만 하는 반면, 상호적 듣기에서는 화자와 청자가 교대로 말하기와 듣기를 번갈아 하므로 대화 참여자를 기준으로 듣기와 말하기가 순차적으로 일어난다는 특징을 갖는다. 이외에 독백형 듣기 방식은 화자가 자기 자신을 청자로 하여 이야기를 하고 듣는 것으로 계획을 세우거나 과거의 담화 내용을 상기할 때 사용한다.

2. **목적에 따른 분류: 정보 전달용 듣기, 친교적 듣기**

    사교 목적의 상호 작용적 듣기에는 사회적 관계 유지를 목표로 하는 인사나 소개, 농담, 칭찬 등이 포함되며 상대방에 대한 관심과 친절, 존경 등이 중시된다. 반면 정보 전달용 듣기 또는 업무 처리적 듣기는 새로운 정보를 흡수하거나 새로운 기술을 습득하는 목적의 듣기로 지시나 묘사, 안내 방송, 뉴스, 강의 듣기 등이 있으며 정보의 정확성이 중요하다.

3. **태도에 따른 분류: 분석적 듣기와 공감적 듣기**

    분석적 듣기는 상대방의 말을 듣고 분석하고 검토함으로써 전체 내용을 이해하는 듣기 방법으로, 강의나 선거 유세, 방송 뉴스, 텔레비전 광고 등을 들을 때 사용된다. 공감적 듣기는 상대방의 생각이나 감정을 이해하는 데 듣기의 일차적인 목적이 있다.

참고문헌 양명희・김정남, 한국어 듣기교육론, 신구문화사, 2011

69 정답 ④

④ 교사는 학습자가 단순한 음운의 식별에서 단어, 문장, 담화에 내포된 의미까지 해석할 수 있도록 지도하고 학습자 요인을 고려하여 적절한 교재와 교수 방법을 선택해야 한다. 학습자가 교실 밖의 상황에서도 듣기를 잘 수행할 수 있도록 능력과 자신감을 키워주고 유목적적으로 들을 수 있게 지도한다. 듣기 자료는 교실 수업에서 경험한 자료가 실제 생활에 쉽게 적용될 수 있어야 하고 실제 상황으로 전이될 수 있는 확률이 높아야 한다. 이를 위해서는 인위적이고 조작된 자료가 아니라 실생활에서 사용되는 텍스트를 수업에 도입하는 것이 필요하며 비언어적 요소를 포함함으로써 실제적인 듣기 환경에서 듣는 것처럼 수업 활동을 구성할 필요가 있다.

알아두기

■ 듣기 지도의 원리
1. 학습자들에게 자신의 모국어로 하는 듣기 활동의 방법에 대해 생각하게 하거나 이야기해 보게 함으로써 듣기 전략과 듣기 과정에 대한 이해를 높인다.
2. 학습자들에게 실제 상황의 듣기 과제를 수행하도록 함으로써 다양한 방법의 듣기 전략을 모두 연습해 볼 수 있도록 만든다.
3. 언어 교사는 의사소통 과제에서 학습자들에게 교사 역할이 아니라 실제 상황에서의 모국어 화자처럼 대해 주어야 한다.
4. 교실에서 듣기 과제를 수행하면서 교사는 학습자들에게 듣기의 목적과 자료의 유형에 가장 적절한 전략이 무엇인지 제시해야 한다. 즉 학습자들에게 상황에 따라 어떤 전략을 어떻게 왜 사용하는지를 설명해 준다.
5. 교사들은 교실에서 듣기 전략을 연습하고 듣기 과제를 통해 교실 밖에서도 전략을 사용하게 한다.
6. 듣기 과제 수행 직후에 학습자 스스로 이해 정도와 사용한 전략에 대해 평가하도록 한다. 학습자들에게 교실 안팎에서 확인지를 작성하게 하고 정기적으로 어떤 전략을 언제 어떻게 사용했는지를 교사가 확인한다.
7. 학습자들이 과제마다 전략을 바꾸기를 기대하기보다는 어느 한 전략이 과제의 유형에 따라 어떻게 달리 사용될 수 있는지, 또 다른 어떤 기술을 보완하는 것이 좋은지 설명해 주어야 한다.

더불어 브라운(Brown)은 듣기 지도의 원리로 언어 기능의 통합 교육에서도 듣기에 초점을 맞춘 활동하기, 학습자의 내재적 동기를 부여하는 기법 적용하기, 진정성 있는 언어와 맥락 활용하기, 학습자의 반응 형태를 주의 깊게 고려하기, 듣기 전략을 개발하도록 장려하기, 상향식 모형과 하향식 모형 모두 적용하기 등을 제시하였다.

참고문헌 서울대학교 국어교육연구소, 한국어교육학사전, 하우, 2014
국제한국어교육학회, 한국어 이해교육론, 형설출판사, 2009

70 정답 ③

① 4급 수준의 듣기 성취 기준
② 3급 수준의 듣기 성취 기준
③ 초급(2급) 수준의 듣기 성취 기준
④ 3급 수준의 듣기 성취 기준

알아두기

■ 한국어 표준 교육과정(제2020-54호) 중급 듣기 성취 기준

성취 기준	내용
3급	1. 자신의 삶과 관련된 사회적 소재의 대화를 이해할 수 있다. 2. 공적 관계의 사람들과 격식 상황에서 이루어지는 담화를 이해할 수 있다. 3. 담화의 주요 내용과 화자의 의도를 파악하며 전반적인 내용을 이해할 수 있다. 4. 복잡한 일상 대화나 쉬운 수준의 안내, 인터뷰 등을 이해할 수 있다. 5. 다양한 문장 구조를 알고, 정확한 억양과 보통의 속도로 말하는 모국어 화자의 발화를 이해할 수 있다.
4급	1. 직업, 교육 등과 같은 보편적인 사회적·추상적 소재의 담화를 이해할 수 있다. 2. 업무 상황이나 공적인 상황에서 사용되는 표현이나 내용을 이해할 수 있다. 3. 담화의 주요 내용과 구체적인 세부 정보를 대부분 파악할 수 있다. 4. 정형화된 구조와 형식을 갖춘 인터뷰, 뉴스 등을 이해할 수 있다. 5. 다양하고 복잡한 구조의 문장을 알고, 자연스러운 억양과 속도로 말하는 모국어 화자의 발화를 이해할 수 있다.

참고문헌 문화체육관광부·국립국어원, 한국어 표준 교육과정, 하우, 2020

71 정답 ①

① 식별적 듣기는 발화 안에 사용된 음운, 억양, 어휘, 문법/표현 등과 같은 언어 요소를 인식할 수 있도록 하는 듣기 유형이다. 주로 초급 초기 단계에서 학습자들의 원활한 문식성 획득을 돕기 위해 많이 활용된다. 음소 식별하기, 억양 구별하기, 어휘나 어구 정확하게 듣기 등이 있으며 보통 음운이나 단어를 듣고 맞는 것을 고르거나 문장을 듣고 빈칸을 채우는 등의 형식으로 활용된다.
② 사실적 듣기는 대화나 이야기를 듣고 그 속에 드러나 있는 정보를 정확하게 포착하는 듣기 유형이다. 세부 내용 파악하기, 일치하는 내용 파악하기 등의 활동을 할 수 있다.
③ 분석적 듣기는 상대방의 말을 듣고 분석하고 검토함으로써 전체 내용을 이해하는 듣기 방법으로, 강의나 선거 유세, 방송 뉴스, 텔레비전 광고 등을 들을 때 사용된다.
④ 비판적 듣기는 화자의 담화 내용의 가치를 추론, 비교, 평가 판단하며 듣는 것을 말한다. 즉 들은 내용을 자신의 생각을 반영하여 판단하며 듣는 것이다. 정치적 연설이나 토론 등과 같이 설득을 목적으로 하는 말하기가 이루어질 때 필요한 듣기 유형이다.

참고문헌 강현화 외, 한국어 이해 교육론, 한국문화사, 2021
양명희·김정남, 한국어 듣기교육론, 신구문화사, 2011
김수진, 역할놀이를 활용한 듣기 수업 모형 연구, 석사학위논문, 전남대학교, 2004

72 정답 ③

ㄱ. 시각 자료로 관련 어휘 예측 - 듣기 전 배경 지식 활성화 활동
ㄷ. 주제와 관련된 자료로 정보 강화 활동 - 듣기 전 들을 내용을 미리 학습하는 활동
ㄹ. 들으면서 메모하고, 중심 내용 파악 - 듣기 활동
ㄴ. 통합 활동을 수행 - 듣기 후 활동

참고문헌 국제한국어교육학회, 한국어 이해교육론, 형설출판사, 2009

73 정답 ④

④ 브라운(Brown, 2006)이 제시한 학습자들이 알아야 할 듣기 전략의 예는 '핵심어 찾기, 의미해석에 도움을 주는 비언어적 단서 찾기, 담화 맥락을 통해 화자의 의도 예측하기, 입력 정보와 학습자의 배경 정보 연계하기, 의미 추측하기, 설명 요구하기, 전체적인 요지 찾으면서 듣기' 등이 있다.

참고문헌 국제한국어교육학회, 한국어 이해교육론, 형설출판사, 2009

74 정답 ②

① 적용성(applicability) - 듣기 지도 원리의 실제성이 실현되기 위해 듣기 자료가 갖추어야 할 요건이다. 즉 교실 수업에서 경험한 자료가 실제 생활에 쉽게 적용될 수 있어야 하고 실제 상황으로 전이될 수 있는 확률이 높아야 한다는 것이다. 이를 위해서는 인위적이고 조작된 자료가 아니라 실생활에서 사용되는 텍스트를 수업에 도입하는 것이 필요하다.
② 전이성(transferability) - 듣기 지도의 원리 중 동기화 기법과 관련이 있는 것이다. 학습자가 듣기 활동에 주의를 집중할 수 있는 동기를 부여할 수 있도록 학습자의 생활 및 관심 영역과 일치하는 내용의 자료여야 한다는 것이다. 따라서 교수자는 자료 선정에 있어서 학습자의 동기가 부여되는 입력 정보가 무엇인지 관심을 기울여야 한다. 학습자의 경험, 목적, 능력이 고려되는 듣기 활동 자료를 통해 학습자의 선험적 지식이 활동되도록 설계해야 한다.
③ 실제성(authenticity) - 학습자가 교실에서 하는 듣기 활동이 일상에서 실제로 만날 가능성이 높은 활동이어야 한다. 그러기 위해서는 인위적이고 조작된 언어 자료가 아니라 실제적 언어로 실제적인 과업을 수행하는 듣기 활동이 이루어져야 한다.
④ 과제 지향성(task-orientation) - 듣기 자료가 사용되는 방식에 대한 특성을 말하는데 학습자에게 질문에 대답하게 함으로써 교재의 이해를 입증하도록 요구하는 것이 아니라 듣기 내용 정보를 이용하는 과제를 제공하는 것이다.

참고문헌 국제한국어교육학회, 한국어 이해교육론, 형설출판사, 2009

75 정답 ①

① 상향식은 단어, 구, 절, 문장, 담화의 순으로 정보를 이해하는 방법이다. 이것은 어휘, 문법 등의 언어 지식에 대한 이해가 매우 중요하며, 학습자는 주어진 정보에 의해서만 판단하는 수동적 입장에 머무른다.

참고문헌 서울대학교 한국어문학연구소 외, 한국어 교육의 이론과 실제 2, 아카넷, 2012
H. Douglas Brown, 권오량 외, 원리에 의한 교수, Pearson Education Korea, 2012

76 정답 ②

② 읽기에 필요한 언어적 지식으로 가장 대표적인 것은 어휘적 지식과 통사적 지식이다. 어휘는 문자의 의미를 구성하는 기본적인 요소이다. 간단한 문장이라면 통사적 지식이 없더라도 그 문장에 사용된 어휘만으로 그 문장의 의미를 이해할 수 있는 경우도 있다. 그러나 글에 나온 어휘의 의미를 알아도 그 문장의 의미를 이해하지 못하는 경우도 많다. 통사적 지식은 단어를 적절히 배열, 구성하여 의미 있는 문장을 생성해 낼 수 있도록 해 준다. 그러므로 독자는 읽기 자료를 대할 때 통사적 지식에 근거를 두고 의미를 해석하게 된다. 초급 수준의 경우 읽기를 가장 어렵게 하는 것은 어휘적 지식과 통사적 지식의 부족 때문이다. 모국어 읽기의 경우는 읽기를 접할 때 이미 1,000개 남짓의 기본적인 단어를 알고 있고, 문법 구조를 습득한 후이다. 그러나 외국어나 제2언어 읽기에서는 구두언어와 문자언어를 동시에 습득하며 가끔 문자언어가 구두언어보다 먼저 이루어지는 경우도 있다. 따라서 모국어 읽기처럼 이미 습득한 언어적 지식의 도움을 받기 어렵다.

참고문헌 국제한국어교육학회, 한국어 이해교육론, 형설출판사, 2009

77 정답 ①

① 글자 그대로의 의미, 함축된 것, 수사학적인 관계와 같은 것을 이해할 목적으로 문법 형태, 담화 표시 장치 및 기타 표면적인 구조 등 세부 사항들에 주의를 집중하여 읽는 방법은 집중형 읽기이다.

알아두기

■ 확장형/확장적 읽기(다독)
한국어 교육에서 다독은 확장형 읽기 또는 열린 읽기 등으로 불리기도 한다. 다독은 다양한 자료를 많이 읽음으로써 학습자의 언어 능력을 향상시키는 읽기 방법 중의 하나이다. 다독은 의미 파악에 중점을 두어 많은 양의 읽기 자료에 접근하는 것을 추구한다. 따라서 글의 전체적 맥락으로부터 의미를 파악하고 부수적으로 어휘와 구문에 대한 지식을 습득하는 것을 목표로 한다. 다양한 자료를 전반적으로 이해하는 것을 목표로 하는 다독은 교실 안과 밖에서 모두 수행된다. 많은 자료를 읽음으로써 언어의 자동성을 개발하여 이해력뿐만 아니라 어휘와 구문에 대한 인식을 증대시키고 배경지식을 확대해 준다. 또한 말하기와 쓰기, 듣기 등 다른 언어 기능의 능력도 함께 향상시키고, 정의적 면에도 읽기에 대한 흥미와 자신감의 향상, 동기 부여, 태도 변화 등과 같은 긍정적인 영향을 준다. 데이와 뱀포드(Day & Bamford)는 다독의 특징을 많은 양의 읽기, 일반적인 이해를 위한 읽기, 즐겁게 읽기, 학습자 각자가 자신의 흥미와 수준에 맞는 자료를 선택하여 개별적으로 읽기, 읽은 내용에 대해 수업에서 토론하지 않는 읽기, 가급적 빠르게 읽기와 같이 해석하였다.

참고문헌 서울대학교 국어교육연구소, 한국어교육학사전, 하우, 2014

78 정답 ②

ㄱ. 글의 구조, 단락: 형식 스키마
ㄷ. 장르: 형식 스키마
ㄹ. 전개 방식: 형식 스키마

> **알아두기**
>
> ■ 스키마(schema)
> 독자의 지식을 선행 지식 또는 배경 지식이라고 하고, 사전에 독자가 가지고 있는 지식의 구조들을 선행 지식 구조, 즉 스키마라고 한다. 스키마에는 내용 스키마와 형식 스키마가 있는데, 내용 스키마란 글의 내용과 주제, 문화적 배경에 대한 스키마를 의미한다. 즉, 특정 분야에 대한 독자의 지식, 종교나 관습에 관한 지식 및 일상사의 여러 사건이나 사물에 대한 구조화된 세상 지식을 포함하는 스키마이다. 형식 스키마란 글의 구조에 대한 스키마를 의미한다. 즉, 저자가 어떻게 자신의 생각을 구성해 나가는지에 대해 독자가 가진 지식을 뜻하며 다시 말해 각각의 담화 유형이 갖고 있는 고유한 관습적인 구조를 말한다.

참고문헌 국제한국어교육학회, 한국어 이해교육론, 형설출판사, 2009

79 정답 ④

④ 효과적인 읽기 수업 구성을 위해서는 어떤 텍스트를 이용하고, 어떻게 자료를 구성하는지가 중요하다. 읽기 자료는 교실 수업이 실생활로 전이될 수 있도록 실제적인 자료로 구성해야 한다. 외국인을 대상으로 한 교육에서 읽기 자료를 사용하기 위해서는 숙련도에 따라 어휘와 표현을 수정하는 것이 필요하지만 담화의 유형은 그대로 유지되어야 학습자가 유사한 글을 접했을 때 동일한 전략을 사용해서 읽을 수 있다. 초급 단계에서는 교육적 차원에서 자료를 단순화하는 작업이 필요하나 가능한 한 이를 최소화하여 실제성을 살려야 한다. 각 텍스트의 특성과 구조가 잘 드러날 수 있도록 제시되어야 하므로 난이도 조절은 텍스트의 성격과 구조, 내용적 실재성을 손상시키지 않는 범위에서 이루어져야 한다. 잉여 정보를 삭제하는 것은 상세화가 아니다. 간략화가 이해에 도움이 될 때도 있으나 자료의 지나친 단순화나 간략화는 저자의 의도를 제대로 전달하지 못하거나 내용을 왜곡시키는 경우도 있다.

참고문헌 한재영 외, 한국어교육 용어해설, 신구문화사, 2011

80 정답 ②

② 선다형 문제 풀기는 수동적 읽기 과제의 유형이다.

> **알아두기**
>
> ■ 읽기 과제의 유형
> Davies(1995)가 말한 수동적 읽기 과제에는 선다형 문제 풀기, 이해 확인 질문에 대답하기, 빈칸 완성하기, 진위형 문제에 답하기, 어휘 학습, 사전 학습, 빨리 읽기, 단락 순서 맞추기 등과 같은 활동이 포함된다. 반면 능동적 읽기 과제에는 주요 부분 표시하기, 빈칸 채우기, 도표 만들거나 완성하기, 표 만들거나 완성하기, 글이나 도표 제목 붙이기, 글 순서 맞추기, 예측하기, 복습하기, 요약하기, 회상하기, 노트 필기하기 등의 개별 활동과 짝 활동 또는 소집단 활동을 포함하는 과제 등이 포함된다.

참고문헌 국제한국어교육학회, 한국어 이해교육론, 형설출판사, 2009

81 정답 ①

① 사회적 읽기 전략은 학습자가 지닌 인지적 혹은 정서적 문제로 읽기 이해가 어려울 때 다른 학습자들에게 도움을 받아 텍스트를 이해하려는 전략이다. 사회적 읽기 전략 중 가장 간단하고 흔하게 활용되는 방법이 텍스트를 읽다가 이해가 어려운 부분이 있을 때 다른 학습자들에게 물어보는 것이다. 이밖에 능숙한 학습자들의 읽기 방식을 모방하며 글을 읽는 것 또한 언어 교실에서 빈번하게 나타나는 사회적 읽기 전략 중 하나이다.
② 보조적 전략은 텍스트를 대할 때 어떤 독자들은 중요한 부분에 밑줄을 긋거나 특정 기호로 표시를 해 가며 읽기도 하고, 종이의 여백이나 메모지에 중요한 내용을 적어가며 읽기도 한다. 이러한 방법들도 읽기 수행 시 하나의 보조적 수단으로 활용 가능한 읽기 전략이 된다.
③ 인지적 전략은 학습자가 읽기 이해를 위해서 텍스트 내 언어 형태나 맥락 정보를 활용하는 것으로 문맥을 통해 모르는 단어의 의미 추측하기, 담화 표지로 문장과 단락 간의 의미 관계 이해하기, 제목 먼저 읽기, 텍스트의 요지 파악하기, 배경 지식 활용하여 텍스트의 의미 파악하기, 추론하기 등이 있다.
④ 정의적 읽기 전략은 학습자들이 독자로서 자신의 정서적인 부분을 읽기 활동에 활용하는 것인데, 읽기 불안을 통제하고 조절하기 위해 감정을 다스리는 것을 예로 들 수 있다.

참고문헌 강현화 외, 한국어 이해 교육론, 한국문화사, 2021

82 정답 ③

③ 모르는 어휘 하나하나 사전을 보면서 텍스트를 해석하는 것은 읽기의 유창성을 기르는 데에 방해가 된다. 학습자들이 속독 능력을 기르기 위해서는 사전에 의존하지 않고 문맥에 의존해서 단어의 의미를 유추하는 습관을 가지는 것이 좋다.

알아두기

- **읽기 교육의 원리**
  1. 학습자 중심의 읽기 교육이 이루어져야 한다.
  2. 읽기 교육이 담화 차원에서 이루어져야 한다.
  3. 학습자의 읽기 전략을 개발할 수 있어야 한다.
  4. 읽기 활동이 다른 언어 기술과 통합되어 교육되어야 한다.
  5. 읽기 교육을 통해 스키마를 형성할 수 있어야 한다.
  6. 읽기 자료는 학습자의 언어 수준에 맞고 실제적이어야 한다.

참고문헌 강현화 외, 한국어 이해 교육론, 한국문화사, 2021

83 정답 ④

ㄴ. 주제와 관련된 어휘 소개: 읽기 전 단계
ㄷ. 읽기 자료를 실제로 읽기: 읽기 단계
ㄱ. 다른 기능에 적용: 읽기 후 단계

참고문헌 강현화 외, 한국어 이해교육론, 형설출판사, 2012

84 정답 ②

① -아/어 주세요: 상대방에게 행동을 지시하고, 상대방은 그것을 듣고 지시대로 행동하는 과제가 어울린다.
③ -(으)려고 해요: 주말 활동 계획을 친구와 함께 이야기하는 과제가 어울린다.
④ -아/어 있어요: 짝과 함께 그림 속 물건의 위치를 묻고 대답하는 과제가 어울린다.

85 정답 ②

ㄱ. 구체적인 개념부터 배열한다. 또한 문장 요소들이 적은 것에서부터 많은 것으로 배열한다.
ㄴ. 사용 빈도도 중요하지만 학습자의 요구에 따라 문법 항목을 결정하는 것도 중요하다.
ㄷ. 학습자의 목적이 무엇이든지 모든 학습자에게는 핵심 문법이 필요하므로 한국어 교육용 자료들에서 중복 사용되는 문법 항목은 선정하는 것이 좋다.
ㄹ. 난이도 문제를 살펴야 한다. 문법 항목은 단순한 것부터 복잡한 것으로 작성하는 것이 좋다.

알아두기

■ 문법 항목의 등급화
문법 항목의 등급화를 위해서는 다음과 같은 사항을 고려해야 한다.
첫째, 사용 빈도를 살펴야 한다.
둘째, 난이도 문제를 살펴야 한다.
셋째, 일반화 가능성을 살펴야 한다.
넷째, 학습자의 기대 문법을 고려해야 한다.

참고문헌 한국방송통신대학교 평생교육원, 외국어로서의 한국어교육학, 한국방송통신대학교출판부, 2007

86 정답 ①

① 하나의 문법을 지도할 때에는 가르치고자 하는 문법의 의미와 기능이 잘 드러나는 간단한 문장으로 제시하는 것이 좋고 질문 응답으로 예시문의 이해를 확인하도록 하는 것이 좋다.

참고문헌 한국방송통신대학교 평생교육원, 외국어로서의 한국어교육학, 한국방송통신대학교출판부, 2007

87 정답 ③

① '-아서/어서'는 '-(으)니까'와 달리 후행절에 명령형이나 청유형 종결어미가 나타나지 않는다.
② '-아서/어서'는 '-(으)니까'와 달리 시제 선어말어미와 결합하지 않는다.
③ 둘 다 주어의 제약은 없다.
④ 감사나 사과의 표현에서는 '-아서/어서'를 사용한다.

참고문헌 정인아, 한국어의 시점(視點)에 관한 연구: '-아서/어서'와 '-(으)니까'의 시야를 중심으로, 어학연구(48), 서울대학교언어교육원, 2012

88 정답 ④

① TTT 모형은 하향식 문법 교수 모형이므로 유창성을 익힌 후에 정확성을 높이도록 한다. 따라서 수업 초기는 설명이나 제시 없이 과제가 주어진다. '과제 1' 단계는 필요한 어휘와 문법에 대해 인식을 하게 되는 학습 활동의 동기화 단계로 문법을 명시적으로 교수하는 단계가 아니다.
② '과제 1' 단계는 학습자 자신이 가지고 있는 언어 지식을 활용해 유의미한 언어 수행을 시도하는 단계이다. 첫 번째 과제에서 도출되는 오류나 불완전한 언어 수행은 교수 단계의 학습 내용이 된다.
③ '교수' 단계에서는 정확성 향상을 목적으로 학습자가 표현하고자 하는 의미를 정확하고 분명하게 전달할 수 있도록 부족한 언어 지식 및 오류에 대해 직간접적으로 피드백을 해 준다.
④ '과제 2' 단계는 목표 문법을 활용하여 첫 번째 과제와 동일하거나 유사한 과제를 수행하게 된다.

알아두기

■ 과제 기반 모형(TTT 모형) 〈19회 2교시 54번〉 참고

참고문헌 강현화 외, 한국어 표현 교육론, 한국문화사, 2021
한재영 외, 한국어교육 용어해설, 신구문화사, 2011

89 정답 ②

② 문법 수업의 '연습' 단계는 형태에 초점을 두고 통제된 반복 연습, 유의적인 연습을 통해 학습자들이 목표어 항목을 정확하게 이해하고 내재화할 수 있도록 돕는다. 교체 연습, 문형 연습, 문장 연결 연습, 완성 연습, 응답 연습 등이 연습 단계에서 주로 활용된다. 문제에 제시된 목표 문형 '-(으)ㄴ 지'는 동사와만 결합하는 문형으로 예문에 사용된 용언이 모두 '먹다, 배우다, 졸업하다, 살다' 등 동사를 활용하는 문장들이므로 동사와 형용사의 차이에 따른 활용 규칙을 학습할 수 없다.

90 정답 ①

② 연습 단계
③ 제시 단계
④ 도입 단계

알아두기

■ 문법 교육의 단계
1. 도입: 본격적인 학습으로 들어가기 전에 학습자들이 심리적인 안정을 얻고 수업에 흥미를 갖도록 준비를 하는 단계로, 수업으로 넘어가기 위해 자연스럽게 그날 학습할 내용을 이끌어내는 단계이다.
2. 제시: 학습 내용을 본격적으로 집중해서 교육하는 단계이다. 학습자가 문법 구조의 형태와 의미를 인식할 수 있도록 그 형태를 제시하고 연습 단계로 가기 전에 문법 항목에 대해 설명하는 단계이다.
3. 연습: 문법 교육에서 가장 중요한 단계로 통제된 연습과 유도된 연습 등이 이루어진다. 이 단계에서는 구조적 연습과 유의미한 연습이 함께 이루어져야 하며 문법 항목들의 사회적, 담화적 기능에도 주의를 기울여야 한다.
4. 사용: 앞으로 연습할 것들을 과제로 통합해서 실제로 사용해 보는 단계이다. 사용 단계의 연습은 실세계의 상황을 자료로 하여 배운 문법을 활용하는 활동이 이루어진다.
5. 마무리: 학습한 내용에 대해서 정리하는 단계이다. 학습 내용을 정리하여 실생활에서 의사소통 능력을 사용할 수 있게 해야 한다.

참고문헌 한국방송통신대학교 평생교육원, 외국어로서의 한국어교육학, 한국방송통신대학교출판부, 2007

91 정답 ④

①·②·③ 고의적 오류 유도하기(garden path)는 형태 초점 교수 기법 중 하나로 문법 항목의 규칙과 예외 규칙을 모두 알려주지 않고 의도적으로 오류를 유도하고 교사가 개입해서 교정해 줌으로써 규칙을 올바로 인식할 수 있게 하는 방법이다. 즉 규칙에 따라 자유롭게 적용하게 한 후 오류 발생 시 수정하는 방법을 말한다.

참고문헌 서울대학교 한국어문학연구소 외, 한국어 교육의 이론과 실제 2, 아카넷, 2012

92 정답 ①

② 확장 어휘는 일정한 기준에 의해 선정된 기본 어휘를 중심으로 관련된 어휘로 확장의 폭을 넓혀 나간 것을 말한다.
③ 이해 어휘는 수동적 어휘, 수용 어휘, 획득 어휘라고도 한다. 한 개인이 알고 있는 어휘 중에서 일상적으로 직접 사용하지는 못해도 듣거나 글을 읽었을 때 그 의미나 용법을 이해할 수 있는 어휘를 말한다.
④ 표현 어휘는 일상적으로 말을 하거나 글을 쓸 때 직접 사용이 가능한 어휘이다. 능동적 어휘, 발표 어휘, 사용 어휘라고도 한다.

참고문헌 서울대학교 국어교육연구소, 한국어교육학사전, 하우, 2014

93 정답 ②

② 반의어는 뜻이 서로 반대되는 관계에 있는 말이지만 한 쌍의 반의어는 의미 특성에 있어서 동질성과 이질성의 양면성을 지니고 있을 때 성립한다. 즉 서로 공통된 속성을 많이 지님으로써 의미상 근접성을 나타내고 한 가지 속성이 다름으로써 의미상 대립 관계가 성립되는 것이다. 예를 들어 '처녀 - 총각'은 [+사람], [+어른], [-결혼] 등 여타 의미 자질에서는 동질성을 보이고 성별만 이질성을 보인다.

알아두기

■ 반의어 교육 방법

반의어는 의미적 반대 또는 무관을 나타내는 반의성을 보이는 것으로 상보 대립어, 반의 대립어, 정도 상보 대립어, 방향 대립어 등으로 분류된다. 어휘 관계에서 반의어 문제가 중요한 이유는 사람들이 이 세상에 존재하는 대상들을 편의상 두 쪽으로 나누어 생각하려는 사고 때문이다. 어떤 한 쌍의 단어가 반의어를 구성하는 조건은 다음의 네 가지로 볼 수 있다.

첫째, 반의어를 구성하는 한 쌍의 단어들은 그 언어를 사용하는 사회 안에서 동시연상이 가능한 단어들이어야 한다. 임의의 단어에 대해 즉시 연상되는 단어가 없다면, 그 단어는 반의어를 가질 수 없다고 보아야 한다. 이것은 사회적·심리적 동질성을 나타내는 조건이다.

둘째, 동시에 연상된 단어들은 논리학적으로 하나의 상위개념에 묶이는 같은 자리의 개념, 즉 동위개념이어야 한다. 동위개념은 언어학적으로도 동위성(同位性)이 있어야 한다. 즉 '빨강'에 대한 '파랑'은 동위개념이지만, '빨강'에 대한 '파랗다'는 서로 품사를 달리하기 때문에 동위개념이라고 할 수 없다. 이것은 언어적·논리적 동질성을 나타내는 조건이다.

이상 두 가지는 반의어가 가지는 동질성 조건이라고 할 수 있다. 반의어는 반드시 어떤 관점에서 공통점이 있다는 전제하에서 고려해야 하는 단어들이기 때문이다. 그 다음으로 문제되는 것은 그 반의어가 서로 이질성을 보여주어야 한다는 것인데 아래 셋째와 넷째 조건을 보면 알 수 있다.

셋째, 반의어를 구성하는 동위의 단어들은 의미 범위의 배타성이 존재하여야 한다. 서로 상대방의 단어가 의미하는 부분과 조금도 접촉되지 않는 것을 '의미의 배타성'이라고 한다. '책'과 '책상'의 관계에서는 '책상'이 '책'의 의미를 포함하기 때문에 의미의 배타성을 이루지 못한다고 볼 수 있다.

넷째, 이질성을 특징짓는 또 하나의 조건은 반의어를 구성하는 한 쌍의 단어들이 의미의 배타성을 나타낼 뿐 아니라 그 배타성을 더욱 두드러지게 드러내는 대칭적 상반을 보여준다는 것이다. 부정이나 결여의 의미 요소도 대칭적 상반을 나타내기 때문에 '행복'에 대하여 '불행', '정의'에 대하여 '부정/불의' 등과 같이 서로 어울려 한 쌍의 반의어를 구성하기도 한다.

참고문헌 서울대학교 국어교육연구소, 한국어교육학사전, 하우, 2014
한국민족문화대백과, 한국학중앙연구원

94 정답 ①

ㄱ·ㄹ. 학습자의 관심이 텍스트의 의미에 맞춰진 상태에서 다양한 언어적 내용을 듣고 읽음으로써 자연스럽게 이루어지는 어휘 학습을 말한다. '우연적'이라고 표현하는 것은 학습이 목표가 아니라 이해를 위한 인지 과정에서 부수적으로 발생하는 것이기 때문이다. 학습자는 우연적 어휘 학습을 통해 새로운 어휘의 의미를 알게 될 뿐만 아니라 읽기 전에는 부분적으로 알고 있던 단어들에 추가적인 지식을 습득하여 그 어휘의 지식을 더하고 강화할 수 있다.

ㄴ. 글을 읽으면서 새로운 어휘를 접하여 알게 되는 것을 우연적인 어휘 학습이라고 하는데 우연적 어휘 학습이 일어나려면 문맥을 보고 모르는 어휘의 의미를 추측하는 과정이 필수적이다. 이것을 잘하려면 학습자가 문맥 파악 전략을 알아야 하고 또 글에 있는 어휘 대부분을 학습자가 알고 있어야 한다는 조건이 필요하다. 따라서 초급 단계에서는 직접적인 어휘 교수가 효과적일 수 있다.

ㄷ. 우연적 어휘 학습은 교사의 의도적인 어휘 지도가 아닌 학습자 스스로 의사소통 과정 중에서 전략을 사용하여 어휘의 의미를 학습하게 되므로 학습자 중심적인 방법이다.

참고문헌 구본관 외, 어휘교육론, 국어교육학회 국어교육연구총서 1, ㈜사회평론아카데미, 2014

95 정답 ④

④ 제시된 어휘 '넓이, 길이, 높이, 깊이'의 '-이'는 명사를 만드는 접미사이다. 한국어는 첨가어로서 형태소의 결합에 의하여 어휘가 구성된다는 특징을 가지고 있다. 따라서 단어형성법에 따른 단어들의 조어 방식은 어휘 교수에 활용이 될 수 있다. 파생어는 접사의 결합 양상과 접사의 기능 및 의미에 관하여 교수한다면 단어의 확장에 도움이 된다.

참고문헌 한국방송통신대학교 평생교육원, 외국어로서의 한국어교육학, 한국방송통신대학교출판부, 2007

96 정답 ①

① 상위어에서 하위어로 내려갈수록 속성은 한정적이고 구체적이므로 상위어는 하위어보다 추상적이다. 하위로 내려갈수록 의미는 개별적이고 구체적인 것이 되므로 하위어는 상위어보다 의미 자질이 더 많다. 그런데 상하 관계의 특성은 이행성(transitivity)과 함의(entailment)에 있다. 계층적 구조 속에서 한 경로에 있는 단어들은 상하 관계를 그대로 이어받는 이행적 관계에 있으며 일방함의 관계가 성립한다. 예를 들어 '꽃 - 장미'는 일방함의 관계에 있으므로 상하 관계에 있다고 할 수 있다. 하지만 '양복 - 바지'는 일방함의 관계가 성립하지 않는다.

참고문헌 윤평현, 국어의미론, 역락, 2012

97 정답 ③

③ 고빈도성 기초 어휘, 기본 의미를 가진 어휘, 사용 범위가 넓은 어휘, 조어력이 높은 어휘, 교재의 주제와 관련된 기본 어휘, 교수 현장에서의 필수적인 어휘 등을 우선적으로 교수해야 하며, 학습자의 학습 동기나 관심 영역 등도 어휘 선정의 기준으로 고려할 수 있다. 그러나 전통 문화의 특성이 담긴 어휘의 내포적인 의미를 초급에서 가르치는 것은 무리가 된다.

알아두기

■ 교육용 어휘 선정 기준

교육 어휘 선정에서 고려할 점은 고빈도의 어휘이면서 학습자의 필요를 충족시킬 수 있는 기본 어휘여야 한다는 것이다. 이러한 기본 어휘는 어떤 방면에서 사용되는 문장이나 담화를 조사해서 얻어진 핵심이 되는 어휘의 집합으로 단어의 사용 빈도나 범위를 고려하여 통계적으로 선정된 것, 전문가의 판단과 경험에 따라 주관적으로 선정된 것과 이 두 경우를 병용하여 선정된 것이 있다. 즉 기본 어휘란 표현이나 이해를 위해 없어서는 안 될 어휘를 가능한 만큼 추출해서 선정한 어군이다. 선정된 기본 어휘는 학습 목적과 수준에 따라 등급화할 필요가 있으며 어휘를 등급화할 때는 다음과 같은 기준에 따르는 것이 좋다.
첫째, 고빈도성으로 기초 어휘순으로 우선 학습 어휘를 선정한다.
둘째, 중복도가 높은 단어순으로 우선 학습 어휘를 선정한다.
셋째, 교재의 단원별 주제와 관련된 기본 어휘를 우선적으로 학습해야 하며 어휘 자체의 상관관계도 고려한다.
넷째, 기본 의미를 가진 어휘, 파생력이 있는 어휘를 우선 학습 어휘로 선정한다.
다섯째, 단원의 문법 교수요목과 연계를 가진 어휘를 우선적으로 학습해야 하며, 문법 이해를 위한 필수적인 기능어를 우선 학습 어휘로 삼는다.
여섯째, 교수 현장과의 연계로 교수 현장에서 필수적인 단어는 저빈도 단어라도 우선 학습 어휘의 대상에 넣을 수 있다.

참고문헌 한국방송통신대학교 평생교육원, 외국어로서의 한국어교육학, 한국방송통신대학교출판부, 2007

98 정답 ④

④ S는 흥미도(Student interest)의 머리글자로 학습자의 흥미를 반영하고 있는지를 점검한다.

> **알아두기**
>
> ■ 교재의 거시 평가
> 거시 평가란 평가의 대상으로 삼은 교재의 객관적인 정보 분석을 바탕으로 교재의 전반적인 적절성에 대한 가치 판단을 내리는 것이다. 거시 평가의 단계에서는 교재의 전반적인 적절성이나 효용성에 대한 판정을 내리는 작업을 수행하므로 구체적이고 상세한 평가 내역을 요구하지 않는다. 평가 방식도 주로 인상 평가 방식이나 점검표 평가 방식을 사용한다. 인상 평가 방식은 교재에 대한 일반적인 인상을 수집해 내는 것을 목적으로 하기 때문에 평가의 범위가 넓고 동시에 어느 정도 피상적일 수밖에 없다. 예를 들어 도서 평론가 및 전문가의 서평을 참고하는 것, 목차와 차례를 확인하는 것, 교재의 조직, 주제, 편집 및 시각적 인상을 훑어보고 이를 기록하는 방식 등이 있다. 인상 평가 방식과 달리 점검표 평가 방식은 어느 정도 객관성을 획득할 수 있다는 점에서 유리하다. 평가자는 제시되어 있는 여러 항목에 어떤 것이든 기표를 남겨야 하기 때문에 잊을 수도 있는 여러 항목에 대한 정보를 얻을 수 있기 때문이다. 이러한 이유에서 점검표를 통한 거시 평가의 장점으로 체계성, 경제성, 편리성, 명확성을 들기도 한다. 대표적인 점검표 평가 방식으로는 그랜트(N. Grant)가 제안한 '교재 평가(CATALYST test)'를 들 수 있다. 이 방식에는 Communicative(소통성), Aims(목표성), Teachability(교수성), Available add-ons(부교재), Level(등급성), Your impression(매력도), Student interest(흥미도), Tried and tested(검증도)를 평가 요건으로 제시하였다. 이 8개 항의 요건은 다시 각 10개의 하위 문항으로 분류되어 '그러함/부분적으로 그러함/그렇지 않음'의 평가를 내리도록 되어 있다.

참고문헌 서울대학교 국어교육연구소, 한국어교육학사전, 하우, 2014

99 정답 ②

② 학습자 집단은 학습 목적이나 학습자 대상별로 유형화될 수 있으며, 각 집단을 위한 교육 목표도 서로 다르다. 재외 동포, 결혼이민자, 이주 노동자, 중도 입국 자녀는 학습 목적이 다른 학습 대상자 집단이다.

> **알아두기**
>
> ■ 교재의 종류
> 한국어 교재의 종류는 아래와 같이 다양한 측면에 따라 여러 가지 종류로 나뉠 수 있다.
> 1. **자료 유형의 측면**: 텍스트, 사전, 화보, 멀티미디어 자료 등
> 2. **학습자 수준 측면**: 초급, 중급, 고급, 최고급 교재
> 3. **학습 목적의 측면**: 일반 목적, 특수 목적(학문 목적, 근로자를 위한 교재 등), 특수 대상 교재(이주민을 위한 교재 등)
> 4. **사용 주체의 측면**: 교실 교수·학습용, 학습자 독학용 등
> 5. **사용 위상의 측면**: 주교재, 부교재, 과제 등
> 6. **연령의 측면**: 아동용, 청소년용, 대학생용, 성인용 등

참고문헌 강현화 외, 한국어 교재론, 한국문화사, 2022

100 정답 ③

③ 개별화에 대한 설명이다. 개별화란 관심사, 흥미, 언어 수준 등이 제각기 다양한 학습자들에게 동일한 주제, 동일한 활동을 하도록 하지 않고 학습자별로 다른 주제의 읽기 텍스트를 제공한다든가, 그룹별로 다른 주제로 토론을 하게 한다든가 하는 일종의 맞춤형 활동을 말한다. 교재를 개작할 때에는 학습자들의 다양한 요구를 충족시키기 위해 별도의 교육 자료를 만들기도 한다. 개별화된 교육 자료 역시 학습 동기를 높이고 학습자의 개별적인 요구를 만족시킴으로써 학습 효과를 극대화시킬 수 있다.

알아두기

- **개인화**
  학습 효과를 높이기 위해 교재를 개작하는 방향은 교재의 내용을 개인화(personalizing), 개별화(individualizing), 지역화(localizing), 현대화(modernizing)하는 것 등이 있다. 그중 개인화는 교재에 제시된 대화 속 인물이나 상황을 학습자들로 치환하여 학습자들과 관계없는 제3자나 다른 상황을 가정하지 않고 학습자 자신과 관계된 언어 활동을 하도록 하는 것이다. 자신과 자신을 둘러싼 상황에 대해 의사소통하기 때문에 동기를 부여하는 데 효과적이며 언어 활동의 실제성을 높일 수 있다.

참고문헌 강현화 외, 한국어 교재론, 한국문화사, 2022

101 정답 ④

④ 교재에 대한 관점은 학습자 중심으로 변화하고 있다. 학습자의 자기 주도 학습이 용이한 교재, 학습자 상호 작용이 극대화될 수 있는 활동이 많이 포함된 교재일수록 좋은 교재로 평가 받으며, 이러한 배경에는 교재 구성의 기본 원리로서 학습자 중심의 이론이 자리하고 있고, 학습자 중심 교육의 핵심은 학습자의 요구 분석과 그 결과의 활용을 중시하고, 학습자 주도에 의한 학습에 초점을 둔다는 것이다.

알아두기

- **교재 개발의 기본 원리**
  첫째, 교재는 정확하고 필수적인 교육 내용을 확보해야 한다. 교재는 교육의 질을 높이는 도구이므로 정확하면서도 목표 달성에 필수적인 교육 내용에 기초하여 제작해야 한다.
  둘째, 학습자가 목표어로 의사소통하는 목적을 교재를 통해 달성하도록 한다. 교재는 효율적인 학습을 돕는 도구이므로 학습자의 동기와 흥미 유발에 관심을 둘 수밖에 없다. 학습자의 주체적이고 능동적인 참여를 확보하기 위해 먼저 학습자의 요구를 분석한다. 그리고 학습자가 목표로 하는 담화 상황에서 사용하는 실생활 언어를 조사하여 교재를 작성한다.
  셋째, 교재는 교육 현장에서 교사와 학습자를 매개한다. 따라서 교실에서 활용이 가능하도록 구현되어야 한다.
  넷째, 모든 교재는 문화 교육 내용을 포함하여 구성한다. 언어 교육과 문화 교육은 동시에 이루어지므로 교육 내용으로 선정한 것은 학습자의 문화 교육에도 유용한 것이어야 한다.

참고문헌 서울대학교 국어교육연구소, 한국어교육학사전, 하우, 2014

102 정답 ④

④ 다문화 배경의 초·중·고등학생을 위한 교재로 《표준 한국어: 의사소통》은 초등학생 저학년용 1~4, 고학년용 1~4, 중고등학생용 1~4로 개발되어 있다.

> **알아두기**
>
> ■ 표준 한국어
> 2017년 한국어 교육과정(제2017-131호) 개정 고시에 따라 한국어 의사소통 능력이 없거나 현저히 부족한 학생이 한글부터 생활 한국어와 학습 한국어를 쉽고 재미있게 배울 수 있도록 개발한 교재이다.
> 《표준 한국어》는 개정 교육과정에 맞추어 새롭게 개발하여 초등학교 저학년 교재와 고학년 교재를 구분하고, 초등 및 중고등 교재 모두 '의사소통 한국어', '학습 도구 한국어'로 분권되어 있다. '의사소통 한국어'는 일상생활과 학교생활에서의 한국어 의사소통 능력 향상을 위한 내용이고, '학습 도구 한국어'는 교과 적응을 돕고 학습에 필요한 한국어 능력 신장을 위한 내용이다. 단원 구성은 필수 차시와 선택 차시를 두어 교육 현장에서 다양하게 활용하여 효과적인 교수·학습이 가능하도록 하였다. 교재, 익힘책, 교사용 지도서(pdf)로 구성되어 있다.

참고문헌 한국어교수학습샘터

103 정답 ③

① · ④ 구조 중심 교수요목 교재는 음운, 문법과 같은 언어 구조를 중심으로 교수요목이 작성되고 문법 중심 교수요목은 문법이 쉽고 빈도수가 많은 것, 의미 기능이 간단한 것부터 배열된다.
② 주제 중심 교수요목 교재는 가족, 날씨, 전화 등 등급에 맞춰 채택된 주제를 일정 기준에 따라 배열하여 구성된다.

참고문헌 서울대학교 한국어문학연구소 외, 한국어 교육의 이론과 실제 2, 아카넷, 2012

104 정답 ①

① 지식 영역에는 특수한 문화 지식과 일반적 문화 지식, 자기 문화와 다른 문화에 대한 지식, 개인과 사회의 상호 작용, 문화가 언어와 의사소통에 영향을 주는 것을 아는 통찰력이 포함된다.

> **알아두기**
>
> ■ 상호 문화적 능력
> 상호 문화적 능력은 다른 문화에 대한 지식을 바탕으로 해당 문화를 존중하고 이해하면서 자신의 문화를 상대화시킬 수 있는 능력을 말한다. 상호 문화적 능력은 타문화에 속한 구성원이 사용하는 언어 지식 또는 언어 수행 능력보다 확장된 개념으로서 목표어 자체의 유창성보다 상호 문화적 의사소통을 효과적으로 하는 것에 초점을 둔다.
> 바이럼(Byram)은 상호 문화적 능력의 구성 요소를 태도, 지식, 해석 기술, 발견과 상호 작용 기술, 비판적 문화 인식으로 분류하고 설명하면서 상호 문화적 능력의 개념을 발전시켰다. 그리고 상호 문화적 능력은 지식, 기술과 행동, 태도와 자질로 나누어 평가할 수 있다.
> 첫째, 태도는 호기심과 개방성을 지니고 다른 문화를 기꺼이 받아들일 수 있는 자세이다.
> 둘째, 지식은 다른 문화권 사람들의 산물과 지식을 아는 것이다.
> 셋째, 해석 기술은 다른 문화를 해석할 수 있는 능력이다.
> 넷째, 발견과 상호 작용 기술은 새로운 문화의 지식과 문화적 실제를 획득하여 실제적 의사소통의 상황에서 자신이 습득한 지식을 적용할 수 있는 능력이다.
> 다섯째, 비판적 문화 인식은 분명한 기준과 관점을 지니고 자신의 문화와 다른 문화를 평가할 수 있는 능력을 말한다.

참고문헌 서울대학교 국어교육연구소, 한국어교육학사전, 하우, 2014

105 정답 ③

③ 다문화 사회 모델은 주류 집단이 소수 집단의 다양성에 대해 어떻게 반응하는지에 따라 분류한 다문화 사회의 유형을 말한다. 다문화 사회 모델은 문화적 주류 집단과 소수 집단 간의 방향성에 따라 동화주의 지향의 용광로 모델(melting pot), 문화적 다원주의 및 다문화주의 지향의 샐러드 볼 모델(salad bowl) 혹은 모자이크 모델(mosaic)로 분류된다.

참고문헌 서울대학교 국어교육연구소, 한국어교육학사전, 하우, 2014

106 정답 ③

① 문화 캡슐
② 문화체험
④ 문화 섬

알아두기

■ 문화 동화 지도법
문화 동화 지도법은 학습자들이 문화적 편견이나 고정 관념, 충격, 오해를 가질 만한 문화 항목을 제시하여 토론을 통해 문화적 감수성을 고양하는 한편 문화 차이를 극복할 수 있게 하는 교육 방법을 말한다.
문화 동화 지도법은 문화 이해지 또는 문화 감지 도구라고도 한다. 문화 동화 지도법에서 활용되는 교육 자료는 주로 학습자들이 문화적 차이로 인해 오해할 가능성이 있는 현상들이다. 목표어의 어휘, 문법에 대한 이해만으로는 해결할 수 없는 문화적인 요소나 서로 다른 문화 간의 충돌이 표면에 드러나는 사건 등이 자료가 된다. 문화 동화 지도법에서는 이러한 사건들을 이야기 형식으로 재구성하거나 해당 사건과 관련한 몇 가지 상황을 두고 인물이 취해야 할 행동 등을 선택지로 제시하여 학습자들이 올바른 것을 고르게 한다. 학습자가 답을 고른 후 교사는 객관적인 태도로 문제 상황과 관련된 문화적 맥락을 제시하면서 학습자가 선택한 답이 맞고 틀린 이유를 설명한다. 이러한 피드백은 학습자들이 문화의 다양성을 인식하고 목표 문화에 대한 이해를 심화시킬 수 있도록 유도한다. 이때 학습자들은 문화적인 지식을 활용하여 스스로 판단을 내리고 행동할 기회를 갖게 된다.

참고문헌 서울대학교 국어교육연구소, 한국어교육학사전, 하우, 2014

107 정답 ①

② 문화 관점의 특징
③ 문화 실행의 특징
④ 문화 관점의 특징

알아두기

■ 문화 지식의 특징
1. 한국 문화에 대해 선언적 지식을 교수·학습 내용으로 삼는다.
2. 주로 한국어 교사가 주도하는 교실 수업을 통해 전달된다.
3. 교재의 문화란이나 읽기, 듣기 텍스트에 교육 내용으로 포함된다.

■ 국제 통용 한국어 표준 교육과정(2017) 문화 교육의 문화 범주와 특징

분류	특징
문화 지식	• 한국 문화에 대해 선언적 지식을 교수·학습 내용으로 삼음 • 주로 한국어 교사가 주도하는 교실 수업을 통해 전달됨 • 교재의 문화란이나 읽기·듣기 텍스트에 교육 내용으로 포함됨
문화 실행	• 한국 문화에 대해 절차적 지식의 실행을 교수·학습 내용으로 삼음 • 한국어 교사나 문화 전문가(강사)가 주도하는 교실 밖 수업을 통해 전달됨 • 체험, 행사, 견학 등의 내용으로 포함됨
문화 관점	• 한국 문화와 자국, 세계 문화를 상호 문화적 관점에서 교수·학습함 • 주로 한국어 교사가 주도하는 교실 수업을 통해 전달됨 • 문화 비교에 대한 말하기나 쓰기 등과 같은 기능 수업의 내용으로 포함됨

참고문헌 김중섭 외, 2017년 국제 통용 한국어 표준 교육과정 적용 연구(4단계), 국립국어원, 2017

108 정답 ④

④ 한자어 지도는 한문 지도와 근본적으로 성격을 달리한다. 한자어 지도는 한자로 구성된 단어에 관심을 두고 어휘를 지도하는 것이며 한자 자체를 교육 내용으로 하지 않는다. 즉 한자의 쓰기라든가 개별 한자의 훈과 같은 문제는 일차적인 관심의 대상이 아니다.

알아두기

■ 한자 성어

한자 성어란 한자로 이루어진 관용어를 말한다. 주로 옛이야기에서 유래된 말로 옛이야기에는 신화, 전설, 고전, 문학 작품 등이 포함된다. 한자 성어는 교훈, 경구, 비유, 상징어 및 관용구나 속담 등으로 사용되어 일상 언어의 표현을 풍부하게 해 준다. 고사성어는 사자성어가 대부분이지만 '등용문'과 같은 삼자 성어도 있으며 여덟 자나 아홉 자로 된 긴 성구도 있다. 또 한국에서 만들어진 한자 성어도 있다. 많은 한국인이 대화에서 한자 성어를 사용하므로 한국어 교사는 특히 중급 이후의 한국어 학습자들이 한자 성어를 익힐 수 있는 기회를 마련해 주는 것이 좋다. 한자 성어는 현대 구어 담화에서는 활용도가 적어졌지만 이해 차원에서 반드시 학습해야 하는 교육 내용이므로 그 쓰임의 환경에 대해서 정확하게 가르쳐 줄 필요가 있다. 특히 한자 성어가 어떤 통사적 조건에서 쓰이는지를 교육하려면 같은 환경의 예문을 둘 이상 제시하는 것이 좋다. 가령 대부분의 한자 성어는 '이다'를 붙여 서술어로 만들 수 있지만 '동문서답, 노심초사' 등은 동사적 개념으로 '-하다'를 붙여 서술어로 쓸 수 있다. 그리고 '파죽지세'와 같은 말은 '파죽지세로 이겼다'와 같이 조사 '(으)로'를 붙여 부사어로 자주 사용한다. 한국어 교사는 이런 통사적 조건을 다룰 수 있는 예문을 숙지하고 있어야 한다.

참고문헌 서울대학교 국어교육연구소, 한국어교육학사전, 하우, 2014

109 정답 ②

② 한자어는 고유어보다 활발하게 단어를 만든다.
④ 한자 문화권 학습자들에 대해서는 학습자 모어에서 사용하는 한자어와 형태가 동일하더라도 의미가 다르거나 동일한 의미지만 다른 형태의 한자어를 사용하는 경우가 있어서 가르칠 때 유의해야 한다. 예를 들면 애인(愛人)을 중국에서는 '情人'이라고 하며 '愛人'이라는 표현은 '남편'이나 '아내'를 가리키지만 일본에서는 '첩'을 가리킨다.

알아두기

■ 한자어의 특성

한자어는 고유어나 다른 차용어와 차이 나는 몇 가지 특징을 갖는다.
1. 한자어는 한자로 표기할 수 있다. 모든 한자어는 한국의 한자음으로 읽히고 표기된다.
2. 한자어는 1음절이나 2음절로 된 것이 압도적으로 많으며, 특히 2음절어가 압도적으로 많다. 중국어는 고립어로서 기원적으로는 1음절어가 대부분을 차지했으나 한국어의 경우 2음절어가 많았다.
3. 한자어는 그 자체로는 대부분 명사로 사용되나, 다른 품사로 쓰이는 경우도 있다.
   예) 부사 – 果然(과연), 不過(불과)
4. 한자어에 파생접미사 '-하(다)'가 붙으면 동사나 형용사가 되는데, 1음절 한자어는 '求하다, 勸하다'처럼 '-하(다)'와 떨어져 단독으로 쓰이기 어렵지만, 2음절 한자어는 단독으로 쓰이는 경우가 많다.
5. 기초 어휘에는 고유어가 많으나 문명 생활과 관련된 어휘, 전문어에는 한자어가 많다.
6. 한자어는 고유어와는 다른 규칙으로 단어를 만들고 고유어보다 활발하게 단어를 만든다.
   1) 한 글자가 단어가 되는 한자어는 드물다. 예외적으로 '江, 山, 窓, 門, 數' 등과 같은 단어도 있다.
   2) 한자어 어근은 일반적인 어근과는 달리 생산성이 매우 높고 자유롭게 쓰인다.
   3) 하나의 한자어가 여러 가지 용법으로 쓰인다. 예를 들어 '人'의 경우 '韓國人'에서처럼 접미사로도 쓰이고, '人間'에서처럼 어근으로도 쓰인다.
7. 한자어는 주로 중국어(혹은 중국에서 사용된 한문)에서 유래하기 때문에 중국어에서의 성격을 가지고 있으며, 동시에 한국어에 편입되면서 차용어(한국어)로서의 특징도 가지게 되었다. '애국(愛國), 등산(登山)'과 같은 예에서 보듯이 어순이 한국어와 다른 것은 중국어적 특성이고, 한국 한자음으로 읽히고 고유어와 합쳐져 합성어를 만드는 것은 한국어적인 특성이다.

참고문헌 서울대학교 국어교육연구소, 한국어교육학사전, 하우, 2014
한국방송통신대학교 평생교육원, 외국어로서의 한국어교육학, 한국방송통신대학교출판부, 2007

110 정답 ②

② 한국어능력시험(TOPIK)은 한국어를 모국어로 하지 않는 재외동포·외국인의 한국어 학습 방향을 제시하고 한국어 사용 능력을 측정·평가하여 그 결과를 국내 대학 유학 및 취업 등에 활용하기 위해 실시하는 것으로 2011년부터 주관 기관이 한국교육과정평가원에서 국립국제교육원으로 변경되었다.

참고문헌 TOPIK 홈페이지

111 정답 ④

④ 외국 국적을 가진 사람은 문화체육관광부장관이 시험 종류, 시험의 유효기간 및 급수 등을 정하여 고시하는 시험에 합격한 사람이어야 한다.

> **알아두기**
>
> ■ **국어기본법 시행령 제13조(한국어교원 자격 부여 등)**
>
> 국어기본법 제19조 제2항에 따라 재외동포나 외국인을 대상으로 국어를 가르치는 사람(이하 "한국어교원"이라 한다)의 자격은 다음 각 호와 같다.
>
> 1. 한국어교원 1급
>   제2호 각 목의 어느 하나에 해당하여 한국어교원 2급 자격을 취득한 후에 제2항에 따른 기관 또는 단체 등에서 5년 이상 근무하면서 총 2천 시간 이상 외국어로서의 한국어를 가르친 경력(이하 "한국어 교육 경력"이라 한다)이 있는 사람
> 2. 한국어교원 2급
>   가. 외국어로서의 한국어 교육 분야를 주전공 또는 복수전공으로 하여 별표 1에서 정한 영역별 필수이수학점을 취득한 후 학사 이상의 학위를 취득한 사람. 이 경우 외국 국적을 가진 사람은 문화체육관광부장관이 시험 종류, 시험의 유효기간 및 급수 등을 정하여 고시하는 시험에 합격한 사람일 것
>   나. 2005년 7월 28일 전에 대학에 입학한 사람으로서 외국어로서의 한국어 교육 분야를 주전공 또는 복수전공으로 하여 별표 1 제3호에 따른 영역에 속한 과목과 같은 표 제5호에 따른 영역에 속한 과목을 합산하여 18학점 이상을 이수하되, 같은 표 제3호에 따른 영역에 속한 과목을 2학점 이상 이수한 후 학사 학위를 취득한 사람
>   다. 2005년 7월 28일 전에 「고등교육법」 제29조에 따른 대학원(이하 "대학원"이라 한다)에 입학한 사람으로서 외국어로서의 한국어 교육 분야를 전공으로 하여 별표 1 제3호에 따른 영역에 속한 과목과 같은 표 제5호에 따른 영역에 속한 과목을 합산하여 8학점 이상을 이수하되, 같은 표 제3호에 따른 영역에 속한 과목을 2학점 이상 이수한 후 석사 이상의 학위를 취득한 사람
>   라. 제3호 가목 및 다목부터 마목까지의 어느 하나에 해당하여 한국어교원 3급 자격을 취득한 후에 제2항에 따른 기관 또는 단체 등에서 3년 이상 근무한 사람으로서 총 1천 200시간 이상의 한국어 교육 경력이 있는 사람
>   마. 제3호 나목, 바목 및 사목의 어느 하나에 해당하여 한국어교원 3급 자격을 취득한 후에 제2항에 따른 기관 또는 단체 등에서 5년 이상 근무한 사람으로서 총 2천 시간 이상의 한국어 교육 경력이 있는 사람

참고문헌 국어기본법 시행령, 한국어교원 자격제도, 국립국어원

112 정답 ③

③ 한자 사용 지역(일본, 중국)의 지명이 하나의 한자로 되어 있을 경우, '강, 산, 호, 섬' 등은 겹쳐 적는다. 예를 들어 '주장강(珠江), 도시마섬(利島), 하야카와강(早川), 위산산(玉山)' 등과 같이 쓴다.

참고문헌 한국어 어문 규범 외래어 표기법, 국립국어원

113

※ 주관식 문제의 정답과 해설은 생략합니다.

2022년

17회 정답 및 해설
[A형]

1교시　한국어학·일반언어학 및 응용언어학
2교시　한국 문화·외국어로서의 한국어 교육론

배우기만 하고 생각하지 않으면 얻는 것이 없고,
생각만 하고 배우지 않으면 위태롭다.

- 공자 -

1교시 | 한국어학·일반언어학 및 응용언어학

01	①	02	④	03	③	04	②	05	③	06	①	07	②	08	②	09	①	10	①
11	④	12	②	13	③	14	②	15	①	16	②	17	②	18	④	19	③	20	①
21	④	22	④	23	④	24	①	25	②	26	③	27	④	28	③	29	①	30	①
31	③	32	④	33	③	34	②	35	④	36	②	37	④	38	①	39	③	40	③
41	③	42	③	43	①	44	④	45	②	46	③	47	③	48	④	49	②	50	②
51	④	52	③	53	④	54	①	55	①	56	③	57	③	58	②	59	③	60	④
61	①	62	②	63	③	64	④	65	②	66	②	67	①	68	③	69	④	70	①
71	②	72	③	73	④	74	③	75	④	76	①	77	①	78	④	79	③	80	②

01 정답 ①

① 대외적으로는 '한국어'라고 하고, 국내에서는 '국어'라고 한다.
② '한글'은 한국어를 표기하기 위해서 쓰는 문자의 이름이므로 언어 자체인 '한국어'와 다르다.
③ 북한에서는 '조선어'라고 하고, 중앙아시아 및 러시아 등지에서는 고려인들이 사용하는 언어를 '고려말'이라고 부른다.
④ '한국어'를 제1언어로 사용하는 인구는 약 7,700만 명이고, 한국어를 능숙하게 구사하는 일부 재외동포를 포함한 제2언어까지 합하면 약 7,900만 명으로 추산된다.

참고문헌 한국학중앙연구원, 한국민족문화대백과
두산백과 두피디아
에스놀로그

02 정답 ④

① 고유명사 표기는 자국어 표기의 첫 단계이다. 한자에 어느 정도 익숙해졌을 때 한자로 인명이나 지명을 표기하려는 노력을 하였다.
② 이두는 고려와 조선을 지나 19세기 말까지 계속 사용되었다.
③ 구결이란 한문을 읽을 때 문법적 관계를 표시하기 위해 삽입하는 요소들을 말한다.
④ 음차와 훈차를 이용한 최초의 차자 표기는 한자이다.

> **알아두기**
>
> ■ 차자 표기
> 1. 한자: 한자는 우리 조상들이 접한 최초의 문자였다고 할 수 있다. 조상들은 입으로는 우리말을 하면서 글로는 외국어인 중국어를 쓰는 기형적인 생활을 하였다. 한자에 어느 정도 익숙해졌을 때, 이것을 가지고 자국어를 표기하려는 욕망을 갖게 되었다. 특히 인명(人名)이나 지명(地名)과 같은 고유명사를 표기해야 할 필요성을 느끼게 되었다. 그러나 한자는 본질적으로 중국어를 위해 만들어진 문자 체계였기에 우리말을 표기하는 데는 매우 부적합하였다. 그렇지만 고대 삼국에서 한자를 사용하여 인명이나 지명을 표기한 원리를 찾아볼 수 있다. 첫째는 한자의 표의적 기능은 버리고 표음적 기능만을 취한 것(음독자)이고 둘째는 표음적 기능을 버리고 표의적 기능만을 살리되 이 표의성을 자국어의 단어로 고정시키는 원리(석독자, 훈독자)이다. 즉 고구려에서는 '水'자를 '매'란 단어를 나타내기 위하여 사용하였고, 신라에서는 '水'자를 '믈'이란 단어를 나타내기 위해 사용하였다.
> 2. 이두: 한문이 우리나라 식으로 고쳐진 것으로, 단어의 배열이 국어의 문장 구조를 따르고 조사와 어미까지 표기한 것이다. 이두의 첫 싹은 고구려에서 텄지만 본격적인 발달은 신라에서 이루어졌다. 이두는 고려와 조선을 지나 19세기 말까지 계속 사용되었다.
> 3. 구결: 흔히 '토(吐)'라고 한다. 구결이란 한문을 읽을 때 문법적 관계를 표시하기 위해 삽입하는 요소들을 말한다. 현전하는 구결 자료를 검토해 보면 음독구결과 석독구결로 크게 두 가지 방식이 존재했음을 알 수 있다. 음독구결은 오늘날에도 사용하는 방식으로 한문 원문을 읽을 때 우리말 문법 요소(조사, 어미)를 끼워 넣어 읽는 것을 말한다. 이러한 독법은 여러 자료를 통해서 조선시대 초기부터 있었음이 증명된다. 석독구결은 오늘날에는 사용되지 않는 방식인데, 이 구결에 따라 원문을 읽으면 한문이 우리말로 번역되는 것과 같은 결과를 얻게 된다.
> 4. 향찰: 향찰은 신라에서 한자를 이용하여 자국어를 표기하려는 노력의 집대성이었다. 하나의 표기 체계로서 향찰은 아무런 새로운 원리도 가지고 있지 않았다. 그것은 이미 발달되어 있던 체계들, 즉 고유명사 표기법과 이두 및 구결의 확대라고 할 수 있다. 실질적 의미를 가진 부분(어간)은 석독표기로, 문법적 요소(접미사, 어미)는 음독표기로 하는 것을 원칙으로 했던 향찰 체계는 지극히 복잡했었고, 국어를 만족스럽게 표기하지 못했다.
>
> **참고문헌** 이기문·이호권, 국어사, 한국방송통신대학교출판부, 2009

03 정답 ③

① 형태소는 최소의 유의적 단위이다. 여기에서의 '최소'는 더 쪼개면 의미를 가지는 단위가 아니거나 의미가 있다고 하더라도 전혀 관련이 없는 엉뚱한 의미를 가지는 조각으로 나뉘어서 그 의미 단위로서는 더 이상 쪼갤 수 없는 것을 의미한다. 따라서 '잡았다'의 '잡'은 형태소이다.
② 단어는 자립성을 가지는 최소의 단위로 정의되는 것이 일반적이다. 즉 문장에서 단독으로 쓰일 수 있는 언어 형식을 말한다. 자립성의 기준을 엄격하게 적용하면 국어의 조사는 단어의 자격을 가지기 어렵지만 조사에 선행하는 체언의 자립성이 어미에 선행하는 용언 어간의 자립성보다 훨씬 높기 때문에 조사는 어미와 달리 하나의 단어로 취급한다. 따라서 '집에서처럼'의 '처럼'은 단어이다.
③ 어절은 문장을 구성하는 마디마디를 일컫는 말이다. 모든 품사는 그 자체로 하나의 어절을 형성할 수 있으나 일반적으로 체언은 조사와 결합하여 어절을 형성하고 용언은 어미와 결합하여 어절을 형성한다. 어절은 띄어쓰기 단위와 일치하며 학교 문법에서 문장 성분에 대해 학습할 때에도 보통 어절 단위로 성분을 분석한다. '합격입니다' 전체가 하나의 어절이다.
④ 구(句)는 둘 이상의 단어가 한 덩어리가 되어 마치 한 품사의 단어처럼 쓰이는 경우를 말하고, 절(節)은 주어, 서술어를 다 갖춘 온전한 문장이 한 품사의 단어처럼 쓰이는 것을 말한다. 명사절, 관형절, 부사절, 서술절 등이 있다. '눈이 예쁜'은 관형절이다.

> **알아두기**
>
> ■ 언어 단위
>
> 언어를 구성하는 단위를 언어 단위(linguistic unit)라 하는데, 자음이나 모음 또는 음절과 같은 음운 단위(phonological unit)는 그 스스로는 의미를 갖지 않는다. 예를 들어 'ㄱ'이나 'ㅓ'가 무슨 의미가 있냐고 물으면 그 의미를 말하기 어렵다. 이에 비해 의미를 가지는 단위를 문법 단위(grammatical unit)라 한다. 같은 'ㄴ'이라도 '나무'의 'ㄴ'처럼 의미를 가지지 않으면 음운 단위이며, '예쁜 여자'의 'ㄴ'처럼 동사나 형용사를 관형형으로 만들어 의미와 관련될 때는 문법 단위가 된다.

참고문헌 고영근·남기심, 표준국어문법론, 박이정, 2014
서울대학교 국어교육연구소, 한국어교육학사전, 하우, 2014
임흥빈 외, 바른 국어생활과 문법, 한국방송통신대학교출판부, 2011
한국방송통신대학교 평생교육원, 외국어로서의 한국어학, 한국방송통신대학교출판부, 2007
국립국어원, 외국인을 위한 한국어 문법 1, 커뮤니케이션북스, 2005

04 정답 ②

① 한국어는 언어유형론의 관점에서 교착어(첨가어)에 속한다. 교착어는 문법적인 기능을 나타내는 요소가 발달했을 뿐만 아니라 이 문법적인 기능을 담당하는 요소가 하나의 실질 형태소에 연속해서 여러 개가 붙기도 한다. 따라서 한국어는 교착어로서 어휘의 확장이 접미사나 접두사에 의해 이루어지는 경우가 많아서 파생어나 합성어 등 복합어의 비중이 높다.
③ 형용사는 사물의 성질이나 상태를 표시하는 품사로 동사처럼 활용을 한다. 한국어에서는 관형사가 형태 변화 없이 체언을 수식하는 기능을 한다.
④ 한국어는 주제 부각형(중심) 언어로서 문장에서 주어가 빈번하게 생략된다.

참고문헌 한국방송통신대학교 평생교육원, 외국어로서의 한국어학, 한국방송통신대학교출판부, 2007

05 정답 ③

③ 'ㄱ'은 연구개음이고 'ㅎ'은 후음으로 조음 위치가 다르다.

알아두기

■ 자음의 분류

조음 방법			양순음	치조음	경구개음	연구개음	후음
장애음	폐쇄음	평음	ㅂ	ㄷ		ㄱ	
		유기음	ㅍ	ㅌ		ㅋ	
		경음	ㅃ	ㄸ		ㄲ	
	마찰음	평음		ㅅ			
		유기음					ㅎ
		경음		ㅆ			
	파찰음	평음			ㅈ		
		유기음			ㅊ		
		경음			ㅉ		
공명음	비음		ㅁ	ㄴ		ㅇ	
	유음			ㄹ			

참고문헌 신승용, 국어음운론, 역락, 2013

06 정답 ①

① ㉠에 ㉡의 특성이 더해진 유형은 '자음 + 반모음 + 모음'을 말한다. '과'는 'ㄱ + ㅘ(wa)'로 문제에서 원하는 유형에 해당하는 음절이다.
② '경'은 'ㄱ + ㅕ(yə) + ㅇ'으로 '자음 + 반모음 + 모음 + 자음'의 유형이다.
③ '여'는 'ㅕ(yə)'로 '반모음 + 모음'의 유형이다.
④ '약'은 'ㅑ(ya) + ㄱ'으로 '반모음 + 모음 + 자음'의 유형이다.
※ 반모음 y는 국제음성기호 j로 적게 되어 있으나 y로 적는 일이 많다.

참고문헌 한국방송통신대학교 평생교육원, 외국어로서의 한국어학, 한국방송통신대학교출판부, 2007

07 정답 ②

① 순리[술리]: 뒤에 오는 'ㄹ'의 영향을 받아 앞에 있는 'ㄴ'이 'ㄹ'로 바뀌는 역행 동화이며 피동화음이 동화음과 같은 소리로 바뀌는 완전 동화이다.
② 입맛[임맏]: 뒤에 오는 비음 'ㅁ'의 영향을 받아 앞에 있는 'ㅂ'이 비음 'ㅁ'으로 바뀌어 역행 동화이며 완전 동화이다.
③ 같이[가치]: 구개음화는 뒤의 'ㅣ' 모음의 영향을 받아 자음이 동화되는 현상으로 'ㅣ' 모음 역행 동화이며 부분 동화이다.
④ 종로[종노]: 'ㄹ'을 제외한 자음 뒤에서 'ㄹ'이 'ㄴ'으로 대치되는 현상을 치조비음화라고 하는데 이는 순행 동화이며 부분 동화이다.

참고문헌 김성규·정승철, 소리와 발음, 한국방송통신대학교출판부, 2011

08 정답 ②

① 몫도 → [목또]: 자음군 단순화
② 읊고 → [읖고] → [읍고] → [읍꼬]: '읖'이 [읍]으로 바뀌는 것은 평폐쇄음화에 해당함
③ 값을 → [갑쓸]: 자음군 단순화
④ 닭장 → [닥짱]: 자음군 단순화

알아두기

■ 평폐쇄음화와 자음군 단순화 〈18회 1교시 13번〉 참고

참고문헌 김성규·정승철, 소리와 발음, 한국방송통신대학교출판부, 2011
배주채, 한국어의 발음, 삼경문화사, 2007
표준국어대사전

09 정답 ①

① 알약 → [알냑] → [알략]: 'ㄴ' 첨가 후 첨가된 'ㄴ'이 앞에 있는 'ㄹ'의 영향을 받아 'ㄹ'로 바뀌는 유음화를 겪었다.
② 신라 → [실라]: 'ㄹ'의 영향을 받아 'ㄴ'이 'ㄹ'로 바뀌었다.
③ 색연필 → [색년필] → [생년필]: 'ㄴ' 첨가 후 첨가된 'ㄴ' 때문에 앞의 장애음 'ㄱ'이 비음 'ㅇ'으로 바뀌었다.
④ 판단력 → [판단녁]: 'ㄴ' 뒤에서 치조유음 'ㄹ'이 치조비음인 'ㄴ'으로 바뀌었다.

참고문헌 김성규·정승철, 소리와 발음, 한국방송통신대학교출판부, 2011

10 정답 ①

ㄱ. 'ㅓ'는 평순모음이고 'ㅟ'는 원순모음이므로 옳은 설명이다.
ㄴ. 'ㅓ'는 중모음이고 'ㅟ'는 고모음이므로 옳은 설명이다.
ㄷ. 'ㅓ'는 후설모음이고 'ㅟ'는 전설모음이므로 'ㅓ' 모음을 발음할 때 혀가 입술에서 더 멀리 위치한다.

> **알아두기**
>
> ■ 단모음 체계 〈19회 1교시 6번〉 참고

참고문헌 김성규·정승철, 소리와 발음, 한국방송통신대학교출판부, 2011

11 정답 ④

④ 종성의 자리에서 둘 이상의 자음이 실현될 수 없다.

> **알아두기**
>
> ■ 음절의 실현
>
> 한국어에서는 음절 구조를 만족시킨다고 해도 모든 자음이나 모음이 초성, 중성 또는 종성 자리에서 실현되지는 않는다. 각각의 음소들이 음절을 이루거나 음절끼리 연결될 때 음소 실현이 이루어지지 못하도록 막는 음운론적 제약이 있다.
> 1. 한국어는 초성과 종성 위치에 하나의 자음만 실현될 수 있다.
> 2. 한국어는 초성 위치에 'ㅇ[ŋ]'이 실현될 수 없다.
> 3. 한국어는 종성 위치에 'ㄱ, ㄴ, ㄷ, ㄹ, ㅁ, ㅂ, ㅇ[ŋ]'만 실현될 수 있다.
> 4. 한국어는 경구개음 뒤에 활음 [j]가 실현될 수 없다.

참고문헌 김성규·정승철, 소리와 발음, 한국방송통신대학교출판부, 2011

12 정답 ②

② 쓰- + -어 → 써: 동사나 형용사 어간의 말음 '으'가 어미 '-아/어' 앞에서 탈락하는 어간 말 '으' 탈락 현상의 예이다.

> **알아두기**
>
> ■ 반모음화
>
> 반모음화는 단순모음이 반모음으로 바뀌는 현상이다. 반모음은 활음이라고도 부르며 그 경우 활음화라고도 한다. 활음화가 일어나면 하나의 음절을 이루고 있던 모음이 다른 음절의 일부가 되어 음절 하나가 줄어듦으로 비음절화라고도 한다.

참고문헌 김성규·정승철, 소리와 발음, 한국방송통신대학교출판부, 2011

13 정답 ③

① 않아[아나]: 'ㅎ' 탈락('ㅎ'이 공명음과 모음 사이에서 탈락)
② 끊고[끈코]: 'ㅎ' 축약('ㅎ'이 평음 'ㄱ'과 만나 'ㅋ'이 됨)
③ 맑게[말께]: 대치(경음화, 게 → 께), 탈락(자음군 단순화, ㄺ → ㄹ)
④ 닳지[달치]: 'ㅎ' 축약('ㅎ'이 평음 'ㅈ'과 만나 'ㅊ'이 됨)

> **알아두기**
> ■ 음운의 변동 〈19회 1교시 13번〉 참고

> **참고문헌** 김성규·정승철, 소리와 발음, 한국방송통신대학교출판부, 2011

14 정답 ②

① '-았었-'은 과거의 사건이나 사실이 현재와 다르거나 말할 때보다 훨씬 오래 전에 일어나 현재와는 시간상 거리가 멀어 단절되어 있음을 표현한다. 즉 나도 예전에 여기에 산 적이 있으나 이제 더 이상 여기에 살지 않음을 나타낸다.
② '-더-'는 화자가 과거에 직접 경험한 일이나 알아낸 일을 객관적으로 말하는 형식으로 해석하는 경우가 많다.
③ '-았으면'이 '좋겠다'와 함께 쓰여 '현실이 앞의 내용과 달라서 그 상황에 대해 애석해하며 그렇게 되기를 희망한다'는 것으로 해석할 수 있다.
④ 이 문장에서의 '-던'은 과거에는 그랬으나 현재는 상태가 달라졌음을 뜻한다.

> **참고문헌** 국립국어원, 외국인을 위한 한국어 문법 2, 커뮤니케이션북스, 2019
> 임홍빈 외, 바른 국어생활과 문법, 한국방송통신대학교출판부, 2011
> 국립국어원, 외국인을 위한 한국어 문법 1, 커뮤니케이션북스, 2005

15 정답 ①

'뵈다/뵙다'와 '여쭈다/여쭙다'는 객체를 높이는 어휘이고, '잡수다/잡숫다/잡수시다'와 '편찮으시다'는 주체를 높이는 어휘이다.

> **알아두기**
> ■ 높임의 대상 〈18회 1교시 20번〉 참고

> **참고문헌** 고영근·남기심, 표준국어문법론, 박이정, 2014

16 정답 ②

① 보다 더 나은: '어떤 수준에 비하여 한층 더'의 의미를 가진 부사
   지금보다 더: 비교의 대상이 되는 말에 붙어 '-에 비해서'의 뜻을 나타내는 격조사
② 다른 학생들, 다른 의견: '해당되는 것 이외의'라는 의미를 가진 관형사
③ 수합되는 대로: '어떤 상태나 행동이 나타나는 그 즉시, 그 일이 일어나는 때마다'를 의미하는 의존명사
   비닐대로: '따로따로 구별됨'을 나타내는 보조사
④ 내일까지: '오늘의 바로 다음 날'을 뜻하는 명사
   내일 정하자: '오늘의 바로 다음 날에'를 뜻하는 부사

알아두기

- 품사 통용 〈19회 1교시 20번〉 참고

참고문헌 고영근·남기심, 표준국어문법론, 박이정, 2014
서울대학교 국어교육연구소, 한국어교육학 사전, 하우, 2014
표준국어대사전

17 정답 ②

ㄱ. 낮춤말이다.
ㄴ. 재귀 대명사는 일반적으로 3인칭의 유정물 주어를 선행사로 한다. '자기, 당신, 저' 등이 있는데 특수한 경우에 '저'는 1인칭이나 2인칭의 주어를 재귀하여 지칭할 수 있다.
ㄷ. 인칭 대명사 '누구'나 지시 대명사 '어디' 등은 두 가지 의미로 해석이 된다. 모르는 것에 대해 물어보는 뜻을 나타내기도 하고, 정해져 있지 않은 어떤 사람이나 장소를 가리키기도 한다. 이를 각각 미지칭(未知稱), 부정칭(不定稱)이라 부른다.
ㄹ. 대명사의 특성 중 하나는 상황 지시적(deixis)인 것이다. 상황 지시적 기능은 화자를 중심으로 하여 그 상황이 달라짐에 따라 같은 대상의 명칭이 달라지거나 같은 명칭의 지시 내용이 달라지는 현상을 말한다. 즉 동일한 대상이어도 화자에게 가까이 있으면 '이것', 청자에게 가까이 있으면 '그것', 화자와 청자로부터 멀리 있으면 '저것'으로 명칭이 달라진다.

참고문헌 권재일, 한국어문법론, 태학사, 2013
임홍빈 외, 바른 국어생활과 문법, 한국방송통신대학교출판부, 2011

18 정답 ④

① '젊은-이'의 '이'는 '사람'을 뜻하는 의존명사로 이는 '관형사형 + 명사'로 이루어진 통사적 합성어이다.
② '덮-밥'은 '어간 + 명사', '보슬-비'는 '부사 + 명사'로 이루어진 비통사적 합성어이다.
③ '풋-'은 접두사지만, '첫-(사랑)'의 '첫'은 관형사이므로 '첫사랑'은 합성어이다.

> **알아두기**
>
> ■ 종속 합성어
> 합성어를 이룰 때 어근과 어근이 결합하는데 '돌다리, 도시락밥'처럼 앞의 어근이 뒤의 어근에 종속되어 수식하는 합성어를 종속 합성어라고 한다. 여기에서 앞의 어근은 뒤의 어근을 수식하며 뒤의 어근의 의미를 제한하기도 한다.

참고문헌 송진우, Basic 중학생을 위한 국어 용어사전, 신원문화사, 2007
표준국어대사전

19 정답 ③

ㄱ. 목적어
ㄴ. 주어
ㄷ. 부사어
ㄹ. 주어

20 정답 ①

ㄱ. 하게체 청유형
ㄴ. 하오체 명령형
ㄷ. 하오체 명령형
ㄹ. 하게체 명령형

> **알아두기**
>
> ■ 상대 높임법 〈18회 1교시 24번〉 참고

참고문헌 국립국어원, 외국인을 위한 한국어 문법 1, 커뮤니케이션북스, 2005
표준국어대사전

21 정답 ④

①・④ 짧고 구어적인 특성을 띠고 있는 문장에서 조사 생략이 많이 일어난다.
② 부사격 조사는 주격, 목적격, 관형격 조사보다 덜 생략된다.
③ 문장에서 의미를 표시하는 기능 부담량이 적은 조사가 주로 생략된다.

알아두기

■ 격조사의 생략

격조사 중에서 특히 생략이 잘 일어나는 것은 주격 조사와 목적격 조사이다. 주격과 목적격이 어순만으로도 쉽게 파악될 수 있기 때문이다. 그러나 문법적 관계가 아무리 분명하게 파악된다고 하더라도 내포문의 주어나 초점, 새로운 정보에 결합된 조사는 생략이 자유롭지 못하다.
관형격 조사가 생략될 수 있는 경우는 대체로 '명사구 + 의 + 명사구'의 구성에서 앞의 명사구와 뒤의 명사구의 관계가 '소유주 - 피소유주'나 '전체 - 부분' 혹은 '친족 관계'일 때이다. 즉 두 명사구의 의미상의 거리가 매우 가까울 때에만 자연스럽게 조사가 생략될 수 있는 것이다.
부사격 조사들은 특성상 주격, 목적격, 관형격 조사만큼 생략이 자유롭지 않다. 또 문장에서 생략이 되더라도 꼭 정해진 조사로만 복원되는 것도 아니다.

참고문헌 임홍빈 외, 바른 국어생활과 문법, 한국방송통신대학교출판부, 2011

22 정답 ④

④ '-잖아'는 어떤 상황에 대해 화자가 상대방(청자)에게 확인하거나 정정해 주듯이 말함을 나타내는 표현이다.

참고문헌 한국어기초사전

23 정답 ④

ㄱ. '숨기다'는 '숨다'에 사동 접사 '-기-'가 붙어 만들어진 사동사인데, 이 문장에서는 "그 사실이 숨었다."와 같이 대응되는 주동문이 존재하지 않는다.
ㄴ. 피동 접사를 가진 피동사에 의하여 형성되는 피동문을 '접사적 피동, 형태적 피동'이라고 한다. '잡히다'는 '잡다'에 피동 접사 '-히-'가 붙어 만들어진 피동사이고, 능동문인 "호랑이가 사슴을 잡았다."의 주어인 '호랑이가'가 피동문에서 부사어 '호랑이한테'로 바뀌고 능동문의 목적어인 '사슴을'이 피동문의 주어 '사슴이'가 된다.
ㄷ. 간접 사동은 사동주가 피사동주에게 어떤 행위를 하도록 시키기만 할 뿐 그 행위에 직접 참여하지 않는 사동을 말하며, '-게 하다' 사동법은 일반적으로 간접 사동의 의미로만 해석된다.
ㄹ. '-어지다'가 붙었다고 해서 모두 피동의 뜻을 나타내는 것은 아니다. 형용사와 어울리는 경우에는 형용사가 동사화하여 상태의 변화를 나타내는 의미가 있다. 예를 들면 '동쪽 하늘이 환해진다, 길이 넓어졌다, 방이 깨끗해졌다' 등이 있다.

알아두기

■ 주동문과 사동문 〈18회 1교시 27번〉 참고

■ 능동문과 피동문
능동문이 피동문으로 바뀔 때 능동문의 목적어는 피동문의 주어가 되고 능동문의 주어는 '에/에게'나 '에 의해'가 붙어 부사어로 바뀐다. 그리고 서술어인 타동사는 피동 접사가 붙어서 피동사로 바뀌거나 표현 '-어/아 지다'가 붙어 피동의 의미를 나타낸다. 문장 전체로 보면 타동사가 서술어인 능동문이 자동사가 서술어인 피동문으로 바뀌게 된다. 그러나 피동문에 대응하는 능동문이 없는 경우도 있다.

참고문헌 고영근·남기심, 표준국어문법론, 박이정, 2014
권재일, 한국어문법론, 태학사, 2013
국립국어원, 외국인을 위한 한국어 문법 1, 커뮤니케이션북스, 2005

24 정답 ①

ㄱ. 관형사
ㄴ. '바르지 않게 또는 틀리게'의 뜻을 가진 부사
ㄷ. '빠짐없이 다'의 뜻을 가진 부사
ㄹ. '일정한 수준이나 보통의 것보다 꽤'의 뜻을 가진 부사
ㅁ. 수사
ㅂ. '잘함과 잘못함'의 뜻을 가진 명사
ㅅ. '각 부분을 모두 합친 전체'의 뜻을 가진 명사
ㅇ. '집단이나 단체에 속한 모든 사람이 평등한 권리와 자유를 지니는'의 뜻을 가진 관형사

참고문헌 한국어기조사선

25 정답 ②

ㄱ. 한자어는 한국 한자음을 가지고 있다.
ㄴ. 한자어를 구성하는 한자 하나하나는 대부분 어근의 기능을 한다.
ㄷ. 한자어는 음운론적으로는 국어에 완벽하게 동화되었으나 어순과 같은 문법적인 면은 중국어의 특성을 유지하고 있는 것이 많다. 예를 들면 '입학(入學), 독서(讀書), 살생(殺生)' 등이 있다.

알아두기

■ 한국 한자어의 특수성
1. 한자어는 한국 한자음을 가지고 있으며 음운론적으로 국어 체계에 거의 완전하게 동화되었다.
2. 한국 한자어에는 한 형태소가 한 음절로 되어 있다.
3. 많은 한자 형태소가 조어력이 강하다.
4. 2음절어의 구성 원리는 기본적으로 한문 문법의 통사론이라서 그 어순은 고유어 어순과 다른 경우가 많다.
예 독서(讀書, 읽다 + 책): 책을 읽다
5. 현대 한국어에서 1음절로 된 한자어는 고유명사와 단위명사, 전문용어의 경우에만 새로 생길 수 있다. 고유명사가 아닌 경우에는 기본적으로 2음절어가 형성된다.
6. 일반적으로 한문에서는 구 혹은 문장 자격을 가지는 것도 국어 안에서는 단어나 단어적 어근의 자격을 가지게 된다. 예를 들어 '夜深(야심)'은 '밤이 깊다'라는 뜻인데, 국어에서는 '밤이 깊음'의 뜻을 가지는 단어적 어근으로 접미사 '-하-'와 결합하여 '야심하다'로 사용한다.
7. 한자어의 구나 단어는 축약어를 잘 이룬다.

8. 고유어와 한자어는 어휘 체계 안에서 역할 분담이 되어 있는 경우가 많다. 한자어는 고유어에 비해 상대적으로 더 분화적이거나 전문적인 의미를 가지며, 형식적이거나 전문적인 장면에서 잘 쓰인다. 그 결과 고유어 하나에 한자어 여럿이 대응하는 경우가 생긴다.

참고문헌 서울대학교 언어교육원, 한국어교육의 이론과 실제 1, 아카넷, 2014
심재기·채완, 언어와 의미, 한국방송통신대학교출판부, 2009

26 정답 ③

㉠ 두 자리 서술어는 주어 이외에 목적어나 보어, 부사어 중에서 반드시 하나를 더 취하는 서술어를 말한다. '좋아하다'는 주어와 목적어를 취하는 두 자리 서술어이다.
㉡ 중의성은 하나의 표현이 둘 이상의 의미를 갖는 특성을 말하는데, 구조적 중의성은 문장을 이루고 있는 성분들 사이의 통사적 관계에 의해서 나타난다.
㉢·㉣ 의문사에 대한 정보를 요구하는 의문문을 설명 의문문이라고 하고 '네, 아니요'의 대답을 요구하는 의문문을 판정 의문문이라고 한다. 또 문장의 형식은 의문문이지만 답변을 요구하는 것이 아니고 강한 긍정 또는 부정적 진술을 내포하고 있는 의문문을 수사 의문문이라고 한다. 이 문장의 "왜 ~ 좋아하겠니?"는 '안 좋아한다'는 의미를 내포하고 있으므로 수사 의문문으로 해석될 수도 있다.

참고문헌 임홍빈 외, 바른 국어생활과 문법, 한국방송통신대학교출판부, 2011

27 정답 ④

① 조사는 격조사, 보조사, 접속조사로 나눌 수 있다. 격조사는 선행 명사구가 자신이 의존하는 핵과 맺는 문법적, 의미적 관계를 나타내고, 보조사는 선행 명사구가 문면에 실현되지 않은 다른 명사구나 전제 상황과의 관계 속에서 어떤 의미 관계에 놓이는지를 나타내며, 접속조사는 단순히 둘 이상의 명사구를 연결하는 기능을 한다.
② 격조사끼리 결합될 때는 부사격(에서, 에)에 주격(가), 서술격(이다), 관형격(의), 목적격(를), 부사격(로)이 붙는 것이 대부분이다. 예를 들면 '에서가, 에가, 에서이다, 에서의, 에서를, 에서로' 등이 있다. 격조사에 보조사가 붙는 경우가 있는데 이때의 격조사는 부사격 조사에 국한된다. 격조사의 후행을 허락하는 보조사에는 '만, 마다, 부터, 까지, 조차, 마저'가 있다.
③ 보조사는 부사 뒤에도 결합될 수 있다. 예를 들어 '아직도'는 부사 '아직'에 보조사 '도'가 결합된 형태로 의미를 강조하기 위해 자주 쓰인다.
④ 접속조사는 '와', '과', '하고', '(이)나', '(이)랑' 따위가 있다. 관형사는 다른 것이 뒤에 결합하는 것을 허용하지 않는다.

알아두기

■ 조사의 특징
조사는 격조사, 보조사, 접속조사로 크게 나뉜다. 조사는 일반적으로 체언 뒤에 연결되지만 부사나 연결어미 뒤에 연결되기도 한다.

참고문헌 고영근·남기심, 표준국어문법론, 박이정, 2014
임홍빈 외, 바른 국어생활과 문법, 한국방송통신대학교출판부, 2011

28 정답 ③

① 직접인용은 남의 말이나 글, 또는 생각을 표현한 문장을 그대로 따오는 것을 말한다. 직접인용을 할 때는 인용하는 부분에 큰따옴표를 하고 그 다음에 '(이)라고'라는 조사를 붙여 직접인용절을 뒤에 오는 서술어에 연결한다.
② 한 문장이 서술어의 기능을 하는 서술절은 "철수가 키가 아주 크다."처럼 서술절을 따로 떼어 놓으면 그대로 독립된 문장이 된다. 서술절이 다른 종류의 절과 다른 점은 안겨 들어갈 때 표지가 없다는 것이다.
③ 동격 관형사절은 종결어미를 그대로 유지하고 그 다음에 '-는'을 붙여 뒤의 명사를 꾸미게 하는 경우(예 나는 그가 온다는 소문을 들었다.)도 있고, 종결어미를 관형사형 전성어미로 바꾼 후 뒤의 명사를 꾸미게 하는 경우(예 나는 그가 오는 것을 보았다.)도 있다. 앞의 경우를 '긴 동격 관형사절'이라고 하고, 뒤의 경우를 '짧은 동격 관형사절'이라고 한다.
④ 명사절은 서술어에 '-(으)ㅁ, -기'와 같은 어미를 붙여서 만드는데 이것을 명사형 전성어미라고 한다. 이런 명사형 전성어미 외에도 '-(으)ㄴ 것, -는 것' 등과 같이 '관형사형 전성어미 + 것'의 결합 형태를 사용하여 명사절을 만들기도 한다. '-(으)ㅁ', '-기' 명사절은 서로 바꾸어 쓸 수 없는 경우가 많은데 두 어미가 갖는 의미 차이(기정, 미정) 때문이기도 하지만 안은문장 서술어의 차이에 의한 경우가 많다. 두 부류의 서술어의 차이를 분명하게 구별하기는 어렵지만 대체로 '-(으)ㅁ'과 잘 어울리는 서술어는 특정 상황에 대한 인식과 관련된 동사나 형용사(필요하다, 중요하다, 마땅하다, 확실하다, 알려지다, 드러나다, 발견하다, 알리다, 밝히다, 사실이다 등)인 반면, '-기'와 잘 어울리는 서술어는 인식과는 다소 거리가 먼 동사나 형용사(적합하다, 적당하다, 알맞다, 쉽다, 어렵다, 좋아하다, 싫어하다, 바라다, 기다리다, 시작하다, 십상이다 등)이다.

참고문헌 고영근·남기심, 표준국어문법론, 박이정, 2014
국립국어원, 외국인을 위한 한국어 문법 1, 커뮤니케이션북스, 2005

29 정답 ①

① 'ㄹ' 탈락, '으' 탈락은 규칙 활용으로 특정 환경에서 이형태가 존재한다.
② '데리다, 비롯하다, 관하다, 의하다, 위하다, 말미암다, 더불다' 등이 그 예이다.
③ 어근은 'ㅇ'으로 끝나는 형태가 있지만, 용언의 어간은 'ㅇ'으로 끝나는 형태가 없다.
④ '명사 + 동사 어간'으로 구성된 복합 어간이 형용사 어간이 되는 경우의 예로 '힘들다'가 있다.

> **알아두기**
>
> ■ 어간
> 활용어의 중심이 되는 줄기부분을 어간이라고 하고 어간에 가지처럼 붙어있는 부분을 어미라고 한다. 어간에 어미 '-다'를 붙인 활용형을 기본형이라 하여 활용형의 대표 형태로 삼는다.
>
> ■ 활용의 불완전성 〈19회 1교시 17번〉 참고

참고문헌 남기심·고영근 외, 표준국어문법론, 한국문화사, 2019

30 정답 ①

ㄱ. '근심'은 16세기 문헌에서부터 나타난 고유어이다.
ㄴ. 맡은 바 책임을 나타내는 '구실'은 고유어이다.
ㄷ. 조용하고 잠잠한 상태를 나타내는 '고요'는 16세기에 '괴외, 괴오'로 쓰였던 고유어이다.
ㄹ. '임의(任意)'는 한자어이다.
ㅁ. '불구(不拘)하다'는 한자어이다.

참고문헌 표준국어대사전

31 정답 ③

③ 묘두현령(猫頭縣鈴): 고양이 목에 방울을 단다는 뜻으로, 실행할 수 없는 헛된 논의를 이르는 말이다. 쥐들이 고양이의 습격을 미리 막기 위한 수단으로 고양이의 목에 방울을 다는 일을 의논하였으나, 실행 불가능으로 끝났다는 우화에서 유래한다. '식혜 먹은 고양이 속'은 죄를 짓고 죄가 탄로 날까 봐 근심하는 마음을 비유적으로 이르는 말이다.

참고문헌 표준국어대사전

32 정답 ④

① 틀다: 짚이나 대 따위로 엮어서 보금자리, 둥지, 멍석 따위를 만들다.
② 재우다: 물건을 차곡차곡 포개어 쌓아 두다.
③ 돋우다: '돋다'의 사동사로, 입맛을 당기게 하다.
④ 피우다: (일부 명사와 함께 쓰여) 그 명사가 뜻하는 행동이나 태도를 나타내다.
   '피우다'의 의미로 '피다'로 쓰는 경우가 있으나 '피다'는 자동사이므로 목적어를 취하는 경우에만 '피우다'로 쓸 수 있다.

참고문헌 한국어 어문 규범 표준어 규정, 국립국어원
         표준국어대사전

33 정답 ③

① 부치다: 원고를 인쇄에 넘기다.
② 불리다: '부르다'의 피동사로, 무엇이라고 가리켜 말해지거나 이름이 붙여지다.
   '불리다'의 의미를 '불리우다'를 쓰는 경우가 있으나 '불리다'만 표준어로 삼는다.
③ 부딪다: 무엇과 무엇이 힘 있게 마주 닿거나 마주 대다. 또는 닿거나 대게 하다.
   '부딪다'를 강조하여 이르는 '부딪치다'는 능동사이고, '부딪히다'는 '부딪다'의 피동사이다.
④ 설레다: '설레다'의 의미로 '설레이다'를 쓰는 경우가 있으나 '설레다'만 표준어로 삼는다.

참고문헌 표준국어대사전

34 정답 ②

② '그러께'는 지난해의 바로 전 해, 즉 '재작년'을 의미한다. 참고로 '그끄러께'는 그러께의 바로 전 해로 올해로부터 3년 전을 말한다.

참고문헌 표준국어대사전

35 정답 ②

ㄱ. '도대체'는 부정을 나타내는 말과 쓰이는 경우도 있지만 의문을 나타내는 말과 함께 쓰이는 경우도 많다.
ㄷ. '여북'은 '얼마나, 오죽'의 뜻으로 주로 의문문에 쓰여 정도가 매우 심하거나 상황이 좋지 않을 때 사용한다.
ㄹ. '절대로'는 보통 부정을 나타내는 말과 함께 쓰이지만 "이 환자는 절대로 안정을 취해야 한다, 종교인에게 신실한 생활 태도는 절대로 필요한 것이다." 등 일부 단어와 함께 쓰여 긍정의 맥락에서 '반드시'의 의미로도 사용된다.

알아두기

■ 부정극어(부정극성어)
부정극어란 문장 내에서 부정소와 호응을 이루는 어휘를 말한다. 즉, 부정문과 함께 쓰이는 부사어라고 할 수 있다. 이때 부정소에는 부정 부사 '아니(안), 못', 부정 서술어 '아니하다(않다) 못하다, 말다/아니다, 없다, 모르다' 등이 있고, 부정극어로는 '결코, 조금도, 전혀, 차마, 미처, 좀처럼, 추호도, 아무도, 별로, 도저히' 등이 있다.

참고문헌 권재일, 한국어문법론, 태학사, 2013
표준국어대사전

36 정답 ②

제시된 단어 중 '담장(담牆), 널판(널板), 길거리, 밑바탕, 애간장(애肝腸), 연잇다(連잇다), 곧바로, 굶주리다'가 유의 관계로 이루어졌다.

참고문헌 표준국어대사전

37 정답 ④

① '타다'의 원형 의미(ㄱ)는 '탈것이나 짐승의 등에 몸을 얹다'이며 확장 의미(ㄴ)로는 '도로, 산, 나무 등을 따라 지나가다', '조건이나 시간, 기회를 이용하다' 등이 있다.
② '켜다'의 원형 의미(ㄱ)는 '등잔이나 양초에 불을 붙이거나 성냥이나 라이터에 불을 일으키다'이며 확장 의미(ㄴ)는 '전기를 통하게 하여 전기 제품을 작동하게 만들다' 등이 있다.
③ '쓰다'의 원형 의미(ㄴ)는 '모자 등을 머리에 얹어 덮다, 얼굴에 어떤 물건을 덮어쓰다'이고 확장 의미(ㄱ)는 '사람이 죄나 누명을 가지거나 입게 되다'의 의미가 있다.
④ '부속품을 갈다(ㄱ)'는 '이미 있는 사물을 다른 것으로 바꾸다'는 의미이고, '뜰에 채소를 갈다(ㄴ)'는 '밭작물의 씨앗을 심어 가꾸다'의 의미로 두 단어는 의미상 공통점이 없는 동음이의어이다.

알아두기

■ 다의어
다의어는 하나의 어휘 항목이 두 가지 이상의 관련된 의미 또는 의의를 지닌 것을 말한다. 단어는 형태와 의미의 결합체로서 기본적으로는 하나의 형태에 하나의 의미가 대응되지만 다양한 맥락에서 사용되면서 기존의 형태를 중심으로 의미가 확장되어 다의 관계를 이루게 된다. 즉 구체적인 의미를 가진 단어에 추상적인 의미를 부여하거나 의미를 확대하는 방법으로 다의어가 성립된다. 본래의 의미를 '원형 의미, 중심 의미, 기본 의미'라고 하며, 의미가 첨가되거나 확대된 경우 '확장 의미, 주변 의미, 파생 의미'라고 한다.

참고문헌 서울대학교 국어교육연구소, 한국어교육학사전, 하우, 2014
표준국어대사전

38 정답 ①

① 窓살, 色종이: 한자어와 고유어의 결합
② 藥밥: 한자어와 고유어의 결합, 饂飩뽑기: 외래어(일본어)와 고유어의 결합
③ coffee콩: 외래어(영어)와 고유어의 결합, cobalt色: 외래어(영어)와 한자어의 결합
④ ink瓶: 외래어(영어)와 한자어의 결합, camera눈: 외래어(영어)와 고유어의 결합

참고문헌 표준국어대사전

39 정답 ③

① 한자어는 중국에서 기원한 것, 일본에서 기원한 것, 한국에서 자생적으로 생겨난 것이 있다.
② 고유어가 일반 생활 어휘 또는 기초 어휘를 담당하고 있는 데에 반하여 한자어, 외래어는 전문 어휘, 특수 어휘 쪽에 많이 사용되고 있다.
③ '가라말'[黑馬]의 '가라'는 [黑]을 의미하는 몽골어 'gara'의 차용어이다.
④ 은어는 어떤 계층이나 부류의 사람들이 다른 사람들이 알아듣지 못하도록 자기네 구성원들끼리 빈번하게 사용하는 말이다.

참고문헌 심재기·채완, 언어와 의미, 한국방송통신대학교출판부, 2009
표준국어대사전

40 정답 ③

③ "개도 닷새가 되면 주인을 안다."라는 문장은 짐승인 개도 자기를 돌봐 주는 주인을 안다는 뜻으로, 배은망덕한 사람을 꾸짖어 이르는 말이다.

참고문헌 표준국어대사전

41 정답 ③

③ 상하 관계에 있는 단어를 포함한 두 문장은 일방함의 관계에 있다. A(새를 보았다)는 B(매를 보았다)를 함의하지 않고, B(매를 보았다)는 A(새를 보았다)를 함의한다.

알아두기

- 함의
우리가 어떤 문장을 사실이라고 받아들일 때 동시에 사실로 인정되는 다른 문장이 있을 수 있다.

> ㄱ. 영이가 유리창을 깨뜨렸다.
> ㄴ. 유리창이 깨졌다.

위의 (ㄱ)과 (ㄴ)이 그렇다. (ㄱ)이 사실이라면 (ㄴ)이 사실임을 알 수 있다. 그것은 (ㄱ) 속에 (ㄴ)의 의미가 포함되어 있기 때문이다. 이처럼 어떤 문장의 의미 속에 포함된 다른 의미를 함의라고 한다. 함의를 진리조건으로 정의하면 문장 p가 참이면 반드시 문장 q가 참이고, 문장 q가 거짓이면 반드시 문장 p가 거짓일 때, 문장 p는 문장 q를 함의한다고 할 수 있다.

■ 일방함의와 상호함의
두 문장 사이의 함의 관계는 함의가 성립되는 방향에 따라 일방함의와 상호함의로 구분할 수 있다. 상호함의는 양방함의라고도 한다.
1. 일방함의의 정의
   1) 문장 p가 q를 함의하고 그 역은 성립하지 않는다.
   2) 문장 ~p가 문장 ~q를 함의하고 그 역은 성립하지 않는다.
2. 상호함의의 정의
   1) 문장 p가 q를 함의하고 그 역도 성립한다.
   2) 문장 ~q가 문장 ~p를 함의하고 그 역도 성립한다.

참고문헌 윤평현, 국어의미론, 역락, 2012

42 정답 ③

③ 등급 반의어는 두 단어 사이에 등급성이 있어서 중간 상태가 있을 수 있으며, 그렇기 때문에 한쪽을 부정하는 것이 다른 쪽을 의미하는 것이 아니다. 예를 들어 '길다 - 짧다'의 경우가 그렇다. '길지 않다'가 반드시 '짧다'를 의미하는 것이 아니다. 따라서 "내 머리는 길지도 않고 짧지도 않다."와 같이 두 단어를 동시에 부정하는 것도 가능하다. 등급 반의어는 정도부사의 수식을 받을 수 있으며 비교 표현에도 쓰일 수 있다. 또한 판단 대상에 따라서 기준이 달라질 수 있는 상대적 개념이다.

참고문헌 윤평현, 국어의미론, 역락, 2012

43 정답 ①

② 기르다: [+사람] [+동물] [+식물]
③ 먹이다: [+사람] [+동물] [-식물]
④ 키우다: [+사람] [+동물] [+식물]

알아두기

■ 의미 성분 〈18회 1교시 44번〉 참고

참고문헌 나찬연, 현대 국어 의미론의 이해, 경진, 2019
         윤평현, 국어의미론, 역락, 2012

44 정답 ①

① '틈'은 명사로 '벌어져 사이가 난 자리, 모여 있는 사람의 속, 어떤 행동을 할 만한 기회, 시간적인 여유' 등의 의미를 가지고 있으며, '겨를'은 '어떤 일을 하다가 생각을 다른 데로 돌릴 수 있는 시간적인 여유'를 의미한다.

참고문헌 표준국어대사전

45 정답 ②

① 서술어와 호응하는 주어의 범위에 따라 서로 다른 문장으로 해석될 수 있다. 즉 문장의 주어가 '나'가 될 수도 있고 '나와 형'이 될 수도 있다.
③ 명사구 사이에 있는 동사가 앞뒤 명사구와 맺고 있는 통사적 관계가 달라 중의적으로 해석될 수 있다. 즉 우는 사람이 '철수'인지 '영수'인지에 따라 의미가 달라진다.
④ 수식 관계에 따른 중의문으로 내가 좋아하는 사람이 '순이'인지 '순이의 동생'인지 수식 범위에 따라 두 가지로 해석될 수 있다.

참고문헌 윤평현, 국어의미론, 역락, 2012

46 정답 ③

③ 너는 이 문제를 풀 수 있느냐? - 질문

참고문헌 윤평현, 국어의미론, 역락, 2012

47 정답 ③

③ 문장의 형태(의문문)와 언표 내적 행위(질문)가 일치하는 직접 발화 행위에 해당한다.
①·②·④ 모두 언표 내적 행위 대신 다른 발화 행위로 이루어진 간접 발화 행위이다.

알아두기

■ 발화 행위 〈18회 1교시 51번〉 참고

참고문헌 윤평현, 국어의미론, 역락, 2012

48 정답 ④

① 여기(장소 직시)
② 지금(시간 직시)
③ 나(인칭 직시), 1년 후(시간 직시)

알아두기

■ 직시 표현 〈18회 1교시 50번〉 참고

참고문헌 윤평현, 국어의미론, 역락, 2012

49 정답 ②

①·③·④ 대화와 관련이 없는 말을 함으로써 관련성의 격률(관계의 격률)을 위반하고 있다.
② '응'이라는 대답은 질의 격률을 위반하고 있다.

알아두기

- 대화의 격률(대화 협동의 원칙) 〈19회 1교시 49번〉 참고

참고문헌 윤평현, 새로 펴낸 국어의미론 강의, 역락, 2021

50 정답 ②

② 반사적 의미는 한 언어 표현이 가지고 있는 여러 개의 개념적 의미 가운데 하나가 우리에게 다른 의미적 반응을 일으킴으로써 나타나는 의미를 말한다.

알아두기

- 의미의 유형 〈19회 1교시 44번〉 참고

참고문헌 윤평현, 국어의미론, 역락, 2012

51 정답 ④

④ 'ㆆ'은 《동국정운》의 한자음 표기를 위하여 마련된 것이기 때문에 한자음 이외의 표기에 사용된 'ㆆ'의 예는 세종, 세조 대 문헌에 국한되어 있다. 초기의 문헌에 간혹 종성인 'ㅭ'으로 쓰인 예가 있을 뿐이다.

참고문헌 이기문·이호권, 국어사, 한국방송통신대학교출판부, 2009

52 정답 ③

① 중세국어 의도법 선어말어미 '-오/우-'가 사용된 문장이다. 의도법 어미는 사실의 객관적 진술에는 사용되지 않았고 주관적 의도가 가미된 동작(또는 상태)의 진술에 사용되었다. 설명문의 서술어에서는 화자(1인칭)의 의도를, 의문문의 서술어에서는 청자의 의도를 나타냈다. 관점에 따라서는 종결형과 연결형에 쓰인 '-오/우-'를 화자 표지(주어가 화자임을 표시)로 보기도 한다.
②·④ 'ᄒᆞ라'체 의문문에서 어미 '-ㄴ', '-ㄹ'에 첨사 '다'가 연결된 형태가 있는데 이것이 쓰인 의문문의 주어는 2인칭 대명사 '너'로 나타난 것이 특징이었으며 판정 의문문과 설명 의문문을 포괄하였다.
③ 'ᄒᆞ라'체에서 서술어가 체언인 경우 판정 의문문에는 첨사 '가', 설명 의문문에는 '고'가 체언에 연결되었다.

알아두기

■ 중세국어의 의문문
중세국어에서는 두 가지 의문문이 형태상으로 대체로 구별되었다. 즉 가부 판정을 요구하는 의문문, 의문사가 있어서 그에 대한 설명을 요구하는 의문문이 첨사 '가'와 '고'로 구별되었다. 그래서 'ᄒᆞ쇼셔'체에서 판정 의문문의 어미는 '-잇가', 설명 의문문의 어미는 '-잇고'였다. 그러나 'ᄒᆞ야쎠'체에서는 '-ㅅ가'가 두 의문문에 두루 쓰였다. 이것은 이미 중세 후기에 두 의문문이 구별되고 있었음을 시사하고 있다. 'ᄒᆞ라'체에서는 서술어가 체언인 경우에는 첨사 '가', '고'가 체언에 연결되었고, 용언인 경우에는 선어말어미 '-니-', '-리-'와 '-아', '-오'의 결합인 '-녀'와 '-뇨', '-려'와 '-료'가 쓰였다. 또 동명사 어미(전성어미) '-ㄴ', '-ㄹ'에 첨사 '다'가 연결된 형태가 있는데 이 의문문의 주어는 2인칭 대명사 '너'로 나타난 것이 특징이었으며 판정 의문문과 설명 의문문을 포괄하였다.

참고문헌 이기문·이호권, 국어사, 한국방송통신대학교출판부, 2009

53 정답 ④

① '시미', '므른', '가ᄂᆞ니'는 모두 연철 표기되었다.
② 형태 변화가 아닌 표기 방식이 달라진 것이다. 한글이 창제되면서 채택된 맞춤법은 음소론적인 체계에 따라 음절 단위로 적되, 발음대로 표기하는 연철이 행해졌으나 16세기 이후 분철이 크게 행해져서 확고한 자리를 잡았고, 1933년 〈한글맞춤법통일안〉이 공표됨으로써 연철은 매우 제한된 경우에만 허용되는 표기 방식이 되었다.
③ "샘이 깊은 물은 가뭄에 끊어지지 않으므로 냇물이 되어 바다로 갑니다."라는 뜻이므로 조사 '애'의 의미가 다르다.
④ '내히 이러'는 '냇물이 되어'라는 뜻이므로 '이러'는 '이루어져'라는 뜻을 지닌 동사이다.

알아두기

■ 연철과 분철
표기법과 관련된 용어로 어휘 형태소의 경계표기와 관련이 있다. 체언이나 용언의 어간 등 어휘 형태소가 자음으로 끝나고, 뒤에 오는 조사나 어미 등 문법 형태소가 모음으로 시작될 때, 실제 발음에 따라서 형태소 사이의 경계를 밝히지 않고 어휘 형태소의 끝 자음을 문법 형태소의 초성으로 표기하는 방식을 '연철(連綴)'이라고 한다. 그리고 어휘 형태소의 끝 자음을 받침으로 표기하여 어휘 형태소와 문법 형태소의 경계를 구분하는 방식을 '분철(分綴)'이라고 한다. 예를 들어, 체언 '밥'과 용언의 어간 '먹(食)-'에 모음으로 시작되는 조사나 어미가 오는 형태를 '바비, 바블, 바베 ; 머거, 머그니, 머그면' 등으로 표기하면 연철이라 하고, '밥이, 밥을, 밥에 ; 먹어, 먹으니, 먹으면' 등으로 표기하면 분철이라 한다.

참고문헌 이기문·이호권, 국어사, 한국방송통신대학교출판부, 2009
이응백·김원경·김선풍, 국어국문학자료사전, 한국사전연구사, 1998

54 정답 ①

① 중세국어에서는 '나모'의 곡용형은 '남기, 남골, 남그로, 나모와'처럼 휴지(休止)나 자음 앞에서는 '나모'로, 모음 앞에서는 '남'으로 나타났으나 근대에 와서 비자동적 교체를 지양하고 형태가 단일화되었다.
② 근대에는 '-엇/앗-'이 확립되었고, '-겟-'이 쓰였다.
③ 주격 조사 '가'의 용법이 현대국어에서는 모음으로 끝난 모든 명사의 뒤에서 사용되는 상태로 확대되었다.
④ 'ㆍ'의 소실로 제1음절의 이중모음 'ㆎ'가 'ㅐ'로 변했는데, 그 후(18세기 말엽) 'ㅐ'와 'ㅔ'는 각각 단모음화되었다.

알아두기

■ 근대국어의 특징

근대국어 시기는 17세기 초에서 19세기 말까지 3세기에 걸친다.

1. **문자 체계와 표기법의 변화**
   1) 방점이 완전히 사라졌다.
   2) 'ㆁ(옛이응)' 자가 사용되지 않게 되었다.
   3) 'ㅿ' 자가 완전히 자취를 감추었다.
   4) 어두합용병서의 혼란이 있었다.
   5) 체언과 조사를 분리하여 표기하려는 분철 의식이 나타났다.

2. **음운의 변화**
   1) 평음의 된소리화와 유기음화는 근대에 들어서 더욱 일반화되었다.
   2) 모음 'ㆍ'의 제2단계의 소실이 있었다. 'ㆍ'는 이미 1단계의 소실(제2음절 이하에서의 소실)을 경험했는데, 18세기 후반에 와서 어두 음절에서의 소실이 일어나면서 완전히 자취를 감추게 되었다. 제2단계의 일반 변화공식은 'ㆍ → ㅏ'였다.
   3) 'ㆍ'의 소실로 제1음절의 이중모음 'ㆎ'가 'ㅐ'로 변했는데, 그 후(18세기 말엽) 'ㅐ'와 'ㅔ'는 각각 단모음화하였다.
   4) 가장 현저한 음운 변화의 하나는 구개음화였다.
   5) 주목할 만한 모음 변화의 하나는 순음 'ㅁ, ㅂ, ㅍ, ㅽ' 아래의 모음 'ㅡ'의 원순화가 있다.
   6) 19세기 들어서 'ㅅ, ㅈ, ㅊ' 아래의 모음 'ㅡ'가 'ㅣ'로 변하는 전설모음화가 있었다.
   7) 'ㆍ'의 소실 즉, 'ㆍ'가 비어두 음절에서 'ㅡ'로 변하고, 비어두 음절에서의 'ㅗ → ㅜ' 경향이 다시 추가되어 근대국어의 모음조화는 큰 타격을 받게 되었다.

3. **문법의 변화**
   1) 중세국어의 'ㅎ' 말음 명사들은 근대 전기에는 그 말음을 유지했으나 근대 후기에는 탈락되었다.
   2) 근대에 와서 체언의 비자동적 교체를 지양하고 그 단일화를 성취하려는 경향이 뚜렷해졌다. 후기 근대까지도 '나무'와 '구멍'을 의미한 명사의 곡용형 '낭기, 낭글', '궁글, 궁긔' 등이 간혹 있었으나, 그 말엽에 와서 '나모', '구멍'으로 단일화되기에 이르렀다.
   3) 주격 조사 '가'는 17세기 문헌들에서 그 존재가 뚜렷이 확인된다. '가'의 용법이 점차 모음으로 끝난 모든 명사의 뒤에서 사용되는 현대국어의 상태로 확대되었다.
   4) 근대에 와서 '의'만이 속격의 기능을 나타내게 되었다. 중세에서 속격이던 'ㅅ'은 근대에 와서 문자 그대로의 '사이시옷'이 되었다.
   5) 중세에 있었던 의도법이 근대에 와서 그 자취를 찾아볼 수 없게 되었다. 그리고 경어법은 중세의 존경법, 겸양법, 공손법의 체계에서 존경법과 공손법의 체계로 이행하였다.
   6) 중세의 시상 체계는 근대에 와서 심각한 동요를 보였다. 먼저 과거의 '-앗/엇-'이 확립되었다. 이것은 중세국어 부동사 어미 '-아/어'와 존재의 동사 어간 '잇-'의 결합으로 이루어진 것이다. 현대국어의 '-겠-'은 근대에 발달된 것임에는 틀림없으나 그 기원이 분명히 드러나지는 않는다.

참고문헌 이기문·이호권, 국어사, 한국방송통신대학교출판부, 2009

55 정답 ②

①·③·④ 받침 뒤에 모음 'ㅏ, ㅓ, ㅗ, ㅜ, ㅟ'로 시작되는 실질 형태소가 연결될 때는 제 음가대로가 아니라 대표음으로 바뀌어 뒤 음절 첫소리로 옮겨 발음한다. 예를 들면 '밭 아래[바다래], 젖어미[저더미], 맛없다[마덥따], 겉옷[거돋], 헛웃음[허두슴], 꽃 위[꼬뒤]'가 된다. 단, 맛있다는 [마싣따], 멋있다는 [머싣따]로도 발음할 수 있다.

② 한글 자모의 이름은 그 받침 소리를 연음하되, 'ㄷ, ㅈ, ㅊ, ㅋ, ㅌ, ㅍ, ㅎ'의 경우에는 이러한 원칙을 적용하지 않는다. 이것은 자음의 명칭이 정해진 당시의 현실 발음을 고려한 조치이며 특별히 다음과 같이 발음한다.
'디귿이[디그시], 지읒이[지으시], 치읓을[치으슬], 키읔을[키으글], 티읕이[티으시], 피읖을[피으블], 히읗을[히으슬]'

알아두기

■ 표준 발음법
제4장 받침의 발음
제8항 받침 소리로는 'ㄱ, ㄴ, ㄷ, ㄹ, ㅁ, ㅂ, ㅇ'의 7개 자음만 발음한다.
제15항 받침 뒤에 모음 'ㅏ, ㅓ, ㅗ, ㅜ, ㅟ'들로 시작되는 실질 형태소가 연결되는 경우에는, 대표음으로 바꾸어서 뒤 음절 첫소리로 옮겨 발음한다.
다만, '맛있다, 멋있다'는 [마싣따], [머싣따]로도 발음할 수 있다.

참고문헌 한국어 어문 규범 표준어 규정, 국립국어원

56 정답 ③

③ '남을 단단히 윽박질러서 혼을 냄, 물건을 손질하고 매만짐, 음식물로 쓸 것을 요리하기 좋게 다듬음'의 뜻을 가진 단어는 '닦달'이 맞다. 따라서 '남을 단단히 윽박질러서 혼을 내다'는 '닦달하다'로 써야 한다. 발음의 유사성 때문에 이 단어를 '닥달하다'로 잘못 쓰는 경우가 있는데 주의해야 한다.

참고문헌 표준국어대사전

57 정답 ②

① · ② 어간의 끝음절 '하'가 줄어드는 방식은 두 가지이다. 첫째, '하'가 통째로 줄지 않고 'ㅎ'이 남아 뒤에 오는 말의 첫소리와 어울려 거센소리가 되는 경우다. 둘째, '하'가 통째로 줄어드는 경우다. '하'가 줄어드는 기준은 '하' 앞에 오는 받침의 소리인데, '하' 앞의 받침의 소리가 [ㄱ, ㄷ, ㅂ]이면 '하'가 통째로 줄고 그 외의 경우에는 'ㅎ'이 남는다. 따라서 '생각하건대'는 '생각건대'로 줄여서 쓴다.

③ 'ㅣ' 뒤에 '-어'가 와서 'ㅕ'로 줄 적에는 준 대로 적는다. [저]로 소리가 나지만 '가지어'와의 연관성이 드러나도록 '가져'로 적는다.

④ ㅏ, ㅗ, ㅜ, ㅡ로 끝난 어간 뒤에 '-이어'가 결합하여 모음이 줄어들 때는 준 대로 적는다. 이때에는 'ㅏ, ㅗ, ㅜ, ㅡ'와 '-이어'의 '이'가 하나의 음절로 줄어 'ㅐ, ㅚ, ㅟ, ㅢ'가 될 수도 있고, '-이어'가 하나의 음절로 줄어 '-여'가 될 수도 있다. 예를 들어 '싸다'의 어간에 '-이어'가 결합한 '싸이어'는 '쌔어'가 되기도 하고 '싸여'가 되기도 한다. 여기에 속하는 예로는 '까이어 → 깨어/까여, 꼬이어 → 꾀어/꼬여, 누이어 → 뉘어/누여, 뜨이어 → 띄어/뜨여, 쓰이어 → 씌어/쓰여, 트이어 → 틔어/트여'와 같은 것들이 있다.

알아두기

한글 맞춤법

제40항 어간의 끝음절 '하'의 'ㅏ'가 줄고 'ㅎ'이 다음 음절의 첫소리와 어울려 거센소리로 될 적에는 거센소리로 적는다.

본말	준말	본말	준말
간편하게	간편케	다정하다	다정타
연구하도록	연구토록	정결하다	정결타
가하다	가타	흔하다	흔타

[붙임 1] 'ㅎ'이 어간의 끝소리로 굳어진 것은 받침으로 적는다. 예 어떻고, 이렇든지 등
[붙임 2] 어간의 끝음절 '하'가 아주 줄 적에는 준 대로 적는다. 예 생각하다 못해/생각다 못해, 섭섭하지 않다/섭섭지 않다, 생각하건대/생각건대 등
[붙임 3] 다음과 같은 부사는 소리대로 적는다. 예 결코, 무심코, 한사코, 요컨대 등

참고문헌 한국어 어문 규범 한글 맞춤법, 국립국어원

58 정답 ②

① '올 듯하다'가 원칙이지만 '올듯하다'로 붙여 쓰는 것도 허용한다.
② '밖에'는 조사 '밖에'가 있고, 명사 '밖[外]'에 조사 '에'가 결합한 '밖에'가 있다. 조사 '밖에'는 붙여 쓰나 '일정한 한도나 범위에 들지 않는 나머지 다른 부분이나 일'을 의미하는 '밖'은 띄어 써야 한다. 조사 '밖에'와 명사 '밖에'를 구별하기 위해서는 단어의 의미에 의존하기보다는 조사 '밖에'가 쓰일 때 서술어가 부정을 나타내는 말들이 온다는 사실을 기억하는 것이 더 효과적이다.
③ 보조 용언이 거듭 나타나는 경우는 앞의 보조 용언만을 붙여 쓸 수 있다. '기억해 둘 만하다'는 '기억해둘 만하다'로 쓸 수 있다.
④ '이 말 저 말'처럼 단음절로 된 단어가 연이어 나타날 때는 붙여 쓸 수 있다. 띄어쓰기의 가장 중요한 목적은 글을 읽는 이가 의미를 바르고 빠르게 파악하게 하는 것이다. 그런데 한 음절로 된 단어가 여럿(셋 이상)이 연속해서 나올 때 단어별로 띄어 쓰면 오히려 의미를 바르고 빠르게 파악하기 더 어렵다. 그런 점을 고려하여 '이말 저말, 한잎 두잎'처럼 붙여 쓸 수 있도록 규정하였다.

알아두기

■ 한글 맞춤법
제5장 띄어쓰기
제3절 보조 용언
제47항 보조 용언은 띄어 씀을 원칙으로 하되, 경우에 따라 붙여 씀도 허용한다(ㄱ을 원칙으로 하고, ㄴ을 허용함).

ㄱ	ㄴ
불이 꺼져 간다.	불이 꺼져간다.
내 힘으로 막아 낸다.	내 힘으로 막아낸다.
*어머니를 도와 드린다.	어머니를 도와드린다.
그릇을 깨뜨려 버렸다.	그릇을 깨뜨려버렸다.
비가 올 듯하다.	비가 올듯하다.
그 일은 할 만하다.	그 일은 할만하다.
일이 될 법하다.	일이 될법하다.
비가 올 성싶다.	비가 올성싶다.
잘 아는 척한다.	잘 아는척한다.

* 표준국어대사전에 따르면 '도와드리다'로 붙여서 써야 한다. 이는 '도와주다'를 한 단어로 처리한 것에 맞추어 동일하게 처리하고자 함이다.

참고문헌 한국어 어문 규범 한글 맞춤법, 국립국어원

59 정답 ③

ㄱ. workshop(워크숍): 어말의 [ʃ]는 '시'로 적고, 자음 앞의 [ʃ]는 '슈'로, 모음 앞의 [ʃ]는 뒤따르는 모음에 따라 '샤, 섀, 셔, 셰, 쇼, 슈, 시'로 적는다. 'shop'은 '숍'으로 적는다.
ㄴ. cake(케이크): 'cat(캣)'처럼 짧은 모음 다음의 어말 무성 파열음([p], [t], [k])은 받침으로 적는다. 또 'setback(셋백)'처럼 짧은 모음과 유음·비음([l], [r], [m], [n]) 이외의 자음 사이에 오는 무성 파열음([p], [t], [k])은 받침으로 적는다. 하지만 이 경우들 이외의 어말과 자음 앞의 [p], [t], [k]는 'stamp(스탬프), cape(케이프), desk(데스크)'처럼 '으'를 붙여 적는다.
ㄷ. vision(비전): 모음 앞의 [ʒ]는 'ㅈ'으로 적는다. 따라서 'vision[viʒən]'은 '비전'으로 표기한다.
ㄹ. symposium(심포지엄): [sɪm|poʊziəm]은 '심포지엄'으로 적는다.
ㅁ. sit-in(싯인): 따로 설 수 있는 말의 합성으로 이루어진 복합어는 그것을 구성하고 있는 말이 단독으로 쓰일 때의 표기대로 적는다.
ㅂ. thrill(스릴): [θril]은 '스릴'로 적는다.

알아두기

■ 외래어 표기법

제3장 표기 세칙 제1절 영어 표기

제1항 무성 파열음([p], [t], [k])
1. 짧은 모음 다음의 어말 무성 파열음([p], [t], [k])은 받침으로 적는다.
2. 짧은 모음과 유음·비음([l], [r], [m], [n]) 이외의 자음 사이에 오는 무성 파열음([p], [t], [k])은 받침으로 적는다.
3. 위 경우 이외의 어말과 자음 앞의 [p], [t], [k]는 '으'를 붙여 적는다.

제2항 유성 파열음([b], [d], [g])
어말과 모든 자음 앞에 오는 유성 파열음은 '으'를 붙여 적는다.

제3항 마찰음([s], [z], [f], [v], [θ], [ð], [ʃ], [ʒ])
1. 어말 또는 자음 앞의 [s], [z], [f], [v], [θ], [ð]는 '으'를 붙여 적는다.
2. 어말의 [ʃ]는 '시'로 적고, 자음 앞의 [ʃ]는 '슈'로, 모음 앞의 [ʃ]는 뒤따르는 모음에 따라 '샤, 섀, 셔, 셰, 쇼, 슈, 시'로 적는다.
3. 어말 또는 자음 앞의 [ʒ]는 '지'로 적고, 모음 앞의 [ʒ]는 'ㅈ'으로 적는다.

제4항 파찰음([ts], [dz], [tʃ], [dʒ])
1. 어말 또는 자음 앞의 [ts], [dz]는 '츠', '즈'로 적고, [tʃ], [dʒ]는 '치', '지'로 적는다.
2. 모음 앞의 [tʃ], [dʒ]는 'ㅊ', 'ㅈ'으로 적는다.

제5항 비음([m], [n], [ŋ])
1. 어말 또는 자음 앞의 비음은 모두 받침으로 적는다.
2. 모음과 모음 사이의 [ŋ]은 앞 음절의 받침 'ㅇ'으로 적는다.

제6항 유음([l])
1. 어말 또는 자음 앞의 [l]은 받침으로 적는다.
2. 어중의 [l]이 모음 앞에 오거나, 모음이 따르지 않는 비음([m], [n]) 앞에 올 때에는 'ㄹㄹ'로 적는다. 다만, 비음([m], [n]) 뒤의 [l]은 모음 앞에 오더라도 'ㄹ'로 적는다.

제7항 장모음
장모음의 장음은 따로 표기하지 않는다.

제8항 중모음([ai], [au], [ei], [ɔi], [ou], [auə])
중모음은 각 단모음의 음가를 살려서 적되, [ou]는 '오'로, [auə]는 '아워'로 적는다.

제9항 반모음([w], [j])
1. [w]는 뒤따르는 모음에 따라 [wə], [wɔ], [wou]는 '워', [w]는 '와', [wæ]는 '왜', [we]는 '웨', [wi]는 '위', [wu]는 '우'로 적는다
2. 자음 뒤에 [w]가 올 때에는 두 음절로 갈라 적되, [gw], [hw], [kw]는 한 음절로 붙여 적는다.
3. 반모음 [j]는 뒤따르는 모음과 합쳐 '야, 얘, 여, 예, 요, 유, 이'로 적는다. 다만, [d], [l], [n] 다음에 [jə]가 올 때에는 각각 '디어', '리어', '니어'로 적는다.

제10항 복합어
1. 따로 설 수 있는 말의 합성으로 이루어진 복합어는 그것을 구성하고 있는 말이 단독으로 쓰일 때의 표기대로 적는다.
2. 원어에서 띄어 쓴 말은 띄어 쓴 대로 한글 표기를 하되, 붙여 쓸 수도 있다.

참고문헌 한국어 어문 규범 외래어 표기법, 국립국어원

60 정답 ④

①·②·③ '물약[물략] – mullyak'처럼 'ㄴ, ㄹ'이 덧나는 경우, '놓다[노타] – neota'처럼 'ㄱ, ㄷ, ㅂ, ㅈ'이 'ㅎ'과 합하여 거센소리로 소리 나는 경우, '붙이다[부치다] – buchida'처럼 구개음화가 되는 경우 등 음운 변화가 일어날 때에는 변화의 결과에 따라 적는다.
④ 단, 체언에서 'ㄱ, ㄷ, ㅂ' 뒤에 'ㅎ'이 따를 때에는 'ㅎ'을 밝혀 적는다. 그러므로 'mathyeong'으로 적는다.

참고문헌 한국어 어문 규범 국어의 로마자 표기법, 국립국어원

61 정답 ①

① 한국어와 일본어는 어순을 바꾸는 것이 문법적으로 유연한 어순을 가진 언어이다.

참고문헌 허용·김선정, 대조언어학, 소통, 2013

62 정답 ②

ㄱ. 촘스키(Chomsky)의 생성문법: 생성문법은 "한 언어는 그 언어에 내재한 규칙에 의해 다양한 문장들을 생성해 낸다."는 문법이론을 말한다. 생성문법은 1950년대에 미국의 언어학자 촘스키(Avram Noam Chomsky)에 의하여 비롯되었다. 종래의 구조언어학을 비판하면서 나온 이 문법이론은 심층의 내재된 언어 규칙에 의해 기본 문장에 다양하게 변형되면서 생성된다는 관점에서 '변형생성문법(變形生成文法, transformational-generative grammar)'으로 부르기도 한다.
ㄷ. 언어 기원에 대한 진화생물학적 접근: 생물언어학의 주요 목적은 언어들에 걸쳐 있는 공통성에서 추출된 보편문법이 왜 지금의 모습인가를 연구하는 것이다. 생물언어학은 생물학적 구조와 기능, 발달 및 진화(계통 발생)에 대한 문제들을 핵심적으로 연구한다.

> **알아두기**
>
> ■ 연어 연구
> 언어학계에서 이루어지고 있는 연어 연구는 연구사적 관점에서 보면 성구론적 연어 연구와 말뭉치 지향적(corpus-driven) 연어 연구로 대별된다. '연어'가 언어학의 주요한 연구 주제로 다루어진 것은 성구론(phraseology)이라는 학문 분야를 통해서다. 일반적으로 비노그라도프(Vinogradov)를 성구론적 연어 연구의 효시로 본다. 비노그라도프(1947)의 '성구적 조합(phraseological combinations)'이라는 유형이 요즘의 연어에 해당하는 유형이라고 할 수 있다. 이 연구는 동구권 학자들에게 영향을 주어 성구론 연구를 계승 발전시켰다.
> 말뭉치 지향적 연어 연구 방법론을 최초로 전개한 학자는 런던 언어학파의 창시자인 영국 언어학자 퍼스(John Rupert Firth)다. 퍼스(1951)는 "단어의 의미는 그것과 함께 나타나는 단어들에 의해 파악된다."라는 말로 말뭉치 지향적 연어 접근법의 기초를 세웠다. 퍼스의 뒤를 이은 신 퍼스주의자들은 대규모의 말뭉치를 이용하여 연구를 수행하였고 연어를 통계적 방법에 의해 추출하는 데에 심혈을 기울였다. 신 퍼스주의자의 대표자라 할 수 있는 싱클레어(Sinclair, 1991)는 "연어는 둘이나 그 이상의 단어들이 한 텍스트 속에서 가깝게 나타난 것이다."라고 하였고, 이들은 말뭉치에서 연어를 추출해내는 것을 중시하였다.

참고문헌 최숙희, 통사부 진화와 생물언어학, 언어 연구, 2015
임근석, 한국어 연어 연구의 전개와 쟁점에 대하여, 국어학, 2011
한국문학평론가협회, 문학비평용어사전, 국학자료원, 2006

63 정답 ③

③ 대부분의 언어에는 불규칙적으로 활용하는 형태가 존재하며 그런 점에서 언어는 비체계성을 띤다. 그런데 아동은 이러한 언어 체계의 현실과는 상관없이 규칙 중심으로 언어를 습득한다. 즉, 자신이 사용하는 언어 체계에 이러한 불규칙 활용이 존재하며 어떤 어형을 사용해야 어법에 맞는지를 인지하기 전까지는 자신이 알고 있는 규칙을 일괄적으로 적용시킨다.

참고문헌 이승연, 한국어교육을 위한 응용언어학개론, 태학사, 2019

64 정답 ④

④ 응용언어학은 언어와 관련된 실질적이고 실용적인 문제를 해결하는 일에 관련된다. 예를 들면, 언어 교수를 위한 교재 및 교수법 개발에서 더 나아가 담화분석, 통번역, 사전 편찬, 언어 치료, 언어 정책, 언어 평가에 이르기까지 다양한 분야가 포함될 수 있다. 반면에 문장을 구성하는 요소들 사이의 관계 및 요소의 배열 형태에 관하여 연구하는 것은 통사론에서 관심을 갖는 부문으로 우리가 사용하는 문장을 표층구조와 심층구조로 나누어 살피기도 한다. 따라서 통사론은 이론언어학의 연구 분야이다.

참고문헌 이승연, 한국어교육을 위한 응용언어학개론, 태학사, 2019

65 정답 ②

① 모니터(감시) 가설: 크라센(Krashen)에 의하면 '감시'는 학습 과정에 포함되어 있는 것이지 습득 과정에 포함되지 않는다. 명시적이고 의도적인 학습은 유창한 수준에 오르고 난 뒤 자신의 발화를 감시하기 위한 도구로 사용된다는 것이다.
② 언어 상대성 이론: 언어의 유형이 문화의 유형을 규정하고 인식 과정에 직접 영향을 미친다고 보는 견해로 즉 언어와 사고의 관계가 부각되는 것인데, 독일의 언어철학자 훔볼트(Humboldt)에 의하면, 언어는 그 언어를 사용하는 사람의 사고방식이나 정신구조에 일정한 영향을 미친다고 하였다. 이러한 견해를 언어 상대성 가설이라고 한다. 이 가설은 훔볼트를 비롯하여 바이스게르버, 보아스에 의해서도 논의되어 왔는데, 특히 언어 상대성을 주장한 언어학자로는 미국의 사피어와 워프가 있다. 그래서 '사피어-워프 가설'이라고도 부른다.
③ 대조분석 가설: 미국의 언어 교육 연구가인 라도(Lado)와 그의 동료 프라이즈(Fries)에 의해 기법이 확립되었다. 대조분석 가설을 제기한 연구자들은 학습자의 모국어와 목표어 체계에서 차이를 보이는 부분이 간섭 요인으로 작용하여 외국어 학습에 장애가 된다고 주장하였다.
④ 결정적 시기 가설: 언어 습득이 이루어지는 특정한 시기가 있다고 보는 가설이다. 이 가설은 대개 2차 성징이 나타나는 12~13세 이전에 언어 노출에 의한 자연스러운 언어 습득이 가능하며, 이 특정 시기가 지나면 언어 습득이 어렵고 의식적인 노력이 많이 필요하고 원어민 같은 완벽한 수준의 성취는 어렵다고 본다. 레네버그(Lenneberg, 1967)는 출생 후 2~3년부터 사춘기까지를 언어 습득의 결정적 시기로 주장하는 근거로 뇌 손상으로 인한 실어증을 들었는데 출생 후 2~3년 이전에 반구 상해를 입은 어린이들이 좌우 반구의 상해 구별 없이 같은 비율로 정상인에 가깝게 언어를 회복한다는 것이다.

> **알아두기**
>
> ■ 피아제(Piaget)의 인지 발달 이론
> 피아제에 의하면 영아는 생물 유기체에 불과하며 몇 가지 반사적인 충동을 가지고 있을 뿐이다. 이후 영아는 외부 세계와 접촉을 통해서 발달한다. 즉 피아제는 유기체의 적응구조를 나타내는 스키마(Schema)와 유기체가 외부와 상호 작용으로 적응해가는 구조를 나타내는 동화(assimilation)와 조절(accomodation)이라는 개념으로 표현한다.
> 인지와 언어 발달에 대해서는 발달하고 있는 인식 및 인지적 능력과 그들의 언어적 경험 간의 보완적인 상호 작용, 즉 어린이들의 인지 발달은 환경과의 상호 작용에 의해 나타나는 결과로 기술하였다.
> 또한 인간 인지 발달 단계를 4가지로 구분하였는데 이는 교육심리학에 대단한 공헌을 하였다.
> 1단계 감각동작기(0~2세): 언어가 없으며 모든 사물을 자기중심적으로 파악한다.
> 2단계 전조작적 사고기(2~7세): 사물의 이름을 인지하고 언어가 발달된다.
> 3단계 구체적 조작기(7~11세): 개념을 형성하며 논리적 추리력을 갖게 되고, 타인의 관점에서 생각할 수 있게 된다.
> 4단계 형식적 조작기(11~15세): 추상적인 사물에 대해 논리적으로 사고할 수 있다.

참고문헌 이승연, 한국어교육을 위한 응용언어학개론, 태학사, 2019
H. Douglas Brown, 이흥수 외 역, 외국어 학습·교수의 원리, Pearson Education Korea, 2008
김방한, 언어학의 이해, 민음사, 2005
두산백과 두피디아

66 정답 ②

② 언어학자들은 언어학적 보편성을 절대적(absolute) 보편성과 함의적(implicational) 보편성으로 구분하여 설명한다. 전자는 모든 언어에는 명사, 형용사, 동사 등에 해당하는 품사가 있다는 단순진리에 대한 용어이며, 후자는 동사가 뒤에 나오는 언어들은 일반적으로 후치사를 쓰는 반면 동사가 앞에 나오는 언어들은 전치사를 쓴다는 보편적 범주화에 대한 용어이다. 즉 언어의 개별성과 특수성을 뛰어넘어 범언어적인 보편성의 관점에서 비교·분석을 하는 것이다.

> **알아두기**
>
> ■ 함의적 보편소
> 기능-유형론적 접근은 언어학적 보편성을 체계화하여 인간의 인식 구조가 어떻게 구조적으로 또는 형태론적으로 반영되었는가에 대한 물음, 즉 그린버그(Greenberg)의 범언어적 문법 구조에 대한 비교 연구인 함의적 보편성(implicational universals)에서 시작되었다. 그린버그가 말하는 함의적 보편성은 어떤 언어에 언어학적 요소(linguistic element)인 x가 나타나면 의미자질(semantic feature)인 y도 나타난다는 것으로, x가 y를 함의하는 관계에 대한 원리이다. 다시 말해서 함의적 보편성은 논리적으로 유형학적 매개변수 사이의 의존성을 뜻한다.

참고문헌 고태진, 힌디어의 능격에 나타난 '의도성'에 대한 연구: 그린버그의 함의적 보편성을 중심으로, 인도연구, 2015

67 정답 ①

① (가): '꽃'은 '장미'의 상의어(상위어)이다. 상의어는 하의어보다 일반적이고 포괄적인 의미영역을 갖는 반면에 하의어(하위어)는 보다 구체적이고 특수한 의미영역을 갖는다. 하의어가 상의어보다 특수하고 구체적인 의미를 가졌다는 것은 하의어(장미)가 상의어(꽃)보다 더 많은 양의 정보를 가지고 있다는 뜻이다. 상의어에서 하의어로 내려갈수록 의미 성분이 추가되므로 '꽃'의 의미 성분이 '장미'의 의미 성분으로 승계된다.

알아두기

■ 절대적 동의 관계와 상대적 동의 관계

라이온스(J. Lyons)는 완전한 동의어가 자연언어 속에는 매우 드물다고 하면서, 의미가 완전하게 같다고 말할 수 있는 조건으로 '인지적 및 정서적 의미의 동일성, 모든 맥락에서의 상호교체 가능성'을 제시하였다. 이 두 조건을 모두 충족시킬 때 절대적 동의 관계에 있다고 한다. 위의 조건에서 한 가지 이상 만족시키지 못하는 동의어를 상대적 동의 관계라고 하며 이는 유의 관계에 해당한다.

참고문헌 윤평현, 국어의미론, 역락, 2012

68 정답 ③

① · ③ 표음문자는 음소를 각 글자의 단위로 하는 음소문자와 음절을 그 단위로 하는 음절문자를 묶어 부르는 용어이다. 음절문자(syllabic writing, 音節文字)는 한 음절이 한 글자로 되어 있어 그 이상은 나눌 수 없는 표음문자를 말한다. 음절문자의 전형적인 예는 일본의 かな문자이며 か(ka), さ(sa)를 보면 알 수 있듯이 자음과 모음의 표기가 구별되지 않는다. 음소문자는 자모문자(字母文字)라고도 불린다. 자모(字母)는 자음과 모음으로 갈라 적을 수 있는 낱낱의 글자를 가리킨다. 한글은 음소문자이다.

② · ④ 이집트문자에 기원을 둔 단어문자가 자음문자인 원시시나이문자, 페니키아문자로 발전하였다가, 그리스문자에서 음소문자가 되어 로마를 통해 세계로 퍼지면서 라틴문자가 된 것이다. 라틴문자는 로마자(Roman script, Roman alphabet)라고도 한다.

알아두기

■ 문자의 발달

1. 상형문자

먼 옛날 수렵인들은 동굴의 벽이나 암벽에 원시적인 그림을 그려두었다. 이것을 그림문자라고 부르는 경우도 있으나 이것은 엄밀하게 말해서 문자라고 할 수는 없다. 문자 체계가 성립하기 이전의 단계를 대표하는 것이다. 인디언들이 많이 사용했던 표시는 개개의 사물을 순수한 그림으로 하나하나 그렸는데, 이러한 그림에는 한계가 있다. 편의상 또는 기술부족으로 상세한 것은 그리지 못하고 다만 사물의 윤곽만을 그리거나 사물의 어떤 특징만 강조하고 있을 따름이다. 특히 추상적 개념을 표시하기가 곤란했다. 그래서 점차 상징적 표시가 나타나기 시작한다. 모든 고대문자는 상형자형으로부터 발달한다. 사물의 형태나 어떤 성질을 강조하면서 정면 또는 측면에서 그 사물을 선이나 점으로 그려서 표시하는 것을 상형문자라고 한다. 이 상형문자가 발달하여 표의문자가 된다. 가령 고대 중국의 갑골문자는 상형문자인데 이것이 오늘날의 표의문자인 한자로 발달한다. 이와 같이 상형문자나 표의문자를 단어문자라고 한다. 그런데 상형문자는 그 자형이 점점 간소화되어 뒤에는 일정한 음을 표시하게 된다. 이처럼 상형자형을 고안한 민족의 문자는 공통적으로 '표의'에서 '표음'으로 발전한다.

2. 음절문자

음절문자(syllabic writing, 音節文字)는 한 음절이 한 글자로 되어 있어 그 이상은 나눌 수 없는 표음문자를 말한다. 음절문자의 전형적인 예는 일본의 가나(かな)문자이며, 그 외에 키프로스의 문자나 중국 남서부에 사는 롤로족의 문자 등이 있다. 음절문자는 대개 표의문자의 표음성만이 남아 있고, 그 표의성을 버린 결과로 이루어진다. 일본어의 か(ka), さ(sa)를 보면 알 수 있듯이 자음과 모음의 표기가 구별되지 않는다.

3. 설형문자

고대 페르시아・앗시리아・바빌로니아에서 쓰이던 쐐기・징・화살촉 모양으로 된 문자이다. 이 문자는 처음 아카디아인에 의해 만들어져 앗시리아・바빌로니아에 전해진 것으로 애초에는 회화문자(繪畫文字)였다. 현재까지 알려진 유물로서 최초의 것은 석판 위에 그려진 회화문자로 기원전 3500년경으로 추정된다. 설형문자란 명칭은 18세기 초 캠페르(Kämpfer)가 페르시아나 바빌로니아의 돌이나 벽돌에 새겨진 각 문에 대하여 문자가 쐐기모양을 하고 있기 때문에 이름 붙인 것이다. 설형문자는 상형에만 그친 것이 아니라 중국의 지사(指事)나 가차(假借)와 같은 방법도 사용되었다. 설형문자는 중국 문자보다 한 걸음 더 나아가 표음문자의 단계에 이르게 되었다. 가령 원시 아카디아인의 신은 'ana'로서 후에 축약에 의해 'an'이 되었는데, 이때 그들은 별을 상형하여 하늘을 표시한 문제를, 'an'이란 소리를 표기하는 데 사용하기에 이른 것이다.

4. 표의문자

글자 하나하나가 어떠한 음(音)의 단위를 대표하는 표음문자(表音文字)와는 달리 글자 하나가 의미의 단위인 형태소(대개는 단어) 하나씩을, 더 정확히 말하면 그 형태소(및 단어)의 의미를 대표하는 문자 체계를 일컫는다. 가장 대표적인 표의문자로는 한자를 들 수 있다. '衣, 木, 東, 學, 不' 등은 각각 어떠한 의미를 대표하는 글자들이어서 한글의 'ㄱ, ㅂ, ㅗ' 등이 단순히 어떠한 음을 대표하기 위한 글자들과는 근본적으로 다른 기능을 가진다. '표의문자'라는 용어를 의미만을 대표하는 문자로 오해할 소지가 있다 하여 부적절한 용어로 규정하는 학자도 있다. 사실 표의문자는 의미만을 대표하지는 않는다. 어느 글자나 일정한 음도 대표하고 있는 것이다. 그러나 표의문자는 역시 음보다는 의미를 대표하는 것을 그 주된 임무로 한다. 가령 '木'이라는 글자가 나타내는 음이 시대에 따라 변화한다 하여도 이 글자의 모양이 바뀌지는 않는다. 가령 [목]이라 읽히든 [모]로 읽히든 심지어 [복]으로 읽히든 그 이유로 글자의 모양이 바뀌지는 않는다. '木'은 발음도 가지고 있지만 그 음을 대표하는 일은 부차적이기 때문이다. '나무'라는 의미를 나타내 주는 일을 그 주된 임무로 하는 것이다. 이 점에서 표의문자라는 용어는 표음문자와의 차이를 가장 극명하게 드러내 주는 적절한 용어라 할만하다. 문자의 발달과정을 보면 표의문자는 표음문자보다 앞선다.

5. 음소문자

음소문자는 자모문자(字母文字)라고도 불린다. 자모(字母)는 자음과 모음으로 갈라 적을 수 있는 낱낱의 글자를 가리킨다. 일반적으로 음소보다 더 작은 단위를 글자의 단위로 삼는 일은 없기 때문에 음소문자는 인류가 만든 문자 체계 중 가장 작은 언어 단위를 대표하는 문자라 할 수 있다.

참고문헌 김하수・연규동, 문자의 발달, 커뮤니케이션북스, 2015
김방한, 언어학의 이해, 민음사, 2005

69 정답 ④

① 점화 효과(priming effect): 시간적으로 먼저 제시된 단어가 나중에 제시된 단어의 처리에 영향을 주는 현상을 말하며 먼저 제시된 단어를 점화 단어(prime), 나중에 제시된 단어를 표적 단어(target)라고 한다. 점화 효과에는 촉진 효과와 억제 효과가 있으나, 통상적으로 촉진적인 것을 점화 효과라 한다. 여기서 촉진 효과라 함은 어휘 판단이나 음독과 같은 수행을 향상시킨다는 의미이다.

② 빈도 효과(frequency effect): 단어 인지에서 사용 빈도가 높은 단어일수록 인지하기 쉬운 현상을 말한다. 단어의 사용 빈도는 친숙도를 반영하는데, 일반적으로 사용 빈도가 높은 단어는 자주 읽거나 듣게 되는 단어이고, 따라서 이러한 단어들을 쉽게 인지할 수 있다.

③ 이웃 효과(neighborhood effect): 특정 단어의 재인에 비슷한 소리의 단어나 비슷한 철자의 단어가 미치는 영향을 말한다.

④ 단어 우선 효과(word superiority effect): 동일한 문자라도 단어 속에 나타나면 비단어 속에 나타날 때보다 더 정확하게 인지되는데, 이를 단어 우월 효과라 한다. 예를 들어 WORK라는 단어와 ORWK라는 비단어의 마지막 문자는 둘 다 K이지만, K는 전자에서 더 정확하게 인지된다.

참고문헌 곽호완 저, 실험심리학용어사전, 시그마프레스(주), 2008

70 정답 ①

① 발화 행위에는 언표적 행위(언어적 행위), 언표 내적 행위(수행적 행위), 언향적 행위가 있다. 언표적 행위는 우리가 무엇을 말하는 행위인데, 철이가 등교하려다가 비가 오는 것을 보고 "엄마, 밖에 비가 와."라고 말하는 것은 언표적 행위를 한 것이다. 그러나 이 말에는 "우산 좀 주세요."와 같은 뜻의 요청 행위가 포함되어 있다. 이처럼 언표적 행위를 하면서 동시에 실천하는 다른 행위를 '언표 내적 행위'라고 한다. 그리고 발화의 결과로 엄마가 철이에게 우산을 주는 행위가 일어나면 이는 언향적 행위이다. 철이는 '비가 와'라는 평서문의 형태로 진술하면서 요청 행위를 하고 있으므로 간접 발화 행위를 수행하였다. 문장의 형태와 그것이 가지고 있는 언표 내적 행위가 일치하면 그것은 직접 발화 행위에 해당하며, 전형적인 언표 내적 행위 대신에 다른 발화 행위로 이루어지는 것을 간접 발화 행위라고 한다.

참고문헌 윤평현, 국어의미론, 역락, 2012

71 정답 ②

② 에스페란토는 1887년에 폴란드 안과 의사 라자로 루드비코 자멘호프(Lazaro Ludoviko Zamenhof) 박사가 창안한, 배우기 쉬운 국제 공용어이자 가장 대표적인 인공언어이다. 에스페란토 사용자들은 '1민족 2언어주의'에 입각해 같은 민족끼리는 모국어를, 다른 민족과는 중립적인 국제공용 보조어 에스페란토를 사용한다.

알아두기

■ 술어논리

술어논리란 한정기호와 술어기호 등을 다루는 형식 기호논리이다.

- 모든 노르한 것은 만후하다.
- 니고는 노르하다.

위의 두 가정에서 술어 '노르하다', '만후하다'와 명사 '니고'가 무엇을 의미하든지, "니고는 만후하다."라는 결론을 얻는다. 술어논리란 이러한 술어들을 다루는 논리적 사고를 형식논리로 전개하여 이해하려는 것에 바탕을 두고 있다.

참고문헌 수학백과, 대한수학회, 2015
시사상식사전, 박문각

72 정답 ③

① 형태소 가운데 매우 드물게 단 하나의 형태소와만 결합하는 특수한 것들을 유일 형태소 혹은 특이 형태소라고 부른다. 유일 형태소는 그 수가 그리 많지 않은데, 한국어에서는 '착하다, 아름답다'에서 '착, 아름', 그리고 '느닷없이'의 '느닷'과 '오솔길'의 '오솔' 등이 그 예이고, 영어 단어 'cranberry'의 'cran'도 유일 형태소이다. 유일 형태소들은 그 특수한 분포 때문에 모두 의존 형태소에 속하게 된다.
② '해바라기(해-바라-기)'와 '줄넘기(줄-넘-기)'는 형태소의 개수가 같다.
③ 자립 형태소는 다른 형태소와의 직접적인 결합이 없이도 문장의 한 성분이 되며, 또 그것 하나만으로도 한 문장을 이룰 수 있는 형태소를 말한다. 의존 형태소는 반드시 다른 형태소와 결합하여야 문장의 성분으로 쓰일 수 있다. 국어에서 모든 용언의 어간은 의존 형태소에 속하며, 조사, 어미, 접사도 의존 형태소이다. '먹-', '-s' 등은 독립적으로 쓰일 수 없으므로 의존 형태소이다.
④ 의미의 측면을 기준으로 삼은 분류는 실질 형태소와 형식 형태소로의 분류가 있다. 실질적인 의미를 가지고 있는 것은 실질 형태소, 조사나 어미, 접사 등은 그렇지 못하므로 형식 형태소이다.

참고문헌 임홍빈 외, 바른 국어생활과 문법, 한국방송통신대학교출판부, 2011
국립국어원, 외국인을 위한 한국어 문법 1, 커뮤니케이션북스, 2005

73 정답 ④

(가) 베르니케 실어증: 베르니케 영역에 손상을 입은 환자에게서 발생한다. 이들은 발화 자체가 어렵지는 않아 언뜻 들으면 매우 유창하게 말하는 것처럼 들린다. 그러나 자세히 들으면 실제로는 같은 말을 반복하거나 의미 없는 말을 지속적으로 말할 뿐 구조화된 문장을 발화하지 못한다. 즉, 형식적으로나 의미적으로 적합한 문장을 생성해 내지 못하는 증세를 보인다.

(나) 브로카 실어증: 머릿속의 개념을 문장으로 구조화할 수 없는 실어증이다. 브로카 영역은 개념화된 내용을 기호화하여 문장으로 바꾸는 역할을 한다. 따라서 브로카 영역에 손상을 입은 환자들은 단어나 문장을 입 밖으로 내는 일 자체가 매우 어렵다. 즉, 머릿속에서 생각을 완전히 개념화시킬 수 있다고 하더라도 이것을 문장으로 바꿔서 발화하기는 어렵다는 뜻이다.

참고문헌 이승연, 한국어교육을 위한 응용언어학개론, 태학사, 2019

74 정답 ③

③ 언어 능력과 언어 수행은 촘스키가 언어학에 도입한 용어이다. 언어 능력은 말하는 사람이 사용하는 언어에 대해 가지고 있는 내면화된 지식, 혹은 언어 규칙을 가리킨다. 이는 구조언어학의 언어(langue)의 개념에 대응될 수 있으나, 언어 능력의 본질인 창조적인 국면을 고려하지 못한다. 언어 능력은 이전에 발언된 적이 없는 특별한 문장을 만들고 이해하며, 문법적으로 올바른 문장과 바르지 않은 문장을 알아보게 해 준다. 한마디로 언어 능력은 언어에 대한 직관적인 판단을 가능하게 하는 것이며, 보편문법(UG, universal grammar)은 유전적으로 결정된 언어 능력의 특성을 기술하는 것으로 간주될 수 있다. 반면에 언어 수행은 발화들의 실현과정이다. 촘스키는 언어 수행을 '구체적인 상황에서의 언어의 실제 사용'이라 정의하였다. 촘스키는 하나의 이상적 언어 사용자가 새롭고 독특한 문법적 문장을 실제로 마주쳐본 적이 없으면서도 어떻게 그런 문장을 생산하고 이해할 수 있을 것인가라는 문제에 대해, 한정적이고 묘사 가능한 변형적인 규칙의 집합이 이상적인 언어 사용자의 '언어 능력'을 구성하고, 이 능력이 문법적인 문장을 생산할 수 있게 된다고 주장한다. 촘스키에 따르면 실제 언어 사용자에 의해 실현되는 한정적인 수의 문법적 문장에 해당하는 '언어 수행'은 언어 능력 연구에 필요한 자료를 제공한다. 언어 능력은 바로 언어 가능성 조건이다. 기존 구조주의 언어학의 연구 대상이 실제로 인간에 의해 발화된 언어로 제한되었던 것과 달리 촘스키는 인간의 언어 능력에 관심을 가졌다.

참고문헌 한국문학평론가협회, 문학비평용어사전, 국학자료원, 2006

75 정답 ④

④ 대조분석에서 중심이 되는 언어는 기준언어이다.

알아두기

■ 대조분석의 절차 및 방법

언어를 대조분석하기에 앞서 어떤 언어를 왜 대조하는지 이유가 분명해야 한다. 대조분석을 위해서는 대조의 자료를 동등하게 선택해야 한다. 즉 대상 표현을 찾아야 하는데, 서로 다른 언어 간에 같은 내용을 어떻게 달리 표현하는가를 찾으려는 관점에서 접근해야 한다. 대응되는 표현의 의미는 지시나 지시물, 언어 기능을 포함해야 하므로 표현 방식은 서로 다르게 나타날 수 있다. 그러나 화용적 기능이 같으면 대응하는 표현이 될 수 있다. 또, 대조분석에서 주의해야 할 사항으로는 분석 대상 범위를 제한해야 한다는 점이다. 언어 변이에 대해서는 각 언어의 표준어, 문어를 분석 대상으로 하는 것이 일반적이다. 대조분석을 위해서는 기준언어와 메타언어를 선정해야 한다. 기준언어는 대조분석에서 중심이 되는 언어를 말한다. 언어 간 차이를 발견하거나 설명하기 위해서는 반드시 기준언어를 설정해야 하는데, 기준언어로는 보통 학습자의 모국어를 택하는 경우가 많다. 대조분석 결과를 설명하기 위한 메타언어의 선정도 필요하다. 어떤 언어를 메타언어로 사용할 것인지는 연구자에 의해 임의로 선정되지만 대부분 학습자의 모국어가 사용되는 경우가 많다. 그러나 목표어가 사용되고 있는 사회에서의 연구라면 목표어가 메타언어로 결정되는 경우가 많다.

참고문헌 이승연, 한국어교육을 위한 응용언어학개론, 태학사, 2019

76 정답 ①

① 한자어는 베트남어의 어휘 중 약 70%를 차지하고 있다. 그래서 한국어와 베트남어에서 사용되는 한자어에는 발음도 비슷하고 뜻도 비슷한 어휘들이 많다.
② 한국어의 지시사는 삼분 체계(이, 그, 저)이나 중국어의 지시사는 이분 체계(这, 那)를 가진다.
③ 한국어에는 단일어로서의 3인칭 대명사가 없다고 할 수 있다. '그'라는 단일어가 존재하지만 아직까지는 문어에서만 사용되고 '그녀' 역시 최근에 문어에서 등장하지만 자연스럽지 못하여 '그 사람, 그 남자, 그 여자' 등과 같이 '지시 관형사 + 명사'의 형태로 사용된다. 그러나 일본어는 3인칭 단수는 물론 복수에도 성에 따른 구분이 있다.
④ '소심(小心)'은 한국어에서는 '소심하다'의 어근으로 '대담하지 못하고 조심성이 지나치게 많다'의 의미인데 반해 중국어에서는 '조심하다, 주의하다'의 의미로 사용된다.

참고문헌 허용·김선정, 대조언어학, 소통, 2013

77 정답 ①

① 모음의 통시적 변화 양상은 이론언어학(음운론)의 연구 영역이다.

> **알아두기**
>
> ■ 사회언어학의 연구 영역
> 사회언어학은 연구자들의 관심에 따라 언어학적 접근의 '변이 사회언어학', 인류학적 접근의 '의사소통의 민족지학', 사회학적 접근의 '언어사회학'으로 나눌 수 있다.
> 1. 변이 사회언어학
>   이 접근법은 사회적 맥락 속에서 얻어진 언어연구의 결과를 순수언어학의 이론을 체계화하고 보완하는 것을 목표로 하며 대표적인 학자로 라보프가 있다. 그는 주로 언어변이와 변천에 관한 연구를 다루었다. 대표적으로 변이 사회언어학에서 중요하게 다루는 연구 주제는 방언학이다.
> 2. 의사소통의 민족지학
>   이 접근법은 사회적 맥락 속의 언어기능을 밝히는 것이 중요하다고 주장한다. 즉 언어와 문화와 사회를 모두 포괄하는 개념을 갖고 있으며 언어학과 인류학의 접합에 의해 만들어진 사회언어학의 한 부류라고 볼 수 있다. 연구 영역으로는 담화분석, 대화분석, 문화 간 의사소통, 호칭어, 경어법, 언어 태도, 언어교육의 사회적 요인 등이 있다.
> 3. 언어사회학
>   이 접근법은 언어보다는 사회적 문제에 중점을 두고 있어서 언어학 모델을 발달시키고자 하는 목적이 없으며 주로 실용적 문제들에 있어서 언어와 사회 간의 상관관계를 분석 기술하는 것이다. 주요 연구 주제는 언어의 소실과 유지, 이중/다중 언어 사용, 언어 전환, 피진과 크레올, 언어 정책 등이 있다.

참고문헌 최천규 외, 학문명백과: 인문학, 형설출판사

78 정답 ④

① 우즈베크어와 몽골어는 알타이제어로 어순은 SOV로 한국어와 동일하며 교착어이고, 성에 대한 범주도 없다.
② 베트남어는 오스트로-아시아어족의 베트남어군에 속하고 중국어는 중국티베트어족에 속한다. 두 언어 모두 고립어로 형태 변화가 없으며 성조가 있다. 어순은 둘 다 SVO이지만 베트남어는 피수식어가 먼저 나오고 수식어가 나중에 나오는 구조를 가진다.
③ 헝가리어는 우랄어족 또는 핀-우그르어족에 속한다. 명사 뒤에 격어미가 결합하는 언어이고, 단어에 문법접사가 결합되는 교착어적 특성이 강한 언어이다. 헝가리어 문장에 쓰인 단어들은 그 자체가 문법정보를 알려주므로 어순이 문법적으로 고정되어 있지 않다. 프랑스어는 인도유럽어족의 라틴어족에 속하며 SVO 순으로 문장이 구성된다. 프랑스어의 주요 특징으로, 명사의 성(남성/여성)과 수(단수/복수)를 구분하고 주어나 시제에 따라 복잡하게 동사가 활용되며, 다른 언어에 비해 시제와 법이 다양하다는 점을 꼽을 수 있다.
④ 독일어는 인도유럽어에 속하는 게르만어의 한 분파인 서게르만어에 속한다. 독일어는 SVO형 언어이며 주어나 목적어로 나타나는 명사구의 낱말들은 동사가 요구하는 대로 격에 맞춰 변화를 한다. 또 모든 명사가 남성(m), 여성(f), 중성(n)의 성 하나를 가지고 있다. 러시아어는 인도유럽어의 한 갈래인 슬라브어 가운데 동슬라브어에 속한 언어이다. 'SVO' 문장구조를 가진 러시아어는 어미에 의해 해당 단어의 문법적 성격을 나타내는 굴절어이다. 따라서 성, 수, 격 그리고 인칭은 정해진 어미에 의하여 표현된다. '명사, 대명사, 형용사'는 성, 수, 격에 따라, 수사는 격에 따라 형태 변화를 하며, 동사는 현재와 미래 시제에서는 인칭과 수에 따라 그리고 과거 시제에서는 성과 수에 따라 형태 변화를 한다. 러시아어 명사는 단수에서 남성, 여성, 중성 가운데 하나의 성을 가진다.

참고문헌 한국외국어대학교 세미오시스 연구센터, 세계 언어백과

79 정답 ③

③ 스와힐리어는 아프리카 토착어로서 아프리카연합(AU)과 동아프리카공동체(EAC)의 공식어다. 스와힐리어는 링구아 프랑카의 예로 볼 수 있다. 크레올은 자메이카 크레올, 아이티 크레올 등이 있다.

참고문헌 방언연구회, 방언학 사전, 태학사, 2003

80 정답 ②

① 영어와 한국어는 종성 자음을 가질 수 있다. 일본어의 경우 개음절 구조의 언어이다.
③ 중국어의 동사는 형태 변화가 없다.
④ 언어에 따라 인간이 표현의 중심에 나타나는 언어가 있고, 반대로 인간을 표면에 드러내지 않고 일어난 상황이 표현의 중심에 나타나는 언어가 있다. 영어는 인간 중심 언어이고, 한국어는 상황 중심 언어이다.

참고문헌 허용·김선정, 대조언어학, 소통, 2013

2교시 | 한국 문화·외국어로서의 한국어 교육론

01	③	02	④	03	①	04	③	05	②	06	②	07	④	08	④	09	③	10	②
11	①	12	②	13	①	14	②	15	①	16	②	17	①	18	④	19	③	20	②
21	④	22	④	23	②	24	①	25	④	26	③	27	①	28	③	29	②	30	③
31	②	32	④	33	①	34	③	35	④	36	④	37	③	38	②	39	④	40	③
41	①	42	②	43	①	44	①	45	③,④	46	③	47	②	48	③	49	②	50	④
51	④	52	③	53	③	54	①	55	③	56	①	57	③	58	①	59	③	60	①
61	④	62	②	63	③	64	③	65	③	66	①	67	②	68	①	69	④	70	②
71	④	72	①	73	③	74	②	75	④	76	②	77	②	78	③	79	①	80	③
81	④	82	③	83	③	84	②	85	②	86	④	87	②	88	②	89	④	90	③
91	①	92	④	93	②	94	③	95	③	96	③	97	①	98	①	99	④	100	③
101	①	102	③	103	②	104	③	105	①	106	②	107	①	108	③	109	①	110	②
111	④	112	③																

01 정답 ③

③ 이제마는 《동의수세보원》, 《격치고》 등을 저술한 조선 말기의 의학자로 사람의 체질과 성질에 따라 치료를 달리해야 한다는 사상의학론을 제창하였다. 농사직설은 조선 세종 때의 문신인 정초(鄭招)·변효문(卞孝文) 등이 왕명에 의하여 편찬한 농서이다.

참고문헌 한국민족문화대백과, 한국학중앙연구원

02 정답 ④

④ 신부가 시부모와 시댁 사람들에게 인사하는 것을 '현구고례'라고 하며 '폐백(幣帛)'이라고도 한다.

알아두기

■ 혼례 절차
1. 의혼(議婚): 중매자가 혼사를 의논한다.
2. 납채(納采): 신랑집에서 신부집으로 청혼서와 신랑의 사주(四柱)를 보낸다.
3. 연길(涓吉): 신부집에서 신랑집으로 납폐(納幣)와 전안(奠雁)할 날짜를 정해 택일단자(擇日單子)를 보낸다.
4. 납폐(納幣): 신랑집에서 신부집으로 납폐서와 혼수품을 보낸다.
5. 초행(初行): 신랑 일행이 신부집으로 간다.
6. 전안(奠雁): 신랑이 신부집에 기러기를 바친다.

7. 교배례(交拜禮): 초례상 앞에서 신랑과 신부가 맞절을 한다.
8. 합근(合卺): 신랑과 신부는 서로 술잔을 나눈다.
9. 신방(新房): 신랑과 신부가 합방을 한다.
10. 신행(新行): 신부가 가마를 타고 신랑집으로 간다.
11. 현구고례(見舅姑禮): 신부가 시부모와 시댁 사람들에게 인사를 한다. '폐백(幣帛)'이라고 한다.
12. 묘현(廟見): 사당에 신부가 왔음을 고한다.
13. 근친(覲親): 신랑과 신부가 신부집에 인사를 간다.

참고문헌 혼례 절차, 국립민속박물관 전시 해설, 국립민속박물관

03 정답 ①

② 장옷은 여자들이 나들이할 때 얼굴을 가리기 위해 머리에서부터 길게 내려쓰던 옷이다. 초록색 바탕에 흰 끝동을 달았고, 두루마기와 비슷하며, 젊으면 청·녹·황색을, 늙으면 흰색을 썼다. 본래는 여성들의 겉옷으로 입다가 양반집 부녀자들의 나들이옷으로 변하였으며 일부 지방에서는 새색시의 결혼식 예복으로 이용하기도 하였다.
③ 배자는 추울 때 저고리 위에 덧입는, 주머니나 소매가 없는 옷이다.
④ 활옷은 가례(嘉禮) 때 착용하던 조선시대의 여자 예복이다.

참고문헌 표준국어대사전

04 정답 ③

②·④ 치맥은 '치킨과 맥주', 먹방은 '먹는 방송'을 줄인 말로 소개했다.
① 오빠와 언니에 대해서는 성별이나 나이 차이를 반영해 상대방을 지칭하는 단어라는 설명이 들어갔다. 거기에 추가로 "오빠와 언니는 한국 밖에서 사용될 때 주목할 만한 의미 변화를 겪었는데, K-pop과 K-drama 팬덤에서 unni는 그들이 좋아하는 한국 여배우나 가수에게 호칭하기 위해 모든 성별의 팬들에 의해 종종 사용되고, oppa는 매력적인 한국 남성, 특히 유명한 배우나 가수를 지칭하는 데에도 사용된다."고 설명했다.

알아두기

■ 옥스퍼드 사전에 등재된 한국어 단어

2025년 2월 현재 영국 옥스퍼드대에서 출간하는 옥스퍼드영어사전(OED)에 실린 한국어 어휘 목록은 아래와 같다.

ri(리-거리 단위)	onmun(언문, 한글)	kimchi(김치)	yangban(양반)
gisaeng(기생)	Kono(고누놀이)	sijo(시조)	myon(면-행정구역)
Hangul(한글)	ondol(온돌)	won(원)	soju(소주)
taekwondo(태권도)	hapkido(합기도)	Juche(북한 주체사상)	doenjang(된장)
gochujang(고추장)	makkoli(막걸리)	chaebol(재벌)	bibimbap(비빔밥)
aegyo(애교)	banchan(반찬)	bulgogi(불고기)	chimaek(치맥)
daebak(대박)	dongchimi(동치미)	fighting(파이팅)	galbi(갈비)
hallyu(한류)	hanbok(한복)	japchae(잡채)	K-(K-복합어)
K-drama(K-드라마)	kimbap(김밥)	Konglish(콩글리시)	manhwa(만화)
mukbang(먹방)	noona(누나)	oppa(오빠)	PC bang(피시방)
samgyeopsal(삼겹살)	skinship(스킨십)	Tang Soo Do(당수도)	trot(트로트)

| unni(언니) | dalgona(달고나) | hyung(형) | jjigae(찌개) |
| maknae(막내) | noraebang(노래방) | pansori(판소리) | tteokbokki(떡볶이) |

참고문헌 영국 옥스퍼드영어사전 홈페이지(OED), 2025.02.28.

05 정답 ②

① 서독으로 광부 파견: 1963년부터 1980년까지 실업 문제 해소와 외화 획득을 위하여 한국 정부에서 독일(서독)에 7,900여 명의 광부를 파견하였다. 광부의 파견은 1963년 12월 16일 한국 정부의 임시고용계획에 관한 한국 노동청과 독일탄광협회 간 협정에 의해 이루어졌다.

③ 동유럽으로 간호사 이주: 정확한 의미에서 간호 인력의 독일 송출은 1950년대 후반부터 시작되었다. 그러나 이 시기의 송출은 기독교 선교단체를 중심으로 이루어진 민간교류의 형식이었다. 이후 1966년부터 독일 마인츠 대학의 의사였던 이수길 박사의 주선으로 대규모 간호사 파견이 시작되었으며, 이때부터 한국 해외개발공사가 간호 인력의 모집과 송출을 담당하게 되었다. 그리고 1966년부터 1976년까지 약 10,226명의 간호 인력이 독일에 파견되었다.

④ 베트남으로 건설노동자 파견: 1960년대 초반 버거플랜(Berger Plan) 등을 통해서 주한미군의 감축 뿐만 아니라 한국군 감축의 위협에 시달리고 있었던 박정희 정부는 한국군의 베트남전 참전을 요청하는 미국의 요청을 받아들였다. 한국 정부는 국회의 동의를 거쳐 1차적으로 1964년 9월 태권도 교관들과 함께 비전투부대를 파견했으며, 1965년에도 한국군 공병, 운송 및 자체 경비 병력 등의 건설 지원단 2,000명을 파견했다.

알아두기

■ 한국의 해외 이민/이주

현대적 의미의 이민은 1962년 3월 9일 「해외 이주법」의 공포와 더불어 시작되었다. 「해외 이주법」은 해외 이주에 관한 사항을 규정하기 위해 제정한 법률(1962.3.9.)로 전문 15조와 부칙으로 되어 있다. 「해외 이주법」의 제정 목적은 '국민을 해외에 이주시킴으로써 인구를 조절하여 국민경제의 안정을 기함과 동시에 국위 선양을 목적으로 하여 해외에 이주할 수 있는 자의 자격 및 허가와 기타 해외 이주에 관한 사항'을 규정하기 위해서였다. 이 법률에 따라 브라질 농업 이민이 1962년 이루어졌다. 브라질 농업 이민은 민간과 정부에서 공동으로 추진한 것으로 이주자의 자격조사 실시, 합격자의 외환조치, 이주자 훈련 등을 계획해 그에 따라 이주가 진행되었다. 미국으로의 이주는 1965년 개정된 미국 「이민법」이 많은 작용을 하였다. 이 「이민법」은 「하트-셀러법」(Hart-Seller Act)이라 하는데, 인종을 불문하고 미국 시민권자는 자신의 부모, 자녀, 배우자 등 직계가족은 명수 제한 없이 이민을 받아들이는 것을 골자로 하는 것이었다. 이 「이민법」 덕분에 1965년 이후 미국으로 이주한 한인 이민자들은 미국 생활의 외로움을 달래기 위해 많은 형제, 자매를 미국으로 초청하였다. 1945년부터 1965년까지 미국으로 건너갔던 6,000명 가량의 유학생들이 미국에 정착했는데, 이들이 미국으로의 이민 문호가 활짝 개방되었을 때 가족들을 초청할 수 있는 연쇄이민의 기틀을 마련하였다. 이민의 전성기라고 할 수 있는 1970~1980년대에는 연 3만 명 이상이 미국으로 이민을 갔다. 미국의 「이민법」 개정을 따라서 캐나다, 호주 등도 「이민법」을 개정하여 비유럽계 이민자들에게 문호를 개방하기 시작하였다. 그러다가 1988년 서울올림픽을 계기로 해외 이주의 숫자가 줄었다. 우리나라의 국제적 위상이 높아지고 재외동포의 전문직, 기술직 노동력에 대한 수요가 커지면서 오히려 한국으로 오는 역이민이 증가하기도 했다. 그 이후로 해외 이주는 계속 감소 추세였으나, 1997년 IMF 외환위기를 맞으면서 구조조정, 정리해고, 명예퇴직 등의 형태로 직장을 잃거나 고용이 불안정하게 되자 보다 안정된 일자리와 높은 삶의 질을 추구하면서 해외로 떠나는 사람들의 수가 다시 증가하였다.

참고문헌 황은주, 한국인-세계 속에 뿌리내리다, 국가기록원(행정안전부)
한국민족문화대백과, 한국학중앙연구원

06 정답 ②

② 뱃사람들의 은어로, '남풍'을 이르는 말이다.

참고문헌 표준국어대사전

07 정답 ④

④ 사물놀이의 구성 악기는 꽹과리, 징, 장구, 북이다. 태평소는 나팔 모양으로 된 우리나라 고유의 관악기로 나무로 만든 관에 여덟 개의 구멍을 뚫고, 아래 끝에는 깔때기 모양의 놋쇠를 달며, 부리에는 갈대로 만든 서를 끼워 분다. 태평소는 농악이나 군악(취타)에서 사용된다.

참고문헌 표준국어대사전

08 정답 ④

④ 윷가락의 호칭은 일반적으로 하나는 도, 둘은 개, 셋은 걸, 넷은 윷, 다섯은 모라 부르는데, 이는 끗수를 나타내는 말이다. 도·개·걸·윷·모는 본래가 가축의 이름을 딴 것으로 본다. 즉, 도는 돼지(豚), 개는 개(犬), 걸은 양(羊), 윷은 소(牛), 모는 말(馬)을 가리킨 말이다. 도는 원말이 '돝'으로서 어간(語幹) 일부의 탈락형이다. 모는 말(馬)인데 방언에 몰·모·메라 함을 보아도 알 수 있다. 모는 몰의 어간 일부 탈락형이다. 이들 가축은 고대인에게 있어서는 큰 재산이었고 또 일상생활에 있어서는 가장 친밀한 짐승이었으므로 가축의 이름과 함께 몸의 크기와 걸음의 속도도 윷놀이에 이용하였던 것으로 보인다. 즉, 몸 크기의 차이를 보면 개보다는 양이, 양보다는 소가, 소보다는 말이 더 크며, 또 걸음의 속도도 돼지가 한 발자국의 거리를 뛰는 사이에 말이 한 발자국을 뛰는 거리는 돼지의 다섯 발자국 뛰는 정도의 거리가 되므로, 이렇게 대비하여 끗수를 정한 것으로 보인다.

참고문헌 한국민족문화대백과, 한국학중앙연구원

09 정답 ③

③ 하회탈은 나무로 만든 탈로서 주지, 각시, 중, 양반, 선비, 초라니, 이매, 부네, 백정, 할미 등 현재 열 종 열한 가지가 전해지고 있다. 조형적 아름다움이 뛰어나며, 턱과 얼굴이 분리된 배역이 많고, 이매탈만 턱이 없는 미완성의 탈로 남아 있다. 하회와 병산의 가면 열두 종 열세 가지가 현재 국보 제121호로 지정되어 있다. 또 하회탈은 여느 지역 탈과 달리 탈 자체에 신성성을 부여해서, 소각을 하지 않고 반복 사용한다. 왜냐하면 탈의 제작이 신의 뜻이라는 믿음이 있었기 때문이다.

> 알아두기
>
> ■ 하회별신굿탈놀이
> 별신굿탈놀이는 경상북도 안동시 풍천면 하회리에 전승되어오는 탈놀이로 중요무형문화재 제69호로 지정되어 있다. 그 근원은 서낭제의 탈놀이로서, 우리나라 가면극 전승의 주류를 이루는 산대도감계통극과는 달리 동제에 행하여지던 무의식극적(無意識劇的) 전승이다.
> 서낭제에 탈놀이를 놀았던 곳은 경상북도 안동시 일대에서는 하회리와 병산리가 알려져 왔으나, 하회별신굿탈놀이는 1928년(戊辰) 이래 중단되고 병산별신굿도 거의 같은 시기에 중단되어 하회와 병산의 가면 열두 종 열세 가지만이 국보 제121호로 지정되었다.

참고문헌 한국민속예술사전: 민속극, 국립민속박물관

10 정답 ②

② 〈바리공주/바리데기〉는 대개 죽은 사람의 영혼을 극락으로 천도하는 오귀굿에서 많이 부른다. 줄거리를 보면 오구대왕은 길대부인과 혼인하여 연이어 딸을 여섯을 낳고 일곱 번째도 딸을 낳자 이를 버린다. 왕비는 버린 아이라는 의미로 바리데기라고 이름 짓고 바위 위에 버린다. 이때 괴물이 나타나 바리데기를 물고 사라지고, 바리데기는 옥황님의 도움으로 잘 자라난다. 그러던 어느 날, 오귀대왕이 병에 걸려 백약이 무효인데, 서천서역국의 약수만이 그의 생명을 구할 수 있다고 노장스님이 알려준다. 여섯 딸은 서천서역국에 가기를 거부하고, 바리데기가 이 모든 사정을 알고 남장을 하고 서천서역국으로 약수를 구하러 길을 떠난다. 약수를 얻기까지의 온갖 이야기가 펼쳐지고, 바리데기는 약수를 구해온다. 그러나 이미 대왕은 죽은 후였다. 바리데기는 상여를 멈추게 하고 가져온 약수와 꽃으로 오귀대왕을 환생시킨다. 오귀대왕은 바리데기와 그 아들들을 환대하는데, 바리데기와 언니들은 북두칠성이 되고 아들들은 삼태성이 된다. 〈바리공주/바리데기〉 이야기는 지역에 따라 많은 차이가 있는데, 대부분의 전승본에서 바리공주는 저승을 관장하는 신이 된다. 즉, 사령(死靈)을 통제하는 신이면서 동시에 죽음이라는 현상을 관장하는 신이다. 동해안 지역 오구굿에서는 바리공주가 저승 세계를 여행하는 동안 많은 원령(怨靈)들을 천도(薦度: 죽은 사람의 넋이 정토나 천상에 나도록 기원함)하는 내용을 보여 준다. 또한, 바리공주를 무조전설이라고도 하는데, 이는 바리공주가 무신(巫神)이 되었다고 보기 때문이다.

참고문헌 문화원형백과 한국의 굿, 문화원형 디지털콘텐츠
한국민족문화대백과, 한국학중앙연구원

11 정답 ①

② 김창흡은 조선 후기 《삼연집》, 《심양일기》 등을 저술한 학자이다. 김창흡은 형 김창협과 함께 성리학과 문장으로 널리 이름을 떨쳤는데, 이기설에서는 이황(李滉)의 주리설(主理說)과 이이(李珥)의 주기설(主氣說)을 절충하는 경향을 띠었다.
③ 서거정은 조선 전기의 문신으로 학문이 매우 넓어 천문(天文)·지리(地理)·의약(醫藥)·복서(卜筮)·성명(性命)·풍수(風水)에까지 관통하였다. 여섯 왕을 섬겨 45년간 조정에 봉사하고, 23년간 문형을 관장하며, 23차에 걸쳐 과거 시험을 관장해 많은 인재를 뽑았다. 서거정의 한문학에 대한 입장은 《동문선(東文選)》에 잘 나타나 있다. 우리나라 한문학의 독자성을 내세우면서 우리나라 역대 한문학의 정수를 모은 《동문선(東文選)》을 공동 편찬하였다.
④ 정도전은 고려 말에 역성혁명을 주장했던 급진파 신진 사대부(1342~1398)로 이성계를 왕으로 세우는 데 결정적인 역할을 하였으며, 조선의 기본 체제를 만든 인물이다.

참고문헌 한국민족문화대백과, 한국학중앙연구원

12 정답 ②

① 설문대 할망은 제주도를 만들었다고 전해지는 신이다. 제주도 각지에는 설문대 할망 이야기가 지역의 지형을 설명하는 이야기로 각색되어 향토색을 반영하며 전승되어 왔다. 설문대 할망은 물속에서 흙을 퍼 올려 제주도를 만들었으므로 창조신적 면모가 두드러진다. 그러므로 설문대 할망 신화는 창세신화이며, 천지창조의 거인신화라 할 수 있다. 또 신화 전승의 유형으로 볼 때는 구전산문신화로서 문헌으로 기록되지도 않고, 제의나 신앙에서도 제외된 채 단순히 구두 전승만을 지속하고 있는 천지창조신화라 할 수 있다.
② 〈세경본풀이〉는 제주도에서 행해지고 있는 무속의례 가운데 큰굿 등에서 구송되고 있는 본풀이로, 상세경인 문도령과 중세경인 자청비 및 하세경인 정수남 등 세경신에 관한 근본 내력을 설명하고 있는 신화이다. 자청비라는 여신을 중심으로 그녀의 일생을 설명하고 있어 자청비 신화라고도 한다. 〈세경본풀이〉는 우리 민족에게 '오곡종자, 열두시만국, 메밀씨'를 가져다 준 농경기원신 및 목축신의 내력을 설명하고 있다는 점에서 우리 민족도 농경기원신화 혹은 목축신에 대한 신화가 있음을 알게 해 준다.
③ 삼성신화는 고·양·부(高·良/梁·夫) 세 성씨의 시조 출현과 정착 내력 그리고 고대 탐라의 역사적 경험을 전승하는 제주도 신화이다.

④ 천지왕본풀이는 제주도의 무속의례로 큰굿의 맨 처음의 제차인 초감제에서 불리는 신화이다. 초감제란 의례의 첫머리에 모든 신들을 일제히 청해 앉히고 기원하는 의례이다. 신을 청해 들이려면 언제, 어디서, 무엇 때문에 굿을 하게 되어 청한다는 연유를 신에게 고해야 한다. 이때 이 연유를 설명하기 위해 이야기는 천지개벽으로 거슬러 올라가 역사적, 지리적인 형성을 설명해 내려오게 된다. 이 과정에서 이 신화가 가창된다. 이 신화는 태초에 천지가 서로 혼동되어 있는 상태에서 점차 세계의 질서가 정리되어 가는 과정을 설명하고 있다. 천지왕이 지상에 하강하여 박이왕과 동침하여 대별왕 소별왕 형제를 낳는 삽화는 천부지모의 포옹과 만물의 생식을 구체적으로 설화화 한 것이다. 그러니 천지왕은 천부(天父)이며 박이왕은 지모(地母)다. 두 아들들은 각각 이승과 저승을 다스리게 되어 세상을 정리해 나간다.

참고문헌 현용준, 무속신화와 문헌신화, 집문당, 1992
한국민속신앙사전, 국립민속박물관
한국민속문학사전

13 정답 ①

① 〈수궁가〉는 '토별가, 별주부타령'으로도 불리며 판소리 다섯 마당 가운데 하나이다. 용왕이 병이 들자 약에 쓸 토끼의 간을 구하기 위하여 자라는 세상에 나와 토끼를 꾀어 용궁으로 데리고 간다. 그러나 토끼는 꾀를 내어 용왕을 속이고 살아 돌아온다는 이야기를 판소리로 짠 것이다.

참고문헌 한국민족문화대백과, 한국학중앙연구원

14 정답 ②

② 이 작품은 일반적으로 역사 소설·군담 소설·전쟁 소설의 범주에 넣지만, 초인적인 능력을 가진 박 씨가 주인공으로 등장한다는 점에서 여걸 소설(女傑小說)의 범주에 넣기도 한다. 《박씨전》은 추녀 박 씨가 탈을 벗는 내용의 전반부와 병자호란을 당하여 영웅이 활약하는 내용의 후반부로 나누어 볼 수 있다. 《박씨전》의 시대적 배경이 되고 있는 병자호란은 조선 역사상 유례없는 치욕적 사건으로, 정치적·경제적으로 큰 손해를 끼쳤으며 민중들에게 극심한 고통을 주었다. 이 소설은 현실적인 패배와 고통을 상상 속에서 복수하고자 하는 민중들의 심리적 욕구를 표현한 작품이다. 또한 《박씨전》에서는 남성인 시백(남편)은 평범한 인물이고, 여성인 박 씨가 주인공이라는 점과 박 씨가 초인간적인 능력을 가진 비범한 인물로 설정되었다는 점이 특이하다.

참고문헌 한국민족문화대백과, 한국학중앙연구원

15 정답 ①

① 《폐허》는 1920년 7월 창간되어 1921년 1월에 통권 2호로 종간되었다. 《백조》는 1922년 1월 박종화, 홍사용, 나도향, 박영희 등이 창간하였다.
② 《창조》는 1919년에 창간되었던 종합 문예잡지이고, 《창작과 비평》은 1966년 창작과비평사에서 문예창작물과 사회 비평을 중심으로 창간한 잡지이다.
③ 《문학과 지성》은 1970년 인문과학 분야의 지성을 대표할 만한 필자들의 논문을 정선하여 수록한 잡지이다. 《문학동네》는 출판사의 이름을 따서 1994년 11월 1일 창간된 문학 전문 계간지 이름이다.
④ 《문학사상》은 1972년 이어령(李御寧)에 의하여 창간되었다. 삼성출판사(三省出版社)에서 발행되었다가 1973년 2월부터 문학사상에서 발행되었다.

참고문헌 한국민족문화대백과, 한국학중앙연구원

16 정답 ②

② 《광장》은 최인훈(崔仁勳)이 지은 장편 소설이다. 최인호(崔仁浩)는 소설가이자 시나리오 작가로도 활동을 했으며 작품집으로 길 없는 길(1993), 별들의 고향(1994), 깊고 푸른밤 외(1995), 타인의 방(1996), 사랑의 기쁨(1997), 내 마음의 풍차(1999), 상도(商道)(2000), 해신(2003), 어머니는 죽지 않는다(2004), 유림(2006), 머저리 클럽(2008) 등이 있다.

참고문헌 권영민, 한국현대문학대사전, 한국문예위원회, 2004

17 정답 ①

① 1917년 1월 1일부터 6월 14일까지 126회에 걸쳐 《매일신보》에 연재된 이광수의 첫 번째 장편 소설이다. 근대문학사상 최초의 장편 소설로 간주되며 이광수의 작가적 명성을 굳히게 한 작품이기도 하다. 소설의 주된 줄거리는 청년 교사 이형식을 둘러싸고 벌어지는 박영채와 김선형의 삼각관계다. 연애 문제, 새로운 결혼관을 통하여 당대 최고의 시대적 선으로 받아들여진 문명개화를 표방한 작품이다. 장형보와 고태수는 채만식의 《탁류》에 등장하는 인물이다.

참고문헌 권영민, 한국현대문학대사전, 한국문예위원회, 2004

18 정답 ④

④ 〈파친코(Pachinko)〉는 한국계 미국인 작가 이민진(Min Jin Lee)의 장편 소설로, 2017년 미국에서 출간됐다. 파친코는 일제강점기 부산에 살던 훈이와 양진 부부와 그들의 딸 선자의 이야기부터 시작해 선자가 일본으로 이주해 간 후 낳은 아들과 그의 아들에 이르기까지 4대에 걸친 일가족과 주변 인물들에 대한 이야기다. 이 작품은 재일교포들이 일본에서 겪는 멸시와 차별과 그 속의 처절한 삶을 그리고 있다. 소설의 제목인 파친코는 일본의 대표적인 사행 사업으로, '자이니치'의 삶에서 그나마 가능했던 직업인 파친코 사업과 이 사업을 둘러싼 그들의 처절한 삶을 적나라하게 보여주는 중심 소재다. 파친코는 출간 이후 미국에서 베스트셀러로 자리매김했고, 2017년 뉴욕타임스, BBC 등에서 '올해의 책 10'으로 선정됐다. 그리고 같은 해 전미도서상 픽션 부문의 최종 후보작에 올랐다.

참고문헌 시사상식사전, 박문각

19 정답 ③

③ 〈브로커〉는 고레에다 히로카즈 감독의 작품이다.

20 정답 ②

② 1933년 8월 이종명·김유영을 시작으로 이효석·이무영·유치진·이태준·조용만·김기림·정지용 등 9인이 결성하였다. 그러나 발족한 지 얼마 안 되어 이종명·김유영과 이효석이 탈퇴하고 그 대신 박태원·이상·박팔양이 가입하였으며, 그 뒤 또 유치진·조용만 대신에 김유정·김환태가 보충되어 언제나 인원수는 9명이었다. 이들이 특별히 주장한 목표는 없으나, 경향주의 문학에 반하여 '순수예술 추구'를 취지로 약 3~4년 동안 월 2~3회의 모임과 서너 번의 문학 강연회, 그리고 《시와 소설》이라는 기관지를 한 번 발행하였다. 이처럼 활동은 소극적이었으나, 당시 신인 및 중견 작가로서 이들이 차지하는 문단에서의 역량 등으로 인해 '순수 예술옹호'라는 분위기를 형성하기도 하였다.

참고문헌 한국민족문화대백과, 한국학중앙연구원

21 정답 ④

① 한국어교원 자격 제도는 국어기본법 제19조 및 동법 시행령 제13조와 14조에 근거하여 한국어를 모어로 사용하지 않는 외국인과 재외동포를 대상으로 한국어를 가르치는 자에게 대한민국 정부가 자격을 부여하는 제도를 말한다. 한국어교원 자격 제도는 2005년도에 국어기본법이 시행된 이후 실시되었다. 자격증은 국립국어원이 주관하는 한국어교원 자격 심사 위원회의 심사를 거친 후 문화체육관광부 장관 명의로 합격자에게 부여된다.

②·③·④ 한국어교원 자격증은 1급, 2급, 3급 세 종류로 분류된다. 1급은 최상급 자격증으로 경력에 의해서만 부여되고 2급과 3급 자격증은 한국어교원 자격 심사 위원회의 심의에서 적합 판정을 받아야 취득할 수 있다. 부전공으로 3급 자격을 취득한 경우 경력 인정 기관에서 만 3년 이상 근무하면서 총 1,200시간 이상의 교육 경력을 쌓으면 2급으로 승급이 가능하며, 양성과정과 한국어교육능력검정시험을 통하여 3급을 취득한 경우 경력 인정 기관에서 만 5년 이상 근무하면서 총 2,000시간 이상의 교육 경력을 쌓으면 2급으로 승급이 가능하다.

참고문헌 국립국어원 한국어교원 자격심사 홈페이지

22 정답 ④

④ 동화주의는 출신국의 문화적 정체성을 포기하고 유입국 사회에 완전히 동화되는 것을 이상으로 여기는 문화 정책을 말한다. 하지만 여러 언어 및 문화적 배경을 가진 학습자들이 모여 있는 상황에서는 문화 간 소통이 이루어질 필요가 있는데 이것이 바로 상호 문화적 능력이다. 학습자들은 자기 문화 및 목표 문화를 객관적으로 판단하고 이해해 가는 과정에서 문화적 편견 및 갈등 상황에서 벗어날 수 있도록 해야 한다. 기본적으로 학습자들이 열린 태도로 여러 문화를 접하고 비교하며 문화의 다양성을 인정하게 되면 힘든 갈등 상황에서 쉽게 벗어날 수 있으므로 교사는 학습자의 상호 문화적 능력의 숙달이 이루어지도록 도와주어야 한다.

참고문헌 국제한국어교육학회, 한국문화교육론, 형설출판사, 2013

23 정답 ②

② 교육과정 개발 단계는 '요구 분석 → 상황 분석 → 교육과정의 목표 기술 → 교수요목 설계 → 수업 절차 제공 → 교육 자료 개발 → 평가'로 이루어진다(Richards, 2001). 교육과정을 설계할 때는 교수·학습 계획에 영향을 미치는 상황 요인들을 분석할 필요가 있는데 이를 상황 분석이라고 한다. 대표적인 상황 요인은 사회 요인(교육 정책 등), 기관 요인(기관에 대한 평판, 기관의 노력, 시설 등), 교사 요인(교사의 경험, 교육관, 교수 방법 등), 학습자 요인(언어학습 경험, 학습 동기, 학습 유형 등)이 있다.

참고문헌 서울대학교 한국어문학연구소 외, 한국어교육의 이론과 실제 2, 아카넷, 2012
한재영 외, 한국어교육 용어해설, 신구문화사, 2011

24 정답 ①

① 한국국제교류재단(KF)은 외교부 산하 기관으로, 국제 교류와 관련된 업무로 국제 사회에서 한국에 대한 올바른 인식과 이해를 도모하고, 국제적 우호 친선을 증진하기 위해 설립되었다. 한국학교는 재외국민에게 초·중등 교육법에 따라 학교 교육을 실시하기 위해 교육부 장관의 승인을 얻어 외국에 설립한 교육기관이다.

참고문헌 서울대학교 국어교육연구소, 한국어교육학사전, 하우, 2014

25 정답 ④

④ 시험 종류는 TOPIK Ⅰ과 TOPIK Ⅱ로 구분되는데, TOPIK Ⅰ은 초급 수준(1급~2급)으로 듣기 30문항, 읽기 40문항으로 구성되며, 시험 시간은 총 100분이다. TOPIK Ⅱ는 중·고급 수준(3급~6급)으로 듣기 50문항, 쓰기 4문항, 읽기 50문항으로 구성되며, 시험 시간은 총 180분이다.

참고문헌 TOPIK 홈페이지

26 정답 ③

③ 조립형 교수요목은 주제나 상황 중심의 언어 내용을 특정 언어 기능과 통합하여 하나의 학습 단위로 조직하는 유형이다. 학습자가 동일한 언어 내용을 다른 언어 기능과 번갈아서 학습하게 되므로 언어 기능이 균형적으로 발전된다. 기본 내용 제시형 교수요목은 학습해야 할 과제와 여러 상황을 표로 제시하고 사용자가 주제를 선택하여 학습할 수 있도록 융통성을 최대한으로 제공하는 유형이다. 보통 하나의 화제에 여러 개의 활동이 하나의 행렬에 함께 제시되어 다양한 활동을 통해 언어 학습이 이루어진다.

참고문헌 서울대학교 국어교육연구소, 한국어교육학사전, 하우, 2014

27 정답 ①

② 언어 학습자 문학을 주장하는 사람들은 단순화가 불완전함을 의미하는 것은 아니며 원전의 완전성을 표방하고 그 자체로 작품성이 있으며 독자에게 흥미와 감동을 제공한다고 주장한다.
③ 정전 중심 문학 교육관과 다른 관점이다.
④ 데이와 뱀포드(Day & Bamford)에 의하면 언어 학습자 문학은 비문학 작품까지 포함한다.

알아두기

■ 언어 학습자 문학

언어 학습자 문학은 제2언어 교육에서 활용할 목적으로 학습자의 수준에 맞게 원작을 쉽고 짧으며 단순하게 개작한 것을 말한다.
데이와 뱀포드에 의하면 언어 학습자 문학은 비문학 작품까지 포함하여 언어 학습자를 위해 개작된 글 모두를 포괄하는 개념이기도 하나 대개 언어 학습자 문학에 대한 논의는 언어 교육에서 문학 작품이 교육 자료로 유용하다는 것을 전제한다. 다만 작품을 그대로 사용하기 부적절한 경우가 있다는 점을 인정하고 이를 학습자의 수준에 맞게 고친다. 따라서 모범적인 문학 작품 하나를 제대로 교육하는 것이 중요하다고 보는 정전 중심 문학 교육관과는 다른 관점이라고 할 수 있다.
언어 학습자 문학을 주장하는 사람들은 대체로 언어 교수 학습 과정에서 학습자의 이해 수준에 맞는 많은 양의 정보를 입력하는 것이 중요하다고 생각한다. 따라서 학습자가 흥미를 가지고 여러 문학 작품을 읽도록 하기 위해 필요한 경우 문학 텍스트를 적절하게 개작할 수 있다고 본다. 또한 학습자가 텍스트와 분리하여 어휘를 암기하거나 통사 지식을 축적하는 것보다 텍스트를 읽음으로써 많은 양의 언어 자료를 무의식적으로 처리하는 자동화 과정이 언어 학습에 유용하다고 생각한다. 학습자는 자신의 수준에 맞게 개작된 다양한 문학 작품을 읽으면서 사회적 배경지식과 문화 차이를 자연스럽게 인지하게 되고 이것은 제2언어 학습자의 이해 기반을 깊고 넓게 하여 새로운 언어 습득을 용이하게 한다는 것이다.

참고문헌 서울대학교 국어교육연구소, 한국어교육학사전, 하우, 2014

28 정답 ③

③ 과제 중심 언어 교수는 롱(M. H. Long)이 제안하였다. 롱은 과제를 '사람들이 일상생활에서 하는 모든 일들'이라고 정의하고 그 가운데 학습자가 실생활에서 수행할 가능성이 높은 과제를 중심으로 교육 내용을 구성하였다. 과제 중심 언어 교수는 학습자가 수행할 수 있게 되는 결과가 아닌 학습을 하는 수업 과정에 초점을 둔다. 이러한 과제 중심 교수요목의 특징은 다음과 같다. 첫째, 제2언어 습득 이론에 기초하고 있다. 리처즈(J. C. Richards)는 학습자가 과제를 수행하는 동안 이해 가능한 입력과 출력을 받아들인다고 주장하고 이러한 처리 과정을 제2언어 습득의 중심으로 보았다. 둘째, 브린(M. P. Breen)에 따르면 과제 중심 교수요목은 의사소통 능력을 우선적으로 고려한다. 셋째, 가르칠 내용과 그 내용이 어떻게 효율적으로 실행될 수 있는가, 즉 과정과 결과 중에서도 방법론에 더 관심을 둔다. 과제 중심 교수요목은 교육 과제를 선정할 때 요구 분석, 과제 유형 분석, 과제 위주의 교수요목 작성 등의 단계를 거치므로 교수요목 설계가 체계화되어 있다.

참고문헌 서울대학교 국어교육연구소, 한국어교육학사전, 하우, 2014

29 정답 ②

② 구어는 계획적이지 않고 즉시 발현되는 특징이 있다. 일상 대화의 경우 내용을 준비할 여유가 주어지지 않아 즉시 발화하고 반응해야 하며 상황, 주제, 상대방에 따라 내용이 변한다. 이로 인해 비논리적인 전개나 비문법적이고 반복적인 표현이 자주 등장한다. 또한 구나 문장의 단위로 나타나는 무리성이 있다. 화자는 자신의 의사를 전달할 때 인지적 또는 물리적으로 덩어리 표현을 사용한다. 즉 "새해 복 많이 받으세요."라고 말할 때 화자와 청자는 이것을 개별적인 단어 단위로 인지하는 것이 아니라 문장 전체를 하나의 단위로 인식한다.

알아두기

■ 구어의 특성
1. **무리 짓기**: 유창한 표현은 단어가 아니라 구 단위로 이루어진다.
2. **중복성**: 화자는 반복과 부연 설명을 통해 의미를 분명하게 할 수 있다.
3. **축약형**: 축약형은 말하기를 지도하는 데 문제를 야기시킨다.
4. **수행 변인**: 말하는 동안 머릿속에서 생각하면서 주저하거나 잠시 쉬거나 했던 말을 되새기며 수정을 할 수 있다.
5. **구어체**: 대화 속에 관용적 표현이나 축약형, 공통의 문화적 지식 등이 포함된다.
6. **발화 속도**: 다양한 발화 속도로 전달된다.
7. **강세와 리듬, 억양**: 메시지를 전달하는 데 중요한 역할을 한다.
8. **상호 작용**: 창조적 의미 협상이 가능하다.

참고문헌 서울대학교 국어교육연구소, 한국어교육학사전, 하우, 2014

30 정답 ③

③ 결과 지향적 교수요목은 학습자가 무엇을 배워야 하는지를 강조하며 학습 내용에 초점을 두어 학습 후에 얻어지는 결과를 중시한 교수요목이다. 이 교수요목은 언어의 각 부분을 단계별로 가르쳐 점진적으로 전체를 이해하도록 한다는 점에서 종합적 교수요목이라고도 불린다. 결과 지향적 교수요목에는 구조 중심 교수요목, 상황 중심 교수요목, 개념-기능 중심 교수요목, 화제 중심 교수요목 등이 속한다. 절차 중심 교수요목은 과정 지향적 교수요목에 해당된다.

참고문헌 서울대학교 국어교육연구소, 한국어교육학사전, 하우, 2014

31 정답 ②

① · ② 학습할 새로운 음을 결정할 때는 전체 음의 체계 속에서 상대적 난이도 등을 고려하여 결정한다. 특히 발음하기 어려운 음을 학습할 때는 비슷한 다른 음들로부터 시작하여 점차 목표로 하는 음으로 옮겨가면 수월하다. 예를 들어 한국어 /ㅈ, ㅊ, ㅉ/과 같은 파찰음보다는 파열음 /ㄱ, ㅋ, ㄲ/부터 먼저 학습하고, 기의 세기를 느끼게 하기 위해서는 '격음, 평음, 경음'의 순서로 제시하는 것이 바람직하다.

③ 표기대로 발음하지 않도록 해야 한다. 발음은 음운 체계나 음운 현상 등 발음법에 바탕을 두어야지 표기법에 바탕을 두어서는 안 된다.

④ 한국어 화자들도 구별하지 못하는 음의 구별을 지나치게 요구해서는 안 된다. 예를 들어, 모음 /ㅔ/나 /ㅐ/는 표준 발음법에서는 구별하여 사용하도록 하고 있지만 실제 생활에서는 거의 구별하지 못한다. 따라서 학습 초기에 두 모음의 조음 방법에 따른 차이점은 구체적으로 설명해야 하지만 지나치게 두 음을 구별하도록 강조해서는 안 된다.

참고문헌 허용 · 김선정, 외국어로서의 한국어 발음교육론, 박이정, 2013

32 정답 ④

④ 의사소통 중심 교수법은 언어 능력뿐만 아니라 의사소통 능력을 길러 실제로 언어를 이해하고 구사할 수 있도록 하는 교수법이다. 언어의 구조보다는 기능에 관심을 두고 정확성보다는 유창성을 강조하는 교수법으로 언어 교육의 목적을 의사소통 능력의 신장으로 보았다. 언어의 형태보다는 의미를 중시하여 수업은 문법적, 언어적 능력에 국한되지 않고 의사소통 능력의 모든 요소에 집중된다.

참고문헌 서울대학교 국어교육연구소, 한국어교육학사전, 하우, 2014

33 정답 ①

① 두 명 이상의 학습자들이 각각 다른 사람에게 없는 정보를 갖고 있을 때, 정보 차 활동 또는 직소 활동이라고 한다. 이러한 과제를 수행하기 위해서는 다른 학습자들이 각각 가진 다양한 정보를 모아야 한다.

참고문헌 서울대학교 국어교육연구소, 한국어교육학사전, 하우, 2014

34 정답 ③

③ 내용 중심 교수법은 외국어와 특정 교과 내용의 학습을 통합하는 교수법이다. 외국어 교육 분야에서는 내용 중심 교수법이 학문적 목적이나 직업적 목적 등 특수 목적을 위한 외국어 교육에서 주로 활용되고 있다. 주요 교수 모형으로는 주제 기반 언어 교수, 내용 보호 언어 교수, 병존 언어 교수 등이 있다. 그중 병존 언어 교수법은 연계된 내용 과정과 언어 과정을 제공하는데, 내용 전문가와 언어 교사가 각각 맡아서 동일한 내용을 가르친다.

참고문헌 서울대학교 국어교육연구소, 한국어교육학사전, 하우, 2014

35 정답 ②

② 형태에 대한 집중이 미리 교수자에 의해 결정된 것을 선행적 유형으로 분류하는데 수정적 피드백은 후행적(reactive) 유형으로 볼 수 있다.

> **알아두기**
>
> ■ Doughty & Williams(1998)가 정리한 형태 초점 교수법
>
> | 구분 | 의사소통에 방해 없음 | | | | | | 의사소통에 방해 있음 |
> |---|---|---|---|---|---|---|---|
> | 입력 홍수 | × | | | | | | |
> | 과제 필수적 언어 | × | | | | | | |
> | 입력 강화 | | × | | | | | |
> | 의미 협상 | | × | | | | | |
> | 고쳐 말하기 | | | × | | | | |
> | 출력 강화 | | | × | | | | |
> | 상호 작용 강화 | | | | × | | | |
> | 딕토글로스 | | | | | × | | |
> | 의식 고양 과제 | | | | | × | | |
> | 입력 처리 | | | | | | × | |
> | 가든 패스 | | | | | | | × |

참고문헌 서울대학교 국어교육연구소, 한국어교육학사전, 하우, 2014

36 정답 ④

④ 평가 목적에 따른 유형으로는 진단 시험, 배치 시험, 선발 시험, 성취도 시험, 숙달도 시험 등이 있고, 시험 방식에 따른 유형으로는 규준 참조 시험과 준거 참조 시험, 분리 시험과 통합 시험, 직접 평가와 간접 평가 등이 있다.

참고문헌 서울대학교 국어교육연구소, 한국어교육학사전, 하우, 2014

37 정답 ③

① 분석적 채점은 수험자의 언어 표현력 채점 체계에 각각 다른 준거로 언어 수행의 여러 영역에 점수를 부여하고 각 영역의 점수를 합하여 총점을 산출하는 채점 방법이다.
② 총체적 채점은 수험자의 작문 또는 말하기 수행을 전체적으로 판단하여 단일한 점수를 부여하는 것이다. 이는 대규모의 표준화된 표현 능력 시험 채점에 용이하다.
③ 주요 특성 채점은 언어 표현력 평가가 어떤 목표 과제를 강조하고 수험자가 그러한 과제를 성취하는 언어 수행의 효율성에 대해 점수를 부여하는 것으로 수험자가 좁게 정해진 범위의 담화를 얼마나 잘 수행하는가에 대한 채점 방식을 말한다. 주로 말하기 평가보다는 작문 평가에서 많이 사용된다. 작문 평가에서 사용하는 이 채점은 작문에 대한 어떤 특정한 특성 혹은 양상에 초점을 둔다.
④ 복수 특성 채점은 작문 과제와 관련된 소수의 주요한 기준이나 특성에 초점을 맞추어 작문을 평가하는 방식이며 이러한 복수 특성 채점에 사용되는 기준이나 특성으로는 내용, 연계성, 응집성, 문법성과 어휘력을 든다.

참고문헌 서울대학교 국어교육연구소, 한국어교육학사전, 하우, 2014

38 정답 ①

① 준거 참조 시험에서 '준거' 혹은 '목표'의 개념은 목표 행동의 특정 영역에 대한 수행, 지식의 정도를 의미한다. 따라서 준거 참조 시험은 임의로 정해진 목표에 학습자의 언어 능력이 부합되는지를 평가하는 것으로서 기준이나 당락 점수가 미리 결정되어 있다. 또한 '목표 지향 평가, 절대 평가'라고 불리기도 하며 대부분의 자격 시험이 이에 해당한다.

참고문헌 서울대학교 국어교육연구소, 한국어교육학사전, 하우, 2014

39 정답 ④

④ 타당도 검증은 수험자의 시험 수행과 관련한 시험 편견(test bias)뿐만 아니라 결과 타당도를 포함한 시험 사용에 대한 윤리적 문제까지도 다룬다.

알아두기

■ 타당도 검증

타당도 검증은 어떤 시험을 주어진 목적에 맞게 설계하고 시행했는가에 대한 증거를 수집하고 검사하여 목적에 부합하는지 증명하는 것을 말한다. 타당도 검증은 시험 내용, 출제 문항의 특성, 수험자로부터 나온 응답 등에 대한 내적 타당도 검증과 평가하고자 하는 구인이나 시험 수행에 대한 측정 기준에 관련된 외적 타당도 검증으로 나눌 수 있다.

내적 타당도 검증의 방법으로는 시험 및 언어 전문가들의 시험 내용 검증이 있다. 이 방법은 시험 내용이 그 시험이 측정하고자 하는 언어 지식, 기술, 능력과 얼마나 연관되어 있는지, 시험 내용이 이를 총체적으로 포괄하는지를 체계적으로 분석하는 과정을 수반한다. 시험 내용은 시험 세부 계획서, 언어 영역 기술, 교육과정 및 교수요목에 기술되어 있으므로 이를 참고하여 검증할 수 있으며 수험자의 피드백도 내적 타당도 검증에 참고한다. 또 시험 문항 혹은 과제와 수험자 응답의 측정에 대한 증거를 확보하는 과정을 수반하는데 시험의 난이도뿐만 아니라 수험자를 변별하는 정도, 기대된 응답을 수험자로부터 도출하는 정도 등에 대해서도 진술한다.

외적 타당도 검증의 방법으로는 시험 점수를 이용한 준거 관련 타당도 검증이 있다. 이는 어떤 시험 성적을 다른 시험의 성적이나 측정 결과에 비교하는 공인 타당도 검증이나 시험 성적을 향후 성취도에 비교하는 예측 타당도 검증을 말한다. 구인 타당도 검증은 시험 변인에 대한 상관관계 분석 및 요인 분석과 같은 복잡한 통계 기법을 동원한다. 심층적인 타당도 검증 방법으로는 복수특성 복수방법을 사용하고 최근에는 문항 반응 이론, 일반화 가능도 이론, 구조 방정식 모형 등에서 측정학적으로 연구된 컴퓨터 프로그램을 개발하여 상용하고 있다. 이와 같이 구인 타당도 검증은 결국 모든 종류의 타당도 검증을 수반한다.

참고문헌 서울대학교 국어교육연구소, 한국어교육학사전, 하우, 2014

40 정답 ③

③ 백분위(percentile, percentile rank)는 규준집단에서 특정 학생의 점수보다 낮은 점수를 받은 학생이 전체 학생 중 몇 %가 있느냐를 나타내 주는 표시방법이다. 백분위 등급은 집단의 크기를 언제나 100명으로 생각했을 때의 순위이므로 상위 누적 % 개념의 역이라고 할 수 있다. 즉 어떤 학생의 원점수가 80점인데 백분위 등급이 70이었다면 이 학생이 받은 80점 아래에 전체 학생의 70%가 있다는 의미가 되고 이 학생은 상위 30%에 해당한다. 백분위 등급의 장점은 집단의 크기나 시험의 종류가 다르더라도 상대적인 위치를 서로 비교해 볼 수 있다는 것이다. 그러나 점수 사이에 동간성이 없기 때문에 평균에 가까운 차이는 크게 나타나고 말단부 쪽에 있는 차이는 작게 줄어서 백분위 등급의 차가 상대적인 능력의 차를 표시한다고는 볼 수 없다.

알아두기

- **원점수(raw score)**
  일정 규칙에 따라 얻어진 원래의 점수로, 어떤 조작이나 변환을 가하지 않은 점수이다. 보통 검사에서 피험자가 정답을 맞힌 문항에 부여된 배점을 단순히 합산한 점수를 말한다. 원점수는 동간적인 측정치가 아니고, 의미 있는 해석을 할 수 있는 기준점이 없기 때문에 그 자체로 의미 있는 해석을 할 수 있는 정보를 주지 못한다. 예컨대, 한 피험자가 50점이란 원점수를 받았는데 이 점수가 절대적으로 높은 점수인지 또는 다른 점수와 비교해서 높은 점수였는지 등에 관한 해석을 할 수 없다. 따라서 원점수는 어떤 변환과정을 거쳐 해석되고 활용된다. 예를 들어, 5점짜리 20개 문항으로 구성된 검사를 통해 5점, 10점, …, 100점 등의 원점수를 산출한 경우, 개별점수를 받은 학생의 상대적 위치를 알 수 있도록 표준 점수 혹은 백분위 점수로 점수를 변환하여 활용한다.

- **표준 점수(standard score)**
  원점수를 주어진 집단의 평균을 중심으로 표준편차 단위로 전환한 점수를 말한다. 표준 점수는 백분위와 마찬가지로 해석하기 어려운 원점수를 주어진 규준집단에 비추어 상대적인 의미에서 그 해석을 가능하게 해준다. 또한 표준 점수는 출발점과 그 단위를 같게 함으로써 여러 다른 집단의 점수를 비교하거나 통합할 때 합리적인 방법이 되며, 일반적으로 표준 점수는 동간성이 있다고 가정하고 있다.

- **분할 점수(cut-off score)**
  피험자들을 몇 가지의 집단으로 구분하기 위해서 설정하는 어떤 척도 위의 특정 점수를 말한다. 특정한 목적의 자격검사에서 피험자들을 실패/성공 또는 도달/미도달 등의 두 집단으로 구분하려면 하나의 분할 점수가 필요하며, 학업성취도 검사에서 피험자들을 기초/보통/우수의 성취수준으로 구분하려면 두 개의 분할 점수가 필요하다.

참고문헌 한국교육평가학회, 교육평가 용어사전, 학지사, 2004
서울대학교 사범대교육연구소, 교육학용어사전, 하우, 1995

41 정답 ①

① 문항 변별 지수는 −1.0에서 +1.0 사이의 값을 갖는다. 이 값이 +1.0에 가까울수록 변별력이 높은 문항이고, 0에 가까울수록 변별력이 떨어지는 문항이다.

> **알아두기**
>
> ■ 문항 변별도
> 문항 변별도란 문항이 피험자의 능력을 변별해 내는 정도를 나타내는 지수를 말한다. 능력이 높은 피험자가 문항의 답을 맞히고 능력이 낮은 피험자가 문항의 답을 맞히지 못했다면 이 문항은 피험자를 변별하는 기능을 제대로 하는 문항으로 분석된다. 문항의 변별도를 구하는 방법은 문항 점수와 피험자 총점의 상관계수로 추정하는 방법과 각 피험자의 검사 총점을 기준으로 하여 상위 능력 집단과 하위 능력 집단으로 분류한 후 이들이 각 문항에 어떻게 반응하였는지를 검토하는 두 가지 방법이 있다.
> 규준지향 측정에서 선다형(選多型) 문항의 변별도는 상위집단에서의 정답자 수를 Ru, 하위집단의 정답자 수를 Rl, 상위집단과 하위집단의 총 사례 수를 f, 문항 변별도 지수를 DI라고 하였을 때 DI=(Ru−Rl)/f로 계산된다. 또한 에벨(R. L. Ebel)은 문항 변별도와 관련하여 다음과 같은 기준을 설정하고 있다. 변별도 지수가 0.40 이상이면 변별력이 높은 문항, 0.30~0.39는 변별력이 있는 문항, 0.20~0.29는 변별력이 낮은 문항, 0.10~0.19는 변별력이 매우 낮은 문항, 0.10 미만의 문항은 변별력이 없는 문항이라고 보며 변별도 지수가 0.20 미만인 문항은 수정하거나 제거해야 한다고 본다.

참고문헌 서울대학교 국어교육연구소, 한국어교육학사전, 하우, 2014
국립특수교육원, 특수교육학 용어사전, 하우, 2009
서울대학교 사범대교육연구소, 교육학용어사전, 하우, 1995

42 정답 ②

① '예'나 '아니오'로 대답하도록 질문하는 판정 의문문이므로 끝을 올려 발화하도록 한다.
② 이 설명에 해당하는 경음화의 예시는 없다. 관형사형 '-(으)ㄹ' 뒤에 연결되는 'ㄱ, ㄷ, ㅂ, ㅅ, ㅈ'은 된소리로 발음하도록 지도한다. 즉 '살 게'를 [살께]로 발음하도록 지도한다.
③ 설명과 같이 '있어서'는 [이써서]로 발음하도록 지도한다.
④ 설명과 같이 '같이'를 [가치]로 발음하도록 지도한다.

참고문헌 허용·김선정, 외국어로서의 한국어 발음교육론, 박이정, 2013

43 정답 ①

① 초급부터 음운 변동을 지도하기는 하지만 자모 학습 단계에서는 음운 변동이 일어나는 단어를 사용하지 않는 것이 좋다.

알아두기

■ 국제 통용 한국어 표준 교육과정(2017) 수정된 발음 목록과 등급화

대분류	중분류	예시	내용	등급 1	2	3	4	5	6
음소 (분절음)	모음	단모음	단모음을 듣고 구별한다.	●					
			단모음을 어느 정도 정확하게 발음한다.	●					
		이중모음	이중모음을 듣고 구별한다.	●					
			이중모음을 어느 정도 정확하게 발음한다.	●					
		회의 [회의/회이]	'ㅢ'가 달리 발음되는 환경을 알고 구별하여 발음한다.		●				
	자음	자음	자음을 듣고 구별한다.	●					
			자음을 어느 정도 정확하게 발음한다.	●					
		평음, 격음, 경음	평음, 격음, 경음의 차이를 알고 어느 정도 정확하게 발음한다.	●					
		부리 [buri]	'ㄹ'이 탄설음과 설측음으로 발음되는 규칙을 알고 이를 적용하여 발음한다.	●					
		부부 [pubu]	무성음 'ㄱ, ㄷ, ㅂ, ㅈ'이 유성음 사이에서 유성음으로 발음되는 규칙을 알고 이를 적용하여 발음한다.	●					
운소 (초분절음)	끊어 말하기		발화를 듣고 끊어 말하는 단위를 파악한다.		●				
			발화를 이해 가능한 단위로 끊어 말한다.		●				
			끊어 말하기 단위에서 일어나는 음운 현상을 알고 어느 정도 정확하게 발음한다.				●		
	억양	평서문 하강조, 의문문 상승조	평서문과 의문문의 문말 억양을 구별한다.	●					
			평서문과 의문문의 문말 억양을 어느 정도 정확하게 실현한다.	●					
		설명의문 하강조, 판정의문 상승조	설명의문문과 판정의문문의 문말 억양을 구별한다.			●			
			설명의문문과 판정의문문의 문말 억양을 어느 정도 정확하게 실현한다.				●		
			문장 내에서 나타나는 억양 패턴을 이해하고 이를 어느 정도 정확하게 실현한다.				●		
			억양에 따라 달라지는 화용적 의미를 파악하고 이를 어느 정도 정확하게 실현한다.					●	

운소 (초분절음)	휴지		휴지에 따른 발음의 변화를 이해한다.				●	
			휴지에 따라 발음이 달라짐을 알고 이를 실현한다.					●
			휴지에 따른 문장의 의미 차이를 이해한다.					●
			휴지에 따라 문장의 의미 차이가 있음을 알고 이를 실현한다.					●
음절	음절의 구조		음절이 중성, 초성+중성, 중성+종성, 초성+중성+종성으로 이루어져 있음을 안다.	●				
			중성, 초성+중성, 중성+종성, 초성+중성+종성으로 이루어져 있는 음절을 정확하게 발음한다.	●				
	연음	밥을[바블], 깎아[까까]	홑받침이나 쌍받침으로 끝나는 음절이 모음으로 시작하는 음절과 이어질 때 앞 음절의 끝 자음인 종성이 다음 음절의 초성으로 발음된다는 것을 안다.	●				
			홑받침과 쌍받침에 대한 연음 규칙을 적용하여 정확하게 발음한다.		●			
		밝은[발근]	겹받침이 모음으로 시작하는 음절과 이어질 때 뒤엣것만 다음 음절의 초성으로 발음된다는 것을 안다.	●				
			겹받침에 대한 연음 규칙을 알고 정확하게 발음한다.		●			
		겉옷[거돋]	종성이 평파열음화 규칙에 따라 평파열음으로 바뀐 후 연음된 발화를 듣고 이해한다.		●			
			종성을 평파열음화 규칙에 따라 평파열음으로 바꾼 후 연음하여 발음해야 하는 단어를 정확하게 발음한다.			●		
	평파열음화	앞[압], 꽃[꼳], 부엌[부억]	평파열음이 아닌 소리가 음절의 종성에 오게 되면 평파열음으로 바뀌는 것을 안다.					
			평파열음이 아닌 소리가 음절의 종성에 오게 되면 평파열음으로 바뀌는 것을 알고 이를 적용하여 음절의 종성을 정확하게 발음한다.	●				
	자음군 단순화	값[갑], 읽다[익따]	음절 끝에 자음군이 올 경우 한 자음은 탈락하고 나머지 자음만 발음된다는 것을 안다.	●				
			자음군 단순화 규칙을 적용하여 비교적 정확하게 발음한다.	●				

분류		항목	설명	1급	2급	3급	4급	5급	6급
음절	발화 속도		자연스러운 의사소통과 발화 효과를 위해 발화 속도를 적절히 조절해 발화한다.					●	
음운 현상	경음화	책상[책쌍]	평파열음 뒤 경음화 현상이 일어난 발화를 듣고 이해한다.		●				
			평파열음 뒤 경음화 현상이 일어나는 환경을 알고 정확하게 발음한다.			●			
		앉자[안짜], 할게[할께]	비음과 유음 다음에 경음화 현상이 일어난 발음을 듣고 이해한다.			●			
			비음과 유음 다음에 경음화 현상이 일어나는 환경을 알고 정확하게 발음한다.				●		
		갈등[갈뜽], 일시[일씨], 발전[발쩐]	특정 한자어 단어에서 경음화 현상이 일어난 발음을 듣고 이해한다.					●	
			특정 한자어 단어에서 경음화 현상이 일어나는 환경을 알고 정확하게 발음한다.					●	
		갈 것을 [갈꺼슬], 할 걸[할껄]	관형형 어미 '-(으)ㄹ' 다음에 경음화 현상이 일어난 발음을 듣고 이해한다.	●					
			관형형 어미 '-(으)ㄹ' 다음에 경음화 현상이 일어나는 환경을 알고 정확하게 발음한다.	●					
		눈동자 [눈똥자], 발바닥 [발빠닥], 아침밥 [아침빱]	경음화 환경이 아닌 합성어에서 경음화 현상이 일어난 발음을 듣고 이해한다.						●
			경음화 환경이 아닌 합성어에서 경음화 현상이 일어나는 환경을 알고 정확하게 발음한다.						●
	비음화	국물[궁물], 잡는[잠는]	장애음의 비음화가 일어난 발화를 듣고 이해한다.	●					
			장애음의 비음화가 일어나는 환경을 알고 정확하게 발음한다.	●					
		강릉[강능]	유음의 비음화가 일어난 발화를 듣고 이해한다.			●			
			유음의 비음화가 일어나는 환경을 알고 정확하게 발음한다.				●		
	유음화	난로[날로], 물난리 [물랄리]	'ㄴ'이 'ㄹ'로 바뀐 발화를 듣고 이해한다.			●			
			'ㄴ'이 'ㄹ'로 바뀌는 환경을 알고 정확하게 발음한다.				●		
	구개 음화	굳이[구지], 같이[가치]	구개음화가 일어난 발화를 듣고 이해한다.		●				
			구개음화가 일어나는 환경을 알고 정확하게 발음한다.			●			

분류	항목	예시	세부 내용	1급	2급	3급	4급	5급	6급
음운 현상	'ㅎ' 탈락	좋아요 [조아요], 싫어요 [시러요]	'ㅎ'이 탈락된 발화를 듣고 이해한다.	●					
			'ㅎ'이 탈락되는 환경을 알고 정확하게 발음한다.	●					
	'ㄴ' 첨가	솜이불 [솜니불]	'ㄴ'이 첨가된 발화를 듣고 이해한다.				●		
			'ㄴ'이 첨가되는 환경을 알고 정확하게 발음한다.					●	
		꽃잎[꼰닙], 솔잎[솔립]	'ㄴ'이 첨가된 다음 비음화와 유음화가 일어나는 발화를 듣고 이해한다.					●	
			'ㄴ'이 첨가된 다음 비음화와 유음화가 일어나는 환경을 알고 정확하게 발음한다.						●
	격음화	놓고[노코], 먹히다 [머키다]	격음화 현상이 일어난 발화를 듣고 이해한다.		●				
			격음화가 일어나는 환경을 알고 정확하게 발음한다.			●			
		꽃하고 [꼬타고], 깨끗하다 [깨끄타다]	평파열음 뒤 격음화가 일어난 발화를 듣고 이해한다.			●			
			평파열음 뒤 격음화 현상이 일어나는 환경을 알고 정확하게 발음한다.			●			
현실 발음	경음화	소주[쏘주], 조금[쪼금]	경음화 환경이 아닌 곳에서 경음으로 발음되는 소리를 듣고 이해한다.			●			
	조음 위치 동화	신발[심발], 감기[강기]	받침 'ㄴ, ㄷ'이 'ㅁ, ㅂ, ㅃ, ㅍ' 앞에서 'ㅁ, ㅂ'으로 발음되거나, 받침 'ㄴ, ㄷ, ㅁ, ㅂ'이 'ㄱ, ㄲ, ㅋ' 앞에서 'ㅇ'과 'ㄱ'으로 발음되는 것을 이해한다.			●			
	반모음화	꼬아[꽈], 쑤어[쒀], 기어[겨]	'ㅗ, ㅜ'와 'ㅣ'로 끝나는 어간 다음 'ㅏ, ㅓ'로 시작하는 어미가 올 때 'ㅘ, ㅝ'와 'ㅕ'로 발음되는 것을 이해한다.				●		
	원순 모음화	옆으로 [여푸로], 숲을[수풀]	'ㅡ'가 [ㅜ]로 발음되는 것을 이해한다.		●				

참고문헌 김중섭 외, 2017년 국제 통용 한국어 표준 교육과정 적용 연구(4단계), 국립국어원, 2017

44 정답 ①

① 파열음은 양순음 /ㅂ, ㅃ, ㅍ/, 치조음 /ㄷ, ㄸ, ㅌ/, 연구개음 /ㄱ, ㄲ, ㅋ/이 있다. 파열음을 지도할 때는 공기의 세기를 가장 확실하게 느낄 수 있는 양순음부터 시작하는 게 좋다. 그런 다음 다른 위치에서 소리 나는 자음으로 넘어간다.

참고문헌 허용·김선정, 외국어로서의 한국어 발음교육론, 박이정, 2013

45 정답 ③, ④ ※ 시행처에서 복수답안으로 처리하였습니다.

③ '한국의'의 조사 '의'는 [ㅢ]와 [ㅔ]로 발음이 가능하므로 [한구긔/한구게]로 발음할 수 있다.
④ '의의'는 [의:의/의:이]로 발음한다. 첫음절의 '의'는 [의] 그대로 발음한다.

알아두기

▪ /ㅢ/의 발음

이중모음 /ㅢ/는 다양하게 발음되는데 표준어 규정을 봐도 음운환경이나 문법적인 기능에 따라 아래와 같이 여러 가지로 발음되는 것을 알 수 있다.

음운환경/문법요소	발음	예
첫음절	[ㅢ]	의지[의지], 의미[의미]
둘째 음절 이하	[ㅢ/ㅣ]	주의[주의/주이], 협의[혀븨/혀비]
자음 + ㅢ	[ㅣ]	희망[히망], 띄다[띠다], 무늬[무니]
조사 '의'	[ㅢ/ㅔ]	우리의[우리의/우리에]

〈표준 발음법 제5항〉의 '다만 3'에서는 자음을 첫소리로 가지고 있는 음절의 'ㅢ'는 [ㅣ]로 발음한다고 규정하였는데, 이 규정은 '협의, 신의' 등과 같이 앞말의 받침이 뒷말의 초성으로 이동하여 'ㅢ' 앞에 자음이 오게 되는 경우에는 적용되지 않는다. '다만 4'에서 단어의 첫음절 이외의 '의'는 [ㅣ]로, 조사 '의'는 [ㅔ]로 발음함도 허용한다고 규정하였다. 즉 표기와 동일하게 [ㅢ]로 발음하는 것이 원칙이되 다른 발음을 허용한다는 것이다. '협의'의 경우 받침 'ㅂ'이 초성으로 이동하면 [혀비]가 되어 '다만 3'과 비슷해지지만 원래 표기는 '협의'이므로 '다만 3'과 달리 표준 발음상의 원칙은 [혀븨]이고 [혀비]도 허용한다.

참고문헌 허용·김선정, 외국어로서의 한국어 발음교육론, 박이정, 2013
한국어 어문 규범 표준어 규정, 국립국어원

46 정답 ③

③ 학습자 말뭉치를 구축할 때 오류 주석은 필수적이다. 오류 주석은 기본적으로 틀린 부분을 표시하고 교정 정보를 제시하며 오류의 유형을 분석하는 작업까지 요구한다. 학습자 오류 말뭉치를 구축하기 위해서는 우선 분석하고자 하는 대상을 명확히 정의하고 오류의 유형을 체계화해야 한다. 개인 연구 등으로 말뭉치의 규모가 작을 때는 관심 대상인 오류만 유형화하여 주석하는 방식으로 작업한다. 그리고 관심 오류의 성격에 따라 원시 말뭉치를 이용할 것인지, 형태소 분석이나 구문 분석을 한 후에 오류를 주석할 것인지 결정하고 주석의 단위를 결정해야 한다.

알아두기

■ 학습자 코퍼스

학습자 코퍼스는 제2언어 학습자들이 목표어를 학습하는 과정에서 생산한 발화, 즉 중간언어를 수집하여 전산화한 자료를 말한다. 학습자 코퍼스는 아직 제2언어 습득이 완전하지 않은 학습자들의 중간언어가 반영된 오류를 내포하고 있기 때문에 오류 코퍼스라 불리기도 한다.

학습자 코퍼스 구축에서 중요한 것은 설계 단계부터 학습자 변인과 발화 자료의 언어 형식 등에 대한 고려가 있어야 하며 다양한 연구 주제에 재사용할 수 있도록 만들어야 한다는 점이다. 즉, 특정 언어 요소, 혹은 특정 변인에 따른 중간언어의 특성을 살피려는 목적을 지녔다 하여 학습자 코퍼스 설계 단계에서부터 해당 언어 요소만을 중심으로 한다면 재사용이 어려운 코퍼스가 될 가능성이 높아진다. 따라서 학습자 코퍼스 구축에 앞서 장기적인 계획을 세우고 다양한 연구에 활용할 수 있는, 재사용이 가능한 코퍼스 구축에 들어가는 것이 바람직하다.

참고문헌 서울대학교 국어교육연구소, 한국어교육학사전, 하우, 2014

47 정답 ②

② 기능은 언어 형태를 기반으로 의사소통을 수행할 수 있도록 하는 것으로 의사소통을 기반으로 수행하고자 하는 일을 뜻한다. 주제를 어떠한 상황에서 다루느냐에 관한 것으로 언어기술이 실제로 사용되는 상황이나 담화 참여자 간의 관계를 의미하는 것은 맥락이다.

알아두기

■ 한국어 표준 교육과정(제2020-54호)의 내용 체계 구성 요소 〈18회 2교시 27번〉 참고

참고문헌 문화체육관광부·국립국어원, 한국어 표준 교육과정, 하우, 2020

48 정답 ③

③ /ㅎ/ 발음은 다른 소리에 비해 복잡한 양상을 띠고 있다. 따라서 학습자의 수준에 따라 단계적으로 가르칠 필요가 있는데 초급에서는 용언을 중심으로 가르치도록 한다. 어간의 받침과 어미의 평음이 결합하여 격음화가 되는 경우, 그리고 모음으로 시작하는 어미가 올 때 탈락하는 경우를 먼저 가르치는 게 좋다. 어간의 받침 /ㅎ/ 소리와 어미의 첫소리인 /ㄱ, ㄷ, ㅂ, ㅈ/이 축약하여 격음화되는 것은 한국어 자음을 익힐 때부터 /ㅋ, ㅌ, ㅍ, ㅊ/은 해당하는 평음과 /ㅎ/이 결합하여 이루어진 소리임을 인식시키면 학습자들이 쉽게 이 현상을 이해할 수 있다.

참고문헌 허용・김선정, 외국어로서의 한국어 발음교육론, 박이정, 2013

49 정답 ②

② 특수 목적 한국어 교육은 여행을 목적으로 하거나 번역을 목적으로 하는 경우, 또 해외의 민족학교나 한글학교 등에서 진행하는 한국어를 통한 민족 교육이 목적인 경우, 외교나 군사적인 내용을 다루는 경우가 있다. 이때, 학습자의 수준과 요구에 맞게 이루어져야 한다.

참고문헌 서울대학교 국어교육연구소, 한국어교육학사전, 하우, 2014

50 정답 ④

④ 재외동포 아동의 언어적 특성은 가정에서는 한국어를 사용하고 밖에서는 각 나라의 현지어를 사용하는 이중언어적 특성을 지닌다. 그리고 현지어를 제1언어로, 한국어를 제2언어로 사용하는 특성도 지닌다. 제2언어인 한국어의 경우에는 한글학교 또는 가정에서 체계적인 언어 학습이 이루어지지 않아 가족들간의 의사소통만으로 한정되어 있고, 그 사용 장소도 주로 교실이나 가정으로 국한되고 어휘면에서도 제1언어에 많이 의존하여 어색한 한국어를 구사하는 등 언어의 정확성이 다소 떨어지는 특성을 가지고 있다. 성인 학습자들이 한국어를 배우는 동기를 분명히 가지고 있고 학습에 열의를 보이는 것과는 달리 재외동포 아동 학습자들은 해외에서 생활하면서 한국어에 대한 필요성도 거의 느끼지 못한다. 따라서 초급부터 주제 상황에 맞는 기초 한국어를 통해 한국어에 대한 이해와 한국인과 최소한의 의사소통이 가능하도록 하는 데 목표를 두는 것이 좋고 또 한국어에 대한 배경지식이 있는 재외동포를 위해 외국어로서의 한국어 상황에 맞는 생활 한국어로 일상생활에서 한국인과 창조적으로 의사소통을 할 수 있도록 지도하는 것이 좋다.

참고문헌 김재욱, 재외동포 아동 학습자를 위한 한국어회화 교재의 구성원리 및 개발에 관한 연구, 한국어교육, 2002

51 정답 ④

① 음…, 네?
② 구입이 뭐예요?
③ 제가 mistake 떨어졌어요.
④ 신조어 만들기는 제2언어에 존재하지 않는 단어를 창조하여 사용하는 전략이다.

알아두기

■ 말하기 전략
말하기 전략은 말하기를 수행하는 과정에서 의사소통의 문제를 해결하기 위한 기술을 말한다.
1. **바꿔 말하기**: 적절한 목표어 형식이나 구조를 완전히 습득하지 못했을 때 이해 가능한 목표어의 어휘나 문장을 사용하여 메시지를 전달하는 전략이다. 태론(E. Tarone)은 바꿔 말하기 전략을 우회적 표현(circumlocution), 유사어(approximation), 신조어(coinage)로 나누었다. 바꿔 말하기 전략은 학습자가 이미 학습한 목표어에 대한 지식을 능동적으로 활용하는 전략으로서 단어 수준에서부터 담화 차원에 이르기까지 다양한 방식으로 학습자의 발화를 지원하고 유창성을 신장하는 전략이다.
2. **회피하기**: 학습자가 어휘나 문장 구조 등의 언어 지식이 부족한 상황에서 문제 상황을 벗어나기 위해 말하고자 하는 바를 피해 가는 전략이다. 회피 전략에는 주제 회피 전략과 메시지 포기 전략이 있다. 주제 회피는 학습자가 목표어의 어휘나 문장 구조를 모를 때 주제 자체에 대해 말하는 것을 멈추는 것이다. 반면에 메시지 포기는 주제는 유지하지만 주제에 대해 전달하려 했던 메시지는 말하지 않고 그 전달을 포기하는 것을 말한다. 한국어 학습자들은 자신이 어휘나 문법적인 지식이 부족할 때 우회적인 방법을 통해 말하기를 시도하는 적극적인 태도를 보이기도 하지만 말하기 능력이 떨어질수록 쉽게 메시지를 포기하거나 대화의 주제를 다른 주제로 바꾸는 회피하기 전략을 자주 사용하기도 한다.
3. **도움 요청**: 대화 중 모르는 어휘나 표현에 직면했을 때 상대방에게 질문하거나 사전 등의 도움을 받아 말하는 전략이다. 도움 요청 전략은 성취 전략 중의 하나로 협동 전략이다. 문제를 해결하기 위해 직접적 또는 간접적으로 도움을 요청하는 것이다. 직접적 도움 요청은 모르는 것을 '-이/가 뭐예요?'와 같은 표현으로 물어보는 것인 반면, 간접적 도움 요청은 '-라는데, 그게 뭔지' 등의 표현을 사용하거나 비언어적인 행동을 통하여 간접적으로 도움을 요청하는 것이다. 이 전략을 사용하면 시간 벌기 효과를 얻을 수도 있다.
4. **언어 전환**: 하나의 담화에서 두 언어를 서로의 문법적인 규칙을 고려하여 함께 사용하는 것이다. 언어 전환과 비슷한 용어로는 언어 혼용이 있다. 학자에 따라서 언어 전환과 언어 혼용을 구분하여 언어 전환을 문장 간에 일어나는 것으로, 언어 혼용을 문장 내에 일어나는 것으로 보는 견해도 있다. 그러나 일반적으로 언어 전환의 개념을 넓혀 문장 간, 문장 내에서 모두 일어나는 것으로 본다. 한국어와 영어의 언어 전환을 예로 들면 문장 내에서는 "우리 강아지 ate it.", "His party는 어제였어."와 같이 명사나 명사구의 수준에서 일어나거나 "I wanna 계산해."와 같이 동사나 동사구의 수준에서 일어날 수 있다. 또 이와 같은 방식으로 형용사나 형용사구, 부사나 부사구, 절 단위에서도 언어 전환이 일어날 수 있다.

참고문헌 서울대학교 국어교육연구소, 한국어교육학사전, 하우, 2014

52 정답 ④

ㄱ. 직접 교수법은 외국어 학습도 모국어 습득과 같다는 전제에서 출발하므로 교실 수업에서 모국어를 사용하지 않고 목표어만 사용한다는 점이 특징이다.
ㄴ. 청각 구두식 교수법은 구두 표현, 문형 훈련, 듣고 따라하기 식의 모방과 반복에 의한 암기를 강조한 교수법으로 연습이 기계적이다. 청각 구두식 교수법에서 제시하는 연습은 실제 상황에서는 그 문형을 응용하는 전이력이 떨어지며 학습자의 다양한 학습 스타일을 고려하지 않고 단조롭고 지루한 반복 연습을 일방적으로 제시하여 학습자의 의욕을 떨어뜨린다는 점이 단점으로 지적된다.

참고문헌 한재영 외, 한국어교육 용어해설, 신구문화사, 2011

53 정답 ③

③ 역할극은 학습자들이 각각 다른 사람의 역을 맡아 이 사람들의 특징을 이용하여 상호 작용을 하는 말하기 활동이다. 역할극은 종종 상품 구입을 위해 협상하기, 문제 해결하기, 예약하기, 정보 얻기 등 특정한 의사소통 과업을 포함한다. 이 활동은 학습자가 중요한 담화, 어휘, 문법적 구조를 익히고 연습하도록 도와준다.

참고문헌 국제한국어교육학회, 한국어 표현교육론, 형설출판사, 2010

54 정답 ①

① PPP(제시-연습-생성) 모형은 연역적 방식으로 문법 교수 항목에 대한 지식적인 부분(문법)을 먼저 제시한 뒤에 연습을 통해 정확성을 높이고 생성 과정을 통해 유창성을 향상시키려는 상향식 문법 교수 방법이다. 문법 사용의 정확성을 바탕으로 유창성을 높이는 기법으로, 언어가 이러한 점진적인 단계를 거칠 때 문법이 가장 잘 학습된다고 가정한다.

참고문헌 한재영 외, 한국어교육 용어해설, 신구문화사, 2011

55 정답 ③

③ 제시된 활동들은 실제 의사소통 활동을 준비하도록 의도된 것이다. 어떤 것은 훈련(drill)에 가깝지만 어떤 것은 대화(dialogue)에 가깝다.

참고문헌 국제한국어교육학회, 한국어 표현교육론, 형설출판사, 2010

56 정답 ①

① 낭독하기는 문자를 보고 정확하게 발음할 수 있는지 즉 자모의 발음, 음운 규칙 및 변동을 이해하고 있는가를 측정하고 더불어 얼마나 유창하게 읽을 수 있는지도 평가한다.

참고문헌 서울대학교 국어교육연구소, 한국어교육학사전, 하우, 2014

57 정답 ②

② 목표로 하는 표현을 수업 시작 시에 명시하지 않고 학습자 스스로 발견하도록 하므로 전략을 쉽게 찾지 못할 수 있다. 그러나 전략에 대해 의식적인 초점을 두지 않고 잠재적으로 화행 전략이 흡수되게 하므로 자연스러운 언어 습득과 맥을 같이 할 수 있다.

참고문헌 H. Douglas Brown, 권오량 외 역, 원리에 의한 교수, Pearson Education Korea, 2012

58 정답 ①

① 학생이 '데리고'를 '때리고'라고 한 것은 발음 오류에 해당한다.

59 정답 ①

① 4급 쓰기 성취 기준
② 2급 쓰기 성취 기준
③ 5급 쓰기 성취 기준
④ 2급 쓰기 성취 기준

알아두기

■ 한국어 표준 교육과정(제2020-54호) 등급별 쓰기 성취 기준

구분		내용
1급	목표	일상에서 자주 접하는 소재의 글을 쓸 수 있으며, 간단한 메시지의 작성이나 교환 등 기초적인 의사소통 기능을 수행할 수 있다.
	성취 기준	• 일상적이고 구체적인 소재에 대한 글을 쓸 수 있다. • 개인적 상황에서 사용되는 최소한의 글을 쓸 수 있다. • 사실이나 생각을 간단한 문장으로 쓸 수 있다. • 간단한 메모를 하거나 몇 문장 수준의 문단을 쓸 수 있다. • 자음과 모음의 결합을 통해 글자를 구성할 수 있고, 맞춤법에 맞는 문장을 쓸 수 있다.
2급	목표	주변에서 접하게 되는 공적 상황에서 필요한 글을 쓸 수 있으며, 간단한 정보를 제공하거나 명시적 사실에 관해 기술하는 의사소통 기능을 수행할 수 있다.
	성취 기준	• 경험적이고 생활적인 소재에 대해 글을 쓸 수 있다. • 개인적이며 비격식적인 상황에서 사용되는 글을 쓸 수 있다. • 문장과 문장을 자연스럽게 연결하여 일관성 있는 글을 쓸 수 있다. • 일기와 같은 생활문이나 주변의 인물이나 사물을 소개하는 글을 쓸 수 있다. • 기본적인 어휘와 문법을 활용하여 구조가 단순한 문장을 쓸 수 있다.
3급	목표	자신의 삶과 관련된 사회적 소재의 글을 쓸 수 있으며, 정보를 전달하거나 설명하는 의사소통 기능을 수행할 수 있다.
	성취 기준	• 친숙한 사회적 소재에 대해 글을 쓸 수 있다. • 익숙한 공적 상황에서 사용되는 격식적인 글을 쓸 수 있다. • 자신의 의견과 객관적인 사실을 구분하여 글을 쓸 수 있다. • 다양한 종류의 실용문이나 단순한 구조의 설명문을 쓸 수 있다. • 다소 복잡한 구조의 문장을 활용하여 비교적 정확하게 글을 쓸 수 있다.
4급	목표	평소에 관심이 있는 사회적·추상적 소재의 글을 쓸 수 있으며, 대상을 설명하거나 자신의 생각을 표현하는 의사소통 기능을 수행할 수 있다.
	성취 기준	• 관심이 있는 사회적·추상적인 소재에 대해 글을 쓸 수 있다. • 익숙한 업무 상황에서 격식적으로 사용되는 글을 쓸 수 있다. • 핵심 내용이 잘 드러나도록 문단을 구성하여 글을 쓸 수 있다. • 다양한 구조의 설명문이나 단순한 구조의 논설문을 쓸 수 있다. • 구조가 복잡한 문장을 사용할 수 있고 비교, 대조, 나열 등의 전개 방식으로 글을 쓸 수 있다.

5급	목표	사회적이거나 일부 전문적인 소재의 글을 쓸 수 있으며, 체계적으로 정보를 전달하거나 자신의 견해를 밝히는 의사소통 기능을 수행할 수 있다.
	성취 기준	• 사회 전반에 대한 소재나 자신의 전문 분야와 관련된 글을 쓸 수 있다. • 업무나 학업 맥락에서 필요한 격식적인 글을 쓸 수 있다. • 내용의 통일성과 응집성을 고려하여 짜임새 있는 글을 쓸 수 있다. • 논리적 구조와 기본적인 형식을 갖춘 짧은 분량의 보고서를 쓸 수 있다. • 자신의 업무나 학업에 필요한 어휘와 표현을 사용하고 다양한 전개 방식을 활용하여 글을 쓸 수 있다.
6급	목표	전문적이거나 학술적인 소재의 글을 쓸 수 있으며, 논리적이고 효과적으로 자신의 의견을 제시하는 등의 의사소통 기능을 수행할 수 있다.
	성취 기준	• 사회·문화적 특수성이 드러나는 소재의 글이나 전문 분야의 글을 쓸 수 있다. • 전문적이거나 학술적인 상황에서 사용되는 격식적인 글을 쓸 수 있다. • 예상 독자를 고려하며 목적에 부합하는 글을 쓸 수 있다. • 타당한 근거를 들어 논리적이고 형식적으로 완결성을 갖춘 평론, 학술 논문 등을 쓸 수 있다. • 전문적인 어휘와 표현을 사용하고 장르에 맞는 다양한 수사법을 활용하여 글을 쓸 수 있다.

참고문헌 문화체육관광부·국립국어원, 한국어 표준 교육과정, 하우, 2020

60 정답 ③

③ 이는 사회적 구성주의 작문 이론에 관한 설명이다. 사회구성주의자들은 지식은 외부 세계에 객관적으로 존재하는 것이 아니며 공동체 구성원들 간의 사회적 상호 작용을 통해서 구성되는 언어적 실체로 보았다. 사회구성주의 쓰기 이론가들은 개개인이 개별적으로 쓰기를 하는 것이 아니라 의미를 구성하는 과정에 영향을 미치는 언어 사용 집단 혹은 언어 공동체의 일원으로서 쓰기를 한다고 주장하였다. 텍스트는 실질적인 의미가 필자 자신과 타인 사이 또는 개인과 언어 공동체의 협상과 해석의 결과이기 때문에, 담화 공동체 구성원들 간의 대화를 강조하였다.

알아두기

■ 인지주의 쓰기 이론

인지주의 쓰기 이론이 등장한 배경에는 언어학에서 촘스키가 주장한 변형 생성 이론이 큰 역할을 하였다. 그는 언어학의 초점을 형식적인 언어 구조에서 언어 사용자가 언어 구조를 구성하는 심리적 과정으로 전환시켰다. 이러한 변화는 쓰기에서 결과보다는 과정에 관심을 가지게 하였고 인지주의 쓰기 이론에서는 개별 필자의 의미 구성 과정을 중시하여 필자의 쓰기 행위를 분석의 대상으로 삼아 쓰기 과정에서 작용하는 필자의 지적 작용에 관심을 두었다. 텍스트를 필자의 계획, 목적과 사고를 언어로 번역한 것으로 정의하고, 텍스트를 통한 의미 구성 능력은 필자의 목적의식과 사고 능력의 계발을 통하여 신장되는 것으로 설명하고 있다.

참고문헌 강미영, 통합 인지적 관점을 기반으로 한 쓰기 모형 구성에 관한 연구, 박사학위논문, 인하대학교, 2010

61 정답 ④

④ 결과 중심 쓰기에 관한 설명이다.

알아두기

■ 장르 중심 쓰기 교육

장르 중심 교수법에서는 장르에 따른 텍스트의 내용과 형식에 주목하여 이를 쓰기 교육에 활용하도록 제시하고 있고 장르에 대한 개념 정의는 수사학, 언어학 등에서 다양한 관점으로 다루어지고 있다. 텍스트를 읽는 독자는 그 텍스트의 장르에 기대하는 내용과 형식이 있고, 필자가 독자의 기대를 고려하여 쓰기 텍스트를 생산해냈을 때 필자와 독자의 의사소통이 잘 이루어졌다고 볼 수 있다. 즉 외국인 학습자가 의사소통이 잘 이루어지는 텍스트를 산출해내기 위해서는 한국어 텍스트의 장르에 따른 내용, 형식, 특징, 구조 등의 학습이 필요하며, 장르 중심 텍스트 교수법은 의사소통 목적의 쓰기 교육 및 한국어 담화 공동체가 요구하는 글쓰기 교육 목표에 부합하는 교수법이라고 볼 수 있다.

참고문헌 유미정, 읽기 텍스트를 활용한 장르 중심 한국어 쓰기 교육 방안 연구, 석사학위논문, 배재대학교, 2011
국제한국어교육학회, 한국어 표현교육론, 형설출판사, 2010

62 정답 ②

ㄱ. 쓰기 전 단계: 배경지식 활성화
ㄹ. 쓰기 전 단계: 생각 끌어내기
ㅁ. 쓰기 전 단계: 구상개요 작성하기
ㄴ. 쓰기 단계: 초고 작성
ㄷ. 쓰기 단계: 피드백 주고받기, 교정하기

알아두기

■ 쓰기 수업 구성

쓰기 수업은 쓰기 전 단계, 쓰기 단계, 쓰기 후 단계로 나눌 수 있는데, 쓰기 전 단계의 활동으로는 '주제 선정 - 생각 끌어내기 - 구상개요 작성하기'로 이루어진다. 특정한 주제에 대한 생각을 나누고, 정보를 주고받는 것이 좋다. 그 후, 쓰기 단계에서는 '초고 작성 - 피드백 주고받기 - 교정하기 - 글 완성하기' 등이 이루어진다. 마지막으로 쓰기 후 단계에서는 다른 언어 기능과 통합된 활동으로 언어 능력 강화를 목표로 쓴 내용 발표하기 등이 있다.

참고문헌 한국방송통신대학교 평생교육원, 외국어로서의 한국어교육학, 한국방송통신대학교출판부, 2007

63 정답 ③

③ 제시된 쓰기 활동은 엄격하게 지시된 방법으로 쓰도록 하는 통제된 쓰기 유형의 하나로 문법 익히기에 중점을 둔 활동이다. 이외에 통제된 쓰기로는 베껴 쓰기(자모를 익히거나 어휘의 의미와 철자를 암기하기 위한 활동), 받아쓰기, 바꿔 쓰기(글의 일정한 요소를 다른 것으로 전환하는 연습), 문장 연결하기(접속부사나 활용형을 사용), 빈칸 채우기(어미, 접속부사, 조사 등) 등이 있다.

참고문헌 한국방송통신대학교 평생교육원, 외국어로서의 한국어교육학, 한국방송통신대학교출판부, 2007

64 정답 ③

ㄷ. 명시적 피드백은 오류가 무엇인지를 교사가 학습자에게 직접 지적하는 것이다.

알아두기

- **피드백**

  피드백(feedback)은 쓰기 오류를 개선하기 위하여 학습자가 쓴 작문을 평가하고 고쳐야 할 점 등을 알려주는 것을 말한다. 피드백은 형태에 따라 분류할 수 있는데 그중 교사의 교정형 피드백이 가장 대표적이다. 이외에도 녹음으로 이루어지는 피드백이나 협상을 통한 피드백이 있다. 또한 협동 학습을 활용한 동료 학습자의 피드백도 있는데 여기에서 학습자는 텍스트에 대한 비평적 기술을 연마하고 자신의 작문을 비판적으로 분석하는 능력을 함께 기를 수 있다.

  그리고 학습자에게 피드백을 제시하는 방법으로는 명시적 피드백과 암시적 피드백으로 나눌 수 있다. 명시적 피드백은 오류가 무엇인지를 학습자에게 직접 지적해 주는 방법으로 이 방법을 활용할 때 학습자의 오류가 빠르게 감소하는 경향을 보인다. 암시적 피드백은 학습자 스스로 오류를 발견하고 수정할 수 있도록 하는 방법으로 이를 통해 학습자 중심의 수업이 가능하다.

  주로 교실 현장에서는 서면을 통한 피드백이 활발히 이루어지는데 이는 가장 즉각적이며 유용한 피드백 방법 중 하나이다. 하지만 서면 피드백으로 학습자 오류의 정확한 원인과 변이를 파악하기는 어려우며 이를 보완하기 위해 오류 일지 쓰기와 교사 면담 등의 추가적인 방법을 사용할 수 있다.

참고문헌 서울대학교 국어교육연구소, 한국어교육학사전, 하우, 2014

65 정답 ③

③ 대안적 평가는 맥락에 따라 수행 평가, 기술적 평가, 직접 평가 등의 용어로 쓰이기도 한다. 대안적 평가를 통해 학습자는 자신의 성취를 상세하고 직접적으로 확인하고 학습에 책임감을 가질 수 있고 교사는 교수 학습에 대한 교육적 결정의 근거와 정보를 확보할 수 있다. 그러나 교수 학습의 목표에 맞는 타당한 대안적 평가의 내용과 도구 개발에 시간과 노력이 많이 들고 객관적인 평가의 준거 마련이 쉽지 않기 때문에 신뢰도에 대한 검증이 필요하다는 것이 문제점으로 제기되기도 한다.

알아두기

- **대안적 평가** 〈18회 2교시 33번〉 참고

참고문헌 서울대학교 국어교육연구소, 한국어교육학사전, 하우, 2014

66 정답 ①

① 언어 체계 지식은 필자가 과제를 완성하는 데 필요한 언어적인 측면 즉 어휘나 문법 등 언어 체계에 대한 지식을 말한다.

> **알아두기**
>
> ■ 쓰기에 필요한 지식
> Tribble(1997)은 쓰기에 필요한 지식을 내용 지식, 맥락 지식, 언어 구조 지식, 쓰기 과정 지식으로 범주화하여 제시하였다.
> 1. 내용 지식: 필자가 쓸 글의 주제 영역에 대해 가지고 있는 지식을 말한다. 써야 할 주제에 대한 지식 없이 적절하고 효과적인 텍스트를 생산하는 것은 불가능하기 때문에 내용 지식은 쓰기에서 중요하다. 담화 공동체가 원하는 기대치가 높을수록 풍부한 내용을 담은 글을 산출하기 위해 내용 지식의 중요성이 더욱 부각된다.
> 2. 맥락 지식: 텍스트가 읽혀질 사회적 맥락에 대한 지식으로 글이 어떠한 맥락에서 누구에게 읽힐 것인지에 대한 지식이다. 즉 필자가 쓰려고 하는 텍스트와 같은 장르나 유사한 텍스트가 가지고 있는 글의 구조적, 형식적 특징에 대해 알고 있는 지식을 말한다.
> 3. 언어 구조 지식: 필자가 과제를 완성하는 데 필요한 언어적인 측면 즉 어휘나 문법, 언어 체계에 대한 지식을 말한다.
> 4. 쓰기 과정 지식: 글을 쓰기 위한 준비 단계부터 글을 검토하고 편집하는 단계에 이르기까지의 과정에 대해 알고 있는 지식을 말한다.

참고문헌 박지원, 학문 목적 학습자들의 담화통합 쓰기 양상 분석 연구, 석사학위논문, 고려대학교, 2013

67 정답 ②

① · ② 상향식은 단어, 구, 절, 문장, 담화의 순으로 정보를 이해하는 방법이다. 이것은 어휘, 문법 등의 언어 지식에 대한 이해가 매우 중요하며, 학습자는 주어진 정보에 의해서만 판단하는 수동적 입장에 머무른다.
③ 하향식은 학습자가 가지고 있는 배경지식을 토대로 가정이나 추측을 통해 정보를 이해하는 방법이다. 학습자가 가지고 있는 배경지식에 부분적인 의미들을 종합해 가는 학습자 자신의 적극적 인지 활동이 중요하며, 인지 활동은 학습자의 능동적 참여와 과제 수행이 수반되어야 한다. 언어 지식 자체에 대한 이해보다는 '언어 내용'에 대한 이해를 중시한다.
④ 문법에 대한 지식과 이해 없이는 올바른 내용 이해가 이루어질 수 없고, 형태적·문법적 지식만 가지고 전체의 의미를 이해하기도 어려울 수 있다.

참고문헌 H. Douglas Brown, 권오량 외 역, 원리에 의한 교수, Pearson Education Korea, 2012
서울대학교 한국어문학연구소 외, 한국어교육의 이론과 실제 2, 아카넷, 2012

68 정답 ①

① 경제 전문가와의 인터뷰는 정보 교류적 쌍방향 소통으로 볼 수 있다. 일방향 소통은 듣는 사람이 화제에 전혀 끼어들 수 없는 상황에서 일어나는 언어 활동이다. 일방향 소통의 예로는 라디오나 텔레비전 방송 듣기, 공항이나 기차역, 버스 정류장 등에서 나오는 안내 방송 듣기, 연설이나 강연 듣기, 고객 서비스 센터 전화 녹음 듣기 등이 있다.

참고문헌 강현화 외, 한국어 이해교육론, 형설출판사, 2012

69 정답 ④

④ 실제성은 언어 교육에서 학습자가 실제 언어와 유사한 언어를 접할 수 있도록 하는 교육적 특성으로 현실성 또는 진정성이라고도 한다. 한국어 사용자가 일상생활에서 실제로 사용하는 표현이 무엇인지 유념하여 언어 자료를 선정하는 것이 중요하다. 발생 빈도가 높은 의사소통 상황에서의 대화를 제공해야 하며 구어적 특성을 반영하여 실제성을 확보할 수 있다. 발화의 양을 비슷하게 구성하는 것은 현실 언어 상황과는 거리가 멀다.

참고문헌 서울대학교 국어교육연구소, 한국어교육학사전, 하우, 2014

70 정답 ②

② 사회적·추상적 소재의 담화는 중급 수준의 듣기 성취 기준이다.

알아두기

■ 한국어 표준 교육과정(제2020-54호)의 초급 듣기 목표 및 성취 기준

구분		내용
1급	목표	기초적이고 일상적인 내용의 짧은 대화를 이해할 수 있으며, 인사나 소개 등의 의사소통 기능을 수행할 수 있다.
	성취 기준	• 주변에서 자주 접하게 되는 일상적인 소재의 대화를 이해할 수 있다. • 개인적이고 친숙한 상황에서의 대화를 이해할 수 있다. • 단순한 정보를 파악하거나 들은 내용의 대략적인 의미를 이해할 수 있다. • 정형화된 표현이나 한두 문장 내외의 간단한 대화를 이해할 수 있다. • 기초 어휘와 기본적인 구조의 문장을 듣고 이해할 수 있고, 분명하고 천천히 말하는 모국어 화자의 발화를 이해할 수 있다.
2급	목표	일상적으로 접하는 공적 상황에서의 간단한 대화를 이해할 수 있으며, 정보에 관해 묻고 답하기, 허락과 요청 등의 의사소통 기능을 수행할 수 있다.
	성취 기준	• 일상에서의 친교적인 대화나 구체적인 소재의 대화를 이해할 수 있다. • 친숙한 공공장소나 비격식적 상황에서 사용되는 표현이나 내용을 이해할 수 있다. • 명시적인 정보를 통해 담화 상황이나 발화의 주요 정보 등을 파악할 수 있다. • 두 차례 이상의 말차례를 가진 대화나 간단한 안내 방송 등의 발화를 이해할 수 있다. • 간단한 문장 구조를 알고, 빠르지 않은 모국어 화자의 발화를 이해할 수 있다.

참고문헌 문화체육관광부·국립국어원, 한국어 표준 교육과정, 하우, 2020

71 정답 ②

② 선택적 듣기란 학습자가 긴 텍스트의 내용을 다 처리하지 않고 필요한 정보만을 선택적으로 처리하도록 하는 듣기 활동을 말한다. 이것은 특정 정보만을 선별적으로 처리한다는 점에서 전체적인 흐름과 내용을 파악하기 위한 확장형 듣기와 구별된다.

참고문헌 서울대학교 국어교육연구소, 한국어교육학사전, 하우, 2014

72 정답 ①

① 사실적 이해 능력은 글의 내용을 추론·분석·비판할 필요 없이 글에 담긴 구체적인 정보를 정확하게 파악하는 능력이다. 세부 내용이나 정보 파악하기, 소재 파악하기, 지시어의 지칭 대상 파악하기, 도표나 그래프 등 시각 자료의 의미 해석하기 등이 이에 속한다.

참고문헌 국제한국어교육학회, 한국어 이해교육론, 형설출판사, 2009

73 정답 ③

③ 형식 스키마란 글의 구조에 대한 스키마를 의미한다. 화자가 어떻게 자신의 생각을 구성해 나가는지에 대해 청자가 가진 지식을 형식 스키마라고 한다. 즉 각각의 담화 유형이 갖고 있는 고유한 관습적인 구조를 말한다. A는 화제 전환 표지, B는 연설 담화의 구조라는 형식 스키마를 이용하였다.

참고문헌 국제한국어교육학회, 한국어 이해교육론, 형설출판사, 2009

74 정답 ④

① 듣기 활동
②·③ 듣기 전 활동
④ 듣기 후 활동은 들은 내용을 단순 확인하는 것이 아니라 들은 후 어떤 대응을 하겠느냐 등을 물어보는 것으로 마무리를 하는 활동이다. 듣고 제목을 붙인다거나 내용을 요약하는 쓰기 활동을 할 수 있고, 소감 말하기, 추론하여 말하기, 사회적 배경이나 대처 방안 말하기, 토론하기, 역할극 등도 할 수 있다.

참고문헌 서울대학교 한국어문학연구소 외, 한국어교육의 이론과 실제 2, 아카넷, 2012

75 정답 ④

ㄷ. 대화 맥락 도입, 주제 소개 – 듣기 전 활동
ㄹ. 필요한 언어 지식 제공 – 듣기 전 활동
ㄴ. 듣기 과제 수행 – 듣기 활동
ㄱ. 역할극 – 듣기 후 활동

참고문헌 서울대학교 한국어문학연구소 외, 한국어교육의 이론과 실제 2, 아카넷, 2012

76 정답 ②

② 하향식 읽기 모형은 지식 기반 과정 혹은 독자 주도 과정이라고도 불리는데 독자가 선험 지식을 이용하여 텍스트 내의 정보와 데이터에 대하여 적극적으로 예측하고 자신의 예측을 확인한다는 의미이다. 독자는 원문의 단서를 모두 사용할 필요가 없으며 자신의 경험이나 언어에 대한 지식들을 이용하여 텍스트의 의미를 예측하는 것이 이해의 가장 중요한 요소라고 주장한다. (ㄴ)의 어휘나 문법적 지식의 정확한 이해를 강조하는 것은 상향식 읽기 모형에 대한 설명이다.

참고문헌 한재영 외, 한국어 교수법, 태학사, 2005

77 정답 ④

④ 읽기에 영향을 미치는 외적인 요인으로는 주제와 어휘, 문장의 길이와 복잡성, 문장 상호 간의 연결, 문단 구조 및 배열이 있으며, 내적인 요인으로는 읽기에 대한 독자의 태도, 글을 읽는 목적, 글에 대한 흥미, 일반 지능, 배경지식, 언어 능력, 독해 기능, 그 외 학습 환경 및 외부 보상, 교사와 학습자 간의 상호 작용, 교사의 태도, 학습자 간의 상호 작용, 모국어 간섭 현상이 등이 있다.

참고문헌 국제한국어교육학회, 한국어 이해교육론, 형설출판사, 2009

78 정답 ③

③ 소설을 읽을 때와 학문적인 글을 읽을 때에 글을 읽는 방법이나 전략에 있어서 차이가 있다. 이렇게 텍스트의 유형을 아는 것은 독자가 텍스트를 대하고 의미를 파악할 때 중요한 영향을 미친다. 따라서 장르의 전형적인 특성이 드러나는 자료를 사용하는 것이 학습자의 능력을 발달시키기에 유용하다.

알아두기

■ 읽기 자료 선택 시 고려해야 할 사항

Nuttall(1996)은 자료 선택 또는 구성 시 고려해야 할 사항에 대해 다음과 같이 언급하였다.

1. 흥미로운 자료: 학습자에게 흥미로워야 하며 교육적 가치를 잘 고려하여 선택해야 한다.
2. 학습적 유용성: 학습자의 능력을 발달시킬 수 있는 자료여야 한다. 언어 지식이 내용을 전달하기 위해 어떻게 사용되었는가에 초점을 맞추면서 학습자가 언어를 통해 내용을 끌어내는 능력을 개발시킬 수 있어야 한다.
3. 난이도: 학습자의 수준을 정확하게 파악하고 이에 맞는 글을 골라야 할 것이다.
4. 다양성: 다양한 자료를 이용하면 읽기 수업은 훨씬 흥미로울 것이다. 특정한 목적을 가진 학습자도 계속 같은 분야의 글만 읽으면 지루하고 싫증이 날 것이다.
5. 실제성: 실생활에서 바로 볼 수 있는 자료들은 학습자 입장에서 매우 흥미롭고 학습 의욕을 고취시킨다. 실제 자료를 그대로 사용하는 것이 가장 바람직하기는 하지만 만약 수준에 맞는 적합한 글을 찾을 수 없다면 부득이 원본을 간략화하거나 때로는 교사가 스스로 자료를 제작할 수도 있다.

참고문헌 국제한국어교육학회, 한국어 이해교육론, 형설출판사, 2009

79 정답 ①

① 다독은 학습자의 언어 능력을 향상시키기 위해서 다양한 자료를 많이 읽게 하는 읽기 방법 중의 하나이다. 다독은 의미 파악에 중점을 두어 많은 양의 읽기 자료에 접근하는 것을 추구한다. 언어 지식에 초점을 두고 적은 양의 읽기 자료를 최대한 이해할 수 있도록 주의 깊고 철저하게 읽는 읽기 방법은 정독이다.

참고문헌 서울대학교 국어교육연구소, 한국어교육학사전, 하우, 2014

80 정답 ②

② 문장의 내용에 직접적인 영향을 미치지는 않지만 전체적인 분위기나 대화(글)의 최종적인 목적을 달성하고자 문장 간의 응집성을 높이기 위하여 사용하는 표지를 담화 표지라고 한다. 담화 표지는 담화의 구조나 내용을 쉽게 파악할 수 있도록 하므로 담화 표지어에 주의함으로써 글의 구조나 내용을 파악하는 데에 도움을 얻을 수 있다. 제시된 문장과 같은 설명문에서는 예고나 강조, 요약과 같은 담화 표지가 많이 사용되므로 이에 유의하는 것이 좋다.

참고문헌 국제한국어교육학회, 한국어 이해교육론, 형설출판사, 2009

81 정답 ④

④ 읽기 전략은 글을 읽을 때 의식적으로 사용하는 책략으로 상위 인지 전략(메타인지 전략)과 인지 전략으로 구성된다. 상위 인지 전략은 읽기 과정과 이해 정도를 모니터링하는 것, 읽기 전에 어떻게 읽을지 계획하는 것, 읽기 능력을 향상하기 위해 달성해야 할 목표를 설정하는 것, 새로운 자료를 읽기 전에 관련 어휘 목록을 만드는 것, 읽기 기술을 익히기 위해 동료 학습자와 서로 협력하여 학습하는 것 등이 있다. 따라서 자신의 이해도를 점검하는 것은 상위 인지 전략에 해당된다.

참고문헌 서울대학교 한국어문학연구소 외, 한국어교육의 이론과 실제 2, 아카넷, 2012

82 정답 ②

② 글에 담겨 있는 필자의 의도는 명시적이지 않고 때로는 함축적이고 상징적이다. 따라서 내용을 읽고 필자의 의도와 목적을 생각하는 추론적 이해 능력을 필요로 한다. 추론적 이해 능력이란 글 속에 나타나 있는 정보를 근거로 하여 언급되지 않은 내용이나 정보를 추리해 내는 능력을 말한다. 암시적 진술이나 생략된 진술로부터 명확하고 완결된 의미를 이끌어내고, 이러한 사실을 다른 상황에 적용하며, 텍스트에 반영된 입장과 의도를 파악하고 구성과 표현에 필요한 바를 적절히 추리해 내는 능력을 포함한다. 여기에 속하는 활동 유형으로는 화제 추론하기, 함축적 의미 추론하기, 화자나 필자의 태도·의도 추론하기, 인물의 성격 파악하기, 빈칸 내용 추론하기, 이어지는 내용 추론하기 등이 있다.

참고문헌 국제한국어교육학회, 한국어 이해교육론, 형설출판사, 2009

83 정답 ②

ㄴ. 읽기 전 단계는 주제에 대한 배경지식이나 경험 등을 회상하여 읽을 글에 대한 예측을 하도록 도와주어 읽기가 효율적으로 이루어질 수 있도록 한다.
ㄷ. 읽기 단계는 실제로 읽는 단계로 학습자가 자신의 읽기 기술과 전략 활용을 연습하는 단계이다.
ㄱ. 읽기 후 단계는 읽은 내용을 바탕으로 토론을 한다든지 작문을 한다든지 하여 읽은 내용을 다른 상황이나 다른 기능에 적용해 보는 단계이다.

참고문헌 국제한국어교육학회, 한국어 이해교육론, 형설출판사, 2009

84 정답 ②

① 2인 1조로 구성하여 상호 작용이 가능하다.
②・④ 어떠한 사실을 가정하여 조건으로 삼아 자신의 생각을 표현할 때 목표 문법을 사용하도록 계획하였다.
③ 받침 없는 동사 어간, 'ㄹ' 받침인 동사 어간 뒤에는 '-ㄴ다면'을 사용한다는 것을 알 수 있도록 하였다.

85 정답 ④

④ 선행절의 행동이 후행절의 목적임을 나타내는 의미로 쓰인 예문으로는 "전설 속의 보물을 찾아서 먼 길을 떠났다."가 적절하며 "20세기에 들어와서 환경 문제는 세계의 관심사가 되었어요."에서 쓰인 '-아/어서'는 앞 절의 내용이 뒤 절의 사건에 대한 시간적이거나 공간적인 배경임을 나타내는 뜻이다.

참고문헌 표준국어대사전

86 정답 ④

④ 주어진 주제와 조건에 따른 응답을 요구하되 다양한 어휘 사용을 통해 학습자의 생각을 창의적으로 표현할 수 있도록 유도하는 연습이다.

87 정답 ②

② 문법은 규범 문법과 교육 문법으로 나뉘며 이 중 교육 문법은 다시 모국어 화자를 위한 교육 문법과 외국인 학습자를 위한 교육 문법으로 나눌 수 있다. 규범 문법은 철저히 이론 중심적이며 언어 현상을 기술하고 이를 바탕으로 이론을 체계화하려는 것이다. 그리고 내국인을 위한 교육 문법(학교 문법)은 실용성과 이론이 합해진 것으로 그 언어를 사용하는 국민으로서의 사고 체계 확립과 이를 표현하는 능력을 길러 주는 데에 목표를 두고 있다. 마지막으로 외국인을 위한 교육 문법은 무엇보다 의사소통적 체계 안에서 문법 이론이 도출되어야 하며 그 이론과 규칙은 교육 문법의 최종 목표인 언어 생산으로 이어져야 할 것이다.

참고문헌 한국방송통신대학교 평생교육원, 외국어로서의 한국어교육학, 한국방송통신대학교출판부, 2007

88 정답 ②

② 말하는 사람이 아닌 다른 사람의 희망을 나타낼 때, 동사 뒤에 붙여 쓴다.

참고문헌 한국어기초사전

89 정답 ④

④ 문법 교육 유용론은 언어 학습이나 이해에는 개별 문법 항목(discrete item)을 교수・학습하는 것이 효율적이라는 입장이다. 언어는 방대한 것이라 어떤 기준으로 접근하여 가르칠 것인가의 교수 전략이 필연적으로 요구되는데 문법 범주나 규칙별로 교수・학습하여 전체를 이해하고 학습하게 하는 것이 전형적이면서도 효율적이다. 방대한 언어 세계를 학습하는 데는 문법 범주만큼 정제화, 계열화된 지식 영역이 없다.

> **알아두기**

■ 문법 교육 무용론

문법 교육의 무용론에는 다음과 같은 견해가 있다.
1. 언어 학습은 기능(skill) 학습이므로 문법의 노하우(know-how) 지식은 무용하다. 자전거를 타는 능력과 마찬가지로 말을 잘하고 잘 쓰고 읽는 능력은 훈련에 의해 얻어지는 기술(skill)과 같아 그에 대한 지식을 아는 것만으로는 기여하는 바가 없다.
2. 언어 능력은 의사소통 능력(communicative competence)이지 문법 지식 능력이 아니다. 1970년대에 언어 능력에서 의사소통 능력을 중시하면서 나타난 의사소통 중심 교수법 이론이 기존 문법 번역식 교수법을 통렬하게 비판한 것이 이에 해당한다.
3. 언어는 습득하여야 하며 문법 규칙이나 지식을 학습하여서는 결코 언어 습득 수준에 이르지 못한다는 것이다. 따라서 외국어 학습의 경우도 모어 습득처럼 자연 순서(natural order)로 학습을 해야 한다고 본다.
4. 문법보다도 어휘 뭉치(lexical chunks) 학습이 더 중요하다. 언어 학습에서는 단어보다 크고 문장보다 작은 단위인 어휘 뭉치(연어, 관용 표현 등) 학습이 중요한 역할을 한다. 따라서 문법 지식이나 규칙은 별 영향을 끼치지 않는다. 이에 따라 최근에는 언어 학습에서 어휘적 접근법에 따른 언어 학습법이 주목을 받고 있다.

■ 문법 교육 유용론

문법 교육의 유용론은 다음과 같은 견해가 있다.
1. 문법은 정치한(fine-tuning, 精緻) 규범 언어를 만드는 기준이 된다: 일상의 비규범적 언어를 진단, 교정하려면 기준이 되는 문법이 필요하다.
2. 문법이란 '문장 제조기(sentence-making machine)' 역할을 한다: 문법은 바른 문장을 제조하는 것이 임무이므로 문장 제조를 바르게 하려면 문법을 알아야 한다. 특히 외국어 학습 시에 바른 문장을 생성해 내려면 해당 외국어의 문법 지식이 있어야 유리하다.
3. 문법 교육이 없으면 언어 오류를 교정받지 못하여 오용 언어 습관이 고착되어 화석화(fossilization)된다: 문법 교육을 받지 않으면 바른 발음, 바른 어휘, 바른 문장의 개념을 이해하고 교정할 수 있는 사가 변별 능력을 상실하여 잘못된 어법이 고착된다.
4. 문법 학습에서 강조된 것은 일상 언어생활에서 주의, 환기(noticing)하면서 자기 언어 사용 능력을 강화하게 된다(선행조직자론): 문법 학습에서 기억된 것, 지적받은 것은 계속 주의하게 되어 학습 강화 효과를 주어 바른 언어 능력을 강화시킨다.
5. 언어 학습이나 이해에는 개별 문법 항목(discrete item)을 교수 학습하는 것이 효율적이다: 언어는 방대한 것이라 어떤 기준으로 접근하여 가르칠 것인가의 교수 전략이 필연적으로 요구되는데 문법 범주나 규칙별로 교수 학습하여 전체를 이해하고 학습하게 하는 것이 전형적이면서도 효율적이다. 방대한 언어 세계를 학습하는 데는 문법 범주만큼 정제화, 계열화된 지식 영역이 없다.
6. 다양한 계층, 성격의 청소년, 성인 집단에 언어를 교육할 때는 문법 규칙에 따라 가르치는 것이 효율적이다: 이는 전달(transmission) 이론이라고도 하는데 언어 교육에서 교사의 역할이란 언어의 규칙과 사실로 이루어진 총체적 지식을 학습자에게 전달하는 일뿐이라고 보는 태도이며 그 전달은 문법 범주별 지식이 가장 체계적으로 정제되어 있다고 본다.
7. 학습자의 체질에 따라서는 문법 학습에 학습자 기대(learner expectation)를 거는 학습자들이 있어 이들의 요구에 부응해야 한다: 다중 언어권에서는 다양한 언어 학습법에서 좌절과 실패를 경험하는 학습자가 발생하는데 오히려 전통적인 문법 학습에 기대를 거는 학습자도 있으므로 이들의 수요를 위해서도 문법 교육이 필요하다.
8. 외국어 학습 시에는 모어(母語) 문법 지식이 유용하다: 외국어 학습을 할 때 모어 문법과의 대조분석을 통해 이해하는 방법도 유용하여 모어 문법을 제공할 필요가 있다. 모어 문법을 잘 아는 사람과 잘 모르는 사람에게서 외국어 학습에 차이를 보이기도 한다.
9. 모어 문법에 대한 이해 학습 자체가 개인의 인지 능력 발달에 기여한다: 모어 문법에 대한 학습 시에 구어와 문어의 차이를 알고 규범 문법과 기술 문법의 갈등을 이해하며 문법 범주들의 하위분류 체계에 대한 비판적 이해를 통해 측정할 수 없는 무형의 분석력과 논리력을 향상할 수 있다.

참고문헌 민현식, 국어 문법과 한국어 문법의 상관성, 한국어교육, 2003

90 정답 ③

③ 문법 의식 고양 기법은 형태 초점 문법 교육의 기법 중 하나로 문법 문제를 해결하기 위해 상호 활동으로 언어 형식에 집중하게 하여 스스로 문법 규칙을 찾아낼 수 있게 하는 방법이다. 암시적 지식은 습득을 통해 얻는, 무의식적이고 직관적으로 언어 체계를 구조화하는 지식인데, 이 과제를 통해서는 학습자가 의식적으로 언어 형태에 관심을 가지고 언어 규칙을 공부하여 명시적 지식을 형성할 것으로 기대한다.

참고문헌 서울대학교 한국어문학연구소 외, 한국어교육의 이론과 실제 2, 아카넷, 2012
H. Douglas Brown, 이흥수 외 역, 외국어 학습·교수의 원리, Pearson Education Korea, 2008

91 정답 ①

① 시대에 따라 언어의 형태에 대한 서로 다른 견해들이 혼재해 왔다. 문법 번역식 교수법과 인지적 기호 학습에서는 언어의 형태적인 측면들이 관심의 초점이었고, 의사소통 중심 교수법은 언어의 의미와 '(ㄱ) 기능' 사용이 언어 교육에서 주요한 개념으로 대두되었다. 1980년대 이후 외국어 교육에서는 형태보다 의미에 중점을 둔 교수법이 강조됨으로써 '(ㄷ) 유창성 신장'을 언어 교육의 목표로 보았기에 학습자의 문법적 정확성이 떨어진다는 주장이 나왔고 이에 롱(M. H. Long)은 의미 중심의 의사소통 과제 수행 중에서도 필요에 의해 '(ㄴ) 형태'에 초점을 두어 문법에 대한 인식도 길러줄 수 있는 '형태 초점'의 개념을 제안하였다. 형태 초점 교수법의 가장 큰 특징은 기존 문법적 형태에 중심을 둔 교수법(focus on forms)이나 의미에 중심을 둔 교수법(focus on meaning)과는 달리 유창성과 정확성을 함께 추구하고자 한다는 것이다. 초기에 롱이 제안한 형태 초점은 학습자의 의사소통상 필요에 의해 '(ㄹ) 암시적'인 형태에 초점을 두게 하는 것이었으나 점차 계획된 형태 초점과 명시적인 형태에 대한 교수까지 모두 포함하는 개념으로 확장되었다.

참고문헌 서울대학교 국어교육연구소, 한국어교육학사전, 하우, 2014
H. Douglas Brown, 권오량 외 역, 원리에 의한 교수, Pearson Education Korea, 2012

92 정답 ④

④ 이 유형에서 제시된 어휘들이 단순한 나열이 아니라 유기적으로 연결된 어휘망으로 구성되어 있음을 파악하고 이들의 의미 관계를 분석하여 문제를 해결해야 하는 유형이다.

93 정답 ②

② 학습자는 어휘 학습의 초기에는 목표 언어의 단어와 모국어로 된 번역 대응 짝으로 암기하는 경향이 있다. 특히 구체적인 물리적 지시물의 경우에는 약간의 조정만으로 제2언어 개념으로 전환이 가능하다. 그러나 각각의 언어는 개념을 조직하는 방식이나 개념의 세분화가 다르고 그 문화만의 독특한 의식은 다른 언어권의 개념에 존재하지 않을 수도 있고 또 목표어와 모국어의 두 단어가 같은 의미라고 하더라도 문법적 맥락이나 단어 간의 연합 관계가 다르며 격식이나 스타일이 달라서 쓰이는 맥락이나 어휘의 조직 방식이 다를 수 있다. 고급에서 이런 방식으로 어휘를 학습하면 제2언어 학습자들에게 과확장 또는 미확장이 일어날 수도 있다.

참고문헌 한국방송통신대학교 평생교육원, 외국어로서의 한국어교육학, 한국방송통신대학교출판부, 2007

94 정답 ④

④ 현행 한국어능력시험에서는 어휘 관련 등급별 평가 기준이 설정되어 있지 않으나 이전 체제의 한국어능력시험에서 제시했던 어휘 등급별 평가 항목의 내용에 따르면 1급에서는 일상생활에 필요한 가장 기본적인 어휘, 물건 사기나 음식 주문 등 기본적인 생활과 관련된 기초 어휘, 2급은 일상생활에서 자주 사용되는 어휘를 중심으로 주변 상황을 나타내는 형용사, '자주, 가끔, 거의' 등 기본적인 빈도 부사, 3급은 일상생활에서 사용되는 대부분의 어휘와 업무와 사회 현상과 관련한 기본적인 어휘, '행복하다, 섭섭하다' 등 감정 표현 어휘, 간단한 연어 등, 4급은 일반적 소재를 표현하는 데 필요한 추상적인 어휘, 직장에서 일상적인 업무 수행에 필요한 어휘, 빈도가 높은 관용어와 속담 등, 5급은 특정 영역과 관련된 기본적인 어휘, 사회 현상을 표현하는 데 필요한 추상적인 어휘, 6급은 사회 각 영역과 관련하여 널리 쓰이는 전문 용어 등을 포함하는 어휘들로 등급을 설정했다.

참고문헌 한국방송통신대학교 평생교육원, 외국어로서의 한국어교육학, 한국방송통신대학교출판부, 2007

95 정답 ③

③ 유의 관계를 가지는 단어들은 한꺼번에 교수할 경우 혼동의 우려가 있고 실제 의사소통 환경에서 사용되지 않는 낮은 빈도의 것들이 있으므로 단어 간 교수의 우선 순위를 정하는 것이 중요하다. 또한 유의 관계는 단어의 의미 전체가 아닌 일부 의미만이 유의 관계를 가지는 경우가 많으므로 교수에 있어 주의가 필요하다.

참고문헌 한국방송통신대학교 평생교육원, 외국어로서의 한국어교육학, 한국방송통신대학교출판부, 2007

96 정답 ③

③ 격자형 비교표, 정도 차이 비교선, 군집 같은 방법은 학습자들이 이미 친숙하게 알고 있는 단어의 의미를 확장시키고 의미를 견고하게 하며 어휘 사용을 향상시키는 데 도움을 준다. 그중 격자형 비교표는 학습자들에게 단어 간의 의미 차이와 각 개별 단어의 의미 자질을 인식하게 해 준다.

알아두기

■ 격자형 비교표
한쪽에 단어 목록이 제시되고, 다른 한 편에 그 단어들을 분류하는 다른 방법이나 의미들로 구성된 목록이 제시된 표를 말한다. 예를 들면 다음과 같다.

구분	날씨	음식의 온도	사람의 태도
선선하다	○		○
시원하다	○	○	○
서늘하다	○		
쌀쌀하다	○		○
차갑다	○	○	○
춥다	○		

참고문헌 한국방송통신대학교 평생교육원, 외국어로서의 한국어교육학, 한국방송통신대학교출판부, 2007

97 정답 ①

① 현실에서 자주 쓰이는 상용 표기는 표준 표기와 함께 지도하는 것이 좋다. 예를 들어 발효 유제품인 '요거트'의 경우 제대로 된 외래어 표기법은 '요구르트(Yogurt)'지만 '요구르트'라고 하면 소비자들이 액상 요구르트를 떠올리는 경우가 많아, 걸쭉한 요구르트에는 '요거트'라는 표현을 쓰는 제품들이 많다.

98 정답 ④

④ 등가성의 원리는 단어의 개념이 학습자의 모국어 개념과 같을 때는 유용하지만 학습자가 목표어 어휘에 노출될 기회를 줄이게 되고 학습자가 정확하게 일치하지 않은 개념을 대응시킬 수도 있다.

참고문헌 한국방송통신대학교 평생교육원, 외국어로서의 한국어교육학, 한국방송통신대학교출판부, 2007

99 정답 ④

④ 언어 교육의 목적은 의사소통이므로 실제와 유리될 수 없기 때문에 언어 학습자가 접할 교육 내용은 현실 언어 상황과 같아야 유의미하다. 즉 교재에 제시되는 언어 표현과 그 언어를 사용하는 상황이 실제적이어야 한다는 뜻이다. 따라서 한국어 사용자가 실생활에서 실제로 사용하는 표현이 무엇인지 유념하여 교재를 구성해야 한다.

참고문헌 서울대학교 국어교육연구소, 한국어교육학사전, 하우, 2014

100 정답 ③

① 교재 외적 평가 기준으로는 교재의 판형, 활자, 색도, 삽화, 디자인, 가격, 구입 용이성, 각종 학습 지원책의 여부 등 교재의 외부적인 구성 수준에 관한 것이다.
② 교재 내적 평가 기준으로는 본문의 내용, 학습 목표 성취를 위한 내용 조직, 활동의 적절성 등 교재의 교육 내용 자체를 점검하는 요소를 포함한다.
③ · ④ 거시 평가와 미시 평가는 맥그래스가 언급한 분류 체계이다. 거시 평가는 특정 영역의 효과성 검증이 아닌 교재의 전반적인 적절성이나 효용성에 대해 포괄적인 가치 판단을 내리는 것으로 인상 평가나 점검표 방식의 평가가 주로 활용된다. 미시 평가는 교재의 여러 측면 중 특정한 한 지점을 집중적으로 세밀하게 관찰하는 것으로 교재의 선택이나 개선과 같은 정책적인 부분보다는 특정 영역의 목표 달성 여부를 검증하는 등의 연구 목적으로 활용된다.

> **알아두기**
>
> ■ 교재 평가
> 교재 평가는 교재를 둘러싼 정보들의 출처를 기준으로 외적 평가와 내적 평가로 분류하고 정보의 활용 범위를 기준으로 거시적 평가와 미시적 평가로 분류한다. 외적 평가와 내적 평가는 교재와 관련한 객관적인 지표를 확보하기 위한 실증적인 기준들로 구성되어 있고, 본질적으로는 교재 분석에 더 중점을 둔다. 교재 외적 평가 기준으로는 교재의 판형, 활자, 색도, 삽화, 디자인, 가격, 구입 용이성, 각종 학습 지원책의 여부 등 교재의 외부적인 구성 수준에 관한 것이 있다. 교재 내적 평가 기준으로는 본문의 내용, 학습 목표 성취를 위한 내용 조직, 활동의 적절성 등 교재의 교육 내용 자체를 점검하는 요소가 있다.

평가 범주	세부 범주
교수 학습 상황 분석	학습 기관, 학습자, 교사
외적 구성 평가	• 물리적 요소 및 실용성: 쪽수, 무게, 지질, 가격, 글꼴, 오탈자 • 시각자료와 디자인: 레이아웃, 삽화의 양과 크기 및 배치 • 편집 및 구성: 교재의 분권 여부, 모국어 번역 여부, 색인 등
내적 구성 평가	• 학습 내용: 주제, 어휘, 문법, 발음과 억양, 문화 • 언어 기능: 말하기, 읽기, 쓰기, 듣기 • 연습과 활동 • 평가와 피드백
총체적 평가	유용성, 일반성, 적용성, 유연성

참고문헌 서울대학교 국어교육연구소, 한국어교육학사전, 하우, 2014

101 정답 ①

① 이주노동자는 국내에 입국하여 단순직에 종사하는 근로자를 이르는 용어이다. 이들이 대부분 제조업이나 농축산업 등의 단순 기술 직종에서 근무하고 있으므로 한국어 학습 목적과 필요성, 사용 환경 등을 고려하여 기본적인 생활 한국어, 공공 기관 이용 등의 정보를 담아 문어보다는 구어 중심으로 의사소통을 원활하게 할 수 있도록 하는 데에 목적을 두는 것이 좋다.
② 재외동포용 교재는 학습 대상에 따라 성인용, 어린이용, 중·고등학생용으로 나뉘고, 언어권별 교재도 개발되었다. 재외동포용 한국어 교재가 유용하게 사용되기 위해서는 각 지역의 문화와 언어적 특성, 언어 학습적 특징을 반영하여 개발이 이루어지는 것이 바람직하다.
③ 한국에서 태어나고 자란 다문화가정 자녀들은 한국어가 모어이므로 이들을 위한 교재는 엄밀한 의미에서는 국어 교재의 성격을 지니고 구어 능력보다 문식 능력 향상에 비중을 두어야 한다.
④ 중도입국 자녀들은 교육 공백기가 있고 한국어 의사소통 능력도 부족하여 학업 능력이 저하되는 경우가 많다. 또 사회 문화적으로 정체성의 혼란을 겪고 부모의 재혼 등으로 새로운 가정생활에 적응하면서 정서적으로 불안해하기도 한다. 그러므로 기본적인 의사소통 능력의 향상과 함께 학업 능력의 향상을 위한 한국어 교육이 필요하다.

참고문헌 서울대학교 국어교육연구소, 한국어교육학사전, 하우, 2014

102 정답 ③

③ 교재의 기능을 수업 단계별로 정리를 해 본다면 다음과 같다.

수업 전	교수 목표 제시, 교육과정 구현, 학습 동기 유발
수업 중	교수・학습 내용 및 자료 제공, 표준이 되는 언어 제공, 교수법 제공, 학습 방법 제공, 교사와 학습자 사이의 매개 역할, 교수 내용의 일관성 확보, 수업 수준의 일정성 확보
수업 후	교수 평가의 근거 제공, 평가 대비 자료

알아두기

■ 교재의 기능

교재의 기능은 교수 목표 제시, 교육과정 구현, 학습 동기 유발, 교수 내용 제공, 표준이 되는 언어 제공, 교수법 제공, 교수 자료 제공, 학습 내용 제공, 학습 방법 제공, 교사와 학습자 사이의 매개 역할, 교수 평가의 근거 제공, 교수 내용의 일관성 확보, 평가 대비 자료, 연습을 통한 정착 기능 수행, 수업 수준의 일정성 확보 등이 있다.
1. **교수・학습 목표 제시**: 교수 목표 반영, 교육과정 구현, 학습 동기 유발
2. **교수・학습의 내용 규정**: 교수・학습의 내용 제공, 표준이 되는 언어 제공
3. **교수・학습의 전략 제공**: 교수법 제공, 학습법과 연습 방법 제공
4. **평가의 대상과 자료 제공**: 교수 자료 및 평가 대비 자료 제공, 교수 평가의 근거 제공

참고문헌 서울대학교 국어교육연구소, 한국어교육학사전, 하우, 2014
서울대학교 한국어문학연구소 외, 한국어교육의 이론과 실제 2, 아카넷, 2012

103 정답 ②

② 상세화(specification)는 수업 변인별 특징에 따라 교재를 구체화 또는 정교화하여 활용하는 것을 말한다. 상세화는 첨가 또는 보충과는 구별되는 개념으로 내용을 부분적으로 더하는 것이 아니라 성취할 교육 목표를 대상으로 교수 내용 전체를 세부화하고 순차적으로 구체화하는 것을 의미한다. 상세화는 교육 내용을 교수요목별로 구체화하는 일정한 형식적, 절차적 과정을 거치면서 교재를 활용하는 기법이다. 크게 내용 상세화와 구조 상세화로 나뉜다. 수업 변인에 따라 수업 내용과 구조를 상세화하는 과정에서 특화 및 전문화함으로써 구체화, 계열화, 세밀화, 정교화 등의 특징을 보인다. 또한 선행 학습이 부족한 학습자에게 도움이 되며 이로써 나선형 교육을 실현할 수 있다.

알아두기

■ 개작

개작은 선택한 교재를 평가한 후 교육 목적과 대상에 맞추어 수정하는 것을 말한다. 일반적으로 기존 교재가 없는 경우에 하는 교재 제작 행위는 편찬이라고 하는 데 반해 기존 교재가 있는 경우에 그 교재를 다시 만드는 행위를 개작이라고 한다.
교재를 개작하는 방법으로는 수정, 삭제, 첨가, 단순화, 상세화, 재배열, 재집필 등의 여러 방법이 있다.

참고문헌 서울대학교 국어교육연구소, 한국어교육학사전, 하우, 2014

104 정답 ③

③ 언어 교육에서 다루는 문화는 단순히 의사소통 능력 숙달을 위한 문화만이 아니라 상호 문화 이해 및 소통을 위한 문화이므로 언어 교육은 말과 함께 가치, 정신, 삶, 취향 등을 교육하되 목표 문화를 다양한 문화와 함께 다루는 비교 문화적 시각을 갖추는 것이 필요하다. 상호 문화적 능력은 다른 문화에 대한 지식을 바탕으로 해당 문화를 존중하고 이해하면서 자신의 문화를 상대화시킬 수 있는 능력을 말한다. 상호 문화적 능력은 타문화에 속한 구성원이 사용하는 언어 지식 또는 언어 수행 능력보다 확장된 개념으로서 목표어 자체의 유창성보다 상호 문화적 의사소통을 효과적으로 하는 것에 초점을 둔다.

참고문헌 서울대학교 국어교육연구소, 한국어교육학사전, 하우, 2014

105 정답 ①

②·③ 이 모형을 제안한 베네트(M. Bennett)에 따르면 문화 감수성 발달 모형은 자민족 중심 단계로부터 민족 상대주의 단계까지의 넓은 스펙트럼으로 이루어져 있다. 이 경우 문화 차이를 어떠한 방식으로 해석하고 수용하느냐에 따라 부정, 방어, 최소화, 수용, 적응, 통합의 단계로 나타난다.
④ 문화 감수성은 인간이 타문화 집단과 같이 살아가기 위해 문화적 차이를 인식하는 흥미, 행동의 변화, 민감성에 관한 발달에 주목하는 교육 모형을 말한다.

알아두기

■ 문화 감수성
문화 감수성은 인간이 타문화 집단과 같이 살아가기 위해 문화적 차이를 인식하는 흥미, 행동의 변화, 민감성에 관한 발달에 주목하는 교육 모형을 말한다. 문화 감수성은 다음의 단계별 특징을 가진다.
먼저 자민족 중심주의를 지키고자 타문화에 대한 저항이 나타난다. 자민족 중심주의는 자신의 문화와 다른 문화와의 차이에 대해 배타적인 태도를 갖는 것으로 다른 문화를 현실을 구성하는 긍정적인 것으로 바라보지 않는다. 그러나 점차 상대방의 문화에 대해서 개방적인 태도를 보이면서 민족 상대주의를 거치게 된다. 민족 상대주의는 우리가 마치 다른 구성원인 것처럼 그 문화를 바라보는 것으로 타문화와의 긍정적인 관계를 유지하려는 태도이다. 다시 말해, 문화 감수성은 인종, 성, 언어, 종교 등에 걸쳐 자민족 중심주의와 민족 상대주의의 태도로 나타난다.
그리고 한국어 교육에서 문화 감수성은 학습자의 다양한 문화적 환경을 고려한 문화 교육의 틀이자 교육과정 설계에 적용될 수 있다. 특히 상호 문화적 의사소통적 관점의 문화 교육 또는 다문화 교육에서 학습자의 문화 감수성에 초점을 두고 교육 내용, 교육 방법, 교육 자료를 구안할 수 있다.

참고문헌 서울대학교 국어교육연구소, 한국어교육학사전, 하우, 2014

106 정답 ②

② 국제 통용 한국어 표준 교육과정(2017)에서 기술한 문화 지식의 문화 내용은 '한국인의 기본적인 의식주 문화, 교통·기후·경제 활동 등의 생활 문화, 한국의 가족 문화와 가족생활, 한국인의 여가 문화와 개인적 문화 활동, 한국 사회와 한국인의 사회적 활동, 한국의 지리와 지역적 특성, 한국의 전통 문화와 세시 풍속, 한국의 정치·경제·사회·문화·교육 등 제도문화, 한국의 역사 및 국가적 상징, 역사적 인물, 한국인의 가치관과 사고방식'을 이해한다는 것이다.

알아두기

■ 국제 통용 한국어 표준 교육과정(2017) 문화 교육의 문화 범주와 특징 〈18회 2교시 107번〉 참고

참고문헌 김중섭 외, 2017년 국제 통용 한국어 표준 교육과정 적용 연구(4단계), 국립국어원, 2017

107 정답 ①

ㄱ. 속담 - 행동 문화
ㄴ. 호칭 - 행동 문화
ㄷ. 탈춤 - 성취 문화(예술)
ㄹ. 결혼식 - 성취 문화(일상생활 - 통과의례)
ㅁ. 사물놀이 - 성취 문화(예술)

> **알아두기**
>
> ■ 문화 교육의 내용
> 1. **성취 문화**: 인간이 이룩한 모든 업적물로 한국인들의 일상생활 문화, 제도 문화, 예술 문화, 산업기술 문화, 자연 상징물까지 포함한다.
> 2. **행동 문화**: 행위 자체가 문화적 의미를 갖는 것으로 상징화된 행동이거나 유의미한 행위일 때 문화 교육의 대상으로 본다. 언어적 의사소통 유형과 준언어적 의사소통 유형, 비언어적 의사소통 유형도 포함한다.
> 3. **관념 문화**: 일반적으로 정신 문화에 해당하는 것으로 가치관, 민족성, 정서, 사상, 신앙 등 대항목으로 분류하고 소항목 대신 수준별 등급으로 나눌 수 있다.

참고문헌 국제한국어교육학회, 한국문화교육론, 형설출판사, 2013

108 정답 ③

③ 한자 문화권 학습자들은 그들의 모어에서 사용하는 한자어와 형태가 동일하더라도 의미가 다르거나 동일한 의미이지만 다른 형태의 한자어를 사용하는 경우가 있으므로 유의해야 한다. 한자어권 학습자는 자신이 알고 있는 한자어 지식으로 인하여 오류를 범하게 되는 경우가 있다.

참고문헌 서울대학교 국어교육연구소, 한국어교육학사전, 하우, 2014

109 정답 ①

① 세계 한국어 교육자 대회는 세종학당재단이 주관하는 행사이다. 전세계 한국어교원의 전문성 강화 및 협력망 구축을 위해 2009년부터 매년 개최되고 있다.

참고문헌 세종학당재단 홈페이지

110 정답 ②

① 한국어능력시험(TOPIK)은 한국어를 모국어로 하지 않는 재외동포·외국인의 한국어 학습 방향을 제시하고 한국어 사용 능력을 측정·평가하여 그 결과를 국내 대학 유학 및 취업 등에 활용하기 위해 실시하는 것으로 2011년부터 주관 기관이 한국교육과정평가원에서 국립국제교육원으로 변경되었다.
② 여성가족부에서는 지역사회 다문화가족을 대상으로 한국어 교육, 가족 교육·상담, 통번역, 자녀 교육 지원 등 종합 서비스 제공하는 다문화가족지원센터를 230개 이상 운영하고 있다.
③ 고용허가제 한국어능력시험은 외국인 구직자의 한국어 구사 능력 및 한국 사회에 대한 이해 정도를 평가하여 외국인 구직자명부 작성 시 객관적 선발기준으로 활용하고 한국에 대한 기본 이해를 갖춘 자의 입국을 유도하여 한국 생활에서의 적응력을 도모하기 위해 실시하는 시험이며 한국산업인력공단에서 주관한다.
④ 사회통합프로그램은 이민자가 우리사회의 구성원으로 적응·자립하는 데 필수적인 기본소양(한국어와 한국 문화, 한국 사회 이해)을 체계적으로 제공하는 사회통합 교육으로, 법무부장관이 지정한 운영기관에서 소정의 교육을 이수한 이민자에게 체류 허가 및 영주 자격·국적 부여 등 이민정책과 연계하여 혜택을 제공하는 핵심적인 이민자 사회통합정책이다.

참고문헌 다누리포털
TOPIK 홈페이지
EPS-TOPIK 홈페이지
법무부 사회통합정보망

111 정답 ④

④ 영어의 소유 중심 표현을 한국어의 존재 중심 표현으로 번역하였다.

참고문헌 허용·김선정, 대조언어학, 소통, 2013

112 정답 ③

③ 번역은 어떤 언어에 의한 저작물을 다른 언어로 된 상응하는 저작물로 대치하는 일을 말한다. 번역의 목적은 원전의 독자가 받은 인상과 의미·내용을 목표 언어의 독자가 똑같이 받도록 하는 데 있다. 그러나 두 언어 사이에는 문화적 배경에 따른 어휘의 의미에 차이가 있고, 문법의 구조가 다르며 운율의 차이가 있기 때문에 그 목표는 완벽하게 달성되지 못한다. 번역 양식은 전통적으로 직역(直譯) 또는 축자역(逐字譯)과 의역(意譯) 또는 자유역(自由譯)으로 나뉘는데 이러한 분류에 대한 명확한 기준이 설정되기는 어렵지만, 직역이 원전의 형식에 충실한 데 대하여 의역은 그 내용에 충실한 것이라는 정도의 상대성을 통해 구별된다. 제시된 문학 작품의 제목은 내용을 잘 전달할 수 있도록 의역을 하였다.

참고문헌 한국민족문화대백과, 한국학중앙연구원

113

※ 주관식 문제의 정답과 해설은 생략합니다.

우리가 해야 할 일은 끊임없이 호기심을 갖고
새로운 생각을 시험해보고 새로운 인상을 받는 것이다.

- 월터 페이터 -

ND# 2021년

16회 정답 및 해설
[A형]

1교시 한국어학·일반언어학 및 응용언어학
2교시 한국 문화·외국어로서의 한국어 교육론

무언가를 위해 목숨을 버릴 각오가 되어 있지 않는 한
그것이 삶의 목표라는 어떤 확신도 가질 수 없다.

- 체 게바라 -

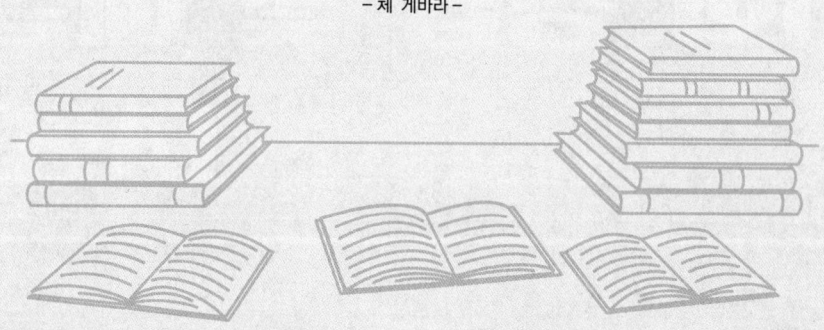

1교시 | 한국어학·일반언어학 및 응용언어학

01	②	02	②	03	③	04	②	05	①,②,③,④	06	④	07	④
08	①	09	③	10	①	11	③	12	④	13	③	14	①
15	①	16	②	17	④	18	③	19	①,②,③,④	20	①	21	③
22	③	23	②	24	④	25	③	26	①	27	③	28	②
29	①	30	④	31	④	32	①	33	①	34	④	35	④
36	②	37	③	38	④	39	①	40	②	41	②	42	②
43	③	44	①	45	③	46	③	47	③	48	④	49	②
50	④	51	①	52	④	53	②	54	④	55	①	56	①
57	②	58	③	59	②	60	③	61	②	62	④	63	③
64	③	65	①	66	①	67	③	68	④	69	①	70	④
71	①	72	②	73	①	74	①	75	③	76	③	77	①
78	④	79	②	80	④								

01 정답 ②

① · ④ 보조 형용사: '-(으)ㄴ가/는가/나 보다' 구성으로 쓰여 앞말이 뜻하는 행동이나 상태를 추측하거나 어렴풋이 인식하고 있음을 나타내는 말
② 보조 동사: '-아/어 보다' 구성으로 쓰여 어떤 행동을 시험 삼아 함을 나타내는 말
③ 보조 형용사: '-(으)ㄹ까 보다' 구성으로 쓰여 앞말이 뜻하는 행동을 할 의도를 가지고 있음을 나타내는 말

알아두기

■ 보조 용언 '보다'
1. 보조 동사
  1) 동사 뒤에서 '-아/어 보다' 구성으로 쓰여 어떤 행동을 시험 삼아 함을 나타내는 말
  2) 동사 뒤에서 '-아/어 보다' 구성으로 쓰여 어떤 일을 경험함을 나타내는 말
  3) 동사 뒤에서 '-고 보니', '-고 보면' 구성으로 쓰여 앞말이 뜻하는 행동을 하고 난 후에 뒷말이 뜻하는 사실을 새로 깨닫게 되거나, 뒷말이 뜻하는 상태로 됨을 나타내는 말
  4) 동사 뒤에서 '-다(가) 보니', '-다(가) 보면' 구성으로 쓰여 앞말이 뜻하는 행동을 하는 과정에서 뒷말이 뜻하는 사실을 새로 깨닫게 되거나, 뒷말이 뜻하는 상태로 됨을 나타내는 말

2. 보조 형용사
1) 동사나 형용사, '이다' 뒤에서 '-(으)ㄴ가/는가/나 보다' 구성으로 쓰여 앞말이 뜻하는 행동이나 상태를 추측하거나 어렴풋이 인식하고 있음을 나타내는 말
2) 동사 뒤에서 '-(으)ㄹ까 보다' 구성으로 쓰여 앞말이 뜻하는 행동을 할 의도를 가지고 있음을 나타내는 말
3) 동사나 형용사, '이다' 뒤에서 '-(으)ㄹ까 봐', '-(으)ㄹ까 봐서' 구성으로 쓰여 앞말이 뜻하는 상황이 될 것 같아 걱정하거나 두려워함을 나타내는 말
4) 형용사나 '이다' 뒤에서 '-다 보니', '-고 보니' 구성으로 쓰여 앞말이 뜻하는 상태가 뒷말의 이유나 원인이 됨을 나타내는 말

참고문헌 표준국어대사전

02 정답 ②

① 접두사로 사용되는 한자로는 '假, 高, 大, 本, 副, 初' 등이 있는데 몇몇 접사는 한자어 어근뿐 아니라 고유어 어근에도 다양하게 결합하여 새로운 단어를 만들 수 있다. 그 예로는 별소리(別소리), 본바탕(本바탕), 생쌀(生쌀) 등이 있다.
② 파생 명사를 만드는 것은 전성어미가 아닌 명사 파생 접미사이다. 접미사는 새로운 단어를 만들고, 선행 요소의 품사를 바꿀 수 있으며, 어미에 비해 분포상의 제약이 있다는 점에서 어미와 구별이 된다.
③ 접미사는 어근의 뜻을 한정할 뿐만 아니라 그 앞에 오는 어근의 품사를 바꾸는 경우도 많다.
④ 접미사에 의해 만들어지는 파생 동사의 경우 피동사와 사동사가 있는데, 예를 들어 피동사는 타동사에 '-이/히/리/기-' 등의 피동사 형성 접미사를 결합시켜 만든다. 이들 접미사는 동사라는 범주 자체를 바꾸지는 않지만 피동 접미사의 경우 타동사를 자동사로 바꾸어 주므로 문장 구조를 바꾸는 것과 같이 문법적인 기능을 변화시키는 힘을 가진다.

알아두기

■ 파생어
파생어는 결합하는 접사에 따라 접두사가 어근에 결합하는 접두 파생어와 접미사가 어근에 결합하는 접미 파생어로 나뉜다. 접두사는 뒤에 오는 어근의 뜻을 한정할 뿐 품사를 바꾸지 않지만, 접미사는 어근의 뜻을 한정할 뿐만 아니라 그 앞에 오는 어근의 품사를 바꾸는 경우도 많다. 접미 파생법은 접두 파생법에 비해 파생어를 만드는 생산력이 강하다. 주로 명사, 동사나 형용사의 어근이나 활용형, 부사 등에 접미사가 결합하여 구성된다.

참고문헌 권재일, 한국어문법론, 태학사, 2013
임홍빈 외, 바른 국어생활과 문법, 한국방송통신대학교출판부, 2011
표준국어대사전

03 정답 ③

① 힘세다(주어 + 형용사): 통사적 합성어
② 눈감다(목적어 + 동사): 통사적 합성어
③ 듣보다(동사의 어간 + 동사): 비통사적 합성어
④ 돌아오다(동사의 연결형 + 동사): 통사적 합성어

> **알아두기**
>
> ■ 합성어 〈18회 1교시 19번〉 참고

참고문헌 임홍빈 외, 바른 국어생활과 문법, 한국방송통신대학교출판부, 2011

04 정답 ②

① 수사는 수량을 나타내는 양수사와 순서를 나타내는 서수사가 있다.
② '어느 하나, 다른 하나'와 같은 특별한 경우를 제외하고는 수사를 수식할 수 없다.
③ 고유어 양수사(하나, 둘, 셋)와 서수사(첫째, 둘째, 셋째), 한자어 양수사(일, 이, 삼)와 서수사(제일, 제이, 제삼)가 각각 있다.
④ 수 관형사는 수사와 대등한 체계를 형성하고 있어서 수사와 형태가 같은 것이 대부분이지만 형태를 달리하는 일도 많다. '하나, 둘, 셋, 넷'이 수 관형사로 쓰일 때는 '한, 두, 세, 네'로 쓰이는데, '다섯'부터 '열'까지는 수사와 수 관형사가 동일한 형태를 보인다.

> **알아두기**
>
> ■ 수사
> 수사는 사물의 수량이나 순서를 가리키는 단어들로 이루어진 품사다. "사과 하나를 먹었다."처럼 수량을 나타내는 수사를 양수사 또는 기본수사라고 하고, "얘가 우리 첫째입니다."처럼 순서를 나타내는 수사를 서수사라 한다. 국어의 수사에는 고유어 계열과 한자어 계열의 두 가지가 있다. '하나, 둘, 셋, 첫째, 둘째, 셋째'는 고유어 수사이고 '일, 이, 삼, 제일, 제이, 제삼'은 한자어 수사이다.
>
> ■ 수 관형사
> 수 관형사는 뒤에 오는 체언의 수나 순서를 나타내는 관형사를 말하는 것인데, 수량 관형사라고도 한다. 수 관형사는 수사와 대등한 체계를 형성하고 있어서 수사와 형태가 같은 것이 대부분이지만 기본적 수 관형사는 형태를 달리하는 일이 많다. '하나, 둘, 셋, 넷, 다섯 … 열하나, 열둘 … 스물 … 여섯' 등이 관형사로 쓰일 때는 '한, 두, 세, 네, 다섯 … 열한, 열두 … 스무 … 여러'가 되기도 한다. 그리고 '셋, 넷'은 특수한 단어 '말(斗)' 앞에서는 '서, 너'로 실현되고 '되' 앞에서는 '석, 넉'으로 나타난다.

참고문헌 임홍빈 외, 바른 국어생활과 문법, 한국방송통신대학교출판부, 2011

05 정답 ①, ②, ③, ④ ※ 시행처에서 복수답안으로 처리하였습니다.

ㄱ. '다섯 군데'의 '다섯'은 뒤에 오는 체언(군데)의 수를 나타내는 수 관형사이다.
ㄴ. "아이들이 큰다."의 '크다'는 '자라다'의 의미를 가진 동사이다.
ㄷ. '보다 나은 삶'의 '보다'는 '어떤 수준에 비하여 한층 더'의 의미를 가진 부사이다.
ㄹ. "모두가 찬성하였다."의 '모두'는 '일정한 수효나 양을 기준으로 하여 빠짐이나 넘침이 없는 전체'의 의미를 가진 명사이고, 그 뒤에 결합된 '가'는 주격 조사이다.

알아두기

■ 품사 통용 〈19회 1교시 20번〉 참고

참고문헌 고영근・남기심, 표준국어문법론, 박이정, 2014
서울대학교 국어교육연구소, 한국어교육학 사전, 하우, 2014
표준국어대사전

06 정답 ④

① 개굴개굴: 개구리가 잇따라 우는 소리
② 따옥따옥: 따오기가 우는 소리
③ 콜록콜록: 가슴 속에서 잇따라 울려 나오는 기침 소리

알아두기

■ 의성어와 의태어

의성어와 의태어는 그 개념과 범위가 모호하다. 의성어의 경우 소리를 음성으로 모방한다는 점에서 비교적 분명하지만, 의태어의 경우 소리가 아닌 것을 소리로 모방하는 것이라고 볼 때 어디까지를 모방이라고 할 수 있을지 불분명하기 때문이다.

또한 의성어와 의태어의 경계가 불분명한 이유 중 하나는 많은 의태어가 의성어로부터 의미가 확장되거나 처음부터 의성성과 의태성을 함께 나타냈기 때문이다. 예를 들면 '쿵'은 크고 무거운 물건이 떨어지거나 부딪쳐 나는 소리를 나타내기 위해 사용된 말인데, 그것이 "가슴이 쿵 내려앉았다, 가슴이 쿵 떨어지는 것을 느꼈다."처럼 심리적으로 충격을 받아서 갑자기 가슴이 세게 뛰는 모양을 나타내게 되었다. 이때는 소리의 묘사가 아니라 의태어적 용법으로 사용된 것으로 볼 수 있다. 의성어와 의태어는 서로 다른 동기와 과정에 의해 형성되었지만, 그 기능이 공감각적으로 넘나들고 반복형을 구성하는 등 형태적으로 공통된 특징을 가지고 있다.

참고문헌 심재기・채완, 언어와 의미, 한국방송통신대학교출판부, 2009
표준국어대사전

07 정답 ④

④ 기본자에 획을 더하여 만든 것은 가획자이다. 이체자는 기본자와 가획자에 속하지 않는 글자이다.

알아두기

- 훈민정음 체계 〈18회 1교시 4번〉 참고

참고문헌 이기문·이호권, 국어사, 한국방송통신대학교출판부, 2009

08 정답 ①

① 그/가/ 가면/ 나/도/ 또한/ 간다.: 7개
② 머문/ 자리/가/ 정말/ 아름답다.: 5개
③ 선생님/께서/ 저녁/을/ 맛있게/ 드셨습니다.: 6개
④ 몸/ 둘/ 바/를/ 모르겠어요.: 5개

알아두기

- 단어
  단어는 자립성을 가지는 최소의 단위이다. 즉, 문장에서 단독으로 쓰일 수 있는 언어 형식을 말한다. 이 자립성의 기준을 엄격하게 적용하면 국어의 조사는 단어의 자격을 가지기 어렵지만 조사에 선행하는 체언의 자립성이 어미에 선행하는 용언 어간의 자립성보다 훨씬 높기 때문에 조사는 어미와 달리 하나의 단어로 취급한다.

참고문헌 임홍빈 외, 바른 국어생활과 문법, 한국방송통신대학교출판부, 2011

09 정답 ③

① 주어
② 주어
③ 부사어
④ 주어

알아두기

■ 문장 성분

문장에는 그 문장을 구성하고 있는 기능적 단위들이 있는데 문장의 구성에 필수적으로 요구되거나 부가적으로 요구되는 각각의 단위들을 문장 성분이라고 한다. 문장 성분 중 주성분에는 문장의 구성에 핵심이 되는 서술어를 비롯하여 주어, 목적어, 보어 등이 있다. 또한, 부속 성분인 관형어와 부사어는 각각 체언을 수식하거나 서술어인 용언을 수식하는 기능을 한다. 주성분은 문장의 구성에 필수적이므로 빼 버렸을 때 문장이 성립되지 않지만, 부속 성분은 문장의 성립 여부에는 별다른 관련을 맺고 있지 않다. 그러나 부속 성분으로 분류된 부사어 중에는 서술어의 어휘와 의미적 특성에 따라 필수적으로 요구되는 것도 있다.

참고문헌 임홍빈 외, 바른 국어생활과 문법, 한국방송통신대학교출판부, 2011

10 정답 ①

① 형태소는 최소의 유의적 단위인데, 여기에서의 의미는 문법적 의미와 어휘적 의미를 포함한다. 따라서 최소의 유의적 단위라는 말은 곧 최소의 문법 단위라는 말과 같으며 형태소가 단어보다 더 큰 단위일 수 없다. 즉, 한 형태소 안에 둘 이상의 단어가 들어 있는 일은 없다는 말이다(형태소의 수 ≥ 단어의 수).
② 품사란 단어를 문법적 성질의 공통성에 따라 분류한 것을 가리킨다. 한국어의 품사는 명사, 대명사, 수사, 동사, 형용사, 관형사, 부사, 감탄사, 조사의 9품사로 나뉜다. 한 문장에 있는 형태소의 총 수는 그 문장에 있는 품사의 총 수를 넘을 수 있다.
③ 문장 성분은 주어, 서술어, 목적어, 보어, 관형어, 부사어, 독립어가 있다. 주어는 체언에 주격 조사 '이'나 '가'가 붙어서 이루어지는 것이 일반적이므로 한 문장에 있는 단어의 총 수는 문장 성분의 총 수를 넘을 수 있다.
④ 부사어는 보통 서술어 앞에 놓여 그 뜻을 한정해 주는 역할을 하는데 다른 부사어나 관형어를 꾸미는 경우도 있고 문장 전체를 한정하는 부사도 있다. 한 문장에서 부사어의 총 수는 서술어의 총 수를 넘을 수 있다.

참고문헌 임홍빈 외, 바른 국어생활과 문법, 한국방송통신대학교출판부, 2011

11 정답 ③

ㄴ. 마찰음은 치조음, 후음으로 실현된다.
ㅁ. 마찰음과 파찰음의 개수는 모두 6개이다.

알아두기

■ 자음의 분류 〈17회 1교시 5번〉 참고

참고문헌 신승용, 국어음운론, 역락, 2013

12 정답 ④

④ 한국어의 경우 앞에 오는 음절 종성의 음운론적 강도는 뒤에 오는 음절 초성의 음운론적 강도보다 크면 안 된다는 제약이 존재한다. 한국어 자음의 강도는 '장애음 > 비음 > 유음'의 순서로 크다. 이것을 음소배열제약이라고 한다.

> **알아두기**
>
> ■ 음절구조제약
> 음절구조제약은 세 가지로 나누어 살펴볼 수 있다.
> 1. 음절 성분과 음절의 관계에 관한 것
>   1) 모든 음절은 중성을 반드시 하나만 가져야 한다.
>   2) 모든 음절은 초성이나 종성을 하나를 가져도 좋고 가지지 않아도 좋다.
> 2. 분절음과 음절 성분의 관계에 관한 것
>   1) 초성은 18자음(ㄱ, ㄴ, ㄷ, ㄹ, ㅁ, ㅂ, ㅅ, ㅈ, ㅊ, ㅋ, ㅌ, ㅍ, ㅎ, ㄲ, ㄸ, ㅃ, ㅆ, ㅉ) 중의 하나여야 한다.
>   2) 중성은 단순모음이나 이중모음 중의 하나여야 한다.
>   3) 종성은 7자음(ㄱ, ㄴ, ㄷ, ㄹ, ㅁ, ㅂ, ㅇ) 중의 하나여야 한다.
> 3. 분절음과 분절음의 연결에 관한 것
>   1) 자음 뒤에 /ㅢ/가 연결될 수 없다(표기의 문제가 아님).
>   2) 'ㅈ, ㅉ, ㅊ' 뒤에 'ㅑ, ㅕ, ㅛ, ㅠ, ㅖ'가 연결될 수 없다.

참고문헌 허용·김선정, 외국어로서의 한국어 발음 교육론, 박이정, 2013
배주채, 한국어의 발음, 삼경문화사, 2013

13 정답 ③

③ '예, 례'는 표기대로 발음한다. 따라서 차례는 [차례]로 발음한다.

> **알아두기**
>
> ■ 'ㅖ'의 발음
> 경우에 따라서 이중모음은 이중모음이 아닌 단모음으로 발음되는 경우도 있다. 표준어 규정의 제2부 표준 발음법 제5항에서는 이를 '다만 1~다만 4'까지 별도의 단서 조항으로 제시하였다. 그중에서 '다만 2'가 'ㅖ'의 발음과 관련된 조항이다.
> 이중모음 'ㅖ'는 표기대로 발음하는 것이 원칙이지만 '예, 례'를 제외한 나머지 환경에서는 이중모음 대신 단모음 [ㅔ]로 발음되는 경우가 매우 빈번하다. 그래서 이러한 발음 현실을 감안하여 '예, 례'와 같이 초성이 없거나 'ㄹ'이 초성에 있는 경우가 아닌 'ㅖ'는 이중모음으로 발음하는 것을 원칙으로 하되 단모음 [ㅔ]로 발음하는 것도 허용하게 되었다. 이에 따라 '계시다, 혜택'과 같은 단어는 표준 발음을 복수로 제시하고 있다.

참고문헌 한국어 어문 규범 표준어 규정, 국립국어원

14 정답 ①

ㄱ. 좋지[조치]와 밝히다[발키다]는 'ㅎ' 축약이 적용되었다.
ㄴ. 잎도[입또]는 '평폐쇄음화 뒤 경음화(대치)'가 적용되었다.
ㄷ. 다치어 → (다쳐) → [다처]는 '활음(j)' 탈락이 적용되었다.
ㄹ. 신여성[신녀성]은 'ㄴ' 첨가가 적용되었다.

> **알아두기**
>
> ■ 음운의 변동 〈19회 1교시 13번〉 참고

참고문헌 김성규·정승철, 소리와 발음, 한국방송통신대학교출판부, 2011

15 정답 ①

① 밥만[밤만]: 비음화(대치), 심리[심니]: 치조비음화(대치), 잡고[잡꼬]: 경음화(대치)
② 않네[안네]: 'ㅎ' 탈락(탈락), 열여섯[여려섣]: 평폐쇄음화(대치), 밥하고[바파고]: 'ㅎ' 축약(축약)
③ 논리[놀리]: 유음화(대치), 눈약[눈냑]: 'ㄴ' 첨가(첨가), 많거든[만커든]: 'ㅎ' 축약(축약)
④ 앓고[알코]: 'ㅎ' 축약(축약), 삶도[삼도]: 자음군 단순화(탈락), 국내[궁내]: 비음화(대치)

참고문헌 김성규·정승철, 소리와 발음, 한국방송통신대학교출판부, 2011

16 정답 ②

② 접는[점는], 국물[궁물], 먹네요[멍네요]: 비음 앞에서 장애음이 비음으로 바뀐 '역행동화, 부분동화'이다.
맏이[마지]: 구개음화는 뒤의 'ㅣ'모음의 영향을 받아 자음이 동화되는 현상으로 'ㅣ'모음 역행동화, 부분동화'이다.

> **알아두기**
>
> ■ 동화
> 1. 동화음: 다른 소리에 영향을 미쳐서 동화를 일으키는 소리
> 2. 피동화음: 동화음의 영향을 받아서 동화음과 같거나 비슷하게 바뀌는 소리
> 3. 순행동화: 동화음이 피동화음보다 앞에 있을 때 일어나는 동화
> 4. 역행동화: 동화음이 피동화음보다 뒤에 있을 때 일어나는 동화
> 5. 완전동화: 피동화음이 동화음과 같은 소리로 바뀌는 현상
> 6. 부분동화: 피동화음이 동화음과 비슷한 소리로 바뀌는 현상

참고문헌 김성규·정승철, 소리와 발음, 한국방송통신대학교출판부, 2011

17 정답 ④

④ 감대[감때]: 동사 어간의 말음 'ㅁ' 뒤에서의 경음화('감동[감동]'의 경우 음운론적 조건은 동일하지만 경음화가 일어나지 않음)

알아두기

■ 경음화가 일어나는 환경
1. 평폐쇄음 뒤에서의 경음화: 음운론적 조건
2. 동사나 형용사 어간의 말음 'ㄴ, ㅁ' 뒤에서의 경음화: 형태론적 조건
3. 관형형 어미 '-(으)ㄹ' 뒤에서의 경음화: 형태론적 조건
4. 한자어에서 'ㄹ' 뒤 'ㄷ, ㅅ, ㅈ'의 경음화: 형태론적 조건

■ 음운의 변동
음운이 환경에 따라 변하는 현상을 음운의 변동이라고 한다. 음운의 변동이 일어나는 첫 번째 이유는 한국어 말소리의 구조적 제약, 즉 음운론적 조건이다. 음운론적 조건은 발음하기 불편한 것을 피하려는 데서 발생한다. 음운 변동의 두 번째 이유는 형태론적 조건이다. 형태론적 조건은 식별을 용이하게 하기 위한 것이다. 동일한 음운론적 조건을 가진 단어가 형태론적 조건에 의해 음운 변동을 일으키는 경우가 있다. 즉, 비음운론적 교체로 교체 환경을 음운론적 정보만으로는 규정할 수 없는 교체를 말하며 음운론적 정보 이외에 형태소의 문법적 특성 따위가 포함되어야 설명이 가능한 교체이다. 예를 들어 '신을 신고[신꼬]'는 용언 어간의 말음 'ㄴ' 뒤에서 일어나는 경음화인데 '신과[신과] 함께, 신고[신고]하다'와 같이 명사에 조사가 결합한 형태이거나 단어 내부에서는 경음화가 일어나지 않는다.

참고문헌 서울대학교 국어교육연구소, 한국어교육학사전, 하우, 2014

18 정답 ③

① '주어-목적어-서술어'의 어순을 가지는 SOV형 언어이다. 즉, 동사-말(verb-final) 언어에 속한다.
② 한국어는 교착어(첨가어)에 속한다.
③ 한국어의 수식 구성에서 수식어는 반드시 피수식어 앞에 오는 좌분지 언어이다.
④ 한국어는 핵-끝머리(후핵) 언어에 속한다.

참고문헌 한국방송통신대학교 평생교육원, 외국어로서의 한국어학, 한국방송통신대학교출판부, 2007

19

정답 ①, ②, ③, ④ ※ 시행처에서 복수답안으로 처리하였습니다.

① 읊고[읍꼬]
② 넓둥근[넙뚱근]
③ 밟고[밥ː꼬]
④ 해질녘에[해질려케]

알아두기

- 표준어 규정 제2부 표준 발음법 〈18회 1교시 8번〉 참고

참고문헌 한국어 어문 규범 표준어 규정, 국립국어원

20

정답 ①

② /ㅓ, ㅗ/는 중모음
③ /ㄹ/은 공명음
④ /ㅚ/는 중모음

알아두기

- 단모음 체계 〈19회 1교시 6번〉 참고

참고문헌 김성규·정승철, 소리와 발음, 한국방송통신대학교출판부, 2011

21

정답 ③

① 문장의 주체를 높이는 것을 주체 높임법, 동작의 대상이 되는 인물인 객체를 높이는 것을 객체 높임법, 듣는 사람을 높이거나 낮추어 말하는 것을 상대 높임법이라고 한다.
③ '아뢰다', '뵙다' 등은 객체를 높이는 어휘이다.
④ '말씀'은 "선생님 말씀대로 하겠습니다."와 같이 남의 말을 높일 때도 쓰이고, "제가 말씀을 드릴게요."처럼 자신의 말을 낮추어 이를 때도 쓰인다.

22 정답 ③

① 나는 <u>자전거</u>를 샀다. 그 <u>자전거</u>는 값비싼 것이다.: 관계 관형절
② 충무공이 <u>거북선</u>을 만들었다. 그 <u>거북선</u>은 세계 제일의 철갑선이다.: 관계 관형절
③ 나는 저 사람을 만났다. 그런 기억이 없다.: 동격 관형절
④ <u>사람들</u>이 횃불을 추켜들었다. 그 <u>사람들</u>이 골짜기를 뒤졌다.: 관계 관형절

알아두기

■ 관형절의 종류 〈18회 1교시 25번〉 참고

참고문헌 배주채, 한국어문법, 신구문화사, 2020
고영근·남기심, 표준국어문법론, 박이정, 2014
국립국어원, 외국인을 위한 한국어 문법 1, 커뮤니케이션북스, 2005

23 정답 ②

② '아무'는 '어떤 사람이나 사물 따위를 특별히 정하지 않고 이를 때 쓰는 말'로 부정칭(不定稱)이다.

알아두기

■ 미지칭과 부정칭
인칭 대명사 '누구'나 지시대명사 '어디' 등은 두 가지 의미로 해석이 된다. 모르는 것에 대해 물어보는 뜻을 나타내기도 하고, 정해져 있지 않은 어떤 사람이나 장소를 가리키기도 한다. 이를 각각 미지칭(未知稱), 부정칭(不定稱)이라 부르기도 한다.

참고문헌 권재일, 한국어문법론, 태학사, 2013
표준국어대사전

24 정답 ④

① 가난하다(형용사): 가난(명사)-하다(접미사)
   슬기롭다(형용사): 슬기(명사)-롭다(접미사)
② 마음껏(부사): 마음(명사)-껏(접미사)
   다행히(부사): 다행(명사)-히(접미사)
③ 많이(부사): 많다(형용사)-이(접미사)
   빨리(부사): 빠르다(형용사)-이(접미사)
④ 말갛다(형용사): 맑다(형용사)-앟(접미사) 〈추정〉
   높다랗다(형용사): 높다(형용사)-다랗다(접미사)

참고문헌 표준국어대사전

25 정답 ③

① 차가 서다 – 차를 세우다, 아기가 눕다 – 아기를 눕히다, 친구가 웃다 – 친구를 웃기다
② 밥을 먹다 – 밥을 먹이다, 일을 맡다 – 일을 맡기다, 옷을 입다 – 옷을 입히다
③ '고양이가 쥐를 쫓다 – 쥐가 고양이에게 쫓기다, 발을 밟다 – 발이 밟히다, 색을 섞다 – 색이 섞이다'에서 보듯이 '쫓기다, 밟히다, 섞이다'는 타동사에 피동 접미사가 붙어서 된 자동사이다.
④ 비가 그치다 – 울음을 그치다, 시계가 멈추다 – 걸음을 멈추다, 나무가 움직이다 – 다리를 움직이다

참고문헌 고려대한국어대사전, 고려대학교 민족문화연구원
표준국어대사전

26 정답 ①

ㄱ. '어머니, 호랑이'처럼 의미상 쪼갤 수 없는 말은 소리 나는 대로 글자를 쓰므로 소리의 변동이 없지만 두 개 이상의 형태소가 결합하면 소리의 변동이 일어나는 경우가 있다.
ㄴ. 의성어나 의태어는 자음교체, 모음교체에 의한 대립쌍을 갖는 경우가 많으며 여전히 새롭게 만들어져 그 수가 계속해서 늘어나고 있다.
ㄷ. 한국어는 담화 중심적 언어이기 때문에 상황에 따라 주어나 목적어가 쉽게 생략될 수 있다.
ㄹ. 어순이 비교적 자유롭지만 수식어는 반드시 피수식어 앞에 온다.

알아두기
■ 한국어의 특성 〈18회 1교시 1번〉 참고

참고문헌 한국방송통신대학교 평생교육원, 외국어로서의 한국어학, 한국방송통신대학교출판부, 2007

27 정답 ③

① '날다'는 '납니다, 나네, 나세요'처럼 어간의 형태가 바뀌지만('ㄹ' 탈락) 이러한 변화가 음운 규칙에 따른 것이어서 규칙 활용으로 처리된다.
② '흐르다'는 '흐릅니다, 흘러요'처럼 어간의 형태가 바뀌는 '르' 불규칙 활용이다.
③ '게으르다'는 '게으릅니다, 게을러서'로 위의 '흐르다'와 마찬가지로 어간의 형태가 바뀌는 '르' 불규칙 활용이다.
ⓒ의 어미만 바뀌는 불규칙 활용은 '러' 불규칙 활용으로 '푸르다, 푸르러서'가 있다.
④ '파랗다'는 '파랗습니다, 파라니까, 파래서'로 어간과 어미가 모두 바뀐다.

알아두기
■ 용언의 활용 〈19회 1교시 15번〉 참고

참고문헌 국립국어원, 외국인을 위한 한국어 문법 1, 커뮤니케이션북스, 2005

28 정답 ②

② '-아/어야, -건만, -자'는 명령문, 청유문과 쓰이지 않는다.
예) 꽃이 피어야 꽃구경을 가라.(×)
꽃이 피어야 꽃구경을 가자.(×)
그녀가 떠나건만 붙잡아라.(×)
그녀가 떠나건만 붙잡자.(×)
밥을 먹자 학교로 가라.(×)
밥을 먹자 학교로 가자.(×)

참고문헌 국립국어원, 외국인을 위한 한국어 문법 1, 커뮤니케이션북스, 2005

29 정답 ①

① "그런 기회가 아주 없는 것인가? 나는 그 소문을 아주 모르지는 않는다."와 같이 '아주'는 '완전히 다'의 의미를 가질 때 '없다, 모르다' 따위와 함께 쓰이는 경우가 있으나 "그는 내 곁에서 아주 떠났다."와 같이 긍정문에서도 쓰인다.

알아두기

- 부정극어(부정극성어) 〈17회 1교시 35번〉 참고

참고문헌 권재일, 한국어문법론, 태학사, 2013
표준국어대사전

30 정답 ④

① 상의어가 가지고 있는 성분은 하의어에 모두 포함되어 있다. 하의어의 의미 성분 개수가 더 많다.
② 품사가 달라도 의미 성분을 공유할 수 있다. 예를 들어 '보다, 듣다, 맡다, 덥다, 춥다' 등의 경우 [감각]이라는 의미 성분을 공유할 수 있으며 이들을 구별하기 위해서 '추위'를 따지는 의미 성분이 추가될 수 있다.
③ '속닥거리다'는 '혼잣말'이 아니다.

알아두기

- 의미 성분 〈18회 1교시 44번〉 참고

참고문헌 나찬연, 현대 국어 의미론의 이해, 경진, 2019
윤평현, 국어의미론, 역락, 2012

31 정답 ④

① · ② 반의 관계는 서로 반대되거나 대립되는 의미를 가진 단어 사이의 의미 관계이며, 두 단어가 의미상 여러 가지 공통성을 가지고 있으면서 하나의 매개변수가 다르면 성립한다고 할 수 있다. '길다'와 '짧다'는 '길이'의 장단에서 대조적인 배타성을 가지고 있다.
③ 등급 반의어는 두 단어 가운데 한 단어가 더 기본적이고 일반적으로 쓰인다. 중립 질문으로 우리는 "머리가 얼마나 길어?"라고 묻는 것에서 '길다'가 더 일반적으로 사용된다는 것을 알 수 있다. 두 단어 중에 보다 일반적인 뜻을 지닌 '길다'를 무표적 표현이라고 하고 반대로 '짧다'를 유표적 표현이라고 한다.
④ '길다 - 짧다'는 등급 반의어로 두 단어 사이에 등급성이 있다. 즉, 두 단어 사이에 중간 상태가 있을 수 있으며 '길지 않다'가 반드시 '짧다'를 의미하는 것이 아니다. 따라서 "내 머리는 길지도 않고 짧지도 않다."와 같이 두 단어를 동시에 부정하는 것도 가능하다.

참고문헌 윤평현, 국어의미론, 역락, 2012

32 정답 ①

① 접두사로 사용되는 한자로는 '假, 高, 大, 本, 副, 初' 등이 있는데 몇몇 접사는 한자어 어근뿐만 아니라 고유어 어근에도 다양하게 결합하여 새로운 단어를 만들 수 있다.
② '메뉴판(menu板), 디지털화(digital化)' 등 외래어와 결합하여 다양한 혼종어를 이루고 있다.
③ 2025년 2월 기준 표준국어대사전 사전 통계에 의하면 단어와 구를 포함한 총 표제어 수는 424,816개이며, 그중 명사는 269,627개로 73.91%를 차지한다. 명사 표제어 중에서 고유어는 36,149개, 한자어는 186,277개로 고유어 명사보다 한자어 명사가 더 많다.
④ 고유어인 '담'과 한자어인 '장(墻)'이 결합하여 '담장'이 되었다.

참고문헌 이운영, 표준국어대사전 연구 분석, 국립국어연구원, 2002
표준국어대사전 사전통계

33 정답 ①

① 접사, 어미도 표제어가 될 수 있다.
② 동의어는 따로 등재하되, 하나의 표제어에서만 뜻풀이를 하고 그 밖의 표제어들은 뜻풀이를 한 표제어의 동의어로 처리한다.
③ 용례는 각 표제어가 실제로 어떻게 쓰이는가를 보여 준다. 용례는 '구 용례'와 '문장 용례'가 있고, 문장 용례는 '작성 용례, 인용 용례'로 나뉜다.
④ 표제어의 의미를 풀이하는 방식으로 유의어나 동의어를 제시할 수 있으나 순환적인 뜻풀이는 배제하는 것이 좋다.

참고문헌 이운영, 표준국어대사전 연구 분석, 국립국어연구원, 2002

34 정답 ④

① '눈 깜짝할 사이에'는 부사형 관용 표현이다.
② 의미의 투명성은 언중의 이해도와 관련이 있어서 개인차가 있으므로 주관적인 면이 있다. 불투명한 유형은 역사적인 배경을 가진 것들이 많아서 생성 유래를 알아야 그 관용 의미를 알 수 있다. 반(半) 불투명한 유형은 축자 의미로부터 관용 의미를 어느 정도는 유추해 내는 것이 가능하고, 반투명한 유형은 비교적 쉽게 관용 의미를 짐작할 수 있다. '비행기를 태우다'보다 '눈 깜짝할 사이에'가 더 의미를 쉽게 유추할 수 있다.
③ 관용어는 기본적으로 모두 비유적인 의미 특성을 가지고 있지만 부차적으로 [과장성], [반어성], [완곡성]을 가진 것들도 있다. '눈 깜짝할 사이에'는 의미적으로 과장성을 가지고 있으며, '눈을 감다(죽다)'의 경우 완곡성을 가지고 있다.
④ 관용 표현은 구성 요소들 사이의 결합성이 있어서 통사적 고정성을 띠고 있기 때문에 통사적인 변형에 대해 제약을 보인다.

> **알아두기**
>
> ■ 관용어
> 관용어는 언어 내외적인 조건을 갖춘 협의의 관용 표현을 대표하는 용어로 관용적인 단어, 구절, 문장을 모두 포괄하는 말로 쓰인다. 관용어는 본질적으로 중의성, 비합성성, 불투명성이라는 의미 특성을 가진다. 즉, 1차적으로는 축자 의미로 해석되고 2차적으로는 관용 의미로 해석되는 중의성을 가진다. 그리고 관용어의 의미는 각 구성 요소들의 축자 의미의 합과는 무관한 제3의 의미를 가지므로 비합성성을 가진다. 또한 축자 의미와 관용 의미 사이에 예측 가능성 또는 의미의 유연성이 없으므로 불투명성을 띤다.

참고문헌 서울대학교 국어교육연구소, 한국어교육학사전, 하우, 2014

35 정답 ④

ㄱ. 방언이던 단어가 표준어보다 더 널리 쓰이게 되면 표준어로 삼는다. 예를 들어 방언이었던 '멍게'도 표준어인 '우렁쉥이'와 함께 널리 쓰여 둘 다 표준어로 삼았다(표준어 규정 제3장 제3절 제23항).
ㄴ. 사회 방언은 음운의 차이가 두드러지지 않는다.
ㄷ·ㄹ. 방언이란 원래는 균질적이던 한 언어가 지리적으로나 사회적으로 분화되어 생겨난 분화체로서, 특정 지역 또는 사회 계층에서만 사용하는 음성, 음운, 문법, 어휘의 체계를 가리킨다. 즉, 방언이란 특정 언어 집단에서 쓰이면서 다른 언어 집단의 언어 체계와는 구별되는 특징을 가진 한 언어의 변종 또는 변이체라고 할 수 있다.

참고문헌 방언연구회, 방언학사전, 태학사, 2003

36 정답 ②

① 이 문장에서 사용된 '메다'는 '막히거나 채워지다'라는 기본 의미로 쓰였다.
② '메다'는 '어깨에 걸치거나 올려놓다'가 기본 의미이며, 이 문장에서 사용된 '메다'는 '어떤 책임을 지거나 임무를 맡다'라는 주변 의미로 쓰였다.
③ 이 문장에서 사용된 '베다'는 '날이 있는 연장으로 무엇을 끊거나 자르거나 가르다'라는 기본 의미로 쓰였다.
④ 이 문장에서 사용된 '베다'는 '누울 때 베개 따위를 머리 아래에 받치다'는 의미로 쓰였으며 다의어가 아니다.

> **알아두기**
>
> ■ 다의어 〈17회 1교시 37번〉 참고

참고문헌 서울대학교 국어교육연구소, 한국어교육학사전, 하우, 2014
표준국어대사전

37 정답 ③

③ "보는 눈이 너무 많아."에서 '눈'은 '사람들의 눈길'을 의미하므로 의미가 확대되었다.

참고문헌 표준국어대사전

38   정답 ④

① 할머니께 사과를 드리다. – 객체 높임
② 선생님께 말씀을 여쭙다. – 객체 높임
③ 손님을 모셔다 드리다. – 객체 높임
④ 할아버지께서 주무시다. – 주체 높임

알아두기

- 높임의 대상 〈18회 1교시 20번〉 참고

참고문헌 고영근 · 남기심, 표준국어문법론, 박이정, 2014

39   정답 ①

① '살이 찌다, 분량이나 수효가 많아지다'의 의미를 가진 동사는 '붇다'이므로 활용형은 '붇고'로 써야 한다.
② '붓다'는 '살가죽이나 어떤 기관이 부풀어 오르다'라는 의미를 가진 자동사이다.
③ '받다'는 '머리나 뿔 따위로 세차게 부딪치다'라는 의미를 가진 타동사이다.
④ '벋다'는 '식물의 가지나 덩굴, 뿌리가 어떤 방향으로 길게 자라나다'라는 의미를 가진 자동사이다.

참고문헌 표준국어대사전

40   정답 ②

① · ③ · ④ 적용의 전이에 의한 다의어
② '춘추'가 '봄가을' 이외에 '나이의 높임말'의 의미를 갖게 된 것은 중국 한자어의 영향을 받은 것이며, '인간'이 '사람들이 사는 세상'이라는 본래의 의미보다 '사람'이라는 의미로 더 많이 사용되는 것은 일본 한자어의 영향을 받은 결과이다.

알아두기

- **다의어의 생성**
  1. **적용의 전이**: 단어는 그것이 사용되는 문맥에 따라서 많은 상이한 양상을 갖게 된다. 그 가운데 일부는 일시적이지만 다른 어떤 것은 의미의 영속적 잔영으로 발전할 수 있으며, 그것들 사이의 간격이 벌어져 같은 단어의 다른 의미로 간주하게 된다. 이러한 현상을 적용의 전이라고 하는데 이러한 적용이 전이를 통하여 기존의 단어는 의미가 확장되어 간다.
  2. **사회 환경의 특수화**: 일반 사회에서 널리 쓰이는 단어가 사회 환경에 따라 전문화된 의미를 가질 수 있다. 사회가 전문화될수록 그 영역에서 사용하는 특수한 의미를 일반적인 단어로 나타내는 일이 늘게 된다.
  3. **비유적 언어**: 하나의 단어는 원래의 의미를 지닌 채 하나 이상의 비유적인 의미를 가질 수 있다. 두 의미 사이에 혼란이 없으면 두 의미는 한 단어의 다의어로 공존한다.
  4. **동음어의 재해석**: 어원적으로 별개의 단어이던 것이 오랜 세월이 지나면서 음성이나 철자의 변화로 동음어가 될 수 있는데 이때 두 단어의 의미에 어떤 관련성이 인정됨으로써 다의어로 재해석될 수 있다.
  5. **외국어의 영향**: 기존의 단어가 외국어의 의미를 차용함으로써 본래의 의미에 변화가 생기는 경우가 있다. 본래의 의미와 외국어의 영향으로 생긴 의미가 공존하면서 기존의 단어는 다의성을 갖게 된다.

참고문헌 윤평현, 국어의미론, 역락, 2012

41 정답 ②

① 달이다: 액체 따위를 끓여서 진하게 만들다 → 장시간
② 데치다: 물에 넣어 살짝 익히다
③ 튀기다: 끓는 기름에 넣어서 부풀어 나게 하다 → 기름 이용
④ 그슬리다: 불에 겉만 약간 타게 하다 → 물이나 기름을 이용하지 않음

참고문헌 표준국어대사전

42 정답 ②

ㄱ. [시간은 공간이다]가 아니라 "[시간은 돈이다]. 그러므로 시간을 아껴서 써야 한다."가 적절한 개념적 은유의 예가 될 수 있다. 물리적 실체가 없는 '시간'과 '아껴서 쓰다'와 같은 동사의 의미를 확장해 사용하였다.

ㄷ. [창조자는 창조물이다]는 개념적 환유에 속한다. 환유는 '한 실체를 사용하여 관련된 다른 실체를 지시하는 인지적 작용'으로 정의할 수 있고, 여기에서는 '모차르트'로 '모차르트의 음악'을 대신 지칭하였다. 은유가 한 사물을 다른 사물의 관점에서 생각하는 방식이라면 환유는 한 사물을 다른 사물로 대체하여 지칭하는 방식이라고 이해하면 쉬울 것이다.

알아두기

■ 은유

비유의 가장 대표적인 하위 유형에는 은유(metaphor)가 있다. 인지언어학에서는 은유를 개념적 현상으로 바라보므로 수사학의 은유와 구별하여 '개념적 은유(conceptual metaphor)'라고 부르기도 한다. Lakoff(1980/2003)는 "은유의 핵심은 결코 언어의 문제가 아니라, 한 정신적 영역을 다른 정신적 영역에 의해서 개념화하는 방식에 있다."라고 했다. 즉 은유의 본질은 한 종류의 사물을 다른 종류의 사물의 관점에서 이해하고 경험하는 것이다. 특히 구체적이고 익숙한 근원 영역으로 추상적이고 새로운 목표영역을 구조화하고 개념화하는데, 이를 개념적 은유라고 한다. 예를 들어 "이야기를 꺼내다."라는 표현은 물리적인 실체가 없는 '이야기'를 책을 꺼내는 행위와 동일한 인지모형을 적용하여 유사하다고 인식하고 '꺼내다'라는 동사의 의미를 확장시켜서 일상생활에서 무의식적으로 이런 표현을 사용하는 것이다. 즉, 구체적인 공간에서 구체적인 실체를 외부로 이동시키는 행동을 근원 영역으로 삼아서 머릿속에서 이야기를 꺼내는 추상적인 행위(목표 영역)를 표상하는 것이다.

참고문헌 최진아, 인지언어학에 기반을 둔 비유 교육 내용 연구, 한국어 의미학, 2012

43 정답 ③

① [+동물]이 잉여 성분
② [+생물]이 잉여 성분
④ [-남성]이 곧 [+여성]을 의미하므로 둘 중 하나는 잉여 성분

알아두기

■ **잉여 규칙, 잉여 성분**
의미 성분들 사이의 관계를 보면 자동적으로 예측이 가능한 성분이 있는데 이러한 성분을 잉여 성분이라고 하며, 자동적인 예측의 체계를 잉여 규칙이라고 한다.
예를 들어 '아내'라는 단어가 가지고 있는 의미 성분을 열거해 보면 [+인간] [-남성] [+결혼] [+동물] 등을 들 수 있다. 그러나 [+동물]은 [+인간]이라는 성분에 의해 예측할 수 있으므로 명시할 필요가 없다.

참고문헌 윤평현, 국어의미론, 역락, 2012

44 정답 ①

① 문장의 통사 구조가 바뀐 동의문
②·③·④ 어휘적 동의문

알아두기

■ **동의문**
1. **어휘적 동의문**: 전달하고자 하는 내용은 같지만 화자가 선택하는 어휘가 다름으로 동의성을 갖는 경우
   1) 동의어에 의한 동의문: 동일한 문장 구조를 가지고 있으면서 동의 관계에 있는 단어로 바꾸어 쓰인 것 (문법 형태소 포함)
   2) 단어 의미의 재구성에 의한 동의문: 단어와 그 단어의 풀어쓰기에 의한 동의 관계
   3) 반의어에 의한 동의문: 반의 관계에 있는 두 단어 가운데서 한쪽 단어를 부정하거나 논항의 위치를 맞바꿈으로써 성립되는 동의문
   4) 어휘소 선택의 다양성에 의한 동의문: 동일한 지시 내용을 다양한 어휘소를 이용하여 표현한 동의문(관용어, 속담, 비유적 표현 이용)
2. **통사적 동의문**: 의미는 그대로 유지하면서 문장의 통사 구조가 바뀐 동의문
   1) 태의 변화에 따른 동의문: 능동문과 피동문 등
   2) 문장의 장단형 구조에 의한 동의문: 단형 피동문과 장형 피동문, 단형 사동과 장형 사동, 단형 부정과 장형 부정 등
   3) 문장 성분의 계층 이동으로 인한 동의문: 내포문의 성분이 모문으로 계층 이동하는 경우 문장의 구조에 변화가 생겨 동의문이 형성됨
   4) 생략으로 인한 동의문: 문장 속의 어떤 요소가 생략되어 완전문과 생략문이 동의 관계에 놓임
   5) 어순 변화에 의한 동의문
   6) 양태 표현의 다양성으로 인한 동의문: 추측, 단정, 의무, 허가, 기원 등 어떤 양태에 대한 다양한 표현으로 동의문이 형성됨

참고문헌 윤평현, 국어의미론, 역락, 2012

45 정답 ③

① 지시설(지시적 의미론)
② 용법설(화용론적 의미론)
③ 개념설(심리주의 의미론)
④ 행동설(행동주의 의미론)

> **알아두기**
>
> ■ 개념설(심리주의 의미론)
> 개념설은 언어 표현과 지시물 사이에 심리적 영상이라는 매개체를 내세워서 간접적으로 설명한다. 심리적 영상이란 한 언어 표현을 접할 때 우리의 마음이나 정신 속에 떠오르는 관념이나 개념을 말한다. '개'라는 말소리를 듣거나 글자를 볼 때 사람들의 머릿속에는 개에 대한 어떤 영상이 떠오르는데, 그 영상이 곧 '개'의 의미라는 것이다. 즉 어떤 단어나 문장의 의미는 그 표현을 알고 있는 사람의 마음이나 정신 속에서 그 표현과 연합되어 있는 관념 또는 개념이라고 본다.

참고문헌 윤평현, 국어의미론, 역락, 2012

46 정답 ③

ㄷ. '내 여자 친구'에서 '나의'라는 한정적 기술에 의해 "나에게 여자 친구가 있다."는 전제가 유발된다.

> **알아두기**
>
> ■ 전제 유발 장치
> 전제는 특정 단어나 문장구조에 의해서 생성되는 경우가 많다. 전제를 생성하는 단어나 문장 구조를 전제 유발 장치라고 한다. 전형적인 전제 유발 장치에는 고유명사, 한정적 기술, 사실동사, 판단동사, 상태변화동사, 반복표현, 수량사, 분열문, 부사절, 비교표현 등이 있다.

참고문헌 윤평현, 국어의미론, 역락, 2012

47 정답 ③

제시된 문장들을 명시적 수행문으로 바꾸면 아래와 같다.
① 나는 너에게 오늘 밤에 비가 오겠다고 진술한다.
② 나는 너에게 내일은 꼭 내가 밥을 살 것을 약속한다.
④ 나는 너희들이 어서 집으로 갈 것을 명령한다.

> **알아두기**
>
> ■ 명시적 수행 발화
> 언표 내적(수행적) 효력을 가지고 있는 '명령한다, 약속한다' 등의 동사를 수행동사라고 한다. 수행동사가 쓰임으로써 언표 내적 행위의 특성을 갖게 되며, 이러한 특성을 갖는 발화 또는 문장을 수행 발화 또는 수행문이라고 한다. 그러나 실제 언어생활에서는 수행동사를 사용하지 않는 일이 많다. 수행동사가 문장의 표면에 노출된 발화를 명시적 수행 발화라고 하고, 수행동사 없이 언표 내적 효력을 갖는 발화를 비명시적 수행 발화라고 한다.

참고문헌 윤평현, 국어의미론, 역락, 2012

48 정답 ④

약속 발화의 적정조건은 아래와 같다.
① 예비조건: 화자는 발화한 행위(A)를 수행할 수 있다고 생각한다.
② 명제내용조건: 화자는 미래에 수행할 행위(A)를 발화해야 한다.
③ 성실조건: 화자는 발화한 행위(A)를 진심으로 하기를 원한다.
④ 본질조건: 화자는 청자에게 발화한 행위(A)를 해야 하는 의무를 갖는다.

알아두기

- 발화 행위의 적정조건 〈18회 1교시 48번〉 참고

참고문헌 윤평현, 국어의미론, 역락, 2012

49 정답 ②

① '따뜻하다'의 정도에 따라 등급 함축이 발생
③ '항상'을 사용하여 빈도를 나타내는 등급 함축 발생
④ '확실하다'의 의미 강도로 등급 함축 발생

알아두기

- 등급 함축

  화자가 등급을 표현하는 단어를 사용할 때 발생하는 함축을 등급 함축이라고 한다. 예를 들어 '대부분'은 '전부'가 아님을 알 수 있다. 등급 함축은 수량을 나타내는 등급의 어떤 값이 선택되면 이 값이 갖는 의미는 이 값보다 상위에 있는 모든 값을 부정하는 함축을 갖게 된다. 즉 '대부분'은 그보다 상위에 있는 '전부'의 부정인 '전부가 아님'을 함축한다.

참고문헌 윤평현, 국어의미론, 역락, 2012

50 정답 ④

① 필요한 만큼의 정보를 제공하지 않았으므로 양의 격률 위배
② 인생이 연극이 아니라는 것은 분명한 사실이므로 질의 격률 위배
③ 모호하게 말함으로써 태도의 격률 위배
④ 대화와 관련 있는 대답을 함으로써 관련성의 격률 준수

알아두기

- 대화의 격률(대화 협동의 원칙) 〈18회 1교시 49번〉 참고

참고문헌 윤평현, 새로 펴낸 국어의미론 강의, 역락, 2021

51 정답 ①

② 사회 직시: ㄱ이 ㄴ으로부터 높임을 받는 대상임을 알 수 있다.
③ 인칭 직시: 네
④ 장소 직시: 오른쪽, 거기

알아두기

- 직시 표현 〈18회 1교시 50번〉 참고

참고문헌 윤평현, 국어의미론, 역락, 2012

52 정답 ④

④ '엇뎨'는 '어찌'의 의미를 가지고 있는 의문사이며, 'ᄒ료'에는 설명 의문의 첨사 '-고'의 교체형인 '-오'와 선어말어미 '-리-'가 결합한 '-료'가 쓰였으므로 'ᄒ라'체의 설명 의문문이다.

알아두기

- 중세국어의 의문문 〈17회 1교시 52번〉 참고

참고문헌 이기문・이호권, 국어사, 한국방송통신대학교출판부, 2009

53 정답 ②

② 15세기 맞춤법의 1차적 원리는 '음소적'이라고 할 수 있다. 즉, 각 음소를 충실히 표기하는 것을 원칙으로 하였는데, '값'의 곡용형은 '갑시, 갑도'로, '깊-'의 활용형은 '기프니, 깁고' 등으로 표기하는 것이다. 《훈민정음해례》 종성해가 8종성만을 쓸 것을 규정한 것도 음소적 원리에 입각한 것이다. 그러나 '곶'은 뜻 파악에 중점을 두고 음절 말 중화 현상을 표기에 반영하지 않고 기본 형태로 고정하여 표기하였다.

참고문헌 이기문・이호권, 국어사, 한국방송통신대학교출판부, 2009
이병운, 중세 국어 표기법과 원리, 국어국문학 27, 부산대학교 국어국문학과, 1990

54 정답 ④

① 아음은 전청자 'ㄱ'를 기본자로 삼았다.
② 전탁자는 훈민정음 초성 17자에 속하지 않는다.
③ 후음은 불청불탁자를 기본자로 삼았다.

알아두기

■ 훈민정음 초성 체계

구분	아음 (牙音)	설음 (舌音)	순음 (脣音)	치음 (齒音)	후음 (喉音)	반설음	반치음
전청(全淸)	ㄱ	ㄷ	ㅂ	ㅈ	ㅅ	ㆆ	
차청(次淸)	ㅋ	ㅌ	ㅍ	ㅊ		ㅎ	
전탁(全濁)	ㄲ	ㄸ	ㅃ	ㅉ	ㅆ	ㆅ	
불청불탁(不淸不濁)	ㆁ	ㄴ	ㅁ			ㅇ	ㄹ	ㅿ

■ 훈민정음 초성 17자의 제자 원리

구분	기본자	가획자			이체자
아음(牙音)	ㄱ	→	ㅋ		ㆁ
설음(舌音)	ㄴ	→	ㄷ	→	ㅌ	ㄹ
순음(脣音)	ㅁ	→	ㅂ	→	ㅍ	
치음(齒音)	ㅅ	→	ㅈ	→	ㅊ	ㅿ
후음(喉音)	ㅇ	→	ㆆ	→	ㅎ	

참고문헌 이기문·이호권, 국어사, 한국방송통신대학교출판부, 2009

55 정답 ①

ㄱ. '담그다'는 '담가, 담갔다'로 활용하므로 '담가야겠다'로 써야 한다.
ㄴ. 합성어에서 뒷말의 첫소리가 'ㄴ' 소리로 나더라도 두음 법칙에 따라 적는다. 따라서 '남존여비'로 쓴다.
ㄷ. '걸맞다'는 형용사이므로 '걸맞은'이 맞다.
ㄹ. '거칠다'는 'ㄹ 탈락 용언'이므로 '거친'으로 써야 한다.

참고문헌 표준국어대사전

56 정답 ①

① 알약: 표준 발음은 [알략]이며, [알략]과 같이 'ㄹ'이 덧나는 경우에는 그 변화의 결과에 따라 적으므로, '알약[알략]'은 'allyak'으로 적는 것이 맞다.
② 묵호: 음운 변화가 일어날 때에는 변화의 결과에 따라 적으므로 'ㄱ, ㄷ, ㅂ, ㅈ'이 'ㅎ'과 합하여 거센소리로 소리 나는 경우도 이에 따라야 하지만, 예외로 체언에서 'ㄱ, ㄷ, ㅂ' 뒤에 'ㅎ'이 따를 때에는 'ㅎ'을 밝혀 적는다. 예를 들면 묵호(Mukho), 집현전(Jiphyeonjeon)이 있다.
③ 벚꽃: 'ㄲ'은 kk로 적는다. 따라서 'beotkkot'으로 적는다.
④ 해돋이: 구개음화가 되는 경우 변화의 결과에 따라 적으면 해돋이[해도지]는 'haedoji'로 적는다.

참고문헌 한국어 어문 규범 국어의 로마자 표기법, 국립국어원

57 정답 ②

② 모음 앞의 [ʒ]는 'ㅈ'으로 적는다. 따라서 'vision[viʒən]'은 '비전'으로 표기한다.

참고문헌 한국어 어문 규범 외래어 표기법, 국립국어원

58 정답 ③

③ '애닯다'는 노래에서 쓰이기도 하나 이는 옛말의 흔적이 남아 있는 것일 뿐이다. '애닯으니, 애닯아서, 애닯은' 등의 활용형이 실현되는 일이 없어 현재는 비표준어로 처리하고, '애달프고, 애달프지, 애달파서, 애달픈'과 같이 활용에 제약이 없는 '애달프다'를 표준어로 삼았다. 이와 달리 '섧다'는 '서럽다'와 함께 복수 표준어로 인정하여 "서럽게 운다."와 "섧게 운다."가 다 쓰이고 있다. 이들은 활용형에서 차이를 보이는데, '서럽다'는 '서러워, 서러우니'와 같이 활용하고 '섧다'는 '설워, 설우니'와 같이 활용한다.

참고문헌 한국어 어문 규범 표준어 규정, 국립국어원

59 정답 ②

② 겹받침 'ㄺ, ㄻ, ㄿ'은 어말 또는 자음 앞에서 각각 [ㄱ, ㅁ, ㅂ]으로 발음한다. 다만, 용언의 어간 말음 'ㄺ'은 'ㄱ' 앞에서 [ㄹ]로 발음한다. 따라서 '굵직하다[국찌카다]'로 발음한다.

참고문헌 한국어 어문 규범 표준어 규정, 국립국어원

60 정답 ③

① '만'은 앞말이 뜻하는 동작이나 행동에 타당한 이유가 있음을 나타내는 의존명사로 띄어 쓰는 것이 맞다.
② '등'은 그 밖에도 같은 종류의 것이 더 있음을 나타내는 의존명사로 띄어 쓰는 것이 맞다.
③ '지'는 어떤 일이 있었던 때로부터 지금까지의 동안을 나타내는 의존명사이므로 띄어 써야 한다.
④ '-차'는 '목적'의 뜻을 더하는 접미사이므로 붙여 쓰는 것이 맞다.

참고문헌 표준국어대사전

61 정답 ②

② Canale & Swain(1980)의 연구, 그리고 이후 Canale(1983)의 연구에서 정의하고 있는 의사소통 능력은 네 가지의 하위 범주로 구성되어 있다. 언어 체계의 사용에 대한 것 두 가지(문법적 능력, 담화적 능력)와 나머지 두 가지 하위 범주(사회언어적 능력, 전략적 능력)는 의사소통이라는 기능적 양상에 대한 것이다.

참고문헌 H. Douglas Brown, 이흥수 외 역, 외국어 학습·교수의 원리, Pearson Education Korea, 2015

62 정답 ④

① 창조성
② 역사성
③ 사회성
④ 언어 기호에서 형식으로서의 음성과 내용으로서의 의미 사이에는 필연적인 관계가 없다. 이것을 자의성이라고 한다.

참고문헌 김방한, 언어학의 이해, 민음사, 2005

63 정답 ③

③ 대조언어학은 둘 이상의 언어를 체계적으로 비교, 대조하여 공통점과 차이점을 밝히고자 하는 언어학 분야이다. 외국어 학습 과정에서 모국어의 간섭으로 인해 발생하는 오류를 방지하거나 외국어를 번역할 때 발생하는 문제를 해결하고 이 중 언어 사전 편찬 시 등가적 어휘 항목을 찾아낼 때 겪는 어려움을 해결하려는 실용적인 목적에서 출발했다. 대조언어학은 언어의 역사보다는 언어 간의 차이나 공통점을 찾는 데에 관심을 기울이며, 공시적 관점을 취한다.

참고문헌 이승연, 한국어교육을 위한 응용언어학개론, 태학사, 2019

64 정답 ③

③ 중국어(보통화)에는 4개의 성조가 있으며 태국어는 무형 성조와 유형 성조의 구분이 있는데, 무형 성조는 부호를 사용하지 않고 자음의 종류, 폐음절 혹은 개음절에 따라 구별되는 성조이며 5성으로 이루어져 있다. 유형 성조는 4개의 성조 부호에 따라 구별되는 성조이다.

알아두기

- **베트남어**
  베트남어는 오스트로-아시아어족에 속하며 고립어이다. 모음은 11개의 단모음과 3개의 이중모음으로 구성되고 자음은 21개로 무성음과 유성음으로 구별된다. 베트남어의 하나의 음절은 고유한 뜻을 지닌다. 베트남어의 음절 구조는 초성, 중간 음, 주음, 종성과 성조 등 모두 5개 성분으로 구성된다. 성조는 6성이 있는데 모든 어휘는 1개의 성조를 지니며 서로 다른 높낮이로 발음된다. 평평하며 높은 음, 부드럽게 내리는 음, 위로 도약하는 상승음, 강하게 하강하는 음, 꺾이는 상승음, 짧고 강한 저음이 있다. 이 중 짧고 강한 저음은 모음 아래에 표시한다.

참고문헌 서울대학교 국어교육연구소, 한국어교육학사전, 하우, 2014

65 정답 ①

① 그린란드어는 에스키모-알류트어족에 속하는 언어로 포합어이다.
② 그리스어는 계통적으로는 인도유럽어족에 속하며 인도유럽어족은 굴절어이다.
③ 굴절어는 문장을 구성하는 단어가 변화하면서 문법 관계를 표시하는 언어이다.
④ 고립어는 문장을 구성하는 단어가 어형의 변화가 없고 단어 사이의 문법적 관계가 어순에 의해서만 표시되는 언어이다.

알아두기

- **포합어(抱合語: incorporating language)**
  아이누어·에스키모어·바스크어·아메리카인디언어 등이 포합어에 속한다. 동사 활용에 있어서 인칭을 나타내는 요소와 어근의 사이에 목적어적인 요소가 삽입되는 경우가 있는데 이를 포합어라 한다. 각 형태소는 단독으로 나타나는 형태와는 다른 연접형을 가진다. 포합어 가운데 아이누어처럼 단어 속에 목적어 등을 삽입하는 구조를 가진 언어도 있으며 에스키모어처럼 어근에 붙는 요소가 다양하고 상호간의 결합이 밀접하며 음운 규칙이 복잡한 구조를 가진 것을 복통합적 언어(複統合的言語: polysynthetic language)라고도 한다.

참고문헌 김방한, 언어학의 이해, 민음사, 2005
두산백과 두피디아

66 정답 ①

① 독일의 언어철학자 훔볼트에 의하면, 언어의 유형이 문화의 유형을 규정하고 인식 과정에 직접 영향을 미친다고 하였다. 즉 언어는 그 언어를 사용하는 사람의 사고방식이나 정신구조에 일정한 영향을 미친다는 것이다. 이러한 견해를 언어 상대성 가설이라고 한다. 언어 상대성 가설은 훔볼트를 비롯하여 바이스게르버, 보아스에 의해서도 논의되어 왔는데 특히 미국의 언어학자 사피어와 워프에 의해 더욱 발전되어 사피어-워프 가설이라고도 부른다.

참고문헌 김방한, 언어학의 이해, 민음사, 2005

67 정답 ③

③ 파롤은 개인적 발화 행위이며 체계의 구체적 실현이다. 파롤은 개인적 발화이기 때문에 무한하다.

알아두기

- **기표와 기의**
  '기표(시니피앙)'란 소쉬르의 기호 이론에서 기호의 양면 중 기호의 표현, 즉 음성으로 표현된 외적 형식을 말하며 '기의(시니피에)'란 기호의 내용, 즉 기호 안에 담긴 내적 의미를 말한다. 소쉬르는 언어를 하나의 기호 체계로 보며 언어 단위를 언어 기호에 내포된 개념인 기의와 청각 영상인 기표의 집합으로 형성된 사물이라고 본다. 이때 두 요소는 모두 정신적인 것이며 머릿속에서 연합 관계를 이루고 있는 것이다.

- **랑그와 파롤**
  랑그는 언어의 추상적인 체계를 말하며 파롤은 그 언어의 개별적인 발화 양상을 말한다. 소쉬르는 개인마다 다를 수 있는 파롤보다 공동의 사회적 체계로서의 언어인 랑그를 언어학의 대상으로 보았다.

참고문헌 서울대학교 국어교육연구소, 한국어교육학사전, 하우, 2014

68 정답 ④

① 쐐기문자는 설형문자라고도 하며 메소포타미아를 중심으로 고대 오리엔트에서 광범위하게 쓰인 문자이다. 회화문자(繪畫文字)였는데 점토 위에 갈대나 금속으로 새겨 썼기 때문에 문자의 선이 쐐기 모양으로 보인다. 단어문자로서 수메르어를 적던 것이 아카드어에 전해지면서 음절문자가 되었고 후에 페르시아어, 히타이트어 등에 퍼졌다. 쐐기문자는 중국 문자보다 한 걸음 더 나아가 표음문자의 단계에 이르게 되었다.
② 음절문자(syllabic writing, 音節文字)는 한 음절이 한 글자로 되어 있어 그 이상은 나눌 수 없는 표음문자를 말한다. 음절문자의 전형적인 예는 일본의 かな문자이며 か(ka), さ(sa)를 보면 알 수 있듯이 자음과 모음의 표기가 구별되지 않는다.
③ 음소문자는 자모문자(字母文字)라고도 불린다. 자모(字母)는 자음과 모음으로 갈라 적을 수 있는 낱낱의 글자를 가리킨다.
④ 표음문자는 음소를 각 글자의 단위로 하는 음소문자와 음절을 그 단위로 하는 음절문자를 묶어 부르는 용어이기도 하다. 문제의 설명은 표의문자에 해당한다.

참고문헌 김하수·연규동, 문자의 발달, 커뮤니케이션북스, 2015
　　　　　김방한, 언어학의 이해, 민음사, 2005

69 정답 ③

1) 어휘적 중의성: 시내(냇물, 市內)
2) 구조적 중의성: '울먹이면서'의 주체가 '그녀'인가 '딸'인가에 따라 달라짐
3) 구조적 중의성: [성실한 남학생]과 여학생, 성실한 [남학생과 여학생]
4) 구조적 중의성: [나를 슬프게 하는 그 여성], 나를 슬프게 하는 [그 여성의 뒷모습]
5) 어휘적 중의성: 뒤(뒤쪽, 자취나 흔적 또는 결과)
6) 구조적 중의성: [Young men] and women, Young [men and women]
7) 어휘적 중의성: bank(은행, 둑)
8) 구조적 중의성: Visiting relatives(to visit relatives, Relatives who are visiting)

> **알아두기**
>
> ■ 중의성
> 하나의 표현이 둘 이상의 의미를 갖는 특성을 '중의성'이라 한다. 중의성의 유형에는 어휘적 중의성(다의어, 동음어를 포함하는 경우), 구조적 중의성(통사적 관계), 영향권 중의성(양화사, 부정사의 작용역에 따른 경우), 화용적 중의성(발화 장면에 따라 해석이 다른 경우)이 있다.
> 그중 구조적 중의성은 문장을 이루고 있는 성분들 사이의 통사적 관계에 의해서 나타나는데, 수식 관계에 의해서 일어나는 중의성과 서술어와 호응하는 논항 특히 주어나 목적어의 범주에 의한 중의성으로 구별해 볼 수 있다.

참고문헌 윤평현, 국어의미론, 역락, 2012

70 정답 ④

① 어순: 비빔밥을 *먹어 안(안 먹어) 봤어요.
② 첨가: 놀러 *왔어서(와서) 같이 여행을 했어요.
③ 생략: *중국 사람(중국 사람은) 여행하는 것을 좋아합니다.
④ 대치: 자갈치 시장은 *부산에(부산에서) 아주 유명한 시장입니다.
　　오류의 유형 중 '대치'는 비슷한 범주나 혹은 전혀 다른 범주의 요소로 바꿔 써서 오류가 발생한 경우이다.

참고문헌 이승연, 한국어교육을 위한 응용언어학개론, 태학사, 2019

71 정답 ①

② 대조분석 약설은 언어 간 영향론으로도 불리는데 '언어 간 영향론'이란 외국어를 배울 때 모국어가 미치는 영향만을 의미하는 것이 아니라 이전에 다른 외국어를 배웠던 경험이 현재의 외국어 습득에 영향을 미치는 것, 외국어 학습 경험이 학습자가 모국어를 사용하는 데 영향을 미치는 것까지도 모두 포함한다.
③ 대조분석의 약설을 지지하는 연구자들은 목표어 언어 요소 가운데 학습자 모국어와 미묘하게 차이를 보이는 것들이 오히려 학습하기에 까다롭다고 주장한다.
④ 대조분석 강설의 입장이다.

> **알아두기**
>
> ■ 대조분석 약설
> 대조분석의 약설은 언어 학습 상황에서 학습자가 겪을 수 있는 어려움을 이해하고 그에 적절한 처방을 내리는 데 활용하는 편이 낫다는 관점을 말한다. 대조분석의 약설은 언어 간 영향론으로도 불리는데 '언어 간 영향론'은 우리가 어떤 새로운 언어를 배울 때 모국어 또는 외국어를 학습한 이전의 경험이 일정한 영향을 미친다는 것을 중심 내용으로 한다. 이런 변화는 외국어 교육에 대한 연구가 학습자 언어에 좀 더 집중하게 만들었으며 제2언어 학습자 언어의 특성을 밝히는 계기가 되었다.

참고문헌 이승연, 한국어교육을 위한 응용언어학개론, 태학사, 2019

72 정답 ②

① 다양한 연구에 활용할 목적을 위해 종합적으로 구성한 말뭉치를 일반(범용) 코퍼스라고 하고, 특수한 연구 목적으로 특정 언어를 수집한 말뭉치를 특수 목적 코퍼스라고 한다. 21세기 세종 계획 코퍼스의 경우 범용 코퍼스에 해당되며, 특정 연령대 언어 사용자의 발화 자료를 모은 코퍼스나 제2언어 학습자의 오류를 연구하기 위해 구축한 코퍼스는 특수 목적 코퍼스의 예이다.
② 현대 미국 영어 코퍼스(COCA)는 모니터 코퍼스의 대표적인 예이다. 샘플 코퍼스의 예로는 브라운 코퍼스나 LOB가 있는데 100만 어절을 구축한 후 새로운 텍스트를 추가하거나 변경하지 않고 있다.
③ 언어의 변화를 관찰하기 위해 새로운 언어로 자료의 일부를 갱신하거나 증보해 나가는 말뭉치를 모니터 코퍼스라고 한다.
④ 영어로 쓰인 소설 원본을 한국어 대역본과 함께 코퍼스에 입력한다면 영한 병렬 코퍼스가 된다. 이러한 코퍼스는 언어 간의 효율적인 정보 소통을 위한 통역, 번역 등의 분야에서 활용되며 서로 다른 언어의 언어학적 차이를 연구하는 대조언어학 연구에 활용되기도 한다.

참고문헌 이승연, 한국어교육을 위한 응용언어학개론, 태학사, 2019

73 정답 ①

① 마지막의 'rightwards'는 사전에 등재된 단어로 '오른쪽'이라는 의미를 지니고 있다. 그러나 여기에서 아이는 이 단어를 알고 사용한 것이 아니라 아버지의 발화에 등장한 '-wards'가 '쪽'이라는 의미를 나타낸다는 것을 발견하고 자신이 기존에 알고 있던 단어인 'right(바른, 맞는)'을 결합하여 '맞는 쪽'의 의미로 'rightwards'를 새로 만들어 사용한 것이다.

알아두기

■ 아동 언어의 특성
1. 창조성: 아동은 주변에서 입력으로 주어진 단어나 문장 외에 새로운 표현을 만들어 내거나 혹은 이미 알고 있는 언어 요소를 조작적으로 활용하여 자신의 의사소통 목적을 달성하고자 한다.
2. 과잉 일반화: 아동은 불규칙적으로 활용하는 어형에 대해 자신이 기존에 알고 있던 규칙을 일괄적으로 적용시키거나, 체계상 비대칭적인 요소를 대칭적으로 인식하고 사용하여 오류를 발생시키는 경우가 많다. 이러한 현상을 과잉 일반화라고 한다.
3. 규칙의 내재화: 아동은 아주 어릴 때부터 주변 환경의 언어로부터 규칙(복수형, 과거 시제, 소유격 등을 사용할 수 있는 규칙)을 추출하며 그것을 내재화해 가면서 언어를 습득한다.

참고문헌 이승연, 한국어교육을 위한 응용언어학개론, 태학사, 2019

74 정답 ①

② 베르니케 실어증 환자에 대한 설명이다.
③ 두 단어의 첫 음을 잘못 말하여 우스꽝스러운 결과가 생기게 하는 실수를 '스푸너리즘'이라고 한다. 설단 현상은 단어가 혀끝에서 맴돌고 기억이 나지 않는 일을 말한다.
④ 난독증은 발달상의 문제로 인한 선천성 난독증과 사고 후 뇌 손상으로 인한 후천성 난독증 두 가지 유형으로 나눌 수 있다.

참고문헌 이승연, 한국어교육을 위한 응용언어학개론, 태학사, 2019
Oxford Advanced Learner's English-Korean Dictionary
두산백과 두피디아

75 정답 ③

③ A의 언표적 행위("왜 이렇게 덥죠?"라고 물은 것)에는 "에어컨을 켜 달라."는 요청 행위가 포함되어 있다. 그러나 B는 그 언표 내적 행위(illocutionary act)를 이해하지 못하여 "여름이기 때문에 덥다."는 대답을 한 것이다.

> **알아두기**
>
> ■ 발화 행위
> 오스틴(1962)은 발화를 행위의 측면에서 세 가지 행위로 나누었다. 하나의 발화를 통해서 우리는 아래 세 가지 발화 행위를 수행한다는 것이다.
> 1. 언표적 행위: 의미를 가진 문장을 발화하는 행위
> 2. 언표 내적 행위: 언표적 행위와 함께 수행되는 행위
> 3. 언향적 행위: 발화의 결과로 일어나는 행위
> 오스틴은 세 종류의 발화 행위 가운데서 언표 내적 행위에 관심을 두고 있다. 그것은 말을 하면서 실질적으로 어떤 행위를 실천한다는 화행 이론에 가장 부합하는 것이 언표 내적 행위이기 때문이다.

참고문헌 윤평현, 국어의미론, 역락, 2012

76 정답 ③

① 음절핵은 자음이 위치하는 두음이나 말음과는 달리 모음이 위치하는 자리로, 음절 내에서는 없어서는 안 되는 필수적인 자리이다.
②·③ 영어는 주어 중심 언어이다. 주어 중심의 언어는 주어 생략이 어렵고, 주어는 서술어의 의미적 논항이어야만 한다. 주어 중심의 언어에서는 주어와 서술어 사이의 긴밀한 의미 관계가 형성됨으로 인해 주어가 서술어를 선택할 수 있다. 한국어는 주제 중심 언어라고 할 수 있다. 주제 중심 언어는 주제를 위한 명시적인 표지를 갖는데 한국어의 경우는 '은/는'이 주제 표지가 된다. 또 주제 중심 언어는 주어의 생략이 가능하며 주어가 없는 무주어문이 가능하다.
④ 한국어 동사에는 인칭에 대한 정보가 표시되지 않는다.

참고문헌 허용·김선정, 대조언어학, 소통, 2013

77 정답 ①

① [f, v]는 폐쇄음(파열음)이 아닌 마찰음이다.

> **알아두기**
>
> ■ 영어의 자음 체계 〈18회 1교시 66번〉 참고

참고문헌 허용·김선정, 대조언어학, 소통, 2013

78 정답 ④

④ 공손성의 원리와 규칙은 언어 보편적이지만 공손성의 표현 방법은 문화마다 다를 수 있다.

참고문헌 서울대학교 국어교육연구소, 한국어교육학사전, 하우, 2014

79 정답 ②

② Whitman(1970)은 대조분석의 절차를 '기술 → 선택 → 대조 → 예측'으로 정리하였다. 대조분석하고자 하는 언어에 대해 기술하고, 대조하기 위한 항목을 설정한다. 그리고 A 언어의 구조를 B 언어의 같은 부분의 구조와 비교한다. 그 후에 두 언어 구조의 유사성과 상이성을 바탕으로 난이도를 예측한다.

참고문헌 이승연, 한국어교육을 위한 응용언어학개론, 태학사, 2019

80 정답 ④

④ 문체는 표현상의 개인적인 특징을 의미한다.

참고문헌 김방한, 언어학의 이해, 민음사, 2005

2교시 | 한국 문화 · 외국어로서의 한국어 교육론

01	③	02	①	03	③	04	④	05	④	06	②	07	②	08	③	09	①	10	④
11	②	12	④	13	②	14	④	15	①	16	①	17	②	18	③	19	④	20	③
21	②	22	④	23	③	24	①	25	②	26	④	27	②	28	④	29	②	30	③
31	①	32	①	33	①	34	③	35	④	36	③	37	②	38	①	39	④	40	①
41	④	42	④	43	②	44	①	45	③	46	①	47	③	48	②	49	③	50	③
51	④	52	③	53	③	54	②	55	①	56	③	57	③	58	③	59	③	60	③
61	②	62	④	63	①	64	②	65	③	66	④	67	①	68	④	69	②	70	③
71	③	72	③	73	①	74	①	75	③	76	①	77	④	78	③	79	②	80	③
81	②	82	③	83	③	84	③	85	④	86	③	87	③	88	④	89	③	90	④
91	①	92	④	93	②	94	①	95	③	96	①	97	①	98	①	99	①	100	②
101	①	102	①	103	③	104	②	105	④	106	④	107	③	108	②	109	④	110	③
111	③	112	③																

01 정답 ③

③ 〈여수장우중문〉은 을지문덕이 수나라 장군 우중문(于仲文)에게 준 오언 고체의 단형시(短形詩)이다.

알아두기

■ 〈유우중문(遺于仲文)〉
고구려 영양왕 때 을지문덕(乙支文德)이 지은 한시로 《삼국사기》 을지문덕전에 이 시의 제작 경위가 기록되어 있으며, 제목은 후대에 붙여진 것이므로 〈여수장우중문(與隋將于仲文)〉 또는 〈유수장우중문(遺隋將于仲文)〉이라고도 한다.

참고문헌 한국민족문화대백과, 한국학중앙연구원

02 정답 ①

② 경제(京制)와 향제(鄕制)는 시조창의 유파이다.
③ 시조창은 하나의 선율에 여러 시조시를 노래할 수 있기 때문에 가곡창의 악곡보다 다양하지 않다.
④ 가곡창이 더 오래되었다.

알아두기

■ 시조의 창법

시조의 시적 형식은 음악적인 창곡의 형식과 연관성을 가진다. 음악으로서의 시조는 가곡창(歌曲唱)과 시조창(時調唱)이라는 두 가지 창곡이 있다. 가곡창은 가야금을 비롯한 여러 가지 악기의 연주가 수반되는 정악(正樂)이다. 가곡창으로 시조를 노래하고자 할 경우에는 3행으로 구분되어 있는 시조의 시적 형식을 음악적 형식에 따라 5장으로 나누어 가창한다. 그러므로 가곡창으로 시조를 노래하기 위해서는 상당한 수준의 전문적인 음악적 소양을 갖추어야 한다. 악기의 반주에 따라야 하기 때문에 악공이 없는 곳에서는 가창이 불가능하다. 이러한 번거로움을 피하기 위해 시조창이라는 새로운 창법이 등장한다. 시조창은 악기의 반주가 없이 간단한 무릎장단만으로도 박자를 맞춰 가창할 수 있고, 시조의 시적 형식인 3행을 그대로 따라 3장의 음악적 형식으로 노래하면 되기 때문에 사람들에게 유행하게 되었다.

참고문헌 국악정보, 국립국악원, 2010
권영민, 한국현대문학대사전, 2004

03 정답 ③

① 자매는 2촌이다. 나와 부모간의 1촌과 부모와 내 자매와의 1촌을 합하여 2촌 관계에 있다.
② 고모는 3촌이다. 나와 아버지까지의 1촌과 거기서 할아버지까지의 1촌, 그리고 할아버지에서 고모까지의 1촌을 모두 합하면 아버지의 형제는 나와 3촌 관계가 된다.
③ 종조부는 할아버지의 남자 형제를 말하며, 아버지와 3촌 관계이다. 종숙(당숙)은 아버지의 사촌 형제를 말하므로 종조부의 아들은 종숙(당숙)이 맞다.
④ 외삼촌은 어머니의 남자 형제이다.

알아두기

■ 촌수

친족간의 멀고 가까움을 나타내기 위하여 고안된 숫자 체계를 가리키는 가족 용어이다. 세계의 다양한 친족 호칭 체계 중에서도 우리나라와 같이 친족 성원을 촌수로 따지고, 그것을 친족 호칭으로도 사용하고 있는 경우는 발견하기가 어렵다. 우리의 촌수는 어느 친척이 나와 어떤 거리에 있는지를 명확하게 말해 주고 있다는 점에서 다른 어느 문화에서도 찾아볼 수 없는 우리나라 고유의 제도이다.

참고문헌 한국민족문화대백과, 한국학중앙연구원
표준국어대사전

04 정답 ④

④ 팥죽은 동지의 풍습이다.

> **알아두기**
>
> ■ 윤달
> 윤달은 태음력상 역일(曆日)과 계절이 서로 어긋나는 것을 막기 위해 끼워 넣은 달이다. 태음력에서의 1달은 29일과 30일을 번갈아가며 사용하는데 이렇게 하면 365일을 기준으로 하는 태양력과는 11일이 차이가 난다. 이렇듯 달을 기준으로 하는 태음력(太陰曆)으로는 태양력과 날짜를 맞추기도 어렵고 계절의 추이를 정확하게 알 수도 없다. 따라서 윤달은 이러한 날짜와 계절의 불일치를 해소하기 위해 만든 치윤법(置閏法)에서 나온 개념이다.
> 윤달의 계산은 통상 19태양년에 7번의 윤달을 두는 19년 7윤법이 가장 많이 쓰이는데, 이 계산법에 의하면 19태양년은 태음력 235개월이 된다. 태양력 만 3년이 채 못 되어 윤달이 한 번씩 돌아오는 형태다. 윤달이 드는 빈도는 5월이 가장 많고, 11·12·1월은 거의 없다.
> 1년 12개월 외에 몇 년 만에 한 번씩 들기 때문에 윤달을 여벌달·공달 또는 덤달이라고도 부른다. 그래서 보통달과 달리 걸릴 것이 없는 달이고, 탈도 없는 달이라고 한다. 속담에 "윤달에는 송장을 거꾸로 세워도 탈이 없다."라고 할 만큼 탈이 없는 달로 되어 있다. 윤달이 아니면 집안에 못을 하나 박아도 방위를 보아야 하는 경우가 많았다. 집수리나 이사도 윤달에 하면 가릴 것이 전혀 없다고 한다. 이사나 집수리는 보통달에도 길일을 택하면 되지만, 수의(壽衣)는 꼭 윤달에 하게 되어 있어서 나이 많은 노인이 있는 집에서는 윤달에 수의를 만들었다. 산소를 손질하거나 이장하는 일도 흔히 윤달에 한다. 결혼도 평생의 대사이기 때문에 조심스러운데, 윤달에 하면 좋다고 한다.

참고문헌 한국민족문화대백과, 한국학중앙연구원

05 정답 ④

④ 강릉관노가면극은 강원도 강릉지방에서 단오제의 일환으로 전승되는 가면극으로서, 1967년 중요무형문화재 제13호로 지정된 강릉단오제 속에 포함되어 있다. 강릉관노가면극은 지역명과 연희자의 신분이 결합되어 만들어진 명칭이다. 이외에 '강릉관노가면희(江陵官奴假面戱)', '강릉서낭신제가면극(江陵城隍神祭假面劇)', '강릉가면희(江陵假面戱)', '강릉탈춤', '강릉관노탈놀음' 등의 명칭이 있다. 강릉관노가면극은 토착적·자생적 가면극을 지칭하는 마을굿놀이 계통의 가면극으로 볼 수 있으며, 제1과장 장자마리춤, 제2과장 양반광대·소매각시춤, 제3과장 시시딱딱이춤, 제4과장 소매각시 자살과 소생으로 구성되어 있다. 한국의 가면극 가운데 유일하게 묵극(默劇)이라는 점이 특징이다. 또한 다른 지방의 가면극은 각 과장의 내용이 서로 독립적인 모습을 보이는 데 반해, 강릉관노가면극은 각 과장이 서로 긴밀하게 연관되어 있다. 즉 양반과 소매각시를 중심으로 한 서사적인 내용의 연희가 진행된다.

> **알아두기**
>
> ■ 가면극
> 본산대놀이의 영향을 받은 가면극은 서울과 경기 지역의 송파산대놀이·양주별산대놀이·퇴계원산대놀이, 황해도 지역의 봉산탈춤·강령탈춤·은율탈춤, 경남 지역의 수영야류·동래야류·통영오광대·고성오광대·가산오광대 등이 있으며, 남사당패의 덧뵈기도 본산대놀이의 영향으로 발생했다.
> 마을굿에서 발생하여 발전한 가면극으로는 하회별신굿탈놀이, 강릉관노가면극이 전하며, 이외에 하회의 이웃 마을인 병산별신굿탈놀이와 경북 영양군 주곡동의 가면극 등도 마을굿놀이에서 유래한 가면극이다.

참고문헌 전경욱, 한국전통연희사전, 2014

06 정답 ②

① 〈지신밟기노래〉는 세시 의례 의식요이다.
② 〈회다지소리〉는 장례 의식에서 하관을 마치고 관 주변에 흙을 넣고 다질 때 부르는 노래로 장례 의식요이다.
③ 〈목도소리〉는 무거운 물건이나 돌을 옮기면서 부르는 소리로 일반 노동요이다.
④ 〈성주풀이〉는 영·호남 지역을 중심으로 농악대가 정초에 지신밟기를 할 때 성주굿을 지내면서 하는 소리로 의식요이다. 아동 유희요는 어깨동무·대문놀이·잠자리잡기 등을 하면서 부르는 노래가 있다.

> **알아두기**
>
> ■ 민요의 기능
> 민요의 기본적인 형태는 생활에서 일정한 기능을 하는 것이고, 그 가운데 노동요가 가장 큰 비중을 차지한다. 노동을 하면서 노래를 부르면 행동을 통일할 수 있고, 흥겨워서 힘이 덜 들기 때문에 노동요는 전통적인 노동의 거의 전 영역에 걸쳐 구비되고 있었고, 노동의 방식에 따라서 서로 다른 방식으로 불려졌다. 노동요는 노동의 종류에 따라서 농업 노동요, 어업 노동요, 그리고 그 밖의 여러 가지 일을 하면서 부르는 잡역 노동요로 크게 나눌 수 있다. 농업 노동요와 어업 노동요는 대부분 여러 사람이 함께 일하면서 부르는 집단 노동요이다.
> 한편, 의식요는 사람의 일생에 따르는 통과 의례(通過儀禮)와 일 년 동안의 절후에 따르는 세시 의례(歲時儀禮)를 거행하면서 부르는 민요이다.
> 또, 일정한 기능이 있는 민요의 부류로는 유희요(遊戱謠)가 있다. 유희요는 놀이를 하면서 부르는 민요인데, 주체가 누구냐에 따라서 아동 유희요·남성 유희요·여성 유희요로 나눌 수 있다. 아동들이 하는 놀이는 대부분 노래를 필요로 하며, 동요라고 일컫는 것은 대부분 아동 유희요이다.

참고문헌 한국민족문화대백과, 한국학중앙연구원

07 정답 ②

② 판소리에는 느린 장단인 진양(조), 보통 빠른 중모리, 조금 빠른 중중모리, 빠른 자진모리, 매우 빠른 휘모리, 이렇게 느리고 빠른 여러 장단이 있어서 사설에 나타난 긴박하고 한가한 여러 극적 상황에 따라 가려서 쓴다.

참고문헌 한국민족문화대백과, 한국학중앙연구원

08 정답 ③

③ 호랑이는 양반이나 권력을 가진 관리를 상징하고, 까치는 서민을 대표한다.

알아두기

- **민화**

  민화는 한 민족이나 개인이 전통적으로 이어온 생활 습속에 따라 제작한 대중적인 실용화를 말한다. 한국 민화의 작가는 도화서 화원과 화원의 제자에서부터 화원이 되지는 못하고 그림에 재주가 있어 사람들의 요구에 따라 그림을 그렸던 화공 그리고 일반 백성들에 이르기까지 다양하다.

  민화는 주제에 따라 종교적 민화와 비종교적 민화로 나눌 수 있고 그림의 소재인 화목별 분류에 의하면 화조영모도(花鳥翎毛圖)·어해도(魚蟹圖)·작호도(鵲虎圖)·십장생도(十長生圖)·산수도(山水圖)·풍속도(風俗圖)·고사도(故事圖)·문자도(文字圖)·책가도(冊架圖)·무속도(巫俗圖) 등이 있다.

참고문헌 한국민속예술사전: 민화, 국립민속박물관
한국민족문화대백과, 한국학중앙연구원
두산백과 두피디아

09 정답 ①

ㄷ. 왕이 승하하면 다음 왕 때에 임시로 실록청(實錄廳)을 설치하여 전왕대의 실록을 편찬하는 것이 상례였다.
ㄹ. 조선시대의 정치·외교·군사·제도·법률·경제·산업·교통·통신·사회·풍속·천문·지리·음양·과학·의약·문학·음악·미술·공예·학문·사상·윤리·도덕·종교 등 각 방면의 역사적 사실을 망라하고 있어서 세계에서 유례를 찾아보기 어려운, 귀중한 역사 기록물이다.

알아두기

- **조선왕조실록**

  조선시대 제1대 왕 태조로부터 제25대 왕 철종에 이르기까지 25대 472년간의 역사를 연월일 순서에 따라 편년체로 기록한 역사서이다.

  실록 편찬 시 이용되는 자료는 정부 각 기관에서 보고한 문서 등을 연월일 순으로 정리하여 작성해둔 춘추관시정기(春秋館時政記)와 전왕 재위시의 사관(史官)들이 각각 작성해둔 사초(史草)를 비롯하여, 《승정원일기》·《의정부등록》 등 정부 주요 기관의 기록과 개인 문집 등이었다. 후세에는 《조보(朝報)》·《비변사등록》·《일성록》 또한 중요 자료로 추가되었다.

  실록 편찬은 각종 기록들이 실록청에 수합되면서 이루어지게 되는데 편찬에 임하는 실록청의 구성원은 모두 춘추관의 관원이었다. 대체로 총재관(摠裁官)과 당상(堂上)·낭청(郎廳)의 직함을 주어 여러 부서로 나누어 편찬하도록 했는데, 도청(都廳)과 1·2·3의 방(房)으로 나누어 편찬하는 것이 일반적이었다. 실록의 편찬은 다음의 세 단계를 거쳐서 완성되었다. 첫째 단계는 1·2·3의 각 방에서 춘추관 시정기 등 각종 자료 가운데에서 중요한 사실을 초출(抄出)하여 초초(初草)를 작성하였다. 둘째 단계는 도청에서 초초 가운데 빠진 사실을 추가하고 불필요한 내용을 삭제하는 동시에 잘못된 부분을 수정하여 중초(中草)를 작성하였다. 셋째 단계는 총재관과 도청 당상이 중초의 잘못을 재수정하는 동시에 체재와 문장을 통일하여 정초(正草)를 작성하는 것이었다.

참고문헌 한국민족문화대백과, 한국학중앙연구원

10 정답 ④

④ 4괘의 선(線)은 각각 음(— —)과 양(———)을 나타낸다.

알아두기

- **태극기**
  대한민국 국기(國旗)인 '태극기'(太極旗)는 흰색 바탕에 가운데 태극 문양과 네 모서리의 건곤감리(乾坤坎離) 4괘(四卦)(☰ ☷ ☵ ☲)로 구성되어 있다. 태극기의 흰색 바탕은 밝음과 순수, 그리고 전통적으로 평화를 사랑하는 우리의 민족성을 나타내고 있다. 가운데의 태극 문양은 음(陰: 파랑)과 양(陽: 빨강)의 조화를 상징하는 것으로 우주 만물이 음양의 상호 작용에 의해 생성하고 발전한다는 대자연의 진리를 형상화한 것이다. 또한, 네 모서리의 4괘는 음과 양이 서로 변화하고 발전하는 모습을 효(爻: 음 --, 양 —)의 조합을 통해 구체적으로 나타낸 것이다. 그 가운데 건괘(乾卦)는 우주 만물 중에서 하늘을, 곤괘(坤卦)는 땅을, 감괘(坎卦)는 물을, 이괘(離卦)는 불을 상징한다. 이들 4괘는 태극을 중심으로 통일의 조화를 이루고 있다.

참고문헌 한국민족문화대백과, 한국학중앙연구원

11 정답 ②

② 달집태우기는 정월 대보름의 풍속이다.

알아두기

- **단오**
  정월 대보름이 달의 축제라면 단오는 태양의 축제라 할 수 있다. 단오는 한국 민족뿐만 아니라 북방 민족들도 연중 최대 명절로 삼았다. 신라와 가야 시대 이래로 숭상된 단오는 고려시대에는 북방 민족의 영향인지 그네, 격구 내지는 석전(石戰) 놀이를 하는 무용적(武勇的) 속절(俗節)로 성립되었고, 조선시대에는 정조(正朝), 동지(冬至)와 아울러 3절일(節日)이 되었으며, 민간에서도 그네와 씨름이 성행하였다.
  단오는 수릿날이라고도 하며 태양의 기가 극에 달하는 날로 쑥을 뜯어도 오시(午時)에 뜯어야 약효가 제일 좋다고 하였다.

참고문헌 한국세시풍속사전, 국립민속박물관

12 정답 ④

① 한국프로야구는 1982년에 OB 베어스, MBC 청룡, 해태 타이거즈, 롯데 자이언츠, 삼성 라이온즈, 삼미 슈퍼스타즈 등 6개 구단으로 출범하였다.
② 1980년 12월 1일부터 KBS TV가 컬러 TV 시험 방송을 실시하고, 1981년 1월 1일부터는 정규 TV 컬러 방송을 실시함으로써 본격적인 컬러 시대로 접어들었다.
③ 1988년 우리나라 외화 수입 제도의 완화 또는 폐지를 요구하는 제2차 한미영화협상이 개최되었고 그 결과 20년 이상 통제되어 있던 외화에 대한 시장 개방이 제도적으로 완료되었다. 미국의 영화사들은 영화법 개정이 완료됨에 따라 국내 영업을 위한 활동을 시작했다. 1988년 UIP, 20세기 폭스, 1989년 워너 브라더스 등 메이저 직배사가 한국에 지사를 설치했다.
④ 대한민국 정부는 1997년 11월에 심각한 외환위기를 맞았다고 발표한 뒤 IMF에 지원을 요청했다. 우리나라 경제가 위기에 처하자 국민들은 금을 모으기 시작했다. 국민들이 내놓은 금을 정부와 기업이 사들여 외환과 바꾸는 식으로 외환위기를 극복하고자 한 것이다. 때문에 '금 모으기 운동'을 '제2의 국채 보상 운동'이라고 부르기도 했다.

참고문헌 김한종 외, 한국사 사전 2, 책과함께어린이, 2015
김미현, 한국 영화 정책과 산업, 커뮤니케이션북스, 2013
진한엠앤비 편집부, 기록으로 본 한국의 정보통신 역사 1, 진한엠앤비, 2012
시사상식사전, 박문각

13 정답 ②

② ㄴ(제4대 세종) - ㄱ(제10대 연산군) - ㄷ(제14대 선조) - ㄹ(제21대 영조)

알아두기

■ 왕의 남자
2005년 12월에 개봉한 이준익 감독의 영화이다. 김태웅이 희곡을 쓰고 직접 연출한 연극 〈이(爾)〉가 원작이다. 궁궐을 배경으로 펼쳐진 궁중 광대들의 한 판 놀이를 그린 풍자사극이다. 원작과는 달리 무소불위의 절대 권력자 연산도 가지지 못한 광대들의 자유와 신명, 그로 인해 이용당하고 음모에 빠지는 광대들의 피할 수 없는 슬픈 운명을 주 내용으로 하고 있다.

■ 천문
2019년 12월에 개봉한 허진호 감독의 영화이다. 영화 〈천문: 하늘에 묻는다〉는 조선의 하늘과 시간을 만들고자 했던 세종(한석규)과 장영실(최민식)의 숨겨진 이야기를 그린 작품이다.

■ 명량
2014년 7월에 개봉한 김한민 감독의 영화이다. 〈명량〉은 대한민국 사람 모두가 알고 존경하는 위인이자, 적장의 장수조차 찬사를 아끼지 않을 정도로 추앙받아온 성웅 이순신의 '명량대첩'을 중심으로 왕을 모시는 신하이자 한 사람의 아버지, 군사를 이끄는 장수이자 두려움에 번민하는 인간으로서의 입체적 면모를 담아낸 영화이다.

■ 사도
2015년 9월에 개봉한 이준익 감독의 영화이다. 영화는 사도세자가 뒤주에 갇혀 있던 8일간의 시간을 영화의 현재 시점으로 삼고 있다.

참고문헌 이세기, 죽기 전에 꼭 봐야 할 한국영화 1001, 마로니에북스, 2011
씨네21

14 정답 ④

④ 소득계층간·지역간 균형 발전에 의한 국민복지 증진은 제5차 경제사회발전 5개년 계획(1982~1986)의 목표이다.

> **알아두기**
>
> ■ 제1차 경제개발 5개년 계획(1962~1966)
> 농업생산력 증대, 전력·석탄 등의 에너지 공급원 확충, 기간산업 확충과 사회간접자본 충족, 유휴자원 활용, 수출증대로 국제수지 개선, 기술진흥과 정유·비료·화학·전기기계 등의 기간산업과 사회간접자본의 확충에 집중적인 투자가 이루어졌다. 초기에 투자재원을 확보하지 못해 난관에 부딪쳤으나, 한일회담의 타결과 경제개방화 조치로 일본자본을 비롯한 외국자본을 대대적으로 끌어들이는 데 성공함으로써 고도성장의 궤도에 올라서게 되었다.

참고문헌 한국사사전편찬회, 한국근현대사사전, 가람기획, 2005

15 정답 ①

① 〈나룻배와 행인〉은 님에 대한 인내와 희생과 사랑을 그린 한용운의 시로 1926년에 간행된 시집 《님의 침묵》에 수록되어 있다.
② 〈참회록〉은 1942년에 발표된 윤동주의 시로 끊임없이 자신을 반성하고 성찰하는 한 인간의 내면을 정직하게 보여주는 작품이다.
③ 〈진달래꽃〉은 김소월의 시로 1925년에 간행된 시집 《진달래꽃》에 수록되어 있다.
④ 〈여우난곬족〉은 백석이 지은 자유시로 1935년 12월 《조광》에 발표되었다.

참고문헌 고봉준, 낯선 문학 가깝게 보기: 한국현대문학, 인문과교양, 2013
한국민족문화대백과, 한국학중앙연구원

16 정답 ①

① 최남선·이광수·염상섭·이병기·정인보·조운·이은상·주요한 등 당시 한국문단의 중견작가들을 주축으로 하여 결속된 유파를 '국민문학파'라고 부르는데, 이들은 1920년대 중반부터 당시 문단을 휩쓸고 있던 카프(KAPF: 조선 프롤레타리아 예술가 동맹)의 계급·이념 지상주의에 맞서 대두되었다. 국민문학파의 작품 활동은 주로 경향문학으로 시조 부흥 운동과 역사 소설 창작에 치중되었으며, 계급주의 문학 쪽을 공격한 일련의 작품들과 농민 소설 등 국민문학론에 입각한 작품이 있다.

참고문헌 한국민족문화대백과, 한국학중앙연구원

17 정답 ②

① 박찬욱의 대표작 중 하나로 판문점 북쪽에서 남한 병사가 일으킨 북한 병사 총기 난사 사건을 수사하는 과정을 그린 미스터리 휴먼드라마이다.
③ 배종(박광현) 감독의 장편 데뷔작이다. 한국전쟁이 피해 간 가상의 공간 동막골에 길을 잃은 국군, 인민군, 미군이 들어오면서 발생한 일을 코믹하게 보여주는 영화이다.
④ 류승완 감독의 작품으로 1991년 소말리아 수도 모가디슈에서 내전으로 인해 고립된 사람들의 생사를 건 탈출을 그린 영화로, 실화를 바탕으로 한 영화이다.

참고문헌 이세기, 죽기 전에 꼭 봐야 할 한국영화 1001, 마로니에북스, 2011
한국민족문화대백과, 한국학중앙연구원
시사상식사전, 박문각

18 정답 ③

③ SNS를 통해 사용자 간 자유로운 의사소통과 정보 공유, 인맥 형성 등이 가능하다.

19 정답 ④

① 〈미생〉은 작가 윤태호의 웹툰을 원작으로 한 드라마이다.
② 〈이태원 클라쓰〉는 작가 광진의 웹툰을 원작으로 한 드라마이다.
③ 〈나빌레라〉는 작가 HUN의 웹툰을 원작으로 한 드라마이다.
④ 〈해를 품은 달〉은 소설가 정은궐이 집필한 동명의 장편 소설을 원작으로 한 드라마이다.

20 정답 ③

① 《소나기》는 이성에 눈떠가는 사춘기 소년소녀의 아름답고 슬픈 첫사랑의 경험이 서정적으로 그려져 있는 작품이다.
② 《메밀꽃 필 무렵》은 작가의 고향 부근인 봉평, 대화 등 강원도 산간마을 장터를 배경으로, 장돌뱅이인 허생원과 성서방네 처녀 사이에 맺어진 하룻밤의 애틋한 인연이 중심이 되는 매우 서정적인 작품이다.
③ 《동백꽃》은 향토색 짙은 농촌의 배경 속에서 인생의 봄을 맞이하여 성장하여가는 충동적인 사춘기 소년·소녀의 애정을 해학적으로 그린 김유정의 대표작이다.
④ 《젊은 느티나무》는 1960년 《사상계》 1월호에 실린 강신재의 단편 소설로 주인공 '나'와 의붓아버지의 아들로서 '나'의 오빠가 된 현규의 사랑을 다룬 이야기이다.

참고문헌 권영민, 한국현대문학대사전, 한국문예위원회, 2004
한국민족문화대백과, 한국학중앙연구원

21 정답 ②

② 중도입국 학생이나 외국인 가정 자녀처럼 한국에서 태어나지 않았거나 한국어가 아닌 다른 언어를 모어로 하는 학생들이 KSL의 대상이 된다.

알아두기

- **KSL 학습자 특성**
  한국어 교육과정에서 규정하고 있는 '다문화 배경 학생'에는 국제결혼 가정 자녀, 외국인 가정 자녀, 중도입국 학생, 탈북학생, 귀국 학생 등이 포함되며, 이들 중 한국어 능력이 부족하여 학교 수업에 적응이 어려운 학생을 한국어 과목의 대상으로 명시하고 있다. 즉, 중도입국 학생이나 외국인 가정 자녀처럼 한국에서 태어나지 않았거나 한국어가 아닌 다른 언어를 모어로 하는 학생들로 한국어 능력이 부족한 경우, 혹은 한국에서 태어나고 자라긴 했으나 외국인 어머니의 제한된 한국어 수준으로 가정에서의 한국어 학습이 부족하여 한국어 숙달도가 일반 가정 학생들과 차이가 나는 경우 등이 해당된다. 또한, 제3국 등을 통한 오랜 탈북 과정으로 인해 한국어 능력이 부족하게 되고, 남한에서의 학교생활 적응에 어려움을 보이는 탈북학생 역시 한국어 교육과정에서 명시하는 한국어 교육의 대상자이다. 마지막으로, 오랜 해외 체류 후 귀국한 가정의 자녀 중에 한국어 의사소통 능력이 부족해 한국어로 이루어지는 수업에 참여하는 데 어려움을 겪고 있는 학생도 여기에 포함된다.

참고문헌 원진숙, 다문화가정 학생을 위한 한국어 표준 교재 개발(초등 과정), 국립국어원, 2012

22 정답 ④

④ 발음 교육의 목표는 학습자의 학습 목적에 따라 다르겠지만 일반적으로는 의사소통 가능성에 중점을 두고 전달하고자 하는 내용을 명료하게 표현할 수 있으며 자신감을 가지고 스스로 발음을 확인하고 교정할 수 있도록 하는 것을 지향한다.

알아두기

- **발음 교육의 목표**
  1. 한국어로 의사소통을 하는 데 있어서 화자가 말하고자 하는 바를 청자가 아무런 불편함 없이 이해할 수 있는 수준으로 발음하는 것을 목표로 한다.
  2. 화자가 의사소통 능력에 대한 감각을 갖고 청자에게 전달하고자 하는 내용을 효과적으로 표현할 수 있는 수준의 언어 능력 습득을 목표로 한다.
  3. 학습자에게 자기 자신에 대한 자신감과 긍정적인 자아의 모습을 심어주어 목표어의 구어를 편안하게 사용할 수 있도록 한다.
  4. 학습자가 주도적으로 자기 자신의 발음을 돌아보고 오류를 스스로 수정할 수 있는 능력과 전략을 개발시키도록 한다.

참고문헌 허용·김선정, 외국어로서의 한국어 발음교육론, 박이정, 2013

23 정답 ③

① 양성과정에서는 원칙적으로 각 기관별 총 교육 시간의 85% 이상 출석률을 수료 조건으로 하며, 자격증 취득을 위하여 반드시 120시간 이상 출석해야 한다. 또한 한국어 교육실습(5영역)은 반드시 20시간 이상은 출석해야 한다.
② 5영역 교수진은 한국어 교육 전공 석사학위 이상의 소지자로서 한국어 교육 경력이 5년 이상인 자 또는 관련 분야(국어국문학, 국어교육학 등) 박사학위 소지자 또는 박사과정 수료자로서 한국어 교육 경력이 5년 이상인 자로 구성한다.
③·④ 한국어 교육을 실제로 하거나 실제 한국어 교육 현장을 참관하는 등 한국어 교육 실습을 하는 내용으로 이루어지는 것이어야 하며 과목은 강의참관, 모의수업, 강의실습 등으로 운영되어야 한다.

참고문헌 국립국어원 한국어교원 자격심사 홈페이지

24 정답 ①

① '국제 통용 한국어 표준 교육과정 적용 연구'에 기본적인 음운 변화(연음, 자음군 단순화 등)는 초급에서, 다소 복잡한 음운 변화(유음화, 비음화 등)는 중급에서, 복잡한 수준의 음운 변화(음운 첨가, 어조 변화)는 고급에서 교육이 이루어지도록 등급 설정이 되어 있다.

참고문헌 김중섭 외, 2017년 국제 통용 한국어 표준 교육과정 적용 연구(4단계), 국립국어원, 2017

25 정답 ②

② 표기대로 발음하지 않도록 해야 한다. 음운 체계나 음운 현상 등 발음법에 바탕을 두어서 발음해야 한다.

> **알아두기**
>
> ■ 발음 교육에서의 주의점
> 1. 한국어 화자들도 구별하지 못하는 음의 구별을 지나치게 요구해서는 안 된다.
> 2. 표기대로 발음하지 않도록 해야 한다. 음운 체계나 음운 현상 등 발음법에 바탕을 두어서 발음해야 한다.
> 3. 학습자들에게 일단 전달된 음은 지속적으로 일관성 있게 유지되어야 한다.
> 4. 학습자들이 정확한 발음을 내려고 노력하고 있는가에 늘 관심을 가져야 한다.
> 5. 발음을 연습할 때도 학습자가 문장의 의미를 이해하도록 해야 한다.
> 6. 새로운 음을 결정할 때에 발음하기 어려운 것부터 하지 말고, 전체 음의 체계 속에서 상대적 난이도 등을 고려하여 결정한다.
> 7. 적절한 교육적 표기법과 시청각 보조 자료를 이용한다.
> 8. 표준이 되는 발음을 충분히 들려주어야 한다.
> 9. 간단한 조음법을 설명해 주기 위해 교사는 음성학에 충분한 지식을 갖고 있어야 한다.

참고문헌 허용·김선정, 외국어로서의 한국어 발음교육론, 박이정, 2013

26 정답 ④

① /ㅔ/는 전설-중모음이고 /ㅐ/는 전설-저모음이므로 혀의 높낮이를 근거로 지도한다.
② /ㅓ/와 /ㅗ/는 원순성의 차이로 구분되는 발음임을 이해시킨다.
③ /ㅡ/와 /ㅜ/는 모두 고모음이면서 원순성의 차이로 구분됨을 이해시킨다.

참고문헌 허용・김선정, 외국어로서의 한국어 발음교육론, 박이정, 2013

27 정답 ②

① 모국어로 인한 간섭으로 오류를 범할 때는 정정해주고 모국어와 목표어 간의 차이점을 알려준다.
③ 잘못된 모델을 따라하면서 생긴 오류(주로 교포 학습자들에게 많이 볼 수 있는 오류)는 정정해주고 좋은 모델을 제시해 준다.
④ 신경과민, 겁, 소심증으로 인한 오류는 오히려 고쳐주기보다는 편안하고 긴장을 주지 않는 활동을 통해 학습자를 배려한다.

참고문헌 국제한국어교육학회, 한국어 표현교육론, 형설출판사, 2010

28 정답 ④

④ 학습 단계와 수준을 고려하여 반을 편성해야 한다. 서로 수준이 다른 학습자들로 반을 편성하면 오히려 학습 의욕을 저하시킬 수 있다.

29 정답 ②

② '맏형'은 /마텽/으로 발음되며 'ㄷ'과 'ㅎ'이 만나 축약하여 /ㅌ/로 발음됨을 가르친다. 'ㅌ'은 마찰음이 아닌 폐쇄음이다.

30 정답 ③

① 한국어에는 유무성의 대립이 없는 대신 평음, 경음, 격음의 대립이 있어서 영어권 학습자들은 이 세 가지 부류의 소리를 잘 구분하지 못한다.
② 비음을 음절 말에서 발음할 때 일본어는 받침의 제약이 있어서 [n]은 な, た, さ, ら, ざ행에 제한적으로 쓰이고 [m]은 ば, ぱ, ま행에서, [ŋ]은 か, が행에서 제한적으로 쓰이므로 받침의 제약이 없는 한국어의 /ㄴ, ㅁ, ㅇ/의 발음에 어려움을 겪게 된다.
③ 한국어의 유음은 음절 초나 음절 말에서 설측음 [l]로 발음되고 모음 사이에서는 탄설음[ɾ]로 발음된다. 그러나 중국어의 설측음은 음절 초에만 나타나기 때문에 한국어의 음절 말에 오는 설측음을 중국어 말음에 올 수 있는 유음인 권설음[r]에 가깝게 발음하는 오류를 보인다.
④ 러시아어 모음 체계는 한국어보다 단순한 5모음 체계이다. 러시아어권 학습자들은 한국어의 /ㅓ/ 모음을 /ㅗ/나 /ㅜ/로 인식하여 발음한다.

참고문헌 허용・김선정, 외국어로서의 한국어 발음교육론, 박이정, 2013

31 정답 ①

① 한국어에서 음의 길이에 따라 의미의 변별이 이루어진다는 것을 국어 교육에서는 가르치고 있으나 외국인을 위한 한국어 교육에서는 중점적으로 다루지 않는다. 어휘적 장음의 경우 각 어휘별 음의 길이를 외국인 학습자들에게 강조할 필요는 없다. 노년층에서는 구별하여 발음하는 사람이 있으나 젊은 층에서는 개별 낱말의 장단을 구별하여 발음하지 않는 경향이 있기 때문이다.

참고문헌 허용·김선정, 외국어로서의 한국어 발음교육론, 박이정, 2013

32 정답 ①

① 진단 평가는 일정한 기간의 학습 후에 학습자의 약점과 강점을 파악하기 위한 평가다. 특히 다수의 학습자가 쉽게 잘 배우는 부분과 잘 배우지 못하는 부분을 진단해서 그러한 부분의 교육 내용과 방법을 수정하고 보완하기 위한 목적으로 사용한다. 이러한 평가는 성적을 서열화하거나 등급화하지 않고, 수험자의 취약점을 지적하고 보완할 수 있는 방안을 제시해 주는 것이 바람직하다. 교수 학습 단계에서는 시작 단계에서 시행되는 평가의 유형이라고 할 수 있다.

참고문헌 서울대학교 국어교육연구소, 한국어교육학사전, 하우, 2014
강승혜 외, 한국어 평가론, 태학사, 2006

33 정답 ③

② 세환 효과
①·④ 측정

> **알아두기**
>
> ■ 추론
> 추론은 언어 평가에서 특정한 시험 결과를 통해 관찰된 언어 수행을 증거로 하여 일반화할 수 있는 언어 능력을 판단하고 실제 상황에서 수험자가 수행 가능한 언어 능력을 예측하는 것이다. 추론 중심의 언어 평가는 시험을 통해 교실이나 학습에서 일어나는 현상 및 문제들을 이해하고 설명하려는 차원의 처방적인 접근이다. 평가는 추론하기 위한 것으로 이때 평가와 기준 간의 명확한 구분이 필요하다.

참고문헌 서울대학교 국어교육연구소, 한국어교육학사전, 하우, 2014

34 정답 ③

③ 문항 반응 이론에는 문항 난이도, 문항 변별도, 문항 추측도가 수험자 집단의 특성에 따라 변하지 않는다는 문항 특성 불변성과 수험자의 능력은 어려운 검사를 택하느냐 쉬운 검사를 택하느냐에 따라 변하는 것이 아니라 고유한 능력 수준이 있다는 수험자 능력 불변성 개념이 있으며 이러한 불변성 개념이 문항 반응 이론의 강점이다.

> **알아두기**
>
> ■ 문항 반응 이론
> 문항 반응 이론이란 각 개별 문항은 불변하는 속성을 지니고 있다고 보고 그 속성을 나타내는 문항 특성 곡선으로 문항을 분석하는 검사 이론이다.
> 문항 반응 이론에서 문항 난이도와 문항 변별도, 문항 추측도의 추정은 문항 반응 모형에 의존하여 산출된다. 그리고 취급하는 모수에 따라 난이도만을 고려하는 일모수 모형, 난이도와 변별도를 고려하는 이모수 모형, 난이도와 변별도 외에 추측도까지 고려하는 삼모수 모형으로 구분된다. 또 문항이 측정하는 잠재적 특성의 수에 따라 일차원 모형과 다차원 모형이 있다.

참고문헌 서울대학교 국어교육연구소, 한국어교육학사전, 하우, 2014

35 정답 ④

④ 분석적 채점은 수험자의 언어 표현력 채점 체계에 각각 다른 준거로 언어 수행의 여러 영역에 각각 점수를 부여하고, 각 영역의 점수를 합하여 총점을 산출하는 채점 방법이다. 분석적 채점의 장점으로는 우선 각 수험자의 언어 수행의 하위 기술에서 일정하지 않은 발달에 관한 문제를 처리하고, 일반적 채점이 무시할 수 있는 언어 수행의 다양한 측면들을 고려하며 채점자가 언어 수행의 많은 분야를 평가해야 하기 때문에 채점의 신뢰성을 더욱 높일 수 있다는 점이 있다. 반면 단점으로는 총체적 채점보다 채점 시간이 오래 걸리고 작문의 각각 다른 측면에만 중점을 둠으로써 결국 전체적인 판단에 중점을 두지 않아 채점의 확실성과 타당성이 떨어지며 담화적 측면에서 표현력 채점의 적절한 준거를 선택하여 분석적 채점표를 마련하는 것이 비효율적일 수 있다는 점을 들 수 있다.

참고문헌 서울대학교 국어교육연구소, 한국어교육학사전, 하우, 2014

36 정답 ③

① 평가 문항의 변별력이 크면 개인 분리도가 명확해지므로 수험자가 취득한 점수의 등위가 바뀔 가능성이 낮아지고 그 결과 평가의 안정성이 확보되어 신뢰도가 높아진다.
② 평가 문항의 수가 많을수록 수험자의 취득 점수 분포의 범위가 넓어지고 개별 수험자 간의 차별성이 분명하여 평가의 신뢰도가 높아진다.
③ 수험자에게 충분한 시간이 주어질 때 응답의 안전성이 보장되기 때문에 속도 시험보다 역량 시험이 신뢰도가 높다.
④ 평가 문항이 너무 어려우면 수험자들의 점수가 낮은 쪽으로 몰리는 바닥 효과가 나타나고 너무 쉬우면 천장 효과가 나타난다. 점수 분포가 어느 한쪽으로 몰리면 개별 수험자의 능력을 잘 변별해낼 수 없으므로 개인 분리도가 명확하지 않아서 평가의 신뢰도가 낮아진다.

참고문헌 서울대학교 국어교육연구소, 한국어교육학사전, 하우, 2014

37 정답 ②

② 대안적 평가의 방법으로는 수행 평가, 포트폴리오 평가, 동료 평가, 자기 평가 등이 있다.

알아두기

■ 대안적 평가 〈18회 2교시 33번〉 참고

참고문헌 서울대학교 국어교육연구소, 한국어교육학사전, 하우, 2014

38 정답 ①

① 준거 참조 평가는 정해진 목표에 학습자의 언어 능력이 부합되는지를 평가하는 것으로 기준이나 당락 점수가 미리 결정되어 있다. OPI는 ACTFL 말하기 숙달도 지침에 기술된 10등급 기준에 맞는 특정 의사소통 과제를 수행하게 함으로써 수험자의 해당 언어의 말하기 숙달도를 판정하는 방법이다.

알아두기

■ OPI

OPI는 ACTFL(American Council on the Teaching of Foreign Languages)에서 말하기 숙달도를 평가하기 위해 마련한 평가기제이다. ACTFL OPI는 외국어의 기능적 말하기 능력 평가의 표준 기제라고 불리기도 한다. 공인 시험관이 면 대 면 또는 전화 면접을 통해 ACTFL 말하기 숙달도 지침에 기술된 10등급 기준에 맞는 특정 의사소통 과제를 수행하게 함으로써 수험자의 말하기 숙달도를 판정하는 방법이다.

ACTFL OPI는 기능적 말하기 능력 평가이므로 특정 교과 과정과는 독립된 것으로 수험자가 언제 어디서 어떤 상황에서 그 언어를 배웠는지도 관련이 없다. 평가는 공인 시험관과 수험자 간에 구성된 대화 형식으로 시행되며 인터뷰 중에 다루는 화제는 수험자의 관심거리와 경험에 기반을 두고 진행된다. 시험관은 수험자의 기능적인 말하기 능력의 일관된 최저 한도와 최고 한도를 확보하기 위해서 일련의 질문을 통해 수험자가 각 등급의 숙달도에 명시된 의사소통 과제를 수행하는 능력을 끌어낸다.

평가 범주는 과제/기능, 맥락, 내용, 정확성, 담화 형태로 설정하였다. 과제/기능은 그 언어를 이용한 실세계에서의 과제 수행 능력을 뜻하며, 숙달도가 높아질수록 정형화된 발화, 나열 등의 기능으로부터 추상화, 가설 수립, 논쟁 등의 기능 수행 능력으로까지 발전한다. 맥락은 화자가 처한 환경 및 조건을 말하는 것으로 숙달도가 높아질수록 예측할 수 있는 일상적인 맥락으로부터 점차 공식적/비공식적 맥락으로 발전한다. 내용은 대화의 화제나 주제를 말하며, 숙달도가 높아질수록 일상생활과 관련된 극히 일반적인 분절 요소로부터 일반적인 화제와 일부 전문 분야의 화제를 다룰 수 있는 능력으로까지 발전한다. 정확성은 유창성, 문법, 발음, 어휘, 화용적 능력, 사회언어학적 능력 등이 포함되고, 담화 형태는 담화의 양과 구성적인 측면에 관한 것으로 숙달도가 높아질수록 분절된 단어나 구로부터 두 개 이상의 단락으로 구성된 확장된 담화로까지 발전한다.

참고문헌 한재영 외, 한국어교육 용어해설, 신구문화사, 2011

39 정답 ④

④ 귀화자도 서비스를 받을 수 있다.

> **알아두기**
>
> ■ 다문화가족지원센터
> 여성가족부에서는 지역사회 다문화가족을 대상으로 한국어 교육, 가족 교육·상담, 통번역, 자녀 교육 지원 등 종합 서비스 제공하는 다문화가족지원센터를 230개 이상 운영(2025년 기준)하고 있다.
> 1. 지원대상
>   "다문화가족"이란 다음의 어느 하나에 해당하는 가족을 말한다(「다문화가족지원법」 제2조 제1호).
>   1) 결혼이민자와 「국적법」에 따른 출생, 인지, 귀화를 통해 대한민국 국적을 취득한 자로 이루어진 가족
>   2) 「국적법」에 따른 인지, 귀화를 통해 대한민국 국적을 취득한 자와 「국적법」에 따른 출생, 인지, 귀화를 통해 대한민국 국적을 취득한 자로 이루어진 가족
>   ※ 대한민국 국민과 사실혼 관계에서 출생한 자녀를 양육하고 있는 다문화가족 구성원에 대해서도 「다문화가족지원법」에 따른 다문화가족 지원 규정이 적용된다(「다문화가족지원법」 제14조).
> 2. 지원내용
>   1) 한국어 교육: 수준별 정규 한국어 교육(1~4단계, 각 100시간) 및 진학반, 취업대비반 등
>   2) 통번역, 상담 및 사례관리(심리 검사, 법률 상담 등)
>   3) 결혼이민자 대상 사회적응 교육, 취업 교육 지원(경제 교육, 다문화 이해 교육, 자조모임 등)
>   4) 가족 교육: 부부 교육, 가족관계 향상 프로그램 등
>   5) 다문화가족 자녀 언어 발달 지원
>   6) 방문 교육(자녀생활): 독서 코칭, 숙제 지도 등 자녀생활서비스 제공(만3세~만12세 이하)
>   7) 다문화가족 이중 언어 환경 조성
> 3. 신청절차 및 방법: 지역별 다문화가족지원센터 방문 또는 유선 신청
> 4. 필요서류: 회원등록 신청서 및 프로그램 신청서
>   1) 다문화가족
>   - 주민등록 등재시: 주민등록등본(결혼이민자 또는 귀화자가 등본상 기재)
>   - 주민등록 미 등재시: 가족관계증명서와 외국인등록증 사본 또는 가족관계증명서와 여권 사본
>   2) 외국인가족 등: 외국인등록증 사본 또는 거소신고증
>   - 외국인근로자, 외국인유학생, 재외동포(외국국적동포 + 재외국민), 난민 등
>   3) 북한이탈주민가족: 북한이탈주민 등록확인서
>   ※ 위의 1), 2), 3) 중 필요한 서류 선택 제출
> 5. 문의: 1577-1366, http://liveinkorea.kr(다누리포털)

참고문헌 찾기 쉬운 생활법령정보
다누리포털

40 정답 ①

① 재외동포재단의 교육 사업은 재외동포사회에서 자생적으로 설립·운영되고 있는 한글학교의 교육환경 개선을 위한 운영비 지원을 비롯하여 상시 한국어·한국 역사 문화 학습이 가능한 온라인 사이트 스터디코리안 운영 및 현지 한글학교 교사연수 지원, 국내 초청 연수, 사이버 연수 등을 시행하고 있다. 이를 통해 교사들의 교수(敎授) 능력 향상을 도모하고, 교육 네트워크를 구축하는 등 우리말, 역사, 문화 교육 활성화를 통해 재외동포 차세대 정체성 확립을 위해 힘쓰고 있다. 또한 중국 조선족 학교 및 러시아·CIS 고려인 민족학교의 지원을 통해 열악한 교육 환경을 개선하고 초청 사업 시행을 통해 모국에 대한 이해 제고와 민족 정체성 확립에 기여하고 있다.

알아두기

- **재외동포재단**
  재외동포재단은 외교부 산하의 비영리 공공법인이자 재외동포 전담기관이다. 1997년 10월 특별법인 재외동포재단법에 따라서 재외동포들이 민족적 유대감을 유지하면서 거주국에서 그 사회의 모범적인 구성원으로 살아갈 수 있도록 하는 데 이바지하는 것을 목적으로 재단이 발족하였다.

참고문헌 재외동포재단 홈페이지

41 정답 ④

④ 시험 종류는 TOPIK I과 TOPIK II로 구분되는데, TOPIK I은 초급 수준(1급~2급)으로 듣기 30문항, 읽기 40문항으로 구성되며, 시험 시간은 듣기 40분, 읽기 60분으로 총 100분이다. TOPIK II는 중·고급 수준(3급~6급)으로 듣기 50문항, 쓰기 4문항, 읽기 50문항으로 구성되며, 시험 시간은 듣기 60분, 쓰기 50분, 읽기 70분으로 총 180분이다.

참고문헌 TOPIK 홈페이지

42 정답 ④

④ 다문화주의는 다양한 인종 및 민족 집단의 문화적 특성을 인정함으로써 다양성에 기초한 통합 정책을 시행한다.

알아두기

- **다문화주의**
  다문화주의는 이주민의 다양한 문화와 정체성을 인정하며 각 집단의 고유한 문화적 특성을 보존하도록 지원하는 정책을 말한다. 다문화주의와 유사한 개념으로는 문화적 다원주의가 있다. 두 개념 모두 문화의 다양성을 인정하고 사회적 통합을 추구한다는 점에서 유사점이 있다. 문화적 다원주의가 사회 안에 주류 문화가 존재하며 다양한 소수 민족의 문화도 존재함을 인정하는 정도의 소극적 지향성을 띤다면, 다문화주의는 다양한 문화가 평등하게 인정되어야 함을 강조하는 적극적 지향성을 띤다.

참고문헌 서울대학교 국어교육연구소, 한국어교육학사전, 하우, 2014

43 정답 ②

② 통합성은 학습 경험을 수평적으로 조직하는 것으로, 한 교과 내에서의 여러 내용이나 각 교과들을 서로 수평적으로 연결시키는 것뿐만 아니라 교과에서 배운 내용을 자신의 주변에서 일어나는 일들과 관련짓도록 하는 것도 통합성에 해당한다.

알아두기

- **교육과정 개발의 원리**

  교육과정을 개발할 때에는 우선 상황 분석, 요구 분석, 목적 및 목표 기술, 교육 자료의 선정과 조직, 교수 학습 방법, 평가 등의 과정을 거친다.

  교육과정을 구성하고 조직하는 데에는 '연계성'의 원리를 따라야 한다. 연계성은 계속성, 계열성, 통합성과 관련이 있다. 계속성(continuity)이란 중요한 학습 요소, 지식, 기능 등이 반복되도록 조직하는 것으로 학습 경험의 수직적 조직을 말하며, 학습이 이루어지는 각 단계에서 주요 내용이 반복적으로 제시된다는 것은 단계 간의 연계성을 높여줄 수 있음을 의미하는 것이다. 계열성(sequence)도 계속성과 마찬가지로 수직적 조직과 관련되는 것으로서, 경험의 수준을 점차적으로 높여서 더욱 깊이 있고 폭넓은 학습이 가능하도록 조직하는 것을 말한다. 예를 들어 단순한 내용에서 점차 복잡한 내용으로, 구체적인 개념에서 추상적인 개념으로, 부분에서 전체로(혹은 그 반대로) 조직하는 것이 곧 계열성이다. 통합성(integration)은 학습 경험을 수평적으로 조직하는 것으로, 한 교과 내에서의 여러 내용들이나 각 교과들을 서로 수평적으로 연결시키는 것뿐만 아니라 교과에서 배운 내용을 자신의 주변에서 일어나는 일들과 관련짓도록 하는 것도 통합성에 해당한다.

참고문헌 변미나, 고등학교 교과별 과목 구분의 유형 분석: Tyler의 교육과정 조직의 원리를 중심으로, 석사학위논문, 이화여자대학교, 2014

44 정답 ①

① 교육과정은 교육의 내적 설계도라고 할 수 있으므로 교육의 목적에 따라 다변화될 수 있다.

알아두기

- **교육과정**

  교육과정은 교육을 목적으로 하는 각 기관에서 교육 대상자를 위해 프로그램을 기획, 운영, 관리하고 그 효과를 검증하는 주요 원리이다.

  교육과정의 정의에는 다양한 시각이 존재하는데 먼저 정규 기관의 내부와 외부에서 수립되는 교육과 관련된 모든 계획을 교육과정으로 보는 입장이 있다. 다음으로 교과목이나 교과목에 담긴 교육 내용을 일컫기도 하는데 이러한 경우 교과과정으로 불리기도 한다. 또한 교육과정은 학습자들이 이루고자 하는 목적을 달성하기 위해 학습자가 익히고 수행해야 할 다양하고 구체적인 과제들로 정의되기도 한다. 마지막으로 학습자가 실제로 배우게 되는 학습 결과를 교육과정이라고 보는 입장도 있다.

참고문헌 서울대학교 국어교육연구소, 한국어교육학사전, 하우, 2014

45 정답 ③

③ 목표어를 완벽하게 정복하는 것이 아니라 의사소통을 목적으로 언어를 사용할 수 있는 능력을 기르는 데 있다.

> **알아두기**
>
> ■ 유럽공통참조기준
> 유럽공통참조기준은 유럽의 40개 국가 외국어 전문가들의 경험과 토론의 결과로 2001년에 발표한 것으로, 의사소통 활동과 언어능력 수준을 기술하기 위해 여섯 단계의 세분화한 척도 체계가 핵심 내용이다.
> 이 체계는 공적 영역, 직업 영역, 사적 영역에서 의사소통을 목적으로 언어를 사용하기 위해 학습자가 갖추어야 하는 언어 행위 능력과 그 행위 능력을 위해 개발해야 하는 지식과 기능을 포괄하고 있다. 언어 능력은 물론 문화적 능력을 기술하고, 각 학습 단계별 능력 수준을 규정하고 있다. 또한 다중언어적이고 다중문화적인 유럽에 현존하는 수많은 어학강좌의 각 단계와 평가 기준, 수료증을 서로 비교하고 인정하기 위한 믿을 만한 공통의 준거 기반을 제공한다.
> 유럽공통참조기준의 등급 체계는 6단계를 취하고 있다. A1은 언어 숙달도의 가장 기초단계이며 C2는 모국어 수준에 가까운 숙련단계이다. A1(Breakthrough)과 A2(Waystage) 단계는 기초적인 언어 사용의 단계를 의미하고 B1(Threshold)과 B2(Vantage) 단계는 자립적인 언어 사용 단계를 뜻하며, C1(Effective Operational Proficiency)과 C2(Mastery) 단계는 숙달된 언어 사용의 단계를 의미한다.

참고문헌 최정순·안미란, 『언어 학습, 교수, 평가를 위한 유럽 공동 기본지침』을 활용한 한국어 교육과정 개발과 등급 기술 시안(1), 외국어로서의 독일어 제16집, 한국독일어교육학회, 2005

46 정답 ①

① 암시 교수법은 심리적 장벽이 제거된 편안한 분위기 속에서 권위 있는 교사에게 의지하여 효과적인 외국어 학습을 하도록 유도하는 교수법이다. 암시 교수법의 수업에서는 외국어 학습에 방해가 되는 걱정이나 불안감, 두려움 등을 제거하고 학습자들이 편안한 심리 상태에서 외부로부터 입력을 받아 학습자들에게 필요한 내용을 머릿속에 넣어 주는 활동을 한다. 암시가 효과적으로 이루어지기 위해서는 권위, 어린이화, 양면성, 억양, 리듬, 연주회 방식의 유사 수동성 등 여섯 가지 요소가 필요하다.

> **알아두기**
>
> ■ 자연적 접근법 〈18회 2교시 39번〉 참고
>
> ■ 전신 반응 교수법
> 교사의 명령이나 지시에 학습자가 신체적으로 반응함으로써 언어를 가르치는 것을 말한다. 듣기를 통한 언어 이해에 초점을 맞추었다는 점에서 이해 중심 교수법에 속하며, 듣기 발달이 말하기보다 앞서며 아동의 모어 습득과 유사한 방법으로 제2언어를 교육해야 한다는 점에서 자연적 교수법과도 관련된다.
>
> ■ 공동체 언어 학습법 〈18회 2교시 41번〉 참고

참고문헌 서울대학교 국어교육연구소, 한국어교육학사전, 하우, 2014
한재영 외, 한국어교육 용어해설, 신구문화사, 2011

47 정답 ③

ㄷ. 내용 중심 교수법은 언어를 그 자체로 배우는 것이 아니라 정보를 얻는 수단으로 사용할 때 더 효과적으로 배운다는 원리를 근거로 하며, 교사가 학습자의 요구를 충족시킬 수 있는 흥미 있고 유의미한 내용을 제공하여 학습자의 내적 동기를 증가시키는 교수법이다.

> **알아두기**
>
> ■ 내용 중심 교수법
> 내용 중심 교수법은 외국어와 특정 교과 내용의 학습을 통합하는 교수법이다. 학습자가 관심을 갖고 있는 영역이나 특정 전공 영역의 주제 내용을 목표로 가르치는 방법이다. 즉 교과 내용의 학습과 동시에 외국어의 학습을 목표로 하며 교수요목을 설계할 때 내용 자료가 언어 제시 순서를 정하고 학습 과정을 구성한다. 내용 중심 교수법에서 내용이란 의미를 전달하는 언어가 아니라 언어를 통하여 의사소통이 이루어지는 주제를 의미하고 언어는 정보를 전달하는 수단으로 간주된다.

참고문헌 서울대학교 국어교육연구소, 한국어교육학사전, 하우, 2014

48 정답 ②

② 결과 지향적 교수요목은 학습 내용과 결과를 중시한다. 학습 과정을 중시하며 교수 방법이 중심이 되는 것은 과정 지향적 교수요목에 대한 설명이다.

> **알아두기**
>
> ■ 결과 지향적 교수요목
> 학습 내용에 초점을 두어 학습 후에 얻어지는 결과를 중시한 교수요목이다. 결과 지향적 교수요목은 언어의 각 부분을 분리한 후 단계별로 가르쳐 점진적으로 전체를 이해하도록 한다는 점에서 종합적 교수요목이라고도 불린다. 결과 지향적 교수요목에는 구조 중심 교수요목, 상황 중심 교수요목, 개념-기능 중심 교수요목, 화제 중심 교수요목 등이 속한다. 다시 말해, 이 교수요목은 학습자가 무엇을 배워야 하는지를 강조하는 교수요목이다.

참고문헌 서울대학교 국어교육연구소, 한국어교육학사전, 하우, 2014

49 정답 ③

③ 침묵식 교수법의 특징으로는 학습자가 독립성, 자율성, 책임감을 기르도록 한다는 점, 교사가 침묵한다는 점, 이외에도 교수 내용에 따라 교구로 피델 차트와 색깔 막대 등을 사용한다는 점을 들 수 있다. 피델 차트는 발음을 가르치는 데에 사용한다.

> **알아두기**
>
> ■ 침묵식 교수법
> 교사가 발화를 최소화하고 침묵하여 학습자 스스로 발견 학습으로 언어를 배우고 말을 많이 하도록 이끄는 표현 중심 교수법이다. 이 교수법은 학습자가 암기나 반복 연습이 아니라 발견하고 창조하는 활동을 통해 훨씬 효율적으로 학습할 수 있으며 교재에 수록된 문제를 해결하면서 학습하는 것이 학습에 훨씬 바람직하다는 믿음에서 출발했다.

참고문헌 서울대학교 국어교육연구소, 한국어교육학사전, 하우, 2014

50 정답 ③

③ 말하기 교육은 의사소통 능력을 기르는 데에 있다. 의사소통 능력은 언어 자체에 대한 지식과 그 지식을 사용할 수 있는 능력을 말하며 그 구성 요소로는 문법적 능력, 사회언어학적 능력, 담화적 능력, 전략적 능력 등이 포함된다. 문법적 능력을 갖추려면 음운, 어휘, 통사적 지식과 사용 연습이 필요하며 문법 규칙에 맞게 문장을 구성하고 특정한 의미를 표현하기 위해 다양한 문법적 형태를 활용하는 연습을 할 필요가 있지만, 발화의 조직 구조를 분석하는 방법은 외국어로서의 한국어 말하기 교육의 범위 밖에 해당한다.

참고문헌 국제한국어교육학회, 한국어 표현교육론, 형설출판사, 2010

51 정답 ④

④ 대화가 이루어지는 상황에서 보면 구어는 계획적이 아닌 즉각적인 성격이 강하다. 대화의 흐름에 부응하는 주제와 상황에 따라 즉각적이고 즉흥적으로 수행되는 것이 보통이므로 화자에 따라서는 부담을 느낄 수도 있다. 따라서 ①·②·③은 말하기 수행을 수월하게 만드는 특성이라고 볼 수 있다.

> **알아두기**
>
> ■ 구어의 특성 〈17회 2교시 29번〉 참고

참고문헌 서울대학교 국어교육연구소, 한국어교육학사전, 하우, 2014

52 정답 ①

① 정보 차 활동(정보 간격 활동)은 한 사람이 가지고 있는 정보를 다른 사람에게 공유하는 활동을 말한다. 실제 의사소통 과정도 대화 참여자 사이의 정보 결함에 바탕을 둔 성격을 띠고 있으므로 이런 활동은 실생활의 의사소통과 유사한 활동이다. 따라서 길을 묻는 활동을 공식적인 말하기 유형으로 보기는 어렵다.

참고문헌 국제한국어교육학회, 한국어 표현교육론, 형설출판사, 2010

53 정답 ③

③ 실제성은 언어 교육에서 학습자가 실제 언어와 유사한 언어를 접할 수 있도록 하는 교육적 특성으로 현실성 또는 진정성이라고도 한다. 한국어 사용자가 실생활에서 실제로 사용하는 표현이 무엇인지 유념하여 언어 자료로 삼는 것이 중요하며 실제 언어 상황은 언어 기능이 분리되지 않고 들으면서 말하거나 들은 것을 쓰고 읽는 등 네 가지 언어 기능이 통합적으로 실현되고 있음을 간과하면 안 된다. 교재에 구어 문법에 따른 구어 자료를 싣는 것, 한국어 학습자가 경험할 실제 상황을 구체화하여 담화에 반영하는 것, 기능 통합형 교재를 지향하는 것 등이 실제성을 높이기 위한 노력으로 볼 수 있다.

참고문헌 서울대학교 국어교육연구소, 한국어교육학사전, 하우, 2014

54 정답 ②

② 발화의 단위가 짧고 발화를 자연스럽게 연결하지 못하고 있다. 문장과 문장을 논리적으로 연결할 수 있는 접속 부사나 연결어미를 숙지하도록 가르쳐야 한다.

55 정답 ①

① 원어민에 가까운 발음을 목표로 하며, 말하기에 초점을 두고 읽기와 쓰기 연습은 말하기 연습을 우선적으로 다룬 후에 이루어진다. 수업은 목표어로 목표 어휘나 문형을 도입하여 대화로 제시하며 문법 규칙의 예시는 귀납적으로 설명한다.

알아두기

- 직접(식) 교수법 〈18회 2교시 38번〉 참고

참고문헌 서울대학교 국어교육연구소, 한국어교육학사전, 하우, 2014

56 정답 ②

ㄱ. 3급(중급)
ㄴ. 6급(고급)
ㄷ. 1급(초급)
ㄹ. 4급(중급)

> **알아두기**
>
> ■ 한국어 표준 교육과정(제2020-54호) 말하기 등급별 성취 기준
>
> | 구분 | | 내용 |
> |---|---|---|
> | 3급 | 목표 | 자주 접하는 사회적 상황에서 필요한 대화를 할 수 있으며, 권유나 조언 등의 의사소통 기능을 수행할 수 있다. |
> | | 성취 기준 | • 자신의 삶과 관련된 사회적 소재에 대해 말할 수 있다.
• 격식적 상황과 비격식적 상황을 구분하여 대화할 수 있다.
• 자신의 경험이나 생각에 대해 간단한 담화를 구성하여 말할 수 있다.
• 복잡한 구조의 대화를 하거나 짧은 내용의 발표를 할 수 있다.
• 다소 복잡한 문장 구조를 활용하여 비원어민의 발화에 익숙하지 않은 한국인도 이해할 수 있는 발음과 억양으로 말할 수 있다. |
> | 4급 | 목표 | 친숙한 사회적·추상적 소재나 직장에서의 기본적인 업무에 필요한 발화를 할 수 있으며, 동의와 반대, 지시와 보고 등의 의사소통 기능을 수행할 수 있다. |
> | | 성취 기준 | • 직업, 교육 등과 같은 보편적인 사회적·추상적 소재의 대화에 참여할 수 있다.
• 업무 상황이나 공적인 상황에서 격식과 비격식 표현을 구분하여 대화할 수 있다.
• 객관적인 사건이나 상황에 대해 사실적으로 말할 수 있다.
• 간단한 업무 보고나 짧은 분량의 업무 관련 발표를 수행할 수 있다.
• 다양한 구조의 문장을 사용하여 자연스러운 발음과 억양으로 말할 수 있다. |

참고문헌 문화체육관광부·국립국어원, 한국어 표준 교육과정, 하우, 2020

57 정답 ③

③ 유의적 연습이란 학습자가 배운 문법을 활용하여 자신이 표현하고 싶은 것을 전달할 수 있게 유의적인 맥락을 제시하고 연습하도록 유도하는 방식이다. 비록 특정 형태에 초점이 맞추어져 있다 하더라도 학습자 자신과 관련된 이야기를 할 수 있도록 해 주는 유의적인 연습을 기계적인 연습 후에 반드시 해야 한다.

참고문헌 한국어세계화재단, 예비교사·현직교사 연수자료집, 한국어세계화재단, 2003

58 정답 ②

② 교사가 너무 많이 발화하지 말아야 한다. 학습자에게 발음을 시범 보이는 경우가 아니라면 학습자보다 더 많이 말을 해서는 안 된다. 교사의 발화는 학습자를 수업 상황에 적극적으로 뛰어들어 상호 작용을 할 수 있게 학습자를 유도하고 자극하는 것에 머물러야 한다.

참고문헌 국제한국어교육학회, 한국어 표현교육론, 형설출판사, 2010

59 정답 ④

④ 통제된 쓰기의 활동 유형으로는 바꿔 쓰기, 문장 연결하기, 빈칸 채우기 등이 있다. 담화 완성하기, 이야기 구성하기, 도표 요약/서술하기 등은 유도된 쓰기 활동이다.

> **알아두기**
>
> ■ 통제된 쓰기
> 통제된 쓰기는 엄격하게 지시된 방법으로 쓰도록 하는 것으로 자모 익히기, 문법 익히기, 맞춤법 등에 중점을 둔 활동이다. 통제된 쓰기로는 베껴 쓰기(자모를 익히거나 어휘의 의미와 철자를 암기하기 위한 활동), 받아쓰기, 바꿔 쓰기(글의 일정한 요소를 다른 것으로 전환하는 연습), 문장 연결하기(접속부사나 활용형을 사용), 빈칸 채우기(어미, 접속부사, 조사 등) 등이 있다.

참고문헌 한국방송통신대학교 평생교육원, 외국어로서의 한국어교육학, 한국방송통신대학교출판부, 2007

60 정답 ③

③ 무리 짓기/다발 짓기(clustering)는 생성한 아이디어를 관련 있는 것끼리 묶는 것이다. 다발 짓기는 아이디어 간의 관계를 파악하는 데 도움이 되는 활동으로 조직 능력을 기를 수 있다. 또 관련 있는 것끼리 묶을 때는 범주를 설정할 필요가 있는데 이때 왜 그렇게 범주를 설정했는지, 그것이 타당한지 생각해 보게 된다.

> **알아두기**
>
> ■ 쓰기 전략
> 쓰기 전략이란 학습자가 자신의 쓰기 활동을 성공적으로 진행하여 쓰기 능력을 향상시키기 위해 취하는 조치를 가리킨다. 언어 교수 학습에서 전략은 학습자가 효율적으로 학습하거나 정보를 기억하는 데 도움이 되는 방법을 말한다. 언어 학습에서 이 전략은 학습자가 능동적이고 자기 주도적으로 학습에 참여할 수 있게 하는 수단으로 매우 중요하다.

참고문헌 구인환, Basic 고교생을 위한 국어 용어사전, 신원문화사, 2006

61 정답 ②

② 일상생활 경험에 대한 단순한 쓰기는 초급 쓰기 활동으로 적절하며 학문 목적 학습자 대상의 고급 쓰기 수업 내용으로는 적절하지 않다.

62 정답 ④

④ 학습자의 오류를 직접 수정해 주지 않고 밑줄로 표시하여 오류를 알려줌으로써 학습자 스스로 자신의 글에 대한 문제를 파악하고 교정할 수 있는 기회를 부여하고 있다. 교사와 학습자가 사전에 약속한 상징 부호를 사용하여 오류를 표시할 수 있으며 학습자가 자신의 오류를 스스로 범주화할 수 있는 능력을 키워주고 오류에 관심을 갖게 할 수 있다.

참고문헌 국제한국어교육학회, 한국어 표현교육론, 형설출판사, 2010

63 정답 ①

ㄷ・ㄹ. 평가 기준을 세우는 것이 복잡하고 신뢰도 확보가 어려워서 대규모 평가에 적용하기 힘든 한계를 가지고 있다.

> **알아두기**
>
> ■ 포트폴리오
> 과정 중심 쓰기 평가의 대표적인 평가 유형의 하나가 포트폴리오 평가이다. '작품집' 또는 '수행내용철'이라는 용어로도 번역되는 포트폴리오를 대상으로 하는 평가를 가리킨다. 포트폴리오는 한 편의 글이 완성되기까지의 모든 과정과 단계에서 쓰인 글 모음이 될 수도 있고, 일정 기간 동안 학습자가 쓴 여러 편의 글 모음이 될 수도 있다. 평가 대상이 한 편의 글이든 여러 편의 글이든 결과물이 나온 시점에 대한 일회적인 평가가 아니라 결과물이 나오기까지의 과정 전반에 대한 반복적이고 지속적인 평가라는 특징을 가진다.
> Grabe & Kaplan(1996)에서는 포트폴리오에 의한 평가의 장점과 단점을 다음과 같이 나열하였다.
>
> 1. 포트폴리오 평가의 장점
>   1) 여러 쓰기 주제와 과제 유형에 걸쳐 여러 글들에 대한 평가를 가능하게 한다.
>   2) 학습자 자신의 글과 쓰기 향상에 대하여 성찰하게 할 가능성이 있다.
>   3) 학습자가 산출할 수 있는 최선의 글을 평가한다.
>   4) 학습자가 평가받기를 원하는 글을 선택할 책임감을 부여해 준다.
>   5) 가르침과 평가 사이의 연결을 강하게 해 주는데 이는 평가 구도에서 매우 바람직한 특성이다.
> 2. 포트폴리오 평가의 단점
>   1) 평가의 수단을 가리키기보다는 실제적으로는 글을 모으는 수단을 가리킨다.
>   2) 단일 점수나 잣대를 수립하는 문제가 더 복잡해진다.
>   3) 신뢰성과 관련하여 문제가 있다. 쓰기 선택의 자유가 많아질수록 등급에서 같음을 수립하기가 어려워지기 때문이다.
>   4) 등급 매기는 데 시간이 더 많이 걸리고, 평가 선택 내용에서 품이 더 많이 든다.
>   5) 학습자가 실제로 모든 글을 썼다는 것을 평가자가 어떻게 판단할 것인지의 문제가 있다.
>
> 그러나 평가와 수업을 이어 줘서 수업과 교육과정 개발에 되짚어보기를 가능하게 한다는 점, 학습자 능력의 정확한 모습(장점, 약점, 향상의 정도)을 볼 수 있게 해 준다는 점 등은 포트폴리오 평가의 의의라고 할 수 있다.

참고문헌 국제한국어교육학회, 한국어 표현교육론, 형설출판사, 2010

64 정답 ②

② 필자는 자신이 구성한 의미를 모범적인 수사 규칙을 사용하여 텍스트에 표현함으로써 독자가 그것을 따르도록 한다. 독자에 대한 관점은 수동적이다.

알아두기

■ 쓰기 이론
1. 형식주의 쓰기 이론: 형식주의 쓰기 이론은 규범 문법과 수사학적 원칙을 강조한다. 텍스트를 객관적인 연구의 대상으로 보고 객관적인 방법에 의해서 객관적인 지식을 얻을 수 있다는 객관주의에 입각하고 있다. 신비평이론, 구조주의 언어학, 행동주의 심리학 등 주변 학문의 영향을 받아 텍스트의 의미가 텍스트에 독립되어 자율적으로 혹은 스스로 맥락화 된다고 보았다. 이 이론에서 필자는 자신이 구성한 의미를 모범적인 수사 규칙을 사용하여 텍스트에 표현함으로써 독자가 그것을 따르도록 하며, 텍스트는 독자가 의미를 쉽게 해독할 수 있도록 모범적인 수사 규칙을 활용하여 능률적으로 구성되어야 한다.
2. 인지주의 쓰기 이론: 인지주의 쓰기 이론이 등장한 배경에는 언어학에서 촘스키가 주장한 변형 생성 이론이 큰 역할을 하였다. 그들은 언어학의 초점을 형식적인 언어 구조로부터 언어 사용자가 언어 구조를 구성하는 심리적 과정으로 전환시켰다. 이러한 변화는 쓰기에서 결과보다는 과정에 관심을 가지게 하였고 인지주의 쓰기 이론에서는 개별 필자의 의미 구성 과정을 중시하여 필자의 쓰기 행위를 분석의 대상으로 삼아 쓰기 과정에서 작용하는 필자의 지적 작용에 관심을 두었다. 텍스트를 필자의 계획, 목적과 사고를 언어로 번역한 것으로 정의하고, 텍스트를 통한 의미 구성 능력은 필자의 목적의식과 사고 능력의 계발을 통하여 신장되는 것으로 설명하고 있다.
3. 사회구성주의 쓰기 이론: 사회구성주의자들은 지식은 외부 세계에 객관적으로 존재하는 것이 아니며 공동체 구성원들 간의 사회적 상호 작용을 통해서 구성되는 언어적 실체로 보았다. 사회구성주의 쓰기 이론가들은 필자 개개인은 개별적으로 쓰기를 하는 것이 아니라 의미를 구성하는 과정에 영향을 미치는 언어 사용 집단 혹은 언어 공동체의 일원으로서 쓰기를 한다고 주장하였다. 텍스트는 실질적인 의미가 필자 자신과 타인 사이 또는 개인과 언어 공동체의 협상과 해석의 결과이기 때문에, 담화 공동체 구성원들 간의 대화를 강조하였다.

참고문헌 강미영, 통합 인지적 관점을 기반으로 한 쓰기 모형 구성에 관한 연구, 박사학위논문, 인하대학교, 2010

65 정답 ③

③ 교사는 보조자, 안내자로서 학습자가 목적에 맞게 글을 완성할 수 있도록 돕는다. 글에 대한 생각을 함께 나누고 글을 쓰는 과정을 안내하며 글을 쓰는 과정에서 필요한 언어적인 정보를 제공해 주는 것이 좋다.

참고문헌 국제한국어교육학회, 한국어 표현교육론, 형설출판사, 2010

66 정답 ④

① 학습자 전체를 대상으로 오류를 다룰 때는 누구의 오류인지 드러나지 않도록 하는 것이 좋다.
② 초안에 대한 오류를 수정할 때는 글의 내용과 구성 등 전체적인 오류를 지적하고 문법적인 오류는 최종 글에 대한 오류를 교정할 때 다루는 것이 좋다.
③ 오류 교정은 모국어 화자의 자연스러운 언어 수준으로 수정하고 지적하는 것이 아니라 학습자가 표현하려고 했던 원래의 의미를 생각하여 그 의도에 따른 글의 생성을 도와야 한다.

> **알아두기**
>
> ■ 교사의 오류 교정
> 학습자는 자신의 글에 대해 가능하면 많은 부분을 교사가 언급해 주기를 바란다. 그러나 글쓰기의 주체로서 학습자의 역할을 유도하기 위해서는 절차를 통해 오류를 수정해 주는 것이 좋다. 즉, 초안에 대한 피드백에서는 전체적인 구성과 내용을 중심으로 언급하고 문법적인 오류는 지적하되 스스로 수정하도록 유도한다. 구체적인 오류 수정은 최종 글에 대해서 하는 것이 학습자들이 문법적인 부분에 집착하지 않도록 하는 방법이다. 초고를 교정하여 다시 쓰는 과정 중심의 작문 수업에서는 교사와 학습자가 약속한 상징 부호를 사용하여 오류를 교정해 줄 수 있다.

참고문헌 한국방송통신대학교 평생교육원, 외국어로서의 한국어교육학, 한국방송통신대학교출판부, 2007

67 정답 ①

① 확장형 읽기는 다독 또는 열린 읽기 등으로 불리기도 하다. 다독은 다양한 자료를 많이 읽음으로써 학습자이 언어 능력을 향상시키는 읽기 방법 중의 하나이다. 다독은 의미 파악에 중점을 두어 많은 양의 읽기 자료에 접근하는 것을 추구한다.
② 집중형 읽기는 글자 그대로의 의미, 함축된 것, 수사학적인 관계와 같은 것을 이해할 목적으로 문법 형태, 담화 표시 장치 및 기타 표면적인 구조 등 세부 사항들에 주의를 집중하는 것이다.
③ 훑어 읽기는 텍스트 전체를 빠르게 훑어 읽으면서 글의 성격이나 정보의 특성, 대략적인 주제나 요지 등을 파악하는 읽기 전략이다.
④ 찾아 읽기란 텍스트를 전부 다 읽지 않고 필요한 정보만을 빨리 찾아 그 부분만 읽는 전략이다.

참고문헌 서울대학교 국어교육연구소, 한국어교육학사전, 하우, 2014

68 정답 ④

①·②·③ 상위 인지 전략
④ 인지 전략

> **알아두기**
>
> ■ 읽기 전략
>
> 읽기 전략은 글을 읽을 때 의식적으로 사용하는 책략으로 상위 인지 전략(메타 인지 전략)과 인지 전략으로 구성된다.
> 1. 상위 인지 전략(메타 인지 전략): 읽기 과정과 이해 정도 모니터링, 읽기 전에 어떻게 읽을지 계획하는 것, 읽기 능력을 향상하기 위해 달성해야 할 목표를 설정하는 전략, 새로운 자료를 읽기 전에 관련 어휘 목록을 만드는 것, 읽기 기술을 익히기 위해 동료 학습자와 서로 협력하여 학습하는 전략 등은 상위 인지 전략(메타 인지 전략)이다.
> 2. 인지 전략: 문맥 내에서 모르는 낱말의 의미를 추측하는 것, 문장이나 단락 간의 연결 관계를 이해하려고 하는 것, 제목을 읽고 글의 요지를 파악하는 것, 배경지식을 활용하여 글의 의미를 파악하려는 것, 추론하는 것 등이 인지 전략이다.

참고문헌 서울대학교 한국어문학연구소 외, 한국어교육의 이론과 실제 2, 아카넷, 2012

69 정답 ②

② 어휘 학습처럼 학습자의 독해를 점검하는 유형은 수동적 과제이다.

> **알아두기**
>
> ■ 읽기 과제의 유형 〈18회 2교시 80번〉 참고

참고문헌 국제한국어교육학회, 한국어 이해교육론, 형설출판사, 2009

70 정답 ③

ㄹ. 그림을 보면서 어휘 및 표현 익히기: 읽기 전 단계
ㄴ. 빈칸을 채우며 핵심 내용을 정리하기: 읽기 단계
ㄱ. 그래프로 만들기: 읽기 후 단계
ㄷ. 비교하여 발표하기: 읽기 후 단계

알아두기

- 단계별 읽기 수업 〈19회 2교시 80번〉 참고

참고문헌 강현화 외, 한국어 이해교육론, 형설출판사, 2012

71 정답 ③

ㄱ. 내용 스키마
ㄴ. 형식 스키마
ㄷ. 형식 스키마
ㄹ. 내용 스키마
ㅁ. 형식 스키마

알아두기

- 스키마 〈18회 2교시 78번〉 참고

참고문헌 국제한국어교육학회, 한국어 이해교육론, 형설출판사, 2009

72 정답 ④

④ 하향식 읽기의 관점이다. 이는 지식기반 과정 혹은 독자 주도 과정이라고도 불리는데 독자가 선험 지식을 이용하여 텍스트 내의 정보와 데이터에 대하여 적극적으로 예측하고 자신의 예측을 확인한다는 의미이다. 독자는 원문의 단서를 모두 사용할 필요가 없으며 자신의 경험이나 언어에 대한 지식들을 이용하여 텍스트의 의미를 예측하는 것이 이해의 가장 중요한 요소라고 주장한다.

알아두기

■ 읽기 모형

상향식 읽기 모형은 글자와 단어를 하나씩 개별적으로 인지하고 구나 절, 문장으로 읽기 범위를 넓혀 가면서 내용을 해독하는 과정으로 보는 것이다. 이 모형은 독자의 역할을 수동적으로 텍스트의 활자를 받아들이는 것으로 한정하는 경향이 있으며, 주로 초급 단계에서 사용된다.

하향식 읽기 모형은 지식기반 과정 혹은 독자 주도 과정이라고도 불리는데, 독자가 선험 지식을 이용하여 텍스트 내의 정보와 데이터에 대하여 적극적으로 예측하고 자신의 예측을 확인한다는 의미이다. 독자는 원문의 단서를 모두 사용할 필요가 없으며, 자신의 경험이나 언어에 대한 지식들을 이용하여 텍스트의 의미를 예측하는 것이 이해의 가장 중요한 요소라고 주장한다.

참고문헌 한재영 외, 한국어 교수법, 태학사, 2005

73 정답 ①

② 모르는 단어가 나와도 사전을 찾지 말고 추측해 보도록 지도하였다.
③ 읽기 자료를 소개하며 학습자가 관련된 배경지식을 가져올 수 있도록 준비시켰다.
④ 추측하여 읽기, 시간 제한하여 읽기, 빠른 속도로 읽은 후 다시 읽기 등의 읽기 전략을 제시하였다.

74 정답 ①

① 사실과 의견 구분하기는 글쓴이가 제시한 내용이 사실에 근거한 것인지 아니면 자신의 의견인지를 구분하는 것이다. 글의 내용 중 사실을 제시할 때와 의견을 제시할 때의 문장을 표시하게 하고 각 경우에 언어 표현이 어떻게 달라지는지 등을 파악하게 할 수 있는 활동으로 구전 설화 읽기 수업에서는 적절하지 않다.

참고문헌 국제한국어교육학회, 한국어 이해교육론, 형설출판사, 2009

75 정답 ④

④ 문어의 정보 밀집도가 더 높다.

알아두기

■ 구어의 특성 〈17회 2교시 29번〉 참고

참고문헌 서울대학교 국어교육연구소, 한국어교육학사전, 하우, 2014

76 정답 ①

① 반응하기(인접쌍 찾기)는 들은 내용에 대해 학습자가 대화의 파트너가 되어 역할을 수행하는 유형이다. 인사를 받고 적절하게 반응하는지, 질문을 받고 적절하게 응답하는지를 평가한다.

참고문헌 국제한국어교육학회, 한국어 이해교육론, 형설출판사, 2009

77 정답 ④

④ 듣기 후 단계의 활동으로는 들은 내용의 세부 사항들을 관련짓기, 화자의 태도나 의도를 파악할 수 있는 근거 들기, 들은 내용에 대한 자신의 입장 표현하기, 문제 해결을 위한 역할극, 듣지 않은 부분의 내용을 예측하는 글쓰기 등이 있으며 이 단계에서 활용할 수 있는 상위 인지 전략으로는 과제의 파악 정도 평가하기, 듣기 과제의 유형과 듣기의 진행 과정에 대해 평가하기, 사용된 전략이 과제의 목적에 적절했는지 결정하기, 전략 수정하기 등이 있다.

알아두기

■ 듣기 후 단계

듣기 후 단계는 듣기 자료를 제대로 이해하였는지를 확인함과 동시에 듣기 자료에 나타난 정보를 확장하거나 화자들의 태도, 대화 방법 등에 대해 토론해 보는 단계이다.

참고문헌 국제한국어교육학회, 한국어 이해교육론, 형설출판사, 2009

78 정답 ④

④ 상향식 듣기

알아두기

■ 듣기 활동의 모형

정보를 이해하고 처리하는 과정에 따라 듣기를 세 가지 모형으로 나눌 수 있다. 외부로부터 전달된 여러 정보를 처리하는 과정을 상향식과 하향식, 상호 작용식으로 나눌 수 있다.

1. 상향식은 단어, 구, 절, 문장, 담화의 순으로 정보를 이해하는 방법이다. 이것은 어휘, 문법 등의 언어 지식에 대한 이해가 매우 중요하며, 학습자는 주어진 정보에 의해서만 판단하는 수동적 입장에 머무른다.
2. 하향식은 학습자가 가지고 있는 배경지식을 토대로 가정이나 추측을 통해 정보를 이해하는 방법이다. 학습자가 가지고 있는 배경지식에 부분적인 의미들을 종합해 가는 학습자 자신의 적극적 인지 활동이 중요하며, 인지 활동은 학습자의 능동적 참여와 과제 수행이 수반되어야 한다. 언어 지식 자체에 대한 이해보다는 '언어 내용'에 대한 이해를 중시한다.
3. 상호 작용식은 이 둘의 장점을 잘 살린 교수 모형이다. 문법에 대한 지식과 이해 없이 올바른 내용 이해가 이루어질 수 없고, 형태적, 문법적 지식만 가지고 전체의 의미를 이해하기 어려울 수 있으므로 이 둘을 보완하는 교수 모형이 필요하다.

참고문헌 H. Douglas Brown, 권오량 외 역, 원리에 의한 교수, Pearson Education Korea, 2012
서울대학교 한국어문학연구소 외, 한국어교육의 이론과 실제 2, 아카넷, 2012

79 정답 ②

① 듣기 자료는 학습자가 듣기 활동에 집중하고, 동기를 가질 수 있도록 학습자의 생활 및 관심 영역과 일치하는 내용의 자료여야 한다. 또한 교실 수업에서 경험한 자료가 실제 생활에 쉽게 적용될 수 있어야 하고 실제 상황으로 전이될 수 있는 확률이 높아야 한다.
③ 듣기 자료는 학습자에게 질문에 대답하게 함으로써 교재의 이해를 입증하도록 요구하는 것이 아니라 듣기 내용 정보를 이용하는 과제를 제공해야 한다.
④ 자료는 실제 속도로 제시되는 것이 실생활로 전이될 수 있는 가능성이 더 높아진다.

참고문헌 국제한국어교육학회, 한국어 이해교육론, 형설출판사, 2009

80 정답 ③

③ 외국인 노동자를 위해 필요한 내용이기는 하지만 초급 자료로는 적절하지 못하다.

81 정답 ②

② 듣기 전 활동은 들을 내용의 배경이나 맥락을 만들어 줌으로써 학습자가 들을 내용을 예측할 수 있게 하는 데 목적이 있다. 따라서 주제를 소개하거나 필요한 언어 지식을 제공하고 주제에 대한 흥미나 관심을 갖게 하는 활동을 하는 것이 좋다.

참고문헌 서울대학교 한국어문학연구소 외, 한국어교육의 이론과 실제 2, 아카넷, 2012

82 정답 ①

① 대화나 이야기를 듣고 화자의 정보를 파악하거나 참여자 간의 관계를 파악하는 유형이다.

83 정답 ③

①·②·④ 듣고 행동하고 작동하기
③ 듣고 문제 해결하기

> **알아두기**
>
> ■ 의사소통 활동 범주(정용주, 1996)
> 1. 듣고 행동하고 작동하기
> 2. 듣고 정보를 전달하기
> 3. 듣고 문제 해결하기
> 4. 듣고 평가하고 정보를 조정하기
> 5. 서로 듣고 질문과 대답을 통해서 의미를 파악하기
> 6. 즐거움, 기쁨, 사교를 위한 듣기

참고문헌 국제한국어교육학회, 한국어 이해교육론, 형설출판사, 2009

84 정답 ④

④ 의사소통에 초점을 둔 수업 가운데 필요한 경우 형태에 암시적 또는 명시적으로 관심을 갖도록 유도한다.

> **알아두기**
>
> ■ 형태 초점 교수법(Focus on form)
> 형태 초점 교수법이란 의사소통 과제 수행 중에서도 자연스럽게 학습자가 언어 형태에 주목할 수 있도록 하여 의사소통 능력과 문법적 정확성을 통합적으로 추구하는 교수법이다. '형태 초점' 개념의 가장 큰 특징은 기존 문법적 형태에 중심을 둔 교수법이나 의사소통만을 중시하는 교수법과는 달리 유창성과 정확성을 함께 추구하고자 하는 것이다. 초기에 롱(M. H. Long)이 제안한 형태 초점은 의사소통에 초점을 둔 수업 가운데 학습자의 의사소통상 필요에 의해서 우연히 형태에 초점을 두게 하는 것이었다. 그러나 이는 점차 계획된 형태 초점과 명시적인 형태에 대한 교수까지 모두 포함하는 개념으로 확장되었다.

참고문헌 서울대학교 국어교육연구소, 한국어교육학사전, 하우, 2014

85 정답 ④

④ 연역적 방식으로 문법을 제시할 때의 장점이다.

> **알아두기**
>
> ■ 문법 지도 방법
> 학습자 스스로 규칙을 발견하거나 일반화를 노출하도록 하는 귀납적인 접근 방식이 학습자에게 도움이 되는지, 교사나 교과서가 규칙을 제시하고 나서 그 규칙을 적용시키는 다양한 사례의 언어를 연습하도록 허용하는 편이 나은지에 대해서는 의견이 분분하지만 대부분 귀납적인 접근 방식이 더 적절하다. 그 이유는 다음과 같다.
> 1. 규칙에 대해 의식적인 초점을 두지 않고 잠재적으로 규칙이 흡수되는 자연스러운 언어 습득과 맥을 같이 한다.
> 2. 학습자들이 다양한 시간표에 따라 규칙 습득 단계를 거친다는 중간언어 발달 개념에 더 쉽게 부합한다.
> 3. 문법 설명으로 압도되기 전에 언어의 어떤 측면에 대해서 의사가 전달되는 느낌을 가지게 한다.
> 4. 학습자들에게 규칙을 일러주기보다는 그것을 발견하게 함으로써 보다 내적 동기 유발을 형성한다.

참고문헌 H. Douglas Brown, 권오량 외 역, 원리에 의한 교수, Pearson Education Korea, 2012

86 정답 ③

ㄱ. 제시
ㄴ. 연습
ㄷ. 제시
ㄹ. 사용
ㅁ. 제시

> **알아두기**
>
> - 문법 교육의 단계 〈18회 2교시 90번〉 참고

참고문헌 한국방송통신대학교 평생교육원, 외국어로서의 한국어교육학, 한국방송통신대학교출판부, 2007

87 정답 ③

③ 교실에서 지켜야 할 규칙을 정하기는 '-아/어야 하다' 또는 '-(으)면 안 되다' 등의 문법 항목과 어울리는 활동이다.

88 정답 ④

④ 활용 형태가 다른 경우에는 모두 예문을 제시해 줘야 한다.

> **알아두기**
>
> - 문법 교육
> 한 항목의 여러 사용법 중 기본 사용법부터 단계적으로 가르치는 것이 좋으며 유사한 의미를 나타내는 문법 항목 간의 학습 순서를 조절해야 한다. 간단하고 쉬운 것부터 복잡하고 어려운 것으로 학습 순서를 정해 나가야 한다. 하나의 문법 항목을 지도할 때는 가르치고자 하는 문법의 의미와 기능이 잘 드러나는 간단한 문장으로 제시하고 질문 응답으로 예시문의 이해를 확인하도록 하며 연습 문장은 학습자가 관심을 가지는 주제로 하여 학습자 중심의 교수가 이루어지도록 한다. 또한 예문을 제시할 때는 제시만 하는 것이 아니고 그 예문의 발생 상황을 학습자가 알아들을 수 있는 말을 사용하여 예문 제시 전에 설명해 주는 것이 필요하다.

참고문헌 한국방송통신대학교 평생교육원, 외국어로서의 한국어교육학, 한국방송통신대학교출판부, 2007

89 정답 ②

① 메타언어적 피드백
③ 즉시 교정
④ 반복 발화 반문하기

알아두기

■ Thornbury(1999)의 오류 교정의 방법

Thornbury(1999)의 오류 교정의 실제 방법 열두 가지를 보면 다음과 같다.

1. 부정하기: "틀렸어요."라고 명확히 부정적인 피드백을 주며 학습자에게 무엇이 틀렸는지 단서를 제공하지 않는다. 학습자는 스스로 찾아 교정해야 한다.
2. 고쳐 말하기: 틀린 부분을 교사가 직접 고쳐 주는 방법이다.
3. 메타언어적 피드백: "어미가 틀렸어요."와 같은 문법 용어로 해당 오류 부분을 지적한다.
4. 다른 또래 구성원을 통해 교정을 유도하기: "틀렸어요. 다른 사람 없어요?"라고 하며 다른 학습자에게 오류를 수정하도록 유도하는 방법이다.
5. 오류 앞부분 반복하여 유도하기: 교사가 오류가 나타난 부분 앞까지 학습자의 발화를 반복하거나 오류 부분을 손가락으로 지적하여 오류를 발견, 교정할 수 있게 하는 방법이다.
6. 반복 발화 반문하기: 학습자의 발화를 반복하되 무엇인가 이상하다는 의문의 억양으로 하여 학습자가 오류를 깨닫게 하는 방법이다.
7. 발화 재반복 요구하기: 학습자에게 못 알아들었다고 밝힘으로써 무엇이 틀렸음을 암시하며 재발화를 요구하는 것이다.
8. 오류 상황을 적용하기: 오류 표현대로 이해했을 때의 문제점을 지적하는 방법이다. '한 개의 종이'라고 했을 때 "종이가 한 개라고?"처럼 지적하거나 반문하여 문제를 깨닫게 하는 방법이다.
9. 즉시 교정: '한 개의'는 '한 개의 상품'처럼 쓰고 종이는 '한 장의 종이'로 해야 한다고 즉시 교정하는 방법이다.
10. 교정하여 들려주고 반문하기: "아, 한 장의 종이, 그렇지?"처럼 바른 표현을 알려 주고 반문하는 방법이다.
11. 긍정하기: 일단 오류를 무시하고 소통에 기여하는 쪽으로 수용하는 방법이다.
12. 오류 판서하고 나중에 다루기: 아무 말을 하지 않고 오류를 칠판에 써 두었다가 뒤에 다루는 방법이다.

참고문헌 서울대학교 한국어문학연구소 외, 한국어 교육의 이론과 실제 2, 아카넷, 2012

90 정답 ④

ㄱ. -(으)면서: 2급
ㄴ. -기로서니: 6급
ㄷ. -(으)니까: 1급
ㄹ. -(으)ㄴ/는 편이다: 3급
ㅁ. -기 나름이다: 5급

참고문헌 김중섭 외, 2017년 국제 통용 한국어 표준 교육과정 적용 연구(4단계), 국립국어원, 2017

91 정답 ①

① 구경하는 대상에 따라 자주 사용되는 상황(관객 – 공연, 관람객 – 전시회, 관중 – 운동 경기)을 제시하여 차이를 설명한다.

92 정답 ④

④ 고급(5, 6급)의 평가 내용이다.

알아두기

■ 한국어능력시험 등급별 평가 기준

수준	등급	평가 기준
TOPIK I	1급	• '자기 소개하기, 물건 사기, 음식 주문하기' 등 생존에 필요한 기초적인 언어 기능을 수행할 수 있으며 '자기 자신, 가족, 취미, 날씨' 등 매우 사적이고 친숙한 화제에 관련된 내용을 이해하고 표현할 수 있다. • 약 800개의 기초 어휘와 기본 문법에 대한 이해를 바탕으로 간단한 문장을 생성할 수 있다. • 간단한 생활문과 실용문을 이해하고, 구성할 수 있다.
	2급	• '전화하기, 부탁하기' 등의 일상생활에 필요한 기능과 '우체국, 은행' 등의 공공시설 이용에 필요한 기능을 수행할 수 있다. • 약 1,500~2,000개의 어휘를 이용하여 사적이고 친숙한 화제에 관해 문단 단위로 이해하고 사용할 수 있다. • 공식적 상황과 비공식적 상황에서의 언어를 구분해 사용할 수 있다.
TOPIK II	3급	• 일상생활을 영위하는 데 별 어려움을 느끼지 않으며, 다양한 공공시설의 이용과 사회적 관계 유지에 필요한 기초적 언어 기능을 수행할 수 있다. • 친숙하고 구체적인 소재는 물론, 자신에게 친숙한 사회적 소재를 문단 단위로 표현하거나 이해할 수 있다. • 문어와 구어의 기본적인 특성을 구분해서 이해하고 사용할 수 있다.
	4급	• 공공시설 이용과 사회적 관계 유지에 필요한 언어 기능을 수행할 수 있으며, 일반적인 업무 수행에 필요한 기능을 어느 정도 수행할 수 있다. • '뉴스, 신문 기사' 중 평이한 내용을 이해할 수 있다. 일반적인 사회적·추상적 소재를 비교적 정확하고 유창하게 이해하고, 사용할 수 있다. • 자주 사용되는 관용적 표현과 대표적인 한국 문화에 대한 이해를 바탕으로 사회·문화적인 내용을 이해하고 사용할 수 있다.
	5급	• 전문 분야에서의 연구나 업무 수행에 필요한 언어 기능을 어느 정도 수행할 수 있다. • '정치, 경제, 사회, 문화' 전반에 걸쳐 친숙하지 않은 소재에 관해서도 이해하고 사용할 수 있다. • 공식적, 비공식적 맥락과 구어적, 문어적 맥락에 따라 언어를 적절히 구분해 사용할 수 있다.
	6급	• 전문 분야에서의 연구나 업무 수행에 필요한 언어 기능을 비교적 정확하고 유창하게 수행할 수 있다. • '정치, 경제, 사회, 문화' 전반에 걸쳐 친숙하지 않은 주제에 관해서도 이용하고 사용할 수 있다. • 원어민 화자의 수준에는 이르지 못하나 기능 수행이나 의미 표현에는 어려움을 겪지 않는다.

참고문헌 TOPIK 홈페이지

93 정답 ②

② '생물'은 상의어, '식물'은 그 하의어이다. 상의어와 하의어는 어휘소 의미의 계층적 구조에서 한 어휘소의 의미가 다른 쪽을 포섭하거나 포섭되는 관계를 의미한다. 상의어에서 하의어로 내려갈수록 속성은 한정적이고 구체적이 된다. 상하 관계는 한국어의 어휘장을 위계화하여 보여주는 데에 매우 효과적이다.

참고문헌 서울대학교 국어교육연구소, 한국어교육학사전, 하우, 2014

94 정답 ①

① 다의어는 하나의 어휘 항목이 두 가지 이상의 관련된 의미 또는 의의를 지닌 것이다.
② 동음이의어를 말한다.
③ 다의어는 대부분 구체적인 의미를 가진 단어에 추상적인 의미를 부여하거나 의미를 확대하는 방법으로 성립된다.
④ 한국어의 경우 사용 빈도가 높은 어휘에 다의어가 많다.

참고문헌 서울대학교 국어교육연구소, 한국어교육학사전, 하우, 2014

95 정답 ②

①·③ 관용어는 그 나라의 역사, 사회, 문화적 배경이 반영된 특수한 말이기에 그런 현상을 알지 못하면 관용어에 대한 이해가 어렵다. 관용어 구사 능력은 전체 언어 능력과 결부되기 때문에 습득과 적절한 사용이 필요하며 교육 시에 한국 문화와 역사에 대한 인식도 함께 이루어져야 관용어에 대한 자연스러운 이해가 가능하게 된다.
②·④ 관용 표현은 습관적으로 굳어져 익숙하게 쓰이는 표현이되 둘 이상의 언어 기호가 단순한 의미의 합으로 쓰이지 않는 것을 가리킨다. 연어는 구성 단어들이 축자적인 의미를 그대로 유지하면서 늘 결합 구성의 관계를 유지한다. 반면 관용 의미는 구성 요소의 합이 아닌 제3의 의미여야 하며 축자 의미를 그대로 드러내는 대응쌍이 존재해야 한다. 그러나 축자 의미와 관용 의미 사이에는 유연성이 존재하지 않는다.

참고문헌 서울대학교 국어교육연구소, 한국어교육학사전, 하우, 2014

96 정답 ①

ㄱ. 발음: 형태
ㄴ. 단어 연상: 의미
ㄷ. 단어의 출현: 사용
ㄹ. 구성 요소: 형태
ㅁ. 함께 출현하는 단어: 사용

> **알아두기**
>
> ■ 단어에 대한 지식
> Nation(2001)은 어휘에 대한 지식을 세 가지로 분류하면서 어휘를 안다는 것은 형태와 의미 그리고 그 어휘의 실제 사용에 대해 아는 것이라 하였다. 여기서 어휘의 형태란 단어의 소리 또는 발음, 단어의 생김새와 철자, 형태소 등을 일컫는다. 어휘의 의미는 어형이 나타내는 의미, 단어에 연관된 개념, 연상되는 단어를 말한다. 어휘의 사용이란 어떤 문법적 맥락 안에서 단어가 사용되는가, 어떤 단어가 함께 사용되는가, 어느 상황에서 이 단어를 자주 사용하는지 등을 나타낸다.

참고문헌 이아진, 중학생의 어휘 학습을 위해 사용하는 전략에 대한 조사, 석사학위논문, 조선대학교, 2019

97 정답 ①

① 일반 목적 한국어 교재에 관한 설명이다. 학문 목적 한국어 교재는 한국어학이나 한국 문학, 한국 문화, 한국 시사 등의 내용이 들어가야 한다. 특히 한국 대학에서 유학을 하는 학생들은 대학 생활에 필요한 노트 필기, 강의 듣기, 보고서 쓰기 등의 기술적인 한국어를 연습할 수 있는 교재가 필요하다.

참고문헌 서울대학교 국어교육연구소, 한국어교육학사전, 하우, 2014

98 정답 ③

ㄱ. 외적 구성 평가
ㄴ. 외적 구성 평가
ㄷ. 내적 구성 평가
ㄹ. 내적 구성 평가
ㅁ. 외적 구성 평가

알아두기

- 교재 평가 〈17회 2교시 100번〉 참고

참고문헌 서울대학교 국어교육연구소, 한국어교육학사전, 하우, 2014

99 정답 ①

① 워크북은 부교재이다.

알아두기

- 교재의 개념과 기능

  교재의 개념은 그 형태와 적용에서 다층적이고 역동성을 가진 것으로 파악된다. 이 관점에서 교재는 교육적 의도와 상세화 수준에 따라 자료로서의 교재, 텍스트로서의 교재, 제재로서의 교재로 구분할 수 있다. 또한 교재는 주 교재, 부교재, 보충 교재로도 구분한다. 주 교재란 교수요목과 내용의 대부분을 다룬 교재로서 수업에서 중심적으로 쓰이는 것을 말하며 그 예로 한국어 교육기관에서 사용하는 교과서를 들 수 있다. 부교재에는 연습서, 참고서, 사전, 시청각 자료, 과제, 활동 등이 있는데 부교재와 보충 교재는 주 교재의 부족함을 보충하거나 보다 원활한 이해를 돕는 연습을 전개하기 위해 사용한다.
  교재의 기능은 교수 목표 제시, 교육과정 구현, 학습 동기 유발, 교수 내용 제공, 표준이 되는 언어 제공, 교수법 제공, 교수 자료 제공, 학습 내용 제공, 학습 방법 제공, 교사와 학습자 사이의 매개 역할, 교수 평가의 근거 제공, 교수 내용의 일관성 확보, 평가 대비 자료, 연습을 통한 정착 기능 수행, 수업 수준의 일정성 확보 등이다.

참고문헌 서울대학교 국어교육연구소, 한국어교육학사전, 하우, 2014

100 정답 ②

② 문법 규칙보다는 한국어 사용 목적과 환경을 고려한 의사소통 중심의 교재가 필요하다.

101 정답 ①

② 실생활과 관련된 과제로 구성하였는지 점검해야 한다.
③ 구어 의사소통의 특성을 고려하여 다양한 상황을 도입했는지 점검해야 한다.
④ 구어에 얼마나 중점을 두고 있는지 점검해야 하며 구어 특성을 잘 반영하고 있는지 점검해야 한다.

알아두기

■ 말하기 교재
말하기 교재는 제시된 대화가 구어의 특성을 잘 드러내어 실생활의 상호 작용을 익힐 수 있도록 설계되어 있어야 한다. 말하기 교재 점검 사항은 다음과 같다.
1. 구어에 얼마나 중점을 두고 있는가?
2. 구어 자료가 학습자의 실생활의 상호 작용을 익히도록 되어 있는가?
3. 말하기를 위해 어떤 자료와 교실 활동을 포함하는가?
4. 실생활 관련 말하기 과제를 포함하고 있는가?
5. 대화나 토론 등의 활동을 위한 특별한 전략들이 있는가?
6. 학습자가 구어 상황에서 불예측성을 다루는 데 도움이 될 만한 연습이 있는가?
7. 듣기, 읽기, 쓰기 등 다른 영역과의 통합 활동이 제안되고 있는가?
8. 통합 시 제공되는 활동은 필수적 선택으로 또는 수의적 선택으로 제안되어 학습의 개별화를 돕는가?
9. 학습 활동이 개인화될 수 있는 기회가 제공되는가?

참고문헌 서울대학교 한국어문학연구소 외, 한국어교육의 이론과 실제 2, 아카넷, 2012

102 정답 ①

① 읽기 텍스트 하나 외의 다른 자료가 없어서 비교할 기회가 없다.
② 내용을 이해하고 한국의 현충일에 대한 정보를 습득할 수 있다.
③ 읽기 후 활동으로 쓰기 활동을 연계하고 있다.
④ 현충일에 대해 알고 있는 것을 자유롭게 이야기하는 읽기 전 활동으로 배경지식을 활성화하고 있다.

103 정답 ③

③ 일방적인 목표어 문화 중심의 이해가 아니라 학습자 문화와 목표어 문화 상호 간의 문화 이해를 목표로 하는 것이 좋다.

알아두기

■ 상호문화주의

다문화는 한 사회 안에서 다양한 문화들이 병존하거나 공존하는 사회구조의 현상을 가리키는 용어인 반면, 상호문화는 서로 다른 문화적 배경을 지닌 사회구성원들이 상호 관계 속에서 쌍방향적으로 역동적인 문화 교류와 대화하는 현상을 가리킨다. 상호문화주의는 문화와 문화의 만남 속에서 문화 상호 간의 대화와 교류를 강조한다. 따라서 한 지리적 공간에서 둘 이상의 복수 문화가 서로 접촉하여 서로의 경계를 허물고 상호 접촉, 상호 대화, 상호 작용, 상호 융합을 통해 새로운 혼종 문화를 탄생시키는 역동적 과정에 초점을 맞춘다고 볼 수 있다.

말(Ram A. Mall)은 상호문화주의를 '어떤 문화도 전체 인류를 위한 유일한 문화가 될 수 없다는 통찰, 신념을 뜻하는 것'으로 정의하며 '상호문화적 사유가 함축하는 질서란 차이 속에서, 차이를 통해서, 차이와 더불어 존재하는 질서이며, 상이한 문화들의 합창을 위한 공간을 만드는 질서'라고 보았다.

참고문헌 박종대, 한국 다문화교육정책 사례 및 발전 방안 연구 : 상호문화주의를 대안으로, 박사학위논문, 한국외국어대학교, 2017

104　정답 ②

① 중급
② 초급
③ 고급
④ 고급

알아두기

■ 국제 통용 한국어 표준 교육과정(2017) 등급별 총괄 목표 중 문화 관련 내용
등급별 총괄 목표에서 문화 관련 내용만 발췌하였다.

등급		내용
초급	1급	정형화된 표현을 이용해 일상생활에서 매우 간단한 의사소통(자기소개, 인사, 물건 사기 등)을 할 수 있다. 가장 기본적인 한국의 일상생활 문화를 이해하고 자국의 문화와 비교할 수 있다.
	2급	일상생활에서 자주 다루는 개인적·구체적 주제에 대해 간단하게 의사소통할 수 있다. 기본적인 한국의 일상생활 문화를 이해하고 자국의 문화와 비교할 수 있다.
중급	3급	친숙한 사회적·추상적 주제와 자신의 관심 분야에 대해 간단하게 의사소통할 수 있다. 대부분의 한국의 일상생활 문화와 대표적인 행동 문화, 성취 문화를 이해하고 자국의 문화와 비교할 수 있다.
	4급	친숙한 사회적·추상적 주제와 자신의 관심 분야에 대해 비교적 유창하게 의사소통할 수 있다. 한국의 대표적인 행동 문화, 성취 문화를 이해하고 자국의 문화와 비교할 수 있다.
고급	5급	친숙하지 않은 사회적·추상적 주제 및 자신의 직업이나 학문 영역에 대해 간단하게 의사소통할 수 있다. 공식적인 맥락에서 격식을 갖추어 의사소통할 수 있다. 한국의 다양한 행동 문화, 성취 문화 및 대표적인 관념 문화를 이해하며 자국의 문화와 비교하여 문화의 다양성과 특수성을 이해할 수 있다.
	6급	자신의 업무나 학업과 관련된 의사소통 기능을 어느 정도 수행할 수 있다. 친숙하지 않은 사회적·추상적 주제 및 자신의 직업이나 학문 영역에 대해 비교적 유창하게 다룰 수 있다. 한국의 다양한 행동 문화, 성취 문화, 관념 문화를 이해하며 자국의 문화와 비교하여 문화의 다양성과 특수성을 이해할 수 있다.

참고문헌 김중섭 외, 2017년 국제 통용 한국어 표준 교육과정 적용 연구(4단계), 국립국어원, 2017

105 정답 ④

④ 현장 체험 학습은 교실에서 간접적으로 학습한 내용을 현장에서 직접 확인할 수 있다.

> **알아두기**
>
> ■ 문화 경험(체험) 학습
> 언어 문화 교육기관에서는 1학기에 1~2회 현장 학습이나 문화 체험 교육을 실시한다. 현장 학습은 어느 장소를 방문, 견학하는 프로그램으로 이 과정에 설명을 듣거나 체험하는 단계가 추가되면 학습 효과를 높일 수 있다. 문화, 환경, 예술, 역사, 종교, 지역 사회, 공공 기관, 언론 기관, 교육기관, 사회 복지 기관, 산업체, 정부 기관 등 여러 분야가 모두 대상에 포함된다. 현장 학습은 교실에서 간접적으로밖에 학습할 수 없는 내용을 현장에서 직접 확인할 수 있다는 장점이 있는 반면, 동시에 여러 학생을 인솔하며 이루어지는 활동이기에 학습자의 주의가 산만해질 수 있고, 획일적으로 진행되는 활동에서 학습자가 지루함을 느낄 수 있다. 교사는 현장 학습 사전 교육을 통해 학습자가 현장 학습 내용을 선행 학습하고 탐구과제를 찾도록 한다. 현장 학습 후에는 사후 활동으로 관련 독서, 자료 조사, 토의, 토론, 보고서 작성, 발표 등을 실시한다.

참고문헌 국제한국어교육학회, 한국문화교육론, 형설출판사, 2013

106 정답 ④

④ 언어 학습자는 목표어를 배우면서 문화 차이를 인식하게 된다. 그러므로 학습자의 화용적 오류를 줄이고 정확한 의사소통을 돕기 위해 목표어의 문화와 함께 자문화를 대상으로 언어 사용 및 문화적인 차이를 인식하고 상호 이해를 도모하는 교육이 필요하다. 이를 통해 학습자는 목표어의 문화와 자국의 문화를 비교하면서 배우고자 하는 목표 문화를 보다 잘 이해할 수 있으며 원활하게 소통할 수 있는 바탕을 쌓게 된다.

참고문헌 서울대학교 국어교육연구소, 한국어교육학사전, 하우, 2014

107 정답 ③

③ 교육용 한자는 사용 빈도가 높고, 조어력이 높은 한자, 기초적인 한자 등으로 선정해야 한다.

108 정답 ②

① 합성어
③ 파생어
④ 단일어

> **알아두기**
>
> ■ 한자 합성어
> 한자 합성어의 특징은 한 글자 한 글자가 의미를 가진 형태소이지만 한국어에서는 대부분 자립적으로 쓰일 수 없다는 것이다. '결혼'에서 '결'과 '혼'은 자립적으로 쓰일 수 없는 어기, 즉 어근으로서 반드시 합성어의 구성 요소로만 쓰인다. 그러나 '창문'에서의 '창'과 '문' 등은 자립적인 단어 구실을 할 수 있다. 합성어의 중요한 의미 구조의 유형은 다음과 같다.
> 1. 주술(主述) 구성: 국립(國立), 일출(日出) 등
> 2. 병렬(竝列) 구성: 강산(江山), 부모(父母) 등
> 3. 술목(述目) 구성: 등산(登山), 애국(愛國) 등
> 4. 한정(限定) 구성: 고산(高山), 애인(愛人) 등

109 정답 ④

④ 한국 정부는 재외국민의 민족 교육과 교민 자녀의 모국어 수학을 지원할 목적으로 재외국민의 교육에 관한 규정을 제정하였고, 이는 한인 사회에 한글학교 설립 열풍을 가져왔다. 그 후 교민 밀집 지역의 대학에서 외국어 과목으로 한국어를 개설하는 대학 역시 빠르게 증가하였다. 그리고 요즘은 한류(K-POP)의 영향으로 한국의 문화 및 음식에 관심을 보이는 사람들이 많아져서 한글학교에는 재외동포 외에도 현지인 학습자들도 많이 늘어났다.

참고문헌 서울대학교 국어교육연구소, 한국어교육학사전, 하우, 2014

110 정답 ③

③ 한국어교원 자격 제도는 국어 기본법 제19조 및 동법 시행령 제13조와 14조에 근거하여 한국어를 모어로 사용하지 않는 외국인과 재외동포를 대상으로 한국어를 가르치는 자에게 대한민국 정부가 자격을 부여하는 제도를 말한다. 한국어교원 자격 제도는 2005년도에 국어 기본법이 시행된 이후 실시되었다. 자격증은 국립국어원이 주관하는 한국어교원 자격 심사 위원회의 심사를 거친 후 문화체육관광부 장관 명의로 합격자에게 부여된다. 한국어교원 자격증은 1급, 2급, 3급 세 종류로 분류된다. 1급은 최상급 자격증으로 경력에 의해서만 부여되고 2급과 3급 자격증은 한국어교원 자격 심사 위원회의 심의에서 적합 판정을 받아야 취득할 수 있다. 부전공으로 3급 자격을 취득한 경우 경력 인정 기관에서 만 3년 이상 근무하면서 총 1,200시간 이상의 교육 경력을 쌓으면 2급으로 승급이 가능하며, 양성과정과 한국어교육능력검정시험을 통하여 3급을 취득한 경우 경력 인정 기관에서 만 5년 이상 근무하면서 총 2,000시간 이상의 교육 경력을 쌓으면 2급으로 승급이 가능하다.

참고문헌 서울대학교 국어교육연구소, 한국어교육학사전, 하우, 2014

111 정답 ③

③ 번역가는 저자의 의도를 언어화해야 한다.

112 정답 ③

③ 한국어의 대명사는 쓰임이 활발하지 못하다. 앞 문장의 명사를 대명사로 받기보다는 그 명사를 반복하여 쓰는 경우가 많다. 또한 한국어의 인칭 직시 표현은 구어 상황에서 자주 생략되는 경향이 있다.

113

※ 주관식 문제의 정답과 해설은 생략합니다.

2020년

15회 정답 및 해설
[A형]

1교시 한국어학·일반언어학 및 응용언어학

2교시 한국 문화·외국어로서의 한국어 교육론

꿈을 꾸기에 인생은 빛난다.

- 모차르트 -

1교시 | 한국어학·일반언어학 및 응용언어학

01	②	02	④	03	④	04	①	05	①	06	②	07	④	08	③	09	③	10	①
11	②	12	④	13	②	14	②	15	③	16	①	17	③	18	②	19	①	20	①
21	①	22	②	23	②	24	②	25	②	26	②	27	④	28	②	29	②	30	①
31	④	32	①	33	②	34	①	35	②	36	②	37	②	38	②	39	②	40	④
41	④	42	②	43	②	44	①	45	②	46	②	47	②	48	①	49	②	50	③
51	③	52	②	53	①	54	②	55	②	56	②	57	②	58	②	59	③	60	④
61	①	62	④	63	①	64	③	65	②	66	①	67	②	68	②	69	④	70	②
71	②	72	②	73	④	74	③	75	①	76	①	77	③	78	②	79	④	80	②

01 정답 ②

① 음운에는 크게 두 가지가 있는데, 하나는 자음 /ㄱ, ㄴ, ㄷ/과 모음 /ㅏ, ㅣ, ㅜ/처럼 글자로 표시되는 분절 음소이고, 다른 하나는 소리의 길이나 강세, 성조, 억양처럼 글자로 표시되지는 않지만 음소와 마찬가지로 뜻을 전달하는 데 있어 중요한 구실을 하는 비분절 운소이다. 음운은 뜻을 나누는 중요한 역할을 하는데, '달'과 '딸'의 의미 차이는 /ㄷ/과 /ㄸ/이라는 음운의 차이에서 온다. 따라서 '집'의 'ㅂ'은 음운이다.

② 형태소는 최소의 유의적 단위이다. 여기에서의 '최소'는 더 쪼개면 의미를 가지는 단위가 아니거나 의미가 있다고 하더라도 전혀 관련이 없는 엉뚱한 의미를 가지는 조각으로 나누어 의미 단위로서는 더 이상 쪼갤 수 없는 것이다. '좁쌀'의 'ㅂ'은 과거에 초성 'ㅄ'이 된소리 'ㅆ'이 되면서 'ㅂ'이 흔적으로 남아 앞 음절에 받침으로 들어간 경우이다. '좁쌀'의 'ㅂ'은 음운이다.

③ 단어는 자립성을 가지는 최소의 단위로 정의되는 것이 일반적이다. 즉 문장에서 단독으로 쓰일 수 있는 언어 형식을 말한다. 자립성의 기준을 엄격하게 적용하면 국어의 조사는 단어의 자격을 가지기 어렵게 되지만 조사에 선행하는 체언의 자립성이 어미에 선행하는 용언 어간의 자립성보다 훨씬 높기 때문에 조사는 어미와 달리 하나의 단어로 취급한다. 따라서 '밥만'의 조사 '만'은 단어이다.

④ 구(句)는 둘 이상의 단어가 한 덩어리가 되어 마치 한 품사의 단어처럼 쓰이는 경우를 말하고, 절(節)은 주어, 서술어를 다 갖춘 온전한 문장이 어느 한 품사의 단어처럼 쓰이는 것을 말한다. 명사절, 관형절, 부사절, 서술절 등이 있다. 따라서 '내가 꿈꾼'은 관형절이다.

알아두기

■ 언어 단위 〈17회 1교시 3번〉 참고

참고문헌 고영근·남기심, 표준국어문법론, 박이정, 2014
서울대학교 국어교육연구소, 한국어교육학사전, 하우, 2014
임홍빈 외, 바른 국어생활과 문법, 한국방송통신대학교출판부, 2011
한국방송통신대학교 평생교육원, 외국어로서의 한국어학, 한국방송통신대학교출판부, 2007
국립국어원, 외국인을 위한 한국어 문법 1, 커뮤니케이션북스, 2005

02 정답 ④

① 한국어는 교착어로서 조사와 어미가 매우 발달해 있다.
② 한국어의 접두사는 접미사만큼 수효가 많지 않고, 하는 일도 비교적 단조롭다.
③ 깡충깡충, 오순도순 등 모음조화를 어기는 반복 합성어가 존재한다.
④ 한국어의 조사는 '이/가, 을/를, 으로/로, 와/과'에서 보듯이 인접한 선행어의 음운론적 성격(자음으로 끝나느냐 모음으로 끝나느냐)에 따라 변이형이 존재한다. 또한 한국어의 격조사는 상황에 따라 생략될 수 있다. 특히 주격 조사와 목적격 조사의 생략이 잘 일어나는데, 어순만으로도 주격과 목적격을 쉽게 파악할 수 있기 때문이다.

알아두기

■ 한국어의 형태론적 특성 〈18회 1교시 1번〉 참고

참고문헌 한국방송통신대학교 평생교육원, 외국어로서의 한국어학, 한국방송통신대학교출판부, 2007

03 정답 ④

① "토끼가 귀가 길다.", "일꾼을 다섯을 부릅시다." 등의 주격 중출문이나 목적격 중출문이 나타난다.
② 한국어는 주어-목적어-서술어의 기본 어순을 가진다.
③ 주체 높임은 '-시-' 높임법이라고도 하는데, 문장의 주체를 선어말어미 '-시-'를 사용해서 높이거나 '계시다', '잡수시다' 등의 동사에 의해 실현되기도 한다. 주체 높임에 사용되는 조사로는 '께서'가 있다.
④ 한국어의 수식 구성에서 모든 수식어는 반드시 피수식어 앞에 온다. 관형사는 명사에 선행하여 명사를 수식하고, 부사는 동사나 형용사와 같은 서술어 앞에 쓰여 이들을 수식한다.

알아두기

■ 한국어의 통사론적 특성 〈18회 1교시 1번〉 참고

참고문헌 한국방송통신대학교 평생교육원, 외국어로서의 한국어학, 한국방송통신대학교출판부, 2007

04 정답 ①

접미사는 새로운 단어를 만들고, 선행 요소의 품사를 바꿀 수 있으며, 어미에 비해 분포상의 제약이 많다는 점에서 어미와 구별된다.

알아두기

■ 접사
어근이나 어간 따위에 덧붙는 형태소를 접사라고 한다. 접사는 어근이나 어간에 특정한 의미나 기능을 더해 준다. 또 결합하는 위치에 따라 어간이나 어근의 앞에 결합하는 접두사와 뒤에 결합하는 접미사로 나눈다. 그리고 그 기능에 따라 새로운 단어를 만드는 파생 접사와 문법적인 기능을 더하는 굴절 접사로 나누기도 한다. 흔히 접사는 파생 접사만을 지칭하기도 한다. 한국어에서 접두사는 파생 접두사만 존재하지만, 접미사는 파생 접미사와 굴절 접미사가 모두 존재한다. 그런데 한국어는 굴절어가 아니므로 굴절 접미사라는 용어 보다는 어미라는 용어로 사용한다. 파생 접미사는 어근에 결합하여 새로운 단어를 만드는데, 어근의 품사를 유지하기도 하고 어근의 품사를 바꾸기도 한다.

참고문헌 서울대학교 국어교육연구소, 한국어교육학사전, 하우, 2014
한국방송통신대학교 평생교육원, 외국어로서의 한국어학, 한국방송통신대학교출판부, 2007

05 정답 ①

① '바람'과 '보람'은 'ㅏ'와 'ㅗ'의 차이로 인한 최소대립쌍으로 볼 수 있다.
② '아름[아름]'과 '앎[아름]'은 소리가 같기 때문에 최소대립쌍의 예가 될 수 없다.
③ '돌고래'와 '술고래'는 'ㄷ'과 'ㅅ'의 차이, 'ㅗ'와 'ㅜ'의 차이 등 둘 이상의 소리가 다르므로 최소대립쌍의 예가 될 수 없다.
④ '안치다[안치다]'와 '앉히다[안치다]'는 소리가 같기 때문에 최소대립쌍의 예가 될 수 없다.

알아두기

■ 최소대립쌍
단어의 동일한 위치에서 단 하나의 소리만 다른 단어의 쌍을 최소대립쌍이라고 하는데 '불, 풀'은 한국어에서 최소대립쌍을 이루고, 'ㅂ, ㅍ'은 음소의 자격을 갖는다. 최소대립쌍을 이루며 음소의 자격을 갖게 되는 소리들은 다른 소리로 바꾸면 다른 의미를 갖는 단어가 된다.

참고문헌 김성규·정승철, 소리와 발음, 한국방송통신대학교출판부, 2011

06 정답 ②

① ㅣ(고모음, 평순모음, 전설모음): ㅡ(고모음, 평순모음, 후설모음)
② ㅔ(중모음, 평순모음, 전설모음): ㅗ(중모음, 원순모음, 후설모음)
  혀의 높이, 입술의 모양, 혀의 앞뒤 위치를 기준으로 'ㅔ'와 'ㅗ'는 입술의 모양과 혀의 앞뒤 위치에서 차이가 있다.
③ ㅗ(중모음, 원순모음, 후설모음): ㅜ(고모음, 원순모음, 후설모음)
④ ㅓ(중모음, 평순모음, 후설모음): ㅗ(중모음, 원순모음, 후설모음)

알아두기

- 단모음 체계 〈19회 1교시 6번〉 참고

참고문헌 김성규・정승철, 소리와 발음, 한국방송통신대학교출판부, 2011

07 정답 ④

① 모음은 세 가지 방법으로 분류되는데, 그 기준은 혀의 높이(입이 벌어진 정도), 혀의 앞뒤 위치, 입술의 모양이다. 여기서 혀의 높이란 모음을 발음할 때 혀의 최고점의 위치를 말한다.
② 단모음은 고모음(ㅣ, ㅟ, ㅡ, ㅜ)이 저모음(ㅐ, ㅏ)보다 더 많다.
③ 전설모음 계열은 평순모음(ㅣ, ㅔ, ㅐ)이 원순모음(ㅟ, ㅚ)보다 더 많다.
④ 'ㅜ(w)'계 이중모음(ㅘ, ㅙ, ㅝ, ㅞ)이 'ㅣ(j)'계 이중모음(ㅑ, ㅒ, ㅕ, ㅖ, ㅛ, ㅠ, ㅢ)보다 더 적다.

참고문헌 김성규・정승철, 소리와 발음, 한국방송통신대학교출판부, 2011

08 정답 ③

① 초성에는 연구개 비음 'ㅇ' 이외의 모든 자음이 올 수 있다.
② 종성에도 둘 이상의 자음이 실현될 수 없다.
③ 음절 말 종성 자리에 장애음이 있을 때, 다음 음절의 초성에 비음이 오면 종성의 장애음이 그대로 실현되지 못하는 음절 연결의 제약이 있다. 이러한 제약 때문에 '밥만'이 [밤만]으로 소리 나는 것이다.
④ 'ㅈ, ㅉ, ㅊ' 뒤에 'ㅑ, ㅕ, ㅛ, ㅠ, ㅖ'와 같은 활음 'j'로 시작하는 이중모음이 올 때 활음이 발음되지 않는다.

알아두기

- 음절의 실현 〈17회 1교시 11번〉 참고

참고문헌 김성규・정승철, 소리와 발음, 한국방송통신대학교출판부, 2011

09 정답 ③

동화 현상은 발음을 쉽게 하려는 원리 때문에 생겨난 것이다. 동화에는 크게 자음동화(비음화, 유음화), 구개음화가 있다.
① 밟네 → [밥:네] → [밤:네]: 비음화(인접동화, 역행동화)
　별일 → [별닐] → [별릴]: 유음화(인접동화, 순행동화)
② 갚고 → [갑고] → [갑꼬]: 경음화
　콧날 → [콛날] → [콘날]: 비음화(인접동화, 역행동화)
③ 달님[달림]: 유음화(인접동화, 순행동화)
　밭이[바치]: 구개음화(인접동화, 역행동화)
④ 앓고[알코]: 'ㅎ' 축약(순행적 유기음화)
　권력[궐력]: 유음화(인접동화, 역행동화)

알아두기
■ 동화 〈16회 1교시 16번〉 참고

참고문헌 김성규·정승철, 소리와 발음, 한국방송통신대학교출판부, 2011

10 정답 ①

① 닭똥 → [닥똥]: 자음군 단순화
② 겪는다 → [격는다] → [경는다]: 평폐쇄음화, 비음화
③ 첫여름 → [천녀름] → [천녀름]: 평폐쇄음화, 'ㄴ' 첨가, 비음화
④ 읊는 → [읍는] → [음는]: 자음군 단순화, 평폐쇄음화, 비음화

알아두기
■ 음운의 변동 〈19회 1교시 13번〉 참고

참고문헌 김성규·정승철, 소리와 발음, 한국방송통신대학교출판부, 2011

11 정답 ②

② 입학생 → [이팍생] → [이팍쌩]: 'ㅎ' 축약(유기음화), 경음화

참고문헌 표준국어대사전

12 정답 ④

① ㉠ 능력[능녁] - 삼라만상[삼나만상]: 치조비음화
② ㉡ 부족하지만[부조카지만] - 집합[지팝]: 'ㅎ' 축약
③ ㉢ 싫어하는[시러하는] - 낳아[나아]: 'ㅎ' 탈락
④ ㉣ 앉는다[안는다]: 'ㅎ' 탈락, 막는[망는]: 비음화

참고문헌 김성규·정승철, 소리와 발음, 한국방송통신대학교출판부, 2011
　　　　 표준국어대사전

13 정답 ③

①·② 부엌일 → [부엌일] → [부억닐] → [부엉닐]: 평폐쇄음화, 'ㄴ' 첨가, 비음화
③ 변동 전의 음운 개수는 'ㅂ, ㅜ, ㅓ, ㅋ, ㅣ, ㄹ' 6개, 변동 후의 음운 개수는 'ㅂ, ㅜ, ㅓ, ㅇ, ㄴ, ㅣ, ㄹ' 7개이다.
④ 평폐쇄음화, 비음화는 음운의 대치, 'ㄴ' 첨가는 음운의 첨가 유형이다.

참고문헌 김성규·정승철, 소리와 발음, 한국방송통신대학교출판부, 2011

14 정답 ②

① 의미는 완전히 같으며 '이'는 자음 뒤에만, '가'는 모음 뒤에 상보적으로 분포하는 음운론적 이형태이다.
② 이형태는 동일한 의미를 갖는 것을 전제로 하는데, '에'와 '에서'는 의미가 다르므로 이형태라고 볼 수 없다.
③ 의미는 완전히 같으며 '-면'은 모음 뒤, '-으면'은 자음 뒤에 상보적으로 분포하므로 음운론적 이형태이다.
④ 의미는 완전히 같으며 '-아라'는 양성 모음 다음에, '-어라'는 음성 모음 다음에 붙어 음운론적 이형태, '-여라'는 '하다'가 붙는 용언의 어간에 분포하므로 형태론적 이형태이다.

> **알아두기**
>
> ■ 이형태의 요건
> 이형태란 한 형태소가 환경에 따라 다르게 실현된 모습을 그 형태소와 관련지어 부르는 이름이다. 한 형태소의 이형태로 보아야 할지 전혀 관련이 없는 별개의 형태들로 보아야 할지를 결정하는 데에는 몇 가지 기준이 있다. 첫째, 의미의 동일성이다. 다른 형태로 나타나지만 의미의 동일성은 반드시 확보해야 한다. 둘째, 이형태는 서로 상보적 분포를 가져야 한다. 상보적 분포란 어떤 요소들이 나타나는 환경이 겹치지 않고 배타적이면서 서로를 합쳐 전체를 빈자리 없이 메운다는 뜻이다. 예컨대 '에게'와 '한테'는 의미가 같지만 상보적 분포라는 요건을 지니지 못했기 때문에 이형태 관계에 놓일 수 없다.

참고문헌 임홍빈 외, 바른 국어생활과 문법, 한국방송통신대학교출판부, 2011

15 정답 ③

ㄱ·ㄷ. '았', '었'은 음운론적 이형태
ㄴ. '어' 계통의 어미를 '러'로 바꾸는 용언을 '러' 불규칙 용언이라고 하는데, '이르다(至), 누르다(黃), 푸르다' 세 어휘에서만 확인되는 형태론적 이형태
ㄹ. '였'은 '하-' 뒤에서만 실현되는 형태론적 이형태

> **알아두기**
>
> ■ 이형태의 교체
> 이형태의 교체는 다양한 조건에 의해서 나타난다. 첫째, 주격 조사 '이/가'와 목적격 조사 '을/를'의 이형태의 분포 조건은 앞에 오는 명사의 끝소리가 자음이냐 모음이냐에 따라 달라지는 음운론적인 조건을 따르는 것이다. 이러한 교체에 의한 이형태를 음운론적으로 제약된 이형태라고 부른다. 둘째, 과거 시제를 나타내는 선어말어미가 '보았다'에서는 '았', '먹었다'에서는 '었'으로 앞에 오는 어간의 음운론적인 조건에 의해 달리 실현됨에 반해, '하였다'는 '였'으로 실현된다. '았'과 '었'은 앞에 오는 어간의 모음이 양성 모음이냐 음성 모음이냐에 따라 음운론적으로 제약된 이형태들이지만 '였'은 '하-' 뒤에서만 실현되므로 이러한 교체에 의한 이형태를 형태적으로 제약된 이형태라고 한다. 셋째, 부사격 조사 '에/에게'는 앞에 오는 명사가 유정물인가 무정물인가에 따라 선택되므로 문법 범주의 조건에 따른 이형태로 볼 수 있다. 이러한 교체 조건에 따른 이형태를 문법적으로 제약된 이형태라고 부르기도 한다.

참고문헌 한국방송통신대학교 평생교육원, 외국어로서의 한국어학, 한국방송통신대학교출판부, 2007

16 정답 ①

① '새싹'은 관형사 '새'와 명사 '싹'이 결합하여 만들어진 합성어이다.

알아두기

■ 접두사

국어의 접두사는 접미사만큼 수효가 많지 않고, 하는 일도 비교적 단조롭다. 접두사는 단어의 품사는 바꾸지 못하고 그 의미만 바꾸므로 문법적인 의미보다 어휘적인 의미가 두드러진다.
접두사 중 명사 앞에 결합하여 파생 명사를 만드는 것이 많고, 동사나 형용사 앞에 결합하여 파생 동사와 파생 형용사를 만드는 접두사가 몇 가지 있다. 명사 앞에 결합하는 접두사는 관형사적 성격을 가지며, 용언 앞에 오는 접두사는 부사적인 성격을 가진다.
1. 명사 앞에 결합하는 접두사: 군-, 맏-, 맨-, 풋-, 참-, 시-, 외-, 암-, 수/숳/숫-
2. 용언에 주로 결합하는 접두사: 새/시/샛/싯-, 되-, 짓-, 치-
3. 명사와 용언에 모두 결합하는 접두사: 덧-, 헛-, 올/오-

참고문헌 임홍빈 외, 바른 국어생활과 문법, 한국방송통신대학교출판부, 2011

17 정답 ③

① 국어의 수사에는 고유어 계열(하나, 둘, 셋…)과 한자어 계열(일, 이, 삼…)의 두 가지가 있다.

② 보충법이란 어형의 규칙적인 변화 틀에 어긋나고 어원적으로도 관련이 없는 형태로써 체계의 빈칸을 채우는 것이다. 이러한 형태의 불규칙성은 체언과 용언에서 모두 확인할 수 있다. 그중 대명사의 예를 먼저 들어보면 '나, 너, 저'의 복수는 '우리, 너희, 저희'이다. '너희, 저희'의 경우를 보면 각각 '너 + 희, 저 + 희'의 형태를 보이는 반면, '나'에 대한 복수 대명사는 어원적으로 전혀 관련이 없는 '우리'이다. 규칙적인 조어법에 따른다면 1인칭의 복수형은 '나희'가 되어야 하지만, 이 자리에는 보충법에 의한 '우리'가 놓인다. 고유어 양수사 '하나, 둘, 셋'과 서수사 '첫째, 둘째, 셋째'를 보면 '하나째'가 아니라 '첫째'가 되는 것은 보충법에 의한 것임을 알 수 있으며, "혼자서, 둘이서, 셋이서 밥을 먹었다."에서 보듯이 '혼자' 역시 보충법으로 사용되고 있는 것이다.

③ '하나, 둘, 셋, 넷'이 수 관형사로 쓰일 때는 '한, 두, 세, 네'로 쓰이는데, '다섯'부터 '열'까지는 수사와 수 관형사가 동일한 형태를 보인다.

④ 피수식 명사가 단위를 나타내는 의존명사 '돈, 말, 발, 푼'일 경우 '세 돈, 네 푼' 등으로 쓰지 않고 '서 돈, 너 푼' 등으로 쓰며, '냥, 되, 섬, 자'와 함께 쓸 때는 '석, 넉'으로 써야 한다. 아래와 같이 표준어 규정 제1부 제2장 제4절 제17항에는 고유어 수사인 '세, 네'를 각각 '서, 석, 너, 넉'으로 써야 하는 경우가 규정되어 있다.

표준어	버림	비고
너[四]	네	~ 돈, ~ 말, ~ 발, ~ 푼
넉[四]	너/네	~ 냥, ~ 되, ~ 섬, ~ 자
서[三]	세/석	~ 돈, ~ 말, ~ 발, ~ 푼
석[三]	세	~ 냥, ~ 되, ~ 섬, ~ 자

'서, 너'는 비고란에서 명시한 '돈, 말, 발, 푼' 따위의 앞에서 주로 쓰이고 '석, 넉'은 비고란에서 명시한 '냥, 되, 섬, 자' 따위의 앞에서 쓰인다. 그러나 '서, 석', '너, 넉'이 반드시 그러한 단위에만 붙는 것은 아니다. 예컨대 '(보리) 서/너 홉', '(종이) 석/넉 장'과 같은 말도 표준어로 인정된다. 다만, '서, 너'가 쓰이는 곳에는 '석, 넉'이 쓰일 수 없고 '석, 넉'이 쓰이는 곳에는 '서, 너'가 쓰일 수 없다.

알아두기

- 수사와 수 관형사 〈16회 1교시 4번〉 참고

참고문헌 임홍빈 외, 바른 국어생활과 문법, 한국방송통신대학교출판부, 2011

18 정답 ④

① '들'은 체언, 부사어, 연결어미 '-아, -게, -지, -고', 합성 동사의 선행 요소, 문장의 끝 따위의 뒤에 붙어서 그 문장의 주어가 복수임을 나타낸다.
② "사람이 많이 모였다."처럼 수량을 표시하는 표현이 쓰였을 때는 '들'을 붙이지 않고도 복수의 의미가 표시될 수 있다.
③ 복수 표지 '희'는 '너희, 저희'에서만 나타나며 1인칭 복수형은 '우리'로 대치되어 사용된다.
④ 인칭 대명사의 복수형 '우리, 너희, 저희' 등은 다시 '들'이 붙어 '우리들, 너희들, 저희들'처럼 사용할 수 있다.

알아두기

■ 복수 표지
복수를 나타내는 접미사로 흔히 거론되는 것은 '-들, -희'가 있다. 명사는 가산성을 띤 대상을 지시하는 경우에 접미사 '-들'이 붙을 수 있다. 대명사의 경우 보충법(우리)과 접미법(-희)으로 형성된 복수대명사에 다시 '-들'이 붙을 수 있다는 점이 특징이다. 대명사는 명사와 달리 특정한 상황에서 쓰이기 때문에 단수만으로 복수를 표시할 수 없다.
'-들'은 가산성 명사와 대명사에 붙어서 그것이 가리키는 대상이 복수임을 표시하지만 가산성을 띠지 않은 명사나 기타 다른 성분에 붙어서 주어가 복수임을 표시하는 기능도 띠고 있다. 예를 들어 "여기들 있어라, 우선 입어들 보아라." 등이 있는데 주어가 복수임을 표시하는 '들'의 구조적 양상은 가산성 명사에 붙는 '-들'과 다르다. 이런 점에서 주어가 복수임을 표시하는 '들'은 보조사로 볼 수 있다.

참고문헌 고영근·남기심, 표준국어문법론, 박이정, 2014
표준국어대사전

19 정답 ①

① 관형사와 접두사는 뒤에 오는 체언과 관련을 가진다는 점에서 매우 유사하다. 하지만 관형사에는 분리성이 있고 접두사에는 분리성이 없다. 다시 말하면 '새 옷'이 '새 큰 옷'이 되는 것처럼 다른 요소를 넣을 수 있으나 접두사와 체언 사이에는 다른 요소가 들어갈 수 없다.
② 관형사는 조사와 결합할 수 없다.
③ '어느 하나, 다른 하나'와 같은 특별한 경우를 제외하고는 수사를 수식할 수 없다.
④ 관형사는 형태상으로 모습이 바뀌지 않는 불변어이다.

알아두기

■ 관형사
관형사는 체언 앞에서 그 체언의 뜻을 분명하게 제한하는 품사이다. 다른 품사에 비해 관형사에 속하는 단어는 그 수가 적다. 관형사는 지시 관형사, 수 관형사, 성상 관형사로 나뉜다. 지시 관형사는 바로 현장에 있거나 이야기에 나타나는 대상을 가리키는 관형사를 말한다. 수 관형사는 뒤에 오는 체언의 수나 순서를 나타내는 관형사를 말하는 것인데, 수량 관형사라고도 한다. 성상 관형사는 사물의 성질이나 상태를 실질적으로 제한하는 관형사를 말한다.

참고문헌 임홍빈 외, 바른 국어생활과 문법, 한국방송통신대학교출판부, 2011

20 정답 ①

① 두 예시 모두 '지금 지나가고 있는 이날'의 뜻을 지닌 명사
② '틀리거나 그릇되게, 적당하지 아니하게'의 뜻으로 사용된 부사 / '잘하지 못하여 그릇되게 한 일이나 옳지 못하게 한 일'이라는 뜻의 명사
③ 관형사 / 수사
④ '다른 것과 견주어서 판단하는'이라는 의미를 가진 관형사 / '일정한 수준이나 보통 정도보다 꽤'의 의미를 가진 부사

> **알아두기**
>
> ■ 품사 통용 〈19회 1교시 20번〉 참고

참고문헌 고영근·남기심, 표준국어문법론, 박이정, 2014
서울대학교 국어교육연구소, 한국어교육학 사전, 하우, 2014
표준국어대사전

21 정답 ①

① 목적어
② 주어
③ 주어
④ 주어

> **알아두기**
>
> ■ 문장 성분 〈16회 1교시 9번〉 참고

참고문헌 임홍빈 외, 바른 국어생활과 문법, 한국방송통신대학교출판부, 2011

22 정답 ②

① 영수가 밥을 지었다. 영수가 밥을 먹었다.
② 나는 원칙을 지켰다.
③ 바다가 푸르다. 바다가 넓게 펼쳐졌다.
④ 경기가 취소될 것이다. 소문이 퍼졌다.

> **알아두기**
>
> ■ 문장의 확대 〈18회 1교시 23번〉 참고

참고문헌 유현경 외, 한국어 표준 문법, 집문당, 2019
임홍빈 외, 바른 국어생활과 문법, 한국방송통신대학교출판부, 2011

23 정답 ④

① 종속적으로 연결된 문장(선행, 순차)
② 종속적으로 연결된 문장(조건)
③ 종속적으로 연결된 문장(원인)
④ 대등적으로 연결된 문장(선택)

알아두기

■ 문장의 확대 〈18회 1교시 23번〉 참고

참고문헌 유현경 외, 한국어 표준 문법, 집문당, 2019
임홍빈 외, 바른 국어생활과 문법, 한국방송통신대학교출판부, 2011

24 정답 ②

① 내일 태풍이 온다. 그런 예보가 있다. (동격 관형사절)
② 기자가 경찰에게 사건을 알려 주었다. 그 기자가 왔다. (관계 관형사절)
③ 그가 대학에 합격했다. 그런 소식이 들려왔다. (동격 관형사절)
④ 계약이 성사되었다. 나는 그에게 그 보고를 했다. (동격 관형사절)

알아두기

■ 관형절의 종류 〈18회 1교시 25번〉 참고

참고문헌 배주채, 한국어문법, 신구문화사, 2020
고영근·남기심, 표준국어문법론, 박이정, 2014
국립국어원, 외국인을 위한 한국어 문법 1, 커뮤니케이션북스, 2005

25 정답 ③

① 직접 인용을 할 때에는 인용하는 부분에 큰따옴표를 사용하고 '(이)라고'라는 조사를 붙여 직접 인용절을 뒤에 오는 서술어에 연결한다. 표준국어대사전에서 직접 인용 표지 '라고'는 인용격 조사로 분류한다.
② 의성어를 인용하는 경우에는 직접 인용의 '하고'를 쓴다. '하고'를 사용하는 경우에는 인용하는 말 자체는 물론이고 말한 사람의 억양이나 표정까지도 그대로 인용한다.
③ 감탄문이 간접 인용절이 될 때에는 종결어미가 평서문과 동일하게 '-ㄴ다/-는다'나 '-다'로 나타난다.
④ 간접 인용절은 말하는 사람의 관점에서 기술되기 때문에 인칭 대명사에 대한 표현이 달라진다. 또한 간접 인용절의 시제는 안은문장의 시제와 일치시키지 않고 말할 때의 시제(직접 인용절의 경우를 그대로 인용)를 그대로 사용한다. 직접 인용절은 대명사와 같은 지시어, 시제, 경어법 등의 해석에 상위문의 영향을 받지 않는다.

알아두기

■ 인용절

인용절이란 남의 말이나 글, 말하는 사람의 생각, 판단 등을 나타내는 절이다. 인용절을 만드는 표지에는 '라고'와 '고'가 있다.

(가) 철수는 "비가 오는구나."라고 중얼거렸다.
(나) 영수는 나에게 내일 돌아오겠다고 말했다.

(가)의 '비가 오는구나'는 직접 인용절인데, 직접 인용절 뒤에는 '라고'가 쓰인다. (나)의 '내일 돌아오겠다'는 간접 인용절인데 이 뒤에는 '고'가 쓰인다. 인용절은 남의 말이나 글, 생각 등을 그대로 따오느냐, 말하는 사람의 관점에 따라 옮기느냐에 따라 직접 인용절과 간접 인용절로 나뉜다. 직접 인용절 뒤에는 '라고' 대신에 '하고'가 쓰이기도 한다.

인용절을 취하는 서술어로는 '말하다, 주장하다, 우기다, 외치다, 밝히다, 묻다, 명령하다, 제안하다, (말을) 하다' 등의 '말하다' 무리의 동사와 '생각하다, 판단하다, 여기다, 의심하다, 보다' 등의 '생각하다' 무리의 동사가 있다. 인용절은 다른 동사구 내포문과 그 형식에 몇 가지 차이가 있다.

첫째, 간접 인용절은 다른 동사구 내포문이나 기타 내포나 접속된 문장과 달리 종결 형식을 취한다.

둘째, 간접 인용절을 이끄는 어미는 '-고'인데 이것은 일반 어미처럼 동사 어간에 직접 붙는 것이 아니라 위에서 말한 네 가지(평서문, 의문문, 명령문, 청유문)의 종결어미 뒤에 붙는다.

셋째, 국어의 각종 문형을 결정하는 어말어미는 그 어떤 경우에도 생략이 불가한데, 유독 인용 어미 '-고'는 다른 어미와 달리 생략이 되는 경우도 있다.

참고문헌 임홍빈 외, 바른 국어생활과 문법, 한국방송통신대학교출판부, 2011
한국방송통신대학교 평생교육원, 외국어로서의 한국어학, 한국방송통신대학교출판부, 2007
국립국어원, 외국인을 위한 한국어 문법 1, 커뮤니케이션북스, 2005
표준국어대사전

26 정답 ②

① 높여야 할 사람의 신체의 일부분이나 그의 소유물을 나타내는 말이 주어로 쓰일 때는 동사나 형용사, '명사 + 이다'의 어간에 '-(으)시-'를 붙여 표현한다. 이러한 높임의 방법을 간접 높임이라고 한다.
② 높여야 할 사람과 관계가 있는 인물이 주어로 나타날 때는 '있으시다'를 쓰고 높여야 할 사람이 주어로 등장할 때는 '계시다'를 쓴다.
③ 일상 대화에서는 높여야 할 대상임에도 거의 '께서'를 사용하지 않고 동사나 형용사에 '-(으)시-'를 쓰는 것만으로도 충분히 높였다고 생각한다. 그러나 높임을 나타내는 조사(께서)를 붙이면 서술어에도 높임 표현을 써야 한다.
④ 사회나 직장에서는 청자가 문장의 주체보다 더 지위가 높을지라도 그 주체가 화자보다 지위가 높으면 청자에 관계 없이 '-(으)시-'를 붙여 주체를 높여야 한다.

알아두기

■ 주체 높임법

주체 높임법은 문장의 주체가 되는 사람을 높이는 방법으로 말하는 사람이 주체에 대해 존경하거나 공경하는 뜻을 나타낸다. 주체를 높이는 조건은 나이, 사회적 지위 등이 될 수 있고 문장의 주어는 이인칭이나 삼인칭이 되어야 한다. 말하는 사람이 자신을 직접 높일 수는 없기 때문에 일인칭 주어는 주체 높임의 대상이 될 수 없다. 주체를 높이는 대표적인 방법은 동사, 형용사, '명사 + 이다'의 어간 뒤에 높임의 '-(으)시-'를 붙이는 것이다. 이외에도 주체를 가리키는 주어 뒤에 붙는 조사를 높임을 나타내는 조사 '께서'로 바꾸기도 한다.

참고문헌 국립국어원, 외국인을 위한 한국어 문법 1, 커뮤니케이션북스, 2005

27 정답 ④

절대 시제 현재로 해석될 수 있는 것을 찾는 문제이다.
① 절대 시제 미래
② 절대 시제 과거
③ 절대 시제 미래
④ 절대 시제 현재

알아두기

- 한국어의 시제 〈18회 1교시 22번〉 참고

참고문헌 유현경 외, 한국어 표준 문법, 집문당, 2019
한재영 외, 한국어학 용어해설, 신구문화사, 2010

28 정답 ③

① 능동문 중에는 대응하는 피동사가 있더라도 피동문이 성립하지 않는 경우가 있다. "철수가 칭찬/꾸중을 들었다."라는 문장은 "칭찬/꾸중이 철수에게 들리었다."처럼 피동문이 성립하지 않는다.
② 피동문은 일반적으로 능동문의 서술어가 타동사인 경우에만 가능하다. 다만 몇몇 자동사가 피동 접사를 가지는 일이 있는데, 그 예로 '먼지가 날다 – 날리다, 종이 울다 – 울리다, 열매가 열다 – 열리다' 등이 있다. 또 피동문을 만들지 못하는 경우 '-아/어지다'를 붙여 피동문을 만드는데 이 피동법은 서술어가 타동사인 경우에만 가능하다. 그런데 이 역시 '이중 피동'의 형태로 자동사와 결합이 가능하지만 '-어지다'가 형용사와 결합하는 경우에는 "동쪽 하늘이 환해진다, 얼굴이 예뻐졌다."와 같이 피동의 뜻을 나타내는 것이 아니라 형용사가 동사화하여 상태의 변화를 나타내는 경우에 사용한다('-어지다'가 자동사, 타동사, 형용사에 모두 붙을 수 있으나 문제에서 '피동문'이라는 전제가 있으므로 형용사와의 결합에 대해서는 그 의미에 논란의 여지가 있다).
③ 능동문이 피동문으로 바뀔 때 능동문의 목적어는 피동문의 주어가 되고 능동문의 주어는 부사어로 바뀐다. 따라서 피동문의 주어는 능동문에서 목적어로 나타난다.
④ 피동 접사를 가진 피동사에 의하여 형성되는 피동문을 '접사적 피동', '형태적 피동'이라고 한다.

알아두기

- **피동**
주어가 남이 행하는 행위나 동작에 의해 영향을 입는 것을 피동이라고 한다. 한국어에서 피동은 행동주가 '에게'나 '한테'와 같은 조사와 결합해 부사어로 나타나고, 타동사 어간에 '-이/히/리/기-'나 '-어지-'가 붙어 이루어진다. 일반적으로 화자가 말하는 순간 화자가 둔 관심의 초점이 무엇이냐에 따라 능동태가 선택되기도 하고 피동태가 선택되기도 한다. 능동의 주어가 불분명하거나 쉽게 기술될 수 없을 때, 혹은 능동 주어가 문맥상 분명할 때, 정서적인 이유 등으로 1인칭과 같은 능동 주어를 특별히 내세우려 하지 않을 때, 피동 주어에 더 관심을 가질 때, 또는 두 문장의 연결을 쉽게 하려고 할 때 피동태가 선택된다.
한편 피동문에 대응하는 능동문이 없는 경우도 있는데, 이 경우의 피동문은 피동의 뜻을 나타내는 것이 아니라 어떤 현상이나 결과의 의미만을 나타내며, 의지나 의도를 가진 주체를 상정하기 어렵다.

> 가. 날씨가 풀렸다. / *A가 날씨를 풀었다.
> 나. 영희가 난처한 입장에 놓였다. / *A가 영희를 난처한 입장에 놓았다.

참고문헌 고영근・남기심, 표준국어문법론, 박이정, 2014
국립국어원, 외국인을 위한 한국어 문법 1, 커뮤니케이션북스, 2005

29 정답 ②

① 의도 부정은 '안' 부정을 사용한다.
② 형용사가 서술어일 때는 장형 부정(-지 못하다)을 써서 기대에 못 미치는 것을 표현한다.
③ '못' 부정문은 능력 부정의 의미를 가지므로 '고민하다, 염려하다, 걱정하다, 참회하다, 후회하다, 실패하다' 등은 의미상 충돌이 일어나서 잘 어울리지 못한다.
④ '못' 부정은 능력 부정, 상황 부정에 사용한다.

> **알아두기**
>
> ■ '안' 부정과 '못' 부정
> '아니' 및 '아니하다'가 순수 부정이나 의도 부정의 의미를 가지며, '못' 및 '못하다'는 상황에 의해 어떤 일이 이루어지지 않음을 나타내는 '상황 부정'의 의미를 가진다. '못' 부정은 동사의 경우 장형과 단형이 모두 가능하나, 형용사의 경우에는 단형 부정이 성립하지 않는다. 동사의 상황 부정, 능력 부정은 모두 '불능 부정'이라고 할 수 있으며, "영희는 예쁘지 못하다."와 같은 형용사는 '불급 부정'의 의미로 성립한다.

참고문헌 임홍빈 외, 바른 국어생활과 문법, 한국방송통신대학교출판부, 2011

30 정답 ①

ㄱ. 사과(謝過): 자기의 잘못을 인정하고 용서를 빎
ㄴ. 걱정: 안심이 되지 않아 속을 태움
ㄷ. 칠판(漆板): 검정이나 초록색을 칠하여 그 위에 분필로 글씨를 쓰게 만든 판
ㄹ. 수발: 신변 가까이에서 여러 가지 시중을 듦
ㅁ. 하물며: 그도 그러한데 더욱이
ㅂ. 도대체(都大體): 유감스럽게도 전혀

참고문헌 표준국어대사전

31 정답 ④

① 배ㅅ + 머리: 배의 앞쪽 끝부분
② 톱 + 니(이): 톱날의 가장자리에 있는 뾰족뾰족한 부분
③ 병 + 목: 병 윗부분의 잘록한 부분
④ 주걱 + 턱: 주걱처럼 생긴 턱

참고문헌 표준국어대사전

32 정답 ①

ㄱ. 어차피(於此彼) - 한자어
ㄴ. 학교(學校) - 한자어
ㄷ. 라디오(radio) - 외래어
ㄹ. 김밥 - 고유어
ㅁ. 아버지 - 고유어
ㅂ. 마담(madame) - 외래어

참고문헌 표준국어대사전

33 정답 ④

① 방언의 차이에 의한 동의어
② 문체나 격식의 차이에 의한 동의어(한자어나 외래어는 고유어보다 정중하고 격식적이라고 생각하는 경향)
③ 내포의 차이에 의한 동의어(한 단어는 중립적인 표현으로 쓰이고 다른 단어는 특별한 내포를 가지고 쓰이는 경우)
④ 완곡어법에 의한 동의어

알아두기

- 완곡어법에 의한 동의어 〈18회 1교시 36번〉 참고

참고문헌 윤평현, 국어의미론, 역락, 2012

34 정답 ①

① 色 + 종이
② 누리-꾼
③ 電子 + 郵便
④ air conditioner

알아두기

- 혼종어
  서로 다른 언어에서 유래한 요소가 결합되어 이루어진 단어를 말한다.

참고문헌 표준국어대사전

35 정답 ③

③ 나무(전체어) - 뿌리(부분어): 부분 관계

알아두기

- 의미 관계 〈19회 1교시 65번〉 참고

참고문헌 윤평현, 새로 펴낸 국어의미론, 역락, 2020
표준국어대사전

36 정답 ④

④ 한자어가 고유어에 비해 단일한 의미를 가지는 경우가 많다.

알아두기

- 한국어 고유어의 특성

고유어는 차용어에 상대되는 개념으로, 우리가 옛날부터 사용해 온 순수한 우리말을 말한다. 그런데 차용어 중에는 '성냥, 대롱, 승늉'과 같이 고유어처럼 인식되는 어휘들이 있어서 양자의 구별이 뚜렷하지 않은 경우도 있다. 고유어는 한국어의 기본 바탕을 이루고, 우리말에서 기본적인 어휘가 되는 등 특별한 기능을 담당하는 경우가 많다.

첫째, 한국어 기초 어휘의 대부분은 고유어이다. 특히 생활의 기본이 되는 어휘는 대부분 고유어이다.

둘째, 한국어는 첨가어(교착어)로서 문법 기능을 담당하는 어휘가 발달했는데, 이 문법 기능을 담당하는 어휘는 거의 전적으로 고유어이다.

셋째, 한국어의 고유어는 자음교체나 모음교체 현상이 있다. 자음교체는 주로 의성어, 의태어 부사에 많이 나타난다. 모음교체는 한국어가 모음조화를 가졌던 역사적인 사실과 관련이 있다. 역시 의성어나 의태어에 많이 남아 있고 일부 어미에도 남아 있다.

넷째, 한국어 고유어는 접두사나 접미사에 의해 쉽게 어휘 확장이 이루어진다.

다섯째, 한국어 고유어는 의성어나 의태어, 색채어 표현이 매우 발달했다. 의성어와 의태어는 반복 합성어를 이루고 나타나는 경우가 많다.

참고문헌 한국방송통신대학교 평생교육원, 외국어로서의 한국어학, 한국방송통신대학교출판부, 2007

37 정답 ③

① 밥상: 밥床
② 물약: 물藥
③ 생선회: 生鮮膾
④ 냉국: 冷국

참고문헌 표준국어대사전

38 정답 ①

① '면이나 바닥 따위의 면적이 크다', '너비가 크다'를 뜻하는 '넓다'는 형용사이다.
② '동식물이 몸의 길이가 자라다' 또는 '사람이 자라서 어른이 되다'를 뜻하는 '크다'는 동사이다.
③ '밤이 지나고 환해지며 새날이 오다'를 뜻하는 '밝다'는 동사이다.
④ '사람이나 동물, 식물 따위가 나이를 많이 먹다'를 뜻하는 '늙다'는 동사이다.

참고문헌 표준국어대사전

39 정답 ②

② '손이 크다'는 씀씀이가 넉넉함을 표현하는 말이고, '발이 넓다'는 사귀어 아는 사람이 많아 활동하는 범위가 넓음을 표현하는 말이다.

참고문헌 표준국어대사전

40 정답 ④

① '이름 – 성함(姓銜), 나이 – 연세(年歲)'와 같이 고유어와 한자어가 대립할 경우 한자어가 존대어가 되는 경우가 많다.
② '말씀'은 "선생님 말씀대로 집으로 가겠습니다."와 같이 남의 말을 높여 이르는 것이 있고, "제가 말씀을 드릴게요."처럼 자신의 말을 낮추어 이르는 것이 있다. '당신'은 "할아버지께서는 생전에 당신의 장서를 소중히 다루셨다."와 같이 삼인칭 대명사 '자기'를 아주 높여 이르는 말로 쓰일 때도 있고, 맞서 싸울 때 상대편을 낮잡아 이르는 이인칭 대명사로 쓰일 때도 있다.
③ '저, 저희'는 자기를 낮추어 가리키는 일인칭 대명사이다.
④ '아드님'은 간접 높임말이다.

참고문헌 임홍빈 외, 바른 국어생활과 문법, 한국방송통신대학교출판부, 2011
국립국어원, 외국인을 위한 한국어 문법 1, 커뮤니케이션북스, 2005

41 정답 ④

① 지록위마(指鹿爲馬)는 중국 진(秦)나라의 조고(趙高)가 자신의 권세를 시험하여 보고자 황제 호해(胡亥)에게 사슴을 가리키며 말이라고 한 데서 유래하는 말로, 윗사람을 농락하여 권세를 마음대로 함을 이르는 말이다.
② 금의야행(錦衣夜行)은 비단옷을 입고 밤길을 다닌다는 뜻으로, 자랑삼아 하지 않으면 생색이 나지 않음을 이르는 말이다. 또는 아무 보람이 없는 일을 함을 이르는 말이다.
③ 연목구어(緣木求魚)는 나무에 올라가서 물고기를 구한다는 뜻으로, 도저히 불가능한 일을 굳이 하려 함을 비유적으로 이르는 말이다.
④ 구우일모(九牛一毛)는 아홉 마리의 소 가운데 박힌 하나의 털이란 뜻으로, 매우 많은 것 가운데 극히 적은 수를 이르는 말이다.

참고문헌 표준국어대사전

42 정답 ②

①·③·④ 사건시가 발화시 뒤에 온다.
② 사건시와 발화시가 일치한다.

알아두기

■ 시제와 기준시 및 사건시
시제는 화자가 지금 있는 발화 상황을 기준점으로 하는 화시적(話示的) 기능을 가진다. 시제는 화자가 말하는 시점을 기준점으로 하여 그와의 동시성, 선시성, 후시성 등을 문법화한 것으로 정의된다. 화자가 말을 하는 시간을 '발화시'라 한다. 발화시는 언제나 현재이다. 이에 대해서 시간선상에 어떤 사건이나 상황이 위치한 시간을 '사건시'라 하고, 기준점이 되는 시간을 '기준시' 또는 '언급시'나 '참조시'라고 한다. 일반적으로는 발화시가 기준시가 된다.

참고문헌 임홍빈 외, 바른 국어생활과 문법, 한국방송통신대학교출판부, 2011

43 정답 ③

③ 사회적 의미는 화자와 청자의 사회적 차원과 층위가 서로 다름으로 해서 나타나는 의미이기 때문에 문체적 의미라고도 말한다. 사회-문체적 변이를 유발할 수 있는 주요 요소에는 방언, 시대, 분야(법률 용어, 과학 용어, 광고 언어 등), 신분, 양식, 개인적 특성 등이 있다.

알아두기

■ 의미의 유형 〈19회 1교시 44번〉 참고

참고문헌 윤평현, 국어의미론, 역락, 2012

44 정답 ①

① 관계 반의어, 관계 반의어
② 상보 반의어, 등급 반의어
③ 상보 반의어, 관계 반의어
④ 관계 반의어, 등급 반의어

알아두기

- 반의어 〈18회 1교시 41번〉 참고

참고문헌 윤평현, 새로 펴낸 국어의미론, 역락, 2020

45 정답 ②

ㄴ의 ⓐ와 ⓑ는 동음이의어이다.

ㄱ. ⓐ 어떤 일을 하는 데에 재료나 도구, 수단을 이용하다.
　　ⓑ 어떤 말이나 언어를 사용하다.
ㄴ. ⓐ 팔다리나 네 다리를 쭉 뻗으며 몸을 펴다.
　　ⓑ 전기나 동력이 통하게 하여, 전기 제품 따위를 작동하게 만들다.
ㄷ. ⓐ 나무나 살결 따위가 결이 곱지 않고 험하다.
　　ⓑ 말하는 투가 세련되지 못하고 그 내용이 점잖지 못하며 막되다.

알아두기

- 다의어와 동음어(동음이의어)의 구별 〈19회 1교시 34번〉 참고

참고문헌 윤평현, 새로 펴낸 국어의미론, 역락, 2020
표준국어대사전

46 정답 ②

① 조금
② 부탁이나 동의를 구할 때 말을 부드럽게 하기 위하여 삽입하는 말
③ 조금
④ 어지간히

알아두기

■ 담화 표지
주로 구어에서 문장의 내용에 직접적인 영향을 미치지는 않지만 전체적인 분위기나 대화의 최종적인 목적을 달성하고자 문장 간의 응집성을 높이기 위하여 사용하는 표지를 말한다. 화자의 상태나 의도, 감정을 나타내기도 한다.

참고문헌 표준국어대사전

47 정답 ②

② 일반적으로 조사에 의해서 신정보와 구정보로 구분되는데, 신정보에는 주격 조사 '이/가'가 결합되고 구정보에는 보조사 '은/는'이 결합된다. 그리고 신정보에 '은/는'이 붙는 경우도 있는데 이때의 '은/는'은 대조를 나타낸다.

알아두기

■ 신정보와 구정보
문장의 구성요소를 정보의 측면에서 살펴보면 신정보와 구정보로 나눌 수 있다. 신정보와 구정보의 판정은 화자가 제공하는 정보가 발화 시 청자의 의식 속에 존재하느냐 그렇지 않느냐에 의해서 이루어진다.
청자가 이미 알고 있는 지식을 구정보라 하고 화자가 청자에게 새로이 보태는 지식을 신정보라 한다. 다시 말하면 화자가 발화할 때 청자의 의식 속에 들어 있는 지식을 구정보라고 하고, 청자의 의식 속에 들어 있지 않은 지식을 신정보라고 한다. 설령 청자가 이전에 알고 있는 지식이라 하더라도 화자의 발화 시에 청자의 의식 속에 있지 않은 것이면 그것은 신정보이다. 그리고 화자가 직접적으로 표현하지는 않았지만 앞의 맥락을 통해서 청자가 인식할 수 있는 지식이면 그것은 구정보에 해당한다. 그렇지만 그 정보가 청자의 의식 속에 있느냐 있지 않느냐에 대한 판단이나 추정은 화자에 의해서 이루어진다. 즉 청자에게 있어서의 신정보 또는 구정보이지만 그것에 대한 판단은 화자가 하는 것이다.

참고문헌 윤평현, 국어의미론, 역락, 2012

48 정답 ①

② ㄴ: '작년에'가 아니라 시간적 선후 관계를 나타내는 부사절을 통해 의과대학에 진학하기 전에 고등학교를 마쳤다는 전제가 유발된다.
③ ㄷ: 비교 표현 '가장'에 의해 영희가 스페인에 가고 싶어 한다는 전제가 유발된다.
④ ㄹ: 동사 '생각하다'는 비사실동사로 내포문이 참임을 전제하지 않는다.

알아두기

- 전제 유발 장치 〈16회 1교시 46번〉 참고

참고문헌 윤평현, 국어의미론, 역락, 2012

49 정답 ④

④ 언표 내적 효력을 가지고 있는 '명령한다, 약속한다' 등의 동사를 수행동사라고 한다. 수행동사가 쓰임으로써 언표 내적 행위의 특성을 갖게 되며, 이러한 특성을 갖는 발화나 문장을 수행 발화 또는 수행문이라고 한다. 그러나 실제 언어생활에서는 수행동사가 자주 쓰이지 않는다. 수행동사가 문장의 표면에 노출된 발화를 명시적 수행 발화라고 하고, 수행동사 없이 언표 내적 효력을 갖는 발화를 비명시적 수행 발화라고 한다. 이 문장은 비명시적 수행 발화이다.

알아두기

- 발화 행위 〈18회 1교시 51번〉 참고

참고문헌 윤평현, 국어의미론, 역락, 2012

50 정답 ③

① 태도의 격률
② 관련성의 격률(관계의 격률)
③ 질의 격률
④ 양의 격률

> **알아두기**
>
> ■ 격률 울타리 표현
> (ㄱ) 두 사람은 곧 결혼합니다.
> (ㄴ) 내가 들은 바로는, 두 사람은 곧 결혼합니다.
> 어떤 화자들은 (ㄱ)과 같은 단조로운 진술보다는 (ㄴ)과 같은 표현을 선호하는 경향이 있는데, 그것은 대화 격률의 준수 정도를 청자에게 알리고자 하는 화자의 심리 때문이다. '내가 들은 바로는'이라는 한정어구로 자신이 전달하는 정보의 양이 제한적일 수 있음을 조심스럽게 알리고 있다. 이와 같이 화자가 대화 격률을 준수하는 정도에 관해 언급하는 한정적 표현을 격률 울타리 또는 격률 한정어구라고 한다. 흔히 접할 수 있는 격률 울타리 표현들은 다음과 같다.
> 1. **질의 격률**: 사실대로 말씀드리면, 내가 잘못 보았는지 모르겠지만, 그것이 사실인지 아닌지 확실하지 않지만, 추측하건대
> 2. **양의 격률**: 더 이상의 설명이 필요 없이, 알고 있는지 모르지만, 잘 아시겠지만, 거두절미하고
> 3. **관련성(관계)의 격률**: 무엇보다 중요한 것은, 어리석은 질문 같습니다마는, 직접 관련이 있는지는 잘 모르겠는데, 중요하다면 중요할 수도 있는데
> 4. **태도(양식)의 격률**: 분명하게 말하건대, 무슨 뜻인지 이해할지 모르지만, 분명하지 않지만, 너무 말이 길어지는지 모르겠는데
> 이와 같이 화자는 자신이 대화 격률을 인식하고 있는 것은 물론이고 가능한 한 대화 격률을 지키려고 노력한다는 것을 청자에게 말함으로써 자신이 협조적인 대화상대임을 청자가 인정해 주기를 기대한다.

참고문헌 윤평현, 국어의미론, 역락, 2012

51 정답 ③

①・②・④ 간접 화행
③ 직접 화행

참고문헌 윤평현, 국어의미론, 역락, 2012

52 정답 ③

ㄱ. 눈곱: 복합어인 '눈곱[눈꼽], 발바닥[발빠닥], 잠자리[잠짜리]'와 같은 표기는 이 조항의 적용을 받지 않는다.
ㄴ. 잔뜩: 한 단어 안에서 뚜렷한 까닭 없이 나는 된소리는 다음 음절의 첫소리를 된소리로 적는다.
ㄷ. 등굣길: 순우리말과 한자어로 된 합성어로서 앞말이 모음으로 끝난 경우 뒷말의 첫소리가 된소리로 나는 것에 사이시옷을 받치어 적는다.
ㄹ. 깍두기: 'ㄱ, ㅂ' 받침 뒤에서 나는 된소리는, 같은 음절이나 비슷한 음절이 겹쳐 나는 경우가 아니면 된소리로 적지 않는다.

> **알아두기**
>
> ■ 한글 맞춤법
> 제3장 소리에 관한 것
> 제1절 된소리
> 제5항 한 단어 안에서 뚜렷한 까닭 없이 나는 된소리는 다음 음절의 첫소리를 된소리로 적는다.
>   1. 두 모음 사이에서 나는 된소리: 소쩍새, 기쁘다, 거꾸로, 어깨, 오빠 등
>   2. 'ㄴ, ㄹ, ㅁ, ㅇ' 받침 뒤에서 나는 된소리: 산뜻하다, 담뿍, 잔뜩, 훨씬 등
> 다만, 'ㄱ, ㅂ' 받침 뒤에서 나는 된소리는, 같은 음절이나 비슷한 음절이 겹쳐 나는 경우가 아니면 된소리로 적지 아니한다.

참고문헌 한국어 어문 규범 한글 맞춤법, 국립국어원

53 정답 ①

① 표준어 규정 제12항은 언어 현실에서 자주 혼동되어 쓰이는 '웃-'과 '윗-'을 구별하여 쓰도록 한 조항이다. 일반적으로 '위, 아래'의 개념상 대립이 성립하지 않는 경우는 '웃-'으로 쓰고, 그 외에는 '윗-'을 표준어로 삼았다. 따라서 '윗목'은 이에 대립하는 '아랫목'이 있으므로 '윗목'을 표준어로 삼고, 개념상 '아랫돈'이 없기 때문에 '웃돈'을 표준어로 삼았다.

> **알아두기**
>
> ■ 표준어 규정
> 제12항 '웃-' 및 '윗-'은 명사 '위'에 맞추어 '윗-'으로 통일한다.
>   다만 1. 된소리나 거센소리 앞에서는 '위-'로 한다.
>   다만 2. '아래, 위'의 대립이 없는 단어는 '웃-'으로 발음되는 형태를 표준어로 삼는다.

참고문헌 한국어 어문 규범 표준어 규정, 국립국어원

54 정답 ③

③ English: 잉글리시 – 어말의 [ʃ]는 '시'로 적는다.

> **알아두기**
>
> ■ 외래어 표기법 〈17회 1교시 59번〉 참고

참고문헌 한국어 어문 규범 외래어 표기법, 국립국어원

55 정답 ④

① 딛었다 → 디뎠다: '딛다'는 '디디다'의 준말로 모음 어미가 연결될 때에는 준말의 활용형을 인정하지 않는다. 이것은 '가지다'의 준말 '갖다'의 모음 어미 활용형 '갖아, 갖았다' 등이 성립하지 않는 것과 같다.
② 뿌얘졌던 → 뿌예졌던: 모음조화의 원칙에 따라 '뽀얗다 – 뽀얘지다', '뿌옇다 – 뿌예지다'가 된다. 단, '그렇다, 이렇다, 저렇다'의 활용형은 모음조화에 따르지 않고 '그래, 이래, 저래'가 된다.
③ 아니예요 → 아니에요: '아니다'에 결합하는 경우 '아니-+-에요 → 아니에요'나 '아니-+-어요 → 아니어요 → 아녀요'가 되며 이 중에서 '아니에요'와 '아녜요'가 널리 쓰인다.
④ 봬요: 어간 '뵈-' 뒤에 어미가 붙지 않고, 바로 보조사 '-요'가 붙을 수가 없다. 동사 '뵈다'의 어간 '뵈-' 뒤에 어미 '-어'가 붙은 '뵈어'의 준말인 '봬' 뒤에 '-요'가 붙게 된다.

참고문헌 표준국어대사전
온라인가나다, 국립국어원

56 정답 ②

① 안절부절하다: '안절부절못하다'의 의미로 '안절부절하다'를 쓰는 경우가 있으나, '안절부절못하다'만 표준어로 삼는다.
③ 바램: '바라다'에서 온 말이므로 '바람'으로 적어야 한다. '바람/바램'은 모음의 변화를 인정하지 않으므로, 원래의 형태인 '바람'을 표준어로 삼고, '바램'은 버린다.
④ 쌍둥밤: 양성 모음이 음성 모음으로 바뀌어 굳어진 말은 음성 모음으로 적는 원칙에 따라 '-둥이'를 표준어로 삼는다. '-둥이'의 어원은 아이 '동(童)'을 쓴 '동이(童-)'이지만 현실 발음에서 멀어진 것으로 인정되어 '-둥이'를 표준으로 삼았다. 그에 따라 '귀둥이, 막둥이, 쌍둥이, 바람둥이, 흰둥이'에서 모두 '-둥이'를 쓴다. 다만, '쌍둥이'와는 별개로 '쌍동밤'과 같은 단어에서는 한자어 '쌍동(雙童)'의 발음이 살아 있는 것으로 판단되므로 '쌍둥밤'으로 쓰지 않는다.

참고문헌 한국어 어문 규범 표준어 규정, 국립국어원

57 정답 ②

ㄷ. 광희문[광히문] – Gwanghuimun: 'ㅢ'는 'ㅣ'로 소리 나더라도 ui로 적는다.
ㄹ. 집현전[지편전] – Jiphyeonjeon: 체언에서 'ㄱ, ㄷ, ㅂ' 뒤에 'ㅎ'이 따를 때 'ㅎ'을 밝혀 적는다.

알아두기

■ 국어의 로마자 표기법
제3장 표기상의 유의점
제1항 음운 변화가 일어날 때에는 변화의 결과에 따라 다음 각호와 같이 적는다.
1. 자음 사이에서 동화 작용이 일어나는 경우
2. 'ㄴ, ㄹ'이 덧나는 경우
3. 구개음화가 되는 경우
4. 'ㄱ, ㄷ, ㅂ, ㅈ'이 'ㅎ'과 합하여 거센소리로 소리 나는 경우
다만, 체언에서 'ㄱ, ㄷ, ㅂ' 뒤에 'ㅎ'이 따를 때에는 'ㅎ'을 밝혀 적는다.
예 집현전(Jiphyeonjeon)
[붙임] 된소리되기는 표기에 반영하지 않는다.

참고문헌 한국어 어문 규범 국어의 로마자 표기법, 국립국어원

58 정답 ③

③ 'ㅅ' 불규칙 활용은 반치음 'ㅿ'의 탈락을 거친 것이 많으며 남부 방언에는 아직도 규칙 활용을 하는 말이 있기도 하다.

참고문헌 고영근·남기심, 표준국어문법론, 박이정, 2014

59 정답 ③

① 구개음화 현상이다.
② 'ㅅ, ㅈ, ㅊ' 아래의 'ㅡ'가 'ㅣ'로 변하는 전설모음화 현상이다.
③ 중세 국어 시기(15세기)에 이미 'ㅚ'가 '위'로 변한 예가 나타났다.
④ 순음 'ㅁ, ㅂ, ㅍ, ㅽ' 아래의 모음 'ㅡ'의 원순화 현상이다.

> **알아두기**
>
> ■ 근대국어 시기의 음운 변화
> 근대국어 시기는 17세기 초에서 19세기 말까지 3세기에 걸친다.
> 1. 평음의 된소리화와 유기음화는 근대에 들어서 더욱 일반화되었다.
> 2. 모음 'ㆍ'의 제2단계의 소실이 있었다. 'ㆍ'는 이미 1단계의 소실(제2음절 이하에서의 소실)을 경험했는데, 18세기 후반에 와서 어두 음절에서의 소실이 일어나면서 완전히 자취를 감추게 되었다. 제2단계의 일반 변화공식은 'ㆍ→ㅏ'였다.
> 3. 'ㆍ'의 소실로 제1음절의 이중모음 'ㆎ'가 'ㅐ'로 변했는데, 그 후(18세기 말엽) 'ㅐ'와 'ㅔ'는 각각 단모음화하였다.
> 4. 가장 현저한 음운 변화의 하나는 구개음화였다.
> 5. 주목할 만한 모음 변화의 하나는 순음 'ㅁ, ㅂ, ㅍ, ㅽ' 아래의 모음 'ㅡ'의 원순화가 있다.
> 6. 19세기에 들어 'ㅅ, ㅈ, ㅊ' 아래서 'ㅡ'가 'ㅣ'로 변하는 전설모음화가 있었다.
> 7. 'ㆍ'의 소실 즉, 'ㆍ'가 비어두 음절에서 'ㅡ'로 변하고, 비어두 음절에서의 'ㅗ→ㅜ' 경향이 다시 추가되어 근대국어의 모음조화는 큰 타격을 받게 되었다.

참고문헌 이기문·이호권, 국어사, 한국방송통신대학교출판부, 2009

60 정답 ④

④ 훈민정음 서문에서는 표기수단을 가지지 못한 비지식층 백성들이 표기수단을 가지게 하기 위하여 세종이 친히 훈민정음을 창제하였다고 창제 목적이 밝혀져 있다.

참고문헌 한국민족문화대백과, 한국학중앙연구원

61 정답 ①

① 고대 이집트의 상형문자는 성각문자라고도 한다. 기본적으로 사물의 형태를 본따 만든 그림문자에서 발달하였으며 문자 하나가 이집트 단어에 대응되는 단어문자이다. 이후에 하나의 문자가 고정된 소릿값을 가지게 되어 표음문자의 기능을 아울러 가지게 되었다. 성각문자는 하나의 문자가 하나의 소리를 나타내는 경우도 있지만, 두 개 또는 세 개의 소리를 나타내기도 한다.
② 음절문자에 해당하는 설명이다.
③ 설형문자는 원래 그림문자였으나 그 기호가 조금씩 간략화되어 쐐기 모양에 가까워졌으며, 표음문자화가 나타나기 시작했다.
④ 한자는 표의문자의 대표적인 예이다.

> **알아두기**
>
> ■ 문자의 발달 〈17회 1교시 68번〉 참고

참고문헌 김하수·연규동, 문자의 발달, 커뮤니케이션북스, 2015
김방한, 언어학의 이해, 민음사, 2005

62 정답 ④

④ 조어 재구는 비교언어학의 연구 영역이다.

> **알아두기**
>
> ■ 전산언어학
> 컴퓨터가 인간의 언어를 처리하는 데에서 나타나는 언어학적 문제를 연구하는 학문으로 계산기언어학이라고도 한다. 전산언어학은 컴퓨터를 이용하여 언어를 자동 분석하며, 언어 자료를 자동 처리하는 데에서 나타나는 언어학적 문제를 연구하는 학문이다. 음성 인식, 음성 합성, 기계 번역, 정보 검색, 자동 대화 시스템 구축 등 자연언어의 전산적 처리와 관련된 여러 과제들을 다룬다.

참고문헌 한국민족문화대백과, 한국학중앙연구원

63 정답 ①

① 실질 형태소는 구체적인 대상이나 동작, 상태와 같은 어휘적 의미를 나타내므로 어휘 형태소라고 부르기도 한다. 국어의 경우 명사, 부사, 동사나 형용사의 어간 등이 이에 해당된다. 한편 문장에서 단독으로 쓰일 수 있느냐에 따라 자립 형태소와 의존 형태소로 나누기도 하는데 '-었-', '-s' 등은 독립적으로 쓰일 수 없으므로 의존 형태소이며, 실질 형태소에 붙어서 말과 말 사이의 관계나 기능을 형식적으로 나타내므로 형식 형태소(문법 형태소)이다.
② 개방부류란 어휘의 생산이 비교적 개방적인 부류를 말한다. 실질적인 의미를 가지고 독립적으로 기능하는 명사, 동사, 형용사 따위가 있다.
③ 결합할 수 있는 형태소가 극히 제한된 형태소를 유일 형태소라고 한다. 예를 들면, '오솔길'에서 '길'과만 결합되는 '오솔' 따위가 있다.
④ 접사가 결합하지 않고 새로운 단어를 만드는 것을 '영 파생'이라고 하는데 '띠'에서 파생한 '띠다', '품'에서 파생한 '품다' 따위이다. 형태가 없는 모종의 접미사(영 형태소)가 존재하며 그것이 다른 품사로 파생 작용을 일으킨다고 보는 것이다.

참고문헌 한국방송통신대학교 평생교육원, 외국어로서의 한국어학, 한국방송통신대학교출판부, 2007
표준국어대사전

64 정답 ③

③ 이는 음운론의 연구 분야에 해당하는 설명이다.

알아두기

■ 응용언어학 〈18회 1교시 72번〉 참고

참고문헌 이승연, 한국어교육을 위한 응용언어학개론, 태학사, 2019

65 정답 ③

① 오류와 실수를 구분해야 한다. 실수의 경우 대체로 학습자가 스스로 수정할 수 있거나 상대방으로부터 지적받았을 때 수정이 가능하며 보통 의사소통에서 의미 해석의 어려움을 가져오지 않는다. 실수를 발화 당시의 심리적, 정의적 요인이나 기억의 문제로 인해 이미 알고 있는 언어 사용에 대해 일시적으로 장애를 겪는 것으로 본다면 오류는 화자의 언어능력이 부족해서 일어난 현상이다.
② 학습자의 모국어의 영향으로 생기는 오류는 언어간 전이(모국어의 간섭)에 의한 오류이다.
④ 학습자 발화에 오류가 나타나지 않는 것이 그 학습자의 올바른 습득을 보장하지는 않는다. 오히려 사용하기 부담스러운 특정 요소의 사용이 억제되면 오류의 비율이 낮아지게 되는데, 이 경우 그 특정 요소에 대해 언어적 지식을 갖고 있다고 볼 수 없기 때문이다.

알아두기

■ 오류 분석
오류 분석이란 제2언어 학습자의 언어 사용에 나타난 오류 자료를 수집하여 조직적으로 분류하고 분석하여 학습자 오류의 원인을 규명하고 오류가 일어나는 빈도수에 따라서 난이도를 추정하는 것을 말한다.
교사에게 오류 분석은 학습자가 목표어에 얼마나 근접했는지에 대한 정보를 제공하며, 연구자에게는 언어가 어떻게 학습되는지에 대한 증거를 제공하고, 학습자에게는 제2언어 습득 과정에서 목표 언어의 규칙을 발견했는가를 밝히는 장치의 역할을 한다.

참고문헌 이승연, 한국어교육을 위한 응용언어학개론, 태학사, 2019

66 정답 ①

① 외국인과 말할 때 말을 천천히 하고, 어린 아이와 대화할 때는 아이 말투를 쓰는 것이 수렴에 해당하며, 친구 사이임에도 거리를 두고 싶거나 의견을 달리하고 싶을 때 일부러 격식체의 말투를 쓰는 것은 분기/발산의 전형적인 예이다.

알아두기

■ 조정 이론(Accommodation Theory)

화자가 청자에 따라 강세, 말투, 몸짓 등의 말하는 방식을 변화시키거나 조절하는 현상을 가리키기 위해 영국의 사회심리학자 가일스(Giles)와 그의 동료들이 발전시킨 용어이다. 조정은 수렴(convergence)과 분기/발산(divergence) 중의 하나를 취할 수 있다. 수렴은 화자들이 청자와의 사회적 차이를 줄이고 좀 더 가깝게 보이기 위해 자신의 강세나 방언을 조절하면서 서로 상대방의 의사소통 행위에 적응하는 전략을 가리킨다. 반면에 분기/발산은 화자들이 자신과 청자 사이의 사회적 차이나 반감을 표시하기 위해 언어적, 혹은 비언어적 차이를 더 두드러지게 하는 경우를 가리킨다. 이러한 두 가지 조정 과정은 주로 면 대 면(face-to-face) 상호 작용 과정에서 일어나며, 주변의 일상에서 흔히 경험할 수 있는 현상이다.

참고문헌 한국사회언어학회, 사회언어학사전, 소통, 2012

67 정답 ②

① 비표준 방언은 남자다움과 관련하여 '숨겨진 위세'를 갖는다.
③ 사회경제적으로 지배적인 계층에서 사용하는 변이형은 주로 '드러난 위세'를 지닌다.
④ 사회의 대다수의 구성원에게 높은 가치를 지니는 언어들은 대개 '드러난 위세'를 지닌다.

알아두기

■ 위세(Prestige)

위세란 어떤 방언 혹은 언어형에 대한 언어공동체 구성원들의 긍정적 평가를 가리키는 용어이다. 예컨대 위세를 지닌 발음은 일정한 언어공동체에서 긍정적인 평가를 받는 발음으로 흔히 지배적 사회 계층 화자들의 발음을 지칭한다.
라보브(Labov)는 드러난 위세(overt prestige)와 숨겨진 위세(covert prestige)의 구분을 시도하였는데, 드러난 위세는 보통 사회경제적으로 지배적인 사회 계층과 관련이 있다. 드러난 위세를 상징하는 언어 규범은 초·중등학교나 대학과 같은 교육기관이나 신문, 방송 등의 언론 매체에서 제시된다. 이와는 달리 숨겨진 위세는 지역적인 것을 함축하거나 소규모 집단이나 언어공동체 내에서 높은 가치를 지니는 말하기 방식을 가리킨다. 따라서 드러난 위세를 지닌 변이형들은 사회적 지위를 드러내는 표지이며, 숨겨진 위세를 지닌 변이형들은 일정한 집단의 결속을 드러내는 표지이다.

참고문헌 한국사회언어학회, 사회언어학사전, 소통, 2012

68 정답 ②

② 심리언어학은 음성 언어와 문자 언어에서 소리, 글자, 단어, 문장, 담화의 각 단위가 처리되고 산출되는 전체적인 과정을 기술한다. 또 언어 규칙의 기술이 아니라 사람들이 언어를 실제로 어떻게 처리하고 산출하는지가 중요하기 때문에 실시간 언어 처리와 산출을 볼 수 있는 다양한 방법론이 발달하였다. 예를 들어 실시간으로 읽는 속도를 보여 주는 눈동자 움직임 추적 방법이나 자율 조절 읽기 등의 실시간 연구 방법을 주로 이용한다. 학습자의 뇌 신경망 구조를 밝히는 것은 심리언어학의 한 분야인 신경언어학의 연구 분야라고 볼 수 있다. 자기공명영상(MRI; Magnetic Resonance Imaging)을 통해서 뇌의 병변과 언어장애의 관계를 연구할 수 있고, 양전자 방사 단층 촬영(PET; Positron Emission Tomography)이나 기능적 자기공명영상(fMRI; funcational MRI)을 이용하면 특정 언어 자극에 대한 두뇌의 활동을 실시간으로 기록할 수 있다. 따라서 외국어 습득에 관한 직접적인 연구와는 거리가 있다.

알아두기

■ 심리언어학

심리언어학은 언어 현상을 바라보는 데 있어서 심리학적 관점과 언어학적 관점을 동시에 지닌다. 일반적으로 언어학은 '언어에 관한 학문'이며 심리학은 '인간의 행위와 경험에 관한 학문'이라고 할 수 있으므로, 심리언어학은 '인간의 언어 사용에 관한 학문', 더 구체적으로는 '언어적 행위와 경험을 탐구하는 학문'으로 규정될 수 있을 것이다. 오늘날 심리언어학의 연구 주제는 좀 더 광범위하다.

아래의 주제들은 오늘날 심리언어학에서 관심을 갖고 있는 분야를 구체적으로 보여준다(Bot and Kroll, 2010).

1. 언어 발달에 중요한 영향을 미치는 언어 입력의 특성은 무엇인가
2. 언어 발달은 생물학적 요인에 의해 얼마나 제약을 받는가
3. 말을 듣거나 텍스트를 읽을 때 단어들은 어떻게 인식되는가
4. 어떻게 문장과 텍스트를 이해하는가
5. 어휘석 혹은 통사석 중의성은 어떻게 해소되는가
6. 추상적 사고는 발화에 앞서 어떻게 문장으로 구조화되는가
7. 뇌에서 언어는 어떻게 처리되는가
8. L2 습득은 L1 습득과 다른가
9. L2를 사용할 때 L1은 어느 정도로 영향을 미치는가
10. 코드 스위칭을 통제하는 규칙이 존재하는가
11. 둘 이상의 언어 구사자(이중언어 구사자)는 어떻게 두 언어를 별개의 상태로 유지하는가
12. 복수의 언어는 뇌에서 어떻게 처리되는가

참고문헌 이승연, 한국어교육을 위한 응용언어학개론, 태학사, 2019
서울대학교 국어교육연구소, 한국어교육학사전, 하우, 2014

69 정답 ④

④ 베르니케(Wernicke) 영역에 손상을 입으면 언뜻 유창하게 말하는 것처럼 들리지만 의미 없는 말을 나열할 뿐, 형식적으로나 의미적으로 적합한 문장을 만들지 못한다. 베르니케 실어증 환자들은 다른 사람의 말을 잘 이해하지 못한다.

> **알아두기**
>
> ■ 실어증
> 1. 브로카 실어증
>   브로카 실어증은 머릿속의 개념을 문장으로 구조화할 수 없는 실어증이다. 브로카 영역은 개념화된 내용을 기호화하여 문장으로 바꾸는 역할을 한다. 따라서 브로카 영역에 손상을 입은 환자들은 단어나 문장을 입 밖으로 내는 일 자체가 매우 어렵다. 즉, 머릿속에서 생각을 완전히 개념화시킬 수 있다고 하더라도 이것을 문장으로 바꿔서 발화하기는 어렵다는 뜻이다.
> 2. 베르니케 실어증
>   베르니케 실어증은 베르니케 영역에 손상을 입은 환자에게서 발생한다. 이들은 발화 자체가 어렵지는 않으며 심지어 언뜻 들으면 매우 유창하게 말하는 것처럼 들린다. 그러나 자세히 들으면 실제로는 같은 말을 반복하거나 의미 없는 말을 지속적으로 말할 뿐 구조화된 문장을 발화하지 못한다. 즉, 형식적으로나 의미적으로 적합한 문장을 생성해내지 못하는 증세를 보인다.

참고문헌 이승연, 한국어교육을 위한 응용언어학개론, 태학사, 2019

70 정답 ②

① 전제
② 함축
③ 직시
④ 맥락

> **알아두기**
>
> ■ 함축
> 대화 상황에서 화자가 청자에게 전하고자 하는 바를 직접적으로 표현하지 않고 다른 표현으로 우회적으로 돌려서 전하기도 하는데, 이때 직접적으로 전달된 것 이상으로 추가된 의미를 함축이라고 한다. 함축 의미는 대화 속에서 화자와 청자가 서로 협력한다는 가정과 추론 속에서 얻어진다.

참고문헌 윤평현, 국어의미론, 역락, 2012

71 정답 ②

① '눈(眼)'과 '눈(雪)'은 동음이의어, 'die-dead'는 동사-형용사
③ '아버지-아들'은 반의 관계(관계 반의어), 'fruit-apple'은 상하 관계
④ '(사람의) 다리-(안경의) 다리'와 'mouth (of the tiger)-mouth (of the river)'는 다의 관계

참고문헌 윤평현, 국어의미론, 역락, 2012

72 정답 ③

① 한국어는 명사의 성, 수에 따른 일치 현상이 없다.
② 관형어는 필수 성분이 아니다.
③ ㄱ: [old men] and women – old [men and women]
　ㄴ: [내가 만난 아이의] 아버지 – 내가 만난 [아이의 아버지]
　ㄱ과 ㄴ 모두 수식 관계에 의해서 중의성이 나타난다.
④ ㄱ은 관계절을 포함하지 않는다.

> **알아두기**
>
> ■ 중의성 〈16회 1교시 69번〉 참고

참고문헌 윤평현, 국어의미론, 역락, 2012

73 정답 ④

① 아기의 옹알이는 처음에는 대체로 조음 기관의 앞쪽에서 발음되어 비교적 소리내기 쉬운 음들로 시작한다. 시간이 지나면서 옹알이 소리는 주변에서 듣는 소리에 영향을 받는다. 특히 억양 면에서 주변 언어와 점점 비슷해지고 자음에 있어서도 아기의 모국어에서 주로 들을 수 있는 자음들이 옹알이에 자주 나타난다.
② 아기는 울음으로 자신이 불편함을 표현하는데 울음소리를 달리 내어 각기 다른 종류의 불편함을 표현한다고 한다. 소극적이나마 이러한 의사소통의 기능을 수행하는 것 외에, 울음은 훗날 아기가 언어를 자유롭게 구사할 수 있도록 기본 능력을 갖추게 하는 역할을 한다. 아기는 이 기간을 거치면서 발화를 수행하는 데 필요한 폐아 성대의 기능을 강화시킬 수 있게 된다.
③ 첫 단어를 발화할 시기의 아이들은 자신이 말할 수 있는 어휘보다 약 네 배 정도 많은 어휘를 이해할 수 있다고 한다. 아동이 실제로 표현하는 어휘만을 알고 있는 것이 아니므로 첫 발화 이전의 아동이라도 주변의 언어를 듣고 반응을 할 수 있다.
④ 성인의 경우에는 발화해야 할 문장 안에서 가장 중요한 단어만을 남기는 원리에 의해 한 단어 발화를 하지만 아기의 경우에는 그렇지 않다. 아기의 한 단어 발화는 고도로 문맥에 의존한 단일어 발화문이므로 사실상 언어 자체보다도 상황이나 몸짓이 의사소통에 더 중요한 기능을 하게 된다. 즉 초기의 한 단어 발화는 함께 수반되는 아기의 동작이나 표정 등을 제거하면 그 의미를 이해하기 어려울 수 있다.

> **알아두기**
>
> ■ 유아기의 언어 습득
> 복잡해 보이는 모국어 체계를 아동이 습득해 나가는 과정에 대해 연구하는 학문은 발달심리언어학이며, 발달심리언어학에서는 유아기의 언어를 '한 단어 시기'를 기점으로 하여 그 이후를 언어 시기로, 그 이전을 언어 이전 시기로 구분하였다. 언어 이전 시기는 '울음소리, 까르르 소리, 옹알이', 언어 시기는 '한 단어 시기, 두 단어 시기, 문장 발화 시기'로 구분할 수 있다.

참고문헌 이승연, 한국어교육을 위한 응용언어학개론, 태학사, 2019

74 정답 ③

③ Scovel(2001)은 인간이 발화하기까지의 과정을 네 단계로 나누어 기술하였다. 하고 싶은 말의 내용을 머릿속으로 만들어 내는 '개념화'를 겪은 후, 이를 언어 구조로 생성하는 '공식화'를 거친다. 그리고 이러한 구조를 말소리로 만드는 조음과정을 거친 후 발화하게 되는데, 조음 후에는 발화의 정확성 여부를 확인하기 위해 '자기 점검'을 한다.

참고문헌 이승연, 한국어교육을 위한 응용언어학개론, 태학사, 2019

75 정답 ①

① 한국어의 억양은 문장 차원의 운소이다.

참고문헌 김성규·정승철, 소리와 발음, 한국방송통신대학교출판부, 2011

76 정답 ①

① 대조언어학은 둘 이상의 언어를 체계적으로 비교·대조하여 공통점과 차이점을 밝히고자 하는 언어학 분야이다. 외국어 학습 과정에서 모국어의 간섭으로 인해 발생하는 오류를 방지하거나 외국어를 번역할 때 발생하는 문제를 해결하고, 이중언어 사전 편찬 시 등가적 어휘 항목을 찾아낼 때 겪는 어려움을 해결하려는 실용적인 목적에서 출발했다.
②·④ 언어유형론은 세계 여러 언어들을 조사하여 그 유형을 분류하고 일반화하여 인간의 언어가 가지는 보편성을 탐구하는 학문이다.
③ 역사비교언어학은 언어의 역사를 탐구하며, 언어들이 계통적으로 관련되어 있는지를 확인하고 연구한다.

알아두기

■ 비교언어학과 언어유형론

비교언어학은 언어 변화 및 언어 간의 관계를 연구하는 통시적인 분야로, 특정 언어들을 서로 비교함으로써 그 언어들의 어원적 상호 관련성을 연구하는 학문이다. 언어 간의 친족 관계를 연구하는 학문이며, 비교 연구를 통해 그 언어들의 조상 언어를 재구해 내는 것을 목적으로 한다는 점에서 대조언어학과 다르다. 기본적으로 비교언어학은 언어의 역사를 탐구하며 통시적 관점을 취하지만 대조언어학은 언어의 역사보다는 언어 간의 차이나 공통점을 찾는 데에 관심을 기울이며, 공시적 관점을 취한다는 점이 큰 차이다.

언어유형론은 언어를 공시적 관점에서 비슷한 유형으로 분류하는 것을 목적으로 한다. 즉 어떤 언어의 특성, 예를 들어 통사구조나 음운론적 특성, 어순 등을 서로 비교한 결과를 가지고 언어를 분류하는 것이다. 가장 잘 알려진 유형론적 언어 분류 기준은 어순을 들 수 있다. 공시적 연구라는 점에서 언어유형론은 대조언어학과 유사한 부분이 있지만, 언어유형론이 언어의 보편성을 찾고 다양한 언어들을 공통된 특성에 따라 분류하는데 관심을 두고 있다면, 대조언어학은 주로 언어 습득과 학습의 차원에서 두 언어의 차이점을 밝히려 한다는 점에서 서로 다르다.

참고문헌 이승연, 한국어교육을 위한 응용언어학개론, 태학사, 2019

77 정답 ③

③ 독일어 문장에서 낱말들이 하는 기능은 격표지를 통해 정해진다. 주격(Nominativ), 소유격(Genitiv), 여격(Dativ), 대격(Akkusativ)이 있는데, 전통문법에서는 이 4개의 격을 각각 1, 2, 3, 4격으로 표시하며, 관사와 전치사로 격을 알 수 있다. 러시아어는 여섯 가지 격 형태가 존재하며, 각각의 격 형태는 격 어미에 의해 구분된다. 형태 변화 품사 가운데 동사를 제외한 명사, 대명사, 형용사, 수사는 격 변화를 한다.

알아두기

■ 격

체언 또는 체언 상당어가 그것이 이루는 통사적인 구성에 참여하는 다른 성분에 대하여 가지는 문법적인 관계를 말한다. 한국어에서는 '이/가, 을/를, 에게, 에, (으)로, 부터, 에서부터, 의' 등 소위 격조사로 표시된다. 명사와 격의 표시가 한층 긴밀하게 되어, 격이 명사의 어형 변화에 의하여 표시되는 경우가 있으며, 그 결합의 밀접한 예는 인도유럽어의 굴절(屈折)에서 보게 된다.

격이 조사·어형 변화에 의하여 표시되지 않는 경우는 중국어처럼 어순에 의해서 표시된다. 격의 종류나 수는 언어에 따라 다르다. 두 개의 격이 대립하는 언어가 있는가 하면, 10개가 넘는 격이 대립하여 격 체계(格體系)를 만드는 언어도 있다.

동일 언어에서도 세월이 흐름에 따라 격 체계가 변화하는 일이 있다. 영어의 경우, 과거에는 격 변화를 하였으나, 현재는 명사의 소유격('s)가 남아 있을 뿐, 그 외에는 격이 어순에 의해서 표시된다.

참고문헌 어건주, 세계의 언어백과-러시아어, 한국외국어대학교 세미오시스 연구센터
김기영, 세계의 언어백과-독일어, 한국외국어대학교 세미오시스 연구센터
두산백과 두피디아

78 정답 ③

① '간섭'은 부정적 전이를 말한다.
② 모어와 제2언어의 차이가 크면 부정적 전이가 많지만 비례하는 것은 아니다.
④ 중국인 한국어 학습자는 한국어의 한자어 학습에 유리하기는 하지만 한자어를 중국식으로 발음하는 등의 부정적 영향을 받는다.

알아두기

■ 간섭

외국어 습득론에서는 제1언어 혹은 모국어의 구조나 규칙이 제2언어 사용에 미치는 부정적인 전이를 간섭이라고 한다. 간섭에는 '언어 간 간섭'과 '언어 내 간섭'이 있다. 언어 간 간섭은 다시 '배제적 간섭'과 '침입적 간섭'으로 나눌 수 있는데, 배제적 간섭은 모국어에 없는 것 때문에 방해가 일어나는 경우를 말하며, 침입적 간섭은 모국어에 있는 것 때문에 제2언어 학습에 방해가 되는 경우를 말한다. 언어 간 간섭이 모국어와 제2언어 사이에서 일어나는 간섭이라면 언어 내 간섭은 제2언어 안에서 일어나는 간섭이다. 이런 오류는 모국어와는 관계없는 오류이며, 이미 배웠던 제2언어의 요소가 새로 학습할 내용에 영향을 주는 경우이다.

참고문헌 H. Douglas Brown, 이흥수 외 역, 외국어 학습·교수의 원리, Pearson Education Korea, 2015

79 정답 ④

④ 첨가 오류

알아두기

- **오류의 유형**
  발화 표면에 드러난 오류 양상에 따라 크게 첨가, 생략, 대치, 어순 오류로 나누어 볼 수 있다.
  1. **첨가**: 불필요한 요소가 덧붙어서 오류가 발생한 경우
     예) 친구가 한국에 놀러 <u>왔어서</u>(→ 와서) 같이 여행을 했어요.
  2. **생략**: 반드시 필요한 요소가 빠져서 오류가 발생한 경우
     예) <u>중국 사람</u>(→ 중국 사람은) <u>여행하는 것</u>(→ 여행하는 것을) 좋아해요.
  3. **대치**: 비슷한 범주나 혹은 전혀 다른 범주의 요소로 바꿔 써서 오류가 발생한 경우
     예) 나는 가수 <u>방탄소년단이</u>(→ 방탄소년단을) 좋아해요.
  4. **어순**: 목표어의 어순에 어긋나게 써서 오류가 발생한 경우
     예) 한 번도 비빔밥을 <u>먹어 안</u>(→ 안 먹어) 봤어요.

참고문헌 이승연, 한국어교육을 위한 응용언어학개론, 태학사, 2019

80 정답 ②

ㄱ. 지능과 제2언어 학습 간의 관계를 생각해 볼 때, 높은 지능을 가지고 있으면 제2언어를 성공적으로 학습할 수 있다고 주장하기에는 문제가 많다. 어떤 종류의 지능이 외국어 학습과 관련이 있는지 말하기 어렵기 때문이다. 전통적인 관점에서 지능은 제2언어 학습자가 이루는 성공과 별로 상관이 없었던 반면, 동기는 제2언어 학습에서 아주 중요한 역할을 하고 있다.

ㄹ. 제2언어를 학습할 때 나타나는 언어 학습의 발달 단계이므로 교육과정을 수정할 필요는 없다.

알아두기

- **제2언어 발달 단계**
  1. **무작위 오류 단계**: 일관성 없는 무작위적인 오류를 범하는 단계로 Corder는 전체계적 단계라고 하였다. 이 단계는 학습자가 특정 항목 부류에 체계적인 질서가 있다고 어렴풋이 알고 있는 단계이다.
  2. **출현 단계**: 학습자가 제2언어를 더 일관성 있게 사용하는 단계로 특정 언어 규칙들을 내재화하기 시작한다. 이 단계에서 학습자들이 목표어에 대한 규칙과 원리들을 파악한 것처럼 보인 후에도 이전 단계로 후퇴하는 퇴행 양상을 보이기도 한다. 문법적으로 올바른 형태를 사용하다가 잘못된 형태를 사용하고, 또다시 맞는 형태를 사용하는 현상을 U자형 학습이라고 부른다.
  3. **체계적 단계**: 학습자는 제2언어를 일관성 있게 발화할 수 있게 된다. 내재화된 규칙들이 구조적으로 정형화된 것은 아니며 일부는 U자 과정을 따르더라도 나름대로의 일관성이 있으며 목표어 체계에 더 근접한 것이라고 할 수 있다. 이 단계에서는 발화에 나타난 오류를 지적 받았을 때 이를 수정할 수 있는 능력이 있다.
  4. **안정화 단계**: 후체계적 단계로 학습자는 거의 오류를 범하지 않으며, 유창성과 의미 전달에 큰 문제가 되지 않는 수준까지 제2언어를 습득한 단계이다. 이 단계의 특징은 학습자가 스스로 오류를 수정할 수 있다는 것이며, 화석화 현상을 보일 수도 있다.

참고문헌 H. Douglas Brown, 이흥수 외 역, 외국어 학습·교수의 원리, Pearson Education Korea, 2015

2교시 | 한국 문화·외국어로서의 한국어 교육론

01	④	02	③	03	②	04	③	05	④	06	②	07	③	08	②	09	③	10	④
11	①	12	④	13	③	14	③	15	①	16	④	17	②	18	②	19	①	20	①
21	①	22	②	23	②	24	②	25	②	26	③	27	④	28	④	29	④	30	②
31	①	32	③	33	④	34	②	35	②	36	④	37	②	38	③	39	④	40	③
41	③	42	①	43	①	44	②	45	④	46	①	47	③	48	③	49	③	50	③
51	①	52	①	53	①	54	③	55	①	56	①	57	③	58	①	59	②	60	②
61	③	62	③	63	①	64	①	65	①	66	③	67	④	68	④	69	④	70	③
71	①	72	④	73	②	74	②	75	③	76	①	77	①	78	①	79	①	80	①
81	④	82	②	83	①	84	④	85	④	86	②	87	①	88	③	89	①	90	④
91	①	92	②	93	①	94	③	95	④	96	①	97	③	98	①	99	①	100	③
101	③	102	②	103	①	104	①	105	①	106	②	107	②	108	④	109	④	110	④
111	③	112	②																	

01 정답 ④

④ 금줄을 매는 습속은 동아시아권 전체에 널리 전파되어 있는 것으로 보인다. 시베리아·몽골·중국은 물론 일본과 대만에서도 발견된다. 다만 유목을 생업 수단으로 해서 살아가는 시베리아에서는 환경적 요인으로 인해 이를 말총으로 만들고 오색 천을 매달아 놓았다는 점에서 여타 지역과 약간의 차이가 있다. 또 오키나와 같은 남방 지역에서는 우리와 같이 짚으로 만든 왼새끼 금줄을 사용하고 있다.

알아두기

■ 금줄

부정(不淨)을 막기 위하여 문이나 길 어귀에 건너질러 매거나 신성(神聖)한 대상물에 매는 금줄은 '인줄'이라고도 한다. 볏짚 두 가닥을 새끼손가락 정도의 굵기로 왼새끼줄을 꼬아서 여기에 다른 물건을 첨가시켜 만든다. 아이를 낳으면 그 집에서는 대문에다 금줄을 친다. 대문의 한쪽 기둥에서 다른 쪽 기둥에 성인의 키 정도의 높이로 금줄을 치는데, 중간은 좀 처지게 친다. 만약 사내아이라면 금줄에 숯덩이와 빨간 고추를 간간이 꽂고, 여자아이라면 작은 생솔가지와 숯덩이를 간간이 꽂는다.
또 금줄은 간장독에 치기도 한다. 간장을 새로 담았을 때 간장 맛을 좋아지게 하고, 상하지 않게 하기 위해서이다. 간장독에 치는 금줄에는 백지 조각을 새끼줄에 간간이 꽂아서 독의 윗부분에 둘러 묶는다. 집 밖에서 치성을 드릴 때에는 치성의 대상이 되는 고목이나 큰 바위에도 금줄을 친다. 동네 전체를 위한 제사, 즉 동제를 지낼 때에는 제사 지낼 장소나 당집에는 물론 동네 주위에 있는 당산나무와 장승에도 금줄을 치고 심지어는 동네 주위 전체에 치기도 한다. 금줄은 여러 면에서 쓰이고 있는데 그 기본적 의도는 금(禁)하는 기능을 발휘하고 있다. 다시 말하면 인간생활에 해를 끼치는 것의 접근을 막아 침범할 수 없게 하는 것이다.

참고문헌 한국민속신앙사전: 마을신앙 편, 국립민속박물관
한국민족문화대백과, 한국학중앙연구원

02 정답 ③

③ 오늘날 '시나위'라고 하면, 일반적으로 무의식(巫儀式)의 음악이 무대화된 기악합주곡을 일컫는다. 토속음악, 향악으로 분류된다.

알아두기

■ 시나위
'육자배기토리'로 된 허튼가락의 기악곡으로 '심방곡(心方曲)'이라고도 한다. 어원에 관한 설로는 신라의 '사뇌(詞腦)'에서 유래하며 '동방 고유의 노래' 또는 '신라의 노래'를 뜻한다고도 한다. 메나리가 구가곡(舊歌曲)인 데에 대하여 신가곡(新歌曲)으로 일정한 가곡을 일컫는 고유명사라고도 한다.
또한 외래음악인 정악(正樂)과 당악(唐樂)에 대한 토속음악, 또는 향악으로 해석하여 정악과 당악보다 천시받은 음악으로 이 두 가지보다 격이 떨어지는 음악의 일반 명칭이라는 설 등이 있다.
시나위의 다른 이름인 심방곡은 무당의 음악이라는 뜻인데, 옛 문헌에는 '신방곡(神房曲)'으로도 나온다. 또한 무가 또는 무가의 뜻을 담은 노랫말이라는 뜻으로 쓰였다.
오늘날의 시나위는 시나위 무악권(巫樂圈), 즉 경기도 남부·충청도 서부·전라도·경상도 서남부 지방의 무가 반주음악에서 나온 것이다.

참고문헌 한국민족문화대백과, 한국학중앙연구원

03 정답 ②

② 본산대놀이 계통 가면극인 해서탈춤(황해도), 별산대놀이(서울·경기), 야류와 오광대(경남) 등은 각 과장의 구성과 연희 내용, 등장인물, 대사의 형식, 극적 형식, 가면의 유형 등을 살펴볼 때 동일 계통임을 알 수 있다. 별산대놀이와 해서탈춤에서는 파계승과장인 노장과장이 커다란 비중을 차지하고 있고 등장인물도 많다. 노장과장은 먹중들과 노장이 티격태격하는 노장춤, 노장과 신장수가 실랑이를 벌이는 신장수춤, 노장과 취발이가 대결하는 취발이춤 등 여러 삽화로 구성되어 있다. 야류와 오광대에서는 노장과장이 축소되어 있다.

알아두기

■ 산대놀이
산대놀이는 서울 및 서울 인근의 경기도에서 전승되던 가면극이다. 원래 애오개(아현동)·녹번·구파발·사직골 등에 산대(山臺)놀이가 있었다고 하나, 현재는 전하지 않는다. 대신에 애오개 또는 녹번리의 산대놀이를 배워 왔다고 하는 양주별산대놀이와, 구파발본산대 또는 노량진본산대 등에서 배워 왔다는 송파산대놀이가 현재 전승되고 있다. 최근에는 퇴계원산대놀이도 복원되었다. 학자들은 흔히 애오개·사직골 등에 있었던 원래의 산대놀이를 본산대놀이라고 부르는데, 이는 양주와 송파 등지의 별산대놀이와 구별하기 위한 것이다. 산대놀이는 산대희(山臺戲)에서 유래했는데, 산대희는 나례·중국 사신 환영 행사 등에서 설치했던 '산대(山臺)'라는 무대 구조물 앞에서 놀았던 연희들을 말하며 그들 중에서 가면극을 만들어 내어 산대놀이라고 불렀던 것이다.

참고문헌 전경욱, 한국전통연희사전, 민속원, 2014

04 정답 ③

③ 조선시대에 왕실이나 국가에 큰 행사가 있을 때 후세에 참고할 수 있도록 일체의 관련 사실을 그림과 문자로 정리한 책이다.

알아두기

■ 의궤

의궤란 조선시대에 왕실이나 국가에 큰 행사가 있을 때 후세에 참고할 수 있도록 일체의 관련 사실을 그림과 문자로 정리한 책을 말한다.

실록 등에도 의궤의 기록이 남아있지만 내용의 규모가 방대하고 소상하며 행차 모습 등 그림으로 표현되어야 하는 부분이 많아 의궤로 제작하였다. 왕실의 혼사, 장례, 부묘, 건축, 잔치, 편찬 등 반복적으로 일어나는 일을 기록하여 유사한 행사가 있을 시에 참고하도록 하였다. 각 책의 제목은 《가례도감의궤(嘉禮都監儀軌)》와 같이 해당 행사를 주관한 임시 관서의 명칭에 '의궤'를 붙여 표시하는 것이 일반적이었다. 조선이 건국된 초기부터 의궤가 제작되었으나 임진왜란으로 모두 소실되었으며 조선 중기 이후 본격적으로 제작되었다. 현재 전하여지는 《의궤》로는 1601년(선조 34)에 만들어진 의인왕후(懿仁王后)의 장례에 대한 것이 가장 오래된 것이며, 19세기까지 시기가 내려올수록 종류도 많아지고 질적인 수준도 높아졌다.

조선시대 의궤에는 문자로 표현하기 어려운 도구와 건물은 그림으로 그려 기록하였고, 의례의 행렬을 표현한 반차도(班次圖)와 같은 그림은 화려한 천연색으로 실었다. 대체로 5~8부 정도가 제작되었는데, 임금의 열람을 위하여 고급 재료로 화려하게 만드는 어람용(御覽用) 1부가 포함되며 나머지는 관련 관서 및 사고에 나누어 보관하도록 하였다. 그러나 1866년 병인양요 때 강화도로 쳐들어온 프랑스군이 외규장각(外奎章閣)에 보관되던 많은 수의 의궤를 약탈하여 프랑스로 가져갔다. 이후, 파리국립도서관에 보관되어 있던 것을 재불 서지학자 박병선이 발견하였고, 한국 정부와 학계의 반환 요청이 계속되어 왔다. 1991년 협상이 처음 시작되었고, 2010년 5년 단위의 임대 방식으로 반환에 합의하여 2011년 4월과 5월에 걸쳐 모두 반환되었다. 2007년 6월 '조선왕조의궤'로 유네스코 세계기록유산에 지정되었다.

참고문헌 두산백과 두피디아

05 정답 ④

④ 참도는 죽은 영혼(왕)이 이용하는 신도와 살아 있는 왕이 이용하는 어도로 나누어져 있다.

알아두기

- **왕릉**

조선왕조를 이끌었던 왕족의 무덤은 크게 세 종류로 나눌 수 있다. 왕과 왕비의 무덤을 '능'이라고 하고, 왕세자와 왕세자빈이 묻혀 있는 곳은 '원'이라 하고, 대군, 공주, 옹주, 후궁, 귀인이 묻힌 장소는 '묘'라고 한다. 왕릉의 위치가 결정되면 이어 본격적으로 능을 만드는 작업이 시작되는데, 능은 왕의 업적과 후대 왕이 누구인지에 따라 조금씩 달랐지만 일반적으로 비슷한 틀을 갖추고 있었다. 왕릉 입구에는 제사를 지내기 위해 준비하는 곳인 재실이 있고, 이어서 연못과 금천교라는 다리가 나온다. 금천교는 왕의 혼령이 머무는 신성한 공간과 속세의 공간을 구분한다. 금천교를 지나면 이곳이 신성한 장소라는 것을 뜻하는 붉은색 홍살문이 있다. 홍살문 앞에는 참도라는 길이 이어져 있는데 참도는 죽은 영혼(왕)이 이용하는 신도와 살아 있는 왕이 이용하는 어도로 나누어져 있다. 참도가 끝나는 지점에는 정자각이 있다. 정자각은 향을 올렸던 곳으로 실제로 제사를 지내던 장소이다. 정자각 뒤편은 본격적인 능침(무덤) 공간인데 정자각 뒤로 참도가 약간 이어진 끝에 무석인과 문석인, 석마 등의 돌조각이 놓여 있다. 두 문석인(문인석) 사이에는 묘역에 불을 밝혀 사악한 기운을 몰아내는 장명등이 있고, 무덤 앞에는 혼유석이라는 넓은 돌이 있다. 혼유석은 음식을 올려놓는 곳이 아니라 영혼이 능침에서 나와 휴식을 취하거나 놀 수 있도록 만들어 놓은 것이다. 혼유석 뒤에는 능침(무덤)이 있다. 능침은 왕릉에 따라 난간석과 병풍석을 세운 곳도 있고 없는 곳도 있다. 왕이 잠들어 있는 무덤 주변에는 돌을 깎아 만든 동물 조각이 있으며, 끝자락에 곡장이란 담장이 설치되어 있다.

참고문헌 이형준, 교과서에 나오는 유네스코 세계문화유산, 시공주니어, 2011

06 정답 ②

② 비단에 그린 작품(38.7cm × 106.5cm)이다.

알아두기

- **몽유도원도(夢遊桃源圖)**

1447년(세종 29) 작으로 안견이 비단에 먹과 채색으로 그린 작품이다. 안평대군(安平大君)이 꿈에 도원에서 논 광경을 안견에게 말하여 그리게 한 것으로, 도연명(陶淵明)의 《도화원기(桃花源記)》와도 밀접한 관계가 있다. 현재 몽유도원도는 일본 덴리(天理)대학 중앙도서관에 소장되어 있다.

특징은 그림의 줄거리가 두루마리 그림의 통례와는 달리 왼편 하단부에서 오른편 상단부로 전개되고 있으며 왼편의 현실 세계와 오른편의 도원 세계가 대조를 이루고, 몇 개의 경관이 따로 독립되어 있으면서도 전체적으로는 큰 조화를 이루고 있다. 또 왼편의 현실 세계는 정면에서 보고 그렸으나 오른편의 도원 세계는 부감법(俯瞰法)을 구사하였다. 안견은 이 그림을 3일 만에 완성하였다고 하며, 거기에는 안평대군의 제서와 시 1수를 비롯해 당대 20여 명의 고사(高士)들이 쓴 20여 편의 찬문이 들어 있다. 그림과 그들의 시문은 현재 두 개의 두루마리로 나뉘어 표구되어 있는데, 이들 시문은 저마다 친필로 되어 있어 그 내용의 문학적 성격은 물론, 서예사적으로 큰 가치를 지니고 있다. 이 그림은 안견의 대표적인 작품으로, 이후 한국 산수화 발전에 큰 영향을 끼쳤다.

참고문헌 두산백과 두피디아

07 정답 ③

① 《과농소초(課農小抄)》는 조선 후기 실학자 박지원(朴趾源)이 편찬한 농서이다. 1798년(정조 22) 11월 정조는 농업상의 여러 문제점을 해결하고자 전국에 농정을 권하고 농서를 구하는 윤음(綸音)을 내렸다. 이에 당시 면천(沔川: 지금의 충청남도 당진시 면천면) 군수였던 박지원이 1799년 3월 이 책을 올렸다. 이 책은 당시 여러 농서 중 체계가 가장 완벽하다고 평가되었다.
② 《임관정요(臨官政要)》는 조선 후기의 실학자인 안정복(安鼎福)이 임관 정무에 긴요한 사항을 적은 책이다. 이 책은 1738년(영조 14) 안정복이 27세 되던 해에 저술했다.
④ 《목민심서(牧民心書)》는 조선 후기의 실학자 정약용이 목민관, 즉 수령이 지켜야 할 지침(指針)을 밝히면서 관리들의 폭정을 비판한 저서이다. 《목민심서》는 정약용이 57세 되던 해에 저술한 책으로서, 그가 신유사옥(辛酉邪獄) 때 전라도 강진에서 19년간 귀양살이를 하고 있던 중에 집필하여 1818년(순조 18)에 완성된 것이다.

알아두기

■ 《흠흠신서(欽欽新書)》

조선 후기 실학자 정약용(丁若鏞)이 저술한 형법서(刑法書)로, 30권 10책으로 이루어져 있다. 508권의 정약용 저서 가운데 《경세유표(經世遺表)》·《목민심서(牧民心書)》와 함께 1표(表) 2서(書)라고 일컬어지는 대표적 저서이다.

정약용은 살인 사건의 조사·심리·처형 과정이 매우 형식적이고 무성의하게 진행되는 것은 사건을 다루는 관료 사대부들이 율문(律文)에 밝지 못하고 사실을 올바르게 판단하는 기술이 미약하기 때문이라고 여겼다. 이에 따라 생명존중 사상이 무너져 가는 것을 개탄하였다. 이를 바로잡고 계몽할 필요성을 느껴 책의 집필에 착수한 것이고, 1822년(순조 22)에 간행되었다.

이 책은 한국법제사상 최초의 율학 연구서이며, 동시에 살인사건을 심리하는 데 필요한 실무 지침서라 할 수 있다. 그리고 법의학·사실인정학(事實認定學)·법해석학을 포괄하는 일종의 종합재판학적 저술이라고 할 수 있다.

참고문헌 한국민족문화대백과, 한국학중앙연구원

08 정답 ②

① 하회마을은 풍산 류(柳)씨가 대대로 살아오던 전형적인 집성촌으로 한국 전통가옥의 미가 살아 숨쉬는 마을이다.
③ 몽촌토성은 야산의 지형을 최대한 활용하여 만든 한성 백제시대의 중요한 성곽 가운데 하나이다. 백제의 유적과 유물들을 간략히 소개하고 있어서 백제 문화 이해에 도움을 준다.
④ 광릉은 조선 제7대왕 세조의 능이다. 정조의 능은 건릉이다.

알아두기

■ 남한산성

서울에서 남동쪽으로 25km 떨어진 산지에 축성된 남한산성(南漢山城)은 조선시대에 유사시를 대비하여 임시 수도의 역할을 담당하기 위해 건설된 산성이다. 남한산성의 초기 유적에는 7세기의 것들도 있지만 이후 수차례 축성되었으며 그중에서도 특히 17세기 초, 중국 만주족이 건설한 청(淸)나라의 위협에 맞서기 위해 여러 차례 개축되었다. 남한산성은 승군(僧軍)이 동원되어 축성되었으며 이들이 산성을 지켰다. 남한산성은 중국과 일본으로부터 전해온 성제(城制)의 영향과 서구의 화기(火器) 도입에 따라 변화된 축성 기술의 양상을 반영하면서 당시의 방어적 군사 공학 개념의 총체를 구현한 성채이다. 오랜 세월 동안 지방의 도성이었으면서 아직도 대를 이어 주민들이 거주하고 있는 도시인 남한산성의 성곽 안쪽에는 당시에 만들어진 다양한 형태의 군사·민간·종교 시설 건축물의 증거가 남아 있다. 남한산성은 한민족의 독립성과 자주성을 나타내는 상징이기도 하다.

참고문헌 한미자, 답사여행의 길잡이 15-서울, 돌베개, 2009
유네스코한국위원회, 유네스코 세계유산, 세계유산센터
한국민족문화대백과, 한국학중앙연구원

09 정답 ③

③ 조선시대 중엽에 들어와서 고추가 수입되면서 1766년(영조 42)에 나온 《증보산림경제(增補山林經濟)》에서는 김치에다 고추를 도입한 기록이 남아 있다. 그 이전의 김치는 소금물에 담그거나 천초·회향 등 향신료를 이용하여 담갔다.

알아두기

■ 김치의 어원

우리나라에서는 김치를 '지(漬)'라고 하였다. 이규보(李奎報)의 《동국이상국집(東國李相國集)》에서는 김치 담그기를 '염지(鹽漬)'라 하였는데, 이것은 '지'가 물에 담근다는 뜻을 가지고 있는 데서 유래된 것으로 보인다. 고려 말기에는 유교가 도입되어 복고주의로 흘러 중국에서도 6세기 이후에는 거의 사용하지 않는 '저(菹)'라는 명칭이 쓰였다. 즉 본래 지라고 부르던 것이 유교의 복고주의에 따라 고려말부터 저라 부르게 된 것이다. 조선 초기에는 '딤채'라는 말이 보이는데, 1518년(중종 13)의 《벽온방(辟瘟方)》에는 "무딤채국을 집안 사람이 다 먹어라."라는 말이 나오며, 1525년의 《훈몽자회(訓蒙字會)》에서는 저를 '딤채조'라 하였다. 즉 우리 겨레는 소금에 절인 채소에 소금물을 붓거나 소금을 뿌림으로써 독자적으로 국물이 많은 김치를 만들어낸 것이다. 이것은 숙성되면서 채소 속의 수분이 빠져나오고 채소 자체는 채소 국물에 침지(沈漬)된다. 또 국물이 많은 동치미 같은 것에서는 채소가 국물 속에 침전되고 만다. 여기서 우리 고유의 명칭인 '침채'가 생겨난 것이다. 박갑수(朴甲秀)는 '침채'가 '팀채'가 되고 이것이 '딤채'로 변하고 '딤채'는 구개음화하여 '김채'가 되었으며, 다시 구개음화의 역현상이 일어나서 오늘날의 '김치'가 된 것이라고 풀이하였다.

참고문헌 한국민족문화대백과, 한국학중앙연구원

10 정답 ④

① 일제시대에 위축되었으나 광복과 함께 창극도 새로운 활기를 찾게 되었고, 1945년 10월에는 함화진·박헌봉 등이 국악원을 창립함으로써 창극재건운동에 새로운 전기를 맞이하게 되었다. 국악원은 산하에 국극사(國劇社)·국극협회(國劇協會)·장안사(長安社) 등의 창극단을 두고 공연 활동을 벌였다.

② 《장한몽》은 이수일과 심순애의 비련을 그린 통속 번안 소설로 원작은 일본의 오자키(尾崎紅葉)가 지은 《곤지키야샤(金色夜叉)》이다.

③ 창극의 모체는 판소리이다. 창극의 기본은 판소리 다섯 마당이며, 그밖에 고전 소설이 창극화된 것과 근대 소설을 창극으로 만든 것 등 세 가지 유형이 있다. 고전 소설이 창극화된 것은 〈장화홍련전〉·〈유충렬전〉 등 여러 편이고, 판소리계 소설로는 〈배비장전〉이 많이 공연되었다. 근대 역사 소설로서 창극화된 것은 이광수(李光洙)의 〈마의태자〉·〈황진이〉·〈백제의 낙화암〉·〈재봉춘〉 등이고, 역사소재로서 창극화된 것은 〈아랑애화〉·〈선화공주〉·〈만리장성〉·〈왕자사유〉·〈예도성의 삼경〉·〈논개〉·〈왕자호동〉·〈임진왜란과 계월향〉 등이다. 그리고 처음부터 창작 창극대본으로 쓰여진 〈최병두타령〉을 비롯하여 이서구(李瑞求)의 〈대관흥아〉 같은 작품이 많이 공연되었다.

> **알아두기**
>
> ▪ 창극
> 넓은 의미로는 판소리와 그것이 분창(分唱), 사실극화된 것을 함께 일컫는 말이다. 그러나 엄밀한 의미에서는 판소리와 창극은 서로 구별된다.
> 판소리가 창자(唱者)와 고수(鼓手) 두 사람이 소리를 중심으로 펼치는 음악 위주의 일인극 형태인데 비하여, 창극은 작품 속의 주인공들을 여러 창자들이 나누어 맡기 때문에 등장인물이 많고, 대사와 연기·무대장치 등이 보다 사실적이라는 점에서 차이가 있다. 창극은 판소리의 극적인 성격이 부각되고 들을 거리 위주에서 보고 들을 거리로 바뀐 종합적인 무대예술이다. 창극은 아름다운 음악과 연극뿐만 아니라 무용, 화려한 무대, 관현반주 등 여러 가지 종합예술형태를 고루 갖춘 서양의 오페라나 오페레타와 비교될 수 있는 극음악 양식이다.

참고문헌 한국민족문화대백과, 한국학중앙연구원

11 정답 ①

① 《나마스테》는 박범신이 2005년 외국인 노동자의 코리안 드림을 소재로 지은 장편 소설이다. '코리안 드림'을 꿈꾸며 한국에 온 네팔 남자와 미국에서 살다가 귀국한 한국 여자의 사랑을 중심 줄거리로 삼아 외국인 노동자 문제, 인간의 구원 등을 다룬 소설이다. 꿈의 땅 한국이 이주 노동자들에게서 빼앗은 것과 준 것을 네팔 출신 남자와 한국인 여자의 사랑을 통해 전면화한 작품으로, 국내 이주민의 삶을 재현한 다문화 소설의 한 줄기로 볼 수 있다.
② 황석영의 〈삼포 가는 길〉은 《신동아》 1973년 9월호에 게재되었다가, 1974년 창작과 비평사에서 펴낸 소설집 《객지(客地)》에 수록되었다. 1975년에 이만희 감독에 의해 영화화되었다.
③ 1982년 《한국일보》에 연재했던 박완서의 장편 소설 〈그해 겨울은 따뜻했네〉는 배창호 감독이 연출을 맡고 안성기·이미숙·유지인·한진희 등이 출연하여 1984년 영화로 제작되었다.
④ 이문열의 〈우리들의 일그러진 영웅〉은 1987년 《세계의 문학》 여름호에 발표된 중편 소설로, 1992년 박종원 감독에 의해 영화로 만들어졌다.

참고문헌 한국향토문화전자대전, 한국학중앙연구원
한국민족문화대백과, 한국학중앙연구원

12 정답 ④

① 김유정 문학촌은 강원도 춘천시 신동면 증리에 있는 마을인데, 한국의 대표적인 단편문학 작가 김유정(金裕貞, 1908~1937)의 문학적 유산을 보전하고 그의 문학정신을 계승하기 위하여 고향인 실레마을에 조성한 문학공간이다. 김유정은 실레마을에서 목격한 일을 첫 작품 《산골나그네(1933)》의 소재로 삼았고 이곳에서 여러 작품을 구상하였으며, 마을의 실존 인물들을 작품에 등장시켰다.
② 이효석 문학관은 강원도 평창군 봉평면 창동리에 있으며, 이효석의 생애와 작품세계를 한눈에 볼 수 있는 곳이다.
③ 박경리 문학공원은 강원도 원주시 단구동에 있는 공원으로, 한국 문단의 기념비적인 작품인 대하 소설 《토지》를 주제로 꾸민 공원이다. 소설가 박경리의 옛집이 1995년 택지개발지에 포함되어 헐릴 위기에 처하자, 한국토지공사에서 공원부지로 결정하여 1997년부터 2년간 공사한 끝에 1999년 5월 토지문학공원으로 개원하였다. 옛집은 작가가 1980년부터 1994년 8월 15일까지 《토지》(전 16권)를 집필한 곳이다.
④ 황순원 문학촌 소나기 마을은 경기도 양평군 양평읍에 위치한 군립 문학관으로, 소설가 황순원의 유품과 관련 영상 자료를 전시하며, 단편 소설 《소나기》를 주제로 한 테마파크를 갖추고 있다.

참고문헌 두산백과 두피디아

13 정답 ③

③ 태백산맥과 함경산맥이 동쪽에 치우쳐 있고, 우리나라의 지붕이라 일컬어지는 개마고원이 함경산맥 북쪽에 위치해 동쪽과 북쪽이 높고 서쪽과 남쪽이 낮은 형상이다.

참고문헌 한국민족문화대백과, 한국학중앙연구원

14 정답 ③

① 배재학당은 1885년(고종 22) 외국인 선교사 아펜젤러(Appenzeller, H. G.)가 설립한 최초의 근대식 남자 중등 사학 기관이다.
② 원산학사는 1883년 민간에 의해서 함남 원산에 세워진 한국 최초의 근대적 교육기관이다.
④ 육영공원은 1886년(고종 23)에 설립되었던 우리나라 최초의 관립 근대학교이다.

참고문헌 한국민족문화대백과, 한국학중앙연구원

15 정답 ①

① 광한루 – 남원

> **알아두기**
>
> ■ 광한루
> 광한루는 본래 조선 초에 지어진 건물이다. 황희가 1419년 남원에 광한루를 올렸고, 당시의 이름은 광통루였다. 1434년 중건의 과정을 거쳤는데, 정인지가 광한청허부(廣寒淸虛府)라 칭한 후 광한루라는 이름으로 불리게 되었다. 광한청허부는 달나라의 옥황상제가 사는 궁전을 뜻한다. 밀양 영남루, 진주 촉석루, 평양 부벽루와 함께 우리나라 4대 누각에 들 정도로 만듦새가 뛰어나다. 광한루는 정면 5칸, 측면 3칸으로 이루어진 팔작지붕 형태의 건물로 보물 제281호로 지정되어 있다. 광한루를 포함하여 연못, 방장정, 영주각 등이 어우러진 정원인 광한루원은 명승 제33호이다.

참고문헌 대한민국 구석구석, 한국관광공사 홈페이지

16 정답 ④

① 재외동포재단은 외교부 산하의 비영리 공공법인이자 재외동포 전담기관이다. 1997년 10월 특별법인 재외동포재단법에 따라서 재외동포들이 민족적 유대감을 유지하면서 거주국에서 그 사회의 모범적인 구성원으로 살아갈 수 있도록 하는 데 이바지하는 것을 목적으로 재단이 발족하였다.
② 2019년 기준 국내체류 외국국적 동포를 국적별로 보면 중국이 81.9%(719,269명)로 대부분을 차지하고 있으며, 이어 미국 5.2%(45,655명), 우즈베키스탄 4.2%, 러시아 3.2% 순이었다.
③ '재외동포의 출입국과 법적 지위에 관한 법률'은 1999년 9월 2일 재외동포의 대한민국 출입국과 대한민국 안에서의 법적 지위 보장을 목적으로 법률 제6015호로 제정된 뒤, 2008년 12월 19일까지 아홉 차례의 개정을 거쳤다. 전문은 총 17조와 부칙으로 이루어져 있다.
④ 재외동포법은 재외동포를 "대한민국 국민으로서 외국의 영주권을 취득 또는 영주 목적으로 외국에 거주하는 자(재외국민)"와 "대한민국 국적보유자 또는 그 직계비속으로서 외국국적을 취득한 자 중 대통령령이 정하는 자(외국국적동포)"로 정의하였다(제2조).

> **알아두기**
>
> ■ 재외동포
> 교포(僑胞) 또는 해외교포(海外僑胞)·해외동포(海外同胞) 등으로 칭한다. 해외교포란 한반도 밖의, 바다 건너의 교포라는 의미를 강조하고, 재외교포란 재일교포·재미교포 등의 재외를 종합한 의미를 강조한 것이다. 재외동포란 외국에 거주하는 한민족의 혈통을 가진 사람을 말한다. 재외동포는 다시 재외국민(在外國民)과, 한국계 외국인으로 나뉜다. 재외국민이란 한국 국적을 갖고 외국에 거주하거나 영주권을 갖고 있는 자를 말하고, 한국계 외국인이란 외국 국적을 취득한 사람을 말한다. 최근 학계와 언론계에서 한민족을 강조하여 해외한민족, 재외한인 등의 용어를 사용하기도 한다.

참고문헌 2019 출입국외국인정책 통계연보, 법무부
한국민족문화대백과, 한국학중앙연구원
두산백과 두피디아

17 정답 ②

① 〈가락국기〉의 내용은 수로왕의 건국설화, 허황후(許皇后)와의 혼인설화 및 수로왕릉의 보존에 관련된 신이 사례(神異事例)와 신라에 합병된 이후부터 고려왕조에 이르기까지의 김해 지방의 연혁 등이며, 제2대 거등왕부터 마지막 구형왕까지의 왕력(王曆)이 실려 있다. 〈바리공주〉는 부모에게 버림받은 딸이 부모의 병을 고치기 위하여 온갖 고행을 견디고 자신의 일신을 바치면서 약수를 구해 내고야 마는 정성 어린 효녀담이다.

② 수로왕의 탄생과 치적에 관해서는 《삼국유사》에 실린 〈가락국기〉에 전한다. 아직 나라가 없던 시절에 가락 지역에서는 주민들이 각 촌락별로 나뉘어 생활하고 있었는데, 3월 어느 날 하늘의 명을 받아 9간(九干: 族長) 이하 수백 명이 구지봉(龜旨峰)에 올라갔다. 그곳에서 하늘에 제사 지내고 춤추고 노래하자 하늘에서 붉은 보자기로 싼 금빛 그릇이 내려왔는데, 그 속에는 태양처럼 둥근 황금색 알이 6개 있었다. 12일이 지난 뒤 이 알에서 남자아이가 차례로 태어났는데, 그중 제일 먼저 나왔기 때문에 이름을 수로라 하였다.

③ 건국신화는 한국 민족의 세계관 및 신앙내용을 알 수 있는 중요한 자료이다. 고대인의 사유는 보통 일상적인 현상이나 사건을 항상 성스러운 차원과 관련시켜 이해하려는 특성을 가지고 있기 때문에 건국이라는 역사적 사건이 거룩한 것으로 비추어지는 것은 당연한 일이며, 건국시조(建國始祖)의 신성함에 대한 강조가 신화 전반에 걸쳐 나타나는 것이 일반적이다. 한국의 건국신화에 등장하는 시조들의 특징은 신격(神格)의 유래라는 관점에서 분석해 볼 수 있다.

④ 《삼국유사》에서 바람의 신(風神), 비의 신(雨神), 구름신(雲神) 등을 거느리고 지상에 내려온 것은 환웅이다.

참고문헌 한국민족문화대백과, 한국학중앙연구원
두산백과 두피디아

18 정답 ②

ㄱ. 기능요는 노동, 의식, 유희의 현장에서 부르는 민요로, 민요의 대부분을 차지할 정도로 그 종류가 다양하다. 기능요는 현장에서 부르는 민요의 기능에 따라 노동요, 의식요, 유희요로 크게 구분된다.

ㄴ. 선후창으로 노래할 때에는 사설을 선택할 수 있는 권리가 선창자에게만 주어져 있고, 후창자는 후렴으로 받기만 하면 된다. 그렇기에 선창자는 율격만 어기지 않는다면 원칙적으로 무슨 사설이든 불러도 된다. 전래적인 사설을 이것저것 생각나는 대로 부르기도 하지만, 선창자가 즉흥적으로 창작할 수도 있다. 그렇기에 선후창의 민요는 사설이 일정하지 않고 장르적 성격도 다양할 수 있다.

ㄷ. 유희요는 놀이를 하면서 부르는 민요인데, 주체가 누구냐에 따라서 아동 유희요·남성 유희요·여성 유희요로 나눌 수 있다. 아동들이 하는 놀이는 대부분 노래를 필요로 하며, 동요라고 일컫는 것은 대부분 아동 유희요이다. 어깨동무, 대문놀이, 잠자리잡기 등을 하면서 부르는 노래가 그 좋은 예이다. 따라서 〈지신밟기소리〉는 의식요이다.

ㄹ. 〈상여메기노래〉는 경상남도 함양군의 상여가 나갈 때 부르는 장례 의식요이다. 〈상여소리〉, 〈상도소리〉라고도 한다. 앞소리꾼이 사설로 메기면 뒷소리를 후렴으로 받으며 선후창으로 노래한다. 이들은 상여를 메고, 무덤을 다지는 일을 하면서 부르기에 노동요라고도 할 수 있지만, 망자(亡者)의 안장(安葬)을 기원하고 유족의 슬픔을 위로하는 것을 더욱 중요한 기능으로 한다.

참고문헌 한국민속문학사전(민요 편), 국립민속박물관
한국민족문화대백과, 한국학중앙연구원

19 정답 ①

① 이 시조는 이황의 《도산십이곡(陶山十二曲)》 중 11번째 수다. 늘 변함없는 자세로 학문을 연마하자는 속뜻이 담겨 있다.

알아두기

■ 청산은 어찌하여

이황이 1565년 경북 안동에 물러가 도산서원에서 후학을 가르치던 때에 지은 작품이다. 《도산십이곡(陶山十二曲)》은 총 12수의 시조로 구성되어 있는데, 전반부 6수는 언지(言志)로 자연에 동화된 생활을, 후반부 6수는 언학(言學)으로 학문 수양에의 길을 노래하고 있다. 《청구영언(靑丘永言)》과 《도산 육곡 판본》 등에 전한다. 이 시조는 《도산십이곡》 중 11번째 수로 '청산'이 예로부터 푸르다는 점과 '유수'가 항상 그치지 않는다는 점을 본받아 우리 인간들도 항상 푸름을 유지하며 학문 수양과 자아 성찰에 끝없이 정진하자는 가르침을 주고 있다.

참고문헌 하응백, 창악집성, 휴먼앤북스, 2011
두산백과 두피디아

20 정답 ①

① 〈참회록〉은 1942년에 발표된 윤동주의 시로 끊임없이 자신을 반성하고 성찰하는 한 인간의 내면을 정직하게 보여주는 작품이다.
② 〈귀촉도〉는 1948년에 발간된 서정주의 두 번째 시집의 제목이자 대표작이다.
③ 〈청포도〉는 1939년 8월호 《문장(文章)》지에 발표되었다가 그 뒤 《육사시집》에 수록된 이육사가 지은 시이다.
④ 〈산유화〉는 김소월이 지은 시로 발표연대 및 첫 게재지는 알 수 없고, 1925년에 간행된 시집 《진달래꽃》에 수록되어 있다. 이 작품은 꽃이 피고 지는 단순한 현상을 통하여 자연의 순환적 질서를 표현하고 있다.

알아두기

■ 서시(序詩)

1941년 11월 20일에 지은 윤동주의 대표적인 시로 1948년 그의 유고시집 《하늘과 바람과 별과 시(詩)》에 수록되어 있다. 이 시는 윤동주의 생애와 시의 전모를 단적으로 암시해주는 상징적인 작품이다.
〈서시〉는 내용적인 면에서 3연으로 나눌 수 있는데, 첫째 연은 '하늘 – 부끄럼', 둘째 연은 '바람 – 괴로움', 셋째 연은 '별 – 사랑'을 중심으로 각각 짜여 있다. 첫째 연에서는 하늘의 이미지가 표상하듯이 천상적인 세계를 지향하는 순결 의지가 드러난다. 바라는 것, 이념적인 것과 실존적인 것, 한계적인 것 사이의 갈등과 부조화 속에서 오는 부끄러움의 정조가 두드러진다.
둘째 연에는 대지적 질서 속에서의 삶의 고뇌와 함께 섬세한 감수성의 울림이 드러난다.
셋째 연에는 '별을 노래하는 마음'으로서의 '진실한 마음, 착한 마음, 아름다운 마음'을 바탕으로 한 운명애의 정신이 핵심을 이룬다. 특히 "그리고 나한테 주어진 길을 걸어가야겠다."라는 구절은 운명애에 대한 확고하면서도 신념에 찬 결의를 다지고 있는 것으로 해석된다.

참고문헌 고봉준, 낯선 문학 가깝게 보기: 한국현대문학, 인문과교양, 2013
이응백·김원경·김선풍, 국어국문학자료사전, 한국사전연구사, 1998
한국민족문화대백과, 한국학중앙연구원

21 정답 ①

① 한국어를 사용하여 한국 생활에 필요한 정보를 교환하거나 의사소통 능력을 기르도록 한다.

> **알아두기**
>
> ■ 한국어 교육의 목표
> 한국어 교육의 목적, 학습자의 요구, 기존의 언어 교육 목표 등을 종합하여 한국어 교육의 목표를 다음과 같이 설정할 수 있다.
> 1. 한국인과 의사소통을 하거나 한국 생활에 필요한 의사소통 능력을 기르도록 한다.
> 2. 한국어로 된 다양한 정보를 이해하고 이를 활용할 수 있는 능력을 기르도록 한다.
> 3. 한국어를 이용해 자신의 전문 분야에서 필요한 기능을 수행할 수 있도록 한다.
> 4. 한국 사회와 한국 문화를 이해하여, 한국에 대해 우호적인 태도를 갖도록 한다.
> 5. 서로 다른 언어를 사용하는 외국인들이 한국어를 사용하여 친교를 나누고 필요한 정보를 교환할 수 있도록 한다.

참고문헌 한국방송통신대학교 평생교육원, 외국어로서의 한국어교육학, 한국방송통신대학교출판부, 2007

22 정답 ②

① 한국국제교류재단은 한국학 관련 사업 지원, 글로벌 네트워킹, 문화교류(Korea Festival·전시 등 해외 문화 예술 행사 개최), 출판 및 영상 지원 사업을 시행하고 있다.
② 한국국제협력단(KOICA)은 우리나라와 개발도상국가와의 우호 협력 관계 및 상호 교류를 증진하고 이들 국가들의 경제사회발전 지원을 통해 국제 협력의 증진에 기여하는 단체로서 주요 사업은 '프로젝트 사업, 국내초청연수 사업, 해외봉사단 파견(World Friends Korea), 해외재난긴급구호, 평화구축지원 사업, 민관 협력 사업, 국제기구를 통한 지원 사업' 등이 있다. '스터디 코리안(Study Korean)'은 재외동포재단에서 운영한다.
③ 재외동포재단은 재외동포들이 민족적 유대감을 유지하면서 거주국 안에서 그 사회의 모범적인 구성원으로 정착할 수 있도록 지원하기 위하여 설립되었다. 주요 사업으로는 재외동포 교류 증진 및 권익 신장 활동 지원, 동포사회 인적 교류, 한글학교 육성사업(재외 한글학교 운영비 지원, 사이버 한국어 강좌 개발 운영, 한글학교 교사 연수 지원, 재외 한글학교 교사 초청 연수, 중국 및 CIS지역 민족 교육 지원), 재외동포 장학사업(초청 장학사업, 중국·CIS 지역 장학사업), 차세대양성, 홍보 및 대언론 지원, 모국 문화 보급 사업, 재외동포 통합 네트워크 고도화 및 운영, 민간단체 협력사업 등을 담당하고 있다.
④ 국립국제교육원은 재외동포 교육과 국제 교육 교류/협력을 위하여 설립된 교육부 소속의 국가기관으로서 1962년 모국수학생 지도를 위한 서울대학교 학생지도연구소로 출발하였다. 1992년 국제교육진흥원으로 개편되었고, 2001년부터 행정서비스의 질적 향상을 위해 책임운영기관으로 지정된 국제장학사업 및 국제 교육 교류 협력의 중심기관으로서의 역할과 기능을 수행하고 있다.

참고문헌 각 기관 홈페이지

23 정답 ②

① 의사소통 중심 교수법은 언어 능력뿐만 아니라 의사소통 능력을 길러 실제로 언어를 이해하고 구사할 수 있도록 하는 교수법이다. 언어의 구조보다는 기능에 관심을 두고 정확성보다는 유창성을 강조하는 교수법으로 언어 교육의 목적을 의사소통 능력의 신장으로 보았다.
② 전신 반응 교수법은 교사의 명령이나 지시에 학습자가 신체적으로 반응함으로써 언어를 가르치는 것을 말한다. 아동의 모어 습득은 듣기가 충분히 이루어진 후에 말하기를 한다는 점에서 제2언어 교육에서도 듣기를 충분히 한 후에 말하기를 교육할 것을 강조한다. 듣기를 통한 언어 이해에 초점을 맞추었다는 점에서 이해 중심 교수법에 속한다.
③ 내용 중심 교수법은 외국어와 특정 교과 내용의 학습을 통합하는 교수법이다. 학습자가 관심을 갖고 있는 영역이나 특정 전공 영역의 주제 내용을 목표어로 가르치는 방법이다.
④ 침묵식 교수법은 교사가 수업 시간의 90% 이상을 침묵하고 학습자 스스로 가설 검증을 통한 발견 학습으로 언어를 배우는 방법이다. 학습자 중심으로 수업이 이루어지며, 교육 자료로는 색깔 막대기와 피델이라고 불리는 발음 도표 등이 있다. 수업의 구성은 우선 기본 발음을 익힌 후 각기 다른 단어를 의미하는 여러 모양의 색깔 막대기를 통해 단어를 익힌다. 그 다음 막대기들의 연결로 구나 문장, 대화를 익히고 교사는 색깔 막대기 세트를 학습자 그룹에게 나누어 준다. 학습자들이 막대기를 배열하여 문장을 만들면 교사가 색깔 막대기를 조합하여 바른 문장을 만들어 보여주며 학습한 내용을 정리한다.

참고문헌 서울대학교 국어교육연구소, 한국어교육학사전, 하우, 2014
서울대학교 한국어문학연구소 외, 한국어교육의 이론과 실제 2, 아카넷, 2012

24 정답 ②

① 국어 기본법 제19조 제2항에 의거하여 문화체육관광부장관이 한국어교원의 자격을 부여할 수 있다.
③ 외국 국적자는 한국어능력시험(TOPIK) 6급 성적증명서가 있어야 자격심사신청이 가능하다.
④ 한국어교원 2급 자격 취득 후 한국어 교육기관에서 한국어 교육 경력이 5년 이상이며 강의 시수가 2,000시간 이상인 사람은 한국어교원 1급으로 승급된다.

알아두기

■ 한국어교원 자격제도

한국어교원은 국어를 모어(母語)로 사용하지 않는 외국인, 재외동포를 대상으로 한국어를 가르치는 사람을 말한다. 한국어교원 자격 관련 근거 법령은 국어 기본법으로써 이 법령에 의해 그 자격 요건과 기준을 명시하고 있다(국어 기본법 제19조 및 같은 법 시행령 제13조~제14조, 같은 법 시행 규칙).
한국어교원자격심사위원회에서 한국어교원 자격 신청자가 법정 요건 및 기준을 갖추었는지를 심사한다. 심사위원회는 문화체육관광부(국립국어원)에 두며, 위원장 1인 포함 11인으로 구성된다. 신청자가 심사에 의해 법정 요건을 갖추었다고 판정받으면, 문화체육관광부 장관 명의의 자격증이 발급된다. 즉, 문화체육관광부 장관이 발급하는 한국어교원 자격증은 일반 국민을 대상으로 국어를 가르치는 '초등학교 및 중·고등학교 (국어)정교사 자격증(교육부 장관 발급)'과 별개이다.

참고문헌 국립국어원 한국어교원 자격심사 홈페이지

25 정답 ④

① 두 종류의 시험으로 구성되며, TOPIK I 은 1급부터 2급을, TOPIK II는 3급부터 6급을 평가한다.
② 지필고사(PBT) 방식으로 시행되고 있다(2023년 하반기부터 인터넷 기반 시험인 토픽IBT가 실시되고 있음).
③ 말하기 평가는 2015년부터 국내에서 모의시험이 시행되어 2019년에는 국민참여예산 사업으로 추진되었고, 2020년 10월에 한국어능력시험(TOPIK) 말하기 평가 도입 공청회가 온라인으로 열렸다(2022년 하반기부터 실시되고 있음).

알아두기

■ 한국어능력시험(TOPIK) 기본운영 규정(제정 2019.12.31. 교육원 규정 제136호)

제1장 총칙
제1조 목적
　이 규정은 재외동포·외국인 등을 대상으로 한국어 사용 능력을 측정·평가하기 위한 한국어능력시험(TOPIK; Test of Proficiency in Korean)의 운영에 관하여 필요한 사항을 규정함으로써 공정한 평가와 원활한 시험 시행을 목적으로 한다.
제2장 시험의 내용
제2조 시험 종류 및 구성
① 시험 종류는 TOPIK I 과 TOPIK II로 구분한다.
② TOPIK I 은 초급 수준으로 듣기 30문항, 읽기 40문항으로 구성되며, 시험 시간은 듣기 40분, 읽기 60분, 총 100분으로 한다.
③ TOPIK II는 중·고급 수준으로 듣기 50문항, 쓰기 4문항, 읽기 50문항으로 구성되며, 시험 시간은 듣기 60분, 쓰기 50분, 읽기 70분, 총 180분으로 한다.
④ 영역별 문항 수와 시험 시간은 한국어능력시험위원회의 결정에 의하여 변경될 수 있다. 단, 변경 시에는 해당 회차 접수 기간 이전에 변경사항을 공식 홈페이지를 통해 공지한다.

참고문헌 TOPIK 홈페이지

26 정답 ③

③ 사설 한국어 교육 전문 교습소 및 어학원은 승급을 위한 경력 인정 기관이 아니다.

> **알아두기**
>
> ■ 한국어 교육 경력 기관의 인정 범위(시행령 제13조 제2항)
> 1. 외국어로서의 한국어 강의가 개설된 국내 대학 및 대학 부설기관, 국내 대학에 준하는 외국의 대학 및 대학 부설기관
> 2. 외국어로서의 한국어 수업이 개설된 국내외 초·중·고등학교
> 3. 외국어로서의 한국어를 가르치는 국가, 지방자치단체 또는 외국 정부기관
> 4. 재한외국인 처우 기본법 제21조에 따라 외국인정책에 관한 사업을 위탁받은 비영리법인 또는 비영리단체
> 5. 「외교부와 그 소속기관 직제」 제55조에 따른 문화원 및 「재외국민의 교육지원 등에 관한 법률」 제28조에 따른 한국교육원
> 6. 그 밖에 문화체육관광부장관이 문화체육관광부령으로 정하는 바에 따라 한국어 교육 경력이 인정되는 기관 등으로 정하여 고시하는 기관 등

참고문헌 국립국어원 한국어교원 자격심사 홈페이지

27 정답 ④

④ 발화 내용 확인형 질문: 우리가 6시에 만나기로 한 거 맞지요?

> **알아두기**
>
> ■ 교사 질문의 유형
> 게브하드(J. G. Gebhard)가 분류한 교사 질문의 다섯 가지 유형은 다음과 같다.
> 1. 전시형 질문(display question): 응답할 내용을 알고 있는 질문으로 교사는 학습자의 이해도를 파악하고 계획한 교육 내용으로 이끌 수 있다.
> 2. 참조형 질문(referential question): 응답할 내용을 모르는 질문으로 교사는 교실 밖의 대화의 양상과 유사하여 자연스러운 의사소통 상황을 연출하고 연습할 수 있다.
> 3. 이해 확인형 질문(comprehension check question): 학습자가 내용을 이해했는지 확인하는 질문으로 단순히 이해했는지를 묻는 것보다는 들은 내용을 학습자 말로 바꿔 말해 보도록 하는 것이 좋다.
> 4. 발화 내용 확인형 질문(confirmation question): 발화한 내용을 확인하는 질문이다.
> 5. 발화 내용 재확인형 질문(clarification question): 발화한 내용을 명확하게 다시 확인하는 질문이다.

참고문헌 서울대학교 국어교육연구소, 한국어교육학사전, 하우, 2014

28 정답 ④

ㄱ. 세종학당의 표준 교재 《세종한국어》는 초급 4권과 중급 4권으로 개발되었다(2022년 9월 새롭게 개정되어 총 6종 44권으로 확대됨).
ㄴ. 세종학당재단은 국어 기본법 제19조의 2에 근거해 국외 한국어 교육과 한국 문화 보급 사업을 총괄하기 위해 문화체육관광부 산하 공공기관으로 2012년 10월에 설립되었다.
ㄷ. 세종학당 교육과정은 '국제 통용 한국어 교육 표준 모형'을 기반으로 하고 있다.
ㄹ. 누리-세종학당 온라인 한국어 레벨 테스트는 세종학당이나 누리-세종학당 학습자들이 자신의 한국어 수준에 맞는 한국어 학습을 시작할 수 있도록 돕기 위한 시험이다. 초급 테스트와 중급 테스트가 있고, 각 테스트는 듣기와 읽기로 구성되어 있다. 레벨 테스트를 본 후 같은 등급의 레벨 테스트는 3개월 이후 응시할 수 있으며, 다른 등급의 레벨 테스트는 바로 재응시할 수 있다.

알아두기

■ 세종학당의 한국어 교육
1. 전 세계 세종학당은 표준화된 한국어 교육과정을 제공한다.
2. 세종학당 교육과정은 '한국어 표준 교육과정'에 근거해 운영한다.
3. 세종학당 교육과정은 한국어 의사소통 능력 향상을 위한 기본 교육과정과 현지 학습자의 요구에 맞춘 특별 교육과정, 온라인에서 학습 가능한 온라인 교육과정으로 구성되어 있다.
4. 세종학당 기본 교육과정은 일반과정과 심화과정으로 구분되며, 각 등급별 내용은 아래와 같다. 재단은 세종학당 교육과정이 해외의 다양한 교육 환경에 맞춰 탄력적으로 운영될 수 있도록 지원하고 있다.

구분	일반과정								심화과정	
교육과정	1급		2급		3급		4급		5급	6급
	초급1		초급2		중급1		중급2		고급1	고급2
세종한국어	세종1	세종2	세종3	세종4	세종5	세종6	세종7	세종8	기관선택	
세종한국어 회화	세종한국어 회화1		세종한국어 회화2		세종한국어 회화3		세종한국어 회화4			

※ 2022년에 개정판이 출시되어 과정의 명칭이 변경되었으니 자세한 사항은 세종학당 홈페이지를 참고 바랍니다.

참고문헌 세종학당재단 홈페이지

29 정답 ④

ㄷ. 우선 개별 학습자 또는 학습자 집단이 특정 언어를 배우는 데 필요한 요구를 찾아내어 분석한다.
ㄴ. 요구분석의 결과를 바탕으로 교수·학습을 통해 학습자가 성취할 것으로 기대되는 전반적인 목적과 구체적인 목표를 설정한다.
ㅁ. 교수·학습의 목적 및 목표에 따라 다양한 평가 도구를 개발한다. 개발된 시험은 교육과정을 시행하는 다양한 시점에서 중요한 역할을 수행한다.
ㄹ. 이미 개발되어 있는 교재를 채택할지, 교재를 새로 개발할지, 기존 교재를 개작하여 사용할지 등 교재 개발 여부를 결정한다.
ㄱ. 선행 개발 단계의 결과로 교육과정이 특정한 교육 상황에서 실제로 운영되면서 교사는 수업을 통해 학습자들을 가르치게 된다.

알아두기

■ 교육과정 개발 단계

제2언어 교육과정의 개발 단계를 설명하는 대표적인 모형으로 브라운(J. D. Brown)의 모형을 들 수 있다.

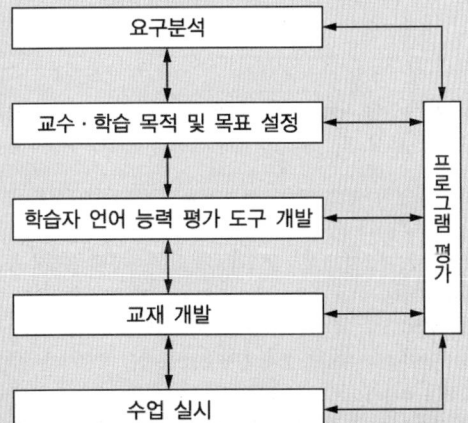

교육과정 개발의 개별 단계들은 그림의 화살표 방향에서 알 수 있듯이 유기적으로 연결되어 서로 영향을 주고받는다.

참고문헌 서울대학교 국어교육연구소, 한국어교육학사전, 하우, 2014

30 정답 ②

② 과제 중심 교수요목과 절차 중심 교수요목은 과정 지향적 교수요목이다.
③ 기능 중심 교수요목과 개념 중심 교수요목은 결과 지향적 교수요목이다.

> **알아두기**
>
> ■ 과정 지향적 교수요목
> Nunan은 결과와 과정을 교수요목의 분류 기준으로 적용하여 결과 지향적 교수요목과 과정 지향적 교수요목으로 분류하였으며 이 중 과정 지향적 교수요목은 학습 내용을 미리 선정하거나 배열하지 않고 학습자가 실제 의사소통 상황에서 언어 사용을 경험하며 자연적으로 언어를 학습하게 하는 교수요목으로 언어 지식과 기능을 학습하는 과정과 학습 경험 자체에 초점을 둔다. 과정 지향적 교수요목의 하위에는 과제 중심 교수요목, 절차 중심 교수요목, 내용 중심 교수요목이 있다.

참고문헌 서울대학교 국어교육연구소, 한국어교육학사전, 하우, 2014

31 정답 ①

① 학습자가 실생활에서 수행할 가능성이 높은 과제를 중심으로 교육 내용을 구성한다.

> **알아두기**
>
> ■ 과제 중심 교수요목
> 과제 중심 교수요목은 학습자가 실생활에서 목표어를 이용해 수행할 가능성이 높은 과제가 중심 구성 단위가 되는 교수요목을 말한다. 이 교수요목에서는 언어를 특정 형태나 개념, 기능으로 분절하지 않고 총체적으로 결합한 덩어리로 제시한다. 과제 중심 교수요목의 장점은 학습자가 실생활 과제를 통해 유의미한 의사소통 활동에 참여하여 동기를 부여하고 실제 의사소통 능력을 향상시킬 수 있다는 것이다. 그러나 과제의 범위를 설정하고 설계하는 절차가 불투명하다. 과제의 유형이나 개수 그리고 난이도를 결정한 후 배열하는 기준을 마련하는 것도 쉽지 않다. 또한 의사소통 과제의 사용은 유창성을 높일 수는 있으나 정확성을 떨어뜨리는 결과를 초래하기도 한다.

참고문헌 서울대학교 국어교육연구소, 한국어교육학사전, 하우, 2014

32 정답 ③

① 새의 범주에서 참새나 제비처럼 중심적으로 존재하는 원소도 있지만 펭귄과 같은 주변적 원소가 있는 것처럼 전형성이나 원소성에 단계가 있으며 이들의 경계는 불명확하다. 이런 범주를 원형 범주라고 부르며 이렇게 단계성을 이루면서 범주를 형성하는 인지 작용을 원형 효과(prototype effect)라고 부른다.
② · ④ 평가와 관련하여 평가 문항이 너무 어려우면 수험자들의 점수 분포가 낮은 쪽으로 몰리는 바닥 효과(floor effect)가 나타나고, 반대로 너무 쉬우면 점수 분포가 높은 쪽으로 몰리는 천장 효과(ceiling effect)가 나타난다.

알아두기

■ 후광 효과
후광 효과는 어떤 수험자의 일반적인 인상이나 견해가 그 수험자의 언어 능력이나 세부적인 특성을 판단하는 데 영향을 미치는 것을 일컫는다. 예를 들어 말하기 시험에서 어떤 수험자의 말하기 수행을 정확성, 유창성, 발음의 명료성, 적절성 등과 같은 영역으로 나누어 채점을 하려고 할 때, 각 채점 영역의 기준은 독립적이지 않고 서로 얽혀 있다. 때문에 각 영역에 대한 점수가 서로 영향을 미쳐 간섭하거나 각 영역의 채점이 불분명하게 된다. 이때 말하기 시험 채점에 후광 효과가 있다고 말한다. 또한 수험자의 표현 능력에 대해서 채점 초기의 인상이나 판단에만 근거하여 점수를 부여하면 초기 채점이 다음 채점까지 영향을 미치는 후광 효과가 나타나기도 한다.

참고문헌 서울대학교 국어교육연구소, 한국어교육학사전, 하우, 2014

33 정답 ④

① 평가 문항의 수가 많을수록 수험자의 취득 점수 분포의 범위가 넓어지고 개별 수험자 간의 차별성이 분명하여 평가의 신뢰도가 높아진다.
② 평가의 실용도는 시간, 경비, 자원을 최소한으로 활용하여 최대한으로 평가 목표를 달성할 수 있는가와 관련된다.
③ 평가의 타당도는 어떤 평가 도구가 원래 측정하고자 하는 내용이나 평가 목표에 맞게 제대로 측정하였는지에 대한 정도를 말한다.

알아두기

■ 신뢰도
신뢰도는 동일한 검사나 평가를 반복 시행했을 때, 개인의 시험 점수가 일관성 있게 나타나는 정도로서 시험의 안정성을 말한다. 평가가 이루어지는 환경과 상황은 달라질 수 있기 때문에 동일한 수험자를 대상으로 동일한 시험을 두 번 실시하더라도 각 평가의 결과가 정확하게 일치하기는 어렵다. 다만 두 평가의 결과가 유사할수록 평가의 신뢰도가 높아진다.

■ 타당도
평가에 있어서 가장 중요한 요건인 타당도는 평가 도구가 수업의 어떤 측면, 속성, 내용을 목표하는 바에 따라 얼마나 진실하고 충실하게 측정해 줄 수 있는가 하는 정도를 나타낸 개념이다. 타당도는 보통 안면 타당도, 내용 타당도, 구인 타당도, 준거관련 타당도(공인 타당도, 예측 타당도) 등으로 나뉜다.

참고문헌 서울대학교 국어교육연구소, 한국어교육학사전, 하우, 2014
강승혜 외, 한국어 평가론, 태학사, 2006

34 정답 ①

① 하나의 문항은 되도록 하나의 평가 요소를 측정하도록 한다.

알아두기

■ 평가 도구 개발의 유의점

첫째, 측정하고자 하는 평가 목표를 명확하게 규정한다. 목표가 불명확하거나 하나의 문항에서 여러 개의 평가 목표가 혼재되어서는 안 된다. 하나의 문항은 되도록 하나의 능력 혹은 특성을 측정해야 한다는 일차원성 가정을 충족해야 한다.

둘째, 측정하고자 하는 평가 목표에 적합한 평가 방법을 선택한다. 특정 능력을 평가하는 데 가장 적합한 특정 형태의 문항이 정해져 있는 것은 아니므로, 평가 목표를 효과적이고 효율적으로 측정할 수 있는 최적의 문항 유형을 정해야 한다.

셋째, 듣기와 읽기 같은 언어 이해 능력 평가에 활용하는 자료를 선정할 때는 수험자의 수준과 특성을 고려한다. 수험자 입장에서 지나치게 어렵거나 쉬운 내용 또는 생소한 내용은 피해야 한다.

넷째, 평가를 위해 실제 언어 자료를 재구성할 경우에는 자료의 실제성을 훼손하지 않도록 주의한다.

다섯째, 듣기 자료나 읽기 지문과 같이 하나의 자료를 활용하여 여러 개의 선다형 문항을 출제할 경우에는 문항들이 서로 어떠한 영향을 주고받는지 세심하게 살펴 각 문항에서 측정하고자 하는 평가 요소가 서로 독립성을 유지할 수 있도록 한다.

여섯째, 문항 지시문은 수험자에게 출제 의도를 정확하게 전달할 수 있도록 한다.

일곱째, 폐쇄형 평가인 선다형 문항일 경우, 오답 매력도를 충분하게 고려해야 한다.

여덟째, 수험자에게 문항 유형이 얼마나 익숙한지를 고려한다. 수험자에게 익숙하지 않은 문항 유형은 예시 문항을 제시하면서 설명해야 한다.

아홉째, 말하기나 쓰기와 같은 언어 표현 영역의 개방형 평가 문항은 채점을 염두에 두고 산출한 결과물을 통해 수험자의 능력을 제대로 파악할 수 있도록 설계한다.

참고문헌 서울대학교 국어교육연구소, 한국어교육학사전, 하우, 2014

35 정답 ②

① 제한된 형태의 반응을 유도하는 단답형은 반 개방형 문항이다. 반 개방형은 수험자가 정해진 답을 간단하게 직접 쓰는 방법을 말한다.
③ 중요하고 적절한 내용을 채우는 완성형은 괄호형이라고도 하며 단답형과 마찬가지로 반 개방형 문항이다.
④ 찬성과 반대에 대한 입장을 표현하는 논술형은 개방형 문항이다. 개방형은 수험자 스스로 자신의 견해나 생각을 표현하도록 하는 방법이다.

> **알아두기**
>
> ■ 폐쇄형 문항
> 폐쇄형은 사전에 미리 준비된 선택지들 가운데서 답을 선택하여 응답하도록 하는 방법이다. 폐쇄형 문항의 경우 다른 문항 유형보다 문제 해결에 비교적 적은 시간이 요구된다. 따라서 평가 항목에서 적합하고 대표적인 표본을 광범위하게 표집해서 포함시킬 수 있다. 채점을 위한 전문성 훈련이 따로 필요 없고, 신속하고 객관적인 채점이 가능하며 채점 신뢰도가 높다. 난이도, 변별도, 문항반응분포 등의 평가결과 분석도 가장 용이하다. 그러나 단편적인 이해력의 측정으로 제한되기 쉬우며 추측 요인을 제거하기 어렵다는 단점이 있다. 진위형은 양자택일, 선다형은 셋 이상의 선택항목으로 구성된 것 중에서 정답을 선택하게 하는 것이며, 배합형은 문제군과 답지군을 제시하여 관련되는 것끼리 연결하도록 하는 것이다.

참고문헌 서울대학교 국어교육연구소, 한국어교육학사전, 하우, 2014
강승혜 외, 한국어 평가론, 태학사, 2006

36 정답 ④

① 안면 타당도: 어떤 검사 도구가 수험자의 능력을 평가하고자 할 때, 우선 피상적으로 보기에 타당한가를 나타내는 정도를 말한다. 안면 타당도는 거의 내용을 기본으로 하고 있지만 종종 개인의 인상이나 능력에 따라서 타당도가 검증된다.
② 기준 타당도: 시험 성적이 다른 실적 기준들과 얼마나 부합하느냐 하는 경험적 차원에서 판단되는 타당성을 가리킨다.
③ 예측 타당도: 시험 결과가 피험자의 미래 행동이나 특성을 어느 정도 정확하고 완전하게 예언하느냐에 의해 결정할 수 있는 것으로 예언 능률의 정도에 의해 표시되는 타당도이다. 이때의 준거는 시간적으로 미래의 행동 특성 즉, 수행 기준이 된다. 미래의 행동 특성은 학업에서의 성공이나 직업에서의 성공일 수도 있다.
④ 구인 타당도: 이론적인 구성 요인이나 자질을 제대로 측정하느냐를 분석하는 것으로 검사하는 내용과 방법이 타당한가를 검증하는 것이다. 언어 검사에 대한 구인 타당도는 검사 내용과 방법이 측정하려는 언어지식과 의사소통능력을 정확히 반영하고 있느냐의 문제이다. 즉, 검사가 언어능력이론에서 제시하고 있는 기저능력을 측정해서 보여 줄 수 있다면 구인 타당도가 있다고 할 수 있다.

참고문헌 이철수, 사회복지학사전, Blue Fish, 2009
강승혜 외, 한국어 평가론, 태학사, 2006

37 정답 ②

② 환류 효과(세환 효과, washback effect)는 평가가 그 후속 교육에 미치는 긍정적이거나 부정적인 영향을 말한다. 환류 효과는 세환 효과, 역류 효과, 워시백 효과 등으로 불리기도 한다.

참고문헌 서울대학교 국어교육연구소, 한국어교육학사전, 하우, 2014

38 정답 ③

③ 학습자의 전반적인 언어 능력 측정을 목적으로 하는 것은 숙달도 평가이다. 형성 평가는 학습이 이루어지는 과정을 지속적으로 점검하여 학습의 효과를 높이기 위해 수시로 시행하는 시험이다.

알아두기

■ 평가 유형

1. **성취도 평가**: 프로그램 평가 목표에 어느 정도 도달했는가를 평가하는 것으로, 기말시험과 같이 학습자가 주어진 기간 동안 얼마나 성취하였는가를 측정한다. 교실 수업, 단원, 교과과정과 직결되어 있고, 시험 범위가 정해진 시간 안에서 수업 중에 다룬 내용으로 제한되어 있다.
2. **숙달도 평가**: 배치 및 선별의 목적으로 사용되기도 하는데, 전반적인 언어 능력의 측정을 말한다. 숙달도 시험의 목적은 개별언어의 요건과 언어 능력이 일치하는가를 결정하는 것이다.
3. **형성 평가**: 교수 학습이 진행되는 과정에서 수시로 학습자의 학습 정도를 측정함으로써 학습자에게 피드백을 주어 각 학습자로 하여금 학습 내용과 방법을 개선하도록 실시하는 시험이다. 주로 수업 중에 배운 내용에 대해 간단한 퀴즈 형태로 제시된다. 실제 한국어 교실 수업의 경우, 한 시간의 수업 과정에서 교사가 그 시간의 수업 목표에 따라 수업 내용을 진행시켜 나가는 과정에서 다음 단계로 넘어가기 전에 소항목의 교수 학습 내용을 점검하는 것이 형성 평가의 형태로 이루어지고 있는 것이다.
4. **진단 평가**: 일정한 기간의 학습 후에 학습자의 약점과 강점을 파악하기 위한 평가다. 특히 다수의 학습자가 쉽게 잘 배우는 부분과 잘 배우지 못하는 부분을 진단해서 그러한 부분의 교육 내용과 방법을 수정하고 보완하기 위한 목적으로 사용한다. 이러한 평가는 성적을 서열화하거나 등급화하지 않고, 수험자의 취약점을 지적하고 보완할 수 있는 방안을 제시해 준다. 교수 학습 시작 단계에서 시행되는 평가의 유형이라고 할 수 있다.
5. **배치 평가**: 학습자의 학습 능력이 교육기관 내에서 어느 정도 되는지를 판단하여 적절한 급이나 반으로 배정하기 위해 시행하는 시험을 말한다.

참고문헌 서울대학교 국어교육연구소, 한국어교육학사전, 하우, 2014
강승혜 외, 한국어 평가론, 태학사, 2006

39 정답 ④

① 과제는 실생활 과제와 교육적 과제로 구분된다. 실생활 과제는 실생활에서 학습자가 달성할 필요가 있는 활동을 연습하도록 설계한 과제이고, 교육적 과제는 교육적 목적 및 근거에 따라 설계된 활동이지만 실생활과 거리가 있는 과제이다. 개별적으로 제시된 정보를 통합하여 도표나 그림, 이야기 완성하기 등이 교육적 과제에 속한다.
② 수업은 과제를 준비하는 과제 전 활동, 과제를 수행하는 과제 활동, 과제 수행 내용을 평가하는 과제 후 활동으로 진행된다.
③ 학습자의 수행 능력에 따라 과제의 교육적 효과가 다를 수밖에 없어서 담당 교사의 부담이 크다는 것도 특징이다.
④ 과제는 언어 습득을 위한 언어 입력과 언어 출력을 동시에 제공한다.

> **알아두기**
>
> ■ **과제 중심 언어 교수법**
> 과제 중심 언어 교수법(TBLT; Task-Based Language Teaching)은 의사소통을 목적으로 언어를 이해, 처리, 생성하는 모든 활동을 뜻하는 과제를 언어 교수의 핵심 단위로 사용하는 교수법이다.
> 이 교수법은 학습자들에게 과제를 주고 목표어를 사용하여 실제적인 의사소통 능력을 기르도록 하는 언어 교수법이다. 학습자는 목적, 내용, 활동 절차, 결과가 포함된 구조화된 언어 학습 활동인 과제를 수행하는데 이 과제는 언어 습득을 위한 언어 입력과 언어 출력을 동시에 제공한다. 이 교수법은 의미에 역점을 두어 학습자가 실제 의사소통 활동을 행하며 외국어를 배우는 것이 효과적이라고 본다. 과제 중심 언어 교수법에서 교사는 언어 형식을 설명하거나 가르치지 않고 과제를 준비하고 제공하는 역할을 한다. 또 교수를 위한 일차적인 교육적 입력 자료를 과제에 의존하기 때문에 체계적인 문법적 교수요목이 없다는 것이 특징이다. 학습자의 수행 능력에 따라 과제의 교육 효과가 다를 수밖에 없어서 담당 교사의 부담이 크다는 것도 특징이자 단점이다.

참고문헌 서울대학교 국어교육연구소, 한국어교육학사전, 하우, 2014

40 정답 ③

① 문법 번역식 교수법: 문법 번역식 교수법은 언어 학습의 목적을 정신 수양과 지적 발달을 도모하는 데에 두고, 읽기와 쓰기에 중점을 두고, 말하기나 듣기에는 체계적인 관심을 두지 않으며, 어휘는 읽기 텍스트에서 선택되고, 문법은 연역적으로 학습한다는 특징이 있다. 이 교수법에서는 정확성이 강조되고, 학습자의 모국어가 교수 상황에서 매개어로 쓰인다. 문법 규칙을 철저히 익혀 정확성을 기르고 읽기 및 번역을 권장한다는 장점이 있으나 현대 외국어 교육의 목표인 의사소통 능력의 배양이 어렵고 언어의 본질이 음성이라는 근대의 언어관에 맞지 않으며, 규칙의 학습도 활용을 위한 규칙이라기보다는 규칙을 위한 규칙에 머물러 정상적인 규칙보다는 예외적인 규칙이 중시되기 쉽고, 많은 학습자들의 학습 의욕이나 동기를 충족시키지 못한다.

② 전신 반응 교수법: 전신 반응 교수법은 교사의 명령이나 지시에 학습자가 신체적으로 반응함으로써 언어를 가르치는 것을 말한다. 아동의 모어 습득은 듣기가 충분히 이루어진 후에 말하기를 한다는 점에서 제2언어 교육에서도 듣기를 충분히 한 후에 말하기를 교육할 것을 강조한다. 듣기를 통한 언어 이해에 초점을 맞추었다는 점에서 이해 중심 교수법에 속한다.

④ 총체적 언어 교수법: 총체적 언어 접근법은 언어가 부분으로 나뉘지 않고 총체로 존재할 때에 의미와 가치가 있다는 관점에 따라 실제적인 의사소통 능력을 향상시키고자 언어 요소를 분리하지 않고 듣기, 말하기, 읽기, 쓰기를 총체적으로 가르치는 교수 방법이다. 총체적 언어 접근법은 구성주의에 입각하여 학습자의 능동성을 강조하며, 언어를 개인적이면서 동시에 사회적인 것으로 전제한다.

알아두기

■ 청각 구두식 교수법

청각 구두식 교수법은 귀로 하는 듣기와 입으로 하는 말하기를 기반으로 모방, 반복, 암기를 통하여 구두 표현 중심의 문형을 익히도록 하는 교수법이다. 이 교수법은 직접 교수법에서 나왔지만 직접 교수법과 달리 행동주의 심리학과 구조주의 언어학을 이론적 토대로 한다. 이 교수법은 궁극적으로 이중언어 사용자 수준의 제2언어 지식을 쌓는 것을 목표로 하며 주요 특징은 다음과 같다.
첫째, 수업은 대화로 시작한다.
둘째, 언어는 습관 형성이라는 가정에 따라 모방과 암기를 중시한다.
셋째, 문법 구조는 단계적으로 제시하고 규칙은 연역적으로 교수한다.
넷째, 듣기와 말하기를 먼저 한 후 읽기와 쓰기 순으로 가르친다.
다섯째, 발음은 초기 단계부터 강조한다.
여섯째, 초기 단계에서 어휘는 철저하게 통제한다.
일곱째, 학습자의 오류를 막기 위해 많은 노력을 기울인다.
여덟째, 언어는 때때로 맥락이나 의미와 관계없이 다루기도 한다.
아홉째, 교사는 언어 구조나 언어에 능숙해야 한다.
청각 구두식 교수법은 학습 초기부터 정확한 발음 훈련, 자연스러운 구어를 듣고 말하는 훈련, 집중적인 문형 연습 등을 통하여 제한된 범위에서 듣고 말하는 능력을 길러 주고 학습자에게 성취감을 준다는 장점이 있다. 그러나 이 교수법에서 제시하는 연습이 기계적이어서 실제 상황에서는 그 문형을 응용하는 전이력이 떨어지며 학습자의 다양한 학습 스타일을 고려하지 않고 단조롭고 지루한 반복 연습을 일방적으로 제시하여 학습자의 의욕을 떨어뜨린다는 점이 단점으로 지적된다.

참고문헌 서울대학교 국어교육연구소, 한국어교육학사전, 하우, 2014

41 정답 ③

③ 플립러닝은 교수자와 학습자의 소통을 강화할 수 있으며 바쁜 학습자들의 시간 관리, 시간 활용에 도움을 준다. 또한 학업 성취도가 낮은 학습자들에게 도움을 줄 수 있어서 학습 능력이 상이한 학습자의 학업 성취도 향상에 도움을 줄 수 있다.

알아두기

- **플립러닝(Flipped learning)**
  블렌디드 러닝(blended learning)의 한 형태로서, 수업 시간 전에 교수자가 제공한 온라인 영상 등의 각종 자료들을 학습자가 미리 학습하고, 강의실에서는 과제 풀이나 토론 등이 이루어지는 수업방식을 말한다. 플립러닝은 미국 시더빌(Cedarville) 대학교 공과대학 베이커(J. W. Baker) 교수가 자신의 수업 방식을 정리하여 2000년 대학 교수학습 학회에서 'flipped'라는 용어를 처음 사용하면서 주목받기 시작했다. 교수자로부터 강의를 받은 후 집에서 과제를 하는 전통적인 수업방식과 반대라는 점에서 거꾸로 학습, 거꾸로 교실, 역전학습 등으로도 불린다.
  수업에 앞서 제공되는 온라인 영상이나 자료 등을 이용해 학습자가 미리 수업 내용을 학습하고 수업 시간에는 실천과제 연습이나 토론, 프로젝트 등이 수행됨으로써 단순한 지식 전달이 아닌 교수자와 학습자, 학습자 간의 상호 작용이 강조된다. 플립러닝에서 교수자들에게는 학습자를 수업에 참여시키고 지적 자극을 주기 위한 보다 정교한 수업설계가 요구된다. 학습자는 일방적으로 수업을 듣거나 학습자료를 읽는 데 그치지 않고 학습과 관련된 새로운 아이디어를 생성하는 등의 고차원적인 학습활동에 참여하게 된다.
  플립러닝은 학습자가 진도를 조절하면서 스스로 학습할 수 있고 학습자 중심의 보다 심화된 학습 활동이 이루어질 수 있다는 장점이 있다. 그러나 교수자와 학습자 모두에게 수업 준비가 부담으로 작용할 수 있으며, 인터넷이 잘 구축되지 않은 환경에서는 활용이 어렵다는 단점이 있다.

참고문헌 두산백과 두피디아

42 정답 ①

② 입력 가설
③ 자연 순서 가설
④ 모니터 가설

알아두기

- 자연적 접근법 〈18회 2교시 39번〉 참고

참고문헌 서울대학교 국어교육연구소, 한국어교육학사전, 하우, 2014
한재영 외, 한국어교육 용어해설, 신구문화사, 2011

43 정답 ②

ㄴ. 청각적인 구분
ㄷ. 인지와 이해
ㄹ. 발성
ㄱ. 확인과 교정

알아두기

■ 발음 교육의 단계

1. 제1단계: 청각적인 구분
   특정 발음을 잘 못하는 경우는 그 발음을 정확하게 듣지 못할 확률이 높으므로 우선 한국어와 외국어의 음운 체계의 대조를 통해 최소 단위인 음소의 대립 훈련을 한다. 예를 들어 /ㄱ,ㅋ,ㄲ/, /ㄷ,ㅌ,ㄸ/, /ㅂ,ㅍ,ㅃ/과 같은 한국어의 '평음/격음/경음'으로 대립하는 자음들을 들려주고 청각적으로 구별이 가능한지를 알아보는 것이 중요하다. 개별적인 음소 단위의 발음 훈련 단계가 끝나면 어휘 단위와 문장 단위의 청취 훈련으로 음을 가려냄으로써 정확하지 않은 발음을 찾아내게 하는 훈련을 한다.

2. 제2단계: 인지와 이해
   음성기관의 그림이나 모형, 교사의 발음 동작 등을 이용하여 한국어의 발음 체계가 어떻게 이루어지는지, 학습자의 모국어와는 어떤 차이가 있는지 간략하게 설명하고 인식시킨다.

3. 제3단계: 발성
   학습자가 실제로 발음하고 연습하는 단계이다. 한국어에서 모음은 자음과 결합하여 음절을 만드는 기본이 되므로 모음부터 발음 교육을 시작하는 것이 좋다. 학습자들의 입술 모양만 보고도 오류를 점검할 수 있으므로 구체적인 발음 지도가 가능하다.

4. 제4단계: 확인과 교정
   학습자의 발음 오류의 문제점을 진단하고, 오류의 원인을 찾아 효과적인 교정 방법을 동원하여 교정해 준다.

참고문헌 서울대학교 한국어문학연구소 외, 한국어교육의 이론과 실제 2, 아카넷, 2012

44 정답 ②

① 일본어가 모국어인 학습자는 한국어의 음절 말에 나타나는 /ㄴ, ㅁ, ㅇ/을 잘 구별하지 못한다.
② 중국어는 음운 변동이 일어나지 않으므로 2음절 이상의 환경 속에서 받침 발음을 어려워한다.
③ 영어권 학습자는 /ㄴ/이 연이어 나올 때 /ㄴㄴ/을 분명하게 발음하기보다는 하나를 생략하거나 약하게 발음하여 /ㄴ/을 하나만 발음하는 경향이 있다.
④ 베트남어권 학습자는 종성 /ㄹ/을 /ㄴ/으로 읽는 경향이 있다.

참고문헌 서울대학교 국어교육연구소, 한국어교육학사전, 하우, 2014
서울대학교 한국어문학연구소 외, 한국어교육의 이론과 실제 2, 아카넷, 2012

45 정답 ④

④ 비음으로 끝나는 용언 어간 뒤에 어미가 결합할 때 일어나는 경음화에 대한 내용이지만 'ㅇ'으로 끝나는 용언 어간이 없기 때문에 비음 중에서 'ㄴ, ㅁ'만 제시한다. 용언 어간 뒤에 피동, 사동 접미사가 결합할 때 이러한 경음화가 일어나지 않는 것이 표준 발음이다. 따라서 현실 발음에서 흔히 들을 수 있는 '신기다[신끼다]'는 표준 발음이 아니며 [신기다]가 표준 발음이라는 데 주의할 필요가 있다. 경음화는 용언 어간 뒤와 어미라는 문법적 조건이 충족되어야 한다.

참고문헌 한국어 어문 규범 표준어 규정, 국립국어원

46 정답 ①

① 'ㅚ'를 이중모음으로 발음할 경우에는 반모음 'ㅜ[w]'와 단모음 'ㅔ'를 연속하여 발음하는 것과 같아서 'ㅞ'와 동일하다고 할 수 있다. '왼'의 경우 'ㅚ'를 단모음으로 발음하는 [왼]과 이중모음으로 발음하는 [웬]이 모두 표준 발음으로 인정된다.
② [이럳껜네]는 ㄴ 첨가가 아니라 비음화가 일어난 발음이다. 받침 'ㄱ(ㄲ, ㅋ, ㄳ, ㄺ), ㄷ(ㅅ, ㅆ, ㅈ, ㅊ, ㅌ, ㅎ), ㅂ(ㅍ, ㄼ, ㄿ, ㅄ)'은 'ㄴ, ㅁ' 앞에서 [ㄴ, ㅁ, ㅇ]으로 발음한다.
③ '져, 쪄, 쳐'와 같이 'ㅈ, ㅉ, ㅊ' 뒤에 오는 'ㅕ'는 이중모음으로 발음하지 않고 단모음 'ㅓ'로 발음한다. '묻혀, 붙여, 잊혀' 등과 같이 표기상 '져, 쪄, 쳐'가 아니라도 발음상 '져, 쪄, 쳐'와 동일한 경우의 'ㅕ'도 이 규정의 적용을 받는다.
④ [갇씀니다]로 서로 똑같이 발음하게 한다.

참고문헌 한국어 어문 규범 표준어 규정, 국립국어원

47 정답 ③

③ 학업 초기에 화석화된 발음은 고치기 어려우므로 처음부터 단계를 정하여 체계적인 발음 교육이 이루어지도록 해야 하지만, 발음 오류에 대한 교정을 강조하면 학습자의 자신감이 하락할 수 있다. 따라서 한국어로 소통하는 데에 있어서 화자가 말하고자 하는 바를 청자가 불편함 없이 이해할 수 있는 수준이라면 어느 정도 목표를 달성했다고 할 수 있다.

참고문헌 허용·김선정, 외국어로서의 한국어 발음교육론, 박이정, 2013

48 정답 ③

③ 의사소통 중심 교수법에서는 발음 지도의 중심 분야가 분절음이 아니라 강세, 리듬, 억양 등과 같은 초분절음소로 바뀌었고 문장 자체보다는 담화 차원의 발화 상황이 중요하게 다루어졌다.

알아두기

■ 언어 교수법과 발음 교육

1. 청각 구두식 교수법은 구조주의 언어학과 행동주의 심리학에 기초를 두고 있는 방법으로, 언어 학습을 모방과 반복에 의한 습관 형성으로 보았다. 이 교수법에서 발음은 언어 교육의 매우 중요한 요소로 간주되어 학습 단계의 초기부터 강조되었으며, 각각의 낱말을 명시적으로 정확하게 발음하도록 교수된다. 직접 교수법에서와 마찬가지로 교사는 낱말의 정확한 발음을 제시하고 학습자들은 제시된 발음을 듣고 따라한다. 이때 발음기호나 조음 위치, 조음 방법 등에 관한 음성학적 정보를 사용한다. 또 발음 학습에는 대조분석 이론의 영향을 받아 최소 대립 연습 방법을 사용한다.

2. 직접 교수법은 구두 언어 능력의 중요성을 강조하고, 원어민과 같은 정확한 발음 습득을 중요하게 다루었다. 이 교수법에서는 모델이 되는 발음을 학습자들이 듣고 따라하면 자연스럽게 목표 언어의 발음을 습득하게 된다고 보았다. 즉 외국어 학습자는 모국어 화자의 정확한 발음을 듣고 따라하는 방식을 통해 목표 언어의 발음을 익힐 수 있다고 보았다.

3. 의사소통 중심 교수법은 언어의 구조보다는 기능에 관심을 두고 정확성보다는 유창성을 강조하는 교수법으로, 언어 교육의 목적을 의사소통 능력의 신장으로 보았다. 따라서 발음 교육을 바라보는 시각도 기존의 이론들과는 다르다. 즉, 아무리 문법이나 어휘가 뛰어나더라도 발음을 알지 못하면 의사소통을 위한 입문 단계에 이르지 못한다는 이유로 발음 교육의 필요성을 역설하였다. 하지만 이 교수법에서는 발음 교육의 목표를 원어민 화자와 같은 수준의 정확한 발음을 습득하는 데에 두지 않고, 이해 가능한 발음의 습득에 두었다. 그뿐만 아니라 발음 지도의 중심 분야가 분절음이 아니라 강세, 리듬, 억양 등과 같은 초분절음소로 바뀌었고 문장 자체보다는 담화 차원의 발화 상황이 중요하게 다루어졌다. 따라서 이 교수법에서는 발음이 전체 의사소통에서 차지하는 비중이 그다지 크지 않은 것으로 여겨진다.

4. 인지주의적 접근법에서 언어 학습은 습관의 형성이라기보다는 규칙에 제약을 받는 행동이라고 여기게 되었다. 따라서 구조주의와 행동주의 심리학에 반대하고 외국어 교육에서 모국어 화자와 같은 발음은 절대 달성될 수 없는 목표라고 여겨 발음을 문법과 어휘에 비해 덜 강조하게 되었다.

참고문헌 허용·김선정, 외국어로서의 한국어 발음교육론, 박이정, 2013
서울대학교 한국어문학연구소 외, 한국어교육의 이론과 실제 2, 아카넷, 2012

49 정답 ③

① 발음의 이해 명료성, 유창성 등의 기준으로 평가하는 총괄적 평가는 숙달도 시험에 적절하다.
② 학습자의 자연스러운 발음을 평가하기 위해서는 학습자가 어떤 음을 의식적으로 정확하게 발음하는 것을 막기 위해서 어느 발음 요소를 평가하고 있는지 학습자에게 알리지 않는 것이 좋다.
③ 한국어 발음 교육 및 평가에 있어서 정확성이라는 기준은 가장 많이 사용되는 기준이다. 정확한 발음은 완벽한 의사소통을 위해 매우 중요한 역할을 하며, 한국어 발음을 정확하게 인지할 수 없으면 한국어 화자가 하는 말을 이해할 수 없다. 또한 한국어 학습자의 발음을 한국인이 이해할 수 없다면 의사소통이 불가능하게 된다. 모국어 화자와 같은 정도를 정확성의 기준으로 삼아 평가하는 것이 비현실적으로 보일 수도 있으나, 외국인 말투(foreign accent), 모국어 간섭의 흔적은 정확성을 평가 기준으로 삼았을 때 측정해야 할 주된 요소이다.
④ 발음에서 억양 평가 요소는 소리의 높이, 끊어 말하기, 강세와 리듬, 문장 억양 등이 있다.

참고문헌 이향, 한국어 말하기 수행 평가의 발음 범주 채점에 대한 타당성 검증, 박사학위논문, 이화여자대학교, 2013
허용·김선정, 외국어로서의 한국어 발음교육론, 박이정, 2013

50 정답 ③

ㄴ. 배경지식을 활성화한다. - 읽기 전 단계
ㄱ. 길잡이 질문에 대해 대답한다. - 읽기 단계
ㄷ. 글의 내용에 기초하여 자신의 의견을 말해 본다. - 읽기 후 단계

알아두기

■ 단계별 읽기 수업 〈19회 2교시 80번〉 참고

참고문헌 강현화 외, 한국어 이해교육론, 형설출판사, 2012

51 정답 ①

② 상향식 읽기 모형
③ 하향식 읽기 모형
④ 상향식 읽기 모형

알아두기

■ 읽기 모형 〈16회 2교시 72번〉 참고

참고문헌 한재영 외, 한국어 교수법, 태학사, 2005

52 정답 ④

④ 사고 과정을 언어화하는 과정에서 사고 과정이 왜곡될 수도 있기 때문에 사고 구술이 과제 수행에서의 사고 과정을 얼마나 정확하게 반영하고 있는지 알 수 없다.

알아두기

■ 사고 구술

사고 구술(think-aloud)은 연구 참여자가 과제를 완성하거나 문제를 해결하면서 이루어지는 사고 과정을 말로 진술하는 방법을 말한다.

연구자는 포함된 사고 전략을 알아내기 위해 녹음 기기에 사고 구술 프로토콜을 수집하고 분석한다. 사고 구술 기법은 수행한 행동에 대해 사후에 되돌아보는 회상적 기법보다 사고 과정에 더 근접한 내성적(introspective) 성격을 지닌다. 연구자는 연구 참여자에게 특정 과제를 수행하면서 자신의 사고 과정을 진술하도록 요청한다. 연구 참여자는 과제를 수행하면서 무엇을 보고, 생각하고, 하고, 느끼고 있는지 진술한다. 따라서 사고 구술의 목적은 특정 과제를 수행하는 연구 참여자의 행동에 암시적으로 나타난 것을 명시적으로 만드는 것이다.

예를 들어 학습자가 제2언어 읽기 및 쓰기 과제를 수행하면서 사용하는 제2언어 읽기 및 쓰기 과정과 전략을 알아내기 위해서 사고 과정이 이루어진다.

참고문헌 서울대학교 국어교육연구소, 한국어교육학사전, 하우, 2014

53 정답 ③

③ 찾아 읽기(scanning)란 텍스트를 전부 다 읽지 않고 필요한 정보만을 빨리 찾아 그 부분만 읽는 전략이다.

참고문헌 서울대학교 국어교육연구소, 한국어교육학사전, 하우, 2014

54 정답 ③

③ 글에 표시하면서 읽는 전략은 글의 중심 내용을 파악하는 데 도움을 주는 지원 전략이다.

알아두기

■ 읽기 전략

Cohen(1990)은 모국어와 외국어 읽기 전략에 대한 연구를 바탕으로 읽기 전략을 크게 네 가지로 분류하였다. 그의 읽기 전략은 지원 전략(supporting strategies), 의역 전략(paraphrase strategies), 글의 일관성을 확립하기 위한 응집성 전략(strategies for establishing coherence in text), 그리고 전략 사용을 감독하기 위한 초인지 전략(strategies for supervising strategy use)으로 분류된다.

1. 지원 전략: 학습자의 상위수준 전략 사용을 촉진하기 위해 수행되는 읽기 행위의 유형으로, 훑어 읽기, 건너뛰어 읽기, 글에 표시하면서 읽기, 어휘 풀이 사용 전략 등이 세부 전략으로 활용된다. 주로 손이나 눈 움직임과 관련된 신체적 움직임이 요구되는 심리 운동학적 수준의 전략이다.
2. 의역 전략(인지 전략): 의역하거나 다른 말로 쉽게 풀어 어휘나 문장 수준에서 글의 의미를 명확하게 이해하기 위해 사용하는 다양한 인지 전략을 말한다. 통사 구조 단순화하기, 어휘나 구의 동의어 찾기, 핵심 아이디어 찾기, 텍스트의 기능 찾기, 기본적인 내용 찾기 등의 전략이 활용된다.
3. 응집성 전략: 담화 수준에서 글의 전체적인 의미 이해와 일관성 파악을 위해 배경지식이나 글 속의 단서를 이용하는 전략으로, 글의 구조 알아보기, 맥락 이용하기, 담화 기능 구분하기, 다음 내용 추측하기, 문단 끝에 제시된 정보를 통해 그 문단의 내용 탐색하기, 읽고 있는 문단에서 얻은 지식으로 다음 정보를 미리 추측하기 등이 활용될 수 있다.
4. 초인지 전략: 추측 및 이해 점검 전략으로서 읽기 과정을 점검하기 위해 사용되는 의식적 전략이다. 읽고 있는 문단 요약하기나 계획하기, 자기 평가하기, 계획 수정하기, 잘못된 이해 알아채기 등의 전략이 사용될 수 있다.

참고문헌 임지현, 어휘와 독해 전략이 학습자의 읽기 능력 향상에 미치는 영향, 한국외국어대학교, 2011
국제한국어교육학회, 한국어 이해교육론, 형설출판사, 2009

55 정답 ①

① 하향식 읽기
②·③·④ 상향식 읽기

알아두기

■ 읽기 모형 〈16회 2교시 72번〉 참고

참고문헌 한재영 외, 한국어 교수법, 태학사, 2005

56 정답 ④

④ 소리를 내지 않고 눈으로 읽는 묵독의 방법이 읽기 속도가 더 빠르다.

알아두기

- 읽기 방법
  1. **낭독**: 낭독은 글을 소리 내어 읽는 것을 말한다. 낭독할 때는 글의 내용을 충분히 이해한 후 듣는 사람에게 그 글의 내용이나 이미지, 정서 등을 정확하고 효과적으로 전달할 수 있도록 크고 또렷한 목소리로 음의 높낮이와 속도에 유의하며 읽어야 한다. 초급이나 중급 수준에서는 낭독을 통해 상향식 읽기 방식으로 학습자의 발음이나 음성학적인 규칙을 알고 있는지 진단할 수 있다. 또한 교사가 강조하고 싶은 부분을 학습자가 읽게 하여 수업 참여를 유도한다. 또 낭독은 말하기 평가 유형 중의 하나이기도 하다. 문자를 보고 정확하게 발음할 수 있는지, 즉 자모의 발음, 음운 규칙 및 변동을 이해하고 있는가를 측정하고 이와 더불어 얼마나 유창하게 읽을 수 있는지도 낭독을 통해 평가한다.
  2. **정독**: 정독은 언어 지식에 초점을 두고 적은 양의 읽기 자료를 최대한 이해할 수 있도록 주의 깊고 철저하게 읽는 방법이다. 정확성을 추구하며 어휘와 문장 구조와 같은 어휘적, 통사적 단서로부터 의미를 해독하는 능력을 발달시키는 데 목표를 둔다.
  3. **다독**: 다독은 다양한 자료를 많이 읽음으로써 학습자의 언어 능력을 향상시키는 읽기 방법 중의 하나이다. 의미 파악에 중점을 두어 많은 양의 읽기 자료에 접근하는 것을 추구한다. 따라서 글의 전체적 맥락으로부터 의미를 파악하고 부수적으로 어휘와 구문에 대한 지식을 습득하는 것을 목표로 한다. 다양한 자료를 전반적으로 이해하는 것을 목표로 하는 다독은 교실 안팎에서 모두 수행된다. 다독은 많은 자료를 읽음으로써 언어의 자동성을 개발하여 읽기 이해력뿐만 아니라 어휘와 구문에 대한 인식을 증대시키고, 배경지식을 확대하는 효과가 있다.
  4. **묵독**: 묵독은 소리 내지 않고 눈으로 읽어서 이해하는 읽기 방법을 말한다. 낭독이 글자 단위의 읽기라면, 묵독은 문장 단위 또는 의미 위주의 읽기이다. 눈으로만 읽기 때문에 읽는 속도가 빠르고 생각하면서 읽을 수 있어서 이해도가 높다.

참고문헌 서울대학교 국어교육연구소, 한국어교육학사전, 하우, 2014

57 정답 ④

④ '담화 표지어 주의하기'는 읽으면서 담화 표지어에 표시하는 등의 주의를 기울이게 하는 활동이다. 담화 표지어에 주의함으로써 글의 구조나 내용을 파악하는 데에 도움을 준다.

참고문헌 국제한국어교육학회, 한국어 이해교육론, 형설출판사, 2009

58 정답 ②

ㄴ. 청자가 화자의 말을 멈추게 하거나 다시 말하도록 조절하기가 어렵다.
ㅁ. 귀로 듣는 구어 정보이므로 시각적으로 무리 짓기가 어렵다. 또한 구어에서는 빈번한 어순 도치나 문법상의 오류나 생략이 자주 나타나기 때문에 이것들이 제2언어 학습자들이 무리 짓기를 할 때 방해 요소가 된다.

알아두기

- 듣기의 구어적 특성 〈18회 2교시 67번〉 참고

참고문헌 H. Douglas Brown, 권오량 외 역, 원리에 의한 교수, Pearson Education Korea, 2012
국제한국어교육학회, 한국어이해교육론, 형설출판사, 2009

59 정답 ②

② 입력되는 자료 중에서 파악한 목적에 부합하는 부분에 집중하고 나머지 부분은 흘려버릴 줄 알아야 하는데, 잉여 정보가 많으면 선택적으로 듣는 것이 더 복잡해지므로 이해가 어려워진다.

참고문헌 국제한국어교육학회, 한국어 이해교육론, 형설출판사, 2009

60 정답 ②

② 상향식 모형
①·③·④ 하향식 모형

알아두기

■ 정보처리 이론의 모형
정보처리 이론은 작은 언어 단위에서 큰 단위 순으로 텍스트를 선형적으로 파악한다고 보는 상향식 모형, 독자가 배경지식이나 스키마를 활용하여 입력 자료의 의미를 재구성한다고 보는 하향식 모형, 이 두 모형이 이해 과정에 함께 작용한다고 보는 상호 작용 모형이 있다.
이해 교수의 전통적인 방법으로는 상향식 모형이 사용되었으나, 외국어 교육에서 의사소통과 상호 작용 등을 강조하면서 의미 추론, 내용 이해 등에 중점을 두는 하향식 모형이 학습자의 이해 능력 개발에 기여하는 것으로 알려져 왔다. 그러나 두 방식이 함께 사용됨으로써 의미 이해가 성공적으로 이루어진다는 최근의 연구 결과에 따라 상호 작용 모형이 효과적인 것으로 받아들여지고 있다.

참고문헌 서울대학교 국어교육연구소, 한국어교육학사전, 하우, 2014

61 정답 ③

③ 기능 통합적인 교육과정으로 언어를 다양하게 경험하게 하고, 자연스러운 의사소통 능력을 키울 수 있도록 돕는다. 듣기 능력의 실제적 향상을 위해서는 인위적이고 조작된 언어 자료가 아닌 실제적 언어로 실제적인 과업을 수행하는 듣기 활동으로 구성해야 한다.

알아두기

■ 듣기 지도의 원리 〈18회 2교시 69번〉 참고

참고문헌 서울대학교 국어교육연구소, 한국어교육학사전, 하우, 2014
국제한국어교육학회, 한국어 이해교육론, 형설출판사, 2009

62 정답 ③

① 듣기 전 단계에서 활용할 수 있는 상위 인지 전략은 듣기 과제를 위해 계획을 세우는 것이다. 즉 듣기의 목적을 설정하거나 무엇을 위해 듣는지 미리 결정하기, 언어적 지식이나 배경적 지식 중 무엇이 더 필요한지 결정하기, 상향식과 하향식 이해 과정 중 어느 것이 더 적합한 언어 자료인지 결정하기 등이 듣기 전 단계에서의 상위 인지 전략이라고 할 수 있다.
② 듣기 중 단계에서는 이해 파악 정도를 점검한다. 예측한 것이 맞았는지 또는 부정확하게 추측한 것을 확인하기, 이해에 중요한 것이 무엇이고 중요하지 않은 것이 무엇인지 결정하기, 이해한 것을 확인하기 위해 다시 들어보기 등이 활용 가능한 상위 인지 전략이다.
③ 언어 자료별로 적절한 이해 모형을 정하기는 듣기 전 단계에서 활용할 수 있는 상위 인지 전략이다.
④ 듣기 후 단계에서는 이해 내용과 사용된 전략을 평가할 수 있다. 과제의 파악 정도 평가하기, 듣기 과제의 유형과 듣기의 진행 과정에 대해 평가하기, 사용된 전략이 과제의 목적에 적절했는지 결정하기, 필요하면 전략 수정하기 등이 듣기 후 단계에서 활용할 수 있는 상위 인지 전략이다.

알아두기

■ 상위 인지 전략
학습을 계획하고 학습이 일어날 때 그 과정에 대해 생각하고 자신의 발화와 이해를 감시하거나 활동이 완수된 후 학습을 평가하는 전략으로 기능적 계획, 자기 감시, 자기 평가 등이 이에 해당된다.

참고문헌 H. Douglas Brown, 이흥수 외 역, 외국어 학습·교수의 원리, Pearson Education Korea, 2015
국제한국어교육학회, 한국어 이해교육론, 형설출판사, 2009

63 정답 ①

① 문법 번역식 교수법은 문법과 해석에 중심을 두어 읽기와 쓰기 교육이 중심을 이루었고, 말하기와 듣기에는 별로 관심을 보이지 않았다. 구어에서의 의사소통보다는 문어에 초점을 둔 교수법으로, 상대적으로 듣기에 대한 인식은 약했다.
② 의사소통 중심 교수법은 듣기는 의사소통의 한 기능이므로 의사소통을 행하는 실제 상황 속에서 이루어지는 것이 바람직하다고 보았다. 단순화된 입력보다는 실제로 쓰이는 언어 입력을 제공해야 한다는 것이다.
③ 전신 반응 교수법은 언어 학습이 신체 활동과 함께 이루어질 때 더 효과적이라고 주장하였다. 듣기 기능이 본격적으로 인정된 교수법으로, 구두로 지시된 내용을 학습자가 듣고 이를 실제로 수행하게 하는 교수법이다. 교사의 발화는 명령문의 형태를 취하며 학습자는 듣기를 통해서 이해 능력을 축적하고 그 능력은 자연스럽게 말하기 능력으로 전이된다고 주장하였다.
④ 직접 교수법에서는 듣기, 말하기 등의 구어를 강조하여 모국어 사용을 최대로 배제한다. 외국어로 수업을 진행하기 때문에 듣기 역시 외국어로 진행하게 된다. 이런 의미에서 상대적으로 듣기에 초점을 두게 된다.

참고문헌 국제한국어교육학회, 한국어 이해교육론, 형설출판사, 2009

64 정답 ①

① 듣고 정보를 파악하는 사실적 듣기에는 세부 내용 파악하기, 일치하는 내용 파악하기, 같은 의미 파악하기, 중심 내용 파악하기, 내용 요약하기, 제목 붙이기 등이 있다.

참고문헌 서울대학교 국어교육연구소, 한국어교육학사전, 하우, 2014

65 정답 ①

① 입력되는 자료 중에서 목적에 부합하는 부분에 집중하는 것이 좋다. 모르는 어휘나 잘 안 들리는 소리에 집중하면 다음 부분을 놓치게 된다.

알아두기

■ 효과적인 듣기 전략
Brown은 효과적인 듣기 이해를 위한 전략으로 다음 항목들을 제시하였다.
- 단기 기억 체계에 상이한 어휘 덩어리 기억하기
- 변별적 음을 구별하기
- 강세가 오는 단어, 강세 패턴, 리듬, 억양 등을 인지하고 이들의 정보 파악하기
- 단어의 축약형 인지하기
- 단어 간 경계 구별, 핵심 어휘 파악, 어순의 패턴 이해하기
- 다른 속도로 전달되는 발화 처리하기
- 쉼, 끌기, 수정 등을 포함한 발화 처리하기
- 품사 부류, 문법 체계(시제, 동외, 복수형 등), 유형, 규칙, 생략형 인식하기
- 문장 구성 요소들을 파악하고 주요 구성 요소를 구별하기
- 다른 문법 형태로 표현될 수 있는 동일 의미 인지하기
- 담화상의 결속 장치 인지하기
- 맥락이나 화청자, 대화 목적 등에 다른 발화의 의사소통적 기능 인지하기
- 실생활 지식을 이용한 상황, 대화자, 대화 목적 추론하기
- 사건, 아이디어 등을 통한 결과 예측, 사건 간의 인과 관계 추론, 주요 개념과 신정보, 구정보, 일반화, 예시 등과 같은 관계 파악하기
- 문자적 의미와 내포적 의미 구분하기
- 몸짓 언어 등의 비언어적 단서를 활용한 의미 파악하기
- 듣기 전략(핵심어 찾기, 문맥 속의 단어 의미 추측, 도움 청하기 등)을 개발하고 활용하기

참고문헌 국제한국어교육학회, 한국어 이해교육론, 형설출판사, 2009

66 정답 ③

③ 들은 대로 모국어로 바꾸어 말하는 것은 '되풀이하기'이다.

알아두기

- **학습자의 듣기를 확인할 수 있는 반응 활동**
  듣기의 이해 과정은 행동으로 나오기 전에는 제대로 이해가 된 것인지 아닌지 판단하기가 어렵다. 따라서 학습자의 반응을 통해 이해의 정확성 여부를 판단할 수 있도록 듣기 활동이 설계되어야 한다. Lund는 학습자의 듣기를 확인할 수 있는 반응 활동을 다음과 같이 제시하였다.
  - 행동하기: 학습자가 지시에 따라 신체적으로 반응하기
  - 선택하기: 학습자가 주어진 그림이나 사물, 텍스트 가운데서 해당되는 것을 선택하기
  - 전이하기: 학습자가 들은 내용을 그림으로 나타내기
  - 대답하기: 학습자가 메시지에 관한 질문에 답하기
  - 요약하기: 학습자가 강의를 듣고 요약하거나 글로 적게 하기
  - 확장하기: 학습자가 이야기를 듣고 나머지 부분을 완성하기
  - 되풀이하기: 학습자가 들은 내용을 모국어로 번역하거나 그대로 반복하여 말하기
  - 모델링하기: 학습자가 예시된 주문을 듣고 따라서 주문하기
  - 대화하기: 학습자가 정보 처리가 일어나는 대화에 참여하기

참고문헌 국제한국어교육학회, 한국어 이해교육론, 형설출판사, 2009

67 정답 ④

ㄱ. 장르의 개념에 기초한 장르 중심 쓰기는 '체계 기능 언어학(systemic functional linguistics)'과 '신수사학(new rhetoric)'의 영향을 받아 체계화된 쓰기 연구의 한 분야이다.
ㄴ. 학습자가 제시된 모범 텍스트와 유사하게 텍스트를 재구성하는 과정으로 해당 장르에 익숙해진다. 그러나 이는 결국 모방 쓰기를 강조하게 되어 정형화된 표현에 익숙해져서 쓰기의 창조성을 약화시킬 수 있다는 약점이 있다.
ㄷ·ㄹ. 장르의 규칙성, 즉 반복적으로 사용한 언어적 특성을 분석하고 학습자가 이를 학습하여 유사한 장르를 생산할 수 있도록 하므로 장르 분석에 대한 연구가 필요하다.

알아두기

- 장르 중심 쓰기 교육 〈17회 2교시 61번〉 참고

참고문헌 유미정, 읽기 텍스트를 활용한 장르 중심 한국어 쓰기 교육 방안 연구, 석사학위논문, 배재대학교, 2011
국제한국어교육학회, 한국어 표현교육론, 형설출판사, 2010

68 정답 ④

④ 친숙한 인물, 사물, 장소 등을 간단하게 소개하는 글을 장르적 특성에 맞게 쓰는 것은 초급(2급)의 쓰기 교육 내용에 해당한다.

알아두기

■ 국제 통용 한국어 표준 교육과정(2017) 쓰기의 등급별 내용

등급	내용
1급	• 한글 자음과 모음을 결합해 글자를 쓴다. • 맞춤법에 맞게 짧은 문장을 바르게 쓴다. • 간단한 메모를 한다. • 일상생활에 관한 짧은 글을 간단한 구조로 쓴다.
2급	• 자신의 일과를 비교적 정확하게 쓴다. • 경험한 일이나 앞으로의 계획에 관해 문장과 문장이 자연스럽게 연결되도록 쓴다. • 친숙한 인물, 사물, 장소 등을 간단하게 소개하는 글을 장르적 특성에 맞게 쓴다.
3급	• 자신과 관련된 생활문을 비교적 정확하게 쓴다. • 친숙한 사회적·추상적 주제(직업, 사랑, 교육 등)에 관한 글을 간단한 구조로 쓴다. • 실용문(안내문, 전자우편(이메일) 등)을 단락과 단락이 자연스럽게 연결되도록 쓴다. • 간단한 구조의 설명문에 핵심 내용이 잘 드러나도록 쓴다.
4급	• 친숙한 사회적·추상적 주제(직업, 사랑, 교육 등)에 관하여 정확하게 설명하거나 의견을 들어 주장하는 글을 쓴다. • 친숙한 소재를 다루는 논설문의 구조에 맞게 자신의 주장과 뒷받침 내용을 쓴다. • 짧고 간단한 구조의 수필을 일관된 내용으로 쓴다. • 예시, 비교/대조 등을 활용하여 글을 쓴다.
5급	• 친숙하지 않은 사회적·추상적 주제(정치, 경제, 과학 등)에 관해 논리적 구조를 반영한 글을 쓴다. • 자신의 전문 분야에 관하여 핵심 내용이 드러나도록 글을 쓴다. • 다양한 소재의 글을 요약하고 자신의 의견을 반영한 요약문을 쓴다. • 정의, 인용 등을 활용하여 글을 쓴다.
6급	• 친숙하지 않은 사회적·추상적 주제(정치, 경제, 과학 등)에 관해 논리적이고 정확하게 의견을 전개하는 글을 쓴다. • 자신의 전문 분야에 관하여 핵심 내용과 세부 내용이 연결되도록 글을 쓴다. • 평론, 학술 보고서, 학술 논문 등의 전문적인 글의 특성을 이해하고 간단하지만 일관된 내용 구조를 가진 글을 쓴다. • 비유, 분류, 분석 등을 활용하여 글을 쓴다.

참고문헌 김중섭 외, 2017년 국제 통용 한국어 표준 교육과정 적용 연구(4단계), 국립국어원, 2017

69 정답 ④

④ 담화 차원의 쓰기 교육을 위해서는 단락의 통일성, 응집력이 있는 담화를 구성할 수 있게 지도하며, 적절한 담화 표지를 사용하도록 한다. 생각이나 논지가 일관된 초점을 가지고 전개되도록 글을 쓸 수 있게 지도할 필요가 있다.

알아두기

■ 쓰기 수업의 설계 원리

1. 내용, 구조, 문법, 철자 등의 균형 잡힌 교육을 한다. 하나의 글이 완결성을 갖기 위해서는 어휘, 문법, 철자, 내용의 긴밀성, 균형 있는 구조 등이 모두 갖추어져야 하므로 정확성과 유창성을 동시에 추구해야 한다.
2. 학습자 요구를 반영한 실제적인 쓰기와 학문적인 쓰기의 배합이 중요하다. 최근 한국어 학습자 집단이 다양화되어 쓰기 수업에서 고려해야 할 학습자의 요구도 다양해졌다. 일반적으로 결혼이민자나 한국 사회에서 생활하기 위해 한국어를 학습하는 일반 목적의 학습자들은 실생활에서 필요한 과제 수행 중심으로 쓰기 활동을 할 때 학습 동기를 높일 수 있다. 그러나 유학을 위해 한국어를 학습하는 사람이나 특수 직업을 위해 한국어를 학습하는 사람들은 학문적인 쓰기 활동이나 특정 서류 쓰기 활동을 희망할 것이다.
3. 한국어 문어 텍스트의 특성을 반영한 쓰기 활동을 한다. 쓰기는 문자 언어를 대상으로 하기 때문에 문자 언어의 특성을 고려한 활동이 이루어져야 한다. 외국인을 대상으로 한 한국어 쓰기 수업은 일반적인 문어의 특성을 반영하는 동시에 한국어 텍스트의 특성을 반영해야 한다. 사고의 표현 형태는 언어나 문화의 영향을 받으므로 한국 문화권에서 생활하는 한국인이 텍스트를 구성하는 특성을 이해하고, 이를 반영할 수 있어야 대상에 알맞은 글을 쓸 수 있기 때문이다.
4. 학습자의 생각을 최대한 초고에 담기 위한 계획 활동이 필요하다. 주제가 있는 쓰기 활동은 학습자들이 관심 있는 주제, 흥미롭게 다가갈 수 있는 주제를 선정할 필요가 있다. 그러나 적절한 주제를 선정했다고 해도 쓸거리를 생각해 내는 것은 학습자에게 부담스러운 일이다. 따라서 교사가 개입되는 교실 내의 작문 수업에서는 풍부한 쓸거리를 갖도록 다양한 활동을 유도해야 한다. 브레인스토밍을 통해 이끌어낸 학습자의 생각을 초고에 최대한 반영하기 위해 초고를 쓰기 전에 이를 계획하는 구상 개요 작성 단계가 필요하다.
5. 학습자 간, 학습자와 교사 간 상호적인 수업이 되어야 한다. 과정 중심의 수업으로 운영되는 쓰기 수업에서는 학습자들이 글에 대한 생각을 나누는 상호적인 관계에 있다. 학습자들이 서로의 글을 읽으면서 자신과 다른 학습자들의 글에 대해 좀더 독자적인 비평가가 될 수 있고, 글에 대한 통찰력과 분석력이 생길 수 있다.
6. 다른 언어 기능과의 통합 활동을 통해 언어 능력이 강화될 수 있다. 쓰기 수업에서 글을 완성한 후 다른 언어 기능과 통합된 활동을 유도하는 것이 바람직하다. 가장 빈번하게 사용되는 방식은 말하기와의 통합 활동이다. 쓴 내용 발표하기, 토론하기 등이 있다.

참고문헌 국제한국어교육학회, 한국어 표현교육론, 형설출판사, 2010

70 정답 ③

③ 학습자들이 서로의 정보를 수합하여 일정한 목표를 달성하게 하는 정보 차 활동은 직소(jigsaw)이다. 과제 참여자들은 각자 전체 정보의 일부분을 가지고 있고 서로 정보를 교환하여 자신에게 없는 정보를 얻어서 과제를 완성한다.

> **알아두기**
>
> ■ 브레인스토밍
> 브레인스토밍은 개인과 집단의 자유로운 토론으로 창조적인 아이디어를 이끌어내는 활동이다. 이는 경영학 분야에서 발생한 개념이지만 창의력에 초점을 둔다는 점에서 교육 영역에서도 활발히 사용하고 있다. 브레인스토밍은 쓰기 준비 과정에서 많이 활용한다. 학습자의 모든 경험과 지식 그리고 상상력을 활용하여 문법이나 철자에 신경쓰지 않고 자유롭게 생각을 써 보는 것이 창의적인 글쓰기 활동에 도움을 주기 때문이다. 학습자는 여러 가지 제약에서 벗어나 자유롭게 생각하며, 생각을 찾아가는 과정을 통해 부족한 내용이나 지식을 보충하고 글의 내용을 효율적으로 구성하는 생각들도 발견한다. 또한 학습자 자신이 잘 알고 있는 것에 대한 구체적인 생각도 정리할 수 있다. 뿐만 아니라 교실에 있는 모든 학습자들이 주제에 대한 지식을 공유하며 수업에 참여하는 집단 활동도 가능하여 학습자가 혼자 생각하는 것보다 훨씬 더 많은 자료를 생성할 수 있다는 장점이 있다.

참고문헌 서울대학교 국어교육연구소, 한국어교육학사전, 하우, 2014

71 정답 ①

① 협동 학습을 활용한 동료 학습자의 피드백으로 텍스트에 대한 비평적 기술을 연마하고 자신의 작문을 비판적으로 분석하는 능력을 함께 기를 수 있다.
② 명시적 피드백으로 어떤 부분에 오류가 있고 어떻게 수정할 수 있을지 정확한 해결 방안을 확인할 수 있다.
③·④ 서면 피드백은 시간을 효율적으로 사용할 수 있다는 이점이 있고, 시간이 지난 후에도 다시 읽어 보면서 쓰기 학습에 반영할 수 있다. 교사와 학습자 간의 협상이 활발히 이루어지는 것은 면담 피드백이다.

> **알아두기**
>
> ■ 피드백 〈17회 2교시 64번〉 참고

참고문헌 서울대학교 국어교육연구소, 한국어교육학사전, 하우, 2014

72 정답 ②

② 시험지에 답안 쓰는 방식을 배워야 할 것 같다는 것은 글의 장르가 가지고 있는 구조적, 형식적 특징에 대해 잘 모르고 있다는 것이므로 맥락 지식이 필요하다.

> **알아두기**
>
> ■ 쓰기에 필요한 지식 〈17회 2교시 66번〉 참고

참고문헌 박지원, 학문 목적 학습자들의 담화통합 쓰기 양상 분석 연구, 석사학위논문, 고려대학교, 2013

73 정답 ③

③ 인지주의와 사회언어학의 영향을 받은 쓰기 교육 방법이다.

> **알아두기**
>
> ■ 과정 중심 쓰기 〈19회 2교시 63번〉 참고

참고문헌 국제한국어교육학회, 한국어 표현교육론, 형설출판사, 2010

74 정답 ②

① · ④ 자유로운 쓰기
② 유도된 쓰기는 통제된 쓰기보다 광범위한 쓰기를 허용하는 것으로 작문의 전 단계 연습 활동이다. 내용의 일정 부분이 고정되어 있고, 이를 표현하는 어휘나 표현 등은 학습자가 선택하여 쓰게 된다. 유도된 쓰기로는 이야기 재구성하기, 그림이나 도표 서술하기, 담화 완성하기, 이야기 구성하기 등이 있다.
③ 통제된 쓰기(받아쓰기)

참고문헌 한국방송통신대학교 평생교육원, 외국어로서의 한국어교육학, 한국방송통신대학교출판부, 2007

75 정답 ③

③ 높임말을 써야 하는 사회적 맥락을 이해하지 못하였으므로 사회언어학적 능력이 부족하다고 할 수 있다.

> **알아두기**
>
> ■ 의사소통 능력 〈19회 1교시 62번〉 참고

참고문헌 H. Douglas Brown 저, 이흥수 외 공역, 외국어 학습 · 교수의 원리, Pearson Education Korea, 2015

76 정답 ④

④ 일반적인 딕토콤프의 절차는 대여섯 줄 내외의 짧은 글이나 이야기를 학습자들에게 들려준 후에 내용을 칠판이나 카드로 제시하고 다시 한번 글을 읽어 주는 것이다. 학습자들은 2차로 들은 것을 바탕으로 제시어들의 위치를 정한다. 그리고 교사는 한두 차례 더 글을 읽어 학습자들이 글을 완성하도록 한다. 활동을 마친 후에 교사는 점검을 위해서 다시 한번 글을 읽어 줄 수 있으며, 마지막으로 확인을 위해 글의 전부를 칠판에 써 주면 학습자들은 자신의 글과 비교하면서 수정한다.

알아두기

■ 딕토콤프 〈19회 2교시 60번〉 참고

참고문헌 서울대학교 국어교육연구소, 한국어교육학사전, 하우, 2014
김민경, '딕토콤프(Dicto-comp)'가 한국어 학습자의 쓰기 능력과 듣기 능력에 미치는 효과 연구, 석사학위논문, 고려대학교, 2013

77 정답 ①

① 인터뷰하기는 목표로 하는 문법이나 표현을 사용하여 상대방을 인터뷰하고 필요한 정보를 얻는 활동이다. 학습자는 대부분 목표로 하는 표현을 반복적으로 사용하여 활동하게 되지만, 최종적인 목표는 정보 파악에 있으므로 유의미한 상황 속에서 발화하게 된다. 인터뷰 활동은 말하기와 듣기의 유기적인 결합으로서 단순한 연습 형태로 사용할 수도 있고, 학습된 몇 가지 요소를 결합하고 역할을 부여하여 과제 활동으로 확장할 수도 있다.

참고문헌 한재영 외, 한국어교육 용어해설, 신구문화사, 2011

78 정답 ④

④ 프로젝트 활동은 대체로 고급 단계에서 많이 활용되는 말하기 활동이다. 주제의 선정이나 역할 분담 등을 학습자 주도로 운용하는 것이 바람직하다.

79 정답 ②

② 발표는 단순히 내용만을 전달하는 말하기가 아니고 청자에게 설명하거나 설득하는 의사소통 행위이므로 자세나 표정, 제스처 등 세세한 부분까지 신경 쓰는 것이 좋다.

알아두기

■ 발표

발표란 일의 결과나 어떤 사실을 세상에 널리 알리기 위하여 한 사람의 화자가 다수의 청중을 대상으로 의사를 전달하는 말하기 유형이며 발표자와 청중이 이해를 교환하는 쌍방향 의사소통이라고 할 수 있다. 따라서 성공적인 발표를 위해서는 청중을 철저히 조사하고 분석하는 것이 중요하다. 그리고 청자 분석 결과로 구성한 발표 내용과 전달이 어떻게 적용하는가는 효과적인 발표의 관건이 된다. 청중의 특성을 분석하는 데에 필요한 핵심 요인은 청중의 요구, 청중의 지적 수준, 주제에 대한 사전 지식, 주제 관련 입장, 개인적 관련성 등이다. 청중과의 소통 방식이 중요한 만큼 발표자의 적절한 언어적 표현과 비언어적 표현 사용은 필수적이다. 특히 외국인 학습자가 사용하는 한국어 담화 표지는 단문으로 간결하면서도 구체적이어야 한다. 교실에서 수행할 수 있는 발표 활동은 이야기하기, 말하기 대회, 조사 발표, 연구 발표 등의 유형으로 나누기도 한다.

참고문헌 서울대학교 국어교육연구소, 한국어교육학사전, 하우, 2014

80 정답 ①

① 문법 체계와 언어 항목이 결합되는 구조적 활동을 하고 있다.

알아두기

■ 의사소통 활동

Littlewood(1981)는 의사소통의 학습 과정을 의사소통 전 활동과 실제 의사소통 활동으로 나누고 있다. 의사소통 전 활동으로는 구조적 활동과 유사 의사소통 활동이 있고, 실제 의사소통 활동에는 기능적 의사소통 활동과 사회적 상호 작용 활동이 있다. 의사소통 전 활동에서는 습득되어야 할 전체 기술을 연습하는 것이 아니라 의사소통 능력을 구성하는 특정한 요소나 기술을 부분적으로 습득하게 된다. 반면에 실제 의사소통 활동에서는 학습자가 자신의 의사소통 지식과 기술을 통합하여 온전한 의사소통 활동이 이루어지도록 구성한다.

1. 의사소통 전 활동
   1) 구조적 활동은 문법 체계와 언어 항목이 결합되는 방식에 초점을 두는 활동이다. 의사소통 능력을 구성하는 지식의 특정한 요소나 기술을 분리하고 그것을 따로 연습할 수 있도록 한다.
   2) 유사 의사소통 활동은 형식적 연습에서 실제 의사소통으로 이어지도록 고안된 전형적인 대화 주고받기로 어떤 것은 훈련(drill)에 가깝지만 어떤 것들은 대화(dialogue)에 가깝다.
2. 의사소통 활동
   1) 기능적 의사소통 활동은 의사소통 전 활동의 지식과 기술을 통합하여 총체적인 연습을 할 수 있도록 준비된 것이다. 이들 과제에서는 학습자가 정보 간격을 극복하거나 문제를 해결한다. 따라서 오직 정보에 대한 의사소통만을 포함한다.
      예 정보 차 활동, 직소 활동, 문제해결 활동, 묘사하여 말하기 등
   2) 사회적 상호 작용 활동은 기능적 의사소통과 달리 분명히 정의된 사회적 맥락이 추가되어야 한다. 학습자들은 언어를 전달하는 기능적인 수단뿐만 아니라 사회적인 맥락에도 주의를 기울여야 한다.
      예 역할극, 시뮬레이션 등

참고문헌 국제한국어교육학회, 한국어 표현교육론, 형설출판사, 2010

81 정답 ④

④ 담화 구성 능력은 여러 가지 아이디어를 형태적인 결속성이 있고 내용상 일관성 있게 조직하는 능력을 말한다. 담화 구성 능력을 갖추기 위해서는 지시어, 접속사 등의 형식적 응집 장치와 내용의 결속 장치를 이용하여 의미적 완결성과 통일성 있는 담화를 구성할 수 있도록 해야 한다.

참고문헌 한재영 외, 한국어교수법, 태학사, 2005

82 정답 ②

② 학습하고자 하는 교과서 내용이나 학습 내용보다 더 어려운 어휘나 구조로 이루어지는 교사의 발화는 학습자에게 큰 부담이 된다. 따라서 학습 내용과 수준에 적합한 어휘나 문장 구조를 선택하여 발화해야 한다.

참고문헌 국제한국어교육학회, 한국어 표현교육론, 형설출판사, 2010

83 정답 ②

② 하나의 담화 안에서 두 언어를 혼용하고 있다. 한국어로 의사소통을 하면서 생각이 나지 않거나 모르는 표현을 영어로 바꿔서 사용하였다.

알아두기

■ 말하기 전략 〈17회 2교시 51번〉 참고

참고문헌 서울대학교 국어교육연구소, 한국어교육학사전, 하우, 2014

84 정답 ④

① 연역적 방식으로 문법을 학습하게 한다.
② 결과 중심의 문법 교육 방법이다.
③ 문법 사용의 정확성을 통해 유창성을 높이고자 한다.

알아두기

■ 제시 훈련 모형(PPP 모형) 〈19회 2교시 90번〉 참고

참고문헌 한재영 외, 한국어교육 용어해설, 신구문화사, 2011

85 정답 ④

ㄱ. 의사소통 접근법은 언어를 의미 전달의 수단으로 보는 관점에서 출발하기 때문에 언어의 문법적 규칙을 습득하는 것보다는 실제 의사소통 능력을 중시한다. 따라서 언어 형태보다는 의미를 중시한다고 볼 수 있다. 수업은 문법적, 언어적 능력에 국한되지 않고 의사소통 능력의 모든 요소에 집중된다.

> **알아두기**
>
> ■ 의사소통적 교수법
> 의사소통식 접근법은 의사소통 능력을 강조하는 영국의 기능주의 언어학과 미국의 사회언어학의 영향으로 전개된 교수 접근 방식이다. 이 접근법은 의사소통 원리, 과제의 원리, 유의미함의 원리라는 이론적인 전제를 바탕으로 여러 방법론을 포함한다. 의사소통적 접근법은 1970년대 이후 현대 외국어 교육의 경향과 부합되는 방법론들을 제시하여 외국어 교육 분야에서 보편적인 지지를 받고 있다. 의사소통식 접근법의 특징은 다음과 같다.
> 1. 목표는 의사소통 능력을 기르는 데에 있다. 의사소통 능력은 문법적 능력, 사회언어적 능력, 담화적 능력, 전략적 능력을 포함한다.
> 2. 의미가 중요시되고, 맥락화가 기본적인 원리이다.
> 3. 목표어로 의사소통하려는 학습자의 시도가 장려된다.
> 4. 자료의 제시는 학습자의 요구를 반영한 내용, 기능, 의미에 따라 단계적으로 이루어진다.
> 5. 모국어의 사용은 상황에 따라 용인되고, 번역도 학습에 도움이 되면 활용된다.
> 6. 학습자의 요구와 선호에 따라 학습 활동과 전략이 다양하게 활용된다.

참고문헌 서울대학교 한국어문학연구소 외, 한국어교육의 이론과 실제 2, 아카넷, 2012

86 정답 ②

② '-길래'는 화자의 행동에 대한 외적 근거를 나타내는 기능을 하며 그 의미로 인해 주어의 인칭과 서술어의 제약, 시제 및 서법의 제약을 가진다. 평서문에서 사용될 경우 주어 인칭에 있어서 후행절에는 1인칭 주어가 와야 하며, 후행절에는 의미상 이미 했거나 하고 있는 행동이 와야 하므로 미래 시제가 올 수 없고, 이후의 행동을 요구하는 명령형이나 청유형이 올 수 없다. 그러나 '-길래'가 의문문에서 사용될 때는 통사적 제약에서 비교적 자유로워진다. "얼마나 먹었길래 배가 그렇게 볼록해?", "요즘 뭐 하길래 바빠?" 등과 같이 의문문에서 사용되는 '-길래'는 후행절의 사실을 지각한 후에 후행절의 상황이 된 이유나 원인, 근거를 묻는 의미를 가지므로 상태를 나타내는 형용사를 사용할 수 있다. 단, 의문문에서 '-길래'가 실현되려면 선행절에 반드시 의문사가 쓰여야 한다는 제약이 있다.

참고문헌 이지선, 한국어 교재에서의 '-길래'에 대한 설명 제시 분석, 돈암어문학, 2017
성진영, 연결어미 '-기에'와 '-길래'의 특성에 따른 교육 방안에 대하여 -외국인 학습자를 중심으로-, 한국어문교육, 2017

87 정답 ①

① '-자마자'는 동사 어간이나 선어말어미 '-으시-' 뒤에 붙어서 앞 절의 동작이 이루어지자 잇따라 곧 다음 절의 사건이나 동작이 일어남을 나타내는 연결어미이다.

참고문헌 표준국어대사전

88 정답 ③

① 문법 번역식 교수법은 가장 고전적인 교수 방법으로 문법 규칙의 설명과 번역에 중점을 두는 교수법이다. 문법은 연역적으로 학습된다. 즉 문법 규칙을 제시하고 익히고 번역 과정을 통해서 연습한다.

② 청각 구두식 교수법은 모범 대화문의 암기와 문형 연습으로 이루어진다. 학습 초기부터 정확한 발음 훈련, 자연스러운 구어를 듣고 말하는 훈련, 집중적인 문형 연습을 통해 제한된 범위에서 듣고 말하는 능력을 길러 준다.

③ 공동체 언어 학습은 가르칠 문법, 어휘, 다른 언어 항목들, 이들을 다루는 순서 등을 미리 정해 놓은 언어 교수요목을 사용하지 않고, 화제를 중심으로 진행되며, 학습자들이 말하고 싶은 것이나 다른 학습자에게 전달하고 싶어 하는 전달 내용을 학습자들이 정하게 된다. 문제에서 설명하고 있는 교수법은 침묵식 교수법이다. 침묵식 교수법은 교사가 수업 시간의 90% 이상을 침묵하고 학습자 스스로 가설 검증을 통한 발견 학습으로 언어를 배우는 방법이다. 교육 자료로는 색깔 막대기와 피델이라고 불리는 발음 도표 등이 있다. 수업의 구성은 우선 기본 발음을 익힌 후 각기 다른 단어를 의미하는 여러 모양의 색깔 막대기를 통해 단어를 익힌다. 그 다음 막대기들의 연결로 구나 문장, 대화를 익히고 교사는 색깔 막대기 세트를 학습자 그룹에게 나누어 준다. 학습자들은 막대기를 배열하여 문장을 만들어 보고, 그 후 교사가 색깔 막대기를 조합하여 문장을 만들어 보여주며 학습한 내용을 정리한다.

④ 형태 초점 교수법은 의사소통 위주의 수업 방법을 유지하면서 필요한 경우에, 즉 목표 언어의 문법 구조나 형식적인 측면에 대해 학습이 필요한 경우 여러 가지 방법으로 학습자들의 관심과 주의력을 목표 형식에 끌어들이는 방법을 사용한다. 대표적인 기법으로 목표 문법 항목을 주목하도록 글자의 색, 청각적 억양을 달리하는 '입력 강화' 기법이 있다.

참고문헌 서울대학교 한국어문학연구소 외, 한국어교육의 이론과 실제 2, 아카넷, 2012

89 정답 ②

① 마다: 낱낱이 모두 다
③ 은/는커녕: 어떤 사실을 부정하는 뜻을 강조할 뿐 아니라 그보다 못한 것까지 부정함
④ 대로: 서로 따로따로 구별됨

참고문헌 표준국어대사전

90 정답 ④

④ '-(으)ㄹ걸 그랬다'는 과거에 했으면 좋았을 일, 또는 하지 않은 어떤 일에 대해 가벼운 후회를 나타낼 때 사용한다. 동사와 결합하며 동사에 '-았/었-', '-겠-'과 결합할 수 없다. 부정문은 '-지 말다'를 사용한다. 문법(표현)을 제시할 때에는 의미, 결합 정보, 제약 사항 등을 설명하여 연습이나 생성 단계에서 오류를 줄이도록 돕는다.

참고문헌 서울대학교 언어교육원, 서울대 한국어 3A, TWO PONDS, 2015

91 정답 ①

① 길이가 짧은 어휘가 아니라 고빈도성 기초 어휘를 우선 학습 어휘로 선정한다.

알아두기

- 교육용 어휘 선정 기준 〈18회 2교시 97번〉 참고

참고문헌 한국방송통신대학교 평생교육원, 외국어로서의 한국어교육학, 한국방송통신대학교출판부, 2007

92 정답 ①

① 읽기와 듣기 활동을 통해 암시적으로 어휘를 학습하는 방법은 우연적 어휘 학습이다. 이는 문맥적 학습이라고 불리기도 하는데 문맥을 통한 추측 방법으로 학습자가 의도적으로 어휘 학습을 하는 것이 아니라 내용을 이해하기 위해 읽기나 듣기 활동 과정에서 어휘를 저절로 알게 되는 것을 말한다. 즉 어휘의 습득은 다독을 통한 문맥 속 추측이라는 간접적이고도 우연적인 어휘 학습으로 이어질 수 있다는 주장이다.

알아두기

- 어휘 학습 방법의 유형

  어휘 학습은 크게 의도적 어휘 학습과 우연적 어휘 학습으로 나누어 볼 수 있다. Schmitt(2000)는 우연적 학습이 일어날 때, 의도적인 학습도 병행되어야 한다고 주장하는데, 특히 언어 학습 초보자가 모르는 단어를 접할 때 이를 문맥 안에서 추론할 수 있을 때까지 모든 어휘를 명시적으로 지도해야 한다고 한다.
  의도적 어휘 학습은 어휘 지식의 중요성을 기반으로 어휘를 학습 목표로 삼아서 의도적으로 의미와 형태를 학습하는 방법으로 학습자가 어휘의 여러 가지 측면에 관심을 가질 때 해당 어휘가 재연될 가능성이 더 커진다고 보는 것이다. 의도적 학습은 정의 중심의 어휘 지도법과도 맥락을 같이한다. 정의 중심의 방법은 개별적인 어휘의 정의나 동의어를 보고 의미를 암기하는데, 많은 어휘를 학습할 수 있다는 장점은 있으나 어휘의 의미를 피상적으로만 익히게 되어 문맥 안에서의 의미를 제대로 파악하지 못한다는 단점도 있다. Paribakht와 Wesche(1997)는 어휘는 한번 익힌 후에도 꾸준한 사용을 위해 반복이 절대적으로 필요하다고 했다. 때문에 학습자들이 어휘에 지속적으로 노출될 수 있도록 교사들의 의도적이고 적극적인 어휘 지도가 필요하다고 주장했다.

참고문헌 김영민, 목록 제시 형태의 의도적 어휘 학습과 문맥을 통한 우연적 어휘 학습 비교, 석사학위논문, 아주대학교, 2008

93 정답 ②

② '어떤 것을 하기 쉽다, 어떤 일을 처리하기가 전혀 힘들지 않다'는 의미의 '손쉽다'는 형용사로 '손이 쉽다'로 분리해서 사용하지 않는다. "빠르고 손쉬운 방법이 있어요."로 쓰면 된다.

참고문헌 표준국어대사전

94 정답 ③

③ 빈도가 높은 관용어와 속담 등은 중급 단계에서부터 가르칠 수 있다.

> **알아두기**
>
> ■ 어휘 교육 방법
>
> 어휘 의미 관계의 기준으로 분류를 해 보면 유의어, 반의어, 상위어, 하위어 등을 들 수 있다. 이들은 어휘 간의 계열적 관계를 보이는 것으로 어휘 상호 간의 연관성을 보인다는 점에서 어휘 확장이나 어휘의 정확한 의미 파악에 중요한 역할을 한다.
>
> 유의어를 이용한 어휘 교수는 가장 널리 사용하는 방법이지만, 모든 상황에서 유의어가 치환되어 사용되는 것은 아니므로 각 유의어 간의 차이점도 명확히 제시하여야 한다. 유의어의 변별 교수를 위해서는 어휘 간의 의미 차이가 드러날 수 있도록 설명하고 관련어 관계를 이용하여 정보를 주거나 유의어 간의 선택 제약과 같은 문법적인 차이를 보여줄 필요가 있다.
>
> 반의어는 의미적 반대 또는 무관성을 나타내는 반의성을 보이는 것으로 상보 대립어, 반의 대립어, 정도 상보 대립어, 방향 대립어 등으로 분류될 수 있다. 주의할 점은 대립어를 동시에 제시하면 의미 간의 혼동이 생길 수 있으므로 순차적으로 제시하는 것이 좋다. 즉 이미 알고 있는 단어의 반의어가 새 어휘로 도입될 때 기존에 아는 단어와의 반의 관계를 설명하는 것이 좋다.
>
> 상위어와 하위어는 특정한 단어의 의미가 일반적인 단어의 의미 안에 포함되는 계층적인 관계를 말한다. 의미장을 활용한 어휘 교수는 이미 설정된 범주에 맞추어 어휘를 분류해서 뜻을 설명하는 방법으로 학습자에게 어휘를 체계적으로 익히게 한다는 장점이 있지만 초급의 경우에는 어휘가 제한되어 있기 때문에 지나치게 어휘를 확대하는 것은 좋지 않다.
>
> 다의어는 한 단어의 의미가 기본 의미부터 변이 의미까지 다양하게 나타나는 것을 말한다. 다의어는 용법에 따라 그 의미가 달라지지만 근본적이고 핵심적인 의미를 공통적으로 가지고 있다. 교사는 다의어의 범위를 지나치게 확장하지 않도록 주의해야 하는데, 학습의 단계에 따라 다의어 중 어떤 의미부터 가르칠 것인가가 중요한 문제이다. 기본 의미나 의미 빈도수가 높은 항목, 학습에 유용한 것을 먼저 가르치는 것이 좋다. 각 학습자의 수준별로 중심 의미에서 주변 의미로 점차 확대하며 가르치는 것이 필요하다.

참고문헌 한국방송통신대학교 평생교육원, 외국어로서의 한국어교육학, 한국방송통신대학교출판부, 2007

95 정답 ④

④ 어휘의 생산적 지식은 단어의 산출과 관련이 있다. '쓸데없는'을 보고 '군말'의 의미를 추측하는 것은 단어의 이해와 관련되므로 어휘의 수용적 지식의 활용 사례이다.

> **알아두기**
>
> ■ 수용적 어휘 지식과 생산적 어휘 지식
> 어휘 지식의 범주를 설명하는 데에는 여러 가지 방법이 있다. 어휘 지식을 수용적, 생산적 지식으로 나누어 구분해 보면, '수용적'이라는 것은 듣기나 읽기를 통해 타인으로부터 언어 입력을 받아들여서 이해하고자 한다는 개념이고, '생산적'이라는 것은 메시지를 타인에게 전달하기 위해 말하거나 쓰기를 사용하여 언어를 산출한다는 의미이다. 따라서 수용적 어휘 지식은 단어를 이해할 수 있는 어휘 지식을 의미하며, 생산적 어휘 지식은 단어를 표현할 수 있는 어휘 지식을 의미한다.

참고문헌 Yao Lu, 중국인 중·고급 학습자의 수용적·생산적 언어 지식 습득 양상 연구, 석사학위논문, 서울대학교 2020

96 정답 ①

① 문장의 일부분을 빈칸으로 제시하고 문맥에 맞는 단어나 표현, 혹은 문장을 고르는 문제인데 숙달도 단계에 따라 알맞은 어휘로 문항을 구성할 수 있다. 고립된 단어의 의미가 아니라 문맥 내에서의 단어의 의미 파악 능력을 측정하려면 문맥 속에서 제시하는 것이 바람직하다.

참고문헌 강승혜 외, 한국어 평가론, 태학사, 2006

97 정답 ③

③ 교재의 집필 전에 교육과정 설계가 이루어진다.

> **알아두기**
>
> ■ 교재 개발 절차
> 교재를 개발하기 전에는 학습자의 요구 조사가 선행되어야 하며 기존 한국어 교재를 분석하고 그 장단점을 확인해야 한다. 또한 개발되는 교재는 교육 목적을 설정하고 교육과정과 교수요목을 설계하여 이를 구현할 수 있어야 한다. 문법, 문화, 발음과 같은 교재 내용 구성에 있어서는 이론적인 뒷받침과 함께 경험적 데이터의 활용이 필요하며 교재는 학습 성취 수준을 평가하고 이에 대한 처방을 줄 수 있어야 한다. 또한 개발하고자 하는 교재의 수와 수준을 나누는 것이 좋다. 교재의 내용은 학습자의 배경지식을 충분히 활용할 수 있도록 한다. 교재의 자료는 생활에 실제적이고 흥미롭게 구성해야 한다.
> 한국어 교재 개발의 과정은 크게 '요구 조사 - 교수요목 설계 - 교재 집필 - 평가'의 순서로 이루어진다. 이것을 더 세분화하면 '학습자의 요구조사 - 교육 목적 및 목표 설정 - 교육 내용의 범주 설정 - 교육 내용 선정 및 방법 결정 - 교육 내용의 배열 및 조직 - 교재 집필 - 교육과정 및 교재 평가'의 순서가 된다.

참고문헌 서울대학교 국어교육연구소, 한국어교육학사전, 하우, 2014
서울대학교 한국어문학연구소 외, 한국어교육의 이론과 실제 2, 아카넷, 2012

98 정답 ①

① '자기주도적 학습을 위한 자료'는 학습자 측면에서의 교재의 역할이라고 볼 수 있다.

알아두기

- 교재의 기능 〈17회 2교시 102번〉 참고

참고문헌 서울대학교 국어교육연구소, 한국어교육학사전, 하우, 2014
서울대학교 한국어문학연구소 외, 한국어교육의 이론과 실제 2, 아카넷, 2012

99 정답 ④

④ 교재 항목에서 일정 부분만을 남겨 놓는 것이 아니라 수업 현장의 필요에 따라 교재를 활용하는 것이다. 내용의 일부를 다시 쓰거나 현장에 맞게 재구성하기, 단원 재배열하기 등의 방법이 있다. 학습자의 수준에 맞지 않을 때 복잡한 요소를 정리하여 활용한다.

알아두기

- **단순화**

    교재의 개작 방법으로는 수정, 삭제, 첨가, 단순화, 상세화, 재배열, 재집필 등의 여러 방법이 있다. 그중 단순화(simplification)란 수업 변인별 특징을 중심으로 교재의 복잡한 요소를 명료하고 간단하게 재구성하여 활용하는 것을 말한다. 단순화는 교사가 분석과 평가를 거쳐 선정한 교재로 교육 효과를 극대화하기 위해 교재를 활용하는 방법의 하나이다. 교재에는 교수 내용과 방법에 적합한 자료가 효율적으로 배열되어 있으나 수업 현장의 필요에 따라 교재를 수정하여 활용할 수 있다.
    또한 단순화는 주로 교재가 학습자의 수준에 맞지 않을 때 부적절한 부분을 삭제하거나 생략하는 방법으로 이루어진다. 그리고 내용 제시 순서를 바꾸거나 대안 자료를 준비함으로써 교사가 학습 과제의 난이도를 조절할 수 있다. 한국어 학습자 수의 증가, 학습 목적과 기간의 다변화 등으로 여러 현장에서 다양한 교재가 필요하나 모든 경우에 맞춤형 교재를 개발하는 것은 현실적으로 어려우므로 이럴 때 교재의 단순화는 다변화한 교육 현장의 요구에 부응하는 대체 방안이 된다.

참고문헌 서울대학교 국어교육연구소, 한국어교육학사전, 하우, 2014

100 정답 ③

③ 학습 내용 분석은 교재 내적 평가에 해당하며 이는 교재가 지닌 교육적 가치를 평가하기 위해 내용 차원에서 평가 항목을 설정하여 평가하는 것을 뜻하며 교재 외적 평가에 상대되는 개념으로 쓰인다. 여기에서 '내용 차원'이란 교재 안에 드러나 있는 학습 목표, 학습 내용, 학습 활동 등을 가리킨다. 따라서 교수 학습 상황이나 교재 외형 상황 등은 교재의 외적 평가 요소이다.

참고문헌 서울대학교 국어교육연구소, 한국어교육학사전, 하우, 2014

101 정답 ③

① 구조 교수요목
② 개념 교수요목
④ 과제 기반 교수요목

알아두기

■ 교수요목

브라운(Brown, 1995)은 교수요목의 종류를 구조 교수요목, 상황 교수요목, 주제 교수요목, 기능 교수요목, 개념 교수요목, 기술(기능 기반) 교수요목, 과제 중심 교수요목, 혼합 교수요목으로 나누어 제시하고 있다.

교수요목	기본 개념
구조 교수요목	• 음운, 문법과 같은 언어 구조를 중심으로 작성 • 배열 기준은 난이도가 낮은 것부터, 빈도수가 많은 것부터, 의미 기능이 간단한 것부터 배열
상황 교수요목	• 언어 활동이 이루어지는 장소나 상황을 중심으로 작성 • 식당에서, 길에서, 지하철역에서, 시장에서 등 발화 장면 중시
주제 교수요목	• 등급에 맞춰 채택된 주제를 일정 기준에 따라 배열 • 대체로 상황 교수요목과 혼합 형태가 많다. • 가족, 날씨, 전화 등
기능 교수요목	• 소개하기, 설명하기, 요청하기, 제안하기 등 기능적 측면을 중심으로 작성, 주로 주제 교수요목과 연계
개념 교수요목	• 물건, 시간, 거리, 관계, 감정 등 실생활 관련 주요 개념 중심 • 유용성이나 친숙도에 따라 배열
기술(기능 기반) 교수요목	• 대의 파악, 주제 파악, 화자 의도 파악, 추론하기 등 언어 기능 중 특정 기능을 중심으로 배열
과제 기반 교수요목	• 지시에 따르기, 편지 쓰기, 면접하기 등 실생활 과제 중심
혼합 교수요목	• 둘 이상의 교수요목을 함께 활용

참고문헌 서울대학교 한국어문학연구소 외, 한국어교육의 이론과 실제 2, 아카넷, 2012

102 정답 ②

② 학습을 통해 변화시키고자 하는 행동을 관찰할 수 있는 외현적인 행동으로, 진술한 목표를 관찰 가능 목표 또는 행동 목표라고 한다. '식별한다, 계산한다, 발음한다, 분해한다' 등의 행위 동사는 직접 관찰될 수 있는 동작을 묘사하고 있으므로 그런 동사를 사용해서 진술된 목표는 행동 목표에 속한다.

어떤 표현을 '알 수 있다'는 것은 수업을 마친 학습자들이 보여주어야 할 행동으로 진술된 것이 아니다. 행위 동사는 누구나 명확하게 알 수 있는 구체적인 행동 용어로 진술되어 있어야 한다. '알 수 있다'는 것은 학습자가 어떤 과정을 거쳐 그러한 지식을 얻게 되는 것인데, 이러한 내재적 행동은 명확하게 밝힐 수 없다. 내재적인 행동을 표시하는 동사로 진술된 목표는 일반적 수업 목표로 분류할 수 있다.

알아두기

■ Mager의 학습 목표 진술 방식

Mager(1962)는 Tyler의 학습 목표 진술 방법을 보다 구체화하였다. Mager에 의하면 학습 목표는 그 목표의 도달 여부가 관찰될 수 있는 행위 동사를 사용하여 진술되어야 하며, 이때 행위 동사는 '잘못 해석될 여지가 없는' 구체적으로 명시할 수 있는 '행동 용어'를 사용하여 진술해야 한다고 하였다. 다시 말하면 '잘못 해석될 여지가 있는' 행동 용어, 즉 '안다, 이해한다, 파악한다' 등은 여러 가지 의미로 해석될 수 있는 용어이기 때문에 목표 진술에 적절하지 않으며, '잘못 해석될 여지가 없는 행동 용어'를 사용하여 진술해야 유용한 목표가 된다. 또한, 유용한 학습 목표에는 다음과 같은 세 가지 요소가 동시에 포함되어야 하는데, 이와 같이 학습 목표를 진술하면 가르치고 배워야 할 내용과 행동이 명확해지고 누구나 동일한 의미로 이해할 수 있어서 학습 지도나 학습의 성과를 평가하는 데 용이하다는 것이다.

첫째, 학습자가 목표에 도달한 증거로 받아들일 수 있는 '종착 행동'을 구체적인 행위 동사로 표현해야 한다.
둘째, 어떤 상황에서 그와 같은 행동이 나타나기를 기대하는가에 대한 '종착 행동이 나타나는 상황이나 조건'을 제시한다.
셋째, 그 종착 행동이 성공적인 것인지 아닌지를 평가할 수 있는 수락 기준 또는 준거가 명시되어야 한다.

참고문헌 김영심, 《표준 한국어》 교재의 학습목표 진술 방식 분석, 국어교육연구, 서울대학교 국어교육연구소, 2016

103 정답 ②

② 국제 통용 한국어 교육 표준 모형(2017년)의 문화 교육의 경우 '문화 지식, 문화 실행, 문화 관점'의 교육 모형을 채택하여 최소한의 한국어 교육에서의 요구 수준(숙달도)만을 제시하였다. 문화 항목 제시 시 언어 숙달도 요구 수준은 6단계로 이루어져 있는 다른 범주와 달리 숙달도가 낮은 순으로부터 '초급, 중급, 고급'의 3단계로만 표시하였는데, 이는 그 등급에서만 학습이 가능함을 뜻하는 것이 아니라 그 등급에서부터 학습이 가능함을 의미한다.

먼저 '문화 지식'의 경우 한국 문화에 대해 선언적 지식을 교수·학습하는 내용을 선정하고 주로 한국어 교사가 주도하는 교실 수업을 통해 전달될 수 있는 항목을 선정했다. 여기에는 교재의 문화란을 통해 주로 읽기 텍스트로 교육 내용이 포함되게 된다.

'문화 실행'의 경우 한국 문화에 대해 절차적 지식을 교수·학습할 수 있는 항목을 선정했다. 주로 교실 밖 수업을 통해 이루어질 수 있는 체험, 행사, 견학 등의 내용이 포함되어 있다.

마지막으로 '문화 관점'의 경우 한국 문화와 자국, 세계 문화를 상호 문화적 관점에서 학습할 수 있는 항목을 선정하였다. 주로 한국어 교사가 주도하는 교실 수업을 통해 지식의 전달이 이루어지며 문화 비교에 대한 말하기나 쓰기 등과 같은 기능 수업의 내용이 포함되어 있다.

참고문헌 김중섭 외, 2017년 국제 통용 한국어 표준 교육과정 적용 연구(4단계), 국립국어원, 2017

104 정답 ①

② 문화 적응 이론(enculturation theory)은 문화적 배경이 다른 집단 혹은 개인이 한 사회의 구성원이 되기 위해서는 그 문화의 일반적인 생활 방식에 적응해야 한다는 이론이다. 이는 어떤 사회의 구성원이 되려면 자신의 언어 및 다양한 행위가 그 사회의 다른 구성원들에게도 의미를 부여할 수 있어야 하기 때문에 문화 적응 방법을 습득해야 한다는 것을 뜻한다.
③ 문화 경험 학습 모형(cultural experiential learning model)은 타문화에 대한 학습 과정에서 학습자의 직접적인 경험과 행동을 중심으로 학습이 이루어지는 모형이다. 즉 학습자에게 직접적이고 실천적인 행동을 제공하고 그 경험으로부터 새로운 문화를 이해하고 적응하도록 유도한다.
④ 상호 문화적 학습 과정 모형(intercultural learning process model)은 목표 문화를 학습하고 그 요구에 적응하여 자문화와의 자연스러운 조화를 이루어 나가는 학습 과정을 의미한다.

참고문헌 서울대학교 국어교육연구소, 한국어교육학사전, 하우, 2014

105 정답 ①

② 문화 캡슐 지도법(culture capsule method)은 특정 문화 현상과 관련한 시청각 자료나 실물을 제시하고 이에 대한 설명과 질의응답을 통해 학습자들의 문화 이해를 증진시키는 교육 방법을 말한다. 특정 문화 항목과 관련하여 학습자 개인의 경험만으로는 모문화와 목표 문화 간 문화 차이를 이해하기 어려운 경우에 문화 캡슐을 이용하여 비교 및 대조 활동을 하면 쉽고 심도 있는 문화 수업을 진행할 수 있다.
③ 문화 체험 지도법(culture experience method)은 문화 사회학적 관점과 경험 학습 이론에 따른 것으로, 교실 안팎에서 학습자가 직접 문화와 관련된 다양한 행위를 수행하는 활동을 통해 문화를 학습하는 교육 방법을 말한다.
④ 시뮬레이션 지도법(simulation method)은 실제 상황을 교육 내용으로 삼아 역할극과 문제 해결 학습을 혼합한 형태로서 극화 학습을 변형시킨 교육 방법을 말한다. 시뮬레이션에서의 상황은 학습자에게 부적절하거나 위험한 요소는 배제한 것이므로 실제를 있는 그대로 복제했다고 볼 수 없지만 교육적으로 의미 있는 체험을 할 수 있도록 구성된다.

참고문헌 서울대학교 국어교육연구소, 한국어교육학사전, 하우, 2014

106 정답 ②

② 문제 해결이 아닌 문화적 차이를 스스로 발견하고 이해할 수 있도록 돕는 기법이다.

알아두기

■ Stern(1992)의 문화 지도 방법

1. Culture Aside: 교재와 학습 목표에 부합되는 언급이 필요할 때 교사가 간단히 부연하여 자연스럽게 수업 이해를 증진한다. 지금까지 현장에서 가장 많이 사용된 방법이나 학습자의 활동이 없는 교사 중심의 일방적인 교수법이다.
2. Culture Assimilator: 목표 문화와의 문화충돌을 다룬 일화가 주어지고, 그에 대해 네 가지 선택지를 제시한다. 학습자는 이를 읽고 왜 문제가 되는가 생각한 후 옳다고 판단되는 답을 고르는데 각각의 답에는 그럴듯한 설명이 있다.
3. Culture Capsule: 두 문화의 대조점을 비교하여 간단히 설명한 그림, 슬라이드 등의 시각자료로 이해를 돕는다. 교사는 문화 내용을 간략하게 설명, 비교하고 학습자에게 토론이나 역할극을 하도록 한다.
4. Culture Clusters: 서로 관련된 대략 3개 정도의 소재로 연결된 문화 캡슐로 구성되며, 각 캡슐에 포함된 정보를 통합하는 30분 정도 분량의 드라마 실연을 보여준다.
5. Audio-Motor Unit(청각 반응법): 목표 문화의 행동 방식을 체험하기 위해 고안된 일종의 문화 학습을 위한 전신 반응 기법(TPR)이다. 그러나 교사의 지시에 따라 즉각 반응하지 않고 교사의 행동을 관찰한 후 실제 행동하는 점에서 전신 반응 기법(TPR)과 다르다고 할 수 있다.
6. Cultural Mini-Dramas: 문화충돌이 일어나는 상황을 3~5개 일화의 드라마로 구성하여 학습자들이 실연을 해 봄으로써 체험할 수 있다.
7. Dramatization(극화하기): 학습자 스스로 문화충돌이 일어나는 상황을 극화하여 제시한다.
8. Role-Play Simulation: 어떤 행위가 문화적으로 적합한지 여부를 지적하기 위해 사용되며, 학습자는 가상의 인물들 사이에서 임기응변으로 답해야 한다. 고도의 언어 구사력이 요구되므로 상위권 학습자에게 적합하다.
9. Songs & Dances: 문화 내용을 풍부하게 함축하고 있는 노래나 춤을 통해서 문화를 체험하고 학습하는 방법이다.
10. Literature: 목표 문화의 사상, 정서, 가치관 등을 효과적으로 요약하고 있는 문학작품을 접하는 방법이다.
11. Films & Documents: 영화와 다큐 감상은 매우 훌륭한 문화학습 방법이다.
12. Magazine & Newspaper: 잡지나 신문에서 오려낸 그림을 보고 기사를 추측하게 하는 방법이다.

참고문헌 유선종, 고등학교 영미문화 평가도구 모형개발, 석사학위논문, 한국교원대학교, 2011

107 정답 ③

③ 한국어 어휘의 확장과 심화를 위한 방안으로서 한자 교육의 필요성이 제기되고 있는데, 모든 학습자에게 한자 교육이 꼭 필요한 것은 아니지만, 학문 목적 학습자에게는 한자 교육이 필요하다. 왜냐하면 학술 용어의 주요 개념어들은 한자어로 되어 있는데, 한자로 표기되어 있지는 않아 한자를 몰라도 당장 읽는 데에는 지장이 없지만, 한자에 대한 지식이 있으면 의미 내용을 더 잘 이해할 수 있는 부분이 많기 때문이다. 교육용 기초 한자를 선정하는 연구를 보면, 교육용 한자는 사용 빈도가 높고, 조어력이 높은 한자, 기초적인 한자 등으로 선정해야 한다는 것에는 의견의 합일이 이루어지지만, 기초 한자의 수에 대해서는 연구자에 따라 약간의 차이를 보이고 있다. 그리고 한자 교육의 시기에 대해서는 한국어에 대한 이해도를 높이기 위해 초급부터 한자 교육을 시작하는 것이 좋다는 것과 한국어에 대한 기본적인 이해가 갖추어진 중급 이상의 실력을 쌓은 학습자를 대상으로 한자 교육을 실시하는 것이 좋다는 견해가 있는데, 일반적으로는 중급 이상부터 한자 교육을 실시하는 것이 적당하다고 보고 있다.

참고문헌 유홍주, 외국인을 위한 한국어 한자교육 방안, 새국어교육, 한국국어교육학회, 2010

108 정답 ④

④ 해당 한자 성어가 어떤 의미를 가지고 있는지 분리하여 의미를 풀이해 주면 이해가 쉬우며, 어떤 통사적·화용적 조건에서 사용할 수 있는지 교육해야 한다. 한자 성어가 어떻게 사용될 수 있는지는 둘 이상의 대화 상황을 통해 제시해 주는 것이 좋다.

참고문헌 한재영 외, 한국어 어휘 교육, 태학사, 2010

109 정답 ④

ㄱ. 국어기본법 제19조(국어의 보급 등)
ㄴ. 국어기본법 제19조의 2(세종학당재단 설립 등)
ㄷ. 국어기본법 시행령 제13조(한국어교원 자격 부여 등)
ㄹ. 국어기본법 시행령 제14조(한국어교육능력검정시험 실시)

참고문헌 국어기본법, 국가법령정보센터

110 정답 ④

④ 한글학교에서 재외동포 아동의 한민족 정체성 확립을 위해 한국어와 한국 역사를 교육하는 것은 재외동포재단의 사업 중 하나이다. 재외동포재단에서는 재외동포 사회에서 자생적으로 설립·운영되고 있는 한글학교의 교육 환경 개선을 위한 운영비 지원을 비롯하여 상시 한국어·한국역사문화 학습이 가능한 온라인 사이트 스터디코리안 운영 및 현지 한글학교 교사 연수 지원, 국내 초청 연수, 사이버 연수 등을 시행하고 있다.

참고문헌 재외동포재단 홈페이지

111 정답 ③

일반 독자들이 읽는 방법과 번역을 할 때 읽는 방법은 동일할 수 없다. 번역을 전제로 할 때는 텍스트의 큰 흐름을 이해하는 방식으로 읽어야 한다. 중요한 점은 단어나 문장 차원에서 집착하지 않고 전체의 흐름을 염두에 두고 읽어 나가야 저자의 의도를 파악할 수 있다는 것이다. 하나의 단어를 어떻게 번역할지는 번역을 할 사람이 텍스트의 전체적인 어조를 파악한 후에야 결정이 가능하기 때문이다.
ㄷ. 원문 텍스트를 출발언어권 독자의 수준에서 이해한다.
ㄴ. 원문 텍스트에 담긴 정보의 의미를 도출한다.
ㄹ. 원문에서 전환되어야 하는 언어·문화적 부분을 확인한다.
ㄱ. 도착언어 텍스트를 생산한다.

참고문헌 이향, 번역이란 무엇인가, 살림출판사, 2008

112 정답 ②

② 원천 텍스트와 목표 텍스트의 두 단어, 구, 문장, 통사 구조 사이의 소통적 가치나 기능의 관계가 동등한 경우를 '등가'라고 한다.

참고문헌 전헌호, 번역의 이론, 가톨릭사상, 大邱가톨릭大學 가톨릭思想硏究所, 2003

113 ※ 주관식 문제의 정답과 해설은 생략합니다.

우리는 삶의 모든 측면에서 항상 '내가 가치있는 사람일까?'
'내가 무슨 가치가 있을까?'라는 질문을 끊임없이 던지곤 합니다.
하지만 저는 우리가 날 때부터 가치있다 생각합니다.

- 오프라 윈프리 -

2025 시대에듀 한국어교육능력검정시험 5년간 기출문제해설

개정15판1쇄 발행	2025년 05월 20일 (인쇄 2025년 03월 13일)
초 판 발 행	2010년 06월 10일 (인쇄 2010년 04월 16일)
발 행 인	박영일
책 임 편 집	이해욱
편 저	안혜진
편 집 진 행	구설희・김지수
표지디자인	김지수
편집디자인	차성미・김휘주
발 행 처	(주)시대고시기획
출 판 등 록	제10-1521호
주 소	서울시 마포구 큰우물로 75 [도화동 538 성지 B/D] 9F
전 화	1600-3600
팩 스	02-701-8823
홈 페 이 지	www.sdedu.co.kr
I S B N	979-11-383-8841-2 (13710)
정 가	35,000원

※ 이 책은 저작권법의 보호를 받는 저작물이므로 동영상 제작 및 무단전재와 배포를 금합니다.
※ 잘못된 책은 구입하신 서점에서 바꾸어 드립니다.